V&R

SEPTUAGINTA

Vetus Testamentum Graecum

Auctoritate
Academiae Scientiarum Gottingensis
editum

vol. VII, 2

Paralipomenon liber II

Vandenhoeck & Ruprecht

Paralipomenon liber II

edidit

Robert Hanhart

Vandenhoeck & Ruprecht

Bibliografische Information der Deutschen Nationalbibliothek
Die Deutsche Nationalbibliothek verzeichnet diese Publikation in der Deutschen Nationalbibliografie; detaillierte bibliografische Daten sind im Internet über http://dnb.d-nb.de abrufbar.

ISBN 978-3-525-53449-6

Weitere Online-Angebote sind erhältlich unter: www.v-r.de

Printed in Germany.
Satz: Septuaginta-Unternehmen der Akademie der Wissenschaften zu Göttingen
Druck und Bindung: ⊕ Hubert & Co, Göttingen

Gedruckt auf alterungsbeständigem Papier.

Vorwort

Für die Bearbeitung meines handgeschriebenen Manuskripts, die zum ersten Mal für die Göttinger Septuaginta-Editionen bis zum Druck durch den Verlag ganz in den Händen der Mitarbeiter des Septuaginta-Unternehmens unter der Leitung von Bernhard Neuschäfer stand, weiss ich mich zu grossem Dank verpflichtet:

Die Umsetzung der handschriftlichen Vorlage in elektronische Form wurde durch die beiden studentischen Hilfskräfte Frau Franziska Heimann und Frau Krystyna-Maria Redeker vorgenommen. Vielfältige Unterstützung erfuhr ich von Reinhart Ceulemans vor allem durch kritisches Mitlesen der Korrekturen, von Christian Schäfer durch Anpassung des Schriftbildes an die früheren Editionen und die Organisation des Korrekturprozesses, von Felix Albrecht durch die Kontrolle der von der Edition Brooke-M[c]Leans abweichenden Lesungen des Septuaginta-Unternehmens und von Luciano Bossina durch die Verifizierung der in *Biblia Patristica* noch nicht erfassten Zitate.

Göttingen im Herbst 2014 | Robert Hanhart

Inhalt

Prolegomena

I

Mit dem Editionswerk der Bücher Par I–II Esdr I–II Est Idt Tob Mac I–IV ist in der Göttinger Edition der Septuaginta innerhalb des alttestamentlichen Kanons eine in sich zusammengehörende Reihe der Zeugnisse mit Ausnahme von Par I und Mac IV abgeschlossen: Es ist die Zeugnisfolge, die innerhalb des ersten Teils des die drei Kategorien: geschichtliches, prophetisches und weisheitliches Zeugnis, umfassenden Kanons: im geschichtlichen Zeugnis, den zweiten Teil umfasst, der auf den ersten Teil, die ausnahmslos von allen griechischen Handschriften der LXX überlieferte Folge des Oktateuch und der vier libri Regnorum, folgt. In der Zäsur stehen die beiden Bücher der Chronik. Ihnen folgt, den Ursprung in der masoretisch überlieferten Kanonizität bestätigend, in den meisten Handschriften das Zeugnis Esra-Nehemia, immer in der Reihenfolge Esdr I Esdr II. Die Reihung der anschließenden Zeugnisse bleibt offen; aber am häufigsten, auch das im masoretisch überlieferten Ursprung gründend, folgt das Buch Esther, das den apokryphen Zeugnissen Iudith und Tobit voransteht[1]). Die meist anschließende Reihe der Makkabäerbücher steht aber öfter auch Est Idt und Tob voran[2]), wohl wegen des historischen Inhalts, der besser an die Geschichtswerke Regnorum Esdras und Paralipomena anschließt, als der legendäre Inhalt von Est Idt und Tob.

II

Die editorische Verwertung der erhaltenen Tradition, die sich je nach der Fülle dessen, was überliefert ist, von Buch zu Buch nur in je verschiedenem Maße durchführen lässt, wird hier im Fall von Par II sowohl hinsichtlich des Umfangs als auch hinsichtlich des

[1]) So in den Hss. 64 98(mit 379) 130 236 243 381 728.

[2]) So in den Hss. 71 74 107(mit 44 125 610) 120(es fehlt Idt Tob).

Charakters der einzelnen Textformen, da es der relativ geringe Umfang des Überlieferten erlaubt, mit möglichster Vollständigkeit dargeboten. Das gilt innerhalb der Sekundärübersetzungen vor allem für die lateinische Tradition der Vetus Latina, da es sich um die Auseinandersetzung und gegenseitige Verständigung mit den Forschern des Parallelunternehmens der Vetus Latina handelt, auch für die Relativierung eines Gesetzes, das in der Göttinger Edition grundsätzlich eingehalten werden muss: für den Verzicht auf die Aufnahme in den Sekundärübersetzungen überlieferter Textformen, die griechisch nicht mitbezeugt sind. Diese Textformen werden in textgeschichtlich wichtigen Fällen hier auch dann nicht ausgeschieden, wenn das Kriterium der Übereinstimmung mit der masoretisch überlieferten Vorlage ausfällt. Der Berücksichtigung solchen Überlieferungsgutes für die Wesensbestimmung der LXX ist letztlich auch aus dem Grund eine Berechtigung zuzugestehen, weil von der griechischen Vorlage abweichende übersetzungstechnisch oder durch Fehldeutung bedingte Aussagen der Sekundärübersetzungssprachen kanonisches Gut der frühen Nationalkirchen waren[1]). Hinsichtlich der altlateinischen Überlieferung[2]) kommt hinzu, dass sich in dem einzigen vollständig erhaltenen Zeugen, La^{109}, die beiden Zweige der Tradition, die von LXX ausgehende griechische und die im Ganzen in der masoretisch überlieferten erhaltene hebräische der Übersetzungsvorlage in der Vulgata, gegenseitig berühren, so dass an einigen Stellen Textformen der Vulgata unter dem Sigel La^{109} in der LXX-Überlieferung eingeordnet werden müssen und dass, um den Charakter dieser Berührung zu verdeutlichen, öfter das Übersetzungsäquivalent von La^{109} dem der Vulgata gegenübergestellt werden muss. Die Existenz der vollständig erhaltenen altlateinischen Überlieferung des zweiten Buches der Chronik ist der Grund, warum bei der Edition der beiden Bücher mit dem zweiten Buch begonnen wurde – für Par I ist keine altlateinische Übersetzung erhalten –; die Frage nach der ursprünglichen Text-

[1]) Vgl. B II 3 (6), S. 63.

[2]) Vgl. A II 2, S. 18, B II 3 (2), S. 48.

form und nach der chronologischen Bestimmung der Rezensionselemente vor allem im Blick auf die Übereinstimmung mit den masoretisch überlieferten Textformen verschafft das wichtigste Kriterium für die Textrekonstruktion, deren Charakter darum auch die Voraussetzung für die Textrekonstruktion des ersten Buches bleibt: Auch die in ihm überlieferte Textgestalt der lukianischen Rezension bedarf der textgeschichtlichen Bestimmung von den Büchern her, deren lukianische Rezension durch ihre Zuordnung zur altlateinischen Überlieferung geprägt ist, den Büchern Par II Esdr II und Esdr I.

Eine Bereicherung der Überlieferung tritt in Par II gegenüber Esdr II damit ein, dass für die Bücher der Chronik in der armenischen LXX-Tradition neben dem „textus receptus“ eine zweite Übersetzung erhalten ist; ich bezeichne sie – ohne damit die Beantwortung der umstrittenen Frage nach der zeitlichen Folge vorwegzunehmen –, weil es sich um einen Sonderfall der armenischen LXX-Überlieferung handelt, als „Arm^{II}“. Dieser Text, dessen Gemeinsamkeiten mit dem textus receptus Arm^{I} auf eine gegenseitige Abhängigkeit schließen lassen, ist charakterisiert durch seine weitgehende Übereinstimmung mit den Sonderlesarten der lukianischen Rezension[1]).

III

Für die Darbietung der Zitatüberlieferung[2]) im Apparat bietet eine Tradition ein besonderes Problem: die Übernahme der biografischen Daten über die Könige Israels und Judas aus der Chronik und den Büchern der Könige in den aus den ersten Jahrhunderten stammenden Listen: Theophilus Antiochenus, Ad Autolycum; Clemens Alexandrinus, Stromata; Pseudo-Cyprianus, De pascha computus; Eusebius Caesariensis, Praeparatio evangelica,

[1]) Vgl. A II 4, S. 21, B II 3 (4), S. 59.

[2]) Vgl. A III, S. 23, B II 4, S. 69.

und den Chroniken: Hippolytus Romanus, Chronica; Julius Africanus, Chronica; Eusebius Caesariensis, Chronicon.

Es gäbe zwar Gründe, auf die Aufnahme dieser Überlieferung in den Apparat der Edition ganz zu verzichten: Einmal handelt es sich hier nicht um Zitate im eigentlichen Sinn – Übernahmen ganzer Verse oder Versteile in einer Textform der LXX liegen in diesen Chroniken nicht vor –, sondern nur um annalistisch formulierte oder registrierte Angaben von Eigennamen und Zahlen der Regierungsjahre –; es ist eine Weise, die den Überlieferungsformen der Namen in den Onomastica und der Übersetzungsäquivalente in den als biblische Tradition gekennzeichneten Vokabularen verwandt ist, die in die Editionen der Göttinger Septuaginta aber nicht aufgenommen, sondern der Sonderforschung nach dem Kriterium des eigentlichen Variantenbestandes der Edition vorbehalten sind.

Dazu kommt der textgeschichtliche Befund, dass die bedeutsamsten Werke dieser Überlieferung, die Chroniken, nur noch in unvollständiger und weitgehend indirekter Form überliefert sind: Africanus nur in Fragmenten, die beiden Fassungen der Chronik des Hippolyt hinsichtlich der Zugehörigkeit weitgehend umstritten, hinsichtlich der Sprache nur zum kleinsten Teil ursprünglich griechisch erhalten, zum größeren lateinisch und zum größten armenisch, und das für die Textgeschichte der LXX wichtigste Werk, die Chronik des Euseb mit ihren beiden Teilen, I der *Ἐπιτομὴ παντοδαπῆς ἱστορίας Ἑλλήνων τε καὶ βαρβάρων* und II der *Χρονικοὶ κανόνες*, als ganzes Werk erhalten nur in der im 6. Jahrhundert entstandenen armenischen Übersetzung, der erste Teil daneben nur in griechischen Fragmenten und in als wahrscheinlich wörtliche Zitate verifizierbaren Stellen aus den späteren Chroniken bis in die byzantinische Zeit, der zweite Teil, die canones, neben der armenischen auch in der lateinischen Übersetzung des Hieronymus.

Dennoch liegt ein zureichender Grund vor, diese Überlieferung in eingegrenztem Maße in den Apparat der Editionen aufzunehmen: Diese Überlieferung, sowohl die Zahlen der Regierungsjahre als auch die Transkriptionen der Namen, bezieht sich – im Unterschied zu den nomina propria der Onomastica und auch weitgehend zu den Begriffen in den frühen biblischen Vokabularen – auf einen eindeutig bestimmbaren einzigen Vers der LXX: auf die in Par und Reg abgesehen von formalen und inhaltlichen Variationen identischen annalistischen Aussagen, mit denen die Berichte über die Regierung der einzelnen Könige eingeleitet und abgeschlossen werden. Wenn diese Tradition innerhalb des Bestandes der LXX-Handschriften uneinheitlich ist, bleibt die Verifizierung der Verteilung dieser Unterschiede in dieser ältesten aus der LXX übernommenen Tradition der Annalistik vor allem für ihre Einordnung in die Koordinaten der späteren christlichen Rezensionen – bei Euseb unmittelbar für das hexaplarische Problem – unentbehrlich.

IV

Für die Darstellung der gesamten Überlieferung der LXX der Bücher der Chronik tritt eine diesem Zeugnis eigentümliche Überlieferung hinzu. Es sind die in den vier Büchern Regnorum überlieferten Teile der Geschichte Israels, die im hebräischen Text der Chronik wörtlich oder nahezu wörtlich aus den Büchern Regnorum übernommen sind und die in der Gestalt der LXX einerseits in ihrer Fassung in Reg anderseits in Par eine innere textgeschichtliche Berührung aufweisen, deren Charakter für die Bestimmung der ältesten Textform der LXX von Par II mitbestimmend ist. Die Überlieferung dieser Textteile in den Büchern Regnorum muss darum als eine der von der hebräischen Vorlage der Chronik in Reg ausgehenden Tradition analoge Erscheinung gleicherweise bezeichnet mit der entsprechenden Kennzeichnung in den textgeschichtlichen Apparat aufgenommen werden[1]).

---

[1]) Vgl. B I (2), S. 38. Die Zeichen „=“ und „cf“ (confer) bedeuten im Apparat, wenn sie mit „Reg“, „Reg 𝔐“ oder „Reg 𝔊“ verbunden sind, immer den für das Verständnis des Apparats entscheidenden Hinweis auf diese innerchronistische

Innerhalb der LXX-Tradition der Bücher der Chronik, die von dieser masoretisch bezeugten Übernahme von Textteilen aus Regnorum I–IV ausgeht, liegt eine Sonderüberlieferung vor, die als eine innergriechische Weiterführung des masoretisch überlieferten Bestandes von solchen Übernahmen bestimmt werden muss: Textteile aus mit 𝔐 übereinstimmender 𝔊-Tradition von Reg IV werden von Par-LXX-Zeugen in den LXX-Text von Par II eingetragen und sind, weil mit Ausnahme von Compl einhellig überliefert, dem ursprünglichen LXX-Text zuzuweisen[1]), und Reg-LXX-Zeugen überliefern Textteile aus Par im LXX-Text von Reg. Sie sind nur von zwei Zeugen, der hexaplarisch beeinflussten Handschrift 247 und Hs. 488, überliefert und sind innerhalb von Par der lukianischen Rezension zuzuordnen[2]).

Beide Sonderüberlieferungen lassen auf eine Tradition der LXX innerhalb ihrer Textgeschichte schließen, die über die Textgeschichte von Par und Reg hinaus von Bedeutung ist. Es ist die Tradition der literarischen Aufnahme und Weiterführung des literarischen Prinzips, das der Entstehung des hebräischen Originals der Bücher der Chronik zu Grunde liegt, innerhalb der Zeit von Entstehung und Tradition der LXX. Die zeitliche Einordnung innerhalb der Textgeschichte der LXX müsste zuerst bei den von allen handschriftlichen Zeugen überlieferten Textteilen in Par erfragt werden. Ihre Bezeugung spricht hinsichtlich der Par-LXX, da sie mit der Bezeugung der übrigen Par-LXX identisch ist, für die Entstehung in der Zeit der Übersetzung selbst, könnte darum ihren Ursprung noch in einer der masoretisch überlieferten vorgegebenen hebräischen Vorlage haben – für die schwach bezeugten Einschübe aus der Par-LXX in LXX von Reg wäre das aber

Sondertradition, die selbständig neben der für alle Bücher des masoretischen Kanons geltenden von 𝔐 ausgehenden und über „Pesch“, „Targ“ und „Vulg“ führenden Tradition steht, die in LXX als ganzer ihre deutlichste Aufnahme in der hexaplarischen und der lukianischen Rezension fand: „= 𝔐“, bzw. „: cf 𝔐“.

[1]) Die Herkunft dieser Stellen (Par II 35_{19a} $36_{2a-c\ 4a\ 5a-d}$) aus Reg ist im Apparat verzeichnet.

[2]) Die Registratur der Texte s. A I 2, S. 16, Sigel und Einordnung im App. B II 2, S. 46.

unwahrscheinlich –; wenn aber die Tilgung dieser Textteile in Par durch die Complutensische Polyglotte auf nicht erhaltener alter handschriftlicher Überlieferung beruht – die Frage ließe sich nur durch deren Auffindung beantworten[1]) – wäre diese literarische Intention doch eher in die nachhexaplarische und nachlukianische Zeit zu setzen. Die Annahme eines ursprünglichen Fehlens dieser Textteile würde eine sekundäre Bearbeitung vermittels der gesamten überlieferten Zeugen der LXX von Par voraussetzen.

V

Die Überlieferung der LXX von Par II stimmt im stärksten Maße mit derjenigen der LXX von Esdr II (Esra-Nehemia) überein[2]). Dementsprechend sind auch die Prinzipien der Textherstellung die gleichen. Der Textform der Unzialen B A V und der codices mixti stehen drei Textformen von Rezensionen gegenüber: *L*, *a* und *b*, von denen sich nur *L* eindeutig, durch die Zitate Theodorets, als die lukianische Rezension nachweisen lässt. Die hexaplarische Rezension lässt sich auch von den syrohexaplarisch erhaltenen Resten her nicht verifizieren.

Lukianische Elemente sind auch in den Textformen der Rezensionen *a* und *b*, der Unzialen und der codices mixti erkennbar, weshalb sich nach den textgeschichtlichen Voraussetzungen der äußeren Kritik kein eindeutiges Kriterium für die Annahme der ursprünglichen Textform erkennen lässt. Die Abweichungen von der Textherstellung in der Edition von Alfred Rahlfs, die für die ganze Edition der LXX die Grundlage bleibt, bedeuten keine Kritik, sondern den Versuch, auf Grund einer ihm noch nicht zugänglichen Fülle der Überlieferung, bei der vor allem die Stellung des codex Vaticanus im Ganzen der heute vorliegenden Tradition ein

---

[1]) Vgl. A IV, S. 30f.

[2]) Vgl. A I 1 – III 3 (S. 13–30) mit Esdr II Einl. S. 1–24.

deutlicheres Bild ergibt, im Sinn der gleichen Prinzipien weiterzudenken.

Die Begründung der textgeschichtlichen Entscheidungen nach ihren äußeren und inneren Kriterien muss einer textgeschichtlichen Untersuchung vorbehalten bleiben, die vor allem an den von Rahlfs abweichenden Entscheidungen durchgeführt wird.

Einleitung

A Die Textzeugen

I. Die griechischen Zeugen

Die vorliegende Ausgabe des zweiten Buches der Chronik beruht auf folgenden Handschriften[1]):

1. Unzialhandschriften

A London, Brit. Mus., Royal 1 D VI; V. Jh. „codex Alexandrinus". Zur Notierungsweise der von erster Hand überschriebenen Rasuren vgl. Esdr I Einl. S. 7. 2_2 *νοτοφορ̣ω̣ν | και ογδοηκον* steht in zwei Zeilen, deren Pergament beschädigt ist oder in denen ein längerer Text radiert wurde. In 28_{12} *μοσολλαμωϑ* steht über *ο* 1° ein Index. In 35_9 *Χωνενίας* liest Rahlfs (app. ad 31_{12}) für *χωχενιας* A[c], Grabe und das Septuaginta-Unternehmen A wie auch Rahlfs in 31_{12} und Par I 26_{29}. Sigel bei H.-P.: III.

B Rom, Bibl. Vat., Vat. gr. 1209; IV. Jh. „codex Vaticanus". Sigel bei H.-P.: II.

V Rom, Bibl. Vat., Vat. gr. 2106; VIII. Jh. „codex Venetus". Sigel bei Br.-M.: N.

2. Minuskelhandschriften

19 Rom, Bibl. Vat., Chig. R. VI 38; XII. Jh. Sigel bei Br.-M.: b′.

44 Zittau, Stadtbibl., A.1; XV. Jh.

46 Paris, Bibl. Nat., Coisl. 4; XIII.–XIV. Jh. Mit Randnote zu 3_{16}.

---

[1]) Nähere Angaben zu den griech. Hss. bei A. Rahlfs, Verzeichnis der griech. Hss. des AT, MSU II, Berlin 1914 und Supplementum Vol. I,1 Die Überlieferung bis zum VIII. Jahrhundert, bearbeitet von D. Fraenkel, Göttingen 2004.

52 Florenz, Bibl. Laur., Acquisti 44; XIV. Jh. Sigel bei Br.-M.: e.

55 Rom, Bibl. Vat., Regin. gr. 1; X. Jh. Sigel bei Br.-M.: h.

56 Paris, Bibl. Nat., Gr. 3; geschrieben 1093. Wegen Blattverlust fehlt 13_{16} – fin libri. Die letzten drei Wörter von 13_{15} *Ἀβιὰ καὶ Ἰούδα* sind am Seitenende nachgetragen. Vgl. zu 246. Sigel bei Br.-M.: i.

60 Cambridge, Univ. Libr., Ff.I.24; X. Jh. Sigel bei Br.-M.: a.

64 Paris, Bibl. Nat., Gr. 2; X. Jh. 24_{20} *εγκατε]λιπετε* – 25_{17} *δευρο* fehlt wegen Blattverlust. Sigel bei Br.-M.: c.

68 Venedig, Bibl. Marc., Gr. 5; XV. Jh.

71 Paris, Bibl. Nat., Gr. 1; XIII. Jh. *χερουβιμ* ist meistens *χερου*^{βμ} geschrieben. Sigel bei Br.-M.: m.

74 Florenz, Bibl. Laur., S. Marco 700; XIII. Jh.

93 London, Brit. Mus., Royal 1 D II; XIII. Jh. 1_{1} – 30_{14} ist dreikolumnig geschrieben, der Rest zweikolumnig. Es fehlt 32_{26} – fin libri. Die Hs. enthält Randnoten. Ihre Untersuchung durch das Septuaginta-Unternehmen hat ergeben: „Die Marginalien stammen von zweierlei Hand: 1. vom Schreiber des LXX-Textes (XIII. Jh.); 2. von einem (zeitgenössischen) Glossator (XIII. Jh. [ex.]) in anderer Tinte. Die Randnote zu 18_{10} stammt aus der Hand des Glossators. Vom Schreiber des LXX-Textes stammen ausschließlich die Noten zu: 3_{17}; 6_{41}; 7_{13}; 8_{12}; $9_{21\ 29}$; 11_{23}; $12_{1\ 3}$; $13_{2\ 11}$; $18_{4\ 33}$; 19_{11}; 20_{9}(bis); 21_{20}; 22_{1}; $23_{18\ 19}$; $24_{5\ 8}$; 26_{10}; $29_{8\ 22}$." Sigel bei Br.-M.: e_2.

98 Escorial, Real Bibl., *Σ*-II-19; XIII. Jh. Für die durch Brand verlorenen Stellen (vgl. Idt und Tob Einl. S. 8) tritt auch hier die vor dem Brand genommene Abschrift 379 ein.

106 Ferrara, Bibl. Comun., 187 I; XIV. Jh. Sigel bei Br.-M.: p.

107 Ferrara, Bibl. Comun., 188 I; geschrieben 1334. Sigel bei Br.-M.: d.

108 Rom, Bibl. Vat., Vat. gr. 330; XIII. Jh. 11_{9} *αζικ̄* kann als *αζικα* aufgelöst werden, oder ¯ ist Bezeichnung als Name, die aber sonst nirgends gesetzt wird. Mit Randnoten. Sigel bei Br.-M.: *b* (19(= b′)-108(= *b*) = b).

119 Paris, Bibl. Nat., Gr. 7; X. und XII.–XIII. (?) Jh.; vgl. die Beschreibung zu Esdr II Einl. S. 10. Von der späteren Hand ergänzt ist der Text von 20_{7} *σπερ]ματι* – 25_{24} *υιους*. Sigel bei Br.-M.: n.

120 Venedig, Bibl. Marc., Gr. 4; XI. Jh. Sigel bei Br.-M.: q.

121 Venedig, Bibl. Marc., Gr. 3; X. Jh. Sigel bei Br.-M.: y.

122 Venedig, Bibl. Marc., Gr. 6; XV. Jh.

125 Moskau, ehem. Syn.-Bibl., Gr. 30; XIV. Jh.

127 Moskau, ehem. Syn.-Bibl., Gr. 31; X. Jh. Von 31_{5} *και παν γεννημα* an ist der Text von späterer Hand ergänzt (Kolumnenwechsel), 36_{5} *και ονομα* – fin libri fehlt wegen Blattverlust. Sigel bei Br.-M.: c_2.

130 Wien, Nationalbibl., Theol. gr. 23; XII.–XIII. Jh.

134 Florenz, Bibl. Laur., Plut. V 1; XI. Jh. Sigel bei Br.-M.: t.

158 Basel, Univ.-Bibl., B. VI 22; XIII. Jh. Sigel bei Br.-M.: g.

236 Rom, Bibl. Vat., Vat. gr. 331; XI. Jh.

243 Paris, Bibl. Nat., Coisl. 8; X. Jh. Sigel bei Br.-M.: j.

246 Rom, Bibl. Vat., Vat. gr. 1238; geschrieben 1195. Teilweise Palimpsest, obere Schrift Par. Es fehlt 13_{16} – fin libri; vgl. zu 56. Der Text endet mitten auf der Seite. Unterschrift 1. Zeile: *τελος του βιβλιου των παραλιπομενων*, 2. Zeile: *του β βιβλιου*.

314 Athen, Nat.-Bibl., 44; XIII. Jh.

321 Athos, *Βατοπαιδίου*, 603 (früher 516); XIV. Jh. Es fehlt wegen Blattverlust init libri – 7_{16} *αιωνος* und 20_{23} *συνετε]λεσαν* – 21_{14} *μεγαλην*.

346 Athos, *Πρωτάτου*, 53; geschrieben 1326.

379 Escorial, Real Bibl., *Ψ*-I-8; XVI. Jh. Vgl. zu 98.

381 Escorial, Real Bibl., *Ω*-I-13; XI. Jh.

412 Jerusalem, Patr.-Bibl., *Τάφου* 510*β*; XII. Jh. Die Hs. besteht aus zwei Blättern, sie enthalten 32_{1} *τει]χηρεις* – (15) *ου* 1° und 33_{11} init – 34_{1} fin. Mit hexaplarischen Noten. Sigel bei Br.-M.: o.

489 München, Bayer. Staatsbibl., Gr. 454; X. Jh. Sigel bei Br.-M.: f.

527 Paris, Bibl. de l'Arsenal, 8415; XIV. Jh. Es fehlt 19_{11} *ο ιερευς* – 21_{6} *γυνη*.
554 Paris, Bibl. Nat., Gr. 133; XIV. Jh. Mit hexaplarischen und anonymen Marginal- und Supralinearnoten. Sigel bei Br.-M.: z.
610 Paris, Bibl. Nat., Suppl. gr. 609; XIV. Jh.
728 Venedig, Bibl. Marc., Append. I 13; XI.–XII. Jh. 4_{5} *παλαιστη*: *η* mit Abbreviatur geschrieben.
731 Venedig, Bibl. Marc., Gr. 16; XIV. Jh.
762 Athos, *Βατοπαιδίου*, 599 (früher 512); X. Jh.

In den Hss. 247 (Rom, Bibl. Vat., Urbin. gr. 1; XII. Jh. Sigel bei Br.-M.: x) und 488 (München, Bayer. Staatsbibl., Gr. 372; XI. Jh. Sigel bei Br.-M.: *o*), die Par nicht enthalten, aber Reg I–IV, sind an einigen Stellen von Reg III und IV Textteile aus Par II eingefügt: in Hs. 247 und 488 (= 247′) Par II 19_{1-3} in Reg III 22_{37} post *βασιλεύς*, und Par II 33_{10-20} in Reg IV post 21_{18}, und in Hs. 488 Par II 36_{14-23}(fin libri) nach Reg IV 25_{30}(fin libri).

3. Papyrusfragmente

880 Sinai, Katharinenkloster, P. Sinai Gr. 1.; VII. Jh. Die Hs. wurde vom Septuaginta-Unternehmen aufgrund teils neuer Fotografien kollationiert. Der Papyrus-Codex enthält fragmentarisch: Par II 4_{7-8} $_{17-18}$ 5_{5-6} 6_{19-20} 29_{2-3}. Seine Lesarten werden, weil hier zum ersten Mal zugänglich, auch bei Bezeugung des ursprünglichen Textes positiv im Apparat vor der Klammer des Lemmas registriert.
958 Manchester, John Rylands Library, P. Gr. 460 (= P. Ryl. III 460); IV. Jh. Die Hs. enthält aus Par II mit Überschrift [*Παραλειπο*]*μ̣ενων* Reste von 1_{12}:
την σοφια]*ν και τη*(*ν*)
συνεσιν δι]*δ̣ωμι σο̣ι̣*
[*και πλουτον*] *και*
[*χρημα*]*τ̣α̣ και δο*
[*ξαν δ*]*ωσω σοι*

Ed. C. H. Roberts, Two Biblical Papyri in The John Rylands Library Manchester, Manchester 1936 und Ders., Catalogue of the Greek and Latin Papyri in The John Rylands Library Manchester, Vol. III, Theological and Literary Texts, Manchester 1938.

971 London, Brit. Mus., Egerton. P. Egerton 4 (P. Lond. Christ. 3); III. Jh. Die Hs. enthält fragmentarisch Par II 24$_{17}$ *ιουδα* – $_{(27)}$ *των*. Ed. A. J. Bell, T. C. Skeat, Fragments of an Unknown Gospel and Other Early Christian Papyri, London 1935, S. 52–55.

983 Montserrat, Scriptorium Biblicum et Orientale, P. Monts. II Inv. 3 (früher P. Barc. Inv. 3); II./III. Jh. Die Hs. enthält fragmentarisch Par II 29$_{32}$ *[κ]αι* 1° – $_{(35)}$ *ολοκαυτωσεω]ς* und 30$_{2}$ *[κ]αι* 1° – $_{(5)}$ *ε]πο̣[ιησεν*. Ed. R. Roca-Puig, Un papir grec del llibre segon dels Paralipòmens BABLB 29 (1961–62) 219–227, Wiederabdruck in Helm. 14 (1963) 175–185.

II. Die alten Übersetzungen

1. Die syrohexaplarische Übersetzung = Syh

Syrohexaplarische Überlieferung ist erhalten in drei Hss.:

1. Syh$^{12\,168}$: London, Brit. Mus., Add. MS 12.168; VIII.–IX. Jh.; vgl. Esdr I Einl. S. 18, Esdr II Einl. S. 13. Die Hs. wurde verglichen nach der Edition von J. Gwynn, Remnants of the Later Syriac Versions of the Bible, Part II: Old Testament, London 1909, S. 11–17. Sie enthält Par II 26$_{16-21}$ *αὐτοῦ* 1° 29$_{30}$ – 30$_{5}$ $_{13-20}$ 32$_{2-4}$ $_{33}$ – 33$_{16}$ 35$_{20-25}$.

2. Syh$^{17\,195}$: London, Brit. Mus., Add. MS 17.195; X. Jh. Die Hs. enthält Par II 15$_{8-15}$ 17$_{3\ 7-9}$ 18$_{31}$ 19$_{1-3}$ 24$_{6}$ *τὸ κεκρ̣ιμένον* – $_{11}$ 25$_{5-12}$ 36$_{11-13}$. Die Hs. wurde verglichen nach der Edition von W. Baars, Syro-hexaplaric Texts, edited, commented upon and compared with the Septuagint, Leiden 1968, S. 115–128.

3. Syh^{2023}: Cambridge, Univ. Libr., Add. 2023; XIII. Jh. Die Hs., die Par II 19_{1-2} in einer Reihe von biblischen Texten enthält (vgl. Baars S. 17), wurde nach der Kollation, die Baars im Apparat zum Text von Syh$^{17\ 195}$ ediert hat (S. 120), verglichen.

In den Textteilen von Par II 18_{31}, 19_{1-3} und 25_{12} (Baars S. 120–121) steht von der Zeile an, die mit 18_{31} *Ἰωσαφάτ* 2° beginnt, auf der jeweils zweiten Zeile nur ein Text, der etwa sechs Buchstaben umfasst; danach lässt sich bei unvollständigem Text der Umfang der Lücken (von Baars notiert: [...]) ungefähr berechnen. Schwer lesbare Stellen („part of them can be read with the help of ultraviolet light only“ Baars S. 120), sind in diesem Textteil von Baars unterstrichen.

2. Die altlateinische Übersetzung = La

Altlateinische Überlieferung liegt in folgenden Texten vor:

1. La^{109}: Madrid, Biblioteca de la Universidad Complutense 31; X. Jh. Vgl. Mac I Einl. S. 11–17, Mac II Einl. S. 9f. u. 26–29, Est Einl. S. 17–26, Idt Einl. S. 13–16, Tob Einl. S. 11–15. Ed. R. Weber, Les anciennes versions latines du deuxième livre des Paralipomènes, Collectanea Biblica Latina 8, Rom 1945 (= Weber). Sigel bei Weber: COMPL. Sigel von Beuron (R. Gryson, Altlateinische Handschriften, Manuscrits vieux latins, première partie: Mss 1–275, Vetus Latina, Die Reste der altlateinischen Bibel 1/2A, Freiburg 1999): 109.

2. La^{118}: Rom, Bibl. Vat., Vat. lat. 14175 f. 4; XI. Jh. Ed. Weber nach Giovanni Card. Mercati, Nuove Note di Letteratura Biblica e Cristiana Antica, Studi e Testi 95, Città del Vaticano 1941, 127–134. Das Blatt enthält Par II 7_{16} *οἱ ὀφθαλμοί* (*oculi*) – $_{18}$ *διεθέμην* (*disposui*); 8_{8-9}; 9_{1} *Ἰερουσαλήμ* (*ie*]*rusalem*) – $_{2}$ *Σαλωμών* 2° (*solo* [*mone*); $_{12}$ *ᾔτησεν* (*postulavit*) – $_{14}$ *σατραπῶν* (*du*[*ces*). Sigel bei Weber: VAT. Sigel von Beuron: 118.

3. La^{Leg}:

(1) La^{L}: León, Biblioteca de la Real Colegiata de San Isidoro 2; Jahr 960. Sigel von Beuron: 91,

(2) La^{H}: Madrid, Academia de la Historia Aemil. 2–3; XII. Jh. Sigel von Beuron: 95,

(3) La^{V}: Escorial, Real Bibl., 54 V. 35; Abschrift der Glossen aus einer verlorenen Bibelhs. der Abtei Valvanera des X. oder XI. Jh.s in einer Vulgata Inkunabel, Venedig 1478 (Gesamtkatalog der Wiegendrucke 4233). Sigel von Beuron: 94.

Ed. Weber. Da Weber die drei Texte unter dem Sigel La^{Leg} subsumiert und die Herkunft aus Text 91, 94 oder 95 nur bei Varianten innerhalb dieser drei Texte notiert, behalte ich seine Signatur (La^{Leg}) bei und notiere Varianten innerhalb der drei Texte anschließend in Klammern, z.B. 94 *τραπεζῶν*] + *αυτου L* La^{Leg}(deest H) Compl = 𝔐. Sigel bei Weber: LEG.

4. La$^{\mathrm{Or\,Sal}}$: Die den Textteil Par II 613 *καὶ ἔπεσεν* – 22 *αὐτοῦ* aus dem Tempelweihgebet Salomos umfassende Oratio Salomonis, die in vielen lateinischen Handschriften, vor allem den ältesten vor dem IX. Jh., am Ende von Sir überliefert ist (vgl. Weber S. XI–XIII), wird notiert nach der Kollation der von Weber (S. XII) registrierten 17 Hss. samt der editio princeps von Gutenberg nach den dort verwendeten Sigeln und nach Sabatiers Kollation von Hs. Paris, Bibl. Nat., Lat. 11532 (Corbeiensis n.1); geschrieben ca. 900 (vgl. Fischer S. 40): Sigel La$^{\mathrm{Or\,Sal:C}}$.

3. Die äthiopische Übersetzung = Aeth

Die äthiopische Übersetzung wurde verglichen nach der Ausgabe von S. Grébaut, Les Paralipomènes, livres I et II, Version éthiopienne, PO XXIII 4, Paris 1932. Die Ausgabe beruht auf 2 Hss.:

P = Paris, Bibl. Nat., Éth. 94.; XV. Jh.
A = Paris, Bibl. Nat., Collection d'Abbadie No. 35; XVII. Jh.

Eine Anzahl von Fehllesungen in dieser Edition hat J. W. Clear, A List of Corrections for Sylvain Grébaut's Edition of Ethiopic II Chron, in: Muséon 85 (1972) 259–268 veröffentlicht[1]). Er legt eine auf weiteren Handschriften beruhende Sammlung an Varianten in seiner ungedruckten Dissertation, The Ethiopic Version of II Chronicles, University of Toronto, Department of Near Eastern Studies, 1971, vor[2]) und teilt eine Zusammenfassung der textgeschichtlichen Ergebnisse: The Ethiopic Text of 2 Paralipomenon, in Textus 8 (1973) 126–132 mit.

Seine Sammlung ausgewählter Varianten beruht außer den von Grébaut herausgegebenen P (nach Clear A) und A (nach Clear C) auf folgenden Hss.:

B = Paris, Bibl. Nat., Collection d'Abbadie, No. 141, XVIII./XIX. Jh.
D = London, Brit. Mus., Or. 488; geschrieben 1726.
E = London, Brit. Mus., Or. 489; geschrieben 1730.
F = London, Brit. Mus., Or. 493; XVIII. Jh.
G = Oxford, Bodl. Libr., Bruce No. 73; XVIII. Jh.
H = Rom, Pontif. Bibl. Inst., A.2.10; XVIII. Jh.

Nicht beigezogen werden konnte, weil 1968 unauffindbar (Clear Diss. S. 23):

I = Frankfurt a. M., Stadtbibl., Cod. Aeth. No. 2.

Die von Clear sorgfältig nach textgeschichtlichen Kategorien registrierten Varianten bieten nur eine, wenn auch ausführliche, Auswahl – das Werk wäre in der Form einer Edition noch besser verwendbar gewesen –; darum sind für die beiden einzigen vollständig edierten Hss. die Sigeln der Edition von Grébaut: P (= Clear A) und A (= Clear C) beibehalten worden. Wenn aus Clears Dissertation die vollständige Bezeugung einer Lesart durch alle Hss. ersichtlich ist, wird das im Apparat eigens vermerkt: z.B. Aeth(omnes), $Aeth^{P}$(solus), $Aeth^{DF}$(d.h.: alle übrigen

[1]) Im Apparat notiert: „(Clear, Muséon)".

[2]) Notiert: „(Clear Diss)" oder „(Clear)".

Hss. haben den Text des Lemmas), Aeth^{-DF}(d.h.: nur DF haben den Text des Lemmas). Wenn daher nur „Aeth", „Aeth^{P}" oder „Aeth^{A}" (ohne „(solus)") notiert wird, dann besagt das, dass die betreffende Variante nur im Apparat der Edition von Grébaut verzeichnet ist, weshalb die Textform der übrigen von Clear verwendeten Hss. daraus nicht erschlossen werden kann. Da sich als häufigste Zeugenverteilung die Gruppierungen Aeth^{PB} und Aeth^{ADEFGH} gegenüberstehen, werden diese mit „Aeth$^{P'}$" und „Aeth$^{A'}$" notiert. Da für zwei durch Blattausfall verursachte größere Lücken der der Edition Grébauts zu Grunde liegenden Hs. P, Par II 17$_{17}$ *αὐτοῦ* – 21$_{5}$ und 23$_{10}$ *τοῦ* paenult – 26$_{10}$ *ὀρεινῇ*, Clear keine Varianten der von ihm benutzen Hss. mitteilt, – eine nicht verständliche Beschränkung, da gerade für diese Textteile die Überlieferung der mit Hs. P (nach Clear A) eng verwandten Textform von Hs. B, in der diese Lücken nicht enthalten sind (Clear S. 18), textgeschichtlich von besonderem Wert gewesen wäre –, konnte an diesen Stellen nur „Aeth^{A}" bzw. „Aeth$^{(-P)}$" nach Grébauts Kollation zitiert werden. Da Grébaut auch in diesen Textteilen, in denen ihm aus der Einleitung zu schließen nur der Text von Aeth^{A} zur Verfügung stand, mehrfach Textformen von Aeth^{A} im Apparat notiert, kann die als Text gebotene Textform, dort wo Aeth^{A} im Apparat steht, nur ohne Textvorlage erschlossen sein. Ich notiere darum innerhalb dieser Textteile nur die A-Varianten im Apparat mit dem Sigel „Aeth^{A}", die aus dem Text übernommenen Lesarten, die an den Stellen, an denen keine Konjektur des Herausgebers vorliegt – und das dürfte außerhalb der A-Varianten bietenden Stellen überwiegend der Fall sein –, gleicherweise vom A-Text bezeugt sind, aber mit dem Sigel „Aeth$^{(-P)}$".

4. Die armenische Übersetzung = Arm

Die armenische Übersetzung wurde, wie in allen Editionen der Göttinger LXX, verglichen nach der Ausgabe von Zohrab, Venedig 1805, S. 311–374, der die Hs. Nr. 1508 der Mechitarist. Bibliothek S. Lazzaro in Venedig (geschrieben 1319) unter Beiziehung von 8 weiteren Hss. im Apparat zu Grunde liegt: = Arm^{I}. Eine stark abweichende Übersetzung wurde auf Grund der Hss. aus Erewan, Matenadaran Nr 354 (XIV./XV. Jh.) und Jerusalem, Armenisches Patriarchat Nr 1925 (geschrieben 1269) von G. Xalatᶜeancᶜ 1899 in Moskau herausgegeben: = Arm^{II}. Arm = Arm^{I} + Arm^{II}.

5. Die koptische Übersetzung

Folgende Teile der koptischen Übersetzung der LXX sind überliefert:

1. Die bohairischen Fragmente, die in dem von Raphael Tuki in 2 Bänden Rom 1762 herausgegebenen Euchologium enthalten sind. Sie wurden von Paul Anton de Lagarde, Bruchstücke der koptischen übersetzung des alten testaments, in Orientalia, 1. Heft aus dem 24. Band der AAWG 1879 zusammen mit der Berliner Handschrift ms orientale 446 neu herausgegeben. Sie enthalten aus Par II folgende Textteile: die Berliner Hs. Par II 3_{1} – 6_{30} = Bo^{B}, Tuki Bd. 1 Par II 3_{1} – 7_{16} = Bo^{E}, Tuki Bd. 2 Par II 3_{1} – 6_{30} = Bo^{D}. Die sehr sorgfältige Kollation von Lagarde ist für Bo^{E} mit der Ausgabe von Tuki verglichen worden.

2. Weitgehend übereinstimmende Auszüge aus Par II liegen auch vor in G. Horner, The Service for the Consecration of a Church and Altar according to the Coptic Rite, edited with Translations from a Coptic and Arabic Manuscript of A.D. 1307 for the Bishop of Salisbury, London 1902: Par II 3_{1} – 4_{17}, $_{19}$ – 6_{11} (S. 201–221) = Bo^{H}.

3. Der in einer von W. E. Crum, The Monastery of Epiphanius at Thebes, Part II, New York 1926, S. 4, Nr. 5 (vgl. S. 156) herausgegebenen Textkombination durch die Überschrift **ⲡⲁⲗⲁ-ⲗⲉⲡⲟⲙⲓⲛⲟⲛ** als sahidische Übersetzung von Par I 18_{16} *Ἀχιμέλεχ* – $_{17}$ *βασιλέως* und II 6_{20} init – *νυκτός* ausgewiesene Textteil: Sa.

Der von W. Till in Nationalbibliothek in Wien, MPSW II (1934), Koptische Pergamente theologischen Inhalts, S. XI 13 herausgegebene und Par II 5_{14} 6_{3-8} 34_{29-31} zugeschriebene sahidische Text ist eindeutig eine Übersetzung der Parallelstellen von Reg III.

Für die bohairischen Texte wird die Übereinstimmung aller einen Textteil überliefernden Zeugen mit „Bo" notiert; bei uneinheitlicher Überlieferung werden entweder die eine Variante bezeugenden Texte positiv genannt: „$\mathrm{Bo}^{\mathrm{BE}}$" oder die abspringenden negativ: „$\mathrm{Bo}^{-\mathrm{BH}}$".

III. Die indirekte Überlieferung[1])

1. Iosephus

Ios VIII–X = Iosephus, Antiquitatum Iudaicarum libri VIII–X, ed. B. Niese, vol. II, Berolini 1892 (Nachdruck 1955). Zitiert wird nach den Paragraphen der Edition Nieses.

Griechische Überlieferung der Geschichte Israels aus der Chronik, die im Werk des Eupolemos enthalten ist[2]), am deutlichsten in unterschiedener Form gegenüber der Parallele in Reg III im Brief des Königs von Tyrus an Salomo[3]), ist wegen ihrer doppelt indirekten Überlieferung, als Zitat aus dem Werk Alexandros Polyhistors bei Clemens Alexandrinus und Euseb, textgeschichtlich, auch hinsichtlich der nomina propria, nach bester Überlieferung *Σολομών* und *Μωσής*[4]), nicht verwertbar.

---

[1]) Zitiert wird, wo nichts anderes vermerkt wird, nach der Seitenzahl der benützten Ausgabe. Zu den beigezogenen Hilfsmitteln vgl. Esdr II Einl. S. 22.

[2]) Eus Praep IX 30,1 – 34,18 = FGH III C Nr. 723.

[3]) Eus Praep IX 34,1–3: Par II 2_{11-16} (= Reg III $5_{8(22)-10(24)}$).

[4]) Vgl. TGE II S. 65–72.

2. Die griechischen Kirchenschriftsteller
(bzw. ihre lateinische, syrische oder armenische Übersetzung)

Im Neuen Testament ist kein eigentliches Zitat aus Par II überliefert. Zwar beruht die Bezeichnung Abrahams als *φίλος θεοῦ* in Iac 2$_{23}$ auf alttestamentlichem Zeugnis, entweder auf der Aussage von Par II 20$_{7}$ *ἔδωκας αὐτὴν* (sc *τὴν γῆν*) *σπέρματι Ἀβραὰμ τῷ ἠγαπημένῳ σου*, oder von Is 41$_{8}$ *σπέρμα Ἀβραάμ, ὃν ἠγάπησα*; doch lässt sich aus der Satzkonstruktion die Zugehörigkeit zum einen oder zum anderen alttestamentlichen Text und damit der Zitatcharakter von Iac 2$_{23}$ nicht bestimmen. Auch die Alternative der griechischen Äquivalenz zur hebräischen אֹהַבְ(ךָ) (אוהבך 7Mss), nach der ursprüngliches *τῷ ἠγαπημένῳ*, rein lukianisch bezeugtem *τω φιλω* (*του φιλου*) in Par und im Text einhellig bezeugtes *ὃν ἠγάπησα*, zu dem als hexaplarische Note aber nach Euseb für Aquila *αγαπητου*, für Symmachus *του φιλου* mitüberliefert ist, in Is dem griechisch einhellig überlieferten *φίλος* (*θεοῦ*) in Iac gegenübersteht, erlaubt nur die Vermutung, dass auch die Äquivalenz von אהב mit *φίλος* vorhexaplarischer und vorlukianischer Herkunft sein muss. Dieser Schluss würde auch durch das einzige frühchristliche Zitat, Clemens Romanus (I ad Cor X 1), *Ἀβραὰμ ὁ φίλος προσαγορευθείς* bestätigt, das Ziegler für Is 41$_{8}$ in Anspruch nimmt. Aber über den Zitatcharakter, nach dem sich die Zugehörigkeit neutestamentlicher und frühchristlicher Überlieferung zwischen beiden alttestamentlichen Aussagen entscheiden ließe, lässt sich nichts sagen.

Ant^{Mi} = Antonius Melissa, Sententiae sive loci communes, PG 136, 765–1244 (Nachdruck der Ausgabe von Conradus Gesnerus, Sententiarum sive capitum theologicorum tomi tres, per Antonium et Maximum monachos olim collecti). Zitiert wird nach O. Wahl, Die Sacra-Parallela-Zitate aus den

		Büchern Josua, Richter, 1/2 Samuel, 3/4 Könige sowie 1/2 Chronik, MSU XXIX (AAWG, Phil.-Hist. Kl. 3. Folge 255), Göttingen 2004. Zur Notierungsweise vgl. S. 69f.
Apoll *Cat Ps*	=	Apollinaris von Laodicea zu Psalm 1–150, ed. E. Mühlenberg, Psalmenkommentare aus der Katenenüberlieferung, Bände I–III, PTS 15–16, 19, Berlin u.a. 1975–1978 (zitiert wird nach Band und Seite)
Bas C	=	Basilius Caesariensis
Enar Es	=	Enarratio in prophetam Esaiam, PG 30
humil	=	De humilitate, PG 31
Chr	=	Johannes Chrysostomus
Hom in Matth	=	Homiliae XC in Matthaeum, PG 57
In Vidi Dom Hom	=	In illud, Vidi Dominum, Hom III, Homélies sur Ozias, SC 277
Clem Al *Strom*	=	Clemens Alexandrinus, Stromata I–VI, GCS 15
Coll VT	=	Collectio dictorum Veteris Testamenti, PG 77
Constit	=	Constitutiones Apostolorum, SC 320, 329, 336 (zitiert wird nach Buch, Kapitel und der jeweils mit den Kapiteln beginnenden Zeilenzählung); vgl. S. 69
Cyr	=	Cyrillus Alexandrinus
ep	=	Epistola ad regem Theodosium, Concilia Oecumenica, Concilium universale Ephesinum anno 431 (ed. Schwartz, ACO 1.1.1.–1.1.7.)
in XII Proph	=	In XII Prophetas, ed. Ph. E. Pusey, Oxford 1868 (zitiert wird nach Paragraphen)

Cyr H *Catech II*	=	Cyrillus Hierosolymitanus, Opera quae supersunt omnia II, ed. J. Rupp, Monaci 1860
Dam	=	Johannes Damascenus, Sacra Parallela. Siehe unter Ant^{Mi}
Did	=	Didymus
Cat Ps	=	siehe unter Apoll *Cat Ps*
Comm in Eccl	=	Commentarii in Ecclesiasten, ed. M. Gronewald, PTA 24, Bonn 1979
Comm in Sach	=	Commentarii in Zachariam, SC 83–85
Didasc	=	R. H. Connolly, Didascalia Apostolorum, the syriac version translated and accompanied by the Verona latin fragments, Oxford 1929. Didasc^{Syr} = Didascalia Apostolorum syriace ed. P. A. de Lagarde, Lipsiae 1854 (anonym). Didasc^{La} = die lateinischen Fragmente von Verona nach der Edition von Connolly, vgl. S. 69
Eus	=	Eusebius Caesariensis
Chron	=	Chronicorum libri duo
Chron I^{Arm}	=	Chronicorum liber prior, ed. A. Schoene, Berolini 1875 und ed. J. Karst, GCS 20 (zitiert wird nach Karst, verglichen mit Schoene)
Chron I$^{Arm\ Reg\ ser}$	=	Regum series, ed. Schoene S. 6–18 und ed. Karst S. 144–155 (zitiert wird nach Karst, verglichen mit Schoene und Aucher)
Chron I$^{Exc\ Eus}$	=	Excerpta Eusebiana, ed. J. A. Cramer, Anecdota Graeca, Vol. II, Oxonii 1839, S. 115–163
Chron I$^{Ecl\ Eus}$	=	*Ἐκλογὴ ἱστοριῶν*, ib. S. 165–230
Chron I^{Sync}	=	Georgii Syncelli Ecloga Chronographica, ed. A. A. Mosshammer, Leipzig 1984

Chron II^{Arm}	=	Chronicorum liber secundus, ed. A. Schoene (Übersetzung aus dem Armenischen von H. Petermann), Berolini 1866 und ed. J. Karst (zitiert wird nach der Paginierung von Karst)
Chron II^{Lat}	=	Hieronymi Chronicon, ed. R. Helm GCS 47.24, 34 (Eusebius 7. Band)

Zu *Chron I*^{Arm} und *II*^{Arm} wurde die Edition von B. Aucher, Eusebii Pamphili Chronicum bipartitum graeco-armeno-latinum, Venetiis 1818 beigezogen.

Dem	=	Demonstratio evangelica, GCS 23 (Eusebius 6. Band)
Ecl	=	Eclogae propheticae, ed. Th. Gaisford, Oxonii 1846[2]
in Is	=	Commentarius in Isaiam, GCS (Eusebius 9. Band)
Praep	=	Praeparatio evangelica, GCS 43.1,2 (Eusebius 8. Band)
Hippol	=	Hippolytus Romanus
Chron	=	Chronica, GCS 46
	=	*Chron*$^{H1+H2}$ *Chron*^{H1} = Ältere Fassung *Chron*^{H2} = Jüngere Fassung
in Dan	=	Commentarius in Danielem, SC 14
Or	=	Origenes
Cat Ps D	=	La Chaîne palestinienne sur le Psaume 118, SC 189–190
in Ioh	=	Commentarii in Ioannem, GCS 10
orat	=	De oratione, GCS 3
Rom	=	Le commentaire d'Origène sur Rom. 3,5–5,7, ed. J. Scherer, Le Caire 1957
Or^{Lat} *in Matth*	=	Commentarii in Matthaeum
in Matth	=	GCS 40
in Matth A	=	GCS 38
in Matth B	=	GCS 41.1

Or^{Lat}(Ruf) *in Cant*	=	Commentarii in Canticum canticorum, GCS 33 (Rufinus)
Or^{Lat}(Ruf) *in Num*	=	Homiliae in Numeros, GCS 30 (Rufinus)
Proc *Comm in Par II*	=	Procopius Gazaeus, Commentarii in secundum librum Paralipomenon, PG 87
Sacra Parallela. Siehe unter Ant^{Mi}		
TheodM^{Lat} *in Ps*	=	Theodorus Mopsuestenus (Iulian. Aeclan.?), R. Devreesse, Le commentaire de Théodore de Mopsueste sur les Psaumes, StT 93, 1939
Theoph An *Autol*	=	Theophilus Antiochenus, Ad Autolycum, SC 20
Tht	=	Theodoretus Cyrensis
Comm in Is	=	Commentarius in Isaiam, MSU 5 = SC I 276 II 295 III 315 (zitiert wird nach SC, Band I II III)
Oct	=	Quaestiones in Octateuchum, ed. N. Fernández Marcos et A. Saenz-Badillos, TECC 17, Madrid 1979
Reg I–IV Par I–II	=	Quaestiones in Reges et Paralipomena, ed. N. Fernández Marcos et J. R. Busto Saiz, TECC 32, Madrid 1984

3. Die lateinischen Kirchenschriftsteller

Ambr *In ps*	=	Ambrosius Mediolanensis, Explanatio XII psalmorum, CSEL 64
An gen	=	Anonyma, Liber genealogus, ed. Th. Mommsen, MG Auct. Antiquiss. 9 (1892) 160–196 (zitiert wird nach der Paragrapheneinteilung Mommsens, verglichen mit der Edition von P. A. de

		Lagarde, SeptuagintaStudien Zweiter Teil, AAWG 38, Berlin 1892)
An Glos	=	Anonyma, ed. D. de Bruyne, Fragments d'anciennes versions latines tirés d'un glossaire biblique, ALMA 3, Bruxelles 1927
An Mth	=	Anonyma, Opus imperfectum in Matthaeum, PG 56
An Proph	=	Anonyma, Prophetiae ex omnibus libris collectae, PLS 1, 177–180; 1738–1741
Aug	=	Augustinus
grat	=	De gratia et libero arbitrio, PL 44
Iul	=	Contra Iulianum, PL 44
Par	=	Contra epistulam Parmeniani, CSEL 51
Pel	=	Contra duas epistulas Pelegianorum libri 4, CSEL 60
quaest Ios	=	Quaestio 21 de Iesu Naue (Quaestionum in Heptateuchum libri, CSEL 28,2 und CCSL 33 (zitiert wird nach CSEL, verglichen mit CCSL)
PsAug *quaest*	=	Quaestiones Veteris et Novi Testamenti, CSEL 50
Spec	=	Liber de divinis scripturis sive Speculum, CSEL 12
Cypr	=	Cyprianus
Fort	=	Ad Fortunatum, CCSL 3
test	=	Ad Quirinium, Testimonium libri 3, CCSL 3
PsCypr *pasch*	=	De Pascha computus, CSEL 3,3
Fac *def*	=	Facundus, Pro defensione trium capitulorum libri 12, PL 67
Gild *exc*	=	Gildas, De excidio et conquestu Britanniae, PL 67
Hier *Pel*	=	Hieronymus, Dialogi contra Pelagianos libri III, CCSL 80

Hil *Ps*	=	Hilarius, Tractatus super Psalmos, CSEL 22
Iul Ecl *Ps*	=	Iulianus von Eclanum. Siehe unter TheodM^Lat^.
Lucif	=	Lucifer
Ath	=	De Athanasio libi 2, CCSL 8
con	=	De non conveniendo cum haereticis, CCSL 8
parc	=	De non parcendo in Deum delinquentibus, CCSL 8
Parm *ep*	=	Parmenianus, Epistula ad Tyconium, in: Aug, Contra epistulam Parmeniani, CSEL 51
Paul N *Ep*	=	Paulinus von Nola, Epistulae 51, CSEL 29
Prisc *Tract III*	=	Priscillianus, Tractatus III, liber de fide et de apocryphis, CSEL 18

IV. Die Druckausgaben

Für die Druckausgaben:

Die Complutensis (Alcalá 1517, vorgedruckte Sanktion Leos X. 22. Mai 1520) = Compl, die Aldina (Venedig 1518) = Ald, Sixtina (Rom 1586/87) = Sixt, Grabe (Oxford 1707–1720), Holmes-Parsons (Oxford 1827) = H.-P., Lagarde (Göttingen 1883) = Lag., Tischendorf (Leipzig 1887^{7} (mit Supplementum zu B und S von E. Nestle tomus II S. 57–63)), Swete (Cambridge 1895/96^{2} (mit Appendix tomus II S. 852–854)), Brooke-McLean (Vol. II. Part III, Cambridge 1932) = Br.-M., Rahlfs (Stuttgart 1935) = Ra.,

sind die Feststellungen zu den Editionen von Mac III (Einl. S. 11–14), Est (Einl. S. 40–45), Idt (Einl. S. 21–23), Tob (Einl. S. 29–31), Esdr I (Einl. S. 29–31) und Esdr II (Einl. S. 24–29) zu vergleichen.

Als Eigentümlichkeiten, die für Par II gelten, ist demgegenüber festzustellen:

1. Zu codex B, der die Grundlage für den Text von Sixt bildet, tritt keine Abschrift von B hinzu.

2. Als die dem Text von Ald zu Grunde liegende Überlieferung treten die beiden direkt voneinander abhängigen Handschriften 68 und 122, die der Rezension *a* zugehören, ein, von denen vermutet wird, dass sie für Bessarion geschrieben seien; vgl. Rahlfs Verz. S. 306f.

3. Im Blick auf die auch hier eindeutig erkennbare Benutzung der lukianischen Handschrift 108 in Compl erhebt sich für Par II am stärksten die bis heute nicht beantwortete Frage, ob die über die Bezeugung durch 108 hinausgehende Menge mit 𝔐 übereinstimmender Lesarten in Compl auf damals bekannter verlorener handschriftlicher Überlieferung beruhe oder auf dem Editionsprinzip der Herausgeber der Complutensis. Neuere Papyrusfunde, die solche Übereinstimmungen mit Compl aufweisen (vgl. D. Barthélemy in MSU XX, Göttingen 1990, S. 253–261), werfen neues Licht auf die Frage nach der textgeschichtlichen Einordnung der nur von Compl bezeugten Tilgung der Einschübe aus Reg in LXX von Par II und damit auf die Frage, ob der Complutensis als Edition auch der Charakter textgeschichtlicher Tradition zuzumessen sei.

4. In der Edition von Br.-M. deren Kollationen zur Selbstkontrolle, an einigen Stellen auch zur Selbstkorrektur dienten, sind folgende Fehllesungen festgestellt worden:

1_{14} *κατέλιπεν*] *-λειπεν* i* Br.-M. | 2_{10} *κόρων* 1°] *κορον* 120^{c}: *κορον* q* Br.-M. | 11 *Σαλωμών*] *σαλομων λεγων* 243: *σαλομων λεγων* $j^{a?}$; + *λεγων* j* Br.-M. | 14 *κοκκίνῳ*] *κοκκινων* A Br.-M.: sic et Swete | 16 *σχεδίας*] *-διαις* j Br.-M. | 17 *τρισχίλιοι ἑξακόσιοι*] *τρισχιλιους και εξακοσιους* 60: a^{a} Br.-M. | 3_{8} *χερουβίν*] *-βειν* V*: *-βειν* $N^{a?}$, *-βειμ* N* Br.-M. | 10 *χερουβίν*] *χεροβειμ* 55: *χερουβειμ* h Br.-M. | 11 *χερουβίν*] *-βειμ* V*; *-βιμ* V^{c}: *-βειμ* N*, *-βειν* N^{c} Br.-M. | *χερούβ*] *χερουβιμ* 489: *χερουβ* f Br.-M. | 12 *ἁπτομένη* 1° – fin om d Br.-M. | 12 *χωθαρέθ* 1°] + *α εστιν* 158: om *ἐπί* 1° – *χωθαρέθ* 2° g Br.-M. | 5_{10} *Χωρήβ*] *χωριβ* 554: *χωρειβ* z Br.-M. | 6_{6} *τοῦ λαοῦ*] *τον λαον* e_2 Br.-M. | 7_{8} *ἡμέρας*] *ημεραις* B; *ἡμ*^{ε} 243: *ημεραις* B A i z e_2; non liquet j Br.-M. | 8_{1} *ᾠκοδόμησε(ν)*] *οικ.* j e_2 Br.-M. | 11 *κιβωτός*] pr *η* 19: pr b

Br.-M.: b pro b′ | 13 ἡμέρᾳ] ημερες 158*; ημερας 71: ημεραις g* m Br.-M. | 9_{13} Σαλωμών B A N* c Br.-M.] σαλωμω A | 15 τὸν ἕνα θυρεόν] τον θυρεον τον ενα 19: τον θυρεον ενα b′ Br.-M. | 20 σκεύη 1°] + του οικου 108: + του οικου b Br.-M.: b pro *b* | 10_{7} αὐτῷ] προς αυτον οι πρεσβυτεροι 93: + οι πρεσβυτεροι e_2 Br.-M. | εὐδοκήσῃς] αρεσεις αυτους: αρεσεις αυτοις e_2 Br.-M. | 11 παιδεύσω] -σων e_2 Br.-M. | 11_{1} χιλιάδας] -δες j Br.-M. | 6 τὴν Αἰτάμ] την αιταν e_2 Br.-M.; την αιτανι A: τον αιτανι A Br.-M. | 18 Ἀβιαιάλ] αμιγαιαν 107: αβιγαιν d Br.-M. | 19 Σαμαρίαν] σομορια 71: σομαρια m Br.-M. | 20 Σαλημώθ] σαληνωθ e Br.-M. | 12_{13} Νοομμά] νοημα 107: νοημμα d Br.-M. | 13_{5} ἁλός] αιωνιος 71; αιωνιον m Br.-M. | 15 ἄνδρας] ανδραν 158: ανδρας g Br.-M. | 15_{2} ἐκζητήσητε] -σεται V*; -σετε V^{c}: -σετε N*; -σητε N^{c} Br.-M. | 8 κατίσχυσεν] -σαν g Br.-M. | 17_{4} αὐτοῦ 2°] εαυτου V: εαυτου N* Br.-M. | 7 Ναθαναήλ] θαναηλ 158*; pr τον 158: τον θαναηλ g* Br.-M. | 8 Σεμιραμώθ] σεμειρ. 93: σαμειρ. e_2 Br.-M. | Ἀδωνίας] αδονιας 60^{c}; αδονιαν 60*: αδονιας a Br.-M. | 11 ἑπτακοσίους 1° om 93 Br.-M. | 16 Ζαχρί] ζεχρει 93: ζαχρι e_2 Br.-M. | 19_{7} φόβος] pr ras (1) A Br.-M. | 10 ὑμῶν 1°] ημων A e_2 Br.-M. | 20_{11} ἐπιχειροῦσιν] επειχερουσιν A: επιχιρουσιν A Br.-M. | ἐξελθεῖν] του ελθειν 93; ελθειν e_2 Br.-M. | 13 καὶ αἱ γυναῖκες om g* Br.-M. | 21 ἔλεγον] ελεγεν A Br.-M. (om *καί* paenult – Ἐξομολογεῖσθε A et sec Br.-M.) | 23 κατοικοῦντας 2°] pr λογους 127*: λογους c_2* Br.-M. | 28 κινύραις] κιννυραις N^{b} Br.-M. | 33 αὐτῶν] αυτου e_2 Br.-M. | 21_{11} Ἰούδαν] ιουδα z Br.-M. | 13 σου 1° om 236: σου 2° om 236 Br.-M. (sec H.-P.) | 22_{1} καί 2° om A Br.-M. | βασιλέως] $βασι^{λ}$ 554: βασιλευς z Br.-M. | 23_{1} Ζαχαρίου] ζεχρει 93: ζαχρει e_2 Br.-M. | 15 καί 3° om y Br.-M. | 25_{18} Ἀμασίαν] αμασια 127: αμεσια c_2 Br.-M. | 19 ἐπάταξας] επαταξαι 119: επαταξα n Br.-M. | 26_{1} δέκα – ἐτῶν] εκ των δεκα εξ 44: ετων δεκα εξ 44 Br.-M. (sec H.-P.) | 3 Ἰεχελιά] εχελια 71: αχελια m Br.-M. | 6 Ἰαβνή] ιαμβης 158^{c}; ιαββης 158*: ιαμβης g (β ex μ g^{b}) Br.-M. | 15 λογιστοῦ τοῦ] λογοις τουτου 55: λογοις τουτου h* Br.-M. | 21 ἀφφουσώθ] αππουσωθ 74 Br.-M. (sec H.-P.) | 23 τῆς ταφῆς] και εταφη εν ταφη 127: και εταφη εν τη ταφη c_2 Br.-M. | ἐστιν· καί] εστιν ⟨κ⟩αι 158: om και g Br.-M. | 27_{3} ἐν τείχει] εν τειχη V: τειχη $N^{a?}$ Br.-M. | 28_{3} Βενεννόμ] εννομ 236: εννουν 236 Br.-M. (sec H.-P.) | 6 τῶν πατέρων] om 158^{txt}: om g Br.-M. | 7 Ζεχρί] ενζεχρι 71: ενζαχρι m Br.-M. | 8 ᾐχμαλώτευσαν] ηυχαλωτευσαν (sic) 55: ηυχμαλωτευσαν h Br.-M. | 18 Γαδηρώθ] γαδηρων 74: γαληρων 74 Br.-M. (sec H.-P.) | 21 ἔδωκε(ν)] εδωκε $αυ^{τ}$ 158: εδωκεν] + αυτ. g Br.-M. | 26 αἵ 3° om 64 | 27 Δαυίδ] ιουδα 71* | 29_{1} Ἀββαούθ] αββηουθ g Br.-M. | Ζαχαριά] ζαχαριαν A (*N* e ras?): ζαχαριου A(seq ras 1 lit ?) Br.-M. | 11 ἐναντίον αὐτοῦ] εναντιων αυτων 127: εναντιον αυτων c_2 Br.-M. | 12 Ζεμμάθ] ζεμμα 74: ζεμνα 74 Br.-M. (sec H.-P.) | Ἰωαχά] ιωχα ουτοι υιοι ιωαχα 71: ιωχα ουτοι υιοι ιωχα m Br.-M. | 17 ναόν] οικον 158^{txt}: οικον g Br.-M. | κυρίου 1°] pr του 119: κυρίου 2°] pr του n Br.-M. | 19 αὐτοῦ 1°] εαυτου f j Br.-M. | αὐτοῦ 2°] εαυτου 489: αυτου f Br.-M. | 22 προσεχεαν m Br.-M.: -χεον 71 | 29 ἔκαμψεν] εκυψεν

108*: εκαψεν b* Br.-M. | 34 ἡγνίσθησαν 1°] ηγνησαν N[a?](vid) Br.-M. | 30_{15} εἰς οἶκον] εν οικω A Br.-M. | 23 ἐποίησαν ἑπτὰ ἡμέρας] ετερας επτα 44: ετερας επτα ημερας 44 Br.-M. (sec H.-P.) | 27 τόν 2° om d* Br.-M. | 31_{6} καὶ ἐπιδέκατα αἰγῶν] και αιγων 44; και επιδεκατα και αιγων 44 Br.-M. (sec H.-P.) | 11 ἡτοίμασαν] -σεν t Br.-M. | 12 Χωνενίας] χωνανιας m Br.-M. | 13 καὶ Ὀζαζίας καὶ Νάεθ (μαεθ B t) καὶ Ἀσαήλ] οζοζιας ναεθ 44: οζοζιας και ασαηλ 44 Br.-M. (sec H.-P.) (om και μαεθ in Br.-M.[te]) | 14 κυρίου ($\overline{\kappa\upsilon}$ A)] κυριω A Br.-M. | 32_{7} ἔθνους] pr του o Br.-M. | 9 ταῦτα] τουτο g Br.-M. | 10 Σενναχηρίμ] σενναχιρειμ 60: σεναχειρειμ a Br.-M. | 11 ὑμῶν] ημων 412[mg]: υμων o Br.-M. | 15 καί 2° om o Br.-M. | 21 παντα] παν e_2 Br.-M. | 24 Ἐζεκίας] + ο βασιλευς 236; + βασιλευς Br.-M. (sec H.-P.) | 30 εὐοδώθη] ευοδω V*: ευωδωθη N[b] Br.-M. | 32 υἱοῦ – fin] > 71 44: υιου αμως > 44 Br.-M. (sec H.-P.) | 33_{12} πατέρων] pr των A Br.-M. | 21 εἴκοσι καὶ δύο] ρκβ′ 107*: ρκβ′ d Br.-M.: cf app | 22 Ἀμώς] εν αυτοις 158: αυτοις g Br.-M. | 34_{9} κυρίου] θεου z Br.-M. | 10 κατισχῦσαι] pr και 121: pr και κατισχυσε y* Br.-M. | 11 ἔδωκαν] εδωκα V: εδωκα N* Br.-M. | 13 καί 4° om 19 Br.-M. | 35_{10} et 16 κατωρθώθη] κατορθωθη a Br.-M. | 12 πατριῶν τοῖς υἱοῖς τοῦ bis scr 44: τοῖς] pr τοις υιοις των πατριων 44 Br.-M. (sec H.-P.) | 36_{5c} ἁμαρτίας om B*(|): τὰς ἁμαρτίας om B* Br.-M. | 8 ἐβασίλευσεν] + αντ αυτου 19′: ιεχονιας υιος αυτου post αυτου ult tr b′ Br.-M.; ιεχονιας] pr αντ αυτου b Br.-M. Innerhalb des Satzteils Par II $33_{10\text{-}20}$ im Apparat von Br.-M. Reg IV 21_{18}: Par II 33_{12} κυρίου τοῦ θεοῦ 247-488] $\overline{\kappa\upsilon}$ $\overline{\vartheta\upsilon}$ x(= 247) Br.-M.

Folgende Lesarten sind bei Br.-M. nicht verzeichnet:

1_{5} Βεσελεήλ] -λιηλ 60 | αὐτό] αυτος 71 | 2_{10} κόρων 1°] κορον 107* | 4_{12} τῇ] την 52 | 17 περιχώρῳ] -ρου 134 | 5_{9} ἀναφορέων] -ρων 127 | 6_{6} καί 2° om 127 | 24 καί 1° om 158 | 36 ἔσται] εστιν 243 | 7_{3} ἔπεσον] -σαν 489 | 8_{12} ἀνήνεγκε(ν)] ανηγαγε 93 | 17 παραθαλασσίαν] παρα θαλασσαν 71 | 9_{19} πάσῃ] τη V* | 20 τά 2° om 127(|) | κατειλημμένα] κατηλειμμενω 158* | 10_{3} Ἱεροβοάμ] -βαμ 71 | 6 λέγων] pr και συνεβουλευσατο μετ αυτων 93 | 11_{1} ἑαυτῷ] -του 108* | 14_{15} κτήσεων] -σεως 55* | 15_{3} οὐχ] ουχι 93 | 13 ἐκζητήσῃ] -σει 60 | 16_{5} ἀπέλιπε(ν)] -λειπε 71 | 17_{18} πολέμου] -μος 55 | 18_{3} σύ] + και 243 | 5 εἶπαν] ειπεν A | 9 ἐνδεδυμένοι] -μενοις A | 16 διεσπαρμένους] -μενοις A* | 19_{2} Βασιλεῦ] -λευς 55* | 3 ἀλλ' ἤ] αλλ οι 158* | εὑρέθησαν] ερρεθησαν 71 | 11 λόγον 1°] λογιον 52 | καὶ Ζαβδίας] καζαβδιας 55 | 20_{11} ἐπιχειροῦσιν] επιχερουσιν V* | 15 ἤ om 243 | 23 Μωάβ] μωαμ 243 | 22_{1} Ἰούδα. (2) ὧν] ιουδαιων 127 | 23_{8} ἔλαβον] -βεν 71 | 24_{3} ἑαυτῷ] αυτω 93 | 6 κεκριμένον] + λημμα 108 | 15 ιωιδαε 60 | 20 Ἀζαρίαν] ζαχαριαν 108[txt*] (ζαχαριαν b(mg) Br.-M.) | 25_{12} τὸ ἄκρον] τον ακρον 127* | κατεκρήμνιζον] -κρεμνιζον 158 | 14 Ἰδουμαίαν] -μαια B[c] | 21 βασιλεύς 1°] pr ο 243-489 | 26_{5} εὐόδωσεν] ευωδωσεν 55* |

6 Ἰαβνή] ιαβη 55 | 10 ἐν Σεφηλά] εις σεφηλα 554 | 27_{5} οἱ υἱοί] om οἱ 71 | 7 βιβλίῳ] βιβλιων A | 28_{2} βασιλέων] -λεως 19 | 8 πολλά] πολαα B | 23 κατισχύσουσιν] κατισχυουσιν 93 134* | 29_{1} ἔτη om 52 | 5 αὐτοῖς] αυτους 158 | 7 ἀπέκλεισαν] -σεν 127* | 21 ἀνήνεγκεν] ανηγαγεν 93 | 22 τούς ult] pr και 64 | 31 προσαγάγετε] προσαγετε 93 | 30_{2} ποιῆσαι τό] ποιησατο 55 | 15 φάσεκ] σαφεκ 106* | 21 Ἰερουσαλήμ] ιεροσαλημ 55 | καθυμνοῦντες] καθυμνουν 93 | 22 θυσίαν 119 | 23 ἐποίησαν] εποιησα B^{s} | 24 πρόβατα 2°] προβατων 93 | 26 Σαλωμών] σαλομων 93^{c} | 31_{5} πάντα] pr τα 55* | 13 προσέταξεν] προεταξεν 55* | 14 δομάτων] δωματων 554^{c} | 32_{8} ἡμῶν ult] υμων 412 | 9 Ἑζεκίαν] εζεκια 19 | 13 τὸν λαόν] των λαων 55 | 15 αὐτοῦ] αυτων 71 | 30 εὐοδώθη] ευοδω V* | 33_{11} Ἀσσούρ] ασουρ 489 | 19 οἷς] ους 55* | 34_{3} τόν 2°] > 158^{c} | ἄλσεων] αλσων 71 | 8 αὐτοῦ 3°] εαυτου 127 | 12 ἐν πίστει] πιστοι V^{c}(πιστι *): πιστει N Br.-M. | 13 ποιούντων] τοιουτων 158* (ποιουτων ^{c}) | 16 λόγον] λογων 120* | 18 αὐτό] αυτω 119* | 33 αὐτοῦ 1°] εαυτου A | 35_{8} ἔδωκαν] αυτοι 44: αυτον 44 Br.-M. (sec H.-P.) | 14 υἱοῖς] pr οι 158 | 19b ἐγενήθη] εγεννηθη 71 | 22 οὐκ ἀπέστρεψεν] ου κατεστρεψεν V* | 36_{10} Ναβουχοδονοσόρ] ναβουχοδονοσον 243 | 15 ἀποστέλλων] αποστελων 71.

Seither kommt hinzu: El Texto Antioqueno de la Biblia Griega III, 1–2 Cronicas por N. Fernández Marcos y J. R. Busto Saiz con la colaboración de M. V. Spottorno Díaz-Caro y S. P. Cowe, TECC 60, Madrid 1996 (= Fern.) und Septuaginta, edidit A. Rahlfs, Editio altera quam recognovit et emendavit R. Hanhart, Stuttgart 2006 (= Ra.-Ha.).

Die Edition des lukianischen Textes von N. Fernández Marcos beruht auf den griechischen lukianischen Handschriften 19 93 108 121 und den Zitaten der antiochenischen Kirchenväter, vor allem Theodoret (im ersten Apparat) und auf den altlateinischen Handschriften und Zitaten mitsamt dem armenischen Text von Arm^{II} (im zweiten Apparat). Das Resultat besteht in der Bestätigung der von Lagarde rekonstruierten lukianischen Textform, von der die Edition von Fernández Marcos nur in wenigen Fällen abweicht.

Die beiden Editionen Lag. und Fern. werden in unserem Apparat nur dann zitiert, wenn sie voneinander abweichen.

Die editio altera der Edition von A. Rahlfs, die, weil die Göttinger Edition von Reg I–IV noch nicht vorliegt, in Par II für die Verweise auf die Parallelstellen von Reg mit der Nennung der

Zeugen nach den Kollationen von Br.-M. als Textgrundlage dient, besteht gegenüber der vorangehenden Edition von Rahlfs hinsichtlich des Textes lediglich in wenigen Korrekturen im Sinn seines Editionsprinzips – in Par II: 2_{2} *ἀνδρῶν*] + *νωτοφόρων* und 6_{13} *πηχῶν*] *πήχεων* –, hinsichtlich des Apparats in Verdeutlichungen und Ergänzungen, soweit es der Raum zuließ (vgl. VT 55 (2005) 450–460).

B Die Anlage des Apparates

I. Der Inhalt des Apparates als Ganzes

Der Apparat besteht aus der Darbietung der in Kapitel A registrierten und charakterisierten Tradition des LXX-Textes, der die griechische handschriftliche Überlieferung, ihre lateinische, syrische, äthiopische, armenische und koptische Sekundärübersetzung und die griechische und die lateinische Zitatüberlieferung der Kirchenschriftsteller umfasst, und, von dieser Überlieferung – durch die Hinweise „=“ oder „cf“ gekennzeichnet – streng abgegrenzt, (1) die Tradition der hebräischen Vorlage der LXX und (2) als Sonderfall der Überlieferung der LXX von Par die griechische Tradition der Übereinstimmungen mit den Büchern Regnorum in der Zuordnung zu ihrer hebräischen Vorlage. In der Form eines zweiten Apparates schließt sich (3) die Notierung der hexaplarischen Noten und anonymen Marginal- und Supralinearnoten an, deren Bezugswort im Hauptapparat mit dem Zeichen ↓ gekennzeichnet ist.

(1.) In der hebräischen Überlieferung der Masora (𝔐) mit den wenigen erhaltenen vormasoretischen Fragmenten aus Qumran (𝔔) und in ihren Übersetzungen: der Peschitta (Pesch), des Targum (Targ) und der Vulgata (Vulg) wurde Pesch beigezogen nach der Leidener Peschitta, Vetus Testamentum Syriace … pars IV, fasc. II, ed. R. P. Gordon, Leiden 1998, Targ nach der Edition von R. Le Déaut und J. Robert, Targum des Chroniques, tom. I Introduction et Traduction, tom. II Texte et Glossaire, Analecta Biblica 51, Rom 1971, Vulg nach der Biblia Sacra iuxta Latinam Vulgatam Versionem … Monachorum Abbatiae Pontificiae Sancti Hieronymi in Urbe Ordinis Sancti Benedicti, vol. VII, Rom 1948.

Für die masoretische Überlieferung wurden mit dem Text des codex Leningradensis B^{19A} in der Edition der Biblia Hebraica Stuttgartensia auch Edition und Variantensammlung von B. Kennicott, Vetus Testamentum Hebraicum, vol. I–II, Oxford 1776–1780, verglichen und mit der LXX-Überlieferung übereinstimmende masoretische Varianten mit der Zahl der sie vertretenden Handschriften gekennzeichnet („= 𝔐^{3Mss}", bzw. „= 𝔐$^{-3Mss}$"). Dass sich innerhalb der in größtem Maße einheitlichen masoretischen Überlieferung, deren Variantenbestand weit überwiegend innerhebräischer Natur ist, doch auch unterschiedliche Lesarten nachweisen lassen, die nur schwer als von der entsprechenden griechischen Tradition unabhängig erklärt werden können, zeigt z.B. die Überlieferung von Vers 2_{18}(𝔐 $_{17}$) im Vergleich mit der Parallelstelle Vers 2_{2}(𝔐 $_{1}$), wo zu der in Urtext und Übersetzung als ursprünglich zu bestimmenden Textform fast nur miteinander übereinstimmende Abweichungen bezeugt sind: bei sonst nahezu einhelliger Überlieferung nicht nur, wie zu erwarten, die lukianische Eintragung von *ανδρων* vor *λαιύμων* für masoretisch einhellig bezeugtes איש in $2_{2(1)}$, sondern auch in $2_{18(17)}$ in drei masoretischen Handschriften übereinstimmend mit drei griechischen, 19′ 106^{c}, entgegen der ursprünglichen übrigen masoretischen Bezeugung der Einschub von איש – *ανδρων* vor חצב – *λατόμων*.

Aus den alttestamentlichen Texten von Qumran ist aus Par nur fragmentarisch der Text von Par II 28_{27} [וימלך יח]זק[יה]ו – 29_{3} פתח את דלת]ות erhalten: DJD XVI Qumran Cave 4, XI, Psalms to Chronicles, 118, S. 295–297, ed. J. Trebolle Barrera (= The Biblical Qumran Scrolls, ed. E. Ulrich, VT Suppl 134, Leiden 2010, S. 778).

In der Überlieferung der Peschitta, der die Hs. Mailand, Bibl. Ambr., B. 21 Inf. (Pesch^{A}) = 7a1, wo diese ausfällt (Par II 13_{11} – 20_{3}) Hs. Paris, Bibl. Nat., Syr. 341 = 8a1 zu Grunde liegt, sind Übereinstimmungen mit Lesarten von 𝔊, die von 𝔐 abweichen, häufiger. Sie sind öfter in einer Handschriftengruppe, die von Hs. Florenz, Bibl. Laur., Or. 58 = 9a1, angeführt wird, nach dem Text von 𝔐 korrigiert worden. Wo solche Korrekturen mit griechischen Sekundärlesarten übereinstimmen, werden diese im Apparat mit „Pesch^{ap}" gekennzeichnet. Sonderlesarten dieser Art, die nur von der Hs. überliefert sind, die dem syrischen Text der Edition zu Grunde liegt, werden im Apparat mit Pesch^{7a1} gekennzeichnet.

Der Text des Targum stimmt abgesehen von den leicht ausgrenzbaren midraschartigen Partien noch stärker als Pesch mit der masoretischen Tradition überein, sodass er mehr als Bestätigung von deren weiter Verbreitung von Bedeutung ist als für den Aufweis von Berührungen zwischen der Tradition der LXX und der Masora.

Der Text der Vulgata in der Übersetzung des Hieronymus ist, wie es allgemein in den späteren Büchern des alttestamentlichen Kanons der Fall ist, in starkem Maße den Sprachgesetzen der lateinischen Übersetzungssprache angepasst, sodass bei 𝔐 gegenüber freien Formulierungen nur selten auf eine von der masoretischen abweichende hebräische Vorlage geschlossen werden darf. Das gilt auch für die meist belanglosen Berührungen mit von 𝔐 abweichenden Übereinstimmungen mit LXX, die im Apparat der römischen Ausgabe erschöpfend verzeichnet sind. Doch ist diese Textform für die textgeschichtliche Untersuchung von entscheidender Bedeutung aufgrund ihrer wörtlichen Übereinstimmungen mit Textteilen der einzigen vollständig erhaltenen Handschrift der Vetus Latina, La^{109}, in der sich an vielen Stellen sekundäre Eintragungen aus der Vulgata nachweisen lassen, die zwar für die Textrekonstruktion der LXX nicht verwertbar sind, trotzdem aber der Notierung im Apparat bedürfen als Bezeichnung der Stellen, an denen La^{109} als Zeuge ausfällt und als Nachweis einer Berührung der Vetus Latina mit der Vulgata in der Geschichte der altlateinischen Tradition.

(2.) Die entsprechend der hebräischen Überlieferung mit den Zeichen „=“ oder „: cf“ gekennzeichneten Übernahmen der mit Varianten der LXX-Überlieferung von Par übereinstimmenden Varianten der LXX der Bücher Regnorum III–IV[1]) wurden, da die Göttinger Edition noch nicht vorliegt, übernommen aus der Edition von Br.-M., einige Stellen an den Göttinger Kollationsheften überprüft. Sie sind nur mit Angabe der betreffenden Stelle in Reg notiert: „= Reg III 10$_5$“, wenn nur der Text der LXX zu beachten ist, mit „cf Reg 𝔊“ mit Angabe der Handschriften nur in bestimmten Fällen, wenn es um gemeinsame

[1]) Vgl. Prolegomena IV, S. 7.

lukianische Lesungen: z.B. „= Reg 𝔊^{L}“, oder um Hss. geht, die sowohl Par als auch Reg enthalten: z.B. „= Reg 𝔊^{119}“. Das Sigel 𝔊^{L} gilt bei Reg für die von Rahlfs so bezeichnete genuin lukianische Gruppe 19-82-93-108-127, wird aber auch generell verwendet, wenn der eine oder andere Zeuge davon ausfällt. Das Sigel 𝔊 gilt zunächst für den Text von Br.-M., von dem die Notierung mitsamt ihren Zeugen ausgeht; dass der Text von Rahlfs mitinbegriffen ist und gleicherweise der Einsicht bedarf, wird abgesehen von begründeten Ausnahmen nicht eigens vermerkt.

Die Sonderüberlieferung innerhalb der textgeschichtlichen Beziehung der LXX von Par II zu Reg, die in einigen Textteilen aus Par II, die, nur von wenigen Reg-Handschriften bezeugt, im Text von Reg IV überliefert ist[1]), Anzeichen einer späten Vermischung beider Texte in der handschriftlichen Tradition aufweist, wird, da sie im Text von Reg steht und von Reg-Handschriften bezeugt ist, die Par nicht enthalten, im Apparat am Ende der griechischen Handschriften, als Reg-Überlieferung und mit Angabe der Stelle, an der sie in Reg stehen, notiert.

(3.) Hexaplarische Randnoten sind enthalten in den lukianischen Hss. 93 und 108 (vgl. die paläographische Erklärung zu 93, S. 14), in der *a*-Hs. 554, im codex mixtus 412, bei Theodoret, Quaestiones in Reges et Paralipomena und Prokop, Commentarii in secundum librum Paralipomenon. In Hs. 554, die Scholien aus Theodoret enthält (Rahlfs, Verzeichnis S. 199), lässt sich bei seinen abgesehen von Par II 12_{7} und 34_{22} (σ') anonymen marginalen und supralinearen Noten oft schwer entscheiden, ob es sich um hexaplarische Noten, um zum Text gehörige Varianten, oder um Glossen handelt. Bei allen Hss. lässt sich bei anonymen Marginalien nicht mit Sicherheit erkennen, ob es sich um hexaplarische Tradition oder um Glossen handelt, die sowohl auf biblischen Vokabularen als auch auf Erklärungen der Abschreiber beruhen können. Wenn der im hexaplarischen Apparat notierte Begriff im

---

[1]) S. A I, S. 16.

ersten Apparat als Variante überliefert ist, wird er dort mit ↓ gekennzeichnet.

Zu 23 13 *συνδεσμος συνδεσμος* 108txt] *ϑ* 108sup lin im hexaplarischen Apparat, wo es wegen des fehlenden Strichs unsicher ist, ob es sich um die Abbreviatur für Theodotion handelt, ist durch das Septuaginta-Unternehmen festgestellt worden: „Das über der Zeile befindliche *ϑ* scheint von der Hand desjenigen nachgetragen, der auch die Symmachus-Randnote geschrieben hat. Dabei dürfte es sich, verglichen mit der Hand des Schreibers, welcher den biblischen Text zu verantworten hat (ca. 1300), um eine spätere handeln.“

II. Die Gruppierung der Textzeugen und ihre Notierungsweise

Notierungsweise und Gruppierung der Textzeugen bedürfen, soweit sie nicht bei ihrer Registrierung unter A I–III genannt sein mussten, einer besonderen Erläuterung.

1. Die allgemeinen Regeln der Notierung im Apparat

(1.) Das Lemma: der als ursprünglich aufgenommene Text, auf den sich die Variante bezieht, wird akzentuiert, die Variante nicht.

(2.) Untergeordnete Varianten eines mehrere Wörter umfassenden Lemmas werden in Klammern anschließend an das Wort, auf das sie sich beziehen, notiert:

Paradigma: *ὁ οἶκος τοῦ βασιλέως*] *ο οικος* (*η οικια* 19) *τον υιον αυτου L*

(3.) Als solche untergeordnete Varianten, die sich nicht auf das Lemma, sondern auf eine einzelne Variante davon beziehen, müssen auch Verschreibungen notiert werden, die, wenn sie sich auf den Text des Lemmas beziehen würden, ausgeschieden werden.

Paradigma: *ὁ οἶκος τοῦ βασιλέως*] *ο οικος* (*η οικια* 19) *του υιου* (*υιω* 93) *αυτου L*

(4.) Die Verdeutlichung des Bildes der Überlieferung im Apparat durch Setzung von Klammern wird auch in weiteren Besonderheiten der Zeugenanordnung angewandt.

a) In der Reihe der hochgestellten Zeugen, die innerhalb einer Rezension nicht deren Sonderlesart bezeugen, sondern die ursprüngliche Lesart des Lemmas bewahren, werden nicht nur die Zeugen in Klammern gesetzt, die wegen des Ausfalls der betreffenden Stelle als Zeugen nicht in Frage kommen, sondern alle Zeugen, die an Stelle der Lesart der Rezension, nicht die ursprüngliche Lesart des Lemmas, sondern eine andere Abweichung vom Rezensionselement überliefern.

b) Zu diesen Fällen gehört auch die Setzung in Klammern beim Sonderfall der direkt abhängigen Handschriften: Die Einklammerung z.B. der von 107 direkt abhängigen Hs. 44 bedeutet, wenn sie in der hochgestellten Reihe der vom Rezensionselement abweichenden Zeugen steht, den Hinweis darauf, dass die Mutterhandschrift 107 (in dem Sigel der Rezension *a* eingeschlossen) Zeuge des Rezensionselements ist.

(5.) Da bei der Notierung der dem als ursprünglich aufgenommenen Text gegenüber als sekundär bestimmten Überlieferung auch solche Verschreibungen und orthographische Varianten wie z.B. die Itazismen notiert werden, ist es oft schwierig, die eigentlichen Varianten gegenüber Verschreibungen und Orthographica kenntlich zu machen. Als Beispiel für den Weg, das zu erreichen, sei die Notierungsweise der verschiedenen Varianten bei der finiten Verbalform *ἐγκατελίπετε* in 24_{20} genannt: Die Hauptvarianten gegenüber einer Menge orthographischer, vor allem itazistischer Verschreibungen, sind die grammatischen Erscheinungen des – zwar auch itazistisch in Frage gestellten – Wechsels zwischen Imperfekt -*λειπετε* und Aorist -*λιπετε* und zwischen dem als ursprünglich aufgenommenen zweiten Aorist -*λιπετε* und dem ersten -*λιπατε*: -*λιπατε* als einziger eindeutiger grammatischer Wechsel muss mit all seinen orthographischen in Klammern eingefügten Unterformen in einer einzigen Hauptnotierung zusammengefasst werden, in der die Zeugen der in Klammern stehenden Unterformen mitsamt den Zeugen der grammatisch korrekten Form *εγκατελιπατε* vollständig registriert sind.

(6.) Zur Vereinfachung des Apparates wird bei den Sigeln für die Zitate der Kirchenschriftsteller, die Abkürzungen für Name und Werk und die Seitenzahl enthalten, wenn innerhalb eines Verses nur *ein* Werk des Verfassers zitiert wird, die vollständige Notierung (z.B. „Clem Al *Strom* 20“) nur an der ersten Stelle angewandt, bei weiteren Zitaten im gleichen Vers wird nur noch der Name genannt („Clem Al“), und wenn innerhalb des Verses die Seitenzahl des Werkes wechselt, die Seite („Clem Al 21“).

(7.) Diese Regel gilt auch für die Notierung der Sekundärübersetzungen in den unter (5) genannten in Klammern gesetzten untergeordneten Varianten innerhalb einer mehrere Wörter umfassenden Notierung: Die vollständige Notierung (z.B. „A 55 Aeth$^{A'}$“) wird nur am Ende der ganzen Variante angewandt, an welchem sämtliche Zeugen, der Variante als ganzer mitsamt den Zeugen der Untergruppen, notiert werden[1]).

Paradigma: *ὁ οἶκος τοῦ θεοῦ*] *ο οικος* (*templum* Aeth) *του κυριου L* Aeth$^{A'}$

In diesem Falle hat das Sigel „Aeth“ die umfassende Bedeutung „die äthiopische Übersetzung“. Die Differenzierung, ob es sich um eine Untergruppe von Aeth (hier „Aeth$^{A'}$“) handelt, um „Aeth“ in der Bedeutung der beiden in der Edition verwendeten Handschriften, oder um „Aeth“ in der Bedeutung sämtlicher Zeugen: der Edition mitsamt den in der Abhandlung von Clear auf-

[1]) Diese Notierungsweise mag missverständlich erscheinen, weil „Aeth“ ohne hochgestellte Einzelzeugen auch für die von allen Aeth-Zeugen überlieferte Lesart steht (auch „Arm“ für Arm^{I} + Arm^{II}), aber bei Kenntnis der Regel ist keine Verwechslung möglich.

genommenen Handschriften: „Aeth(omnes)" (vgl. A II 3, S. 20), wird erst am Ende, in der die ganze Notierung beschließenden Zeugengruppierung, ausgesagt.

Eine Verwechslung ist bei dieser Notierungsweise nicht möglich, in Fällen, wo diese Gefahr besteht, werden auch bei den in Klammern gesetzten Sondervarianten die einzelnen Zeugen der Übersetzung genannt.

(8.) Hinsichtlich des Charakters der Varianten muss streng unterschieden werden zwischen den Wortvarianten einerseits und den Zusätzen, Umstellungen und Auslassungen anderseits. Diese grundsätzliche Unterscheidung berechtigt dazu, innerhalb einer in sich einheitlichen, durch die Senkrechte | abgegrenzten Notierung Zusätze und Umstellungen nicht nur auf den Text des Lemmas zu beziehen, sondern auch auf die Wortvariante eines Zeugen, die das Wort des Lemmas ersetzt. Auf diese Weise „organischer Notierung" wird die „mechanische Notierung" vermieden, einen zum Text des Lemmas gehörenden Zusatz syntaktisch sinnlos an ein nächstfolgendes Lemma anzuschließen:

Paradigma: *ὁ οἶκος καθηρέθη*:
ὁ οἶκος] *η οικια* 74-236 64 527; + *αυτου* 74 381 60
nicht:
ὁ οἶκος] *η οικια* 74-236 64 527; + *αυτου* 381 60 | *καθηρέθη*] pr *αυτου* 74,

oder wegen einer die Wortbildung des Lemmas ersetzenden Variante die Zeugen einer beiden Bildungen zugehörenden Variante auseinander zu reißen.

Paradigma: *ὁ οἶκος καθηρέθη*:
ὁ οἶκος] *η οικια* 74-236 64 527; post *καθηρέθη* tr 74 381 60
nicht:
ὁ οἶκος/καθηρέθη] *καθηρεθη η οικια* 74; tr 381 60 | *ὁ οἶκος*] *η οικια* 236 64 527.

(9.) Eine durch die Notierungsweise zu erreichende Verdeutlichung einer für die Rekonstruktion der ursprünglichen Textform entscheidenden Erscheinung ist gegenüber dem Apparat von Esdr II neu eingeführt worden: die Kennzeichnung der Dubletten, die vor allem in der lukianischen und der altlateinischen Überlieferung, und überwiegend in der Zuordnung zum außerlukianisch überlieferten Textteil in *L*, in der Ersetzung dieses Textteils in La, überliefert sind, durch das Kennzeichen „dubl“.

2. Reihenfolge und Notierungsweise der griechischen Handschriften

Die Textzeugen werden in folgender Ordnung vorgelegt[1]):

B'' A V 880 958 971 983 *L' a b* 60 119 158 412 527 Syh La Aeth Arm Bo Sa Patres Ald Compl Sixt

B''= B-55-127
B' = B-55; B' = B-127; 55' = 55-127
L' = 19-93-108-121
L = 19-93-108; 19' = 19-108
a = 56-68-71-74-106-107-120-121-122-130-134-236-246-314-321-346-488-554-762
56' = 56-246; 68' = 68-122; 71' = 71-106-107; 106' = 106-107
b = 46-64-98-243-381-489-728-731
b^1 = 46-64-381-728; b^2 = 98-243-489-731
codices mixti = 60 119 158 412 527.

Die direkt abhängigen Hss.: 44-125-610 (44' = 44-125) von 107, 52 von 46, 379 von 98, werden, wenn sie von ihrer Mutterhandschrift

---

[1]) Die Kopfleiste informiert über die auf jeder Seite vorhandenen Zeugen der griechischen Handschriften und der Zeugen der Sekundärübersetzungen, nicht über die Zitate, deren Bezeugungen ohnehin im Kontext ihrer durch Seitenangaben leicht auffindbaren Stellung in den sie enthaltenden patristischen Schriften eingesehen werden müssen. Griechische Handschriften und Sekundärübersetzungen werden in der Reihenfolge ihrer Zitierung im Apparat dargeboten, die Papyrusfragmente, deren fragmentarischer Inhalt in der Einleitung registriert wird, werden, auch wenn sie für Notierungen im Apparat nicht verwendbar sind, auf den Seiten registriert, die Textteile von ihnen enthalten, die altlateinischen Glossen von La^{Leg} nur dann in Klammern La^{109} angeschlossen: $La^{109\,(Leg)}$, wenn sie im Apparat aufgenommene Varianten enthalten. Die übrigen Zeugen der griechischen Handschriften und der Sekundärübersetzungen werden vollständig, mit der Angabe von Beginn, Ende und seitenübergreifenden Lücken registriert.

abspringen, entweder am Ende der codices mixti eingereiht, oder unmittelbar nach ihrer Mutterhandschrift; so immer, wenn sie den Text des Lemmas haben („non")[1]).

Die mit der Unziale B enger verwandten Minuskeln 55 und 127 (= 55′) werden, wenn sie B gegenüber selbständige Varianten überliefern, der Reihenfolge nach unter den codices mixti eingereiht.

Hs. 121, die der Rezension *a* angehört, zugleich aber mit der ihrerseits mit *a* eng verwandten lukianischen Rezension viel öfter zusammengeht als die übrigen *a*-Zeugen, wird wie in Esdr II (vgl. Einl. S. 30f.), wenn sie unabhängig von *a* lukianische Lesarten bezeugt, mit „*L′*" bzw. „19-93-121" der lukianischen Registratur zugeordnet.

Hs. 71 muss vor allem wegen ihrer Zugehörigkeit zu der der Rezension *a* angehörenden Sondergruppe 71-106-107(44 125 610) in *a* als ganzem mit eingeschlossen werden. Sie springt aber losgelöst von dieser Gruppe mit ihren Lesarten so oft von der Rezension *a* als ganzer ab, dass die dadurch geforderte Notierung a^{-71} nur aus dem Grund gerechtfertigt ist, dass sowohl die Zugehörigkeit dieses Zeugen zur Rezension *a*, bzw. zu deren Untergruppe 71-106′, als auch sein Abweichen von ihr für die Bestimmung seiner textform gleicherweise charakteristisch ist.

Die von späterer Hand ergänzten Teile von Hs. 119 und Hs. 127 (s. unter „A I Die griechischen Zeugen" S. 15) werden, da sie die

[1]) Der Charakter der direkt abhängigen Hss. besteht in einer Weise der Abhängigkeit, die grundsätzlich unterschieden ist von der Zusammengehörigkeit der Zeugen einer Rezension, auch der innerhalb einer Rezension eintretenden engeren Zusammengehörigkeit einzelner Zeugen, wie z.B. 19′ in *L*, 71′, 106′ in *a*, 55′ mit B, weshalb es unzulässig ist, beide Formen der Abhängigkeit im Apparat zu identifizieren, zulässig aber, entweder sie aufzunehmen, oder sie auszuschließen. Der Grad der Abhängigkeit, ob es sich um eine unmittelbare Abhängigkeit: Mutter-Tochterhs., oder um Verwandtschaft mit verlorenen Zwischengliedern handelt, lässt sich nicht mit Sicherheit bestimmen – auch eine Abschrift kann Varianten gegenüber dem Original enthalten – um verlorene Zwischenglieder sicher nur bei verschiedenem Grad der Übereinstimmung, wie 44′ gegenüber 610 unter den direkt von 107 abhängigen Hss. (für die Göttinger Edition grundlegend Werner Kappler Mac I Einl. S. 11).

Textform von Rezension *a* vertreten, mit Bindestrich am Schluss des Sigel *a* (*a*-119) oder am Schluss einzelner *a*-Handschriften (74-120-119) notiert.

Die von dem als ursprünglich aufgenommenen Text abweichenden Lesarten in den Textteilen der Par-LXX, welche von den Reg-Handschriften 247 und 488 bezeugt und als Einschübe in den LXX-Text von Reg III und IV eingetragen sind – Par II 19_{1-3} im Text von Reg III 22_{37} nach *βασιλεύς* und Par II 33_{10-20} nach Reg 21_{18} in den Hss. 247 und 488 (= 247′) und Par II 36_{14-22} (fin libri) nach Reg IV 25_{30} (fin libri) in Hs. 488[1]) – werden, um sie von den mit den Zeichen „=“ oder „: cf“ gekennzeichneten Verweisen auf Übereinstimmungen oder Verwandtschaften griechischer Par II-Überlieferung mit LXX oder 𝔐 der Bücher Regnorum konsequent zu unterscheiden, bei den griechischen Handschriften eingereiht, aber, obwohl ihre Textform weitgehend der lukianischen entspricht, nicht anschließend an *L* eingeordnet, sondern am Ende der ganzen Reihe und mit dem besonderen Sigel „Reg $\mathfrak{G}^{247'}$“ versehen.

3. Reihenfolge und Notierungsweise der Sekundärübersetzungen

Die Reihenfolge der Sekundärübersetzungen und ihrer einzelnen Zeugen:

Syh:	Syh$^{12\ 168}$ Syh$^{17\ 195}$ Syh^{2023}
La:	La^{109} La^{118} La^{Leg} La$^{Or\ Sal}$
Aeth:	die edierten Hss.: P A
	die Variantensammlungen: B D E F G H
	Aeth$^{P'}$ = Aeth^{PB}; Aeth$^{A'}$ = Aeth^{ADEFGH}
Arm:	Arm^{I} Arm^{II}; Arm = Arm^{I} + Arm^{II}
Bo:	Bo^{B} Bo^{D} Bo^{E} Bo^{H}; Bo = Übereinstimmung der vier Texte.

Umfang und Notierungsweise s. in der Registratur unter „A II Die alten Übersetzungen“ S. 17–23.

---

[1]) S. Prolegomena IV, S. 8 und A I 2, S. 16.

(1) Die syrohexaplarische Übersetzung

Da sich in den zu Par II erhaltenen Fragmenten – im Unterschied zu Esdr II – kein sicheres Kriterium für die Annahme hexaplarischer Herkunft der Textform feststellen lässt, wird hier sowohl auf das Sigel *O* als auch – im Unterschied zu Esdr II – innerhalb der Zeugenordnung auf die Setzung von Syh vor das Sigel *L* verzichtet, sondern Syh am Anfang der Übersetzungen eingeordnet[1]).

Die beiden Texte Syh$^{12\,168}$ und Syh$^{17\,195}$ – nicht die Zitatkombination Syh^{2023}, die auch Pesch-Texte enthält – gehören aber der als Syrohexapla bezeichneten Tradition an, von der Andreas Masius – ohne daraus zu zitieren – bezeugt, dass auch Par in seinem verlorenen Manuskript enthalten war.

Syh^{2023} liest nach der Kollation von Baars im Apparat zu Syh$^{17\,195}$ (S. 120) in Par II 19$_2$ für *εἰς ἀπάντησιν αὐτοῦ* (אל־פניו 𝔐) mit Pesch לאורעה gegen Syh$^{17\,195}$ לאורעא דילה und lässt den in Syh$^{17\,195}$ nach 𝔐 בן־חנני in [בן־חנני] הו zu ergänzenden Namen des Vaters *ὁ τοῦ Ἀνανί* weg, dem gegenüber in Pesch der Name des Propheten יהוא fehlt; doch fehlt in Syh^{2023} auch gegen 𝔊 Syh$^{17\,195}$ 𝔐 und Pesch der Ausdruck, der in 𝔊 und Syh$^{17\,195}$ als Anrede an den König: *Βασιλεῦ Ἰωσαφάτ*, in 𝔐 und Pesch als Objekt zum vorangehenden Satzteil ויאמר verstanden ist: אל־המלך 𝔐, למלכא Pesch:

Während die Form der Anrede in Syh$^{17\,195}$ für die Abhängigkeit vom ursprünglichen Text der LXX spricht, könnte für Syh^{2023} die stilistische Differenz לאורעה gegenüber לאורעא דילה in Syh$^{17\,195}$ auf Herkunft aus der Peschitta sprechen, während die Kürzungen in der Form eines testimonium verschiedener Schriftstellen begründet sein dürften. Auch die mit *Sejame* bezeichnete Pluralform von (ל)חטיא für *ἁμαρτωλῷ*, die nur für eine Hs. der Sacra Parallela

---

[1]) Ob in Syh$^{12\,168}$ die Ergänzung der Titulatur der „Übersetzung der Siebzig", mit der Rückführung auf Paul von Tella, die nur für Daniel überliefert ist (fol 162), auch für die anderen Bücher gilt, so Ch. C. Torrey, Ezra Studies, Chicago 1910 (Nachdruck 1970) S. 96, Anm. 37 (vgl. Esdr I Einl. S. 13f.), oder ob eine bewusste Unterscheidung der Herkunft vorliegt, muss offen bleiben.

und für die hexaplarischen Reg-Hss. 247′ in Reg III 22_{37} überliefert ist, erlaubt für Syh^{2023} keinen textgeschichtlichen Schluss.

Der syrohexaplarische Text von Par II gehört einer Stufe der Überlieferung an, in der wohl ihre von LXX abweichenden Übereinstimmungen mit der masoretisch überlieferten Textform als hexaplarische Rezensionselemente bestimmt werden dürfen, nicht aber ihr Textcharakter als ganzer als Kriterium der Bestimmung dessen gelten darf, was hexaplarisch ist. Doch bleibt die Bezeichnung dieser Übersetzung als „syro-hexaplarisch“ aus dem Grund berechtigt, weil sie als „Übersetzung der LXX“ auch in den Teilen, an welchen sie, wie es auch beim Psalter der Fall ist, die Charakteristika der origeneischen Rezension, asterisierte und obelisierte Abschnitte, nach der hebräischen Vorlage nicht oder nur in beschränktem Maße aufweisen, ihrem Sprachcharakter nach mit den genuin hexaplarischen Teilen übereinstimmt[1]).

(2) Die altlateinische Übersetzung

Die altlateinische Überlieferung bleibt von allen Sekundärübersetzungen die textgeschichtlich bedeutsamste, in der auch LXX-Tradition erhalten geblieben sein kann, deren griechische Vorlage verlorengegangen ist. Da sich auf Grund der relativ geringen Zahl der Zeugnisse in Par II – bei nur einem vollständig erhaltenen Text in La^{109} – auch editionstechnisch eine relativ vollständige Erfassung der Textformen im Apparat erreichen lässt, ist bei der altlateinischen Überlieferung das bei Sekundärübersetzungen unumgängliche Prinzip, grundsätzlich ihre Textformen nur dann im Apparat aufzunehmen, wenn sie griechisch mitbezeugt sind, oder in freierer Form griechisch bezeugte Überlieferung mitbezeugen, in anderer Weise eingehalten worden als bei den übrigen Sekundärübersetzungssprachen. Dazu nötigt schon der Befund, dass in der einzigen für Par vollständig erhaltenen Handschrift, La^{109}, Textteile aus der Vulgata enthalten sind, die, weil sie nun einmal auf diese Weise überliefert sind, nicht in die mit den Zeichen „=“

[1]) Vgl. hierzu Text und Textgeschichte des Buches Judith, MSU XIV (1979) 14ff.

oder „: cf" mit 𝔐, Pesch, Targ und Vulg aus Vulgata-Handschriften von Par II an das Ende einer Notierung eingereiht werden dürfen, sondern mit Kennzeichnung „La^{109} (= Vulg)" in die altlateinischen Varianten einzureihen sind.

Darum ist für Par II die altlateinische Überlieferung möglichst vollständig auch mit allen Formen der Abweichung von der griechischen Überlieferung, auch wenn keine Mitbezeugung aus außergriechischer Überlieferung besteht, und mitsamt den Einflüssen aus der Vulgata, in den Apparat aufgenommen worden.

Es muss aber berücksichtigt werden, dass der Sprachcharakter der in La^{109} überlieferten Übersetzung dem ihr vorgegebenen griechischen Text nicht in dem Maße angepasst sein kann, dass seinetwegen die lateinische Sprachgesetzlichkeit aufgegeben wäre, sodass z.B., da das Lateinische die finale Infinitivkonstruktion nicht kennt, die altlateinische Übersetzung des Ausdrucks *τοῦ φοβεῖσθαι* für ליראה in Par II 6_{33} mit *ut timeant* – obwohl das textgeschichtlich wahrscheinlich ist – nicht mit Sicherheit als Mitzeuge für die lukianische Textform *ἵνα φοβῶνται* in Anspruch genommen werden darf[1]).

Auch die – in den Apparat aufgenommene (vgl. $2_{4(3)}$) – altlateinisch-lukianische Äquivalenz zwischen Bildungen von *vesper* und *εσπερα* gegenüber ursprünglichem *δειλη* (für ערב) darf, da sie zwar auch außerhalb von Par, z.B. in Reg I 30_{17} und Mac I 10_{80}, aber nicht konsequent, überliefert erscheint, trotz der etymologischen Verwandtschaft, nur unter Vorbehalt für den Schluss in Anspruch genommen werden, dass in Par II 13_{11} *vespere* La^{109} auf lukianisches *το εσπερας* gegen ursprüngliches *δείλης* 1° und 2° und in 31_{3} *vespertina* La^{109} auf lukianisches *εσπερινην* gegen ursprüngliches *δειλινήν* zurückgeführt werden kann, mit Sicherheit aber, dass *post meridie* La^{109} in $2_{4(3)}$ gegen lukianisches *το εσπερας* auf ursprüngliches *τὸ δείλης* zurückgeht.

Die sehr häufigen Übereinstimmungen altlateinischer Textformen mit lukianisch überlieferten Rezensionselementen legen aber den Schluss nahe, dass sich solche Übereinstimmungen auch

---

[1]) Vgl. hierzu B II 3 (6), S. 63.

an Stellen wahrscheinlich machen lassen, an denen sie übersetzungstechnisch nicht sicher nachweisbar sind.

Das gilt z.B. für das altlateinische Äquivalent für die Perfektform שנאתיהו in 18₇, die im ursprünglichen griechischen Übersetzungstext als Ereignis, das in vergangener Zeit eingetreten war, in Aoristform wiedergegeben wird, *ἐμίσησα*: „ich begann ihn zu hassen", lukianisch aber – der hebräischen Aussage entsprechend – im präsentisch verstandenen Perfekt: *μεμισηκα*. Dieser Wiedergabe entspricht die präsentische Spätform *odio* (*eum*) in La^{109}, die, weil sie altlateinisch mehrfach nachgewiesen ist[1]), der Konjektur Webers in *odi* nicht bedarf und als Wiedergabe eines präsentischen Perfekts auch dadurch gesichert ist, dass das entsprechende Äquivalent der der lukianischen Textform eng verwandten Übersetzung von Arm^{II}[2]) – im Unterschied zu Arm^{I}, die eine Aoristform überliefert – im Präsens steht.

Eine paläographische Eigentümlichkeit der Handschrift La^{109}, die Schreibung des Konsonanten *v* als *b*, führt an zahlreichen Stellen zur scheinbaren Umdeutung perfektischer verba finita zu futurischen, die aber an keiner einzigen Stelle semantisch in dieser Weise verstanden werden dürfen; die tempora stimmen an allen Stellen mit den in LXX vorgegebenen überein.

Für die einzige vollständig erhaltene Handschrift La^{109} – Par I kennt nach heutigem Befund keine altlateinische Übersetzung – ist das Eindringen von Satzteilen der Vulgata in einen im Ganzen als Übersetzung aus der heute erhaltenen griechischen Überlieferung der LXX bestimmbaren Text gesichert[3]). Doch enthält ihr Text, über die mit der lukianischen Rezension gemeinsamen Übereinstimmungen mit dem masoretisch überlieferten Text hinaus, mehrfach Textformen dieser Art, die von keinem griechischen Zeugen mitüberliefert sind. Dieser textgeschichtliche Befund macht es notwendig, da Übereinstimmungen mit der masoretisch über-

---

[1]) Vgl. Rönsch S. 281.

[2]) Vgl. B II 3 (4), S. 59.

[3]) Die eindeutig aus Vulg eingetragenen Satzteile sind in der Edition von Weber als solche gekennzeichnet.

lieferten Vorlage, die in der griechischen Tradition der LXX nicht mitüberliefert sind, nur entweder aus verlorener griechischer LXX-Tradition oder aus unmittelbarem Rückgang auf die hebräische Tradition erklärbar sind, die grundsätzlich eingehaltene Regel, griechisch nicht mitbezeugte Lesarten in den Sekundärübersetzungen in den textkritischen Apparat nicht aufzunehmen, zu durchbrechen und altlateinisches Überlieferungsgut, das griechisch nicht mitbezeugt ist, vollständig, auch über die Übereinstimmungen mit 𝔐 hinaus, für die Erforschung der Textgeschichte der LXX zugänglich zu machen[1]). Dabei wird in dem Verweis auf die Übereinstimmungen mit der von 𝔐 ausgehenden Tradition unter „Vulg" notiert, ob das in Vulg der Lesart von La^{109} entsprechende Äquivalent mit La^{109} identisch ist oder davon abweicht.

Gegenüber der übrigen altlateinischen Überlieferung bedurften die Sonderlesarten von La$^{\text{Or Sal}}$ einer besonderen Notierung: Sie sind oft innerlateinischer Herkunft und werden konsequent – bei zahlreicher Bezeugung summarisch: La$^{\text{Or Sal: te}}$ bzw. La$^{\text{Or Sal: ap}}$ – nur dann notiert, wenn sie griechisch mitbezeugt sind oder mit dem Text von La^{109} übereinstimmen. Auch auf die Notierung von La^{109} abweichender Wortäquivalenz in La$^{\text{Or Sal}}$ in Fällen, an denen sich die Zuordnung zur griechischen von der Wortbedeutung her nicht verifizieren lässt, wie z.B. in 6$_{19}$, wo für *προσευχή* in beiden Fällen des Vorkommens in La^{109} und La$^{\text{Or Sal}}$ *oratio* steht, für *δέησις* aber im ersten Fall in La^{109} *obsecratio*, in La$^{\text{Or Sal}}$ *precatio*, im zweiten Fall in La^{109} *prex* (*precem*), in La$^{\text{Or Sal}}$ *placatio*, wird, obwohl sich

[1]) Die hier vorgelegte, die Regel der Darbietung des Überlieferungsgutes der Sekundärübersetzungen durchbrechende Ausnahme, die nur für den vorliegenden Fall der Existenz einer einzigen vollständigen altlateinischen Handschrift durchführbar ist, bedeutet in erster Linie den Hinweis auf die Edition der Beuroner Vetus Latina, deren Beiziehung auch für die Erforschung der Textgeschichte der LXX in der Gestalt des Göttinger Unternehmens unentbehrlich bleibt. Denn auch bei dem für die Darbietung der LXX-Überlieferung von Par II eingeschlagenen Weg lässt sich die altlateinische Überlieferung – vor allem hinsichtlich der innerlateinischen Wortäquivalenz – nicht mit der Vollständigkeit dokumentieren, wie es in der Edition des Beuroner Unternehmens geschieht.

die Diskrepanz bei beiden altlateinischen Zeugen zwischen *prex* und *placatio* von der *δέησις* zu Grunde liegenden hebräischen Diskrepanz in 𝔐: תחנה und רנה, her erklären ließe, verzichtet[1]).

(3) Die äthiopische Übersetzung

Die Textform der äthiopischen Übersetzung entspricht grundsätzlich der für Esdr I und II, Est, Idt und Tob festgestellten: Der hier von der ältesten äthiopischen Hs. P (15. Jh.) zusammen mit B (18./19. Jh.) überlieferten ursprünglichen Textform steht eine jüngere von den übrigen Hss. bezeugte gegenüber, die Korrekturen nach einem späteren griechischen textus receptus aufweist, in ihr die Sondergruppe DF, die noch stärker in dieser Weise überarbeitet ist; doch handelt es sich dabei mehrfach um Korrekturen, die nicht auf eine von der ursprünglichen abweichende griechische Vorlage zurückgeführt werden dürfen, sondern die die ursprüngliche griechische Vorlage getreuer wiedergeben als die ursprüngliche äthiopische Übersetzung und darum für die Geschichte der griechischen LXX-Tradition bedeutungslos sind.

Ein Argument für die zum äthiopischen Text von Esdr II vorgebrachte Vermutung, dass die Textform von Aeth^{A}, unabhängig von der ihr zu Grunde liegenden von Aeth^{P}, auf einer eigenen Übersetzungstradition beruhen könnte, die direkt oder – hier eher – indirekt von der masoretisch überlieferten hebräischen Vorlage ausginge[2]), liegt in 31$_{10}$ vor, wo die in 𝔐 im infinitivus absolutus überlieferten Verbalaussagen, die dem Übersetzer völlige Freiheit in der Wahl der Person gestatten, und die in Aeth^{P} mit der ganzen übrigen Überlieferung dieses Verses in der ersten Person des Plural steht: *ἐφάγομεν καὶ ἐπίομεν καὶ κατελίπομεν* für אָכוֹל וְשָׂבוֹעַ וְהוֹתֵר, in Aeth^{A} die dritte Person im Plural gewählt ist und wo dieser Wortfolge unter Beibehaltung des gegen 𝔐 aus der LXX-Tra-

[1]) Vgl. hierzu 3 (6) Die Notierungsweise der Sekundärübersetzungen in ihrem Verhältnis zueinander, S. 63, vor allem 68f.
[2]) Esdr I Einl. S. 15f.

dition vorgegebenen Begriffspaars *ἐφάγομεν καὶ ἐπίομεν* für אָכוֹל[1]) als einzigem in der gesamten LXX-Tradition dieses Verses das Äquivalent für den Begriff שָׂבוֹעַ beigegeben ist: *manducaverunt et biberunt et satiati sunt* (*wajaṣagbu*) *et reliquerunt.*

Auch der Textcharakter dieser beiden Textformen entspricht weitgehend dem der äthiopischen Übersetzung der übrigen genannten Bücher: Schon der unrezensierte Text, der entweder von allen Zeugen oder von P′ allein, zuweilen auch, wo P′ einen verderbten Text aufweist, von A′ überliefert sein kann, muss als eine im Ganzen getreue Wiedergabe einer relativ frühen griechischen Textform bestimmt werden, deren Nähe zum codex Vaticanus aber weniger deutlich erkennbar ist als etwa bei Esdr I und II, und die zuweilen auch Übersetzungsformen aufweisen kann, die als lukianisches Rezensionsgut zu bestimmen sind. Doch lässt sich eine solche Bestimmung nicht immer mit Sicherheit gegenüber einer übersetzungstechnisch begründeten freien Übersetzungsweise, sprachgesetzlich begründeten syntaktischen Vereinfachungen, Umstellungen, erklärenden Zusätzen wie „Land" vor Länder-, „Volk" vor Völker-, „König" vor Königsnamen, abgrenzen, auf deren Aufnahme ohne griechische Mitbezeugung darum verzichtet wurde. So sind die ergänzenden oder erklärenden Zusätze und die sprachgesetzlich erklärbaren syntaktischen Abweichungen von der oft einhellig überlieferten griechischen Vorlage bei dieser Sekundärübersetzung besonders häufig und darf ihre – nur eklektisch durchführbare – Registrierung nach dem einzigen haltbaren, aber nicht beweiskräftigen Kriterium der Mitbezeugung durch griechische Zeugen oder durch andere Sekundärübersetzungen darum bei Aeth nur unter diesem Vorbehalt aufgenommen werden, so z.B. unter den Zusätzen vor nomina propria, wie *domini* nach *οἶκος*, wenn es sich um den Tempel handelt, der Zusatz *regis* nach *Σαλωμών* 2° in 9_{20} bei Aeth Arm, oder der Plural *venerunt* für einhellig bezeugtes *ἤρχετο* in 10_1, der nur im Paral-

[1]) Vgl. R. Smend, Essen und Trinken – Ein Stück Weltlichkeit des Alten Testaments, in: Beiträge zur Alttestamentlichen Theologie, FS Walther Zimmerli, Göttingen 1977, S. 446–459.

leltext von Reg III 12_1 eine Stütze hat, weil „Eth usually has a plural verb with such subjects as ‘Israel’ or ‘The people’ “ (Clear S. 188, vgl. 232).

So ist als Beispiel in der Übersetzung von Par II 8_6, da der relative Zusatz in Aeth *„quam* (> DFG) *consummavit“* : *„(seine Königsherrschaft), (die) er vollendet hat“*, – mit Clear – auf den nur lukianisch überlieferten, von $\mathfrak{M}$ abweichenden Ausdruck *ευωδωθη*, der in Aeth je nach seiner Bedeutung im Kontext mit je verschiedenen Äquivalenten wiedergegeben wird, zurückgeführt werden darf, auch im vorangehenden Satzteil die äthiopische Formulierung *„secundum omnia quae cogitavit“* gegenüber der ursprünglichen griechischen Übersetzungsform *κατὰ τὴν ἐπιθυμίαν* mit einiger Wahrscheinlichkeit – obwohl auch übersetzungstechnisch erklärbar – auf die in *L* als Dublette überlieferte, mit $\mathfrak{M}$ übereinstimmende Wiedergabe (*την επιθυμιαν αυτου*) *ην επεθυμησε* (= אשר חשק) zurückzuführen.

Einige weitere Beispiele sollen die Schwierigkeit aufzeigen, die richtigen Kriterien für die Unterscheidung zwischen freier Wiedergabe des überlieferten LXX-Textes und von ihm abweichender nicht mehr erhaltener griechischer Textform zu unterscheiden[1]); sicher lässt sich das Ergebnis von Grébaut, „que la traduction éthiopienne a été faite sur un texte grec autre que le texte reçu des Septante“ (S. 529) in dieser Allgemeinheit nicht aufrecht erhalten.

1. Für die Entscheidung von Clear, in $2_{16(15)}$ für die von A 74-246 127 überlieferte Lesart *συναξεις* an Stelle von ursprünglichem *σὺ ἄξεις* die kausativ-reflexive Form des Stammes *gbʾ* in Aeth(omnes) in Anspruch zu nehmen (Clear S. 210), spricht außer der semantisch größeren Nähe des Begriffs zu *συνάγειν*: *„congregare“* – vgl. z.B. seine Verwendung als Äquivalent für *ἐξεκκλησιάζειν* in Par I 28_1 – auch das Fehlen des pronominalen Subjekts *σύ*, das im griechischen Texteingriff durch *συν* ersetzt wird.

[1]) Vgl. auch die unter B II 3 (6) den je verschiedenen Übersetzungscharakter vergleichenden Beispiele, die Aeth miteinbeziehen.

2. In 13_{7} *ἀντέστη* 2°] *εκϱαταιωϑη* *L*(108^{txt}) Arm^{II} Compl nimmt Clear (S. 196) das äthiopische Äquivalent *ṣnʿ* für die lukianische Variante in Anspruch. Das ließe sich zwar mit der entsprechenden Äquivalenz im ursprünglichen Text von 21_{1} 23_{1}(*L ενισχυσεν*) 34_{8} 35_{22} (an allen Stellen Aeth omnes) begründen; dem steht aber der abweichende Befund gegenüber, dass das gleiche äthiopische Äquivalent (auch hier Aeth omnes) in 13_{8} und 20_{6} für einhellig überliefertes *ἀντιστῆναι* steht: Das äthiopische Äquivalent muss – unabhängig von der jeweils verschiedenen hebräischen Vorlage – für beide griechischen in Anspruch genommen werden und scheidet darum für die Verwertung im Apparat aus.

3. Vor allem dieser Befund einer generalisierenden Verwendung äthiopischer Äquivalente für verschiedene zu Grunde liegende griechische Vorlagen, nach der Differenzen in der Bedeutung nicht berücksichtigt sind, widerrät es, von der äthiopischen Äquivalenz her auf eine zu postulierende, nicht erhaltene griechische zu schließen und in 29_{16} das an der Stelle, an der ursprünglichem *ἐκβαλεῖν* lukianisches *εξενεγκειν* zugeordnet ist, das dem lukianisch überlieferten Begriff besser entsprechende äthiopische Äquivalent, obwohl dieses mit dem hier zu Grunde liegenden hebräischen Stamm יצא identisch ist, einerseits hier für lukianisches *εξενεγκειν* in Anspruch zu nehmen und anderseits es im vorangehenden Kontext, wo die gleiche ursprüngliche Äquivalenz: ויוציאו – *καὶ ἐξέβαλον*, aber ohne die lukianisch zu erschließende, *εξηνεγκον*, überliefert ist, als nur äthiopisch erhaltene lukianische Überlieferung nachzutragen[1]). Ein solches Verfahren lässt sich – mit der gebotenen Vorsicht – für die altlateinische Überlieferung, in der der lukianisch überlieferte Anteil eindeutig ist, begründen, nicht aber für die äthiopische Überlieferung der LXX, auch nicht für ihre Untergruppe A′, da *ihre* Angleichung an den überlieferten LXX-Text und damit auch an ihre hebräische Vorlage weitgehend als inneräthiopische Rezension nach einem griechischen textus

[1]) Vgl. die Erörterung dieser Stelle im Text von Arm^{II} S. 61f.

receptus, der in der älteren äthiopischen frei übersetzt war, zu bestimmen ist[1]).

4. Weil eine solche Freiheit in der Wahl der Äquivalente nach der Übersetzungstechnik dieses Übersetzers auch darin bestehen kann, dass einem bestimmten Begriff, der je nach seiner Funktion in der Aussage eine unterschiedliche Bedeutung haben kann, in einer gewissen Übersetzungsfreiheit auch dieser Unterschied beigegeben wird, darf hinsichtlich des den Altar bezeichnenden Äquivalents *mešwaʿ*, der an den Stellen, an denen er nach seinem Ort innerhalb des Tempels genannt ist, durch beigefügtes *bet* präzisiert wird (z.B. $1_{5\,6}$ 4_{1} 29_{19}), ohne Näherbestimmung aber dort, wo es um die Darbringung von Opfern auf dem Altar geht (z.B. 29_{22} 35_{16}), einerseits die Näherbestimmung „Haus“ bzw. „Ort des Altars“, die in LXX nirgends bezeugt ist, nicht als griechische Vorlage von Aeth postuliert werden, und muss anderseits die Stelle in 29_{19}, wo die Aussage der Leviten vor König Hiskia über die von ihnen gereinigten Geräte, die Ahas entweiht hatte: „Da stehen sie nun vor dem Altar des Herrn“, והנם לפני מזבח יהוה, in ihrer griechischen Überlieferung, nach der die ursprüngliche mit 𝔐 übereinstimmende Übersetzung *ἰδού ἐστιν ἐναντίον τοῦ θυσιαστηρίου* sowohl in der lukianischen Handschrift 19 als auch in Aeth durch den Zusatz *τοῦ οἴκου κυρίου* umformuliert wird: „die Geräte stehen vor dem Altar des Gotteshauses“ hinsichtlich eines naheliegenden Schlusses auf textgeschichtliche Abhängigkeit zwischen lukianischer und äthiopischer Überlieferung in Frage gestellt werden: Hinsichtlich der lukianischen Überlieferung ist genuin lukianische Herkunft sowohl aufgrund der schwachen Überlieferung als auch des vom lukianischen Prinzip her nicht geforderten Charakters unwahrscheinlich, hinsichtlich der äthiopischen Überlieferung liegt die Erklärung dieses Zusatzes *bet*, obwohl er nicht die Stelle des Altars innerhalb des Tempels bezeichnet, wohl aber den Tempel als Bereich des ganzen Geschehens hinzufügt, von der ja entsprechenden inneräthiopischen Intention des Übersetzers

---

[1]) Vgl. S. 52f.

her näher. So muss auch die Zuordnung des Hauses, *bet*, zum Altar in *θυσιαστήριον* 1°, und auch die Ersetzung von *domum altaris* durch *domum domini* in Aeth^{-A} an dieser Stelle, bei der Darbringung des Blutes beim ersten und letzten (dritten) Opfertier in 29_{22} nicht von griechischer Vorlage her, sondern als Interpretament des zuvor berichteten „Hinaufsteigens", *ἀναβαίνειν* (21), und nachherigen „Herbeiführens", *προσήγαγον*, der Opfertiere für das Sündopfer vor den König und die Gemeinde (23) erklärt werden.

5. Was die Größenmaße, *μῆκος*, *εὖρος* (*πλάτος*), *ὕψος* anbetrifft, bedarf die Übersetzungstechnik von Aeth hinsichtlich der Äquivalente für *ὕψος* einer vorsichtigen Interpretation. Da für *ὕψος* die äthiopischen Begriffe *nuch* (3_4), *ten* (4_1) und *gedom* (6_{13}) nur das Ausmaß bezeichnen und darum für alle drei Dimensionen eingesetzt werden können, darf in 3_4, obwohl die Äquivalenz für *μῆκος* mit *nuch* und *πλάτος* mit *ruchab* einhellig bleibt, das Äquivalent *nuch*, das im gleichen Vers auch für einhellig überliefertes *ὕψος* steht, nicht auf eine griechisch nicht mehr erhaltene Vorlage zurückgeführt werden, und nur als inneräthiopische Korrektur in Form einer Dublette kann darum auch der von Aeth$^{A'}$ bezeugte Zusatz des Äquivalents *qom*, für das als Maßbezeichnung Dillmann nur Belege für „*altitudo*" bringt, erklärt werden.

6. Eine inneräthiopische Dublette dieser Art, die sich auf die beiden Textgruppen P′ und A′ aufteilt, dürfte, weil sie von keinen griechischen Zeugen mitüberliefert ist, auch in 35_3 *τοῦ ἁγιασθῆναι αὐτούς* (*ut sanctificarent se* (für *qds*) Aeth)] pr *ut purificarent* (für *nṣḥ*) *se* Aeth^{A}) vorliegen. Sehr häufig sind aber die scheinbaren Dubletten in der Form von zwei einander syndetisch zugeordneten Begriffen als Äquivalent für ein griechisch einhellig überliefertes Einzelwort bezeugt: Sie dürfen auch nicht inneräthiopisch textgeschichtlich als Rezensionselemente, sie müssen übersetzungstechnisch als Verdeutlichung erklärt werden, z.B. 4_5 *ἐξετέλεσεν*] + *αυτην L*; *fecit eam et finivit eam* Aeth 6_{14} *φυλάσσων*] *quoniam confirmas et custodis* Aeth 16 *φύλαξον*] *custodi et confirma* Aeth 21 *ἵλεως ἔσῃ*] *misericors et expians sis* Aeth 31 *τὰς ὁδούς σου*] pr *praeceptum tuum et*

Aeth(omnes) 7_{11} *συνετέλεσεν*] pr *aedificavit et* Aeth $_{20}$ *εἰς διήγημα ἐν* (> 19 134 La^{109} Aeth^{P}(solus) = Vulg) *πᾶσιν τοῖς ἔθνεσιν* (*λαοις L* Compl = Reg)] + *et famam omnibus terris* Aeth (omnes) 8_{16} *ἡτοιμάσθη*] *parata et finita est* Aeth 9_{22} *ἐμεγαλύνθη*] *honorabatur et exaltabatur* Aeth $_{23}$ *ἐζήτουν*] *quaesiverunt et desideraverunt* Aeth(omnes) 10_{10} *παχύτερος*] + *et firmior* Aeth 11_{1} *τοῦ ἐπιστρέψαι*] *ut reducat et revertat et subiiciat* Aeth (omnes) 22_{6} *ἐπέστρεψεν*] *se vertit et rediit* Aeth(omnes) 11_{4} *Οὐκ ἀναβήσεσθε*] + *neque ite* Aeth(omnes) 13_{6} *ἀπέστη*] *deflexit et se separavit* Aeth 14_{1} *ἡσύχασεν*] + *et tacuit* Aeth $_{5}$ *ἀπέστησεν*] + *et destruxit* Aeth $_{6}$ *εἰρήνευσεν ἡ γῆ*] + *et quievit* Aeth 17_{5} *κατεύθυνεν κύριος*] + *et confirmavit* Aeth(omnes) 29_{8} *εἰς συρισμόν*] *ad risum et delusionem* Aeth.

In 6_{23} zeigt die völlig freie Wahl der äthiopischen Äquivalente für dreimaliges *ἀποδοῦναι* in LXX, dass beim Übersetzer keine griechisch-äthiopische Äquivalenz vorausgesetzt werden darf und dass die Vereinfachung des Doppelausdrucks *ut reddes* (pro *(t)ʾkj*) *et reducas* (pro *(t)gbʾ*) in *ut reducas* in Aeth^{A} lediglich inneräthiopisch als Angleichung an 𝔐 erklärt werden kann.

Die gleiche inneräthiopische Angleichung an 𝔐 durch die Gruppe Aeth$^{A'}$ liegt in der nur in Aeth überlieferten Doppeläquivalenz für ursprüngliches *ἐγκαταλίπητε* in 7_{19} vor, wo in der zweigliedrigen äthiopischen Formulierung „*si … dereliqueritis* (für *ḫdg*) *et oblivisceremini* (für *rsʿ*) *praecepta mea*“ der zwar LXX und 𝔐 ferner stehende, mehr interpretierende Begriff *oblivisceremini*, der aber in Aeth von Par II anderwärts öfter als Äquivalent für *ἐγκαταλείπειν* eingesetzt wird (vgl. 13_{11} 15_{2} 24_{24}), bewahrt wird: Angleichung an 𝔐, die unmittelbar von LXX ausgeht. Die an 𝔐 angleichende Tendenz bezieht sich nur auf die Auslassung, nicht auf den Wechsel des Ausdrucks.

In 10_{4} *ἄφες*] *κουφισον* (*-φησον* 19′) für הקל 𝔐 lassen sich die beiden Äquivalente von Aeth *remitte* (für *ḫdg*) und *relaxa* (für *(ʾ)ṣḥt*) trotz des semantischen Unterschieds, der eine leichte Nähe zum lukianisch überlieferten Äquivalent zeigt, bei der semantischen Weite, die für beide äthiopischen Begriffe nachgewiesen ist, nicht als Dublette aus ursprünglichem und lukanischem Äquivalent erklären.

(4) Die armenische Übersetzung

Für die textkritisch richtige Verwendung von Arm^{II} besteht die größte Schwierigkeit darin, von den eindeutig verifizierbaren, oft lukianische Rezensionselemente überliefernden Textformen her, deren griechische Vorlage erhalten ist, innerhalb der der erhaltenen griechischen Überlieferung gegenüber freien und sicher oft lediglich paraphrasierenden Textteile Kriterien zu finden, nach denen sich Übersetzungsfreiheit von nicht erhaltener griechischer Vorlage unterscheiden ließe. Was in dieser Hinsicht in den Apparat aufgenommen worden ist, darf öfter nicht als Beweis, sondern nur als Erwägung oder Vermutung einer abweichenden griechischen Vorlage verstanden werden.

1. In 3_{15} wird in Arm^{II} der in LXX einhellig überlieferten Maßangabe für die Höhe der beiden Säulen (*πήχεων τριάκοντα πέντε*) *τὸ ὕψος*, die anschließende für die Kapitelle, die in LXX entsprechend 𝔐 ohne Angabe der Dimension angegeben wird, *καὶ τὰς κεφαλὰς* (*-λιδας*) *αὐτῶν πήχεων πέντε*, verdeutlicht durch den Zusatz des Begriffs der Breite: *latitudo* (*amplitudo*) *capitellorum*. Da *τὸ ὕψος* als Bezeichnung der Dimension der Säulen in LXX von der masoretischen Vorlage abweicht, die ארך: „Länge“, überliefert, bleibt es nicht ausgeschlossen, dass dem Zusatz von Arm^{II} eine griechische Überlieferung zu Grunde liegt, nach der der ursprüngliche Text der LXX in Form einer Dublette der masoretischen Überlieferung angenähert werden soll. Entsprechend wird in 3_{4} in Arm^{II} – auch hier muss die Form der griechischen Vorlage offen bleiben – der Textteil *μῆκος ἐπὶ πρόσωπον πλάτους τοῦ οἴκου* in den Ausdruck *in latitudinem* zusammengenommen.

2. Das armenische Äquivalent, das in 3_{15} für den Begriff steht, der die Kapitelle der beiden Säulen vor dem Tempel bezeichnet, *chojak* – so in beiden armenischen Übersetzungen –, erscheint dort als Äquivalent für das in dieser Bedeutung verwendete hebräische

Nomen ראשׁ, das in LXX mit *κεφαλή*, in den Rezensionen *a* und b^2 mit *κεφαλίς* wiedergegeben wird; es wird in 4_{12} aber in der gleichen Bedeutung von Kapitellen sowohl für die gleiche Äquivalenz wie in 3_{15}, mit ähnlicher Zeugenverteilung von *κεφαλή* und *κεφαλίς* in LXX, bezeugt als auch als Äquivalent für den hier zweimal überlieferten Begriff גלות nach seinem Verständnis in LXX, in der er an der zweiten Stelle mit *κεφαλή*, an erster Stelle in Transkription *γωλαθ* wiedergegeben und an beiden Stellen lukianisch in *βασεις* korrigiert wird. Hier bezeugen beide armenischen Übersetzungen an allen drei Stellen das in 3_{15} für die Kapitelle verwendete Äquivalent *chojak* – wenn kein Beweis, so doch ein gutes Argument für gegenseitige Abhängigkeit –, Arm^{II} aber an der ersten Stelle mit dem Einschub eines Äquivalents für das lukianische Rezensionselement *βασις* als Dublette. An der armenischen Überlieferung als ganzer darf nach diesem Befund mit Sicherheit nur diese Dublette als dem Charakter von Arm^{II} entsprechend auf ihre griechische Vorlage, das lukianisch überlieferte *βασις*, zurückgeführt werden; hinsichtlich der gemeinsam überlieferten Vereinheitlichung aller drei Stellen auf das für Kapitelle stehende armenische Äquivalent muss aber die Frage offenbleiben, ob es sich um eine beiden Übersetzungen gemeinsame nicht mehr erhaltene griechische Vorlage handelt, die an allen drei Stellen *κεφαλή* als Äquivalent bezeugte – die Beibehaltung der anschließenden Transkription in beiden Übersetzungen in der lukianischen Form *χωθαρωθ* spräche dafür – oder ob eine – dann auf gegenseitiger Abhängigkeit beruhende – innerarmenische Interpretation vorliegt.

3. Bei dem in 5_{13} für den Ausdruck *ἐν ὀργάνοις τῶν ᾠδῶν* in Arm^{II} stehenden Äquivalent *in tympano et in voce benedictionis*, demgegenüber Arm^{I} genau mit dem ursprünglichen Text der LXX übereinstimmt, darf der armenische Begriff für *benedictio*: *orhnuthiun*, da er auch als Äquivalent für den in Par nur noch in II 7_6 überlieferten Begriff *ὕμνος* steht, dem lukianischen Zusatz *και εν υμνοις* zugeordnet werden, der insofern als eine Angleichung an $\mathfrak{M}$ in Form einer Art von Dublette bestimmt werden muss, als der Ausdruck בהלל ליהוה – wahrscheinlich auf Grund einer abwei-

chenden Vorlage – als das erste Glied im Parallelismus des Psalterzitates umgedeutet erscheint (vgl. S. 85).

Abhängigkeit von der in Arm^{I} überlieferten Textform in Arm^{II} lässt sich an einer Wortäquivalenz in 31$_{14}$ vermuten: Während in Arm^{I} die – letztlich wohl itazistisch bedingte (vgl. S. 89f.), aber wie das in Arm^{I} überlieferte Äquivalent beweist, spätestens in der Sekundärübersetzungstradition semantisch interpretierte – Äquivalenz für נדבות: *δωματων*: „Dächer" für ursprüngliches *δομάτων*: „Gaben" in Arm^{I} eindeutig vorliegt: *i veraj taneac̣n*: *super tectis*, „über die Dächer, bzw. über die Gebäude", steht an dieser Stelle in Arm^{II} *i veraj ᵉntaneac̣*: *super domesticis*, „über die Diener". Die Diskrepanz zwischen beiden armenischen Übersetzungen beruht nicht auf je verschiedener griechischer Vorlage, sondern auf innerarmenischer Überlegung des Übersetzers oder Tradenten von Arm^{II}, dem die sekundäre Textform von Arm^{I} unpassend erschien.

4. An einer weiteren Stelle, an welcher in der griechischen Überlieferung einem ursprünglichen Äquivalent in Arm^{II} ein lukianisch überliefertes gegenübersteht, lässt sich aufgrund des konsequent lukianischen Charakters von Arm^{II} bei zwei weitgehend synonym verstehbaren Begriffen gegenüber der ursprünglichen Übersetzungsvorlage von Arm^{I} die lukianische von Arm^{II} wahrscheinlich machen: 29$_{16}$ *ἐκβαλεῖν* (להוציא)] *του εξενεγκειν L* Compl. Hier steht der außerlukianisch einhellig überlieferten Übersetzung *ἐκβαλεῖν*, die in Arm^{I} mit *expellere*, *educere*: *hanel* wiedergegeben wird, in Arm^{II} mit Umsetzung in verbum finitum ein Doppelausdruck gegenüber, in welchem das erste Glied mit dem *hanel* nahezu synonymen Äquivalent *tulerunt*, *duxerunt* wiedergegeben wird: *peleçin*, das zweite mit dem Äquivalent von Arm^{I} *hanin*, das auch im vorangehenden Teil des Verses von beiden armenischen Übersetzungen für dort einhellig überliefertes *ἐξέβαλον* (-*λαν*) als Wiedergabe von (ו)יוציאו: *hanin* erscheint: Die Umsetzung der 𝔐 entsprechenden infiniten Formulierung bei Arm^{I} in verbum finitum bei Arm^{II} berechtigt im Blick auf deren syntaktisch völlig freie Übersetzungsweise nicht zur Annahme einer von LXX bzw. 𝔐 abweichenden Vorlage, der Doppelausdruck für das in 𝔐 und

𝔊 – auch in *L* – eine Äquivalent im Blick auf die Arm^{II} mehrfach auch bei in 𝔊 einhellig überlieferter Äquivalenz eigentümlicher Übersetzungstechnik auch hier nicht zur Annahme einer Dublette, wohl aber berechtigt an dieser Stelle die Wahl der Äquivalente zur Vermutung, dass das nicht mit Arm^{I} übereinstimmende in Arm^{II} das lukianische wiedergibt, eine Vermutung, deren Richtigkeit mit dem semantischen Argument bestärkt werden kann, dass der dann als Äquivalent des lukianischen *του εξενεγκειν* in Anspruch genommene Ausdruck *pełeç̣in* wohl mit *hanel* gemeinsam die Bedeutung des Hinaustragens, Führens enthält, nicht aber den gewaltsamen Aspekt einer solchen Handlung, *ἐκβαλεῖν*[1]).

(5) Die koptische Übersetzung

Die von Tuki und Horner herausgegebenen bohairischen Textteile von Par, sind, da sie weitgehend miteinander übereinstimmen, auf die eine und gleiche bohairische Übersetzung zurückzuführen. Sie weisen dem ursprünglichen Text der LXX gegenüber öfter Textverkürzungen auf, die teilweise als homoioteleuton erklärbar sind. Sie sind, da sie zuweilen mit Auslassungen der griechischen Hss. übereinstimmen oder sich mit solchen überschneiden, obwohl ihnen, da es sich um liturgische Texte handelt, nur geringe textgeschichtliche Bedeutung zuzumessen ist, wie auch Wortvarianten und Formulierungen, wenn sie sich mit dem griechischen Text irgendwie berühren, in den Apparat aufgenommen; so auch in Par II 6$_{20}$ init – *νυκτός*, dem einzigen sahidisch mitbezeugten Satzteil, obwohl sie anderwärts weder in Par noch im Paralleltext von Reg III 8$_{29}$ nachgewiesen ist, für *τὸν οἶκον* (**ⲡⲁⲓ ⲏⲓ** Bo) die Wortvariante **ⲡⲓⲣⲡⲉ** in Sa, die entweder auf freie Wiedergabe oder auf die Vorlage *τον ναον* zurückzuführen ist.

[1]) Miskgian sub verbis.

(6) Die Notierungsweise der Sekundärübersetzungen in ihrem Verhältnis zueinander

Dass die Beiziehung dieses Bereiches der Überlieferung der LXX, die schon früh, mit der Entstehung der Nationalkirchen, entstandenen Übersetzungen der LXX in andere Sprachen, vor allem der lateinischen, der koptischen, der armenischen und der äthiopischen, der syrischen zuerst auf Grund der syrohexaplarischen Tradition, für Textgeschichte und Textrekonstruktion der LXX unentbehrlich ist, ist zuerst darin begründet, dass es sich in dieser Überlieferung um früh verfestigte Textformen handelt, deren griechische Vorlagen oft älter sind, als die ältesten erhaltenen griechischen Handschriften. Schwer zu bestimmen ist aber die Art und Weise ihrer Verwertung, vor allem an den Stellen, an denen keine entsprechende griechische Textform überliefert ist: Liegt hier freie Übersetzung oder verlorene griechische Überlieferung vor? Für die Textrekonstruktion ist in diesen Fällen nur die auf verlorener griechischer Überlieferung beruhende Sekundärübersetzung von Bedeutung. Aber eindeutige Kriterien für die Unterscheidung beider Möglichkeiten gibt es nur selten. Sie lassen sich annähernd nur vom Gesamtcharakter der jeweiligen Sekundärübersetzung her verifizieren. Innerhalb der für Par II in Frage kommenden Überlieferung lassen sich Arten der Übersetzungstechnik erkennen, die für alle Sekundärübersetzungen gelten, die eher auf Übersetzungsfreiheit als auf verlorene griechische Überlieferung zurückgeführt werden müssen und die darum für Textgeschichte und Textrekonstruktion der griechischen Überlieferung nur begrenzt verwertbar sind. Da übersetzungstechnisch erklärbare Textformen dieser Art auch immer wieder mit Textformen erhaltener griechischer Überlieferung übereinstimmen können, bleibt bei nur in Sekundärübersetzungen überlieferten Fällen die Frage, ob sie auf verlorener griechischer Vorlage beruhen und in griechisch mitbezeugten Fällen, die Frage, ob sie von der griechischen Überlieferung abhängig oder unabhängig von ihr entstanden sind, unbeantwortet. Für das Problem der richtigen Verwertung dieser Überlieferung im Apparat bleibt es darum die noch beste Lösung, solche Lesarten der Sekundärübersetzungen, wenn sie mit griechischer Sekundärüberlieferung übereinstimmen, möglichst konsequent aufzunehmen, wenn sie von griechischer Überlieferung unabhängig bezeugt sind aber nur eklektisch, um damit ihren begrenzten Zeugenwert auch in den griechisch mitbezeugten Fällen anzuzeigen.

Diesem Überlieferungsbereich gehören vor allem die stilistischen Verfeinerungen oder Verdeutlichungen einer Aussage, die vereinfachenden Textverkürzungen und die variierende Wahl der Übersetzungsäquivalente an.

1. Stilistische Verfeinerungen und Verdeutlichungen der dem Übersetzer vorliegenden Textform, soweit sie den Inhalt der Aussage nicht verändern, sind, wenn nicht ein aquilanisches Übersetzungsprinzip, das bei keiner der Sekundärübersetzungen angenommen werden darf, zu Grunde liegt, die jeder Übersetzung in erster Linie zuzugestehende Stilform, die im vorliegenden Fall bei den einzelnen Übersetzungen höchstens graduell unterschiedlich, am stärksten an die Vorlage gebunden wahrscheinlich bei der altlateinischen, verwendet wird. Aber auch nach dem Übersetzungsprinzip der Vetus Latina darf nach dem, was in Par II von ihr überliefert ist, eine stilistische Variante wie der Übergang von einer partizipialen Konstruktion in einen relativen Nebensatz, wie er z.B. in 6$_{14}$ überliefert ist, wo bei einhellig überliefertem und mit 𝔐 (שֹׁמֵר) übereinstimmendem *φυλάσσων* in 𝔊 die armenische (*qui* (> Arm[1]) *conservas*) und die äthiopische Übersetzung (*quia confirmas et custodis*) in Nebensätze umformulieren, die altlateinisch bezeugte Doppelüberlieferung aber in La^{109} partizipial (*custodiens*), in La$^{Or\ Sal}$ relativ formuliert (*qui custodis*, so auch Vulg), höchstens als innerlateinische Angleichung an 𝔊 und 𝔐, nicht aber als eine Überlieferung bewertet werden, bei der aus La$^{Or\ Sal}$ auf eine verlorene Textform mit relativer Satzkonstruktion geschlossen werden dürfte[1]).

[1]) Das Gleiche gilt für 8$_{8}$ *τῶν καταλειφθέντων*.

1.1 So dürfte die stilistische Variierung der Konjunktionen in 6 14: *καὶ εἶπεν· … οὐκ ἔστιν ὅμοιος … ἐν οὐρανῷ καὶ ἐπὶ τῆς γῆς*] *dixit autem* (ϫⲉ Bo) … *non est similis* … *neque* (ⲟⲩⲇⲉ Bo) *in caelo* … *neque* (ⲟⲩⲇⲉ Bo) *in terra* $La^{Or\ Sal}$ (hab *et* La^{109}) Arm^{I} (hab *et* Arm^{II}) Bo, da Varianten dieser Art in allen Übersetzungen, auch der altlateinischen, mehrfach begegnen und die bohairischen Gräzismen grundsätzlich auf anderen Gesetzen beruhen als denen ihrer griechischen Vorlage, gegen Br.-M., die sie in den Apparat aufnehmen, bei La, Bo und Arm als eine von der Vorlage unabhängige Stilform auszuscheiden sein.

2. Auslassungen können als den Sinn der Aussage nicht beeinträchtigender Verzicht auf einzelne Vokabeln, wie z. B. auf die Wiederholung eines einer Reihung von Nomina zugeordneten Pronomens, auf die auch in der griechischen Primärübersetzung übersetzungstechnisch oder rezensionell verzichtet werden kann, in allen Sekundärübersetzungen unabhängig von der Vorlage nicht ausgeschlossen und darum als Sonderlesarten nur bedingt aufgenommen werden; sie sind aber als Auslassungen ganzer Sätze oder Satzteile wie in der Primär- so auch in der Sekundärübersetzung grundsätzlich auszuschließen und entweder als rezensionell oder als mechanisch durch den Abschreiber bedingten Ausfall zu bestimmen, bei den Sekundärübersetzungen darum textgeschichtlich von geringerem Wert und nur als Hinweis auf das Fehlen des betreffenden Zeugen bei Varianten innerhalb des betreffenden Textteils zu verstehen.

2.1 So zu erklären und zu bewerten, als zufällige Übereinstimmung, nicht als textgeschichtliche Abhängigkeit, sind die umfangreichen Auslassungen in 4 18: als Sekundärübersetzung bohairisch des ganzen Verses, griechisch in Hs. 158 von *ταῦτα* bis (19) *σκεύη* – in beiden Fällen liegt homoioteleuton vor – und in Hs. 19 von *εἰς πλῆθος* bis (19) *σκεύη*.

3. Eine konsequente Einhaltung der Übersetzungsäquivalenz mit dem jeweils zu Grunde liegenden griechischen Begriff lässt sich bei keiner der Sekundärübersetzungssprachen feststellen,

auch bei der altlateinischen, wo sie am ehesten zu erwarten wäre, nicht[1]). Darum lässt sich bei uneinheitlicher griechischer Überlieferung das zugehörige Äquivalent der Übersetzungssprache nur bei eindeutigem Bedeutungsunterschied zwischen beiden griechischen Begriffen mit einiger Sicherheit zuordnen.

3.1 So ist in Par II 4_{18} bei den beiden griechischen Äquivalenten für den Ausdruck לא נחקר, dem ursprünglichen *οὐκ ἐξέλιπεν* und dem lukianischen *ουκ ηκριβασθη*, die von Arm^{II} bezeugte Übersetzung *non potuerunt cognoscere certe*, entsprechend dem eindeutig nachgewiesenen Textcharakter und im Unterschied zu der mit *non defecit* das ursprüngliche Äquivalent *οὐκ ἐξέλιπεν* wiedergebenden Übersetzung von Arm^{I}, mit Sicherheit der lukianischen Textform zuzuordnen, mit geringerer Sicherheit, aber mit guten Argumenten – so vertreten von Clear – auch das von der lukianisch öfter beeinflussten Textgruppe Aeth$^{A'}$ überlieferte Äquivalent gegenüber dem dem ursprünglichen *οὐκ ἐξέλιπεν* zugeordneten der die ältere Überlieferung von Aeth vertretenden Textgruppe Aeth$^{P'}$: Hier liegt zwar beiden äthiopischen Äquivalenten der gleiche Wortstamm *chlq* zu Grunde, aber in Aeth$^{P'}$ in der Stammform I, die in LXX öfter als Äquivalent für *ἐκλείπειν* dient, in Aeth$^{A'}$ in der reflexiven Stammform IV in passivem Gebrauch, die in der Bedeutung *enumerari* dem lukianischen Äquivalent *ουκ ηκριβασθη* nicht ferne steht[2]).

3.2 Auch der Bedeutungsunterschied zwischen den beiden Äquivalenten für das Nomen עבד: *παῖς* und *δοῦλος*, der schon in der griechischen Übersetzung, wie die einhellig überlieferte Wiederaufnahme des Ausdrucks *οἱ δοῦλοί σου* mit *οἱ παῖδές σου μετὰ τῶν παίδων μου* in $2_{8(7)}$ zeigt, im synonymen Sinn nivelliert zu sein scheint, lässt sich als Kriterium für die Zuordnung der Äquivalen-

[1]) Vgl. z.B. TGP II zu 4_{11} und $_{16}$.

[2]) Vgl. z.B. die ähnliche Äquivalenz des äthiopischen Begriffs in der gleichen Stammform in Lev $7_{8(18)}$ für *οὐ λογισθήσεται* als Übersetzung von לא יחשב. Ob zwei gleichlautende Stämme *chlq* in verschiedener Bedeutung vorliegen, scheint nicht gesichert zu sein; vgl. Dillmann sub verbo.

te in den Sekundärübersetzungen nur bedingt in Anspruch nehmen: sicher nur in der altlateinischen Übersetzung mit der Unterscheidung von *puer* für *παῖς*, *servus* für *δοῦλος*, nach der innerhalb des von La^{109} und La$^{\mathrm{Or\,Sal}}$ gemeinsam überlieferten Textteils für *παῖς* (David) in 6$_{15}$ und 16 einhellig auch in La *puer* steht, in 17 aber *puer* mit dem ursprünglichen Text *παῖς* gegen lukianisch überliefertes *δοῦλος*, so auch in 14 *pueri* für *παῖδες* gegen lukianisches *δοῦλοι*, in 19 fur ursprüngliches *παῖς* (Salomo) 1° *puer* in La$^{\mathrm{Or\,Sal(-a)}}$, für lukianisches *δοῦλος* *servus* in La$^{\mathrm{109\,Or\,Sal:a}}$, für *παῖς* 2° *puer* in La$^{\mathrm{Or\,Sal(-GI)}}$, für lukianisches *δοῦλος* *servus* in La$^{\mathrm{109\,Or\,Sal:GI}}$, in 20 für ursprüngliches *παῖς* in La$^{\mathrm{Or\,Sal}}$ mit *puer* gegenüber lukianischem *δοῦλος* mit *servus* in La^{109} und in 21 in La einhellig *puer* gegenüber ursprünglichem *παῖς* und lukianischem *δοῦλος*: eine altlateinische Überlieferung, der die Vulgata mit einhelligem *servus* in allen Fällen gegenübersteht[1]). Dieses Gesetz der Äquivalenz, das sowohl durch weitere Fälle mit uneinheitlicher Überlieferung[2]) als auch durch den Befund bestätigt wird, dass an den wenigen Stellen, an denen in Par II *δοῦλος* für עבד einhellig überliefert und damit als ursprünglich zu bestimmen ist: 2$_{8(7)}$ 6$_{23\,42}$ 28$_{10}$ 36$_{20}$, als altlateinisches Äquivalent einhellig *servus*, nirgends *puer* bezeugt ist, berechtigt zum Schluss, dass bei einheitlicher griechischer Überlieferung mit *παῖς* das altlateinische Äquivalent *servus*, das in 8$_{18}$ (*παίδων* 2°) 9$_{4}$ 13$_{6}$ und 32$_{16}$ überliefert ist, auf eine nicht mehr erhaltene – lukianische? – Vorlage zurückgehen dürfte, in der *δοῦλος* an Stelle von *παῖς* stand.

Wahrscheinlich liegt eine solche Unterscheidung zwischen *παῖς* und *δοῦλος* auch in der bohairischen Übersetzung vor, wo in dem von ihr überlieferten Textteil für ursprünglich überliefertes *παῖς* konsequent ein anderes Äquivalent überliefert ist: ⲁⲗⲟⲩ in 6$_{14\,16\,17\,19\,21}$, als für ursprünglich überliefertes *δοῦλος*: ⲂⲰⲔ in 6$_{23}$

---

[1]) Ausnahmen, die aber die Regel nicht berühren, sind in Vulg nur das einmal Moses (1$_{3}$) – *servus* aber in 24$_{6}$ und 9 – und einmal Salomo (6$_{19}$) vorbehaltene Äquivalent *famulus*, in La die auf in 𝔊 mitsamt *L* bezeugtem *παῖς* beruhende Interpretation der Diener Amasias in 25$_{3}$ und Josias in 34$_{20}$ und 35$_{23}$ mit *filii*.

[2]) Sie sind zu *παισίν* in 6$_{14}$ im Apparat registriert.

und 42 – ein Argument für Bewahrung des Ursprünglichen in dieser Übersetzung –, sicher aber nicht in der äthiopischen Übersetzung, wo sich an der Stelle 617 *τῷ παιδί*] *τω δουλω L* Compl die Doppelüberlieferung in Aeth mit dem Stamm *qlʿ* in Aeth$^{P'}$, *gbr* in Aeth$^{A'}$ aus dem Grund nicht den beiden griechischen Textformen zuordnen lässt, weil in Par als ganzem bei beiden äthiopischen Äquivalenten – schon in 18(7) wo *gbr* für *παῖς* und *δοῦλος* steht – den griechischen gegenüber keine Gesetzmäßigkeit erkennbar ist.

3.3 Von der weitgehend eingehaltenen Äquivalenz in der Überlieferung der Sekundärübersetzungen her lässt sich die Zugehörigkeit der äthiopischen, der einen armenischen Übersetzung Arm^{I} und der bohairischen zur ursprünglichen Textform, der altlateinischen und der anderen armenischen Übersetzung Arm^{II} zur lukianischen Rezension in Par II 635 bei den nahezu synonymen Begriffen *προσευχή* für תפלה und *δέησις* für תחנה bestimmen. Da sich bei dem in LXX einhellig überlieferten Fällen: für *προσευχή* in 620, für *δέησις* in 21, für beide einander syndetisch zugeordneten Begriffe in 19, 29 und 39, auch eine einhellig überlieferte Äquivalenz in Arm^{II} (deest in 21) und in Bo (mit dem transkribierten Lehnwort für *προσευχή*, ⲦⲰⲂϨ für *δέησις* (deest in 20)), eine nahezu einhellige in Arm^{I} und La (bei La$^{109\ \mathrm{Or\ Sal}}$ konsequent *oratio* für *προσευχή*, *obsecratio* oder *prex*, *preces* in La$^{109\ (\mathrm{Leg\ Or\ Sal})}$ für *δέησις* (freie Wiedergabe *vox* La^{109} in 21)) feststellen lässt, nur bei Aeth in v 19, wo ein drittes Glied, רנה: *δέησις* hinzukommt, und in v 21, wo für תחנה: *δέησις* die Bildung תחנוני und kein weiteres Glied steht, eine scheinbare Vertauschung dieser Äquivalente zwischen den beiden der griechischen Vorlage feststellen lässt, erweisen sich in 635, wo die masoretisch überlieferte Reihenfolge תפלה: *προσευχή* – תחנה: *δέησις* in LXX ursprünglich umgestellt, in den Rezensionen *L* und *a* nach 𝔐 korrigiert erscheint, der Reihenfolge der Sekundärübersetzungsäquivalente entsprechend und so den festgestellten Textcharakter dieser Zeugen bestätigend, Arm^{II} und La^{109} (mit der Folge *orationem* – *obsecrationes*) als der lukianischen Rezension zugehörig, Arm^{I} Aeth und Bo aber der ursprünglichen Textform. Von dieser gesicherten Äquivalenz her lassen sich zwei die Regel bestätigende Ausnahmen textgeschichtlich nicht mehr mit Sicherheit bestimmen: in 6 39 in Aeth, wo eines der beiden Glieder *τῆς προσευχῆς* und *τῆς δεήσεως* ausgelassen ist, da in Aeth bei eingliedriger Formulierung die Regel der geltenden Äquivalenz durchbrochen ist, die Bestimmung des Aeth vorliegenden griechischen Äquivalents, und in v 40, wo als Sonderfall für die masoretisch überlieferte Textform לתפלה in LXX bei den griechischen Zeugen einhellig *εἰς τὴν δέησιν* steht, bei den Sekundärübersetzungen in La^{109} (*oratio*), Bo (**ⲠⲢⲞⲤⲈⲨⲬⲎ**!) und Arm^{II} das in allen übrigen Fällen für die vorgegebene Äquivalenz תפלה – *προσευχή* gesicherte Äquivalent, das hier mit LXX übereinstimmende, aber auf masoretischem תחנה beruhende *δέησις* dagegen bei Arm^{I}, während Aeth wegen der erwähnten bei alleinstehenden Gliedern eintretenden Durchbrechung der Regel hier ausfällt: Gegenüber der Möglichkeit der Übersetzungsfreiheit beim griechischen Übersetzer, griechisch nicht erhaltener Textform *προσευχή* als Vorlage von La Arm^{II} Bo und Variierung der sonst eingehaltenen Äquivalenz in diesen Sekundärübersetzungen, erscheint mir, da die Übersetzungsfreiheit beim Übersetzer der LXX selbst durch die Umstellung in v 35 nahe gelegt ist, die Annahme einer der in v 35 von *L a* bezeugten, hier griechisch nicht mehr erhaltenen Korrektur nach 𝔐 als Vorlage von La Arm^{II} und Bo als die wahrscheinlichste Erklärung.

4. Reihenfolge und Notierungsweise der indirekten Überlieferung

Innerhalb der Trennung von griechischer und lateinischer Überlieferung der Kirchenschriftsteller wurden die einzelnen Zitate, soweit es möglich war, in chronologischer Reihenfolge notiert.

Die Überlieferung des Iosephus, bei der es sich, da bei ihm nicht der heute erhaltene Text der LXX von Par als Vorlage vorausgesetzt werden kann, fast nur um in einem anderen syntaktischen Kontext stehende Wortvarianten handelt, die vor allem dann textgeschichtlich bedeutsam sind, wenn sie mit lukianischer

Tradition übereinstimmen, wurde eine freie Notierungsweise gewählt, wenn die syntaktische Form nicht mit der in LXX überlieferten übereinstimmt, meistens ein mit „cf" eingeleiteter Hinweis. Die Lesarten der Zitate werden als dritte Form der Tradition anschließend an die Sekundärübersetzungen notiert, auch dort, wo sie mit dem Text von griechischen bzw. altlateinischen Handschriften übereinstimmen, was vor allem bei lukianischen Lesarten der Fall ist, die auch Theodoret bezeugt.

Einzelheiten der Notierungsweise bei einigen Kirchenschriftstellern sind in der Registratur der Werke mit ihren Abkürzungen A III (S. 23–30) notiert. Aber drei der indirekten Zeugen, Didascalia mit Constitutiones, Sacra Parallela und die Annalen bzw. Chroniken bedürfen einer besonderen Erörterung.

Didascalia und Constitutiones

In dem Teil der Constitutiones, der eine spätere Fassung der Didascalia darstellt, Constit lib I–VI, wird bei gemeinsamer Überlieferung die griechische Textform der Constitutio entgegen der zeitlichen Folge, da sie mit ziemlicher Sicherheit mit der verlorenen griechischen Textform der Didascalia identisch ist, bei der Notierung im Apparat vorangestellt, der Text der Didascalia anschließend, wenn nur syrisch erhalten, unter dem Sigel „Didasc" nach der Paginierung der Edition von Connolly, wenn textgeschichtlich bedeutsam mit Nennung des syrischen Äquivalents unter „Didasc^{Syr}" nach Edition und Paginierung Lagardes. Die lateinische Mitbezeugung wird unter „Didasc^{La}" eigens vermerkt. Für den Text Par II 33_{1-24} = Reg IV 21_{1-24}, der in Constit (und Didasc) aus einer Kompilation dieser beiden Texte besteht, werden bei den Versen bzw. Textteilen von Par, die auf der Vorlage von Reg beruhen, die Varianten, die in LXX-Hss. als der LXX-Tradition zugehörig nachgewiesen sind, da sich hier nicht mehr sicher entscheiden lässt, ob sie ursprünglich dem Text von Par oder dem von Reg zugehören, im Apparat von Par in Klammern gesetzt und jeweils am Ende der Kirchenväterzitate eingeordnet. Varianten innerhalb dieser Tradition, die in den LXX-Hss. nicht mitbezeugt sind, werden, da sich in dieser Kompilation vorliegende LXX-Tradition von freier Paraphrase schwer unterscheiden lässt, nur in bestimmten Fällen in den Apparat aufgenommen.

Die Sacra Parallela

Dam = Johannes Damascenus, Sacra Parallela
Ant = Antonius Melissa, Sententiae sive loci communes

Die Texte wurden zitiert nach der Sammlung von O. Wahl, Die Sacra-Parallela Zitate aus den Büchern Josua, Richter, 1/2 Samuel, 3/4 Könige sowie 1/2 Chronik, MSU XXIX (AAWG, Phil.-Hist. Kl. 3. Folge 255), Göttingen 2004. Wahl fasst die beiden Sammlungen unter dem Begriff „Sacra Parallela" zusammen, weil die Sententiae des Antonius Melissa für die Bibel- und Väterzitate literarisch von den Sacra Parallela abhängig sind. Ich trenne darum in der Zitierung im Apparat die von Wahl unter dem Oberbegriff Sacra Parallela zusammengefassten Handschriften in „Dam" und „Ant".

Die Zitate werden notiert mit Nennung der sie bezeugenden Handschriften bzw. Textausgaben mit den von Wahl S. 12f. registrierten Sigeln. Bei mehrfachem Vorkommen eines Zitats in der gleichen Handschrift, wird die von Wahl mit Unterteilung in I und II durchgeführte doppelte Nennung im Apparat nur dann verzeichnet, wenn die beiden in der gleichen Handschrift überlieferten Zitatformen nicht miteinander übereinstimmen, z.B. bei den Handschriften C und H^b in Par II 14_{11} *ἡμῶν* 2°] + *συ ει* (+ *ο* 19′ $Dam^{H^b(II)}$ Compl) *ϑεος* (+ *ημων* $Dam^{C(II)}$) *L′* Dam^{CRH^b} Compl. Das bedeutet: In Hs. H^b steht nur in der zweiten Zitierung vor *ϑεος* der Artikel, in Hs. C nur in der zweiten nach *ϑεος* der Zusatz *ημων*. Hs. R überliefert die Varianten ohne die in Klammern notierten Zusätze[1]).

---

[1]) Ob Hs. R die Stelle nur einmal zitiert (was der Fall ist (im Zitat I)) oder zweimal in der gleichen Form, wird, da textgeschichtlich belanglos, nicht verzeichnet.

Die Annalen und Chroniken

Die Aufnahme dieser Überlieferung wird eingeschränkt auf die in LXX-Hss. überlieferten Varianten. Für die Chronik Hippolyts, wo Name und Regierungsjahre des gleichen Verses mehrfach überliefert sein können, wird, da für den Interessierten alle den gleichen Vers nennenden Stellen nach dem Namenregister am Ende der auf der Rekonstruktion von Adolf Bauer beruhenden Edition von Rudolf Helm leicht auffindbar sind, bei einheitlicher Bezeugung nur je ein Bespiel aus den beiden erhaltenen Fassungen dieses Werkes, der älteren, „*Chron*^{H1}“, von Helm auf „234/5 n. Chr.“, der jüngeren, „*Chron*^{H2}“, auf „vor 334 n. Chr.“ datierten registriert, die einzelnen Quellen der Textrekonstruktion Helms (S. 1–2) abgesehen von *Arm* nur in bestimmten Fällen anschließend in Klammern, und separat „An gen“, der Liber genealogus (bei Helm „lib geneal“), weil von Lagarde ediert und für Esdr I beigezogen, den aber Helm als spätesten Nebenzweig der lateinischen Tradition einordnet.

Für die Chronik Eusebs, bei der textgeschichtlich der nur armenisch nahezu vollständigen Überlieferung beider Bücher nach dem Text Eusebs, *ChronI*^{Arm} und *ChronII*^{Arm}, die lateinische Übersetzung des zweiten Buches der Übersetzung des Hieronymus gegenübersteht (Eus *ChronII*^{Lat}), wurde die gesamte erhaltene Überlieferung mitsamt den griechischen Fragmenten der Anonymi historiarum Ecloge a mundi creatione ad Amasiam usque Judae regem deducta der Pariser Handschrift 854: *ChronI*$^{Exc\ Eus}$, und der *Ἐκλογὴ ἱστοριῶν* der Pariser Handschrift 2600: *ChronII*$^{Ecl\ Eus}$ aufgenommen. Von der übrigen griechischen Überlieferung der bis in die byzantinische Zeit führenden Chroniken, bei denen sich aus dem Vergleich mit dem armenischen Text Zitate aus der Chronik Eusebs verifizieren lassen, wurde nur der bedeutsamste, Syncellus, aufgenommen, *Eus Chron*^{Sync}, für die übrigen auf die Marginalkolumne bei Schoene und die, noch ausführlichere, Zusammenstellung bei Helm S. 279–455 verwiesen.

Die für die Notierung der Namensformen und Regierungsjahre der Könige beigezogene Liste steht in der armenischen Übersetzung sowohl in der Chronik von *Arm*^{I} (Karst S. 56f., Schoene Col. 119–121, Aucher S. 88–89) als auch als „Series regnorum“, der zu *ChronI* gehörenden Reihung von Königslisten, mit der eine armenische Handschrift beginnt (Karst S. 144–145, Schoene Appendix I Col. 5–6), dazu in *Exc Eus* (ed Cramer (S. 157f.)), wo sie wahrscheinlich ursprünglich in den Text von *ChronI* gehört[1]).

[1]) Schoene notiert an dieser Stelle nur lateinisch, d.h. nach der armenischen Übersetzung, ohne die griechische Fassung nach *Exc Eus* zu nennen, vielleicht weil in ihr der jeweils erste Buchstabe der Namen nicht erhalten ist, der aber eindeutig und schon in der ersten Veröffentlichung durch Ioseph Iustus Scaliger im Thesaurus temporum nachgetragen worden ist (nach der Ausgabe von 1606 unter Addenda priori Libro S. 223, nach der Ausgabe von 1658 im Kapitel *Των Χρονικων παντοδαπης ιστοριας Ευσεβιου του Παμφιλου τα σωζομενα* S. 158; für Schoene ist dieser Text von P. A. de Lagarde am Original im Paris neu kollationiert worden; vgl. Schoene, Praefatio S. XII).

C Grammatica

Die Behandlung der Grammatica, deren Disposition Kapitel VI, Orthographika von Eduard Schwartz in seiner Edition der Kirchengeschichte Eusebs (GCS 9/3, 1909, S. CLXXXVII–CCXV), und die auch von Schwartz beigezogene Abhandlung von Wilhelm Crönert, Memoria Graeca Herculanensis, Leipzig 1903 (Nachdruck 1963) zu Grunde liegt, gehört als Aufweis dessen, was aus der unüberschaubaren Fülle handschriftlicher Varianten ausgeschieden werden muss und was ausgeschieden werden kann, als für das Verständnis der Edition unabdingbarer Teil zum Apparat als ganzem: „Ohne einen gewissen Tact, der Regeln sich nicht zu Reglements versteinern lässt und das Wesentliche fest im Auge behält, ist es unmöglich eine verwickelte Überlieferung vorzulegen, und im Zweifelsfalle steht es ja frei, wird auch öfter nötig eine Variante an beiden Orten aufzuführen“ (Schwartz S. CLXXXVIII). Als allgemeine, aber nicht sklavisch durchführbare Regel muss gelten, dass korrekte Formen, auch wenn sie orthographisch, vor allem itazistisch, erklärbar sind, in den Apparat aufgenommen werden, unkorrekte Formen bzw. Verschreibungen aber nur, wenn es sich um Verschreibungen in den Apparat aufgenommener Lesarten handelt.

I. Mechanische Verschreibungen und Abbreviaturen

Zur Schreibung *τγ* für *ττ* (vgl. Esdr II S. 32): 1_{17} *Χετταίων*] *χετγαιων* 346-762 64-381 119 8_{7} *Χετταίου*] *χετγαιου* 121-236 64-243-381 55 119.

Unzialfehler

Unzialfehler, Verwechslungen von Unzialen mit ähnlicher Form in den meist sehr sorgfältig geschriebenen Unzialhandschriften – sie können sich je nach der Schreibweise auch auf Minuskeln übertragen – kommen am häufigsten bei den Transkriptionen der nomina propria und als solche verstandenen appellativa vor und sind oft mit weiteren Deformationen des betreffenden Wortes, Haplographie, Dittographie, Auslassungen und Zufügungen einzelner Buchstaben verbunden. Sie werden bei Transkriptionen und bei mit Unzialverschreibung erklärbaren in den Kontext passenden Bildungen vollständig im Apparat notiert.

Die Annahme von Unzialverschreibung kann – vor allem bei Transkriptionen von Eigennamen – oft als Kriterium für die Rekonstruktion der ursprünglichen Textform dienen. Das zeigt anschaulich die Überlieferung der Transkription des Namens יואה in 29_{12}: Die Konsonanten und Vokale in den verschiedenen Transkriptionen, die in der masoretisch überlieferten Namensform nicht vorkommen, im Griechischen aber als Unzialverschreibung erklärbar sind: *δ* für *α* in *L* und *a*, *λ* für *α* in b^2; vgl. den Apparat.

Α Λ Δ: 8_{6} *Βααλάϑ* 93 107 b^1 Arm^{IIap} = 𝔐(בעלת)] *βαλααϑ* multi 10_{15} *Σηλωνίτου*] *σιδωνιτου* 71 11_{10} *Σαρᾳά*] *σαρᾳδ* 158 *Αἰαλών*] *αλδων* B 24_{26} *Ζαβέδ*] *ζαβελ* B′ 34_{12} *Μοσολλάμ*] *μοσοαδαμ* 55 35_{14} *Ἀαρών*] *αλρων* B^{s} 6_{30} *ἱλάσῃ a* 127 La^{109} Compl Sixt = 𝔐(וסלחתה)] *ιαση* rel 16_{6} *καὶ ἔλαβεν*] *και ηρον* 93; *κληρον* 19′ 28_{8} *πολλά*] *πολαα* B 36_{2c} *ἔδησεν*] *ελησεν* B^{s}.

Ε Σ Ο Θ. Ε Σ, Σ Ε: 29_{13} *Ἰειήλ*] *ιεειηλ* 243-731 60; *ιεσιηλ* b^1 119 527; *ιεσειλ* 158 11_{9} *Λαχείς*] *λαχειε* V · 1_{14} *ἱππέων*] *ιππεσων* 130 6_{26} *συσχεϑῆναι*] *συσχσϑηναι* 19 34_{30} *εὑρεϑέντος* (*-τας*)] *ευρσϑεντας* 19 6_{15} *ἐλάλησας αὐτῷ*] *ελαλησα εαυτω* 55 28_{23} *εἰς σκῶλον*] *εις κωλον* 68-130*-236 127 527 610 379 Ald; *εις εκωλον* 71. *Ε Ο, Ο Ε*: 3_{13} *πήχεων*] *πηχεις* 93-108 Compl; *πηχοις* 19 36_{6} *πέδαις*] *ποδαις* 314* 19_{11} *εἰς οἶκον*] *εις εικον* 321. *Σ Θ*: 11_{7} *Βαιϑσουρά* (*βεϑ.*)] *Βεσσουρα* 127 La^{109}(*bessura*) $_{19}$ *Ἰεούς*] *ισους* 71. *Ο Θ*: 29_{1} *Ἀββαούϑ* b^1 55 158] *αββαϑυϑ* A · 6_{34} *οὗ*] *ϑυ̅* 55 6_{28} *ἀνεμοφϑορία*] *-φορια* 127: sed cf *ανεμοφορητος* (L.-S.) 12_{12} *καταφϑοράν*] *καταφοραν* 55. *Θ Ε-Ο Σ*: 31_{7} *ϑεμελιοῦσϑαι*] *οσμελιουσϑαι* V*.

Kombination von *Α Λ Δ* und *Ε Σ Ο Θ*: 11_{18} *Ἰεσσαί* (יִשַׁי 𝔐)] *ιεσαι* 158 527; *ιεολι* 728 · 4_{18} *ὁλκή*] *ϑακη* 108 18_{15} *ἀλήϑειαν*] *λαλησει αν* 93.

Bei den nicht aus der hebräischen Vorlage in der griechischen Transkription als Unzialfehler erweisbaren Fällen der nomina propria erhebt sich die Frage, ob eine so erklärbare Änderung des Wortlauts nicht eher von anderen Kriterien her, auf Grund anders lautender Vorlage oder rezensioneller Intention erklärt werden müsse. Das trifft unter den registrierten Fällen am ehesten zu für 6_{30} *ιαση* als Äquivalent für *ἱλάσῃ*, wo beide Begriffe dem Kontext, dem Erbarmen Gottes über die Abgefallenen, entsprechen und beide gut bezeugt sind, nur *ἱλάσῃ* als Äquivalent für das hebräische Grundwort in 𝔐 וסלחת anderwärts nachgewiesen ist, hier aber nicht in der sonst nach 𝔐 hebraisierenden lukianischen Rezension, es trifft zu für die lukianisch, aber nur von Hs. 108 bezeugte Textform *πλην λαλησῃ αν* für *πλὴν ἀλήϑειαν* in 18_{15}, wo wohl in stärkerem Maß die Assoziation an vorangehendes *μὴ λαλήσῃς* mitbestimmend war, und als durch Unzialschreibung mitbedingt, aber nicht allein durch sie begründbar bei den Wortvarianten *οσμελιουσϑαι* für *ϑεμελιοῦσϑαι* 31_{7} in V* und *ϑακη* für *ὁλκή* 4_{18} in 108:

In 31_{5-7} geht es um die Lagerung des Feldertrags, Getreide, Wein, Öl und Honig für die Darbringung als heilige Gaben: in „Haufen": ערמות – es ist der Terminus für Getreidehaufen, in 𝔊 *σωροί* –; im dritten Monat „begann man, sie zu gründen": לִיסּוֹד ... הֵחֵלּוּ, im vierten Monat wurden sie vollendet, $_{(7)}$ כִּלּוּ. Die Übersetzung von 𝔊 ist abgesehen von der ursprünglichen Lesart des codex Venetus einhellig, textentsprechend und textkritisch nicht anfechtbar: *ἤρξαντο* (*οἱ σωροί*) *ϑεμελιοῦσϑαι καὶ ... συνετελέσϑησαν*. Ein Zweifel mochte sich einem

Übersetzer oder Tradenten wecken, ob der Terminus der „Gründung“ für eine solche Tätigkeit sinnentsprechend sei und sich ihm von daher ein Verständnis ergeben, nach dem es sich hier nicht um eine menschliche Tätigkeit, sondern um einen Reifevorgang der Opfergaben handle, der an ihrem Geruch erkennbar wird: *ὀσμή*: Exod 29_{18}. Für *οσμελιουσθαι* in V* läge, wenn *Ο Σ* von *ϑ ε* als Unzialverschreibung her und *Λ* als die aus *ϑεμελιουσθαι* stehen gebliebene in *Α* zu ändernde Unziale verstanden wird, die Annahme einer – in LXX nicht nachgewiesenen – Verbalbildung aus *οσμη* im Sinn der altüberlieferten *ὀσμᾶσθαι* nicht fernliegend.

In ähnlichem Sinne erscheint in 4_{18} der Begriff *ὁλκή* als einziges Äquivalent in LXX für משקל: „Gewicht“, hier als Bezeichnung für die Menge der Geräte, die Salomo für den Tempelbau herstellen ließ, als in jeder Hinsicht textentsprechend und ließe sich die Wahl eines anderen Äquivalents höchstens dann begründen, wenn ein Begriff dafür einträte, der an Stelle des Gewichtes die für dieses Werk erforderte Menge des Erzes bezeichnen würde. Von hier her lässt sich aber nur schwer erklären, warum ein Übersetzer oder Rezensor – hier allein der lukanische Zeuge 108 – sich für die Wahl eines anderen Äquivalents genötigt sah, und überhaupt nicht, warum er den hier überlieferten Begriff *ϑακη* wählte. Dennoch liegt hier ein lexikographischer Befund vor, der die Annahme eines rein mechanisch bedingten Unzialfehlers erschwert. Der Begriff *τὸ ϑᾶκος* – hier wäre zwar wegen der nur lukianisch überlieferten Artikelsetzung *η ϑακη* erfordert, aber wenn diese als sekundär ausgeschieden wird, passt sich *ϑάκη* als neutrum im Plural und Subjekt des Satzes *ουκ εξελιπεν ϑακη του χαλκου* richtig in den Kontext ein – ist überliefert im Lexikon des Hesych: *ϑᾶκος· καϑέδρα, ϑρόνος*, literarisch bezeugt nur für die Stätte des Todes im Brief des Athanasius an Serapion über den Tod des Arius, ersetzt durch *καϑέδρα* bei Theodoret in der Aufnahme dieses Briefes in seiner Historia ecclesiastica lib. I Cap. 14. Im Kontext von Par wäre er nur im Plural erklärbar: *οτι ουκ εξελιπεν ϑακη του χαλκου*: „denn es fehlte nicht an Stellen (für die Auffindung) von Erz.“

Schwieriger ist es, zu entscheiden, ob schwach bezeugte bzw. sekundäre Transkriptionen oder Wortvarianten der graphisch ähnlichen Unzialen *Ι Γ Τ Π* auf Unzialfehlschreibungen zurückgeführt werden müssen:

11_{6} *Αἰτάμ* (עיטם 𝔐)] *αιταν* B^{c} Ald Sixt; *απαν* B*-127 14_{13} *Γεδώρ* (גדר 𝔐)] *γεραρα* (*γεραραρα* 19) *L* Arm^{II}; *ierarara* La^{109} 1_{3} *τήν* 2°] *γην* 158 9_{26} *γῆς* 19′] *της* Compl 17_{12} *τῇ*] *γη* 44 1_{3} *παῖς*] *ταις* 610 9_{6} *πλήϑους*] *τληϑους* 106 17_{6} *ἔτι ἐξῆρεν*] *επεξηρεν* V 20_{24} *σκοπίαν*] *σκοτιαν* V.

Noch fernere graphische Ähnlichkeiten dürften auch unter diesem Einfluss stehen:

Λ Ν: 22_{12} *Γοϑολία* (עתליה 𝔐)] *γοϑονιας* 127 24_{23} *ἐν τῷ λαῷ*] *εν τω ναω* multi: cf app. *Ν Η*: 17_{14} *Ἐδνάς* (עדנה 𝔐)] *αιδηας* *L* Arm^{II} 23_{2} *τὸν Ἰούδαν*] *το ηιουδαν*

527. *N I*: 17_{5} ἐν] ει 346 19_{6} ἀνθρώπῳ] αιθρωπω 55. *M N I*: 1_{16} ἐμπόρων] ενιπορων 127.

Minuskelfehler

β μ · μ β (vgl. Esdr I und II Einl. S. 35f.). β μ: 8_{3} Αἱμὰθ Σωβά (חמת צובה 𝔐)] βαισωβα B Sixt; μαισωβα 127; αιμαθ σωμα $107^{(-44)}$ 11_{18} Ἀβιαιάλ (אביהיל 𝔐)] αβιγαιαν $a^{-71\ 107\ 121}$; αμιγαιαν 107-121 20_{23} Μωάβ] μωαμ 243-731 $_{36}$ Γάβερ] γαμερ 610 $_{37}$ Μαρίσης (μαρ(ρ)ισσης (מרשה 𝔐))] βαρισσης 119 21_{10} Λοβνά (לִבְנָה 𝔐)] λομνα B 71 158 Sixt Ra.: cf sq (36_{2a}); λεμνα Tht *Par II* 22_{5} Ἀχαάβ] αχααμ A $_{11}$ Ἰωσαβέθ 2°] ιωσαμεθ 119 24_{26} Ζαβέδ (זבד 𝔐)] σαμελ 127 28_{12} Βαραχίας] μαραχιας 314 $_{18}$ Βαιθσάμυς] μεθσαμυς 158 36_{2a}(= Reg IV 23_{31b}) Λοβνά] λομνα 71: cf praec (21_{10}). μ β: 28_{12} Μοσολλαμώθ (מְשֻׁלָּמוֹת 𝔐)] βασσαλημωθ $a^{-(107)\ 71\ 121}$ Aeth(sim) Ald 30_{6} Ἀβραάμ] αβρααβ 731 36_{2a}(= Reg IV 23_{31b}) Ἀμιτάλ] αβειταλ B = Reg $𝔊^{247}$ · 7_{5} βοσκημάτων] μοσχηματων 68: ex μοσχων praec 26_{15} μηχανὰς μεμηχανευμένας] βηχανας βεβηχανευμενας V.

Von den registrierten Stellen setzen 8_{3} 21_{10} 36_{2a} für B, 22_{5} für A und 26_{15} für V eine paläographische Tradition voraus, bei der diese Ähnlichkeiten der Minuskelschrift bereits vorhanden sein müssten.

Als Fehlschreibung aufgrund graphischer Ähnlichkeit bei Unziale und Minuskel lässt sich, obwohl selten bezeugt, auch erklären der Wechsel zwischen χ und Λ: 11_{18} Μολάθ] μολλαθ B; μολχαθ 127 4_{1} πήχεων 3°] πηλαιων 246, bei Minuskel zwischen ζ und ξ: 35_{9} Ἰωζαβάδ] ιωξαβαθ 119 4_{6} ἀποκλύζειν] αποκλυξειν 107*(non 44′-610) 19_{2} φιλιάζεις] φυλαξεις 71 46*(non 52); φυλαζεις Tht^{1Ms} (sed cf L.-S. φυλάζω) 29_{33} ἑξακόσιοι] εζακισχιλιοι 74, und zwischen ν und υ: $2_{12(11)}$ ἐπιστάμενον] επισταμευον A^{s}.

Falsche bzw. nicht in den Kontext passende Verbal- und Nominalflexion: 2_{7} ετοιμασε(ν)] ετοιμασα σε 56 4_{6} ἐν αὐτοῖς 1°] εν αυτος 55 5_{4} ἔλαβον (πάντες)] ελαβεν 119* $_{5}$ ἀνήνεγκαν 1°] ανηνεγκεν 119* $_{7}$ εἰσήνεγκαν (οἱ ἱερεῖς)] ησηνεγκεν 119* $_{11}$ (ἐν τῷ) ἐξελθεῖν] εξελθεις 74 7_{22} τὸν (ἐξαγαγόντα)] την 527 14_{11} κατίσχυσον (ἡμᾶς, κύριε)] κατισχυσεν 381* 18_{16} (ἐν τοῖς) ὄρεσιν] ορασιν 125 $_{33}$ Ἐπίστρεφε] επεστρεφε 321 25_{13} (ἐπὶ) τὰς (πόλεις)] της 314* 32_{8} σάρκινοι (σαρκικοι *L* Compl)] σαρκινες 71 125 $_{25}$ ἐγένετο ἐπ᾽ αὐτόν] εγενετον 314 158(om ἐπ᾽ αὐτόν) $_{26}$ τῆς (καρδίας)] τους 52* 35_{14} (τοῖς) ἀδελφοῖς (αὐτῶν)] αδελφων 68′ 36_{23} (Κῦρος) βασιλεὺς (Περσῶν)] βασιλεως 379.

Reine Verschreibungen, oft durch Assoziationen an vorangehende oder nachfolgende Silben, Vokale oder Konsonanten veranlasst: 3_{8} ἐποίησε(ν)] ετριησε 610 5_{11} διατεταγμένοι] διατεταγμενο 19 8_{5} ἄνω] ανων A*(corr pr m) 11_{21} εἶχε(ν)] ειχει 246 12_{8} δουλείαν 1°] δουλειαμ 381 13_{2} ἐβασίλευσε(ν)] εβασισευσεν A 23_{14} ἑκατοντάρχοις] εκακαταρχοις 19_{18} Λευιτῶν (λευειτων B) 1°] λειετων 314 26_{20} ἔσπευσεν] ευσπευσεν 119 29_{8} εἰς συρισμόν] εισυσσισμον 127

32_{12} καὶ τοῖς κατοικοῦσιν] και τοις κατοισκατοικουσιν 68 $33_{10\,11}$ καὶ οὐκ ἐπήκουσαν. καὶ ἤγαγε(ν)] και ηγαγε κουσαν και ηγαγε 381 $_{22}$ τοῖς εἰδώλοις] του τ'ειισωλοις 134 34_{3} παιδάριον] παιδαριπαιδαριον 127* 34_{28} λόγον] λεγγον 55 35_{7} εὑρεθέντας] ευρευθεντας 346 $_{16}$ κατὰ τήν] κατην 68 36_{18} οἴκου] ουκου 527.

Unter den mechanischen Fehlschreibungen dieser Art – wie auch unter den orthographischen (vgl. S. 82ff.) – bedürfte die in besonderem Maße fehlerhafte Minuskel 158, da sich hier, abgesehen von 9_{29} ἐν ταῖς ὁράσεσιν] εν τας ωρασαισιν 158 und 11_{17} ταῖς (ὁδοῖς)] τας 158, unrichtige Flexion von Fehlschreibung kaum mehr unterscheiden lässt, einer gesonderten Registrierung der aus dem Apparat ausgeschlossenen Stellen: als Beispiel seien die weitgehend itazistisch erklärbaren Verschreibungen beim Ausdruck ἵλεως ἔσῃ genannt: 6_{21} ηλεος εση $_{25}$ ηλεως εσει $_{27}$ ιλεος εσυ $_{39}$ ηλεως εσω, außerdem: 5_{9} ἦσαν] εισων 6_{6} ἐξελεξάμην] εξελεξαμι $_{24}$ ἐξομολογήσονται (-σωνται)] εξομολογισωται $_{41}$ ἐνδύσαιντο] ενδυσωται κατάπαυσίν] καταπασιν 7_{22} ἀντελάβοντο] αντελαβωτω 16_{3} ἰδού] εδου 21_{17} κατεδυνάστευον] κατεδυναστευω κατελείφθη] κατεληφει 28_{18} λιβός] ληγος 29_{23} (τοῦ) βασιλέως] το 33_{22} ἐνώπιον (κυρίου)] ενωποιοι *; ενωπιοι [c] 35_{14} υἱοῖς] pr οι.

Silben(Vokal)-vertauschungen: 3_{14} ὑακίνθου] ιακυνθου 158 32_{31} τοῖς ἀποσταλεῖσι(ν)] τοις αποστειλασιν 74 36_{16} μυκτηρίζοντες] μηκτυριζοντες 98 (-379). Konsonantenvertauschungen: 18_{1} ἐπεγαμβρεύσατο] επεγραμβευσατο 107 (-610) 25_{8} ἐχθρῶν] εθχρων V[c](εθρων*) 26_{23} ἐκοιμήθη] εκοιθημη 610 35_{19} ὀκτωκαιδεκάτῳ] οτκωκαιδεκατω 158.

Silben(Vokal)- und Konsonantenauslassungen und -einschübe

Silben(Vokal)-auslassungen am Wortanfang: 2_{14} τη ⟨υ⟩ακινθω 246 3_{5} ⟨κε⟩δρινοις V* 7_{19} ⟨υ⟩μων 93* 130* $_{22}$ ⟨του⟩το A(|) $9_{1\,2\,3}$ βασιλισσα ⟨σα⟩βα 74 13_{12} οι ⟨υι⟩οι 127* 17_{2} ⟨ο⟩χυραις V* 26_{1} δεκα ⟨ε⟩των 120* 28_{18} ⟨πε⟩δινης 68 $_{26}$ ⟨βι⟩βλιω 127 34_{3} ⟨ι⟩ουδαν 236*. Vokalauslassung beim Diphthong: 34_{10} εδωκαν α⟨υ⟩το 321*. Die mehrfach überlieferte Schreibung οι ερεις für οἱ ἱερεῖς in 13_{12} 26_{20} 29_{16} $30_{15\,25}$ 36_{14} bei 119, in 13_{14} 246* 23_{6} 158 34_{30} 121 35_{14} B* ist schon wegen der schwachen Bezeugung (wie auch ταλλα in B A *a* 58 für τὰ ἄλλα in Esdr I 6_{4}; vgl. TGE S. 129) eher als Haplographie von ι zu erklären denn als Krasis; so auch περι⟨ι⟩ισραηλ 29_{21} in V*, ιματι⟨α⟩ αυτου 34_{19} in 44.

Silben(Vokal)-auslassung im Wortinnern: 4_{12} συγκαλύψαι] συγκατακαλυψαι $a^{-71\,(246\,610)}$ Ald; συγκατα⟨κα⟩λυψαι 246 610 (sic et Ald in $_{13}$) 6_{12} διε⟨πε⟩τασε 44 $_{28}$ ανε⟨μο⟩φθορια 93 $_{39}$ κατοικ⟨τη⟩ριου 127 7_{6} εν⟨αν⟩τιον 108* $_{12}$ εξ⟨ελ⟩εξαμην 122 $_{17}$ ε⟨νετει⟩λαμην 120* 8_{9} δυν⟨α⟩τοι 108* $_{15}$ ι⟨ε⟩ρεων 120 9_{21} ελ⟨ε⟩φαντινων 158 Ald 12_{6} αρ|⟨χον⟩τες 346* 13_{11} θυμίαμα] θυ⟨μι⟩αμα 731; θυ⟨μια⟩μα 610: cf app; λυχν⟨ι⟩α 346* $_{22}$ βιβλίου (-λιω B″ A V 527 Sixt)] β⟨ιβ⟩λιου 731; β⟨ιβ⟩λιω 119 14_{7} ποιήσωμεν] ποι|⟨η⟩σομεν 158 $_{8}$ πο⟨λεμι⟩σται

120 13 *περιποι⟨η⟩σιν* 130 15_{13} *πρεσβ⟨υτ⟩ερου* 68 15 *ἐζήτησαν* (*εξεζητησαν* *L* 489)] *εξ⟨εζ⟩ητησαν* 55 158: cf app 16_{12} *μαλ⟨α⟩κια* 346* 17_{5} *εγε⟨νε⟩το* 158 17_{11} *ἑπτακισχιλίους* 2°] *επτακισχι*|⟨*λι*⟩*ους* 134 18_{2} *συνα⟨να⟩βηναι* 44 23_{3} *βασιλέως* 3°] *βασ⟨ι⟩λεως* V 26_{20} *ι⟨ε⟩ρευς* 314 27_{5} *εφ⟨ερ⟩εν* 158 7 *βιβλίῳ* (*βιβλιων* A V 68′-121 55 119 158 527)] *β⟨ιβ⟩λιων* 60 29_{9} *αιχμα⟨λω⟩σια* V* 19 *ευι⟨α⟩νεν* A* 32_{15} *απα⟨τα⟩τω* 314* 33 *εν α⟨να⟩βασει* 314 *εβ⟨α⟩σιλευσεν* 158 33_{6} *εφαρ⟨μα⟩κευετο* 46* 8 *φ⟨υ⟩λαξωνται* 158 20 *εκοι⟨μη⟩θη* 120* 34_{8} *υπομν⟨η⟩ματογραφος* 158 13 *πυ⟨λω⟩ροι* V* 35_{24} *ανε⟨βι⟩βασαν* 158 36_{4a} *φο⟨ρο⟩λογεισθαι* 68; *φορ⟨ο⟩λογεισθαι* 158 8 *εβ⟨α⟩σιλευσεν* 158.

Silben(Vokal-)auslassungen am Wortende: 1_{5} *υι⟨ου⟩ ωρ* 19 12 *βασι⟨λευσι(ν)⟩ τοις* 120* 3_{15} *τριακον⟨τα⟩ πεντε* 19 4_{11} *συνετελε⟨σε(ν)⟩* 19 14 *δεκ⟨α⟩ και* 728 5_{1} *αγι*|⟨*α*⟩ *δᾱδ* 119 6_{9} *οσφυ⟨ος⟩ σου* 246 28 *ανεμοφθορι⟨α⟩* 120* 7_{7} *οικ⟨ω⟩ κυριου* 243 8_{6} *κα⟨τα⟩ την* 130* 9_{8} *δουν⟨αι⟩ σε* 108* 9 *τα αρωμα⟨τα⟩* 108 25 *θηλει⟨αι⟩ ιπποι* 19 10_{8} *με⟨τα⟩ των* 108 10 *τα παιδαρι⟨α⟩ τα* 56 11_{23} *ταις πολεσ⟨ι(ν)⟩ ταις* 610 12_{2} *εγενε⟨το⟩ τω* 121 5 *εγκατελιπε⟨τε⟩ με* 68-106 15 *του προφη⟨του⟩ και* 246 17_{16} *αυ*|⟨*τον*⟩ (vel ⟨*του*⟩) 143: cf app 18_{15} *ιν⟨α⟩ μη* 158 34 *απεθαν⟨ε(ν)⟩* 158 21_{5} *εβασιλευ*|⟨*σεν*⟩ *εν* 314 9 *πασ⟨α⟩ η ιππος* 158 23_{3} *εν οι⟨κω⟩ του* 158 17 *ειδωλ⟨α⟩ αυτου* 158 24_{9} *ε⟨πι⟩ τον* 158 12 *οι⟨κου⟩ κυριου* 158 25_{7} *πορευ⟨σεται⟩ μετα* 127* 20 *παρ⟨α⟩ κυριου* 158 29_{15} *κα⟨τα⟩ την* 93 17 *πρω*|⟨*του*⟩ *συνετελεσαν* 236 27 *οργα⟨να⟩ δαυειδ* B* 30_{24} *προβα⟨τα⟩ δεκα* 158 32_{12} *κατεναν⟨τι⟩ του* 158 17 *ει⟨πε(ν)⟩ περι* 314 34_{24} *ανεγνωσ⟨μενω⟩ εναντιον* 158* 34_{27} *α⟨πο⟩ προσωπου* 130* 35_{3} *παν⟨τι⟩ ισραηλ* V*. Sonderfälle: Ausfall am Wortende und folgendem Wortanfang übergreifend: 9_{6} *απηγγελ⟨η μ⟩οι* 56*. Silbenausfall am Wortanfang und Wortende aufgeteilt bei direkt voneinander abhängigen Handschriften: 18_{16} ⟨*ει*⟩*δον* 98* *ει⟨δον⟩* 379. Silbenausfall am Wortende mit Dittographie der nachfolgenden Silbe: 34_{27} *προσώπου μου*] *προσω μου μου* 728(|). Durch Assoziation bedingter Vokalausfall: 4_{11} *ἐσχάραν*] *αισχαραν* 60; *αισχραν* 55*; *αισχαραν* 55^{c}.

Silben(Vokal)-einschübe: 3_{11} *ἁπτομένη* 1°] *απο[το]μενη* V* 4_{9} *κατακεχαλ[ι]κωμενα* 74 20_{12} *επι [σι] σοι* 44 26_{12} *αριθ[ι]μος* 346 16 *θυμια[μα]σαι* B* 29_{7} *εθυμια*|[*μα*]*σαν* V*.

Konsonantenauslassung am Wortanfang: 9_{1} *βαρεια ⟨σ⟩φοδρα* 120* 21 *οτι ⟨ν⟩αυς* 610 36_{5b} *και ⟨λ⟩ηστηρια* 120*. Im Wortinnern: 1_{14} *α⟨ρ⟩ματων* 68 16 *ελαμβανον* *L*-121 56′ Compl] *ελα⟨μ⟩βανον* 56: cf praef p 92 2_{8} *κο⟨π⟩τειν* 134 4_{1} *χαλ⟨κ⟩ουν* 246* 2 *διαμέτρησιν*] *διαμε⟨τ⟩ρισην* 158 4 *βλέποντες* 2°] *βλεπω⟨ν⟩τες* 158 *βλέποντες* 4°] *βλεπω⟨ν⟩τες* 158^{c} (*βλεπωτες* *) 21 *τὰς θυΐσκας* (*αι θυισκαι* *L* Compl)] *αι θυικαι* 19* 6_{16} *εκ⟨λ⟩ειψει* 120* 25 *αποστ⟨ρ⟩εψεις* 246 38 *αι⟨χ⟩μαλωτευσαντων* 246 7_{14} *εντ⟨ρ⟩απη* 122 9_{1} *αινι⟨γ⟩μασιν* 19* 10_{3} *λέγοντες*] *λεγω⟨ν⟩τες* 158 13 *σκ⟨λ⟩ηρα* 122 13_{3} *οκ⟨τ⟩ακοσιαις* 158 13_{15} *ενα⟨ν⟩τιον* 56* $14_{8(7)}$ *τριακόσιαι* (*τετρακοσιαι* b^{1})] *τετ⟨ρ⟩ακοσιαι* 158 20_{12} *οφ⟨θ⟩αλμοι* 158

$_{21}$ *ἐβουλεύσατο* (*συμβουλευσαμενος L a* 119)] *συμ⟨β⟩ουλευσαμενος* 68 *ψα⟨λ⟩τωδους* 74 $_{24}$ *πεπ⟨τ⟩ωκοτες* 108 *νεκ⟨ρ⟩οι* 610 23$_{17}$ *κατε⟨σ⟩πασαν* V* *ἐλέπτυναν*] *ελεπ⟨τ⟩υνε* 19 25$_{12}$ *κατεκρημ⟨ν⟩ιζον* 134 127 (*κατεκρεμιζον* 71: cf app) 26$_{15}$ *πυ⟨ρ⟩γων* V* $_{21}$ *απε⟨σ⟩χισθη* B* A*; *απεσχι⟨σ⟩θη* 71 27$_{2}$ *κατεφ⟨θ⟩ειρετο* A* 29$_{30}$ *υμ⟨ν⟩ειν* A 30$_{5}$ *κηρυ⟨γ⟩μα* 120* $_{10}$ *τρεχο⟨ν⟩τες* 158 32$_{6}$ *αρχο⟨ν⟩τας* 158 $_{20}$ *π⟨ρ⟩οσηυξατο* 321 $_{21}$ *μετὰ αἰσχύνης*] *μετ ε⟨σ⟩χυνης* 158 33$_{3}$ *κατε|⟨σ⟩πασεν* 321 $_{26}$ *ε⟨λ⟩πις* 158 36$_{3}$ *χ⟨ρ⟩υσιου* 158 $_{4}$ *κατέστησεν*] *κατε⟨σ⟩τισεν* 158 $_{5}$ *ε⟨ν⟩δεκα* 55. *γ* vor *ξ*: *σαλπι⟨γ⟩ξιν* 5$_{12}$ V* 93 $_{13}$ 93 7$_{6}$ 93 134 13$_{14}$ 93 134*(-*ξι*) 15$_{14}$ 20$_{28}$ 23$_{13}$ 93 (29$_{26}$ *σαλπιγξι(ν)* omnes); die Bezeugung durch 93 lässt vermuten, dass es sich um eine irreguläre Vermeidung der Konsonantenassimilation handelt (vgl. S. 92), entsprechend der Einführung in *μαστι[γ]ξιν* durch B* 71 60(-*ξι*) in 10$_{11}$ und B* 71(-*ξι*) in $_{14}$ (vgl. S. 94); so wohl auch *ηλε⟨γ⟩ξεν* 93 in 26$_{20}$. Konsonantenauslassung zwischen Vokalen: 14$_{14}$ *εσκυλευ⟨σ⟩αν* V* 35$_{7}$ *ευρισκομε⟨ν⟩ω* 19. Am Wortende: *ν* (tachygraphisch, durch fehlenden *Nῦ*-Strich, erklärbar): 1$_{17}$ *τῶν Χετταίων*] *τω χεθταιων* V* $_{16}$ *τω⟨ν⟩ στυλων* 158 4$_{2}$ *την θαλασσα⟨ν⟩* 236 $_{11}$ *την εσχαρα⟨ν⟩* 74 6$_{2}$ *πασαν εκκλησια⟨ν⟩* 314 9$_{13}$ *τω σαλωμω⟨ν⟩* A $_{19}$ *τω⟨ν⟩ εξ αναβαθμων* 55 10$_{8}$ *τω⟨ν⟩ πρεσβυτερων* 762 12$_{20}$ *το⟨ν⟩ πυλωνα* 158 13$_{5}$ *υμι⟨ν⟩* A* 19$_{5}$ *ε⟨ν⟩ πασαις* 74 20$_{33}$ *τω⟨ν⟩ πατερων* V* 22$_{1}$ *το⟨ν⟩ οχοζιαν* 321-346 $_{2}$ *ω⟨ν⟩ κ′ ετων* 762* 24$_{11}$ *τω⟨ν⟩ λευιτων* 46(non 52) 25$_{7}$ *των υιω⟨ν⟩* 74 26$_{16}$ *το⟨ν⟩ ναον* 158 $_{20}$ *εκειθε⟨ν⟩ και* 93 29$_{9}$ *υμω⟨ν⟩ εν* 55 $_{11}$ *νυ⟨ν⟩ μη* V*(corr pr m) $_{19}$ *εναντιο⟨ν⟩ του* 158 30$_{16}$ *την εντολη⟨ν⟩ μωυση* 321-346 $_{22}$ *των αζυμω⟨ν⟩ επτα* 610 32$_{9}$ *προς πασα(ν) ιουδαν* 71 33$_{13}$ *επι την βασιλεια(ν) αυτου* 19: cf app $_{14}$ *ε⟨ν⟩ τω χειμαρρω* 74 34$_{8}$ *υιο⟨ν⟩ σελια* 46*(non 52) $_{9}$ *τον μεγα⟨ν⟩ και* 158 $_{11}$ *εδωκα⟨ν⟩ τοις* V: cf app 35$_{25}$ *εδωκα(ν) αυτον* 731*: cf app 36$_{3}$ *ταλαντο⟨ν⟩ χρυσιου* 321 $_{5b}$ *το⟨ν⟩ λογον* 158. Bei anderen Konsonanten. *σ*: 9$_{11}$ *τοι⟨ς⟩ ωδοις* V* 158 $_{27}$ *ω⟨ς⟩ λιθους* 158* 18$_{26}$ *εἰς οἶκον*] *ει οκον* 158 19$_{11}$ *ει⟨ς⟩ οικον* 55 23$_{13}$ *οἱ ἄρχοντες* 2°] *αρχοντε* 158 24$_{18}$ *ταῖς Ἀστάρταις*] *ται⟨ς⟩ αστρασταις* 44 26$_{5}$ *ται⟨ς⟩ ημεραις* 346* 158 $_{19}$ *τους ιερει⟨ς⟩ κ̅υ̅* 44 27$_{4}$ *πολει⟨ς⟩ ωκοδομησεν* 731* *τοι⟨ς⟩ δρυμοις* 158* 32$_{20}$ *ει⟨ς⟩ τον ουρανον* 314* $_{24}$ *ταις ημεραις εκειναι⟨ς⟩ ηρρωστησεν* 346* 33$_{14}$ *πασαις ται⟨ς⟩ πολεσιν* 55 34$_{31}$ *του⟨ς⟩ γεγραμμενους* V* 35$_{7}$ *παντα ει⟨ς⟩ το φασεκ* 55 36$_{5a}$ *ει⟨ς⟩ την γην* 314* $_{7\,10}$ *ει⟨ς⟩ βαβυλωνα* 158 36$_{20}$ *του⟨ς⟩ καταλοιπους* A*. *κ*: 5$_{2}$ *ε⟨κ⟩ πολεως* 119* 32$_{15}$ *ἐκ χειρός* 1°] *ε⟨κ⟩ χειρος* 527* 33$_{7}$ *ε⟨κ⟩ πασων* 158. *τ*: 26$_{23}$ *αν|⟨τ⟩ αυτου* 64.

Konsonanteneinschübe: 4$_{5}$ *πα[σ]χος* 314 6$_{33}$ *επι[σ]κεκληται* 119 $_{36}$ *ἐχθρῶν* 1°] *ε[κ]χθρων* 346 11$_{7}$ *εξε[τ]ζητησεν* 527 18$_{12}$ *πορευ[σ]θεις* 26$_{16}$ *ομο[γ]ρους* 93 24$_{8}$ *τεθη[σ]τω* 127 30$_{11}$ *ενε[ν]τραπησαν* 98*(non 379).

Dittographie und Haplographie

Dittographie von Silben (Vokalen): 4$_{4}$ *κατα αν[αν]ατολας* 158 6$_{16}$ *απο[πο] προσωπου* 158 6$_{37}$ *δεηθῶσί(ν) σου*] *δεηθωσι[σι] σου* 246 7$_{10}$ *ἀγαθῇ* καρδίᾳ] αγαθη[η] καρδια 610 (oder Wechsel in nom.) $_{21}$ τῷ οἴκῳ τούτῳ] τω ωκω [του] τουτω 158 9_{21} εκ θαρσεις [εις] τω 120 $_{29}$ του [ο]ορωντος 93 10_{3} βασι[βασι]λεα 314* $_{15}$ μετα[τα]στροφη 56 12_{7} Ἐνετράπησαν] ενετραπη[σα]σαν 246 13_{3} παρετάξατο 1°] παρε[τα]ταξατο 68 $_{12}$ οι[ι]υιοι 246 15_{11} εθυσια[σα]σεν 108*(vid) επτακισ[κισ]χιλια 158 17_{18} μετ αυτ[αυτ]ου 52 18_{5} πο[πο]λεμον 158 $_{29}$ κατα[τα]καλυψον 610 21_{3} μετα[τα] των πολεων 134* 23_{1} οικον[κον] κυριου 55 23_{13} εσαλ[αλ]πισαν 158 24_{15} ετελευτησεν[εν] ων A 28_{9} ειπεν αυ[αυ]τοις 158 29_{21} υιοις αα[α]ρων 610 $_{31}$ εἰς οἶκον 1°] εις οι[οι]κον 44 30_{5} κατα[τα] την 125 33_{12} απο προ[προ]σωπου 55* 34_{9} εισεν[εν]εχθεν 121: cf app $_{33}$ ουκ εξ[εξ]εκλινεν 44 35_{19b} αὐτοῦ 3°] εαυτου A V 60 Ald; αυ[αυ]του 158. Am Zeilenende: 6_{21} του παι|[παι]δος 134 8_{6} οἰκοδομῆσαι ἐν Ἰερουσαλήμ] οικοδομησε ιερουσα|[ιερουσα]λειμ 108 (om ιερουσα 2° 108^c) 9_{1} βασίλισσα Σαβά] βασιλισσα|[σα] σαββα V ([σα] add V^c) 12_{9} εβη σου|[σου]σακειμ 158 19_{3} και κατ|[κατ]ηυ θυνας 55* 25_{25} Ἰωάς 1°] ιω|[ω]ας 762 25_{27} ἀπέστη] α|απεστι 158 29_{17} νουμη|[μη]νια 64 Ald 32_{16} επι ε|[ε]ζεκιαν 93* 34_{31} εν ολη|[λη] καρδια 60 35_{14} αδελφοις αυ|[αυ]των 60 $_{19c}$ θυμου αυ|[αυ]του 55 36_{13} εσκληρυ|[ρυ]νε 610. Am Blattende: 5_{9} εβλεπον‖[βλεπον]το 610 8_{10} διακοσιοι‖[σιοι] 60 17_{11} πορευομε‖[με]νος V* 23_{20} και παν‖[παν]τα 314 25_{25} ιωας βα‖[βα]σιλευς 55 32_{12} υψηλα αυ‖[αυ]του 121 34_{10} καὶ ἔδωκαν 1°] και εδω‖[και εδω]καν 314 35_{7} παντας‖[τας] τους 158.

Haplographie von Silben (Vokalen): 9_{1} βασιλισσα ⟨σα⟩βα 74 18_{2} συνα⟨να⟩βηναι 44 23_{17} ειδωλ⟨α⟩ αυτου 158 33_{6} εποιησεν ⟨εν⟩γαστριμυθους 55. 3_{13} διαπε⟨πε⟩τασμεναι ist auch als Vermeidung der Reduplikation erklärbar; vgl. App. und S. 102.

Dittographie und Haplographie von Konsonanten in der Wortfuge

Dittographie: 5_{1} τα[σ] σκευη 610* 6_{21} παιδος σου και λαου[σ] σου 243-731 29_{18} τα[σ] σκευη 610 $_{27}$ αι[σ] σαλπιγγες 314 4_{16} τους [σ]ποδιστηρας Bo(vid): cf Crum sub verbo ⲕⲣⲙⲉⲥ; τους σπονδιστηρας 527. Zu 12_{7} ὡς μικρόν vgl. S. 94.

Zu εξε[κ]κλησιασεν vgl. 5_{2} App. und unter Flexionsformen des Verbums S. 103f.

Haplographie (bei ν tachygraphisch, durch fehlenden Νῦ-Strich, erklärbar): 3_{17} του⟨ς⟩ στυλους 55 5_{12} ἐν νάβλαις (ναυλαις 19′ 46-728 158: cf p 95)] εν αυλαις 246: cf app 6_{19} παι⟨ς⟩ σου 346 8_{13} τοι⟨ς⟩ σαββατοις 134 9_{6} της σοφια⟨ς⟩ σου 108 10_{1} εἰς Συχέμ 1°] ει⟨ς⟩ συχεμ 56 26_{10} ἐν (εις $a^{-(107)\,71}$)] εις ⟨σ⟩εφηλα 68′-121-762 Ald: cf app $_{16}$ το⟨ν⟩ ναον 158 33_{7} προ⟨ς⟩ σαλωμων 346* 35_{22} των λογω⟨ν⟩ νεχαω 44 $_{26}$ ε⟨ν⟩ νομω 44* 36_{11} ενο⟨ς⟩ σεδεκιας B*. Haplographie γγ – γ im Wortinnern: 9_{6} απηγ⟨γ⟩ελη 98(non 379).

Die Wiederholungen ganzer Wörter oder Wortfolgen („bis scr“) gehören – mit wenigen Ausnahmen wie die Wiederholungen von Gottesnamen und Gottesepitheta – zur Kategorie der Dittographien und werden darum vollständig nur dann in den Apparat aufgenommen, wenn sich innerhalb der Wiederholung des als ursprünglich aufgenommenen Teiles Varianten befinden, oder wenn sich die Wiederholung syntaktisch in den Satz einpassen lässt. Die mechanische Entstehung ist schon daran erkennbar, dass diese Wiederholungen oft am Zeilenende auftreten, oder am Blattende, wo sie dem Usus entsprechen, der in alten Texteditionen gebräuchlich ist:

Im Zeileninnern: 2_{4} *ἐν ταῖς* 2° bis scr 108* 9 *καὶ ἔνδοξος* bis scr 56: cf app 3_{8} *καθαρῷ* – 9 fin bis scr 56: cf app 10 *ἁγίῳ τῶν* bis scr 55 16 *καὶ ἐποίησε* 1° bis scr 74 4_{12} *ἐπί* 1° – *χωθαρέθ* 2° bis scr 55 14 *ἐποίησεν* 2° bis scr 56: cf app 5_{5} *καὶ ἀνήνεγκαν τὴν κιβωτόν* bis scr 527 6 *καὶ οἱ ἐπισυνηγμένοι αὐτῶν* bis scr 381 11 *ἐκ* – *ἱερεῖς* bis scr 158: cf app *ἡγιάσθησαν* bis scr 106* 6_{9} *οὐκ οἰκοδομήσεις*] *ουκ οικοδομισης* bis scr 158 16 *καθήμενος* bis scr 346 19 *προσευχήν* bis scr A* vid 20 *ὅν* – fin bis scr 55 33 *ἐκ τοῦ* bis scr 56 *ὅν* bis scr 44 37 *ἐν τῇ γῇ αὐτῶν* bis scr 121: cf app 8_{14} *κατά* 1° bis scr 68 9_{31} *αὐτοῦ* paenult bis scr 321* 10_{2} *καὶ αὐτὸς ἐν Αἰγύπτῳ* bis scr 107(non 44′-610) *ἀπό* bis scr 158 *ἐξ* – (3) *Ἰεροβοάμ* bis scr 246: cf app 14 *ἐπαίδευσεν ὑμᾶς* bis scr 55: cf app 11_{21} *ὅτι γυναῖκας* bis scr 52 12_{16} *τῶν* bis scr 246 13_{20} *καὶ ἐπάταξε* bis scr 610 14_{15} *καὶ ἔλαβον* bis scr 55 15_{2} *καί* paenult – *ὑμῖν* bis scr 106*: cf app *εὑρεθήσεται* – *αὐτόν* 2° bis scr 93: cf app 5 *ἐκπορευομένῳ ὅτι* bis scr 119 16_{1} *καὶ εἴσοδον* bis scr 314 3 *καί* 2° – *μου* bis scr 119*: cf app 5 *Βαασά* bis scr 236 10 *ἐκείνῳ* bis scr 44: cf app 13 *μετά* bis scr 68 17_{9} *καί* ult – (10) *Ἰούδα* bis scr 527: cf app 12 *καί* ult – (13) *Ἰουδαίᾳ* bis scr 60: cf app 14 *δυνατοί* bis scr 68: cf app 18_{20} *Ἐγώ* bis scr 314-762: cf app 19_{9} *ουτω ποιησατε* bis scr 44 11 *υἱός* bis scr 68 21_{17} *υἱούς* bis scr 314 20 *ἔτη* bis scr 68 23_{1} *τῷ ἔτει* bis scr 158 18 *καί* 3° – *Λευιτῶν* 2° bis scr 107(non 44′-610): cf app 24_{1} *ἐν τῷ βασιλεῦσαι αὐτόν* bis scr 71 6 *των λευιτων του εισενεγκειν τω $\overline{κω}$ απο ιουδα L*] bis scr 19: cf app 11 *διά* – *βασιλέως* 2° bis scr 55: homoiot, cf app 13 init – *κυρίου* bis scr 107(-610(om *ἐν* – *κυρίου* 107^{II} 610^{II})): cf app 25 *αὐτούς* bis scr 321 26 *καί* 1° bis scr 158 25_{5} *κρατοῦντας* – (6) *ἰσχύι* bis scr 106(106^{II} sup ras: cf app) 9 *τῇ* bis scr 158 14 *αὐτούς* 1° (*αυτον L* *a*$^{-71}$-119 46^{c}(-52) 527^{c} Arm^{II} Ald Sixt)] *αυτον* bis scr 314* *Σηείρ* bis scr 381 18 *βασιλεύς* bis scr 236 *ἀπέστειλεν* 2° bis scr A* 26_{11} *παράταξιν*] + *εις πολεμον και εισπορευομενη* (-*μεναι b*^{2}) *εις* (*ει* 762) *παραταξιν* (-*ξην* 314) *a*$^{-71\ 107\ 236}$ *b*^{2} Ald Sixt: bis scr 314, cf app 27_{5} *ἑκατόν* – *ἐνιαυτόν* 2° bis scr 527: homoiot, cf app 28_{5} *καί* 3° – *αὐτῷ* bis scr 68 Ald: homoiot, cf app 13 *ὅτι* 1° – *ἡμᾶς* 2° bis scr 108*: homoiot, cf app 24 *καί* 2° – *κυρίου* 2° bis scr 68: homoiot, cf app 29_{16} *ἁγνίσαι* bis scr 98(non 379) 21 *κριοὺς ἑπτά* bis scr 381 34 *ἕως* 1° – *καί* 3° bis scr 60: homoiot, cf app 30_{2} *ἐβουλεύσατο ὁ βασιλεύς*] *ατο ο βασιλευς* bis scr A* 3 *γάρ* bis scr 610 7 *καί* 2° – *αὐτῶν* bis scr *b*$^{2-489}$(non 379): cf app *οἵ* – (8) *ὑμῶν* 1° bis scr 46(non 52): cf app 11 *εἰς* (*εν* 125) *$\overline{ιλημ}$*] + *και εν $\overline{ιλημ}$* 68: cf app 27 *τὸ ἅγιον/αὐτοῦ*] tr 119 527; bis scr 119*(et add *αυτου* 119^{c}): cf app 32_{3} *πρεσβυτέρων* bis scr V* 31 *τὰ ἐν* bis scr 127 33_{25} *τοὺς ἐπιθεμένους* bis scr 19 34_{18} *ὁ* γραμματεύς bis scr 489* $_{21}$ και ζητησατε bis scr 44 $_{31}$ ἐν ὅλῃ καρδίᾳ bis scr 243(pr και 243^{II}: cf app) $_{33}$ καί 1° bis scr 107(non 44′-610) 35_{7} καὶ μόσχων τρεῖς χιλιάδας bis scr 19: homoiot, cf app $_{12}$ πατριῶν τοῖς υἱοῖς τοῦ bis scr 44 36_{4a} κατὰ δύναμιν (-μην 314^{I}) bis scr 314 $_{5a}$ βασιλεύς bis scr V* $_{9}$ πονηρόν bis scr A*(vid). Am Zeilenende: 3_{12} ἁπτομένη bis scr 74 4_{11} καί 4° bis scr 98(non 379) 5_{13} ἐν τῷ 3° bis scr 158 6_{4} ἐν 2° bis scr 527 $_{23}$ καί 3° bis scr V $_{27}$ τήν 2° bis scr 158* $_{42}$ μή bis scr 243 8_{4} τὰς πόλεις bis scr 120 $_{13}$ καί 4° bis scr 56 $_{18}$ εἰς bis scr 74 καί 3° bis scr 314 10_{12} τῇ ἡμέρᾳ 2° bis scr 46*(non 52) 14_{9} καὶ ἦλθεν bis scr A 16_{6} καί 2° bis scr 74 18_{2} καί 2° bis scr 314 $_{11}$ καί 2° bis scr 731 20_{1} ἐκ τῶν bis scr 158* $_{10}$ διελθεῖν bis scr 381 $_{37}$ Ὡς bis scr 314 τά bis scr 60 22_{7} πρός 1° bis scr 60 23_{1} υἱόν 5° bis scr B 24_{24} παρεγένετο bis scr 158 $_{25}$ τῶν bis scr 379* 26_{11} τοῦ 2° bis scr 68 29_{12} Ζεμμὰθ καί] καί bis scr 381 30_{3} εἰς bis scr 610 33_{13} καί 1° bis scr 107(non 44′-610) $_{20}$ Μανασσῆς bis scr 71 34_{6} ἐν bis scr 610 $_{7}$ λεπτά bis scr 19(|)-108: cf app 36_{14} οἱ 2° bis scr A. Am Blattende: 4_{3} πήχεις δέκα (δεκα πηχεις multi)] δεκα πηχεις bis scr 527 6_{42} τό bis scr 19 10_{15} ὁ βασιλεύς bis scr 158† 11_{6} καὶ τήν 1° bis scr 158 $_{17}$ τήν bis scr 610 13_{14} ταῖς σάλπιγξι bis scr 19 14_{1} init – δα̅δ bis scr 158: cf app 17_{3} καὶ οὐκ ἐξεζήτησεν] και ουκ ε‖και ουκ εξεζητισεν 158 20_{17} σύνετε] στητε και (+ και 19(‖)) συνετε *L* Tht Compl $_{25}$ καί 5° bis scr 119* 23_{5} καί ult bis scr 125 25_{15} Τί – $_{(16)}$ αὐτῷ 2° bis scr 527: cf app 32_{23} μετὰ ταῦτα bis scr 554: cf app 33_{24} ἐν bis scr 379 36_{23} καί 1° bis scr 60.

Die Nomina sacra bei den fast ausnahmslos auf diese Weise überlieferten Begriffen: κ̅ς̅ für κύριος, θς̅ für θεός, ι̅η̅λ für Ἰσραήλ, ι̅λη̅μ̅ für Ἰερουσαλήμ, Δα̅δ für Δαυίδ werden nur wenn sie in Varianten des Apparats vorkommen, notiert; die seltene Ausschreibung konsequent nur für δαυειδ bei B (vgl. den Apparat in 1_{1}). An Sonderformen ist nur ι̅σ̅λ an Stelle von ι̅η̅λ überliefert, regelmäßig im codex Alexandrinus (in 12_{2} für ι̅λη̅μ̅), zu dem in 18_{29} Ἰσραήλ 1° B hinzutritt, ι̅σ̅η̅λ 8_{9} 10_{1} in 108, und in 20_{27} und 25_{23} als Kontamination von ι̅η̅λ und ι̅λη̅μ̅: ι̅η̅λ̅η̅μ̅ im codex 158, der weitere von der Nomina-sacra-Tradition her zu erklärende Schreibungen aufweist: 22_{4} κ̅υ̅] κ̅ο̅υ̅ 29_{1} μητρί] μ̅ρ̅η̅ 27_{5} υἱῶν] υ̅ν̅ 158 489. λη̅μ̅ für ι̅λη̅μ̅ 34_{7} in A und η̅λ für ι̅η̅λ (ante ι) 16_{11} in 731 ist paläographisch zu erklären, so auch 31_{5} ι̅η̅λ] η̅η̅λ 127* 25_{6} ι̅η̅λ] ι̅λη̅λ 46*(non 52); weitere Fälle dieser Art sind: 6_{4} πρὸς Δαυὶδ τὸν πατέρα] π̅ρ̅ο̅ς̅ δα̅δ τον πατερα A; προς δα̅δ τον π̅ρ̅ο̅ς̅ 610 24_{6} ἀνθρώπου (τοῦ θεοῦ)] α̅ν̅ω̅ 71 b^{2} 158 33_{16} (θυσιας) σωτηρίου] σ̅ρ̅ι̅ 314. Vgl. die analogen Fälle, die in den Einleitungen zur Edition von Esdr II S. 39, Esdr I S. 38, Est S. 102, Idt S. 29, Tob S. 38 notiert sind, zur Frage der Ausdehnung der Nomen-sacrum-Schreibung auf weitere Begriffe – hier 11_{17} βασιλείαν] βασιαν 68′ 13_{1} βασιλείας] βασιας 246 – vor allem Est Einl. S. 102 mit Anm. 1, und MSU 7 (1961) 7–11.

II. Orthographischer Vokal- und Konsonantenwechsel

Die im Bereich der orthographischen Varianten häufigste Erscheinung, die nicht vollständig in den Apparat aufgenommen werden kann: der Itazismus, erweist sich im größten Teil der Überlieferung von Par II: den mit Esdr II gemeinsamen Handschriften und Handschriftengruppen, auch hinsichtlich Zahl und Charakter der Itazismen, in beiden Büchern als identisch.

Als Sonderfall innerhalb der in Esdr II nicht erhaltenen griechischen Überlieferung von Par II ist die nicht nur in mechanisch bedingten Verschreibungen, sondern auch orthographisch – vor allem itazistisch – stark verwilderte Handschrift 158 zu nennen, die darum auch bei grammatisch korrekten Varianten, die aber itazistisch erklärbar sind – vor allem dann, wenn sie als Zeuge allein steht – von geringem Zeugenwert ist.

Wir beschränken uns bei der Notierung itazistisch erklärbarer Bildungen – außer bei den nomina propria und den Transkriptionen, deren Itazismen vollständig (im Unterschied zu Br-M auch beim Wechsel *ι* – *ει*) in den Apparat aufgenommen werden – auf die itazistisch erklärbaren grammatisch korrekten Wortbildungen (auch wenn diese bei L.-S. mit Supplementum und Lampe nicht nachgewiesen sind).

ει – *ι*, *ι* – *ει*: Thack. $6_{24\text{-}26}$. Unter den nomina propria mit gräzisierter Endung schreibt B für *Λευίτης* (*-ται*, *-των*, *-ταις*) konsequent die Endung *-ειτης*: $5_{4\,5\,12}$ 7_{6} $8_{14\,15}$ $11_{13\,14}$(mit A *λευειτε*) $13_{9\,10}$(mit A (*λευηται* 108*)) 17_{8}(bis) 19_{8}(*λεβητων* 60)$_{11}$ $20_{14\,19}$ $23_{2\,4\,6}$(bis)$_{7\,8\,18}$(bis, 1° *λειετων* 314) 24_{5}(bis)$_{6\,11}$ $29_{4\,5\,12\,16\,25\,26\,30\,34}$(bis) $30_{15\,16\,17\,21\,22\,25\,27}$ 31_{2}(bis)$_{4\,9\,12\,14\,17\,19}$ $34_{9\,12}$(bis)$_{13\,30}$ $35_{3\,5\,8\,9}$(bis)$_{10\,11\,14\,15\,18}$; so auch 24_{26} *Ἀμμανίτης*] *-νειτης* B; *Μωαβίτης*] *-βειτης* B 36_{5b} *Μωαβιτῶν*] *-βειτων* B′(*-βητων* 762* 60) 12_{13} *Ἀμμανῖτις*] *-νειτις* B; *αμανειτης* 93(*-νητις* 243; *-νητης* 158).

Itazistisch zu erklären ist die am häufigsten von A bezeugte Schreibung *τϱις* für *τϱεῖς*: 4_{4} *οἱ τϱεῖς βλέποντες* 1°] *οι τϱις βλεποντες* A (*οἱ τϱεῖς* (vel *γ′*) *βλέποντες* 2° 3° 4° omnes) 8_{18} *τϱεῖς*] *τϱις* A V* 20_{25} *τϱεῖς*] *τϱις* A 25_{13} *τϱεῖς χιλιάδας*] *τϱις χιλιαδας* A 93; *τϱισχιλιους* 44 (*͵γ* 107 125 610) 35_{7} *τϱεῖς χιλιάδας*] *τϱις χιλιαδας* A V* 55; *τϱισχιλιους* 158, gleicherweise, auch ausschließlich von A bezeugt *ετι* für *ἔτει* (*ετη* 71-246-321 127* 158) in 13_{1} *Ἐν τῷ ὀκτωκαιδεκάτῳ ἔτει τῆς βασιλείας* und in den gleicherweise konstruierten Jahresangaben des Regierungsantritts in 15_{10}(*ετη* 381) 16_{12} 17_{7}(*ετη* 55) 34_{8}(*ετη* 158), außerdem *ετι* für *ἔτει* 2° 121 in 34_{3} und 121 158 in 35_{19}.

Varianten dieser Art, welche durch itazistisch erklärbare Vokalwechsel grammatisch korrekte Bildungen ergeben, die aber syntaktisch nicht in die Satzkonstruktion eingepasst sind – häufig ist in dieser Erscheinung die itazistisch erklärbare Änderung des Nomens in den Plural unter Beibehaltung des Artikels oder des zugehörigen Nomens im Singular, beim Wechsel *ι* – *ει* z.B. 31_{3} *τὰς ὁλοκαυτώσεις*] *τας ολοκαυτωσις* A V* 24_{23} *ἀνέβη* … *δύναμις*] *ανεβη* … *δυναμεις*

A – lassen nur die Erklärung als itazistische Variante zu und sind darum aus dem Apparat ausgeschlossen. Es treten aber Fälle auf, bei denen eine itazistisch erklärbare und auf Grund des Charakters der Handschrift auch eher so zu erklärende Variante syntaktisch und semantisch richtig in den Kontext der Aussage eingeordnet erscheint, beim Wechsel *ι* – *ει*: 34_{3} (*αὐτὸς*) *ἔτι* (*παιδάριον*)] *ετει* 134-314 119; *ετη* 158 14_{13} (*ὥστε μὴ εἶναι ἐν αὐτοῖς*) *περιποίησιν*] *περιποιησειν* A. Bei dieser Kategorie von Varianten wird im Apparat auf ihre Einordnung in den Grammatica verwiesen, entsprechend dem Editionsprinzip von Eduard Schwartz: „im Zweifelsfalle steht es ja frei, wird auch öfter nötig eine Variante an beiden Orten aufzuführen" (Orthographika CLXXXVIII, vgl. S. 74).

Die itazistisch erklärbaren Varianten aber, sowohl die syntaktisch und semantisch sinnlosen als auch die der Form nach korrekten, die aber im Kontext semantisch oder syntaktisch falsch oder sinnlos sind, lassen keine andere Erklärung zu als die des orthographischen Itazismus und sind höchstens nach Charakter und Zahl ihres Vorkommens in den einzelnen Handschiften von einiger Bedeutung – so beim Vaticanus die weitaus unter alten Handschriften stärkste Tendenz zur Schreibung von *ι* als *ει*, beim Alexandrinus eher von *ει* zu *ι*, in Hs. 158 die unter allen Zeugen stärkste itazistische Verwilderung. Wir beschränken uns darum, da die Handschriften in dieser Hinsicht in Esdr II genügend charakterisiert sind, in Par auf die so bezeugten Wortbildungselemente: diese aber unabhängig von ihrer Beschränkung auf die bei L.-S. lexikographisch aufgenommenen Fälle:

Wechsel von Endung -*εια* zu -*ια*. Bei Nomina (zu *στρατιά* – *στρατεία* 32_{9} $33_{3\,5}$ vgl. app): 10_{4} *δουλείας*] -*λιας* A V* 93; -*λησ* 158 12_{8} *δουλείαν* 1°] -*λιαν* A V* 246 158; 2°] -*λιαν* A V* 158 12_{1} *βασιλεία*] -*λια* A 13_{1} *βασιλείας*] -*λιας* 321 16_{13} *βασιλείας*] -*λιας* 158 17_{7} *βασιλείας*] -*λιας* A 158 $_{10}$ *βασιλείαις*] -*λιαις* 93 34_{3} *βασιλείας* 1°] -*λιας* 158 36_{20} *βασιλείας*] -*λιας* 158 (an den übrigen 43 Stellen schreiben alle Hss. *βασιλεία*) 15_{8} *προφητείαν*] -*τιαν* A 93 32_{32} *προφητείᾳ*] -*τια* A V* 55 20_{3} *νηστείαν*] -*τιαν* 93 21_{18} *ἰατρεία*] -*ρια* A V* 55 158 24_{23} *συντέλειαν*] -*λιαν* 93 30_{19} *ἁγνείαν*] *αγνιαν* A V 93 74 64 55′ 610: cf app 33_{23} *πλημμέλειαν*] *πλιμμελιαν* (*πλιμμελειαν* ^{c}) V* 24_{18} fin] + *εν τη πλημμελεια* (-*λια* 93) *L* Compl. Bei (substantiviertem) Adjektiv auf -*υς*, fem -*εια*: 32_{6} (*τὴν*) *πλατεῖαν* (*τῆς πύλης*)] *πλατιαν* V* 93 55 158 (cf Par I 4_{40} (*ἡ γῆ*) *πλατεῖα*] *ευρυχωρος* *L′*; *πλατια* V* 321 46*(non 52) 158) 25_{19} *βαρεῖα*] *βαρια* A. Zu *Σαμαρεία*] -*ρια* $18_{2\,9}$ 22_{9} $25_{13\,24}$ $28_{8\,9\,15}$ 36_{5b} (11_{19}) s. den Apparat.

Wechsel von Endung -*ια* zu -*εια*. Für *μαλακία* liest an allen Stellen (6_{29} 16_{12} 21_{15}(bis) $_{18\,19}$ 24_{25}) Hs. 527 *μαλακεια*, in 6_{29} 158 *μαλακηαν*, in 16_{12} 93 und $21_{15\,18\,19}$ *L* *αρρωστια*, darin in $_{18\,19}$ 108^{c} *αρρωστεια*. 8_{14} *λειτουργίας* (*λιτ.* B* V*)] -*γειας* A 108 158 31_{4} *λειτουργίᾳ* (*λιτ.* B* V*)] -*γεια* V* $_{16}$ *λειτουργίαν* (*λιτ.* B* A)] -*γειαν* Ald Sixt 35_{10} *λειτουργία* (*λιτ.* B* A)] -*γεια* 55 158 60 Sixt $_{15}$ *λειτουργίας* (*λιτ.* B* V*)] -*γειας* 158 $_{16}$ *λειτουργία* (*λιτ.* B* V*; *λετ.* 610)] -*γεια* 158 (in 31_{2} *λειτουργίαν* (*λιτ.* B* V*) -*γιαν* (-*γιας* V*) omnes).

4_{7} *λυχνίας*] *-νειας* 158 13_{11} *λυχνία*] *-νεια* 158; *λυχνα* 346* $_{17}$ *τραυματίαι*] *-τειαι* 610 23_{10} *ὠμίας* 2°] *ωμειας* A (2° *-μιας* omnes) 25_{16} *συμβουλίας*] *-λειας* 68′-106-321 60 527: cf Tob praef p 38 et L.-S. sub verbo $_{19}$ *κακίᾳ*] *-κεια* 120; *-κηα* 158 (7_{22} *κακίαν* omnes) 31_{18} *καταλοχίαις*] *-λοχειαις* 71: cf app et L.-S. sub verbo *λοχεια*.

Wechsel von Endung *-ιον* zu *-ειον*. 31_{11} *παστοφόρια*] *-ρεια* 46(non 52): cf Esdr I 9_{1} praef p 39. Von *-ειον* zu *-ιον*. 4_{11} *πυρεῖα*] *-ρια* A V 93 56* 46*(non 52)-64-728 55′ 60 Ald $_{21}$ *πυρεῖα*] *-ρια* A 93 71 46*(non 52)-64 55′ 60 Ald 35_{13} *χαλκείοις*] *-κιοις* A 19 71-321-346-127 44 46(non 52)-381^{c}-489 55 60 119 158.

Walters (S. 48) postuliert als die grammatisch richtige Form *χαλκίον*. Da in LXX „selbst die beste Überlieferung nicht die Orthographie ihrer Entstehungszeit festzuhalten vermocht hat“ (Jacob Wackernagel (vgl. MSU 7 (1961) 12f.)), stellt sich für die Textrekonstruktion die Alternative, ob die orthographisch korrekte Form oder die aufgrund der Bezeugung für den Übersetzer eher anzunehmende Form – das wäre der Fall für Par II 35_{13} und Esdr I 1_{11} (Einl. S. 39) – als „ursprünglich“ aufzunehmen ist.

ε – αι, αι – ε: Thack. 6_{11}. Nur itazistisch erklärbar, nicht als Umwandlung der nominalen in die adjektive Form, sind, obwohl da der casus beibehalten wird, syntaktisch richtig, aber wegen der verschiedenen Bedeutung, die häufig bezeugten Schreibungen von *θυραιος* für *θυρεός*: *θυρεούς*] *θυραιους* 9_{15} V^{c} 728 60^{c} 127 11_{12} V^{c} 243-731 60 158 12_{9} V^{c} 93 243-728-731 60 127 158 44 $_{10}$ V^{c} 243-728-731 60 127 158 14_{8} V^{c} 93 243-728-731 55* 60 127 23_{9} V^{c} 728 60 127 158 26_{14} V^{c} 71 728 60 127 158 *θυρεῷ*] 9_{15} *θυραιω* V^{c} 728 60^{c} 127. *θυρεόν*] 9_{15} *θυραιον* V^{c} 728 60^{c} 127 158 25_{5} *θυραιον* V^{c} 71 728 60; *θυραιους* 127.

Als rein itazistische Schreibweise sind aufgrund der fehlenden syntaktischen Einpassung in die Satzkonstruktion die meisten der vielen überwiegend vom codex Alexandrinus mitgetragenen durch den Wechsel von *ε* zu *αι* im Verbalsuffix entstandenen Verbalformen, am häufigsten in der Schreibung des verbum finitum der zweiten Person plur. med. *-εσθε* in der Form des Infinitiv med. *-εσθαι*: 10_{5} *Πορεύεσθε*] *πορευεσθαι* (*-ενεβεσθαι* 610) A V* 93 158 610* *ἔρχεσθε*] *-εσθαι* A V* 158 44 $_{6}$ *βουλεύεσθε* (*βουλεσθε*)] *βουλευεσθαι* 93 246 158; *βουλεσθαι* A V* 20_{15} *φοβεῖσθε* (*-βησθε* V^{c} 381^{c} 60*)] *φοβεισθαι* A; *φοβησθαι* V* 158 $_{17}$ *φοβεῖσθε*] *-σθαι* A 55 23_{13} *ἐπιτίθεσθε*] *-σθαι* A 120 158 24_{20} *παραπορεύεσθε*] *-εσθαι* A V* 55′ 158 *εὐοδωθήσεσθε*] *-σθαι* A 127; *κατευοδωθησεσθαι* V* (*-σθε* ^{c}) 30_{7} *γίνεσθε*] *-σθαι* A 19′ 728; *γεινεσθαι* V* 32_{7} *ἀνδρίζεσθε*] *ανδριζεσθαι* A 119 158. Bei anderen Verbalsuffixen: Verbum finitum praes. (fut.) zweite Person plur. activ (imper.) – dritte Person sing. med.: 13_{8} *λέγετε*] *-ται* V* 93 56′ 158 19_{6} *ποιεῖτε*] *ποιειτ* A^{c} (om *(|)); *-ται* 93 314 $_{7}$ *φυλάσσετε*] *-ται* A 55 Dam[1] *ποιήσετε*] *-ται* A $_{9}$ *ποιήσετε*] *-ται* A 20_{16} *εὑρήσετε*] *-ται* A V* 19-93 236* 610; *ευρισεται* 158 34_{26} *ἐρεῖτε*] *-ται* A 19 127* 11_{4} *ἀναβήσεσθε*: cf app. Seltener, schwach bezeugt – nirgends von A – ist der entsprechende itazistisch erklärbare Wechsel vom Infinitiv zum verbum finitum: 21$_{7}$ *ἐξολεϑϱεῦσαι* (*εξολοϑ.*)] *εξολοϑϱευσε* 55 28$_{15}$ *ἀλείψασϑαι*] *αλιψασϑε* 93 31$_{7}$ *ϑεμελιοῦσϑαι*] -*σϑε* 93 $_{10}$ *φέϱεσϑαι*] -*σϑε* 19-93 35$_{15}$ *κινεῖσϑαι*] -*σϑε* 19 55; vgl. auch 20$_{21}$ *ἐξομολογεῖσϑαι* app.

Es lässt sich im Blick auf diese Verteilung nicht mehr mit Sicherheit beantworten, ob an einer Stelle dieses Wechsels vom verbum finitum der zweiten Person plur zum Infinitiv med sich ein syntaktisch korrekter Eingriff in die Satzkonstruktion postulieren lässt, der auch durch eine Übereinstimmung mit der masoretisch überlieferten Vorlage gestützt würde: 5$_{13}$ (*καὶ ἔλεγον*) *Ἐξομολογεῖσϑε* (*τῷ κυϱίῳ*)] *εξομολογεισϑαι* A V* 93-108 71-236 728 44*-610 55 527: cf 𝔐 בהלל ליהוה. Für eine nach 𝔐 rezensierende Tendenz, die durch itazistisch beeinflusste Vorlagen gefördert sein kann, spricht trotz der Freiheit der Übersetzung gegenüber 𝔐 im Ganzen – der von allen überlieferte Satzteil *καὶ ἔλεγον* ist Zusatz gegen 𝔐 – die den übrigen Stellen gegenüber stärkste Bezeugung. Vgl. auch 18$_{26}$ *Ἀπόϑεσϑε*] -*σϑαι* B*-A V* 71 46 60 158 610.

Bei den weiteren itazistisch begründeten Wechseln zwischen *ε* und *αι*, *αι* und *ε* scheint öfter Assoziation oder Verwechslung mit dem durch den Vokalwechsel entstehenden Begriff mitzuspielen: so zwischen *ἔλεος* und *ἔλαιον*, auch hier beim Wechsel von *ε* zu *αι* mit häufigster Bezeugung bei A: 5$_{13}$ 7$_{6}$ 32$_{23}$ *ἔλεος*] *ελαιος* A 7$_{3}$ *ἔλεος*] *ελαιος* A 68 24$_{22}$ *ἐλέους*] *ελαιος* A 381 6$_{14}$ *ἔλεος*] *ελαιος* 120 246, dagegen beim Wechsel von *αι* zu *ε*: 2$_{10}$ *ἐλαίου*] *ελεου* 728 $_{15}$ *τὸ ἔλαιον*] *το* (*τον* 93) *ελεον* V 93 74 158 11$_{11}$ *ἔλαιον*] *ελεον* 98(non 379); *ελεων* 158 32$_{28}$ *ἐλαίου*] *ελεου* 119, ähnlich zwischen *πεδ*- und *παιδ*-: 26$_{23}$ *πεδίῳ*] *παιδιω* A 314 35$_{22}$ *πεδίῳ*] *παιδιω* A Dam^{I} Sixt, *καιν*- und -*κεν*: 20$_{5}$ *καινῆς*] -*κενης* 158, dagegen *ε* – *αι*: 8$_{18}$ *παῖδας*] *πεδας* 108 10$_{11}$ *ἐπαίδευσεν* 1°] *επεδευσεν* 246 *παιδεύσω*] *πεδασω* 108 $_{14}$ *ἐπαίδευσεν*] *επεδευσεν* 246 20$_{13}$ *παιδία*] *πεδια* 98(non 379) 34$_{16}$ *παίδων*] *πεδων* 120*.

ι – *η*, *η* – *ι*: Thack. 6$_{23}$. Als Itazismus schon wegen der schwachen und orthographisch unzuverlässigen Bezeugung ist, obwohl syntaktisch und der Bedeutung nach nicht unhaltbar, der Wechsel zwischen *εστην* und *εστι*: 19$_{7}$ *ἔστι(ν)*] *εστη* 134 20$_{6}$ *ἔστι(ν)*] *εστη* 98*(non 379) 25$_{7}$ *ἔστι(ν)*] *εστη* 120 29$_{19}$ *ἐστιν*] *εστην* 107$^{(-44)}$-314 18$_{20}$ *ἔστη*] *εστι* 55; *εστει* 108 20$_{20}$ *ἔστη*] *εστι* 108: cf Esdr II praef p 42, zu bestimmen, gleicherweise der Wechsel zwischen *ετη* und *ετι*: 15$_{17}$ *ἔτι*] *ετη* 130-321-346 20$_{33}$ *ἔτι* 1°] *ετη* 55 *ἔτι* 2°] *ετη* 108 55 20$_{33}$ *ἔτι* 1°] *ετη* 55 *ἔτι* 2°] *ετη* 108 55 32$_{16}$ *ἔτι*] *ετη* 120*-314 55 12$_{13}$ *ἔτη*] *ετι* 120* 21$_{20}$ *ἔτη*] *ετι* 120: cf app.

Weitere auf Itazismus zurückzuführende Fälle: Endung -*ινος*, -*ηνος* (vgl. Schwyzer I 490): 2$_{8}$ *ἀϱκεύϑινα*] -*ϑηνα* 56′ 158 *πεύκινα*] -*κηνα* 158. Syntaktisch nicht eingepasste Wortformen: 6$_{18}$ *τίς*] *της* 246* 25$_{19}$ *τί*] *τη* 55. Assoziation an andere Begriffe: 29$_{4}$ *τὸ κλίτος*] *το κλητος* 314 64* 60 158 44-610 12$_{6}$ *ᾐσχύνϑησαν*] *ισχυνϑησαν* 236-246 243-728 55 158 610 36$_{19}$ *ἐνέπϱησε(ν)* 1°] *ενεπϱισεν*

(-σε 60) 60 158   2°] ενεπρισεν (-σε 106) 106 243 60: cf Am 1_{3} ἔπριζον   Sus $_{59}$ θ′ πρίσαι   ο′ καταπρίσῃ   L.-S. εμπριζω, εμπριω.

Syntaktisch möglich aber im Kontext schwer verstehbar: πάσῃ] πασι in 9_{19} 56′ 728 158 28_{25} 55.

ει – η, η – ει: Thack. 6_{20}. Itazistisch bedingt, aber orthographisch korrekt und im Kontext sinnvoll, darum auch in den Apparat aufgenommen, ist der Wechsel von ει zu η, durch den sich aus einer Verbalform von λείπω eine solche von λαμβάνω ergibt: syntaktisch fehlerhaft und nur von 158 bezeugt in 6_{16} ἐκλείψει] εκληψη, auch syntaktisch korrekt in 8_{7} καταλειφθείς] -ληφθεις 243 158 60 Cyr *in XII Proph* 257^{ap} $_{8}$ καταλειφθέντων] ληφθεντων 158 12_{5} ἐγκαταλείψω] -ληψω 56′ 24_{20} ἐγκαταλείψει] -ληψει 243 158.

Die übrigen durch den Wechsel ει – η entstandenen Varianten sind abweichende Verbal- oder Casussuffixe, reguläre, aber syntaktisch nicht eingepasste, wie 8_{7} ὁ καταλειφθείς] ο καταλειφθης 68′-120 Ald Sixt 13_{1} Ἐν τῷ ... ἔτει] εν τω ... ετη 71-246-321 127* 15_{10} 381 17_{7} 55 27_{3} ἐν τείχει] εν τειχη V 93 314 44-610, oder irreguläre wie 2_{14} διανοεῖσθαι] -νοησθαι 68′-246 158 Ald 32_{15} ποιείτω] ποιητω 19 321 119 158 Compl 29_{16} τὴν εὑρεθεῖσαν] την ευρεθησαν V* 19′ 120 55 158. Die itazistische Herkunft dieser Variante verbietet es, eine textgeschichtliche Beziehung dieser Variante zur Textform der Überlieferung von Arm^{1} zu postulieren, die den Plural voraussetzt, *quae inventa sunt*.

Bei den übrigen Wechseln zwischen ει und η dürfte oft die Assoziation an einen anderen Wortstamm mitbestimmend sein: 2_{4} δείλης] δηλις 60 6_{27} δηλώσεις] δειλωσεις 19′ 9_{15} ἐπῆσαν] επεισαν 60 (επισαν 71) 10_{6} ζῆν] ζειν 56′ 127 29_{27} ἤρξαντο] ειρξαντο 93.

ω – ο, ο – ω: Thack. 6_{28-31}. Dieser itazistische Wechsel ist neben ει – ι, ι – ει der häufigste. Er stimmt hinsichtlich Anzahl, Zeugen (zu denen hier 158 hinzutritt) und Charakter weitgehend mit Esdr II überein und ist dort ausführlicher behandelt. Zu der sprachgeschichtlich bedeutsamen, in Par II häufigen Variante κυκλοθεν – κυκλωθεν (4_{23} 14_{7} 15_{15} 20_{30} 32_{22} 33_{14}) vgl. den Apparat und zu 24_{16} ἀγαθωσύνην] αγαθοσ. 19′ 106-321-346 610 243-728-731 610 Compl Esdr II Einl. S. 43. Weitere Fälle dieser Kategorie: 3_{4} ἔσωθεν] εσοθεν 19 762 23_{20} ἐσωτέρας] εσοτερας 554 2_{4} ὁλοκαυτώματα (-ματων 4_{6} 24_{14})] 2_{4} ολωκ. 158 7_{1} -τοματα 731*; ολωκ. 346 $_{7}$ 1° ολωκ. 158 9_{4} -τοματα 158; ολωκ. 119 23_{18} -τοματα 120 158 24_{14} -τοματων 158; ολωκαυτωματων 44 35_{14} et $_{16}$ -τοματα 158 (hab ὁλοκαυτώμ. omnes 4_{6} 7_{7} 2° 8_{12} 13_{11} 29_{7} 30_{15}).

4_{3} ὁμοίωμα] ομοιομα 246 $_{13}$ κώδωνας] κωδονας 108; κοδονας 19 60 158 8_{10} ἐργοδιωκτοῦντες] εργωδ. V^{c} 19′ 56′ 55 158; εργωδιοκτ. 64-728 2_{18} ἐργοδιώκτας] εργωδ. V* 16_{9} ἠγνόηκας] ηγνωηκας 728 158 610; ηγνωησας 19 10_{14} νεωτέρων] νεοτ. 121 13_{7} νεώτερος] νεοτ. 108 121-321-346 158 15_{13} νεωτέρου] νεοτ. 158 18_{33} πνεύμονος] -μωνος 527 $_{34}$ ἐτροπώθη] -ποθη 19′ 314-321 158 Compl 25_{8} τροπώσεταί] -ποσεται 55 158   τροπώσασθαι] τροποσασθαι 158; τρωπωσασθαι

93 $_{22}$ ἐτροπώθη] -ποθη 321; ετρωπωθη 93 (zu εὐοδοῦν vgl. den Apparat) 26_{19} μετώπῳ] μετοπω V *L* 236 243 55 119 127 158 44 $_{20}$ μετοπω *L* 243 127 158 44 32_{27} ὁπλοθήκας] οπλωθ. 314 33_{6} ἐκληδονίζετο] -δωνιζετο 762 b^{I-728}(non 52); εκλυδωνιζετο (-δον. 107(-610) 60) 71′ 158: cf app.

Durch Itazismus bedingte Flexion bei Nomina: 1_{11} πλοῦτον] πλουτων 246 2_{17} (μετὰ) τὸν ἀριθμόν] των αριθμον 46 119; των αριθμων 610 4_{1} (τὸ) θυσιαστήριον] -ριων 55 5_{1} (τὸ) ἀργύριον] -ριων 55* (εἰς) θησαυρόν] -ρων 56′ 158* $_{13}$ ἀγαθόν] -θων 55* 158 7_{7} τὸ μέσον] το μεσων 55*; τω μεσον 762* 10_{11} (ἐπὶ) τὸν ζυγόν] τον ζυγων 55*; των ζυγον 108 $_{18}$ αὐτόν] αυτων 246 11_{13} (πρὸς) αὐτόν] αυτων 55 18_{31} τῶν (ἁρμάτων)] τον 55 (ἐκύκλωσαν) αὐτόν] αυτων 55* $_{33}$ (ἀνὰ) μέσον 1°] μεσων 108* 2°] μεσων 108 24_{18} (κύριον θεὸν) τῶν (πατέρων)] τον 55 25_{28} αὐτόν 1°] αυτων 93 44 αὐτόν 2°] αυτων 93* 120 26_{23} αὐτόν] αυτων V* 27_{1} αὐτόν] αυτων 55* 28_{9} (τῶν) οὐρανῶν] ουρανον 74 32_{33} αὐτόν] αυτων 55 33_{7} υἱόν] υιων 55 36_{5b} τὸν (λόγον) 1°] των 120-121. Syntaktisch in den Kontext eingepasste Varianten dieser Art, die aber schon auf Grund ihrer Bezeugung als itazistischer Herkunft zu bestimmen sind, wie z.B. 6_{8} καλῶς] καλος 158, sind im Apparat verzeichnet.

Durch Itazismus bedingte Flexion bei Verben: 7_{3} καταβαῖνον (τὸ πῦρ)] -βαινων 19′ 106: post εωρων (εορων 158: vgl. MSU 7 (1961) 13f.) 22_{1} (τὸ) ἐπελθόν] -των 19-93 158 25_{7} (ἄνθρωπος ... ἦλθεν ...) λέγων] λεγον 55 14_{11} κατισχυσάτω] -σατο 55 18_{34} ἑστηκώς] -κος 44 22_{1} (τὸ) ἐπελθόν] -θων 19-93 Tht[1Ms] 33_{6} οἰωνίζετο] -τω 55. So bedingte unregelmäßige Verbalformen: 1_{12} δώσω] δοσω 120 18_{11} δώσει] δοσει 55 7_{13} (ἐὰν) ἐντείλωμαι] εντειλομαι 19-93 106-246-728(-τηλομαι) 12_{13} ἐπονομάσαι] επων. 56-68′ Ald 26_{5} συνίοντος (συνιεντος: cf p 105)] συνιωντος (σιν. 314) 236*-314-762 31_{10} ἐπίομεν] επιωμεν 19′ 119* 158 44 32_{18} προκαταλάβωνται (κατ. 158)] -βονται 108 71-236 44-610 158 Ald: sed cf Orac. Sib. XI 294 λαβεται.

Durch Assoziation an andere Begriffe bedingter itazistischer Wechsel: 2_{2} νωτοφόρων] νοτ. A 728 158; -ρον 93 2_{18} νοτ. V* 728 127 158 4_{4} νότον] νωτον 19′; νοτων 158 33_{14} νωτον 314 489 158 52 4_{10} γωνίας] γον. 158 26_{9} γωνίας] γον. 158 πύλην 2° (γωνιαν)] γονιαν 321* 44* γωνιῶν] γον. 120-314-321-346 158 $_{15}$ γωνιῶν] γον. 314-321-346 60 158 28_{24} γωνίᾳ] γον. 55 11_{12} δόρατα] δωρ. 19 321 158; βρωματα 71 26_{14} δόρατα] δωρατα 321 610 25_{5} δόρυ] δωρυ 158 14_{14} κώμας] κομας 68′-120 18_{9} εὐρυχώρῳ] -χορω 93 610: cf app et L.-S. 32_{13} χωρῶν] χορων 158 125 26_{19} μετώπῳ] μετοπω V *L* 236 243 55 119 127 158 44.

In der Tradition dieses Itazismus zeigt der Wechsel zwischen den Begriffen δόμα und δῶμα, wie eine ursprünglich itazistisch begründete Variante nach Ausweis ihrer Bezeugung aus der griechischen bis in die altlateinische Überlieferung hinein semantische Bedeutung gewinnen kann. Sowohl von der Bedeutung im Kontext her als auch aufgrund der Übereinstimmung mit der masoretisch überlieferten hebräischen Vorlage ist die ursprüngliche Textform gesichert und die ihr beigegebene Variante als sekundär auch aufgrund ihrer schwachen und itazistisch durchsetzten Bezeugung bestätigt: 2_{10} *δόματα* (*δομα*)] *δωματα* 246 46(non 52); *δωμα* 60 17_{11} *δόματα*] *δωματα* 321-346 46*(non 52) 60 158 21_{3} *δόματα*] *δωματα* 120-122 46*(non 52) 55* 60 (*κτηματα* 158).

Aber in 28_{4}, wo die Entscheidung zwischen *δῶμα* und *δόμα* im Kontext des Opfernden auf den Höhen und unter den Bäumen schwerlich zweifelhaft sein konnte, wo aber der Ausdruck *καὶ ἐπὶ τῶν δωμάτων* in der masoretisch überlieferten hebräischen Vorlage nicht überliefert ist, so dass das Kriterium der Äquivalenz fehlt, geht die Bezeugung zwar griechisch nicht stark über die itazistisch geprägten Zeugen hinaus: *δωμάτων*] *δοματων* V 71′-121-321-346 46(non 52) 60 158, ist daher durch das Zeugnis von zwei Noten in La^{Leg}: *super donata* LV, das semantische Verständnis der ursprünglich itazistischen Variante textgeschichtlich erwiesen.

Und zuletzt in 31_{14}, wo sich die Aufgabe des *πυλωρός* sowohl als Überwachung der Häuser als auch der Gaben denken lässt, und in 32_{23}, wo die vorangehende Aussage über die Schenkung von Gaben, *ἔφερον δῶρα*, das anschließende *καὶ δόματα* als überflüssiges Synonym erscheinen lassen konnte, spricht auch die umfangreichere griechische Überlieferung für ein früh einsetzendes Verständnis der itazistischen Variante als Wechsel im Ausdruck: 31_{14} *δομάτων*] *δωματων* A V^{c} 68′-71-74-107-120-236*-554^{c} *b*(46*-52) 55 119 158 527 $Aeth^{P'}$ Arm^{I}(*super tectis*) 32_{23} *δόματα*] *δωματα* 19 314 46*(non 52)-98-243-731* 55 60 158 44.

Nur als itazistische Verschreibung erklärbar: 4_{3} *ἐχώνευσαν* (*χωνευτοι* (*χον.* 108^{txt} Compl) *L*(108^{txt}) Compl)] *εχονευσαν* 236-246 55 60 *τῇ χωνεύσει*] *τη χονευσει* 108^{mg} 236-246 55 60; *τω χονευιν* 158 $_{13}$ *κώδωνας*] *κοδονας* 19 60 158; *κωδονας* 108 6_{1} *γνόφῳ*] *γνωφω* 243-728 55 158 Ald 18_{33} *θώρακος*] *θορ.* *L*(108^{c}) 26_{14} *θώρακας*] *θορ.* 158.

Der itazistische Wechsel von *ω* zu *ο*, *ο* zu *ω* umfasst auch die Fälle, die in *ω* das Iota subscriptum voraussetzen. Das zeigt am deutlichsten der häufige Wechsel des Artikels im Dativ sing. *τῷ* zu *το*, der nirgends zur Casusänderung des zugehörigen Nomens führt: z.B.: 6_{7} *τῷ* (*ὀνόματι*)] *το* 246 158 $_{8}$ 55 158 $_{9}$ V* 246 55 $_{10}$ 246 7_{21} *τῷ* (*οἴκῳ*)] *το* 55 16_{5} (*ἐν*) *τῷ* (*ἀκοῦσαι*)] *το* 762 26_{11} *τῷ* (*Ὀζίᾳ*)] *το* 728 731 34_{15} *τῷ* (*Σαφάν*)] *το* 314 158, *το* zu *τω*: 6_{35} *τὸ* (*δικαίωμα*)] *τω* 119 7_{14} *τὸ πρόσωπόν*] *τω προσωπον* (*προσοπ.* 44) 44 158 29_{22} *τὸ* (*αἷμα*) 3°] *τω* V* 30_{1} *τὸ* (*φάσεκ*)] *τω* 19-93 71 60: cf app. Dieser Wechsel tritt auch auf in der mit temporalem Augment versehenen Silbe beim Verbum *οἰκοδομεῖν* (vgl. S. 103): zusammen mit der regulären nicht augmentierten Form in 6_{2} *ᾠκοδόμηκα*] *οικ.* B′ 93 71 46(non 52)-64^{c}-728; *οκ.* 119; *οκοδομησα* 246 und 26_{6} *ᾠκοδόμησε(ν)*] *οικ.* 71; *οκ.* 158, nur neben der augmentierten Form in 8_{4}(*ᾠκοδόμησεν* 2°) bei 108, $_{12}$ bei 71, 11_{6} bei 55 und 16_{6} 20_{8} 26_{2} bei 158. Wahrscheinlich ist auch der mehrfach auftretende Wechsel von *οδ.* zu *ωδ.* (in 6_{31} bei 56, 7_{14} bei 134 243, 11_{17} bei 107, 20_{32} bei 610, 21_{12}(*ὁδῷ*] *ωδω* 346* 158; *ὁδοῖς*] *ωδοις* 346*), und in $6_{16\,23\,27}$ bei 158) assoziativ auf *ᾠδ* zurückzuführen, am deutlichsten beim Wechsel von *ῳδ* zu *οδ* in 7$_{6}$ (*ἐν ὀργάνοις*) *ᾠδῶν* (*κυρίου*)] *οδων* 56′ 127 Tht[1Ms] Ald: cf 5$_{13}$(*οδων* 246 728-731).

Beim Wechsel von *οι* zu *υ* schreibt bei Bildungen mit *κοιλ-* 158 *κυλας* in 20$_{26}$, *κυλαδα* in 25$_{11}$, *κυλιας* in 32$_{21}$, 120 *κυλια* in 21$_{15\ 19}$, *κυλιαν* in $_{18}$ und 120 *κυλιας*, 158 *κυλησας* in 21$_{15}$; beim Wechsel zwischen *συ* und *σοι* liest 158 grammatisch fehlerhaft in 19$_{2}$(app), 20$_{12}$ und 25$_{16}$ *επι συ*, grammatisch tragbar *σοι* für *σύ* in 1$_{8}$ 18$_{3\ 29}$ und zusammen mit 19 in 6$_{21}$, mit V* 55 in 6$_{9}$; vgl. 29$_{7}$ *ἀπέκλεισαν*] *-κλυσαν* 314.

Vor allem durch die Überlieferung der itazistisch völlig verwilderten Hs. 158 wird in Par II noch stärker als in Esdr II deutlich, dass sich schon bei den behandelten häufigen itazistischen Vokalwechseln *ι – ει*, *ε – αι* und *ο – ω*, noch stärker aber bei den selteneren Itazismen der rein itazistische Ursprung von der Erklärung aus anders begründetem Wechsel: Assoziation an andere Begriffe, Assimilation an unmittelbar voranstehende oder nachfolgende Vokale kaum mehr voneinander unterscheiden lässt. Das deutlichste Beispiel hierfür ist die Doppelüberlieferung von Formen der Pronomina *ἡμεῖς* und *ὑμεῖς*, deren Bedeutung sich nur nach der Übereinstimmung mit 𝔐, dem Wert ihrer Zeugen und ihrer Einordnung in den Kontext bestimmen lässt.

Die Erklärung dieses Vokalwechsels durch Assoziation an einen anderen Begriff legt sich bei der Variante *τὰς στήλας*] *τας στυλας* 71-106*-314 125 in 14$_{3}$ nahe, deren Bestimmung als richtige Wortvariante, da die Bedeutung beider Wortstämme sich dem Kontext einpassen würde, nur aus dem Grund in Frage gestellt ist, dass die Bildung mit *στυλ-* in der ersten Deklination nicht nachgewiesen ist, weshalb sich aber auch die letztlich itazistische Herkunft nahe legt. Schon von der dem Kontext schwer einzupassenden Bedeutung her erfordert die Variante *εκλυδωνιζετο* (*εκλυδον.* 107(-610) 60) in 71′ 60 158 für *ἐκληδονίζετο* in 33$_{6}$ – *κλυδωνίζειν* ist in LXX nur in Is 57$_{20}$(כים נגרש, Vulg *quasi mare fervens*) überliefert – die gleiche Erklärung dieses häufigen itazistischen Vokalwechsels.

Unter den wenigen ähnlich zu erklärenden Wechseln zwischen *ι* und *υ*, wie z.B. 4$_{20}$ *λύχνους*] *λιχ.* 246, $_{21}$ *λύχνοι*] *λιχ.* 71 44, 5$_{12}$ *κυμβάλοις*] *κιμβ.* 610, 32$_{4}$ *διορίζοντα*] *διορυζοντα* 60, wo Assoziation an *διορύττειν* vorliegen dürfte (mit Minuskelfehler *ζ – ξ*) – nur 6$_{5}$ *φιλων* für *φυλῶν* in 108 lässt eine semantische Erklärung zu –, bestätigt bei dem häufigen Vorkommen von *βιβλίον* und zweimaligem *βίβλος* in Par die Bezeugung von *βυβλος* in 17$_{9}$ nur durch B, *βυβλιον* nur in B[c] (*βλιον* *) den bisherigen Befund (vgl. Est Einl. S. 107 mit Anm. 1), dass es sich in LXX um eine Sonderlesart von B handelt, die schwerlich vom sprachgeschichtlichen Befund in der Überlieferung der Papyri her erklärt werden kann.

Bei dem Wechsel zwischen *ι* und *η* geht es fast ausschließlich um Alternativen unter den Bildungstypen *-ίζω*, *-έω* und *-άω* beim Verbum. Sie werden unter „Verbalbildungen“ im Kapitel „Wortformen“ registriert.

Vermeidung der allgemeinen Konsonanten-Assimilation: Thack. 9_{1-6}.

μβ – νβ: 20_{21} *συμβουλευσαμενος L a* 119] *συνβουλευσαμενος* 93 25_{19} *συμβάλλεις*] *συνβαλλεις* 93; *συνβαλεις* 158; *συνβαλης* 127.

μπ – νπ: *ἔμπροσθεν*] *ενπροσθεν* 1_{12} 158 9_{11} 130 127 20_{20} *ἐμπιστεύσατε* 1°] *ενπιστευσατε* B*-55′ V* 93-121 *ἐμπιστευθήσεσθε*] *ενπιστευθησεσθε* B* 93 *ἐμπιστεύσατε* 2°] *ενπιστευσατε* B*-55′ V* 93 36_{21} *συμπλήρωσιν*] *συνπληρωσιν* B* (deest 93).

γκ – νκ: 4_{12} et $_{13}$ *συγκαλύψαι*] *συνκαλυψαι* B*-55′ 93 158 7_{9} *ἐγκαινισμόν*] *ενκαινισμον* B* 93 9_{18} *ἀγκῶνες*] *ανκωνες* B*(non apud *αγκωνας* sq) 31_{18} *ἐν καταλοχίαις*] *εγκαταλοχισαι* B^{c} Sixt; *ενκαταλογισαι* B*: cf app. Von den 20 Fällen ($7_{19\,22}$ 10_{13} 11_{14} $12_{1\,5}$(bis) $13_{10\,11}$ 15_{2}(bis) 21_{10} $24_{18\,20}$(bis)$_{24\,25}$ 29_{6} 32_{31} 34_{25}) der verschiedenen Verbalformen von *ἐγκαταλείπειν* fehlt die Aufhebung der regulären Assimilation *εγκ* durch *ενκ* bei allen Zeugen nur in 32_{31}, ist sie bezeugt in B(B*) bei allen übrigen außer 29_{6} (in 15_{2} 1° liest B *καταλιπητε*, in 24_{25} ist nur B^{s} überliefert(*εγκαταλιπειν*)), dazu bei 93 in 10_{13} $12_{1\,5}$ 1° 2° $13_{10\,11}$ 15_{2} 1° 2° 21_{10} $24_{20\,24}$ 1° 2° 29_{6} (in 7_{22} 11_{14} 24_{24} *ενγκ.*), bei 127 in $12_{1\,5}$ 1° 2° $13_{10\,11}$ 24_{20} 1° 2° $_{24\,25}$ 29_{6}, bei V* in 7_{19}(mit 55) 11_{14} $12_{1\,5}$ 1° 34_{25}, bei A in 13_{10}, A^{c} in 29_{6} und bei 158 in 13_{10}.

γγ – νγ: 33_{6} (*ἐποίησεν*) *ἐγγαστριμύθους*] *ενγαστριμυθους* B* A V* 19′-121 120-134 381 119 158; *γαστριμυθους* 55: post *εν* 35_{19a} (*τοὺς*) *ἐγγαστριμύθους*] *ενγαστριμυθους* B*-55 A V* 108 34_{31} (*τοὺς*) *γεγραμμένους*] *ενγεγραμμενους* A: cf $_{24}$(*εγγεγραμμενου* 108); ad 21_{12}(*ἐν γραφῇ*) cf app et TGP II.

In der Wortfuge (vgl. Esdr II Einl. S. 46): 6_{13} *ἐν μέσῳ*] *εμ μεσω* A 60 12_{5} *ἐν χειρί*] *εγ χειρι* 158 *ἐν πόλεσι(ν)*] *εμ πολεσι* 17_{2} 55 34_{6} 236* 21_{20} *ἐν πόλει*] *εμ πολει* 55.

Irregulär vor *σύν* und *ἐν* (vgl. Thack. S. 132–134): 25_{19} *ἐν κακίᾳ*] *εκ κακια* 127^{c} 7_{13} *συσχῶ*] *συνσχω* A: sic et B *συνσχη* pro *συσχῇ* in Deut 11_{17}.

Einschub oder Ausfall von *μ* in den außerpräsentischen Formen von *λαμβανειν* (Thack. 7_{23}, Esdr II Einl. S. 46) sind bei der Nominalbildung *ἀναλημπτῆρας* 4_{16} nach der gleichen Zeugenverteilung überliefert wie bei den Verbalbildungen: Bewahrung des *μ* entsprechend dem Vordringen dieser Erscheinung im 3. Jh. v. Chr. im B-Text: cf app. Der entgegengesetzte Fall des Ausfalls in einer präsentischen Form, *ελαβανον* 56 in 1_{16} ist eher der Kategorie des mechanischen Konsonantenausfalls oder der Vermischung der Wortbildungselemente zuzuweisen.

Vereinfachung oder Gemination von Konsonanten: Thack. 7_{37-43}.

ββ – β: 2_{4} *σαββάτοις*] *σαβατοις* 121-236 127 23_{4} *σάββατον*] *σαβατον* 158 23_{8} *σαββάτου* 1°] *σαβατου* 158 31_{3} *σάββατα*] *σαβατα* 98*(non 379) 36_{21} *ἐσαββάτισεν*] *εσαβατησεν* 158.

κκ – κ: $2_{7\,14}$ κοκκίνῳ] κοκινω 158 3_{14} κοκκίνου] κοκινου 346 158.

λλ – λ: 1_{16} εν αλλαγματι 19′-121 56′ La^{109} Compl] εν αλαγματι 93 14_{3} ἀλλοτρίων] αλοτριων 158 15_{17} ἀλλ’] αλλα b^{2} 127; αλα V 11_{21} παλλακάς 1°] 98(non 379)-243 158 44 2°] παλακας 98(non 379)-243 158 $14_{13\,14\,15}$ πολλά] πολα 158 15_{3} πολλαί] πολαι 321 16_{8} πολλήν] πολην 130-321-346 18_{2} πολλούς] πολους 158* 24_{24} (δύναμιν) πολλήν] πολην 130-321-346; πολυν 125 28_{5} πολλήν] πολην 158 29_{35} πολλή] πολη 158 32_{5} πολλά] πολα 158 $_{29}$ πολλήν] πολην 158 527.

μμ – μ: 4_{5} διαγεγλυμμένα] -γεγλυμενα (-νοι 246) 134*-246 46*(non 52) 55 22_{12} κατακεκρυμμένος] -κεκρυμενος V* 98(non 379) 158 125 24_{11} γραμματεύς] γραματευς 122* 158.

νν – ν: 11_{21} ἐγέννησεν] εγενησεν 121 158 13_{21} 24_{3} εγενησεν 158.

ρρ – ρ: 7_{8} χειμάρρου] -μαρου 158 527 15_{16} χειμάρρῳ] -μαρω 68 127 Ald 33_{14} 158 29_{16} χειμάρρουν] -μαρουν 158 30_{14} 120. In der Kompositionsfuge (vgl. Esdr II Einl. S. 47, Thack. S. 119): 22_{6} ἠρρώστει] ηρωσται 68-74-120 23_{13} διέρρηξε(ν)] διεριξεν 158 25_{12} διερρήγνυντο] διερηγ. 55 527; διεριγνοιτο 158 34_{19} διέρρηξεν] διεριξεν 158 $_{27}$ διέρρηξας] διεριξας 158 30_{14} ἔρριψαν] εριψαν 158 527 34_{4} ἔρριψεν] εριψεν 19′ 29_{24} περιερραντισαν (-τησαν 93) 93 Compl] -εραντησαν 19′.

σσ – σ: 2_{16} 4_{10} θάλασσαν] -λασαν 158 4_{2} θάλασσαν] -λασαν 121 $_{4}$ θάλασσα] -λασα 158 20_{2} θαλάσσης] θαλασης 158 8_{17} παραθαλασσίαν] -λασιαν 68-121(|) 5_{12} βυσσίνας] βυσιν. 46*(non 52) 6_{14} φυλάσσων] -λασων 158 13_{11} φυλάσσομεν] -λασομεν 243 33_{8} φυλάσσωνται] -λασωνται 98 34_{22} φυλάσσουσαν] -λασουσα 158^{c} (φυλασσα *) $9_{1\,3\,9}$ βασίλισσα] -λεισα 158 $_{12}$ βασιλίσσῃ] -λεισι 158 9_{25} τέσσαρες (χιλιάδες)] τεσαρακοντα 158 9_{30} 12_{13} 24_{1} τεσσαράκοντα] τεσαρ. 158 13_{21} τέσσαρας] τεσαρας 158 21_{14} πατάξει] πατασσει 127 Tht; πατασει 71 $24_{8\,10}$ γλωσσόκομον] γλωσοκ. 158 $_{11}$ γλωσσόκομον 2°] γλωσοκ. 68.

λ – λλ: 5_{12} στολάς] στολλας 731 20_{2} πολύ] πολλυ 610* $_{25}$ 25_{13} $28_{8\,14\,15}$ σκῦλα] σκυλλα 46*(non 52): sic 20_{25} (σκῦλα 1°) 25_{13} 28_{14}; 46(non 52): sic 20_{8} 1° (cum 610) 2° $_{15}$ σκύλων] σκυλλων 46(non 52) 20_{26} Κοιλάς] κοιλλας 489^{c} 21_{16} ἀλλοφύλους] -φυλλους 44 28_{3} βδελύγματα] βδελλ. 93 74 34_{33} 19 74 36_{14} 74 33_{2} βδελυγμάτων] βδελλ. 74 33_{19} ὑψηλά] υψηλλα 610*.

μ – μμ: 5_{12} ἐνδεδυμένων (-νοις)] ενδεδυμμενοις 93 24_{6} κεκριμένον] κεκριμμ. 68′-106-120 46(non 52)-731 Ald (κεκρυμμ. 19 60 527: cf app) 34_{10} καθεσταμένοι] καθεσταμμ. 610.

ν – νν: Ad κινύρα 5_{12} 20_{28} 29_{25} et ἔνατος $16_{12\,13}$ cf app et Esdr II praef p 47s.

ρ – ρρ: ad 21_{16} Ἄραβας 22_{1} Ἄραβες et 29_{8} συρισμόν (συριγμον) cf app 21_{16} ὁμόρους] ομορρους 46(non 52) 44 29_{21} χιμάρους] χιμαρρους B* 107(-610)-121-

134 243-731 60; *χειμαρρους* A V* 93-108 71 64-728 55 158 $_{23}$ *χιμαρρους* B*-127 A 121-134 243-731 60 Ald; *χειμαρρους* V* 93-108 71-236* 64-728 55 610: cf app.

σ – σσ: 4_{22} *ἐσωτέρα*] *εσσ.* 93-108* 10_{1} *βασιλεῦσαι*] *-λευσσε* 108 25_{1} *ἐβασίλευσεν*] *εβασσιλ.* 93 21_{15} *νόσῳ*] *νοσσω* 120 $_{19}$ *νόσου*] *νοσσου* 120-314 158.

τ – ττ: 26_{10} *ἐλατόμησε(ν)*] *ελαττ.* 610.

Vertauschung von Dentalen: Thack. 7_{11-13}. *ϑ* und *τ*: 4_{4} *ὀπίσϑια*] *οπιστια* V* 6_{24} *ϑραυσϑῇ*] *ϑραυστη* 246 29_{35} *κατωρϑώϑη*] *κατορτωϑη* B* 26_{19} *μετώπῳ*] *μεϑωπω* 125. *ϑ* und *δ*: 6_{37} *δεηϑῶσί(ν)*] *δεηδωσι* 554.

Vertauschung von Gutturalen: Thack. 7_{3-10}. *χ* und *κ*: 6_{36} *αἰχμαλωτεύσουσιν*] *εκμαλωτευσωσην* 158 8_{5} *μοχλοί*] *μοκλοι* B* 14_{7} *μοχλούς*] *μοκλους* B* 15_{17} *ὑπῆρχεν*] *υπηρκεν* V* 4_{9} *κατακεχαλκωμένα*] *καταχεχαλκ.* 346. *χ* und *γ*: 6_{36} *αἰχμαλωτεύσουσιν*] *εγμαλ.* 246 *αἰχμαλωτεύοντες*] *αιγμαλ.* 246 28_{5} *ᾐχμαλώτευσεν*] *ηγμαλ.* 158. *γ* und *κ*: 4_{16} *κρεάγρας*] *κρεακρας* 68′ 9_{14} *ὑποτεταγμένων*] *-τετακμ.* 158.

Die attische Form mit *γ* bei *γινώσκω*: Thack. 7_{32} Esdr II Einl. S. 49: 25_{16} *Γινώσκω*] *γιγνωσκω* 243.

Schwund von *γ* bei als an *ξ* assimiliertem *ν* ist mit Ausnahme von 29_{26} *σάλπιγξι(ν)* omnes konsequent bezeugt von 93: *σάλπιξιν* $5_{12\,13}$ 13_{14} 15_{14} 20_{28} 23_{13} 29_{26}, in 5_{12} auch von V*(*σαλπιγγες* 23_{13} $29_{27\,28}$ omnes); die irreguläre Assimilation (Analogie an *σαλπιγξ*?) bei *μάστιξ*: *μαστιγξιν* B* 71 60(*-γξι*) Ra. in 10_{11}, *μαστιγξιν* B* 71(*-γξι*) Ra. in $_{14}$ (vgl. Thack. 7_{33}), ist, obwohl innerhalb von Reg und Par an allen Stellen von B* bezeugt (vgl. Rahlfs im Apparat zu Reg III 12_{11}) auch von Br.-M. nicht in den Text aufgenommen.

σμικρός für *μικρός* (*σμικρὸν Ἀττικῶς. μικρὸν κοινόν* Moeris; vgl. Crönert 136, Mayser I 204, Schwyzer I 311, Bl.-Debr. 34.4,13): 12_{7} *ὡς μικρόν*] *ως σμικρον* Proc *Comm in Par II* 1212; *ωσει σμικρον* (*ωσει μικρον* 108*; *ως εις μικρον* (*σμικρον* Tht^{2Mss}) 93 Tht) *L* Tht *Par II* 265 Compl. Da von den zehn Bezeugungen des Adjektivs in Par hier der einzige Fall vorliegt, aus dem *σμικρός* herausgelesen werden kann, ist der Ursprung dieser Form sicher als Dittographie von *σ* in der Wortfuge zu bestimmen (s. S. 81). Doch lässt sich aus der Überlieferung der lukianischen Zeugen mit Theodoret und Procop die Annahme lukianisch-attisierender Tendenz nicht ausschließen.

Die konsonantische Aussprache von *υ* im Diphthong: vgl. Est Einl. S. 109. *ευ – εβ*: 1_{16} *ἐμπορεύεσϑαι*] *του πορεβεσϑαι* 610 9_{21} *ἐπορεύετο*] *επορεβετο* 610 10_{5} *Πορεύεσϑε*] *πορεβεσϑε* (*-σϑαι* *) 610^{c} 26_{11} *εκπορευομενη*] *-πορεβομ.* 610 10_{9} *βουλεύεσϑε*] *-λεβεσϑε* 610 13_{12} *εὐοδωϑήσεται* (*-σεσϑε* (*-σϑαι*) *L a*$^{-71}$)] *εβοδωϑησεσϑε* 610; *εβοδωϑεσϑαι* (*-δοϑ.* 246) 56′ 14_{7} *εὐόδωσεν*] *εβοδ.* 610 18_{14} *εὐοδωϑήσῃ*] *εβοδ.* 108 35_{13} *εὐωδώϑη* (*ευοδ.*)] *εβοδοϑη* 158 24_{12} *ἐπισκευάσαι*

1°] -*σκεβασαι* 610 25_{24} *σκεύη* (om *(corr pr m)) 36_{18}] *σκεβη* 610 36_{10} *σκευῶν*] *σκεβων* 610 33_{22} *ἐδούλευεν*] *εδουλεβεν* 610. Bei Eigennamen: 8_{7} *Εὐαίου* 11_{13} *Λευῖται* 19_{8} *Λευιτῶν* 23_{2} *Λευίτας* $31_{12\,14}$ *Λευίτης*: cf app. *εβ – ευ*: 4_{11} *λεβητας* 93] *λευιτας* 19′: cf app $_{16}$ *λέβητας*] *λευητας* (*λευιτ.* 71-106-236 44) 19 71′-236 46(non 52) 35_{13} *λέβησιν*] *λευησιν* 728 158 5_{3} *ἕβδομος*] *ευδομος* 56 8_{13} *ἑβδομάδων*] *ευδομ.* 610 31_{7} *ἑβδόμῳ*] *ευδομω* 158 Ald 7_{1} *κατέβη*] *κατευη* 130 18_{28} 29_{20} *ἀνέβη*] *ανευη* 610 13_{14} *ἐβόησαν*] *ευοησαν* 44; *ευοησε* 610 $_{15}$ *ευοησαν* 610 14_{11} *ἐβόησεν*] *ευοησεν* 44-610 18_{31} 130 610 23_{13} 610 33_{15} *εξεβαλεν* 19] *εξευαλεν* 108 11_{10} *Χεβρών*] *χευρων* 71′: cf app. *οβ – ου*: 19_{9} *φόβῳ*] *φουο* 158. *αβ – αυ* apud *ναβλα* pro נבל: 5_{12} 9_{11} 20_{28} 29_{25} et nomina propria: *Ἀβδίας* 17_{7} 34_{12}, *Ζαβδίας* 17_{8} 19_{11}, *Ἀβδεδόμ* 25_{24}, *Ἀβδών* 34_{20} cf app.

III. Grammatischer Vokal- und Konsonantenwechsel

Vokalwechsel *α – ε*, *ε – α*: Thack. $6_{2\text{-}6}$. Esdr II Einl. S. 49. *τεσσαράκοντα – τεσσερ.* 9_{30} 12_{13} 16_{13} 24_{1}. *καθαρίζειν – εκαθερ.* 29_{15} $34_{3\,5}$: cf app.

ε – ο: Thack. 6_{27}. *ολεθρ. – ολοθρ.* 8_{8} $20_{7\,10\,23}$ 21_{7} 22_{4} 28_{3} 32_{14} 33_{2} 34_{11} 36_{5d}: cf app.

ε – ι: Thack. 6_{22}. 9_{25} *τέσσαρες*] -*ρις* 130 13_{21} *τέσσαρας* (*τεσσαρες* (*δ′* 107) *L* a^{-71})] *τεσσαρεις* 71; *τεσσαρις* 236 30_{15} *τεσσαρεσκαιδεκάτῃ* (*ιδ′*)] *τεσσαρισκαιδεκατη* 236 60 35_{1} *τεσσαρεσκαιδεκάτῃ*] *τεσσαρισκ.* B^{c} 60: vgl. Schwyzer I 589 (*τεσσερις* neugriechisch).

αι – α: Thack. 6_{10}. 4_{5} *παλαιστής* (-*λεστ.* 93)] *παλαστης* 236*: cf app, L.-S. sub verbo *παλαστή* et Mayser I p 105, 2. Aufl. I 1 p 85.

Weitere Vokalwechsel, vorwiegend bei itazistisch verwilderten Hss., wie sie für Esdr I Einl. S. 43 und II S. 50 zusammengestellt sind, lassen sich nicht mehr nach den Kategorien orthographisch oder grammatisch einteilen, sondern sind eher mechanischer Art, oft mit Assoziation an andere Wortstämme oder Wortbildungselemente zu erklären, z.B. Hs. 158: 14_{6} *τειχήρεις*] *τοιχειρεις* 20_{27} *εὐφροσύνῃ*] *εφρ.* 21_{11} *ἐξεπόρνευσεν*] -*νεσεν* 29_{19} *ἡτοιμάκαμεν*] *υτημ.* 35_{10} *διαιρέσεις*] *διευρ.* Hs. 314: 29_{22} *ἔθυσαν* (*θυειν* a^{-71})] *θειην* 246: 4_{21} *θυΐσκας*] *θεισκας*.

Kontraktion: Thack. $6_{49\text{-}50}$ Bl.-Debr. 31_{3} Esdr I Einl. S. 43 Tob Einl. S. 43. 2_{4} *νουμηνίαις*] *νεομ.* A 74-236-246 29_{17} *νουμηνίᾳ*] *νεομηνια* 74 31_{3} *νουμηνίας*] *νεομηνιας* 74 18_{24} *ταμιεῖον ἐκ ταμιείου* (-*μειειου* 55*) A *L* b^{2} 55 119 527 Compl] *ταμιειον εκ ταμειου* 134 158; *ταμειον εκ ταμειου* rel 22_{11} *ταμιεῖον* (*ταμειηον* 158)] *ταμειον* (-*ειων* 44) B' V $a^{-71\,134}$(762*; non 125) b^{1} 60 Ald Sixt: cf app.

ἐάν – ἄν: Thack. 6_{50} Esdr II Einl. S. 50. *ἐάν* nach Relativpronomen: 6_{21} *ἃ ἄν*] *α εαν* 19′ $_{33}$ *ὅσα ἄν*] *οσα εαν* B' V 64-243-381-731 119 527 Ra. 15_{13} *ὃς ἐάν*] *ος αν* 60 119 527 Compl(|) 18_{13} *ὃ ἐάν*] *ο* (om a^{-121} b^{I}(46*, non 52) 60 127 158 Ald) *αν* V 19 b^{-489} 55 119 158 527 Compl: cf app. Nach dem Kriterium der besseren Bezeugung ist die seit dem 2. Jh. v. Chr. häufig bezeugte Setzung der Konditionalpartikel hinter dem Relativpronomen wie in Esdr II nicht konsequent durchgedrungen; die Bezeugung in 6_{21} und $_{33}$ im Kontext der vielen konditionalen Nebensätze ist eher rezensionell bedingt. *ἄν* als Konditionalpartikel liegt nur in 93*, 7_{13} *αν αποστειλω* vor.

ἑαυτοῦ – αὑτοῦ (*αὐτοῦ*): Esdr II Einl. S. 50f. Bei dem sehr häufigen Wechsel zwischen *αυτ-* und *εαυτ-*, der im Apparat vollständig registriert ist, besteht das eigentlich grammatische Problem in der Setzung von spiritus asper oder lenis bei *αυτ*, die in den Kollationen nicht berücksichtigt ist. Dass diese Unterscheidung in der Überlieferung von Par II vorliegt, beweisen die wenigen Stellen, an denen die Schreibung *αὑτ-* durch die Asperisierung des voranstehenden Konsonanten gegeben ist: 21_{8} *ἐφ' ἑαυτούς*] *εφ αυτους* B 29_{9} *οὐκ αὐτῶν*] *ουχ αυτων* A 121-236-314-762; *ουχ εαυτων* 19′ Compl (vgl. auch 10_{17}). Die Überprüfung einiger Stellen an den Handschriften, unter denen die Setzung von Spiritus und Akzent bei den Minuskeln der Hand des Schreibers zugewiesen werden muss, an einer Stelle, an der das reflexive Pronomen syntaktisch erfordert ist, bestätigt den Befund, dass die dreisilbigen Formen – im vorliegenden Fall *ἑαυτ* gegenüber *αὑτ* – die zweisilbigen, *αὐτ – αὑτ*, in hellenistischer Zeit zunehmend verdrängen (Bl.-Debr. 64_{1} Anm. 2), so dass die asperisierte Form *αὑτ* seltener vorausgesetzt werden muss: 32_{27} (*θησαυροὺς ἐποίησεν*) *ἑαυτῷ*] *αὑτῷ* B 19′ 71 125* 381 Sixt; *αὑτῷ* Compl. $_{29}$ (*ᾠκοδόμησεν*) *ἑαυτῷ*] *αυτω* B $a^{-137(107)}$-127 Ald Sixt Ra.(*αὑτῷ* B 68-762 Sixt Ra.; *αὐτῷ* rel (hab *ἑαυτῷ* Compl)); von daher die Entscheidung in 24_{3}: Doch zeigt eine Stelle wie 35_{14}, wo bei erforderter reflexiver Bedeutung keine dreisilbige Form überliefert ist, dass bei dieser Übersetzung kein konsequentes Verfahren vorausgesetzt werden darf (vgl. TGP II zu 35_{14-15}). Dass textgeschichtlich, nach dem Kriterium der Bezeugung, die reflexive dreisilbige Form öfter als sekundär in den Apparat verwiesen werden muss, darf nicht als Widerspruch gegen den allgemeinen Befund des Vordringens in hellenistischer Zeit verstanden werden, sondern ist exegetisch im grammatischen Verständnis des Übersetzers begründet.

ρσ – ρρ: Thack. 7_{47}. 31_{16} *ἀρσενικῶν*] *αρρεν.* 74 $_{19}$ *ἀρσενικῷ*] *αρρενικω* 74 32_{8} *κατεθάρσησεν*] *-θαρρησεν* 71 Dam^{VWVMiT}; *-εθαρησεν* Dam^{MMHa}.

Νῦ ἐφελκυστικόν: Thack. 9_{7} Esdr II Einl. S. 51. Die konsequente Aufnahme des *Νῦ ἐφελκυστικόν* vor Konsonanten in den Text, die auf der Bezeugung durch die älteste Überlieferung, vor allem auf B*, beruht – nur auf A z.B. in 32_{13} *πᾶσιν τοῖς λαοῖς*, A 158 in 32_{14} *πᾶσιν τοῖς θεοῖς*, $_{30}$ *πᾶσιν τοῖς ἔργοις*, A 19′ 728 55 in 34_{11}

τέκτοσιν καί –, wird entsprechend der Entscheidung in Est Idt Tob Esdr I und II festgehalten, auch bei der Verbindung von *εμπροσθεν* mit folgendem Konsonant, wo das auch in Esdr II, I, Tob, Idt und Mac III festgestellte Fehlen vor allem in Hss. der Rezension *a* nur in 1_{12} auch von B* begleitet wird (*βασιλεῦσιν* (sic A V* 55′ 243-728 158 610; -*σι* rel Ra.) *τοῖς ἔμπροσθέν* (-*σθε* B* 19 106-130-236^{c}-314-346-762 60 Ra.)) und darum von Rahlfs in den Text aufgenommen wird.

Νῦ ἐφελκυστικόν bei *εἴκοσι* ist wie in Esdr II Einl. S. 51 außer in 13_{21} *εικοσιν δυο* 108 konsequent vermieden und auch vor Vokal äußerst schwach bezeugt: 8_{1} *εικοσιν ετη* 108 489 22_{2} *εικοσιν ετων* 489 36_{2} *εικοσιν και* 108 36_{11} *εικοσιν ενος* 108.

Vermeidung des *ν* vor Vokal: 728 in 4_{12} und 29_{10} *εστι επι* 4_{13} *εστι επανω* 6_{14} *εστι ομοιος* $_{32}$ *εστι αυτος* 8_{11} *εστι οὗ* 13_{4} *εστι εν* 20_{2} *εστι ενγαδδι* 18_{6} *εστι ωδε*, 158 in 6_{31} *πατρασι ημων* 98 in 7_{6} *σαλπιγξι εναντιον* 56 in 8_{2} *κατωκησε εκει* 121 in 13_{21} *εγεννησε εικοσι* 321 in 28_{9} *εξηλθε εις* 321 98(non 379) in 20_{15} *ειπε ακουσατε*.

ουτω an Stelle von *οὕτως* (Thack. 9_{9}) ist entsprechend der bisherigen Feststellung (vgl. Esdr II S. 51) vorwiegend eine Eigentümlichkeit von Hss. der Rezension *a*: $1_{12\,17}$ 7_{21} 10_{10} $18_{3\,7\,11\,19\,21}$ $19_{9\,10}$ $32_{10\,31}$ $34_{24\,26}$ 35_{12} cf app. *ουτω* vor Vokal: 8_{14} 314* 10_{10} 246.

Aspiration am Wortende (Thack. 8_{1-5}): *οὐκ* (*ἰδού*)] *ουχ* in 12_{15} 36_{8} B* 71, in 25_{26} B*-127, in 28_{10} B*-127 A V*; 35_{4} *κατ' οἴκους*] *καθ οικιας* 158^{c} (*κατ οικιας* *).

Aufhebung der Aspiration (Thack. 8_{6-8}): 6_{36} *οὐχ* (*ἁμαρτήσεται*)] *ουκ* 19′ 71 55 Compl 17_{4} *οὐχ ὡς*] *ουκ ως* Ald Sixt 19_{10} *οὐχ* (*ἁμαρτήσονται*)] *ουκ* 55 *οὐχ* (*ἁμαρτήσεσθε*)] *ουκ* 55 25_{16} *οὐκ ἐπήκουσας*] *ουκ υπηκουσας* 71 30_{17} *οὐχ* (*ἡγνίσθη*)] *ουκ* b^{l-46} 158 $_{18}$ *οὐχ* (*ἡγνίσθησαν*)] *ουκ* V* b^{l-46}(64*) 60.

Aspiration *οὐδείς* – *οὐθείς*: Thack. 7_{15}. 9_{20} *οὐθέν*] *ουδεν* 60 35_{3} *οὐθέν*] *ουδεν* a^{-71}-127 Ald Sixt 36_{16} *ἐξουθενοῦντες*] *εξουδενουντες* B 19′ 46 Compl Ra.

Elision: Tack. 9_{11}. 12_{10} 21_{12} 28_{19} 29_{25} 30_{11} 31_{14} 32_{21} cf app. *αλλα* – *αλλ* 15_{17} 25_{2} $30_{11\,18}$ 32_{25} cf app.

Krasis: Thack. 9_{11}. *καὶ ἐγώ*] *καγω*: 10_{11} *καγω* 1° *a* 127 Ald Sixt *καγω* 2° *a* 158 Ald Sixt $_{14}$ *καγω* 1° *A* $a^{(-106')}$ b^{2} *καγω* 2° $a^{(-106')}$ b^{2}. *κἀγώ*] *και εγω*: 12_{5} *L* 71 b^{l} Tht Ald Compl Sixt: die Zeugenverteilung spricht eher für den Gebrauch beider Formen im ursprünglichen Text.

Letztlich wahrscheinlich auf Elision oder Krasis zurückgehende irreguläre Schreibweisen: 11_{21} *δέκα ὀκτώ*] *δεκ οκτω* 44: cf Esdr II 17_{11} 106 14_{11} *καὶ ἐν*] *κεν* 610 15_{15} *τοῦ ὅρκου*] *τουρκου* V* 28_{19} *ὅτι ἀπέστη*] *οτ απεστη* V* 31_{19} *καταριθμουμένῳ*] *katααρ*. V 93 119 (Aufhebung der Elision in der Kompositionsfuge?).

$14_{13\ 14}$ *καὶ ἐσκύλευσαν*] *και σκυλευσαν* 16_{4} *καὶ ἐπάταξεν*] *καιπαταξεν* 158 (Ausfall des syllabischen Augments? vgl. S. 102).

Die unter den Kategorien „Flexionsformen des Nomens und des Verbums, Wortformen, Syntax“ registrierten grammatischen Erscheinungen, die im Apparat abgesehen von Fehlbildungen vollständig registriert sind, ergeben im Ganzen hinsichtlich des sprachgeschichtlichen Stadiums und daraus folgender Bestimmung der ursprünglichen Textform weitgehend das gleiche Bild wie in Esdr II, so dass sich die vollständige Registrierung mit vollständiger Aufnahme der Zeugengruppierung für Paralipomena erübrigt.

IV. Flexionsformen des Nomens

Nomina

Nomina propria: Der Übersetzer unterscheidet bei der Transkription des Namens Manasse (מְנַשֶּׁה) als Name des Stammes hebraisierend *Μανασσή*, als Name des Königs hellenisierend *Μανασσῆς*.

Die in Esdr II S. 52f. bei *Νεεμίας* und *Μωυσῆς* festgestellte ursprünglich im dorischen Genitiv *-α* bzw. *-η* stehende Gräzisierung und die sekundär meist lukianisch bezeugte oder mitbezeugte Endung im attischen Genitiv *-ου* bzw. *-εως* erscheint auch in Par II bei den vielen mit *-ια* endenden Namen im Ganzen durchgehalten, weist aber einige dem entgegenstehende Zeugengruppierungen auf – nicht bei *Ὀχοζίας* und *Ἰωσίας*, aber bei *Ἑζεκίας*: 32_{8} (*ἐπὶ τοῖς λόγοις*) *Ἑζεκίου*] *-κια* Dam$^{\mathrm{CV^{W}VM_{i}H^{a}TM^{M}}}$; om 74 $_{26}$ (*ἐν ταῖς ἡμέραις*) *Ἑζεκίου*] *-κια* 71 *Ἀμασίας*: 25_{26} 26_{1}: bei den beiden Fällen im Genitiv Endung *-ιου* (*-ειου* B) omnes *Ζαχαρίας*: 20_{14} 26_{5} Endung *-ιου* omnes, 29_{12} *Ζαχαρίου*] *αζαριου L* Compl Sixt Ra. = **𝔐**. Von der Zeugenverteilung her bleibt darum die Entscheidung über die ursprüngliche bzw. ältere Form im Genitiv für *Ζαχαρίας* in 23_{1} *Ζαχαρίου*] *-ρια* B’ 74^{c} 98 Ra. wie auch in 28_{6} *Ῥομελίου*] *-λια* B’’ V^{c}-71 Sixt Ra. offen. Bei Zacharias ließe sich die Beibehaltung beider Genitivformen aus der Absicht erklären, verschiedene Personen gleichen Namens zu unterscheiden, zeigte aber auch so, dass hier ein sprachgeschichtliches Stadium des Übergangs vorlag.

Auch die Deklination des Namens *Μωυσῆς*, der in Par II nur im Nominativ und im Genitiv vorkommt, entspricht dem für Esdr II festgestellten sprachgeschichtlichen Stadium: Die ursprüngliche Transkription *Μωυσῆς*, im Genitiv *Μωυσῆ*, die Genitivendung *-εως* bei den Zeugen 68′ und 381, die Transkription *μωσ* lukianisch (vgl. TGE II S. 64–72).

Bei der Gräzisierung der Transkription hebräischer Nomina ist bei dem Nomen *σάββατον* in 8_{13} beim Dativ plur. *τοῖς σαββάτοις* der Wechsel in die 3. Deklination *τοις σαββασι(ν)*, der in LXX ursprünglich nur in Mac I 2_{38} überliefert ist (Thack. 4, S. 35), in NT aber vorherrscht und außerbiblisch im 1. Jh. v. Chr. nachgewiesen ist (Bauer sub verbo (Meleager Anth. Pal. 5, 160)) wie auch bei Josephus, in Hs. 246 und die codices mixti 60 119 127 eingedrungen.

Unkontrahierte Formen: Thack. 10_{21}, Est Einl. S. 115, Idt S. 38, Esdr I S. 45, Esdr II S. 53, TGE S. 122. Nach der von Thack. festgestellten grundsätzlich auch nach dem heutigen Stand der Überlieferung geltenden Verteilung der nach Phrynichos und Moeris „attischen" unkontrahierten Form *πηχεων* überwiegend in Gen Exod und Par, der kontrahierten „unattischen", „hellenistischen" *πηχων* in Est Idt und Ez, lässt der Befund in Par II, nach dem *πηχων* fast einhellig lukianisch bezeugt ist, in $3_{8\ 11}$(1°) zusammen mit *b*², in 4_{2}(1°) mit *a*, in 6_{13}(1°) mit B (die genaue Bezeugung s. im Apparat), für Esdr I und II je nach dem, welcher Tradition die Bücher zugeordnet werden, die Entscheidung zwischen der unkontrahierten Form *πηχεων* nach der Folge Gen Exod in Esdr I 6_{24}(1°) mit B′ *a*, (2°) mit B 71′ 58, in Esdr II 6_{3} mit A b^{-381}, und der, wie in den Göttinger Editionen von 1974 und 1993 befürwortet, kontrahierten Form nach der Folge Est Idt mit der je entgegengesetzten Bezeugung offen. Da der Sonderfall einer von den Attizisten als „unattisch" deklarierten kontrahierten Form in Par II mehrfach genuin lukianisch bezeugt ist – eine lukianische „Fehlattisierung" einer als ionisch definierten Bildung? –, läge die Lösung nicht fern, die von A *b* gegen *L* (B und S fallen aus) bezeugte unkontrahierte Form des kanonischen Buches Esdr II als ursprünglich der mit dem Pentateuch beginnenden Tradition zuzuordnen, die außer von *L* auch von *b* und den codices mixti bezeugte kontrahierte Form des apokryphen Buches Esdr I aber der späteren Tradition von Est Idt und Ez. Sicher ist, dass Par II – der Begriff ist in Par I nicht überliefert – mit der fast ausschließlich außerlukianisch überlieferten, als ursprünglich zu bestimmenden unkontrahierten Form entsprechend der Zeugnisfolge des alexandrinischen Kanons der Reihe Gen Exod, die sich sporadisch auch in Deut und Reg fortsetzt, zugeordnet werden muss. Die Zäsur liegt entweder zwischen Par II und Esdr I oder zwischen Esdr II und Est.

Die Bezeugung der attischen unkontrahierten Form *χαλκεας* für *χαλκεις* 24_{12} in *b*² entspricht der Tradition als Ausnahmefall in LXX als ganzer (Thack. 12_{2}); *αλσων* für *ἄλσεων* 34_{3} in 71 ist eher mechanische Fehlschreibung als Kontraktion oder Übergang von 3. in 2. Deklination.

Die 3. Deklination Akk. sing. auf *-αν* (vgl. App.): *ανδραν* 13_{15}. *βασιλεαν* 9_{8} 26_{18} 29_{18} 34_{16} 35_{23}. *γραμματεαν* 35_{15}. *θυγατεραν* 8_{11} $11_{18\ 20}$ 25_{18}. *ιερεαν* 23_{17} 24_{20} 34_{9}. *λιβαν* 32_{30}. *χειραν* 6_{32}.

Der Genuswechsel. Fem. – Mask.: *τω βυσσω* 71 $2_{14(13)}$. *τω κιβωτω* 107*(non 44′-610) 5_{10}. *τους οδους* 125 6_{30}, 106-236 125 28_{2}, *τοις οδοις* 107 11_{17}, 158 20_{32}, *εν οδω, ω* V 6_{34}. *τους κεδρους ως συκαμινους τους* 60 9_{27}. *τοις ορασεσιν* 44′-610 9_{29}.

τοις πολεσιν 158 19$_{10}$. *τριακοσιοι χιλιαδες* 60 14$_{8}$. *διακοσιοι … χιλιαδες* a^{-121} 55 60 Ald 14$_{8}$. *τους μαχαιρας* 106 610 23$_{9}$. *θυίσκας*] *θυησκους* 158 24$_{14}$. *οι σαλπιγγες* 44 13$_{12}$, 71 23$_{13}$. *τοις σαλπιγξιν* 158 13$_{14}$. *του πτερυγος* 3$_{11}$ bei 107 ist mechanisch aus dem mit 120-122 489 gemeinsamen Homoioteleuton-Ausfall *ἁπτομένη* 1° ∩ 2° zu erklären: *του* wird aus dem auf *ἁπτομένη* 1° folgenden *τοῦ τοίχου* beibehalten; auch *τοις νεομηνιαις* für *ταῖς ν.* 19 in 2$_{4}$ ist mechanische Übernahme an vorangehendes *τοῖς σαββάτοις*. Mask.-Fem.: *μετρητας τρισχιλιας* 44 4$_{5}$. *τετρακοσιας* (*τριακοσιας*) *πηχεις* 25$_{23}$: cf app. *τας χιμαρρους* B*, sed cf L.-S. Neutr.-Mask.: *τὸ ἔλαιον* (*ελεον*)] *τον ελ.* 2$_{15(14)}$: cf app. *τον σαββατον* 610 23$_{4}$. *τον γλωσσοκομον* 93 24$_{10}$. *τὸ γλ.* 1°] *τον γλ.* 93 2°] *τον γλ.* A 93 24$_{11}$. Mask.-Neutr.: *το σιτον* 125 2$_{15}$. *το χειμαρρουν* 93 30$_{14}$. Neutr.-Fem.: *αρμασι τριακοσιαις* 19 14$_{9}$.

Der Wechsel zwischen den Deklinationen. 1.-2. Dekl. *μετρητας* (*τρισχιλίους*)] *-τους* 46 4$_{5}$: cf L.-S. *πατριάρχας*] *πατριαρχους*: ex *πατράρχους* (sic 19-108*: cf L.-S. Bauer) 108^{c}, *εκατονταρχους* 93 (cf L.-S. Bauer) 23$_{20}$: cf 23$_{1\ 14}$ app. *θυίσκας*] *θυησκους* 158 24$_{14}$: cf L.-S. *πύλας*] *πυλους* 381* 14$_{7}$: Angleichung an *πύργους* praec und *μοχλούς* sq. *τὰς στήλας*] *τας στυλας* 71-106*-314 125 14$_{3}$: wegen der synonymen Bedeutung bewirkte Verwechslung von *ἡ στήλη* und *ὁ στῦλος*, cf sq. 2.-1. Dekl. *στύλους*] *στυλας* 246 3$_{15}$: cf praec. *ἡμιόνους*] *-νας* 107*(corr pr m)-610 9$_{24}$. 3.-1. Dekl. (*αι* (*η* 158) *δυο*) *πλάκες*] *πλακαι* 107(om *, corr pr m)-125 (wohl entstanden aus itazistisch bedingtem *πλακαις* (so 44 158)) 5$_{10}$. (*πόλεις*) *τειχήρεις*] *-ρας* 246 11$_{5}$. (*τὰς πόλεις τὰς*) *τειχήρεις*] *τειχηρας* 71-314* 32$_{1}$. (*ταῖς πόλεσιν ταῖς*) *τειχήρεσιν*] *τειχηραις* V^{c} 71(*-χιρ.*) 33$_{14}$. Die scheinbaren Deklinationswechsel bei *τεῖχος* und *τοῖχος* beruhen auf der sowohl orthographisch durch den Vokalwechsel *ει* – *οι* als auch semantisch aus der Bedeutungsnähe erklärbaren Verwechslung der beiden Begriffe. *τεῖχος* in 2. Dekl.: *τοὺς τοίχους*] *τους τειχους* 44 (*τους τυχους* 158); *ἐπὶ τῶν τοίχων* (*επι τον τοιχον* V^{c} a^{-71} 46(non 52) 55* Aeth^{-B} Ald)] *επι τον τειχον* 71 (*επι των τυχον* (*τυχων* ^{c}) 158) 3$_{7}$. *τοῦ τοίχου*] *του* (> 44) *τειχου* 60 44 (*του τυχου* 246) 3$_{12}$. *τείχη*, *πύλαι* (om multi) *καὶ μοχλοί* (*τειχεσι πυλαις και μοχλοις* Compl)] *τειχοις και μοχλοις* 554 8$_{5}$. (*ποιήσωμεν*) *τείχη* (*καὶ πύργους*)] *τειχους* 71 14$_{7}$: cf Esdr II praef p 53. *τοῖχος* in 3. Dekl.: *ἀπὸ τοῦ τείχους*] *απο του τοιχους* 125 25$_{23}$. *πλάτους*] *και* (> B′ 71 46 60) *πλατος* B′ *a* (*πλατον* 107): 107(non 44′-610) liest im Kontext *μηκος και πλατον πηχεων κ′*. Es geht um die Masse des *αἰλάμ*: Subst. neutr. im Nominativ oder substantiviertes Adjektiv *πλατόν*? 3$_{4}$. (*ξύλου*) *ἀλσώδους*] *-δου* A 28$_{4}$. *παντὸς ἀσθενοῦντος*] *παντος ασθενους* 93-108 Compl; *παντας τους ασθενουντας* 44; *παντας τους ασθενους* 19: die Lesart von 19 ist als die halbeingerenkte Textumformung von 44, die auch von Dam^{CR} La^{109} und Arm überliefert wird, unter Beibehaltung des lukianisch bezeugten Adjektivs *ἀσθενής* gen. sing. ohne Berücksichtigung der dadurch geforderten Änderung in acc. plur. *ασθενεις* 28$_{15}$ zu erklären. Die einzige grammatisch gesicherte Doppelüberlieferung eines Appellativums in der zweiten und dritten Deklination in

Par II ist die Bezeugung von *τὸ ἔλεος* und *ὁ ἔλεος*, und diese entspricht der in LXX als ganzer wie auch in NT bezeugten: die in diesem Überlieferungsbereich ursprünglich „nachklassische" Form in 1. Dekl. mask., die sekundäre „klassische" in LXX mehrfach lukianisch bezeugte zunehmend seltener werdend. 1_{8} *ἔλεος μέγα*] *ελεον μεγαν* *L* (*ελεον μεγα* bei 19 ist auf indeklinables *μεγα* zurückzuführen (vgl. unter Adiectiva; Compl liest *ελεος μεγα*)); 24_{22} *τοῦ ἐλέους*] *του ελεου* 93. Die übrigen Fälle sind durch den Artikel als 3. Dekl. gesichert (vgl. Esdr II Einl. S. 53, Idt Einl. S. 38, Tob Einl. S. 45, Mac I 2_{57} 3_{44} 16_{3} II 4_{37} $7_{23\ 29}$ 8_{57} III Einl. S. 36. Thack. 10_{28-30}, Bl.-Debr. 51_{2}, Kühner-Blass 1.2. S. 515, Mayser I S. 277).

Adiectiva

Der Gen. sing. der Adjektive auf *-υς* (vgl. Esdr II Einl. S. 54): *βαρέος* – *βαρεως* 10_{4}.

Die Deklination von *ἥμισος* (vgl. Esdr II Einl. S. 54, Tob Einl. S. 45): *ἥμισυ* – *ημισου*, *ημισους*: 9_{6}.

Die Deklination von *μέγας* (vgl. Tob Einl. S. 45): indeklinables *μεγα* 1_{10} 9_{17} 18_{30} (Neutr. sing. *-αν*: 6_{32}).

Die Deklination von *πολύς* (vgl. Esdr Einl. S. 54), Neutr. sing. *πολυν*: 9_{9} 24_{11} (Akk. fem. sing. *πολυν* 24_{24} 125 ist wohl orthographisch von der Aufhebung der Gemination *πολην* in 130-321-346 her zu erklären (vgl. S. 93)). Komparativ (vgl. Bl.-Debr. 47_{2}) *πλεῖστα* – *πλειονα*, *πλειω*: 25_{9} 32_{7}.

Die Deklination von *πᾶς* (vgl. Esdr II Einl. S. 55, Idt Einl. S. 39): Akk. sing. mask. *πᾶν* – *παντα*: 6_{28} 8_{15} 19_{11}(bis) 30_{6} 32_{21}.

Die Varianten bei der Deklination von *πλήρης* (vgl. Esdr I Einl. S. 46): 15_{17} (*καρδία* ...) *πλήρης*] *πληρει* 55, wo die Lesung *καρδίᾳ* ... *πλήρει* syntaktisch möglich ist, 16_{9} 19_{9} 25_{2} (*καρδίᾳ*) *πλήρει*] *πληρη* in 16_{9} 236-554 b^{I-46} 60 158 Tht[1Ms], in 19_{9} 236 60 158 Dam[HCT], in 25_{2} 71 60 158 (vgl. B in Reg IV 20_{3}) sind als Itazismen zu erklären, die die Tendenz zum indeklinablen Gebrauch fördern oder von diesem her gefördert sind (vgl. Thack. S. 177). Der Nominativ *πλήρης* in 24_{15} ist einhellig überliefert.

Numeralia

τέσσαρες: Akk. *τέσσαρας* – *τεσσαρες* (vgl. Tob Einl. S. 45, Idt Einl. S. 39): 13_{21}. *χιλιάδες*: Akk. *χιλιάδας* – *χιλιαδες* (vgl. Esdr I Einl. S. 46, Tob Einl. S. 45): 25_{11-13} 27_{5}(bis) 28_{6} 35_{7}. *τεσσαράκοντα* – *σαρακοντα* s.u. „Wortformen".

Pronomina

οὗτος – *τουτος*: 6_{18} (vgl. Schwyzer I S. 614).

V. Flexionsformen des Verbums

Verlust und Einführung des syllabischen und des temporalen Augments – dieses auch bei den itazistisch erklärbaren Fällen – und Reduplikation, wo sich an einigen Stellen auch die mechanische Erklärung aus Haplo- und Dittographie vermuten lässt, sind vollständig im Apparat registriert. Die Frage der Ursprünglichkeit aufgrund der Zeugenverteilung stellt sich am deutlichsten bei der temporalen Augmentierung der Diphthonge *αυ – ηυ*, *ευ – ηυ*, *η – αι* und *ῳ – οι*, beim Vokal *ω – ο* und beim syllabischen Augment im Wechsel zwischen *η* und *ε* bei den Verben *δύνασθαι*: 5_{14} 7_{2} 20_{37} 29_{34} 30_{3} $32_{13\,14}$ und *βούλεσθαι* 21_{7} (vgl. Esdr II Einl. S. 55 Bl.-Debr. 66_{3}). Eine irreguläre Analogiebildung ist wahrscheinlich *εξηδικησεν* für *ἐξεδίκησεν* 60 in 22_{8} (oder für in L.-S., Suppl. und Lampe nicht nachgewiesenes *ἐξαδικεῖν*, oder analog an in LXX nicht nachgewiesenes *ἐξαδυνατεῖν*?). Die doppelte Augmentierung *ηνεωγμενους* in 6_{20} 74 98, $_{40}$ (*-νοι*) in 158 entspricht nach der Kategorisierung von Thack. 16_{6} S. 203 den dort registrierten „double classical augments".

Besonderheiten der Augmentierung, wie Verlust der Reduplikation (vgl. Esdr II Einl. S. 55) oder doppeltes syllabisches Augment im Kompositum (vgl. Esdr II Einl. S. 56) sind nur schwach, oft von einer einzigen Hs. bezeugt: 3_{13} *διαπεπετασμέναι*] *διαπετασμεναι* (*-να* 527) 246 46*(non 52)-728 60 158 527 5_{8} *διαπεπετακότα*] *διαπετακωτα* 158 25_{24} *ἐπέστϱεψεν*] *επιστϱεψαν* 44 34_{25} *ἐθυμίασαν*] *θυμιασαν* 314* 23_{8} *κατέλυσεν*] *εκατελυσεν* 119* 26_{16} *κατισχυσεν*] *εκατισχυσεν* 98 21_{17} *οὐ κατελείφθη*] *ουκ εκατελειφθη* 125 24_{24} *παϱεγένετο*] *επαϱ.* 55 31_{10} *κατελίπομεν*] *εκατελιπομεν* 19′ 98(non 379) 33_{3} *κατέσπασεν*] *εκατεσπασεν* 120 29_{9} *πεπλήγασιν*] *επεπληγασιν* 64 34_{21} *εκκέκαυται*] *εκεκαυται* 19 6_{18} *ἀνεῳγμένους*] *ηνεωγμενους* 74 98: cf $_{40}$ (158).

Beispiele zur temporalen Augmentierung. *ευ – ηυ*, *ηυ – ευ*: 9_{8} *εὐλογημένος*] *ηυλ.* B′ A V 243-731 527 Ra.: cf 20_{26} 30_{27} $31_{8\,10}$, sed Par I 16_{36} *εὐλογημένος* omnes: cf 13_{14} 17_{27} $29_{10\,20}$. 12_{14} *κατεύθυνεν* omnes 19_{3} *κατεύθυνας*] *κατηυθ.* B″ Tht Sixt Ra. 20_{33} *κατεύθυνεν*] *κατηυθυνεν* V* 55′ Tht(*-ναν* ^{te}); *κατ ευθυ* B^{s}. 17_{5} *κατεύθυνε(ν)* (*-ναι* 19)] *κατηυθυνε(ν)* B″ A b^{I-381} Tht Ra. 32_{30} *κατεύθυνεν*] *κατηυθ.* B′ A Sixt Ra. 26_{5} *κατεύθυνεν* *L* Tht *Par II* 286] *κατηυθ.* Tht^{-2Mss}.

Eine ähnliche Zeugenverteilung bei den Verben mit dem Wechsel *ευ – ηυ* mit überwiegender Bezeugung der nicht augmentierten Form, der augmentierten aber überwiegend bei den Unzialen, vor allem B, liegt auch bei den übrigen Verben des Wechsels *ευ – ηυ* vor: *ευφϱαιν.* – *ηυφϱαιν.* 15_{15} 20_{27} $23_{13\,21}$ 29_{36} 30_{25} (Par I 29_{9} *εὐφϱάνθη* omnes$^{-A\ V\ 93\ 527}$), am deutlichsten bei *ευϱ – ηυϱ*: 19_{3} *εὑϱέθησαν*] *ηυϱ.* B Sixt Ra. (hab *ευϱ.* et BasC *humil* 536 Tht *Par II* Proc *Comm in Par II*), aber bei allen übrigen: *εὑϱέθησαν* 2_{17}, *εὑϱέθη* 15_{15}, *εὗϱον* (*-ϱεν*) 20_{25} 21_{17} 22_{8} 25_{5} $34_{14\,15}$ 35_{19a} *ευϱ.* omnes. Eine Ausnahme bildet nur der Wechsel *πϱοσηυξ.* – *πϱοσευξ.*: 30_{18} *πϱοσηύξατο*] *πϱοσευξ.* 106′(non 44′)-120-121-134-236-314-762 32_{20} *πϱοσ-*

ευξ. V* 74-106′-120-121-130*-134-314-762 $_{24}$ *προσευξ.* 108. Textgeschichtlich entspräche die bei dieser Vokalisierung festgestellte wachsende Preisgabe der attischen Augmentierung im Ganzen dem Sprachstadium, das Bl.-Debr. (§ 671c mit Anm. 2) für das NT feststellen.

Eine annähernd sichere Regel – die sich schon aus dem Grund schwer aufstellen lässt, weil sich die Beibehaltung bzw. Auslassung der temporalen Augmentierung beim gleichen Vokalwechsel bei verschiedenem Wortstamm je verschieden auswirken kann und auch die je verschiedene Wortform augmentierter Bildungen mitbestimmend ist – ist am schwierigsten bei der Augmentierung von *ο* zu erkennen: Beim Wortstamm *ευοδ*: 7_{11} *εὐοδώθη*] *ευοδοθη* 243; *ευωδωθη* (*-δοθη* 56′-68′-120 Ald) B^c V^c 19′ $a^{-71' \, 121 \, 762}$ 489-731 527 Ald Compl Sixt: cf 14_7 24_{20} 26_5 31_{21} 32_{30} 35_{13}, spricht die Bezeugung als Korrektur in den Unzialen B und V mitsamt lukianischer (itazistisch zwar nicht unberührter) Bezeugung für rezensionelle Wiederherstellung der augmentierten attischen Form. Dem widerspricht nicht, dass in der Überlieferung beim Verbum *ἐξολεθρεύειν*: 8_8 *ἐξωλέθρευσαν* B’(B*) A V 134-314-762] *-θρευθησαν* 125; *εξολοθ.* 93 56′-71-120 731 60 158 44-610; *εξωλοθρευσαν* rel: cf 20_{10} 28_3 32_{14} 33_2 34_{11}, die attische augmentierte Form, die sowohl durch die Unzialen[1]) als auch die meisten Zeugen der Rezensionen und der codices mixti bezeugt ist, auch als die ursprüngliche aufgenommen werden muss. Der Überlieferung nach noch deutlicher ist diese Bestimmung der augmentierten Form als ursprünglich an den beiden Stellen von *ὀρθρίζειν* bezeugt, wo die nicht augmentierte Form in 20_{20} nur von 243 und 158, in 29_{20} nur von 236-346 und 158 bezeugt ist, und im Wechsel *ῳ – οι*, wo unter den mehr als vierzig Fällen die nicht augmentierte Form *οικ-* nur in 6_{18} (71 *οκ.*) $_{33}$ 8_1 9_3 von B, in 6_{10} von B″, in 6_{34} von B (*οικοδομηκα*) 119 (*οικοδομησα*), in 6_2 von B′ 93 71 46(non 52)-64^c-728, in 6_{38} von A und in $26_{6\,7}$ 27_3 von 71 (vgl. 8_2 und 60 in 17_{12}) erscheint. Der vereinzelt, am häufigsten bei 158 überlieferte Wechsel *ῳ – ο* ist itazistisch zu erklären[2]), kann aber als Zwischenglied zwischen *ῳ* und *ο* für die Unregelmäßigkeit der temporalen Augmentierung mitbestimmend sein. Dafür, dass die attisierende Tendenz rezensioneller Natur sein kann, spricht der rein lukianisch überlieferte Zusatz in 14_6 *πόλεις*] pr *και ωκοδομησε* *L′* La^{109} Arm^{II} Compl.

Ein Sonderfall liegt vor bei der syllabischen Augmentierung des Verbums *ἐκκλησιάζειν* (Thack. S. 207, Est Einl. S. 109, Esdr II S. 56, Phryn Lobeck S. 153–156, Walters S. 85): Die Überlieferung augmentierter Formen dieses Verbums mit verdoppeltem *κ*: *εξεκκλησ-*, die in LXX oft und in vielen Fällen überwiegend bezeugt ist, die nur von einem Compositum mit verdoppelter Präposition, *ἐξεκκλησιάζειν*, her erklärbar und nur aus dem Grund nicht völ-

---

[1]) B*: ursprünglich bezieht sich hier nur auf die Korrektur *-εθ. -οθ.*; vgl. S. 95.

[2]) Vgl. S. 90.

lig auszuschließen wäre, weil in dem der Verbalbildung zugrunde liegenden Nomen *ἐκκλησία* die präpositionale Bedeutung der ersten Silbe nicht mehr erkannt war – Rahlfs und von ihm ausgehend Wevers nehmen diese Überlieferung in den Text –, ist aus grammatischen Gründen, weil die die Bildung *ἐξεκκλησιάζειν* fordernden Fälle sich in LXX ausnahmslos auf augmentierte Formen beschränken – in der Profangräzität notieren L.-S. als einzige die Regel bestätigende Ausnahme sub verbo *ἐξεκκλησιάζω* das Partizip *ἐξεκκλησιάσας* in Arist. Oec. 1348^{a} 11 –, eher unwahrscheinlich, sie lässt sich aber in Par auch von der Bewertung der Zeugen her in Frage stellen, da die die Verbalbildung mit einfachem Compositum, *ἐκκλησιάζειν*, voraussetzenden Formen ohne Verdoppelung des *κ*: *εξεκλησ-*, in überwiegendem Maß vom B-Text oder ihm nahestehenden Zeugen vertreten werden: in Par II 5$_{2}$ *ἐξεκλησίασεν* (-*σε* B^{c} 122 610 Ald; *εξεκλισιασε* 68 44) B*’’ V 68′ 44-610 Ald] *εκκλησιασε* 246; *εξεκκλησιασε(ν)* Tht *Par II* 262 rel $_{3}$ *ἐξεκλησιάσθησαν* (*εξεκλισ.* 68; -*σθη* V) B’’ V 68′ 610* 46^{c}(non 52) Ald] *εκκλησιασθησαν* 246; *εξεκκλησιασθησαν* (-*σθη L*) Tht *Par II* 262s rel 15$_{9}$ *ἐξεκλησίασεν* (-*σε* V^{c} 120-122 46^{c}(non 52) Ald; *εξεκλισιασε* 68) V* 108 68′-120 46^{c} 127 158 Ald] *εξεκκλησιασε(ν)* (*εξεκκλισ.* 44) rel 24$_{6}$ *ἐξεκλησίασεν* (-*σε* B^{c} V^{c} 68′ 46$^{(c)}$ Ald) B*’ V* 68′ 46^{c}(non 52) Ald] *εξεκκλησιασε(ν)* rel; ähnlich in Par I: 13$_{5}$ *ἐξεκλησίασεν* (-*σε* V^{c} 68′) V^{c} 68′ 55] *εκκλησιασεν* B’ S; *εξεκκλησιασε(ν)* rel 15$_{3}$ *συνήγαγε(ν)*] *εξεκλησιασεν* (-*σε* B^{c}) B*’; *εξεκκλησιασεν* S 55 28$_{1}$ *ἐξεκλησίασεν* (sic 127; -*κλισιασε* 44; -*σε* rel) 108 68′-121 44-610 127 Ald] *εξεκκλησιασε(ν)* rel.

Ein Sonderfall hinsichtlich der temporalen Augmentierung bzw. ihrer Vermeidung bleibt die häufige Schreibung des Aoristes *εἶδον* mit *ι*: Obwohl beide Formen im Aorist belegt sind – ein Präsens existiert nicht – dürfen sie höchstens sekundär mit der Augmentierung in Zusammenhang gebracht werden. Ihr häufiges Vorkommen in LXX ist für Jacob Wackernagel einer der stärksten Beweise dafür, dass die Überlieferung der LXX die Orthographie ihrer Entstehungszeit nicht zu bewahren vermochte (vgl. S. 86). Es geht hier grundsätzlich um Itazismen, die darum nicht in den Apparat aufgenommen sind: 9$_{3}$ *εἶδε(ν)*] *ιδε(ν)* A 246-321-346 728 55′ 158 $_{6}$ *εἶδον*] *ιδον* 728 127; *ιδων* 158 18$_{16}$ *Εἶδον*] *ιδον* V* 728 127 158 $_{18}$ *εἶδον*] *ιδον* V* 728 127; *ιδων* 158 $_{31}$ *εἶδον*] *ιδων* 728* 158; *ιδον* 728^{c} $_{32}$ *εἶδον*] *ιδον* A V* 728; *ιδων* 158 20$_{24}$ *εἶδε(ν)*] *ιδεν* V* 93 106′(non 44′) 728 127 158 Dam$^{CH^{b}}$ 22$_{10}$ *εἶδεν*] *ιδεν* 728 127 158 125* 23$_{13}$ *εἶδε(ν)*] *ιδε(ν)* A V* 93 314 728 127 158 44 24$_{11}$ *εἶδον*] *ιδον* 127^{c} 728; *ιδεν* 127*(vid) 158 31$_{8}$ *εἶδον*] *ιδον* 728; *ιδων* 158 32$_{2}$ *εἶδεν*] *ιδεν* 71 728 55* 2$_{7}$ *εἰδότα*] *ιδοτα* 246 55; *ιδωτα* 158.

Beim Übergang von Aor. II zu Aor. I (Thack. 17$_{1-2}$; vgl. App.) ist der Wechsel von *ειπον* zu *ειπαν* im Ganzen entsprechend der Überlieferung von Esdr II und dem für die Papyri der Ptolemäerzeit nachgewiesenen Befund (vgl. Esdr II Einl. S. 57) weitgehender Durchsetzung – in starkem Maße auch bei *ενεγκειν* und *ενεγκαι* – anzunehmen, doch ist beim codex Vaticanus ein sekundäres Eindringen hellenistischer Formen nicht auszuschließen, so dass ihre Bezeugung als

Sonderlesart von B nicht in den Text aufgenommen wurde. Als Kriterium für die Annahme der Ursprünglichkeit des Aor I darf angesichts der vielen einhellig überlieferten Formen des Aor II auch schwerlich mit Rahlfs B und der B-Text beim Wechsel *ηλθον – ηλθαν* in Anspruch genommen werden.

εἶπα(ν) – ειπον: 10_{7} 11_{3} (*εἶπον – ειπε*) 12_{6} $18_{5\ 17\ 31}$ 22_{9} 23_{11} 25_{15} $26_{18\ 23}$ 28_{13} 29_{18} 31_{4} 35_{25}. *ἦλθον – ηλθα*: 12_{4} 14_{11} 16_{3} 23_{14} 24_{5} 25_{18} $29_{17\ 18}$ 30_{8}. *ἔπεσον – επεσαν*: 7_{3} 13_{17} 14_{13} 20_{18} 29_{30}. *ἐνέγκαι – ενεγκειν*: 5_{2} $24_{6\ 9}$ 29_{27} 35_{16}. *ἐλίπομεν* (*-πετε*, *-πον*) – *ελιπαμεν* (*-πατε* (*-ψατε*), *-παν*): 12_{5} $13_{10\ 11}$ 24_{20} 29_{6}. *ἐξείλαντο* (*-λαν*)] *-λοντο* (*-λον*): 25_{15} 30_{14} 32_{17}. *-βάλετε* (*-λατε*), *-βαλον* (*-βαλαν*): $29_{5\ 16}$. *ἀνέλαβον* – *-βαν*: 25_{28}. *ειρηνευσαν – ειρηνευσον*: 14_{5}. *ἁμαρτόντι*] *-τησαντι*: 6_{39}.

Schwierig ist die Entscheidung zwischen Aor. I und Aor. II bei *προσέχεαν* 1°] *-χεον* B′ A *L* 71 *b*[2] 158 Compl *προσέχεαν* 2°] *-χεον* B*-127 *L* *b*[2] 52 158 Compl *περιέχεαν* 71-107 60 119] *προσεχεον* *L* Compl; deest B'; *περιεχεον* rel in 29_{22}: *-εχεον* könnte als imperf. verstanden werden, was aber im Kontext der Aoriste *ἔθυσαν* und *ἐδέξαντο* unwahrscheinlich ist, und ist darum eher als in breitere Überlieferung – auch in B(B*) eingedrungene lukianische Korrektur in den 2. Aorist zu bestimmen, der gegenüber ursprüngliches *περιεχεαν* nur noch in 71-107 und den codices mixti 60 119 – B' fällt durch den Ausfall von *καί* paenult bis fin aus – erhalten geblieben ist: vgl. 35_{11} *προσέχεαν*] *-χεον* 19′ 98 Compl.

Der Wechsel zwischen *ι*-Klasse und *ω*-Klasse (vgl. Esdr II Einl. S. 59): *ὑποδεικνύοντος*] *-νυντος*: 15_{3}. *συνίοντος*] *συνιεντος*: 26_{5}, *συνιόντων*] *συνιεντων*: 30_{22}.

Die Überlieferung des passiven Aorist bei *δύναμαι* – zur Augmentierung vgl. S. 102 – entspricht an den drei Stellen seines Vorkommens 20_{37} 30_{3} 32_{13} der Bezeugung in Esdr II (vgl. S. 60), die für die Aufnahme der Form mit sigmatischem Aorist spricht (32_{13} überliefert für Aor. pass. nur die lukianische Form).

ἑστηκότες (*-τας*, *-των*) – *εστωτες* (*-τας*, *-των*), vgl. Tob Einl. S. 49 Idt Einl. S. 42 Mac III Einl. S. 37: $9_{18\ 19}$ $10_{6\ 8}$(nach Par *L*).

Formen von *γίνομαι* (vgl. Esdr II Einl. S. 59 Esdr I Einl. S. 48f. Tob Einl. S. 49 Idt Einl. S. 42 Est Einl. S. 120 Mac III Einl. S. 37): 1_{12} *ἐγενήθη* (*εγενετο L*)] *εγενεθη* 127: cf Mayser I 2, p 157,33 (Zen. pap. 3. Jh. ante Chr). Aor. pass. – Aor. med.: 1_{12} 6_{10} 9_{19} 14_{14} 18_{1} 35_{19b}: Die 7 Aor. pass.-Formen sind fast konsequent (in 9_{19} nur von Compl) lukianisch entsprechend den ca. 70 einhellig überlieferten Aor. med.-Formen (meist *ἐγένετο* (*-νοντο*)) $6_{28\ 29}$ 7_{13} *γένηται*, $6_{6\ 26}$ *γενέσθαι*, 19_{7} *γενέσθω* – außer 14_{14} *ἐγενήθη* 2° (*εγεννηθη* 108) und mit der die Regel bestätigenden Ausnahme 24_{8} *Γενηθήτω* omnes, wo es mit zugeordnetem *τεθήτω* der passive Charakter der Aussage verlangt – in Aor. med. geändert worden: es ist die attisierende Tendenz (Phryn 108) der lukianischen Rezension.

Weitere Wechsel Fut. pass. – Fut. med. (vgl. Wackernagel III 1843, Walters S. 104): 5_{6} *ἀριϑμηϑήσονται*] *αριϑμησονται* A 107(-44′) 728 55′; *αριϑμησεται* 93* 610; *αριϑμηϑησεται* 19′-93^{c} Compl 13_{12} *εὐοδωϑήσεται*] *ευοδωσεται* (-*τε* 527) B 119 527 Sixt: cf $18_{11\ 14}$.

Für die 2. Person sing. med. auf -*ει* (Thack. 17_{12}, vgl. Esdr II Einl. S. 58), bei der nur die einzige unter den von Thackeray als „in the *κοινή* widely adopted“ bezeichneten Formen *βούλει*, *οἴει*, *ὄψει* in Par II überlieferte Form *οψει* in 18_{24} gut bezeugt ist – dem B-Text B″ mit A V* 93, sieben *a*-Hss. und 728 mit *ὄψῃ* stehen hier die übrigen mit *οψει* gegenüber –, lassen sich die übrigen Fälle, da sich hier orthographisch itazistische Herkunft kaum mehr von grammatischer unterscheiden lässt – von Mayser (S. 377 Anm. 2) seit 3. Jh. v. Chr. nachgewiesenes *εσει* für *ἔσῃ* ist in Par II 6_{25} nur von der am stärksten itazistisch durchsetzten Hs. 158 bezeugt –, höchstens dort, wo sie von den (itazistisch aber auch nicht unberührten) lukianischen Hss. mitbezeugt sind (6_{19} *επιβλεψει*, $_{21}$ *ακουσει*, $_{23\ 25\ 27\ 30\ 33}$ *εισακουσει*, 18_{21} *δυνησει* 19, 6_{30} *ιασῃ*] -*σει* 93 (im lukanischen Zusatz 18_{19} *και ειπεν* (+ *ουτως* 19′) *ου δυνησῃ* 93-121 (*δυνησει* 19)), als rezensionell lukianisch postulieren. Die übrigen Fälle mit schwacher Bezeugung von -*ει* sind: 6_{21} *ἀκούσῃ* 2°, $_{39}$ *ἀκούσῃ*, 7_{17} *φυλάξῃ*, 18_{3} *Πορεύσῃ*, $_{24}$ *εἰσελεύσῃ*, 25_{19} *πέσῃ*; die genaue Bezeugung s. im Apparat.

Weitere abweichende Flexionsformen des Verbums sind abgesehen von Imperf. 3. Pers. plur. auf -*ουσαν* (vgl. Esdr II Einl. S. 58) *εκυκλουσαν* (*εκκ.* 44) *a*$^{-246}$ in 4_{3}, wo die normale Form (246 liest Aor. *εκυκλωσαν*: vgl. App.) *εκυκλουν* nur in der Parallelstelle von Reg III $7_{11(24)}$ überliefert ist, und abgesehen von Perf. 3. Pers. plur. auf -*αν* für -*ασιν* (vgl. Esdr I Einl. S. 47): *οιδαν* 68′-74-106′-120-130-134-346-554 in 2_{8}, nur in einzelnen Hss. überliefert: 3. Pers. Aor. auf -*οσαν* (vgl. Esdr II Einl. S. 57): 5_{4} *ἦλϑον*] *ηλϑοσαν* 44 24_{17} *εἰσῆλϑον*] -*ϑοσαν* 106. -*ησα* und -*εσα* (vgl. Esdr II Einl. S. 58f., Wackernagel I 714f): 6_{18} *ἀρκέσουσιν*] -*κησ.* 158.

VI. Wortformen

Bei den Nominalbildungen handelt es sich um anderwärts nicht nachgewiesene Nomina, deren Wortstamm auf Assoziation oder Verwechslung mit einem ähnlich lautenden Stamm beruht: 4_{16} *ἀναλημπτῆρας*: cf app *ποδιστῆρας*] *υποδιστηρας* 93: pro *υποποδιστηρας*; *παιδιστηρας* 60: pro *πεδιστηρας*; *σποδιστηρας* Bo(vid); *σπονδιστηρας* 527: Alle vier Varianten sind grammatisch korrekte Bildungen; für alle ist die Verbalbildung mit -*ιζειν* überliefert, für *σπονδ-* auch *σπονδιστήριον* (L.-S. Suppl.); für *σποδ-* vgl. Crum sub verbo ⲕⲣⲙⲉⲥ. 6_{28}

ἀνεμοφθορία] -φορια: durch Unzialfehler ΘΟ bedingt: cf Deut 28$_{22}$ 59   Hag 2$_{17}$ V. 8$_{10}$ προστατῶν] προστρατων 56; προτοστρατων 246: cf Tob 15$_{24}$ πρωτοστάτης (-στρατης S).

Pronomina (vgl. Thack. 14$_{2}$ Bl.-Debr. 64$_{1}$): 1$_{11}$ σεαυτῷ] εαυτω 527 610: post σ. 6$_{18}$ οὗτος] τουτος 56: vgl. Schwyzer I 614 (neugriechisch); zu ἑαυτ. – αὑτ. vgl. S. 96.

Numeralia (vgl. Esdr II Einl. S. 62): τεσσαράκοντα] σαρακοντα: 9$_{30}$ 60   12$_{13}$ 121 60   24$_{1}$ 71-106-121 44 60   τεσσαρακοστω] σαρακοστω 16$_{13}$ 121.

Bei den vielen Verbalbildungen, bei denen sich auf eine Doppelüberlieferung von Formen auf -εω und auf -ιζω schließen ließe – sie sind für Esdr II (Einl. S. 61f.) vollständig registriert – überwiegt die Bezeugung itazistisch geprägter Handschriften, in Par wiederholt durch 158 als einzigem Zeugen, in einer Weise – z.B. 1$_{5}$ ἐξεζήτησεν] -ιισεν   6$_{578}$ οἰκοδομῆσαι] -μισαι   27$_{3}$ ᾠκοδόμησεν 1° 2°] -μισεν –, dass nicht nur in anderwärts nicht nachgewiesenen Fällen nicht auf lexikographisch verwertbare Bildungen geschlossen werden darf, sondern auch in den wenigen Fällen anderwärts bezeugter Doppelüberlieferung in Par die rein itazistische Herkunft angenommen werden muss. Das wird am deutlichsten bei einem aufgrund der Wortbildung möglichen Wechsel zwischen πολεμεῖν und πολεμίζειν erkennbar: Par II kennt im ursprünglichen Text die Bildung πολεμίζειν nicht. Sie wäre als Variante denkbar beim Wechsel zwischen -ησ- und -ισ- in Aoristformen, wo aber auch hier das Bildungselement -ησ- weit überwiegt, -ισ- wiederum öfter nur von 158 geboten wird: 12$_{15}$ ἐπολέμει] επολεμησε a^{-71} Ald (einhellig)   13$_{12}$ μὴ πολεμήσητε] πολεμησετε (-σεται A) B′′ A V b^{1} 60 119 527 Aeth$^{P′}$ Arm^{I}; πολεμισεται 158   15$_{6}$ πολεμήσει] -μισει 125; -μιση 158   20$_{17}$ πολεμῆσαι] -μισαι 120 158 $_{29}$ ἐπολέμησεν] -μισεν V* 158   32$_{2}$ πολεμῆσαι] -μισαι 158   35$_{22}$ πολεμῆσαι] -μισαι 158, in ähnlicher Weise auch bei den in LXX häufig überlieferten Verbalformen von κατοικεῖν und κατοικίζειν, wo ein Wechsel auch syntaktisch vertretbar wäre, wo aber unter den 38 in Par II überlieferten Wortbildungen von κατοικεῖν an auf κατοικίζειν (in Par II nur in 8$_{2}$ belegt, vgl. app.) zurückführbaren Fällen nur 11$_{5}$ κατῴκησε(ν)] -κισε 56   20$_{8}$ κατῴκησαν] -κισαν 158 (in 28$_{18}$ κατῴκησαν lesen 321-346 158 -κεισαν) vorliegen.

ψαλτῳδεῖν ist nach H.-R. und L.-S. (mit Suppl.) nur für Par II 5$_{13}$ nachgewiesen und fehlt bei Lampe, Par II somit der einzige Zeuge für die vorbyzantinische Zeit, ist aber mehrfach belegt ab 12. Jh., für ψαλτῳδίζειν 127 liegen keine weiteren Belege vor.

Eine Verbalform, die aus paläographischer Verschreibung schwer erklärbar wäre, liegt vor in dem vom codex Venetus bezeugten verbum finitum μετεκριθησαν V für ursprüngliches μετήχθησαν (μετηνεχθησαν 46-728; αιχμαλωτευθησαν (ηχμ. Compl) *L* Compl) in 6$_{37}$. In LXX ist eine Variante μετεκρινατο von S^{c} 253* 637(-νετο) 155(-νετω) 534 549 705 755 in Sap 16$_{21}$ bezeugt, aber hier ist mechanische Verschreibung aus ursprünglichem *μετεκιϱνατο* („poet. form of *κεϱάννυμι*“ L.-S.) eindeutig, eine semantische Deutung von *μετακϱίνειν* innerhalb LXX darum nirgends belegbar. Lexikographisch ist die Wortbildung weder von L.-S. (mit Suppl.) noch von Lampe, sondern erst für die byzantinische Zeit im „Lexikon zur byzantinischen Gräzität besonders des 9.–12. Jahrhunderts, 5. Faszikel, erstellt von Erich Trapp, Wien 2005“ erfasst: mit den Belegen „VNil (= *Βίος ... Νείλου τοῦ Νέου*): *beurteilen*, *μετακϱίνω τι πϱός τι*“ und „PitAn III 177 (= Orig PG 14, 144A)“ (= Orig. In Ps. cat. $77_{19\text{-}25}$ (Dub), J.-B. Pitra, Analecta Sacra Spicilegio Solesmensi parata 3, Venedig 1883, 117, 44f.): *μετακϱίνομαι sich anpassen*“. Es bedeutet im Kontext von Ps 77(𝔐 78) – auf ein Äquivalent innerhalb des Psalters ist der Begriff nicht beziehbar – das Sich Anpassen und in diesem Sinn „Umdenken, Sich Richten“ des Schöpfers in seinem Handeln nach dem Wesen und Verlangen seiner Geschöpfe: *ὃ γάϱ τις ἐβούλετο, μετεκϱίνατο*. Es könnte im Kontext von Par II 6_{37}, wo es um die Wegführung Israels in die Gefangenschaft als göttliche Strafe für seinen Abfall geht – נִשְׁבּוּ; das eigentliche Übersetzungsäquivalent ist das lukianische *αιχμαλωτευθησαν* – mit der Variante *μετεκϱιθησαν* im Sinn der Bedeutung im Psalmenkommentar höchstens um die Bedeutung der richtenden Wegführung als „Umdenken Gottes“ gegenüber der vorangegangenen Gnade der Gabe des Landes handeln. Die lexikographische Einordnung der Wortbildung kann darum nur von der genaueren Bestimmung von Herkunft und Zeit des vorderhand als „Orig (Dub)“ kursierenden Psalterkommentars her gegeben werden.

Vermischung von Wortbildungselementen: 22_{5} *οἱ τοξόται*] *οι τοξοτες* 46[s](non 52) 32_{18} *Ἰουδαϊστί*] *ιουδαιστη* V* *L* 71-314 44* 728 158 (Adjektiv nicht nachgewiesen; Verbaladjektiv von *ἰουδαΐζειν*? (cf Lampe sub verbo *Ἰουδαϊστής*)) 33_{14} *ταῖς τειχήϱεσιν*] *ταις τειχηϱαις* (*τηχειϱαις* V*; *τειχιϱεις* 71) V 71; *ταις τειχειϱεις* 489. 9_{16} *ἀνεφέϱετο* (*-ϱοντο* 381)] *ανεφεϱετον* 246 20_{29} *ἐπολέμησεν*] *πεπολεμησεν* A 23_{4} *ποιήσετε*] *εποιησετε* 120*-122* 158 Ald $_{13}$ *ἐσάλπισαν*] *-ιγξαν* 610 $_{14}$ *ἀποθανέτω*] *-νειτω* 98 60 29_{9} *πεπλήγασιν*] *επεπληγασιν* 64 34_{21} *ἐκκέκαυται*] *εκεκαυται* 19. Endung *-οσαν* im Passiv: 22_{5} *ἐποϱεύθη* 1°] *εποϱευθωσαν* 127.

VII. Syntax

Formen von „Konj. fut.“ sind ausnahmslos itazistisch bezeugt und auch so zu erklären, z.B. 6_{27} *δώσεις*] *-σης* 55 158 $_{36}$ *παϱαδώσεις*] *-σης* 158 23_{6} *εἰσελεύσονται*] *-σωνται* 120 18_{21} *ἐξελεύσομαι*] *-σωμαι* 158 23_{6} *εἰσελεύσονται*] *-σωνται* 120 7_{14} *ἔσομαι*] *εσωμαι* 246 158 $7_{15\,16}$ 30_{9} *ἔσονται*] *εσωνται* 158 18_{10} *κεϱα-*

τιεῖς] *-τιης* 108, nicht von bei Veitch notierten späten Formen her, wie *ἔδωσα*, *ἀπελεύσασθαι*.

ὅπως mit Ind. fut.: 31_{4} *ὅπως κατισχύσωσιν*] *οπως κατισχυσουσιν* (*κατεισχ.* B*) B′′ 93 46(non 52) 158 1_{11} *ὅπως κρίνῃς*] *οπως* (*ινα* 125) *κρινεις* 19 71-107-130-134 46-728: Itazismus, oder *ὅπως* mit Ind. praes. „wie" (für $\mathfrak{M}$ אשר; vgl. Bauer sub verbo *ὅπως* 1.)?; so wäre auch 6_{31} *ὅπως φοβῶνται*] *οπως φοβουνται* A 71 44 60^{c}: cf Reg III 8_{40} $\mathfrak{G}^{ap}$ verstehbar ($\mathfrak{M}$ למען).

ἵνα mit Ind. fut. (itazistisch begründbar): 18_{15} *ἵνα μὴ λαλήσῃς*] *ινα μη λαλησεις* A 19 71′-321*: cf Reg III 22_{16} $\mathfrak{G}^{ap}$ 35_{19a} *ἵνα στήσῃ*] *ινα στησει* 19′ 158.

ἐάν (*ἄν*) mit Indikativ: 6_{16} *ἐὰν φυλάξωσιν*] *εαν φυλαξουσιν* 55 (*εαν φυλαξωνται* (*-ξονται* 19′) *L* Compl: cf Reg III 8_{25}) $_{21}$ *ἃ ἂν* (*α εαν* 19′; *οσα αν* 728) *προσεύξωνται*] *προσευξονται* 19 56′-71-107-134-236-762* 98-243-728 127: cf Reg III 8_{30} $\mathfrak{G}$ $_{24}$ (*ἐὰν ἁμάρτωσίν σοι, καὶ*) *ἐπιστρέψωσι(ν)*] *επιστρεψουσι(ν)* A 93 60 158 (*επιστρεψω σοι* 19) *καὶ ἐξομολογήσωνται*] *και εξομολογησονται* B′′ A V 19-93 56′-71′-134* 46*(non 52)-381-243-731 60... *καὶ προσεύξωνται*] *και προσευξονται* B′ A 19′ 56′ 71′-74 243-728-731 55 60: Die Ind. fut.-Formen *εξομολογησονται* und *προσευξονται* nach vorangehendem *ἐὰν ἁμάρτωσίν* sind aus dem Grund eher als itazistisch zu bestimmen, weil ein Übergang in den Indikativ durch das letzte einhellig im Konjunktiv überlieferte Glied *καὶ δεηθῶσιν* ausgeschlossen ist. Im Ganzen von Salomos Gebet in Kap. 6 ist in $\mathfrak{G}$ der Übergang von im Konditionalsatz stehender Bitte zu im Indikativ stehender Erfüllung nicht immer eindeutig zu bestimmen; vgl. v. $_{32-38}$. 6_{33} *ὅσα ἐὰν ἐπικαλέσηται*] *οσα εαν επικαλεσεται* 60 158. 15_{2} *ἐὰν ἐκζητήσητε*] *εαν εκζητησετε* (*-σεται* V* 19 158) V^{c} 19 71 127 158 *ἐὰν ἐγκαταλίπητε*] *εαν εγκαταλιπετε* 236. Itazistisch begründet: 33_{8} *ἐὰν φυλάσσωνται* (*φυλαξωνται*)] *εαν φυλασσονται* 19 489-728; *εαν φυλαξονται* 44′. 15_{13} (*ὃς ἐὰν* (*αν* 60 119 527) *μὴ*) *ἐκζητήσῃ*] *εκζητησει* (*ζητησει* 19) 19 107 60 18_{27} (*Ἐὰν ἐπιστρέφων* (*επιτρεφων* 158; > 44′)) *ἐπιστρέψῃς*] *επιστρεψεις* 19 44-610 158; *υποστρεψεις* 107. Übergang in den Indikativ nach voranstehendem *Ἐὰν ἐν τῇ σήμερον γένῃ εἰς ἀγαθόν* ist auch in 10_{7} (*καὶ*) *εὐδοκήσῃς*] *-σεις* 106-246 243-731 55 60 nicht ausgeschlossen; vgl. die anschließende Doppelüberlieferung *λαλήσῃς*] *-σεις*.

οὐ mit Konj. im Hauptsatz: Außer 11_{4} *καὶ οὐ πολεμήσετε*] *ουδε πολημησητε* (*-μισητε* 125) 74-107 60: cf Reg III 12_{24} $\mathfrak{G}^{ap}$ handelt es sich um itazistisch zu erklärende Fälle: 6_{9} *οὐκ οἰκοδομήσεις*] *ουκ οικοδομησης* (*-μισης* 158) 19 158 $_{16}$ *Οὐκ ἐκλείψει*] *ουκ εκλιψη* 127; *ουκ εκληψη* 158 20_{12} *οὐ κρινεῖς*] *ου κρινης* 108.

Von den mit *μή* eingeleiteten negativen Aussagen sind mit Ausnahme der Negation *οὐ μή*, die schon im klassischen Griechisch mit Konj. und mit Ind. verbunden werden kann (Bl.-Debr. 365), alle mit indikativen Bildungen überlieferten Varianten itazistische Vokalwechsel und außer 32_{4} auch als Itazismen zu bestimmen: 32_{4} (*Μὴ ἔλθῃ ... καὶ εὕρῃ* (*ευρει* 60) ... *καὶ*) *κατισχύσῃ*] *κατισχυσει* 71-236-127 46-64-379(in 98 *υσῃ* absc)-243-731 60 158 527: Der itazistische Charakter von *ευρει* in 60 ist eindeutig (Veitch sub verbo notiert: „a fut. *εὑρῶ* occurs late … as from a liquid form *εὕρω*“); die gute Bezeugung von *κατισχυσει* mit *a*- und *b*-Zeugen aber kann mit einem Verständnis erklärt werden, nach dem die letzte der drei Aussagen, von der Negation der ersten beiden gelöst, als Drohung erscheint: „Der König Assurs soll nicht kommen und viel Wasser finden, und dann wird er (würde er) stark werden.“ Diese letzte der drei Aussagen ist auch textgeschichtlich von den beiden vorangehenden in der Weise getrennt, dass sie als eine Art ursprünglicher und wahrscheinlich 𝕲 in der von 𝔐 abweichenden Vorlage vorgegebenen Dublette der ersten Aussage des folgenden Verses vorgeordnet ist, der das Starkwerden Hiskias zum Gegenstand hat: Unter jener Bedingung wird Assur stark werden, aber Israel erstarkte. 6_{42} *μὴ ἀποστρέψῃς*] *μη αποστρεψεις* 19 130* 158 44*. 35_{21} *μὴ καταφθείρῃ σε*] *μη καταφθειρει σε* 60 158. 15_{13} *ὃς ἐὰν μὴ ἐκζητήσῃ*] *ος εαν* (*αν* 60) *μη εκζητησει* 107 60 158.

οὐ μή: 12_{7} *οὐ μὴ στάξῃ*] *ου μη σταξει* 158 125 28_{13} *Οὐ μὴ εἰσαγάγητε*] *ου μη εισαγαγετε* 71-134 728 158 32_{15} *οὐ μὴ δύνηται*] *ου μη δυναται* 379; *ου μη εδυνηθη* Compl *οὐ μὴ σώσῃ*] *ου μη σωσει* B′ A V* 71-236-314 489-728 60 Sixt Ra.; *ου μη ρυσεται* 19′ Compl; *ρυσεται* 93 $_{17}$ *οὐ μὴ ἐξέληται*] *ου μη εξελειται* 93 120* $b^{-64\ 381\ 489}$ 158: cf Reg IV 18_{30}.

In der Koine seltene bzw. irreguläre Casusrektion bei Präpositionen (vgl. Esdr II Einl. S. 63f.): *ἀπό* mit Akk.: 14_{9} *ἐπ’ αὐτούς*] *απ αυτους* 93. *ἀπό* mit Dat. (?): 34_{30} *ἀπὸ μεγάλου*] *απο μεγαλο* 158. *ἐκ* mit Dat.: 5_{13} *ἐν κυμβάλοις*] *εκ κυμβαλοις* 19 25_{19} *ἐν κακίᾳ*] *εκ κακια* 127^{c}. *ἐν* mit Gen.: 6_{12} *ἔναντι πάσης* (*ἐκκλησίας*)] *εν πασης* 246* 9_{16} *ἐν οἴκῳ* (*δρυμοῦ*)] *εν οικου* 134 34_{9} *υἱῶν Ἰούδα*] pr *εν* 46*-52 $_{14}$ *εἰς οἶκον*] *εν οικω* 381; *εν οικου* 731. *ἐν* mit Akk.: 8_{13} *ἐν ἡμέρᾳ*] *εν ημερες* 158*: pro *-ραις*; *εν ημερας* 71: ex *ἡμέρας* praec. *διά* mit Dat.: 20_{10} *δι’ αὐτῶν*] *δι αυτοις* 236. *εἰς* mit Gen.: 5_{1} *εἰς θησαυρὸν* (*οἴκου*)] *εις θησαυρων* 56′ 158 (Itazismus?).

D Zeichen und Abkürzungen

-	Die zu einer Gruppe gehörenden Hss. werden durch „-“ untereinander verbunden, z.B. 71-74
*	bedeutet die ursprüngliche Lesart einer Hs.
^{c}	bedeutet spätere Korrekturen
^{c1}	bezeichnet den ersten Korrektor
^{c2}	bezeichnet den zweiten Korrektor
^{i}	bezeichnet den Instaurator einer Hs.
^{s}	bezeichnet den Ergänzer (suppletor) einer Hs. Einem ^{s} steht, wenn es nicht eigens vermerkt wird, kein * gegenüber
^{txt}	bezeichnet Textlesarten in Hss.
^{mg}	bezeichnet Randlesarten in Hss.
$^{sup\ lin}$	bezeichnet Lesarten, die zwischen den Zeilen stehen
^{te}	bezeichnet Lesarten, die im Text einer Ausgabe stehen
^{ap}	bezeichnet Lesarten (Varianten), die im Apparat der betreffenden Ausgabe verzeichnet sind
$\vert$	bedeutet Zeilenumbruch in den Hss.
$\Vert$	bedeutet Blattumbruch in den Hss.
α̣	Ein Punkt unter einem Buchstaben besagt, dass er in der Hs. nicht sicher zu lesen ist, z.B. α̣
+, add	bedeutet Zusätze
>, om	bedeutet Auslassungen
⌒	bedeutet Ausfall durch Homoioteleuton
(*ν*)	besagt, dass der eingeklammerte Buchstabe in verschiedenen Hss. fehlt, z.B. *εστι(ν)*
[ ]	bezeichnet gegen die Überlieferung zu tilgende Zeichen, Buchstaben und Worte, oder nicht lesbare Teile einer Hs., die entweder offengelassen: [...] oder vermutungsweise ergänzt: [*ωσ*]*ει* werden. Die Zahl der Punkte entspricht der Zahl der nicht lesbaren Buchstaben
⟨ ⟩	bezeichnet gegen die Überlieferung hinzugefügte Zeichen, Buchstaben und Worte
↓	bezeichnet Hinweis auf App II

absc	=	abscissus
app	=	apparatus
auct	=	LXX gegenüber erweiterter Text einer Übersetzung, der aber auf eine Variante von LXX-Hss. als Vorlage schließen lässt
cf	=	confer
cod(d)	=	codex (-dices)
coni	=	coniecit
corr	=	correxit (-xerunt) correctura
corr pr m	=	correxit prima manus
del	=	delevit
ditt	=	Dittographie
dubl	=	Dublette
ed	=	editio
eras	=	erasum
exc	=	excepto
fin	=	finis
fort	=	fortasse
gen	=	genitivus
gr	=	graecus
hab	=	habe(n)t (für positive Nennung; bedeutet immer: der Zeuge überliefert die Lesart des Lemmas)
homoiot	=	homoioteleuton
homoiar	=	homoiarcton
ib	=	ibidem
inc	=	incertus
init	=	initium
lat	=	latinus
leg	=	legendum
lib	=	libere (freie Übersetzung)
lin	=	linea(e)
lit	=	littera(e)
mend	=	mendose
n	=	nota
p	=	pagina
paenult	=	paenultimus
pers	=	persona
plur	=	pluralis, pluraliter
pr	=	praemittit (-mittunt)
praec	=	praecedens (bei Textverweisen innerhalb des Verses)
praef	=	praefatio
ras (3)	=	rasura (3 litterarum)
rel	=	reliqui
s ss	=	sequens, sequentes (bei Seitenabgaben: s = die folgende Seite, ss = die folgenden Seiten)
scr	=	scripsit
sec	=	secundum
sim	=	similiter (ähnliche Übersetzung, die auf eine Variante der LXX als Vorlage schließen lässt)
sing	=	singulariter
spat	=	spatium
sq	=	sequens (bei Textverweisen innerhalb des Verses)
sup ras	=	supra rasuram
superscr	=	superscripsit
tr	=	transponit (-nunt)
trah	=	trahit (-hunt)
ult	=	ultimus
v	=	versus
var lect	=	varia lectio
verss	=	versiones
vid	=	ut videtur

Rezensionen und Handschriften

Die Textzeugen werden in folgender Ordnung vorgelegt:
B′′ A V 880 958 971 983 *L′ a b* 60 119 158 412 527 Syh La Aeth Arm Bo Sa Patres Ald Compl Sixt

B′′	=	B-55-127
B′	=	B-55
B’	=	B-127
55′	=	55-127
L′	=	19-93-108-121
L	=	19-93-108
19′	=	19-108
a	=	56-68-71-74-106-107-120-121-122-130-134-236-246-314-321-346-488-554-762
56′	=	56-246
68′	=	68-122
71′	=	71-106-107
106′	=	106-107
b	=	46-64-98-243-381-489-728-731
b^1	=	46-64-381-728
b^2	=	98-243-489-731

codices mixti = 60 119 158 412 527

Die Sekundärübersetzungen

Syh (Syh$^{12\ 168}$ Syh$^{17\ 195}$ Syh^{2023})	=	Syrohexaplarische Übersetzung
La (La^{109} La^{118} La^{Leg} La$^{Or\ Sal}$)	=	Altlateinische Übersetzung
Aeth (Aeth$^{P'}$ [=^{PB}] Aeth$^{A'}$ [=^{ADEFGH}])	=	Äthiopische Übersetzung
Arm (Arm^{I} Arm^{II})	=	Armenische Übersetzung
Bo (Bo^{B} Bo^{D} Bo^{E} Bo^{H})	=	Bohairische Übersetzung
Sa	=	Sahidische Übersetzung

Die indirekte Überlieferung

Ios VIII–X	=	Iosephus, Antiquitatum Iudaicarum libri VIII–X, ed. B. Niese, vol. II, Berolini 1892 (Nachdruck 1955).

Griechische Kirchenschriftsteller

Ant^{Mi}	=	Antonius Melissa, Sententiae sive loci communes, PG 136, 765–1244 (Nachdruck der Ausga-

		be von Conradus Gesnerus, Sententiarum sive capitum theologicorum tomi tres, per Antonium et Maximum monachos olim collecti)
Apoll *Cat Ps*	=	Apollinaris von Laodicea zu Psalm 1–150, ed. E. Mühlenberg, Psalmenkommentare aus der Katenenüberlieferung, Bände I–III, PTS 15–16, 19 1975–1978
Bas C	=	Basilius Caesariensis
Enar Es	=	Enarratio in prophetam Esaiam, PG 30
humil	=	De humilitate, PG 31
Chr	=	Johannes Chrysostomus
Hom in Matth	=	Homiliae XC in Matthaeum, PG 57
In Vidi Dom Hom	=	In illud, Vidi Dominum, Hom III, Homélies sur Ozias, SC 277
Clem Al *Strom*	=	Clemens Alexandrinus, Stromata I–VI, GCS 15
Coll VT	=	Collectio dictorum Veteris Testamenti, PG 77
Constit	=	Constitutiones Apostolorum, SC 320, 329, 336
Cyr	=	Cyrillus Alexandrinus
ep	=	Epistola ad regem Theodosium, Concilia Oecumenica, Concilium universale Ephesinum anno 431 (ed. Schwartz, ACO 1.1.1.–1.1.7.)
in XII Proph	=	In XII Prophetas, ed. Ph. E. Pusey, Oxford 1868
Cyr H *Catech II*	=	Cyrillus Hierosolymitanus, Opera quae supersunt omnia II, ed. J. Rupp, Monaci 1860
Dam	=	Johannes Damascenus, Sacra Parallela (siehe unter Ant^{Mi})
Did	=	Didymus
Cat Ps	=	siehe unter Apoll *Cat Ps*
Comm in Eccl	=	Commentarii in Ecclesiasten, ed. M. Gronewald, PTA 24, Bonn 1979
Comm in Sach	=	Commentarii in Zachariam, SC 83–85
Didasc	=	R. H. Connolly, Didascalia Apostolorum, the syriac version translated and accompanied by the Verona latin fragments, Oxford 1929
Didasc^{Syr}	=	Didascalia Apostolorum syriace ed. P. A. de Lagarde, Lipsiae 1854 (anonym)
Didasc^{La}	=	die lateinischen Fragmente von Verona nach der Edition von Connolly
Eus	=	Eusebius Caesariensis
Chron	=	Chronicorum libri duo

Chron I^{Arm}	=	Chronicorum liber prior, ed. A. Schoene, Berolini 1875 und ed. J. Karst, GCS 20
Chron I$^{\text{Arm Reg ser}}$	=	Regum series, ed. Schoene S. 6–18 und ed. Karst S. 144–155
Chron I$^{\text{Exc Eus}}$	=	Excerpta Eusebiana, ed. J. A. Cramer, Anecdota Graeca, Vol. II, Oxonii 1839, S. 115–163
Chron I$^{\text{Ecl Eus}}$	=	*Ἐκλογὴ ἱστοριῶν*, ib. S. 165–230
Chron I^{Sync}	=	Georgii Syncelli Ecloga Chronographica, ed. A. A. Mosshammer, Leipzig 1984
Chron II^{Arm}	=	Chronicorum liber secundus, ed. A. Schoene (Übersetzung aus dem Armenischen von H. Petermann), Berolini 1866 und ed. J. Karst
Chron II^{Lat}	=	Hieronymi Chronicon, ed. R. Helm GCS 47.24, 34 (Eusebius 7. Band)
Dem	=	Demonstratio evangelica, GCS 23 (Eusebius 6. Band)
Ecl	=	Eclogae propheticae, ed. Th. Gaisford, Oxonii 1846^{2}
in Is	=	Commentarius in Isaiam, GCS (Eusebius 9. Band)
Praep	=	Praeparatio evangelica, GCS 43.1,2 (Eusebius 8. Band)
Hippol	=	Hippolytus Romanus
Chron	=	Chronica, GCS 46
	=	Chron$^{H_1 + H_2}$ *Chron*^{H_1} = Ältere Fassung *Chron*^{H_2} = Jüngere Fassung
in Dan	=	Commentarius in Danielem, SC 14
Or	=	Origenes
Cat Ps D	=	La Chaîne palestinienne sur le Psaume 118, SC 189–190
in Ioh	=	Commentarii in Ioannem, GCS 10
orat	=	De oratione, GCS 3
Rom	=	Le commentaire d'Origène sur Rom. 3,5–5,7, ed. J. Scherer, Le Caire 1957
Or^{Lat} *in Matth*	=	Commentarii in Matthaeum
in Matth	=	GCS 40
in Matth A	=	GCS 38
in Matth B	=	GCS 41.1
Or^{Lat}(Ruf) *in Cant*	=	Commentarii in Canticum canticorum, GCS 33 (Rufinus)
Or^{Lat}(Ruf) *in Num*	=	Homiliae in Numeros, GCS 30 (Rufinus)

Proc *Comm in Par II*	=	Procopius Gazaeus, Commentarii in secundum librum Paralipomenon, PG 87
Sacra Parallela (siehe unter Ant^{Mi})		
TheodM^{Lat} *in Ps*	=	Theodorus Mopsuestenus (Iulian. Aeclan.?), R. Devreesse, Le commentaire de Théodore de Mopsueste sur les Psaumes, StT 93, 1939
Theoph An *Autol*	=	Theophilus Antiochenus, Ad Autolycum, SC 20
Tht	=	Theodoretus Cyrensis
Comm in Is	=	Commentarius in Isaiam, MSU 5 = SC I 276 II 295 III 315
Oct	=	Quaestiones in Octateuchum, ed. N. Fernández Marcos et A. Saenz-Badillos, TECC 17, Madrid 1979
Reg I–IV Par I–II	=	Quaestiones in Reges et Paralipomena, ed. N. Fernández Marcos et J. R. Busto Saiz, TECC 32, Madrid 1984

Lateinische Kirchenschriftsteller

Ambr *In ps*	=	Ambrosius Mediolanensis, Explanatio XII psalmorum, CSEL 64
An gen	=	Anonyma, Liber genealogus, ed. Th. Mommsen, MG Auct. Antiquiss. 9 (1892) 160–196
An Glos	=	Anonyma, ed. D. de Bruyne, Fragments d'anciennes versions latines tirés d'un glossaire biblique, ALMA 3, Bruxelles 1927
An Mth	=	Anonyma, Opus imperfectum in Matthaeum, PG 56
An Proph	=	Anonyma, Prophetiae ex omnibus libris collectae, PLS 1, 177–180; 1738–1741
Aug	=	Augustinus
grat	=	De gratia et libero arbitrio, PL 44
Iul	=	Contra Iulianum, PL 44
Par	=	Contra epistulam Parmeniani, CSEL 51
Pel	=	Contra duas epistulas Pelegianorum libri 4, CSEL 60
quaest Ios	=	Quaestio 21 de Iesu Naue (Quaestionum in Heptateuchum libri, CSEL 28,2 und CCSL 33
PsAug *quaest*	=	Quaestiones Veteris et Novi Testamenti, CSEL 50
Spec	=	Liber de divinis scripturis sive Speculum, CSEL 12

Cypr	=	Cyprianus
Fort	=	Ad Fortunatum, CCSL 3
test	=	Ad Quirinium, Testimonium libri 3, CCSL 3
PsCypr *pasch*	=	De Pascha computus, CSEL 3,3
Fac *def*	=	Facundus, Pro defensione trium capitulorum libri 12, PL 67
Gild *exc*	=	Gildas, De excidio et conquestu Britanniae, PL 67
Hier *Pel*	=	Hieronymus, Dialogi contra Pelagianos libri III, CCSL 80
Hil *Ps*	=	Hilarius, Tractatus super Psalmos, CSEL 22
Iul Ecl *Ps*	=	Iulianus von Eclanum (siehe unter TheodM^{Lat})
Lucif	=	Lucifer
Ath	=	De Athanasio libi 2, CCSL 8
con	=	De non conveniendo cum haereticis, CCSL 8
parc	=	De non parcendo in Deum delinquentibus, CCSL 8
Parm *ep*	=	Parmenianus, Epistula ad Tyconium, in: Aug, Contra epistulam Parmeniani, CSEL 51
Paul N *Ep*	=	Paulinus von Nola, Epistulae 51, CSEL 29
Prisc *Tract III*	=	Priscillianus, Tractatus III, liber de fide et de apocryphis, CSEL 18

Der hebräische Text

𝔐	=	der masoretische Text
ℭ	=	der hebräische Text der Cairoenser Geniza
𝔔	=	der biblische Text von Qumran
Q	=	Qere
K	=	Ketib

Die Übersetzungen aus dem hebräischen Text

Pesch	=	Peschitta
Targ	=	Targum
Vulg	=	Vulgata

Die jüngeren griechischen Übersetzungen

α′	=	*Ἀκύλας* (Aquila)	*γρ′*	=	*γράφεται*
σ′	=	*Σύμμαχος* (Symmachus)			
ϑ′	=	*Θεοδοτίων* (Theodotion)			

Die Druckausgaben

Compl	=	Complutensis (Alcalá 1517)
Ald	=	Aldina (Venedig 1518)
Sixt	=	Sixtina (Rom 1586/87)
H.-P.	=	Holmes-Parsons (Oxford 1827)
Lag.	=	Lagarde (Göttingen 1883)
Br.-M.	=	Brooke-McLean (Cambridge 1932)
Ra.	=	Rahlfs (Stuttgart 1935)

Schriften und Sammlungen

Bauer	=	W. Bauer, Wörterbuch zum Neuen Testament, 5. Aufl., Berlin 1958 (6. Aufl. bearbeitet von K. und B. Aland, Berlin 1988)
Biblia Patristica	=	Bände I–VII, 1975–2000
Bl.-Debr.	=	Fr. Blass, Grammatik des neutestamentlichen Griechisch, bearbeitet von A. Debrunner, 17. Aufl. bearbeitet von Fr. Rehkopf, Göttingen 1990
Br.-M.	=	The Old Testament in Greek according to the text of Codex Vaticanus, ed. by A. E. Brooke, N. McLean and H. St. J. Thackeray, Cambridge 1906–1940 (Par I–II: vol II. part III, 1932; Reg III–IV: vol II. part II, 1930)
CC	=	Corpus Christianorum
Chantraine	=	P. Chantraine, Dictionnaire étymologique de la langue grecque, Paris 1968
Clear	=	J. W. Clear, The Ethiopic Version of II Chronicles, University of Toronto, Dep. of Near Eastern Studies, 1971 (nicht veröffentlicht)
Clear Muséon	=	J. W. Clear, A List of Corrections for Sylvain Grébaut's Edition of Ethiopic II Chron, in: Muséon 85 (1972) 259–268
Crönert	=	W. Crönert, Memoria Graeca Herculanensis, Lipsiae 1903
Crum	=	W. E. Crum, A Coptic Dictionary compiled with the help of many scholars, Oxford 1939
CSEL	=	Corpus Scriptorum Ecclesiasticorum Latinorum (Wiener Ausgabe)
Denis	=	A.-M. Denis, Concordance grecque des pseudépigraphes d'Ancien Testament, Louvain 1987

Dillmann = Chr. Fr. Augusti Dillmann, Lexicon Linguae Aethiopicae, Lipsiae 1865

Fern. = El Texto Antioqueno de la Biblia Griega III, 1–2 Cronicas por N. Fernández Marcos y J. R. Busto Saiz con la colaboración de M. V. Spottorno Díaz-Caro y S. P. Cowe, TECC 60, Madrid 1996

Field = F. Field, Origenis Hexaplorum quae supersunt, sive Veterum Interpretum graecorum in totum Vetus Testamentum fragmenta, Oxonii 1875 (Nachdruck Hildesheim 1967)

Fischer = B. Fischer, Verzeichnis der Sigel für Handschriften und Kirchenschriftsteller (Vetus Latina 1/1), Freiburg, 1. Aufl. 1949, 2. Aufl. 1963

Frede = H. J. Frede, Kirchenschriftsteller. Verzeichnis und Sigel (Vetus Latina 1/1), Freiburg 1981, 4. aktualisierte Aufl. 1995

GCS = Die griechischen christlichen Schriftsteller der ersten (drei) Jahrhunderte (Berliner Ausgabe)

Ges.-K. = W. Gesenius, Hebräische Grammatik, völlig umgearbeitet von E. Kautzsch, Leipzig 1909 (mit G. Bergsträsser, Hebräische Grammatik mit Benutzung der von E. Kautzsch bearbeiteten 28. Aufl. von W. Gesenius' Hebräischer Grammatik, 1. Teil Leipzig 1918, 2. Teil Leipzig 1929 (Nachdruck 1985))

Gignac = F. Th. Gignac, A Grammar of the Greek Papyri of the Roman and Byzantine Periods, Milano, Vol. I Phonology, o. J., Vol II Morphology 1981 (= Testi e Documenti per lo Studio dell'Antichità 55)

Grabe = Septuaginta Interpretum tomus II, ed. E. J. Grabe, Oxonii 1719

Ha. = Konjekturen des Herausgebers

Hatzidakis = G. N. Hatzidakis, Einleitung in die neugriechische Grammatik, Leipzig 1892

Helbing = R. Helbing, Grammatik der Septuaginta, Göttingen 1907

Helbing, Kasussyntax = R. Helbing, Die Kasussyntax der Verba bei den Septuaginta, Göttingen 1928

H.-P. = Vetus Testamentum Graecum cum variis lectionibus, ed. R. Holmes et J. Parsons, tom. V, Oxonii 1827

H.-R.	=	A Concordance to the Septuagint … by E. Hatch and H. A. Redpath, Oxford 1897 (Second Edition R. A. Kraft, E. Tov, T. Muraoka 1998)
Kenn.	=	B. Kennicott, Vetus Testamentum Hebraicum cum variis lectionibus, Oxford 1776–1789
Kühner-Blass	=	Ausführliche Grammatik der griechischen Sprache von R. Kühner. I Elementar und Formenlehre (1.2.), 3. Aufl. von B. Gerth, Hannover 1890.1892
Kühner-Gerth	=	Ausführliche Grammatik der griechischen Sprache von R. Kühner. II Satzlehre (1.2.), 3. Auflage von B. Gerth, Hannover 1898.1904 (Nachdruck 1955)
Lag.	=	Librorum Veteris Testamenti canonicorum pars prior graece P. de Lagarde studio et sumptibus edita, Gottingae 1883
L.-S.	=	A Greek-English Lexicon compiled by H. G. Liddell and R. Scott. A new Edition revised by H. St. Jones, Oxford 1925–1940 (L.-S. Suppl. = A Supplement edited by E. A. Barber, Oxford 1968)
Lampe	=	G. W. H. Lampe, A Patristic Greek Lexicon, Oxford 1961
Lust	=	J. Lust, E. Eynikel, K. Hauspie, Greek-English Lexicon of the Septuagint, Stuttgart 2003 (Rev. Ed.)
Mayser	=	E. Mayser, Grammatik der griechischen Papyri aus der Ptolemäerzeit. I Leipzig 1906. II.1 Berlin 1926. II.2 1933/34. II.3 1934. 2. Aufl. I.1 bearbeitet von H. Schmoll 1970. I.2 1938. I.3 1936
MG	=	Monumenta Germaniae historica
Miskgian	=	D. I. Miskgian, Manuale Lexicon Armeno-Latinum, Romae 1887 (Nachdruck Lovanii 1966)
MSU	=	Mitteilungen des Septuaginta-Unternehmens
Muraoka	=	T. Muraoka, A Greek-English Lexicon of the Septuagint, Louvain 2009
PG	=	Migne, Patrologia, Series Graeca
PL	=	Migne, Patrologia, Series Latina
PLS	=	Migne, Patrologia, Series Latina, Supplementum
Phryn	=	Phrynichi Eclogae nominum et verborum Atticorum, ed. Chr. A. Lobeck, Lipsiae 1820
PO	=	Patrologia orientalis
Psaltes	=	St. B. Psaltes, Grammatik der byzantinischen Chroniken, Göttingen 1913

Rahlfs, bzw. Ra.	=	Septuaginta, ed. A. Rahlfs, Stuttgart 1935 (Ra.-Ha. = Rahlfs-Hanhart, Editio altera 2006)
Rahlfs, Verzeichnis	=	A. Rahlfs, Verzeichnis der griechischen Handschriften des Alten Testaments, MSU II, Berlin 1914
Rahlfs-Fraenkel	=	A. Rahlfs, Verzeichnis der griechischen Handschriften des Alten Testaments, Septuaginta, Vetus Testamentum Graecum, Supplementum vol. I,1 Die Überlieferung bis zum VIII. Jahrhundert, bearbeitet von D. Fraenkel, Gottingen 2004
Rönsch	=	H. Rönsch, Itala und Vulgata, München 1965[2]
Rudolph	=	Chronikbücher, Handbuch zum Alten Testament I,21, Tübingen 1955
Sabatier	=	Bibliorum sacrorum Latinae versiones antiquae…, ed. P. Sabatier, tom. III pars II, Parisiis 1751
SC	=	Sources Chrétiennes
Schleusner	=	Novus Thesaurus philologico-criticus sive Lexicon in LXX…, ed. J. Fr. Schleusner, ed. altera, Londini 1829
Schwartz, Einl.	=	E. Schwartz, Eusebius' Kirchengeschichte, Einleitung, GCS 9,3, Leipzig 1909
Schwyzer	=	E. Schwyzer, Griechische Grammatik. I, 2. Aufl. München 1953. II 1950. III 1953
Swete	=	The Old Testament in Greek according to the Septuagint, vol. II, 1 ed., Cambridge 1891, 3. ed. 1907
TGE	=	R. Hanhart, Text und Textgeschichte des 1. Esrabuches, MSU XII, Göttingen 1974
TGE II	=	R. Hanhart, Text und Textgeschichte des 2. Esrabuches, MSU XXV, Göttingen 2003
TGP II	=	R. Hanhart, Text und Textgeschichte des 2. Buches der Chronik (in Vorbereitung)
Thack.	=	H. St. J. Thackeray, A Grammar of the Old Testament in Greek according to the Septuagint, vol. I, Cambridge 1909
Traube	=	L. Traube, Nomina sacra, Quellen und Untersuchungen zur lateinischen Philologie des Mittelalters, 2. Band, München 1907
Vannutelli	=	P. Vannutelli, Libri synoptici Veteris Testamenti seu librorum Regum et Chronicorum loci paralleli, 2 Bände, Rom 1931–1934
Veitch	=	W. Veitch, Greek Verbs irregular and defective, Oxford 1887

Wackernagel	=	J. Wackernagel, Kleine Schriften, hrsg. von der Akademie der Wissenschaften zu Göttingen, Band I und II 1953, Band III 1979
Walters	=	P. Walters (Katz), The Text of the Septuagint, Cambridge 1973
Willi	=	Th. Willi, Die Chronik als Auslegung, FRLANT 106, Göttingen 1972

Weitere Abkürzungen nach S. M. Schwertner, Internationales Abkürzungsverzeichnis, 2. Auflage (IATG^2), Berlin 1992. Außer den biblischen und außer den patristischen Schriften werden für griechische Texte die Abkürzungen von L.-S. verwendet.

Ausgabe des Textes

ΠΑΡΑΛΕΙΠΟΜΕΝΩΝ Β′

1 [1]*Καὶ ἐνίσχυσεν Σαλωμὼν υἱὸς Δαυὶδ ἐπὶ τὴν βασιλείαν αὐτοῦ,* 1
καὶ κύριος ὁ θεὸς αὐτοῦ μετ' αὐτοῦ καὶ ἐμεγάλυνεν αὐτὸν εἰς
ὕψος. [2]*καὶ εἶπεν Σαλωμὼν πρὸς πάντα Ἰσραήλ, τοῖς χιλιάρχοις καὶ* 2
τοῖς ἑκατοντάρχοις καὶ τοῖς κριταῖς καὶ πᾶσιν τοῖς ἄρχουσιν ἐναντίον
Ἰσραήλ, τοῖς ἄρχουσιν τῶν πατριῶν, [3]*καὶ ἐπορεύθη Σαλωμὼν καὶ* 3

B′′ A V *L′ a b* 60 119 158 527 La^{109} Aeth Arm

Inscriptio *Παραλειπομένων* (*-λιπομενον* 93; *-νον* 121 728; *-πωμ.* 158) *β′* (*δευτερον* 93 68 Ald Sixt) B' V *L′* 68-74-120-130-134-246-314-346 *b*$^{-46\ 64}$ 60 158 Aeth^{P} Arm Ald Compl Sixt] *π. λογος β′* 55; *βιβλος δευτερα* (*β′* 236^{c} 52) *των π.* 236^{c} 46; *π.* (*παλειπ.* 119*) *των βασιλειων β′* 119 527; *π. των βασιλειων ιουδα β′* A: cf subscr; *paralipomena regum iudaeae* (*liber*) *secundus* Aeth^{A}; *εις την δευτεραν των π.* 554; *incipit liber secundus paralipomenon* La^{109}: cf Vulg^{ap}; *π. δευτερον* (*β*^{ον} 44; *β′* 125) *βιβλιον τεσσαρεσκαιδεκατον* (*-ρισ.* 610; *ιδ′* 106 125) 71′; absc 762; inscr. deest in 56-122-236* 64

1 1 *ενισχυσα* 246* | *Σαλωμών* B A V* 120-121-130-134-236*-314-346-762* 64-728 Sixt] *σολομ.* 19′ 68′-71′-74*(vid) Arm Ios(ubique) Ald Compl; *σαλομ.* rel: cf 9 30 | *δαυειδ* B; *δαβιδ* Ald (*δαυιδ* 108; *δᾱδ* rel: sic et sim ubique) | *της βασιλειας* 74-106′-120-130-134-236-314-346-554-762 | om *αὐτοῦ* 2° 93 107 *b*^{2} 158 | *αὐτόν*] *αυτους* 158*

2 *Σαλωμών* B A V* 120-121-130-134-236*-314-346-762* 64-728 Sixt] *σολομ.* 19′ 68′-71′ Arm Ald Compl; *σαλομ.* rel | *πάντα*] pr *τον b*^{2} | *καί* 2°] ⌒ 3° A* 93 55; > 71-107(non 610) | om *τοῖς* 2° 74-107 | om *καί* 3° 71 | om *τοῖς* 3° 107 55 | *καί* 4° ⌒ (3) 2° 44(|) | *πᾶσιν τ. ἄρχουσιν*] *omni principi* La^{109} = $\mathfrak{M}$; om *πᾶσιν b*^{2} | *τ. ἀρχ.* 1° ⌒ 2° *b*^{1} 60 Arm^{I}: cf Pesch | *ἐναντίον Ἰσραήλ*] *εν.* (*εναντι τον* 68) *παντος ι. L′ a*$^{-71}$ Aeth(omnes) Arm^{II} Ald Compl; *universi israhel* La^{109} = $\mathfrak{M}$; post *πατριῶν* tr Arm^{I} | *τοῖς* 5° – fin] pr *και* V *L*: cf Vulg; > 125: cf 3

3 init – *ἐκκλησία*] *επορευθησαν* 125; om *ἡ* 107(non 610) 55 | *Σαλωμών* B A V* 120-121-130-134-236-314-346-762* 64-728 Sixt] *σολομ.* 19′ 71′ Arm Tht *Par II* 261 et ubique Ald Compl; *σαλομ.* rel | *μετ' αὐτοῦ*] > B′′ 60 158 Arm^{II}

πᾶσα ἡ ἐκκλησία μετ᾽ αὐτοῦ εἰς τὴν ὑψηλὴν τὴν ἐν Γαβαών, οὗ ἐκεῖ
ἦν ἡ σκηνὴ τοῦ μαρτυρίου τοῦ θεοῦ, ἣν ἐποίησεν Μωυσῆς παῖς κυρίου
4 *ἐν τῇ ἐρήμῳ· 4 ἀλλὰ κιβωτὸν τοῦ θεοῦ ἀνήνεγκεν Δαυὶδ ἐκ πόλεως*
5 *Καριαθιαρίμ, ὅτι ἡτοίμασεν αὐτῇ σκηνὴν Δαυὶδ εἰς Ἰερουσαλήμ, 5 καὶ*
τὸ θυσιαστήριον τὸ χαλκοῦν, ὃ ἐποίησεν Βεσελεὴλ υἱὸς Οὐρὶ υἱοῦ Ὥρ,
ἐκεῖ ἦν ἔναντι τῆς σκηνῆς κυρίου, καὶ ἐξεζήτησεν αὐτὸ Σαλωμὼν καὶ

B′′ A V *L′ a b* 60 119 158 527 La^{109} Aeth Arm

Sixt; om *μετ᾽* 93; bis scr 44 | *εἰς τ. ὑψηλήν*] *in baama* La^{109}: cf $_{13}$ Par I 16$_{39}$ 21$_{29}$ | om *τ. ἐν Γαβαών* Arm^{II} | *τήν* 2°] *του* 246; *γην* 158 | *Γαβαών*] *-ω* 125; *γαβων* 44; *βαων* 158*; + *και η εκκλησια μετ αυτου πασα* 125: cf praec | *οὗ ἐκεῖ*] *εκει γαρ* 125 | *οὗ*] *οτι* (*quoniam* La) 119 527 La^{109} Arm^{II} = 𝔐 (hab Vulg *ubi*) | *ἐκεῖ ἦν* tr 381 | *τοῦ μαρτυρίου*] pr *domus* Aeth^{-DF}: cf $_{4\,5\,13}$ 14$_{3\,5}$; > Arm^{II} | *τοῦ θεοῦ*] *domini* Aeth = Pesch Targ Vulg^{ap}; pr *domini* Arm^{II} | *μωσης L* Tht 261^{ap} (hab *moyses* La^{109}): cf TGE II p 64–72 | *παῖς*] pr *ο* 55

4 *ἀλλὰ κ.*] *την δε κ. L* 71 Compl; *arcam autem* La^{109}; *και την* 125 | *τοῦ θεοῦ*] *domini* Aeth Arm^{II} = Pesch Targ | *απηνεγκεν* (*-κε* ^{c}) V; *ανηγαγε* 68′ Ald | *Δαυίδ* 1°] *δαυειδ* B; *δαβιδ* Ald (*δαυιδ* 108; *δ̅α̅δ* rel: cf sq); ⌒ 2° 125 | om *πόλεως* La^{109} = 𝔐 | *Καριαθιαρίμ* 74-107-120-134-554 La^{109} Sixt] *-ριν b$^{1-381}$*; *karjathem* (*kerjathin* AEH; *kerthjan* G; *kerthijan* DF) Aeth; *kariatharim(aj)* Arm; *-ρειμ* rel: cf Esdr II 2$_{25}$ | *ὅτι – Δαυίδ* 2° bis scr 107(non 44′) | *αὐτῇ*] *αυτην* 93 56′ (56^{c})-74; pr *et fixerat* La^{109}: cf sq, 𝔐 et Vulg | *σκηνὴν Δαυίδ* A V *b^{2}* 55 60 119 158 527 Arm] *δαυιδ σκηνην* (*domum* (> DF) pro *σκηνην* Aeth: cf $_{3}$; *σκ.* post *Ἰερουσ.* tr 728) *b^{1}* Aeth; *δαυιδ* (sic 108; *δαβιδ* Ald; *δ̅α̅δ* rel: cf $_{1}$) *οτι* (*οτη* 314; *και* 107) *επηξεν αυτη* (*-ην* 125) *σκηνην* (*-νη* 246; + *δ̅α̅δ* (*δαυιδ* 108) *L*) *L′ a* Compl Sixt = 𝔐; om *Δαυίδ* B(|)-127 La^{109} Ra. | *εἰς* B′′ A V 71 *b^{2}* 60 119 158 527: cf 31$_{11}$] *εν* rel | *Ἰερουσαλήμ*] *ι̅η̅λ* 158

5 *τὸ θυσιαστήριον*] *domus altaris* Aeth: cf praef p 56; > 554: homoiot | *Βεσελεήλ*] *-λιηλ* 60 Arm^{te}(*berseliel* ^{ap}); *-σεηλ* 71; *σεβελ.* 610; pr *εν* 728 | om *υἱός – Ὥρ* 44′ | *υἱός*] pr *ο* 158; > 236(|)-314(|)-762 | *Οὐρί*] *-ρει L* Compl; *ουριου* (*-ρειου* B*; *ορ.* 46(non 52)) B′ A V *b^{1}* 60 119 158 527 Ald Sixt Ra.: cf Exod 31$_{2}$ 35$_{30}$ 37$_{20}$ (38$_{22}$) | *υἱοῦ*] *υιω* 489 | *ἐκεῖ ἦν ἔναντι*] *secundum faciem* La^{109}: om *ἐκεῖ*, cf 𝔐 | *ἔναντι τῆς σκηνῆς*] *η σκηνη εναντι* 60; *tentorium testimonii* Arm^{II}: cf $_{3}$; + *του μαρτυριου* 246 127 Aeth$^{-P′}$(*coram domo* (> D*F) *testimonii*: cf $_{3}$); om *τ. σκηνῆς* Aeth$^{P′}$ | *εναντιον* 71 127 379 | om *κυρίου* 246 | *εζητησεν* 381 44 60 | *αυτω* 68′-120-134-236* 64* 60 119 610 Ald; *αυτος* 71-74 158 Arm | *Σαλωμών* B A V* 120-121-130-134-236*-314-346-762* 64-728 Sixt] *σολομ.* 19′ 71-107 Arm Compl; *σαλομ.* rel | *ἡ ἐκκλησία*] + *ολη* A V 56′-68′-121

ἡ ἐκκλησία, ^{6}καὶ ἀνήνεγκεν ἐκεῖ Σαλωμὼν ἐπὶ τὸ θυσιαστήριον τὸ 6
χαλκοῦν ἐνώπιον κυρίου τὸ ἐν τῇ σκηνῇ τοῦ μαρτυρίου καὶ ἀνήνεγκεν
ἐπ' αὐτὸ ὁλοκαύτωσιν χιλίαν.
^{7}Ἐν τῇ νυκτὶ ἐκείνῃ ὤφθη ὁ θεὸς τῷ Σαλωμὼν καὶ εἶπεν αὐτῷ 7
Αἴτησαι τί σοι δῶ. ^{8}καὶ εἶπεν Σαλωμὼν πρὸς τὸν θεόν Σὺ ἐποίησας 8
μετὰ Δαυὶδ τοῦ πατρός μου ἔλεος μέγα καὶ ἐβασίλευσάς με ἀντ' αὐ-
τοῦ· ^{9}καὶ νῦν, κύριε ὁ θεός, πιστωθήτω τὸ ὄνομά σου ἐπὶ Δαυὶδ 9
πατέρα μου, ὅτι σὺ ἐβασίλευσάς με ἐπὶ λαὸν πολὺν ὡς ὁ χοῦς τῆς

B″ A V *L′ a b* 60 119 158 527 La^{109} Aeth Arm

b^{I} 119 527 Ald = 𝔐^{6Mss} Targ^{E} Vulg; *omnis ecclesia israel arcam domini* Aeth (omnes): cf Pesch (כולה כנושתא דאישׂריל)

6 *καί* 1° ⌒ 2° 107 | *ἀνήνεγκεν* 1°] *ηνεγκεν* (-*κε* Sixt) B' Sixt: cf sq, *ascendit* Aeth = Vulg; *venit ut offerret* Arm^{II} | *ἐκεῖ*] *αυτο* 527; post *Σαλωμών* tr *a*$^{(-107)}$ Aeth$^{-P'}$ Ald Sixt = 𝔐 Pesch^{ap} | *Σαλωμών* B A V* 120-121-130-134-236*-314-346-762* 64-728 Sixt] *σολομ.* 19′ 71 Arm Compl; *σαλομ.* rel | *ἐνώπιον*] pr *το* *L* Compl | *τό* 3°] *τω* 60 158; *τον* 71; pr *και* 527; > 19 | *ἐν τῇ σκηνῇ*] *in domo* Aeth: cf $_{3}$ | *τοῦ μαρτυρίου*] + *domini* Aeth^{DF} = Vulg; > B' A V *b*$^{I-728}$ 60 119 158 Arm Sixt Ra. | *ἀνήνεγκεν* 2°] *ηνεγκεν* B' Sixt: cf praec | om *ἐπ'* 119 | *αὐτό* B″ *L* 130-346-554 *b*$^{I-46}$-98 44 527 Compl] *αυτον* A V; *αυτω* rel; + *σολομων* 107(non 44) | *ὁλοκαύτωσιν χιλίαν*] *holocausta mille* La^{109}: cf 𝔐; *ολ. και θυσιαν* 19′ | *χιλίαν*] pr *τελειαν* 46*; *τελειαν* 52

7 init] pr *και* 107 Aeth(omnes): cf Vulg | *ὁ θεός*] $\overline{κς}$ *a*$^{-71}$ Aeth = Pesch Targ Vulg^{Q}: cf Reg III 3$_{5}$; om *ὁ* Sixt | *Σαλωμών* B A V* 120-121-130-134-236*-314-346-762* 64-728 Sixt] *σολομ.* 19′ 71-107 Arm; *σολομωντι* 68′ Ald Compl; *σαλομ.* rel | om *αὐτῷ* La^{109}: cf Vulg(*ei* pro *τῷ Σαλωμών*) | *σοι δῶ*] *σοι δωσω* V 19′ 56′ 158 Compl; *δωσω σοι* 71 60; tr La^{109} Aeth Arm = 𝔐

8 *Σαλωμών* B″(55*) A V* 121-130-134-236*-314-346-762* 64-728 Sixt] *σολομ.* 19′ 71-107 Arm Ald Compl; *σαλομ.* rel | *πρὸς τ. θεόν*] *ad dominum* Aeth(+ *domine* post *Σύ* Aeth^{DF}) = Pesch Targ; *domine* La^{109}; > 107 | *Σύ*] *ο* B | *Δαυίδ*] *δαυειδ* B: cf $_{1}$; *δαβιδ* Ald; post *μου* tr Aeth^{-DF}: cf Vulg^{ap} | *ἔλεος μέγα*] *ελεον μεγαν* (-*γα* 19) *L*: cf praef p 101 et Reg III 3$_{6}$ | *με ἀντ'*] *μετ* 728

9 *κυριος* Ald | *θεός*] + *μου* 381 Aeth(omnes) | *πιστωθήτω*] *fideles fiant* La^{109}: cf Pesch et sq; + *δη* *a*$^{-71}$ *b*^{2} Ald Sixt: cf 𝔐^{2Mss} Pesch | *τὸ ὄνομά*] *τω ονοματι* 610; *ρημα* *L* Aeth^{Dc} Compl = 𝔐, cf 6$_{17}$; *sermones* La^{109} = Pesch | *σου*] + $\overline{κε}$ 127 | *ἐπὶ Δ. πατέρα*] *μετα* $δ\overline{α}δ$ (*δαυιδ* 108) *του* $\overline{προς}$ *L* Compl: cf 𝔐 | *δαυειδ* B: cf $_{1}$; *δαβιδ* Ald | *πατέρα*] pr *τον* *a*$^{-71}$ Ald Sixt | *ὅτι*] *ο* 56* | om *σύ* *a*$^{-71}$: cf 𝔐^{3Mss} | *ὡς ὁ*] *ωσει* 246 | *ὁ χοῦς*] *ο χνους* B'; *τον χουν* *L* Compl | *τῆς γῆς*] *τ. θαλασσης* 93 La^{109} Aeth

10 γῆς· [10]νῦν σοφίαν καὶ σύνεσιν δός μοι, καὶ ἐξελεύσομαι ἐνώπιον
τοῦ λαοῦ τούτου καὶ εἰσελεύσομαι· ὅτι τίς κρινεῖ τὸν λαόν σου τὸν
11 μέγαν τοῦτον; [11]καὶ εἶπεν ὁ θεὸς πρὸς Σαλωμών Ἀνθ᾽ ὧν ἐγένετο
τοῦτο ἐν τῇ καρδίᾳ σου καὶ οὐκ ᾐτήσω πλοῦτον χρημάτων οὐδὲ δόξαν
οὐδὲ τὴν ψυχὴν τῶν ὑπεναντίων, καὶ ἡμέρας πολλὰς οὐκ ᾐτήσω, καὶ
ᾔτησας σεαυτῷ σοφίαν καὶ σύνεσιν, ὅπως κρίνῃς τὸν λαόν μου, ἐφ᾽ ὃν
12 ἐβασίλευσά σε ἐπ᾽ αὐτόν, [12]τὴν σοφίαν καὶ τὴν σύνεσιν δίδωμί σοι
καὶ πλοῦτον καὶ χρήματα καὶ δόξαν δώσω σοι, ὡς οὐκ ἐγενήθη ὅμοιός

B′′ A V 958 *L′ a b* 60 119 158 527 La^{109} Aeth Arm

10 *νῦν*] *et nunc domine* Aeth(omnes); *et nunc* La^{109} Arm^{I}: cf Pesch; + *ουν L* Compl | *σύνεσιν*] *prudentiam et intellectum* La^{109}: cf 11 2 12 | *ἐνώπιον – τούτου*] *ante populum tuum* La^{109} Arm^{I}; *ante populum meum* Aeth^{P}(solus) | *ἐνώπιον*] *εμπροσθεν L* Compl | *τοῦ* – (11) *οὐδέ* 2° 762 absc | om *καὶ εἰσελεύσομαι* 381 | *κρινη* 56′ | *τ. λαόν σου*] *populum istum* La^{109}; om *σου* Arm^{Iap} | *τ. μέγαν/τοῦτον*] *tam multum* La^{109}; tr *a* Ald = 𝔐 | *μεγα* 68 158 Ald: cf praef p 101

11 *ὁ θεός*] *dominus* Aeth Arm^{II} = Pesch Targ, cf Reg III 3 11 𝔊 | om *πρὸς Σαλωμών* 381 | *Σαλωμών* B′(55*) A V* 120-121-130-134-236*-314-346 64-728 Sixt] *σολομ.* 19′ 71′ Arm; *σολομωντα* 68′ Ald Compl; *σαλομ.* rel | *τοῦτο*] *ταυτα b*^{2}; *verbum hoc* Arm^{II}: cf Reg; > 44 | om *καί* 2° 60 | *πλουτων* 246 | *χρημάτων*] *υπαρχοντων L* Compl: cf Vulg(*substantiam*); + *substantiarum* Arm^{II}: cf 12; *et opes* Aeth(omnes) = 𝔐^{19Mss}, cf Targ Vulg et 12 | *οὐδέ* 1°] *και* 98 | om *τήν* A | *τ. ὑπεναντίων*] *τ. μισουντων σε L* Arm^{II} Compl = 𝔐, cf Targ Vulg; *τ. υπ.* (-*τιω* 158; *adversiorum* La; Aeth *υπ.* vel *μισ.*) *σου* 158 La^{109} Aeth Arm^{II}: cf Reg | *ἡμ. πολλάς* post *ᾐτήσω* 2° tr *L* 246 Compl = Pesch, cf Reg | *ἡμέρας*] + *vitae* Arm^{II} = Vulg, cf Pesch | *καί* 4°] *αλλα* (*αλλ* 68′ Ald) *a*$^{-71}$ 52^{c} Arm Ald: cf Vulg, Reg 𝔊 | *σεαυτῷ*] *εαυτω* 527 610: post *σ.*; > 125 Arm^{II} | *σύνεσιν*] *prudentiam et intellectum* La^{109}: cf 10 | *ὅπως*] *ινα* 125 | *κρινεις* 19 71-107-130-134 46-728: cf praef p 108s | *μου*] + *τον* $\overline{ιηλ}$ 74 | *ὅν*] *ων* 158 44-610 Arm^{Iap} | *ἐβασίλευσά σε* B 71 64-381 Aeth Arm Compl Sixt = 𝔐] *εβασιλευσας* rel La^{109} | *αυτω* 60

12 *τήν* 1°] *και* 19′ Compl = 𝔐$^{1\ vel\ 2Ms(s)}$ | *δίδωμί*] *dedi* La^{109} | *σοι* 1° ⌒ 2° *b*^{2}: cf Reg III 3 12 | *χρήματα* (sic et 958(vid): [*χρημα*]*τα*)] *υπαρξιν L* Compl: cf Vulg(*substantiam*) et 11; + *et substantias* Arm^{II}: cf sq; et *δόξαν* tr A = 𝔐^{1Ms} | *καὶ δόξαν*] + *και υπαρξιν* 46-728; post *σοι* 2° tr 158 | *δώσω σοι*] *διδωμι σοι* 527; *διδωμι* 119; *διδω σοι* 158; > La^{109} = Pesch | *ὡς*] *ος* 19 158; pr *et* La^{109}; + *συ* (*σοι* 68-106′-236* 158 Ald) A *a*$^{-71}$ 60 158 Ald | om *οὐκ* 1° – *ἐν* 554 | *εγενηθην* 246; *εγεννηθη* 56-71-74-120 55* 60; *εγενετο L* Compl | *ὅμ. σοι*] *ομ. σου*

σοι ἐν τοῖς βασιλεῦσιν τοῖς ἔμπροσθέν σου καὶ μετὰ σὲ οὐκ ἔσται
οὕτως. [13]*καὶ ἦλθεν Σαλωμὼν ἐκ βαμὰ τῆς ἐν Γαβαὼν εἰς Ἰερουσαλὴμ* 13
ἀπὸ προσώπου τῆς σκηνῆς τοῦ μαρτυρίου καὶ ἐβασίλευσεν ἐπὶ Ἰσραήλ.
[14]*Καὶ συνήγαγεν Σαλωμὼν ἅρματα καὶ ἱππεῖς, καὶ ἐγένοντο αὐτῷ* 14
χίλια καὶ τετρακόσια ἅρματα καὶ δώδεκα χιλιάδες ἱππέων· καὶ κατ-
έλιπεν αὐτὰ ἐν πόλεσιν τῶν ἁρμάτων, καὶ ὁ λαὸς μετὰ τοῦ βασιλέως ἐν
Ἰερουσαλήμ. [15]*καὶ ἔθηκεν ὁ βασιλεὺς τὸ χρυσίον καὶ τὸ ἀργύριον ἐν* 15
Ἰερουσαλὴμ ὡς λίθους καὶ τὰς κέδρους ἐν τῇ Ἰουδαίᾳ ὡς συκαμίνους

B′′ A V *L′ a b* 60 119 158 527 La$^{109\,(Leg)}$ Aeth Arm

60; post *σου* tr 68′ Ald | *καί* ult] pr *ita* La^{109} | *οὕτως*] *similis tibi* La^{109} = Pesch, cf Vulg et praec; pr *μοι* 246

13 *Σαλωμών* B A V* 120-121-130-134-236*-314-346-762* 64-728 Sixt] *σολομ.* 19′ 68′-71′ Arm Ald Compl; *σαλαμ.* 56; *σαλομ.* rel | *ἐκ*] *εν* 68′ 158 (hab *de* La^{109} Aeth) Ald: cf 𝔐(ל, hab *de* Vulg) | om *βαμὰ τ. ἐν* 19 527 | *βαμά*] *baama* La^{109}: cf $_3$; *μαβα* B; *ραμα* 93-108 *a*$^{-71}$ Arm^{II} Ald (hab Aeth(omnes)) = Targ | *τῆς ἐν Γαβ.*] *τ. εκ γαβ.* 108 68′-106-120-134 Ald; *τ. εν τη γαβ.* 55; > 44; om *τῆς* *b*^{2}; om *ἐν* 107 *b*^{1}(64 et 381 |) Aeth | *εἰς Ἰερ.* post *μαρτυρίου* tr La^{109} | *εἰς*] *της εν* B | *ἀπό*] *προ* B’ *a*$^{-71}$ 158 Ald Sixt (hab Aeth(omnes)) | *τῆς σκ. τοῦ μαρτ.*] *σκ. μαρτ.* B’ 71 Ra. | *τ. σκηνῆς*] *domus* Aeth: cf $_3$ | *ἐπί*] *εν* 246 127 | *Ἰσραήλ*] *ῑλη̅μ̅* 56′ 158* 610*(corr pr m) La^{109} (*iherusalem*) = 𝔐^{1Ms}; *ι̅σ̅λ* A

14 *Σαλωμών* B A V* 120-121-130-134-236*-314-346-762* 64-728 Sixt] *σολομ.* 19′ 71-106 Arm Ald Compl; *σαλομ.* rel; > 107: cf Vulg(*sibi*) | *ἱππεῖς*] *equos* La^{109} Arm^{II}: cf sq | *εγενετο L a* 46 158 Aeth$^{-P′}$ Ald Compl: cf 𝔐 | *χ. καὶ τετρακόσια*] *χ. και εξακοσια* 236; *X milia CCCC* La^{109}; *mille et trecenti* Arm^{II}; *͵αυ* 107 98; om *καί* 44; om *καί* et post *ἅρματα* 2° tr 71 | *χιλιάδες*] -*δας* 93 46(non 52) 610 | *ἱππέων*] *ιππων* A V Aeth: cf praec et $_{16}$ 8$_6$ 9$_{25}$; *πεζων* 127; pr *αρματων* 236 | *κατελειπεν* A V 728 55 60 158; *collocavit* Aeth: cf 𝔐 Pesch Vulg(*fecit … esse*) et 9$_{25}$ Reg III 10$_{29(26)}$(*εθετο*) | *πόλεσιν*] *πολει* 68′ Ald; pr *ταις L* Compl | *τ. ἁρμάτων*] *equitum* (*aurigarum* Arm^{II}) Arm | *καί* ult ∩ $_{(15)}$ 1° 107 | *ὁ λαός*] *populum* La^{109}; > Compl = 𝔐, cf 9$_{25}$ Reg III 10$_{29(26)}$ | *τοῦ βασιλέως*] *των αρματων* 127 | *ἐν* 2°] *εις* 127; > A

15 *ὁ βασιλεύς*] pr (add G) *salomon* Aeth(omnes): cf Targ et 9$_{27}$ 𝕲^{L} Reg III 10$_{31(27)}$ 𝕲^{L}; > 71-107 | *χρυσίον* et *ἀργύριον* tr *L a* La^{109} Ald Compl Sixt = 𝔐, cf Reg 𝕲^{O} | *ἐν Ἰερ.*] *εις ιερ.* 19′; *εκει* 71 | *λιθον* 60 | *ἐν τῇ Ἰουδαίᾳ*] *εν τω ιουδα* 379: ex *εν*^{τ} *ιου*^{δ} 98; *εν τη ιουδαιων* 610; pr *εδωκεν L* La^{Leg} Compl = 𝔐; pr *posuit* La^{109}: pro *εθηκεν*, cf praec; > La^{109} = 𝔐 | *ὡς συκαμίνους*] *ωσει καμινους* 610; post *πλῆθος* tr 60 | *συκ. τάς*] *συκ. τους* 106*(vid); *συκ. τα* 44; pr *τας L* Compl; om *τάς* A 71 381 60 119 527

16 *τὰς ἐν τῇ πεδινῇ εἰς πλῆθος.* 16*καὶ ἡ ἔξοδος τῶν ἱππέων τῷ Σαλωμὼν*
ἐξ Αἰγύπτου, καὶ ἡ τιμὴ τῶν ἐμπόρων τοῦ βασιλέως· ἐμπορεύεσθαι
17 *ἠγόραζον* 17*καὶ ἀνέβαινον καὶ ἐξῆγον ἐξ Αἰγύπτου ἅρμα ἓν ἑξακοσίων*
ἀργυρίου καὶ ἵππον ἑκατὸν καὶ πεντήκοντα· καὶ οὕτως πᾶσιν τοῖς
βασιλεῦσιν τῶν Χετταίων καὶ βασιλεῦσιν Συρίας ἐν χερσὶν αὐτῶν
ἔφερον.
(18) **2**1 **2** 1*Καὶ εἶπεν Σαλωμὼν τοῦ οἰκοδομῆσαι οἶκον τῷ ὀνόματι κυρίου*
(**2**1) 2 *καὶ οἶκον τῇ βασιλείᾳ αὐτοῦ.* 2*καὶ συνήγαγεν Σαλωμὼν ἑβδομήκοντα*

B′' A V *L′ a b* 60 119 158 527 La^{109} Aeth Arm

16 *ιππων* A V *L b^{1}* 60 119 158 527 La^{109} Aeth Arm Compl Sixt Ra. = 𝔐, cf 9$_{28}$ Reg III 10$_{32(28)}$ et TGP II; *πεζων* 127 | *τῷ*] *των* A 93*(corr pr m) Ra.: cf 9$_{28}$; > *a*$^{-71}$ Ald Sixt | *Σαλωμών* B′(55*) A V 120-121-130-134-236*-314-346-762* 64-728 Sixt] *σολομ.* 19′ 71′ Arm; *σολομωντος* 68′ Ald; *σολομωντι* Compl; *σαλομ.* rel | *Αἰγύπτου*] *εγ.* 120; + *in multitudine* La^{109}: cf 15 | *καί* 2°] pr *et ex thecua* (vel sim) *mercatores eius* Aeth$^{A'}$: cf Reg | *τῶν* 2° – *βασιλέως*] *των εμπροσθεν* 93 | *τοῦ*] pr *εκ a*$^{-71}$ 489 | om *ἐμπ. ἠγόραζον* Arm^{II} | *ἐμπορεύεσθαι* 71 *b^{1}* 60 119 527] *εκπορευεσθαι* 68′-120 Ald; *πορευεσθαι* (*β* pro *υ* 610; *-σθε* 55) B′ A V *a*$^{-56' 68' 71\ 120\ 121\ 762}$ *b*$^{2-489}$ 158 Arm^{I} Sixt; pr *του a*$^{-56' 71\ 121\ 762}$ Ald; *qui ibant* La^{109}; *τιμη ην ελαμβανον* (*ελαβ.* 56) *L′* 56′ Compl: cf 𝔐 et Reg; > 762 489 127 | *ἠγόραζον*] pr *και L′ a*$^{-71}$ 489 Ald Sixt; pr *η εξ αιγυπτου* 527; + *εν αλλαγματι* (*αλαγ.* 93) *L′* 56′ La^{109} Compl: cf 𝔐 et Reg

17 *ενεβαινον* B' Sixt | *εξηγαγον* 346; *ηγον* 314 | *ἓν ἑξ. ἀργυρίου*] *in sescentis argenteis* La^{109}: *ἐν* pro *ἕν* = 𝔐(ב; *unum pro* hab Aeth Arm^{II}; *unum* Arm^{I}: cf TGP II); *εν χιλιοις αργ. a*$^{-56' 71\ 121}$ Arm^{II} Ald | *εξακοσιον* 246 | *αργυριων* 56′-121(vid) 52: cf sq | *ἵππον*] *ιππων* A 236* 98-489 60 119 127 527 610; + *unum* Aeth Arm^{II}: cf praec; + *in* La^{109}: pro *ἐν* = 𝔐 | *ἑκατὸν καὶ πεντ.*] *ρ′ και ν′* 56′ 52 127; *ρν′* 107(non 44) 98 60 La^{109}(*CL*) Arm^{II}; om *καί* 728 44; *πεντ. και εκατον* (*ν′ και ρ′* 130-236-314-346-762) *L a*$^{-56' 107\ 121}$ Ald Compl Sixt = 𝔐; + *αργυριου* (*-ριων* 56′-121: cf praec) *a*$^{-71}$ Ald Sixt: cf praec et Reg III 10$_{33(29)}$ 𝔊 | *οὕτως – τῶν*] *οι βασιλεις* 125 | *χεταιων* 121 527 Arm^{IapII}; *χεθταιων* V*; *χεθθαιων b^{2}*; *χαιθθαιων* 158; *cettheorum* La^{109} = Vulg^{te}; *γεθθαιων* A: cf 8$_{7}$ | *βασιλεῦσι(ν)* 2°] *-λευς* 158; *-λεων* 127; pr *τοις L a*$^{-71(44')}$ Ald Compl Sixt: cf Reg 𝔊^{L}; > 44′ | *Συρίας*] pr *της L* Compl | *ἐν*] pr *ουτω* 125 | *εφερεν* 71; *εξεφερον L* La^{109}(vid: *educebant*, ut pro *ἐξῆγον* praec) Compl

2 1 *Καὶ εἶπεν*] *ειπεν δε* 44′ | *Σαλωμών* B A V* 120-121-130-134-236*-314-346-762* 64-728 Sixt] *σολομ.* 19′ 71′ Arm Ald Compl; *σαλομ.* rel | om *τοῦ* 125 | *οἶκον* 1°] pr *τον a*$^{-71\ 125}$ Ald | *καὶ οἶκον*] om *καί* 762; om *οἶκον* 125 | *της βασιλειας* 55*(corr pr m) = Pesch^{te} | *αὐτοῦ*] *εαυτου L*; + *ετερον οικον* 125

χιλιάδας ἀνδρῶν νωτοφόρων καὶ ὀγδοήκοντα χιλιάδας λατόμων ἐν τῷ
ὄρει, καὶ οἱ ἐπιστάται ἐπ' αὐτῶν τρισχίλιοι ἑξακόσιοι.
[3]*Καὶ ἀπέστειλεν Σαλωμὼν πρὸς Χειρὰμ βασιλέα Τύρου λέγων Ὡς* 3 (2)
ἐποίησας μετὰ τοῦ πατρός μου Δαυὶδ καὶ ἀπέστειλας αὐτῷ κέδρους
τοῦ οἰκοδομῆσαι ἑαυτῷ οἶκον κατοικῆσαι ἐν αὐτῷ, [4]*καὶ ἰδοὺ ἐγὼ* 4 (3)
ὁ υἱὸς αὐτοῦ οἰκοδομῶ οἶκον τῷ ὀνόματι κυρίου θεοῦ μου ἁγιάσαι
αὐτὸν αὐτῷ τοῦ θυμιᾶν ἀπέναντι αὐτοῦ θυμίαμα καὶ πρόθεσιν διὰ
παντὸς καὶ τοῦ ἀναφέρειν ὁλοκαυτώματα διὰ παντὸς τὸ πρωὶ καὶ τὸ

B'' A V *L' a b* 60 119 158 527 La^{109} Aeth Arm

2 *Σαλωμών* B'(55*) A V* 120-121-130-134-236*-314-346-762* 64-728 Sixt] *σολομ.* 19' 68'-71-106 Arm Ald Compl; *σαλομ.* rel; pr *ο βασιλευς a*$^{-71(107)}$ Ald; > 107 | *ἑβδομήκοντα*] *εικοσι* 71: cf sq | *χιλιάδας* 1° 2°] -*δες* 60 | *ἀνδρῶν*] + *και μετα ταυτα εβδομηκοντα* 71: cf praec | *νωτοφόρων – χιλιάδας* 2°] > 127(|); *νοτοφορων|και ογδοηκον* A sup ras vel charta laesa: cf praef p 13; om *νωτοφόρων* B' *b*^{2} Ra.: cf $_{18}$ | *ὀγδοήκοντα*] *εβδομηκοντα* 119: ex praec | *λατόμων*] pr *ανδρων L* 71 La^{109} Arm^{II} Compl = 𝔐 | *ἐν τῷ ὄρει*] *in montibus* La^{109} = Vulg | om *οἱ L' a* Compl = 𝔐 | *ἐπ'*] *εξ* 68'-74-106'-120-130-134-346-554 *b*^{2} Ald; > 55 Arm^{I} | *τρισχ. ἑξακόσιοι*] *τρ. και εξ.* (*χ'* 314-762) *L' a*$^{-71\ 107}$ Aeth Arm Compl = 𝔐; *,γχ* 107(non 44) 98; *tria milia DC* La^{109}: cf Vulg

3 *Σαλωμών* B'(55*) A V* 120-121-130-134-236*-314-346-762* 64-728 Sixt] *σολομ.* 19' 68'-71' Arm Ald Compl; *σαλομ.* rel; + *βασιλευς* 74; > 125 = Vulg | *χιραμ a*$^{-246\ 554}$ 489 Ald Sixt Ra.; *χηραμ* 554 46; *yram* La^{109}; *χειραν* 158 | *Ὡς*] *ον τροπον L*(108^{txt}) Arm^{II}(vid) Compl: cf $7_{17\ 18}$ $21_{7\ 13}$ | *τοῦ πατρός μου/Δαυίδ*] tr *L' a* Arm^{II} Ald Compl Sixt = 𝔐, cf Reg III $5_{3(17)}$ | *δαυειδ* B; *δαβιδ* Ald: cf 1_{1} | *αὐτῷ* 1°] *αυτον* 158; *αυτων* 46^{s}(non 52) | *ἑαυτῷ*] *αυτω* B 119 158* 527; > 60 379* Aeth(omnes) = 𝔐^{1Ms} | *οἶκον* – fin] *εις κατοικιαν οικον* 381 | *οἶκον* ⌒ $_{(4)}$ *οἶκον* 379^{txt}(corr pr m) | *κατοικῆσαι*] -*κην* 158; pr *του L* 44 98(379$^{(mg)}$): cf 𝔐 | *ἐν αὐτῷ*] *εαυτω* 121; om *ἐν* V(|); > 236

4 om *καί* 1° 64-381 La^{109} Arm^{II} = 𝔐(hab Pesch) | om *ἐγώ* 379$^{(mg)}$ | *ὁ υἱὸς αὐτοῦ*] > 44 = 𝔐; om *ὁ* A 74 | *οικοδομων* 346 *b*^{2} = 𝔐, cf $_{6}$ | *κυρίου* 1°] *οικου* 127 | *θεοῦ* 1°] pr *του L* 64*-381 Compl: cf Reg III $5_{5(19)}$ *L* | *μου* – $_{(5)}$ *μέγας* 1° om 125 | *μου*] *ημων* 19: cf sq; > 60 | *αὐτῷ*] pr *εν* 127 | *τοῦ* 1° – *θυμίαμα*] *ad incensum aromatum ponendum ante eum* (*eam* cod) La^{109}; *ut ponerent thymiamata dulcedinis ante eum* Arm^{II}; + *αρωματων L* Compl = 𝔐, cf 13_{11}; *ἀπέναντι αὐτοῦ* tr 610 | *καί* 2°] ⌒ 3° 44; + *ποιειν* (*offerre* Arm) *L* Arm^{II} Compl | *πρόθεσιν*] *προσθ.* 236; *in propositione* La^{109}: cf Vulg^{te}; + *αυτω* 610 | *διὰ παντός* 1°] pr *την* 98; > 71; ⌒ 2° 46(52^{txt}) Aeth^{-A} | *καί* 3° om La^{109}: cf Pesch^{ap} | *τοῦ* 2° om 71 44 | *ολοκαυτωμα* 107; *olocaustum* La^{109} | *διὰ παντός* 2° om La^{109}: cf sq | *τό* 1°] *τω* 246 55 158 527; > *b*$^{2-98}$ 44 | *τὸ δείλης*]

δείλης καὶ ἐν τοῖς σαββάτοις καὶ ἐν ταῖς νουμηνίαις καὶ ἐν ταῖς ἑορταῖς
(4) 5 τοῦ κυρίου θεοῦ ἡμῶν, εἰς τὸν αἰῶνα τοῦτο ἐπὶ τὸν Ἰσραήλ. [5]καὶ ὁ
οἶκος, ὃν ἐγὼ οἰκοδομῶ, μέγας, ὅτι μέγας ὁ θεὸς ἡμῶν παρὰ πάντας
(5) 6 τοὺς θεούς. [6]καὶ τίς ἰσχύσει οἰκοδομῆσαι αὐτῷ οἶκον; ὅτι ὁ οὐρανὸς
καὶ ὁ οὐρανὸς τοῦ οὐρανοῦ οὐ φέρουσιν αὐτοῦ τὴν δόξαν. καὶ τίς ἐγὼ
(6) 7 οἰκοδομῶν αὐτῷ οἶκον; ὅτι ἀλλ' ἢ τοῦ θυμιᾶν κατέναντι αὐτοῦ. [7]καὶ
νῦν ἀπόστειλόν μοι ἄνδρα σοφὸν καὶ εἰδότα τοῦ ποιῆσαι ἐν τῷ χρυσίῳ
καὶ ἐν τῷ ἀργυρίῳ καὶ ἐν τῷ χαλκῷ καὶ ἐν τῷ σιδήρῳ καὶ ἐν τῇ πορ-
φύρᾳ καὶ ἐν τῷ κοκκίνῳ καὶ ἐν τῇ ὑακίνθῳ καὶ ἐπιστάμενον γλύψαι

B'' A V *L' a b* 60 119 158 527 La^{109} Aeth Arm

τη δειλη V^{c} 527; *τω διλεις* 158; *το εσπερας L* Compl; *post meridie* La^{109}: cf *L* in 13$_{11}$ 31$_{3}$ Reg I 30$_{17}$ Mac I 10$_{80}$ et praef p 49; om *τό* 44 | *καὶ ἐν τοῖς*] om *καί* La^{109} = 𝔐$^{-3Mss}$ Pesch^{ap}; om *ἐν* 19' Lag.; om *τοῖς* 44 | *καὶ ἐν ταῖς* 1°] *και εν τοις* 19; om *καί* 56; om *ἐν ταῖς* 44; om *ἐν* 71 | om *ἐν ταῖς* 2° 71 44 | *τοῦ κυρίου θεοῦ*] *κ. του θεου* A *L* 56'(56^{mg}) 381 119 527; om *τοῦ* 56te-71 *b*^{2} 158; om *τοῦ κ.* Arm^{Ite}; om *θεοῦ* 44 | *εἰς τὸν αἰῶνα τοῦτο*] *εις τ. α. τουτον* 106 158 527; *in aeternum semper* La^{109} Arm^{II}(sim) | *τοῦτο* – fin om 107 381

5 *ἐγὼ οἰκοδομῶ* tr 60 Aeth^{G} | *ὅτι – θεός*] *deo* Aeth$^{-DE^{mg}FH^{c}}$; om *μέγας* 127 | *ὁ θεός*] *ο* $\overline{κς}$ 71; pr $\overline{κς}$ *L* 127 Arm^{II}($\overline{κς}$ *ο θεος* ante *μέγας* 2° tr) Compl Sixt = 𝔐^{1Ms} Pesch^{te} Vulg^{2Mss}

6 *ἰσχύσει*] *-σι* A; *-σῃ* 610; *-σαι* 19' Compl; *-υει* 71 Tht^{ap} *Par II* 261 Proc *Comm in Par II* 1209 | *οἰκοδομῆσαι αὐτῷ* tr A V 127 | *οὐρανός* 1° ∩ 2° 93 44-610*(corr pr m) Aeth^{G} Tht^{-1Ms}: cf 6$_{18}$ | *οὐ – δόξαν* B'' A V (*τοῦ* 1° – *αὐτοῦ* sup ras A)] *ουχ υποισουσιν* (*ου φερ.* Compl) *αυτον* (*αυτω* 19^{c} Tht^{1Ms}) *L* Arm^{II} Tht Compl = 𝔐; *ου φερ.* (*possunt portare* Aeth: cf 6$_{18}$) *τ. δοξαν αυτου* rel | om *καί* 3° – *αὐτῷ* 19: homoiot, cf praec | *ἐγώ*] pr *ειμι* 93-108 La^{109} Arm^{II} Tht(om *ἐγώ* ^{ap}) Compl | *οἰκοδομῶν*] *-μω* (pr *qui* Arm^{II} = 𝔐) 46(52*) 379 Aeth(sim) Arm: cf 𝔐 et $_{4}$; *-μησαι* 125: cf praec; pr *ο* 93-108 *a*$^{-56' \, 74 \, 121 \, 762}$(610^{c}, non 125) 52^{c} Tht^{ap} | om *αὐτῷ* 2° *b*$^{2-489}$ | *ὅτι ἀλλ' ἤ*] om *ὅτι a* La^{109}vid(*nisi ut*) Tht Ald Compl | *τοῦ* 2°] *το* 44 | *κατέναντι*] *απεναντι* 98; post *αὐτοῦ* ult tr 158

7 om *καί* 2° 125 | *τοῦ*] *εν το* 158; > *a*$^{-56' \, 121}$ 127 Ald | *ἐν τῷ* 1°] *ἐν* om Aeth^{A}; om *τῷ* 44 | *καὶ ἐν τῷ* 1°] > 44; *ἐν τῷ* om V* 93 125; *ἐν* om 71-107 Aeth^{A} | *καί* 4° ∩ 6° 19' | *καί* 4° ∩ 5° Aeth^{A} | *καὶ ἐν τῷ* 2°] > 44'; *καί* om B' 93 Arm^{II}; *ἐν τῷ* om 71; *τῷ* om Compl | *καὶ ἐν τῷ* 3°] > 44'; *καί* om Arm^{II}; *ἐν τῷ* om 71; *ἐν* om La^{109}; *τῷ* om 554 Compl | *καὶ ἐν τῇ* 1°] > 44'; *καί* om Arm^{II}; *ἐν τῇ* om 71; *ἐν* om La^{109} | *καὶ ἐν τῷ* 4°] > 44; *καί* om Arm^{II}; *ἐν τῷ* om 71 125; *ἐν* om La^{109} Aeth^{A} = 𝔐$^{-1Ms}$ | *καὶ ἐν τῇ ὑακίνθῳ*] *καί* om Arm^{II}; *ἐν*

γλυφὴν μετὰ τῶν σοφῶν τῶν μετ᾽ ἐμοῦ ἐν Ἰούδᾳ καὶ ἐν Ἰερουσαλήμ, ὧν
ἡτοίμασεν Δαυὶδ ὁ πατήρ μου. [8]*καὶ ἀπόστειλόν μοι ξύλα κέδρινα καὶ* 8 (7)
ἀρκεύθινα καὶ πεύκινα ἐκ τοῦ Λιβάνου, ὅτι ἐγὼ οἶδα ὡς οἱ δοῦλοί σου
οἴδασιν κόπτειν ξύλα ἐκ τοῦ Λιβάνου· καὶ ἰδοὺ οἱ παῖδές σου μετὰ τῶν
παίδων μου [9]*πορεύσονται ἑτοιμάσαι μοι ξύλα εἰς πλῆθος, ὅτι ὁ οἶκος,* 9 (8)
ὃν ἐγὼ οἰκοδομῶ, μέγας καὶ ἔνδοξος. [10]*καὶ ἰδοὺ τοῖς ἐργαζομένοις* 10 (9)
τοῖς κόπτουσιν ξύλα εἰς βρώματα δέδωκα σῖτον εἰς δόματα τοῖς παισίν
σου, πυροῦ κόρων εἴκοσι χιλιάδας καὶ κριθῶν κόρων εἴκοσι χιλιάδας

B′′ A V *L′ a b* 60 119 158 527 La^{109} Aeth Arm

τῇ om 125; *ἐν* om La^{109} Aeth^{B} Arm^{II} = 𝔐(3 Mss inc); > B′′; pr *και εν τη βυσσω* 56′-121 119 527, add *L* Arm = Pesch^{ap}, ante *κοκκίνῳ* hab Pesch^{te}: cf 14 3$_{14}$ | *υακινθη* 108 Compl | om *καί* 9° 134* | *επισταμενος* V* | *γλύψαι γλυφήν*] *γλυφειν γλ.* 122*; *γλυφειν γλυφας L* Arm^{I}(plur) = 𝔐, cf 14 3$_{5}$; pr *του* A V: cf 𝔐 | *μετ᾽ ἐμοῦ*] *εν εμοι* 74; > 19 = 𝔐^{8Mss} Pesch Vulg | *εν τη ιουδαια* 19; *in iudeam* La^{109} | om *ἐν* ult 71 44′ Aeth(omnes) Arm | *ὧν*] *ον* 56′ 64* 60; *α* B’ 71 Sixt | *Δαυίδ*] *δαυειδ* B; *δαβιδ* Ald: cf 1$_{1}$; pr *ο* Compl

8 *μοι*] *με* 125 | *καὶ ἀρκ. καὶ πεύκινα*] > Aeth$^{P′}$; *καί* 1° om 71 125 = 𝔐(hab Pesch); *καί* 2° om 44; *καὶ ἀρκ.* post *πεύκ.* tr 98 44 | *ὅτι – Λιβάνου* 2°] > V 56′-71-236 46-*b*^{2}: homoiar; *ἐγὼ οἶδα ὡς* om 44; *ἐγώ* om 68′-74-106′-120-121-130-134-314-346-554-762; *ὡς* om 68 | *ὅτι – ὡς*] *εγω γαρ οιδα οτι L* La^{109} Compl | *ἐγὼ οἶδα*] *οιδας* 762*; *nos scimus* Arm^{II} | *οἴδασι(ν)*] *οιδαν* 68′-74-106′-120-130-134-346-554: cf praef p 106; *nemo scit* Arm^{I} | *ἐκ* 2°] > La^{109} = 𝔐(hab Pesch Targ Vulg) | *ἰδού*] > 68′-107 Ald | *οἱ* 2° – fin] *σου* et *μου* tr *L′* 246 Aeth^{G} Arm^{II} Compl = 𝔐 | *μετα τ. π. σου* (*μου* Arm)/(9) *πορευσονται* tr *L* Arm^{I} Compl; *πορευσονται* ante *οἱ παῖδές* tr Arm^{II} | *μου*] *σου* 56 119 527

9 *πορευονται* 52* | om *μοι* 93 *a* 98-381-489 158 La^{109} Aeth Arm^{II} | om *ὅτι* – fin 44 | *ὁ – μέγας*] *εγω ον οικοδ. οικον μεγας* (-*γαν**, corr pr m) 527; om *ὁ* 71 127 | *καὶ ἔνδοξος*] *και ενδοξως* 120; bis scr 56

10 *τοῖς* 2°] pr *et* La^{109} Aeth = 𝔐^{2Mss} | *ξύλα*] pr *τα L* = 𝔐$^{-1Ms}$; > La^{109} | *εἰς βρώματα*] *in escam* La^{109} | *δέδ. σῖτον*] *εδωκασιν τον* 55*(*εδ. σιτον*^{c}); *δωδεκα σ.* A 610 | *σῖτον εἰς δόματα* post *σου* tr 246 | *εἰς δόματα*] *εν δοματι L* Aeth; *donans* La^{109}; > 107 | *δομα* (*δωμα* 60) V *b*$^{-46\ 728}$ 60 119; *δωματα* 246 46(non 52): cf praef p 89s; *βρωματα* 74^{mg} 127; *βρομα* 158 | *σου*] *μου* 60 | *πυροῦ κόρων*] *π. κορον* 381-*b*$^{2-489}$ 60; *πυρους κ.* 158; *tritici corus* La^{109}; *κορων* (-*ρον* 107*(non 44′)-120^{c}-246) *π. a* 127; *πυρων* 19′ (*κ. πυρων* Fern. Lag.); *πυροῦ* om B 93 Aeth(omnes) Ra. = 𝔐, cf Reg III 5$_{11(25)}$ et TGP II | *εἴκ. χιλιάδας* 1° tr 44′:

καὶ οἴνου μέτρων εἴκοσι χιλιάδας καὶ ἐλαίου μέτρων εἴκοσι χιλιάδας.
(10) 11 *^{11}Καὶ εἶπεν Χειρὰμ βασιλεὺς Τύρου ἐν γραφῇ καὶ ἀπέστειλεν πρὸς*
Σαλωμών Ἐν τῷ ἀγαπῆσαι κύριον τὸν λαὸν αὐτοῦ ἔδωκέν σε ἐπ' αὐτοὺς
(11) 12 *εἰς βασιλέα. ^{12}καὶ εἶπεν Χειρὰμ Εὐλογητὸς κύριος ὁ θεὸς Ἰσραήλ, ὃς*
ἐποίησεν τὸν οὐρανὸν καὶ τὴν γῆν, ὃς ἔδωκεν Δαυὶδ τῷ βασιλεῖ υἱὸν
σοφὸν καὶ ἐπιστάμενον σύνεσιν καὶ ἐπιστήμην, ὃς οἰκοδομήσει οἶκον
(12) 13 *τῷ κυρίῳ καὶ οἶκον τῇ βασιλείᾳ αὐτοῦ. ^{13}καὶ νῦν ἀπέσταλκά σοι*

B'' A V *L' a b* 60 119 158 527 La^{109} Aeth Arm

cf sq | *χιλιάδας* 1°] -*δες* 60: cf sq | *καί* 2° – *χιλιάδας* 3°] > 68'-120 Ald: cf Reg; post *χιλ.* ult tr 56'(56*) | *καί* 2° – *χιλιάδας* 2° om 19 98 60 | *κόρων* 2°] -*ρον* 243-381-731; -*ρου* A 71; -*ρους* V *a*$^{-71\,(68'\,120)}$; *coros* La^{109}; > 44' | *εἴκ. χιλιάδας* 2°] *εικ. χιλιαδες* 127; tr 71-44' | *καί* 3° – *χιλιάδας* 3°] post *χιλιάδας* 4° (om *εἴκ. χιλ.* 1° Arm) tr *L* 56^{c} Arm^{II} Compl; > 71'-74-130-134-346-554 55 Aeth^{-A} | *μέτρων* 1°] *μετρον* 610; *μετρα* 158; *μετρητων* (-*τας* 236) 56-121-236-314-762 127; *metretas* La^{109}: cf sq | *χιλιάδας* 3°] -*δες* 314 60 127 | *καί* 4° – *χιλιάδας* ult om B* 236 | *μέτρων* 2°] *μετρον* 246; *μετρητων* 127; *metretas* La^{109}; *καδων* A | *εἴκ. χιλιάδας* ult tr 44 | *χιλιάδας* ult] *χιλιαδες* 60 127; *χιλια*^{δ} 381 158

11 *εἶπεν* – *Σαλωμών*] *απεστειλεν αχιραμ βασ. τ. προς σολομων εν γραφη* 107; *αντεγραψεν αυτω αχιραμ* 44 | *ειπαν* V | *χιραμ a*$^{-107\,554}$(246^{c}) 489 Ald Sixt Ra.; *χηραμ* 554 46; *yram* La^{109} | om *πρός* 52 Aeth^{P}(solus) | *Σαλωμών* B A V* 120-121-130-134-236*-314-346-762* 64-728 Sixt] *σολομ.* 71' Arm Dam^{HC}; *σολομωντα* 68' Dam^{RT} Ald Compl; *σαλομ.* rel; + *βασιλεα L* | *Ἐν*] pr *λεγων a*$^{-71}$ *b*^{2} Aeth(omnes) Ald Sixt: cf Pesch (ואמר לה); + *et dixit solomoni* Arm^{II} | *κύριον*] + *deum* Arm^{II} | *σε*] + *κυριος L* Dam^{RHCT} = 𝔐^{1Ms}; pr *dominus deus* Arm^{II} | *ἐπ' αὐτούς*] *επ αυτοις b*^{2}; *επ αυτον* Dam^{T}; > *b*^{1} | *εἰς* om B' Sixt: cf 𝔐(pr ל 𝔐^{1Ms} Targ)

12 *καὶ εἶπεν Χειράμ*] > Arm^{II}; om *εἶπεν X.* 44; om *X.* 107 | *χιραμ a*$^{-246\,554}$ 489 Ald Sixt Ra.; *χηραμ* 554 46; *χειραν* 246; *yram* La^{109} | *Ἰσραήλ*] pr *του* 74; pr *ο* 46 | *ὅς* 2°] *και* 71 125 | *Δαυίδ*] *δαυειδ* B; *δαβιδ* Tht^{-2Mss} *Par II* 262 Ald: cf 1$_{1}$; pr *τω* B A 379* Sixt Ra.: cf 𝔐(pr ל 𝔐^{1Ms}) et TGP II; post *τῷ* sq tr 60; post *βασιλεῖ* tr *L* 158 610 Tht^{ap} Compl | *τῷ βασιλεῖ*] + *υμων* 127; > B^{txt} | *υἱὸν σοφόν* tr *b*^{1} Ald | *ἐπιστ. σύνεσιν καὶ ἐπιστήμην*] *επιστ. επιστημην και συνεσιν* A V *b* 60 119 158 527 Ald Sixt: cf $_{13}$ et 𝔐 (*συνεσιν* pro בינה); *scientem prudentiam et intellectum* La^{109}: cf 1$_{11}$ et 2$_{13}$ (*intellectum* pro *συνεσιν*); *ειδοτα φρονησιν και επιστημην L* Tht Compl: cf $_{13}$, 𝔐(*ειδοτα* pro יודע) et TGP II; om *καὶ ἐπιστήμην* 44 | om *ὅς* 3° – fin 125 | *οικοδομηση* 246 | *καί* ult ⌒ $_{(13)}$ *καί* 1° 44 |

ἄνδρα σοφὸν καὶ εἰδότα σύνεσιν τὸν Χειρὰμ τὸν παῖδά μου 14— *ἡ* 14 (13)
μήτηρ αὐτοῦ ἀπὸ θυγατέρων Δάν, καὶ ὁ πατὴρ αὐτοῦ ἀνὴρ Τύριος —
εἰδότα ποιῆσαι ἐν χρυσίῳ καὶ ἐν ἀργυρίῳ καὶ ἐν χαλκῷ καὶ ἐν σιδήρῳ,
ἐν λίθοις καὶ ξύλοις καὶ ὑφαίνειν ἐν τῇ πορφύρᾳ καὶ ἐν τῇ ὑακίνθῳ καὶ
ἐν τῇ βύσσῳ καὶ ἐν τῷ κοκκίνῳ καὶ γλύψαι γλυφὰς καὶ διανοεῖσθαι
πᾶσαν διανόησιν, ὅσα ἂν δῷς αὐτῷ, μετὰ τῶν σοφῶν σου καὶ σοφῶν
Δαυὶδ κυρίου μου τοῦ πατρός σου. 15*καὶ νῦν τὸν σῖτον καὶ τὴν κριθὴν* 15 (14)

B′′ A V *L′ a b* 60 119 158 527 La^{109} Aeth Arm

τῇ βασιλείᾳ] *τε* (*τις*^{c}) *βασιλειας* A^{s}; *τω βασιλει* 74 | *εαυτον* A *b*(52^{c}) 55 119 527 Ald

13 *απεστειλα* (-*στηλα* 314) 19 *a*$^{-71}$ Ald Sixt | *τόν* 1°] *τω* 527; > *a*$^{-56′ 121}$ Ald | *χιραμ a*$^{-246\ 554}$ 489 Ald Sixt Ra.; *χηραμ* 554 46; *χειραν* 158 Aeth^{-DF}; *iram* La^{109}; *χιραβ* 134 | *τὸν παῖδά μου*] *τον* $\overline{\textit{πρα}}$ *μου* B′′(B^{txt}) 158 527 Sixt Ra. = 𝔐 Pesch^{ap}(om Pesch^{te}); *fratrem meum* La^{109}(hab Aeth(omnes) Arm, cf TGP II)

14 *ἡ μήτηρ αὐτοῦ*] *υιον γυναικος L* Arm^{II} Compl = 𝔐; pr *et* La^{109} = Pesch^{ap} | *θυγατέρων*] pr *των L* 56′ Compl | *Δάν*] *δ̄α̅δ* 158; *γαδ* 98; *αυτου* 127 | *ποιειν L* Compl | *χρυσίῳ* (-*σω* 44) et *ἀργυρίῳ* tr *a* 158 Ald | *καὶ ἐν* 1°] > 71-107 (non 125 610); *ἐν* om 19′(19|) 68-236 *b*^{I} 119 527 Ald Compl = Vulg^{te} | *καὶ ἐν* 2°] > 71-107: cf 𝔐(om *καί* 𝔐$^{-8Mss}$, hab Pesch Targ Vulg^{te}); om *ἐν* Aeth^{G} = Vulg^{te} | *καὶ ἐν* 3°] > 71-107: cf 𝔐(om *καί* 𝔐$^{-8Mss}$); om *ἐν* 158 = Vulg, hab *καὶ ἐν* Pesch Targ | *ἐν* 5°] pr *και a*$^{-71\ 107}$ La^{109} Aeth(omnes) Arm = 𝔐^{2Mss} Pesch Vulg; > 107 | *λίθοις* et *ξύλοις* tr La^{109} Arm^{II} | *ξύλοις*] pr *εν* 71-314 55 Aeth(omnes) = 𝔐, hab Vulg | *ἐν τῇ* 1°] om *ἐν* La^{109}: cf Vulg^{ap}; om *τῇ* 125 | *καὶ ἐν τῇ* 1°] om *καί* Arm^{II} = 𝔐$^{-1Ms}$ Targ, hab Pesch Vulg; om *ἐν τῇ* 107 La^{109} = Vulg | *ὑακίνθῳ* (*iacintho*) et *βύσσῳ* (*bysso*) tr La^{109}: cf 2$_{7}$ | *καί* 8° om 71 44 Arm^{II} | *ἐν τῇ* 3°] *εν τω* 71; > 125; om *ἐν* 381 La^{109} = Targ Vulg; om *τῇ* 107 | *ἐν τῷ*] *εν τη* 55; > 107; om *ἐν* 381 La^{109} = Vulg | *γλύψαι*] -*ψει* 127; *γλυφειν* (-*φην* 108) *L* Compl: cf $_{7}$ | *γλυφάς*] pr *omnes* La^{109} = 𝔐$^{-3Mss}$(non Pesch et Targ, sed lib) | *πᾶσαν διανόησιν*] *διαν. εν πασιν* 19′ Compl Lag.; + *εν πασιν* 93 Fern.; tr La^{109} | *ὅσα*] *ος* 158: ante *α*; *ως* (*ος**) *δ* V; *οις L* Compl | *ἂν δῷς*] *αν δος* 19; *ανδρος* 314 | *μετά*] *επι* V | *σοφῶν* 1°] *υιων* 52; ⌒ 2° Arm^{II} | *καί* ult ⌒ $_{(15)}$ *καί* 1° 125 | *σοφῶν* 2°] *σοφον* 106; pr *μετα των* (*cum* La) La^{109} Compl = Pesch^{te} Targ Vulg; pr *των* V *L* 728 527 | *Δαυίδ*] *δαυειδ* B; *δαβιδ* Ald: cf 1$_{1}$; post *μου* (*σου* 236) tr *L′ a* Arm^{II} Ald Compl = 𝔐 | *κυρίου*] pr *του L′ a*$^{-71}$ 728 Ald Compl | *τοῦ* ult] *και* 74; > B’ 68′-71-106-120-236-314-346-762 Ald Sixt Ra. | *σου* ult] *μου* 46(non 52) = 𝔐^{1Ms}

καὶ τὸ ἔλαιον καὶ τὸν οἶνον, ἃ εἶπεν ὁ κύριός μου, ἀποστειλάτω τοῖς
(15) 16 *παισὶν αὐτοῦ.* [16]*καὶ ἡμεῖς κόψομεν ξύλα ἐκ τοῦ Λιβάνου κατὰ πᾶσαν*
τὴν χρείαν σου καὶ ἄξομεν αὐτὰ σχεδίας ἐπὶ θάλασσαν Ἰόππης, καὶ σὺ
ἄξεις αὐτὰ εἰς Ἰερουσαλήμ.
(16) 17 [17]*Καὶ συνήγαγεν Σαλωμὼν πάντας τοὺς ἄνδρας τοὺς προσηλύτους*
ἐν γῇ Ἰσραὴλ μετὰ τὸν ἀριθμόν, ὃν ἠρίθμησεν αὐτοὺς Δαυὶδ ὁ πατὴρ
αὐτοῦ, καὶ εὑρέθησαν ἑκατὸν πεντήκοντα χιλιάδες καὶ τρισχίλιοι ἑξα-
(17) 18 *κόσιοι.* [18]*καὶ ἐποίησεν ἐξ αὐτῶν ἑβδομήκοντα χιλιάδας νωτοφόρων*
καὶ ὀγδοήκοντα χιλιάδας λατόμων καὶ τρισχιλίους ἑξακοσίους τοὺς
ἐργοδιώκτας ἐπὶ τὸν λαόν.

B'' A V *L' a b* 60 119 158 527 La^{109} Aeth Arm

15 *τόν* 1°] *το* 125: cf praef p 100 | *καὶ τήν*] om *καί* 107; om *τήν* 236 | *καὶ τὸ ἔλαιον* (*τον ελεον* 93: cf sq) post *οἶνον* tr *L* 381 Arm^{II} Compl | *τὸ ἔλαιον*] *τον ελ.* 19 107*(non 44' 610) 381 60; *τον ελεον* 93: cf praef p 100; om *τό* 236 | *καὶ τὸν οἶνον* om 107 | *ἅ*] *ον* A

16 *κοψωμεν* 106'(non 610)-762 *b*^{1}(non 52; 64*) 60 | *ἐκ τοῦ*] *απο* 158; pr *και* 55 | *χρείαν*] *χειρα* 246 | *ἄξομεν*] *αξωμεν* 56'-107 60*; *εχομεν* 158; *οισομεν* *L* Arm^{II}(vid) Compl: cf sq | *αὐτά* 1°] *αυτας* 246: ante *σ*; pr *σοι* (add La (*ibi* mend pro *tibi* = 𝔐)) *L* La^{109} Compl = 𝔐(non Vulg) | *σχεδίας*] *-σαι* 46 158; *-διαν* 610; *-διαις* B' *L* (A *-διας*(vid)) Compl Sixt Ra.; *in ratibus* La^{109}: cf Reg III $5_{9(23)}$ (*σχεδίας* (pr *εις* 19')) | *θάλασσαν*] pr *την* *L* 158 Compl | *ιοππεις* 610: cf Esdr II 3_{7}; *ιωππης* 19 60 119; *ιοπης* 121(|)-314-762 98 44 527; *ιωπης* 158 | *σὺ ἄξεις*] *συ* (*σοι* 93) *ανοισεις* *L* Compl (Arm^{II} inc); *συναξεις* A 74-246 127 Aeth (omnes) vid: cf praef p 54; om *σύ* Aeth Arm^{I} | *εἰς*] *εν* 19

17 *Σαλωμών* B A V* 120-121-130-134-236*-314-346-762* 64-728 Sixt] *σολ.* 19' 68'-71'Arm Cyr *in XII Proph* 426a Ald Compl; *σαλομ.* rel | *τούς* 1° ⌒ 2° 381 | *ἐν*] pr *τους* (*qui erant* La) *L' a*$^{-74\ 314\ 44}$ La^{109} Aeth(omnes) Ald Compl Sixt = 𝔐$^{-1Ms}$ | om *ἐν γῇ Ἰσ.* Arm^{II} | *γῇ*] pr *τη* *L* 71; > Arm^{I} | *Ἰσραήλ*] *ιερουσαλημ* 55; *ι̅λ̅η̅μ̅* 74-554 Arm^{I}; *βελ* V | *ηριθμησαν* 108* | om *αὐτούς* 98* (corr pr m(non 379)) 60 610 | *Δαυίδ*] *δαυειδ* B; *δαβιδ* Ald: cf 1_{1} | *ἑκ. πεντήκοντα*] *εκ. ν'* 127; *ρν'* 107(non 44)-120-130-134-236-246-314-346-762 46; *εκ. και πεντ.* *b*$^{2-98}$ 60 Cyr = 𝔐; post *χιλιάδες* tr 107 | *τρισχ. ἑξακόσιοι*] *͵γχ* 246 98; *τρισχ.* (*-λιους* 60) *και εξ.* (*-σιους* 60) A V 56'-121 *b*$^{-98}$ 60 119 527 Arm = 𝔐; om *ἑξ.* *a*$^{-56'\ 71\ 121}$

18 *ἐποίησεν*] *-σαν* 527; *εποιει* 106 | *χιλιάδας* 1°] *-δες* 56* 60 127 379; *χιλια*^{δ} 246 98; + *ανδρων* 19' 106^{c} Compl = 𝔐^{3Mss}, cf $_{2}$ | *νωτ. καὶ ὀγδ. χιλ.*] post *ἑξακοσίους* tr 236-314; > 68'-74-106*-107-120-130-134-346-554: cf $_{2}$ | *χιλιάδας* 2°] *-δες* 60 127; *χιλια*^{δ} 381 158 | *λατόμων*] + *εν τω ορει* *L' a* La^{109} Arm^{II} Ald

3 [1]*Καὶ ἤρξατο Σαλωμὼν τοῦ οἰκοδομεῖν τὸν οἶκον κυρίου ἐν Ἰερου-* 1
σαλὴμ ἐν ὄρει τοῦ Ἀμοριά, οὗ ὤφθη κύριος τῷ Δαυὶδ πατρὶ αὐτοῦ, ἐν
τῷ τόπῳ, ᾧ ἡτοίμασεν Δαυὶδ ἐν ἅλῳ Ὀρνὰ τοῦ Ἰεβουσαίου. [2]*καὶ ἤρ-* 2
ξατο οἰκοδομῆσαι ἐν τῷ μηνὶ τῷ δευτέρῳ ἐν τῷ ἔτει τῷ τετάρτῳ τῆς
βασιλείας αὐτοῦ. [3]*καὶ ταῦτα ἤρξατο Σαλωμὼν τοῦ οἰκοδομῆσαι τὸν* 3
οἶκον τοῦ θεοῦ· μῆκος, ἡ διαμέτρησις ἡ πρώτη, πήχεων ἑξήκοντα

B′′ A V *L′ a b* 60 119 158 527 La^{109} Aeth Arm Bo(incipit ab 3$_1$)

Compl = 𝔐 | *τρισχ. ἑξ.*] *τρισχιλιοι εξακοσιοι* 55; *τρισχ. οκτακοσιους b*^{2}(*͵γω* 98); om *ἑξακοσίους a*$^{-56′\ 71\ 121\ 236\ 762}$ (*τρισχ. χ′* 236-246-762; *͵γ* 107(non 44)); + *ογδοηκοντα* 19: cf sq | *τοὺς* (*του* A*) *ἐργοδιώκτας* (*εργωδ.* V*)] > B* 19; om *τούς* 108-93 *a*$^{-71}$ Aeth$^{DE^cFGH^c}$(vid) Compl Sixt Ra.; cf 𝔐 et TGP II

3 1 *Σαλωμών* B A V* 120-121-130-134-236*-314-346-762* 64-728 Sixt] *σολ.* 19′ 68-71′ Arm Bo Ald Compl; *σαλομ.* rel | *τοῦ οἰκοδομεῖν*] *του οικοδομησαι* 60; > 119; om *τοῦ L* 71 158 Compl: cf 2 3 | *κυρίου*] *domino* La^{109}; pr *nomini* Aeth(omnes): cf 2 | *ἐν* 1° ∩ 2° 107 | *ὄρει*] pr *τω* 93 | *τοῦ* 2°] *τω L* Compl; > 125 | *Ἀμοριά*] *-ρεια* B 60 119; *αμωρ.* Ald; *αμαρ.* (*-ρεια* 74 610) *a*$^{-71\ 44}$(554*) 489; *αμερ.* 44; *αμοραα* V; *-ριω* 19; ⲁⲙⲟⲣⲣⲉⲟⲥ Bo | *τῷ* 1° ante *πατρί* tr 71 44: cf sq | *Δαυίδ* 1° et 2°] *δαυειδ* B; *δαβιδ* Ald: cf 1 1 | *πατρὶ αὐτοῦ*] *περι α.* 52; pr *τω L* Compl; > 158^{txt} | *ἐν* 3° ∩ 4° 107 | *ἐν τῷ τόπῳ*] > 731: homoiot, cf sq; om *τῷ* 489 | *ᾧ*] *ὁ* 158; *ου b*^{2} | *ἅλῳ*] pr *τη L* Compl | *Ὀρνά*] *ορναν* Bo^{-BH} Compl = 𝔐; *ορνια* 158; *ornie* La^{109} | *Ἰεβουσαίου*] *ιβ.* 19; *-σεου* 158; -ⲥⲉⲟⲥ Bo; *iebussei* La^{109}: cf Vulg^{ap}

2 *καὶ ἤρξ. οἰκ.* om 44 | *ηρξαντο* 127 | *οἰκοδομῆσαι*] *-μην* 246: cf 1; *-μη* B*; pr *του a*$^{-71}$ Ald: cf 1; pr *σαλομων* 93 Aeth(omnes); + *σαλομων* 19′ Arm^{II} Compl; + *domum nomini domini* (+ *dei* DF) Aeth(omnes): cf Pesch et 1; ∩ (3) *οἰκοδομῆσαι* 68′ | om *τῷ* 1° 246 | *ἐν* 2° – *τετάρτῳ*] om *ἐν τῷ* 44; om *τῷ ἔτει* 55: homoiot; *ἔτει* post *τετάρτῳ* tr 44′; om *τῷ* 2° 60 125

3 init – *θεοῦ* om 44 | init – *οἰκοδομῆσαι* om 125 | *ταῦτα ἤρξατο*] *hii quos constituit* La^{109}: cf 𝔐 | *ταῦτα*] *τοτε* 127; *ita* Arm^{II}; > Arm^{I} | *Σαλωμών* B A V* 120-121-130-134-236*-314-346-762* 64-728 Sixt] *σολομ.* 19′ 71′ Arm Bo Ald Compl; *σαλομ.* rel (deest 68′); pr *ο* 74 | *τοῦ* 1° et *τόν* om 71 | *τοῦ θεοῦ*] *του κ̅υ̅* 19 La^{109} Bo = Pesch Targ; pr *κ̅υ̅* 125 = 𝔐^{1Ms}; *nomini domini* (+ *dei* DF) Aeth | *μῆκος L a b*^{2} La^{109} Arm (+ *templi* Arm^{II}) Bo (+ *eius*) Ald Compl] post *πρώτη* tr 381; + *πηχεων* (*πιχ.* 158) rel: cf TGP II | *ἡ διαμ. ἡ πρώτη*] *της διαμετρησεως της πρωτης L* Arm^{I} Compl; > 71 La^{109} Bo = Pesch: cf Reg III 6 6(2); om *ἡ* 1° 158 610*(corr pr m); om *ἡ πρώτη* 60 | *πήχεων* 1°] *πηχων L* Compl = Reg 6 6(2) *O* (*L πηχεις*), cf Ios VIII 64 et praef p 99; pr *μηκος*

4 *καὶ εὖρος πήχεων εἴκοσι.* [4]*καὶ αἰλὰμ κατὰ πρόσωπον τοῦ οἴκου,*
μῆκος ἐπὶ πρόσωπον πλάτους τοῦ οἴκου πήχεων εἴκοσι καὶ ὕψος
πήχεων ἑκατὸν εἴκοσι· καὶ κατεχρύσωσεν αὐτὸν ἔσωθεν χρυσίῳ
5 *καθαρῷ.* [5]*καὶ τὸν οἶκον τὸν μέγαν ἐξύλωσεν ξύλοις κεδρίνοις καὶ*
κατεχρύσωσεν χρυσίῳ καθαρῷ καὶ ἔγλυψεν ἐπ᾽ αὐτοῦ φοίνικας καὶ
6 *χαλαστά.* [6]*καὶ ἐκόσμησεν τὸν οἶκον λίθοις τιμίοις εἰς δόξαν καὶ*
7 *χρυσίῳ, χρυσοῦ τοῦ ἐκ Φαρουάιμ* [7]*καὶ ἐχρύσωσεν τὸν οἶκον καὶ τοὺς*

B′′ A V *L′ a b* 60 119 158 527 La$^{109\,(Leg)}$ Aeth Arm Bo

127 | *πήχεων* 2°] *πηχων L* Compl: cf praec; ⌒ (4) *πήχεων* 2° 127; ⌒ (4) *πήχεων* 1° 98 610 La^{109}

4 *αἰλάμ*] *ελαμ* 93 56-554 46 55 158 527 Arm Bo: cf 8_{12} 15_{8} $29_{7\,17}$ Par I 28_{11}; pr *το L* Compl = 𝔐 | *πρόσωπον* 1°] *-πον* 236 | *τοῦ οἴκου* 1°] *templi* Arm^{II}: cf Reg III $6_{7(3)}$ | *μῆκος – οἴκου* 2°] *in latitudinem* Arm^{II}; > 158 Bo: homoiot; om *μ. ἐπὶ πρόσωπον* Aeth$^{E^{c}G}$(pr *et* rel); om *μῆκος L*; om *ἐπὶ πρόσωπον* 107 | *ἐπί*] *κατα* 55: cf praec | *πλάτους* (pr *του L* Compl) A V *L b*$^{-46}$ 119 527 Aeth Ald Compl Sixt] *πλατος* B′ 71 46 60; *και πλατος* (*πλατον* 107: cf praef p 100) *a*$^{-71}$ 127 Arm^{I} | *τοῦ οἴκου* 2° om 107 | *πήχεων* 1° et 2°] *πηχων L* Compl: cf $_{3}$ | *καί* 2° – *εἴκοσι* 2° om A*: homoiot, sed cf Reg III $6_{7(3)}$ | *ὕψος*] pr *το L* Compl | *ἑκατὸν εἴκοσι*] *εκ. και εικ. L* Arm$^{Iap\,II}$ Compl = 𝔐$^{-1Ms}$, cf Ios VIII 65; *ρκ′* 56′-74-107(non 44)-130-134-236-314-346-762 46-98; *εκατον κ′* 127; *XXX* La^{109}: cf Reg III $6_{6(2)}$ 𝔐 et 𝔊^{O}; om *ἑκατόν* A$^{(c)}$ 158 Aeth^{-A} Arm^{Ite} = 𝔐^{1Ms} Pesch | *αυτων* V*; *αυτω* 158; *αυτο* A V^{c} *L*: cf praec | *ἔσωθεν* (+ *et extra* Bo) post *καθαρῷ* tr A V *b* 60 119 158 Arm^{I} Bo

5 init – *καθαρῷ* om 106′ 731: homoiot | *ἐξύλωσεν*] *εν ξυλω* 93 | *ξύλοις*] pr *εν* 93 71-74 | *καί* 2° om 236 | *χρυσίῳ*] pr *εν* 93 | *εγλυφεν* 107: cf 2_{7}; *εκαλυψεν* 127 | *ἐπ᾽*] *εξ* 68 Ald | *αυτω* 381-728-*b*$^{2-489}$; *αυτους* 71-346 | *φοινικα* 381 | *χαλαστά*] *χαλασματα* 728; *αλυσεις L* Compl: cf $_{16}$ et Exod 28_{14} *α′σ′*; *submissoria et pigmata* La^{109}

6 *οἶκον*] *λιθον* 158* | *λίθοις τιμίοις*] *de lapide pretioso* La^{109}: cf 𝔐 | *χρυσίῳ* – fin] *auro obrizo* La^{Leg}: cf Vulg $_{5}$ | *χρυσίῳ, χρυσοῦ τοῦ* A 19′ *b*^{1} 55 119 158 527 Compl: cf TGP II] *χρυσιον χρ. του* V 60; *χρ. χρυσιον του* B *b*^{2} Ra.; *χρ. χρυσιω τω* 93; *auro puro et electo de auro* (a *de auro* ad (7) *χρυσῷ* om P solus (homoiot)) Aeth; *χρυσιον καθαρον του* 127 Arm Bo; *χρυσιω του* 71; *εχρυσωσε* (*-σεν* 610) *χρυσιω* (*-σι* 246) *τω* (*το* 74) *a*$^{-71}$ Ald; *εχρυσωσε χρυσιω χρυσιον του*

---

4 *αἰλάμ*] *σ′ πρόπυλον* 108
6 *χρυσοῦ* – fin] *σ′ χρυσίον δόκιμον* 108

τοίχους καὶ τοὺς πυλῶνας καὶ τὰ ὀροφώματα καὶ τὰ θυρώματα χρυσίῳ
καὶ ἔγλυψεν χερουβὶν ἐπὶ τῶν τοίχων.
⁸Καὶ ἐποίησεν τὸν οἶκον τοῦ ἁγίου τῶν ἁγίων, μῆκος αὐτοῦ ἐπὶ 8
πρόσωπον πλάτους πήχεων εἴκοσι καὶ τὸ εὖρος πήχεων εἴκοσι, καὶ
κατεχρύσωσεν αὐτὸν χρυσίῳ καθαρῷ εἰς χερουβὶν εἰς τάλαντα ἑξα-
κόσια. ⁹καὶ ὁλκὴ τῶν ἥλων, ὁλκὴ τοῦ ἑνὸς πεντήκοντα σίκλοι 9

B″ A V *L′ a b* 60 119 158 527 La$^{109\,(Leg)}$ Aeth Arm Bo

Sixt | *ἐκ Φαρουάιμ*] *de tyro* La^{109} | *Φαρουάιμ* B″ A *b*$^{I-46}$ 119: cf TGP II] -*ουεμ* 46-*b*$^{2-98}$ 60 158 527; -*ουιμ* (-*ουειμ* V *L* 56′-71-121 Compl) V *L a* Bo Compl Sixt; *φαρουρεμ* 98; *φαρονιμ* Ald

7 *καί* 1° ⌒ 2° *a*$^{-71}$ Ald | *οἶκον*] + *χρυσιω L* 71 Arm Compl: cf sq | *τοίχους*] *τειχους* 44: cf praef p 100; *στυλους* 127; + *αυτου a*$^{-71\,107}$ La^{109}(non Leg) Aeth(omnes; deest P) Ald Sixt; + *domus* Bo | *πυλῶνας*] + *eius* Aeth Bo | *ὀροφώματα*] + *eius* Bo = 𝔐 | *τὰ θυρώματα*] om *τά* 44; + *αυτου L* Bo Compl = 𝔐 | *χρυσίῳ*] + *puro* Aeth: cf Pesch et 6; > *L*(sed cf praec) *a* Arm^{I} | *χερουβίν* V^{c} 106-120-130-346 127 La^{109}] -*βειν* B A V* 19′ 64-728; -*βιμ* (*χαιρ.* 158; -*βειμ* 762 243-731* 55 119) rel = 𝔐, cf Vulg^{ap} | *τῶν τοίχων*] *τον τ.* 119; *τον τοιχον* V^{c} *a*$^{-71}$ 46(non 52) 55* Aeth^{-B} Ald

8 *οἶκον*] *τοιχον* V | *τοῦ ἁγίου*] *τον α.* 106; > 93: cf 10; om *τοῦ* 107 | *μῆκος* – *εἴκοσι* 2°] *longitudine cubitorum quadraginta et latitudine cubitorum viginti* La^{109}: cf Reg III 6 17; *longitudo huius domus XX cubitorum et latitudo huius domus XX cubitorum* Aeth(omnes); *coram domo longitudo* (*altitudo* B) *eius erat viginti cubitorum et latitudo eius* Bo: cf TGP II | *μηκους* 381 | *πλάτους*] *πλατος* B″ *a*$^{-71}$ 381 158 527 Ald Sixt; pr *του L* 52 Compl; + *του οικου L a* 728 527 Arm^{II} Ald Compl Sixt = 𝔐 | *πήχεων* 1° et 2°] *πηχων L b*^{2} Compl: cf 3; *π.* 1° ⌒ 2° 56′ *b*^{I}(52^{txt}) Arm^{II} | om *τό a*$^{-71\,(56′)}$ 52$^{(mg)}$ Ald | *εὖρος*] *μηκος* B’ *a*$^{-(56′)}$ 527 Ald Sixt: cf TGP II; + *αυτου* 60 = 𝔐 | *καὶ κατεχρύσωσεν*] *και εχρ.* B Sixt; *εχρ.* 127 | *αὐτόν*] *αυτω* 71-107 158; *αυτο* A 93 236-246; *ea* La^{109}: cf 10 | *καθαρῷ* – (9) fin bis scr 56 | *καθαρῷ*] + *et fecit duo hostea* (= *ostia*) *domus et inaurabit ea auro mundo* La^{109}: cf Reg III 6 32 | *εἰς χερουβίν*] *του* (*τω* 93) *εκ φαρουειμ L*; *auro de efarim* Arm^{II}; *de tyro* La^{109}: cf 6; > Compl = 𝔐 | *εἰς χερ. εἰς*] *sculpsit cherubim* Bo: cf 7; *εἰς* 1° om 68′ *b*^{I} 44(|) Ald | *χερουβίν* 68′-106-120-130 127 Ald] -*βειν* B A V* 64-728; -*βιμ* (*χαιρ.* 158; -*βειμ* 243-731* 55 119; *χερου*^{βμ} 71) rel | *εἰς τάλ. ἑξακόσια*] *εν ταλαντοις εξακοσιοις L* Compl | *τάλαντα*] -*ντον* 554; + *auri* Arm^{II} Bo

9 *ἥλων*] *ολων b*$^{2-489}$ | *ἑνός*] + *ηλου a*$^{-71}$ *b*^{2} Arm Ald | *πεντήκοντα*] *πεν*^{τ} 158; *quinque* Aeth^{-A} | *σικλων a*$^{-71}$ Ald; *σικλου* 527*(corr pr m) | *χρυσίου*]

10 *χρυσίου. καὶ τὸ ὑπερῷον ἐχρύσωσεν χρυσίῳ.* ^{10}*καὶ ἐποίησεν ἐν τῷ*
οἴκῳ τῷ ἁγίῳ τῶν ἁγίων χερουβὶν δύο ἔργον ἐκ ξύλων καὶ ἐχρύσωσεν
11 *αὐτὰ χρυσίῳ.* ^{11}*καὶ αἱ πτέρυγες τῶν χερουβὶν τὸ μῆκος πήχεων*
εἴκοσι, καὶ ἡ πτέρυξ ἡ μία πήχεων πέντε ἁπτομένη τοῦ τοίχου τοῦ
οἴκου, καὶ ἡ πτέρυξ ἡ ἑτέρα πήχεων πέντε ἁπτομένη τῆς πτέρυγος τοῦ
12 *χεροὺβ τοῦ ἑτέρου·* ^{12}*καὶ ἡ πτέρυξ τοῦ χεροὺβ τοῦ ἑνὸς πήχεων πέντε*

B″ A V *L′ a b* 60 119 158 527 La$^{109\,(Leg)}$ Aeth Arm Bo

-*σιω* 56′(56^{II*})-346; pr *του L* Compl | *καί* 2° ⌒ (10) 1° 346 | *τω υπερωω* 236; *τα υπερωα* (*superiores* La^{109}, *lacunaria* La^{Leg}) *L* La Compl = 𝔐 | *χρυσίῳ*] pr *εν* A V; + *καθαρω* 44 Aeth: cf 8

10 om *ἐν* 60 | *τῷ ἁγίῳ*] *των αγιων* 106*(corr pr m); *του αγιου* 19; > 71 *b*^{2} 44′ 60 Bo^{H}: cf 𝔐^{1Ms} Pesch et v 8 | *χερουβίν* V^{c} 68′-106′(non 125 610)-120-134 127 La^{109}] -*βειν* B A* 108 64-728 119; *χαιρουβημ* 158; *χεροβειμ* 55; *χερου*^{βμ} 71; -*βιμ* (-*βειμ* A^{c} V* 19 762^{c} 243-731*) rel = 𝔐, cf Vulg^{ap} | om *δύο* – (11) *χερουβίν* 60: homoiot; om *δύο ἔργον* Bo | *ἔργον ἐκ ξύλων*] *opus lignorum* La^{109}; *opere celato* La^{Leg} | *ἔργον*] -*γων* 19′ 246 55; *εργω* 56*(corr pr m); *et sculpsit ea* Aeth$^{P′}$; *et sculpta* Aeth$^{A′}$; > 127 | *ἐκ ξύλων*] *de lignis iuniperinis* Aeth$^{A′}$: cf 2 8 et TGP II; + *ασηπτων a*$^{-71}$ Ald Compl; > Arm^{I} | *καί* 2° ⌒ (11) 1° 246*(corr pr m) | *αὐτά*] *αυτον* 106′ | *χρυσίῳ*] pr *εν b*^{2}; > 381

11 *τῶν χερ. τὸ μῆκος*] > La^{109}; om *τό a*$^{-71}$ Ald | *χερουβίν* 108 68′-106-120-134 127] -*βειν* B 19 64-728; *χαιρουβημ* 158; *χερου*^{βμ} 71; -*βιμ* (-*βειμ* A V* 762 243 55 119) rel = 𝔐, cf Vulg^{ap} | *πήχεων* 1°] *πηχων L b*^{2} Compl: cf 3 | *καί* 2°] *id est* La^{109}; > 107(non 125) Arm^{Ite} = 𝔐 | *ἡ πτέρυξ ἡ μία*] *η μια πτερυξ* B’; *μηκος* (pr *ετερον* 125) 107; *η πτ. του ενος η μια* 246; om *ἡ* 2° 71; + *του χερουβ* (-*βιν* 19; -*βιμ* 108^{c}; Arm plur) *του ενος L* Aeth^{DF} Arm^{II} Compl | *πήχεων* 2°] *πηχων L* Compl: cf 3; post *πέντε* 1° tr 60 | *ἁπτομένη* 1°] -*ναι* B’; ⌒ 2° 107-120-122 489 | *πήχεων* 3°] *πηχων L* Compl: cf 3; pr *μηκος a*$^{-68′\,71(107\,120)}$ 52^{mg} | *τῆς* – fin] *parietem* (pro *τοίχου*) *alterum* La^{109} | *τῆς*] *του* 107: cf praef p 100 | *τοῦ* 3°] *των* 122 610; *της* 236; pr *της* 527; > 125 | *χερούβ* – (13) *τῶν* om 55: homoiar | *χερούβ* A V 93-108 *a*$^{-56′\,68′\,74\,121}$ 64-381 60^{c} Aeth^{G} Arm^{I} Compl] *χερουβιν* (-*βειν* B 728) B’ 68′ 728 Ald; *χαιρουβημ* 158; -*βιμ* (-*βειμ b*$^{2-489}$ 119 527*) rel: cf Vulg^{ap} | *τοῦ ἑτέρου*] *του δευτερου* V; > 74-106′-120-122-130-134-346-554

12 B’ 19 68 158 Ald Compl Sixt om v 12; Arm^{II} om *ἡ πτέρυξ* 1° – *ἑνός* et *ἡ πτέρ. ἡ ἑτέρα*; Bo lib et om *καί* 2° – fin | *πτέρυξ* 1°] + *η μια* 93-108; + *η ετερα* 56^{txt} | *τοῦ χερ. τοῦ ἑνός*] > 56^{txt}; *του ενος* 56^{mg}; *του ετερου* 125: cf sq | *χερούβ* 1°] *χερουβιν* (-*βειν* 728) 122 728 La^{109}: cf Vulg^{ap}; -*βιμ* (-*βειμ b*$^{2-489}$ 527) 121-246 46-*b*$^{2-489}$ 527 610 | *ἑνός*] *ετερου* 93-108 527 = Pesch, cf Vulg | om *πήχεων πέντε* 1° La^{109} Bo | *πήχεων* 1°] *πηχων* 93-108 60: cf 3 | *ἁπτο-*

ἁπτομένη τοῦ τοίχου τοῦ οἴκου, καὶ ἡ πτέρυξ ἡ ἑτέρα πήχεων πέντε
ἁπτομένη τῆς πτέρυγος τοῦ χεροὺβ τοῦ ἑτέρου· ^{13}καὶ αἱ πτέρυγες 13
τῶν χερουβὶν διαπεπετασμέναι πήχεων εἴκοσι· καὶ αὐτὰ ἑστηκότα
ἐπὶ τοὺς πόδας αὐτῶν, καὶ τὰ πρόσωπα αὐτῶν εἰς τὸν οἶκον. ^{14}καὶ 14
ἐποίησεν τὸ καταπέτασμα ἐξ ὑακίνθου καὶ πορφύρας καὶ κοκκίνου καὶ
βύσσου καὶ ὕφανεν ἐν αὐτῷ χερουβίν.
^{15}Καὶ ἐποίησεν ἔμπροσθεν τοῦ οἴκου στύλους δύο, πήχεων τριάκοντα 15
πέντε τὸ ὕψος καὶ τὰς κεφαλὰς αὐτῶν πήχεων πέντε. ^{16}καὶ ἐποίησεν 16

B'' A V *L'* *a* *b* 60 119 158 527 La^{109} Aeth Arm Bo

μένη 1° – fin om 106 | *τοῦ* 3° – fin om 381 | *τοῦ τοίχου*] *του* (> 44) *τειχου* 60 44: cf praef p 100; post *οἴκου* tr 71; > 46-728 | *τοῦ οἴκου* om 246 | *καί* 2° ⌒ (13) 2° 125 | *ἑτέρα*] *αριστερα* 74 | *πήχεων* 2°] *πηχων* V* 93-108 60: cf 3 | *χερούβ* 2°] *χερουβιν* (*-βειν* 728) 122 728 La^{109}; *-βιμ* (*-βειμ* b^{2-489} 527) 56'-121-236 46-b^{2-489} 527 610: cf Vulg^{ap}

13 om *αἵ* A V | om *τῶν χερουβίν* 44 Arm^{II}(lib) | *χερουβίν* V^{c} 68'-107 (non 610(44'))-120-134 La^{109} Ald] *-βειν* B' A V*; *χερουβ* 74; *χαιρουβημ* 158; *χερου*^{βμ} 71; *-βιμ* (*-βειμ* 19' 762 243-728-731* 52 55 119) rel = 𝔐, cf Vulg^{ap}; + *τουτων* *L* *a* b^{2} Ald Compl Sixt (non La^{109} Aeth(omnes) Arm^{I}(Arm^{II} lib) Bo) = 𝔐 | *διαπεπετασμέναι*] *διαπετ.* (*-να* 527) 246 46*(non 52)-728 60 158 527: cf praef p 102 | om *πήχεων εἴκοσι* Bo | *πηχεις* 93-108 Compl; *πηχοις* 19: cf praef p 75 | *αὐτά – πόδας*] *αυτας εστηκοτας επι του ποδος* 71 | *καί* 3° ⌒ (14) 1° Arm^{II} | *καὶ τὰ πρ. αὐτῶν*] *και κατα πρ. αυτον* 346; *κατα προσωπον αυτων* *L*; > 44: homoiot | *τὸν οἶκον*] *dominum* Aeth$^{P'}$; + *domini* La^{109} Aeth$^{A'}$

14 om *τό* 46 | om *ἐξ* B(|) Sixt = 𝔐(hab Vulg) | *καί* 2° et 3°] > 125 = Vulg^{te}(hab *καί* 2° Vulg$^{ap\ 1Ms}$); om *καί* 3° 56' 44' Aeth^{G} Arm^{I}; *καί* 2° ⌒ 3° Bo | *καί* 2°] + *ἣ* 610 | *ὕφ. ἐν αὐτῷ*] *υφ. εν αυτο* 236; *υφ. αυτω* (*-το* 19 158) *L* 107-134 158: cf Vulg(*intexuit ei*); *intexuit textum* Bo; *intexuit in hoc velo* Aeth | *υφαινεν* 71 55; *υφαινειν* 127 | *χερουβίν* V^{c} 108 68'-106'(non 125 610)-120-130-134 46(non 52) 127 La^{109} Ald] *-βειν* B A V* 243-728; *χαιρουβημ* 158; *χερου*^{βμ} 71; *-βιμ* (*-βειμ* 731* 55 119) rel = 𝔐, cf Vulg^{ap}

15 *ἔμπροσθεν*] pr *κατ'* 19'; *κατεμπροσθεν* Compl; *κατα προσωπον* 93 | *οἴκου στύλους*] *στυλου οικους* 107*(corr pr m; non 44 610) | *οἴκου*] *τοιχου* B' | *πήχεων* 1°] *πηχων* *L* Compl: cf 3; ante *τό* tr Aeth Arm Bo: cf Vulg et sq | *τριάκοντα πέντε*] *τρ. και π.* V^{c} Arm$^{Iap\ II}$ = 𝔐; *τριακοντα* (post *ὕψος* tr 246) *a*(hab Ald); *XXX* (> A) *et VI* Aeth$^{A'}$; *XXVI* La^{109}: cf Vulg^{ap}(*viginti et quinque*) | *τὰς κεφαλάς*] *ταις κ.* A; *τ. κεφαλιδας* (*-ληδ.* 246) $a^{-71\ 130\ 346}$(56^{c}) b^{2} 60 Arm(vid; *latitudo capitellorum* Arm^{II}: cf praef p 59) Bo Ald Compl: cf 16 4 12 et Reg III 7 4(16) | *αὐτῶν* om 60 | *πήχεων* 2°] *πηχων* *L* Compl: cf 3; post *πέντε* 2° tr 93 = Vulg

σερσερὼθ ἐν τῷ δαβεὶρ καὶ ἔθηκεν ἐπὶ τῶν κεφαλῶν τῶν στύλων καὶ
17 *ἐποίησεν ῥοΐσκους ἑκατὸν καὶ ἐπέθηκεν ἐπὶ τῶν χαλαστῶν.* [17]*καὶ*
ἔστησεν τοὺς στύλους κατὰ πρόσωπον τοῦ ναοῦ, ἕνα ἐκ δεξιῶν καὶ ἕνα
ἐξ εὐωνύμων, καὶ ἐκάλεσεν τὸ ὄνομα τοῦ ἐκ δεξιῶν Κατόρθωσις καὶ τὸ
ὄνομα τοῦ ἐξ ἀριστερῶν Ἰσχύς.
1 **4** [1]*Καὶ ἐποίησεν τὸ θυσιαστήριον χαλκοῦν, πήχεων εἴκοσι μῆκος*
2 *καὶ τὸ εὖρος πήχεων εἴκοσι, ὕψος πήχεων δέκα.* [2]*καὶ ἐποίησεν*

B′′ A V *L′ a b* 60 119 158 527 La^{109} Aeth Arm Bo

16 *ἐποίησε(ν)* 1°] *εποιη* 610: ante *σε* | *σερσερὼθ*] *σερσαρωθ* 46^{c}(vid; non 52); *σεσερωθ* 346; *σενσερωθ* A; *σερσερωμ* 379; *σερωθ* 56′ Aeth^{B}; **ⲥⲁⲣⲥⲉⲣⲱⲑ** (-**ⲣⲱ** H) Bo^{BH}; *αλυσιδωτα L*(93^{txt}) Compl: cf sq et 5; *αλυσει*$^{\delta}$ 46^{mg}(non 52); *catenulas* La^{109} = Vulg, cf sq; *cancellos* Arm; *σὲραλυσιδωτὰσερὼθ* 158 | *ἐν – ἔθηκεν*] *et in circuitu torques* Arm^{II}: cf TGP II | *ἐν τῷ δαβείρ*] *in oraculo* La^{109} = Vulg ↓, cf 4 20; om *ἐν* 527 | *δαβείρ*] *δαβιρ a*$^{-56' 71}$ Ald: cf TGP II; *δαβηρ* 246 46-489 527; *δαυιρ* Sixt; **ⲧⲁⲃⲓⲣ** Bo^{BH}: cf 4 20 5 7 9; + *quinquaginta cubitorum* Bo: cf Pesch (hab pro *ἐν τῷ δ.*) | *ἔθηκεν*] *εδωκεν* B Sixt Ra. = 𝔐, cf TGP II | *τ. κεφαλῶν*] *τ. κεφαλιδων a*$^{-71}$ Arm(vid): cf 15; *την κεφαλιδα* 610 | *ἐπέθηκεν*] *εθηκεν* A *a*$^{-71\,122}$ 46-64 Ald Sixt: cf praec | *ἐπὶ τῶν χαλαστῶν*] *επι τον χαλαστον* 98 610; *επι τ. χαλασματων* 728; *επι τ. αλυσεων L* Compl; *super catenulas* La^{109}: cf praec; *super sira siruth* Aeth$^{A'}$(*super eos* P′): cf praec

17 *ἔστησεν*] *εθηκεν* 119: cf 16 | om *κατά – ναοῦ* Bo | *ναοῦ*] *οικου* 158 Aeth(omnes); *ηλου* 93 | *ἕνα* 1° et 2° om 44 | *ἕνα* 2°] pr *τον* (*των* 55) B′ *L* 71 *b*$^{2-98}$ 60 Compl Sixt Ra.: cf TGP II | *καί* 3° ⌒ (4 1) 1° 44 | *τό* 1° – *δεξιῶν* 2°] *αυτους* 107: cf sq | *τὸ ὄνομα τοῦ* 1°] *columnam* (*nomen columnae* EFH; ⌒ *columnae* 2° P) Aeth: cf sq; *nomen columnae* Arm^{II}; ⌒ 2° La^{109} | *Κατόρθωσις*] -*σιν* 107: cf sq; -*θωματος* 71; *ιαχιν* (-*χειν* 93) 93^{txt}-121 56 = 𝔐 Vulg^{te}, cf Reg III 7 7(21) et sq; *ιαχιμ* 246 Arm^{II} = Vulg^{ap} | *τό* 2° – *ἀριστερῶν* om 107: cf praec | *τὸ ὄνομα τοῦ* 2°] *nominavit nomen columnae* Aeth: cf praec; om *τὸ ὄνομα* 381 Arm^{II} Bo; om *τό* 46 | *ισχυν* 107: cf praec; *βοοζ* 93^{txt}-121 56′ Arm^{II} = 𝔐 Vulg, cf praec

4 1 *καὶ ἐποίησε(ν)*] *εποιησε δε και* (> 125) 44′ | om *τό* 1° *a*$^{-71}$ Ald Sixt = 𝔐 | *χαλκοῦν*] -*κον* 93; pr *το L* 71 *b*^{1} Compl; > Bo; + *εις* 381 | *πήχεων εἴκοσι* (*κ′* 127) 1° B′′ La^{109} Arm^{II}] tr rel = 𝔐, cf TGP II | om *μῆκος καί* 56′ | *μῆκος*] -*κους L* 71; pr *το* 68′ 489 Ald Compl Sixt | *καὶ τό* – fin om Aeth^{P}: homoiot | *τό* 2° – fin] *εικοσι* (*κ′* 56′-74-107(non 44)-130-134-236-314-346-

---

3 16 *ἐν τῷ δαβείρ*] *σ′ ἐν τῷ χρηματιστηρίῳ* 108 46(s nom): cf Reg III 6 10(5) *α′σ′*

τὴν θάλασσαν χυτήν, πήχεων δέκα τὴν διαμέτρησιν, στρογγύλην
κυκλόθεν, καὶ πήχεων πέντε τὸ ὕψος καὶ τὸ κύκλωμα πήχεων τριά-
κοντα. 3*καὶ ὁμοίωμα μόσχων ὑποκάτωθεν αὐτῆς· κύκλῳ κυκλοῦσιν* 3
αὐτήν, πήχεις δέκα περιέχουσιν τὸν λουτῆρα κυκλόθεν· δύο γένη
ἐχώνευσαν τοὺς μόσχους ἐν τῇ χωνεύσει αὐτῶν, 4*ᾗ ἐποίησαν αὐτούς,* 4

B′′ A V *L′ a b* 60 119 158 527 La$^{109\,(Leg)}$ Aeth Arm Bo

762) *πηχεων* (> 44, + *ιυ L* 68′-71 Ald Compl Sixt) *ευρος* (et *υψος* sq tr 246: cf sq) *και* (> 71) *δεκα* (*ι′* 107(non 44)-130-236-346-762; *δωδεκα* 74) *πηχεων* (*πηλαιων* 246; > 44; *δεκα π.* post *υψος* sq tr Arm^{I}; + *το L* 68′ Ald Compl Sixt) *υψος* (*υψους* 71) *L a* Arm^{I} Bo Ald Compl Sixt = **𝔐** | *εὖρος* et *ὕψος* tr La^{109} | *πήχεων* 2° ∩ 3° A | *ὕψος π. δέκα*] pr *και* (+ *το* 158) 55 158 = **𝔐**, cf praec; > Arm^{II}

2 *χυτήν* om Arm^{II}: cf Reg III $7_{10(23)}$ | *πήχεων δέκα*] *δεκα* (*ι′* 762 610) *πηχεων* (-*χων* 93 *a*$^{-56′\,71\,74}$: cf 3_3) *L′ a* La^{109} Ald Compl Sixt = **𝔐** | *τήν* 2° – *πήχεων* 2°] > Bo^{DE}; *τήν* 2° – *στρογγύλην* om Bo^{BH} | *τ. διαμέτρησιν*] > La^{109}: cf **𝔐**; + *απο του χειλους αυτης* (> La^{109} Arm^{II} = Vulg) *εις το χειλος αυτης* (> La^{109} Arm^{II} = Vulg) *L′* 56′ 158 La^{109} Arm^{II} Compl = **𝔐** | *κυκλωθεν* 19′ 74-246 46 60 158: cf praef p 88 | *πήχεων πέντε* (*ε′* 127) B′′: cf $_1$] *trium cubitorum* La^{109}; *πεντε* 44; *πεντε* (*ε′ a*$^{-71\,106\,121\,130\,554\,44}$ 52) *πηχεων* (-*χων* 93: cf praec) rel = **𝔐** | *τό* 1° – fin] > Arm^{II}; *τό* 1° om 379 | *τὸ κύκλωμα*] *το κυκλω* 158; *in circuitu* La^{109}: sicut pro *κυκλόθεν* praec; + *αυτης* 74; + *σπαρτιον L*: cf **𝔐** | *πήχεων τριάκοντα* (*λ′ b*$^{2-489}$ 52 127; *XXX* La^{109})] *τριακοντα* 44; *τριακοντα* (*λ′ a*$^{-68′\,71\,106\,121\,554}$) *πηχεων* (-*χων* 93 Compl: cf praec) *L′ a* Ald Compl Sixt = **𝔐**; + *εκυκλουν* (-*λου L* 71 Compl = **𝔐**; pr *και* 610) *αυτην κυκλω L′ a* Ald Compl = **𝔐**, cf Reg

3 init – *δέκα* om Bo: homoiar (*περιέχουσιν* – fin lib) | *ομοιωματα* 236^{c} (*οιμ.* *) | *μόσχων*] -*χου* 106 60 158; -*χον* 121; pr *των* 71 | *ὑποκάτωθεν*] -*τω* B' Sixt: cf $_{15}$ 5_7 28_4 Par I 17_1; pr *των* 158 | *αὐτῆς*] *αυτου* A*(vid) 119 527 | *κύκλῳ*] *κυκλοθεν* (-*λωθ.* 19: cf praef p 88) *L* La$^{109\,Leg}$vid (*in circuitu(m),* sicut La^{109} pro *κυκλόθεν* sq et in $_2$) Compl: cf Reg III $7_{11(24)}$ | *κυκλοῦσιν* B′′ A V *b*^{2} 158 Sixt] *κυκλωσουσιν b*^{1} 60 119 527 Ald; *κυκλουντες L* La$^{109\,Leg}$(*circumeuntium* 109, *in gyro gyrantium* Leg) Arm^{II}(vid) Compl = **𝔐**; *εκυκλωσαν* 246; *εκυκλουσαν* (*εκκ.* 44) rel: cf Reg | *αὐτήν*] + *κυκλω* 610 | *πήχεις* – fin Arm^{II} lib | *πήχεις δέκα* (*ι′* 127; *X* La^{109}) B′′ La$^{109\,Leg}$] *ι′ πηχεων* 236; *δεκα εν πηχει* (-*χυν* 19-108$^{(txt)}$) *L*(108^{txt}) Compl = **𝔐** et Reg; tr rel | *περιέχουσιν τ. λουτῆρα κυκλόθεν*] *κυκλουντες την θαλασσαν κ. L*(108^{txt}) Compl = **𝔐**; *et circa mare in circuitum* La^{109}; *et* La^{Leg} | *περιέχουσι(ν)* B′′ 119 527 Sixt] -*ουσα* 108$^{(mg)}$; -*ουσαι* rel: cf praec | *κυκλωθεν* 19-108^{mg} 74-246 46*-52 44 60 158: cf praef p 88 | *γένη* – *μόσχους*] *στιχοι βοες χωνευτοι* (*χον.* 108$^{(txt)}$ Compl) *L*(108^{txt}) La$^{109\,Leg}$ sim (*duos* (*duo* 109) *ordines boum* (*bobum* 109) *fusilium*) Arm^{II}(sim; *στιχοι* pro *γένη* hab et Aeth^{Dc}) Compl: cf **𝔐** et $_{13}$ | *γένη*] + *και a*$^{-71}$ *b*^{2} | *ἐχώνευσαν*] post *μόσχους* tr *a*; + *και* Ald | *τ. μόσχους*] *του μοσχου* 108^{mg}: cf **𝔐**; *τ. μοχλους* B | *ἐν τῇ* *δώδεκα μόσχους, οἱ τρεῖς βλέποντες βορρᾶν καὶ οἱ τρεῖς βλέποντες δυσμὰς καὶ οἱ τρεῖς βλέποντες νότον καὶ οἱ τρεῖς βλέποντες ἀνατολάς, καὶ ἡ θάλασσα ἐπ' αὐτῶν ἄνω, ἦσαν τὰ ὀπίσθια αὐτῶν ἔσω.* [5]*καὶ τὸ πάχος αὐτῆς παλαιστής, καὶ τὸ χεῖλος αὐτῆς ὡς χεῖλος ποτηρίου, διαγεγλυμμένα βλαστοὺς κρίνου, χωροῦσα μετρητὰς τρισχιλίους·*

B'' A V *L' a b* 60 119 158 527 La$^{109\,(Leg)}$ Aeth Arm Bo

χων. αὐτῶν] *εν τω χονευιν* (pro *χωνευειν*) *αυτων* 158; *in conflatione eius* La^{109} = 𝔐; *ex ipso conflavit* La^{Leg}; om *αὐτῶν a*$^{-71}$ Ald

4 *ἦ*] *οι* 71 158; *et* Aeth; > *L*(108^{txt}) La^{109} Arm^{II} Bo Compl = 𝔐 | *ἐποίησαν – μόσχους*] *εποιησαν αυτους εστωσα η θαλασσα* (*η θαλ.* post *μοσχους* hab 19' Compl Lag.) *επι δωδεκα μοσχους L*(108^{txt}) Compl: cf 𝔐; *erant super duodecim bobes* La^{109}: cf 𝔐; *fundatum stabat mare super duodecim vitulos* Arm^{II}: cf 𝔐 et Vulg | *ἐποίησαν*] *fecit* Aeth^{PDF} Bo; *εχωνευσεν* 74: ex praec | om *αὐτούς* 381 Bo | *δώδεκα* (*ιβ'* 246 cum 108^{mg} *a*$^{-68\,71\,106\,121\,554\,44}$ 98 52 127) post *μόσχους* tr 246 | *οἱ τρεῖς* 1°] *οις* 68; pr *et* La^{109}: cf Vulg(pr *quorum*); + ⲅⲁⲣ Bo | *βλέποντες* 1° ⌒ 2° 108^{txt} | *βορρᾶν*] *βοραν* 527: cf 14$_{10}$; *βορρα* 55-127; pr *προς L*(108^{mg}) *a*$^{-71}$ *b*^{2} La^{109} Aeth Arm^{II} Compl: cf Vulg^{ap} et Reg III 7$_{13(25)}$: cf TGP II; et *ἀνατολάς* tr Aeth | *καί* 1°] > La^{109} Bo | *βλέποντες* 2° om B' 107 La^{109} Arm^{II} Sixt: cf Reg^{ap} | *δυσμάς*] pr *προς L*(108^{mg}) 56'-74-106'-554 *b*$^{2-489}$ La^{109} Aeth Arm^{II} Compl: cf Vulg^{ap}; et *νότον* tr Bo: cf Reg^{ap} | *καί* 2°] om Bo(2° ⌒ 3° H) | *βλέποντες* 3° om B' 107 381 La^{109} Arm^{II} Sixt: cf Reg^{ap} | *νότον*] *νωτον* 19': cf praef p 89; pr *προς L* La^{109} Aeth Arm^{II} Compl; et *ἀνατολάς* tr 125: cf Reg^{ap} | *καί* 3° om Bo | *βλέποντες* 4° om B' 71-107 381 La^{109} Arm^{II} Sixt | *ἀνατολάς* – (5) *καί* 1°] *ανα* 527 | *ἀνατολάς*] pr *προς L* La^{109} Aeth Arm^{II} Compl: cf Vulg^{ap} et Reg^{ap}; pr *κατα* (*κατ* B 71 Sixt Ra.) B'' A V 71 60 158 Sixt Ra.: cf TGP II | *ἐπ' αὐτῶν*] *επ αυτον* V*; om *ἐπ'* 246*; + *omnium* Bo: cf sq | *ἄνω*] *ανωθεν b*^{1} 119; + *και L a b*^{2} 52^{c} La^{109} Aeth Arm Bo Ald = 𝔐 et Reg | *ἦσαν*] *ην L* Compl; *fecit* La^{109} | *αὐτῶν* 2°] + *omnium* Bo: cf 𝔐 et Reg

5 init – *παλαιστής*] *et vastitatem eius post illos cubiti unius, et vastitudo eius palmo* La^{109} | *αὐτῆς* 1°] *της θαλασσης* (+ *aeris* Aeth) *L* Aeth(P inc) Arm Bo Compl | *παλαιστής*] *παλεστ.* 93; *-λαστ.* 236*; *-στη* 46-728 | *χεῖλος* 1°] *τειχος* 106': cf sq et Reg III 7$_{12(26)}$ | *αὐτῆς* 2°] *maris* Arm^{II} = Pesch | *ὡς*] *ωσει* 127: cf Reg III 𝔊^{L} | *χεῖλος* 2°] *τειχος* 44: cf praec | *διαγεγλυμμένα*] *-νου L* 527 Compl; *-γεγλυμενοι* 246; *-υμμ*^{ε} 56; *sculptum* La^{109}: pro *-νον* (ad *χεῖλος*); ante *ποτηρίου* tr 527 | *βλαστούς*] *βλασταν* 44; *βλαστος* 98; *βλαστου* 19'; *βλαπτους*

---

5 *μετρητάς*] *κεράμια* 93: cf Is 5$_{10}$

καὶ ἐξετέλεσεν. [6]καὶ ἐποίησεν λουτῆρας δέκα καὶ ἔθηκεν τοὺς πέντε 6
ἐκ δεξιῶν καὶ τοὺς πέντε ἐξ ἀριστερῶν τοῦ πλύνειν ἐν αὐτοῖς τὰ ἔργα
τῶν ὁλοκαυτωμάτων καὶ ἀποκλύζειν ἐν αὐτοῖς· καὶ ἡ θάλασσα εἰς τὸ
νίπτεσθαι τοὺς ἱερεῖς ἐν αὐτῇ. [7]καὶ ἐποίησεν τὰς λυχνίας τὰς χρυσᾶς 7
δέκα κατὰ τὸ κρίμα αὐτῶν καὶ ἔθηκεν ἐν τῷ ναῷ, πέντε ἐκ δεξιῶν καὶ
πέντε ἐξ ἀριστερῶν. [8]καὶ ἐποίησεν τραπέζας δέκα καὶ ἔθηκεν ἐν τῷ 8
ναῷ, πέντε ἐκ δεξιῶν καὶ πέντε ἐξ εὐωνύμων. καὶ ἐποίησεν φιάλας
χρυσᾶς ἑκατόν. [9]καὶ ἐποίησεν τὴν αὐλὴν τῶν ἱερέων καὶ τὴν αὐλὴν τὴν 9
μεγάλην καὶ θύρας τῇ αὐλῇ καὶ θυρώματα αὐτῶν κατακεχαλκωμένα
χαλκῷ. [10]καὶ τὴν θάλασσαν ἔθηκεν ἀπὸ γωνίας τοῦ οἴκου ἐκ δεξιῶν 10
ὡς πρὸς ἀνατολὰς κατέναντι. [11]καὶ ἐποίησεν Χειρὰμ τὰς κρεάγρας 11

B′′ A V 880 *L′ a b* 60 119 158 527 La$^{109\,(Leg)}$ Aeth Arm Bo

127: cf Reg III(*βλαστον* 𝔊$^{L-82}$; *βλαπτον* 𝔊^{82}); *in modum florentis* La^{109}; *et* (> V) *florentis* (*-tes* H) La^{Leg} | *κρίνου*] *και κρινων* 71; > *a*$^{-56'\,71\,121}$ | *χωροῦσα*] *-σαν* B’ *a*$^{-56\,121\,236\,314\,762}$ Sixt Ra.: cf TGP II; > Aeth^{P} | *μετρητους* 46 | *τρισχιλίους*] *-λιας* 44; *χιλιους* 379*(corr pr m) = 𝔐^{1Ms}; *δυο συν τρισχιλιοις* 125; *γ′* 107-610; *tres* La^{109} | *καὶ ἐξετέλεσε(ν)*] + *αυτην L* Arm Compl; *fecit eam et finivit eam* Aeth: cf praef p 57; *et sic consummabit ea* La^{109}; > 107 381: homoiot

6 *επεθηκεν* A 55 | *πέντε* 2°] + ras (3) 127 | *καὶ ἀποκλύζειν ἐν αὐτοῖς*] > La^{109}: homoiot, sed cf Vulg; om *καί* Arm^{II}: cf 𝔐 | *επικλυζειν* 93 Tht *Reg III* 142 | *εἰς τό*] *εν τω* 125

7 *εποιησαν* 119 527 379*: cf sq | *τὰς χρυσᾶς* om V = 𝔐^{1Ms}, cf 16 | *δέκα*] *πεντε* Ald: ex sq | *εθηκαν* 119: cf praec | *ἐν τῷ ναῷ*] *in domo domini* Aeth; > Arm^{II} | *δεξιῶν … ἀριστερῶν*] *ευωνυμων … δεξιων* 527: cf sq | *ἀριστερῶν* 880] *ευωνυμων* 64^{txt}-381 60 44; *ευωνυμων* ⌒ (8) *εὐωνύμων* 64-381 60 44′; + *του πλυνειν εν αυτοις* 46*(non 52): ex 6

8 *καί* 1° ⌒ 4° Bo | *δέκα – ναῷ*] > Arm^{II}; *ἐν τῷ ναῷ* om *L* 158 Compl | *πέντε/ἐκ δεξιῶν*] om *πέντε* 56*; tr 56^{c}; et *π. ἐξ εὐωνύμων* tr 527: cf 7 | om *πέντε* 2° 127 | *εὐωνύμων*] *αριστερων L* 71-74 158 610 Compl: cf 7 et Reg III 7$_{35(49)}$ | *χρ. ἑκατόν* tr 60 | *ἑκατόν*] *πεντε* (*ε′* 68) 68 Ald

9 om *ἐποίησεν* 71-44′ | om *τήν* 2° 71 | *θύρας*] pr *τας* A *L* Compl | *τῇ αὐλῇ*] *της αυλης L* 158 La$^{109\,Leg}$ Compl | *θυρώματα*] pr *τα L a*$^{-71}$ Ald Compl | *κατακεχαλκωμένα*] *-κεκαλυμμενα* V: cf Exod 27$_{2}$ | *χαλκῷ*] *auro* Aeth$^{P'}$ = 𝔐$^{1Ms\,mg}$, cf 3$_{7}$

10 *ἔθηκεν*] *-καν* 93; *εδωκεν* 56′ | *ἀπό – δεξιῶν*] *ad latus dexterum domus* Bo; *ἐκ δεξιῶν* om 56′ | *ἀπό*] *επι* 60 | *ὡς*] *εως* 68′-74-106′-120-130-134-346-554 Ald; pr *et* La^{109}; > *L* 119 527 Bo Compl = 𝔐 | *κατέναντι*] *εκ* (> 19′ Compl) *του μερους του προς νοτον* (*νωτον* 19) *L* Arm^{II} Compl = 𝔐; > Aeth Bo

καὶ τὰ πυρεῖα καὶ τὴν ἐσχάραν τοῦ θυσιαστηρίου καὶ πάντα τὰ σκεύη
αὐτοῦ. καὶ συνετέλεσεν Χειρὰμ ποιῆσαι πᾶσαν τὴν ἐργασίαν, ἣν
12 *ἐποίησεν ὁ βασιλεὺς Σαλωμὼν ἐν οἴκῳ τοῦ θεοῦ,* 12*στύλους δύο καὶ*
ἐπ᾽ αὐτῶν γωλὰθ τῇ χωθαρὲθ ἐπὶ τῶν κεφαλῶν τῶν στύλων δύο καὶ
δίκτυα δύο συγκαλύψαι τὰς κεφαλὰς τῶν χωθαρέθ, ἅ ἐστιν ἐπὶ τῶν

B″ A V *L′ a b* 60 119 158 527 La$^{109\,(Leg)}$ Aeth Arm Bo

11 *καί* 1° ⌒ 2° 68′ | *Χειράμ* 1°] *χιραμ a*$^{-246\,554}$ 489 Sixt Ra.; *χηραμ* 246-554 46*; *yram* La^{109}; *hiram* (*hyram* H) La^{Leg}: cf Vulg; *χειραν* 19; *χειρας* 158 | *τάς*] pr *τους λεβητας* (*λευιτας* 19′) *και L* Arm^{II}(vid) Compl: cf 𝔐 et Reg III 7$_{26(40)}$ 𝔊 | *πυρια* A V 93 56* 46*(non 52)-64-728 55′ 60 Ald; *ποιρια* 158: cf praef p 91 | *καί* 3° ⌒ 5° Compl: cf 𝔐 | *ἐσχάραν*] *εσχατην* 127; *αισχραν* (-*χαρ.* ^{c}) 55*: cf praef p 87 | *Χειράμ* 2°] *χιραμ a*$^{-246\,554}$ 489 Ald Sixt Ra.; *χηραμ* 246-554 52; *yram* La^{109} | *ποιῆσαι*] *faciens* La^{109}: cf Reg; > Arm^{II} Bo | om *πᾶσαν* 71 = 𝔐$^{-6Mss}$(hab Targ Vulg et Reg 𝔐 𝔊) | *ἐποίησεν* 2°] -*σαν* 55; *εποιει* 107 | *ὁ βασιλεύς*] post *Σαλωμών* tr *L* Arm^{II} Compl; *τω βασιλει* et post *Σαλ.* tr B″ La^{109} Sixt Ra. = 𝔐$^{-1Ms^{c}}$, cf Vulg Reg 𝔐^{ap} Pesch et TGP II | *Σαλωμών* B A V* 108 120-121-130-134-236*-314-346-762* 64-728 Sixt] *σολομ.* 68′-71′ 98 Arm Bo Ald Compl; *σαλομ.* rel | *οἴκῳ*] pr *τω L* 119 527 Compl = Reg *L* | *τοῦ θεοῦ*] *domini* La^{109} Aeth = Reg; pr $\overline{\kappa\upsilon}$ *a*$^{-71}$ Ald

12 versum 12 ab *γωλάθ* ad fin (= La^{109I}) repetit La^{109} post v 14 et addit ex initio versus 14 *et meconot fecit* (= La^{109II}; La^{109} = La$^{109I\,II}$) | init] pr *et fecit* Aeth (omnes) Bo | *δύο* 1°] + *ad aperiendum* La^{109}: *ad op.* coni Weber: ex sq | *ἐπ᾽ αὐτῶν*] *επ αυτον* 60; > *L* La^{109} Arm^{II} Compl = 𝔐 | *γωλάθ*] *γολαθ* 71 46 60 158 527 125; *τας βασεις L* La^{109II} Compl; *duas bases* La^{109I}: cf 13; *supercolumnas* La^{Leg}; *bases cum capitellis* Arm^{II}; *capitella et super capitella columnarum* Arm^{I}: cf sq; + *και L* La$^{109I\,Leg}$ Arm^{II} Bo Compl = 𝔐 | *τῇ*] *τι* 60; *την* 52; *τας L* Arm^{I} Bo Compl | *χωθαρέθ* 1°] *χοθ.* 71 60; *χωθαρωθ* (sic 93^{c} La Arm Compl; -*ραθ* 93*; *χωραθωθ* 19′) *L* La^{109II} Arm Compl = 𝔐, cf sq et 13; *χωραθεθ* 74 46; *χωραρεθ* 527; *χωραθεν* 56′; *capitella* La$^{109I\,Leg}$; + *α εστιν* 158: cf sq | *ἐπί* – *στύλων* 1° om Arm^{I}, sed cf praec | *τῶν κεφαλῶν* 1°] *τ. κεφαλιδων* (*την κεφαλιδα* 610) *a*$^{-71}$: cf 3 15; *eorum* Aeth^{G}; > Bo; om *τῶν L* Compl | *στύλων δύο*] *στ. των δυο* 98; tr 125 | *δίκτυα*] *σαβαχωθ* (*basaqod* La^{109II}) 56′-121 La^{109II}: cf Reg V 25 17 et Ier 52 22 *α′* | *συγκαλύψαι*] *συγκατακαλυψαι* (-*καταλ.* 246 610) *a*$^{-71}$ Ald; *et super ea* La^{109II} | *τὰς κεφαλάς*] *τ. δυο βασεις L* Compl; pr *duo* Arm^{II} = 𝔐 (sed hab *capitella* Arm: cf praec); *vertices* La$^{109I\,Leg}$; *colat* (pro גלות) La^{109II}: cf praec | *τῶν* 3°] *τω* 127 | *χωθαρέθ* 2°] *χοθ.* 68-71 60; *χωθαρωθ* (sic 93 Arm Compl; *χωραθωθ* 19′: cf praec) *L* La^{109II} Arm Compl = 𝔐; *χωραθεθ* (*χορ.* 125) 107 52; *χωραρεθ* 46 527; *χωρθρεθ* 246; *χωραθ* 381; *capitellorum* La$^{109I\,Leg}$ | *ἅ*] *λ′* 127; *ας* Ald | *ἐπί* 2°] *επανω* A V: cf 13 | *τῶν κεφαλῶν* 2°] *τ. κεφαλιδων* 106′; om

κεφαλῶν τῶν στύλων, ¹³καὶ κώδωνας χρυσοῦς τετρακοσίους εἰς τὰ 13
δύο δίκτυα καὶ δύο γένη ῥοΐσκων ἐν τῷ δικτύῳ τῷ ἑνὶ τοῦ συγκαλύψαι
τὰς δύο γωλὰθ τῶν χωθαρέθ, ἅ ἐστιν ἐπάνω τῶν στύλων. ¹⁴καὶ 14
τὰς μεχωνὼθ ἐποίησεν δέκα καὶ τοὺς λουτῆρας ἐποίησεν ἐπὶ τῶν
μεχωνώθ, ¹⁵καὶ τὴν θάλασσαν μίαν καὶ τοὺς μόσχους τοὺς δώδεκα 15
ὑποκάτω αὐτῆς ¹⁶καὶ τοὺς ποδιστῆρας καὶ τοὺς ἀναλημπτῆρας καὶ 16

B′′ A V *L*′ *a* *b* 60 119 158 527 La$^{109\,(Leg)}$ Aeth Arm Bo

τῶν *L* Compl: cf praec | στύλων 2°] + των (> 19 60) δυο *L* 60 Aeth(omnes) Arm^{II}: cf praec

13 κώδωνας χρ. τετρ.] ροας (*malogranata* La = Vulg) χρυσας (-σους Compl; > La = 𝔐) τετρακοσιας (-ιους Compl; τετρ. – ῥοΐσκων Arm^{II} lib) 93 La^{109} Arm^{II} Compl: cf 𝔐 et Reg III 7$_{28(42)}$ | χρυσοῦς] -σιους 46; -σινους 52: cf praef p 76s; > 60 | τετρακοσίους] υ′ 246-314-762 52; > 68′-74-106′-120-130-134-236-346-554 *b*^{2} | εἰς – τῷ ἑνί] *et rete* Bo | δύο δίκτυα] δικτυα τα δυο *b*^{2} | καί 2° om *L* La^{109} Compl = 𝔐 et Reg | δύο 2°] β′ 120-122-134-236-314-346; ιβ′ 74; > B^{txt}; post γένη tr *b*^{2} | γένη] στιχοι 93 La^{109}(*ordines* = Vulg) Aeth^{Dc} Arm^{II} = Reg, cf 3 | ῥοΐσκων] ροων *L* Compl: cf praec, Reg et 16 | ἐν τῷ δικτύῳ] εν το δ. 55; επι το δ. 93; om ἐν La$^{109\,Leg}$(post ἑνί tr Leg) | τῷ 2°] το 158; > 55 | συγκαταλυψαι Ald: pro συγκατακαλ.: cf 12 | τὰς δύο] τα δ. 381; τους δ. 71; > 52 | γωλάθ] γολαθ 71 46 127 527; βασεις *L* La^{109} Arm^{II} Compl; *supercolumnia* La^{Leg}; *capitella* Arm^{I}: cf 12 | τῶν χωθαρέθ om La^{Leg} Arm^{I} | τῶν 1°] τω V 93 | χωθαρέθ] χοθ. 71 125; χωθαρωθ (χωραθωθ 19′) *L* La^{109} Arm^{II} Compl = 𝔐, cf 12; χωραθετ 46*; χωραρεθ 527; + *faciem* La^{109}: cf 𝔐 | ἐπάνω] επι *b*^{I}; *super capita* La$^{109\,Leg}$: cf 12 | τ. στύλων] pr *duarum* La^{Leg} Aeth: cf 12

14 τάς] τα 68′-71′-74-120-130-134-346-554 Ald; τους *L* Compl Sixt | μεχωνώθ 1°] μεχον. 71-106 46(non 52)-489 60 125; -νεθ 44; ⌒ 2° V | ἐποίησεν 1°] -σαν 489 | καί 2°] > 381* 158* = 𝔐^{1Ms}; ⌒ (15) 1° Bo | τούς > 381 | ἐποίησεν 2°] εποιει 107; bis scr 56; + *decem* La^{109}: cf 𝔐 (עשׂרה pro עשׂה 𝔐^{6Mss} = Reg III 7$_{29(43)}$, sic et עשׂר pro עשׂה 1° 𝔐^{6Mss} = Reg); > Arm^{I} = Reg (sic et 𝔐^{1Ms} om עשׂה 1° = Reg) | τῶν] τους 68′ Ald Sixt: cf praec; της 74-106′-120-130-134-346-554; την 314 | μεχωνώθ 2°] μεχον. 46(non 52)-489 60 125; -νεθ 44

15 θάλασσαν μίαν] tr 125; om μίαν 60 Bo | τούς 2°] pr και 55; > 98 = Reg III 7$_{30(44)}$ | δώδεκα] ιβ′ 68′-74-107(non 44)-120-134-236-314-346 98 52 127; ι′ 246; δεκα 158 | αὐτῆς] *maris* Arm^{II} = Vulg et Reg

16 init – ἀναλημπτῆρας om Compl: homoiot, sed cf Vulg et sq | init – κρεάγρας] *ollas et uncinos* La$^{109\,Leg}$: cf TGP II | ποδιστῆρας] υποδ. (pro υποποδ.) 93; παιδ. (pro πεδ.) 60; σπονδ. 527; σποδ. Bo(vid): cf Crum p 117 sub verbo ⲔⲈⲢⲘⲒ | ἀναλημπτῆρας (-λιμπτ. 46) B’ 93 *b*$^{I-381}$ Ald Sixt] -τορας A; -λαμπτ. V 19′ 346 381; -ληπτ. (-λιπτ. 71-106; -λειπτ. 158) rel: cf praef p 92 | τ. λέβητας]

τοὺς λέβητας καὶ τὰς κρεάγρας καὶ πάντα τὰ σκεύη αὐτῶν, ἃ ἐποίησεν
Χειρὰμ καὶ ἀνήνεγκεν τῷ βασιλεῖ Σαλωμὼν ἐν οἴκῳ κυρίου χαλκοῦ
17 *καθαροῦ.* [17]*ἐν τῷ περιχώρῳ τοῦ Ἰορδάνου ἐχώνευσεν αὐτὰ ὁ βασιλεὺς*
18 *ἐν τῷ πάχει τῆς γῆς ἐν οἴκῳ Σοκχὼθ καὶ ἀνὰ μέσον Σαρηδάθα.* [18]*καὶ*
ἐποίησεν Σαλωμὼν πάντα τὰ σκεύη ταῦτα εἰς πλῆθος σφόδρα, ὅτι
19 *οὐκ ἐξέλιπεν ὁλκὴ τοῦ χαλκοῦ.* [19]*καὶ ἐποίησεν Σαλωμὼν πάντα τὰ*
σκεύη οἴκου κυρίου καὶ τὸ θυσιαστήριον τὸ χρυσοῦν καὶ τὰς τραπέζας,

B΄΄ A V 880 *L΄ a b* 60 119 158 527 La$^{109\,(Leg)}$ Aeth Arm Bo

τ. λευητας (*λευιτ.* 71-106-236 44) 19 71΄-236 46(non 52): cf praef p 95 | *κρεάγρας*] + *και φιαλας* Compl: cf Vulg et Reg III $7_{31(45)}$ | *αὐτῶν*] *αυτης* 119 527 | *Χειράμ*] *χιραμ a*$^{-246\,554}$ Sixt; *χηραμ* 554 52; *yram* La^{109}; *hiram* La^{Leg}: cf Vulg | *καὶ ἀνήνεγκεν*] *και ηνεγκεν* 127; *pater eius* La^{109} = **𝔐** (**𝔊** ויביא pro אביו: cf Is $9_{6(5)}$), cf 2_{13} et TGP II; > *a*$^{-56΄\,71\,121}$ = **𝔐**; om *καί L* Bo Compl | *τῷ βασιλεῖ* om Arm^{II} | *Σαλωμών* B A V* 120-121-130-134-236*-314-346-762* 64-728 Sixt] *σολομων* 19 71-106 44΄-610 Arm Bo; *σολομωντι* 68΄ Ald Compl; *σαλομ.* rel

17 init] pr *και* 489 Arm^{II}(lib) | *τῷ* 1°] *τη L a*: cf 16_4; > Compl | *περιχωρον* 134 | om *τοῦ* 71 | *ὁ βασιλεύς* 880] *regi* Arm^{I}(hab Oskan); > 93(|) Arm^{II}(lib): cf Reg III $_{33(46)}$ **𝔊**^{BL}; + *σαλαμων* (sic) 246 | *τῷ* 2° om 880 60 119(|) 527(‖) | *ἐν οἴκῳ* 880] *ανα μεσον L* La^{109}(*inter*) Aeth$^{A΄}$ Arm^{II} Compl = **𝔐** et Reg, cf sq | *Σοκχώθ* 880] *σωκχωθ* 56-74; *σεκχωθ* 127; *εκχωθ* 71; *σακχωθ* 60; *σοχχωθ* 55; *σεχχωθ* B; *soccoth* La^{109} = Vulg^{te}; *σοχωθ* 19΄ Arm vid(*sochoth* Arm^{I}, *sokoth* Arm^{II}) Compl; *σαχωθ* 246 Aeth(vid); *σοηχωθ* 121; **ⲥⲟⲩⲭⲱⲑ** Bo (sic Bo^{DE}; **ⲥⲁⲭⲱⲧ** Bo^{B}; **ⲥⲉⲕⲱⲧ** Bo^{H}) | *καί*] ⌒ $_{(18)}$ *καί* Aeth^{P}; > Arm^{I} | *ἀνὰ μέσον*] *εν οικω a*$^{-71}$ Ald: cf praec; > 44 | *ἀνὰ μέσον Σαρηδάθα* 880] *αναμεσιρδαθαι* B'; *ανα μεσον σιρδαθα* coni Ra.; **ⲁⲙⲉⲥⲁⲣⲏⲇⲁⲑⲁ** Bo^{DE}; **ⲁⲙⲉⲥⲓⲣⲗⲁⲑⲉ** Bo^{BH} | *σαριδαθα* 19΄ 71 Arm^{IIte} Compl; *σαρηδα* 56-121-236-314-762 Arm^{IIap}; *σαριδα* 246; *σαρηδαθ* (*-δαδ* 381*) *b*$^{I-46}$; *σαριδαθ* 46 60 158; *σαδηραθ* 119 527; *γαριδαθ b*^{2}; *σαδαθα* A V 55 Arm^{I} (*sadath*(*aj*)); *sejrta* Aeth$^{(-P)}$(sic Clear, Muséon 85 (1972) 260; vel *sedarta*?); *sartan* La^{109} = Reg III **𝔐** **𝔊**^{L}

18 v $_{18}$ om Bo: homoiot | *Σαλωμών* B΄ A V* 880 120-121-130-134-236*-314-346-762* 64-728 Sixt] *σολομων* 68΄-71΄ Arm Ald Compl; *σαλομ.* rel | *ταῦτα* – $_{(19)}$ *σκεύη* 880] > 158: homoiot; *εἰς* – $_{(19)}$ *σκεύη* om 19; *ταῦτα* om 60 Arm^{II}(lib) = Reg III 7_{47} **𝔐** | *ὅτι*] *et* Aeth Arm^{II}: cf **𝔐**(> 1 Ms) Pesch^{ap}(> ^{te}) et Reg III $7_{32(47)}$ | *ἐξέλιπεν*] *-λειπεν* A V 728 55 60 119; *ηκριβασθη* 93-108 Aeth$^{A΄}$(vid: cf praef p 66) Arm^{II} Compl | *ὁλκή* 880] *θακη* 108: cf praef p 76; pr *η* 93-108 Compl | *χαλκουν* Ald

19 *καί* 1° ⌒ 2° 107 | *Σαλωμών* B΄(55*) A V* 120-121-130-134-236*-314-346-762* 64-728 Sixt] *σολομων* 106 Arm Bo Ald Compl; *σαλομ.* rel; > 71 | *σκεύη*] + *ταυτα* 527: cf $_{18}$ | *οἴκου*] pr *του L* 71 *b*$^{-381}$ 55 119 158 Compl |

καὶ ἐπ’ αὐτῶν ἄρτοι προθέσεως, [20]*καὶ τὰς λυχνίας καὶ τοὺς λύχνους* 20
τοῦ φωτὸς κατὰ τὸ κρίμα καὶ κατὰ πρόσωπον τοῦ δαβεὶρ χρυσίου
καθαροῦ [21]*καὶ λαβίδες αὐτῶν καὶ οἱ λύχνοι αὐτῶν* [(22)]*καὶ τὰς φιάλας* 21 (22)
καὶ τὰς θυΐσκας καὶ τὰ πυρεῖα χρυσίου καθαροῦ· [22]*καὶ ἡ θύρα τοῦ* 22
οἴκου ἡ ἐσωτέρα εἰς τὰ ἅγια τῶν ἁγίων, εἰς τὰς θύρας τοῦ οἴκου τοῦ
ναοῦ χρυσᾶς.
(5) [(1)]*καὶ συνετελέσθη πᾶσα ἡ ἐργασία, ἣν ἐποίησεν Σαλωμὼν ἐν* (**5**1)
οἴκῳ κυρίου. [1]*καὶ εἰσήνεγκεν Σαλωμὼν τὰ ἅγια Δαυὶδ τοῦ πατρὸς* **5**1

B′′ A V *L′ a b* 60 119 158 527 La^{109} Aeth Arm Bo

καί 3° ⌒ 4° Aeth^{P} Arm^{II} | *τὰς τραπέζας*] sing Bo^{-H} = Reg III 7$_{34(48)}$; + *auri* Aeth$^{(-P)}$: cf Par I 28$_{16}$ | *καί* ult – *ἄρτοι*] *panium* Bo: cf Targ (דעליהון לחם) et Reg; om *καί* 55 | *αυτον* 60 | *αρτους L a* Arm Ald Compl | *προθέσεως*] pr *της* 106

20 *λυχνίας*] + *auri* Arm^{II}: cf $_{7}$ 13$_{11}$ | *τοῦ φωτός*] *qui lucebant* Aeth: cf 𝔐 Vulg et Ios VIII 90 | *κατά* 1°] *και* 19; pr *et* Aeth^{P}; ⌒ 2° 71; – *κρίμα* om 381 = Reg III 7$_{35(49)}$ | *καί* ult om *L* La^{109} Aeth Arm Bo Compl = 𝔐 | *πρόσωπον*] pr *το a*$^{-71}$ Ald | *τοῦ δαβείρ*] *oraculi* La^{109}: cf Vulg et 3$_{16}$ | *δαβιρ a*$^{-554^{c}(56')}$ Ald Sixt; *δαβηρ* 46-489 527; ⲧⲁⲃⲓⲣ Bo: cf 3$_{16}$

21 init – *πυρεῖα*] > Bo^{B}: homoiot; *καί* 2° ⌒ 4° Bo | *λαβίδες*] *-δος* 55; *βολιδες* 68′ Ald; pr *αι L a*$^{-71}$ Ald Compl; et *οἱ λύχνοι* tr *L* Aeth(sim) Arm Compl = 𝔐, cf Reg III 7$_{35(49)b}$ | *καί* 3° om 314 | *τάς* 1° – *θυΐσκας*] *αι φιαλαι και αι θυισκαι* (*-ικαι* 19*) *L* Arm(Arm^{II} textum auctum praebet, cf Reg III 7$_{36(50)}$ et TGP II) Compl; pr *et vasa eorum auro puro* La^{109}: cf 𝔐 (pro מכלות זהב: ex כליהם pro מכלות (sic *vasa* pro כלים in $_{16\ 18\ 19}$ 5$_{1}$)); *καὶ τάς* 2° om 44; *τάς* 2° om 125 | *πυρεῖα*] *-ρια* A 93 71 46*(non 52)-64 55′ 60 Ald: cf $_{11}$; + *et omnes* (> BH) *portas* Bo: cf $_{22}$

22 *ἡ θύρα*] *ostia* (*hostea* La^{109}) La^{109} Aeth Arm Bo: cf Vulg | *τοῦ οἴκου*] + *domini* Aeth; > 346 Arm^{II} | *του εσωτερου* 98 | *εἰς τά*] pr *η L a*$^{-68'\ 71\ 106\ 120\ 44}$ 52^{c}(non 46) Compl; om *τά* 74 | om *τῶν* 74 | *εἰς* 2°] *και L a*$^{-71}$ *b*^{2} Arm Bo Ald Compl Sixt = 𝔐 et Reg III 7$_{36(50)}$ 𝔊 | *τὰς θύρας*] *αι θυραι* 19′ Arm^{II}; *η θυρα* 93 | om *τοῦ οἴκου* 2° Arm Bo: cf Reg 𝔊 | *χρυσᾶς*] *χρυσαι L* 381 Compl; *in auro mundo* Arm^{II}: cf $_{21}$; > Bo | *Σαλωμών* B A V* 120-121-130-134-236*-314-346-762* 64-728 Sixt] *σολομων* 68′-71′ Arm Bo Ald Compl; *σαλομ.* (⌒ (5$_{1}$) *σαλομ.* 60) rel

5 1 *Σαλωμών* B A V* 120-121-130-134-236*-314-346-762* 64-728 Sixt] *σολομων* 68′-71′ Arm Bo Ald Compl; *σαλομ.* rel; > 44 | *Δαυίδ*] *δαυειδ* B; *δαβιδ* Ald:

*αὐτοῦ, τὸ ἀργύριον καὶ τὸ χρυσίον καὶ τὰ σκεύη ἔδωκεν εἰς θησαυρὸν
οἴκου κυρίου.*
2 *^{2}Τότε ἐξεκλησίασεν Σαλωμὼν τοὺς πρεσβυτέρους Ἰσραὴλ καὶ
πάντας τοὺς ἄρχοντας τῶν φυλῶν τοὺς ἡγουμένους πατριῶν υἱῶν
Ἰσραὴλ εἰς Ἰερουσαλὴμ τοῦ ἀνενέγκαι κιβωτὸν διαθήκης κυρίου ἐκ*
3 *πόλεως Δαυίδ, αὕτη Σιών. ^{3}καὶ ἐξεκλησιάσθησαν πρὸς τὸν βασιλέα*
4 *πᾶς ἀνὴρ Ἰσραὴλ ἐν τῇ ἑορτῇ, οὗτος ὁ μὴν ἕβδομος. ^{4}καὶ ἦλθον*

B′′ A V *L′ a b* 60 119 158 527 La^{109} Aeth Arm Bo

cf 1$_{1}$; > 379* | om *τοῦ πατρὸς αὐτοῦ* 381 = 𝔐^{1Ms} | *τό* 1° – *χρυσίον*] *του αργυριον και του χρυσιου* 236; tr *ἀργ.* et *χρ.* Arm^{II} Bo; pr *και L* Aeth$^{P'AG}$ Compl = 𝔐$^{-5Mss}$(non Pesch Vulg) et Reg III 7$_{37(51)}$ 𝔐^{2Mss}; om *καὶ τό* 44; om *καί* 125 | *καὶ τά* om 44 | *τὰ σκεύη*] pr *παντα* (add *L*) *L* La^{109} Aeth(omnes) Arm^{Iap} Compl = 𝔐$^{-6Mss}$(non Pesch) et Reg 𝔊^{4Mss}, cf 5 | *ἔδωκεν*] pr *και L a*$^{-71}$ 52^{c}(non 46) Ald Compl Sixt = Pesch^{ap} et Reg III 𝔊^{L}; pr *α* V^{c} 71; + *αυτα a*$^{-71}$ Ald: cf Pesch(lib); > 44 | *εἰς θησαυρόν*] *εις θησαυρων* 56′ 158*: cf praef p 110; *in tesauris* La^{109} = 𝔐, cf Reg 𝔐 𝔊; *εις τον θ.* 44 | om *οἴκου* B’ Bo

2 init] pr *και* 74 | *ἐξεκλησίασεν* (-*σε* B^{c} 122 610 Ald; *εξεκλισιασε* 68 44) B*′′ V 68′ 44-610 Ald] *εκκλησιασε* 246; *εξεκκλησιασε(ν)* rel Tht *Par II* 262: cf 3 11$_{1}$ 15$_{9}$ 24$_{6}$ Par I 13$_{5}$ 15$_{3}$ 28$_{1}$ et praef p 103s | *Σαλωμών* B A V* 120-121-130-134-236*-314-346-762* 64-728 Sixt] *σολομων* 19′ 71′ Arm Bo Tht Ald Compl; *σαλομ.* rel; pr *ο* Tht^{te} | *τούς* 1°] pr *παντας L a* La^{109} Aeth(omnes) Arm^{II} Tht Ald Compl Sixt = 𝔐^{2Mss} Pesch et Reg III 8$_{1}$ 𝔊 𝔐^{ap} | om *Ἰσραήλ* 1° B Bo(hab Tht(*ιερουσαλημ* ^{2Mss})) | *καί* – *Ἰερουσαλήμ* om Tht^{1Ms}: cf Reg 𝔊 | om *πάντας* 44′: cf Pesch(om *καὶ πάντας*) | *τούς* 2°] + *πρεσβυτερους και* 60: ex praec; ⌒ 3° V | *τ. ἄρχοντας* om 55 | *τοὺς ἡγουμένους*] pr *και L* 44 Tht Compl = Pesch Vulg; > Bo | *πατριῶν*] pr *των* A V 93-108 381-*b*^{2} 158 Tht Compl = 𝔐; pr *τους* 19 | *υἱῶν*] pr *των L* Tht^{te} Compl: cf 𝔐; > Tht^{1Ms} | *εἰς Ἰερουσαλήμ*] *εις ισραηλ* Ald; > 68 Tht = 𝔐^{1Ms} | *ανενεγκειν L* Tht Compl = Reg, cf praef p 104s | *κιβωτόν*] pr *την L a* Tht Ald Compl: cf 𝔐, = Reg | *διαθήκης*] pr *της* 610 Tht^{1Ms}: cf Reg | *κυρίου* om 44 Tht^{1Ms} | *δαυειδ* B; *δαβιδ* Tht Ald: cf 1$_{1}$ | *Σιών*] *σειων* B; pr *εστι* 93 La^{109} Arm^{I} Tht = Reg III 𝔊

3 *ἐξεκλησιάσθησαν* (*εξεκλισ.* 68) B′′ 68′ 610* 46^{c}-52* Ald] *εκκλησιασθησαν* 246; *εξεκκλησιασθη* (*εξεκλ.* V) V *L* Arm^{I} Bo Tht *Par II* 262s Compl; *εξεκκλησιασθησαν* rel: cf 2 | om *πρός* – *ἀνήρ* V | *τ. βασιλέα*] + *σαλομων* (*σολομων* (-*ντα* Tht^{ap} Compl) Arm Tht Compl) *L* Aeth(omnes(pr P)) Arm^{II} Tht Compl = 𝔐^{2Mss} Pesch Targ et Reg III 8$_{2}$ 𝔐 𝔊^{O} | *πᾶς ἀνήρ*] *omnes viri* La^{109}; om *ἀνήρ* B’ Bo Sixt | om *Ἰσραήλ* 106′-236 Tht^{1Ms} | om *ὁ* 64-381 127 Tht^{ap} | *ἕβδομος*] pr *ο* V *a*$^{-56'\ 106\ 121}$ 46-*b*^{2}(non 379) 55 158 Tht^{1Ms} Ald Compl: cf 𝔐

πάντες οἱ πρεσβύτεροι Ἰσραήλ, καὶ ἔλαβον πάντες οἱ Λευῖται τὴν
κιβωτὸν [5]καὶ ἀνήνεγκαν τὴν κιβωτὸν καὶ τὴν σκηνὴν τοῦ μαρτυρίου 5
καὶ πάντα τὰ σκεύη τὰ ἅγια τὰ ἐν τῇ σκηνῇ, καὶ ἀνήνεγκαν αὐτὴν οἱ
ἱερεῖς καὶ οἱ Λευῖται. [6]καὶ ὁ βασιλεὺς Σαλωμὼν καὶ πᾶσα συναγωγὴ 6
Ἰσραὴλ καὶ οἱ φοβούμενοι καὶ οἱ ἐπισυνηγμένοι αὐτῶν ἔμπροσθεν τῆς
κιβωτοῦ θύοντες μόσχους καὶ πρόβατα, οἳ οὐκ ἀριθμηθήσονται καὶ
οἳ οὐ λογισθήσονται ἀπὸ τοῦ πλήθους. [7]καὶ εἰσήνεγκαν οἱ ἱερεῖς τὴν 7
κιβωτὸν διαθήκης κυρίου εἰς τὸν τόπον αὐτῆς εἰς τὸ δαβεὶρ τοῦ οἴκου
εἰς τὰ ἅγια τῶν ἁγίων ὑποκάτω τῶν πτερύγων τῶν χερουβίν, [8]καὶ 8

B′′ A V 880 *L′ a b* 60 119 158 527 La$^{109\,(Leg)}$ Aeth Arm Bo

4 *ἦλθον*] *-θοσαν* 44: cf praef p 106; *venientes adduxerunt* Arm^{II}: cf sq | *πάντες* 1° ⌒ 2° 56′ Arm^{II} | *πάντες* 2° om Compl = 𝔐 | *τὴν κιβωτόν* om *a* Bo Ald

5 init – *σκηνῇ* om 60: homoiot | init – *κιβωτόν* om B 381 Arm^{II}: homoiot, sed cf Reg III 8$_4$ 𝔊$^{-O}$; bis scr 527 | om *τά* 1° 55(|) | om *τά* 3° 880(vid) 19 *a*$^{-71}$ 127 158 Ald | *οἱ* 2° om 44

6 *Σαλωμών* B A V* 93 120-121-130-134-236*-314-346-762* 64-728 Sixt] *σολομων* 71′-122 Arm Ald Compl; *ιηλ* 52; *σαλομ.* rel; > Bo = Reg III 8$_5$, sed cf sq | *συναγωγή* 880] pr *η L a*$^{-71}$ Ald Compl | *Ἰσραήλ* 880] pr *υιων a*$^{-71}$ Ald Compl; > 379 | *καὶ οἱ φοβούμενοι*] > Compl = 𝔐; *et qui timebant deum* La^{109}; + *dominum* Aeth^{-B}; om *καί* Arm^{II} | *καὶ οἱ ἐπισυνηγμένοι αὐτῶν*] > La^{109}; *καί* om Arm^{II} = 𝔐 | *συνηγμενοι* Ald | *αὐτῶν* 880] *επ αυτον L* Arm^{II} Compl = 𝔐 et Reg; *ad regem solomon* Bo | *κιβωτοῦ*] + *του θεου L* Compl: cf $_7$ et Reg 𝔊^{ap}; + *domini* Aeth; + *testamenti* La^{109}: cf $_7$ | *μόσχους* et *πρόβατα* tr *b*^{I} La^{109} = 𝔐, cf Reg | *οἵ* 1° – *ἀριθμηθήσονται*] *quorum non erat numerus* La^{109}: cf Vulg et Reg 𝔊 | *οἵ* 1°] *α L* Compl; > 381 | *ἀριθμηθήσονται*] *-μησονται* (*-σεται* 610) A 107 728 55′: cf praef p 105; *-μηθησεται* (*-μησεται* 93* 610) *L*(93^{c}) 610 Compl: cf sq | *καί* ult – fin] > Bo; – *λογισθήσονται* om *b*^{2} 158 La^{109}: cf Reg 𝔊 | *καὶ οἳ οὐ*] *ουδε* A *L* Compl; *οἵ* om V 56′-121 *b*^{I} 60 119 527 | *λογισθησεται L* 107(non 44) Compl | om *τοῦ* 19′ Compl = 𝔐 et Reg 𝔊^{O}

7 *εἰσήνεγκαν* post *ἱερεῖς* tr 134 | *οἱ ἱερεῖς*] *levitae* Arm^{I}: cf $_5$; > La^{109} = 𝔐^{1Ms} | *τήν* – *κυρίου*] om *τήν* 127; om *διαθ. κυρίου* 381: cf $_5$ et Reg III 8$_6$ 𝔊^{LO}; om *διαθήκης* Aeth^{-A} Bo^{DE} | *αὐτῆς*] *αυτου* 134 | *δαβείρ*] *δαβιρ a*$^{-56′\,71\,121\,554txt*}$ La$^{109\,Leg}$(*dabyr* 109) Arm Tht *Par II* 263^{1Ms} Ald Sixt; *δαβηρ* 46 527 Tht^{ap}; ⲧⲁⲃⲓⲣ Bo; *χρηματιστηριον* (*-τηστιρ.* 158) 554^{mg} *b*^{2} 158: cf Reg 𝔊^{Bmg} et 3$_{16}$ | *τοῦ*] *αυτου* 246*vid | *ὑποκάτω … τῶν*] *υπο … κατω των* 60 | *τῶν πτερύγων*] > 93 236(|) Aeth^{G} Arm^{II} Tht^{ap}: homoiot | *τῶν χερουβίν* (*-βειν* B A V* 728) B′ A V^{c} 108 74-106′(non 44′)-120-122-134 728] *cerubin* (*cher.* La^{Leg}(*cer.* Leg^{L*}; *-bim* Leg^{H})) La$^{109\,Leg}$; *των* (*του* 125) *χερουβιμ* (*-βειμ* 19 243-731* 55 119; *χαιρουβημ* 158; *χερου*^{βμ} 71) Tht rel = 𝔐, cf Vulg^{ap} et Reg; + *του οικου* 93

ἦν τὰ χερουβὶν διαπεπετακότα τὰς πτέρυγας αὐτῶν ἐπὶ τὸν τόπον
τῆς κιβωτοῦ, καὶ συνεκάλυπτεν τὰ χερουβὶν ἐπὶ τὴν κιβωτὸν καὶ ἐπὶ
9 *τοὺς ἀναφορεῖς αὐτῆς ἐπάνωθεν·* ^{9}*καὶ ὑπερεῖχον οἱ ἀναφορεῖς, καὶ*
ἐβλέποντο αἱ κεφαλαὶ τῶν ἀναφορέων ἐκ τῶν ἁγίων εἰς πρόσωπον
τοῦ δαβείρ, οὐκ ἐβλέποντο ἔξω· καὶ ἦσαν ἐκεῖ ἕως τῆς ἡμέρας
10 *ταύτης.* ^{10}*οὐκ ἦν ἐν τῇ κιβωτῷ πλὴν δύο πλάκες, ἃς ἔθηκεν Μωυσῆς*

B″ A V *L′ a b* 60 119 158 527 La^{109} Aeth Arm Bo

8 *καί* 1° ∩ 2° 44 | *καὶ ἦν τὰ χερουβίν*] > 68-246 55; *ἦν* om La^{109}: cf sq et Reg III 8_7; om *τά* 93 | *τὰ χερουβίν* 1° (-*βειν* B' A V* 19 728) B' A V^{c} 19′ 74-106′(non 44′)-120-122-134 728 La^{109}] *τα* (> 93) *χερουβιμ* (-*βειμ* 243-731* 119; *χαιρουβημ* 158; *χερου*^{βμ} 71) rel = 𝔐, cf Vulg^{ap} et Reg III 8_7 | *διαπεπετακότα*] *διαπετακωτα* 158; *διαπεπτακ.* Ald; -*κοτας* 246; *διαπεπτωκοτα* 68 Compl | *ἐπί* 1° – *καί* 2°] > La^{109}; om *τὸν τόπον* Aeth^{P}(solus) Arm^{I} | *κιβωτοῦ*] + *testamenti domini* Aeth$^{A'}$: cf $_7$ | *συνεκάλυπτεν* (-*τε* B^{c} V^{c} *L* Compl Sixt) B*′ A V* *L* Compl Sixt] *επεκαλυπτον* 74; -*τον* rel: cf TGP II | *τὰ χερουβίν* 2° (-*βειν* B A V* 728) B' A V^{c} 108 74-106′(non 44′)-120-122-134 728 Ald] *τα χερουβιμ* (-*βειμ* 243-731* 119; *χαιρουβημ* 158; *χερου*^{βμ} 71) rel = 𝔐 et Reg; > La^{109}: cf Vulg | *ἐπὶ τ. κιβωτόν*] *super eam* Bo; *ἐπί* om B″ *L* 71 La^{109} Aeth(omnes) Arm Compl = Vulg; + *domini* Aeth: cf praec; + *και προσηγγιζε* (-*ζον* 71; *appropinquantes circumtegentes* pro *και προσηγγιζε* Arm) *τα χερουβιμ* (-*βιν* 19′; om *τα χερ.* 71) *επι* (> Arm) *την κιβωτον L* 71 Arm^{II} Compl | om *ἐπί* 3° 71 La^{109} Arm^{I} | *αὐτῆς*] *αυτων* 74 44′-610; *αυτους* 119; *η* sup ras 52 | *ἐπάνωθεν*] *ανωθεν* 74; *επανω* 44; > 158

9 *ὑπερεῖχον* B' 93-108 71 La^{109}(*eminebant*) Arm^{II}(sim) Compl Sixt] *υπειχον* 19; *περιειχον* (*περιηχον* 728) rel Aeth Arm^{I}: cf Reg III 8_8 et TGP II | *ἐβλέποντο* 1°] *εμβλεποντο* 55: cf Reg 𝔊 | *ἀναφορέων*] -*ρων* 246 127; *αμφοτερων* 19 | *ἐκ τ. ἁγίων*] pr (add Arm^{II}) *απο της κιβωτου L* Arm^{II} Compl: sic pro מן־הארון = 𝔐$^{-2Mss}$, *ἐκ τ. ἁγίων* pro מן־הקדשׁ(sic 𝔐^{2Mss}) hab et Reg 𝔊^{omnes} 𝔐 et 4Q^{54} | *εἰς*] *επι L* Compl = Reg 𝔊^{L} | *πρόσωπον*] -*που* 93; pr *το* 55 | *τοῦ*] *το εξο* V | *δαβείρ*] -*βιρ a*$^{-56′ 71 121 554^c}$ La^{109}(*dabyr*) Arm Ald Sixt; *δαβηρ* 46-489 527; ⲦⲀⲂⲒⲢ Bo: cf 3_{16} | *οὐκ*] pr *και L* La^{109} Aeth Arm Compl = 𝔐 et Reg | fin] + *εν τη κιβωτω* (pr ante *ἕως* praec Arm^{II}) *L* Arm^{II}(∩ $_{(10)}$ *ἐν τῇ κιβωτῷ* 19)

10 *ἦν*] *η* 120 | *τῇ*] *τω* 107*(non 44′-610): cf praef p 99 | *πλήν*] + *η* 158 | *δύο*] pr *αι a*$^{-71}$ Ald = 𝔐; *tabulae lapideae* La^{109} = 𝔐^{1Ms} Pesch et Reg III 8_9 | om *πλάκες* 107*(|)$^{corr\ pr\ m}$(non 44′-610) | *ἔθηκεν*] *fecit* La^{109} | *Μωυσῆς*] *μωσης L*(hab *moyses* La^{109}): cf 1_3 et Reg; + *εν αυτη L* Arm^{II}; pr *ibi* Arm^{I} = Pesch Targ et Reg 𝔐, cf 𝔊^{ap} | *χωριβ* 554; *χωρειβ* 56′; *χορειβ* 60; *corep*

ἐν Χωρήβ, ἃ διέθετο κύριος μετὰ τῶν υἱῶν Ἰσραὴλ ἐν τῷ ἐξελθεῖν
αὐτοὺς ἐκ γῆς Αἰγύπτου. ^{11}καὶ ἐγένετο ἐν τῷ ἐξελθεῖν τοὺς ἱερεῖς ἐκ 11
τῶν ἁγίων — ὅτι πάντες οἱ ἱερεῖς οἱ εὑρεθέντες ἡγιάσθησαν, οὐκ ἦσαν
διατεταγμένοι κατ᾽ ἐφημερίαν, ^{12}καὶ οἱ Λευῖται οἱ ψαλτῳδοὶ πάντες 12
τοῖς υἱοῖς Ἀσάφ, τῷ Αἱμάν, τῷ Ἰδιθοὺμ καὶ τοῖς υἱοῖς αὐτῶν καὶ τοῖς
ἀδελφοῖς αὐτῶν, τῶν ἐνδεδυμένων στολὰς βυσσίνας, ἐν κυμβάλοις καὶ
ἐν νάβλαις καὶ ἐν κινύραις ἑστηκότες κατέναντι τοῦ θυσιαστηρίου καὶ
μετ᾽ αὐτῶν ἱερεῖς ἑκατὸν εἴκοσι σαλπίζοντες ταῖς σάλπιγξιν, ^{13}καὶ 13

B″ A V *L′ a b* 60 119 158 527 La^{109} Aeth Arm Bo

La^{109} | ἅ] *ας* 98 527: cf Reg 𝔊^{ap}; *οσα L* Compl; *eorum quae* La^{109} | αὐτούς] *αυτον* A

11 om ἐγένετο 107 | τούς] *αυτους* 246 | ἐκ – ἱερεῖς 2°] bis scr 158; > Bo^{B}: homoiot | οἱ 1° – εὑρεθέντες] > 71; οἱ εὑρ. om Arm^{II}; + *ibi* Aeth Arm^{I} = Pesch Targ Vulg | ἡγιάσθησαν bis scr 106* | οὐκ] pr *και a*$^{-71}$ Aeth omnes (om οὐκ AE^{c}H^{c}) Arm Ald: cf Vulg; pr *quia* Bo | κατ᾽] *εις* (*κατ εις* 56′-121-762) *a*$^{-71\ 314}$ Aeth omnes(vid); *και* V

12 Λευῖται] + *omnes et sacerdotes* Bo | οἱ ψαλτῳδοί] *qui psallebant* La^{109}; pr *και a*$^{-71}$ Aeth$^{P′}$ = 𝔐^{1Ms}, cf Vulg; > Arm^{II}: cf sq | πάντες τοῖς υἱοῖς] *omnes filii* Aeth^{A}(Clear, Muséon); *omnes filiorum* La^{109}; om πάντες 107 Arm^{II} | τοῖς 1°] pr *συν L* Arm^{II}(vid, cf sq) Compl | υἱοῖς 1° ⌒ 2° 55 | Ἀσάφ] pr *του L* Compl; pr *τω* A V 71 *b* 60 119 127 158: cf 𝔐 | τῷ Αἱμάν] *του αιμαν* 19′ Compl; *ταιμαν* 74; pr *cantori* Arm^{II}: cf praec; pr *et* Aeth$^{-P′}$ Arm^{I} Bo: cf Vulg | τῷ Ἰδιθούμ (*ιδειθ.* B; *ιδηθ.* 381; *ιδεθ.* 125*)] *idithom(aj)* Arm^{I}; *τω ιδιθουν* (*ιδειθ.* V; *ηδιθ.* A) A V 93 119 527 Bo^{-B}(sim) Sixt Ra.: cf TGP II; *yditun* La^{109}; *iduthun* Aeth; ⲯⲓⲑⲱⲛ Bo^{B}; pr *και* 60 La^{109} Aeth(omnes) Arm Bo = 𝔐^{1Ms}, cf Vulg | τοῖς υἱοῖς 2°] *filii* La^{109} | αὐτῶν 1°] *αυτου* B″ A V *b*^{2} 60 119 527 Aeth(omnes) Bo Sixt; > 71-107 Arm^{II} = Vulg | τοῖς ἀδελφοῖς] *fratres* La^{109}; om τοῖς 71-107 | αὐτῶν 2°] *αυτου* B' Aeth(omnes) Bo Sixt | τῶν ἐνδεδυμένων] *τοις* (pr *και* 74) *ενδεδυμενοις* (*-μενας* 610; *-υμμενοις* 93) *L a* Compl; *vestiti* La^{109} = Vulg | καὶ ἐν 1°] > 125; om ἐν La^{109} | νάβλαις] *ναυλαις* 19′ 46-728 158: cf praef p 95; *αυλαις* 246: post *ν*; *naflis* La^{109} | καὶ ἐν 2°] > 125; om ἐν La^{109} = 𝔐$^{-12Mss}$; *και οι εν* 246 | *κιννυραις* V^{c} 19 56′-68′-71′-121-236-554 52 60 119 Ald: cf praef p 93 | κατέναντι] *κατα* (*κατ* V) *ανατολας* A V La^{109} Aeth Arm^{I} Constit VII 45,10 | αὐτῶν 3°] *αυτον* 107(non 44′, 610$^{corr\ pr\ m}$) | ἱερεῖς] pr *οι* 46-728 Compl | ἑκατὸν εἴκοσι] *ρκ′* 56-107(non 44)-130-134-236-314-762 98 127; *εκατον* (*ρ′* 52) *και εικοσι* (*κ′* 728 52) A V *L b*$^{-98}$ 55 60 158 Aeth Arm(Arm^{Ite}) Compl = 𝔐 | ταῖς] *εν* 158; *εν ταις L* Aeth(omnes) Compl = 𝔐; > A V 60 125 | σάλπιγξιν] + *αυτων* 19′ Arm^{II}

ἐγένετο μία φωνὴ ἐν τῷ σαλπίζειν καὶ ἐν τῷ ψαλτῳδεῖν καὶ ἐν τῷ ἀναφωνεῖν φωνῇ μιᾷ τοῦ ἐξομολογεῖσθαι καὶ αἰνεῖν τῷ κυρίῳ — καὶ ὡς ὕψωσαν φωνὴν ἐν σάλπιγξιν καὶ ἐν κυμβάλοις καὶ ἐν ὀργάνοις τῶν ᾠδῶν καὶ ἔλεγον

Ἐξομολογεῖσθε τῷ κυρίῳ, ὅτι ἀγαθόν,
ὅτι εἰς τὸν αἰῶνα τὸ ἔλεος αὐτοῦ,

14 *καὶ ὁ οἶκος ἐνεπλήσθη νεφέλης δόξης κυρίου,* 14*καὶ οὐκ ἠδύναντο*

B″ A V *L′ a b* 60 119 158 527 La$^{109\,(Leg)}$ Aeth Arm Bo

13 init – *σαλπίζειν* bis scr 527; om 71 | *ἐγένετο μία φωνή*] post *σαλπίζειν* tr 125; omittit, sed pro *φωνῇ μιᾷ* sq hab *facta est vox una* La^{109}(non La^{Leg}) | *μία φωνή*] post *σαλπίζειν* tr *b*^{I}; > Bo; om *μία* 19′ Arm^{II} | *ἐν τῷ σαλπίζειν*] *cum tuba* (*-bae* Leg) *canerent* La$^{109\,Leg}$; + *του εξομολογεισθαι* 46*(non 52): ex sq | *καί* 2° ∩ 5° 125 | *καὶ ἐν τῷ ψαλτῳδεῖν*] *et cum psallerent* La$^{109\,Leg}$; > 68′-106′-120-130-134-346-554 Arm^{II}: homoiot | *ψαλτωδιζειν* 127: cf praef p 107 | *ἐν τῷ ἀναφωνεῖν*] *cum vocem darent* La$^{109\,Leg}$; *cum concordarent omnes* Aeth; + *ομοθυμαδον* (*-δων* 93-108) *L* Arm^{II} vid (*exivit vox una clamore in concordia* pro *ἐν* – *μιᾷ*) | *ἀναφωνεῖν φωνῇ*] *αναφωνη* 119; om *φωνῇ* 44-610 | *φωνῇ μιᾷ*] *vox una* La^{Leg}: pro *φωνὴ μία*: cf 𝔐 (sic Compl); pr *εν* 71 | *τοῦ* – *αἰνεῖν*] *του αινειν και* (*και* (> 19′ Compl) *του L* Compl) *εξομολογεισθαι* (*-γισθαι* 108; *-σθε* 19 56; + *σε* 106′) *L a* Constit VII 45,2 sim (*αινουντες και εξομολογουμενοι*) Ald Compl = 𝔐, cf Par I 23$_{30}$ et TGE II p 232s; om *καὶ αἰνεῖν* Arm^{II} | *τῷ κυρίῳ* 1°] *τω θ̅ω̅ b*$^{I-46}$; *τον θ̅ν̅* 46 527; + *deo* Arm^{II} | om *ὡς* B* V 46 125 Arm^{I} | *φωνήν*] *φωνη* A; pr *την* A V *L b* 55 60 119 158 Compl | *σάλπιγξιν*] pr *ταις L* 381 Compl | *καὶ ἐν κυμβάλοις*] *και εκ κ.* 19: cf praef p 110; > 610: homoiot; om *ἐν* 125 La^{109} | *ἐν ὀργάνοις*] *εν τοις ορ. L* Compl; om *ἐν* 71-107 | *τῶν ᾠδῶν*] *τ. οδων* 246 728-731: cf 7$_{6}$ et praef p 90s; *et in cantibus* (ϨⲀⲚϨⲰⲆⲎ (ⲚⲒϨⲰⲆⲎ BH)) Bo; *et in voce benedictionis* Arm^{II}: cf praef p 60s; + *και εν υμνοις L* Compl: cf 𝔐; om *τῶν* 71 | *καὶ ἔλεγον*] om *καί* La^{109} Arm^{II}; + *και* 119 | *Ἐξομολογεῖσθε τῷ κυρίῳ* (= Ps 105(106) et 117(118)$_{1a\alpha}$, cf Par II 7$_{6}$ 20$_{21}$ Par I 16$_{34}$)] *αινειτε τον κυριον* Constit VII 45,11 (= Ps 134(135)$_{3a\alpha}$): cf 𝔐 et 7$_{3}$ | *εξομολογεισθαι* A V* 93-108 71-236 728 44*-610 55 527: cf 𝔐 et praef p 87 | *ὅτι ἀγαθόν* (= Ps 105(106) et 117(118)$_{1a\beta}$)]) *οτι αγαθων* 55* 158: cf praef p 89; *οτι αγαθος* 98 527$^{corr\,pr\,m}$ La^{109} Bo?(ⲬⲈ ⲞⲨⲀⲄⲀⲐⲞⲤ, sic et in 7$_{3\,6}$ Par I 16$_{34}$ (deest in II 20$_{21}$)) Constit | *ὅτι* 2° – *αὐτοῦ* (= Ps 105(106) et 117(118)$_{1b}$ (hab et Constit)): cf 7$_{3\,6}$ 20$_{21}$ Par I 16$_{34}$ Esdr II 3$_{11}$(cf I 5$_{58}$) Mac I 4$_{24}$] *εἰς τὸν αἰῶνα* post *αὐτοῦ* tr Bo(sic et 7$_{3\,6}$ Par I 16$_{34}$) | *καί* ult om 56′ | *οἶκος*] + *domini* Aeth: cf Reg III 8$_{10}$ | *επλησθη* 246: cf Reg | *νεφέλης* ∩ (14) *νεφέλης* 68 |

οἱ ἱερεῖς τοῦ στῆναι λειτουργεῖν ἀπὸ προσώπου τῆς νεφέλης, ὅτι ἐν-
έπλησεν ἡ δόξα κυρίου τὸν οἶκον τοῦ θεοῦ. **6** ^{1}*τότε εἶπεν Σαλωμών* 1
Κύριος εἶπεν τοῦ κατασκηνῶσαι ἐν γνόφῳ·
^{2}*καὶ ἐγὼ ᾠκοδόμηκα οἶκον τῷ ὀνόματί σου ἅγιόν σοι* 2
καὶ ἕτοιμον τοῦ κατασκηνῶσαι εἰς τοὺς αἰῶνας.
^{3}*Καὶ ἐπέστρεψεν ὁ βασιλεὺς τὸ πρόσωπον αὐτοῦ καὶ εὐλόγησεν* 3
τὴν πᾶσαν ἐκκλησίαν Ἰσραήλ, καὶ πᾶσα ἐκκλησία Ἰσραὴλ παρει-

B'' A V *L' a b* 60 119 158 527 La^{109} Aeth Arm Bo

δόξης κυρίου] *maiestatis glorie domini* La^{109}; pr *και L* 125 158 Arm^{II} Compl; > Ald = 𝔐, cf $_{14}$; om *νεφέλης* Aeth^{G}

14 *εδυναντο a*$^{-71\ 554\ 44\ (68)}$: cf praef p 102 | *ἱερεῖς*] + *domini* Bo | om *τοῦ* 1° 19 381 119 125: cf Reg III 8$_{11}$ | *λειτουργεῖν*] pr *και* 93-108 Aeth^{-DF} = 𝔐^{1Ms} Pesch^{te} Vulg; > Arm^{II} | *ἀπὸ πρ. τ. νεφέλης*] *coram hac turbine nubis* Aeth^{AEGH}; + *δοξης* $\overline{κυ}$ A(*τῆς* – (6$_{1}$) *γνόφῳ* sup ras) Aeth^{AEGH}: cf sq | *ὅτι* – fin] *quia implevit gloria domini dei israel* Aeth^{AEH}; *dei israel* Aeth$^{P'G}$(bis scr P); *quia impleta est gloria domini in domo domini dei israel* Aeth^{DF}: cf 𝔐 𝔊 et praef p 52; *quia plena erat domus gloria dei* Arm^{II}: cf $_{13}$ | *επλησεν* (-*σε* 74) 74-107 731 Or *Rom* 226: cf Reg | *ἡ δόξα*] *δοξαν* 158; om *ἡ* B *L* 74 46 Or(vid) Compl Sixt Ra.: cf 𝔐 et Reg | om *κυρίου* 56'-71 | om *τοῦ* ult 71

6$_{1-2}$ = Reg III 8$_{12-13}$, adest secundum 𝔐 in 𝔊$^{O(= A\ 247(sub\ ※))\ L(= 127\ Z)\ M\ 71\ 158}$ = Reg III 𝔊^{I} et contra 𝔐 in Reg III 8$_{53}$^{a} in 𝔊^{omnes} = Reg III 𝔊^{II}

6 1 *Τότε εἶπε(ν)*] *ειπε δε* 44 | *εἶπεν* – $_{(2)}$ fin om 381 | *Σαλωμών* B' A V* 120-121-130-134-236*-314-346-762* 64-728 Sixt] *σολομων* 71'-68' Arm Bo Ald Compl; *σαλομ.* rel | *Κύριος* – *κατασκηνῶσαι*] *domine, tu dixisti inhabitare te* La^{109} | *κατασκηνῶσαι*] *κατοικησαι* A = Reg III 𝔊^{II}, cf $_{2}$ | *ἐν γνόφῳ*] *in globo nubis* La^{109}; *in nube et in caligine* Arm^{II}: cf Ps 96(97)$_{2}$ Ez 34$_{12}$

2 *ᾠκοδόμηκα*] *οικ.* B' 93 71 46(non 52)-64^{c}-728: cf praef p 103; *ωκοδομησα* (*οκ.* 246; -*μισα* 158) 19' 246 489 44-610 60 127 158 527 Compl = Reg III 𝔊^{I} | *σου*] *μου* 52*; *eius* Aeth = Vulg; > 610 | *ἅγιόν σοι*] *αγιον σου* 119; *αγιο σοι* 158; *τω αγιω* 19 La^{109} Aeth Arm^{II} | *καί* 2°] *domine* Bo: ex $\overline{κε}$ | *καί* 2° – *κατασκηνῶσαι*] *ad habitandum tibi et parata est ad commorandum* La^{109}: cf TGP II; *et parata habitatio* (+ *tua* P solus) Aeth(omnes) | *καὶ ἕτοιμον*] + *και* (> Lag.) *την καθεδραν* (*τη καθεδρα* 108 Lag.) *σου* 19' Lag.; + *της καθεδρας σου* 93 Arm^{II} Fern.: cf 𝔐 et Reg III 𝔊^{I}; > 71 | *κατασκηνῶσαι*] *κατοικησαι* (-*κεισε* 158) A V 93 71 *b*$^{(-381)}$ 55' 60 119 158 Fern.: cf TGP II; + *σε* (> Arm^{I}) *εν αυτω L* Arm Compl; + *ibi* Bo: cf Vulg | om *τούς* 71 44

3 *ὁ βασιλεύς*] om 71 et add *σολομων* post *αὐτοῦ*; + *salomon* Aeth | *τὴν πᾶσαν*] tr *L* Compl; om *τήν* 55' | *καί* 3° ⌒ $_{(4)}$ 1° 125 | *ἐκκλ. Ἰσραήλ*] pr *η* A

4 *στήκει.* [4]*καὶ εἶπεν Εὐλογητὸς κύριος ὁ θεὸς Ἰσραήλ, ὃς ἐλάλησεν*
ἐν στόματι αὐτοῦ πρὸς Δαυὶδ τὸν πατέρα μου καὶ ἐν χερσὶν αὐτοῦ
5 *ἐπλήρωσεν λέγων* [5]*Ἀπὸ τῆς ἡμέρας, ἧς ἀνήγαγον τὸν λαόν μου ἐκ*
γῆς Αἰγύπτου, οὐκ ἐξελεξάμην ἐν πόλει ἀπὸ πασῶν φυλῶν Ἰσραὴλ τοῦ
οἰκοδομῆσαι οἶκον τοῦ εἶναι τὸ ὄνομά μου ἐκεῖ καὶ οὐκ ἐξελεξάμην
6 *ἐν ἀνδρὶ τοῦ εἶναι εἰς ἡγούμενον ἐπὶ τὸν λαόν μου Ἰσραήλ·* [6]*καὶ ἐξ-*
ελεξάμην τὴν Ἰερουσαλὴμ γενέσθαι τὸ ὄνομά μου ἐκεῖ καὶ ἐξελεξάμην
7 *ἐν Δαυὶδ ὥστε εἶναι ἐπάνω τοῦ λαοῦ μου Ἰσραήλ.* [7]*καὶ ἐγένετο ἐπὶ*
καρδίαν Δαυὶδ τοῦ πατρός μου τοῦ οἰκοδομῆσαι οἶκον τῷ ὀνόματι
8 *κυρίου θεοῦ Ἰσραήλ,* [8]*καὶ εἶπεν κύριος πρὸς Δαυὶδ τὸν πατέρα μου*

B′′ A V *L′ a b* 60 119 158 527 La^{109} Aeth Arm Bo

L a$^{-246\ 44}$ 158 379 Ald Compl Sixt: cf Reg III 8$_{14}$; om *Ἰσραήλ* Bo: cf Reg 𝔊^{ap}; > 71 | *παρειστήκει*] *παρεστ.* 246: cf praef p 102; *ιστηκει* (*εστικει* 158) 93 158 Fern. = Reg; ante *πᾶσα* tr 71-107 Bo

4 *εἶπεν*] + *σαλομων* (*solomon* Arm) *L* Aeth Arm^{II}; + *rex* La^{109}; + *αυτη* 74 | *ὁ θεὸς Ἰσραήλ*] om *ὁ* 246; om *Ἰσραήλ* *b*^{I} | *ὅς*] *ως* Sixt | *ελαλησας* 610 | om *ἐν* 1° 60 La^{109} | *στόματι αὐτοῦ*] pr *τω* (*το* 55) 346 55: cf Reg III 8$_{15}$ | *πρός*] $\overline{\pi\rho\varsigma}$ A; *cum* La^{109}: cf 𝔐 | *δαυειδ* B; *δαβιδ* Ald: cf 1$_{1}$ | *τὸν πατέρα μου*] *του* $\overline{\pi\rho\varsigma}$ *μου* 610; > Aeth(omnes) | *καί* 2° – fin om 71 | *ἐν χερσίν*] *manum* La^{109}: cf Reg 𝔐(sing)

5 *γῆς*] *της* 158 | *οὐκ* 1° – (6) *ἐκεῖ* om 125 | *οὐκ ἐξελεξάμην* 1°] *εκει εξελ.* 610; *και εξελ.* 127; ⌒ 2° 107 | *φύλων*] *φιλων* 108: cf praef p 91 | *Ἰσραήλ* 1°] pr *του* 134 | *τοῦ* 1° – *εἶναι* 1° om 554 | *τό* om B′ A V 93-108 243-731 60 119 158 527 Ra.: cf TGP II | om *ἐκεῖ* 127 = 𝔐^{1Ms} | om *ἐν* 2° 554 | *Ἰσραήλ* 2°] pr *τον* 93 *b*$^{2-489}$

6 *καὶ ἐξελεξάμην* 1°] *εξελ. δε* 71 La^{109}(*sed elegi* = Vulg); ⌒ 2° B 60 158: cf 𝔐 (om v 6 6 Mss) et Reg III 8$_{16}$ 𝔐 𝔊$^{O\ L}$ (om Par v 5b–6a = Pesch) et 𝔊$^{-O\ L}$(om 5b) | *τήν*] *εν* A V *b* 55′ 119 527 Aeth(omnes) Ra. = 𝔐 et Reg 𝔊: cf TGP II | *γενέσθαι*] *θεσθαι* *b*^{2} Bo; pr *του* 19′ 44 119 Compl: cf 𝔐; *του ειναι* 127: cf Reg; + *του ειναι* A V | om *τό* *L* 127: cf 𝔐 | *καί* 2° om 127 | *ἐξελεξάμην* 2°] *επελ.* 71 | *ἐν*] *τον* *L* 71 Compl: cf Reg 𝔊; > 68′ 158 Ald; *τον* vel om La^{109} Aeth$^{A′}$(deest P; *domum* B) Arm Bo = Vulg | *δαυειδ* B; *δαβιδ* Ald: cf 1$_{1}$ | *ὥστε εἶναι*] *του ειναι* B′ 71 Sixt = Reg 𝔊; *ut esset rex* La^{109}; + *regem* Aeth = Pesch Targ; + ⲚϨⲎⲄⲞⲨⲘⲈⲚⲞⲤ Bo = 𝔐^{4Mss}(נגיד), cf Reg 𝔊; om *εἶναι* 610 | *ἐπάνω*] *επι* B′ A V Sixt = Reg 𝔊; post *μου* 2° tr 68′ Ald | *τοῦ λαοῦ*] *τον λαον* B′ 246 Sixt = Reg 𝔊; > Aeth | fin] + *dixit* (pr *et* B) *dominus* Bo

7 *Δαυίδ*] *δαυειδ* B: cf 1$_{1}$; > *a*$^{-71}$ Ald = Reg III 8$_{17}$ 𝔊$^{B\ 107}$ | *τοῦ* 2°] *τω* 127; > 381 55 = Reg 𝔊 | *τῷ* – fin] $\overline{\kappa\omega}$ 71; *κυριον* 44 | *θεοῦ*] pr *του* 19′ Compl = Reg 𝔊^{L}

Διότι ἐγένετο ἐπὶ καρδίαν σου τοῦ οἰκοδομῆσαι οἶκον τῷ ὀνόματί
μου, καλῶς ἐποίησας ὅτι ἐγένετο ἐπὶ καρδίαν σου· ⁹πλὴν σὺ 9
οὐκ οἰκοδομήσεις τὸν οἶκον, ὅτι ὁ υἱός σου, ὃς ἐξελεύσεται ἐκ τῆς
ὀσφύος σου, οὗτος οἰκοδομήσει τὸν οἶκον τῷ ὀνόματί μου. ¹⁰καὶ 10
ἀνέστησεν κύριος τὸν λόγον τοῦτον, ὃν ἐλάλησεν, καὶ ἐγενήθην ἀντὶ
Δαυὶδ τοῦ πατρός μου καὶ ἐκάθισα ἐπὶ τὸν θρόνον Ἰσραήλ, καθὼς
ἐλάλησεν κύριος, καὶ ᾠκοδόμησα τὸν οἶκον τῷ ὀνόματι κυρίου θεοῦ

B'' A V *L' a b* 60 119 158 527 La$^{109\,(Leg)}$ Aeth Arm Bo

8 *Δαυίδ – μου* 2°] *αυτον* 71 | *δαυειδ* B; *δαβιδ* Ald: cf 1_1 | *τόν* om B'' *a*$^{-68'\,74\,106'}$ 60 119 158 Sixt Ra. = Reg III 8_{18}, cf TGP II | *μου* 1° om 246 | *Διότι*] *ανθ ων L* Arm^{II}(vid) Bo vid(ϫⲉ ⲫⲙⲁ ϫⲉ) Compl = Reg 𝔊$^{-L}$ | *καρδίαν* 1°] pr *την b*^{2} = Reg | *τοῦ* om *a*$^{(-71)}$ 98 Ald = Reg 𝔊$^{-O\,L}$ | *τῷ*] pr *επι* 127 | *καλος* 158: cf praef p 89 | *ἐποίησας ὅτι* om B* Bo | *ὅτι* – fin om 107(|) Arm^{II} | *ἐγένετο* 2°] *ascendit hoc* La^{109}: cf Reg pro היה 1°; + *hoc* Arm^{I} | *καρδίαν* 2°] pr *την* B'(B^{c}) A V *b* 60 119 527 Ald Sixt = Reg

9 *σὺ οὐκ*] *σοι ουκ* V* 55 158: cf praef p 91; *ου συ* 44 Did *Cat Ps* (*ad Ps* 29_1) I 262 = Vulg^{ap}, cf Reg III 8_{19} 𝔊; om *σύ L* Compl Lag. Fern.: cf sq; om *ουκ* 728 | *οἰκοδομήσεις*] -*σης* 19; -*μισης* 158: cf praef p 107; + *συ* 93 Fern.; + *μοι συ* 108 Compl; + *μοι* 19 *a*$^{-71}$ La^{109} Aeth^{-PBG} Arm Bo Did Ald Lag.: cf Vulg^{ap} et Par I 28_3 𝔊 | *τὸν οἶκον* 1°] > 246; om *τόν* 19' *a*$^{-71}$ 98 Arm(vid) Did Ald Lag.; + *meum* Arm^{II}; + *nomini meo* Aeth: cf Pesch^{ap} et Reg 𝔊; ⌒ 2° 98 60 | *ὅτι*] *αλλ* 44 Bo(ⲁⲗⲗⲁ) Did; *αλλ η L* Aeth(omnes) Arm (hab La^{109} *quoniam*) Compl = 𝔐^{13Mss} (כי אם) et Reg | *ὁ – ἐξελεύσεται*] *ο εξερχομενος* Did: cf 𝔐 et Reg 𝔊; *ο υιος σου ο* 44 | *ὅς – οὗτος* om 71 | *ἐκ*] *απο* 527 | *οὗτος*] *αυτος L* Compl | *οἰκοδομήσει*] -*ση* 246*; + *μοι* 71 Aeth$^{A'}$ Arm^{II} Did | *τόν* 2° – fin] *οικον* 71 Did; om *τόν* 93 *a b*^{2} 52 60 127 158 Arm(vid) Bo(vid) Ald: cf Reg 𝔊; + *αλλ η ο υιος σου* 98^{c}: cf praec

10 *λόγον*] *λαον* 125* | *τοῦτον*] *αυτου* A V *a*$^{-71}$(*αυ* 120*) La$^{109\,Leg}$ Aeth (omnes) Arm Bo Ra. = 𝔐 et Reg III 8_{20}; > *L* 60 Compl | om *ὃν ἐλάλησεν* 71 | *ἐγενήθην ἀντὶ Δαυίδ*] *natus sum davidi* Aeth$^{-D^c}$; *surrexi loco david* La^{109} Aeth$^{-D^c}$ = 𝔐 et Reg 𝔐 𝔊(*ανεστην* (-*στησεν με L*) *αντι δ.*) | *εγενηθη* 158; *εγεννηθην* (-*θη* 246) 56'-134 60^{c}; *εγενομην L* Compl: cf praef p 105 | *δαυειδ* B; *δαβιδ* Ald: cf 1_1 | *τοῦ* om A(|) *a*$^{-106'\,134}$ 55' 119 158 Ald Sixt Ra.: cf TGP II | *μου*] *σου* B^{c} | *ἐκάθισα*] *εκαθισε με* 125; + *αυτον* 107(non 44) | *Ἰσραήλ* 1°] *αυτου a*$^{-71}$ Ald; *δ̄α̅δ* 127; pr *του* 98; pr *regni* Aeth^{-DF} = Targ; pr *regni super populum* Bo; pr *regni domus* Arm^{II} | *καθὼς ἐλ. κύριος* om 71 125 Bo | *οικοδομησα* B'': cf praef p 103 | *τὸν οἶκον*] *domum hanc* Arm^{I}; om *τόν* 71-74 *b*^{2}

11 *Ἰσραὴλ* [11]*καὶ ἔθηκα ἐκεῖ τὴν κιβωτόν, ἐν ᾗ ἐκεῖ διαθήκη κυρίου, ἣν*
διέθετο τῷ Ἰσραήλ.
12 [12]*Καὶ ἔστη κατέναντι τοῦ θυσιαστηρίου κυρίου ἔναντι πάσης ἐκ-*
13 *κλησίας Ἰσραὴλ καὶ διεπέτασεν τὰς χεῖρας αὐτοῦ,* [13]*ὅτι ἐποίησεν Σα-*
λωμὼν βάσιν χαλκῆν καὶ ἔθηκεν αὐτὴν ἐν μέσῳ τῆς αὐλῆς τοῦ ἱεροῦ,
πέντε πήχεων τὸ μῆκος αὐτῆς καὶ πέντε πήχεων τὸ εὖρος αὐτῆς καὶ
τριῶν πήχεων τὸ ὕψος αὐτῆς, καὶ ἔστη ἐπ' αὐτῆς καὶ ἔπεσεν ἐπὶ τὰ
γόνατα ἔναντι πάσης ἐκκλησίας Ἰσραὴλ καὶ διεπέτασεν τὰς χεῖρας

B′′ A V *L′ a b* 60 119 158 527 La^{109} La$^{Or\,Sal}$(incipit ab 13 *καί* 5°) Aeth Arm Bo

125 | *τῷ ὀνόματι* om 158 | *θεοῦ Ἰσραήλ*] pr *του L* Compl; > 71 | *Ἰσραήλ* 2° – (11) *ἥν*] *ον* 60

11 *ἐκεῖ/τὴν κιβωτόν*] *illic tavernaculum et arcam* La^{109}; tr 56′-121-762; om *ἐκεῖ* 44 = 𝔐^{1Ms} et Pesch^{te}(sed hab מקום לארון pro *τ. κιβωτον* = Reg III 8$_{21}$ sicut et *ἥν* – fin secundum Reg) | *ἐν* – fin om 44 | *ἐν* – *κυρίου*] *testamenti domini* (> Arm^{Ite}) Arm; om *κυρίου* 71 Bo^{DE}; > Bo^{BH} | *ἐν ᾗ ἐκεῖ*] *in qua est* La^{109} Aeth vid(omnes) Bo(vid); *εν η εστιν εκει L* Compl = Reg 𝔊; + *ην* 125 | *ἐκεῖ διαθ. κυρίου*] *διαθ. κ̅υ̅* (+ *θ̅υ̅ ι̅η̅λ* 56′: cf sq) *εκει* 56′-121-762 | *διαθήκη*] pr *η L* 125 Compl = Reg 𝔊^{L} | om *ἥν* – fin 56′: cf praec | *διέθετο*] + *dominus* Bo^{-BH}: cf Reg 𝔊 | *τῷ*] *cum filiis* La^{109} Arm^{I}; + *populo suo* Aeth

12 om init – *Ἰσραήλ* 125: homoiot | *ἔστη*] + *σολομων* (*σαλ.* 93) *L* 158 Arm^{II} = Pesch et Reg III 8$_{22}$ | *κατέναντι*] *-τιον* 71 | om *κυρίου* 19′ Arm^{II}: cf Reg 𝔊^{ap} | *ἔναντι*] *-τιον L* Compl; > 71 52 | *ἐκκλησίας*] pr *της* 93 | *αὐτοῦ*] *εαυτον* A V 60; + *και προσηυχετο εναντι κυριον* 125: cf Targ (+ בצלו); + לות שמיא Pesch: cf 13

13 om init – *αὐτοῦ* Bo: homoiot | *ὅτι ἐποίησε(ν)*] *εποιησε δε* 125 | *Σαλωμών* B A V* 120-121-130-134-236*-314-346-762* 64-728 Sixt] *σολομων* 68′-71′ Arm Ald Compl; *σαλομ.* rel; + *βασιλευς* 127; + *και* 125 | *χαλκῆν* om 127*(corr pr m) | *πήχεων* 1°] *πηχων* B *L* Compl Ra.: cf 3$_{3}$ | om *τό* 1° 71 | om *αὐτῆς* 1° 44 Arm^{II} | *καί* 2° – *αὐτῆς* 2° post *αὐτῆς* 3° tr 381 = 𝔐^{1Ms} | *πήχεων* 2°] *πηχων L* Compl: cf praec; > 71 44′; ⌒ 3° 379 | om *αὐτῆς* 2° *a*$^{-236}$ Arm | *τριῶν*] *γ′* 56′-314-346 127; *τρεις* et post *πήχεων* 3° tr 71: cf 𝔐; *πεντε L* Compl Lag. | *πήχεων* 3°] *πηχων L* Compl: cf praec; > 44(|) | om *αὐτῆς* 3° 71 | *αὐτῆς* 4°] *αυτην a*$^{-71}$ Ald | *ἔπεσεν ἐπὶ τὰ γόνατα*] *inclinavit* (*declinavit* SGQU^{2}Z) *salomon* (*salam.* A) *genua sua* La$^{Or\,Sal}$ (hab *cecidit in genua sua* La^{109}): cf sq; post *Ἰσραήλ* tr Arm^{II} | *ἔπεσεν*] *εστη* 527: ex praec; *εκαμψεν L* La$^{Or\,Sal}$ vid Aeth(omnes) vid Arm^{II} vid Compl: cf 𝔐 | *γόνατα*] + *αυτου* A V *L′* 56′-71 *b*^{1} 125 La$^{109\,Or\,Sal}$ Arm^{I} = 𝔐 | *εναντιον* V* *L a* Ald Compl | om *καί* ult – fin 125: homoiot | *διεπέτασεν*] *επετασεν* 55; *aperuit*

αὐτοῦ εἰς τὸν οὐρανὸν [14]*καὶ εἶπεν Κύριε ὁ θεὸς Ἰσραήλ, οὐκ ἔστιν* 14
ὅμοιός σοι θεὸς ἐν οὐρανῷ καὶ ἐπὶ τῆς γῆς, φυλάσσων τὴν διαθήκην
καὶ τὸ ἔλεος τοῖς παισίν σου τοῖς πορευομένοις ἐναντίον σου ἐν
ὅλῃ καρδίᾳ. [15]*ἃ ἐφύλαξας τῷ παιδί σου Δαυὶδ τῷ πατρί μου, ἃ* 15
ἐλάλησας αὐτῷ λέγων, καὶ ἐλάλησας ἐν στόματί σου καὶ ἐν χερσίν σου
ἐπλήρωσας ὡς ἡ ἡμέρα αὕτη. [16]*καὶ νῦν, κύριε ὁ θεὸς Ἰσραήλ, φύλαξον* 16
τῷ παιδί σου τῷ Δαυὶδ τῷ πατρί μου ἃ ἐλάλησας αὐτῷ λέγων Οὐκ

B'' A V *L' a b* 60 119 158 527 La$^{109\ Or\ Sal}$ Aeth Arm Bo

La$^{Or\ Sal(-I)}$ (hab *extendit* La^{109}, *expandit* La$^{Or\ Sal:I}$) | *τὰς χεῖρας αὐτοῦ*] om *τάς* 19'; om *αὐτοῦ* 71 44; *manum suam* La$^{Or\ Sal:I*}$

14 *Κύριε*] *κυριος* Ald; > 127 | *Ἰσραήλ*] pr *του L* Compl | *ὅμοιός σοι θεός*] *θεος ομοιως σοι* 158 | *θεός* 2° om La$^{Or\ Sal:G}$: cf Reg III 8$_{23}$ 𝔊^{ap} | *οὐρανῷ*] pr *τω* 134; + *sursum* La$^{109\ Or\ Sal}$ = Pesch Targ et Reg | *καὶ ἐπὶ τῆς γῆς*] + *deorsum* La$^{109\ Or\ Sal}$ = Pesch Targ et Reg; om *καί* 98; om *τῆς* 19 71 44 127 | *φυλασσειν* 125 | *τὴν διαθήκην*] *testamentum tuum* La$^{Or\ Sal}$ Aeth^{-DF} Bo: cf sq; om *τήν* 71 46 = Reg 𝔊 | *τὸ ἔλεος*] + *σου* 127 158 La$^{109\ Or\ Sal:MGL}$ Aeth^{-DF} Bo; + *αυτου L*; om *τό* 71 = Reg 𝔊 | *τοῖς* 1° – *πορευομένοις*] *omnibus qui ambulant* Arm^{I}: *πασιν* pro *παισίν*: cf praef p 64 | *παισίν*] *δουλοις L* Compl (hab *pueris* La$^{109\ Or\ Sal}$) = Vulg(*servis*): cf 17 19 20 21 27 8$_{9\ 18}$ 9$_{4}$ 10$_{7}$ 12$_{8}$ 13$_{6}$ 24$_{9}$ 25$_{3}$ 32$_{16}$ 34$_{20}$ 35$_{23\ 24}$, Reg 𝔊 et praef p 66s | *σου* 1°] *σοι* 243-731 | *εισπορευομενοις* 71 | *ὅλῃ*] *παση* b^{2} | *καρδίᾳ*] + *αυτων L* Aeth(omnes) Arm Compl = 𝔐

15 *ἃ ἐφύλαξας*] *και φυλαξας* 60; *servans* La$^{Or\ Sal}$ (hab *que* (sic) *custodisti* La^{109}): cf 14 | *ἅ* 1°] *et* Aeth; *quod* Arm^{I}; *nunc* Arm^{II}; *sicut* Bo; > B' 71-74 | *τῷ παιδί σου*] post *Δαυίδ* tr 158; post *μου* tr Aeth(omnes); > Arm^{II} Bo = Pesch^{te}, cf Reg III 8$_{24}$ 𝔊^{L} | *δαυειδ* B; *δαβιδ* Ald: cf 1$_{1}$ | *τῷ πατρί μου*] *και π. μου* 158; > La$^{Or\ Sal}$ (hab La^{109}) | *ἃ ἐλάλ. αὐτῷ λέγων*] ⌒ (16) 527 = 𝔐^{1Ms}; > 44; *ἃ ἐλάλησας αὐτῷ* om b^{2} = Reg 𝔊$^{A\ Arm}$ | *ἅ* 2°] *και* 125; pr *et* Bo; > 127 | *ἐλάλησας αὐτῷ*] *ελαλησα εαυτω* 55: cf praef p 75 | *αὐτῷ* – *σου* 3°] > Bo; *αὐτῷ* – *ἐλάλησας* 2° om A 71: homoiot; om *αὐτῷ* Aeth | *λέγων καὶ ἐλάλησας*] > Arm^{II}; om *λέγων L* La(*et dixisti* 109; *et locutus es* Or Sal) Arm^{I} Compl = 𝔐; om *καὶ ἐλάλησας* 125; + *αυτω L* | *στόματί*] *στομασιν* 127; pr *τω* (*το* 55) A V 19' *b* 55 60 119 158: cf Reg | *σου* 2° ⌒ 3° 71 | *χειρι* 74 La$^{Or\ Sal(-E)}$ (hab La$^{109\ Or\ Sal:E}$) Fern. = 𝔐 | *ἐπλήρωσας*] *πληρωσαι* 71; pr *α ελαλησας και ως* 125: cf 16 | *ὡς*] *sicut hostendit* La^{109}; *sicut comprobat* La$^{Or\ Sal:K}$: cf Vulg; > Aeth^{A} Arm: cf Pesch^{ap} | *ἡ ἡμέρα αὕτη*] *εν ημερα αυτη* 46(non 52) Aeth Arm^{II}; *hodie* Arm^{I}; om *ἡ* 762 158

16 om *ὁ θεὸς Ἰσραήλ* 71 44 | *φύλαξον*] + *ταυτα* 125 | *τον παιδα* A* | *τῷ* 1° – *αὐτῷ*] *quae dixisti puero tuo david* Bo | *τῷ* 1° – *μου* 1° om 125 | *τῷ παιδί σου/τῷ Δαυίδ*] tr 381: cf Reg III 8$_{25}$; > 107; om *τῷ* 2° *a* 46-b^{2} 60 158 Ald Compl: cf Reg et TGP II | *δαυειδ* B; *δαβιδ* Ald: cf 1$_{1}$ | *τῷ πατρί μου*] > B''

ἐκλείψει σοι ἀνὴρ ἀπὸ προσώπου μου καθήμενος ἐπὶ θρόνου Ἰσραήλ,
πλὴν ἐὰν φυλάξωσιν οἱ υἱοί σου τὴν ὁδὸν αὐτῶν τοῦ πορεύεσθαι ἐν τῷ
17 *νόμῳ μου, ὡς ἐπορεύθης ἐναντίον μου.* [17]*καὶ νῦν, κύριε ὁ θεὸς Ἰσραήλ,*
18 *πιστωθήτω δὴ τὸ ῥῆμά σου, ὃ ἐλάλησας τῷ παιδί σου τῷ Δαυίδ.* [18]*ὅτι*
εἰ ἀληθῶς κατοικήσει θεὸς μετὰ ἀνθρώπων ἐπὶ τῆς γῆς; εἰ ὁ οὐρανὸς

B′' A V *L′ a b* 60 119 158 527 La$^{109\ Or\ Sal}$ Aeth Arm Bo

381; post *ἐλάλησας* tr et *αὐτῷ* sq om 107 | *ἅ – λέγων*] *ως ειπας* 125; om *ἃ ἐλάλ. αὐτῷ* 106; om *αὐτῷ λέγων* 71 | *Οὐκ*] pr *και ελαλησας εν στοματι* (*οματι* 762*; pr *τω* 56′-236 *b*^{2}) *σου και επληρωσας ως η ημερα αυτη* (> 56) *λεγων a*$^{-71\ 106}$ *b*^{2} Ald: ex $_{15}$ | *εκλιψη* 127; *εκληψη* 158: cf praef p 88 | *ἀπὸ προσώπου μου*] > Bo; om *μου* B'(B*) 610 | *καθημενου* 46-728 | *θρόνου*] pr *του* 119; + *regni* Aeth = Targ | *Ἰσραήλ* 2°] *δ̅α̅δ̅ a*$^{-71}$(120^{c}) Ald (*δαβιδ*); *μου* 120*; *tui* Arm^{II}; > La$^{Or\ Sal:Q*}$ | *πλήν* – $_{(17)}$ fin om 107: *δ̅α̅δ̅* ⌒ *δ̅α̅δ̅* | *πλήν* om 71 | *φυλαξουσιν* 55: cf praef p 109; *φυλαξωνται* (*-ξονται* 19′) *L* Compl: cf Reg | om *οἵ – αὐτῶν* 71 | *τήν – μου* paenult] *legem meam* (*manum suam* (*tuam* X) SQX) *et* (sic G*ULIa; hab *ut* rel) *in praeceptis meis ambulent* La$^{Or\ Sal}$ (hab *viam suam ut ambulent in lege mea* La^{109}): cf Vulg; *vias meas et si* (hab *ut* pro *et si* P) *ambulent in lege mea* Aeth: cf Reg; *praecepta mea* (**ЄΝⲖЄΝΤΟⲖΗ**) *et ambulent in viis meis* Bo: cf sq | *τὴν ὁδὸν αὐτῶν*] *viam meam* Arm^{II}; *την διαθηκην μου* 19 46*(corr pr m; non 52) | *ἐν τῷ νόμῳ μου*] *εν τω ονοματι μου* B' 527: cf Exod 16$_{4}$ Ps 118(119)$_{97\ 165}$ 129(130)$_{5}$ Is 42$_{4}$ Matth 12$_{21}$; *coram me* Arm^{I} = Reg; om *τῷ* 52; om *μου* 93 = Targ, cf Pesch^{ap} | *ὡς* – $_{(17)}$ *Ἰσραήλ* om 71 | *ὡς* – fin] *sicut ambulaverunt in conspectu meo fideles* (*patres tui* X; > SQZ) La$^{Or\ Sal}$ (hab La^{109}); > 158: homoiot | *ἐπορεύθης*] *-θη* 93; + *tu* (*etiam tu* Aeth) La^{109} Aeth Arm = Pesch Vulg(*et tu*), cf Reg 𝔊

17 Eus *Dem* 260,26-30 et 262,7-10 tradit v $_{17-18}$ *σοι* sec Reg III 8$_{26-27}$, sed adiciens *κεῖται ταῦτα αὐταῖς λέξεσιν καὶ ἐν Παραλειπομέναις*, in *Ecl* 62,5-8 sec Par, in 61,2-5 sec Reg | om *κύριε* Eus *Dem* 262,7 = Reg 𝔐^{te} | *πιστωθήτω*] *creditum est* La$^{Or\ Sal}$ (hab *fidele fiat* 109); *πιστω* 158(|) | om *δή* 93 La$^{109\ Or\ Sal}$ Aeth Arm Bo = 𝔐$^{-3Mss}$ Vulg (hab Pesch Targ) et Reg | *τό – ἐλάλησας*] > 55; om *σου* 489 La$^{Or\ Sal}$ (hab 109) Arm^{Iap} | *ὅ – σου* 2° om Arm^{I} = Reg 𝔊$^{-O}$ | *ἐλάλησας*] *επληρωσας* 74: cf $_{15}$ | *τῷ* 1° – *Δαυίδ* om 71 | *τῷ παιδί σου*] *τω δουλω σου L* Compl (hab *puero tuo* La$^{109\ Or\ Sal}$): cf $_{14}$ et Reg 𝔊^{ap}; post fin tr 381 Aeth | *τῷ Δαυίδ* (*δ̅α̅δ̅*)] *τω π̅ρ̅ι̅ μου δ.* 158 Bo; + *τω πατρι μου* Eus *Dem* 260,28 et 262,8 *Ecl* 61,3 (non 62,6) = 𝔐^{1Ms} Pesch^{te} et Reg; om *τῷ* 19′ *a*$^{(-71\ 107)}$ 381 52 60 127 Eus *Dem* 262,8 Compl Lag. = 𝔐^{1Ms} et Reg 𝔐(om ל), cf TGP II | *δαυειδ* B; *δαβιδ* Eus *Dem* (non *Ecl*) Ald: cf 1$_{1}$

18 *ὅτι εἰ*] om *ὅτι* Arm^{I}; om *εἰ* 56′ 55 158 379 Aeth^{G} (*et si* Aeth^{-G}) Bo Eus *Ecl* 62,6 (hab 61,5 et *Dem*): cf Reg III 8$_{27}$ 𝔊^{ap} | *οικησει L a* Compl | *θεός*] *dominus* La$^{Or\ Sal}$ Aeth = Pesch Targ; pr *ο* A V 74 *b* 60 119 158 Eus *Ecl* 62,5.61,4

καὶ ὁ οὐρανὸς τοῦ οὐρανοῦ οὐκ ἀρκέσουσίν σοι, καὶ τίς ὁ οἶκος οὗτος,
ὃν ᾠκοδόμησα; 19*καὶ ἐπιβλέψῃ ἐπὶ τὴν προσευχὴν παιδός σου καὶ* 19
ἐπὶ τὴν δέησίν μου, κύριε ὁ θεός, τοῦ ἐπακοῦσαι τῆς δεήσεως καὶ τῆς
προσευχῆς, ἧς ὁ παῖς σου προσεύχεται ἐναντίον σου σήμερον, 20*τοῦ* 20
εἶναι ὀφθαλμούς σου ἀνεῳγμένους ἐπὶ τὸν οἶκον τοῦτον ἡμέρας καὶ
νυκτός, εἰς τὸν τόπον τοῦτον, ὃν εἶπας ἐπικληθῆναι τὸ ὄνομά σου ἐκεῖ,

B′′ A V 880 *L′ a b* 60 119 158 527 La$^{109\ Or\ Sal}$ Aeth Arm Bo Sa($_{20}$ init – *οἶκον*)

Ald: cf Reg | *ἀνθρώπων*] pr *των* 52 | om *τῆς* 44 Eus *Dem* 260,29 CyrH *CatechII* 12,18^{ap}: cf Reg 𝔊^{ap} | *εἰ* 2°] *et si, domine* Aeth$^{-GD^a}$; pr *quia* Arm: cf praec | *ὁ οὐρανός* 1°] om *ὁ* 19 246* 46-98: cf Reg 𝔊^{ap}; ⌒ 2° 19′ 731* La$^{Or\ Sal}$ (hab La^{109} Eus *Ecl* 62,8.61,5 *Dem* 260,29^{pte}): cf 2$_{6}$ et Reg 𝔊^{ap} | *οὐκ*] pr *τω* *κ̅ω̅* 19′ Bo(vid) | *ἀρκέσουσίν σοι*] *αρκεση* (-*σει* Eus) *σοι* 19 Eus *Ecl* 61,5; *sufficiat* (-*cit* KSQ) La$^{Or\ Sal:te}$ (hab *sufficiunt* (-*iant* Or Sal^{5Mss}, -*ient* Or Sal^{1Ms})) *tibi* La$^{109\ Or\ Sal:te}$; om *σοι* 127; *possunt portare gloriam tuam* Aeth: cf 2$_{6}$ | *αρκησουσιν* 158: cf praef p 106 | *καὶ τίς*] *και οτι τις L* Fern.; *verumtamen* La^{109}; *verum* (*quanto magis* ^{ap}) La$^{Or\ Sal}$: cf 𝔐 et Reg 𝔊 | *οὗτος*] *τουτος* 56: cf praef p 101; > 93 La$^{Or\ Sal:te}$ | *ὅν*] *ο* 55 | *ᾠκοδόμησα*] *οικ.* B: cf praef p 103 et Reg; + *nomini tuo* La^{109}: cf Reg 𝔊

19 om *καί* 1° 134* | *ἐπιβλέψῃ* 880] -*ψει* 19 106′(non 44′-610)-130*-236*-246 46(non 52): cf praef p 106; - *ψεις b*^{2} 158 527; -*ψης* 74 60: cf Reg III 8$_{28}$ | *ἐπί* 1° ⌒ 2° 71 = Reg 𝔊$^{-O}$ | *προσευχήν* bis scr A* vid | *παιδός* 880] *του δουλου L* La$^{109\ Or\ Sal:a}$ (hab *pueri* Or Sal^{-a}) Compl: cf $_{14}$ et Reg; pr *του a*$^{(-71)}$ 52 Ald | om *καί* 2° – *μου* 107 | *καί* 2°] + *audias* Arm^{II}: cf sq | *μου* 880] *αυτου L* La$^{109\ Or\ Sal:a}$ Aeth(omnes) Bo^{-EH} Compl = 𝔐; > La$^{Or\ Sal(-Xa)}$ | *κύριε* post *ἐπακοῦσαι* tr La$^{Or\ Sal:ap}$ | *κύριε ὁ θεός* 880] + *μου L* La^{109} Aeth(omnes) Bo Compl = 𝔐; + *ι̅η̅λ̅ b*^{2} = Reg 𝔊; > La$^{Or\ Sal:I}$; om *ὁ θεός* 71 La$^{Or\ Sal:te}$ = 𝔐^{1Ms} | *τοῦ*– fin 880] > 44; *τοῦ – δεήσεως* om 107 | *τοῦ – σου* ult] *et accipias orationem servi tui* Arm^{II} | *τῆς* 1° ⌒ 2° 71 La$^{Or\ Sal:X}$: cf Reg 𝔊 | *δεήσεως* 880] et *προσευχῆς* tr 158 Aeth(vid): cf $_{20\ 21\ 29\ 35\ 39\ 40}$ et praef p 51 et 68s; + *μου a*$^{(-71\ 107)}$ La^{109} Aeth Bo Ald | *προσευχῆς* 880] + *σου* 125; + *mei* Bo | *ἧς – προσεύχεται*] *meae quam precabor* Bo; > B^{txt} | *ὁ παῖς* 880] *ο δουλος L* La$^{Or\ Sal:GI}$(hab *puer* rel) Compl: cf praec et Reg | *ἐναντίον* – $_{(20)}$ *νυκτός* om Bo^{BH} | *ἐναντίον σου*] *ad te* La^{109} (hab *coram te* Or Sal): cf Reg 𝔊; > 71 | om *σήμερον* La$^{Or\ Sal:te}$ = 𝔐 (hab Pesch et Reg 𝔐 𝔊)

20 *ὀφθαλμούς σου* 880] *οφ. μου* B*; pr *τους* 554 Compl: cf Reg III 8$_{29}$ 𝔊; + *σημερον* V | *ἀνεῳγμένους* 880] *ην.* 74 98: cf Reg et praef p 102; > La$^{Or\ Sal:ap}$ | *ἐπί* 880] pr *και* 60 | *τ. οἶκον*] ⲡⲓⲣⲡⲉ Sa: cf praef p 62 | *τοῦτον* 2°] ⌒ 3° Bo^{BH}; > *a*$^{-68'\ 71}$ 64^{txt} La$^{Or\ Sal}$ Arm^{I} (Arm^{II} lib) = 𝔐 et Reg 𝔐 𝔊$^{-L}$ | *ὅν* – fin bis scr 55 (*ακουσε* pro *ακουσαι* 55^{II}) | *ἐπικληθῆναι*] *κληθηναι* 19; pr *του* 107 | *σου* 2°] *μου b*$^{2-489}$ Aeth^{A}: cf Reg | om *ἐκεῖ*

τοῦ ἀκοῦσαι τῆς προσευχῆς, ἧς ὁ παῖς σου προσεύχεται εἰς τὸν τόπον
21 *τοῦτον.* [21]*καὶ ἀκούσῃ τῆς δεήσεως τοῦ παιδός σου καὶ λαοῦ σου Ἰσ-*
ραήλ, ἃ ἂν προσεύξωνται εἰς τὸν τόπον τοῦτον, καὶ σὺ εἰσακούσῃ ἐν
τῷ τόπῳ τῆς κατοικήσεώς σου ἐκ τοῦ οὐρανοῦ καὶ ἀκούσῃ καὶ ἵλεως
22 *ἔσῃ.* [22]*ἐὰν ἁμάρτῃ ἀνὴρ τῷ πλησίον αὐτοῦ, καὶ λάβῃ ἐπ᾽ αὐτὸν ἀρὰν*
τοῦ ἀρᾶσθαι αὐτόν, καὶ ἔλθῃ καὶ ἀράσηται κατέναντι τοῦ θυσιαστηρίου
23 *ἐν τῷ οἴκῳ τούτῳ,* [23]*καὶ σὺ εἰσακούσῃ ἐκ τοῦ οὐρανοῦ τοῦ οὐρανοῦ*

B′′ A V *L′ a b* 60 119 158 527 La$^{109\,(Leg)}$ La$^{Or\,Sal}$(desinit ab 22 *καί* 1°) Aeth Arm Bo

La$^{109\,Or\,Sal}$ | om *τοῦ* 2° – fin 381 Bo: cf praec | *τῆς* ⌒ (21) *τῆς* 1° 107 | om *ἧς* V: post *-ης* | *ὁ παῖς σου*] *ο δουλος σου L* La^{109} (hab *puer tuus* Or Sal) Compl: cf 14 et Reg; post *προσεύχεται* tr *L a* Arm^{II} Compl Sixt = 𝔐, cf Reg | om *εἰς* 2° – (21) *σου* 1° 71 | *τόπον* 2°] *οικον* 489: ex praec | *τοῦτον* ult] *τουτων* 246; ⌒ (21) *τοῦτον* 93; > La$^{Or\,Sal:RV}$

21 *ἀκούσῃ* 1°] *-σει* 19 46(non 52): cf praef p 106; *-σαι* 56′; *-σεις* 60; *-σων* 158 | *τ. δεήσεως*] *vocem* La^{109} (hab *precationem* (*depr.* E; *orationem* XZ) Or Sal): cf Reg III 8$_{30}$ 𝔊^{ap} | *τοῦ παιδός*] *του δουλου* 19′ Compl (hab *pueri tui* La$^{109\,Or\,Sal}$): cf 14 et Reg | *λαοῦ*] *servi* Aeth$^{A′}$; pr *του* 19′ 610 Compl = Reg 𝔊 | om *σου* 2° B | *ἃ ἄν*] *α εαν* 19′: cf praef p 96; *οσα αν* 728: cf Reg 𝔊^{ap}; *si* La$^{Or\,Sal}$ Aeth(omnes) Bo; om *ἄν* 44 127 | *προσεύξωνται*] *-ξονται* 19 56′-71-107-134-236-762* 98-243-728 127: cf Reg 𝔊 et praef p 109; *oraverit* La$^{Or\,Sal:ap}$ = Vulg 𝔐^{1Ms} Pesch | *τὸν τόπον*] *τον οικον* 44; om *τόν* 762(|) | *καί* 3° ⌒ *καί* ult 107 | *σύ*] *σοι* 19 158: cf praef p 91; > La$^{Or\,Sal}$ | *εἰσακούσῃ*] *-σει* 56: cf praef; *-σεις* 246; *επακουση* 74; *ακουση* (*-σει* 19) *L* Compl | *ἐν* – *σου* 3°] *e loco tuo qui paratus est* Bo; om *σου* 19 La$^{Or\,Sal(-XB)}$(*iuxta te* C, *tue domine* X, *deus israhel* B pro *σου*) Lag. | *ἐν τῷ τόπῳ*] *εκ του τοπου L b*^{1} Ald Compl = 𝔐; *εις τον τοπον* (+ *τουτον* 246*: cf Reg 𝔊$^{19′}$) *a*$^{(-107)}$: cf Reg 𝔐 | *κατοικήσεώς*] *κατασκηνωσεως a*$^{-71\,(107)}$ Ald: cf Reg 𝔊^{ap} | *οὐρανοῦ* ⌒ (23) *οὐρανοῦ* 2° 60 | *ἀκούσῃ* 2°] *-σει* 158; *εισακουση* 127 | fin] + *peccatis eorum quae fecerunt* Bo

22 init] pr *και* 19 379 Aeth(omnes) Arm^{II} | *αμαρτησει* 489 | *τῷ πλησίον αὐτοῦ*] *εις τον πλησιον* (*in proximo* (*-mum* Leg = Vulg) La) *αυτον L* La$^{109\,Leg}$; *iuxta* (*in* Or Sal^{ap}) *te* La$^{Or\,Sal:te}$ | *καί* 1°] + *si* Aeth = Reg III 8$_{31}$ 𝔊 | *τοῦ ἀρᾶσθαι αὐτόν* om Arm^{II} Bo^{BH} | *ἀρᾶσθαι* B′′ A 71 119 Sixt] *αρασασθαι* rel: cf Reg 𝔊 | *καὶ ἔλθῃ*] *και αρη* 127; ante *κατέναντι* tr Bo | *καί* 3° om 127 Arm = 𝔐 | *ἀράσηται*] *αρεσηται* 246; *αρκεσηται* 56; *stet* Arm^{I}; + *αυτον L* 158 Arm^{II} Bo Compl; ad fin tr Arm^{II} | *κατέναντι* – fin] *coram hac domo* Bo | *κατ. τοῦ θυσιαστηρίου*] *κατ. του ιλαστηριου* 93 Fern.; *ante altare tuum* La$^{109\,Leg}$ Arm^{II} = 𝔐 (non Vulg) et Reg; post *τούτῳ* tr Arm^{II} | *οἴκῳ*] *τοπω L a* Arm^{II} Compl: cf 20 29 33

καὶ ποιήσεις καὶ κρινεῖς τοὺς δούλους σου τοῦ ἀποδοῦναι τῷ ἀνόμῳ
καὶ ἀποδοῦναι ὁδοὺς αὐτοῦ εἰς κεφαλὴν αὐτοῦ, τοῦ δικαιῶσαι δίκαι-
ον τοῦ ἀποδοῦναι ἑκάστῳ κατὰ τὴν δικαιοσύνην αὐτοῦ. [24]*καὶ ἐὰν* 24
θραυσθῇ ὁ λαός σου Ἰσραὴλ κατέναντι τοῦ ἐχθροῦ, ἐὰν ἁμάρτωσίν
σοι, καὶ ἐπιστρέψωσιν καὶ ἐξομολογήσωνται τῷ ὀνόματί σου καὶ
προσεύξωνται καὶ δεηθῶσιν ἐναντίον σου ἐν τῷ οἴκῳ τούτῳ, [25]*καὶ* 25
σὺ εἰσακούσῃ ἐκ τοῦ οὐρανοῦ καὶ ἵλεως ἔσῃ ταῖς ἁμαρτίαις τοῦ λαοῦ
σου Ἰσραὴλ καὶ ἀποστρέψεις αὐτοὺς εἰς τὴν γῆν, ἣν ἔδωκας αὐτοῖς

B″ A V *L′ a b* 60 119 158 527 La^{109} Aeth Arm Bo

23 *εἰσακούσῃ*] -*σει* 19 56′: cf praef p 106 | *ἐκ – οὐρανοῦ* 2°] *e caelo tuo* (> H*) Bo | *τοῦ οὐρανοῦ* 2° – *τοῦ* ult] > 44′: *και* ⌒ *και*, cf sq; – *σου* om 107(-610) | *τοῦ οὐρανοῦ* 2° B’ 93 56-121-236-314-762 60 119 Aeth(omnes)] *in habitatione tua* Arm^{II}; > rel Ra. = 𝔐 et Reg III 8_{32} | *καὶ κρινεῖς τ. δούλους*] *και κρισεις ι. δ.* 60; *iudicium servis* (*servo* Arm) Aeth Arm^{II}: cf Vulg et Targ (pr דנהון); pr *misericordiam* La^{109} | *τ. δούλους*] *τον δουλον* 93: cf 𝔐^{5Mss} (עבדך); *τους λαους* V: cf Reg 𝔊 (*τὸν λαόν σου Ἰσραήλ*) | *τοῦ* 3°] *τω* 127; *και* 56′-107(-610); pr *et* Aeth^{-A}; > 381 | *ἀνόμῳ*] *νομω* 108*; + *secundum iniquitatem eius* Arm^{II} | *καὶ ἀποδοῦναι*] *και επιστρεψαι L* La^{109} vid (*restituas*; hab *reddas* pro *ἀποδοῦναι* 1°, *des* pro 3°) Arm^{II}; > 71 381 Bo: cf Vulg; om *καί* Arm^{I} | *ἀποδοῦναι* 2° ⌒ 3° 107(-610) | *ὁδοὺς αὐτοῦ*] *secundum vias* (*viam* Bo = 𝔐) *eius* Aeth(post *αὐτοῦ* 2° tr) Arm Bo | *τοῦ* paenult] pr *και L a*$^{-71(107)}$ La^{109} Aeth(omnes) Arm Bo Ald Compl Sixt = 𝔐$^{-1Ms}$ et Reg | *τοῦ ἀποδ. ἑκάστῳ* om Arm^{II} = 𝔐^{1Ms} | *τοῦ* ult] *και* 107(-610) *b*$^{-46\ 381}$ | *ἑκάστῳ*] *αυτω* B’(B^{txt}) *L* La^{109}(*illi*) Bo Compl Sixt Ra. = 𝔐 et Reg; > 246 = 𝔐^{2Mss}

24 init – $_{(27)}$ *αὐτῇ* om 125: homoiot | *καί* 1° om 158 Arm^{II} = Reg III 8_{33} 𝔐 𝔊$^{-L}$ | *θραυσθῇ*] *θρασυνθη* 46; *victus fuerit* La^{109} | *κατέναντι τοῦ ἐχθροῦ*] *ενωπιον εχθρου L* Compl: cf Reg; *κατ. εχθρου* 107; *ab inimicis* La^{109} = Vulg, cf Reg 𝔊; *coram inimicis tuis* (*eius* DE) Bo; + *eorum* Aeth Arm^{II} = Targ, cf Reg 𝔊^{ap} | *ἐὰν ἁμάρτ. σοι* om 381 | *καὶ ἐπιστρέψωσιν* om *a*$^{-56'\ 71'\ 121}$ | *ἐπιστρέψωσι(ν)*] -*ψουσι(ν)* A 93 60 158: cf sq et praef p 109; -*ψω σοι* 19 | *εξομολογησονται* B″ A V 19-93 56′-71′-134* 46*(non 52)-243-381-731 60 | *τῷ ὀνόματί*] *το ονομα* 108*; *το ον.* 19-108^{c} 55 | *προσευξονται* B′ A 19′ 56′-71′-74 243-728-731 55 60: cf $_{32\ 34\ 38}$ | *καὶ δεηθῶσιν*] *et deprecati te fuerint* La^{109}: cf Vulg; > 107 Bo^{BH} vid (lib) | om *σου ἐν* 107

25 *καί* 1°] ⌒ 2° 107; > La^{109} = Vulg | *σύ* om 71 | *εισακουσει* 19: cf praef p 106 | *ἐκ τοῦ οὐρανοῦ*] *in caelo* La^{109} | *ἔσῃ*] *εσει* 158: cf praef p 106 | *ταῖς*] pr *εν* 46 | om *τοῦ* 2° B″ 71 *b*^{I}(non 52) 60 119 527 Sixt Ra.: cf 𝔐, $_{27}$ et Reg III 8_{34} 𝔊 | *αποστρεψης* 108 55 60: cf Reg 𝔊 | *τήν* om 127*(corr pr m) | *αὐτοῖς καί*] *in hereditatem* Aeth: cf $_{27}$ | *αὐτοῖς*] *αυτους* 19

26 καὶ τοῖς πατράσιν αὐτῶν. [26]ἐν τῷ συσχεθῆναι τὸν οὐρανὸν καὶ μὴ
γενέσθαι ὑετόν, ὅτι ἁμαρτήσονταί σοι, καὶ προσεύξονται εἰς τὸν
τόπον τοῦτον καὶ αἰνέσουσιν τὸ ὄνομά σου καὶ ἀπὸ τῶν ἁμαρτιῶν
27 αὐτῶν ἐπιστρέψουσιν, ὅτι ταπεινώσεις αὐτούς, [27]καὶ σὺ εἰσακούσῃ
ἐκ τοῦ οὐρανοῦ καὶ ἵλεως ἔσῃ ταῖς ἁμαρτίαις τῶν παίδων σου καὶ
τοῦ λαοῦ σου Ἰσραήλ, ὅτι δηλώσεις αὐτοῖς τὴν ὁδὸν τὴν ἀγαθήν, ἐν ᾗ
πορεύσονται ἐν αὐτῇ, καὶ δώσεις ὑετὸν ἐπὶ τὴν γῆν σου, ἣν ἔδωκας τῷ
28 λαῷ σου εἰς κληρονομίαν. [28]λιμὸς ἐὰν γένηται ἐπὶ τῆς γῆς, θάνατος
ἐὰν γένηται, ἀνεμοφθορία καὶ ἴκτερος, ἀκρὶς καὶ βροῦχος ἐὰν γένηται,

B′’ A V *L′ a b* 60 119 158 527 La$^{109\,(Leg)}$ Aeth Arm Bo

26 *συσχεθῆναι*] pr *μη* 158* | *γινεσθαι* 60 | om *σοι* 314* = 𝔐^{1Ms} | *καί* 2° – *αὐτῶν*] > 44; *εἰς* – *αὐτῶν* om 107 | *προσεύξονται*] -*ξωνται* V* 93 56^{c}-120 64-381; + *σοι* 19 = Reg III 8_{35} 𝔊^{L} | om *τοῦτον* 127 | *αἰνέσουσιν τὸ ὄνομά σου*] *εξομολογησονται τω ονοματι σου L* Arm^{II} Compl = Reg; + *et confitebuntur nomini tuo* La^{109} | *τὸ ὄνομά σου καί*] *tibi* Bo^{BH}: om *καί* = 𝔐^{txt} (sed hab 23 Mss et Reg 𝔐 𝔊) | *ἐπιστρέψουσιν*] -*ψωσιν* 127; pr *και* 107: cf praec; > 56′ | *ταπεινώσεις*] -*σης* 60 158; -*νω* 314 | *αὐτούς*] *αυτοις* 381

27 *καί* 1°] > La^{109} Bo: cf Vulg et Reg III 8_{36} 𝔊^{ap} | *σύ*] + *domine* Bo Aeth; > 71 44: cf Reg 𝔊^{ap} | *εἰσακούσῃ*] -*σει* 19: cf praef p 106; -*σεις* 74 | *των αμαρτιων* A | *τῶν* – *καί* 3° om 44 Aeth: cf Reg 𝔊^{ap} | *τῶν παίδων σου*] *αυτων π. σου* B*; *των δουλων* (-*λω* 158) *σου L* 52 158 Compl (hab *puerorum tuorum* La^{109}): cf $_{14}$ et Reg; post *Ἰσραήλ* tr *a*$^{-71}$; *σου* om Ald Sixt | *καί* 3° om *a*$^{-71}$ | *ὅτι* – *αὐτῇ* om 107 381 | *δηλωσης* 56 60 158 | *ἐν ᾗ*] *ην b*^{2}; *quia* La^{109} Arm^{II} | *δώσεις*] -*σης* 55 158; + *αυτοις L*; + *tu eis* Arm^{II} | *της γης* 127 610 | *ἥν* – fin om 107 | *τῷ λαῷ*] *του λαου* 379; + *israel* Bo Aeth^{G} | *κληρονομίαν*] + *σου* 19

28 init – *θάνατος*] *et quando fiet malum super terram* Aeth: cf sq | *θάνατος*] pr *η* 107 La$^{109\,Leg}$(*vel mors*, ante *ἐπί* praec tr 109): cf Reg III 8_{37} 𝔊^{107} | *ἐὰν γένηται* 2°] + *επι της γης* B’ = 𝔐^{1Ms}; + *fames super terram* Aeth$^{A'}$: cf praec; > 71-107 La$^{109\,Leg}$ Bo: cf Vulg et Reg 𝔊^{107} | *ανεμοφορια* 127: cf praef p 75; *ανεφθορια* 93: cf praef p 78 | *καί* 1° om *L* 71-107 Compl = Reg 𝔐, cf 𝔊^{O} | *ἀκρίς*] pr *et* La$^{109\,Leg(-H)}$ Arm(Arm^{II} lib) | *καὶ βροῦχος*] > Arm^{II} = 𝔐^{1Ms}; om *καί L* 71-107 Compl: cf Reg | *ἐάν* 3° – 4°] *και* 44 | *ἐὰν γένηται* 3°] *si* (> La^{109}) *fuerint* La$^{109\,Leg}$; > 107-246 Bo = Reg 𝔊^{107} | *ἐάν* 4° – *ἐχθρός*] *aut inimicus si venit in*

ἐὰν θλίψῃ αὐτὸν ὁ ἐχθρὸς κατέναντι τῶν πόλεων αὐτῶν, κατὰ πᾶσαν
πληγὴν καὶ πᾶν πόνον, [29]καὶ πᾶσα προσευχὴ καὶ πᾶσα δέησις, 29
ἐὰν γένηται παντὶ ἀνθρώπῳ καὶ παντὶ τῷ λαῷ σου Ἰσραήλ, ἐὰν γνῷ
ἄνθρωπος τὴν ἁφὴν αὐτοῦ καὶ τὴν μαλακίαν αὐτοῦ καὶ διαπετάσῃ τὰς
χεῖρας αὐτοῦ εἰς τὸν οἶκον τοῦτον, [30]καὶ σὺ εἰσακούσῃ ἐκ τοῦ οὐρανοῦ 30
ἐξ ἑτοίμου κατοικητηρίου σου καὶ ἱλάσῃ καὶ δώσεις ἀνδρὶ κατὰ τὰς
ὁδοὺς αὐτοῦ, ὡς ἂν γνῷς τὴν καρδίαν αὐτοῦ, ὅτι μόνος γινώσκεις τὴν

B′′ A V *L′ a b* 60 119 158 527 La$^{109\,(Leg)}$ Aeth Arm Bo

terram Arm^{II}: cf sq | *ἐάν* 4°] *εν* 127; pr *και L a*$^{-71}$ Ald Compl Sixt = Reg 𝔊; pr *aut* La^{109} (non La^{Leg}) | *θλίψῃ – ἐχθρός*] *θλιψωσιν αυτον οι εχθροι αυτου* (*αυτων* 93 Lag.) *εν τη γη L* Compl: cf 𝔐 Pesch Targ | *θλιψει* 71-236 127 | *αὐτόν – αὐτῶν*] *populum tuum* (ⲘⲠⲈⲔⲖⲀⲞⲤ) *coram inimicis eorum in civitatibus eorum* (om *in civ. eorum* BH) Bo | *αὐτόν*] *εαυτον* 71; *αυτων* 127; *αυτους* 107 Arm^{I} | om *ὁ* 74-107 = Reg 𝔊$^{-L}$ | *αὐτῶν*] *αυτου* 93-108 74 46 119 La^{109} Compl = 𝔐; *populi tui* Aeth; > La^{Leg}; + *και* 55 | om *κατά* – (29) fin 125 | *πληγήν*] *την γην* 158* | *πᾶν* B′ A V* *b*$^{-46\,381\,489}$ 119 158] *παντα* rel: cf Reg et praef p 101; pr *κατα L* 74 Arm Compl; > 107 | *πόνον*] + *και κατα* (> Bo) *πασαν αφην L* Bo Compl; + *et langorem* La^{109}; + *quae supervenient eos* Aeth

29 *καί* 1°] ⌒ (30) *καί* 1° 107; ⌒ *καί* 2° 127; > La$^{109\,Leg}$ Arm = 𝔐 et Reg III 8$_{38}$ 𝔐 𝔊 | *πᾶσα* 1° – *δέησις*] *πασαν προσευχην και πασαν δεησιν L* Arm^{II} vid (om *καί* = 𝔐 et Reg 𝔐 𝔊) = Reg 𝔊$^{-L}$; *καὶ π. δέησις* om 71 | *ἐὰν γένηται* om Arm^{II} | *ἐάν* 1°] pr *η* B′ A 19′ 56′-121-236-314-762 119 158 527 Arm^{I}(vid) Compl Sixt Lag. Ra. | *παντὶ ἀνθρώπῳ*] *ανθρωπου* 127; om *παντί* B Bo^{-H} | *παντὶ τῷ λαῷ*] om *παντί* Bo; om *τῷ* B′′ A V 71 *b*^{I} 60 119 158 527 Sixt Ra. | *σου* om 246 La^{Leg} | *ἐὰν γνῷ*] *οιτινες εαν γνωσιν* (*γνῷ* Compl) *L* Arm^{II} Compl = 𝔐 et Reg | *ἄνθρωπος*] *ανηρ* 93 La^{109} (*vir*; hab *homo* La^{Leg}, sicut La$^{109\,Leg}$ pro *ἀνθρώπῳ* praec) Fern.; pr *ο* 71 *b*^{I} 158 | *τὴν ἁφὴν αὐτοῦ*] pr *peccatum eius et* Bo; om *τήν L* Compl; om *αὐτοῦ* 71 | *καί* 4°] *κατα* 19 La^{109}(*per*; deest La^{Leg}) | *μαλακίαν*] *-κειαν* 527: sic et 16$_{12}$ 21$_{15\,18\,19}$ 24$_{25}$, cf praef p 85; *infirmitatem* La^{109}: cf 16$_{12}$; *αμαρτιαν b*^{I} Ald; *βασανον* 93 Fern. | *διαπετασει* 19′ 56′(56^{c})-134 158: cf Reg 𝔊^{ap} | *οἶκον*] *τοπον a*$^{-71\,107}$ 119 Ald: cf $_{22}$

30 *εἰσακούσῃ*] *-σει* 19′ 56^{c}: cf praef p 106; + (pr Aeth) *κ̅ε̅* 107 Aeth | *ἐκ τοῦ οὐρανοῦ*] + *της προσευχης αυτων* 107: cf Pesch; > 527 | *ετοιμη* 134 | *σου* om 71 44 | *καί* 2° ⌒ 3° 125 | *ἱλάσῃ* (*ηλ.* 246) *a* 127 La^{109}(*propitius sis*) Compl Sixt = 𝔐] *ιαση* (*-σει* 93 158: cf praef p 106; *-σης* 55) rel: cf p 75 et Is 55$_{7}$ *α′* | *κατὰ τὰς ὁδούς*] *secundum cor* Arm^{I}: ex sq | *τάς*] *τους* 125: cf praef p 99 | *αὐτοῦ* 1° ⌒ 2° 125 | *ὡς ἄν*] *ης αν* V; *ως εαν L*; *εαν* 106 | *γνῷς*] *γνωσει* 158 | *τ. καρδίαν* 1°] *cogitationem* Aeth: cf sq | *μόνος – καρδίαν* 2°]

31 *καρδίαν υἱῶν ἀνθρώπων,* ^{31}*ὅπως φοβῶνται τὰς ὁδούς σου πάσας*
τὰς ἡμέρας, ἃς αὐτοὶ ζῶσιν ἐπὶ προσώπου τῆς γῆς, ἧς ἔδωκας τοῖς
32 *πατράσιν ἡμῶν.* ^{32}*καὶ πᾶς ἀλλότριος, ὃς οὐκ ἐκ τοῦ λαοῦ σου Ἰσραὴλ*
ἐστιν αὐτὸς καὶ ἔλθῃ ἐκ γῆς μακρόθεν διὰ τὸ ὄνομά σου τὸ μέγα καὶ
τὴν χεῖρά σου τὴν κραταιὰν καὶ τὸν βραχίονά σου τὸν ὑψηλὸν καὶ ἔλ-
33 *θωσιν καὶ προσεύξωνται εἰς τὸν τόπον τοῦτον,* ^{33}*καὶ εἰσακούσῃ ἐκ*
τοῦ οὐρανοῦ ἐξ ἑτοίμου κατοικητηρίου σου καὶ ποιήσεις κατὰ πάντα,
ὅσα ἂν ἐπικαλέσηταί σε ὁ ἀλλότριος, ὅπως γνῶσιν πάντες οἱ λαοὶ
τῆς γῆς τὸ ὄνομά σου καὶ τοῦ φοβεῖσθαί σε ὡς ὁ λαός σου Ἰσραὴλ

B″ A V *L′ a b* 60 119 158 527 La^{109} Aeth Arm Bo

συ επιστασαι καρδιας μονωτατος Chr *Hom in Matth 29.2* 359 | *μόνος*] *μονωτατος* (*μονοτ.* 158) A V 108^{c} *b* 119 158 527 Compl (hab. *μόνος* Did *Cat Ps* (*ad Ps 16*$_{3}$) 182); pr *συ L* La^{109} Aeth(omnes) Arm$^{I\ II^{ap}}$ Bo Did = 𝔐 et Reg III 8$_{39}$; + *συ* 60; + *domine* (+ *solus* P) Aeth | *γινώσκεις*] -*κει* 71 | *τ. καρδίαν* 2°] *τας καρδιας* 71-121 Did; *omnes cogitationes* Aeth$^{A'}$ (*omnem cogitationem* P′: cf praec); + *αυτου* 56 158* | *υἱῶν ἀνθρώπων*] *των υιων των α.* 93 379 Compl; *υιων των α. b*^{2}; *των α.* 19′ Did: cf Reg 𝔊; > 56

31 *φοβουνται* A 71 44 60^{c}: cf Reg III 8$_{40}$ 𝔊^{ap} et praef p 109 | *τὰς ὁδούς σου*] *πασας οδους σου* B′ 71 Sixt; *σε* 381 = Reg; *σε του πορευεσθαι εν πασαις ταις οδοις σου L* La^{109} Arm^{II} Compl = 𝔐 (sed 𝔐 Pesch Targ Vulg om *πασας*); *ante faciem tuam* Bo | *πάσας* – fin om 71 | *ἅς* – (33) fin] *αυτων* 125 | *ἅς* – (33) *Ἰσραήλ*] *αυτων* 107 | *ἅς* om 762* 60 | *αὐτοί* om Bo | *προσώπου*] -*πον a*$^{-106\,(71\,107)}$ 60 Ald Sixt; > La^{109} Aeth(omnes) Bo = 𝔐^{5Mss} Pesch et Reg 𝔊$^{-O}$ | *τῆς* – *ἔδωκας*] *τας ημερας ας αυτοι* 56: ex praec; pr *πασης* A V 381: cf Reg 𝔊^{A} | *ἧς*] *οις* 68 | *εδωκα* 728 | *ἡμῶν*] *αυτων L b*^{1} 527 Aeth(omnes) Arm Bo = Pesch

32 *καί* 1°] *και γε L* Compl: cf 𝔐 | *ὅς* om 127 158 | *οὐκ*] + *εστιν L* La^{109} Arm = Reg III 8$_{41}$; ante *ἐστιν* tr 56′-71-121-236-314-762; > *b*^{1} 55 = 𝔐^{2Mss}: cf sq | *σου* 1° om B″ *b*^{1} 60 119 527 | *ἐστιν αὐτός*] pr *ουκ* 68′-74-106-120-130-134-346-554 Ald; > *L* La^{109} Aeth Arm^{II} Compl = Pesch, cf praec; om *ἐστιν* Arm^{I} = 𝔐 Targ; om *αὐτός* 71 Bo | *αὐτός*] *ουτος* 60 = Reg 𝔊 | *γῆς*] pr *της* 381 60 | *μέγα*] *μεγαν* 93 246: cf praef p 101; *αγιον* 98 | *χειραν* 56-236 158: cf praef p 99 | *καί* 4° ⌒ 5° 71 | *τόν* 1° om A | *καὶ ἔλθωσιν* om Bo = Vulg | *καί* 6° om 71 | *προσεύξωνται*] -*ξονται* A 19′ 71-106-134-236-246 *b*$^{-489\,52}$ 55′ 60 158 527; + *nomini tuo sancto* Bo

33 *εἰσακούσῃ*] -*σει* 19 56 46*(non 52) 158: cf praef p 106; pr *συ L a*$^{(-107)}$ 60 La^{109} Arm^{II} Ald Compl Sixt = 𝔐 et Reg III 8$_{43}$ 𝔐 𝔊$^{-A}$; pr *tu domine* Aeth | *ἐξ* – *σου* 1°] pr *και* 130-346; > 71 | *ἄν*] *εαν* B′ V 64-243-381-731 119 527 Ra.: cf praef p 96 | *ἐπικαλέσηταί*] -*σεται* 60 158: cf praef p 109 | *σε* 1°] *σοι* 71-236 | *ὅπως*] *οταν* 127; + *αν* 158 | om *τῆς γῆς* 119: cf Reg 𝔊 | *σου* 2°] +

καὶ τοῦ γνῶναι ὅτι ἐπικέκληται τὸ ὄνομά σου ἐπὶ τὸν οἶκον τοῦτον,
ὃν ᾠκοδόμησα. [34]*ἐὰν δὲ ἐξέλθῃ ὁ λαός σου εἰς πόλεμον ἐπὶ τοὺς ἐχ-* 34
θροὺς αὐτοῦ ἐν ὁδῷ, ᾗ ἀποστελεῖς αὐτούς, καὶ προσεύξωνται πρὸς σὲ
κατὰ τὴν ὁδὸν τῆς πόλεως ταύτης, ἣν ἐξελέξω ἐν αὐτῇ, καὶ οἴκου, οὗ
ᾠκοδόμησα τῷ ὀνόματί σου, [35]*καὶ ἀκούσῃ ἐκ τοῦ οὐρανοῦ τῆς δεή-* 35
σεως αὐτῶν καὶ τῆς προσευχῆς αὐτῶν καὶ ποιήσεις τὸ δικαίωμα
αὐτῶν. [36]*ὅτι ἁμαρτήσονταί σοι, ὅτι οὐκ ἔσται ἄνθρωπος, ὃς οὐχ* 36
ἁμαρτήσεται, καὶ πατάξεις αὐτοὺς καὶ παραδώσεις αὐτοὺς κατὰ

B'' A V *L' a b* 60 119 158 527 La^{109} Aeth Arm Bo

το αγιον 74 Bo: cf Reg 𝔊^{Bo} | *τοῦ φοβεῖσθαι*] *ινα φοβωνται* (*-τε* 19) *L* Compl = Reg 𝔊 | *ὡς ὁ λαός*] om *ὡς* 60; om *ὁ* 381 | *καί* 4° om 71 | *ἐπικέκληται*] *κεκληται* 64-381; post *σου* 4° tr *L a* La^{109} Arm^{II} Ald Compl Sixt = 𝔐 et Reg 𝔐 𝔊 | *ἐπὶ τὸν οἶκον τοῦτον*] *in loco isto* La^{109}: cf 22 | *ὃν ᾠκοδόμησα* om 71 | *οικοδομησα* B: cf praef p 103

34 om *δέ* 134 44 Arm^{I} | *εξελθοι* 108 246 | *πόλεμον*] pr *τον* 19: cf 𝔐 et Reg III 8$_{44}$ 𝔊^{ap} | *ἐπί – αὐτοῦ* om 107 | *ἀποστελεῖς*] *-στελλεις* 64-381; *-στελλει* 158; *-στειλης* (*-λεις* 119^{c}) 119* 527; *εξαποστελεις a*$^{-71}$ Ald: cf Reg 𝔊^{ap}; pr *αν* 74 | *προσεύξωνται* V 93 74-121-130-236-346-762 64-381-489 55' 119 Ald Compl Sixt] *-ξονται* rel: cf Reg et 24 | *ἣν – αὐτῇ*] > 71 Bo; om *ἐν αὐτῇ* La^{109}; om *ἐν* 134 | *ἥν*] *εν η L* Compl = Reg 𝔊^{L} | *οἴκου*] pr *του L* 56'-121 Compl = 𝔐 et Reg 𝔐 𝔊 | *οὗ*] *ω* V; *θυ̅* 55: cf praef p 99 | *ᾠκοδόμησα*] *οικ.* 119; *ωκοδομηκα* (*οικ.* B: cf praef p 103) B' Sixt

35 *ἀκούσῃ*] *-σης* 74; *-σεις* 71; *εισακ.* 60; *ακουων* 158; pr *tu domine* Aeth(omnes); + *tu* Arm^{II}: cf Reg III 8$_{45}$ 𝔊 | *ἐκ* om 74 | *τῆς δεήσεως αὐτῶν*] et *τῆς προσευχῆς αὐτῶν* tr *L a*$^{-107\,(71)}$ La^{109} Aeth^{DF}(*ἐκ τοῦ οὐρανοῦ* ante *καί* 2° tr) Arm^{II} Ald Compl Sixt = 𝔐 et Reg 𝔐 𝔊$^{O\,L}$: cf praef p 51 et 68 | *τῆς* 1° ⌒ 2° 71 | *καί* 2° – fin] > 107; *καὶ τ. προσευχῆς αὐτῶν* om 381 158: homoiot = Reg 𝔊^{107} | *ποιήσεις*] *-σης* 74 243 158; *-σει* 120*

36 *ὅτι ἁμαρτήσονταί σοι*] *οτι εαν αμαρτ. σοι* et post *ἁμαρτήσεται* tr 125 | *ὅτι* 1°] *ο* 106; ⌒ 2° 71 | *ὅτι* 2°] *και* 107 Bo; > La^{109} | *ἔσται*] *εστιν* A V *L* 71-246 *b*$^{-64\,728}$ 119 527 La^{109} Arm Bo Did *Cat Ps* (*ad Ps 50*$_{6}$) 371 Compl Sixt = Reg III 8$_{46}$ 𝔊 | *οὐχ ἁμαρτήσεται*] *ουκ αμ.* 19' 71 55 Compl: cf praef p 97; *ουχ αμαρτησει* 60; + *σοι* 71 La^{109} Bo^{H}; + *coram te* Arm^{II}: cf Reg 𝔊 | *καί* 1° om 125 | *πατάξεις αὐτούς*] *εαν θυμωθης* (*-θεις* 19; *irascens* La Arm et om *καί* sq) *επ αυτους L* La^{109} Arm^{II} Compl = 𝔐 | *παραδώσεις αὐτούς*] pr *αυτοις* 728; om *αὐτούς* 93 107(non 44-610) | *παραδως L* Compl = Reg 𝔊^{L} | *κατά – ἐχθρῶν* 2° om Arm^{II} | *κατὰ πρόσωπον*] *εις χειρας a*$^{-71}$ Aeth(omnes) Bo

πρόσωπον ἐχθρῶν καὶ αἰχμαλωτεύσουσιν οἱ αἰχμαλωτεύοντες εἰς γῆν
37 *ἐχθρῶν εἰς γῆν μακρὰν ἢ ἐγγὺς* [37]*καὶ ἐπιστρέψωσιν καρδίαν αὐτῶν ἐν*
τῇ γῇ αὐτῶν, οὗ μετήχθησαν ἐκεῖ, καί γε ἐπιστρέψωσιν καὶ δεηθῶσίν
σου ἐν τῇ αἰχμαλωσίᾳ αὐτῶν λέγοντες Ἡμάρτομεν ἠδικήσαμεν ἠνομή-
38 *σαμεν,* [38]*καὶ ἐπιστρέψωσιν πρὸς σὲ ἐν ὅλῃ καρδίᾳ καὶ ἐν ὅλῃ ψυχῇ*
αὐτῶν ἐν γῇ αἰχμαλωτευσάντων αὐτοὺς καὶ προσεύξωνται ὁδὸν γῆς

B′′ A V *L′ a b* 60 119 158 527 La^{109} Aeth Arm Bo

Ald | *ἐχθρῶν* 1°] *αυτων b*^{2}; + *αυτων* (*αυτου* 56′-107(non 44′)) *a*$^{-71}$ Aeth (omnes) Bo Ald; ⌒ 2° *L* 55 | *αἰχμαλωτεύσουσιν*] *-τευουσιν* 56^{txt}; *-τευσωσιν* (*εκμαλωτευσωσην* 158: cf praef p 94) 119 158 Compl = Reg 𝔊^{L}; + *αυτους a* 55′ La^{109} Aeth Bo Ald Compl Sixt Ra. = 𝔐 et Reg 𝔐 𝔊$^{-BL}$ | *οἱ αἰχμαλωτεύοντες* om 71 44′ La^{109} Aeth^{P}(cf Clear, Muséon 85 (1972) 261) Bo | *οἱ* om 246 127 | *αἰχμαλωτεύοντες* B’ A V *b*^{I} 60 119 158 527 Sixt] + *αυτους* B’ Sixt Ra. = 𝔐 et Reg 𝔐 𝔊^{OL}; *αιχμαλωτευσαντες* rel: cf Reg 𝔊 | *εἰς γῆν ἐχθρῶν*] > 381 Compl = 𝔐 (hab Reg 𝔐 𝔊^{O}); + *in captivitate* Bo | *εἰς γῆν* 2°] *και* 44; > 71 125 = Reg 𝔐 | *ἢ ἐγγύς* om 71 44′ Bo^{H}

37 *ἐπιστρέψωσι(ν)* 1° (*converterint* La) B′′ V *L b*$^{I-46}$ 158 La^{109} Compl Sixt] *-ψουσι(ν)* rel: cf Reg III 8_{47} 𝔊 et sq | *καρδίαν*] *καρδιας* 55 125* Aeth Arm^{I} (*cordibus*) = Reg 𝔊; *προς σε εν τη καρδια L* Arm^{II}(*ad te cordibus*) Compl: cf $_{24}$ | *αὐτῶν* 1°] *αυτω* 107(non 44′-610) | *ἐν* 1° – *αὐτῶν* 2°] bis scr 121; > 158; om *τῇ* 125; om *αὐτῶν L* La^{109}(*in terram*) Arm(*in terra illa* Arm^{II}) Bo Compl = 𝔐 et Reg 𝔐 𝔊 | *μετήχθησαν*] *μετηνεχθησαν* 46-728: cf Reg 𝔊^{Tht}; *αιχμαλωτευθησαν* (*ηχμ.* Compl) *L* Arm^{II} Bo Compl: cf $_{36}$; *μετεκριθησαν* V: cf praef p 107s | *καί γε*] *κακει* (*κακη* 56′; *και εκει* 74) *a*$^{-71}$ Ald; ⲕⲉ ⲅⲁⲣ Bo; > La^{109} Arm^{I}; om *γε L* 158 Arm^{II} Compl = 𝔐 et Reg | *ἐπιστρέψωσι(ν)* 2° B′′ V *L* 71-106 *b*$^{I-46}$ 119 158 Compl Sixt] *-ψουσι(ν)* rel: cf Reg 𝔊 | *σου*] *nomini tuo domine* Bo; > 60 Arm^{II} | *ἐν* 2° – *αὐτῶν* 3°] *εν γη αιχμαλωσιας αυτων* (*in terra captivitatis suae* La) Compl La^{109} = 𝔐 et Reg 𝔐, cf 𝔊; *in terra in quam captiuos duxerunt eos* Aeth; > Arm^{II} Bo | *ἠδικήσαμεν, ἠνομήσαμεν* B′ A V *b*^{I}(non 52) 119 Bo = Reg 𝔊^{B}] *ηνομησαμεν* (pr *και* 19) *και ησεβησαμεν* (*εισ.* 93) *L* Compl; *ηνομησαμεν* 554 Arm vid(ante *Ἡμάρτ.* tr Arm^{II}); > 71; *ηνομ. ηδικ.* rel: cf Reg et Dan 9_{5} Bar 2_{12}

38 *ἐπιστρέψωσι(ν)* (*-ψωσην* 158; *conversi fuerint* La) B′′ V *L b*$^{-46\,98}$ 119 158 La^{109} Compl Sixt] *-ψουσι(ν)* rel: cf Reg III 8_{48} 𝔊; pr *επι παντα* 246 | *πρός*] *εις* 74 | *καρδίᾳ*] + *αυτων* A^{c} *L* 74 158 La^{109} Aeth(omnes) Arm Bo Compl = 𝔐 et Reg 𝔐 𝔊 | *καί* 2° – *αὐτούς* om Arm^{II} | *καί* 2° – *αὐτῶν* 1°] > 107; om *ἐν ὅλῃ* 71; + *et* La^{109} | *αὐτῶν* 1° ⌒ 2° 71 | *γῇ*] pr *τη* 56′(56^{c})-121-236-314-762 = Reg 𝔊 | *αἰχμαλωτευσάντων αὐτούς*] *αιχμ. αυτων* 60 158; pr *των* 56′; *captivitatis suae* (> Arm) La^{109} Arm^{I}: cf 𝔐; > Aeth | om *καί* 3° – *αὐτῶν* 2° 158 |

αὐτῶν, ἧς ἔδωκας τοῖς πατράσιν αὐτῶν, καὶ τῆς πόλεως, ἧς ἐξελέξω,
καὶ τοῦ οἴκου, οὗ ᾠκοδόμησα τῷ ὀνόματί σου, [39]*καὶ ἀκούσῃ ἐκ τοῦ* 39
οὐρανοῦ ἐξ ἑτοίμου κατοικητηρίου σου τῆς προσευχῆς αὐτῶν καὶ
τῆς δεήσεως αὐτῶν καὶ ποιήσεις κρίματα καὶ ἵλεως ἔσῃ τῷ λαῷ τῷ
ἁμαρτόντι σοι. [40]*καὶ νῦν, κύριε, ἔστωσαν οἱ ὀφθαλμοί σου ἀνεῳγμένοι* 40
καὶ τὰ ὦτά σου ἐπήκοα εἰς τὴν δέησιν τοῦ τόπου τούτου. [41]*καὶ νῦν* 41
ἀνάστηθι, κύριε ὁ θεός, εἰς τὴν κατάπαυσίν σου,
σὺ καὶ ἡ κιβωτὸς τῆς ἰσχύος σου.

B'' A V *L' a b* 60 119 158 527 La^{109} Aeth Arm Bo

καί 3°] > La^{109}; pr *οπου* (*ου L* Compl: cf Reg 𝕲) *ηχμαλωτευσαν* (*ηγμ.* 246; *αιχμ. L*: cf praef p 94 et 102s) *αυτους* (+ *εκει L* Compl; + *inimici eorum illuc* Arm^{II}: cf Reg) *L a*$^{-107(71)}$ Arm^{II} Ald Compl Sixt = 𝔐, cf Reg | *προσεύξωνται* A 93 56-74-121 *b'*$^{-46}$-489 55' Compl Sixt: cf 24] *προευξονται* 610; -*ξονται* rel: cf Reg et 24 | *ὁδόν*] pr *κατα την* 728 | *γῆς αὐτῶν*] *terrae huius* Arm^{I}: cf Pesch(om *αὐτῶν*); pr *civitatis eorum et* Bo | *ἧς* 1°] *οις* 108 60 | *τοῖς πατράσιν αὐτῶν*] *patribus nostris* Arm^{Ite}; pr *αυτοις* (+ *tu* Arm) *και L* Arm^{II} Compl | *οὗ*] *ον* 46 | *ᾠκοδόμησα*] *οικ.* A: cf praef p 103; -*μηκα* 93 127: cf Reg | *τῷ ὀνόματί σου*] + *sancto* Bo; > 19

39 *εισακουσῃ* (*ησ.* 120; *εισσ.* 246; -*ουσει* 56: cf praef p 106) *a* Ald = Reg III 8₄₉ 𝕲 | *ἐκ* – *καί* 2° om 107 | *ἐξ* – *σου* om 71 Bo | *τῆς* 1° – *αὐτῶν* 2°] *καὶ τῆς δεήσεως αὐτῶν* om 71; pr *et audi* et *τῆς προσευχῆς αὐτῶν καί* vel *καὶ τ. δ. αὐτῶν* om Aeth: cf Vulg et praef p 68s | *καί* 3° ⌒ 4° 107 381 | *ποιησης* 74 158 | *κρίματα*] *κριμα* 56' Aeth$^{PAE^{c}G}$; *το κριμα αυτων L* La^{109} Aeth^{BDE*FH} Arm^{II} Compl = 𝔐, cf Reg | *ἔσῃ*] *εις* 52; *η* 46 | *τῷ* 1° – fin] *αυτοις* 125; *τῷ λαῷ* om 19' 107 | *ἁμαρτόντι*] -*τανοντι* V *b*$^{2-98}$; -*τησαντι* 98: cf praef p 105

40 *καί* 1° om B'' A V *b*^{2} 60 158 Bo Ra. = 𝔐 (hab Pesch) | *κύριε*] + *ο θεος L* L^{109} Arm^{II} Compl: cf 𝔐; > Bo^{-H} | *ἔστωσαν*] + *δη* B'' A V *L b*^{I} 60 119 527 Compl Sixt Ra. = 𝔐 (non Pesch) | *οἱ* om 93* | *ἀνεῳγμένοι*] *ην.* 158: cf Reg III 8₅₂ et praef p 102; + *super servos tuos* Bo: cf Reg III 8₅₂ | *υπηκοα* 71: cf 7₁₅ | *εἰς*] *επι* 527 | *τ. δέησιν*] ΠΡΟϹЄΥΧΗ Bo: sic et La^{109} Arm^{II} ?: cf praef p 69

41 v 41-42 cf Ps 131(132)₈₋₁₀ | v 41 om 125 | *καὶ νῦν*] om *καί* Bo; om *νῦν* 107 119 | *κύριε ὁ θεός* 1°] > 107; om *ὁ θεός* 71 Bo^{H}(et *κύριε* post *νῦν* praec tr) = Ps 131₈; om *κύριε* et *ὁ θεός* post *νῦν* praec tr Bo^{-H}; + *μου* 56'-121 119 Aeth | *εἰς τ. κατάπαυσίν σου*] *εις τ. αναπαυσιν σου b* = Ps 131₈; in *beneplacitum tibi* La^{109} | *σὺ καί*] om *σύ* 44 Bo^{H} = Pesch^{7a1}; om *καί* 127 | *κιβωτός*] + *testa-*

---

41 *τῆς ἰσχύος σου*] *τοῦ ἴχνους σου* 93

οἱ ἱερεῖς σου, κύριε ὁ θεός, ἐνδύσαιντο σωτηρίαν,
καὶ οἱ υἱοί σου εὐφρανθήτωσαν ἐν ἀγαθοῖς.
42 [42]κύριε ὁ θεός, μὴ ἀποστρέψῃς τὸ πρόσωπον τοῦ χριστοῦ σου,
μνήσθητι τὰ ἐλέη Δαυὶδ τοῦ δούλου σου.
1 **7** [1]Καὶ ὡς συνετέλεσεν Σαλωμὼν προσευχόμενος, καὶ τὸ πῦρ κατ-
έβη ἐκ τοῦ οὐρανοῦ καὶ κατέφαγεν τὰ ὁλοκαυτώματα καὶ τὰς θυσίας,
2 καὶ δόξα κυρίου ἔπλησεν τὸν οἶκον. [2]καὶ οὐκ ἠδύναντο οἱ ἱερεῖς
εἰσελθεῖν εἰς τὸν οἶκον κυρίου ἐν τῷ καιρῷ ἐκείνῳ, ὅτι ἔπλησεν δόξα
3 κυρίου τὸν οἶκον. [3]καὶ πάντες οἱ υἱοὶ Ἰσραὴλ ἑώρων καταβαῖνον τὸ

B′′ A V *L′ a b* 60 119 158 527 La^{109} Aeth Arm Bo

menti Arm^{II} | *τῆς ἰσχύος*] *sanctificationis* Aeth Arm^{I}: pro *τοῦ ἁγιάσματος*: cf Ps 131$_{8}$ | *οἱ* 1° – fin om 71 | *οἱ* 1° om B’ Sixt | *κύριε ὁ θεός* 2°] om *ὁ θεός* 107 119 Aeth: cf Ps 131$_{9}$ (om) et praec | *ἐνδύσαιντο*] *-σονται L* 74-107 381^{c}-*b*^{2} 55 119 Compl = Ps 131$_{9}$^{te}; *-σαντο* 314 Ald: cf Ps^{S}; *ενεδ.* 236; *-σωται* 158 | *σωτηρίαν*] *iustitiam* Aeth(vid) = Ps 131$_{9}$ | *οἱ υἱοί*] *οι οσιοι L a*$^{-(71)\,236}$ 158 La^{109} (*sancti*) Aeth(omnes) Arm^{II} Ald Compl = 𝔐 | *εὐφρανθήτωσαν ἐν ἀγαθοῖς*] *laetitia laetentur* Aeth; pr *laetitia* Arm^{II}: cf Ps 131$_{9}$ 𝔊^{ap} | *ευφρανθησονται L* Compl

42 *κύριε ὁ θεός*] *και* 107: cf Ps 131$_{10}$; + *ημων* 60; + *meus* Aeth: cf Vulg^{ap} | *αποστρεψεις* 19 130* 44* 158: cf praef p 110 | *τὸ πρόσωπον*] *faciem tuam* Aeth Arm: cf Vulg et Ps 131$_{10}$ 𝔊^{ap}; om *τό* 127 | *τοῦ χριστοῦ*] *του* (> 127) *χ̅υ̅* 56-107(non 44′)-762 127 527; *του χρηστου* 93 44; *του χρειστου* V*; *a* (pr *a me* Aeth) *christo tuo* Aeth Arm: cf Ps 131$_{10}$ 𝔊^{ap}; > B′ 71 *b*^{2} 60 119 158 Bo | *μνήσθητι τά*] om *τά* 246^{c}(*-τα τα**) | *τὰ ἐλέη*] *του ελεους* 74 Aeth(sing); + *σου L* Arm Bo Compl: cf Vulg^{ap} | *Δαυίδ*] *δαυειδ* B; *δαβιδ* 108 Ald: cf 1$_{1}$; pr *τω L* Compl | *τοῦ δούλου σου*] *τω δουλω σου L* Compl; *patris mei* Bo^{H} (pr Bo^{-H}) Bo

71 *Καὶ ὡς*] *ως γουν* 44 | *ετελεσε a*$^{-56′\,71\,121\,554(44′)}$ | *Σαλωμών* B′ V* 120-121-130-134-236*-314-346-762* 64-728 Sixt] *σολομων* A 68′-71′ Arm Bo Ald Compl; *σαλομ.* rel | *καὶ τό*] om *καί* 44 La^{109} Aeth Arm Bo = Pesch Vulg | *ἐκ τοῦ οὐρανοῦ* om *a*$^{-56′\,71\,121}$ | *ἐκ*] *απο* 246 | *κυρίου*] + *dei* La^{109}: cf Vulg^{ap} | *ἔπλησε(ν)*] *επληρωσε* (*-σεν* 728) *b*^{1}

2 *ἠδύναντο*] *-νατο* 119; *εδ. L* 56′-106-121-130-236-314-346-762 55 Compl: cf praef p 102 | *ελθειν b*^{2} | *κυρίου* 1°] *dei* Bo; > 379(corr pr m) | *ἐν τῷ καιρῷ ἐκείνῳ* om Arm^{II} = 𝔐, cf $_{8}$ | *ἔπλησε(ν)*] *ενεπλησε L* Compl; ante *τ. οἶκον* 2° tr 44 Aeth Arm^{II} | *κυρίου* 2°] *θ̅υ̅ a*$^{-71}$ Ald | *τὸν οἶκον* 2°] + *κ̅υ̅ L a*$^{-71}$ Ald Compl = 𝔐; + *gloria sua* La^{109}(*maiestas* pro *δόξα* cum Vulg); > 71

3 *οἱ* om A 158 44 | *εωρακασι* 60 | *καταβαῖνον/τὸ πῦρ*] tr 93 Fern. | *καί* 2° ⌒ 3° 44 | *ἡ* om *L* Compl: cf $_{12}$ | *κυρίου*] *του θ̅υ̅* (> 134) *a*$^{-71}$ Ald |

πῦρ, καὶ ἡ δόξα κυρίου ἐπὶ τὸν οἶκον, καὶ ἔπεσον ἐπὶ πρόσωπον ἐπὶ τὴν
γῆν ἐπὶ τὸ λιθόστρωτον καὶ προσεκύνησαν καὶ ᾔνουν τῷ κυρίῳ,
ὅτι ἀγαθόν,
ὅτι εἰς τὸν αἰῶνα τὸ ἔλεος αὐτοῦ.
4*καὶ ὁ βασιλεὺς καὶ πᾶς ὁ λαὸς θύοντες θύματα ἔναντι κυρίου.* 5*καὶ* 4/5
ἐθυσίασεν Σαλωμὼν τὴν θυσίαν, μόσχων εἴκοσι καὶ δύο χιλιάδας καὶ
βοσκημάτων ἑκατὸν καὶ εἴκοσι χιλιάδας, καὶ ἐνεκαίνισεν τὸν οἶκον
τοῦ θεοῦ ὁ βασιλεὺς καὶ πᾶς ὁ λαός. 6*καὶ οἱ ἱερεῖς ἐπὶ τὰς φυλακὰς* 6

B′′ A V *L′ a b* 60 119 158 527 La^{109} Aeth Arm Bo

ἔπεσον] *-σαν* A V 64-728-*b*$^{2-98}$ 55 60 158: cf praef p 105; *-σεν* 119 527; + *επι τον οικον* 728: ex praec | *ἐπὶ τὴν γῆν*] pr *και* 68 Aeth$^{-P'G}$ Ald; > Bo = 𝔐^{1Ms} | *προσεκύνησαν*] + *coram domino* Bo | *καὶ ᾔνουν* om 71 | *ηνεσαν L a*$^{(-71)}$ Ald Compl | *τῷ κυρίῳ*] *τον* $\overline{\kappa\nu}$ 46-98 527; *deo* Arm^{II}; pr *επι* 125 | *ὅτι* 1° – $_{(4)}$ fin] > 107; *ὅτι* 1° – fin om 71; *ὅτι ἀγαθόν* om Aeth(omnes) = 𝔐^{1Ms} | *αγαθος* 98 60 527 La^{109}; *αγαθων* 158: cf 5$_{13}$ | om *αὐτοῦ* 158

4 om *πᾶς* 158 | *λαός*] + *israel* Aeth(omnes): cf $_{5}$ et Reg III 8$_{62}$ | *θύοντες*] *sacrificabant* (*obtulerunt* Arm^{II}) La^{109} Aeth(omnes) Arm Bo: cf Reg 𝔊 | *θύματα*] *sacrificium* La^{109} Aeth = 𝔐 et Reg 𝔐 𝔊$^{-L}$ | *ἔναντι κυρίου*] *domino* (+ *deo* Arm) Aeth$^{A'}$ Arm^{II} = Pesch^{te} | *εναντιον* 119 527; *ενωπιον L* Compl = Reg 𝔊

5 om init – *θυσίαν* Arm^{II} | *ἐθυσίασε(ν)*] *εθυσεν* 19′ Compl Lag.; *εθυμιασεν* 71; + *ο βασιλευς L a*$^{-107}$ La^{109} Bo Ald Compl Sixt = 𝔐 Vulg^{te} et Reg III 8$_{63}$ 𝔊(in Syh sub obelo) | *Σαλωμών* B V* 120-121-130-134-236-314-346-762* 64-728 Sixt] *σολομων* A 19′ 106′ Arm^{I} Bo Ald Compl; *σαλομ.* rel; om 71 | *τὴν θυσίαν* om 107 Bo | *μόσχων*] *μοσχον* 346*; post *χιλιάδας* 1° tr *a*$^{-71}$ Bo | *εἴκοσι καὶ δύο*] *κ′ και δυο* 236; *κ′ και β′* 130-246-314-346-762 52 127 Aeth; om *καί* (*κ′ β′* 107(125 610) Bo^{H}) 71-107 Bo; om *καὶ δύο* La^{109}: cf Vulg^{ap}; post *χιλιάδας* 1° tr 71 | *χιλιάδας* 1°] *-δες* B(*χειλ.**): cf Reg; *χιλια*$^{\delta}$ 60: cf sq | *καί* 3° – *χιλιάδας* 2°] post *λαός* tr Bo^{H}; > B’: homoiot, sed cf Reg 𝔊(om B cum paucis, in Syh sub asterisco) | om *καί* 3° *b*^{I} Ald Sixt = Vulg | *βοσκημάτων*] *-ματα* 106′; *προβατων L* La^{109} vid(*ovium*) Aeth^{Dc}(vid) Compl = Reg 𝔊, cf Ios VIII 122 | *ἑκατὸν καὶ εἴκοσι*] *ρ′ και εικοσι* 158; *ρ′ και κ′* 130-134-236-246-314-346-762 Aeth; om *καί* (*εκατον κ′* 56; *ρ′ κ′* 107(non 44) 98 Arm^{II} Bo^{H}) 56-71-107 98 Arm Bo: cf Reg; *εικοσι και εκατον* 19; post *χιλιάδας* 2° tr 71-107 | *χιλιάδας* 2°] *-δες* 60: cf praec | *τοῦ θεοῦ*] *domini* Aeth Bo = Pesch Targ Vulg^{1Ms} et Reg; > *L* Compl | *ὁ βασιλεύς*] pr *salomon* Aeth = Pesch^{te}(add); > Bo | *λαός*] + *israel* Aeth(omnes): cf 𝔐^{1Ms}(pro העם) et Reg

6 *οἱ ἱερεῖς* 1°] *ο ιερευς* 46*(corr pr m, non 52); om *οἱ* 158; + *omnes* La^{109} | *ἐπὶ τ. φυλακάς*] *επι τ. βασιλειας* 71; *et tribus* (pro *φυλαί*?) La^{109} | *αὐτῶν* 1°]

αὐτῶν ἑστηκότες, καὶ οἱ Λευῖται ἐν ὀργάνοις ᾠδῶν κυρίου τοῦ Δαυὶδ
τοῦ βασιλέως τοῦ ἐξομολογεῖσθαι ἔναντι κυρίου
ὅτι εἰς τὸν αἰῶνα τὸ ἔλεος αὐτοῦ
ἐν ὕμνοις Δαυὶδ διὰ χειρὸς αὐτῶν, καὶ οἱ ἱερεῖς σαλπίζοντες ταῖς σάλ-
7 *πιγξιν ἐναντίον αὐτῶν, καὶ πᾶς Ἰσραὴλ ἑστηκώς.* 7*καὶ ἡγίασεν Σα-*
λωμὼν τὸ μέσον τῆς αὐλῆς τῆς ἐν οἴκῳ κυρίου· ὅτι ἐποίησεν ἐκεῖ τὰ
ὁλοκαυτώματα καὶ τὰ στέατα τῶν σωτηρίων, ὅτι τὸ θυσιαστήριον
τὸ χαλκοῦν, ὃ ἐποίησεν Σαλωμών, οὐκ ἐξεποίει δέξασθαι τὰ ὁλοκαυ-
8 *τώματα καὶ τὰ μαναὰ καὶ τὰ στέατα.* 8*καὶ ἐποίησεν Σαλωμὼν τὴν*
ἑορτὴν ἐν τῷ καιρῷ ἐκείνῳ ἑπτὰ ἡμέρας καὶ πᾶς Ἰσραὴλ μετ᾽ αὐτοῦ,

B′′ A V *L′ a b* 60 119 158 527 La$^{109\,(Leg)}$ Aeth Arm Bo

εαυτων A V *b*^{2} 60 | *ᾠδῶν*] *οδων* 56′ 127 Ald Tht^{1Ms} *Par II* 263: cf 5$_{13}$ | *κυρίου* 1°] pr *του* 381; > Bo | *τοῦ* 1° – *βασιλέως*] *ων εποιησε δαυιδ* (*δαβιδ* 108 Tht Proc) *ο βασιλευς* (*ο βασ.* om 19, deest Proc) *L* La^{109} Aeth^{Dc} Arm^{II} Bo Tht Proc *Comm in Par II* 1209 Compl = **𝔐** | *τοῦ* 1°] *και a*$^{(-71)}$ Arm^{I} | *Δαυίδ* 1°] *δαυειδ* B; *δαβιδ* 108 Tht Proc Ald: cf 1$_{1}$ | *τοῦ* 2° om 56(|)-71 60 | *τοῦ* 3° – fin om 71 | *ἔναντι κυρίου*] *εναντιον κ. b*^{1} Ald; *ενωπιον κ.* 56′; *τω κυριω* 127 La^{109} Aeth^{PDFG} Bo = **𝔐**; > Arm^{II} | *ὅτι* – *αὐτῶν* 2° om 107 | *ὅτι*] pr *οτι αγαθον* (*-ος* Tht^{ap}) *L* 127 La^{109} Aeth^{G} Arm^{II} Bo Tht Compl: cf $_{3}$ | *Δαυίδ* 2°] *δαυειδ* B; *δαβιδ* 108 Tht Ald | *αὐτῶν* 2°] *αυτου* Tht | *ταῖς*] *εν* 158; > 19′ 56′ 60 | *ἐναντίον* om 381 | *καί* ult ⌒ $_{(7)}$ *καί* 1° 44 | *Ἰσραήλ*] *ο λαος b*^{1}

7 v $_{7}$ om 381: homoiot | *Σαλωμών* 1° 2° B A V* 120-121-130-134-236-314-346-762*(762 in 2°) 64-728 Sixt] *σολομων* 19′ 68′-71′(107 deest in 2°) Arm Bo Ald Compl; *σαλομ.* rel | *τὸ μέσον τῆς αὐλῆς*] *medium atrium* La^{109} | *τῆς ἐν οἴκῳ*] *quod erat contra* (*secundum* 109) *faciem domus* La$^{109\,Leg}$: cf **𝔐** et Reg III 8$_{64}$ **𝔐 𝔊**; om *τῆς* 236 610 | *ὅτι* 1°] *ο* 158 | *ἐποίησεν* 1°] *-σαν* V | *τὰ στέατα* – fin] *τα οστεα* (*οστα* 44) *του* $\overline{σριου}$ 107 | *ὅτι* 2°] *και* V; *επι* 93; > Arm^{II} | *ἐξεποίει*] *εποιει* (*εποιη* 119; *αιποιη* 158) A V *b*$^{(-381)}$ 55′ 60 119 158 527 Aeth$^{P′}$; *potuit* La^{109} Arm^{I}(Arm^{II} lib): cf Vulg et Reg **𝔊** | *δέξασθαι*] *subportare* La^{109}: cf Reg **𝔊**$^{B\,243}$(*ὑπενεγκεῖν*) | *τά* 3° om 158 | *καί* paenult ⌒ ult Arm^{II} | *τὰ μαναά*] *το μ. b*$^{1(-381)}$; *τας μ.* 71; **ⲠⲒⲘⲀⲚⲚⲀ** Bo; *manna*(*jn*) Arm^{Ite}; *manana*(*jn*) Arm^{Iap}; *τας θυσίας L* La^{109} | *καὶ τὰ στέατα* 2°] om *τά* 56(|); ante *καί* paenult tr Bo; + *των ειρηνικων* (*pacis* Arm) *L* Arm^{II} Compl = Reg **𝔐 𝔊**

8 *Σαλωμών* B A V* 120-121-130-134-236-314-346-762* 64-728 Sixt] *σολομων* 19 68′-71-106 Arm Bo Ald Compl; *σαλομ.* rel; post *ἑορτήν* tr 60; > 107 | *τὴν ἑορτήν*] add $\overline{κω}$ et post *ἡμέρας* tr 381 | *ἐν τῷ καιρῷ ἐκείνῳ*] pr *την* 52; > 93 107: cf $_{2}$ | *ἑπτὰ ἡμέρας*] *ημερας ζ′* (*επτα* 44 Arm) 107 Arm^{I} | *ημεραις* B

ἐκκλησία μεγάλη σφόδρα ἀπὸ εἰσόδου Αἱμὰθ καὶ ἕως χειμάρρου Αἰ-
γύπτου. ^{9}καὶ ἐποίησεν ἐν τῇ ἡμέρᾳ τῇ ὀγδόῃ ἐξόδιον, ὅτι ἐγκαινισμὸν 9
τοῦ θυσιαστηρίου ἐποίησεν ἑπτὰ ἡμέρας ἑορτήν. ^{10}καὶ ἐν τῇ τρίτῃ 10
καὶ εἰκάδι τοῦ μηνὸς τοῦ ἑβδόμου ἀπέστειλεν τὸν λαὸν εἰς τὰ σκη-
νώματα αὐτῶν εὐφραινομένους καὶ ἀγαθῇ καρδίᾳ ἐπὶ τοῖς ἀγαθοῖς, οἷς
ἐποίησεν κύριος τῷ Δαυὶδ καὶ τῷ Σαλωμὼν καὶ τῷ Ἰσραὴλ λαῷ αὐτοῦ.

B″ A V *L′ a b* 60 119 158 527 La$^{109\,(Leg)}$ Aeth Arm Bo

Ra.: cf 9; *ημε* 243 | *Ἰσραήλ*] **ⲡⲓⲗⲁⲟⲥ** Bo^{H}; pr *ο λαος* 381 | *εκκλησιαν μεγαλην* 71 | *σφόδρα* om Arm^{II} = Pesch et Reg III 8$_{65}$ | *Αἱμάθ*] *εμαθ* 158* La^{109}(*emat*: cf Vulg) Arm Bo^{H}; *αιθαμ* 71: cf 8$_{3\,4}$ Par I 13$_{5}$ 18$_{3\,9}$ | *καί* ult om 60 La^{109} Arm Bo = 𝔐

9 *ἐποίησεν* 1° post *ὀγδόῃ* tr 44 Aeth Bo | *ἐν* om *a*$^{-71}$ 158 Ald | *ὀγδόῃ*] *εβδομη* 106′ 127 | *ἐξόδιον*] *εξοδον* 93 74; *collectam* La^{109} = Vulg | *ὅτι* – fin om 44 | *ἐγκαινισμόν*] pr *τον a*$^{-71}$ Ald | *ἐποίησεν* 2° – fin] *et sollemnitatem fecerant septem diebus* La^{109}: cf Vulg et 𝔐 | *ἐποίησεν* 2° post *ἡμέρας* tr A | *ἑπτὰ ἡμέρας* post *ἑορτήν* tr 68′-74-106′-120-130-346-554 Aeth(omnes) Ald | *ἑορτήν*] *-τη* V 127; *και την εορτην επτα ημερας L* 158 Arm^{II}(sim) Compl = 𝔐^{te}; > 134 = 𝔐^{2Mss}

10 *ἐν τῇ τρίτῃ καὶ εἰκάδι*] *εν τη τρ. και εικοστη* B Sixt Ra.; *εν* (> 71 44) *τη εικοστη και* (> 68-71 44 Bo) *τριτη* (*τριτου* 762; *γ′* 314; *κ′ γ′* pro *εικ. και τριτη* 56′-107(non 44)-134 Bo) *a* Aeth Arm^{I} Bo Ald; *εν τη ημερα τη εικοστη* (*ηκ.* 108; + *τη* 19) *και τριτη L* Arm^{II} = 𝔐; *in die tertia et vicesima* La^{109} | *τοῦ μηνὸς τοῦ ἑβδόμου*] *του εικοστου εβδομου* 127; *mensis octavi* Aeth^{A} | *ἀπέστειλεν*] + *σαλομων* (*σολ.* 19 Arm Compl) *L* 246 Arm^{II} Compl: cf Pesch(+ *rex*) | *τὸν λαόν*] *populos* La^{109}(*-lum* Leg) = Vulg^{te}; + *αυτου* 93 Arm^{II} | *αὐτῶν*] *αυτου* 93 381-*b*^{2} 60 (*sua* La$^{109\,Leg}$ = Vulg): cf Reg III 8$_{66}$ 𝔊 | *ευφραινομενον b*^{2} La^{Leg}(non 109) | *καὶ ἀγαθῇ καρδίᾳ*] *και αγαθους τη κ. L* La^{109}(hab *et boni cordis* La^{Leg}) Compl = 𝔐 et Reg 𝔐; *in corde eorum* Bo | *ἐπὶ τοῖς ἀγαθοῖς*] *propter omnia* Arm^{II}; add *omnibus* Arm^{I} Bo = 𝔐^{10Mss} et Reg 𝔐 𝔊^{O} | *κύριος*] *deus* La$^{Leg\,H}$: cf Vulg^{ap}; + *deus* Arm^{II} | *τῷ* 1° om 71 | *Δαυίδ*] *δαυειδ* B; *δαβιδ* 108 Ald: cf 1$_{1}$; pr *regi* Bo | *τῷ* 2° om *L* 71 44 Compl | *Σαλωμών* B′ A V* 93 120-121-130-134-236-314-346-762* 64-728; *σολομων* 19 71-107 Arm Bo; *σολομωντι* 68′ Ald Compl; *σαλωμωντι* Sixt; *σαλομων* rel; + *τω υιω αυτου L* Arm^{II} = 𝔐^{1Ms} Pesch Targ(textum auctum praebet) et Reg | *τῷ* 3°] ante *λαῷ* tr *L* Compl; > 71-107 381 | *λαῷ αὐτοῦ*] *omni* Bo; om *αὐτοῦ* Aeth^{DEFGH}: cf Pesch^{ap}(om *λ. αὐτοῦ*)

11 [11]*Καὶ συνετέλεσεν Σαλωμὼν τὸν οἶκον κυρίου καὶ τὸν οἶκον τοῦ*
βασιλέως· καὶ πάντα, ὅσα ἠθέλησεν ἐν τῇ ψυχῇ Σαλωμὼν τοῦ ποιῆ-
12 *σαι ἐν οἴκῳ κυρίου καὶ ἐν οἴκῳ αὐτοῦ, εὐοδώθη.* [12]*καὶ ὤφθη ὁ*
θεὸς τῷ Σαλωμὼν τὴν νύκτα καὶ εἶπεν αὐτῷ Ἤκουσα τῆς προσ-
ευχῆς σου καὶ ἐξελεξάμην ἐν τῷ τόπῳ τούτῳ ἐμαυτῷ εἰς οἶκον θυ-
13 *σίας.* [13]*ἐὰν συσχῶ τὸν οὐρανὸν καὶ μὴ γένηται ὑετός, καὶ ἐὰν ἐντεί-*
λωμαι τῇ ἀκρίδι καταφαγεῖν τὸ ξύλον, καὶ ἐὰν ἀποστείλω θάνατον

B″ A V *L′ a b* 60 119 158 527 La^{109} Aeth Arm Bo

11 *Σαλωμών* 1° B′(55*) A V* 120-121-130-134-236*-314-346-762 64-728 Sixt] *σολομων* 19 68′-71′ Arm Bo Ald Compl; *σαλομ.* rel; pr *rex* Bo | *τόν* 1° – *καί* 3° ad fin tr, praemittit *et fecit* et pro *τὸν οἶκον τοῦ βασιλέως καί* habet *domum suam simul in opere omni* Bo | *τόν* 1° ⌒ 2° 127*(corr pr m) | *τὸν οἶκον* 2° om 71 44′ | *τοῦ βασιλέως*] *regni* Aeth Arm^{II} = Targ; om *τοῦ* 71* | *πάντα – ψυχῇ*] *omnem voluntatem quam voluit* Arm^{II}: cf Reg III 9$_1$ | *ἠθέλησεν*] *supervenerant* La^{109}: cf 𝔐 et $_{22}$; *εποιησεν* B′; + *facere* Bo: cf sq; + *σαλομων* 158; + *et* (*et quae* DF) *placuit salomoni* Aeth(omnes) | *ἐν τῇ ψυχῇ*] *η ψυχη a*$^{-71}$; ante *τοῦ* 2° tr *L* Compl | *Σαλωμών* 2° B′(55*) A V* 120-121-130-134-236-314-346-762* 64-728 Sixt] *σολομων* 71 Arm Ald; *σολομωντος* 68′; *αυτου* 107 158 Bo Compl = Vulg; *σαλομων* rel; pr *regis* La^{109}; > 381 | *τοῦ* 2° – *κυρίου* 2°] *domum domini* Bo: cf praec; *τοῦ* om 107 Compl | *κυρίου* 2°] *dei* Arm^{IIap} | om *καί* ult – fin 107: homoiot | *οἴκῳ* 2°] pr *τῷ L* Compl | *ενωδωθη* (*-δοθη* 56′-68′-120 Ald) B^{c} V^{c} 19′ *a*$^{-71′\,121\,762}$ 489-731 527 Ald Compl Sixt; *ενοδοθη* 243: cf praef p 103

12 *ὤφθη*] *οφθη* 158: cf praef p 103; *ειπε* et om *καὶ εἶπεν αὐτῷ* sq 44 | *ὁ θεός*] *κ̅ς̅* V *L* 68′-107 *b*^{I} La^{109} Aeth Bo Ald Compl Sixt = 𝔐 et Reg III 9$_2$ 𝔐 𝔊; *dominus dominorum* Arm^{II}; ante *τήν* tr 106 | om *τῷ* 1° 44 | *Σαλωμών* B A V* 120-121-130-134-236-246*-314-346-762 64-728 Sixt] *σολομων* 19 71-107 Arm Bo; *σολομωντι* 68′ Ald Compl; *σαλομων* rel | *τὴν νύκτα*] *τη νυκτι* 44 60; *εν τη νυκτι* (*in nocte illa* La Aeth Arm) *L* La^{109} Aeth Arm^{I} Bo Compl = 𝔐; *in somnio* Arm^{II}; > 158 = Reg | *προσευχῆς*] *φωνης b*^{2}: cf Reg III 9$_3$ 𝔊$^{-O\,L}$ | *τόπῳ*] *οικω a*$^{-71}$ Ald | *τουτο* 93 | *ἐμαυτῷ*] *-τον* 527*; *εμοι L* Compl | *εἰς οἶκον*] *εν οικω* 106′ La^{109} | *θυσίας*] *του θυσιασαι* A V *b*^{I} 55 60 119 158; *του θυμιασαι b*^{2} 527

13 *ἐάν* 1°] pr *καί* 93 Aeth(omnes) Bo; + *tunc* Arm | *συνεχω* 71 | *καί* 2° om 68′-120 Ald = 𝔐^{1Ms} | *ἐάν* 2° om 107 | *ἐντείλωμαι*] *εντελωμαι* 71; *τειλωμαι* 68-74; post *ἀκρίδι* tr 107 | *καταφαγεῖν*] *-φαγει* 158; pr *του L* Compl | *τὸ ξύλον*] *των ξυλων* 246; *omne lignum quod fructum fert* Aeth: cf Targ(*fruges terrae*); *την γην L*(93^{txt}) La^{109} Arm^{II} Compl = 𝔐 | *καί* 3° om 56′ Bo^{H} = 𝔐^{3Mss} | *ἐάν* 3°] *αν* 93* | *αποστελω* 74

ἐν τῷ λαῷ μου, ^{14}καὶ ἐὰν ἐντραπῇ ὁ λαός μου, ἐφ᾽ οὓς τὸ ὄνομά 14
μου ἐπικέκληται ἐπ᾽ αὐτούς, καὶ προσεύξωνται καὶ ζητήσωσιν τὸ
πρόσωπόν μου καὶ ἀποστρέψωσιν ἀπὸ τῶν ὁδῶν αὐτῶν τῶν πονη-
ρῶν, καὶ ἐγὼ εἰσακούσομαι ἐκ τοῦ οὐρανοῦ καὶ ἵλεως ἔσομαι ταῖς
ἁμαρτίαις αὐτῶν καὶ ἰάσομαι τὴν γῆν αὐτῶν. ^{15}νῦν οἱ ὀφθαλμοί μου 15
ἔσονται ἀνεῳγμένοι καὶ τὰ ὦτά μου ἐπήκοα τῇ προσευχῇ τοῦ τόπου
τούτου. ^{16}καὶ νῦν ἐξελεξάμην καὶ ἡγίακα τὸν οἶκον τοῦτον τοῦ εἶναι 16
ὄνομά μου ἐκεῖ ἕως αἰῶνος, καὶ ἔσονται οἱ ὀφθαλμοί μου καὶ ἡ καρδία
μου ἐκεῖ πάσας τὰς ἡμέρας. ^{17}καὶ σὺ ἐὰν πορευθῇς ἐναντίον μου ὡς 17

B′′ A V *L′ a b* 60 119 158 527 La^{109} La^{118}(ab 16 *οἱ*) Aeth Arm Bo(deest ab 17)

14 init – *αὐτούς* om 107: homoiot | init – *οὕς*] *et pauci erunt numero quos eduxi ex aegypto et* (> H) Bo | *καὶ ἐάν*] *ut* La^{109}; om *ἐάν* *L* Compl = 𝔐 | *ἐντραπῇ*] + *με* *L* Compl | *οὕς*] *ου* 74 Arm^{Ite} | *τὸ ὄνομά μου/ἐπικέκληται*] tr *L a*$^{(-107)}$ La^{109} Aeth(omnes) Arm^{I} Bo Ald Compl Sixt = 𝔐 | *προσευξονται* 19 68′-71′-120-134-246-554 728-243-731 60 127 158 Ald | *ζητησουσι* (-*σιν* A 246 127; *ζιτησουσιν* V*) A V^{c} 19-93 68′-71′-120-134-236-246-554 127 Ald | *ἀποστρέψωσιν*] -*ψουσιν* 19 68′-106′-120-134-554 98 127 Ald; pr *si* La^{109} | *εἰσακούσομαι*] -*σωμαι* 56′ 119; -*σωμε* 158; *audiam* La^{109} = Vulg; *ακουσομαι* 74; + *αυτους* 71 Aeth(omnes) Arm^{II} Bo | *οὐρανοῦ*] + *de parata habitatione mea* (= *εξ ετοιμου κατοικητηριοι μου*) Aeth: ut in 6 30 et aliis locis | *ταῖς ἁμαρτίαις αὐτῶν*] *iis* Arm^{I} | *ιασωμαι* 246^{c} 158 | *αὐτῶν* ult] *υμων* 68′-74-106′-120-130-134-346-554 Ald; + *et dolores eorum simul* Bo^{-H}; + *simul* Bo^{H}

15 *νῦν*] pr *και* *L a* Aeth(omnes) Arm Ald Compl Sixt = 𝔐^{1Ms} Pesch (hab *nunc* La^{109} = 𝔐^{te}) | *οἱ ὀφθαλμοί μου*] *oculi enim* (ΓΑΡ) *mei* Bo; *οι ο. σου* 127*(vid); om *οἱ* 158 | *ἔσονται* om 56′ = 𝔐^{1Ms} | *ἀνεῳγμένοι*] + *super eos* Bo: cf 6 40 | *τά* om 731 55 | *υπηκοα* 71: cf 6 40 | *της προσευχης* B 19 158; *in orationem* La^{109}: cf 6 40 | *τοῦ τόπου τούτου*] *του τ. αυτου* 125; *eorum in hoc loco* Bo^{-H}; *eorum* Bo^{H}; *τούτου* om 119: cf 6 20

16 *καί* 1° – 2°] *καί* ∩ *καί* 71; *ἐξελεξάμην καί* om 44 | *καὶ νῦν*] *quia* Arm^{II}; *ecce* Bo; + *ecce* Arm^{I} | *καὶ ἡγίακα*] *και ηγαπισα* 158; *sanctificare* La^{109}; om *καί* Arm^{II} Bo^{H} | *οἶκον*] *τοπον* 60 52 La^{109} Bo = Vulg | *τοῦ* – *αἰῶνος* om 71 | *τοῦ* – *ἐκεῖ* 1°] *ut sit nomen meum vocatum super eum* Arm^{II}: cf 14; *ut sit nomen meum vocatum* (+ *ibi* A) Aeth | *τοῦ* om 119 527 | *ὄνομά*] pr *το* *L* 106-246 98 158 44 Compl | *ἐκεῖ* 1°] *εν αυτω* 158 | *ἕως*] *επ* A | *αἰῶνος*] pr *του* 158: cf Reg III 9 3 | ab *καί* 3° incipit 321 | *καί* 3° – fin om 107: homoiot | *καὶ ἡ καρδία μου*] post *ἐκεῖ* 2° tr *b*^{2}: cf Reg 𝔊; > 71 | *ἐκεῖ* 2°] + *εως αιωνος* 527; ante *ἔσονται* praec tr Aeth; > V

17 *ἐναντίον*] *ενωπιον* *L b*^{2} Compl = Reg III 9 4 𝔊 | *μου* 1°] *σου* 60; > 127 | *ὡς*] *ον τροπον* (*quemadmodum* La) *επορευθη* *L* La$^{109\ 118\ Leg}$ Aeth(omnes)

Δαυὶδ ὁ πατήρ σου καὶ ποιήσῃς κατὰ πάντα, ἃ ἐνετειλάμην σοι, καὶ τὰ
18 *προστάγματά μου καὶ τὰ κρίματά μου φυλάξῃ,* [18]*καὶ ἀναστήσω τὸν*
θρόνον τῆς βασιλείας σου, ὡς διεθέμην Δαυὶδ τῷ πατρί σου λέγων Οὐκ
19 *ἐξαρθήσεταί σοι ἀνὴρ ἡγούμενος ἐν Ἰσραήλ.* [19]*καὶ ἐὰν ἀποστρέψητε*
ὑμεῖς καὶ ἐγκαταλίπητε τὰ προστάγματά μου καὶ τὰς ἐντολάς μου, ἃς
ἔδωκα ἐναντίον ὑμῶν, καὶ πορευθῆτε καὶ λατρεύσητε θεοῖς ἑτέροις
20 *καὶ προσκυνήσητε αὐτοῖς,* [20]*καὶ ἐξαρῶ ὑμᾶς ἀπὸ τῆς γῆς, ἧς ἔδωκα*
αὐτοῖς, καὶ τὸν οἶκον τοῦτον, ὃν ἡγίασα τῷ ὀνόματί μου, ἀποστρέψω ἐκ
προσώπου μου καὶ δώσω αὐτὸν εἰς παραβολὴν καὶ εἰς διήγημα ἐν πᾶσιν
21 *τοῖς ἔθνεσιν.* [21]*καὶ ὁ οἶκος οὗτος ὁ ὑψηλός, πᾶς ὁ διαπορευόμενος*

B′′ A V *L′ a b* 60 119 158 527 La^{109} La^{118}(ad 18 *διεθέμην*) Aeth Arm

Arm^{II}(vid) Compl = 𝔐 et Reg, cf 2_3 | *Δαυίδ*] *δαυειδ* B; *δαβιδ* 108 Ald: cf 1_1; pr *ο* 71-321 | *καί* 2°] *ut* La$^{109\ 118}$: cf 𝔐 et Reg | *ποιησεις* 19-93 56′-71′-130 46(non 52)-728-*b*$^{2-489}$ 127 | *κατά* – *καί* 3° om 71 | *καί* 3° ∩ 4° A | *καί* 3°] *ut custodies* et *φυλάξῃ* sq om Arm^{II}; + *si* La^{109}(non 118); > Aeth Arm^{I} = Reg 𝔐 | *καί* ult – *μου* ult] > 107 55 158; om *τὰ κρίματά μου* 71 | *φυλάξῃ*] -*ξει* 158: cf praef p 106; -*ξῃς* A V^{c} *L* 68′-71-74 98-489 Compl

18 *καί* om 74-107 381 La$^{109\ 118}$ Aeth(omnes) Arm = Vulg, cf Reg III 9_5 𝔊^{ap} | *τῆς βασιλείας* om 44 | *ὡς*] *quemadmodum* La$^{109\ 118}$: pro *ὃν τρόπον*(vid): cf 2_3 | *δαυειδ* B; *δαβιδ* 108 Ald: cf 1_1 | *ἐξαρθήσεταί*] *εξαριθμηθησεται* 71 | *σοι* om 321 125 | *ἀνὴρ ἡγούμενος* tr *a*$^{-71}$ Ald Sixt | *ἐν* om 158 | *Ἰσραήλ*] $\bar{\iota}\overline{\lambda\eta\mu}$ A* 74 *b*^{2}; pr *populo meo* Aeth

19 *ἀποστρέψητε ὑμεῖς καί*] > 93 125; om *ὑμεῖς* Aeth^{DF} = Vulg | *αποστραφητε* 19′ Compl: cf Reg III 9_6; *επιστρεψητε* 56′ | *ἐγκαταλίπητε*] -*λειπητε* (*ενκ.* V* 55: cf praef p 92; -*λειπειτε* 728; -*λειπειται* 158) A V^{c} 68′-106 728 55 60 158 Ald Sixt; *εαν* (> 93) *καταλιπητε* (sic 127; -*λειπ.* 93 Compl; -*ληπ.* 19′) *L* 127 Compl; + *υμεις* 125 | *τὰ προστάγματά μου καί* om 71 | *τὰ προστάγματά*] *τα δικαιωματα* 125; *iustificationes* La^{109}: cf Vulg(*iustitias*) | *καί* 3° ∩ 4° 107 | *μου* 2° om 379* | *ἅς* – *πορευθῆτε* om 71 | *δεδωκα* 119 527 | *θεοῖς ἑτέροις*] *αυτοις* 98; om *ἑτέροις* 243-731

20 *καί* 1° om 107 381 La^{109} Arm = Vulg Pesch, cf Reg III 9_7 𝔊^{O} | *ὑμᾶς*] *illos* La^{109} = 𝔐, cf Vulg^{ap}; > Arm^{II} | *τῆς* om 56-121 | *ἔδωκα*] -*κας* 74; *εδωκε* $\overline{\kappa\varsigma}$ 19 | *αὐτοῖς*] *υμιν* *L* 119 44 Arm Compl = Pesch Vulg; *υμας* 158; *patribus vestris* Aeth | *τοῦτον* om Arm^{II} = Reg 𝔐 | *ηγιακα* A *a* | *τῷ ὀνόματί μου*] *τω ον. σου* 60; > 71 | *ἀποστρέψω*] *απορριψω* (*proiciam* La = Vulg) *L* La^{109} Arm^{II}(vid) Compl = 𝔐 et Reg 𝔊; + *αυτον* 93-108 Compl | *ἐκ*] *απο* A V *L b* 60 119 158 527 Compl | *προσώπου μου*] pr *του* 158; om *μου* 762* | *δώσω*] *δω* 158* | *εἰς* 2° om 71 381 125 | *ἐν* om 19 134 La^{109} Aeth^{P}(solus) = Vulg | *ἔθνεσιν*] *λαοις* *L* Compl = Reg 𝔊

αὐτὸν ἐκστήσεται καὶ ἐρεῖ Χάριν τίνος ἐποίησεν κύριος τῇ γῇ ταύτῃ
καὶ τῷ οἴκῳ τούτῳ; [22]*καὶ ἐροῦσιν Διότι ἐγκατέλιπον κύριον τὸν θεὸν* 22
τῶν πατέρων αὐτῶν τὸν ἐξαγαγόντα αὐτοὺς ἐκ γῆς Αἰγύπτου καὶ
ἀντελάβοντο θεῶν ἑτέρων καὶ προσεκύνησαν αὐτοῖς καὶ ἐδούλευσαν
αὐτοῖς, διὰ τοῦτο ἐπήγαγεν ἐπ᾽ αὐτοὺς πᾶσαν τὴν κακίαν ταύτην.
8 [1]*Καὶ ἐγένετο μετὰ εἴκοσι ἔτη, ἐν οἷς ᾠκοδόμησεν Σαλωμὼν τὸν* 1
οἶκον κυρίου καὶ τὸν οἶκον ἑαυτοῦ, [2]*καὶ τὰς πόλεις, ἃς ἔδωκεν Χειρὰμ* 2
τῷ Σαλωμών, ᾠκοδόμησεν αὐτὰς Σαλωμὼν καὶ κατῴκισεν ἐκεῖ τοὺς

B″ A V *L′ a b* 60 119 158 527 La^{109} Aeth Arm

21 *ουτως* 728 | *ὁ ὑψηλός*] *ος* (> 74 610(|)) *ην υψηλος L a*$^{-71\ 125}$ La^{109} Arm^{II} (sim) Ald Compl = 𝔐; + *ερημωθησεται L′* 56′ Arm^{II} Compl = Targ, cf Pesch(hab pro *ὁ ὑψηλός*); + *εσται επι λαλημα* 728: cf Vulg(hab *erit in proverbium* pro *ὁ ὑψηλός*) | *πᾶς*] pr *et* Aeth^{-DF} = Pesch | *ὁ διαπορευόμενος*] *ο παραπορευομενος L* Compl; *praeteriens et pertransiens* La^{109} | *αὐτόν*] pr *προς* A | *ερη* 108 158 | *Χάριν*] *ενεκεν* (-*κε* 19) *L* Compl: cf Reg III 9$_8$ 𝔊; post *τίνος* tr 246 | *κύριος*] *κε* 93; pr *ο* 19′ Compl; *ο θεος* 119 Arm^{II}; + *ο θς* 527; + *ουτω* (-*ως* 93 71-246 44; *ουτος* 125) 93 *a* La^{109} Aeth(post *τούτῳ* tr) Ald = 𝔐 et Reg | *καί* ult ⌒ $_{(22)}$ *καί* 1° 71

22 *Διότι*] *ανθ ων* (*pro eo quod* La) *L* La^{109} Arm^{II}(vid) Compl = Reg III 9$_9$ 𝔊 | *ἐγκατέλιπον*] -*λειπον* (*ενγκ.* 93: cf praef p 92; -*λειπων* 158) A V 93 728 60 158 Compl: cf $_{19}$ | *κύριον* – *αὐτῶν*] om *κύριον* Arm^{II}; om *τόν* B(|) 107-321: cf Reg 𝔊; om *τῶν πατέρων* 71 = Reg | *τῶν*] *τον* 489 | *τόν* 2° – *Αἰγύπτου* om 71-107 | *αὐτούς* 1°] *αυτον* 56′ | *θεῶν*] *θν* 158* | *καί* 3° ⌒ 4° 44 | *αὐτοῖς* 1°] *αυτους* 74; om 71 = Vulg | *καὶ ἐδούλευσαν αὐτοῖς* om 68′-120 60 125: homoiot, cf Reg 𝔊^{ap} | *διὰ τοῦτο*] pr *και* 68′-120-246 60 158 125 Aeth Ald Sixt; > 44 | *ἐπήγαγεν* – fin] *supervenerunt in eos omnia mala ista* La^{109}: cf Vulg et $_{11}$ | *προσηγαγεν* 44 | *ἐπ᾽ αὐτούς*] *αυτους* 158; + *κς* 44 = Reg 𝔐, cf 𝔊^{ap}

8 1 *εγενετο δε* 125 | *εἴκοσι*] *κ′* 56′-107(non 44)-130-236-314-321-346-762 52 127; *κε′* 71 | *ἔτη* om 610* = 𝔐^{1Ms} | *οικοδομησεν* (-*σε* ^{c}) B: cf praef p 103 | *Σαλωμών* B A V* 120-121-130-134-236-314-321-346-762* 64-728 Sixt] *σολομων* 68′-71′ Arm Ald Compl; *σολομον* 19; *σωλομων* 158; *σαλομ.* rel Cyr *in XII Proph* 527a | *κυρίου*] pr *του* Cyr^{ap} | *ἑαυτοῦ*] *αυτου* B′ *L* 119 158 527 (hab Cyr) Compl Sixt; pr *regni* Aeth(omnes) Arm^{II}: cf Reg III 9$_{10}$

2 *Χειράμ*] *χιραμ a*$^{-246\ 554}$ 489 (hab Cyr *in XII Proph* 257a) Ald Sixt Ra.; *χηραμ* 554 52; *yram* La^{109}; *χειραν* 158; pr *αυτω* (non Aeth) et add *βασιλευς* (-*λευ* 321*-346) *τυρου a*$^{-71}$ Aeth: cf Reg III 9$_{11}$ | *Σαλωμών* 1° B A V* 64-728 Sixt] *σολομων* 19 71 Arm; *σολομωντι* Ald Compl; *σαλομ.* rel Cyr; pr *βασιλει* 119 125; ⌒ 2° A(|) | *αὐτάς*] *αυτα* 93: ante *σ*; > Aeth = 𝔐^{2Mss}, cf Vulg | *Σαλωμών* 2° B

3 υἱοὺς Ἰσραήλ. ³καὶ ἦλθεν Σαλωμὼν εἰς Αἱμὰθ Σωβὰ καὶ κατίσχυσεν
4 αὐτήν. ⁴καὶ ᾠκοδόμησεν τὴν Θεδμὼρ ἐν τῇ ἐρήμῳ καὶ πάσας τὰς
5 πόλεις τὰς ὀχυράς, ἃς ᾠκοδόμησεν ἐν Ἡμάθ. ⁵καὶ ᾠκοδόμησεν τὴν
Βαιθωρὼν τὴν ἄνω καὶ τὴν Βαιθωρὼν τὴν κάτω, πόλεις ὀχυράς, τείχη,
6 πύλαι καὶ μοχλοί, ⁶καὶ τὴν Βααλὰθ καὶ πάσας τὰς πόλεις τὰς ὀχυράς,

B′′ A V *L′ a b* 60 119 158 527 La$^{109 (Leg)}$ Aeth Arm

V* 120-121-130-134-236-314-321-346-762* 64-728 Sixt] *σολομων L* 68′-106′ 98 (non 379) Arm^{I} Ald Compl; *σαλομ.* rel Cyr; > 71 44 381 Arm^{II} | *κατῴκισεν*] -*κεισεν* A V* 158; -*κησεν* (*κατοικ.* 71: cf praef p 103; -*σε* 56) V^{c} *L* 56′-68′-71′-74-120-121-236-314-762 46-243-728-731 55′ 60: cf praef p 107, Esdr I praef p 49s et Walters p 119s

3 *καί* 1° om 236 | *Σαλωμών* B A V* 120-121-130-134-236-314-321-346-762 64-728 Sixt] *σολομων* 19 71′ Arm Compl; *σαλομ.* rel Cyr *in XII Proph* 257a; > Aeth^{P} = Vulg | *Αἱμὰθ Σωβά*] *βαισωβα* B Sixt; *μαισωβα* 127; *σεμααθ σωβα* 55 | *Αἱμάθ*] |*μαθ* 93; *εμαθ* V* 243-731 La^{109}(*emat*: cf Vulg) Arm Cyr^{te}; *αιθαμ* 71: cf 7 8 | *Σωβά*] *σοβα* 71 46 527 Cyr^{te}; *σουβα L* 489 La^{109} Arm^{II}(ed *sura*: mend?) Compl = Vulg^{te}, cf Par I 18 3; *σουβαα* Ald; *σαβα* 158; *σωμα* 107; > 68′-120 44 | *καί* 2° ⌒ (4) 1° Aeth$^{A'}$ | *αὐτήν*] pr *επ L* La^{109} Arm^{II} Compl = 𝔐

4 *ᾠκοδόμησεν* 1°] + *εκει* 56′-121 *b′* 119 527 Aeth$^{P'}$ | *τήν*] *την θοε|δομησεν* B*(cum signo correcturae): cf sq | *Θεδμώρ*] -*μορ* A V* 19′ 130* 55 119 158 527 Cyr *in XII Proph* 257b Compl Lag. Ra.; *θοεδμορ* (-*δομορ* B*) B Sixt; *θοδμορ* 93 Fern.: cf Reg III 9 17 𝔐(=10 18 𝔊) 𝔊^{L}; *thadmor* (-*mar* A) Aeth = 𝔐; *thetmor* (*thethmor* H) La^{Leg}; *cedmar* La^{109}; *θαδαμορα* Ios VIII 154; *θεδμον* 243-731; *δοθομ* 71; *thedmos* (mend pro -*mor*?) Arm^{I}; *thomrin* Arm^{II}: cf Reg 𝔐; *οδον* 127 | *ἐν τῇ ἐρήμῳ*] *in terra deserti* Aeth: cf Reg 𝔐 | *ὀχυράς*] *ισχυρας* V; + *τας των φορων* (*vectigalis* Arm) *L* Arm^{II}: cf 6 | *ἅς* – fin om 44 = Pesch | *ἅς* om B *L b′* 60 119 527 Arm Cyr = Vulg | *ἐν* 2° om 93 74 158 | *Ἡμάθ*] *ιμαθ* 158; *αιμαθ L a*$^{-71}$ Ald Compl; *εμαθ* Lag.: cf 7 8

5 *ᾠκοδόμησεν* om 44 | *Βαιθωρών* 1°] *βεθωρων* 56′-121 158; *βαιθορων* 60; *βαιθωρον* 46-381*; *βεθορων* 527; *βαιθωρωμ* B: cf Reg III 𝔊 10 23(22a Ra.) = 𝔐 9 17 *βαιθωραμ* B: cf sq; *βεθωρ* 728; ⌒ 2° 127: cf Reg | *ἄνω* – *κάτω*] *ανω και την* (> 44) *κατω* 71-107-130-321-346 381; *κατω και την ανω* 74 | *Βαιθωρών* 2°] *βεθωρων* 56-121; *βαιθορων* 60 158; *βαιθωρον* 52; *βεθωρον* 46; *βεθορων* 527; *βαιθωρωμ* B; *βεθωρ* 728 | *πόλεις* – fin om 44: cf Pesch(om *πόλεις* – (6) *Βααλάθ*) et Reg | *πόλεις ὀχυράς, τείχη*] *et civitates munitas muris* La^{109} | *ὀχυράς*] -*ραι* 93; ⌒ (6) *ὀχυράς* 60 | *τείχη*] *τειχει* 19 246 (*τηχει* 158); *τειχεσιν* Compl; *τειχοις* 554: cf praef p 100 | *πύλαι καὶ μοχλοί*] *πυλαις και μοχλοις* Compl; *και μοχλοις* 554; om *πύλαι* 68′-74-106′-120-130-134-321-346 119; om *καί* 71; *et hosteis et seris* (*serris* cod) *et vectibus* La^{109}: cf Vulg; pr *et* Aeth Arm

αἳ ἦσαν τῷ Σαλωμών, καὶ πάσας τὰς πόλεις τῶν ἁρμάτων καὶ τὰς
πόλεις τῶν ἱππέων καὶ ὅσα ἐπεθύμησεν Σαλωμὼν κατὰ τὴν ἐπιθυμίαν
τοῦ οἰκοδομῆσαι ἐν Ἰερουσαλὴμ καὶ ἐν τῷ Λιβάνῳ καὶ ἐν πάσῃ τῇ
βασιλείᾳ αὐτοῦ. [7]*πᾶς ὁ λαὸς ὁ καταλειφθεὶς ἀπὸ τοῦ Χετταίου καὶ* 7
τοῦ Ἀμορραίου καὶ τοῦ Φερεζαίου καὶ τοῦ Εὐαίου καὶ τοῦ Ἰεβουσαίου,

B′′ A V *L′ a b* 60 119 158 527 La^{109} Aeth Arm

6 *τήν* 1° om 130-236-314-321-346-762(|) | *Βααλάθ* 93 107 *b′* Arm^{IIap} – 𝔐 Vulg^{te}, cf praef p 75] *θααλαθ* 19(*θαρλαθ* 19*, corr pr m); *θωαλαθ* 108; *cala* La^{109}; *βαλλααθ* 55; *βαλαα* B; *βαλαας* A; *βαλα* 127; *βαλαθ* 44 = Reg III 9$_{18}$ 𝔊^{O}(deest in 𝔊$^{-O}$); *βαιαλαθ* 71; *βαλααθ* rel | *πάσας* 1° om 44 = 𝔐^{3Mss} | *πόλεις* 1°] + *των φορων* (*φωρων* 93) *L* Arm^{II}(sim: add post *ἦσαν* sq *in vectigal*): cf $_4$; ⌒ 2° A* 106′ 55 158 | *τῷ Σαλωμών*] *αυτω* 381 | *Σαλωμών* 1° B A$^{(c)}$ V* 120-121-130-134-236-314-321*-346-762* 64-728 Sixt] *σολομων* 19 71 Arm; *σολομωντι* 68′ Ald Compl; *σαλομ.* rel; pr *βασιλει L* Arm^{II} | *καὶ πάσας* 2°] om *καί* Aeth$^{A′}$; om *πάσας* Aeth = 𝔐^{1Ms} Pesch | *τὰς πόλεις* 3°] pr *πασας* A V Aeth^{-P} Arm^{I} = 𝔐^{5Mss}; > 44 Arm^{II} | *ἱππέων*] *ιππων* 127 Aeth$^{A′}$(cf Clear, Muséon 85 (1972) 261) Arm: cf 1$_{14}$; + *civitates equitum* Arm^{II}: cf $_9$ | *καί* 5° – *ἐπιθυμίαν*] *omnia igitur* (> A$^{′-H}$) *quae cogitavit et cupivit salomon secundum omnia quae cogitavit* Aeth | *ὅσα* – *οἰκοδομῆσαι*] *οσα εποιησε κατα την επιθυμιαν αυτου σολομων* (> 44) *και* 107 | *ὅσα* – *ἐπιθυμίαν*] *omnem destinationem* (*omne propositum* Aug) *salomonis quam* (*quod* Aug) *destinaverat* La^{109} Aug *quaest Ios* 439: cf 𝔐 et Reg III 9$_{19}$ 𝔊; + *αυτου ην επεθυμησε L*: cf 𝔐; + *αυτου* Arm^{I} Compl | *οσας* 119 | *Σαλωμών* 2° B A V* 120-121-130-134-236-314-321*-346-762* 64-728 Sixt] *σολομων* 19 68′-71-106 Arm Ald Compl; *σαλομ.* rel; pr *τω* 127 | *κατά*] pr *και* 74 | *ἐν Ἰερουσαλήμ* (sic B 19; *ῑλ̄η̄μ̄* rel)] -*λειμ* 108: cf 9$_1$; om *ἐν* 19 | *ῑη̄λ̄η̄μ̄* 158 | *καὶ ἐν* 1°] om *καί b′* 119 527; om *ἐν* Aug (hab La^{109}): cf Vulg^{ap} | *ἐν* ult – fin] om *πάσῃ a*$^{-56′\ 71\ 121}$ Cyr *in XII Proph* 257b^{ap} (*πασι* 246 158; *πασιλει* pro *πασι τη β.* 56); om *τῇ* 60; *in omni terra potestatis suae* La^{109} Aug (= *εν παση τη γη της εξουσιας αυτου* Compl) = 𝔐; *in omnibus locis terrae regni sui* Arm^{II}; + *εν τη γη πασης* (-*ση* 93) *της εξουσιας αυτου ευωδωθη* (*ευοδ.* 93) *L*; + *et in omnibus locis potestatis suae et prosperatus est* Arm^{II}; + *quam* (> DFG) *consummavit* Aeth

7 init – *καταλειφθείς*] *και παντα τον λαον τον καταλειφθεντα L* Aeth^{DF} Compl: cf Vulg; pr *και* 134 44 158 Aeth Arm^{II} | *ὁ* 2° om 728 | *καταληφθεις* 243 158 610 Cyr *in XII Proph* 257b^{ap}: cf praef p 88 | *ἀπό*] *υπο* 19: cf Reg III 9$_{20}$ (𝔐 𝔊 = 10$_{24}$ 𝔊$^{-O}$) 𝔊 | *τοῦ Χετταίου*] *των χετταιων* 19 Aeth: cf Pesch Targ Vulg (plur ubique) | *χεταιου* 527(|); *αχαιτταιου* 158; *γεθθαιου* 68′-71′(non 44)-74-120-134-554 Ald: cf 1$_{17}$; *γετθαιου* 130-314-321-346-762 44 = Reg 𝔊^{247}; *χετγαιου* 121-236 64-243-381 55 119: cf Esdr II praef p 32; *cettheo* La^{109}; *cettaeo* Aug *quaest Ios* 439: cf Vulg^{ap} | *καί* 1° om 44 | *τοῦ* 2°] pr *de* (*απο* Cyr) Aeth

8 οἳ οὔκ εἰσιν ἐκ τοῦ Ἰσραήλ — ^{8}ἦσαν ἐκ τῶν υἱῶν αὐτῶν τῶν κατα-
λειφθέντων μετ᾽ αὐτοὺς ἐν τῇ γῇ, οὓς οὐκ ἐξωλέθρευσαν οἱ υἱοὶ Ἰσ-
ραήλ —, καὶ ἀνήγαγεν αὐτοὺς Σαλωμὼν εἰς φόρον ἕως τῆς ἡμέρας
9 ταύτης. ^{9}καὶ ἐκ τῶν υἱῶν Ἰσραὴλ οὐκ ἔδωκεν Σαλωμὼν εἰς παῖδας
τῇ βασιλείᾳ αὐτοῦ, ὅτι αὐτοὶ ἄνδρες πολεμισταὶ καὶ ἄρχοντες καὶ οἱ

B′′ A V *L′ a b* 60 119 158 527 La$^{109 (Leg)}$ La^{118}(ab 8 init) Aeth Arm

Cyr^{ap} = 𝔐$^{2 vel 3Mss}$; > 125 | *αμωρραιου* 108 Compl; *αμοραιου* 19 243-731; *αμωραιου* 158; *αμμορραιου* 46 44; *αμμοραιου* 52; *αιμορραιου* 60 | *καὶ τοῦ* 2°] om 125; *καί* om 71 44 | *Φερεζαίου*] *φεραιζ.* 158; -*ζεου* 108; -*ζαι* 762* | *καὶ τοῦ Εὐαίου*] > Aeth^{-DF}: homoiot; om *καὶ τοῦ* 125; om *καί* 71 44 = 𝔐^{1Ms} | *εβαιου* 246 98 125: cf praef p 95 | *καὶ τοῦ* 4°] > 125; *καί* om 71 | *ιεβουσεου* 246; *iebusseo* La^{109}(hab *iebusaeo* Aug): cf Vulg^{ap} | *εἰσιν*] *ησαν* (*erant* La) 554 158 La^{109} Arm Aug = Vulg; *εστιν* 60 | *ἐκ τοῦ*] *εν* (*εκ* ^{c}) *τω* 158 Cyr^{ap}; *e filiis* (*de numero filiorum* vel sim Aeth) La^{109}(hab *ex* Aug) Aeth Arm^{I} = 𝔐^{2Mss} Pesch, cf Vulg(*de stirpe*) et Reg 𝔐 𝔊

8 init – *αὐτῶν* om Arm^{II} | init – *υἱῶν*] *et* (mend pro *ex*?) *filiis* La$^{109 118}$; *ex filiis* Aug *quaest Ios* 439 = 𝔐 Vulg(*de filiis*) Targ, sed non Pesch = Reg III 9$_{21}$ 𝔐 𝔊^{O}(24 𝔊$^{-O}$); pr *οι L* Aeth(omnes) Compl; pr *αλλ a*$^{-71}$ Arm^{I} Ald Sixt | *αὐτῶν*] *αυτου* 381; > 46-728 | *τῶν καταλειφθέντων*] *καταλειφθεντες* Cyr *in XII Proph* 257b^{te}; *qui residui erant* La$^{109 118}$ Arm = 𝔐, sed cf praef p 64 | *ληφθεντων* 158: cf praef p 88 | *μετ᾽ αὐτούς*] *μετα τους* 158 = Reg 𝔊^{158}; *cum eis* La$^{109 118}$ Aug: pro *μετ αυτων*?; *μετ αυτου* B 93 71 46: cf Reg 𝔊^{ap}; pr *των* 55 | *ἐν τῇ γῇ*] *in terram* La^{109} (hab *in terra* La^{118} Aug); > Arm^{II} | *οὕς*] *οις* 107; *et* Arm^{II} | *οὐκ* om B′′ 19′ 56′-121-236-314-762 *b* 60 119 158* 527: cf Vulg^{ap} | *ἐξωλέθρευσαν* B′(B*) A V 134-314-762] -*θρευθησαν* 125; *εξολοθ.* 93 56′-71-120 731 60 158 44-610: cf praef p 103; *εξωλοθρευσαν* rel: cf praef p 95; + *eos* Arm^{IIte} | *οἱ* om 55 119 Cyr^{ap} | *ἀνήγαγεν*] *ανηνεγκεν* 19′ Compl Lag.: cf 1 1 12; *subiugavit* (-*gabit* 109) La$^{109 118}$ Aug = Vulg | *Σαλωμών* B A V* 120-121-130-134-236-314-321-346-762* 64-728 Sixt] *σολομων* 71′ Arm Ald Compl; *σαλομ.* rel; > 19; ⌒ (9) *Σαλωμών* V | *φορων* 108 120 | *ἕως* – fin om 71 | *ἕως*] *ως* 74

9 *υἱῶν* om 68 Ald | *Ἰσραήλ*] *σαλομων* et om *Σαλωμών* sq 127; pr *σαλομων* 46*(non 52) | *Σαλωμών* B A 108* 120-121-130-134-314-321-346-762* 64-728 Sixt] *σολομων* 19 71′-74 381 Arm^{I} Ald Compl; *σαλομ.* rel; > Arm^{II} = Vulg; + *εως της ημερας ταυτης* 107(non 44): ex 8 | *εἰς παῖδας*] *εις δουλειαν* (*in officium servitudinis* Arm) 19′ Arm^{II} Lag.: cf Vulg(*ut servirent*); *εις δουλους* 93 La$^{109 118 Leg}$ (*in servos*): cf 6$_{14}$; post *αὐτοῦ* tr et *την βασιλειαν* pro *τῇ βασιλείᾳ* hab 527 | *τῇ βασιλείᾳ αὐτοῦ*] pr *εις παντα τα εργα αυτου εν L* Compl; pr *in omne opus* Arm^{II}; *in opera sua* La^{109}; *operum suorum* La$^{118 Leg}$: cf 𝔐(למלאכתו) et Reg III 9 𝔊$^{-O}$(25) 𝔊^{O}(22)(*εις* (> B 501) *πραγμα*): pro *βασιλείᾳ* Par 𝔊: למלכותו, sic Pesch; pr *in* Aeth^{-PG} | *ὅτι – πολεμισταί*] *quoniam ipsi sunt qui faciunt bellum* La$^{109 118 Leg}$;

δυνατοὶ καὶ ἄρχοντες ἁρμάτων καὶ ἱππέων. [10]*καὶ οὗτοι οἱ ἄρχοντες* 10
τῶν προστατῶν τῷ βασιλεῖ Σαλωμών· πεντήκοντα καὶ διακόσιοι
ἐργοδιωκτοῦντες ἐν τῷ λαῷ.
[11]*Καὶ τὴν θυγατέρα Φαραὼ Σαλωμὼν ἀνήγαγεν ἐκ πόλεως Δαυὶδ* 11
εἰς τὸν οἶκον, ὃν ᾠκοδόμησεν αὐτῇ, ὅτι εἶπεν Οὐ κατοικήσει γυνή μου

B′′ A V *L′ a b* 60 119 158 527 La$^{109\,(Leg)}$ La^{118}(ad 9 fin)Aeth Arm

sed ipsi tantum steterunt in officium equitum Arm^{II}: cf Reg 𝔊; *quia viri fortes et equites* (om *et eq.* A) *et bellatores ipsi* Aeth | *αὐτοί*] *ιδου* B Sixt | *ἄρχοντες* 1° – 2°] *δυνατοι αρχοντες a*; *αρχοντες δυνατοι* Ald; *αρχ.* 1° ⌒ 2° 55 Aeth^{DF} = Pesch | *ἄρχοντες καὶ οἱ δυνατοί*] *αρχ. τριστατων* (*πρωτοστατων* 19′) *αυτου* (+ *και* Compl) *δυνατοι L* Compl: cf 𝔐 et Reg 𝔊 𝔐; *principes potentes et ternistratores ipsi* La^{109}; *tres principes militiae super eos* (hic desinit nota La^{Leg}) La$^{118\,Leg}$ (Arm^{II} hic textum auctum sed a *L* et La differentem praebet); om *καί* 381 52 60 Arm^{I}; om *οἱ* A V *b* 60 119 158 527 Arm^{I} Ra. | *ἄρχοντες* 1°] *ανδρες* 158* | *ἄρχοντες* 2° – fin] *in carris, equis et officio equitum* Arm^{II}: cf 6; pr *οι* b^{2-489} 127; om *καὶ ἱππέων* $a^{-56'\,71\,121}$ = Reg 𝔊^{120} | *ἁρμάτων* – fin] *αρμ. αυτου και ιππ. αυτου* (*eius erant* La^{109}) *L* La$^{109\,118}$ = 𝔐 et Reg 𝔐, cf 𝔊 | *καί* ult – (10) *προστατῶν* om V

10 *καὶ οὗτοι*] om *καί* Aeth(omnes) = Reg III 9 23 𝔐, cf 𝔊^{O}(deest v 10 in 𝔊$^{-O}$); om *οὗτοι* 107 | *οἱ* om B′ A 108 56*-74 *b* 158 Compl Sixt Ra. | *τῶν προστατῶν*] > Arm^{II}; om *τῶν* 728*(corr pr m) | *προστρατων* 56; *προτοστρατων* 246: cf praef p 106; *προσταγματων* A 19′ 60 119 127 527 Aeth vid (omnes) Arm^{I} | *τῷ βασιλεῖ* A V *b* 55 60 119 158 527] *βασιλει* 127; *βασιλεως* B 71 Sixt Lag. Ra.; *regni* Arm^{I}; *του βασιλεως* rel | *Σαλωμών* B A V* 120-121-130-134-236-314-321-346-762* 64-728 Sixt] *σολομων* 71-106 Arm; *σολομωντος* 19 68′ Ald Compl; *σαλομ.* rel; > 107 381; + *και* 246* 127 | *πεντήκοντα καὶ διακόσιοι*] *πεντηκοντα και σ′* 56; *σ′ και ν′* 246; *CCL* La^{109}; *ducenti quinquaginta* Arm = Vulg; *πεντηκοντα* (*ν′* 130-321-346) *και* (> 44) *οκτακοσιοι* $a^{-56'\,71\,121\,762}$(*ν′ και ω′* 314; *ων′* 107(non 44)-236) 55; *ν′ και β′* 762; *και σ′* 127; *εκατον τριακοντα* 71 | *ἐργοδιωκτοῦντες*] *τους εργοδιωκτουντας* $a^{-56'\,71\,121}$; *παιδευοντες* 93 Lag.: cf Vulg(*qui erudiebant populum* pro *ἐργ.* – fin); *qui preerant* La^{109}: cf 𝔐; pr *οι* 19 | *ἐν τῷ λαῷ*] *in exercitu* La^{109}; *super domum israel* Arm^{II}; om *ἐν* 119

11 *θυγατεραν* 346: cf praef p 99 | *Φαραώ* om 489 | *Σαλωμών* B A V* 108* 120-121-130-134-236-314-321-346-762* 64-728 Sixt] *σολομων* 19 68′-71′ Arm Ald Compl; *σαλομ.* rel; ante *ἐκ* tr *L a* La^{109} Compl Sixt = 𝔐; > Arm^{II} = Pesch^{7a1} Vulg | *ἀνήγαγε(ν)*] *ανηνεγκε* 19: cf 8 | *πόλεως*] pr *της* 74 125 | *Δαυίδ* 1°] *δαυειδ* B; *δαβιδ* 108 Ald: cf 1 1 | *αὐτῇ* – (13) *ἀναφέρειν*] > 44; *ὅτι* 1° –

ἐν πόλει Δαυὶδ τοῦ βασιλέως Ἰσραήλ, ὅτι ἅγιός ἐστιν οὗ εἰσῆλθεν ἐκεῖ
κιβωτὸς κυρίου.
12 *¹²Τότε ἀνήνεγκεν Σαλωμὼν ὁλοκαυτώματα τῷ κυρίῳ ἐπὶ τὸ*
13 *θυσιαστήριον κυρίου, ὃ ᾠκοδόμησεν ἀπέναντι τοῦ ναοῦ, ¹³καὶ*
κατὰ τὸν λόγον ἡμέρας ἐν ἡμέρᾳ τοῦ ἀναφέρειν κατὰ τὰς ἐντολὰς
Μωυσῆ ἐν τοῖς σαββάτοις καὶ ἐν τοῖς μησὶν καὶ ἐν ταῖς ἑορταῖς τρεῖς
καιροὺς τοῦ ἐνιαυτοῦ, ἐν τῇ ἑορτῇ τῶν ἀζύμων καὶ ἐν τῇ ἑορτῇ τῶν
14 *ἑβδομάδων καὶ ἐν τῇ ἑορτῇ τῶν σκηνῶν. ¹⁴καὶ ἔστησεν κατὰ τὴν*

B′′ A V *L′ a b* 60 119 158 527 La$^{109\,(Leg)}$ Aeth Arm

fin om 107 | *αὐτῇ*] *sibi* La^{109}; pr *εν* 74 *b*^{1} Ald | *γυνή*] pr *η* B *L* Tht^{-1Ms} *Par II* 263 Compl Sixt Ra. | *πόλει*] *οικω* 93 La^{109} Arm^{II} Tht = 𝔐 | *Δαυίδ* 2° – *Ἰσραήλ*] *israel regis david* Arm^{I}; om *τοῦ βασ. Ἰσραήλ* 71; om *τοῦ b*^{2} Tht; om *Ἰσραήλ a*$^{-56'\,121\,(107)}$ | *Δαυίδ* 2°] *δαυειδ* B; *δαβιδ* 108 Tht Ald: cf 1 1 | *ἅγιός ἐστιν*] *sancta sunt* La^{109} | *ἅγιός*] *αγια a*$^{-71\,(107)}$ Compl; *αγρος* B’ | *ἐστιν*] *αυτος L*: cf 𝔐; *ουτος* Tht | *οὗ*] *quia* La^{109} = Vulg, cf 𝔐; *qui* Arm^{I} | *ἐκεῖ*] *in ea* La^{109}: cf 𝔐 Vulg^{ap}; > *a*$^{-71\,(107)}$ Arm^{II} Ald | *κιβωτός*] pr *η* 19-93 *a*$^{-71\,(107)}$ Tht Ald Compl | *κυρίου*] pr *του L* 134 Tht^{te} Compl

12 *ἀνήνεγκε(ν)*] *ανηγαγε* (*-εν* 158) 93 158 Fern.: cf 8 | *Σαλωμών* B A V* 120-121-130-134-236-314-321-346-762* 64-728 Sixt] *σολομων* 19 68′-71-106 Arm Ald Compl; > 107; *σαλομ.* rel | *τῷ κυρίῳ*] > Arm^{II}: cf Reg III 9 25; om *τῷ* 125 | *κυρίου*] *eius* Arm^{I}; > B *a* Arm^{II} Sixt Ra. = 𝔐^{1Ms} Vulg^{ap} et Reg | *ὅ*] *ω* 71 119 | *ᾠκοδόμησεν*] + *κ̅ω̅ a*$^{-71}$ Sixt: cf Reg | *ἀπέναντι τοῦ ναοῦ*] *απ. του λαου a*$^{-71}$ Sixt; *contra vestibulum templi* La^{Leg}: cf Vulg(*ante porticum*) et 15 8 29 7 17; *super faciem elam* La^{109}: cf 3 4; *ante domum domini* Aeth

13 *καί* 1° om *a*$^{-71}$ Ald Sixt = 𝔐^{1Ms} | *κατά* 1° – *ἐντολάς*] *secundum verba* Arm^{II} | *λόγον*] *λαον* 46-728: cf 14 15 | *ἡμέρᾳ*] *-ρες* 158*: pro *-ραις*; *-ρας* 71: cf praef p 110 | *τ. ἐντολάς*] *mandatum* La^{109}: cf 𝔐 | *μωυσει* 119; *μωυσεως* 381 Ald; *μωυσεος* 68′; *μωση* (*-σει* 19) *L* 71: cf Vulg^{ap}, 1 3 et praef p 98 | *σαββάτοις*] *σαββασι* (*-σιν* 127) 246 60 119 127: cf praef p 98s | *καὶ ἐν τοῖς*] om *καί* Arm^{II}; om *ἐν τοῖς* 71 44 | *ἐν* 4° – *ἑορτῇ* 1°] *in festis anniversariis* Arm^{II} | *ἐν ταῖς* om 44 | *τρεῖς*] *τρις* A V*; pr *και* 44 | *ἐν* 5°] pr *και b*^{2} Aeth(omnes) | *καί* 4° om B’ 107 | *ἐν τῇ ἑορτῇ* 2° om 71 44′ | *καί* 5° om B’ | *ἐν τῇ ἑορτῇ* 3° om 71 44′ | *ἑορτῇ* 3° post *σκηνῶν* tr 60

---

12 *τοῦ ναοῦ*] *οὐλάμ* 93 = 𝔐

κρίσιν Δαυὶδ τὰς διαιρέσεις τῶν ἱερέων κατὰ τὰς λειτουργίας αὐτῶν,
καὶ οἱ Λευῖται ἐπὶ τὰς φυλακὰς αὐτῶν τοῦ αἰνεῖν καὶ λειτουργεῖν
κατέναντι τῶν ἱερέων κατὰ τὸν λόγον ἡμέρας ἐν τῇ ἡμέρᾳ, καὶ οἱ
πυλωροὶ κατὰ τὰς διαιρέσεις αὐτῶν εἰς πύλην καὶ πύλην, ὅτι οὕτως
ἐντολαὶ Δαυὶδ ἀνθρώπου τοῦ θεοῦ· [15]οὐ παρῆλθον τὰς ἐντολὰς τοῦ 15
βασιλέως περὶ τῶν ἱερέων καὶ τῶν Λευιτῶν εἰς πάντα λόγον καὶ εἰς
τοὺς θησαυρούς. [16]καὶ ἡτοιμάσθη πᾶσα ἡ ἐργασία ἀφ' ἧς ἡμέρας 16
ἐθεμελιώθη ἕως οὗ ἐτελείωσεν Σαλωμὼν τὸν οἶκον κυρίου.

B'' A V *L' a b* 60 119 158 527 La$^{109\,(Leg)}$ Aeth Arm

14 v 14-16 om 381 | *τήν* om 68 44 Ald | *Δαυίδ* 1°] *δαυειδ* B; *δαβιδ* Ald: cf 1; + *του* $\overline{\textit{προς}}$ *αυτου L a* La^{109} Arm^{II} Ald Compl Sixt = 𝔐 | *τάς* 1°] pr *et* Arm^{II} = 𝔐^{1Ms}; > 55 | *κατά* 2°] *και* V *L a* 98 Compl; pr *και* Aeth Ald Sixt | *τους λευιτας L* La^{109} Arm Compl | *ἐπί*] *κατα* A b^{2} Aeth^{-B} | *φυλακάς*] *φυλας* 55 | *τοῦ* 1° – *λειτουργεῖν*] *του λειτ.* (*λιτ.* B* V*) *και αινειν* B'' = Pesch^{ap}; > Arm^{II}; om *αἰνεῖν καί* 71 | *λειτουργεῖν*] pr *του* 98 | *τ. ἱερέων* 2°] $\overline{\kappa\upsilon}$ 236 | *κατά* 3° – *ἡμέρᾳ* om 71-107 | *τὸν λόγον*] *τον λογων* 130*; *των λογον* 108; *των λογων* 19; *τον λαον* 46-728: cf 13 | *ἐν τῇ ἡμέρᾳ*] *in die sua* La$^{109\,Leg}$ = 𝔐; om *τῇ* 127: cf 13 | *οἱ πυλωροί*] *τους πυλωρους L* La^{109}(vid) Arm^{II}(lib) Compl | *κατὰ τὰς διαιρέσεις*] *εν ταις διαιρεσεσιν L* La^{109} Arm^{II} Compl = 𝔐; pr *οι* 107(non 44) | *εἰς* – *πύλην* 2°] *εις πυλην* 55 Aeth^{DF}; *in portam eorum* Aeth$^{P'}$; > 93 | *ὅτι* – (15) fin om 44 | *οὕτως*] *ουτω* 314*: cf praef p 97 | *εντολη* (*εντωλη* 120; *mandatum* La: cf 13) A V a^{-71} La^{109} Arm = 𝔐 | *Δαυίδ* 2°] *δαυειδ* B; *δαβιδ* 108 Ald: cf 11 | *ἀνθρώπου* – (15) fin om 71 | *ἀνθρώπου*] $\overline{\alpha\nu\omega}$ 93; pr *του* 19 | *τοῦ θεοῦ*] *domini* Aeth

15 init] pr *et* La^{109} Aeth Arm^{I} = 𝔐$^{-1Ms}$ | *παρῆλθον*] *inmutaberunt* La^{109}; *-θεν* (*-θε* 379; *παρηλ*$^{\vartheta}$ 98) 98 127 158 = Pesch | *τοῦ*] pr *δᾱδ* (*δαβιδ* 108) *L* Aeth(omnes) Arm^{II} Compl | *ἱερέων* et *Λευιτῶν* tr 106 | *τῶν* 2°] pr *super* La^{109} = Pesch | *εἰς* 1°] pr *et* Aeth^{P} Arm^{II} = Pesch Targ | *παν* b^{2-489}: cf praef p 101 | *λόγον*] *λαον* 46-728: cf 13

16 *ἡτοιμάσθη πᾶσα ἡ ἐργασία*] *ητ.* (*praeparata sunt* La) *παντα τα εργα σαλωμων* (*σαλομ.* 19'; *σολομωντος* Compl; *salomonis* La) *L* La^{109} Compl = 𝔐; *πᾶσα* om 127 | *ητοιμασεν* A; *paravit solomon* Arm^{II}(v 16 lib) | *ἀφ'* – *ἐτελείωσεν*] *a die quo coepit salomon* (> G) *et quoadusque perfecit* Aeth | *ἀφ' ἧς ἡμέρας*] *usque in diem in qua* La^{109} = 𝔐(sed hab Pesch Targ Vulg); om *ἡμέρας* 321(corr pr m) | *ἐθεμελιώθη*] *ετελειωθη* (*-λιω-* A 127) A V b^{2-489}(sic 379; 98 *ετελει*[...]) 127; *initiata est* Arm^{I}(hab Arm^{II}); + *ο οικος* $\overline{\kappa\upsilon}$ *L* La^{109} Compl = 𝔐 | *ἕως*] pr *και L* La^{109} Aeth(omnes) Compl = 𝔐 | *ἐτελείωσε(ν)*] *ετελεσε(ν)* 246 $b^{I(-381)}$; *ετελειωθη* (*consummaretur* La) 19' La^{109} Compl Lag.: cf 𝔐 | *Σαλωμών* – fin] *et perfecta est domus domini* La^{109}: cf 𝔐(שָׁלֵם pro שלמה); pr *εως ου ετελειωσε* 19'

17 *[17]Τότε ᾤχετο Σαλωμὼν εἰς Γασιὼν Γάβερ καὶ εἰς τὴν Αἰλὰθ τὴν*
18 *παραθαλασσίαν ἐν γῇ Ἰδουμαίᾳ. [18]καὶ ἀπέστειλεν Χειρὰμ ἐν χειρὶ*
παίδων αὐτοῦ πλοῖα καὶ παῖδας εἰδότας θάλασσαν, καὶ ᾤχοντο μετὰ
τῶν παίδων Σαλωμὼν εἰς Σωφίρα καὶ ἔλαβον ἐκεῖθεν τετρακόσια καὶ
πεντήκοντα τάλαντα χρυσίου καὶ ἦλθον πρὸς τὸν βασιλέα Σαλωμών.

B′’ A V *L′ a b* 60 119 158 527 La^{109} Aeth Arm

Compl Lag.: cf praec | *Σαλωμών* B A V* 120-121-130-134-236-314-321-346-762* 64-728 Sixt] *σολομων* 68′-71′ Arm Ald Compl; *σαλομ.* rel; pr *ο* 119; post *κυρίου* tr 60

17 *Τότε*] *και μετα ταυτα* 381; pr *et* Aeth | *Σαλωμών* B A V* 120-121-130-134-236-314-321-346-762* 64-728 Sixt] *σολομων* 68′-71′ Arm Ald Compl; *σομων* 56; *σαλομον* 119; *σαλομ.* rel | *εἰς* 1°] *εν* 19′ 119 527 | *Γασιὼν Γάβερ*] *asiongaber* La^{109}: cf 𝔐 Vulg et 20_{36} | *γασιον* 46; *γεσιων* 93-108 Compl: cf 20_{36}; *χεσων* 19 | *καί – παραθαλασσίαν* om 44 | *εἰς τήν*] *in terram* Arm^{II}: pro *εις γην*?, cf sq | *Αἰλάθ* 108-121 56 Compl Sixt: cf 26_{2} et Reg III 9_{26}] *ελαθ* 71; *αλαθ* *a*$^{-56′\ 71\ 121}$ Ald; *αιλαν* 19; *αιδαθ* 93; *ajid* Arm^{II}; *ελαμ* 246 55′ 527; *αιλαμ* (*elam* La^{109}) rel: cf TGP II | *τὴν παραθαλασσίαν*] *την παρα θαλασσαν* 93 71 158 610 Fern.; *ad ora* (*oram*: ante *m*?(sic Vulg, sed *ora*^{ap}: cf 𝔐(שְׂפַת))) *maris* | *γῇ*] *τη* A V 71 *b* 55 60 119 158 527 Arm^{I} | *Ἰδουμαίᾳ*] *εδωμ* (*ędom* La; *εδομ* 108; *αιδωμ* 93) *L* La^{109} Arm^{II} Compl = Reg; *ιουδαια* 127* 158 Arm^{I}; *ιουδα* 236

18 *ἀπέστειλεν*] + *ei* Aeth^{Dc} = 𝔐 | *Χειράμ*] *χιραμ* *a*$^{-56′\ 554}$ 489 Ald Sixt Ra.; *χηραμ* 554; *χαιραμ* V*; *χειραν* 19; *yram* La^{109}; + *τω σαλομων* (-*μωντι* Compl; *solomon*(*i*) Arm) *L* Arm^{II} Compl | *ἐν – θάλασσαν*] *πλοια* 44; om *ἐν – αὐτοῦ* Arm^{IIap} | *παίδων* 1°] *δουλων* (*servorum* La) *L* La^{109} Compl: cf 6_{14} | *παῖδας εἰδότας*] *παιδες ειδοτες* 236; *nautas scientes* La^{109} Arm^{II}: cf Vulg; *viros qui scierunt nauticare* Arm^{I}: cf Pesch et Reg III 9_{27} | *ωχετο* B’: cf Reg III 9_{28} 𝔊^{ap} | *μετὰ τ. παίδων*] *cum servis* La^{109}: cf 6_{14} | *Σαλωμών* 1° B A V* 93 120-121-130-134-236-314-321-346-762* 64-728 Sixt] *σολομων* 71′ Arm Ald; *σολομωντος* Compl; *σαλομ.* rel | *Σωφίρα*] *σωφειρα* B *L′* *b*$^{I-46}$; *σωφηρα* A V 106 *b*^{2} 55 158 Aeth^{G} Arm^{I}; *σοφιρα* 125; *σοφειρα* 56′ Compl; *σοφηρα* 71 46(non 52) 60 119 527; *σοφαρα* 52; *σαφιρα* 68′ 610 Ald; *safera* Aeth^{-G}; *ofir* La^{109} Arm^{IIap}(*obir* Arm^{IIte}) = 𝔐, cf 9_{10} | *ελαβεν* B’ *b*^{I}: cf Reg 𝔊^{ap} | *τετρακόσια* (*υ′* 107(non 44)-130-314-321-346 98)] *τριακοσια* 93; *τρεις* (*γ′* 236) 236-762; pr *τα* B Sixt | *καὶ πεντήκοντα* (*και ν′* 56′ 127 52)] *ν′* 98; *και* (> 107) *εικοσι* (*κ′* 107(non 44)-130-314-321-346-762) *a*$^{-56′\ 71\ 121}$: cf Reg; *οκτω* 71; post *τάλαντα* tr 489; > Arm^{IIte} = Pesch^{te}; om *καί* Arm^{I} | *τάλαντα* 71-107 610 et *τάλ. χρυσίου* (tr 44) 44′ ante *τετρακόσια* tr | *ἦλθον*] *ηνεγκαν* (-*κε* 93: cf Reg 𝔊^{ap}) *L* La^{109} Aeth$^{A′}$ Arm^{II} Compl = 𝔐 et Reg 𝔐 𝔊 | *πρὸς τὸν βασιλέα*] *τω βασιλει* *L* Compl = Reg 𝔊; post *Σαλωμών* 2° tr Aeth; om *τ. βασιλέα* 107 Arm^{II} = 𝔐^{3Mss} | *Σαλωμών* 2°

9 [1]*Καὶ βασίλισσα Σαβὰ ἤκουσεν τὸ ὄνομα Σαλωμὼν καὶ ἦλθεν τοῦ* 1
πειράσαι Σαλωμὼν ἐν αἰνίγμασιν εἰς Ἰερουσαλὴμ ἐν δυνάμει βαρείᾳ
σφόδρα καὶ κάμηλοι αἴρουσαι ἀρώματα καὶ χρυσίον εἰς πλῆθος καὶ
λίθον τίμιον καὶ ἦλθεν πρὸς Σαλωμὼν καὶ ἐλάλησεν πρὸς αὐτὸν πάντα,
ὅσα ἐν τῇ ψυχῇ αὐτῆς. [2]*καὶ ἀνήγγειλεν αὐτῇ Σαλωμὼν πάντας τοὺς* 2
λόγους αὐτῆς, καὶ οὐ παρῆλθεν λόγος ἀπὸ Σαλωμών, ὃν οὐκ ἀπήγγειλεν
αὐτῇ. [3]*καὶ εἶδεν βασίλισσα Σαβὰ τὴν σοφίαν Σαλωμὼν καὶ τὸν οἶκον,* 3

B′′ A V *L′ a b* 60 119 158 527 La^{109} La^{118}(ab 1 *Ἰερουσ.* ad 2 *Σαλωμών* 2°) Aeth Arm

B A V* 120-121-130-134-236-314-321-346-762* 64-728 Sixt] *σολομων* 71′ 60 610 Arm; *σολομωντα* 68′ Ald; *σολομωντι* Compl

9 1 *Καὶ βασίλισσα*] *βασ. δε* 44 | *Σαβά*] *σαββα* V; *sabaa* La^{109}: cf Vulg^{ap} et 3 9 12; *νοτου* 125 | *τὸ ὄνομα Σαλωμών*] *περι αυτον* 381 | *τὸ ὄνομα* (ex שֵׁם pro 𝔐 שמע, sic et Reg III 10_{1})] *opinionem* La^{109} = 𝔐; *sapientiam* Arm^{II}; + *και την σοφιαν* 71 | *Σαλωμών* 1° B A V* 120-121-130-134-236-314-321-346-762* 64-728 Sixt] *σολομων* 71′ Arm; *σολομωντος* 68′ Ald Compl; *σαλομ.* rel | *Σαλωμών* 2° B A V* 64-728 Sixt] *σαλομων* V^{c} 46-*b*^{2} 55′ 60 119 158 527 La^{109} Aeth (omnes) Arm^{I}; *αυτον* (*-των* 108) *L a* 381 Arm^{II} = Vulg et Reg III 10_{1} 𝔐 𝔊 | *αινιγματι* 246 Arm^{II}: cf Reg 𝔊^{ap} | *εἰς* 1°] *εν* 71-107 127: cf 𝔐 et Reg III 10_{2} 𝔊; > *b*^{1} | *Ἰερουσαλήμ*] *-λειμ* 108 246: cf 8_{6} | *ἐν* 2° – *τίμιον* om Arm^{II} | *ἐν* 2° – *σφόδρα*] *μετα δυναμεως και δοξης* 107 | *σφόδρα*] *φοβερα* 120* | *αιρουσιν* 46-728 | *ἀρώματα*] *αρματα* 119* | *καὶ χρυσίον/εἰς πλῆθος*] tr 68′-120 Ald Sixt; + *τιμιον* 46*(non 52) | *Σαλωμών* 3° B A V* 93 120-121-130-134-236-314-321-346-762* 64-728 Sixt] *σολομων* 71′ Arm; *σολομωντα* 68′ Ald Compl; *σαλομ.* rel | *πρὸς αὐτόν*] *αυτω a*$^{-71}$ 127 Ald = Reg 𝔊; *cum eo* La$^{109\ 118}$ = 𝔐; > Arm^{II} | *πάντα* post *αὐτῆς* tr 527 | *ὅσα*] *τα* 107; + *ην L a*$^{-107}$ La$^{109\ 118}$ Arm(Arm^{II} *stabat*) Compl Sixt = 𝔐 et Reg 𝔐 𝔊 | *ἐν τῇ ψυχῇ*] *in corde* La$^{109\ 118}$ Arm^{II}(vid) = Vulg, cf 𝔐 et Reg 𝔐 𝔊

2 *καί* 1° ⌒ 2° 71 | *αὐτῇ* 1°] *αυτης* 127*: ante *σ*; > 46 Arm^{II} | *Σαλωμών* 1° B′(55*) A V* 120-121-130-134-236-314-321-346-762* 64-728 Sixt] *σολομων* 19 106′ Arm Ald Compl; *σαλομ.* rel; > 381 | *αὐτῆς* om La^{109} (hab La^{118}) | *οὐ* om V* | *παρῆλθεν*] *est occulatus* La$^{109\ 118}$: cf 𝔐 | *λόγος/ἀπὸ Σαλ.*] *λογος* (*λογον* 44) 107; tr et add *λογον* 127; + *λογος* B′ Aeth(vid) | *Σαλωμών* 2° B A V* 93 120-121-130-134-236-314-321-346-762* 64-728 Sixt] *σολομων* 71 243-381-731 55 Arm; *σολομωντος* 68′ Ald Compl; *σαλομ.* rel | *ὅν* – fin om Aeth^{P} | *ὅν*] *ο* 55; *ου* 71 | *οὐκ*] om Arm^{Iap} | *ἀπήγγειλεν*] *ανηγγειλεν* 19′ Arm^{I}(vid) Compl: cf praec

3 *Σαβά*] *σαββα* 731^{c}; *sabaa* La^{109}: cf 1; > 107 | *τ. σοφίαν*] pr *omnem* Arm^{II} = Reg III 10_{4} | *Σαλωμών* B A V* 120-121-130-134-236-314-321-346-762* 64-728 Sixt] *σαλωμωντος* 93; *σολομων* 71-106 381 60 Arm; *σολομωντος* 68′ Ald

4 *ὃν ᾠκοδόμησεν,* ^{4}*καὶ τὰ βρώματα τῶν τραπεζῶν καὶ καθέδραν παί-*
δων αὐτοῦ καὶ στάσιν λειτουργῶν αὐτοῦ καὶ ἱματισμὸν αὐτῶν καὶ οἰνο-
χόους αὐτοῦ καὶ στολισμὸν αὐτῶν καὶ τὰ ὁλοκαυτώματα, ἃ ἀνέφερεν
5 *ἐν οἴκῳ κυρίου, καὶ ἐξ ἑαυτῆς ἐγένετο.* ^{5}*καὶ εἶπεν πρὸς τὸν βασιλέα*
Ἀληθινὸς ὁ λόγος, ὃν ἤκουσα ἐν τῇ γῇ μου περὶ τῶν λόγων σου καὶ περὶ
6 *τῆς σοφίας σου,* ^{6}*καὶ οὐκ ἐπίστευσα τοῖς λόγοις, ἕως οὗ ἦλθον καὶ*
εἶδον οἱ ὀφθαλμοί μου, καὶ ἰδοὺ οὐκ ἀπηγγέλη μοι ἥμισυ τοῦ πλήθους

B'' A V *L' a b* 60 119 158 527 La$^{109\,(Leg)}$ Aeth Arm

Compl; *αυτον* 107 = Reg 𝔊^{107}; *σαλομ.* rel | *ᾠκοδόμησε(ν)*] *οικοδομησεν* (-*σε* ^{c}) B: cf praef p 103; + *σαλομων* (*σολ.* 108) *L*

4 *βρώματα*] *αρωματα* 46: cf 1 | *τ. τραπεζῶν*] *mensae* (-*se* 109) La$^{109\,Leg}$ = Vulg, cf 𝔐; + *αυτου L* La$^{109\,Leg}$(deest H) Compl = 𝔐 | *καθέδραν*] *καθεδρα* 55; pr *την* 527 44 = Reg III 10_{5} 𝔊 | *παίδων*] pr *των* 44: cf Reg 𝔊^{ap}; *servorum* La$^{109\,Leg}$: cf 6_{14} | *λειτουργῶν*] pr *των* 527: cf Reg 𝔊^{ap} | *αὐτοῦ* 2° om 71 | *ἱματισμόν*] *τα ενδυματα L* Compl | *αὐτῶν* 1°] *αυτου* A^{c} *L* 71 64* Aeth$^{E^{c}G}$ Arm^{II} Compl Fern. (Lag. *αυτων* = 𝔐): cf Reg 𝔊; > 107 = Reg 𝔊^{107}; ⌒ 2° 60 | *καὶ οἰνοχόους αὐτοῦ*] *και τους οιν. αυτου L* 107 Compl = Reg 𝔊; ante *καί* 7° tr *a*$^{-71}$ Ald = 𝔐^{1Ms} | *οινοχοων* B' | *στολισμόν*] -*μους* 489 = 𝔐; pr *τον L b*^{I} Compl | *αὐτῶν* 2°] *αυτου* 93 46 Fern.; > 107 | *τὰ ὁλοκαυτώματα*] *holocausta* La^{109}; om *τά* 98; + *αυτου* 134 La^{109} = Reg 𝔊 𝔐 | *ἅ* om 19' 55': post et ante *a* | *ἀνέφερεν*] *αναφ.* 44: cf praef p 102; -*ρον* A; *ενεφερεν* 489*(corr pr m) | *ἐν οἴκῳ κυρίου, καί*] > Arm^{II}; om *καί* Arm^{I} | *καὶ ἐξ ἑαυτῆς ἐγένετο*] *και ουκ ην εν αυτη ετι* (*ετη* 108) *πνευμα* (*et iam non erat in ea spiritus* La) La^{109} Compl = 𝔐, add *L* Arm^{II} | *ἑαυτῆς*] *αυτης* 246

5 *πρὸς τὸν βασιλέα*] + *salomon* Aeth = Reg III 10_{6} 𝔊; > Aeth^{P} | *Ἀληθινός*] + *est* Arm = 𝔐^{1Ms} Pesch Vulg^{ap} et Reg 𝔐 | *περί* 1°] + *σου και L b*^{2} Arm^{II} Compl; ⌒ 2° 44 | *π. τῶν λόγων σου*] *π. των λογον σου* 55; *propter verbum tuum* Aeth: cf 𝔐^{1Ms}(על דברך) et Reg III 10_{7} 𝔊; et *π. τῆς σοφίας σου* tr *a* (106^{mg}) Ald | *τῶν* – (6) *πλήθους* om 106^{txt} | *καί* 2° – (6) *λόγοις* om Arm^{II}: homoiot | *περί* 2° om *L* Compl: cf Vulg et Reg 𝔊^{ap}

6 *επιστευσαν* 56 | *τοῖς λόγοις*] *τους λογους* 71-106$^{(mg)}$; + *eorum* La^{109} = 𝔐 Targ (non Vulg: *narrantibus* pro *τοῖς λαλοῦσίν* (*μοι*) Reg III 10_{7} (לדברים 𝔐); > Pesch); + *σου* 19' 246 Compl; + *hominum* Aeth | *οὗ*] *οτου* 127 = Reg 𝔊$^{-L}$ | *εἶδον οἱ ὀφθαλμοί μου*] *vidi oculis meis* Aeth Arm^{II} = Pesch^{te} Vulg^{ap} | *καί* ult – (7) fin om 44 | *οὐκ* 2° – *ἥμισυ*] *non est in dimidio quod adnuntiaverunt* Arm(Arm^{II} sim): cf sq | *απηγγειλαν* V = Pesch^{ap} et Reg 𝔊 | *ἥμισυ*] *το ημισυ* (-*σει* 19*) *L'* 56' Compl = Reg; *ημισου* V; *ημισους* 107 *b*^{2}: cf praef p 101 | *τοῦ πλήθους*] pr *απο* 93 La^{109}: pr מ ex מרבית 𝔐 ?; > 19' 98*(non 379): cf Vulg |

τῆς σοφίας σου· προσέθηκας ἐπὶ τὴν ἀκοήν, ἣν ἤκουσα. ⁷μακάριοι οἱ 7
ἄνδρες, μακάριοι οἱ παῖδές σου οὗτοι οἱ παρεστηκότες σοι διὰ παντὸς
καὶ ἀκούουσιν σοφίαν σου· ⁸ἔστω κύριος ὁ θεός σου εὐλογημένος, ὃς 8
ἠθέλησεν ἐν σοὶ τοῦ δοῦναί σε ἐπὶ θρόνου αὐτοῦ εἰς βασιλέα τῷ λαῷ
σου· ἐν τῷ ἀγαπῆσαι κύριον τὸν θεόν σου τὸν Ἰσραὴλ τοῦ στῆσαι
αὐτὸν εἰς τὸν αἰῶνα καὶ ἔδωκέν σε ἐπ᾽ αὐτοὺς εἰς βασιλέα τοῦ ποιῆσαι

B'' A V *L'* *a* *b* 60 119 158 527 La^{109} Aeth Arm

προσέθηκας] pr και A 74 La^{109} Aeth = Pesch; pr *quae* Arm^{I} | ἥν] η 56'; > 71: post ην | ἤκουσα] + *in terra mea* Aeth^{DF}: cf $_5$ et Reg 𝔊

7 init] pr μακαριαι αι γυναικες (-καις 158) σου *L'* 56-107(μακαριοι οι παιδες σου 107*(corr pr m, non 125-610, deest 44)) 158(om σου) La^{109} Aeth$^{A'}$ Arm(pr *et* et post ἄνδρες hab Arm^{I}) Compl: cf Reg III 10$_8$ 𝔊 (נשיך pro אנשיך 𝔐) | μακάριοι οἱ ἄνδρες] pr και 56-121 La^{109}; pr και et post οὗτοι tr *L* Arm^{II} Compl; > 71-107 158 Aeth$^{A'}$ = Reg 𝔊; + σου *a*$^{(-71\ 107)}$ 64-381-489 La^{109} Ald Sixt = 𝔐 et Reg 𝔐; + του οικου σου 60 | μακάριοι οἱ παῖδές σου] pr και *L* 56'-121 Aeth Arm^{II} = 𝔐 et Reg 𝔊^{L}; και οι π. σου (> Arm) 125 Arm^{I}; om σου Aeth Sixt; > La^{109} Arm^{IIap}; μ. οἱ παῖδές om 55 | οὗτοι om 119 Aeth(omnes) vid | σοι] *in conspectu tuo* (> Arm^{te}) La^{109} Aeth(omnes) vid Arm^{II} = 𝔐 et Reg 𝔐 𝔊 | καὶ ἀκούουσιν] οι ακουοντες 93 = Reg; και ακουοντες 19' *a* 527 = 𝔐; *et qui audiunt* Aeth$^{-DE^cFH}$; *ad audiendum* Arm^{II} | σοφίαν] της φωνης 19'; της σοφιας 93; pr την *a* 381 Ald Compl Sixt: cf Reg 𝔊

8 ἔστω] ειη *L* Compl; pr *et* Aeth Arm^{II} = Pesch^{te} | κύριος bis scr 55 | σου 1° om 19' 71-74 Arm^{I} Fern. | ηυλογημενος B' A V 243-731 527 Ra.: cf praef p 102 | ὃς ἠθέλησεν] ος ευδοκησεν (*cui complacuit* La) *L* La^{109} Aeth (vid) Arm(vid); om ὅς 55: post -ος | ἐν σοί] σε 127; om ἐν B' A V 158 Ra. | σε 1°] σοι 381*(corr pr m) 125 | ἐπὶ θρόνου αὐτοῦ] επι θρονον αυτου (> 71) B' *L* 71 *b* Sixt Ra.; *super sedem tuam* La^{109}; *super regnum domini* Aeth^{F}; *super sellam regni tui domine* Aeth^{G}; *super sellam regni domini* Aeth^{ADEH}; *super sellam regni eius* Arm: cf Pesch Targ | εἰς βασιλέα 1°] εις βασιλεαν 610: cf praef p 99; *ut sis rex* Aeth; om εἰς 127 La^{109} = Vulg; > Arm | τῷ λαῷ σου] τον λαον σου *b*$^{2-489}$ 60*(corr pr m); τον λαον αυτου 74; τω λαω αυτου *L* *a*$^{-71\ 74}$ Compl; του λαου αυτου 489; *super populum* (*omnem* P) *israel* Aeth(omnes): cf Reg III 10$_9$ (על־כסא ישׂראל (ἐπὶ θρόνου Ἰσραήλ 𝔊 omnes) pro ἐπὶ τῷ λαῷ σου); τῷ (> Sixt) $\overline{κω}$ $\overline{θω}$ σου B'' La^{109} Sixt Ra. = 𝔐: cf TGP II | ἐν 2° – fin om 71 | αγαπαν *L* Dam$^{RH^cT}$ = Reg 𝔊 | κύριον τὸν θεόν σου] om κύριον La^{109} = 𝔐$^{-1Ms}$ (יהוה 𝔐^{2Mss} Pesch = Reg, *deus* Vulg^{te}, *dominus* et *dominus deus* Vulg^{ap}) | τόν 2° om V | τοῦ στῆσαι] *ut diligas* La^{109}: ex praec; om τοῦ 44 | τὸν αἰῶνα] om τόν B' 93 68'-107-120-121-134-236-314-554-762 Dam^{R} Ald Sixt Ra.; + αιωνος 93 | ἔδωκέν] -κες 314 | σε 2°] σοι 19 | ἐπ᾽ αὐτούς] επ αυτον 68'-74-106'-120-130-134-

9 *κρίμα καὶ δικαιοσύνην.* ^{9}*καὶ ἔδωκεν τῷ βασιλεῖ ἑκατὸν εἴκοσι τά-*
λαντα χρυσίου καὶ ἀρώματα εἰς πλῆθος πολὺ καὶ λίθον τίμιον·
καὶ οὐκ ἦν κατὰ τὰ ἀρώματα ἐκεῖνα, ἃ ἔδωκεν βασίλισσα Σαβὰ τῷ
10 *βασιλεῖ Σαλωμών.* ^{10}*καὶ οἱ παῖδες Σαλωμὼν καὶ οἱ παῖδες Χειρὰμ*
ἔφερον χρυσίον τῷ Σαλωμὼν ἐκ Σουφὶρ καὶ ξύλα πεύκινα καὶ λίθον
11 *τίμιον·* ^{11}*καὶ ἐποίησεν ὁ βασιλεὺς τὰ ξύλα τὰ πεύκινα ἀναβάσεις τῷ*
οἴκῳ κυρίου καὶ τῷ οἴκῳ τοῦ βασιλέως καὶ κιθάρας καὶ νάβλας τοῖς

B′′ A V *L′ a b* 60 119 158 527 La$^{109\,(Leg)}$ Aeth Arm

246-321-346-554 = Vulg; *επ αυτων* 56-121-236-314-762; *επ αυτου* 64-381 Dam^{T}; *επ αυτοις* 60; *επι* $\overline{\textit{ιηλ}}$ 44 | *εἰς βασιλέα* 2°] om *εἰς* 44 Arm; + *τω λαω αυτου* 106; + *εις αρχοντα* 610 | *κρίμα*] *κρισιν* A *L a*$^{(-71)}$ Dam^{HCT} Ald Compl

9 *εἴκοσι τάλαντα*] *ταλ. και εικοσι* 19′ Compl Lag.; pr *και* 93 *b*^{I} Aeth Fern. = 𝔐, cf Reg III 10$_{10}$ | *χρυσίου*] *αργυριου a*$^{-56′\,71\,121}$ Ald; + *αργυριου* 158 | *εἰς πλῆθος πολύ*] *multitudine nimis multum* La^{109}; *εις πληθος σφοδρα L a*$^{-71}$ Ald Compl: cf 𝔐 et Reg; om *πολύ* 64-381 | *πολυν* 127 379: cf praef p 101 | *εκεινων* 98(non 379) | *σαββα* 731^{c}; *sabaa* La^{109}: cf $_{1}$ | om *βασιλεῖ* 2° 71: cf Reg 𝔊^{ap} | *Σαλωμών* B A V* 74-120-121-130-134-236*-314-321-346-762* 64-728 Sixt] *σολομων* 71′ 381 Arm; *σολομωντι* 68′ Ald Compl; *σαλομ.* rel

10 *καὶ οἱ παῖδες Σαλωμών*] post *καὶ* (*et quidem* La: cf 𝔐(וגם)) *οἱ παῖδες Χειράμ* tr *L* La^{109} Arm^{II} Compl = 𝔐; > *a*$^{-121\,236\,246\,314\,762}$ 60 Aeth^{A}(solus): homoiot | *Σαλωμών* 1° B A V* 121-236*-314-762* 64-728 Sixt] *σολομων* 381 Arm Ald; *σολομωντος* Compl; *σαλομ.* rel; pr (add G) *regis* Aeth^{EGH} = Pesch | *χιραμ a*$^{-246\,554}$ 489; *χηραμ* 554 52; *yram* La^{109} | *χρυσίον τῷ Σαλωμών*] *αυτω χρυσιον a*$^{-71}$ Ald; om *τῷ Σαλωμών* = 𝔐 et pr *ligna tyina* La^{109}: sec Vulg pro *ξύλα πεύκινα* sq (= *ligna pinea* in La$^{109\,Leg}$), cf Vulg^{ap} ad 2$_{8(7)}$ | *Σαλωμών* 2° B A V* 19*-93 64-728 Aeth Sixt] *σαλομων* V^{c} 19^{c}-108 46-*b*^{2} 55′ 60 158; *σολομων* 71 381 Arm; *σολομωντι* Compl; *βασιλει* 119; pr (add Aeth) *βασιλει* 527 Aeth | *Σουφίρ*] *σουφειρ* B′ A V *L′* 56′-71 *b*(non 46, sed hab 52) 60 119 Compl; *σουφηρ* 158 527; *sofer(aj)* Arm; *sefera* (*safera* A) Aeth; *ophyr* La^{109} = 𝔐, cf 8$_{18}$ | *ξύλα πεύκινα*] *ξυλα γουγειμ* 56′-121; *ξυλα αγουγειμ* (transcriptio corrupta pro 𝔐 אלגומים ?) 93; *ligna adtulerunt non edolata* (= *ξυλα ηνεγκαν απελεκητα*) Arm^{II}: cf 𝔐 (הביאו עצי האלגומים); + *απελεκητα ηνεγκαν L*: cf $_{11}$ et Reg III 10$_{11\,12}$ | *καί* ult – $_{(11)}$ *πεύκινα* om V(|): homoiot = Pesch

11 om *ὁ* – *πεύκινα* Arm^{II} | *ὁ βασιλεύς*] + *σολομων* 106′; pr *salomon* Aeth | *τὰ πεύκινα*] *τα απελεκητα L*: cf $_{10}$ et Reg III 10$_{12}$ 𝔊; > 71 | *τῷ οἴκῳ κυρίου*] *τω* $\overline{\textit{κω}}$ 71; *domus domini* La^{109}: cf Pesch^{te} et Reg 𝔊; post *οἴκῳ* ras 2 litt 127 | *τῷ οἴκῳ* 2°] *τω οικου* 93 (sic); *του οικου* 127 La^{109}: cf Reg 𝔊 | *τοῦ βασιλέως*] *αυτου* 381 | *ναυλας* 19 74-246 46 158: cf Reg 𝔊^{ap} et praef p 95; *ναβλαις* 125-610; *ναβλοις* 106′ | *τοῖς ᾠδοῖς*] *και ωδοις* 125; *ταις ωδοις* 610; *τοις*

ᾠδοῖς, καὶ οὐκ ὤφθησαν τοιαῦτα ἔμπροσθεν ἐν γῇ Ἰούδα. ^{12}καὶ ὁ 12
βασιλεὺς Σαλωμὼν ἔδωκεν τῇ βασιλίσσῃ Σαβὰ πάντα τὰ θελήματα
αὐτῆς, ἃ ᾔτησεν, ἐκτὸς πάντων, ὧν ἤνεγκεν τῷ βασιλεῖ Σαλωμών· καὶ
ἀπέστρεψεν εἰς τὴν γῆν αὐτῆς.
^{13}Καὶ ἦν ὁ σταθμὸς τοῦ χρυσίου τοῦ ἐνεχθέντος τῷ Σαλωμὼν ἐν 13
ἐνιαυτῷ ἑνὶ ἑξακόσια ἑξήκοντα ἓξ τάλαντα χρυσίου ^{14}πλὴν τῶν ἀν- 14

B′′ A V *L′ a b* 60 119 158 527 La^{109} La^{118}(ab 12 *ᾔτησεν*) Aeth Arm

ωδης 246*; *της ωδης* 60 | *ωφθη L* Compl = Reg 𝔊^{L} | *τοιαῦτα*] pr *τα* 610; *sicut illa* La^{109}: cf 𝔐 | om *ἔμπροσθεν* 158 = Pesch | *ιουδαια* V

12 *ὁ βασιλεύς* om 71 Aeth^{-P} = Reg III 10$_{13}$ 𝔊^{71} | *Σαλωμών* 1° B A V* 120-121-130-134-236*-314-321-346-762* 64-728 Sixt] *σολομων* 68′-71′ Arm Ald Compl; *σαλομ.* rel; pr *ο* 610; + *τα ξυλα τα πευκινα αναβασεις τω οικω* $\overline{κυ}$ *εποιησε* 125: ex 11 | *εδωκε(ν)*] *δεδωκε* 71; + *δε ο βασιλευς* 125 | *σαββα* 731^{c}: cf 1; *sabe* La^{109} | *πάντα – ᾔτησεν*] *παντα οσα ηθελησεν* (+ *et* Arm: cf Reg 𝔊^{ap}) *οσα ητησατο L* Arm^{I} Compl: cf Vulg, = Reg 𝔊; *omnia quecumque postulabit* (..] *postulavit* La^{118}) La^{109} Arm^{II} = Pesch; *α ητησεν* 107 | *τὰ θελήματα*] *τα θελημα* V* 56; om *τά* 246; *τα αιτηματα* 119 527 | *ἐκτός* – fin] > 125; *ἐκτός – Σαλωμών* 2° om 71 | *ἐκτὸς πάντων, ὧν*] *εκ παντων ων* 381; *super haec que* La^{118}; *exceptis his que* La^{109}; om *πάντων* Aeth(omnes) Arm = 𝔐 et Reg 𝔐 | *ἤνεγκεν*] *εισηνεγκεν* 158; *ητησατο* 381: ex praec; *dedit* Arm^{I}: cf Reg | *τῷ βασ. Σαλωμών*] *ad* (> 118) *regem* La$^{109\,118}$; *ei* Arm^{II} = Vulg(*ad eum*); > 381 | *Σαλωμών* 2° B A V* 120-121-130-134-236*-314-321-346-762* 64-728 Sixt] *σολομων* 19′ 106′ Arm^{I}; *σολομωντι* 68′ Ald Compl; *σαλομ.* rel | *ἀπέστρεψεν*] *επεστρεψεν a*$^{(-71)}$ 52 Ald; *convertit se et abiit* (*hab.* 109) La$^{109\,118}$ Aeth = 𝔐 et Reg 𝔐 𝔊; *abiit ea iterum* Arm^{II} | *αὐτῆς* ult] *εαυτης* A V *b*$^{I-381}$ 55 60 119 527; + *ipsa et pueri eius* La$^{109\,118}$ = 𝔐 et Reg 𝔐 𝔊

13 *ὁ σταθμός*] om *ὁ* 74 | *τοῦ ἐνεχθέντος*] *quod venerat* La$^{109\,118}$: cf 𝔐 et Reg III 10$_{14}$ 𝔐 𝔊 | *τῷ Σαλωμών* B V* 64-728 Sixt] *τω σαλωμω* A; *τω σολομων* 19′ 71 381 Arm; *τω σολομωντι* Compl; *τω βασιλει* 489 119 527: cf Reg 𝔊^{119}; *αυτω a*$^{-71\,(56'\,74)}$; *τω σαλομ.* rel; > 56′-74 | *ἐν* om 68-554 Ald: cf Reg 𝔊^{ap} | *ἐνιαυτῷ*] pr *τω* 74 158; post *ἑνί* tr 71 | *ἑνί*] *εκεινω* 127; pr *τω* 158 | *ἑξακόσια ἑξήκοντα ἕξ* (*χξς′* 107(non 44)-130-321-346-762 127 La^{109}(*DCLXVI*) Arm$^{Iap\,IIte}$)] *DCLXVII* La^{118}: cf Vulg^{ap} | *ἑξακόσια* (*χ′* 314 Aeth)] + *και L b*^{2} Aeth Arm^{IIap} = 𝔐$^{-9Mss}$ (non Vulg), cf Reg 𝔊 | *ἑξήκοντα ἕξ* om 246 | *ἑξήκοντα* (*ξ′* 134-314 98 Aeth^{-C})] + *και L* 60 Aeth$^{(-P)}$ Arm$^{Ite\,IIap}$ = 𝔐 (non Vulg) et Reg 𝔐, cf 𝔊; > Aeth^{E*H*} | *ἕξ* (*ς′* 134 98 Aeth$^{-(P')AE(c)H(c)}$)] *γ′* Aeth^{B}; *και* 314; > 74*(corr pr m) 55 Aeth^{P} = 𝔐^{3Mss}

*δρῶν τῶν ὑποτεταγμένων καὶ τῶν ἐμπορευομένων, ὧν ἔφερον, καὶ
πάντων τῶν βασιλέων τῆς Ἀραβίας καὶ σατραπῶν τῆς γῆς, ἔφερον
15 χρυσίον καὶ ἀργύριον τῷ βασιλεῖ Σαλωμών.* [15]*καὶ ἐποίησεν ὁ βασι-
λεὺς Σαλωμὼν διακοσίους θυρεοὺς χρυσοῦς ἐλατούς, ἑξακόσιοι χρυ-
σοῖ καθαροὶ τῷ ἑνὶ θυρεῷ, ἑξακόσιοι χρυσοῖ ἐπῆσαν ἐπὶ τὸν ἕνα
16 θυρεόν·* [16]*καὶ τριακοσίας ἀσπίδας ἐλατὰς χρυσᾶς, τριακοσίων
χρυσῶν ἀνεφέρετο ἐπὶ τὴν ἀσπίδα ἑκάστην· καὶ ἔδωκεν αὐτὰς ὁ*

B′′ A V *L′ a b* 60 119 158 527 La$^{109\,(Leg)}$ La^{118}(ad 14 *σατραπῶν*) Aeth Arm

14 init – *ὑποτεταγμένων*] *πλην των υποτ. ανδρων* 119 527; *exceptis viris speculatoribus* La$^{109\,118\,Leg}$ = 𝔐 | om *τῶν* 3° A | *εκπορευομενων* 71 127 | *ὧν*] *οι* (*qui* La) *L* La^{109} Arm^{I}(vid) Compl; *que* La^{118}; *ω* Ald; > B | *ἔφερον* 1° ⌒ 2° La^{109} | *πάντων τῶν βασιλέων ... καὶ σατράπων*] *παντες οι βασιλεις* (*-λης* 108) ... *και σατραπαι* (*στρατηγοι* 93; *du*[*ces*] La^{118}) *L* La^{118} Compl | *τῶν βασιλέων*] *regnorum* Arm^{I}; om *τῶν* 71 | *αρραβιας* 19′ 46 | *σατραπῶν*] pr *των* 56′-121-236-314-762; pr *omnium* Arm^{II}: cf Reg III 10$_{15}$ 𝔊^{ap} | om *τῆς γῆς* 71 | *ἔφερον* 2°] pr *παντες* (*-ταις* 120) *a*$^{-71}$ Ald Sixt; + *αυτω* 71 | *τῷ βασ. Σαλωμών*] > 71; om *τῷ βασιλεῖ* La^{109} = 𝔐; om *Σαλωμών* 107 | *Σαλωμών* B A V* 120-121-130-134-236*-314-321-346-762* 64-728 Sixt] *σολομων* 19′ 106 381 Arm; *σολομωντι* 68′ Ald Compl; *σαλομ.* rel

15 *ὁ βασιλεὺς Σαλωμών*] > 107; om *ὁ βασιλεύς* Aeth: cf Reg III 10$_{16}$ 𝔊 | *Σαλωμών* B A V* 120-121-130-134-236*-314-321-346-762* 64-728 Sixt] *σολομων* 19′ 68′-71-106 381 Arm Ald Compl; *-μον* 236^{c}; *σαλομ.* rel | *διακοσίους* (*σ′* 107(non 44)-314-321-346-762 127)] *τριακοσιους* 93 Aeth^{DF} Arm = Reg 𝔊; *οκτακοσιους* 55 | *χρυσοῦς ἐλατούς*] tr 93; om *χρυσοῦς* 158(|) = 𝔐^{1Ms}; om *ἐλατούς* 107; + *χρυσους* 46 | *ἑξακόσιοι* 1° – fin] *et unaequaeque de illis hastis pretium* (> A′) *erat 600 denariorum auri* (> P′) Aeth; cf sq | *χρυσοῖ* 1° – 2°] *χρυσοι* 107 La^{109}; *χρυσοι καθαροι L a*$^{(-107)}$ Compl Sixt: cf 𝔐 (sed שוחט pro *καθαροί*) | *τῷ ἑνὶ θυρεῷ*] *τω θυρεω τω ενι b*^{2}: cf sq | *ἑξακόσιοι* – fin om 381 Arm | *ἐπῆσαν*] *επεσον* 52; > 44 | *τὸν ἕνα θυρεόν*] *τον θυρ. τον ενα L a* Ald Compl = 𝔐

16 *τριακοσίας* – *χρυσᾶς*] *ασπιδας χρυσας ελατας τριακοσιας* Compl; *τριακ. ασπ. χρυσας ελατας b*^{2} = 𝔐 et Reg III 10$_{17}$; *δορατα χρυσα ελατα τριακοσια* (*δορ. τριακ. ελατα χρυσα* Arm^{II}; *τριακ. δορατα χρ. ελατα* Arm^{I}) *L* Arm: cf Reg III 10$_{16}$ 𝔊; om *ἐλατάς a* Aeth | *ἀσπίδας*] *ασπιδισκας* 127 | *τριακοσίων* – *ἑκάστην*] *et pretium uniuscuiusque CCC* (+ *auri* DF) Aeth; > B′′ 60 158 Arm^{II} | *τριακοσίων χρυσῶν ἀνεφέρετο*] *τριακοσιοι χρυσοι αναφεροντες* (*ανεφεροντο* 93) *L* Compl; *trecenti denarii* Arm^{I}; *et CCC aurei* La^{109} | *ανεφεροντο* 381; *αναφερετον* (sic) 246 | *ἐπὶ τὴν ἀσπίδα ἑκάστην*] *επι δορυ εκαστον L* Arm^{I}: cf praec; *in uno clipeo* La^{109}: cf 𝔐; *ἀσπ. ἑκάστην* tr 44 | *καί* 2° om 246 | *αὐτάς*] *αυτα L*

βασιλεὺς ἐν οἴκῳ δρυμοῦ τοῦ Λιβάνου. 17*καὶ ἐποίησεν ὁ βασιλεὺς* 17
θρόνον ἐλεφάντινον ὀδόντων μέγαν καὶ κατεχρύσωσεν αὐτὸν χρυσίῳ
δοκίμῳ· 18*καὶ ἓξ ἀναβαθμοὶ τῷ θρόνῳ ἐνδεδεμένοι χρυσίῳ, καὶ* 18
ἀγκῶνες ἔνθεν καὶ ἔνθεν ἐπὶ τοῦ θρόνου τῆς καθέδρας, καὶ δύο λέοντες
ἑστηκότες παρὰ τοὺς ἀγκῶνας, 19*καὶ δώδεκα λέοντες ἑστηκότες ἐκεῖ* 19
ἐπὶ τῶν ἓξ ἀναβαθμῶν ἔνθεν καὶ ἔνθεν· οὐκ ἐγενήθη οὕτως ἐν πάσῃ

B′′ A V *L′ a b* 60 119 158 527 La$^{109\,(Leg)}$ Aeth Arm

Compl | *ὁ βασιλεύς*] *salomon* Aeth$^{P'AE^{mg}G}$; > Aeth$^{DE^{txt}FH}$: cf Reg 𝔊 | *οικου* 134: cf praef p 110 | *δρυμοῦ*] pr *του* A V *b*$^{-381}$ 55 60 | *τοῦ*] *το* 158

17 *καί* 1° om 74 | *ὁ βασιλεύς*] *salomon* Aeth(omnes) = 𝔐^{1Ms}, cf Vulg^{ap}; + *salomon* La$^{109\,Leg}$; > 381 | *θρόνον*] *sellam regiam* La$^{109\,Leg}$ (hab *thronum* AnGlos) | *ἐλεφάντινον ὀδόντων*] *ελεφαντινων οδ.* Sixt; *ελ. εξ οδοντων L′* 56′ 158; *εξ οδ. ελεφαντων* Compl; *ex dentibus eburneis* AnGlos; om *ὀδόντων* 60 La^{109} Aeth$^{D^c}$ = Reg III 10$_{18}$ 𝔊 | *μέγαν*] *μεγα* 19 71 731 = Reg 𝔊^{L}: cf praef p 101; *μεγαλων a*$^{-71}$ 127 Aeth Ald; > Aeth$^{D^c}$ Arm^{II} | *αὐτόν*] *αυτα* 106 La^{109}(*ea*); *αυτο* 55 | *χρυσίῳ δοκίμῳ*] *auro puro* La^{109}; *auro puro et probato* Aeth | *χρυσω* 74

18 init – *χρυσίῳ*] *et fecit sex* (*rex* cod) *grados sellae continentem angulos* (pro *αγκωνας* (*anulos* cod)) *hinc adque inde* (pro *ενθεν και ενθεν*) *conligatos* (pro *ενδεδεμενους* (vid)) *auro* La^{109}; > 236(|): homoiot | *ἐνδεδεμένοι* B′′ A V 93 74-130-134-314-321-346-762 *b*$^{I-46}$-489 60 Sixt] *ενδεδοιμενωι* 158; *ενδεμενοι* 121; *ενδεδυμενοι* rel; pr *και* 56′ | *χρυσίῳ*] + *και υποποδιον υπεθηκεν* (> Arm) *εν χρυσω τω θρονω* (*et scabellum posuit in auro selle* La) *L* La^{109} Arm^{IIte} Compl: cf 𝔐 (*υποποδιον* pro כבשׁ) | *ἀγκῶνες*] *-νας* 246; *manus* La^{109}: cf 𝔐 et praec (*angulos*) | *ἔνθεν* 1° – fin] *stabant* Aeth^{P}(solus) | *ἐπί – καθέδρας*] *in loco sessionis* La^{109} = 𝔐 et Reg III 10$_{19}$ 𝔐, cf 𝔊; om *τοῦ* 19 55; om *τ. καθέδρας* Arm^{II} | *ἑστηκότες*] *εστωτες L* Compl: cf Reg 𝔊^{ap} et praef p 105; *hic et istic* Arm^{II}; + *εκει επι των εξ* 246*: cf praec | *παρὰ τοὺς ἀγκῶνας*] *secundum manus singulas* La^{109}: cf 𝔐 et Reg 𝔊

19 *δώδεκα* (*ιβ′* 56′-68′-107(non 44′)-120-134 98 52 127)] *δυο* 71 = 𝔐^{1Ms} | *ἑστηκότες ἐκεῖ ἐπί*] *εστ. παρα τους αγκωνας* (*-κον.* 125; om *τους αγκ.* 610) 107; om *ἑστηκότες* 55(|); om *ἐκεῖ* 71-321-346 381 La^{109} Arm^{I} (sed *ἐπί – ἀναβαθμῶν* post *ἔνθεν* 2° tr) = 𝔐^{1Ms}, cf Reg III 10$_{20}$ 𝔊; > Arm^{II} | *εστηκοτας* 98(non 379); *εστωτας L* Compl: cf Reg 𝔊 et praef p 105 | *οὐκ* – fin om Arm^{II} | *οὐκ*] pr *και b*^{2} 127^{c} La^{109} Aeth^{-D*} Arm^{I} = Pesch^{te}, cf Reg 𝔊; > 127* Aeth^{B} = Pesch^{ap} | *εγενετο* Compl: cf Reg 𝔊 et praef p 105 | *ἐν πάσῃ βασιλείᾳ*] *in omnibus regnis* Aeth Arm^{I} = Pesch Targ Vulg et Reg 𝔐; om *ἐν L* Compl: cf 𝔐 et Reg 𝔐 𝔊$^{-L}$ | *πάσῃ*] *τῃ* V*; + *τῃ* B 71 Sixt

20 *βασιλείᾳ.* ^{20}*καὶ πάντα τὰ σκεύη τοῦ βασιλέως Σαλωμὼν χρυσίου, καὶ*
πάντα τὰ σκεύη οἴκου δρυμοῦ τοῦ Λιβάνου χρυσίῳ κατειλημένα, οὐκ
21 *ἦν ἀργύριον λογιζόμενον ἐν ἡμέραις Σαλωμὼν εἰς οὐθέν·* ^{21}*ὅτι ναῦς*
τῷ βασιλεῖ ἐπορεύετο εἰς Θαρσεὶς μετὰ τῶν παίδων Χειράμ, ἅπαξ διὰ
τριῶν ἐτῶν ἤρχετο πλοῖον ἐκ Θαρσεὶς τῷ βασιλεῖ γέμον χρυσίου καὶ

B'' A V *L' a b* 60 119 158 527 La$^{109\,(Leg)}$ Aeth Arm

20 init – *βασιλέως*] *παντα οσα εποιησε* 381 | *πάντα* 1°] pr *fecit* Arm^{II} | *τὰ σκεύη* 1°] *vasa* (> P solus) *servitii* (*sua* E*H*) Aeth^{-DF} = Pesch; + *potus* La^{109} Aeth^{DF} = 𝔐 Targ Vulg (*convivii*), cf Reg III 10$_{21}$ 𝔐 𝔊^{O}; + *του οικου* 93-108 Arm^{II} Compl | *τοῦ βασιλέως*] + *et convibii regis* La^{109}; > *a*$^{-71}$: cf Reg 𝔊 | *Σαλωμών* 1° B'(127*) A V* 93 120-121-130-134-236*-314*-321-346-762* 64-728 Sixt] *σολομων* 19' 106'-246 381 Arm^{I}; *σολομωντος* Ald Compl; *σαλομ.* rel; > 71 Arm^{II} = 𝔐^{1Ms} | *χρυσίου* – *Λιβάνου* om 381: homoiar | *χρυσίου*] *χρυσιω* 60; *χρυσα* (*aurea* La) *L* La^{109} Arm^{I} = Vulg et Reg 𝔊; + *et argenti* Aeth^{-A} | *καί* 2° – *κατειλημένα* om Arm^{II} | *πάντα τὰ σκεύη* 2°] + *servitii* Aeth: cf praec; om *πάντα* 107 = Vulg; om *τά* 60 127(|) | *δρυμοῦ*] pr *του a*$^{-71\,107}$ 55 Ald = Reg 𝔊^{A} | *τοῦ Λιβάνου*] > 314(|); om *τοῦ* 55 | *χρυσίῳ κατειλημένα*] *de auro primario* La^{Leg}: cf Vulg(*ex auro purissimo*) Pesch(דדהבא סנינא) Targ(דהב טב); *de auro et relictum est* (pro *καταλελ(ε)ιμμενω* ?) *et* (> D) *abundavit* Aeth: cf sq | *χρυσίῳ*] -*σιου* 236 | *κατειλημένα* (*κατηλειμενα* 121) A 121 243-731* La^{109}(*obligata*) et Arm^{I} (*clausa*) vid: cf 𝔐(סגור)] *κατειλημμενω* (*κατηλειμμενω* 158*) 93 158* 125: cf 𝔐; *κατηλημμενα* 19'; *κατειλιμμενα* 60; *κατειλημμενα* rel Ra.: cf TGP II | *οὐκ*] pr *και* A Aeth Arm: cf Reg 𝔊^{ap} | *λογιζόμενον*] *ut in aliquid* (pro למאומה 𝔐) *extimaretur* La^{109} | *ἡμέραις*] pr *ταις a*$^{-71}$ 381 Ald = Reg 𝔊 | *Σαλωμών* 2° B A V* 93 120-121-130-134-236*-314-321-346-762* 64-728 Sixt] *σολομων* 19 71'-246 Arm; *σολομωντος* Compl; *αυτου* 381; *σαλομ.* rel; + *regis* (ante *Σαλ.* hab Aeth^{A}) Aeth Arm^{II} | om *εἰς οὐθέν* 71 La^{109}(sed cf praec) Arm = Reg 𝔊$^{-O}$ | *εἰς*] *ει* 106' 52 | *ουδεν* 60: cf praef p 97

21 *ὅτι*] *ο* 158* | *ναῦς* ... *ἐπορεύετο*] *naves* ... *ibant* La^{109} (sic et Vulg) = 𝔐 (hab sing Reg III 10$_{22}$) | *τῷ βασιλεῖ* 1°] *αυτου* 381; *τω σολομων* 107 = 𝔐^{1Ms*} Pesch; + *σαλωμων* (*σαλομ.* V^{c} 108 46-98-243-489 55^{c} 60 119 158 527; *σολομ.* 19 Arm^{I}; *σολομωντι* Compl) A V* *L b*$^{-381}$ 55* 60 119 158 527 Aeth(omnes) Arm^{I} Compl: cf Reg 𝔊 | *Θαρσείς* 1°] *θαρσις* 728 Ra. | *χιραμ a*$^{-246\,554}$ 489 Ald Sixt Ra.; *χηραμ* 246 554 52; *yram* La^{109} | *ἅπαξ*] pr *et* Aeth^{-D*G} Arm | *ἐτῶν*] *οντων* 130 | *ἤρχετο πλοῖον* ... *γέμον*] *ηρχετο* (*veniebant* La^{109} = 𝔐) *πλοια* (*naves* La^{109}: sicut pro *ναῦς* praec = 𝔐) ... *γεμοντα* (-*μων.* 93; *plene* La^{109}) B' *L* 71 La^{109} Compl Sixt Ra. = 𝔐 | *ἤρχετο* – *βασιλεῖ* 2°] *revertit iterum* Arm^{II} | *πλοῖον*] pr *το* 56'-121-122*-236-314-762 Aeth | *ἐκ*] *εις* 246 | *Θαρσείς* 2°] *θαρσις* 127 Ra. | *βασιλεῖ* 2°] + *σολομων* (*σαλ.* 93) *L*: cf Reg 𝔊^{L} | *γεμων*

ἀργυρίου καὶ ὀδόντων ἐλεφαντίνων καὶ πιθήκων. ^{22}καὶ ἐμεγαλύνθη 22
Σαλωμὼν ὑπὲρ πάντας τοὺς βασιλεῖς καὶ πλούτῳ καὶ σοφίᾳ. ^{23}καὶ 23
πάντες οἱ βασιλεῖς τῆς γῆς ἐζήτουν τὸ πρόσωπον Σαλωμὼν ἀκοῦσαι
τῆς σοφίας αὐτοῦ, ἧς ἔδωκεν ὁ θεὸς ἐν καρδίᾳ αὐτοῦ. ^{24}καὶ αὐτοὶ 24
ἔφερον ἕκαστος τὰ δῶρα αὐτοῦ, σκεύη ἀργυρᾶ καὶ σκεύη χρυσᾶ καὶ
ἱματισμόν, στακτὴν καὶ ἡδύσματα, ἵππους καὶ ἡμιόνους, τὸ κατ᾽ ἐνι-

B′′ A V *L′ a b* 60 119 158 527 La$^{109\,(\mathrm{Leg})}$ Aeth Arm

56′-106′(non 610) 728 158 | *καί* paenult ∩ ult 64^{txt} | *ὀδόντων ἐλεφαντίνων*] *ελεφαντων και οδοντων* 60; *elefantis* La^{109}; *elephantos* La^{Leg}; om *ἐλεφαντίνων* Aeth$^{\mathrm{D*F}}$ | *καὶ πιθήκων*] *electissimis* La^{109}: ex *et simiis* (sic coni Weber); + *σφιγγων και τεκχειμ* 158↓; + *και τεκχειμ* (*τεχειμ* 19′ Lag.; *θεχειμ* Compl) *L* Compl = 𝔐; + *et pavonum* Arm pro *και ταωνων*: cf Vulg et Reg 𝔊

22 *Σαλωμών* B A V* 120-121-130-134-236*-314-321-346-762* 64-728 Sixt] *σολομων* 19 71′ 381 Arm Dam^{R} Ant^{Mi} Compl; *σολαμων* 246; *σαλομ.* rel; pr *βασιλευς* 74 = 𝔐$^{-2\mathrm{Mss}}$ (non Vulg) et Reg III 10$_{26(23)}$ 𝔐 | *ὑπέρ*] *επι* Ant^{Mi} | *βασιλεῖς*] + *της γης L* 46-728 La^{109} Arm^{II} Dam^{R} Ant^{Mi} Compl = 𝔐 et Reg 𝔐 𝔊$^{-\mathrm{B}}$ | *καί* 2° om *a* La^{109} Aeth$^{-\mathrm{P}'}$ Arm = 𝔐 et Reg

23 om *καί* 44 | om *τῆς γῆς* La^{109}: cf $_{22}$ | om *ἐζήτουν* – $_{(24)}$ *αὐτοί* 107 | *ἐζήτουν*] *εξεζητουν* Dam^{R} Ant^{Mi}; + *videre* Arm^{II} = Pesch, cf Reg III 10$_{27(24)}$ 𝔊^{ap} et sq | *Σαλωμών* B A V* 93 120-121-130-134-236*-314-321-346-762* 64-728 Sixt] *σολομων* 19 71-106 381 Arm; *σολομωντος* Dam^{R} Ant^{Mi} Compl; *σαλομωνα* (*-μονα* ^{c}) 246; *σαλομ.* rel; pr *του* 55 158 | *ἀκοῦσαι*] *videre ut audirent* La^{109}; pr *videre et* Arm^{I} | *τῆς σοφίας αὐτοῦ*] *τ. φωνης αυτου* 489; pr *vocem* Arm^{II}; *την σοφιαν* 158; om *αὐτοῦ* 381 Aeth$^{-\mathrm{BDF}}$ = Pesch Vulg | *ἧς* – fin] *quam dedit illi deus* La^{109}; > 71 | *ἔδωκεν*] + *αυτω* 158 | *ὁ θεός*] *κ̅ς̅ b*^{2} Aeth = Pesch | *ἐν καρδίᾳ*] *εν τη κ.* Dam^{R} = Reg 𝔊; *εις την καρδιαν* Ant^{Mi}

24 om *αὐτοί* Arm^{II} | om *ἕκαστος* 107 Arm^{II} | *τὰ δῶρα αὐτοῦ*] *τα δ. αυτων* 74 158 Dam^{R} Ant^{Mi}: cf Reg III 10$_{28(25)}$ 𝔊^{ap}; *ei munera* (tr Arm^{I}) Aeth Arm = Vulg, cf Pesch | *δῶρα αὐτοῦ, σκεύη*] *σκευη αυτου* 71 | *ἀργυρᾶ* et *χρυσᾶ* tr *L* 71 Aeth(omnes) Arm^{II} Compl: cf Reg 𝔊^{ap} | *καὶ σκεύη*] > 44; om *σκεύη a* 381 Aeth Arm^{II} = Pesch^{ap} Vulg et Reg 𝔊^{ap} | *καὶ ἱματισμόν, στακτήν* (pro נשק = Pesch)] *et vestes et arma* (pro *οπλα*) La^{109} = Targ Vulg, cf 𝔐(*ὅπλον* pro נשק, cf Iob 39$_{21\mathrm{b}}$ (= 𝔊 $_{22\mathrm{a}}$) *α′ θ′*); pr *οπλα* (*et arma* Arm) *L* Arm^{II} Compl; om *καί* 44 | *ιμαστισμος* 60 | *στακτήν*] *στακτη* 60; pr *καί* 68′ Aeth(omnes) Arm^{I} Ald = Pesch Targ et Reg 𝔐 𝔊^{ap}; > 381 | *καὶ ἡδύσματα*] *et suabitates aromatum* La^{109} Aeth(sim); om *καί* 44 | *ἵππους*] pr *και* A 68′-246 La^{109} Aeth^{P} Arm Ald =𝔐$^{6\mathrm{Mss}}$

---

21 *πιθήκων* (+ *σφιγγων και τεκχειμ* 158)] *σφιγγίων* (*σφινγ.* 93) 93-108

25 αὐτὸν ἐνιαυτόν. ^{25}καὶ ἦσαν τῷ Σαλωμὼν τέσσαρες χιλιάδες θήλειαι
ἵπποι εἰς ἅρματα καὶ δώδεκα χιλιάδες ἱππέων, καὶ ἔθετο αὐτοὺς ἐν
26 πόλεσιν τῶν ἁρμάτων καὶ μετὰ τοῦ βασιλέως ἐν Ἰερουσαλήμ. ^{26}καὶ
ἦν ἡγούμενος πάντων τῶν βασιλέων ἀπὸ τοῦ ποταμοῦ καὶ ἕως γῆς
27 ἀλλοφύλων καὶ ἕως ὁρίου Αἰγύπτου. ^{27}καὶ ἔδωκεν ὁ βασιλεὺς τὸ χρυ-
σίον καὶ τὸ ἀργύριον ἐν Ἰερουσαλὴμ ὡς λίθους καὶ τὰς κέδρους ὡς

B′′ A V *L′ a b* 60 119 158 527 La$^{109\,(Leg)}$ Aeth Arm

Pesch | *ἡμιόνους*] -*νας* 107*(corr pr m)-610: cf praef p 100; pr *ονους και* 246 | om *τό* – fin] *per singulos annos* La^{109} = Vulg; *rationem anni per annum* La^{Leg}: cf Pesch(בחושבנא כל שנא בשנא); > 107 Aeth^{-DF} Arm^{II} | *τό*] *τους* Compl; > 71 | *ἐνιαυτόν* 2°] pr *εις L* Compl: cf 𝔐 et Reg 𝔐 𝔊^{L}; A(|) V 119 71

25 *τῷ Σαλωμών* B A V* 93 120-121-130-134-236-314-321-346-762* 64-728 Sixt] *αυτω* 381; *τω βασιλει σαλομ.* 68′ Ald; *τω σολομων* 19 71′ Arm; *τω σολομωντι* Compl; *τω σαλομ.* rel | *τέσσαρες* (*δ′* 56′-107(non 44′)-314-321-346-762 52 127) *χιλιάδες*] *τεσσαρακοντα* (*τεσαρ.* 158; *μ′* 125) *χιλιαδες L* 60^{c} 158 125 La^{109}(*XL milia*; hab *quattuor milia* La^{Leg}) Aeth$^{-A(solus)}$ Arm^{II} = Vulg et Reg III 10 29(26) 𝔊$^{-B\,501}$; *τεσσαρες μυριαδες* A V Arm^{I} | *τεσσαρις* 130: cf praef p 95 | *χιλιάδες* 1° ⌒ 2° 56′ | *θήλειαι ἵπποι*] *θηλει ιπποι* 19: cf praef p 79; *θηλειαι* (-*λιαι* A) *ιππων* A 60 158: cf Reg 𝔊^{L}; *θ. ιππεων* 93: cf sq; *presepia* (*praesepium* Leg) *equum* (deest Leg) La$^{109\,Leg}$ = 𝔐; om *θήλειαι* 44 | *εἰς ἅρματα*] *ει αρματα* 243-731*; *et curruum* La^{109} = 𝔐 | *δώδεκα* (*ιβ′* 68′-107(non 44)-120-314-321-346 98 52 127; *XII* La^{109})] *εικοσι δυο* 158 | *χιλιάδες* 2°] -*δας* 19-93 68 125 = Reg 𝔊^{19} | *ἱππέων*] *equorum* Aeth Arm: cf 1 14 | *αὐτούς*] *αυτας* 158 = Reg 𝔊$^{-L}$; > 125 | *πολει* 130-236-314-321-346-762 | *καί* ult – fin] > 107: homoiot; om *καί* 321 La^{109}; om *ἐν Ἰερουσαλήμ a*$^{-71}$ | *Ἰερουσαλήμ*] *ισραηλ* Ald

26 (= Reg III 10 30 in 𝔊 (sub obelisco in Syh), 4 19(17) in 𝔊^{O}, 5 1a in 𝔐) | *πάντων τῶν βασιλέων*] *in* (> La^{109}) *omnibus regibus* La^{109} Aug *quaest Ios* 439 = 𝔐, cf Reg 𝔐 et 𝔊^{O}(*εν πασιν τοις βασιλειοις*) | *τοῦ ποταμοῦ*] om *τοῦ* 19′ 56′-121 Compl = Reg 𝔊$^{O:247}$; + *euphrati* Arm = Pesch Vulg; Targ (פרת pro הנהר) et Reg 𝔊$^{158\,246}$ | *καὶ ἕως* 1°] om *καί* 527(|) La^{109} Aeth(omnes) Arm Aug = Vulg, cf Pesch(ל) et Reg(om 𝔐 𝔊^{O}; om *καί* 𝔊$^{246\,Arm\,Aeth}$) | *γῆς*] pr *της* A V *b* 55 60 158 Ald = Reg 𝔊^{L} | *ἀλλοφύλων*] *philistiim* Aug = Vulg (hab *ἀλλοφύλων* (*alienigenarum* La^{109}) 𝔊 (cum Aeth Arm) et Reg 𝔊 omnes) | *ἕως ὁρίου*] *εως οριων* (*usque ad fines* Aug) B V Arm(vid) Aug Sixt = Vulg^{te} et Reg 𝔊$^{-O\,L}$; *εως γης* (*της* Compl) *οριου* 19′ Compl; *usque ad terram finium* La^{109}: cf 𝔐^{1Ms}(ארץ pro גבול) et Reg 𝔊$^{O:247}$ (*ορειου γης*); om *ἕως* 107

27 v 27–28 om 107 381: homoiot | *βασιλεύς*] + *σολομων* (*σαλ.* 93 Aeth) *L* Aeth(omnes) Compl = Pesch et Reg III 10 31(27) 𝔊^{L} | *τὸ χρυσίον καί* om Compl = 𝔐 et Reg 𝔐 𝔊 (in Syh sub obelisco) | *τὰς κέδρους*] *τους κ.* 60: cf praef

συκαμίνους τὰς ἐν τῇ πεδινῇ εἰς πλῆθος. [28]καὶ ἡ ἔξοδος τῶν ἱππέων 28
ἐξ Αἰγύπτου τῷ Σαλωμὼν καὶ ἐκ πάσης τῆς γῆς.
[29]Καὶ οἱ κατάλοιποι λόγοι Σαλωμὼν οἱ πρῶτοι καὶ οἱ ἔσχατοι ἰδοὺ 29
γεγραμμένοι ἐπὶ τῶν λόγων Ναθὰν τοῦ προφήτου καὶ ἐπὶ τῶν λόγων
Ἀχιὰ τοῦ Σηλωνίτου καὶ ἐν ταῖς ὁράσεσιν Ἰωὴδ τοῦ ὁρῶντος περὶ Ἰερο-
βοὰμ υἱοῦ Ναβάτ. [30]καὶ ἐβασίλευσεν Σαλωμὼν ὁ βασιλεὺς ἐπὶ πάντα 30

B'' A V *L' a b* 60 119 158 527 La^{109} Aeth Arm

p 99; + *εδωκεν L* La^{109} Compl = 𝔐 et Reg 𝔐 𝔊$^{-L:82}$ | *συκαμίνους τάς*] *σ. τους* 60: cf praec; pr *τας L* Compl; om *τάς* 134

28 *ἡ* om b^2 | *ιππων* B A V *L* b^{I-381} 60 119 527 La^{109} Aeth Arm Compl Sixt Ra.: cf 1$_{16}$ et Reg III 10$_{32(28)}$; *πεζων* 127 | *ἐξ Αἰγύπτου* ante *καί* 2° tr 106 La^{109} Arm: cf Reg 𝔐 𝔊 | *τῷ*] *των* B'(B*); > 71-106 | *Σαλωμών* B A V* 120-121-130-134-236-314-321-346-762* 64 728 Sixt] *σολομων* 19 68'-71-106 Arm Ald; *σολομωντι* Compl; *σαλομ.* rel | *καί* 2° om $a^{-71(107)}$ Aeth Ald = 𝔐^{1Ms} | *εκ πασων των γαιων* (*γεων* 19') *L* Aeth = 𝔐

29 *οἱ κατάλοιποι*] *οι λοιποι* 127: cf Reg III 11$_{41}$ 𝔊; *ο καταλοιπος* Tht^{1Ms} *Par II* 264 | *λόγοι*] *των λογων L* Aeth(vid) Arm^{I} Tht Compl: cf 𝔐 et Reg | *Σαλωμών* B A V* 93 120-121-130-134-236-314-321-346-762* 64-728 Sixt] *σολομων* 19 71' 243-731 Arm; *σολομωνος* 381; *salomonis* La^{109}; *solomonis* Prisc *Tract III* 50; *σολομωντος* Tht(*σαλ.* 1 Ms) Compl; *σαλομ.* rel | *οἱ* 2°] pr *και* 71 | *οἱ* 3° om 381 Tht^{1Ms} *ἰδού*] pr *ουκ* (*ουχ* 71) *L* 71 La^{109} (*nonne* (hab *ecce* Prisc)) Tht Compl = 𝔐 et Reg 𝔐 𝔊; + *αυτοι L* Compl = 𝔐; + *ουτοι* (*hec* La^{109}) *a* La^{109} (non Prisc) Aeth^{G} Tht Ald Sixt: cf 𝔐 et Reg | *τῶν λόγων* 1°] *τον λογον* 60; om *τῶν* 93(|) | *καὶ ἐπὶ τῶν λόγων*] *και επι τον λογον* 60; > 158; om *ἐπὶ τ. λόγων* 71-107; om *καί* Aeth^{BAEH} | *Ἀχιά*] *αχεια* B | *Σηλωνίτου*] *σιλ.* V 71'-74-120*-246-314 243-489 55 158 La^{109}(*silonite* (hab *sel.* Prisc)) Tht (hab *σηλ.* Tht^{ap}) Fern.; *σαλων.* 236*(corr pr m) 381*; *σολον.* 60; *σιλωνητου* 93; *-νειτου* B | *ταῖς*] *τοις* 44'-610: cf praef p 99 | *Ἰωήδ* Eus *Chron II*^{Lat} 73a,24 (cf 321) Compl Lag.] *abdo* La^{109}; *laedam* Prisc; *ιωηλ* rel Ra.: cf TGP II | *τοῦ ὁρῶντος*] *qui videbat* La^{109} Aeth; *que videbat* Prisc | *περί*] *κατα L* Tht(hab *περι* 2 Mss): cf 𝔐 Vulg (*contra*); *in* La^{109} (hab *de* Prisc) | *ιερωβοαμ* 158; *ιεροβααμ* V; *heiorobeam* Prisc

30 *καί* om 527 | *Σαλωμών* B A V* 120-121-130-134-236-314-321-346-762* 64-728 Sixt] *σολομων* 19 68'-71' 381 Arm Theoph An *Autol* 256,5 Clem Al *StromI* 72,16 Hippol *Chron*^{H1} 90,20(*Barbarus*) ^{H2} 91,20(Arm) 128,19(*Cois gr* 120) Eus *Praep* 610,10 Eus *Chron*(omnes exc *salomon* 1 Ms in *ChronII*^{Lat} 69a^{ap}(cf 317)) Ald Compl; *σαλομων* rel | *ὁ βασιλεύς* om *a* 381 La^{109} = 𝔐 | *ἐπί*] pr *εν ιερου-*

---

29 *Ἰωήδ*] *ιααδ*[... 93

31 *Ἰσραὴλ τεσσαράκοντα ἔτη.* [31]*καὶ ἐκοιμήθη Σαλωμών, καὶ ἔθαψαν*
αὐτὸν ἐν πόλει Δαυὶδ τοῦ πατρὸς αὐτοῦ, καὶ ἐβασίλευσεν Ῥοβοὰμ υἱὸς
αὐτοῦ ἀντ᾽ αὐτοῦ.
1 **10** [1]*Καὶ ἦλθεν Ῥοβοὰμ εἰς Συχέμ, ὅτι εἰς Συχὲμ ἤρχετο πᾶς Ἰσραὴλ*
2 *βασιλεῦσαι αὐτόν.* [2]*καὶ ἐγένετο ὡς ἤκουσεν Ἰεροβοὰμ υἱὸς Ναβὰτ*
— καὶ αὐτὸς ἐν Αἰγύπτῳ, ὡς ἔφυγεν ἀπὸ προσώπου Σαλωμὼν τοῦ
βασιλέως, καὶ κατῴκησεν Ἰεροβοὰμ ἐν Αἰγύπτῳ —, καὶ ἀπέστρεψεν
3 *Ἰεροβοὰμ ἐξ Αἰγύπτου.* [3]*καὶ ἀπέστειλαν καὶ ἐκάλεσαν αὐτόν, καὶ ἦλ-*
θεν Ἰεροβοὰμ καὶ πᾶσα ἡ ἐκκλησία Ἰσραὴλ πρὸς τὸν βασιλέα Ῥοβοὰμ

B′′ A V *L′ a b* 60 119 158 527 La^{109} Aeth Arm

σαλημ L La^{109} Compl = 𝔐 | *τεσσαράκοντα* (*μ′ a*$^{-56′\ 71\ 106\ 121\ 44}$ 98 127 52)] *τεσσεραꞏκοντα* B* A V; *σαρακοντα* 60: cf praef p 107; post *ἔτη* tr 158 44 Arm: cf Reg III 11_{42} 𝔊^{ap}

31 *Σαλωμών* B A V* 93 120-121-130-134-236-314-321-346-762* 64-728 Sixt] *σολομων* 19 106 Arm Compl; *σαλομ.* rel; > 71-107 381 = 𝔐^{1Ms} Vulg; + *μετα των πατερων αυτου L* La^{109} Arm^{II} Compl = 𝔐 et Reg III 11_{43} | *δαυειδ* B; *δαβιδ* Ald: cf 1_{1} | *καί* ult – fin om 19: homoiot | *υἱός* – (10_{1}) *Ῥοβοάμ* om V: homoiot; pr *ο* 158: cf Reg 𝔊^{ap}

10 1 init – (2) *καί* 1° om Arm^{II} | *Καὶ ἦλθεν*] *ηλθε δε* 125 | *Ῥοβοάμ*] *ροαμ* 321*; *βασιλευς* 134: cf Reg III 12_{1} 𝔊 | *ὅτι εἰς Συχέμ*] *οτι εκεισε* 71 44 Aeth(omnes); > 236(|): homoiot; om *εἰς Συχέμ* 321 | *ἤρχετο*] *ηλθετο* 610: cf Reg 𝔊^{ap}; *veniebant* Aeth(omnes) = 𝔐$^{-1Ms}$ Vulg^{ap} Targ, cf Reg et praef p 53s | *Ἰσραήλ*] *ο λαος* 74 52; + *ibi* Aeth^{EH}: cf praec | *βασιλεῦσαι*] pr *του b*^{2} | *αυτων* 127

2 om *ἐγένετο* 44′ | *καὶ αὐτὸς ἐν Αἰγύπτῳ* bis scr 107(non 44′-610) | *ὡς ἔφυγεν*] *ως* (> Compl) *οτε απεδρα L* Compl | *Σαλωμών* B A V* 93 120-121-130-134-236-314-321-346-762* 64-728 Sixt] *σολομων* 19 71′ Arm; *σολομωντος* Compl; *σαλομ.* rel; post *βασιλέως* tr 71 Arm^{I} = Reg III 12_{2} 𝔐^{te}, cf 𝔊^{ap} | *τοῦ* – *Αἰγύπτῳ* 2°] om *τοῦ* 71-236; om *τοῦ βασ. καί* 381: cf 𝔐(om *τοῦ βασ.* 1 Ms); > 107; om *καί* – *Αἰγύπτῳ* La^{109} = 𝔐(sed hab Reg 𝔐, cf 𝔊^{ap}) | *Ἰεροβοάμ* 2°] *-βααμ* V*(vid): cf $_{3}$; ⌒ 3° A*(vid) V | *καί* ult – fin om 71 = Reg 𝔐, cf 𝔊^{ap} | *επεστρεψεν* 56′ 52: cf Reg 𝔊^{ap} | *Ἰεροβοάμ* 3°] *-βααμ* 55: cf $_{3}$; pr *ο* 108; > 107 381 | *ἐξ* – (3) *Ἰεροβοάμ* bis scr 246(*και ηλθεν ιεροβοαμ* om 246^{II}): homoiot

3 *απεστειλεν* (*-λε* B^{c}) *και εκαλεσεν* B′ | *Ἰεροβοάμ*] *-βααμ* V 55; *-βαμ* 71 | *ἡ ἐκκλησία*] + *μετ αυτου* 19; om *ἡ* 107(non 610)-121-314-762; > La^{109} = 𝔐(sed hab Reg III 12_{3} 𝔐, cf 𝔊^{ap}) | *Ἰσραήλ*] *domini* Aeth^{P}; > B’ 610 Sixt = 𝔐^{1Ms} |

λέγοντες ^{4}Ὁ πατήρ σου ἐσκλήρυνεν τὸν ζυγὸν ἡμῶν, καὶ νῦν ἄφες 4
ἀπὸ τῆς δουλείας τοῦ πατρός σου τῆς σκληρᾶς καὶ ἀπὸ τοῦ ζυγοῦ
αὐτοῦ τοῦ βαρέος, οὗ ἔδωκεν ἐφ' ἡμᾶς, καὶ δουλεύσομέν σοι. ^{5}καὶ 5
εἶπεν αὐτοῖς Πορεύεσθε ἕως τριῶν ἡμερῶν καὶ ἔρχεσθε πρός με·
καὶ ἀπῆλθεν ὁ λαός. ^{6}καὶ συνήγαγεν ὁ βασιλεὺς Ῥοβοὰμ τοὺς 6
πρεσβυτέρους τοὺς ἑστηκότας ἐναντίον Σαλωμὼν τοῦ πατρὸς αὐτοῦ
ἐν τῷ ζῆν αὐτὸν λέγων Πῶς ὑμεῖς βουλεύεσθε τοῦ ἀποκριθῆναι τῷ

B′′ A V *L′ a b* 60 119 158 527 La$^{109 (Leg)}$ Aeth Arm

πρός] pr *ηλθον* (*και η.* 127) B' = Pesch^{-7a1}; pr *ηλθε* 56′-121-314-762; pr *και ελαλησαν L* 71 La^{109} Arm^{II} Compl = 𝔐 | *τὸν βασιλέα*] > B' *L* 71 La^{109} Arm^{II} Compl Ra. = 𝔐 et Reg 𝔐 (in Syh sub obelo) | *Ῥοβοάμ*] *-βααμ* V 55; *ιεροβοαμ* 246 243*; + *venerunt* Aeth omnes(pr *et* G): cf praec

4 *νῦν*] pr *συ* (add 158 Arm) 158 Aeth Arm^{II} = Pesch, cf 𝔐(אתה pro עתה 5 Mss) Vulg et Reg III 12$_{4}$ 𝔐 𝔊 | *ἄφες*] *κουφισον* (*-φησον* 19′; *releva* (*-leba* 109) La: cf La^{123} Esdr II 9$_{13}$, La^{C} in Esdr I 8$_{83}$) *συ* (*nos* La) *L* La$^{109 Leg}$ Arm(vid) Compl = 𝔐 et Reg 𝔐 𝔊, cf $_{10}$ | *δουλιας* A V* 93: cf praef p 85 | *τῆς σκληρᾶς καί*] > 246(|); om *τ. σκληρᾶς* 56 | *καί* 2° ∩ 3° 107 381 Arm^{II} | *αὐτοῦ* om 106 | *βαρεως* 19-93 *a*$^{-130 314 (107)}$(321* 346*) 46(non 52)-98-243-728-731 55*-127* 60 119 Ald Compl Lag. Fern.: cf Reg III 𝔊 | *δουλευσωμεν* 93 56′ 158: cf Reg 𝔊^{ap}

5 *αὐτοῖς*] + *ροβοαμ* (*ιερ.* 19) *L* Arm^{II}(text auct) Compl: cf Reg III 12$_{5}$ 𝔊^{ap} | *Πορεύεσθε* (*-σθαι* (*-εβεσθαι* 610) A V* 93 158 610*: cf praef p 86) – *καί* 2°] *adhuc triduum et* La^{109} = 𝔐$^{-1Ms}$(hab Pesch(זלו pro *Πορεύεσθε*, cf Reg 𝔊)); *adhuc ite usque ad tres dies et* Aeth^{-A}; *adhuc ite et post tres dies* Arm^{II}: cf 𝔐 et Reg 𝔐 (עוֹד pro עַד(עֹד Reg)) | *ἕως*] *ως* 74 | *ἔρχεσθε* (*-σθαι* A V* 158 44: cf praec)] *επιστρεψατε* (*revertimini* La) *L* La^{109} Aeth^{Dc} Compl = 𝔐 et Reg | *ἀπῆλθεν*] + *απ αυτου* 60

6 *ὁ βασιλεὺς Ῥοβοάμ*] > Arm^{II}: cf Vulg; om *ὁ βασιλεύς* 107: cf Reg III 12$_{6}$ 𝔊^{ap}; om *ὁ* 127(|) | om *τοὺς πρεσβυτέρους* La^{109} | *ἑστηκότας*] *εστωτας L* 60 Compl: cf praef p 105 et Reg 𝔊 | *Σαλωμών* B′(55*) A V* 93 120-121-130-134-236-314-321-346-762* 64-728 Sixt] *σολομων* 19′ 71′ 381 Arm Compl; *σαλομ.* rel; pr *του* 68′-74-106-120-130-134-321-346-554 Ald Sixt | *αὐτοῦ*] *εαυτου* V* 60 | *ἐν τῷ ζῆν αὐτόν*] *εν τω ζ. αυτων* V* 55; *ζωντος αυτου L* Compl: cf Reg 𝔊; pr *του* 106; > 71 = Reg 𝔊^{V} | *λέγων*] pr *και συνεβουλευσατο μετ αυτων L* Arm^{II} Compl: cf 𝔐, $_{8}$ et Reg 𝔊^{93} | *βουλεύεσθε*] *-σθαι* 93 246 158: cf praef p 86; *βουλεσθε* (*-σθαι* A V*) B′ A V^{c} 19 71-554 *b*$^{I-46}$-98 60 44 Aeth(omnes): cf $_{9}$ et Reg 𝔊; + *et quomodo apparet vobis* Aeth | *τοῦ ἀποκριθῆναι*] om *τοῦ* 381; + *με L*

7 *λαῷ τούτῳ λόγον; ^{7}καὶ ἐλάλησαν αὐτῷ λέγοντες Ἐὰν ἐν τῇ σήμερον*
γένῃ εἰς ἀγαθὸν τῷ λαῷ τούτῳ καὶ εὐδοκήσῃς καὶ λαλήσῃς αὐτοῖς
8 *λόγους ἀγαθούς, καὶ ἔσονταί σοι παῖδες πάσας τὰς ἡμέρας. ^{8}καὶ*
κατέλιπεν τὴν βουλὴν τῶν πρεσβυτέρων, οἳ συνεβουλεύσαντο αὐτῷ,
καὶ συνεβουλεύσατο μετὰ τῶν παιδαρίων τῶν συνεκτραφέντων μετ᾿
9 *αὐτοῦ τῶν ἑστηκότων ἐναντίον αὐτοῦ. ^{9}καὶ εἶπεν αὐτοῖς Τί ὑμεῖς*
βουλεύεσθε καὶ ἀποκριθήσομαι λόγον τῷ λαῷ τούτῳ, οἳ ἐλάλησαν
πρός με λέγοντες Ἄνες ἀπὸ τοῦ ζυγοῦ, οὗ ἔδωκεν ὁ πατήρ σου ἐφ᾿
10 *ἡμᾶς; ^{10}καὶ ἐλάλησαν αὐτῷ τὰ παιδάρια τὰ ἐκτραφέντα μετ᾿ αὐτοῦ*
Οὕτως λαλήσεις τῷ λαῷ τῷ λαλήσαντι πρὸς σὲ λέγων Ὁ πατήρ

B´´ A V *L´ a b* 60 119 158 527 La^{109} Aeth Arm

119 La^{109}(*mihi*) Compl | *τούτῳ λόγον*] *τουτο λ.* 93*; *τ. λογων* 71* 243-731 55; *τ. λεγων* 108: cf Reg 𝔊^{ap}; *λεγων* 19; *τον λογον τουτον* 127

7 *ἐλάλησαν αὐτῷ λέγοντες*] *ειπαν αυτω* 71 La^{109}: cf 𝔐(om לאמר 1 Ms) et Vulg; *ειπον* 107: cf praef p 105 | *αὐτῷ*] *αυτον* 120*; *οι πρεσβυτεροι/προς αυτον* (tr 93) *L* Arm^{II} sim(*senatus populi* pro *αὐτῷ*) | *ἐν τῇ σήμερον* om *b*^{2} = 𝔐 Pesch Vulg (hab Targ et Reg III 12$_{7}$ 𝔐 𝔊) | om *εἰς* 158 | *τῷ λαῷ/τούτῳ*] tr 246 | *καί* 2° ⌒ 3° 71-107 | *εὐδοκήσῃς*] *-σεις* 106-246 243-731 55 60: cf sq et praef p 109; *αρεσει* (*-ση* Compl) *αυτοις* 19´ La^{109} vid(*placueris* = Vulg) Arm(vid) Compl; *αρεσεις αυτους* 93 | *καὶ λαλήσῃς* (*-σει* 246)/*αὐτοῖς*] tr 56´ | *λαλήσῃς*] *-σεις* 19-93 71´ 46*(non 52)-243-728-731 60 127 158 | *αὐτοῖς*] *αυτης* 236; *αυτους* 19 158 | *καί* ult om 71-107 La^{109} Aeth^{DFG} = Pesch Vulg | *παῖδες*] *δουλοι L* La^{109}(*servi*) Compl: cf Reg et 6$_{14}$ | fin] + *vitae tuae* Arm^{II} = Pesch et Reg 𝔊^{71}

8 *κατελειπεν* (*-πε* V^{c} 60) A V* 728 55* 60 158 | *βουλήν*] *βολην* 158 | *τῶν* 1° om 108 | *οἳ συνεβουλεύσαντο αὐτῷ* om 71-107 = Vulg | *συνεβουλεύσαντο*] *-σαν* 93 Did *Comm in Eccl* 132 Fern.: cf Reg III 12$_{8}$ 𝔊^{ap} | *αὐτῷ, καὶ συνεβουλεύσατο* om 55: homoiot | *αὐτῷ*] *αυτον* 19 | *συνεβουλεύσατο*] *-σαντο* 56´(56*) 381 | *τῶν* 3° ⌒ 4° 107 489 | *εκσυντραφεντων* 554; *συντραφεντων* 52, cf Ios VIII 216 | *μετ᾿ αὐτοῦ* ⌒ $_{(10)}$ *μετ᾿ αὐτοῦ* 71 | *τῶν* ult – fin om Arm^{II}: homoiot | *εστωτων L* Compl: cf praef p 105 | *ἐναντίον*] *ενωπιον* 489

9 *βουλεύεσθε*] *βουλεσθε* (*-σθαι* A 158) B´ A 56* 64-381-731 158 379 La^{109}: cf $_{6}$; *loquimini* Arm^{II} | *ἀποκριθήσομαι* – $_{(10)}$ *αὐτοῦ*] *απεκριναντο* 107 | *ἀποκριθήσομαι λόγον*] *τινα λογον αποκριθω L* Arm^{II}(sim) Compl: cf Vulg et Reg III 12$_{9}$ 𝔊 | *λόγον* post *τούτῳ* tr A La^{109} | *οἵ* – fin om 381 | *λέγοντες*] *λεγον* 56

10 *ἐλάλησαν*] *-σεν* 93 Lag. Fern. | *συνεκτραφεντα L* Compl: cf $_{8}$ | *αὐτοῦ*] *αυτον* 321-346 | *Οὕτως*] pr *λεγοντες* (*-ντα L* 68´ Compl) *L a*$^{-71\ 107}$ La^{109} Ald Compl Sixt = 𝔐 et Reg III 12$_{10}$ 𝔐 𝔊; pr *και ειπαν αυτω* 71 Aeth

σου ἐβάρυνεν τὸν ζυγὸν ἡμῶν καὶ σὺ ἄφες ἀφ' ἡμῶν, οὕτως ἐρεῖς Ὁ
μικρός δάκτυλός μου παχύτερος τῆς ὀσφύος τοῦ πατρός μου· [11]καὶ 11
νῦν ὁ πατήρ μου ἐπαίδευσεν ὑμᾶς ζυγῷ βαρεῖ καὶ ἐγὼ προσθήσω
ἐπὶ τὸν ζυγὸν ὑμῶν, ὁ πατήρ μου ἐπαίδευσεν ὑμᾶς ἐν μάστιξιν καὶ
ἐγὼ παιδεύσω ὑμᾶς ἐν σκορπίοις. [12]καὶ ἦλθεν Ἰεροβοὰμ καὶ πᾶς 12
ὁ λαὸς πρὸς Ῥοβοὰμ τῇ ἡμέρᾳ τῇ τρίτῃ, ὡς ἐλάλησεν ὁ βασιλεὺς

B'' A V *L' a b* 60 119 158 527 La[109] Aeth Arm

(omnes) | *λαλήσεις*] *λαλεισης* 55; *-σης* 158; *-σει* 107*(non 44'-610) | *τῷ λαῷ*] *αυτοις* 107; + *τουτω L* Aeth(omnes) = 𝔐[1Ms] et Reg | *τῷ* 2° – *λέγων*] *λεγοντες σοι* 107; > 125; *πρὸς σὲ λέγων* om Arm[II] | *λέγων*] *και λεγοντι L* Compl; *λεγοντι a*[-71 107] Ald | *Ὁ* 1°] pr *οτι* 74 Arm[II] | *τὸν ζυγὸν ἡμῶν*] *τας καρδιας τον ζ. υμων* 731; *iugum suum* Arm[II]; om *ἡμῶν* 71 | *σύ*] + (pr 125) *νυν L* 125 Compl: cf 4 (עתה pro אתה) | *ἄφες ἀφ' ἡμῶν*] *κουφισον απο του ζυγου ημων L* Compl: ex מֵעָלֵנוּ pro מֵעָלֵינוּ 𝔐 = Pesch, cf 4; *αφες ημας* 71; *da remissionem nobis* La[109]; *alleva* Arm[II]: cf Vulg | *οὕτως*] *ουτω* 246: cf praef p 97; om 107 | *ἐρεῖς*] + *προς αυτους L* La[109] Arm[II] Compl = 𝔐 et Reg 𝔐 𝔊; + *αυτοις b*[2]; *responde eis et dic eis* Aeth | *μικροτερος* 64-381 127; *minor* La[109]; *βραχυτατον* Tht *Reg III* 156 Ios VIII 217 ↓ | *παχύτερος*] + *est* La[109]: cf Vulg et Reg 𝔊[L] | om *τοῦ πατρός* 127

11 *νῦν* om 236 | *μου* 1° om 127 | *ἐπαίδευσεν* 1° – *βαρεῖ*] *επεθηκεν* (sic 93 Lag. Fern.: cf Gen 44 13; *ενεθ.* 19' Compl) *υμιν* (*υμην* 108) *ζυγον βαρυν L*(108[txt]) Arm[II] sim(*posuit super vos iugum grave*) Compl = 𝔐, cf Vulg; *grababit vos in iugo grabi* La[109] | *ὑμᾶς* 1°] *ημας* 46(non 52): cf sq; ⌒ 2° V | *ζυγῷ*] pr *εν* 108[(mg)] *b'* 55 | *βαρυ* (*-ρη* 610 [c]) 107(610* vid)-246 158 | *καὶ ἐγώ* 1°] *καγω a* 127 Ald Sixt: cf Reg et praef p 97 | *ἐπὶ τὸν ζυγὸν ὑμῶν*] *επι τ. ζ. ημων* B 93* 46*(corr pr m; non 52)-489-728; *εφ υμας* 60: cf 𝔐(על עליכם 5 Mss); *super eos* Arm[II] | *ὑμᾶς* 2°] *ημας* 52 610 Compl | *ἐν* 1°] *ζυγω βαρυ και* 44; > 74 46 158: cf Reg 𝔊[ap] | *μάστιξι(ν)*] *μαστιγξιν* (*-γξι* 60) B* 71 60 Ra. = Reg 𝔊[B*], cf 14 et praef p 94 | *καὶ ἐγώ* 2°] *καγω a* 158 Ald Sixt: cf praec | *παιδεύσω*] *πεδασω* 108

12 v 12-14 om 106': homoiot | *ιεροβααμ* 55 | *καί* 2° – *Ῥοβοάμ* om 134-321-346 127 | *πᾶς ὁ λαός*] *omnes exercitus israelitarum* Arm[II]: cf Reg III 12 12 𝔊; + *μετ αυτου* 71 | *πρὸς Ῥοβοάμ*] *π. ιεροβοαμ* 489*; post *τρίτῃ* 1° tr La[109] |

---

10 *Ὁ* 2° – fin] *Τῶν Παραλειπομένων ἡ βίβλος σαφέστερον τοῦτο δεδήλωκεν· Ὁ βραχύτατος (γάρ) μου (φησί), δάκτυλος παχύτερος τῆς ὀσφύος τοῦ πατρός μού ἐστιν. Οὕτω δὲ καὶ ὁ Σύρος ἡρμήνευσε, καὶ ὁ Ἰώσηπος ὡσαύτως* Tht *Reg III* 156: cf 554 ad Reg III 12 10 (Br.-M. App. II)

13 *λέγων Ἐπιστρέψατε πρός με τῇ ἡμέρᾳ τῇ τρίτῃ. [13]καὶ ἀπεκρίθη*
ὁ βασιλεὺς σκληρά, καὶ ἐγκατέλιπεν ὁ βασιλεὺς Ῥοβοὰμ τὴν βου-
14 *λὴν τῶν πρεσβυτέρων [14]καὶ ἐλάλησεν πρὸς αὐτοὺς κατὰ τὴν βουλὴν*
τῶν νεωτέρων λέγων Ὁ πατήρ μου ἐβάρυνεν τὸν ζυγὸν ὑμῶν καὶ ἐγὼ
προσθήσω ἐπ᾽ αὐτόν, ὁ πατήρ μου ἐπαίδευσεν ὑμᾶς ἐν μάστιξιν καὶ ἐγὼ
15 *παιδεύσω ὑμᾶς ἐν σκορπίοις. [15]καὶ οὐκ ἤκουσεν ὁ βασιλεὺς τοῦ λαοῦ,*
ὅτι ἦν μεταστροφὴ παρὰ τοῦ θεοῦ λέγων Ἀνέστησεν κύριος τὸν λόγον
αὐτοῦ, ὃν ἐλάλησεν ἐν χειρὶ Ἀχιὰ τοῦ Σηλωνίτου περὶ Ἰεροβοὰμ υἱοῦ

B′′ A V *L′ a b* 60 119 158 527 La$^{109\,(Leg)}$ Aeth Arm

τῇ ἡμέρᾳ τῇ τρίτῃ 1°] *τη τριτη ημερα b^{I}*; pr *εν a*$^{(-106')}$ *b*$^{2-731}$ Ald = 𝔐 et Reg 𝔐 𝔊$^{-L}$; ⌒ 2° 93 71 731^{txt} = 𝔐^{1Ms} et Reg 𝔊^{247} | *ἐλάλησεν* post *βασιλεύς* tr 489 | *πρός με* om 381 60 | *τῇ ἡμέρᾳ τῇ τρίτῃ* 2°] bis scr 46*((|), non 52); pr *εν* 68′-120 Ald Sixt = 𝔐, cf Reg 𝔊^{ap} | *τῇ τρίτῃ* 2°] *τη γ′* 130-246-314-346-762; *ταυτη* 127; *τη τη* 19(sic)

13 *ἀπεκρίθη*] + *αυτοις L* La^{109} Aeth(omnes) Arm^{II} = 𝔐 (non Vulg) | om *ὁ βασιλεύς* 1° 93 Arm^{II} | om *καί* 2° 60(|) | *ἐγκατέλιπεν*] *-λειπεν* (*ενκ.* 93: cf praef p 92) A V 93 56 728 55* 60 158: cf Reg III 12$_{13}$ 𝔊^{ap}; *κατελιπεν* 119 527 | om *ὁ βασ. Ῥοβοάμ* V 71 Arm^{II} = 𝔐^{1Ms} Vulg et Reg 𝔐, cf 𝔊 | om *τὴν βουλήν* V*

14 init – *νεωτέρων* om 56 | *πρὸς αὐτούς*] *αυτοις* 74 127 = Reg III 12$_{14}$ 𝔊^{247}; > 68′-120 Arm^{II} Ald | *νεωτέρων*] + *qui nutriti erant cum eo* Arm^{II}: ex $_{8\,10}$ | *λέγων* om 68′ 158 Ald | *μου* 1°] *σου* 93 | *ὑμῶν*] *ημων* B* 93 98*(non 379)-728: cf $_{10}$ | *καὶ ἐγώ* 1°] *καγω* A *a*$^{(-106')}$ *b*^{2}: cf $_{11}$ et praef p 97 | *μου* 2°] + *εβαρυνε τον ζυγον υμων και* 246: ex praec; > 120 | *ἐπαίδευσεν ὑμᾶς*] *επ. ημας* 98* (non 379); bis scr 55 | *μάστιξι(ν)*] *μαστιγξιν* (*-γξι* 71) B* 71 Ra. = Reg 𝔊^{B*}, cf $_{11}$ | *καὶ ἐγώ* 2°] *καγω a*$^{(-106')}$ *b*^{2}: cf praec; *εγω δε* V *b*$^{I-46}$ 158; om *καί* A 46 60 119 527 Arm^{II}

15 *ἤκουσεν* – *λαοῦ*] *ηδει ο βασιλευς* (om *ο βασ.* 107) *ροβοαμ a*$^{-71}$ Ald; *audivit robʿam vocem populi* Aeth(omnes); *audibit regem populus* La^{109}; *τοῦ* om Tht^{ap} *Par II* 264 | *ἦν*] *η* 74 527 | *μεταστροφή*] *επιστροφη* 125; *subversio* La^{109}; *conversio* La^{Leg}: cf 22$_{7}$ | *παρά*] *απο L* Aeth$^{A'}$(vid) Tht Proc *Comm in Par II* 1209 | *τοῦ θεοῦ*] *domini* Aeth = Reg III 12$_{15}$; om *τοῦ* 93 | *λέγων Ἀνέστησεν*] *λογων αν.* V*; *ινα αναστηση* (*στηση* Tht^{ap}; *statueret* La) *L* La^{109} Arm^{II} Tht Compl = 𝔐, cf Reg; *et statuit* Aeth^{DF} Arm^{I} | *ανεστηκεν* 127 | *κύριος* post *αὐτοῦ* tr La^{109} | *ὃν ἐλάλησεν*] *α ελ. a*$^{-56'\,71\,74\,121\,554}$; > Tht^{1Ms}; + *τοις πατρασιν αυτον* 74 | *αχεια* B′; *χια* A*; *ασια* V | *Σηλωνίτου*] *-νειτου* B 93; *σιλ.* V 68-74-106′(non 610)-134-246 46(non 52)-*b*$^{2-98}$ 55 60 158 Tht^{te}: cf Reg 𝔊^{ap}; *συλ.* Compl; *σιδωνιτου* 71 | *ιεροβααμ* 55; *ροβοαμ* 610

Ναβὰτ [16]καὶ παντὸς Ἰσραήλ, ὅτι οὐκ ἤκουσεν ὁ βασιλεὺς αὐτῶν. καὶ 16
ἀπεκρίθη ὁ λαὸς πρὸς τὸν βασιλέα λέγων Τίς ἡμῖν μερὶς ἐν Δαυὶδ καὶ
κληρονομία ἐν υἱῷ Ἰεσσαί; εἰς τὰ σκηνώματά σου, Ισραήλ· νῦν βλέπε
τὸν οἶκόν σου, Δαυίδ. καὶ ἐπορεύθη πᾶς Ἰσραὴλ εἰς τὰ σκηνώματα
αὐτοῦ· [17]καὶ ἄνδρες Ἰσραὴλ καὶ οἱ κατοικοῦντες ἐν πόλεσιν Ἰούδα 17
ἐβασίλευσαν ἐφ' ἑαυτῶν τὸν Ἰεροβοάμ. [18]καὶ ἀπέστειλεν ὁ βασιλεὺς 18

B'' A V *L' a b* 60 119 158 527 La^{109} Aeth Arm

16 *καὶ παντὸς Ἰσραήλ*] *et propter omnem israel* Aeth: cf 15; *et omnium filiorum israel* Arm^{II}; *και πας ισραηλ ειδεν* (*et omnis israhel vidit* La) La^{109} Compl = 𝔐$^{-54\mathrm{Mss(non\ L)}}$ secundum Kennicott(וכל ישראל ראו) Targ, cf Pesch(וחזו כלה איסריל) = Reg III 12$_{16}$ 𝔐 𝔊 | *ὅτι – Δαυίδ* 1° om 44 | *ὅτι*] *et* Arm^{I} | *ὁ βασιλεὺς/αὐτῶν*] tr (*eos rex* La) *L* La^{109} Aeth Compl = Pesch et Reg 𝔊^{L} | *ὁ λαός*] pr *πας L* Aeth(omnes) Compl | *λεγοντες* 68' Ald: cf Reg 𝔊^{ap} | *Τίς*] *τι* 125 52 = Reg 𝔊^{107} | *ημων* B Sixt | *μερίς*] pr *η* Sixt | *Δαυίδ* 1°] *δαυειδ* B; *δαβιδ* Ald: cf 1$_{1}$ | *ιεσαι* 158 527 | *εἰς* 1° – *Ἰσραήλ* 2°] *fugate in tabernacula vestra israel* (om *in tab. vestra* AEGH) Aeth; om *σου, Ἰσραήλ* Arm^{II}; pr *ανηρ* 93 Arm^{II} (*vir unusquisque*) = 𝔐 et Reg II 20$_{1}$ 𝔐 𝔊; pr *αποτρεχε ανηρ* 19' Compl: cf Reg III 12$_{16}$ 𝔊^{L}(*αποτρεχετω εκαστος*) et Reg II 20$_{1}$ 𝔊^{L}(*εκαστος* (pr *πορευσομεθα* 19')); pr *αποτρεχε* A V 56'-71-121 *b*^{I}-98 60 119 158 527 La^{109} Aeth Arm^{I} Ald: cf Pesch Vulg et Reg III 12$_{16}$ 𝔊$^{-L}$ (Syh sub obelo) | *Ἰσραήλ* 2°] pr *νυν* 125; + *et* La^{109} Aeth Arm^{I} | *νῦν*] pr *tu* (post *βλέπε* add Arm^{I}, *Δαυίδ* sq post *νῦν* tr et *tu* add Arm^{II}) La^{109} Arm: cf Vulg(pro עתה אתה ?) et Reg III 12$_{16}$ 𝔊^{127}(*συ* pro *νυν*) | *βλέπε*] *pasce* La^{109} = Vulg et Reg III 12$_{16}$ 𝔊(*βόσκε*): רעה pro ראה | *σου* 2° om 19' 120* | *Δαυίδ* 2°] *δαυειδ* B: cf praec | *Ἰσραήλ* ult] pr *ο λαος* 60; pr *domus* Aeth^{DF} | *αὐτοῦ*] *αυτων* 64-381 Aeth(omnes)

17 *καί* 1° ⌒ 2°] 246 | *ἄνδρες – Ἰούδα*] > 125; *καί – Ἰούδα* om 71; *καί* om A V *L* 762 *b* 55 60 119 158 44 La^{109} Aeth(omnes) Arm Compl Ra. = 𝔐; + *και* B' 121 Aeth^{H} Sixt Ra. = 𝔐 Targ (non Pesch Vulg) et Reg III 12$_{17}$ 𝔊^{O}(om v 17 Reg 𝔊$^{-O\ L}$ (Syh sub asterisco)); + *και ιουδας L* Arm^{II} | *ἐβασίλευσαν* A V *a*$^{-134}$ *b*$^{-381c}$ 55 60 158^{c}(* inc) 527 La^{109}(*regem constituerunt*) Aeth^{-BH} Arm^{I} Ald Compl Sixt = Pesch^{te}(אמלכו; אמלך ^{ap}) = Reg 𝔊^{L}] *-σεν* rel Ra. = 𝔐 Targ Vulg et Reg 𝔊^{O}: cf TGP II | *ἐφ' ἑαυτῶν*] *εφ εαυτον* V* 731; *επ* (*εφ* 130-236-314-321-346-762 55: cf praef p 96) *αυτων* (*-τον* 106'(non 44)) B'' *a*$^{-56'\ 121}$ Ald Sixt Ra. = Reg 𝔊^{O}; *εφ εαυτοις* 158 = Reg 𝔊^{L}; *επ αυτους* (*επι εαυτους* Compl) *L* Compl | *τόν* om B' 158 Sixt Ra. | *Ἰεροβοάμ* B' V *a b*$^{-46\ 728}$ 158 527 La^{109} Ald = Pesch^{7a1}] *ροβοαμ* (+ *filium solomonis* Arm^{II}) rel Ra. = 𝔐 et Reg 𝔊$^{O\ L-82}$

18 init – *Ῥοβοάμ* 1° om 127: homoiot | *ἀπέστειλεν*] + *επ* (*προς* 74) *αυτους* B *L a* Ald Sixt = Pesch^{te} | *ὁ βασιλεὺς/Ῥοβοάμ* 1°] tr *L a*$^{-134\ 554\ (71\ 107)}$ Arm^{II}

Ῥοβοὰμ τὸν Ἀδωνιρὰμ τὸν ἐπὶ τοῦ φόρου, καὶ ἐλιθοβόλησαν αὐτὸν οἱ
υἱοὶ Ἰσραὴλ λίθοις καὶ ἀπέθανεν· καὶ ὁ βασιλεὺς Ῥοβοὰμ ἔσπευσεν
19 *τοῦ ἀναβῆναι εἰς τὸ ἅρμα τοῦ φυγεῖν εἰς Ἰερουσαλήμ.* 19*καὶ ἠθέτησεν*
Ἰσραὴλ ἐν τῷ οἴκῳ Δαυὶδ ἕως τῆς ἡμέρας ταύτης.
1 **11** 1*Καὶ ἦλθεν Ῥοβοὰμ εἰς Ἰερουσαλὴμ καὶ ἐξεκλησίασεν τὸν Ἰού-*
δαν καὶ Βενιαμίν, ἑκατὸν ὀγδοήκοντα χιλιάδας νεανίσκων ποιούντων
πόλεμον, καὶ ἐπολέμει πρὸς Ἰσραὴλ τοῦ ἐπιστρέψαι τὴν βασιλείαν
2 *ἑαυτῷ.* 2*καὶ ἐγένετο λόγος κυρίου πρὸς Σαμαίαν ἄνθρωπον τοῦ θεοῦ*

B′′ A V *L′ a b* 60 119 158 527 La^{109} Aeth Arm

Compl Sixt; om *ὁ βασιλεύς* B 71-107: cf Vulg^{ap} | *τόν* 1° om 71 44 | *Ἀδωνιράμ* = Pesch et Reg III 12$_{18}$ 𝔊, cf Reg I 4$_{6}$: אדנירם] *-νειραμ* B’ 93; *αδονηραμ* 19′ 46(non 52); *αδονιραμ* 74; *αδανιραμ* 68′-120 Ald; *-νιραν* 381; *αδονιραν* 246; *αδωραμ* (*-δορ-* 60 527 Compl) A V *b*^{2} 55 60 158 527 Aeth^{-G} Compl = 𝔐(הדרם) Targ Vulg(*aduram*) Compl et Reg III 12$_{18}$ 𝔐(אדרם), cf Ios VIII 220(*αδωραμον*); *οδωραμ* 119; *δοραμ* 71 | *ελιθοβολισαν* 120-130 728 158: cf praef p 107 | *αὐτόν* post *Ἰσραήλ* tr B = Reg 𝔐 | *οἱ υἱοὶ Ἰσραήλ/λίθοις*] om *οἱ* 19′ 119* 158 610 Compl; tr 119 527 | *λίθοις*] pr *εν L* 127 Aeth(omnes) = Reg 𝔊 | *καί* ult] + *ηκουσε(ν) a*$^{-71}$ Ald | *ὁ βασιλεύς* 2°] om *ὁ* 68′-321-346 119 527 Ald; post *ἔσπευσεν* tr 527; > 125 | *Ῥοβοάμ* 2°] *ἱεροβοαμ* B; *ρβοαμ* 158 | *ἔσπευσεν*] pr *και a*$^{-71}$ Arm^{IIap} Ald | *τοῦ* 2° om 71 125: cf Reg 𝔊 | *εἰς τὸ ἅρμα* om Aeth(omnes): cf Reg 𝔊$^{-O\ L}$ | *τοῦ* ult] *και a*$^{-71}$; pr *και* Arm^{I} Ald: cf Reg 𝔊^{ap} | *εἰς* 2° om 55 = 𝔐$^{-1Ms}$

19 om *Ἰσραήλ* 158* | om *ἐν* 44 | om *οἴκῳ* 158*(|) | *Δαυίδ*] *δαυειδ* B; *δαβιδ* 108* Ald: cf 1$_{1}$

11 1 *Καὶ ἦλθεν Ῥοβοάμ*] *ροβοαμ δε ως ηλθεν* 125 | *εἰς*] *εν b*$^{l-728}$ | *Ἰερουσαλήμ*] *ιηλ* 127 | *καὶ ἐξεκλησίασε(ν)* V 108 56′-68′ 46^{c}(non 52) 127 Ald: cf 5$_{2}$] *και* (+ *ουκ* 527; > 125) *εξεκκλησιασε(ν)* rel; *congrebabit in convocatione* La^{109}: cf Reg III 12$_{21}$ 𝔊 | *τὸν Ἰούδαν*] *τον ιουδα* 19 158; *τον οικον ιουδα a* La^{109} Ald Compl = 𝔐(את כל בית יהודה 1 Ms = Vulg et Reg 𝔐); *δαυιδ* 108*(corr pr m) | *Βενιαμίν*] *-μειν* B′′ A V 246 119; *-μην* 108; *βενια*^{μ} 71 | *χιλιαδες* B’(*χειλ.* B*) 60 = Reg 𝔊^{B}; *χιλια*^{δ} 381 158 | *νεανίσκων*] *νεανιων* 93 *b*^{2} = Reg III 𝔊; *virorum* La^{109}: cf 𝔐^{2Mss} Pesch Targ Vulg^{ap} | *καὶ ἐπολέμει*] *και επολεμησε* 246; *και εκπολεμει* V: cf 17$_{10}$; *et prelium* La^{109}; *του πολεμησαι* (*-σε* 108) *L* Aeth^{ADF} Compl = 𝔐 et Reg; *et venit comparare bellum* Arm^{II} | *πρός*] *μετα L* Compl = 𝔐 | *Ἰσραήλ*] *ιλημ* 107*-44; + *και προς* (> 107) *ιεροβοαμ a*$^{-71}$ Ald | *τοῦ ἐπιστρέψαι*] *και επ. L* Arm^{II} Compl; *ut converteret ad se* La^{109}: cf Vulg(*et converteret ad se*) | *τὴν βασιλείαν ἑαυτῷ*] *τ. β. εαυ*^{τ} 98; *τ. β. εαυτου* 108* 379: cf Vulg(*regnum suum*); *τ. β. αυτω* 19 74; *τ. β. αυτων* 106′; *τ. β. τω ροβοαμ* B’ Sixt Ra. = 𝔐 (non Vulg) et Reg; *regnum iheroboam* La^{109}

λέγων [3]Εἶπον πρὸς Ῥοβοὰμ τὸν τοῦ Σαλωμὼν καὶ πρὸς πάντα Ἰούδαν 3
καὶ Βενιαμὶν λέγων [4]Τάδε λέγει κύριος Οὐκ ἀναβήσεσθε καὶ οὐ πολε- 4
μήσετε πρὸς τοὺς ἀδελφοὺς ὑμῶν· ἀποστράφητε ἕκαστος εἰς τὸν οἶκον
αὐτοῦ, ὅτι παρ' ἐμοῦ ἐγένετο τὸ ῥῆμα τοῦτο. καὶ ὑπήκουσαν τοῦ λόγου
κυρίου καὶ ἀπεστράφησαν τοῦ μὴ πορευθῆναι ἐπὶ Ἰεροβοάμ.
[5]Καὶ κατῴκησεν Ῥοβοὰμ ἐν Ἰερουσαλὴμ καὶ ᾠκοδόμησεν πόλεις 5
τειχήρεις ἐν τῇ Ἰουδαίᾳ. [6]καὶ ᾠκοδόμησεν τὴν Βηθλέεμ καὶ τὴν 6

B$''$ A V *L′ a b* 60 119 158 527 La^{109} Aeth Arm

2 *σαμεαν* 19′ 46 98 158: cf Reg III 12$_{22}$; *σεμειαν* 71; *αμαιαν* 56′: post *σ*; *αμεαν* 527; *σαμεα* Compl | *τοῦ θεοῦ*] *domini* Aeth; om *τοῦ* 71

3 *ειπε L* Compl = Reg III 12$_{23}$ 𝔊^{L}: cf praef p 105 | *ϱβοαμ* 158 | *τὸν τοῦ Σαλωμών*] *βασιλεα ιουδα* 71; om *τόν* 158 610 | *Σαλωμών* B A V* 93 120-121-130-134-236-314-321-346-762^{mg*} 64-728 Sixt] *σολομων* 68′ 125 Arm Ald; *σολομωντος* Compl; *σαλομ.* rel; > 762^{txt}; + *βασιλεα* (*-εως* 246) *ιουδα* 93-108 *a*$^{-107}$ La^{109} Arm^{II} Compl = 𝔐 et Reg III 12$_{23}$ 𝔐 𝔊; + *λεγων* 19 | *καί* 1° – fin om 125 | *καί* 1° om 122* | *πρὸς πάντα Ἰούδαν*] *προς παντα* $\overline{ιηλ}$ 107; *π. π.* $\overline{ιηλ}$ *και ιουδαν* (*-δα* 71) 68′-71-74-106-120-130-134-321-346-554 Ald; *π. π.* $\overline{ιηλ}$ *τον μετα ιουδα* (*ad omnem israhel qui est in iuda* La; *ad omnes filios israel qui cum* (vel *in*) *iuda sunt* Arm) *L* La^{109} Arm^{II} = 𝔐; *πρός* om B Sixt | *ιουδα* A V* 56′-71 46(52 *ιου*^{δ})-379(98 *ιου*^{δ})-728 55′ 60: cf TGP II | *καὶ Βενιαμίν* om 19 | *βενιαμειν* B' A V 246 119; *βενιαμην* 108; *βαινιαμιν* 55; *βενηαμιν* 158 | *λέγων* om 71-107

4 *ου καταβησεσθε* 55 | *ἀναβήσεσθε*] *-σεσθαι* V* 158 44; *-σετε* 125; *-σεται* A | *καὶ οὐ*] *ουδε* A *a*$^{-71}$ Ald = Reg III 12$_{24}$ 𝔊 | *πολεμήσετε*] *-σεται* A V* 246 119 158; *-σητε* (*-μισητε* 125: cf praef p 107) 74-107 60: cf Reg 𝔊^{ap}; *-σεσθε* 68′-120 Ald Sixt | *μετα των αδελφων L* Compl = 𝔐 et Reg 𝔐 𝔊 | *ὑμῶν*] *ημων* 56* 46*(non 52); + *και* 321-346; + *sed* Arm^{II} | *ἀποστράφητε* (*-ται* 158) A V *b* 60 158 527] *-στρεφετε* B$''$ *L* Compl Sixt Ra.: cf TGP II; *-στρεφετε* vel *-στραφητε* La^{109}(*convertimini*) et Aeth(*redite et revertite*) = 𝔐 Pesch Targ; *αποστραφη* 119; *αποστρεφετω* (*-το* 56*) *a* Ald = Vulg et Reg 𝔊$^{B\ 501}$ | *αὐτοῦ*] *εαυτου* V *b*^{2} 60 La^{109} vid(*suam* = Vulg): cf Reg 𝔊; *τουτον* 46-728 | *ὑπήκουσαν*] *επηκουσαν* B$''$ *b*^{2} 158 Sixt Ra.; *επηκουσεν* 246; *ηκουσαν L* La^{109} vid(*audierunt*) Compl = Reg 𝔊 | *ἀπεστράφησαν*] *επ.* 60 | *μή* om *b*^{2} 55 158* | *ἐπί*] *εις* 74; *μετα* 93 | *Ἰεροβοάμ*] *ϱοβοαμ* 107*(non 44′-610) = 𝔐^{1Ms}; $\overline{ι}λ\overline{ημ}$ 71 Aeth$^{P′}$

5 *κατῴκησεν*] *-σαν* 158*; post *Ῥοβοάμ* tr 107 | *Ῥοβοάμ*] *ιεροβοαμ* 236*; + *rex iuda et beniamin* La^{109}; + *filius salomon rex* Aeth; > 125 | *ἐν* 1°] *εις* B V Sixt Ra.; *επι* A 71 527 | *Ἰερουσαλήμ*] $\overline{ιηλ}$ 52 | *ωκοδομη* 56 | *τῇ Ἰουδαίᾳ*] *γη ιουδα* 127: cf TGP II ; om *τῇ* 125

6 *καὶ ᾠκοδόμησεν*] > 381 125; om *ᾠκ.* 71-107 | *Βηθλέεμ*] *βιθ.* 56′-74-236; *βεθ.* 158; *βαιθ.* B^{c} 60 Ra.; *βαιθσεεμ* B* A 381 119 Aeth$^{P′}$(sim); *βαιθσαιεμ* 64-728;

7 *Αἰτὰμ καὶ τὴν Θεκῶε* ^{7}*καὶ τὴν Βαιθσουρὰ καὶ τὴν Σοκχὼθ καὶ*
8/9 *τὴν Ὀδολλὰμ* ^{8}*καὶ τὴν Γὲθ καὶ τὴν Μαρισὰν καὶ τὴν Ζὶφ* ^{9}*καὶ*
10 *τὴν Ἀδωράιμ καὶ Λαχεὶς καὶ τὴν Ἀζηκὰ* ^{10}*καὶ τὴν Σαραὰ καὶ τὴν*
Αἰαλὼν καὶ τὴν Χεβρών, ἥ ἐστιν τοῦ Ἰούδα καὶ Βενιαμίν, πόλεις τειχή-

B′′ A V *L′ a b* 60 119 158 527 La^{109} Aeth Arm

βεθσεεμ V 46 55 527 Arm^{I}; *βεεθσεεμ* 127; *βεησεεμ* (*βεισ.* 98) *b*^{2}; *bethlem* La^{109}: cf Vulg^{ap} (hab *βηθλεεμ* Ios VIII 246) | *καὶ τήν* 1°] om *καί* 125; om *τήν* B’ Sixt | *Αἰτάμ*] *εταμ* 121 Aeth$^{P′}$ Arm^{II} Compl; *ηταμε* Ios; *αιταν* B^{c} Ald Sixt: cf Vulg^{ap}; *αιτανι* A V *b*$^{2-98}$ 60 119 158 Aeth$^{-P′}$(sim); *εтανι* 98 527 Arm^{I}; *αιτανιν* 64-381; *ετανηv* 46; *αιτανιαν* 728; *τανι* 55; *απαν* B*-127: cf praef p 76 | *καὶ τήν* 2°] > 125; om *καί* 107; om *τήν* B’ 71 Sixt | *Θεκῶε*] *θεκουε* 93 *a*$^{-71\ 74}$ La^{109}(*tecue*) Fern.: cf Vulg; *θαικους* 74 (hab *θεκωε* Ios)

7 *καὶ τήν* 1°] > 125; om *καί* 107; om *τήν* B’ 71 | Sixt *Βαιθσουρά*] *βεθ.* 71 46-98 55 158 527; *βεσσουρα* 127 La^{109}: cf praef p 75; *βαιθσουραν* (*βεθ.* 56′; *-σαυραν* 68′-120 Ald; *βετσουραν* 121) *a*$^{-71}$ Ald; *βεθσουρ* (*βαιθ.* 93) *L* Arm^{II} Compl = 𝔐; *βηθσουρ* Ios VIII 246; *bethaura* Arm^{Ite} | *καὶ τήν* 2°] > 125; om *καί* 71 44 | *Σοκχώθ*] *σωκχωθ* 74; *soccoth* La^{109}; *σοχωθ* Ald Sixt: cf Vulg^{ap}; *sōk̄oth* Arm^{II}; *σοκοχωθ* 106; *σοκχω* V *L b* 60 119 527 Arm^{I} Compl = 𝔐 Targ Vulg^{te}; *σωκχω* 158; *σοχω* 71 Ios(sic 1 Ms, *σωχω* rel) | *καὶ τήν* 3°] > 125; om *καί* 71 44; om *τήν* 60 | *Ὀδολλάμ*] *οδολαμ* B 71′ 46-64*-98 527 Arm^{I} Ios^{ap}: cf Vulg^{ap}; *οδωλαμ* 158; *εδολλαμ* 55; *adolam* Aeth Arm^{IIte}; *dollam* La^{109} (hab *οδολλαμ* Ios^{te})

8 *καὶ τήν* 1°] pr *και την χεμ* 98; > 125; om *καί* 71-107 Arm^{II} | *Γέθ*] *γαιθ* 108 Compl; *ειπαν* Ios VIII 246 | *καὶ τήν* 2°] > 71 125 = 𝔐^{2Mss}; om *καί* 107 | *Μαρισάν*] *μαρεισαν* B′; *μαρισσαν* 98 Ios^{ap}; *μαρησαν* Ios^{ap}; *μαρισαθ* *a*$^{-71\ 68′}$; *μαρισαρ* 68′ Ald; *μαρησα* 93 Arm^{IIte} = 𝔐 Vulg Targ: cf 14_{9}; *μαρισα* 19′ 71 381 La^{109} Arm^{IIap}; *μαρισσα* Compl; *marson* Aeth^{-P}(*gorson* P) (hab *μαριαν* Ios^{te}) | *καὶ τήν* 3°] > 71 125; om *καί* 107 | *Ζίφ*] *ζειφ* A V 71 *b*$^{I-46}$; *ζηφ* 93 46(non 52)-489; *ζειβ* B′′; *ζειμ* 158; *σειφ* 60; *ζιφα* Ios^{te}; *ζηφα* Ios^{ap} Aeth^{A}; *zofa* Aeth^{P}; *giph* La^{109} = Vulg^{1Ms}

9 *καὶ τήν* 1°] > 71 125; om *καί* 107 Arm^{II} | *Ἀδωράιμ*] *αδωραειμ* 381 119; *αδοραειμ* 527; *αδωρεμ* 98-489; *αδωραμ* *L* Compl: cf 𝔐^{7Mss}(אדורם) = Targ(אֲדוֹרָם); *αδωραι* B’ Sixt; *αδουραιμ* (*-ραειμ* 56′; *-ρεμ* 122*; *αδουλαιμ* 106*) *a*$^{-71}$: cf Vulg^{ap}; *αδουραμ* 71 Arm^{II} = Vulg^{te} (hab *αδωραιμ* Ios VIII 246 La^{109}(*adoraym*) = 𝔐$^{-7Mss}$) | *Λαχείς*] *λαχις* 121 46(non 52)-728 527 Sixt Ra.: cf 25_{27} 32_{9} et TGP II; *λαχης* 74-246; *λαχειε* V: cf praef p 75; pr *την* *L a*$^{-71}$ 64-381 Ald Compl Ra. = 𝔐 | *καὶ τήν* 2°] > 71 125; om *καί* 107; om *τήν* 68′-120(|) Ald | *Ἀζηκά*] *-κακ* 74: ante *κ*; *αζικα* 121 46-98 527; *αζυκα* 106; *αζικ* (*ἄζικ̄* 108) 19′ (hab *αζηκα* Ios)

10 *καὶ τήν* 1°] > 71 125; om *καί* 107 Arm^{II} | *Σαραά*] *σααρα* 93; *σαραδ* 158: cf praef p 75; *sarada* La^{109}; *αραα* 60; *σαλαα* (*σαλλαα* 74) *a*$^{-71}$ Ald; *σαραμ* Ios VIII 246 | *καὶ τήν* 2°] > 71 125; om *καί* 107; ⌒ *καὶ τήν* 3° 55(|) | *Αἰαλών* (*-λον*

ρεις. [11]*καὶ ὠχύρωσεν αὐτὰς τείχεσιν καὶ ἔδωκεν ἐν αὐταῖς ἡγου-* 11
μένους καὶ παραθέσεις βρωμάτων, ἔλαιον καὶ οἶνον, [12]*κατὰ πόλιν* 12
θυρεοὺς καὶ δόρατα, καὶ κατίσχυσεν αὐτὰς εἰς πλῆθος σφόδρα· καὶ
ἦσαν αὐτῷ Ἰούδας καὶ Βενιαμίν.

[13]*Καὶ οἱ ἱερεῖς καὶ οἱ Λευῖται, οἳ ἦσαν ἐν παντὶ Ἰσραήλ, συνήχθησαν* 13
πρὸς αὐτὸν ἐκ πάντων τῶν ὁρίων· [14]*ὅτι ἐγκατέλιπον οἱ Λευῖται τὰ* 14

B'' A V *L' a b* 60 119 158 527 La^{109} Aeth Arm

46(non 52); *ealon* Arm) A V *L* 71 b^{I-381} 158 Arm^{I} = 𝔐] *αιλων* 52 60 119 527 Aeth^{DEFGH}(*'ijalon* P'A) = Vulg^{te}; *ααλων* 127 Arm^{II}; *αλδων* B: cf praef p 75; *αιαλωμ* (*εαλ.* 98) 381-b^{2} Compl: cf Reg III 4$_{9}$; *ελλωμ* 74; *αιλωμ* (*ελωμ* 246 La^{109}) $a^{-71\ 74(44)}$ La^{109} Ald Sixt: cf 28$_{18}$; *αιλωθ* 44 | *Χεβρών*] *χευρων* 71': cf praef p 95 | *ἥ* – *Ἰούδα*] *τας* (*την* Compl) *εν τη ιουδαια* *L* Compl: cf 𝔐; *quae erant in iuda* La^{109} = Vulg; (*ταυτας μεν*) *εν τη ιουδαια* Ios VIII 247te | *τοῦ*] *τω* $a^{-71\ 74}$ Ald | *Βενιαμίν*] *-μειν* B' A V 246 119; *-μην* 108; pr *τω* 68'-120 Ald | *πόλεις* – (11) *τείχεσιν*] *civitates munitae firmatae* Arm^{II} | om *τειχήρεις* 125

11 *καί* 1° ∩ 2° 381 | *αὐτάς* – *ἔδωκεν* om 60 | *αὐτάς*] *αυτης* 610; *omnes* Aeth | *τείχεσιν*] *τειχηρεις* B'' Sixt: cf 10 et 𝔐; > 71 | *ἔδωκεν*] *δεδ.* et ante *ἡγουμένους* tr 71 | *ἐν αὐταῖς*] *εν αυτοις* B' 71; *αυτους* 489; *αυτας* 246* 728-731; *εαυταις* 19'; *αυταις* A 56'(246^{c})-68'-120-121 $b^{(-489\ 728\ 731)}$ 119 158 44-610; > Aeth | *καί* 3° om V | *ἔλαιον καὶ οἶνον*] *και οινον* (*οινων* 19) *και ελαιον* (*-ου* 19) 19' Aeth^{A}(solus) Ios VIII 247 Compl Lag.; pr *και* 93 321-346 44 Aeth(omnes) = 𝔐

12 *κατὰ πόλιν*] *κατα πολεις* (*πο^{λ}* 610) 44 La^{109} Arm^{I}; pr *et* Aeth^{P} = 𝔐; + *και κατα* (> Compl) *πολιν* (*secundum civitates civitates* Arm) B' Arm^{II} Compl Sixt Ra. = 𝔐; > 71 | *θυρεούς*] pr *και* a^{-71} Ald | *καί* 1° om 71 | *δόρατα*] *δοματα* V*; *βρωματα* 71: ex 11 | *αὐτάς*] *αυταις* 158; *αυτους* b^{2}; *αυτα* 19' | *εἰς πλῆθος*] *εις πληθη* 610; > 246 | *ἦσαν αὐτῷ*] *μετα ταυτα* V^{c}(*νεαν αυτα**(vid)); + *deinceps* Arm^{II} | *αὐτῷ Ἰούδας* *L* 56'-121 Arm^{I} Cyr *in XII Proph* 286a Compl] *τω ιουδα* $a^{-56'\ 71\ 121}$ Ald; *αυτω ιουδα* rel: cf TGP II | *βενιαμειν* B' A V 246 119; *βενιαμην* 19'; *βαινιαμιν* 158; *βενιαμειμ* 55

13 v 13–17 om 381 | *Καὶ οἱ*] > 107; om *οἱ* 246 52; om *καί* Cyr *in XII Proph* 286a^{ap} | *ἱερεῖς* et *Λευῖται* tr B'' La^{109} Cyr Lucif *Ath* 36 | *οἱ* 2° om 107 52* | *λεβιται* 108: cf praef p 95 | *οἵ*] *ο* 55; *και* 52 | *ἦσαν*] *sunt* La^{109} (hab *erant* Lucif = Vulg) | *ησραηλ* 108* | *συνήχθησαν*] pr *και* 60 | *πρὸς αὐτόν*] *επ αυτον* Cyr; > Lucif | *ἐκ* – fin] *ex omnibus finibus suis* (*suis* om Lucif) La^{109} = 𝔐(מכל־גבולם) Targ, cf Vulg(*de cunctis sedibus suis* (*suis* om 1 Ms))

14 *ὅτι* 1°] *ο* 158; *et* Aeth^{-A} | *εγκατελειπον* (*ενκ.* V*; *ενγκ.* 93: cf praef p 92) A V 93 728 55 60 158 Cyr *in XII Proph* 286a^{te}; *κατελιπον* 527 Ios VIII 248(*καταλιποντες*) | *τά* – *κατασχέσεως*] *tabernacula sua et possessiones* Lucif *Ath* 36

σκηνώματα τῆς κατασχέσεως αὐτῶν καὶ ἐπορεύθησαν πρὸς Ἰούδαν
εἰς Ἰερουσαλήμ, ὅτι ἐξέβαλεν αὐτοὺς Ἰεροβοὰμ καὶ οἱ υἱοὶ αὐτοῦ μὴ
15 λειτουργεῖν κυρίῳ [15]καὶ κατέστησεν ἑαυτῷ ἱερεῖς τῶν ὑψηλῶν καὶ
τοῖς εἰδώλοις καὶ τοῖς ματαίοις καὶ τοῖς μόσχοις, ἃ ἐποίησεν Ἰερο-
16 βοάμ, [16]καὶ ἐξέβαλεν αὐτοὺς ἀπὸ φυλῶν Ἰσραήλ, οἳ ἔδωκαν καρδίαν
αὐτῶν τοῦ ζητῆσαι κύριον θεὸν Ἰσραήλ, καὶ ἦλθον εἰς Ἰερουσαλὴμ θῦ-
17 σαι κυρίῳ θεῷ τῶν πατέρων αὐτῶν [17]καὶ κατίσχυσαν τὴν βασιλείαν

B'' A V *L' a b* 60 119 158 527 La^{109} Aeth Arm

= 𝔐(hab *tavernacula possessionis* La^{109}) | *σκηνώματα*] + *αυτων L* 127 Arm^{II} Compl = 𝔐 | *τῆς κατασχέσεως*] *τ. κατασκηνωσεως* 52; *et custodias* Aeth^{P}: cf 𝔐; pr *τα L* 125 | *καί* 1° – *Ἰερουσαλήμ* om 107 | *Ἰούδαν*] *ιουδα* B' 56' Sixt: cf TGP II; *roboam* La^{109} Lucif (hab *ιουδαν* Cyr) | *εἰς*] *εν* (*in* La) 19 71 489 119 527 La^{109} Cyr^{ap} | *ἐξέβαλεν*] *-βαλλεν* B* 46; *-βαλον* 71 (hab *εξεβαλεν* Cyr Tht *Par II* 265) | *Ἰεροβοάμ*] *-βααμ* 55; *-βοαν* 246 | *καὶ οἱ υἱοὶ αὐτοῦ*] *και οι εαυτου* 158; > 107; om *οἱ* 93* 56-71 Cyr^{ap} Tht *Par II* 265^{ap} | *μή*] pr *του* A 71-107-121 *b*$^{I(-381)}$ 55 60 119 527 Cyr Tht^{te} Ald Ra.; > 158 | *κυρίῳ*] pr *τω* A 98 158 Cyr^{te} Tht

15 *καί* 1° om 321-346(|) | *κατεστησαν* 106-107^{c}(non 610) Aeth$^{E*(vid)H}$ | *ἑαυτῷ*] *αυτω* B *b*$^{-489(381)}$ Cyr *in XII Proph* 286a^{ap} Tht^{te} *Par II* 265; *ibi* Lucif *Ath* 36(*sibi* coni Hartel) | *καί* 2° – *ματαίοις*] > Aeth^{P}: cf 𝔐(ולשׂעירים: om *καὶ τοῖς εἰδώλοις*, cf Lev 17 7) | om *καί* 2° 107 | *καὶ τοῖς ματαίοις*] *et daemoniis* La^{109} Lucif *Ath* 36; om *καί* 246(|) | *τοῖς μόσχοις*] *ταις* (*τοις* Compl) *δαμαλεσιν L* Tht Compl: cf Reg III 12 32 et Ios VIII 248 | *ἅ*] *αις L* Tht; *ας* Compl; *οις* 125; *ους* 98; > 64 | *Ἰεροβοάμ* – (16) *Ἰσραήλ* 2° om 125 | *ιεροβααμ* 55; *ροβοαμ* 93

16 init – *Ἰσραήλ* 2° om 107(125 cf 15) | *καὶ ἐξέβαλεν αὐτούς*] *απηλθον* (*γαρ φησιν*) *οπισω αυτων* Tht *Par II* 265: cf 𝔐(ואחריהם): cf sq | *εξεβαλον* (*-λων* 158) 127 158 | *αὐτούς*] *τους λευιτας L* Arm^{II} Compl | *ἀπὸ φυλῶν Ἰσραήλ*] *απο πασων φ. ι.* Tht = 𝔐; *de tribubus filiorum israel* Arm^{II}; pr *a filiis israhel et* La^{109} Lucif *Ath* 36; + *και οπισω αυτων απο πασων φυλων ιηλ* 93 Arm^{II} Lag. Fern.: cf praec | *ἀπό*] *εκ* Tht^{ap}; + *προσωπου* 60 | *καρδίαν*] *-διας* 19' Arm (vid) Compl Lag.; pr *την a*$^{-71(107)}$ Ald | *αὐτῶν* 1°] *αυτον* 56; *εαυτων* A V *b*$^{(-381)}$ 60 158 | *τοῦ* om *L a*$^{-71(107)}$ 55' Tht Ald Compl | *κύριον*] pr *τον* A *a*$^{-71(107)}$ 46-64-98-728 55 158 Tht^{2Mss} Ald | *θεόν*] pr *τον L* 243-489 127 Cyr *in XII Proph* 286a Tht^{te} Compl | *εἰς Ἰερουσαλήμ* om 158 | *κυρίῳ*] pr *τω* 119 527 Tht^{1Ms} | *θεῷ* – fin] pr *τω* A V *L b*$^{(-381)}$ 55' 60 Tht^{-2Mss} Compl; > 71; om *θεῷ* Tht^{2Mss} | *αὐτῶν* 2°] *εαυτων* V

17 *κατίσχυσαν* – *Σαλωμών* 1°] *potens erat regnum eius* Aeth | *κατίσχυσαν … καὶ κατίσχυσεν Ῥ. ὁ τοῦ Σ.*] *confirmavit dominus … et confirmavit r. filium s.*

Ἰούδα καὶ κατίσχυσεν Ῥοβοὰμ ὁ τοῦ Σαλωμὼν εἰς ἔτη τρία, ὅτι ἐπο-
ρεύθη ἐν ταῖς ὁδοῖς Δαυὶδ καὶ Σαλωμὼν ἔτη τρία.
18 Καὶ ἔλαβεν ἑαυτῷ Ῥοβοὰμ γυναῖκα τὴν Μολὰθ θυγατέρα Ἰεριμοὺθ 18
υἱοῦ Δαυὶδ καὶ Ἀβιαιὰλ θυγατέρα Ἐλιὰβ τοῦ Ἰεσσαί, 19 καὶ ἔτεκον αὐ- 19
τῷ υἱοὺς τὸν Ἰεοὺς καὶ τὸν Σαμαρίαν καὶ τὸν Ζαάμ. 20 καὶ μετὰ ταῦτα 20

B'' A V *L' a b* 60 119 158 527 La^{109} Aeth Arm

Arm^{II}; *κατισχυσαν* (*confirmaberunt* La) … *και κατισχυσαν* (*confirmaberunt* La) *ρ. τον του* (*filium* La) *σ.* La^{109} Ra. = 𝔐: cf TGP II | *κατίσχυσαν*] *-σαι* Tht *Par II* 265; *-σεν* 158 | *τὴν βασιλείαν*] *τω βασιλει* 44 | *καί* 2° om 554 | *ὁ τοῦ Σαλωμών* om 71 | *ὁ τοῦ*] *υιος L* Compl; *τον του* (*filium* La) B'' La^{109} Sixt Ra.: cf praec | *Σαλωμών* 1° B A V* 120-121-130-134-236-314-321-346-762* 64-728 Sixt] *σολομων* 107 60 Arm; *σολομωντος* Compl; *σαλομ.* rel | *εἰς ἔτη τρία* om Arm^{II} | *εἰς*] *υιος* 246 | *ἔτη* 1°] *ετι* 19: cf sq | *ἐν ταῖς ὁδοῖς* B'' Sixt] *οδω L* Compl: cf 𝔐; *ταις* (*τοις* 107: cf praef p 99) *υδοις* rel | *Δαυίδ*] *δαυειδ* B; *δαβιδ* Ald: cf 1$_1$; pr *του* 379*: cf 2$_{12}$ | *καί* ult – fin om 71: homoiot | *Σαλωμών* 2° B A V* 93 120-121-130-134-236-314-321-346-762* 64-728 Sixt] *σολομων* 107 Arm; *σολομωντος* Compl; *σαλομ.* rel; + *του πατρος αυτου a*$^{(-71)}$ Aeth(omnes) Arm^{II} Ald | *ἔτη τρία* 2°] *εις ετη* (*ετι* 19) *τρια L* Compl: cf praec; > 68'-74-106'-120-130-134-321-346-554 *b*^{2} 158

18 *ἑαυτῷ*] *αυτω a*$^{-71\,(107)}$ Ald; > 107 = Vulg | *Ῥοβοάμ* om 379 | *γυναικας a b*^{2} | *Μολάθ*] *μωλαθ* 381 Arm^{I}; *μολλαθ* B Ra.; *μολχαθ* 127; *μαλαθ* 119 527; *μαελλεθ* 19' Compl Lag.: cf 𝔐; *μαελαεθ* 93 Fern.; *majeleth* Arm^{II}; *meleth* La^{109}; *μοολαθ* 56'-68'-71-74-107-120-121-236-762 Ald Sixt; *μοολα* 106^{c}-130-134-314-321-346-554 | *Ἰεριμούθ*] *ιερημουθ* 19; *iherimoth* La^{109}: cf 𝔐 Vulg^{ap}; *ιερρμουθ* 108*; *ιερεμουθ* 127; *ʾijarmuth* Aeth; *ιερμουθ b*$^{-489}$ 119 158 527: cf 𝔐^{ap}(ירמות 7 Mss); *ερμουθ* A V 55 | *Δαυίδ*] *δαυειδ* B; *δαβιδ* Ald: cf 1$_1$ | *καὶ Ἀβιαιὰλ θυγατέρα*] *του προς αυτου τω οικω* (*de domo* Arm) *L* Arm^{II} | *καί* 2° om B' Aeth$^{P'AE*GH}$ Ra. = 𝔐 | *Ἀβιαιάλ* A V *b*$^{-46}$ 55 119 158] *αβιαλ* (*αλιαβ* 52) 46 527 Aeth^{A}; *αβιαιλαμ* 60; *αβιαια* 71; *αβαιαν* B^{c}(vid)-127 Ra.; *βαιαν* B*; *ʾabja* Aeth^{P}; *abiam* La^{109}; *αβιχαιλ* Compl: cf 𝔐(אביהיל 13 Mss sec Kennicott, אביחיל rel); *αβιγαιαν* (*αμιγ.* 107-121: cf praef p 77; *-γαια* 246-321-346) *a*$^{-71}$ Ald Sixt; *abiag* Arm^{I} | *θυγατέρα* 2°] *-ραν* 246 44 127: cf praef p 99 | *Ἐλιάβ*] *ολιαβ* V; *ελιαν* B' | *τοῦ*] *υιου L* Compl | *Ἰεσσαί*] *ιεσαι* 158 527; *ιεολι* 728; *ιερεως* 46

19 *ἔτεκον* A V *b*^{I}(*ετ*[… 46, hab *-κον* 52) 60 119 158 527 Arm^{I}] *-κεν* rel Ra. = 𝔐 | *αὐτῷ – Ἰεούς*] > Aeth^{P}; om *τὸν Ἰεούς* A V | *Ἰεούς*] *ʾijoʾas* Aeth; *ισους* 71; *ιαουθ* B''; *ιαους* Ra.: cf Par I 7$_{10}$ | *καὶ τόν* 1°] > 125; om *καί* 71-107 | *Σαμαρίαν*] *σομορια* (*-ιαν* 107) *a* Sixt: cf Vulg(*somoriam* (hab *samaria* La^{109})); *σαμορια* Ald | *καὶ τόν* 2°] om *καί* 71 44; om *τόν* 60 | *Ζαάμ*] *ζοαμ* 44; *zom* Aeth^{G}: cf Vulg; *zoon* La^{109}; *ζαλαμ* A V *b* 55 60 119 527; *ζαλαν* 158; *zaluzalam* Aeth$^{-A'}$; *ζαβαα* 71; *ροολλαμ* B' Ra.

ἔλαβεν ἑαυτῷ τὴν Μααχὰ θυγατέρα Ἀβεσσαλώμ, καὶ ἔτεκεν αὐτῷ τὸν
21 *Ἀβιὰ καὶ τὸν Ἰεθθὶ καὶ τὸν Ζιζὰ καὶ τὸν Σαλημώθ.* 21*καὶ ἠγάπησεν*
Ροβοὰμ τὴν Μααχὰ θυγατέρα Ἀβεσσαλὼμ ὑπὲρ πάσας τὰς γυναῖκας
αὐτοῦ καὶ τὰς παλλακὰς αὐτοῦ, ὅτι γυναῖκας δέκα ὀκτὼ εἶχεν καὶ
παλλακὰς τριάκοντα· καὶ ἐγέννησεν υἱοὺς εἴκοσι ὀκτὼ καὶ θυγατέρας
22 *ἑξήκοντα.* 22*καὶ κατέστησεν εἰς ἄρχοντα Ῥοβοὰμ τὸν Ἀβιὰ τὸν τῆς*

B′′ A V *L′ a b* 60 119 158 527 La^{109} Aeth Arm

20 *καί* 1° om 381 La^{109} | *ἑαυτῷ*] *-των* 246; *αυτω a*$^{-56' \, 71 \, 121}$; post *Μααχά* tr *L* Compl; > Arm$^{I \, II te}$ = **𝔐**; + *ροβοαμ γυναικα* 107; + *uxorem* Aeth | *Μααχά*] *μαχα* 46; *maca* La^{109}; *μαχανην* (*machan* Lat) Ios VIII 249 | *θυγατέρα*] *-ραν* 246: cf praef p 99; pr *την L* Compl | *Ἀβεσσαλώμ*] *αβεσαλωμ* (*-λομ* 158) 74-120-121-134-246-321-346 46(non 52) 158 527 610 Aeth(sim) Arm(sim) Ios^{ap}(sim); *αψαλωμον* Ios^{te}: cf **𝔐** Vulg; *absalon de gabaon* La^{109}: cf 11$_{20}$ | *καί* 2° ⌒ 4° 527 | *καὶ ἔτεκεν*] pr *de gabaon* La^{109}; + *ουριηλ απο γαβαων* 127: cf 13$_{2}$ | *αὐτῷ*] + *υιους* 246; > 107 | *τὸν Ἀβιά*] *αβιαν* Ios; *abiam* La^{109}: cf $_{22}$ | *Ἀβιά* – *Ἰεθθί*] *αβιαθαρ* 55 | *καί* 3° et 4° om 71-107 | *τὸν Ἰεθθί*] *τον ιεθθει* B 93; *τον ιεθει* 127 Arm^{II}; *τον εθθι* 321 Arm^{I} Compl: cf **𝔐**; *τον ιετθι* Sixt; *ʾajathi* Aeth; *they* La^{109} | *Ζιζά*] *ζειζα* B; *ζηζα* 68′ Ald Sixt; *ζιζαν* 130-321-346; *ziaj* Arm^{II}; *ζηβα* 71 | *καί* ult om 44 | *Σαλημώθ*] *σαλιμωθ b*^{I}(hab *-λημ.* 52) 158; *σαλλημωθ* V; *salamoth* Aeth^{A}; *σαλωμιθ* (*-μειθ* 93; *-λομ* Compl) *L* Arm^{II} Compl: cf **𝔐**; *selumit* La^{109}; *salomon* Aeth^{-A}; *αλημωθ b*^{2}; *εμμωθ* B’ Ra.

21 *τὴν Μααχά*] *την μααχαν* B′ La^{109}(*macam*) Ra.: cf $_{20}$; *μαχανην* (*maachan* Lat) Ios VIII 249; *την μαχαα* (*μαχα* 52) 46-728; > 107; om *Μααχά* 93 125 | *Ἀβεσσαλώμ*] *αβεσαλωμ* 120-121-134-246-314-321-346 46(non 52) 158 610; *-λομ* 762* Aeth(sim) Arm(sim): cf $_{20}$ | *αὐτοῦ* 1°] ⌒ 2° 60; > 107 La^{109}: cf Vulg^{ap} | *αὐτοῦ* 2° om *L a*$^{-107}$ 55′ La^{109} Ald Compl = Vulg^{te} | *γυναῖκας* 2°] + *αυτου και* 158*(om *και* ^{c}) | *δέκα ὀκτώ*] *δεκοκτω* 44; *ιη′* 107-130-236-314-321-346-762 98 52 127 La^{109}(*XVIII*): cf Vulg; *οκτω και δεκα* 56-121 Arm Ios VIII 250: cf **𝔐**; *$\overline{ιη}$λ* 158 | *τριάκοντα* (*λ′* 127) B′′ La^{109}(*XXX*) Ios] *ζ′* 379; *εξηκοντα* (*ξ′* 107-130-236-246-314-321-346-554-762 46-98 158) rel = **𝔐** | *υἱούς* ante *καί* ult tr *L a*$^{-71 \, 246}$ (non 44′) = **𝔐** | *εἴκοσι ὀκτώ*] *κη′* 246 46-*b*$^{2-489}$ 127 158 125 La^{109}(*XXVIII*); *εικοσι και οκτω L* 68′-74-120-121-134 Arm^{I} Ald Compl Sixt = **𝔐** Vulg^{ap}; *κ′ και η′* 314-554-762 Arm$^{II ap}$; *XX et octo* Aeth; *κ′ και ιη′* 130-321-346; *decem et octo* Arm$^{II te}$; *οκτω και εικοσι* Ios | *ἑξήκοντα*] *ξ′* 246-314-762 46 158 La^{109}(*LX*); *ζ′* 127: cf praec; *ς′* 107(non 44)-130-236-321-346-554

22 *κατέστησεν*] *-σαν* 381*(corr pr m); post *Ῥοβοάμ* tr 246 | *εἰς ἄρχοντα*] *εις αρχοντα* (*principem* pro *εις α.* La) post *Μααχά* tr *L* La^{109} Arm^{II} Compl; om *εἰς* 46 | *Ῥοβοὰμ τόν*] > B Sixt; om *Ῥοβοάμ* 127; om *τόν* 125 | *Ἀβιά*] *αβι* 107; *αβιαν* Ios VIII 250; *abiam* La^{109} = Vulg | *τόν* 2°] *filium suum ex* La^{109};

Μααχὰ εἰς ἡγούμενον ἐν τοῖς ἀδελφοῖς αὐτοῦ, ὅτι βασιλεῦσαι διενοεῖτο
αὐτόν· ^{23}καὶ ηὐξήθη παρὰ πάντας τοὺς ἀδελφοὺς αὐτοῦ ἐν πᾶσιν τοῖς 23
ὁρίοις Ἰούδα καὶ Βενιαμὶν καὶ ἐν ταῖς πόλεσιν ταῖς ὀχυραῖς καὶ ἔδωκεν
ἐν αὐταῖς τροφὰς πλῆθος πολὺ καὶ ᾐτήσατο πλῆθος γυναικῶν.
12 ^{1}*Καὶ ἐγένετο ὡς ἡτοιμάσθη ἡ βασιλεία Ροβοὰμ καὶ ὡς κατ-* 1
εκρατήθη, ἐγκατέλιπεν τὰς ἐντολὰς κυρίου καὶ πᾶς Ἰσραὴλ μετ’
αὐτοῦ. ^{2}καὶ ἐγένετο ἐν τῷ πέμπτῳ ἔτει τῆς βασιλείας Ροβοὰμ ἀν- 2

B′′ A V *L′ a b* 60 119 158 527 La^{109} Aeth Arm

> 158 | *εἰς* 2° – *αὐτοῦ*] > 107; om *εἰς ἡγούμενον* La^{109}: cf praec | *εἰς* 2°] *και* 19′ Arm^{II} Compl; pr *και* 93 *a*$^{-236(107)}$ Aeth Ald | *ἐν* om 93 158 | *αὐτοῦ*] *εαυτου* V | *ὅτι*] *ο* 158* | *βασιλεῦσαι* – fin] *διενοειτο του βασιλευσαι αυτον* (*regem constituere eum cogitabat* La) *L* La^{109}(vid) Arm^{II}(vid) Compl: cf Vulg | *βασιλεῦσαι*] *ο βασιλευς* 246

23 *ηὐξήθη*] *ηυξηνθη* (*-ξυνθη* 71-107) 71-107-130-246-314 55; *altus et venustus et fortis erat* Aeth; *sapiens fuit* La^{109} = 𝔐; + *αβια και διεκοψε* (*proficiens erat* Arm) *L* Arm^{II} Compl↓: cf 𝔐(ויבן ויפרץ) et Vulg(*sapientior fuit et potentior*) | *ἀδελφούς a*$^{-71}$ *b*^{2} La^{109} Arm^{II} Ald] *υιους* rel Ra. = 𝔐, cf TGP II | *ἐν π. τοῖς ὁρίοις Ἰούδα*] *in omni iuda* La^{109} Aeth^{DF}; *in omnibus terris iuda* Aeth^{-DF}: cf 𝔐 (בכל ארצות יהודה); pr *και L* Aeth^{P}(solus) Fern.: cf 𝔐^{1Ms}(וכל pro לכל); *εν π. τοις υιοις ιουδα a*$^{-71}$ Ald | *Βενιαμίν*] *-μειν* B′′ A V 246 119; *-μην* 19′ 71 | *ἐν* 2° om 125 | *καί* 4°] pr *constituit eos* La^{109}; > *L* Arm Compl; ⌒ 5° 125 | *ἐν αὐταῖς*] *εν αυτοις* 19′ Compl Lag.; *αυτοις* 127; om *ἐν* B A 93 71 158 La^{109} Sixt Ra. = 𝔐 | *τροφαις* 321; *τροφης* 46 | *πλῆθος πολύ*] *πολλας εις πληθος* 98; pr *εις* Compl | *πλῆθος* 1° ⌒ 2° 55(|)

12 1 *Καὶ ἐγέν. ὡς*] *ως δε* 44 | *ητιμασθη* 68′-246 60 | *ἡ* – *κατεκρατήθη*] *ille ad regnum* Arm^{II}; om *καὶ ὡς κατεκρατήθη* 71; om *ἡ b*^{2}: post *η* | *ιεροβοαμ* 44 | om *ὡς* 2° 60 44′ La^{109}: cf Vulg | *εκραταιωθη* (*-τεοθη* 158) *L* 158 Compl; *κατεκρατησεν αυτην* 44 | *ἐγκατέλιπε(ν)*] *ενκ.* B’(B*); *εγκατελειπε(ν)* (*ενκ.* V* 93: cf praef p 92) A V 93 246 728 55 60 158; pr *και* 119 | *τὰς ἐντολάς*] *τον νομον* (*legem* La) *L*(93^{mg}) La^{109} Compl = 𝔐 | *Ἰσραήλ*] *ο λαος ο* 125

2 *ἐγένετο* om 71 44 | *ἐν τῷ πέμπτῳ ἔτει*] *εν τω ετει* (*ετη* 108) *τω πεμπτω L* 68-71 La^{109} Arm^{II} Ald Compl Sixt = 𝔐 et Reg III 14$_{25}$ 𝔐 𝔊; *τω ετει* (*ετη* 56′; > 762*) *τω πεμπτω* (*ε′* 56′-314-762) *a*$^{-68\,71}$(762 ^{c}) | *τῆς βασιλείας*] *regis* La^{109} = 𝔐 לַמֶּ֣לֶךְ (hab *regni* Vulg), cf Reg(*βασιλεύοντος*: ex לְמֹלְךְ pro לַמֶּ֣לֶךְ 𝔐) |

---

11 23 *ηὐξήθη* (+ *αβια και διεκοψε L* Arm^{II} Compl)] *ἐχύθη* 93: cf Par I 4$_{38}$ *ἐπληθύνθησαν*] *εχυθησαν L* pro פרצו

έβη Σουσακὶμ βασιλεὺς Αἰγύπτου ἐπὶ Ἰερουσαλήμ, ὅτι ἥμαρτον ἐν-
3 *αντίον κυρίου,* [3]*ἐν χιλίοις καὶ διακοσίοις ἅρμασιν καὶ ἑξήκοντα χι-*
λιάσιν ἵππων, καὶ οὐκ ἦν ἀριθμὸς τοῦ πλήθους τοῦ ἐλθόντος μετ'
4 *αὐτοῦ ἐξ Αἰγύπτου, Λίβυες, Τρωγλοδύται καὶ Αἰθίοπες.* [4]*καὶ κατε-*
κράτησαν τῶν πόλεων τῶν ὀχυρῶν, αἳ ἦσαν ἐν Ἰούδᾳ, καὶ ἦλθον εἰς
5 *Ἰερουσαλήμ.* [5]*καὶ Σαμαίας ὁ προφήτης ἦλθεν πρὸς Ῥοβοὰμ καὶ*
πρὸς τοὺς ἄρχοντας Ἰούδα τοὺς συναχθέντας εἰς Ἰερουσαλὴμ ἀπὸ

B'' A V *L' a b* 60 119 158 527 La$^{109 (Leg)}$ Aeth Arm

Ῥοβοάμ] *ιεροβοαμ* V 44; *αυτου* 71 | *Σουσακίμ* *a*$^{-56' 71 554}$ 46-64 La^{109}(*susacym*) Ald Sixt] *σουσακ* Compl: cf 𝔐(שושק 17 Mss; ששק 3 Mss; שישק rel); *-κειμ* rel Tht^{-2Mss} *Reg III* 166 | *Ἰερουσαλήμ* (sic B 108 130; *ιλ͞η͞μ* rel)] *ι͞σ͞λ* A: cf praef p 83; *ι͞η͞λ* 610*(corr pr m) | *ὅτι* – fin] *quoniam negaverunt dominum* La^{Leg}; > 107 = Reg | *ἥμαρτον*] *inique gessit* La^{109} | *ἐναντίον κυρίου*] *εναντι κ. L a*$^{-71 (107)}$ Compl; *in domino* La^{109}: cf 𝔐

3 *χιλίοις καὶ διακοσίοις*] *mille CC* La^{109}; *χιλιοις ω'* 107; *͵α ω'* 610; om *καί* 56' | *διακοσίοις*] *οκτακοσιοις* (*ω'* 107 610) *a*$^{-56' 71 121 314 762}$ 55 Ald; *ο σ'* (sic) 314 (hab *διακόσια* Ios VIII 254) | *αρματων* 127 | *χιλιάσιν*] *χιλιαδες* (*-δας* 19 125) 19 *a*$^{-71 56' 121 236 314 554 762}$ | *ιππεων* (*equitum* La) V *L* 74 55 158 La^{109} Arm^{II} (vid) Ios Compl = 𝔐, cf 1 16 et TGP II | *καί* 3° om 127 | *τοῦ πλήθους*] *populo* La^{109} = 𝔐, cf Vulg(*vulgo*); > Aeth | *τοῦ* 2° – *Αἰγύπτου*] > 71; om *ἐξ Αἰγύπτου* *b*^{2} | *Λίβυες*] *λιβηες* 610; *ληβυες* 158* | *Τρωγλοδύται*] *τρογλ.* 236 64 119 Ald; *τρογλωδ.* 93^{mg} 60; *τρωγλωδ.* 46(non 52) 610; *-διται* 71; *τρωγοδυται* (*trogodite* La) B La^{109} Sixt = Vulg^{te}; *σουχιειμ* 19'(108^{txt}) Arm^{II} Compl = 𝔐 Targ; *ουχιειμ* 93^{txt}: post *σ* | *καί* 4° om 68-71 Arm^{I} | *Αἰθίοπες*] *αιθυοπες* 56; *-παις* 158; *ezyopes* La^{109}: cf Vulg^{ap}; *χουσιειμ* *L*(93^{txt} 108^{txt}) Arm^{II} Compl = 𝔐 Targ ↓

4 *καί* 1° om 46 | *κατεκράτησαν*] *εκρατησαν* 71; *conpreendit* La^{109} = 𝔐, cf sq; *καταλαμβανει* Ios VIII 255; *ειλε* Tht *Reg III* 166 | *πόλεων τῶν ὀχυρῶν*] *οχυρων πολεων* 107; *π. τ. εχθρων* 106 | *αἵ* – *Ἰούδᾳ*] *iude* La^{109} | *αἵ*] *και* 127 | *Ἰούδᾳ* ⌒ (5) *Ἰούδα* 554 | *ἦλθον*] *-θαν* 60: cf praef p 105; *ηλθεν* B'' V *b*$^{2-489}$ 119 158 527 610 La^{109} Aeth$^{P'}$ Arm^{I} Ra. = 𝔐, cf TGP II; *επηλθε* Ios | *εἰς*] *εν* V 71 119 527 | *Ἰερουσαλήμ*] *-λειμ* 56; *ι͞η͞λ* 127*; ⌒ (5) *Ἰερουσαλήμ* 125

5 *σαμεας* 74 98 158 527 52 Cyr^{ap} *in XII Proph* 410a; *σεμειας* 71; *σαμμαιας* B: cf 7 15 | *ρβοαμ* 158 | *τούς* 2° – *Σουσακίμ* 1° om 71 | *τοὺς συναχθέντας*] *και συναχθεντες* 610 | *εἰς*] *εν* 74 60 | *Ἰερουσαλήμ*] *-λεμ* 108; > 68'-120 |

---

3 *Αἰθίοπες* (*χουσιειμ L*)] *Αἰθίοπες* (*-θειοπ.* cod) *ἢ* (*οι* *) *Λίβυες* 108^{mg}, cf Proc *Comm in Par II* 1212(*Σουχιείμ, καὶ Χουσιείμ· Τρωγλοδύται, καὶ Αἰθίοπες*)

προσώπου Σουσακὶμ καὶ εἶπεν αὐτοῖς Οὕτως εἶπεν κύριος Ὑμεῖς
ἐγκατελίπετέ με, κἀγὼ ἐγκαταλείψω ὑμᾶς ἐν χειρὶ Σουσακίμ. [6]*καὶ* 6
ᾐσχύνθησαν οἱ ἄρχοντες Ἰούδα καὶ ὁ βασιλεὺς καὶ εἶπαν Δίκαιος ὁ
κύριος. [7]*καὶ ἐν τῷ ἰδεῖν κύριον ὅτι ἐνετράπησαν, καὶ ἐγένετο λόγος* 7
κυρίου πρὸς Σαμαίαν λέγων Ἐνετράπησαν, οὐ καταφθερῶ αὐτούς· καὶ
δώσω αὐτοὺς ὡς μικρὸν εἰς σωτηρίαν, καὶ οὐ μὴ στάξῃ ὁ θυμός μου

B′′ A V *L′ a b* 60 119 158 527 La^{109} Aeth Arm

Σουσακίμ 1° *a*$^{-56′ 74 314 321* 346 554 (71)}$ 46-64 158 La^{109}(*susacym*) Ald Sixt] -*κιν* 74; *σακιμ* 314-321*-346; *σακειμ* 60; *σουσακ* Compl: cf 𝔐(שושק 1 Ms; שישק rel); -*κειμ* rel Cyr | *καί* 3° om 236 | *αὐτοῖς*] + *τοις υιοις ιουδα και τω ροβοαμ σαμαιας ο προφητης* 125; > 71 | *Οὕτως εἶπεν*] *ουτως λεγει* V; *ταδε λεγει* 107 La^{109}(*hec dicit*) = Vulg | *κύριος*] + *deus* Arm^{II} | *Ὑμεῖς* om *a*$^{-56′ 71 121 236 314 762}$ | *ἐγκατελίπετέ*] *ενκ.* B*: cf praef p 92; *εγκατελειπετε* (*ενκ.* V* 127) V 55′ 60; *εγκαταλιπετε* 246 Tht^{2Mss} *Par II* 265; *εγκατελιπατε* (-*λειπ.* A 728 158 Or^{ap}; *εγκαταλ.* Or^{te}) A 71-107-130-321*-346 *b*$^{I-64}$-98(sic 379; …]*πατε* 98) 119 158 527 Or *Cat Ps D* 200 Tht^{ap}; *εγκατελειψατε* (*ενκ.* 93; -*λιψ.* 19′) *L* Compl: cf praef p 92; *εγκατελιπε* 68-106 | *κἀγώ*] *και εγω L* 71 *b*^{I} Tht Ald Compl Sixt: cf praef p 97 | *ἐγκαταλείψω* (*ενκ.* B*-127 93: cf praef p 92)] *εγκατελιπον* (*dereliqui* La) 107 La^{109} Arm^{1ap} = 𝔐$^{-1Ms}$ Vulg^{te} (non Targ); *εγκαταλιπω* Cyr 410b^{te}; *εγκαταληψω* 56′: cf praef p 92 et 24$_{20}$; *καταλειψω* Tht^{2Mss} | *ἐν* – fin] > 107; om *ἐν* 74 | *χερσιν* 127 | *Σουσακίμ* 2° *a*$^{-56′ 71 554 (107)}$ 46-64 La^{109}(*susacym*) Tht^{2Mss} Ald Sixt] -*κιν* 74; *σουσακ* Compl: cf 𝔐(שושק 1 Ms; ששק 1 Ms; שישק rel); -*κειμ* rel Cyr

6 *καί* 1° om La^{109} | *ᾐσχύνθησαν*] *ενετραπησαν L* Arm^{II}: cf 7 | *οἱ* – *βασιλεύς*] *ο βασιλευς και οι αρχοντες* 71; > 107; om *καὶ ὁ βασ.* 68′-120 60 La^{109} | *Ἰούδα* A *a*$^{(-71 107)}$ *b*^{I} 119 527 Ald] *ισραηλ* rel Cyr *in XII Proph* 410b Ra. = 𝔐$^{-1Ms}$, cf 5 et TGP II | *ειπον L* 107 *b*$^{-64 489 728}$ Cyr Compl: cf praef p 105; *ειπεν* 246 = 𝔐^{1Ms} | *ὁ κύριος*] om *ὁ* V 74(|) *b*^{I} 60(|); + *deus* Arm^{II}

7 *κύριον*] pr *τον L* Compl; + *deum* Arm^{II} | om *καί* 2° *L* 71-107 La^{109} Arm Compl = 𝔐 | *σαμεαν* 98 52 527; *σεμειαν* 71; *σαμμαιαν* B: cf 5; *αμαιαν* V*: post σ | *οὐ* 1°] pr *και* 158 | *καταφθερῶ*] -*φθειρω* (-*φθηρω* 60) V 71 60; -*φερω* 246 | *αὐτούς* 2°] *αυτοις* 19′ La^{109} Compl (hab *αυτους* Tht *Par II* 265) = 𝔐 | *ὡς μικρόν*] *ωσει σμικρον* (*ωσει μικ.* 108*; *ως εις μικ.* (*σμικ.* Tht^{2Mss}) 93 Tht) *L* Tht Compl; *ως σμικρον* Proc *Comm in Par II* 1212: cf praef p 94 | *εἰς* om 158 | *σταξει* 158 125 La^{109}(*stillabit* = Vulg) Compl: cf praef p 110; *σταζει*

---

7 *ἐνετράπησαν*] *τὸ δὲ ἐνετράπησαν σ′ ἐγνωσιμάχησαν* 554 Proc *Comm in Par II* 1212(*καὶ ἐνετράπησαν ἄρχοντες· Σύμμαχος, ἐγνωσιμάχησαν*)

8 *ἐπὶ Ἰερουσαλήμ, ^{8}ὅτι ἔσονται εἰς παῖδας καὶ γνώσονται τὴν δουλείαν*
9 *μου καὶ τὴν δουλείαν τῆς βασιλείας τῆς γῆς. ^{9}καὶ ἀνέβη Σουσακὶμ*
βασιλεὺς Αἰγύπτου καὶ ἔλαβεν τοὺς θησαυροὺς τοὺς ἐν οἴκῳ κυρίου
καὶ τοὺς θησαυροὺς τοὺς ἐν οἴκῳ τοῦ βασιλέως, τὰ πάντα ἔλαβεν· καὶ
10 *ἔλαβεν τοὺς θυρεοὺς τοὺς χρυσοῦς, οὓς ἐποίησεν Σαλωμών, ^{10}καὶ*
ἐποίησεν Ῥοβοὰμ θυρεοὺς χαλκοῦς ἀντ᾽ αὐτῶν. καὶ κατέστησεν ἐπ᾽

B′′ A V *L′ a b* 60 119 158 527 La$^{109\,(Leg)}$ Aeth Arm

71 | *ἐπί*] *εν* (*in* La) B’ La^{109} Sixt Ra. | *Ἰερουσαλήμ*] *ιηλ* 158 Aeth^{EmgG}; + *εν χειρι σουσακειμ* (*susacym* La; *-κιν* Proc; *σουσακ* Compl) *L* 71 La^{109} Arm^{II}(pr *tradere eos* et add *regis*) Tht 266 Proc Compl = 𝔐

8 *ὅτι*] *ο* 243(|) | *ἔσονται*] + *αυτω L* La^{109} Arm^{II} vid(sed lib) Tht *Par II* 266 Compl = 𝔐; + *mihi* Arm^{I} | *παῖδας*] *δουλους* (*servos* La) *L* La^{109} Apoll *Cat Ps* (*ad Ps 43*$_{13a}$) I 25 Tht Compl: cf 6$_{14}$ | *δουλείαν* 1°] *-λιαν* A V* 246 158: cf praef p 85; *δουλευσιν* 74 | *δουλείαν* 2°] *-λιαν* A V* 158 | *τῆς βασιλείας*] > 127 La^{109}; om *τῆς* 125 | *τῆς γῆς*] *των γεων* (*terrarum* La) La^{109} Apoll = 𝔐$^{-1Ms}$

9 *καὶ ἀνέβη Σουσακίμ*] *ο δε* 125 | *Σουσακίμ a*$^{-56′\,68\,554}$ 46-64 La^{109}(*susacym*) Ald Sixt] *-κια* 68; *σουσακ* Compl: cf 𝔐(שישק; ששק 1 Ms) et Reg III 14$_{25}$(שושק 𝔐^{K}; שישק 𝔐^{Q}); *-κειμ* rel; post *βασιλεύς* tr 381 | *βασιλεύς*] pr *ο* 381 | *καὶ ἔλαβεν* 1°] *ελ. απο ιλημ* 125: cf praec; pr *επι* (*απο* 71; *εις* 107) *ιλημ L a* La^{109} Arm^{II} Ald Compl Sixt = 𝔐 et Reg III 14$_{26}$ 𝔐 𝔊 | *τοὺς ἐν οἴκῳ* 1°] *οικον* 134*(*του εν οικω* ^{c}) La^{109}(*domus*) Arm = 𝔐 et Reg 𝔐 𝔊; pr *omnes* Aeth: cf Reg 𝔊$^{-O}$; ⌒ 2° 56′(246‖)-106′ 55; + *του βασιλεως* 60: cf sq | *τοὺς θησαυρούς* 2° om 71 = 𝔐^{1Ms} Vulg | *τοὺς ἐν οἴκῳ* 2°] *του εν οικω* 134; *domus* La^{109} Arm$^{Ite\,II}$ = 𝔐 et Reg 𝔊 𝔐: cf praec | *τοῦ βασιλέως*] *κυ* 60; *regum* Arm^{II}; om *τοῦ* Compl | *τὰ πάντα ἔλαβεν*] *παντα* (*-τας* 381) *ελ. b^{I}*; > 107 La^{109} Aeth(omnes, sed cf praec) Arm^{II} = Reg 𝔊; pr *και* 314 Arm^{Ite} = Vulg et Reg 𝔐 | *καὶ ἔλαβεν* 2°] tr Arm^{I}; om *ἔλαβεν a*$^{-71}$ Ald = Reg 𝔊 | *τοὺς θυρεούς*] *scuta et clipea* La^{109}: cf Vulg(*clypeos* (*scuta* La^{109} et in 9$_{15}$ 11$_{12}$ 12$_{10}$)) | *Σαλωμών* B′ A V* 93 120-121-130-134-236-314-321-346-762* 64-728 Sixt] *σολομων* 19′ 71′ Arm Ios VIII 259 Compl; *σαλομ.* rel; pr (add Ios) *ο βασιλευς L* Arm^{II} Ios = 𝔐^{1Ms} Vulg^{1Ms}

10 *ἐποίησεν Ῥοβοάμ*] *εποιησαν* 127 | *Ῥοβοάμ – αὐτῶν*] *ροβοαμ* (post *βασιλευς* tr La = 𝔐) *ο* (> 93 Tht^{2Mss}) *βασιλευς* (om *ο βασ.* Aeth) *αντ αυτων* (*αυτου* 71 Aeth^{DE*FH}) *θυρεους χαλκους* (+ *et cassides* La) *L* 71 La^{109} Aeth^{-G} Tht *Reg III* 167 Compl = 𝔐; *αντ αυτων ο βασιλευς* (om *ο βασ.* 107) *ροβοαμ θυρεους χαλκους a*$^{-71}$; > Aeth^{G} | *Ῥοβοάμ*] pr *ο βασιλευς* Ald Sixt = 𝔐 et Reg III 14$_{27}$ 𝔐 𝔊 | *ἀντ᾽ αὐτῶν*] *αντι αυτων b^{2}*: cf praef p 97; > Arm^{II} | *καί* 2° – fin 108$^{txt\,et\,mg}$ | *κατέστησεν*] *commendabit* La^{109}: cf 𝔐(הפקיד); *adsignavit* La^{Leg} | *ἐπ᾽ – παρατρεχόντων*] *επι χειρας αρχοντων των* (> Tht^{1Ms}) *παρ. L*(108^{txt}) La^{109} Tht Compl = 𝔐 et Reg 𝔐, cf 𝔊; *in manibus cursorum* La^{Leg}; *in manus principum qui*

αὐτὸν Σουσακὶμ ἄρχοντας παρατρεχόντων τοὺς φυλάσσοντας τὸν πυ-
λῶνα τοῦ βασιλέως· ¹¹καὶ ἐγένετο ἐν τῷ εἰσελθεῖν τὸν βασιλέα εἰς 11
οἶκον κυρίου, εἰσεπορεύοντο οἱ φυλάσσοντες καὶ οἱ παρατρέχοντες
καὶ οἱ ἐπιστρέφοντες εἰς ἀπάντησιν τῶν παρατρεχόντων. ¹²καὶ ἐν 12
τῷ ἐντραπῆναι αὐτὸν ἀπεστράφη ἀπ᾽ αὐτοῦ ὀργὴ κυρίου καὶ οὐκ εἰς
καταφθορὰν εἰς τέλος· καὶ γὰρ ἐν τῷ Ἰούδᾳ ἦσαν λόγοι ἀγαθοί.

B′′ A V *L′ a b* 60 119 158 527 La$^{109\,(Leg)}$ Aeth Arm

dabant in manus eorum Arm^{II}: cf sq | *αὐτόν*] *αυτων* 71-236* 46 55* 60 158 Arm^{I}; *αυτους* 119; *αυτην* 127 | *Σουσακίμ a*$^{-56′\,71\,554}$ 46-64 Ald Sixt] *robʿam rex* Aeth$^{-P′}$; *-κειμ* rel; + *βασιλευς αιγυπτου a*$^{-71}$ Aeth$^{(-P′)}$ | *τοὺς φυλάσσοντας*] *των φυλασσοντων* (*et custodum* La) *L*(108^{txt}) La^{Leg} Tht Compl; *qui custodiebant* La^{109} Arm^{II} | *τὸν πυλῶνα*] *τας θυρας* (*portarum* La) *οικου* (pr *του* Tht$^{(-1Ms)}$; > Arm^{II} Tht^{1Ms} = 𝔐^{3Mss}) *L* La^{Leg} Arm^{II} Tht Compl: cf 𝔐 et Reg; *vasa domus* La^{109}

11 *ἐγένετο*] + *απο ικανου* (*post multum tempus* La Arm) *L* Arm^{II} Tht *Reg III* 167 Compl = 𝔐(מדי), cf 24$_{5}$; > 71 | *εἰσελθεῖν*] *εισπορευεσθαι L* Tht Compl: cf Reg III 14$_{28}$ | *εν οικω* 60 158 | *εἰσεπορεύοντο*] pr *qui* La^{109}; pr *et* Arm^{II}; + *et* Arm | *οἱ* 1° – fin] *οι παρατρεχοντες και οι φυλασσοντες* 71; om *καὶ οἱ παρατρέχοντες* 130-321-346; om *οἱ* 2° 134*; *και οι παρατρεχοντες* Compl; *adcurrentes et tollebant et reponebant in armamentarium adcurrentium* La^{109} = 𝔐; + *και* (> Tht) *ελαμβανον* (*λαμβανοντες* 93) *τους θυρεους* (*-ραιους* 93) *και αποκαθιστων* (*απεκ.* Tht^{ap}) *εις την ταξιν* (*παραταξιν* 19) *των παρατρεχοντων L′* 56′ Arm^{II}(sim et auct) Tht Compl: cf 𝔐 (dubl) | *οἱ* 2° om 134* | *οἱ ἐπιστρέφοντες*] *revertebantur* Arm^{I}: cf 𝔐 | *τῶν*] pr *και* 55

12 *τραπηναι* 55 | *αὐτόν*] *τον βασιλεα L* Arm^{II} Compl; om 527 | *ἀπεστράφη*] *αναστρεφει* 46 | *ἀπ᾽ αὐτοῦ*] *απο* 762; *απ αυτων* Aeth Cyr *in XII Proph* 410b^{ap} = Vulg | *ὀργή*] pr *η* A 107 Cyr | *καὶ οὐκ εἰς καταφθοράν*] *ut non exterminaret eos* La^{109}; *et disperderet eos* La^{Leg} | *εἰς καταφθοράν*] *εφθαρη* 125 Arm^{I}: cf Vulg(*deleti sunt*); *delevit* Arm^{II}; *interfecit eos* Aeth; pr *ην* 246 | *διαφθοραν L* Compl; *καταφοραν* 55: cf praef p 75 | *εἰς τέλος*] + *τοις πασιν* (*-σι* 108 Compl) 93-108; > 19 | *καί* 3° – fin om 125: homoiot | *καὶ γάρ*] *και γε L* Arm^{II}(vid) Compl: cf 𝔐(וגם) | *τῷ* 2° om B’ *a*$^{-71}$ Sixt Ra.: cf TGP II | *ἦσαν*] *reperti sunt* La^{Leg} (hab *erant* La^{109}): cf Vulg(*inventi sunt*) | *λόγοι ἀγαθοί*] *viri iusti* La^{Leg} (hab *sermones recti* La^{109}): cf Vulg(*opera bona*); + *και αρεστοι εν πασιν* A

13 ^{13}*Καὶ κατίσχυσεν Ῥοβοὰμ ἐν Ἰερουσαλὴμ καὶ ἐβασίλευσεν· καὶ*
τεσσαράκοντα καὶ ἑνὸς ἐτῶν Ῥοβοὰμ ἐν τῷ βασιλεῦσαι αὐτόν, καὶ
ἑπτακαίδεκα ἔτη ἐβασίλευσεν ἐν Ἰερουσαλὴμ ἐν τῇ πόλει, ᾗ ἐξελέξατο
κύριος ἐπονομάσαι τὸ ὄνομα αὐτοῦ ἐκεῖ ἐκ πασῶν φυλῶν υἱῶν Ἰσραήλ·
14 *καὶ ὄνομα τῆς μητρὸς αὐτοῦ Νοομμὰ ἡ Ἀμμανῖτις.* ^{14}*καὶ ἐποίησεν*
τὸ πονηρόν, ὅτι οὐ κατεύθυνεν τὴν καρδίαν αὐτοῦ ἐκζητῆσαι τὸν κύ-

B′′ A V *L′ a b* 60 119 158 527 La^{109} Aeth Arm

13 *Ῥοβοάμ* 1°] pr *ο βασιλευς L a*$^{-71}$ La^{109} Arm^{II} Ald Compl Sixt = 𝔐$^{-1Ms}$; ⌒ 2° 762(|) | *ἐν Ἰερουσαλήμ* 1°] *εις ι.* 127; *επι ι.* 52; *εν ιηλ* 158; > Aeth; ⌒ 2° 107 | *καὶ ἐβασίλευσεν*] > 93 Compl; + *εν ιερουσαλημ* (*ιλημ* 19) 19′ Arm^{II} | *καί* 3° – *ἐτῶν*] *ετος τεσσαρακοντα εν* 71 | *καί* 3°] *υιος L* Aeth$^{AE^{mg}H^{c}}$ Compl = 𝔐, cf Reg III 14$_{21}$ et 12$_{24a}$(deest 𝔐 𝔊^{O}); *quia filius fuit salomonis* La^{109}: cf Reg III 14$_{21}$; + *erat vir* Arm^{II}; > Arm^{I} | *τεσσαράκοντα καὶ ἑνός*] *τεσσ. και εβδομηκοντα και ενος b*$^{2-489}$; *XVI* La^{109}(*XLI* coni Weber) = Reg III 12$_{24a}$ 𝔊$^{-L}$(deest 𝔐 𝔊^{O}); om *καὶ ἑνός* 158 Aeth^{-DF} Arm^{II} = 𝔐^{1Ms} | *τεσσαράκοντα* (*μ′* 56′-130-236-314-321-346 52 127)] *τεσσερακοντα* B* A V 728; *σαρακοντα* 121 60: cf 9$_{30}$ | *ἐτῶν*] *ενιαυτων* 74-106-120-122-130-134-236-314-321-346-554 = Reg III 14$_{21}$ 𝔊$^{-L}$ (hab *ετων* Reg III 12$_{24a}$); *ετους L* Arm^{I} Compl: cf 𝔐; + *ην a*$^{-56′\ 71\ 121\ 762\ (107)}$ La^{109} Aeth(vid) Arm (Arm^{II} sim) = Targ Vulg, cf Reg III 12$_{24a}$(*ὤν*); > 68 Ald | *Ῥοβοάμ* 2° – *αὐτόν* om 71 | *Ῥοβοάμ* 2° om 381 Arm^{II} = Targ Vulg et Reg III 12$_{24a}$ 𝔊$^{-L}$, cf Reg III 14$_{21}$ 𝔊^{ap} | *βασιλεῦσαι*] *βασιλευειν* (*-ευην* 158) V *L b*^{1} 158 Compl = Reg III 14$_{21}$ 𝔊$^{-L}$ et Reg III 12$_{24a}$; *cum regnaret* La^{109} (hab *cum regnare coepisset* Vulg) | *καί* 5° om 56′ 158 Aeth | *ἔτη*] *ετι* 120*: cf 21$_{20}$ | *Ἰερουσαλήμ* 2°] pr *τη* 127 | *ἐν* 3° – *Ἰσραήλ* om 381 = Reg III 12$_{24a}$ | *ᾗ*] *ην* 46 Compl = Reg III 14$_{21}$ 𝔊^{te}; *και* 71 | *ἐπονομάσαι*] *ἐπονομάσι* 19′: pro *ἐπ᾽ ὀνόμασι* ?; *ut poneret* La^{109}: cf 𝔐(לשׂוּם) et Reg III 14$_{21}$(*θέσθαι*) | *τὸ ὄνομα* om *b*$^{2-489}$ | *ἐκ*] pr *και* 314 Aeth^{P} = Reg III 14$_{21}$ 𝔊^{A} | *ἐκεῖ* om V | *φυλῶν*] pr *των b*^{2}: cf Reg III 14$_{21}$ 𝔊^{ap}; > 68′-120 Ald | *υἱῶν*] pr *των L* Compl; > A V 121-246 *b*$^{(-381)}$ 55′ 60 119 158 527 La^{109} Aeth(omnes) Arm^{I} = 𝔐 et Reg III 14$_{21}$ | *καί* ult – fin om 125: homoiot | *ὄνομα* 2°] pr *το a*$^{-71}$ 64-381 Ald Sixt = Reg III 14$_{21}$ 𝔊$^{-A}$ | *τη μητρι L* Compl = Reg III 12$_{24a}$ 𝔊^{L} | *Νοομμά*] *νομμα* Ald; *νοομα* 71 98 527 Arm^{I}; *νοομας* Ios VIII 212; *νοομμαν* 127 158 Aeth^{B}; *οομμα* 46; *νοημα* (*νοιμα* 121 610) *a*$^{-71}$; *νααμα* La^{109} Aeth^{DEFH} Compl Lag. = 𝔐 et Reg III 14$_{21}$^{te}(sec Ra.); *νаανα L* Fern. = Reg III 12$_{21a}$$^{L\ Tht}$(*-ναν* ^{te}) | *ἡ Ἀμμανῖτις*] > 71; om *ἡ* 127; *amon*(*aci*) Arm^{I}: cf 𝔐 et Reg III 14$_{21}$^{ap} et Reg III 12$_{21a}$ | *Ἀμμανῖτις*] *-νειτις* B; *-νητις* 243; *-της* 56′-762* 44-610 55; *-νητης* 158; *αμανιτις* (*-της* V* 98(non 379) 127 527; *-νειτης* 93) V^{c} 19-93 98 127 527: cf Reg III 14$_{21}$^{ap}

14 *ἐποίησεν*] + *ροβοαμ L* Arm^{II} = Reg 14$_{22}$ 𝔊$^{-O}$(*O* cum aliis *ιουδας* (Syh sub ※) = 𝔐) | *ὅτι οὐ*] *et non* Aeth(omnes) = Pesch Vulg; + *και* 158 | *εαυτου* A V 60 | *τὸν κύριον* B′′ *b*^{I}] + *deum* Arm^{II}; om *τόν* rel

ϱιον. ^{15}καὶ οἱ λόγοι Ῥοβοὰμ οἱ πρῶτοι καὶ οἱ ἔσχατοι οὐκ ἰδοὺ γε- 15
γϱαμμένοι ἐν τοῖς λόγοις Σαμαία τοῦ πϱοφήτου καὶ Ἀδδὼ τοῦ ὁϱῶντος
καὶ αἱ πϱάξεις αὐτοῦ; καὶ ἐπολέμει Ῥοβοὰμ τὸν Ἰεϱοβοὰμ πάσας τὰς
ἡμέϱας. ^{16}καὶ ἀπέθανεν Ῥοβοὰμ καὶ ἐτάφη μετὰ τῶν πατέϱων αὐτοῦ 16
ἐν πόλει Δαυίδ, καὶ ἐβασίλευσεν Ἀβιὰ υἱὸς αὐτοῦ ἀντ' αὐτοῦ.
13 ^{1}*Ἐν τῷ ὀκτωκαιδεκάτῳ ἔτει τῆς βασιλείας Ἰεϱοβοὰμ ἐβασί-* 1
λευσεν Ἀβιὰ ἐπὶ Ἰούδαν· ^{2}τϱία ἔτη ἐβασίλευσεν ἐν Ἰεϱουσαλήμ, καὶ 2

B′′ A V *L′ a b* 60 119 158 527 La^{109} Aeth Arm

15 *καί* 1°] ⌒ $_{(16)}$ *καί* 1° 381; ⌒ *καί* ult 125 | *οἱ* 1° *L a* 127 Tht *Par II* 266 Ald Compl] > rel Ra.: cf 16_{11} 35_{26}; *reliqui* Prisc *Tract III* 50$^{\text{sup lin}}$ = Reg III 14_{29}; *omnes* Arm^{II} | *Ῥοβοάμ* 1°] *αυτου* 71 | *οἱ πϱ. καὶ οἱ ἔσχατοι*] > 71 44; om *οἱ* 1° Tht$^{\text{2Mss}}$; om *οἱ* 2° 68′-120 Ald Sixt(|) | *ἰδού*] + *εισι L a*$^{-71}$ Aeth(vid) Tht: cf 𝔐(הם) | *σαμεα* 98 52 527; *σαμαιου* (-*μεου* 19′ Tht^{ap}) *L′* 56′ 44 119 Tht Compl; *σαμμαια* B | *Ἀδδώ*] *αδω* B 46 527: cf 13_{22} Esdr II 5_{1}; *αδου* 127; *αβδω* 60 La^{109}; *ʾawdo* Aeth$^{\text{P}'}$; *ʾedu* Aeth$^{\text{A}'}$; *σαδδω* 158*; *σαδωκ* 56′-121-236-314-762 Tht$^{\text{1Ms}}$; *ιαδδωκ L* Arm^{II}(sim) Fern.(*αδδω* Lag.); *ιαδωκ* Tht^{te}; *ιωαδωκ* Tht$^{\text{1Ms}}$; *edom* Prisc | *τοῦ ὁϱῶντος*] pr *και* 314; + *του γενεαλογησαι L* Arm^{II}(sim) Tht Compl = 𝔐, cf Par I 4_{33} et Esdr II 2_{62} 𝔊^{L} | *καὶ αἱ πϱάξεις αὐτοῦ*] *et* (> Aeth$^{\text{ADE}^{\text{c}}\text{FG}}$) *omnes actus eius* La^{109} Aeth Pisc: cf Reg; om *καὶ αἱ* Tht$^{\text{1Ms}}$; om *αἱ* B′′ Sixt Ra.; > 71 44: homoiot | *ἐπολέμει*] -*μησε a*$^{-71}$ Ald; *bellum erat* Arm^{I}: cf 𝔐 (hab *pugnaverunt* Vulg) et Reg III 14_{30} 𝔐 𝔊 | *Ῥοβοάμ* 2°] et *Ἰεϱοβοάμ* 2° tr 60; > 71 125 | *τὸν Ἰεϱοβοάμ* om 106^{txt} | *τόν*] *τω* 119; *πϱος* A V *b*$^{I(-381)}$ 55 60 158 527; *μετα* (+ *του* 98) 106^{mg} *b*^{2} Arm; *καί* La^{109} Compl = 𝔐 | *ιεϱοβααμ* V 55 | *πάσας τὰς ἡμέϱας* om La^{109}

16 *ἀπέθανεν*] *εκοιμηθη* (*dormibit* La^{109} = Vulg) *L* La^{109} Aeth(omnes) Arm^{II} Compl = 𝔐 et Reg III 14_{31} 𝔐 𝔊 | *Ῥοβοάμ* om 71-107 | *καὶ ἐτάφη/μετὰ τῶν πατέϱων αὐτοῦ*] tr (*εν ταφη* pro *εταφη* 93) *L a*$^{-121\,(71)}$ La^{109} Arm^{II} Ald Compl Sixt = 𝔐 et Reg 𝔐 𝔊; + *και εταφη* B Ra.: cf TGP II; + *και εν ταφη* 127; + *και εταψαν αυτον* 158; om *μετὰ τῶν πατέϱων αὐτοῦ* 71 55 | *αὐτοῦ* 1°] *εαυτου* A | *Δαυίδ*] *δαυειδ* B; *δαβιδ* Ald: cf 1_{1}; *ιουδα* 125 | *αβιας* 19 | *υἱός* – fin] pr *ο* 246 46^{s}(non 52); om *ἀντ' αὐτοῦ b*$^{I-381}$

13 1 *Ἐν*] pr *εν τω καιϱω εκεινω* 158; + *δε* 44 = Reg III 15_{1} 𝔊^{44} | *τῷ ὀκτ./ἔτει*] tr La^{109} Arm^{II} = 𝔐(+ שׁנה 6 Mss) et Reg 𝔐; *τω οκτ. τω ετει* 55; om *ἔτει* 93 | *ὀκτωκαιδεκάτῳ*] *ιη′* 125; *ογδοω* (-*δωω* 158) *και δεκατω b* 60 158 Ald | *τ. βασιλείας* om La^{109} | *ιεϱοβααμ* V = Reg 𝔊$^{\text{V 55*}}$ | *ἐπί* – $_{(2)}$ *Ἰεϱουσαλήμ*] *super iudam et ierusalem annis tribus* (*et ierus.* post *annis tribus* tr ^{ap}) Arm^{I}; *super iudam in iherusalem annis III* La^{109} | *Ἰούδαν*] *ιουδα* 246 44-610 (*ιου*$^{\delta}$ 125); *ισϱαηλ* B’

ὄνομα τῇ μητρὶ αὐτοῦ Μααχὰ θυγάτηρ Οὐριὴλ ἀπὸ Γαβαών. καὶ πό-
3 λεμος ἦν ἀνὰ μέσον Ἀβιὰ καὶ ἀνὰ μέσον Ἰεροβοάμ. ^{3}καὶ παρετάξατο
Ἀβιὰ τὸν πόλεμον ἐν δυνάμει πολεμισταῖς δυνάμεως τετρακοσίαις χιλι-
άσιν ἀνδρῶν δυνατῶν, καὶ Ἰεροβοὰμ παρετάξατο πρὸς αὐτὸν πόλεμον
4 ἐν ὀκτακοσίαις χιλιάσιν δυνατῶν πολεμιστῶν δυνάμεως. ^{4}καὶ ἀνέστη
Ἀβιὰ ἀπὸ τοῦ ὄρους Σομορών, ὅ ἐστιν ἐν τῷ ὄρει Ἐφράιμ, καὶ εἶπεν

B′′ A V *L′ a b* 60 119 158 527 La^{109} Aeth Arm

2 *τρία* (*γ′* 107(non 44)-120-130-134-314-321-346 127) Hippol *Chron*^{H_1} 92,20 (*Barbarus*) AnGen 384 PsCypr *pasch* 258,14 Eus *Praep* 610,11 Eus *ChronI*$^{Arm\ 56,26\ Reg\ ser\ 144,17}$ Eus *ChronII*^{Lat} 73a,8(cf 320,30-38)] *εξ b* 60 119 158 527 Aeth^{DFG} Hippol *Chron*^{H_2} 93,20; *ζ′* Theoph An *Autol* 256; pr *και a*$^{-71\ 107}$ Arm^{II} Ald = Pesch et Reg 𝔊; post *ἔτη* tr B 107 Arm^{I} Ra.: cf TGP II | *ἐβασίλευσεν ἐν Ἰερουσαλήμ*] > 107; om *ἐν Ἰερ. a*$^{-71}$: cf Reg 𝔊 | *ἐν*] *επι b*^{I}(non 52) Ald: cf Reg 𝔊 | *τῇ μητρί*] *της* $\overline{μρς}$ 381 La^{109} = 𝔐 et Reg 𝔐 𝔊$^{-246\ 55}$ | *Μααχά*] *maccha* AnGen 384^{LG}; *μοοχα* 127; *μαλαχα* 74; *μαχαθα* 119; *μιχαια* (*micea* La) 93^{mg} 71 La^{109} = 𝔐 Targ Vulg^{te}, sed cf 11$_{20}$ et Reg 𝔐 𝔊 (מַעֲכָה) | *θυγάτηρ – Γαβαών*] > 71 125; om *ἀπὸ Γαβαών L*(93^{txt}) 762^{c} Arm Compl = Reg 𝔐 𝔊 | *Οὐριήλ*] *ρουριηλ* 314: post *ρ*; *οριηλ* 55; *ουρουηλ* 122*; *ariel* AnGen; *αβεσσαλωμ* (*αβεσαλωμ* 121) *L′*(93^{txt}) 56′-762^{c} Arm(sim) Compl: cf 11$_{20}$ et Reg 𝔊 𝔐 | *Γαβαών*] *γαβαα* 93^{mg} AnGen^{G}; *gaba* AnGen^{L} | *Ἀβιά* et *Ἰεροβοάμ* tr *a*$^{-71\ 107\ 121}$ Ald | om *ἀνὰ μέσον* 2° 71-107 La^{109} = Vulg | *ιεροβααμ* V 728 55 = Reg III 15$_{6}$ 𝔊^{V}

3 *παρετάξατο* 1°] *conflixit* La^{109}: cf 𝔐(אסר) | *τόν – δυνάμει*] *εν* 107; om *τὸν πόλεμον* B′ Sixt; om *τόν* 71 | *πολεμισταῖς δυνάμεως*] *δυνατων* (bis scr 108*) *πολεμιστων* (*-μηστων* 93) *L* La^{109}(*potentium bellatorum*) Compl: cf 𝔐 | *πολεμισταῖς*] *-των* 554 381; *-τας* 107*(non 44′-610) | *δυνάμεως* 1° om 107 381 Arm^{I} | *τετρ. χιλιάσιν*] *τετρ. χιλιαδες* 119; *τετρακοσιοις χ.* 55; *ως τετρακοσιων χιλιαδων* 381; pr *εν L* Compl: cf sq | *ἀνδρῶν* om 55 | *δυνατῶν* 1°] *πολεμιστων* 246; *εκλεκτων L* La^{109} Arm^{II}(sim) Compl = 𝔐; ⌒ 2° 46 55 | *ιεροβααμ* V 728; *ιροβοαμ* 158 | *παρετάξατο πρὸς αὐτὸν πόλεμον*] *παρ. αβια τον πολεμον* 56′: ex praec; > 107; om *πρὸς αὐτόν* 728; om *πόλεμον* 98 | *ἐν* 2° om 60 158: cf praec | *δυνατῶν* 2° – (4) *Ἀβιά*] > 71; – fin om 107 | *δυνατῶν πολεμιστῶν δυνάμεως* A V *b* 55 60 119 158 527 Arm^{I}] *δυνατοι πολεμισται δυναμεως* B′ Sixt Ra.: cf TGP II; *ανδρων* (+ *δυνατων* 106) *πολεμιστων δυναμεων* (*-ως* Ald) *ισχυι a*$^{(-71\ 107)}$ Ald; *virorum potentium et bellatorum* Aeth; *ανδρων εκλεκτων δυνατων ισχυι* (+ *ανδρων πολεμιστων* (*-μηστων* 108) *L* Compl) *L* La^{109}(*virorum electis potentibus virtute*) *L* La^{109} Arm^{II} sim(hab *εκλεκτων*) Compl = 𝔐

4 *ἀνέστη*] *ανεβη* 44 | *ἀπὸ τοῦ ὄρους*] *super montem* La^{109} Aeth^{Dc} = Vulg, cf Pesch^{te}; *de terra* Aeth^{-Dc} | *Σομορών*] *someron* La^{109} = Vulg^{te}; *σομοριμ* Compl: cf 𝔐 Pesch Targ; *ṣemarem* Aeth^{A} | *ἐν τῷ ὄρει*] > La^{109}: cf Vulg(om *τῷ ὄρει*); om

Ἀκούσατε, Ἰεροβοὰμ καὶ πᾶς Ἰσραήλ. 5*οὐχ ὑμῖν γνῶναι ὅτι κύριος* 5
ὁ θεὸς Ἰσραὴλ ἔδωκεν βασιλείαν ἐπὶ τὸν Ἰσραὴλ εἰς τὸν αἰῶνα τῷ
Δαυὶδ καὶ τοῖς υἱοῖς αὐτοῦ διαθήκην ἁλός; 6*καὶ ἀνέστη Ἰεροβοὰμ ὁ* 6
τοῦ Ναβὰτ ὁ παῖς Σαλωμὼν τοῦ Δαυὶδ καὶ ἀπέστη ἀπὸ τοῦ κυρίου αὐ-
τοῦ. 7*καὶ συνήχθησαν πρὸς αὐτὸν ἄνδρες λοιμοὶ υἱοὶ παράνομοι, καὶ* 7
ἀντέστη πρὸς Ῥοβοὰμ υἱὸν Σαλωμών, καὶ Ῥοβοὰμ ἦν νεώτερος καὶ

B″ A V *L′ a b* 60 119 158 527 La$^{109\,(Leg)}$ Aeth Arm

τῷ 71 | *καὶ εἶπεν* om 46 | *Ἀκούσατε*] *audi* La^{109} Aeth^{A} = Pesch Vulg; + *μου L* La^{109} Compl = 𝔐 Targ; + *vocem meam* Aeth^{-A} | *ιεροβααμ* V 728

5 *ουχι* Compl | *υμων* 122* | *Ἰσραήλ* 1°] pr *deus* Arm^{II}; > 71 *b*^{I} 55 | *ἔδωκε(ν)*] *-κα* 44; *δεδωκεν* A: cf 17$_{19}$ | *βασιλείαν L* La^{109} Arm Tht *Par II* 266 Compl = 𝔐, cf TGP II] *βασιλεα* rel | *ἐπί* – fin] *davidi super omnem israel et vos pactum ligavistis filiis eius ad sempiterna tempora* Arm^{II}: cf sq | *ἐπί* – *Δαυίδ*] *τω* (*τον a*$^{-321}$ Ald) *δαυιδ* (*δαβιδ* Tht Ald; *ιηλ* 93*) *επι ισραηλ* (*ιλημ* 56′-121 Tht^{ap}) *εις τον αιωνα* (*εις τους αιωνας* 246; *in saecula* La) *L a* La^{109} Tht Ald Compl = 𝔐 | *τόν* 1° om 55 158 | *τῷ Δαυίδ*] *τω δαυειδ* B: cf 1$_{1}$; om *τῷ* 127; *τον δ.* 489: cf praec | *καὶ τοῖς υἱοῖς*] *και τους υιους a*$^{-71\,554}$ 489 Ald; pr *ipsi* La^{109} = 𝔐 | *αὐτοῦ*] *αυτω* Ald | *διαθήκην*] *-κη* B’ *b*$^{2-489\,(379)}$ 60 Sixt; pr *εις a*$^{-71}$ 489 Ald Compl = Vulg^{ap} | *ἁλός*] *salutis* La^{109}: ex *salis*, cf Vulg^{ap}; *αεναος* 127; *αιωνιον* (*-ιος* 71) *a*$^{-56′\,121}$(554^{txt}) 489 Ald; + *αιωνιον* (*-νιαν* 93 56′-121-554^{mg} Tht Proc; *-νιου* 19) *L′* 56′-121-554^{mg} Tht Proc *Comm in Par II* 1212: cf Num 18$_{19}$; > Aeth

6 *Ἰεροβοάμ*] *-βααμ* V 728; *ιερβ.* 158 | *ὁ* 1° – *Δαυίδ* om 44 | *ὁ τοῦ Ναβάτ*] > 71; *ὁ* om 158; om *Ναβάτ* Arm^{P}(solus (sed hab *filius*)) | *ὁ παῖς*] *servus* La^{109}: cf 6$_{14}$ | *Σαλωμών* B A V* 93 120-121-130-134-236-314-321-346-762* 64-728 Sixt] *σολομων* 19 71-106 125 Arm Ald; *σολομωντος* Compl; *σαλομ.* rel | *τοῦ Δαυίδ*] *τον δαυειδ* B; *τον δαβιδ* Ald: cf 1$_{1}$; *τω δ.* A; *υιου δ. L* Compl; > 71-107 381 | *ἀπέστη* – fin] *rebellabit adversus dominum suum* La^{109}: cf 𝔐; om *τοῦ* 489 | *ἀπέστη*] *ανεστη* B″: cf praec | *εαυτου* A V 64-728 527

7 init] pr *και συ*‖: ante *και συ* 44 | *ἄνδρες* – *παράνομοι*] *viri pestilentiae* (*stulti* La^{Leg}) *filii iniqui* (*pestilentiae* La^{Leg}) La$^{109\,Leg}$; *υιοι λοιμοι ανδρες παρανομοι* 119 527 | *λοιμοί*] *λιμοι* 610 | *υἱοὶ παράνομοι*] *υιοι παρανομων* (*-μον* 93) *L* Aeth^{P}: cf 𝔐; tr 60; > 246 | *ἀντέστη* 1°] *-ησαν* 52 = 𝔐 (non Pesch); *ανεστη* (*surrexit* La) B″ 56-71-321-346 119 527 La^{109} Aeth(+ *et venit* (omnes)) Sixt(cum nota: *AALL habent ανεστη. In aliis est και ενισχυσεν επι ροβοαμ*); *ενισχυσεν L* Arm^{II} Compl = 𝔐 | *πρός* 2°] *επι L* Compl | *υἱόν*] *τον του* B’ Sixt Ra. | *Σαλωμών* B A V* 93 120-121-130-134-236-314-321-346-762* 64-728 Sixt] *σολομων* 68-71′ Arm Ald; *σολομωντος* Compl; *σαλομωντος* 554; *σαλομων* rel | *ἦν*

δειλὸς τῇ καρδίᾳ καὶ οὐκ ἀντέστη κατὰ πρόσωπον αὐτοῦ. 8*καὶ νῦν
λέγετε ὑμεῖς ἀντιστῆναι κατὰ πρόσωπον βασιλείας κυρίου διὰ χειρὸς
υἱῶν Δαυίδ· καὶ ὑμεῖς πλῆθος πολύ, καὶ μεθ’ ὑμῶν μόσχοι χρυσοῖ,
οὓς ἐποίησεν ὑμῖν Ἰεροβοὰμ εἰς θεούς.* 9*ἢ οὐκ ἐξεβάλετε τοὺς ἱερεῖς
κυρίου τοὺς υἱοὺς Ἀαρὼν καὶ τοὺς Λευίτας καὶ ἐποιήσατε ἑαυτοῖς
ἱερεῖς ἐκ τοῦ λαοῦ τῆς γῆς; πᾶς ὁ προσπορευόμενος πληρῶσαι τὰς
χεῖρας ἓξ μόσχοις ἐκ βοῶν καὶ κριοῖς ἑπτὰ καὶ ἐγίνετο εἰς ἱερέα τῷ μὴ
ὄντι θεῷ.* 10*καὶ ἡμεῖς κύριον τὸν θεὸν ἡμῶν οὐκ ἐγκατελίπομεν, καὶ*

B′′ A V *L′ a b* 60 119 158 527 La$^{109 (Leg)}$ Aeth Arm

om 71 | *δειλός*] *δηλος* 610 | *την καρδιαν* 46 | *οὐκ* om Aeth$^{P′}$ | *ἀντέστη* 2°] *ανεστη* (*-τι* 158) 71 b^{I} 158; *απεστη* 106; *εκραταιωθη* (*-τεωθη* 108) *L* (108^{txt}) Arm^{II} Compl = 𝔐 | *πρόσωπον*] *-που* 44 Compl; ⌒ (8) *πρόσωπον* 55

8 *λέγετε ὑμεῖς* tr *L a* Aeth(omnes) Arm Ald Compl Sixt = 𝔐 (Pesch^{ap}) | *ἀντιστῆναι* om 379 | *προσωπου* Compl | *βασιλείας κυρίου*] *αυτου* 236; pr *της* 44 | *βασιλεως* 19′ b^{I} 60 119 527 | *δαυειδ* B; *δαβιδ* Ald: cf 1 1 | *μεθ’ ὑμῶν*] *μεθ ημων* 56′-74*; > 107 | *μόσχοι χρυσοῖ, οὓς*] *δαμαλεις χρυσαι ας L* Compl, cf Tht *Par II* 267,4 et Ios VIII 279 | *ὑμῖν*] *ημιν* 610; > 489 158 Aeth^{-A} | *ιεροβααμ* V 728 55

9 v 9 om 107 | *ἢ οὐκ*] *η ουχι L* Compl; *οι ουκ* 68 Ald; *και ουκ* 236 Aeth$^{P′}$; *και* 71 Aeth$^{A′}$ = Vulg | *ἐξεβάλετε*] *-λετο* A V; *εξελαβετε* b^{I}; *απωσασθε L* Arm^{II} (vid) Compl | *ἱερεῖς* 1°] *υιους* 127 | *τούς* 2° om 71 | *αρων* 56* | *ἑαυτοῖς*] *αυτοις* 74 55; *vobis* La^{109} = Vulg, cf 𝔐(לכם, להם 4 Mss); > 71 | *ἐκ* 1° – *γῆς*] *e populis terrae* Aeth$^{P′A}$; *απο της γης* 19; *καθως οι λαοι των γαιων* (*sicut populi terrarum*) La^{109} = 𝔐(כעמי הארצות (hab מעמי 2 Mss et Pesch)); + *καθως οι λαοι των γαιων L* Arm^{II} sim(*sicut et alii populi*) Proc *Comm in Par II* 1212(sine contextu) | *τῆς γῆς*] add (pr 246) *πασης* B’ $a^{(-107)}$ Ald Sixt: cf sq | om *πᾶς* B’ 68′-71-74-106-120-130-134-321-346-554 Ald Sixt | *προσπορευόμενος*] *προπ.* 56′-236-321; *παραπ. L* Compl | *πληρῶσαι*] *implet* La^{Leg} = ℭ(ימלא (hab La^{109} (*implere*) = 𝔐(למלא))); pr *του L* Compl | *τὰς χεῖρας*] *τ. χ.* (*manum* La^{Leg} = 𝔐 (hab *manus* La^{109})) *αυτου L* La$^{109 Leg}$ Aeth(omnes) Compl = 𝔐; > Arm^{II} | *ἓξ μόσχοις*] *εξ μοσχους* V; *et VII vitulis* Aeth^{P}; *εκ μοσχων* B’ Arm^{I}; *εν μοσχω L* La^{109}(*in vitulo*) Arm^{II} Compl Sixt Ra. = 𝔐, cf TGP II | *ἐκ βοῶν*] *υιω βουκολιου L* Arm^{II} Compl = 𝔐 | *καί* paenult] *ις′* 127 | *εγενετο* (*-τω* 158) 71-106-134 46-381 60 127 158 | *εἰς*] *ως* 106

10 *τὸν θεὸν ἡμῶν*] > 71; *ἡμῶν* om 158(|) | *υμων* 52* | *ἐγκατελίπομεν* (*ενκ.* B* 93: cf praef p 92)] *εγκαταλ.* 321; *εγκατελειπομεν* (*ενκ.* (*ενκαταιλ.* A) A 127 158) A V 728 55′ 60 158; *-λιπαμεν* 125; *-λειπαμεν* 71: cf praef p 105 | *οἱ* 1° – *Ἀαρών*] *hodie filii aaron sacerdotes sunt et serviunt domino* Arm^{II} | *οἱ ἱερεῖς αὐτοῦ* om 71 | *οἱ* 1° om 93 = 𝔐 | *αὐτοῦ* om *L a* Compl = 𝔐 Pesch Targ

οἱ ἱερεῖς αὐτοῦ λειτουργοῦσιν τῷ κυρίῳ οἱ υἱοὶ Ἀαρὼν καὶ οἱ Λευῖται ἐν
ταῖς ἐφημερίαις αὐτῶν· ^{11}θυμιῶσιν τῷ κυρίῳ ὁλοκαυτώματα πρωὶ 11
καὶ δείλης καὶ θυμίαμα συνθέσεως, καὶ προθέσεις ἄρτων ἐπὶ τῆς τρα-
πέζης τῆς καθαρᾶς, καὶ ἡ λυχνία ἡ χρυσῆ καὶ οἱ λυχνοὶ τῆς καύσεως
ἀνάψαι δείλης, ὅτι φυλάσσομεν ἡμεῖς τὰς φυλακὰς κυρίου τοῦ θεοῦ τῶν
πατέρων ἡμῶν, καὶ ὑμεῖς ἐγκατελίπετε αὐτόν. ^{12}καὶ ἰδοὺ μεθ᾽ ἡμῶν 12
ἐν ἀρχῇ κύριος καὶ οἱ ἱερεῖς αὐτοῦ καὶ αἱ σάλπιγγες τῆς σημασίας

B′′ A V *L′ a b* 60 119 158 527 La^{109} Aeth Arm

Vulg^{-2Mss} | *λειτουργοῦσιν τῷ κυρίῳ*] pr *οι* 44; pr *et* Aeth^{P}; *λ. αυτω* 71; om *τῷ* *a*$^{-236(71)}$ 127; post *Ἀαρών* tr *L* 71 Compl | *οἱ* 2° B′′ 93 71-106 98 125 Sixt] > rel Fern. | *αρων* 56* | *οἱ* 3°] *υιοι* 158 | *ἐν* – $_{(11)}$ *δείλης* 2° om 381 | *ἐν*] pr *και* A V *b*$^{(-381)}$ 55 60 119 158 527 Aeth Arm^{I} Sixt | *εφημεραις* 68′ | *αὐτῶν*] *εαυτων* A V 55

11 init] pr *και L* Aeth Compl = 𝔐 | *κυρίῳ*] *θω̅* 158; + *deo* La^{109} | *ὁλοκαυτώματα*] -*μα* B′ 107(non 44′) Aeth omnes(sing, sed hab sing et in 7_{7} 8_{12} 9_{4} 13_{11} 29_{7}) Sixt; -*τωσεις L* Compl; pr *et* Arm^{I} | *πρωὶ καὶ δείλης*] *mane et vespere* La^{109}: cf 2_{4}; *το πρωι πρωι και το εσπερας εσπερας L* Arm^{II} Compl = 𝔐, cf sq | *θυμίαμα*] *θυαμα* 731; *θυμα* 610 | *συνθέσεως* – *προθέσεις*] *προθεσεως και* 107 | *συνθέσεως*] *συνεσεως* 19′; *aromatum* La^{109}↓, cf $2_{4(3)}$ | *προθέσεις*] -*σις* A *b*$^{(-381)}$ 55 60 119 527 Aeth omnes(sing); -*σιν* (*propositionem* La) *L* La^{109} Compl = 𝔐 | *αρτον* 314 | *τῆς* 1° om 554 | *ἡ* 2° om 158 | *οἱ* – *καύσεως*] *lucernae quas accendunt* Aeth: cf sq | *οἱ λύχνοι*] *η λυχνια* 55; *η* (*οι* 19^{c}(corr pr m)) *λυχνοι* (-*νη* 108*(corr pr m)) 19′; *ο λ.* 120*; *η λ.* 56; *οι λυχνο* 158 | *τ. καύσεως*] *αυτης L* La^{109} Arm^{II}(sim) Compl = 𝔐 | *ἀνάψαι* – *ἡμῶν* om 71 | *ἀνάψαι*] *αψαι* V; *του αναπτειν L* Compl | *δείλης* 2°] *vespere* La^{109}; *το εσπερας εσπερας L* Compl: cf 𝔐 et 2_{4}; pr *mane et* Aeth: cf praec | *ὅτι φυλάσσομεν ἡμεῖς*] *ut custodiant* Arm^{II} | *τὰς φυλακάς*] *την φυλακην L* Compl = 𝔐; *testamentum* La^{109}; *domum* Aeth; pr *εις* 107: post *εις* | *τοῦ* om *a*$^{-134(71)}$ 158 Ald | *τῶν πατέρων*] > 134* = 𝔐; ⌒ $_{(12)}$ *τῶν πατέρων* 106 | *καί* ult ⌒ $_{(12)}$ *καί* 1° 74 | *καὶ ὑμεῖς*] *υμεις δε L* Compl | *ἐγκατελίπετε* (*ενκ.* B*: cf $_{10}$)] *εγκαταλ.* 246; -*λειπετε* V 55; -*λιπατε* (*ενκ.* 127) 71-107-134* 46(non 52)-381^{c} 119 127; -*λειπατε* A 728 60 158; -*λειψατε* (*ενκ.* 93) *L* Compl: cf praef p 105 | *αὐτόν*] *eos* Arm^{II}

12 *ἡμῶν* 1°] *υμων* 130-321-346-554 *b*^{2} | *ἐν ἀρχῇ*] *in principe* La^{109}; *princeps* Arm^{I}: pro *αρχων* ?, cf Vulg(*dux*) | *αἱ*] *οι* 44; > A 158 | *σημασίας*] *βασιλειας*

---

11 *συνθέσεως*] *αρωματων* 93

τοῦ σημαίνειν ἐφ' ὑμᾶς, καί, οἱ υἱοὶ τοῦ Ἰσραήλ, μὴ πολεμήσητε πρὸς
κύριον θεὸν τῶν πατέρων ἡμῶν, ὅτι οὐκ εὐοδωθήσεται ὑμῖν.
13 ^{13}*Καὶ Ἰεροβοὰμ ἀπέστρεψεν τὸ ἔνεδρον ἐλθεῖν αὐτῷ ἐκ τῶν ὄπισθεν·*
14 *καὶ ἐγένετο ἔμπροσθεν Ἰούδα, καὶ τὸ ἔνεδρον ἐκ τῶν ὄπισθεν.* ^{14}*καὶ*
ἀπέστρεψεν Ἰούδας, καὶ ἰδοὺ ὁ πόλεμος αὐτοῖς ἐκ τῶν ἔμπροσθεν
καὶ ἐκ τῶν ὄπισθεν, καὶ ἐβόησαν πρὸς κύριον, καὶ οἱ ἱερεῖς ἐσάλπι-
15 *σαν ταῖς σάλπιγξιν.* ^{15}*καὶ ἐβόησαν ἄνδρες Ἰούδα, καὶ ἐγένετο ἐν τῷ*

B'' A V *L' a b* 60 119 158 527 La^{109} Aeth Arm

68' | *ὑμᾶς*] *ημας* B' 71-246 98 527* 44'(125*)-610 Arm^{I} Sixt | *καί* 4° om B' *L* Compl Sixt Ra. = 𝔐; + *vos* Arm^{I} | *οἱ* 2° om *L* 71 *b*$^{-98}$(non 52) 55 158 Dam$^{CRH^b}$ Compl | *τοῦ* 2° om *L b*^{2} 52 Dam$^{CRH^b}$ Compl | *μὴ πολεμήσητε*] *πολεμησετε* (-*σεται* A; -*μισεται* 158: cf praef p 107) B'' A V *b*^{I} 60 119 158 527 Aeth$^{P'}$ Arm^{I} Ra.: cf TGP II | *κύριον – ἡμῶν* 2°] *dominum deum uestrum* Arm^{II} = 𝔐^{1Ms}; om *θεόν – ἡμῶν* 71 | *θεόν*] *θς̄* 68; pr *τον L* 246-321-346 *b*^{2} 158 Dam$^{CRH^b}$ Compl | *τῶν*] *τον* 489 | *ἡμῶν* 2°] *υμων* 93-108 Aeth^{A}(solus) Dam$^{CH^b}$ Compl = 𝔐; *eorum* Aeth^{P} | *ὅτι*] *et* Aeth Arm^{I} | *εὐοδωθήσεται ὑμῖν*] *ευοδωσεται* (-*τε* 527) *υμιν* B 119 527 Sixt: cf praef p 105; *ευοδωθησεσθε* (-*σθαι* 93-108 106*-107*-44*; *ευοδοθ*. 321-346; *εβοδοθ*. (-*σθαι* 246; *εβοδωθησεσθαι* 56) 56' 610: cf praef p 94) *L a*$^{-71}$ Aeth$^{P'}$ Dam$^{CRH^b}$ Ald Compl = 𝔐

13 *ιεροβααμ* V 728 55 | *ἀπέστρεψε(ν)*] *περιεκυκλωσε L* Arm^{II} Compl, cf Ios VIII 282 | *ἐλθεῖν αὐτῷ*] post *ὄπισθεν* 1° tr 489; > 60 | *αὐτῷ – ὄπισθεν* 1°] *κατοπισθεν αυτων* (*de retro post eos* La) *L* La^{109} Compl = 𝔐: cf sq | *αὐτῷ*] *αυτων* B'' 71 Ra.: cf 𝔐 et TGP II; *αυτον* 56'-121-236-314-762; *αυτο* 74*(vid) 46 158 44' | *ἐκ τῶν* 1°] *ειπων* 119; pr *ειπων* 527 | *ὄπισθεν* 1° ⌒ 2° V 68'-106'-120-130-134-321-346-554 127; ⌒ (14) *ὄπισθεν* 74 | *ἐγένετο*] *ησαν L* Arm^{I} Compl = 𝔐$^{-1Ms}$ | *ὄπισθεν* 2°] *οπισω L* Compl; + *eorum* Aeth(omnes) = 𝔐; ⌒ (14) *ὄπισθεν b*^{2}

14 *καί* 1° om 71 | *ἀπέστρεψεν*] *reverterunt* Aeth^{-G} = 𝔐; *επεβλεψεν L* Arm^{II} Dam$^{CH^b}$ Compl: cf Vulg | *ὁ πόλεμος/αὐτοῖς*] tr B'' 71 Sixt Ra. = 𝔐; *αυτω ο πολεμος a*$^{-71(74)}$ Ald; om *αὐτοῖς* La^{109} Aeth(omnes) = Vulg, sed cf sq | *ἐκ* 1° – *ὄπισθεν*] *ante se et retro* La^{109}; *retro eos et ante eos* (> P) Aeth(omnes) | *ἐκ* 1° ⌒ 2° A | *ἐκ τῶν ὄπισθεν*] *εξοπισθεν* 55; *ἐκ τῶν* om 71 | *ανεβοησαν L* Dam Compl; *ευοησε* 610: cf praef p 95; *exclamabit* La^{109} | *ταῖς*] *τοις* 158: cf praef p 100; *εν* 527: cf 𝔐

15 *καί* 1°] ⌒ 3° 158^{txt}; ⌒ 2° 71 | *ἐβόησαν ἄνδρες*] *ηλαλαξεν ανηρ* (*exclamabit vir* La) *L* La^{109} Arm^{II} Dam$^{CH^b}$ Compl, cf Ios VIII 283 = 𝔐 | *ἄνδρες*] pr *οι* 158 | *Ἰούδα* 1°] *ιουδας* 19'; > 56'(56(|))-121; ⌒ 2° 74-236 46 527 44' La^{109} Aeth^{PD*F} = 𝔐^{1Ms} Pesch | *καί* 2°] + *εβοη* 246* | *ἐν – ἄνδρας*] *οτε ηλαλαξαν*

βοᾶν ἄνδρας Ἰούδα καὶ κύριος ἐπάταξεν τὸν Ἰεροβοὰμ καὶ τὸν Ἰσραὴλ
ἐναντίον Ἀβιὰ καὶ Ἰούδα. [16]*καὶ ἔφυγον οἱ υἱοὶ Ἰσραὴλ ἀπὸ προσώπου* 16
Ἰούδα, καὶ παρέδωκεν αὐτοὺς κύριος εἰς τὰς χεῖρας αὐτῶν. [17]*καὶ* 17
ἐπάταξεν ἐν αὐτοῖς Ἀβιὰ καὶ ὁ λαὸς αὐτοῦ πληγὴν μεγάλην, καὶ ἔπεσον
τραυματίαι ἀπὸ Ἰσραὴλ πεντακόσιαι χιλιάδες ἄνδρες δυνατοί. [18]*καὶ* 18
ἐταπεινώθησαν οἱ υἱοὶ Ἰσραὴλ ἐν τῇ ἡμέρᾳ ἐκείνῃ, καὶ κατίσχυσαν οἱ
υἱοὶ Ἰούδα, ὅτι ἤλπισαν ἐπὶ κύριον θεὸν τῶν πατέρων αὐτῶν. [19]*καὶ* 19
κατεδίωξεν Ἀβιὰ ὀπίσω Ἰεροβοὰμ καὶ προκατελάβετο παρ' αὐτοῦ πό-

B'' A V *L' a*(56' desinit ab 16) *b* 60 119 158 527 La^{109} Aeth Arm

ανδρες L Arm^{II} Compl | *ἄνδρας Ἰούδα*] *αυτους* 381; om *Ἰούδα* 56'-121 | *ἄνδρας* B^{c} A V 64-98-728 60 119 Aeth$^{(-PD*F)}$ Arm^{I}] *ανδρες* B*-127; *ανδρα* (-*ραν* 158^{mg}: cf praef p 99) rel | *καί* 3° om 60 Aeth^{DcG} | *κύριος*] pr *ο* 60 | *ἐπάταξε(ν)*] *εθραυσεν* (-*σε* 19') *L* Dam Ios Compl; *percussit* La^{109} | *Ἰεροβοάμ*] -*βααμ* V 728 55; -*βοαν* 130; et *Ἰσραήλ* tr *L* Dam (desinit ante *καί* 4°) Compl | *ἐναντίον*] *εναντι* 246; *απο προσωπου b*^{2} | *Ἀβιὰ καὶ Ἰούδα*] *αβια* 71; *ιουδα* 106' *b*^{2}; *ιηλ και ιουδα* 60; pr *του L* Compl | *Ἰούδα* ult] *coram populo eius* Aeth (omnes); pr *in conspectu* La^{109}; ⌒ (16) *Ἰούδα b*^{1} 379

16 v 16 ad fin libri om 56' | *οἱ υἱοί*] *populus* Aeth(omnes); om *οἱ* 108 158 Compl | *Ἰούδα*] pr *filiorum* La^{109} = Pesch^{te} | *παρέδωκεν*] *επαταξεν* 127 | *αὐτούς*] *αυτοις* 158 | *κύριος*] + *deus* Arm^{II}: cf 𝔐(אלהים (יהוה 1 Ms (hab ייי Targ))) | *τάς* om A V *b* 60 119 158 527 | *αὐτῶν*] *αυτου* 19

17 *ἐν αὐτοῖς*] *αυτοις* V 121 158 379; *αυτους b*^{1} La^{109} Ald = Pesch^{te} Vulg | *καὶ ὁ λαὸς αὐτοῦ* om 71 44 | *επεσαν* A: cf praef p 105 | *τραυματίαι* om 44 | *Ἰσραήλ*] pr *του* 127 | *πεντακόσιαι*] *ν'* 106^{c} = Vulg^{ap}(*quinquaginta*); *quinque* Arm^{I}; *επτακοσιαι* 74 | *ανδρων δυνατων L* La^{109} Arm^{II}(sim) Compl

18 *οἱ* 1° om 381* 158 | *ἐν* om *b*^{2}(non 379) 44 | *οἱ* 2° – *ἤλπισαν* om 55 | *οἱ* 2° om *b*$^{1-728}$ Tht^{te} *Par II* 267 | *Ἰούδα*] + *και κατισχυσαν* 19(*κατισχησαν* pro *κατισχυσαν* praec) | *ὅτι* – fin om 44 | *κύριον*] pr *τον* Tht^{1Ms} | *θεὸν τῶν πατέρων αὐτῶν*] pr *τον a*$^{(-71)}$ 64-381 158 Tht Ald Compl; > 71 | *εαυτων* A V*; *αυτου* 19'; *ημων* 60

19 *κατεδιωξαν* V* 108* | *Ἰεροβοάμ*] *ιεροαμ* 314*; -*βααμ* V 728 55 | *παρ' αὐτοῦ πόλεις*] *civitates eius* La^{109} = Vulg | *αὐτοῦ*] *αυτω* 125 | *πόλεις*]

λεις, τὴν Βαιθὴλ καὶ τὰς κώμας αὐτῆς καὶ τὴν Ἰεσανὰ καὶ τὰς κώμας
20 *αὐτῆς καὶ τὴν Ἐφρὼν καὶ τὰς κώμας αὐτῆς.* [20]*καὶ οὐκ ἔσχεν ἰσχὺν*
Ἰεροβοὰμ ἔτι πάσας τὰς ἡμέρας Ἀβιά, καὶ ἐπάταξεν αὐτὸν κύριος, καὶ
ἐτελεύτησεν.
21 [21]*Καὶ κατίσχυσεν Ἀβιὰ καὶ ἔλαβεν ἑαυτῷ γυναῖκας δέκα τέσσαρας*
22 *καὶ ἐγέννησεν υἱοὺς εἴκοσι δύο καὶ θυγατέρας δέκα ἕξ.* [22]*καὶ οἱ λοιποὶ*

B′′ A V *L′ a b* 60 119 158 527 La^{109} Aeth Arm

pr *τας* a^{-71} Ald Sixt | *τήν* 1° – *αὐτῆς* 1° 108↓ | *τὴν Βαιθήλ*] *τ. βεθηλ* 121 158 527 52; *bedel* Arm$^{\mathrm{II}te}$; *τη β.* A*; pr *και* 130-321-346 | *καί* 3° – 4° om 44 | *τὰς κώμας* 1°] *τ. θυγατερας* 93 Arm^{II} Fern. (hab *castella* La^{109}) = 𝔐 Vulg; *της πολεις* (sic) 19; ⌒ 2° 381 55 158; ⌒ 3° 125 | *καί* 4° om 71 98 | *τήν* 2° – *Ἐφρών*] *την ιεσινα την σεφρων* 44; *την νεφρων την ιασηνα* 71: cf sq | *τὴν Ἰεσανά* coni Ha. = 𝔐, cf Esdr II 13₆ 22₃₉ et TGP II] *τ. ισανα* coni Ra.; *τ. ισαναν* Ios VIII 284; *τ. ιεσηνα* (-*σινα* 44; *τ. ιεσηνα* et *τ. Ἐφρών* tr 314) $a^{-71\,74\,236}$ Arm^{II}; *τ. ιεσην* 74; *τ. ιεσσηνα* 93 236 La^{109}(*iessena*) Compl; *τ. εσσηνα* 19′; *τ. ιεσυνα* Ald Sixt; *τ. κανα* B; *τ. καναν* 127; *ʾona* Aeth$^{(-B)}$; *τ. ανα* rel; om Aeth^{B}(P inc); + *et bena* Arm^{II} | *τὰς κώμας* 2°] *τ. θυγατερας* 93 Arm^{II} Fern. = 𝔐 | *καί* 6° – fin om 321(‖)-346: homoiot | *καί* 6° om 98 Arm^{II} = Pesch^{ap} | *τὴν Ἐφρών*] *την νεφρων* 71 158; *τον ε.* 52; *ʾefren* Aeth^{P}; *ʾafren* Aeth^{A}; *afron* Arm^{II}; *τ. σεφρων* $a^{-71\,(321\,346\,125)}$ | *τὰς κώμας* ult] *τ. θυγατερας* A V 93 *b′* 55′ 119 158 527 Aeth (omnes) Arm Fern. = 𝔐 | *αὐτῆς* ult] *αυτων* 71 44; + *et bea et vicos eius* Arm^{I}

20 *καί* 1° – ₍₂₁₎ *ἔλαβεν* 610 sup ras: cf sq | *καί* 1° ⌒ 2° 44 | *ἔσχεν ἰσχύν*] *ισχυσεν* a^{-71} Ios VIII 285 Ald | *ἰσχύν* post *ἔτι* tr 158 | *ιεροβααμ* V 728 55 | *ἔτι* – *Ἀβιά*] *και προκατελαβετο παρ αυτου τας πολεις την βαιθηλ και τας κωμας αυτης* 107-610: ex ₁₉; > 125 | *ἔτι*] *επι* A V 60 127; > 98 | *πάσας* – *Ἀβιά* om 381 | *πάσας τὰς ἡμέρας*] *in diebus* La^{109} = 𝔐 Vulg | *αὐτὸν κύριος*] *κυριος τον ιεροβοαμ* 107(non 125) = Pesch | *ἐτελεύτησε(ν)*] *απεθανε(ν)* *L* Arm^{II}(vid) Compl (hab *τελευτᾷ* Ios)

21 *abias* Arm^{I} | *ελαβον* 134 | *αυτω* 55 | *δέκα τέσσαρας*] *ιδ′* 98 127 125-610 La^{109}(*XIIII*); *τεσσαρες* (*δ′* 107) *και δεκα* *L* a^{-71} Ald Compl; *quattuordecim* Arm = 𝔐; *viginti duas* Aeth: cf sq | *τέσσαρας*] *τεσσαρες* A V *L* $a^{-71\,107\,236}$ 728 60 Ald Compl; *τεσσαρεις* 71; *τεσσαρις* 236: cf praef p 95 | *ἐγέννησεν υἱοὺς … καὶ θυγατέρας*] *facti sunt* (*erant* pro *facti sunt* Arm) *illi filii … et filiae* La^{109} Arm^{II}: cf Pesch; om *ἐγέννησεν* 93 | *υἱούς* post *δύο* tr *L* $a^{-71\,107}$ Aeth^{ADEH} Ald Compl = 𝔐 | *εἴκοσι δύο*] *κβ′* 107(non 44) 127; *εικοσι* (*κ′* 130-134-236-314-

---

19 *τήν* 1° – *αὐτῆς* 1°] *τήν τε Βαιθὴλ καὶ τὴν* (*τιν* cod) *τοπαρχίαν αὐτῆς* 108: cf Ios VIII 284

λόγοι Ἀβιὰ καὶ αἱ πράξεις αὐτοῦ καὶ οἱ λόγοι αὐτοῦ γεγραμμένοι ἐπὶ
βιβλίου τοῦ προφήτου Ἀδδώ. **14** [1]καὶ ἀπέθανεν Ἀβιὰ μετὰ τῶν **14** 1 (23)
πατέρων αὐτοῦ, καὶ ἔθαψαν αὐτὸν ἐν πόλει Δαυίδ, καὶ ἐβασίλευσεν
Ἀσὰ υἱὸς αὐτοῦ ἀντ' αὐτοῦ.
Ἐν ταῖς ἡμέραις Ἀσὰ ἡσύχασεν ἡ γῆ Ἰούδα ἔτη δέκα. [2]καὶ ἐποίησεν 2 (**14** 1)
τὸ καλὸν καὶ τὸ εὐθὲς ἐνώπιον κυρίου θεοῦ αὐτοῦ. [3]καὶ ἀπέστησεν τὰ 3 (2)

B′′ A V *L′ a b* 60 119 158 527 La[109] Aeth Arm

321-346-762) *και δυο* (*β′* 130-134-321-346) *L a*[-71 107] Arm[I] Compl = 𝔐 Vulg[ap]; *εικοσι* (*κ′* 46-98 60) *τεσσαρας* (*τεσαρ.* 158; *-ρεις* 71; *-ρες* 728: cf praef p 95 et 101; *δ′* 46-98 60) 71 *b* 55 60 119 158 527; *XLIV* Aeth[P]; *duo* Aeth[A] | *θυγατέρας* ad fin tr *L a*[-107] Ald Compl Sixt = 𝔐 | *δέκα ἕξ*] *ις′* 46-98 127; *XVI* La[109]; *εκκαιδεκα* (om *και* Arm) *L* Arm Compl Sixt = 𝔐 Vulg(*sedecim*); *εξηκοντα* (+ *και* 74-236) *δυο* (*ξβ′* 107(non 44)-130-314-321-346-762) *a*[-71] Ald; *ιδ′* 60

22 v 22 om 125 | *οἱ λοιποὶ λόγοι*] *τα λοιπα των λογων L* La[109](*cetera verborum* (hab *reliqui sermones* Prisc *Tract III* 50)) Compl: cf 𝔐 et Reg III 15 7; om *λοιποί* 107 | *Ἀβιά – αὐτοῦ* 1°] *και αι πραξεις αβια* 107 | *abie* La[109]; *abdie* Prisc | *καί* 3° – *προφήτου*] *scripta sunt in propheta* La[109] (hab Prisc) | *καί* 3° – *γεγραμμένοι*] *ουκ ιδου ταυτα γεγραμμενα* 44: cf Reg 𝔐 𝔊; *ταυτα γεγραμμενα* 107 = Pesch[te]; om *καί – αὐτοῦ* 381 | *γεγραμμένοι*] pr *ιδου L* Aeth(omnes) Arm Compl = 𝔐[1Ms] | *ἐπὶ βιβλίου*] *εν βιβλω λογων* 74: cf Reg; *επι βιβλιω* (*βλιω* 119) B′′ A V 119 527 Sixt Ra.: cf 32 32 et Reg 𝔊; + *εν τη εκζητησει* (*-ση* 108) *L* Compl; *examinationis* Arm[II]: cf 𝔐(במדרש); *επι βι*[βλ] 71 | *τοῦ προφήτου* ad fin tr *L* Aeth Arm[II] Prisc (hab La[109]) Compl = 𝔐[1Ms] Pesch Vulg[ap]; om *προφήτου* 46 | *Ἀδδώ*] *αδω* B′ 527 52 Aeth[B]: cf 12 15; *'edu* Aeth[A]; *abedo* La[109]; *edom* Prisc; *jadom* Arm[II]; *ιαδδωκ* 93 Fern.; *αδδωκ* 108; *αδδουκ* 19: cf 12 15

14 1 init – *Δαυίδ* bis scr 158(‖) | *καὶ ἀπέθανεν*] *απεθανε δε* 44; *και εκοιμηθη L* Aeth(omnes) Arm[II] Compl = 𝔐 et Reg III 15 8 𝔐 𝔊 | *Ἀβιά*] + *και εθαψαν αυτον* 158[I*]; + *et positus est* La[109]; om 381 | *μετὰ τῶν πατέρων αὐτοῦ*] post *Δαυίδ* tr 381; *πατέρων αὐτοῦ* om 158[I*] | *ἔθαψαν αὐτόν*] *sepelitus est* Aeth(omnes): cf Reg | *αὐτόν*] *αυτων* V* | *δαυειδ* B; *δαβιδ* Ald: cf 1 1 | *υἱός*] pr *ο* 93 Fern.: cf Reg 𝔊[ap] | *Ἀσά* 2°] *ασαη* 127: ante *η*; *αυτου* 71 La[109] = 𝔐 | *ἡσύχασεν ἡ γῆ Ἰούδα*] *pax fuit terrae* La[109]: cf 𝔐 et 5; *Ἰούδα* om 19 71-321-346 46-728 60 = 𝔐 | *ἔτη δέκα*] *δεκα* (*ι′* 107(non 44)-130-236-321-346-762) *ετη L a*[-106](non 44′-610) *b*[2] Aeth Dam[R] Ant[Mi] Ald Compl Sixt = 𝔐; *annis X*[L] La[109]

2 *ἐποίησεν*] + *ασα L* La[109] Arm[II] Tht *Comm in Is II* 350 Dam[R] Ant[Mi] = 𝔐 et Reg III 15 11 | *τό* 1° ⌒ 2° 19 71-107 Tht = Reg | *καλόν*] *αγαθον* 93-108 La[109](*bonum*) Dam[R] Ant[Mi] Compl | *θεοῦ*] pr *τον* A V *L b* 55 60 119 158 527 Tht Dam[R] Ant[Mi] Ald Compl | *εαυτου* A V *b*[-98 728] 55 60 119 527 Ald

θυσιαστήρια τῶν ἀλλοτρίων καὶ τὰ ὑψηλὰ καὶ συνέτριψεν τὰς στήλας
(3) 4 *καὶ ἐξέκοψεν τὰ ἄλση* ^{4}*καὶ εἶπεν τῷ Ἰούδᾳ ἐκζητῆσαι κύριον τὸν θεὸν*
(4) 5 *τῶν πατέρων αὐτῶν καὶ ποιῆσαι τὸν νόμον καὶ τὰς ἐντολάς.* ^{5}*καὶ ἀπ-*
έστησεν ἀπὸ πασῶν τῶν πόλεων Ἰούδα τὰ θυσιαστήρια καὶ τὰ εἴδωλα,
(5) 6 *καὶ εἰρήνευσεν* ^{6}*πόλεις τειχήρεις ἐν γῇ Ἰούδα, ὅτι εἰρήνευσεν ἡ*
γῆ· καὶ οὐκ ἦν αὐτῷ πόλεμος ἐν τοῖς ἔτεσιν τούτοις, ὅτι κατέπαυσεν
(6) 7 *αὐτῷ κύριος.* ^{7}*καὶ εἶπεν τῷ Ἰούδᾳ Οἰκοδομήσωμεν τὰς πόλεις*
ταύτας καὶ ποιήσωμεν τείχη καὶ πύργους καὶ πύλας καὶ μοχλοὺς

B″ A V *L′ a b* 60 119 158 527 La$^{109\,(Leg)}$ Aeth Arm

3 *τὰ θυσιαστήρια*] *domum altarium* Aeth: cf 5 et 13; + *templorum* Arm^{II} | *τα αλλοτρια L* La^{109}(*aliena*) Tht *Comm in Is II* 350 Dam^{R} Ant^{Mi} Compl | *καί* 2° om Arm^{II} | *καί* 3° om 55 Arm^{II} | *τάς* – *ἐξέκοψεν* om *b*^{2} | *τὰς στήλας*] *τας στυλας* 71-106*-314 125: cf praef p 91; *titulos* La^{109}(*vitulos* cod) La^{Leg} (*vitulos* V): cf 5 et Reg III 1512 𝕾 | *καί* 4° – (4) fin post (5) *εἴδωλα* tr 158 | *συνεκοψεν* (-*ψε* 71) 71 158

4 *τῷ* om 554 | *ἐκζητῆσαι*] *ζητησαι* 71 Dam^{R}; -*σατε* 46; pr *του L* Dam^{R} Compl | *κύριον τὸν θεόν*] *τον κυριον θεον* B″ Sixt Ra.; om *τόν* 107(non 44′)-120* | *τόν* 1° – *αὐτῶν*] *deum suum et patruum suorum* La^{109}; > 71 | *εαυτων* A V *b*^{2} 119 527; *αυτου* 107 | *καί* 2° om Arm^{II} | *εποιησεν* (-*σαι* 93) 93 158 | *νόμον*] + *αυτου a*$^{-71\,107\,236}$ Ald; + *domini* Aeth(omnes) | *καί* ult – (5) *θυσιαστήρια* om 236: homoiot | *ἐντολάς*] + *αυτου* 74 Aeth(omnes)

5 *καί* 1° ∩ 3° 71 | *ἀπέστησεν*] -*σαν* 68 Ald; *απεστειλεν* 19* | *ἀπό* – *Ἰούδα*] > 44; om *τῶν a*$^{-121\,(71\,236\,44)}$ Dam^{R} | *τὰ θυσιαστήρια*] *excelsa* La^{Leg} (hab *altaria* La^{109}): cf 3; *omnes* (pr *et* A) *domus altarium peregrinorum* Aeth: cf 3 et 13 | *τὰ εἴδωλα*] *titulos* La^{109}: cf 3; *delubra* La^{Leg} | *καί* ult – (6) *γῇ* om 107 | *εἰρήνευσεν* (6) *πόλεις*] *ειρηνευσαν* (-*σον* 119: cf praef p 105) *πολεις* (*in pace erant* (+ *omnes* Aeth) *civitates* Aeth Arm) 489 119 Aeth^{-DF} Arm^{I}; *ειρηνευσεν* (*ησυχασεν* 93-121 Dam Lag.) *η βασιλεια ενωπιον αυτου* (*pacificum fuit ei regnum super ipsum* La^{109}, *pacificabatur quiescebat regnum coram eo* Arm^{II} pro *ειρηνευσεν* – *αυτου*) *και ωκοδομησε* (-*σεν* Compl) *πολεις L′* La^{109} Arm^{II} Dam Compl = 𝔐; *ωκοδομησε πολεις* 60: cf TGP II

6 *πόλεις* – *εἰρήνευσεν* om *a*$^{-71\,121}$: homoiot | *ἐν* 1° – *γῇ*] > 71; *ὅτι* – *γῆ* om *L* Arm^{II} Compl | *αὐτῷ* 1°] *αυτοις* 93 119 527 | *πόλεμος*] *qui bellum gererent cum eis* Aeth = Pesch | *ἐν* 2° – fin om 71 | *ἔτεσιν*] pr *πεντε b*^{2} | *αὐτῷ κύριος*] tr *a*$^{(-71)}$ Ald Sixt = 𝔐; + *deus* Arm^{II}

7 v 7 om 125 | *εἶπεν*] + *ασα* (*ασα ο βασιλευς* Dam) *L′* Arm^{II} Dam^{C} Compl | *Οἰκοδομήσωμεν*] -*σομεν* 158 Ald; -*σαι* 127 | *ποιησομεν* 55; *ποι|σομεν* 158 | *τειχει* 19; *τηχει* 610; *τειχους* 71: cf praef p 100 | *καί* 3° om 44 | *καί* 4° om 44 Arm^{II} = 𝔐 | *πυλους* 381*: cf praef p 100; *πυλωνας*

ἐν ᾧ τῆς γῆς κυριεύομεν, ὅτι καθὼς ἐξεζητήσαμεν κύριον τὸν θεὸν
ἡμῶν, ἐξεζήτησεν ἡμᾶς καὶ κατέπαυσεν ἡμᾶς κυκλόθεν καὶ εὐόδωσεν
ἡμῖν. [8]καὶ ἐγένετο τῷ Ἀσὰ δύναμις ὁπλοφόρων αἰρόντων θυρεοὺς καὶ 8 (7)
δόρατα ἐν γῇ Ἰούδα τριακόσιαι χιλιάδες καὶ ἐν γῇ Βενιαμὶν πελτασταὶ
καὶ τοξόται διακόσιαι καὶ πεντήκοντα χιλιάδες, πάντες οὗτοι
πολεμισταὶ δυνάμεως.

B′′ A V *L′ a b* 60 119 158 527 La^{109} Aeth Arm

b^{2} | *καί* 5° om 71 | *μοκλους* B*: cf praef p 94 | *ἐν* – fin om 71 | *ἐν* – *κυριεύομεν*] *dum requiescat terra ante nos* La^{109}: cf **𝔐** Pesch Vulg; > Arm^{II} | *ἐν ᾧ*] *ενωπιον* B Sixt: cf **𝔐** | *τῆς γῆς* post *κυριεύομεν* (*-σομεν* 93) tr *L* Aeth (omnes) Arm^{I} Compl | *κυριευωμεν* 44; *κυριευσομεν* B′′ 93 489 Sixt Ra. | *καθώς*] *καλως* 46^{s}(non 52); > **𝔐** | *ἐξεζητήσαμεν* – *ἡμῶν* om 55: homoiar | *ἐξεζητήσαμεν*] *εκζητ. b*$^{2-489}$: cf praef p 102; *εζητ.* B 74 *b*^{I} 158 Dam | *κύριον* – *ἐξεζήτησεν* om 106′ = **𝔐**^{1Ms}; homoiar | *κύριον* om Arm^{II} | *τὸν θεόν*] om *τόν* B A *b*^{2} 60 119 527 Ra.; + *των* $\overline{\textit{πρων}}$ *L* Arm^{II} Dam= Vulg | *ἐξεζήτησεν*] *-σαμεν* 93 127 = **𝔐**(דָּרַשְׁנוּ pro *ἐξεζήτησεν ἡμᾶς*: mend loco דְּרָשָׁנוּ); *εζητησεν* 74 Dam | *ἡμᾶς* 2°] *ημιν a*$^{-121(71)}$ = **𝔐** | *κυκλωθεν* V* 19 46 60 158 44 Dam^{C}: cf praef p 88 | *εὐόδωσεν ἡμῖν*] *ωκοδομησαν* (+ *omnia ea* Arm) *και κατηυθυναν* (*prosperatum est eis* Arm) *L* Arm^{II} Compl = **𝔐** | *ευωδωσεν* (*-δοσεν* 68′) B^{c} V^{c} *a*$^{-106'(71)}$ 46-489 119 527 Sixt: cf praef p 103 | *ἡμῖν*] *ημας a*$^{(-71)}$ 55 158; pr *εν* 381

8 *τῷ Ἀσὰ/δύναμις*] tr *a* Ald Sixt; om *τῷ* 381 55 158 | *δυναμεις* 55 119 527 | *ὁπλοφόρων*] + *ανδρων* 19′ Compl Lag.: cf sq | *γῇ* 1°] *τη* 19′ 74 Compl: cf **𝔐** et sq | *τριακόσιαι χιλιάδες*] *τριακοσιας* (*τ′* 125) *χιλιαδας* 71 125: cf sq; *τριακοσιαις χιλιαδες* 236* 44; *τριακοσιοι χ.* 60: cf praef p 100; *τετρακοσιαι* (*τετακ.* 158) *χ. b*^{I} 158; + *παντες ουτοι* (> 68′) *πολεμισται δυναμεως a*$^{-71}$: cf sq | *καί* 3° – fin om 106′: homoiot | *καί* 3° om 554 | *γῇ* 2° om *L* Compl = **𝔐**, cf praec | *Βενιαμίν*] *-μειν* B′′ A V 119; *βαινιαμειν* 158 | *πελτασταί* (*-στε* 55 60) – *χιλιάδες* 2°] *πελτας τε και τοξοτας χιλιαδας διακοσιας ογδοηκοντα* 71; *πελταστας τε και τοξοτας ν′ χιλιαδες* 127 | *πελτασταί*] *portantes scuda* La^{109}: cf **𝔐** (sicut pro *αἰρόντων θυρεούς* praec: cf Vulg) ↓ | *διακόσιαι καὶ πεντήκοντα χιλιάδες*] *διακ. πεντ. χ.* (*σν′ χ.* 98 158) A V *b* 119 158 527; *διακοσιαι* (*-σιοι a*$^{-121}$ Ald) *και* (> 71-236) *ογδοηκοντα* (*π′* 314-321-346-762) *χιλιαδες* (*CCLXXX milia* La) *L a*$^{(-106')}$ La^{109} Ald Compl Sixt = **𝔐** Pesch Targ Vulg (*septuaginta* pro *octaginta* ^{ap}; hab *μυριαδας πεντε και εικοσι* Ios VIII 291); *διακοσιοι και πεντ. χ.* 60; *οκτακοσιοι και πεντ. χ.* 55; *ducenta et sexaginta* (*CCLX* Arm^{II}) *milia* Arm | *οὗτοι*] *αυτοι b*^{2} | *δυνάμεως*] pr *υιοι L* Arm^{II} Compl Lag. Fern.; pr *viri* La^{109}: cf Vulg

---

8 *πελτασταί*] *ἀσπι*^{δ} *φοροῦντες* 108

(8) 9 *9Καὶ ἐξῆλθεν ἐπ' αὐτοὺς Ζάρε ὁ Αἰθίοψ ἐν δυνάμει, ἐν χιλίαις χι-*
(9) 10 *λιάσιν καὶ ἅρμασιν τριακοσίοις, καὶ ἦλθεν ἕως Μαρισά. 10καὶ ἐξῆλ-*
θεν Ἀσὰ εἰς συνάντησιν αὐτῷ καὶ παρετάξατο πόλεμον ἐν τῇ φάραγγι
(10) 11 *κατὰ βορρᾶν Μαρισά. 11καὶ ἐβόησεν Ἀσὰ πρὸς κύριον θεὸν αὐτοῦ*
καὶ εἶπεν Κύριε, οὐκ ἀδυνατεῖ παρὰ σοὶ σῴζειν ἐν πολλοῖς καὶ ἐν
ὀλίγοις· κατίσχυσον ἡμᾶς, κύριε ὁ θεὸς ἡμῶν, ὅτι ἐπὶ σοὶ πεποίθαμεν
καὶ ἐπὶ τῷ ὀνόματί σου ἤλθομεν ἐπὶ τὸ πλῆθος τὸ πολὺ τοῦτο· κύριε
(11) 12 *ὁ θεὸς ἡμῶν, μὴ κατισχυσάτω πρὸς σὲ ἄνθρωπος. 12καὶ ἐπάταξεν*

B′′ A V *L′ a b* 60 119 158 527 La$^{109\,(Leg)}$ Aeth Arm

9 *ἐπ' αὐτούς*] *απ αυτους* 93: cf praef p 110; *επ αυτας* 158; > Bas C *EnarEs* 556 | *Ζάρε*] *ζαραι L a*$^{-71}$(554*) 55*(corr pr m)-127 Bas C Ald Compl; *ζαραιν* 610; *zera* La^{109} | *ὁ Αἰθίοψ*] *ο αιθιωψ* 127 158; *eziopus* La^{109}: cf 12$_3$; om *ὁ* A V *b* 55 119 527 | *ἐν δυνάμει* om *a* | *ἐν χιλίαις χιλιάσιν*] *decies centena milium* La^{109}: cf Vulg; om *χιλίαις* B 71; om *ἐν* 158 Aeth^{-Dc} | *καί* 2° om La^{109} Aeth^{-DF} | *ἅρμασιν τριακοσίοις*] *εν αρμασιν* (post *τριακ.* tr Aeth) *τριακοσιοις* (*-σιαις* 19) *L* 98 Aeth(omnes) Compl = Pesch^{te}; *CCCM curribus* Arm^{II}: cf Vulg^{ap}; tr Arm^{I} | *καί* ult – fin om Bas C: homoiot | *μεχρι πολεως μαρησας* Ios VIII 293te; *usque maresan* La^{109} | *Μαρισά*] *μαρησα* A V 93 64-728-*b*$^{2-98}$ 60 119 Aeth Arm^{II} Ald Compl Sixt Fern. = 𝔐 Targ Vulg, cf 9 11$_8$; *μαρσα* 610; *μαρισηλ* B'; *μαρησαλ* 55

10 v 10 om 19 119: homoiot | *απαντησιν* 381 | *αὐτῷ* – fin om Bas C *EnarEs* 556 | *αὐτῷ*] *αυτων* 93 46-*b*^{2} Lag. Fern. = Pesch^{ap} (om Vulg^{te}) | *παρεταξαντο* 93 Lag. Fern. = 𝔐 Targ (hab עבד עמו Pesch, *instruxit* Vulg) | om *τῇ* 71 | *βοραν* 527 125: cf 4$_4$; *βορα* 127 | *Μαρισά*] *μαρησα* A V 93 64-728-*b*$^{2-98}$ Arm^{II} Ald Compl Sixt Fern.; *μαρισης* 127 = Ra.; *μαρεισης* B; *μαρησας* 55; *maresae* La^{Leg}(*-sen* H); *maris* La^{109}: cf 9; *μαρισσα* 74-107(non 44′)

11 *Ἀσά* om 74 Bas C *EnarEs* 556 = 𝔐^{1Ms} Vulg | *θεὸν αὐτοῦ*] pr *τον* V *L* 321-346 381 Dam$^{CRH^b}$ Compl; > 71-107 BasC = 𝔐^{1Ms}, cf Vulg(om *αὐτοῦ*) | *οὐκ ἀδυνατεῖ*] *ουκ αδυνατοι* 19; *ου δυνατει* A; *ουκ εστιν* 93 Dam$^{CRH^b}$ Fern.; *non est differentia* Arm^{II}: cf Vulg | *παρὰ σοί*] post *σῴζειν* (*-ζην*) tr 158 | *σῴζειν*] *σωζει* 127; *σωζων* 44; pr *του* 55; > Arm^{II}: cf Targ | *καί* 3°] *η L* La^{109} Dam$^{H^b(II)}$ Compl | *ἐν* 2° om 71-236 381 60 | *ὀλίγοις*] *λογοις* V*; + *οις ουκ εστιν ισχυς L* Arm^{II} Dam$^{CRH^b}$ Compl: cf 𝔐 | *κατίσχυσον ἡμᾶς*] *βοηθησον ημιν* (*ημας* Dam$^{C(I)}$) *L* Arm^{II}(sim) Dam$^{CRH^b}$ Compl: cf 𝔐 | *κύριε ὁ θεὸς ἡμῶν* 1° om 71 | *ὅτι* – *καί* 4° om 107 | *ἐπί* 2°] *εν L* La^{109} Dam$^{CRH^b}$ = 𝔐 | *ηλθαμεν* B Ra.: cf praef p 105 | *πλῆθος τὸ πολύ*] *πολυ πληθος* 44; om *τὸ πολύ* Arm = 𝔐 | *πλῆθος*] *εθνος* Dam$^{C(II)H^b(II)}$ | *τοῦτο* om La^{109} | *κύριε* 3° – fin om 71 | *κύριε* 3°] *κς a*$^{-74\,106\,121\,236\,44\,(71)}$ Ald(*κυριος*): cf 𝔐 Vulg^{ap} | *ἡμῶν* 2°] + *συ ει a*$^{-121\,(71)}$ = 𝔐; + *συ ει* (+ *ο* 19′ Dam$^{H^b(II)}$ Compl) *θεος* (+ *ημων* Dam$^{C(II)}$) *L′* Dam$^{CRH^b}$ Compl; + *nobiscum esto* La^{109}; > 158 | *μή* – fin om 44 |

κύριος τοὺς Αἰθίοπας ἐναντίον Ἰούδα, καὶ ἔφυγον οἱ Αἰθίοπες· ^{13}καὶ 13 (12)
κατεδίωξεν Ἀσὰ καὶ ὁ λαὸς αὐτοῦ ἕως Γεδώρ, καὶ ἔπεσον Αἰθίοπες
ὥστε μὴ εἶναι ἐν αὐτοῖς περιποίησιν, ὅτι συνετρίβησαν ἐνώπιον κυρίου
καὶ ἐνώπιον τῆς δυνάμεως αὐτοῦ· καὶ ἐσκύλευσαν σκῦλα πολλά. ^{14}καὶ 14 (13)
ἐξέκοψαν τὰς κώμας αὐτῶν κύκλῳ Γεδώρ, ὅτι ἐγενήθη ἔκστασις
κυρίου ἐπ' αὐτούς, καὶ ἐσκύλευσαν πάσας τὰς πόλεις αὐτῶν, ὅτι πολλὰ
σκῦλα ἐγενήθη αὐτοῖς· ^{15}καί γε σκηνὰς κτήσεων, τοὺς Ἀμαζονεῖς, 15 (14)

B'' A V *L' a b* 60 119 158 527 La$^{109\,(Leg)}$ Aeth Arm

κατισχυσάτω πρὸς σέ] *praevaleat nobis* La^{109}: cf Vulg | *κατισχυσάτω*] + *με* Dam^{R} | *πρὸς σέ*] *μετα σου L* Dam$^{CRH^b}$ = $\mathfrak{M}$

12 *κύριος*] + *deus* Arm^{II} | *Αἰθίοπας*] *αιθιωπας* 19 74 158; *εθιοπας* 55; *eziopas* La^{109} | *ἐναντίον*] *εναντιον ασα και εναντιον* (*in conspectu asa et in conspectu* La^{109}; *coram asa* (sic G; *asaf* rel) *et coram populo* Aeth$^{A'}$) La^{109} Aeth$^{A'}$ Compl = $\mathfrak{M}$, *coram populo* Aeth$^{P'}$ | *καί* ult ∩ (13) *καί* 1° Arm^{II} | *ἔφυγον*] *επταισαν* 93 Dam^{Hb} Lag.; *επαισαν* Dam^{C}; pr *victi sunt* Aeth(omnes) | *οἱ* om B' | *Αἰθίοπες*] *αιθιωπες* 19; *-παις* V* 93; *eziopes* La^{109}

13 *κατεδίωξεν*] + *αυτους L a*$^{-71}$ La^{109} Aeth^{DF} Arm^{II} Ald Compl Sixt = $\mathfrak{M}$ | *καὶ ὁ λαὸς αὐτοῦ* om 107 | *Γεδώρ*] *γεδδωρ b*^{2}; *γεραρα* 93-108 Arm^{II} = $\mathfrak{M}$, cf Ios VIII 294(*της γεραριτιδος χωρας, η γεραρων*) et 14; *γεραραρα* 19; *ierara* La^{109}: cf praef p 76 | *καί* 3° om 610 | *Αἰθίοπες*] *αιθιωπες* 19 158; *-παις* 93 314; *eziopes* La^{109}; pr *οι L* 55' 60 119 158 527 Compl | *ἐν* om *b* 60 119 158 527 La^{109}: cf $\mathfrak{M}$ | *περιποίησιν*] *περιποιησειν* A: cf praef p 85; *salus* La^{109} | *ὅτι – αὐτοῦ* 2° om 381 | *ἐνώπιον* 1°] *εναντιον* 158 | *καί* 4° ∩ 5° 71-107 | *ἐνώπιον* 2°] *εναντιον* B' Sixt Ra. | *τῆς* om *a*$^{(-71\,107)}$ | *σκῦλα πολλά*] *τα σκυλα αυτων* 127; + *valde* La^{109} = $\mathfrak{M}$

14 *εξεκοψας* 127 | *τὰς κώμας*] *civitates* Arm^{I} = $\mathfrak{M}$ | *αὐτῶν* 1° om 19 La^{109} = $\mathfrak{M}$ | *Γεδώρ*] *γεδδωρ b*^{2}: cf 13; *γαδαρα* 71; *γεραρων* 93 554^{mg} Tht *Par II* 268 Proc *Comm in Par II* 1212; *gerare* La^{109}; *gerara* Arm^{II}: cf $\mathfrak{M}$ et 13; *γεχωρ* 55 | *ὅτι* 1° – *αὐτούς* om 381 | *ἐγενήθη* 1°] *εγενετο L* Tht Compl: cf praef p 105 | *αὐτούς*] *αυτοις* Compl | *ἐσκύλευσαν*] *διηρπασαν L* Arm^{II}(vid) Tht Compl, cf Ios VIII 294(*επι την διαρπαγην*) | *πάσας τὰς πόλεις*] *πολεις πασας* 527; om *πάσας L* 107 Arm^{II} Tht Ios(vid) Compl = Vulg; om *τὰς πόλεις* 60 | *αὐτῶν* 2°] *αυτου* B' 46-728-*b*$^{2-98}$ 119; > La^{109} = $\mathfrak{M}$ | *ὅτι* 2° – fin om 71-107 | *πολλὰ σκῦλα* tr *L a*$^{(-71\,107)}$ La$^{109\,Leg}$ Arm^{I} Tht Compl = $\mathfrak{M}$ | *ἐγενήθη* 2°] *εγεννηθη* 108 | *αὐτοῖς*] pr *εν* 74 La$^{109\,Leg}$ = $\mathfrak{M}$

---

13 *Γεδώρ*] σ' *Γαδάρων* 108

ἐξέκοψαν καὶ ἔλαβον πρόβατα πολλὰ καὶ καμήλους καὶ ἐπέστρεψαν εἰς
Ἰερουσαλήμ.
1/2 **15** ¹*Καὶ Ἀζαρίας υἱὸς Ἀδάδ, ἐγένετο ἐπ' αὐτὸν πνεῦμα κυρίου,* ²*καὶ*
ἐξῆλθεν εἰς ἀπάντησιν Ἀσὰ καὶ παντὶ Ἰούδᾳ καὶ Βενιαμὶν καὶ εἶπεν
Ἀκούσατέ μου, Ἀσὰ καὶ πᾶς Ἰουδὰ καὶ Βενιαμίν· κύριος μεθ' ὑμῶν
ἐν τῷ εἶναι ὑμᾶς μετ' αὐτοῦ, καὶ ἐὰν ἐκζητήσητε αὐτόν, εὑρεθήσεται
3 *ὑμῖν, καὶ ἐὰν ἐγκαταλίπητε αὐτόν, ἐγκαταλείψει ὑμᾶς.* ³*καὶ ἡμέραι*

B′′ A V *L′ a b* 60 119 158 527 La^{109} Aeth Arm

15 init – *Ἀμαζονεῖς* om Aeth^{AEGH} | *γε* om 44 | *σκηνάς*] pr *τας* 44 Tht^{ap} *Par II* 268 | *κτήσεων*] *κτισεων* 527 Ald; *κτησεως* V 55* 119 = 𝔐; *κτηνων L* Arm(vid) Tht^{te} Compl; pr *των* 44; + *eorum* Aeth$^{P'DF}$ Arm^{I} = Targ; + *ceperunt* Arm | *τοὺς Ἀμαζονεῖς, ἐξέκοψαν*] *et tunc percusserunt deleverunt amazones* Arm^{II}; *τοὺς Ἀμ.* om La^{109} Compl = 𝔐 | *τούς*] *τας* 44 Tht^{1Ms}; pr *και α*$^{-71}$ Arm^{I} Tht^{ap} Ald Sixt | *Ἀμαζονεῖς*] *αμοζ.* 19; *-ζωνεις* 46-98; *-ζωνας* 158; *-νιεις* 93; *-νιειμ* Tht^{te}; *-νιμ* Tht^{1Ms}; *-νειμ* Tht^{2Mss} Proc *Comm in Par II* 1212; *αλιμαζονεις* Sixt: cf 22₁ | *ἔλαβον*] *εβαλον* 60; *captivos duxerunt* La^{109}: cf 𝔐 | *πολλά*] *in multitudine* La^{109}: cf 𝔐; > 125 | *καί* 3° om V* | *ἐπέστρεψαν*] *-ψεν* 60; *υπεστρ.* 106′ Tht^{ap}

15 1 *Καὶ Ἀζαρίας υἱός*] *και αζαρεαν υιον* 158; *αζ. δε υιος* 125: cf Vulg; om *καί* 527 | *ζαριας* 68′ Ald | *Ἀδάδ*] *ωδηδ* B *L′* Compl Sixt Ra. = 𝔐 Targ Vulg^{te} (Pesch עזור): cf 8; *odet* La^{109}; *ιωβηδ* 127: cf Vulg^{ap}(*obed*); *αδδαθ* 158; *addaj* Arm^{Iap}; *δ̄α̅δ* 71 60; *αδαβ* 119; *αδαμ* 52; litt *α* 2° sup ras 55 | *κυρίου*] *θ̄υ̅ L* Arm^{II} Compl = 𝔐 Vulg^{te} (non Pesch Targ)

2 *εξηλθον* 379(98 absc) | *Ἀσά* 1°] *αυτων* B; pr *τω L* Dam^{C} Compl | *καί* 2° – *Βενιαμίν* 1°] > *L* 74(|) Arm^{II} Dam = 𝔐; om *παντί* 71; om *καὶ Βενιαμίν* 68 | *καί* 2°] *εν* B | *Βενιαμίν* 1°] *-μειν* B′′ A V 119 158 | *εἶπεν*] + *αυτω L* 71 Aeth^{P} Arm^{II} Dam Compl = 𝔐 | *Ἀκούσατέ* – *Βενιαμίν* 2°] > B'; om *Ἀσά* – *Βενιαμίν* 107; om *καί* 1° – *Βενιαμίν* 71 | *ακουσον L* Arm^{II} Dam Compl | *πᾶς Ἰουδά*] *πας ιουδας* A V 554 55 158: cf TGP II; *ο υιος* 46$^{sup\ lin}$(non 52) | *Βενιαμίν* 2°] *-μειν* A V 55 119 158; *-μην* 108 | *κύριος*] *deus* Cypr *test* 122 Hier *Pel* 99^{ap}; *κ. ο θεος* 60; *dominus deus vester* Arm^{II} PsAug *Spec* 442 (hab *dominus* La^{109} Cypr *Fort* 195 Aug *grat* 888 Hier *Pel* 99te Gild *exc* 50) | *ὑμῶν*] *ημων* 55 158 Ald | *ἐν τῷ* om 489 | *ὑμᾶς* 1°] *ημας* B 158 | *καί* paenult – *καί* ult] > Cypr *test* et *Fort* Hier *Pel*; *καί* paenult – *ὑμῖν* bis scr 106* | *ἐκζητήσητε*] *-σηται* 55; *-σετε* (*-σεται* V* 19 158) V^{c} 19 71 127 158: cf praef p 109; *-σατε* 107(non 44) 379 | *εὑρεθήσεται* – *αὐτόν* 2°] > 489: homoiot; bis scr 93; pr *και* 98 Tht^{2Mss} *Par II* 269 | *ὑμῖν*] *in vobis* La^{109}; *a vobis* Gild 50 | *καὶ ἐάν* 2°] *si autem* Cypr Fort Aug; *quod si* PsAug; *si* Cypr *test* Hier (hab *et si* La^{109} Gild) | *ἐγκαταλίπητε*] *-λειπητε* (*ενκ.* 93; *-λειπειτε* V*) A V^{c} 93 68′-106 728 55 125 Tht Ald Compl Sixt; *-ληπητε* 19′; *-ληψειτε* 158; *-λιπετε* 236: cf praef p 109; *-λειπης*

πολλαὶ τῷ Ἰσραὴλ ἐν οὐ θεῷ ἀληθινῷ καὶ οὐχ ἱερέως ὑποδεικνύοντος
καὶ ἐν οὐ νόμῳ· ⁴καὶ ἐπιστρέψει αὐτοὺς ἐπὶ κύριον θεὸν Ἰσραήλ, καὶ 4
εὑρεθήσεται αὐτοῖς. ⁵καὶ ἐν ἐκείνῳ τῷ καιρῷ οὐκ ἔστιν εἰρήνη τῷ 5
εἰσπορευομένῳ καὶ τῷ ἐκπορευομένῳ, ὅτι ἔκστασις κυρίου ἐπὶ πάντας

B'' A V *L' a b* 60 119 158 527 La$^{109\,(Leg)}$ Aeth Arm

Dam; *καταλιπητε* B | *ἐγκαταλείψει*] *-λειψη* (*ενκ.* 93; *-λιψη* 127) 93 381* 55' 60 Tht^{1Ms}; *-ληψει* 243; *-ληψεται* 158; *-λιπει* Tht^{1Ms}; *καταλειψει* Tht^{2Mss}; pr *και* 98 Hier(*et ille*) | *ὑμᾶς* 2°] *ημιν* 158*

3 v 3-4 om 381 | *ἡμέραι*] pr *εν* 236* | *τῷ*] *εν* *a*$^{-71\,121\,236\,314\,762}$ Arm^{I}; > Ald | *ἐν οὐ θεῷ ἀληθινῷ*] *ανευ θεου αληθεινου* Compl; *ανευ θ̅υ̅ αληθειας* 71↓; *in deo non* (> La$^{Leg:L}$) *vero* La$^{109\,Leg}$ | *ἐν οὐ* 1°] *αινουντων* 19'(108*): cf Pesch Targ(ולא פלחו) | *καί* 2° – *ὑποδεικνύοντος*] > B': homoiot = 𝔐^{1Ms}; *et sine sacerdote et doctore* La^{109}: cf Vulg | *οὐχ*] *ουχι* *L* Compl; + *εως* V; > 71 | *ὑποδεικνύοντος*] *-τες* 107; *-δεικνυντος* (*-δικ.* V* 93) V^{c} *L* *b*$^{I(-381)}$ 60 Tht *Par II* 269 (*-τες* Tht^{1Ms}) Ald Compl Sixt: cf praef p 105; *αποδεικυντος* (sic) 158 | *ἐν οὐ νόμῳ*] *sine lege* La^{109}: cf praec; om *ἐν* 125

4 init] pr *και εκαθισεν* (*-σαν* Tht^{1Ms}) *εν στενοτητι* *L'* Tht *Par II* 269: cf 𝔐(וַיֵּשֵׁב pro וַיָּשָׁב); pr *stabant in tristitia et anxietate* Arm^{II}: cf sq | *καὶ ἐπιστρέψει αὐτούς*] *qui convertebat eos* Arm^{I}; *και επιστρεψει* 93(|) 60 Ra. Lag. Fern.: cf TGP II; *και επιστρεψουσιν* Tht; *cumque conversi sunt* Arm^{II}: cf Vulg; + *εν θλιψει* (*θλιψεσιν* Tht^{1Ms}) *L* La^{109}(ante *αὐτούς* tr) Tht Compl: cf 𝔐; *καί* > 55 | *αὐτούς*] *αυτοις* 243-731; *αυτο*[... 98 | *ἐπί*] *προς* *a*$^{-71}$ Ald | *θεὸν Ἰσραήλ*] pr *τον* 19' 158 Tht Compl; + *και ζητησουσιν* (*εκζ.* Tht^{ap}) *αυτον* (*αυτων* 108*) *L* La^{109} Arm^{II} Tht Compl: cf 𝔐; > 71 | *εὑρεθήσεται*] *repertus est* Arm^{I} = 𝔐 (hab *reperient* Vulg) | *αὐτοῖς*] *εαυτοις* 107

5 *καί* 1° om *a* Arm Aeth^{G} Ald | *ἐκείνῳ/τῷ καιρῷ*] *τοις καιροις εκεινοις* *L* Arm^{II} Tht *Par II* 269 Dam^{CR} Compl = 𝔐; tr *a* Proc *Comm in Par II* 1212: cf 𝔐 | *ἔστιν*] *εσται* *b*^{I} La^{109}(*erit*) Proc = Vulg; *ην* 158 Arm | *τῷ εἰσπορ. καὶ τῷ ἐκπορευομένῳ*] *τῷ εἰσπορ.* et *τῷ ἐκπορ.* tr (*procedenti et ingredienti* La) *L* *a*$^{-74(106')}$ 60 La^{109} Aeth(omnes) Arm^{II} Tht^{ap} Dam^{CR} Ald Compl Sixt Ra. = 𝔐; *τω εκπορευομενω* 106' Tht^{ap} Proc; *τω εισπορευομενω* A; om *τῷ* 2° 71-74 55 158* | *εκστασεις* V*: cf 𝔐 | *κυρίου*] *a domino cecidit* Arm^{I}; + *πολλη* 93-108 Arm^{II} Tht^{-2Mss} Dam^{CR} Compl: cf 𝔐 | *ἐπὶ πάντας*] *super eos* La^{109}; om *πάντας*

---

3 *ἐν οὐ θεῷ ἀληθινῷ*] σ' *ἄνευ θ̅υ̅ ἀληθείας* 108

6 *τοὺς κατοικοῦντας χώρας. ^{6}καὶ πολεμήσει ἔθνος πρὸς ἔθνος καὶ*
7 *πόλις πρὸς πόλιν, ὅτι ὁ θεὸς ἐξέστησεν αὐτοὺς ἐν πάσῃ θλίψει. ^{7}καὶ*
ὑμεῖς ἰσχύσατε, καὶ μὴ ἐκλυέσθωσαν αἱ χεῖρες ὑμῶν, ὅτι ἔστιν μισθὸς
τῇ ἐργασίᾳ ὑμῶν.
8 *^{8}Καὶ ἐν τῷ ἀκοῦσαι τοὺς λόγους τούτους καὶ τὴν προφητείαν*
Ἀζαρίου τοῦ προφήτου καὶ κατίσχυσεν καὶ ἐξέβαλεν τὰ βδελύγματα
ἀπὸ πάσης τῆς γῆς Ἰούδα καὶ Βενιαμὶν καὶ ἀπὸ τῶν πόλεων, ὧν
κατέσχεν ἐν ὄρει Ἐφράιμ, καὶ ἐνεκαίνισεν τὸ θυσιαστήριον κυρίου, ὃ

B´´ A V *L´ a b* 60 119 158 527 Syh$^{17\ 195}$(incipit ab 8) La$^{109\,(Leg)}$ Aeth Arm

Arm^{IIap} | *χώρας*] *τας χωρας* A *a* 60 Ald Compl Sixt Ra. = 𝔐; *τας* (> Tht^{2Mss} Dam^{C}) *γαιας* (*γεας* Tht^{2Mss}; *γας* Tht^{2Mss}) 93 Tht^{-1Ms} Dam^{C}: cf 𝔐; *την γην* Tht^{1Ms}; *terrae* Arm^{II}; *τας γενεας* Dam^{R}

6 *πολεμήσει*] *-μησαι* Tht^{ap} *Par II* 269; *-μιση* 158; *-μισει* 125: cf praef p 107; *bellavit* Arm^{Ite} Arm^{II} | *πρὸς ἔθνος*] *επ εθνος* Tht^{1Ms}; *et gens* Aeth^{P}; > 527 Aeth^{A} | *καὶ πόλις*] *και πολεις* A V* 728 55 158: cf sq; *και πολιν* Tht^{1Ms}; *ad civitatem* Aeth^{P} | *πρὸς πόλιν*] *προς πολεις* V*; *και παλιν* Tht^{1Ms} | *ἐξέστησεν αὐτούς*] *εξεζητησεν* (*εζητησεν* Dam^{C}) *αυτους* 236 Dam^{CR}; *εξεταστης εν αυτοις* (*αυτη* 44) 68´-74-106´-120-134-554; *percutiet eos* La^{109} | *θλίψει*] pr *τη* 93 Tht^{1Ms}

7 *ισχυσετε* 44 | *καί* 2° – *ὑμῶν* 1° om 107 | *εκλυεσθω* 527 | *χεῖρες*] *οσφυες* Tht *Par II* 269 | *ὑμῶν* 1°] *ημων* 98(379^{c}): cf sq; ⌒ 2° 74 | *ἔστιν* B*-55*-127 A V* 19´ 243] *ετι* 106´; > 158 610; *εστι* (*εστη* 314) rel | *μισθός*] pr *ο* 610 | *τῇ ἐργασίᾳ*] *της εργασιας* 71 *b*^{2} 158 La^{109} Tht; pr *εν* 107-314 | *ὑμῶν* 2°] *ημων* 98

8 *Καί* om 158 | *ἀκοῦσαι*] + *τον ασα L* Syh$^{17\ 195}$ Aeth$^{A´}$ Compl = 𝔐; + *αυτους b*^{2} | *τούτους καὶ τὴν προφητείαν*] *sermonis huius, prophetiae* Arm^{II}; > 71: cf Pesch(om *καὶ τ. προφ*) | *Ἀζαρίου* A V 71-121 *b* 55 60 119 158 527 Syh La^{109} Aeth(omnes) Arm^{I} (Arm^{II} inc) Hippol *Chron*^{H1} (*Lib gen I*) 92,25 Ald: cf TGP II] *αδαδ* (*δ̄α̅δ* 127*) B' Sixt Ra.: cf 1; *ωδηδ L* Compl = 𝔐, cf 1; *αδδω* (*αδω* 74 125) *a*$^{-71\ 121}$; *azarias qui et addo* Eus *Chron II*^{Lat} 73a,25 (cf 321 (*Chron II*^{Arm} deest)); + *fili odet* La^{109} | *τοῦ* 1°] *πρωτου* 527 | *καὶ κατίσχ. καί*] > 44; om *καί* 1° *L a* 158 La^{109} Aeth(omnes) Arm (hab Syh) Compl = 𝔐 | *κατίσχυσε(ν)*] *ισχυσε* 610; + *asa* La^{109} | *εξεβαλαν* 158 | *τὰ βδελύγματα*] *τα προσοχθισματα L* Compl; pr *παντα a*$^{-71}$ Aeth(omnes) Arm | *ἀπὸ πάσης τῆς γῆς*] *απασης της γης* 158 Arm^{II}; om *τῆς* 71-107 381 127 | *βενιαμειν* B´´ A V 119 158; *βενι*^{μ} 71; ⌒ (9) *βενιαμιν* 125 | *καί* paenult om 158 Arm^{II} | *τῶν πόλεων*] pr *omnium* Aeth (omnes) | *ὧν*] *ας* 107; > 106 | *κατέσχεν*] *κατεσχον* (*-σχων* 19) 19´; *κατεχων* 158; *κατελαβετο* 93 Lag. Fern.; *απο ιεροβοαμ* (+ *rege* Arm) *L* Arm^{II} Compl; + *ιεροβοαμ a* Ald Sixt | *ἐν ὄρει Ἐφράιμ* om *a*$^{-71\ 121}$ | *ἐν ὄρει*] *εξ ορους L´* La^{109} Aeth^{DFG} (hab בטורא Syh) = 𝔐 Targ (*montis* Vulg; בארעא Pesch) | *ἐνεκαίνισεν*]

ἦν ἔμπροσθεν τοῦ ναοῦ κυρίου. 9*καὶ ἐξεκλησίασεν τὸν Ἰούδαν καὶ* 9
Βενιαμὶν καὶ τοὺς προσηλύτους τοὺς παροικοῦντας μετ' αὐτοῦ ἀπὸ
Ἐφράιμ καὶ ἀπὸ Μανασσὴ καὶ ἀπὸ Συμεών, ὅτι προσετέθησαν πρὸς
αὐτὸν πολλοὶ τοῦ Ἰσραὴλ ἐν τῷ ἰδεῖν αὐτοὺς ὅτι κύριος ὁ θεὸς αὐτοῦ
μετ' αὐτοῦ. 10*καὶ συνήχθησαν εἰς Ἰερουσαλὴμ ἐν τῷ μηνὶ τῷ τρίτῳ* 10
ἐν τῷ πεντεκαιδεκάτῳ ἔτει τῆς βασιλείας Ἀσά. 11*καὶ ἔθυσεν τῷ* 11
κυρίῳ ἐν ἐκείνῃ τῇ ἡμέρᾳ ἀπὸ τῶν σκύλων, ὧν ἤνεγκαν, μόσχους
ἑπτακοσίους καὶ πρόβατα ἑπτακισχίλια. 12*καὶ διῆλθεν ἐν διαθήκῃ* 12

B'' A V *L' a b* 60 119 158 527 Syh$^{17\ 195}$ La$^{109\ (Leg)}$ Aeth Arm

ανεκαινισεν (-*σε* B^{c}) B'; + *ασα L'* Arm^{II} Compl (non Syh) | *κυρίου* 1°] *domino* La^{109}: cf Vulg^{ap} | *ὅ* – fin om V 107 Syh | *ἔμπροσθεν τοῦ ναοῦ*] *ante faciem vestibuli* La^{Leg} (hab *ante templum* La^{109}). cf 8_{12} 3_{4}; *ante domum domini* Aeth

9 *ἐξεκλησίασεν* (-*σε* V^{c} 120-122 46^{c}(non 52) Ald; *εξεκλισιασε* 68) V* 108 68'-120 46^{c}(non 52) 55'(55* corr pr m) 158 Ald] *εξεκκλησιασε(ν)* rel: cf 5_{2}; + *ασα L* Arm^{II} Compl | *τὸν Ἰούδαν*] *τον ιουδα* V 19' 71-236 46*(non 52)-731 127 379 Compl; *τον ιουδ* 71; *τον ιου^{δ}* 554 98; *omnem populum iuda* Aeth^{DF}: cf 𝔐; om *τόν* 107 | *Βενιαμίν*] -*μειν* B'' A V 119 158; -*μην* 108; *βενια^{μ}* 71; pr *τον* 121-236-314-762 119 158 | *τούς* 2° – fin] > 381 | *τοὺς παροικ. μετ' αὐτοῦ*] *qui cum eo erant* La^{109}: cf 𝔐; > 71 | *κατοικουντας* 107 *b*$^{(-381)}$ 158 527 | *μετ'* 1° – (10) *τῆς* om 610 | *μετ'* 1° – *αὐτούς*] *εν αυτοις* 107 | *ἀπό* 2° om 71 *b*^{2} La^{109} Aeth (omnes) = 𝔐$^{-2Mss}$ | *μανασση* 74 158 527 Arm | *εξετεθησαν* 93 | *πολλοὶ τοῦ Ἰσραήλ*] *τω* (*του* 71) *ισραηλ πολλοι a*$^{(-107)}$: cf 𝔐; *εξ ισραηλ πολλοι* (> Syh) *L* Syh$^{17\ 195}$ Arm^{II} Compl = 𝔐; *multi ex israhel* La^{109} Arm^{I} | *ὅτι* 2° > 731 | *ὁ θεὸς αὐτοῦ*] *ο θεος αυτων* 158 Arm^{I}; > 71; om *αὐτοῦ* 93 106' Arm^{IIap} Lag. | *αὐτοῦ* ult] *αυτων* 158

10 *συνηχθη* 107 | *εἰς*] *εν* 71 | *τρίτῳ* (*γ'* 314-762)] *πρωτω* (*α'* 127) *b*^{2} 127 | *ἐν τῷ πεντεκαιδεκάτῳ* (*ιε'* 107(non 44) 127 158; *XV* La^{109}) *ἔτει*] *εν τω* (> 71) *ετει τω* (> 71-321-346) *πεντεκαιδεκατω* (*ιε'* 314-762) *L a*$^{-107}$ Syh$^{17\ 195}$ Arm^{II} Ald Compl Sixt = 𝔐

11 *εθυσιασεν* 19'; *εθυσαν* (*εθυσιασαν* 93 Compl) A 93 381* Syh$^{17\ 195}$ Arm^{II} Compl = 𝔐 | *κυρίῳ*] + *deo* Arm^{IIte} | *ἐκείνῃ*] -*νω* 728(-*νο**); post *ἡμέρᾳ* tr *L a* Arm (non Syh$^{17\ 195}$) Ald Compl Sixt = 𝔐 | *ἀπό* – *ὧν*] > 127: cf 𝔐(om *ὧν* 𝔐$^{-1Ms^{mg}}$, sed hab Pesch Targ Vulg); om *ἀπὸ τ. σκύλων* B | *σκύλων*] *σκευων* 60 | *ηνεγκεν* (-*κε* B^{c}; *ανηνεγκεν* 127; *adtulerat* La) B' 71 98 La^{109} Aeth(omnes) Arm^{II} | *ἑπτακοσίους*] *επτα κριους* A | *καί* ult om 71-74 | *ἑπτακισχίλια*] -*λιοι* 19; *επτα χιλιαδας* (tr 381) A V *b* 119 527; *DDC* Aeth^{-PGDF}

12 *καί* 1° om 158 | *διηλθον* (*ηλθον* 121-236-314-762) *L a* Syh$^{17\ 195}$ La$^{109\ Leg}$ Arm^{II} Ald Compl = 𝔐$^{-1Ms}$ (hab *intravit* Vulg); *ηλθεν* 60 | *ζητῆσαι*] *του εκζη*-

ζητῆσαι κύριον θεὸν τῶν πατέρων αὐτῶν ἐξ ὅλης τῆς καρδίας καὶ ἐξ
13 ὅλης τῆς ψυχῆς· ^{13}καὶ πᾶς, ὃς ἐὰν μὴ ἐκζητήσῃ κύριον θεὸν Ἰσραήλ,
ἀποθανεῖται ἀπὸ νεωτέρου ἕως πρεσβυτέρου καὶ ἀπὸ ἀνδρὸς ἕως γυ-
14 ναικός. ^{14}καὶ ὤμοσαν ἐν τῷ κυρίῳ ἐν φωνῇ μεγάλῃ καὶ ἐν σάλπιγξιν
15 καὶ ἐν κερατίναις. ^{15}καὶ εὐφράνθησαν πᾶς Ἰουδὰ περὶ τοῦ ὅρκου,
ὅτι ἐξ ὅλης τῆς ψυχῆς ὤμοσαν καὶ ἐν πάσῃ θελήσει ἐζήτησαν αὐτόν,
16 καὶ εὑρέθη αὐτοῖς καὶ κατέπαυσεν αὐτοῖς κύριος κυκλόθεν. ^{16}καὶ

B″ A V *L′ a b* 60 119 158 527 Syh$^{17\,195}$(desinit ab 16) La$^{109\,(Leg)}$ Aeth Arm

τησαι L Compl: cf 13 15 16 12 17 3 | *κύριον*] pr *τον* 71 *b*$^{I-381}$ 610 | *θεὸν τ. πατέρων αὐτῶν*] pr *τον L* 381-*b*^{2} 60 127 158 125 Compl; > 71; om *θεὸν τ. πατέρων* 107: cf 𝔐^{1Ms}(om *θεόν*); om *τῶν πατέρων* 19 125 | *αὐτῶν*] *eius* Aeth^{-G}: cf sq | *ἐξ ὅλης τ. καρδίας καί*] pr ※ 119; > 71-107; om *τῆς* 60 158 | *καρδίας*] + *αυτων L* Compl = 𝔐 (non Vulg) | *καί* 2° – fin] om *ὅλης* Arm^{II}: cf 𝔐^{1Ms}(om *καὶ ἐξ ὅλης*); om *τῆς* 71 *b*^{2} 55 158 125; + *αυτων L′* 68′-71 La^{109}(*sua*) Arm^{II} Ald Compl Sixt = 𝔐; + *eius* Aeth

13 *καί* 1°] *λεγων* 381 | *ὅς*] *ο* A | *ἐάν*] *αν* 60 119 527 Compl(|): cf praef p 96; > 158 | *ἐκζητήσῃ*] *-σει* 107 60 158: cf praef p 109; *ζητηση* (*-σει* 19) *L* Compl: cf 12 | *κύριον*] pr *τον* 68′-120-121-130-236-314-554-762 Ald Sixt | *θεόν*] pr *τον L* 74-107 *b*^{2} 127 158 Compl | *Ἰσραήλ*] pr *του* 93-108 *a*$^{-71\,107}$ Ald Compl Sixt | *θανατω θανατωθησεται L* Arm^{II} | *ἀπό* 1° – fin om 44 | *ἕως* 1°] pr *και* 321-346 Syh$^{17\,195}$ Arm^{IIap} = 𝔐 Pesch Targ | *καί* 2° om B’ *L a* Syh La^{109} Arm^{II} Ald Compl Sixt Ra. = 𝔐 Pesch Targ | *ἀπό* 2° om 74 | *ἕως* 2°] pr *και* V^{c} 321-346 Syh

14 v 14–19 om 381, v 14 om Arm^{II} | *ωμοσεν* A 158 Aeth | *ἐν* 1° om *L a b*^{2} 119 158 527 Syh$^{17\,195}$(ל) La^{109} Arm^{I} (hab Aeth omnes) Compl = 𝔐(ל) | *τῷ* om B Sixt | *καί* 2° – (15) *ὤμοσαν* om 44: homoiot | *ἐν* 3° – fin] *cornea tuba* Arm^{I} | *ἐν* 3° om La^{109} | *σάλπιγξι(ν)*] *σαλπιγγι* 52; pr *αλαλαγμω* (*iubilo* La^{109} = Vulg) *και εν L* La^{109} (non Syh) Compl = 𝔐 (Pesch lib) | *καὶ ἐν κερατίναις*] > B’; om *καὶ ἐν* 107

15 init – *ὤμοσαν* om 107: homoiot | *εὐφράνθησαν*] *ηυφρ.* B’ A V 46-98(non 379)-728 119 158 527 Ra.: cf praef p 102; *epulati sunt* La$^{109\,Leg}$ | *πᾶς Ἰουδά*] *πας ιουδας* V^{c} 121 46-64-728-489 119 158 527: cf 2; *εν ιουδα* 127; post *ὅρκου* tr *L* Compl; > Arm^{II} | *ὅρκου*] *οικου* 127 | *ὅτι – ὤμοσαν* om Aeth^{A} | *ἐξ ὅλης τῆς ψυχῆς*] pr *ex toto corde eorum et* Aeth^{P}; om *τῆς a*$^{(-107)}$ Ald; + *αυτων* A V 19′ 71 *b*$^{(-381)}$ 55 60 119 158 527 Syh$^{17\,195}$ Arm Compl = 𝔐 | *ἐν πάσῃ θελήσει*] *in toto corde eorum* Aeth(omnes); om *πάσῃ* Arm^{II}; + *αυτων L* Arm^{II} Compl = 𝔐 | *θελήσει*] *θλιψει* 46 | *εξεζητησαν L* 489 Compl: cf 12; *εξητησαν* 55 158: cf praef p 79 | *αὐτόν*] *αυτων* 60*; *τον* $\overline{κν}$ *L* Arm^{II} Compl | *εὑρέθη αὐτοῖς*] *invenerunt eum* Arm^{IIte}: cf Vulg; *ευρ. εν αυτοις* 127 | *αὐτοῖς* 2°] *αυτους* 19-93 *b*^{2}

τὴν Μααχὰ τὴν μητέρα αὐτοῦ μετέστησεν τοῦ μὴ εἶναι τῇ Ἀστάρτῃ
λειτουργοῦσαν καὶ κατέκοψεν τὸ εἴδωλον καὶ κατέκαυσεν ἐν χειμάρρῳ
Κεδρών. ¹⁷πλὴν τὰ ὑψηλὰ οὐκ ἐξῆρεν, ἔτι ὑπῆρχεν ἐν τῷ Ἰσραήλ· 17
ἀλλ' ἡ καρδία Ἀσὰ ἐγένετο πλήρης πάσας τὰς ἡμέρας αὐτοῦ. ¹⁸καὶ 18
εἰσήνεγκεν τὰ ἅγια Δαυὶδ τοῦ πατρὸς αὐτοῦ καὶ τὰ ἅγια οἴκου κυρίου
τοῦ θεοῦ, ἀργύριον καὶ χρυσίον καὶ σκεύη.

B'' A V *L' a b* 60 119 158 527 La$^{109\,(Leg)}$ Aeth Arm

127 Aeth: cf Pesch; post *κύριος* tr *a* Ald Sixt = 𝔐 (non Vulg); > 60 610 = 𝔐^{1Ms} | *κυκλωθεν* B* 46 60 158: cf praef p 88

16 *καί* 1°] *sed et* La^{109}: cf 𝔐 Vulg et Reg III 15$_{13}$ 𝔐 | *τήν* 1° om 107 | *Μααχά*] *-χαν* 55; *μαχαα* 19' 46; *macam* La^{109} | *τὴν μητέρα αὐτοῦ*] *την μητερα* (*θυγατερα* 19) *ασα του βασιλεως* (*regis asa* La^{109} Arm^{II}) *L* La^{109} Arm^{II} Compl = 𝔐; om *τήν* 46 | *μετέστησεν – εἶναι*] *της βασιλειας εγυμνωσε* Tht *Par II* 270: cf sq | *μετέστησε(ν)*] *κατεστησε* 610; + *ασα L* Compl | *τοῦ μὴ εἶναι*] *του ειναι* A: cf Reg 𝔊^{ap}; *quia erat* Arm^{I}; *ne imperet* Arm^{II}; *de principatu* La^{Leg} (hab *ut non esset* La^{109}): cf 𝔐(מגבירה, מגבורה 2 Mss) Vulg(*imperio*); + *αυτην* 158 | *τῇ Ἀστάρτῃ*] *την α.* 108*(vid); *τη αστατη* 107(non 125); *τη ασταρτω* 379; *astarti priapi* La^{109}: cf Vulg | *λειτουργουσα* 93 | *καί* 2° – *κατέκαυσεν*] *και κατεκαυσε το ειδωλον* 107 | *καί* 2° ∩ 3° 55(|) | *τό – κατέκαυσεν*] *illut asa et conbusit simulacrum* La^{109}; + *αυτο* (*αυτω* 19') *L* Aeth(omnes); + *et proiecit illud* Aeth^{Dc}: cf 𝔐 | *ἐν*] *τω* 60; + *τω L a* Tht Ald Compl Sixt | *κεδρω* Ald

17 *ἐξῆρεν*] *-ραν* A V 93-108 *b*$^{2-98}$ 60 119 527: cf 𝔐; *απεστησαν* B'' Aeth(vid) Sixt Ra. (hab *ἐξῆρεν* Proc *Comm in Par II* 1212): cf 𝔐 et TGP II | *ἔτι*] *οτι* V 106' *b*$^{I(-381)}$ 119 158 527 Arm^{II} Ald; *quoniam adhuc* La^{109}; pr *et* Arm^{I} | *υπηρχον* 489-731; *υπηρχων* 158*(corr pr m); *erant* La^{109} | *ἐν* om V(|) | *Ἰσραήλ*] *ιουδα* 527; pr *ιουδα και* (> Aeth^{DF}) *εν τω* (> 64-728; om *εν τω* A 60 Ald) A *b*$^{I(-381)}$ 60 158 Aeth(omnes) Arm^{I} Ald | *ἀλλ'* – fin om 44 | *ἀλλ' ἤ*] *αλλα* (*αλα* V) *η* V *b*^{2} 127: cf praef p 97; *πλην L* Aeth vid(omnes) Compl (hab *sed* La^{109}) = Reg III 15$_{14}$; *et* Arm^{II} | *ἐγένετο πλήρης*] *εγ. πληρει* 55: cf praef p 101; *εγ. αγαθη* 71; *τελεια ην* Compl = 𝔐 et Reg 𝔐 𝔊; *τελεια ουκ ην L* Arm^{II}; + *in domino* Aeth (omnes): cf Pesch et Reg 𝔐 𝔊 | *πάσας* – fin om 71 | *ἡμέρας*] + *vitae* Arm = Pesch et Reg 𝔊^{107}

18 *εισηνεγκαν* 71 *b*$^{I(-381)}$ 60; *εισυνεγκον* (sic) Ald | *τὰ ἅγια/Δαυίδ*] *δ̄ᾱδ τα απο* 127; tr V; om *Δαυίδ L* Arm^{II} Compl = 𝔐$^{-1Ms}$ | *δαυειδ* B; *δαβιδ* Ald: cf 1$_{1}$ | *τοῦ πατρὸς αὐτοῦ* om 236 | *τὰ ἅγια οἴκου*] *τα αγια αυτου εις τον οικον L* La^{109} Arm^{II} Compl = 𝔐(קדשיו בית) Pesch Targ Vulg, cf Reg III 15$_{15}$; *τὰ ἅγια* om 71 | *κυρίου τοῦ θεοῦ*] *του* (> 71) *θεου L a* Ald Compl Sixt = 𝔐; *θεου αυτου b*^{2}; *κυριου* Arm^{II} = Pesch Targ Vulg et Reg 𝔐 𝔊; om *τοῦ* 60; + *αυτου* 158 Aeth

19 [19]Καὶ πόλεμος οὐκ ἦν μετ᾽ αὐτοῦ ἕως τοῦ πέμπτου καὶ τριακοστοῦ
1 ἔτους τῆς βασιλείας Ἀσά. **16** [1]καὶ ἐν τῷ ὀγδόῳ καὶ τριακοστῷ ἔτει
τῆς βασιλείας Ἀσὰ ἀνέβη Βαασὰ βασιλεὺς Ἰσραὴλ ἐπὶ Ἰούδαν καὶ
ᾠκοδόμησεν τὴν Ῥαμὰ τοῦ μὴ δοῦναι ἔξοδον καὶ εἴσοδον τῷ Ἀσὰ
2 βασιλεῖ Ἰούδα. [2]καὶ ἔλαβεν Ἀσὰ χρυσίον καὶ ἀργύριον ἐκ θησαυρῶν
οἴκου κυρίου καὶ οἴκου τοῦ βασιλέως καὶ ἀπέστειλεν πρὸς τὸν υἱὸν τοῦ
3 Ἀδὲρ βασιλέως Συρίας τὸν κατοικοῦντα ἐν Δαμασκῷ λέγων [3]Διάθου
διαθήκην ἀνὰ μέσον ἐμοῦ καὶ σοῦ καὶ ἀνὰ μέσον τοῦ πατρός μου καὶ

B′′ A V *L′ a b* 60 119 158 527 La^{109} Aeth Arm

(omnes) | *αργυρον* 158 | *καί* paenult – fin] *καί* 1° om 71 44 Arm^{IIte}; *καί* 2° om 321; *καὶ σκεύη* om Aeth(omnes)

19 init – *αὐτοῦ*] *et nemo bellavit regi asa* Aeth(omnes) | *μετ᾽ αὐτοῦ*] *in eo* La^{109}; *ei* Arm^{I}; *μετα ασα L* Arm^{II} Compl: om 𝔐, sed cf Reg III 15$_{16}$ | *ἕως* – fin om 107 | *ἕως* – *ἔτους*] *usque ad XXV annum* La^{109}(*anni* cod) Arm^{II}: cf 16$_{1}$ | *ἕως τοῦ*] *εσω του* 52; *εως ετους* V^{c} | *πέμπτου* – *ἔτους*] *ετους* (*ετου* 93) *του* (> 71) *τριακοστου και* (> 71) *πεμπτου L* 71 = 𝔐 | *πέμπτου καὶ τριακοστοῦ*] *πέμπτου* (*ε′* 130-314-762) et *τριακοστοῦ* (*λ′* 314-762) tr *a*$^{(-107)}$ Arm^{I}; *λε′* 158 Aeth = 𝔐 | *τῆς βασιλείας Ἀσά*] *τ. βασ. αυτου* 93 *b*$^{l(-381)}$ 158; > 19′; om *Ἀσά* Arm^{II}

16 1 init – *Ἀσά* 1°] > 60: homoiot; *ἐν* – *Ἀσά* 1° om 74 | init – *ἔτει*] *και εν τω ετει* (*ετει δε* pro *καὶ ἐν τῷ* 106′; *τῷ* om 71) *τω* (> 71′) *τριακοστω και* (> 71 Compl) *εκτω* 93 71′ Compl = 𝔐; *και εν τω ετει τω τριακοστω* 19′; *και εν τω τριακοστω και εκτω* (*πεμπτω* 554* = 𝔐^{1Ms}; *ς′* 122-314-762 (om *και ς* 68)) *ετει a*$^{(-71' 74)}$ Aeth$^{P'}$; *ὀγδόῳ* et *τριακ.* tr et *καί* om Arm^{I}; *in sexto et vicesimo anno* La^{109}; *tunc in anno vicesimo sexto* Arm^{II}: cf 15$_{19}$ | *τ. βασιλείας Ἀσά*] *τ. βασ. αυτου* 106′; om *τ. βασ.* Aeth$^{-P'}$ | *ἀνέβη*] *και ηλθεν* (*-θε* ^{c}) V | *Βαασά*] *βασα* 236-321 158 Arm^{II}; *baas* Arm$^{I IIc}$; > V Sixt | *Ἰούδαν*] *ιουδα* 19 74-106′(non 44′)-120-134 381 60 379; *ιου*^{δ} 554 98 125; *ιουδαιαν* 158^{c}; pr *βασιλεα* 381 | *καί* 3° – fin om Arm^{II}: homoiot | *Ῥαμά*] *ραμμα* 158: cf Reg III 15$_{17}$ 𝔊^{A} | *τοῦ*] *τω* 71 | *μὴ δοῦναι*] *μηδ ου και* A; *μη ειναι b*^{l} 158 = Reg 𝔊 | *ἔξοδον* et *εἴσοδον* tr 19′ 107 Aeth(omnes) Compl Lag. = Pesch^{te}, cf Reg 𝔊^{ap} | om *καὶ εἴσοδον* Arm^{I} | *Ἀσὰ βασ. Ἰούδα*] *βασιλει ασα* 98; om *Ἀσά* 121-236-314-762 46 610

2 *χρυσίον* et *ἀργύριον* tr *L a* 158 (hab *χρυσον και αργυρον* Ios VIII 304) Ald Compl Sixt = 𝔐 Pesch Targ Vulg^{-1Ms} et Reg III 15$_{18}$ 𝔐 𝔊, cf $_{3}$ | *θησαυρῶν*] *-ρου* Compl Lag.; > Arm^{II} | *οἴκου* 2°] *de domo* La^{109} Arm = Pesch Targ; pr *de thesauris* Aeth = Vulg, cf Reg; > 106 | *τοῦ βασιλέως*] *αυτου* 107; om *τοῦ* 71-106 | *ἀπέστειλε(ν)*] *εστειλε* 106^{c}; *επεστ.* 106*(vid) | *πρός* – *κατοικοῦντα*]

---

16 1 *Ἰούδαν* (vel *Ῥαμά* ?)] *τὴν Βηθλέεμ λέγει* 554

ἀνὰ μέσον τοῦ πατρός σου· ἰδοὺ ἀπέσταλκά σοι χρυσίον καὶ ἀργύριον,
δεῦρο καὶ διασκέδασον ἀπ' ἐμοῦ τὸν Βαασὰ βασιλέα Ἰσραὴλ καὶ
ἀπελθέτω ἀπ' ἐμοῦ. ⁴*καὶ ἤκουσεν υἱὸς Ἀδὲρ τοῦ βασιλέως Ἀσὰ καὶ* 4
ἀπέστειλεν τοὺς ἄρχοντας τῆς δυνάμεως αὐτοῦ ἐπὶ τὰς πόλεις Ἰσραὴλ
καὶ ἐπάταξεν τὴν Ἀϊὼν καὶ τὴν Δὰν καὶ τὴν Ἀβελμάιν καὶ πάσας τὰς

B'' A V *L' a b* 60 119 158 527 La^{109} Aeth Arm

τον βασιλεα συριας τον κατοικουντα 106*; *τω βασιλει συριας τω κατοικουντι* (*τω κατοικ.* om 44') 106^{c}-107 | *πρός – Ἀδέρ*] *ad benadad filium ade* La^{109}: cf 𝔐 ((5 Mss הדר) אל־בן־הדד) Pesch(לברהדד) Targ(לבר הדד) Vulg(*ad benadad*); *τοῦ* om 762* 98 158 | *βασιλέως* 2°] -*λεα* 93 68' 158 | *Συρίας*] *ασσυριων* 19'; + *και* 127

3 *Διάθου διαθήκην*] *testamentum* La^{109} Arm = 𝔐 Pesch(add אית) Targ Vulg (add *est* post *σοῦ*, cf Reg III 15$_{19}$ 𝔊 (*διαθου* sub ÷ Syh; *διαθηκη εστω L* La)) | *ἀνὰ μέσον* 1° ⌒ 2° 130-321-346 | *σοῦ καί*] pr *ανα μεσον* A *L* La^{109}(*inter*) Aeth(omnes) Arm^{II}: cf Reg; > 55; om *καί* 120* | *καί* 2° – *σου*] > 71-107: homoiot, cf Reg 𝔊^{ap} | *καί* 2° – *μου*] bis scr 119*; > V 314 (*σου* 314^{c}) | *μου* et *σου* tr *L* Compl | *ἀνὰ μέσον* 3° om *a*$^{(-71\ 107\ 314)}$ La^{109} Aeth(omnes) Arm^{I}: cf Reg 𝔊 | *σου· ἰδού*] *μου εδου* 158* (*σου εδου* ^{c}) | *ἰδού*] pr *και L* Aeth$^{P'Dc}$ Compl | *απεστειλα* 44 | *σοι*] *σε* 158 125; > 381 | *χρυσίον καὶ ἀργύριον*] *και χρ. αργ.* Ald; *χρ. αργ. και* 93 Fern.; *αργ. και χρυσιον a* Arm^{I} = 𝔐 et Reg 𝔐 𝔊, cf $_{2}$ | *δεῦρο*] pr *και* 158 | *καί* paenult om V 93 68 *b*$^{2-98}$ 127 Ald = 𝔐 | *ἀπ'* 1° – *Ἰσραήλ*] *την διαθηκην σου την μετα βαασα βασιλεως ισραηλ* (*testamentum tuum quod habes cum baasa rege israhel* La^{109}; *testamentum illud quod cum baasa rege israelitarum est* Arm^{II}) *L* La^{109} Arm^{II} Compl = 𝔐 et Reg 𝔐 𝔊 | *Βαασά*] *βασα* 236-321-346 610; *βαασσα* 125; *baas* Arm^{I}; post *Ἰσραήλ* tr 107(non 44) 381; om V 60 119 527 | *βασιλέα*] *τω βασιλει* 610; pr *τον* 158 | *καί* ult – fin om 71 44 | *ἀπελθέτω*] -*θατω* V 60 119: cf praef p 105; *απελευσεται L* Compl

4 *ἤκουσεν*] + *αυτου* 44 | *υἱὸς Ἀδέρ*] *filius ade* La^{109}: cf $_{2}$; om *υἱός* 19 71 *b*^{2}; + *βασιλευς συριας L* Arm Compl | *τοῦ βασ. Ἀσά*] *αυτου* 71; > 44 Arm^{I}; om *βασιλέως* 236 Arm^{II} | *ασαν* 158; *βαασα* 236* | *τούς*] *αυτους* 119; pr *προς* B' | *αὐτοῦ*] *εαυτου* V 60 | *τάς* 1° om 158 | *ἐπάταξεν*] *percusserunt* La^{109} = 𝔐 Pesch Targ Vulg(*percusserunt*), cf Reg III 15$_{20}$(ויך 𝔐, *επαταξαν* B 93 245, -*ξεν* rel) | *τὴν Ἀϊών* et *τὴν Δάν* (om *καί* exc D^{c}G) tr Aeth$^{A'}$ | *τ. Ἀϊών*] *elom* Arm^{II}; *adoan* La^{109} | *αειων* V; *αιω* 125; *ιω* B; *ινω* 127; *αινων* (-*νον* 52) *b*^{I} 527 Ald; *σαινον* 158; *αιλων* 19'; *αιδωμ* 93; *ιων* coni Ra. | *καὶ τὴν Δάν*] > 55; om *καί* 71-107 Aeth^{AD*EFH} | *Δάν*] *δανω* B' | *καί* paenult om 71-107 | *τὴν Ἀβελμάιν*] *ebalmajin* Arm^{II}; *belmayn* La^{109}; *'abla ma'in* Aeth$^{P'}$; om *τήν* 158 | *Ἀβελμάιν*] -*μαν* B''; -*μαινων* 71; *αμελβαιν b*^{2}; *αβελμαειμ* (-*μαιμ* 93) *L* Compl = 𝔐 Vulg^{te} | *καί* ult om 731 | *τὰς περιχώρους*] *τας περιχωρου* V*; *civitates con-*

5 *περιχώρους Νεφθαλίμ.* ^{5}*καὶ ἐγένετο ἐν τῷ ἀκοῦσαι Βαασὰ ἀπέλιπεν*
6 *τοῦ μηκέτι οἰκοδομεῖν τὴν Ῥαμὰ καὶ κατέπαυσεν τὸ ἔργον αὐτοῦ.* ^{6}*καὶ*
Ἀσὰ ὁ βασιλεὺς ἤγαγεν πάντα τὸν Ἰούδαν καὶ ἔλαβεν τοὺς λίθους τῆς
Ῥαμὰ καὶ τὰ ξύλα αὐτῆς, ἃ ᾠκοδόμησεν Βαασά, καὶ ᾠκοδόμησεν ἐν
7 *αὐτοῖς τὴν Γάβεε καὶ τὴν Μασφά.* ^{7}*καὶ ἐν τῷ καιρῷ ἐκείνῳ ἦλθεν*
Ἀνανὶ ὁ προφήτης πρὸς Ἀσὰ βασιλέα Ἰούδα καὶ εἶπεν αὐτῷ Ἐν τῷ

B′′ A V *L′ a b* 60 119 158 527 La$^{109\,(Leg)}$ Aeth Arm

fines La^{109}; *tabernacula civitatum* La^{Leg}: cf 𝔐; om *τας* 60 | *Νεφθαλίμ* *a*$^{-71\ 74\ 106\ 554}$ La$^{109\ Leg}$(*neptalim*) Arm Ald = Vulg] *νεφθαλειμ* 19′-121 71-106-554 64-98-381-489 44′ Compl Lag.; *nefthalem* Aeth(omnes); *νεφαλιμ* 610; *νεφαλιν* 74; *νεφθαλι* A 119 527 52 Sixt Ra. = 𝔐 Pesch Targ, cf Reg et 34_{6}; *νεφθαλει* B′′ V 93 60 Fern.; *νεφαλι* 46; pr *τους* 71

5 om *ἐγένετο* 44 Aeth: cf Reg III 15_{21} 𝔊^{ap} | *Βαασά*] *-σαν* 127; *βασα* 19′; *βασαν* 158; *baas* Arm^{Ite}; pr *τον* *L* Compl; + *βασιλεα* $\overline{ιηλ}$ *a*$^{-71\ 107}$ Ald | *ἀπέλιπεν* (sic B*-127 243; *-πε* rel)] *-λειπεν* (*-πε* V^{c} 71 60 610) A V* 71 728 55 60 119 158 610; *cessabit* La^{109}: cf sq; pr *και* *L* Arm^{II} Compl = 𝔐 Targ (non Pesch) | *μηκέτι*] *μη* *b*^{2}(489*); > 489^{c} 158*: cf 𝔐 et Reg | *Ῥαμά*] *ραμαν* 106′(non 44-610) 158; *ρααμα* *L*: cf Reg 𝔊^{ap}; *ραμαα* Ald; *ραμακ* 68′-120-134: ante *κ*; + *ο βαασα* *L* | *κατέπαυσε(ν)*] *κατεπατησε* 610; *cessabit* La^{109}: cf praec | *εαυτου* A V *b*(731^{c}) 119 527

6 *ὁ* om 68′ Ald Sixt | *ἤγαγε(ν)*] *ελαβε* (*-βεν* B*-127) B′ *L* La^{109}(*suscepit*) Aeth omnes(sim: *collegit*: cf Pesch) Arm^{II} Compl Ra. = 𝔐 Vulg Pesch (כנש הוא, sed hab Targ: דבר) | *ιουδα* B 19 46(non 52)-728 60 158 44 379; *ιου*^{δ} 71 125 98: cf TGP II | *καὶ ἔλαβεν*] *και ηρον* *L*(*κληρον* 19′: *ΚΛ* ex *ΚΑΙ*) = 𝔐, cf Reg III 15_{22}; *τον αιρειν* Compl | *τούς*] pr *παντας* *L a*$^{-107}$ Aeth^{-B} Arm^{II} Ald Compl = 𝔐^{1Ms} | *τῆς Ῥαμά*] *την ρ.* 243-731; > Arm^{II}; om *τῆς* 71-107 | *ἃ ᾠκοδόμησεν Βαασά* om 107 La^{109} Arm^{II} | *βασα* 321 158; *baas* Arm^{I} | *ἐν αὐτοῖς*] *ex eis* La^{109} = Vulg; *εν αυτη* 158*; *εαυτοις* V; om *ἐν* 134 46 610 | *τὴν Γάβεε*] *την γαβαε* B′ A 71 489 Sixt Ra.; *gaba'i* Aeth; *γαβαα* (pr *την* 93) *L* Arm(*gabba* vel *gababa* Arm^{Iap}) Ios VIII 306 Compl = Vulg, cf Par I 8_{6} Reg I $13_{16\ 18}$ 14_{5} IV 23_{8}; *gabat* La^{109} | *τὴν Μασφά*] *masebat* La^{109}: cf Vulg^{ap}; *μασταφας* Ios (*masphas* Ios^{Lat})

7 *καί* 1°] + *et factum est* La^{109}; > *L* 71 Arm Compl = Vulg | *Ἀνανί*] *ανανη* 19-93; *ανανει* 108 Compl; *αναμει* B; *ανανιας* *a*$^{-121}$(554^{mg}) La^{109} Arm Or^{Lat} *in Matth A* 49 Tht^{te} *Par II* 270,22 Ant^{Mi} Ald; *anania* Arm Hippol *Chron*^{H_2}(*Arm*) 93,21; *annanias* Hippol *Chron*^{H_1}(*Barbarus*) 92,25 AnProph 1739,36 (hab *Ἀνανί* Eus *Chron*^{Lat} 73a (*Chron*^{IIArm} deest) = Vulg^{ap}, cf 𝔐((הראה) חנני); (ראה) חנניה 1 Ms) | *ὁ* om *b*$^{2-489}$ | *πρός – Ἰούδα*] *προς βασ. ιουδα ασα* A V *b*$^{I(-381)}$ 55 60 119 158 527; *προς βασ. ασα* Aeth omnes; *προς τον* (> 71) *βασ. ιουδα* 93 71 Lag.; > 381; om *βασ.*

πεποιθέναι σε ἐπὶ βασιλέα Συρίας καὶ μὴ πεποιθέναι σε ἐπὶ κύριον
θεόν σου, διὰ τοῦτο ἐσώθη δύναμις Συρίας ἀπὸ τῆς χειρός σου. 8*οὐχ* 8
οἱ Αἰθίοπες καὶ Λίβυες ἦσαν εἰς δύναμιν πολλὴν εἰς θάρσος, εἰς ἱππεῖς
εἰς πλῆθος σφόδρα; καὶ ἐν τῷ πεποιθέναι σε ἐπὶ κύριον παρέδωκεν εἰς
τὰς χεῖράς σου. 9*ὅτι οἱ ὀφθαλμοὶ κυρίου ἐπιβλέπουσιν ἐν πάσῃ τῇ γῇ* 9
κατισχῦσαι ἐν πάσῃ καρδίᾳ πλήρει πρὸς αὐτόν. καὶ νῦν ἠγνόηκας ἐπὶ

B′' A V *L′ a b* 60 119 158 527 La^{109} Aeth Arm

Ἰούδα 44 | *Ἀσά*] *ασαβ* 120-122 | *βασιλέα* 1°] pr *τον* 93 527 | *αὐτῷ*] *προς αυτον* 19 127 La^{109} = 𝔐 (non Pesch Targ Vulg) | *σε* 1°] ⌒ 2° 321-346; om Tht^{ap} | *ἐπί* 1° om 60 52*(corr pr m) | *Συρίας* 1°] *ασυριας* 60; ⌒ 2° 71 | *σε* 2° om A Tht^{ap}: cf 8 | *θεόν*] pr *τον L* 127 158 Tht Ant^{Mi} | *διεσωθη L* Tht^{te} Proc *Comm in Par II* 1212 Compl | *δύναμις*] pr *η* A 68-107-121-762 Tht Ald Sixt | *Συρίας* 2°] *ασσυριων* 158; *βασιλεως* $\overline{\iota\eta\lambda}$ *L* Arm Tht Proc; pr *βασιλεως* Compl = 𝔐 Targ Vulg (non Pesch) | *ἀπό*] *εκ* 19′ Ant^{Mi} Compl | *τῆς χειρός*] *των χειρων* 74 Aeth Arm = 𝔐^{2Mss}; om *τῆς L* Compl

8 *οὐχ*] *ουχι L* 762 46 60 158 610 Compl: cf 𝔐(הלא); *nonne* La^{109} AnMth 623 = Vulg; pr *et* Aeth^{-G} | *οἱ Αἰθίοπες*] *οι αιθιοπαις* V* 108; *οι αιθιωπες* 19; *eziopes* La^{109} (hab *aethiopes* AnMth); *αιθιοπαις* (*-ωπ.* *) 158; om *οἱ* 762 46 60 158 610 | *λιβιαις* 158; *λιβες* 527; *λιββες* 121; *λιβ* 68 | *ἦσαν*] *ησαν σοι a*$^{-71}$ Ald; *venerunt* (pro *ἦσαν* ?) *super te* Arm^{II}: cf sq | *εἰς* 1° – *ἱππεῖς*] *corroborati curribus et equitibus* Arm^{II}: cf sq | *εἰς θάρσος*] *και εις θ. a*$^{-71}$ Aeth(sim) Ald; *και θ. L* Compl; *et in currus* AnMth; *in curru* La^{109} = 𝔐; + *εις αρματα L* Compl; > 44 = 𝔐 | *θαρσεις* 489 | *εἰς ἱππεῖς*] pr *και L* Aeth^{A} Ald Compl = 𝔐; *και ιππεις a*$^{-71}$ La^{109} AnMth; *εις ιππους* 158; *in equis et equitibus* Aeth(textum auctum praebet) | *εἰς πλῆθος σφόδρα*] *πληθος σφοδρα* V(‖) *a*$^{-71}$ 60; *multis valde* Aeth; *et multitudinem copiosam* AnMth; *εις πληθος πολυ σφοδρα* 381 La^{109}(*in multitudine copiosa valde*); + *venerunt* Arm^{I}: cf praec | *πεποιθέναι σε*] om *σε* A 19: cf 7; *πεποιθε|σαι* 158 | *ἐπί*] *εις* 119 527 | *κύριον*] + *θεον* 55 Arm^{II}; + *deum tuum* Aeth | *παρέδωκεν*] + *αυτους L a*$^{-71}$ 158 La^{109} Aeth Arm^{II} AnMth Ald Compl = 𝔐; + *eos dominus* Arm^{I} | *τάς* om 68*(corr pr m)-236 60 158 44

9 *οἱ ὀφθαλμοὶ/κυρίου* tr 71: cf 𝔐 Targ (hab Pesch) | *ἐν πάσῃ τῇ γῇ*] *επι πασην την γην L* Aeth$^{P'}$(vid) Arm^{II}(vid) Tht *Par II* 271 Compl; *in omnem terram* La^{109} AnMth 623 | *κατισχῦσαι* – *αὐτόν*] *ad confirmandum* (*conservandum* AnMth) *eos* (*illum* AnMth) *qui* (+ *est* AnMth) *perfecto corde cum eo* (*ad eum* AnMth) *sunt* (> AnMth) La^{109} AnMth: cf sq; > 71 44 | *ἐν πάσῃ καρδίᾳ πλήρει*] *μετα πασης καρδιας τελειας* (> Tht) *L* Arm^{II} Tht^{-1Ms} Compl = 𝔐; *cogitationes perfectis in corde* Aeth$^{-P'D^c}$; *in plenitudine cordis et in perfectione cogitationis* (> D) Aeth$^{P'D^c}$ | *πληρη* 236-554 *b*$^{I-46}$ 60 158 Tht^{1Ms}: cf 15$_{17}$ | *πρὸς αὐτόν. καὶ νῦν*] pr *επι του* B: ex *επι τουτω* sq; om *πρὸς αὐτόν a*$^{-121\ 236\ 314\ 762\ (71\ 44)}$ Aeth$^{-P'D^c}$

10 *τούτῳ· ἀπὸ τοῦ νῦν ἔσται μετὰ σοῦ πόλεμος.* [10]*καὶ ἐθυμώθη Ἀσὰ τῷ
προφήτῃ καὶ παρέθετο αὐτὸν εἰς φυλακήν, ὅτι ὠργίσθη ἐπὶ τούτῳ· καὶ
ἐλυμήνατο Ἀσὰ ἐν τῷ λαῷ ἐν τῷ καιρῷ ἐκείνῳ.*
11 [11]*Καὶ ἰδοὺ οἱ λόγοι Ἀσὰ οἱ πρῶτοι καὶ οἱ ἔσχατοι γεγραμμένοι ἐν*
12 *βιβλίῳ βασιλέων Ἰούδα καὶ Ἰσραήλ.* [12]*καὶ ἐμαλακίσθη Ἀσὰ ἐν τῷ
ἐνάτῳ καὶ τριακοστῷ ἔτει τῆς βασιλείας αὐτοῦ τοὺς πόδας, ἕως σφό-*

B’’ A V *L′ a b* 60 119 158 527 La^{109} Aeth Arm

= 𝔐^{1Ms}; + *τα προς αυτον a*; om *καὶ νῦν* (hab *tu autem* La^{109}) B’ *L* Tht Compl Sixt Ra. = 𝔐 Targ; om *νῦν* Arm^{II} AnMth | *ηγνοησας* (-*γνω*- 19) *L* Tht Compl; *ηγνοηκα σε* V 60 | *τούτῳ*] *τουτο* 93 554 *b*$^{2-98}$ 60 | *εστιν* (-*ι* B^{c} 71) B’ 71 | *μετὰ σοῦ*] post *πόλεμος* tr 98-381 Aeth Arm^{II}; *σοι* Tht; *vobiscum* Arm^{I}

10 *τῷ προφήτῃ*] *προς τον προφητην L* Arm^{II} Compl = 𝔐 | *παρέθετο*] *εθετο* 44; *παρεδωκεν* (*tradidit* La) 93 La^{109} Arm^{II} = 𝔐 | *φυλακήν*] *οικον φυλακης L* Aeth(omnes) Arm^{II} Compl: cf 𝔐 | *ὅτι* – *τούτῳ*] > 71 44′; om *ὅτι ὠργίσθη* B^{txt} | *οργισθη* (-*γησ*- 108) 19′ 106-314-346*-762* 55 158 Compl: cf praef p 102 | *τουτο* 60 158 | *ἐν τῷ λαῷ*/*ἐν τῷ καιρῷ ἐκείνῳ*] om *ἐν τῷ λαῷ* 19 46-381; om *ἐν τῷ καιρῷ* 125; om *καιρῷ* 44(bis scr *ἐκείνῳ*); tr Aeth

11 init – (12) *αὐτοῦ* 1°] *και εκοιμηθη ασα μετα των* $\overline{\textit{πρων}}$ *αυτον αλγησας* 381: cf 13; init – *Ἰσραήλ* om 125 | *ἰδού* om 44-610 | *οἱ* 1° om 379: cf 12 15 | *Ἀσά* – *ἔσχατοι*] *αυτου* 44 | *οἱ* 2° – *ἔσχατοι*] > 71; pr *και* 106 | *γεγραμμένοι*] *nonne ecce scripti sunt* La^{109}: cf 𝔐 et Reg III 15 23 𝔐 𝔊; + *sunt* Arm = Vulg | *ἐν βιβλίῳ*] *εν βιβλω* 60 158; *επι βιβλιου* (-*λιω* 44; *βιλιου* Ald) *a*$^{-71\,(125)}$ Ald: cf 𝔐 et Reg; *επι βιβλιου λογων L* Arm^{II} Compl = Reg 𝔐 𝔊 | *βασιλεως* 68′(122*^{vid}) 60 Ald | *Ἰούδα* et *Ἰσραήλ* tr 158

12 *ἐμαλακίσθη Ἀσά*] *ηρρωστησεν* (*infirmatus est* La Fac; *cecidit in morbum infirmitatis* Arm^{II}) *ασα* 93 La^{109}(vid) Arm^{II}(vid) Fac *def* 657; *aegrotaverunt asae paedes* Arm^{I}: cf sq | *Ἀσά* – *αὐτοῦ* 1°] > 44; *Ἀσά* om 71-107 | *ἐν* 1° – *ἔτει*] *εν τω ετει τω εννατω και τριακοστω* La^{109} Sixt: cf 𝔐; *εν* (> 19′ Compl) *τω ετει τω τριακοστω και εν(ν)ατω* (*τω ετει τω λ′ και ϑ′* 314-762; *ετει λϑ′* 107; *ετει τριακοστω ενατω* 71 pro *τω* 1° – *ενατω*) *L a* Aeth Arm^{II} Fac Ald Compl = 𝔐; om *ἐνάτῳ καί* V | *εννατω* 19′ 68′-236 46^{c}(-52)-98 60 527 Ald Compl Sixt: cf praef p 93 | *αὐτοῦ* 1°] *εαυτου* A V *b*$^{2-98}$ | *τούς* – *ἐμαλακίσθη* 2°] *aegrotavit pedibus suis valde* Aeth; *dolore pedum vehementi* Fac: cf Vulg; *et valde infirmatus est* Arm^{I}; *cecidit in morbum pedum suorum* Arm^{II}: cf praec | *τοὺς πόδας*] *εν τοις ποσιν αυτου L* Compl = 𝔐; *pedibus* La^{109}; + *αυτου* 44 | *ἕως* – *αὐτοῦ* 2° om 44 | *ἕως σφόδρα ἐμαλακίσθη* om 107 | *ἕως σφόδρα*] *εως ανω L* Compl = 𝔐; *εως και σφοδρα* 728; *και σφοδρα* 46-64 158; om *ἕως* 381 La^{109}(*nimis*) |

δρα ἐμαλακίσθη· καὶ ἐν τῇ μαλακίᾳ αὐτοῦ οὐκ ἐζήτησεν τὸν κύριον,
ἀλλὰ τοὺς ἰατρούς. [13]*καὶ ἐκοιμήθη Ἀσὰ μετὰ τῶν πατέρων αὐτοῦ* 13
καὶ ἐτελεύτησεν ἐν τῷ ἐνάτῳ καὶ τριακοστῷ ἔτει τῆς βασιλείας
αὐτοῦ, [14]*καὶ ἔθαψαν αὐτὸν ἐν τῷ μνήματι, ᾧ ὤρυξεν ἑαυτῷ ἐν πόλει* 14
Δαυίδ, καὶ ἐκοίμισαν αὐτὸν ἐπὶ τῆς κλίνης καὶ ἔπλησαν ἀρωμάτων
καὶ γένη μύρων μυρεψῶν καὶ ἐποίησαν αὐτῷ ἐκφορὰν μεγάλην ἕως
σφόδρα.

B'' A V *L' a b* 60 119 158 527 La^{109} Aeth Arm

ἐμαλακίσθη 2°] *η αρρωστια* (*-τεια* 19') *αυτου L* Compl = 𝔐; *infirmatus est* La^{109}: cf praec; pr *και* 381-*b*^{2} | *καί* ult] *nam et* La^{109}: cf 𝔐(וגם); *neque* (et om *οὐκ* sq) Fac: cf Vulg | *τῇ μαλακίᾳ*] *τη αρρωστια* (*infirmitate* La) 93 La^{109}vid (*aegrotatione* Fac) Arm(vid) Tht *Reg III* 170 (cf *Par II* 271 *αρρωστησας*): cf 6$_{29}$ 21$_{15\ 18\ 19}$ | *αὐτοῦ* 2°] *εαυτου* A V 46-728-*b*$^{2-98}$; > 107 | *οὐκ*] *ουδ* Ald; pr *και* 44 | *ἐζήτησε(ν)*] *εξεζητησε(ν)* (*εκζητησε* 60: cf praef p 102) A V *L* 121-130-236-314-321-346-554-762 98 60 Tht^{2Mss} Compl: cf 15$_{12}$ | *τὸν κύριον*] $\overline{κς}$ B; + *deum* Arm^{II}; om *τόν* A V *b*$^{-64\ 243}$ 55' 119 158 527 Tht^{te} Ra. | *τοὺς ἰατρούς*] *ιατρειας* 107; om *τούς* *a*$^{-71\ 121\ 236\ 314\ 554\ 762}$ Ald

13 *Ἀσά* om 71-107 = Vulg^{-1Ms} | *αὐτοῦ* 1°] *εαυτου* A V; ⌒ 2° 71 44' | *καὶ ἐτελεύτησεν*] > 107 610; + *ασα L b*^{2} Arm^{II} Dam^{R} Compl | *ἐν* – fin om 381 | *ἐν* – *ἔτει*] *εν τω τριακοστω ετει* B*; *τω ενατω και τριακοστω ετει* B^{c} | *τῷ* – *ἔτει*] *τω ετει τω εν(ν)ατω και τριακοστω b*^{2}; *τω τεσσαρακοστω* (*τεσσερ.* A: cf praef p 95) *και πρωτω* (*ενι* A: cf Reg III 15$_{10}$ 𝔊) *ετει* A *L* Aeth(omnes) Arm^{I} Dam Compl Sixt: cf 𝔐 et Reg III 15$_{10}$; *τω ετει τω τεσσαρακοστω* (*σαρακοστω* 121: cf praef p 107; *μ'* 762) *και* (> Arm) *πρωτω* (*μα'* pro *τεσσ. και πρ.* 107 610 (sic vel sim La(*anno XLI*) et patres)) *a*$^{(-71)}$ La^{109} Arm^{II} Theoph An *Autol* 256,8 Clem Al Strom I 72,27 Hippol *Chron*^{H_1} 92,23(*Barbarus*) AnGen 290 Eus *Chron I*$^{Arm\ 56,27\ Reg\ ser\ 144,18\ et\ Exc\ Eus\ 158,2\ Sync\ 219,13}$ Eus *Chron II*^{Lat} 73a,15 (*XL* 1 Ms; cf 320) et Ios VIII 314 Ald = 𝔐 Pesch Targ Vulg^{te}(om *primo* ^{ap}) | *ενvατω* V^{c} 46^{c} (-52)-98-731^{c} 60 527: cf praef p 93; *ϑ'* 527

14 *ἐν τῷ μνήματι*] *εν τω μνημειω* 60; om *ἐν* 314; om *τῷ* 321-346; + *ipsius* La^{109} = 𝔐 | *ωρυξαν* 127 | *ἑαυτῷ*] *αυτω* 19 *b*^{1}: cf praef p 96; *εν αυτω* 127 158; > 68 Ald | *δαυειδ* B; *δαβιδ* Ald: cf 1$_{1}$ | *εκοιμησαν* V *L* 68'-71-120-121-134-236-321-346-554 *b*^{1}-243-731 55 60 119 158 44-610 Dam^{R} Ald | *κλίνης*] *κοιτης* *L* Dam Compl; + *eius* Arm^{II}: cf Vulg | *καί* 3°] *quod* La^{109} = 𝔐 | *ἔπλησαν*] *επληρωσαν* A; + *αυτην* (sic 93 Dam; *αυτον* 19 Compl; *αυτων* 108) *L* Aeth Arm^{II} Dam Compl | *αρωματα* 74 | *γένη* – *αὐτῷ* om 44 | *γένη*] *γεν* V*; *γε* V^{c}; *diversis generibus* La^{109} Arm sim (*γενη* (*genere*) bis scr) | *μύρων*] *μυρον* 93 527; > La^{109} | *μυρεψῶν*] *-ψου b*^{1} 127 158; *-ψω* 610; *-ψικων* (*-κον* 93) *L* Dam

1 **17** ^{1}*Καὶ ἐβασίλευσεν Ἰωσαφὰτ υἱὸς αὐτοῦ ἀντ᾽ αὐτοῦ, καὶ κατίσ-*
2 *χυσεν Ἰωσαφὰτ ἐπὶ τὸν Ἰσραήλ.* ^{2}*καὶ ἔδωκεν δύναμιν ἐν πάσαις ταῖς*
πόλεσιν Ἰούδα ταῖς ὀχυραῖς καὶ κατέστησεν ἡγουμένους ἐν πάσαις ταῖς
πόλεσιν Ἰούδα καὶ ἐν πόλεσιν Ἐφράιμ, ἃς προκατελάβετο Ἀσὰ ὁ πατὴρ
3 *αὐτοῦ.* ^{3}*καὶ ἐγένετο κύριος μετὰ Ἰωσαφάτ, ὅτι ἐπορεύθη ἐν ὁδοῖς τοῦ*
4 *πατρὸς αὐτοῦ ταῖς πρώταις καὶ οὐκ ἐξεζήτησεν τὰ εἴδωλα,* ^{4}*ἀλλὰ*
κύριον τὸν θεὸν τοῦ πατρὸς αὐτοῦ ἐξεζήτησεν καὶ ἐν ταῖς ἐντολαῖς
5 *τοῦ πατρὸς αὐτοῦ ἐπορεύθη, καὶ οὐχ ὡς τοῦ Ἰσραὴλ τὰ ἔργα.* ^{5}*καὶ*

B′′ A V *L′ a b* 60 119 158 527 Syh$^{17\ 195}_{(3)}$ La$^{109\,(\mathrm{Leg})}$ Aeth Arm

Compl | *αὐτῷ*] *εαυτω* 71-107 527; *αυτο* 93; *αυτων* 108 | *ἐκφοράν*] *incensionem pirae* La^{Leg}: cf **𝔐** (hab *elationem* La^{109}) et sq | *μεγάλην*] *μεγ. και εκαυσαν αυτον καυσιν μεγαλην* Compl = **𝔐**; *μεγ.* (> 121) *και εκλαυσαν αυτω* (sic 19′; *-το* 93; *-τον* 121 Dam) *κλαυσιν μεγαλην L′* Dam: cf 21$_{19}$ | *ἕως σφόδρα*] om *ἕως* B′ *a*$^{-71\ 121\ 554}$ 60 158; *vehementer* La^{109}; *valde* La^{Leg}

17 1 *Ἰωσαφάτ* 1°] post *αὐτοῦ* 2° tr 125; > 107(hab 44) | *αὐτοῦ* 1° ⌒ 2° Arm^{II} | *αὐτοῦ* 2° – fin om 381: homoiot | *ενισχυσεν L* Compl | *Ἰωσαφάτ* 2° om 71-107 La^{109} = **𝔐** | *τόν* om *L* Compl

2 *δύναμιν*] pr *την* 71 | om *ἐν* 1° V 60 | *Ἰούδα* 1°] > *b′* 119 158 527(|); ⌒ 2° 74-106′-321-346 60 | *καί* 2° om 55 | *ἐν* 2° – *Ἰούδα* 2°] *in omnibus regionibus iuda* Aeth(omnes); *εν τη γη ιουδα* (*in terra iuda* La) La^{109} Compl = **𝔐** Pesch Vulg; om *πάσαις* 68′-120 Ald Arm^{II}; om *ταῖς* 71 55; om *Ἰούδα* 71* | *ἡγουμένους*] *φρουρας* Ios VIII 393: cf **𝔐**(נציבים (cf Reg II 8$_{6\ 14}$)) | *πόλεσιν* 2° ⌒ 3° 19′ Arm^{I} | *ἐν πόλεσιν*] *εν ταις π.* Compl; *in omnibus civitatibus* Aeth; > 107 | *ἅς*] *ους* 68′ | *Ἀσά* post *αὐτοῦ* tr *L* Compl

3 *κύριος*] + *deus* Arm^{II} | *μετὰ Ἰωσαφάτ*] *μετ αυτου* 44 | *ἐν* om 19′ | *τοῦ*] pr *δ̄ᾱδ* (*δαυιδ* 108; *δαβιδ* Tht Proc Ald: cf 1$_{1}$) *L a* La^{109} Aeth$^{\mathrm{A}′}$ Arm^{II} Tht *Par II* 272 Proc *Comm in Par II* 1213 Ald Compl (non Syh$^{17\ 195}$ Lucif *Ath* 104) = **𝔐** | *εαυτου* A V *b*$^{2-98}$ | *ταῖς πρώταις καὶ οὐκ*] pr *εν* Tht; *ταῖς πρώταις* om 107 527 Aeth$^{\mathrm{A}′}$; *καὶ οὐκ* om Aeth^{Ac}(Clear, Muséon 85 (1972) 263) | *καί* 2° – $_{(4)}$ *ἐπορεύθη*] > 71-107; – $_{(4)}$ *αὐτοῦ* 1° om 527: homoiot | *εζητησε* 74 731: cf 15$_{12}$

4 *ἀλλά*] *αλλ η* 98 | *τοῦ πατρός* 1° om 60 379*(corr pr m) | *αὐτοῦ* 1°] *εαυτου* A *b*^{2}(non 379) | *ἐξεζήτησεν*] *εζητησεν* 119 Tht$^{\mathrm{2Mss}}$ *Par II* 272: cf 15$_{12}$; > 381 Lucif *Ath* 38 = **𝔐**$^{\mathrm{1Ms}}$, cf Vulg | *τοῦ πατρός* 2° om *L* La^{109} Arm^{II} Tht Lucif Compl = **𝔐** | *αὐτοῦ* 2°] *εαυτου* A V *b*^{2} 119 | *οὐχ* – fin] *ουχ* (*ουκ* Ald Sixt: cf praef p 97) *ως τα εργα του* (> 71-107) *ῑη̄λ a* Ald Sixt: cf **𝔐**; *ου* (+ *fecit* La^{109}) *κατα* (*sic* Lucif) *τα εργα* (+ *filiorum* Arm^{II}) *ῑη̄λ L* La^{109} Aeth Arm^{II} Tht Lucif Compl = **𝔐**

κατεύθυνεν κύριος τὴν βασιλείαν ἐν χειρὶ αὐτοῦ, καὶ ἔδωκεν πᾶς Ἰουδὰ
δῶρα τῷ Ἰωσαφάτ, καὶ ἐγένετο αὐτῷ πλοῦτος καὶ δόξα πολλή. [6]*καὶ* 6
ὑψώθη καρδία αὐτοῦ ἐν ὁδῷ κυρίου, καὶ ἔτι ἐξῆρεν τὰ ὑψηλὰ καὶ τὰ
ἄλση ἀπὸ τῆς γῆς Ἰούδα. [7]*καὶ ἐν τῷ τρίτῳ ἔτει τῆς βασιλείας αὐτοῦ* 7
ἀπέστειλεν τοὺς ἡγουμένους αὐτοῦ καὶ τοὺς υἱοὺς τῶν δυνατῶν, τὸν
Ἀβδίαν καὶ τὸν Ζαχαρίαν καὶ Ναθαναὴλ καὶ Μιχαίαν, διδάσκειν ἐν

B'' A V *L' a b* 60 119 158 527 Syh$^{17\ 195}$(incipit ab 7) La$^{109\ (Leg)}$ Aeth Arm

5 *κατεύθυνεν κύριος τὴν βασιλείαν*] *prosperatum est regnum* Arm^{I} | *κατεύθυνε(ν)*] *-ναι* 19; *κατηυθυνε(ν)* B'' A *b*$^{I-381}$ Tht *Par II* 272 Ra. (*κατευθ.* hab et Dam^{R} Ant^{Mi}): cf praef p 102 | *ἐν χειρὶ αὐτοῦ*] *αυτου* (*eius*) Lucif *Ath* 38 Tht^{1Ms}; pr *αυτου* (*eius* La) La^{109} Aeth Tht^{1Ms} | *ἔδωκε(ν)*] *-καν* V *b*^{I} 55 60 Aeth^{A}(> P) Ald = 𝔐; + *ei* Aeth = Pesch | *πᾶς Ἰουδά*] *πας ιουδας* V^{c} 134 381* 60 158: cf 15₂; *πας ιου*^{δ} 554 125; post *δῶρα* tr 127 | *τῷ Ἰωσαφάτ*] *τω ασαφατ* 134*; *αυτω* 107; *αυτου* 610 | *ἐγένετο αὐτῷ πλοῦτος*] *factae sunt illi divitiae* La^{109} Lucif: cf Vulg; om *αὐτῷ* 68'-120 Aeth$^{A'}$ Ald | *πολλή*] *πολυ* 158; + *σφοδρα* 60

6 *ὑψώθη – ἔτι* om 71-107 | *καρδία*] pr *η* 19' *a*$^{(-71\ 107)}$ 158 Tht *Par II* 272 Ald Compl Sixt | *ἐν ὁδῷ κυρίου*] *εν οδοις κ.* *L* La$^{109\ Leg}$ Aeth(omnes) Arm(vid) Tht Lucif *Ath* 38 Compl = 𝔐; *ενωπιον* $\overline{κυ}$ *και εν οδω αυτου* 158 | *ἔτι*] *οτι* 19' 74-321-346; > B' V Tht Sixt | *επεξηρεν* V: *ΕΠ* pro *ΕΤΙ* praec: cf praef p 76 | *τά* 1° – *ἄλση*] *τα αλση και τα ειδωλα* *L* Tht^{te}; *τα αλση* Tht^{ap}; *et lucos* Lucif | *ἀπό*] *εκ* 381 | *τῆς γῆς*] > La^{109} Lucif = 𝔐 Vulg; om *τῆς* 107 381-489

7 *τῷ τρίτῳ ἔτει*] *τω* (> *L* 71 125 Compl) *ετει τω* (> *L* 71 125 Compl) *τριτω* *L* *a*(non 44) Syh$^{17\ 195}$ Arm^{II} Compl Sixt = 𝔐; pr *τω ετει* Ald | *αὐτοῦ* 1°] *ιωσαφατ* (pr *του* 108) *L* Arm^{II} (hab *αὐτοῦ* Syh La^{109} Compl = 𝔐) | *αὐτοῦ* 2°] *εαυτου* A V* *b*^{I}(46^{c}-52) Ald; > 44 Aeth | *καί* 2° om *L* Arm^{II} = 𝔐 | *τῶν δυνατῶν*] *των υδατων* V; *των δυναμεων* 381; *virtutum* La^{109} Lucif *Ath* 38; + *banayl* La^{109}: cf 𝔐 Vulg(לבן־חיל (*benail*(cum var) Vulg) pro *τοὺς υἱοὺς τῶν δυνατῶν*); + *τον* (pr *eorum et* Arm) *υιον αια* (*nahia* Arm: *n* post *ν*; *αιλ* coni Lag.) *L* Arm^{II}: cf 𝔐(hab לבֿניא דחֿילתנא Syh = 𝔊) | *τόν* 1°] pr *και* *L* La^{109} Arm^{II} Compl = 𝔐; *και* 158 | *τόν* 1° – *Μιχαίαν*] post *Ἰούδα* tr 107; > 44 | *Ἀβδίαν*] *αβδια* 71; *αυδιαν* 106' 158; *αβιαν* B; *αβεια* 127; *αδιαν* 55; עובדיא Syh = 𝔐(עֹבַדְיָה, עובדיה 9 Mss) Pesch | *καὶ τὸν Ζαχαρίαν*] *et iacariam* La^{109}; *καὶ τόν* om 107; *τόν* om B *a*$^{-554}$ Ra. | *καί* 4° om 107 | *Ναθαναήλ*] *nathanajel* Arm; *thanawihel* Aeth^{-AEFH}; *ναθαηλ* 19' 55 Syh(נתאיל) Aeth^{AEFH}; *θαναηλ* *b*$^{I-381}$ 158*; *matanael* La^{109} = Vulg^{1Ms}; pr *τον* A *L* 55 158 Compl | *καί* ult om 125 | *Μιχαίαν*] *μειχαιαν* B; *μιχεαν* 527; *μηχαιαν* 158; *miceam* La^{109}; מיכא Syh; pr *τον* Compl | *διδάσκειν*] pr *του* *L* *b*^{I} 158 Ald Compl Sixt

8 *πόλεσιν Ἰούδα,* 8*καὶ μετ᾽ αὐτῶν οἱ Λευῖται Σαμουίας καὶ Ναθανίας*
καὶ Ζαβδίας καὶ Ἀσιὴλ καὶ Σεμιραμὼθ καὶ Ἰωναθὰν καὶ Ἀδωνίας καὶ
9 *Τωβαδωνιὰ Λευῖται· οἱ μετ᾽ αὐτῶν Ἐλισαμὰ καὶ Ἰωρὰμ οἱ ἱερεῖς.* 9*καὶ*
ἐδίδασκον ἐν Ἰούδᾳ, καὶ μετ᾽ αὐτῶν βίβλος νόμου κυρίου, καὶ διῆλθον

B′ʾ A V *L′ a b* 60 119 158 527 Syh$^{17\ 195}$ La^{109} Aeth Arm

8 init – (9) *κυρίου*] *και τον νομον κ̅υ̅ μετ αυτων* 44 | *αὐτῶν* 1°] *αυτον* 381 | *Σαμουίας – Ἰωράμ* om 125 | *Σαμουίας*] *σαμουιης* 610; *αμουιας* 71; *σαμουας* Bʾ; *σαμαιας* (*sameas* La) V^{c} *L* La^{109} Compl Sixt; שמעיא Syh$^{17\ 195}$ | *καί* 2° om 71-107 = Pesch | *Ναθανίας*] נתניא Syh; *ναθαναιας a*$^{-71}$ Ald; *ναθανουας* 127; *sathanaos* Arm^{I}; *nathias* Aeth^{PAEH}; *ναννιας* 46^{s}(non 52); *μανθανιας* B: cf Pesch(מתניא, נתניא ^{ap}) et 20$_{14}$ | *καί* 3° om 71-107 = Pesch | *ζαβδειας* B; *ζανδιας* 106′ 158; *ζαβαδιας* 71 La^{109}: cf 𝔐 Vulg; *βαβδιας* 68 Ald; זבדנא Syh(mend pro זבדיא) | *καί* 4° om 71-107 Syh = Pesch | *Ἀσιήλ* 93 *a* 381 60 158 Arm Ald Compl Sixt] *ασαηλ* 610 La^{109}: cf 𝔐; *αζιηλ* 19′; משאל Syh; *ιασιηλ* (*-σειηλ* B) rel: post *ι* | *καί* 5° om 71-107 = Pesch | *Σεμιραμώθ*] *σεμειρ.* 93; *σεμηρ.* 46; *σεμηραμαθ* 158; *σεμεραμωθ* 55; *σαμειραμωθ* B: cf Par I 15$_{20}$; *zamiramot* La^{109}; *σεμιραμωμ* (*σεμηρ.* 610) 106′; *semerimamoth* Arm^{II} | *καί* 6° om 71-107 Syh = Pesch | *Ἰωναθάν*] יונתן Syh; *ʾijothan* Aeth^{-DF}(G sim); *ionata* La^{109} | *καί* 7°] > 71-107 = Pesch; ⌒ 8° Aeth^{B} Arm^{II}, sed cf sq | *Ἀδωνίας* V^{c} 19′ 71-121-130-236-314-321-346-554-762 381-489 158 Aeth Arm^{I} Compl Sixt] *αδονιας* 60^{c}; *αδωνια* 93 Syh La^{109}; *αδωνιαν* (*αδον.* 60*; *-νειαν* 55) rel | *καί* 8°] > 71-107 Ald = Pesch^{te}; ⌒ (9) *καί* 1° 381 | *Τωβαδωνιά* A^{c} 60] *tabadonias* Arm^{I}; *-νιαν* A* V *b*$^{1(-381)}$ 119 527; *τοβαδινια* 158; *τωαδωνια b*^{2}; *τωβαδωβεια* B; *τωβαδωνβιαν* 55; *τωβαδωβα* 127; *τωβιας* (*τωβιαν* 68′-74-106′-120-134; טוביא Syh; *tobiaj* Arm^{II}) *L a* Syh La^{109} Arm^{II} Compl Sixt Ra. = 𝔐(טוביהו) Pesch(טוביא); *atas* Aeth^{P}; *tob* Aeth^{AE*GH}; *tab* Aeth$^{DE^{c}F}$; + *και τωβαδωνια* (*-νι* 93; *-νιας* Sixt; טובדינא Syh) *L* 71 Syh Compl Sixt = 𝔐(טוב אדוניה) Vulg Targ; + *et dabaria* La^{109}; + *et ʾadonjas* Aeth; + *et aloniaj* (*adoniaj* ^{ap}) *et torias* (*tobias* ^{ap}) *et tobaloniaj* (*tobadoniaj* ^{ap}) Arm^{II}: cf TGP II | *Λευῖται, οἱ μετ᾽ αὐτῶν* Bʾ Ald Sixt] *και a*$^{-71}$; *λευιται* (pr *οι L* Compl Ra.; pr *et* Aeth$^{A′}$; pr *viri* Arm^{II}) *και μετ αυτων L* 71 *b*^{2} 55 La^{109} Aeth$^{A′}$ Arm Compl Ra. = 𝔐; *λευιται και οι μετ αυτων* (*μετ αυτον* 52; *cum eo* Aeth) rel Syh Aeth$^{P′}$ | *Ἐλισαμά*] *ελεισ.* B; *ελσαμα* V Aeth; *elimasat* (*felimasat* codd) Lucif *Ath* 38; *ελισαβαν* 107(-610); pr *και* Ald | *Ἰωράμ*] *ιωραν* B; *ιωρα* 55; *ωραμ* V: post *ι* | *οἱ* ult om 68′-71-74-107(-610); *και* 125 | *ἱερεῖς*] *ιερειμ* V

9 *ἐδίδασκον* 1°] + *οι ιερεις* 60 | *ἐν Ἰούδᾳ*] *εν τω ιουδα L* Compl; *iudam* La^{109} Lucif *Ath* 38 | *βυβλος* B: cf 25$_{26}$ et praef p 91 | *νομος* 60 119 610 | *διῆλθον*] *ηλθον* 55 44; *διηλθεν* 107 119* | *ἐν ταῖς πόλεσιν Ἰούδα*] > 44;

ἐν ταῖς πόλεσιν Ἰούδα καὶ ἐδίδασκον τὸν λαόν. 10 *καὶ ἐγένετο ἔκστα-*
σις κυρίου ἐπὶ πάσαις ταῖς βασιλείαις τῆς γῆς ταῖς κύκλῳ Ἰούδα, καὶ
οὐκ ἐπολέμουν πρὸς Ἰωσαφάτ· 11 *καὶ ἀπὸ τῶν ἀλλοφύλων ἔφερον*
τῷ Ἰωσαφὰτ δῶρα καὶ ἀργύριον καὶ δόματα, καὶ οἱ Ἄραβες ἔφερον
αὐτῷ κριοὺς προβάτων ἑπτακισχιλίους ἑπτακοσίους καὶ τράγους
ἑπτακισχιλίους ἑπτακοσίους. 12 *καὶ ἦν Ἰωσαφὰτ πορευόμενος μεί-*
ζων ἕως εἰς ὕψος καὶ ᾠκοδόμησεν οἰκήσεις ἐν τῇ Ἰουδαίᾳ καὶ πόλεις

B'' A V *L' a b* 60 119 158 527 Syh$^{17\ 195}$(desinit ab 10) La^{109} Aeth Arm

om *Ἰούδα* Syh$^{17\ 195}$ | *ταῖς πόλεσιν*] om *ταῖς* 106' 127; pr *omnibus* Aeth(omnes) Arm^{II}(vid) = 𝔐 | *καί* ult – (10) *Ἰούδα* bis scr 527: homoiot | *καί* ult – fin om 127: homoiot | *ἐδίδασκον* 2°] *-κε* (*-κεν* 610) 107(non 44) | *τὸν λαόν* Syh(לעמא): sic Pesch (בעם 𝔐 Targ)

10 *εκστασεις* V* | *κυρίου* om 158 Tht *Par II* 272 | *πάσαις ταῖς βασιλείαις*] *πασας* (*πας* 158) *τας βασιλειας* 74*-236 158 Tht; om *πάσαις* Lucif *Ath* 38; *regibus* Arm^{I} | *βασιλειας* 321 | *τῆς γῆς*] *τας γης* Tht^{1Ms}; om *τῆς* Tht^{1Ms} | *ταῖς κύκλῳ Ἰούδα* om 107 Arm^{II} | *ταῖς κύκλῳ*] *et in circuitu* La^{109} Lucif; *της κυκλω* 122 60 Tht; *τας κυκλω* 127; om *ταῖς* B 68 Compl Sixt | *εκπολεμουν* V* Tht^{1Ms}: cf 11 1 | *πρός*] *τω* Tht Lucif(vid)

11 *καί* 1° – *δόματα*] *και εφερον αυτω οι αλλοφυλοι δοματα και δωρα* 71 | *καί* 1° om Aeth^{-DF} = 𝔐^{1Ms} | *ἔφερον* 1°] *-ρεν* 610; *afferebantur* La^{109} (hab *adferebant* Lucif *Ath* 38) | *τῷ Ἰωσαφάτ*] *τω ιωσαφ* 728; *iosafae* Lucif^{V}; *προς* (*ad* La) *ι.* B La^{109}; *αυτω* 107 | *καὶ ἀργ. καὶ δόματα*] pr *aurum* Aeth Arm: cf Targ (וסימא ודהבא); > 107; om *καί* 1° 46(vid)-52 55; om *καὶ ἀργύριον* b^{2}; om *καὶ δόματα* Compl | *δωματα* 321-346 46*(non 52) 60 158: cf praef p 89s | *καί* 4°] *και γε* 121 Compl: cf 𝔐(גם, וגם 6 Mss); pr *και γε L* Arm^{II} vid(hab *etiam* post *Ἄραβες*) | *οἱ Ἄραβες*] *οι αρραβες* 19' 46; post *ἔφερον* 2° tr 98 | *ἔφερον αὐτῷ*] *εφ. αυτον* 158; > 71 | *κριούς* – fin] *κατ ετος αρνας εξηκοντα και τριακοσιους και εριφους τοσουτους* Ios VIII 396: cf Pesch(add בשנתא חדא) et sq | *κριοὺς προβάτων* tr *L a* Compl: cf 𝔐 | *ἑπτακισχιλίους* 1°] *-λιοι* 60*(corr pr m) | *ἑπτακοσίους* 1°] *-σιοι* 60*(corr pr m); *φ'* 125(*ψ'* 107-610); > 19'; pr *και* 93 Aeth Arm = 𝔐 | *καί* ult – fin om B' 68'-71-74-120 Arm^{II} Lucif Compl Sixt Ra. = 𝔐^{3Mss} | *καί* ult om A b^{I}(non 52) 55 119 158 527 Ald | *ἑπτακισχιλίους* 2°] *quinque milia* Arm^{Iap}; > 19' | *ἑπτακοσίους* 2° (*ψ'* 107(non 44)-314)] *πεντακοσιους* 236 (ex *φ'*) Arm^{Iap}; *οκτακοσιους* 119; pr *και* 93 Aeth Arm^{I} = 𝔐

12 *μείζων*] *μειζον* 158 44 52; *και* (> La^{109} Lucif) *μεγαλυνομενος* (*-μενους* 19; *magnificatus* La^{109} Lucif) *L* La^{109} Dam^{R} Ant^{Mi} Lucif *Ath* 38 Compl: cf 𝔐; *magnificatus est* Arm: cf Vulg | *ἕως εἰς ὕψος*] om *ἕως* 127 Arm^{I} = 𝔐^{1Ms}; om *εἰς* 19 107-130-554 55; *εως υψους* V 108 Compl; *εως* (*et* Arm) *υψωθη* b^{2} Arm^{II} | *καί* 2° – fin] *πολεις τε μεγαλας ωχυρωσεν αλλας τε και βαρεις* Ios VIII 396: cf sq |

13 *ὀχυράς.* [13]*καὶ ἔργα πολλὰ ἐγένετο αὐτῷ ἐν τῇ Ἰουδαίᾳ καὶ ἄνδρες*
14 *πολεμισταὶ δυνατοὶ ἰσχύοντες ἐν Ἰερουσαλήμ.* [14]*καὶ οὗτος ὁ ἀριθ-*
μὸς αὐτῶν κατ' οἴκους πατριῶν αὐτῶν· καὶ τῷ Ἰούδᾳ χιλίαρχοι,
Ἐδνὰς ὁ ἄρχων καὶ μετ' αὐτοῦ υἱοὶ δυνατοὶ δυνάμεως τριακόσιαι
15 *χιλιάδες,* [15]*καὶ μετ' αὐτὸν Ἰωανὰν ὁ ἡγούμενος καὶ μετ' αὐτοῦ δια-*
16 *κόσιαι ὀγδοήκοντα χιλιάδες,* [16]*καὶ μετ' αὐτὸν Μασαίας ὁ τοῦ Ζαχρὶ*

B′′ A V *L′ a b* 60 119 158 527 La$^{109\,(Leg)}$ Aeth Arm

καί 2° – *Ἰουδαίᾳ*] *και ωκοδ. ετι* (*ετη* 108) *εν τω ιουδα βαρεις L* Compl: cf 𝔐 et 27$_{4}$ | *οικοδομησεν* 60: cf praef p 103 | *οἰκήσεις* post *Ἰουδαίᾳ* (*ιουδα* 236 44) tr *a* Arm^{II} Ald Sixt = 𝔐 | *τῇ*] *γη* 44 Aeth: cf praef p 76 | *ιδυδαια* 728 | *καί* ult – (13) *Ἰουδαίᾳ* om 158; bis scr 60: homoiot | *καί* ult om Arm^{I}

13 *καί* 1° ∩ 2° 107 | *αὐτῷ* om B' La^{109} | *ἐν τῇ Ἰουδαίᾳ*] *εν τω ιουδα* 19′ Compl; *εν γη ιουδαια* 55 Arm^{II} = Pesch | *πολεμισταί*] post *δυνατοί* tr A V 55 60 119 527 Aeth(vid); post *ἰσχύοντες* tr *b*^{2}; post *Ἰερουσαλήμ* tr *b*^{I} 158 | *δυνατοὶ ἰσχύοντες*] *potentes virtute* La^{109}: cf 𝔐 et 15 16 17; om *ἰσχύοντες* Arm^{II} | *δυνατοί*] pr *και* 610 Aeth; + *et* Aeth | *Ἰερουσαλήμ*] *ιηλ* 74 158 610* (*ιλημ* rel)

14 init – *αὐτῶν* 1° om 125 | *ουτως* 108 | *ὁ* 1° om B′ A V *b*^{2} 527(|) Ra. | *αὐτῶν* 1° ∩ 2° 19 | *καί* 2° om *L* 125 La$^{109\,Leg}$ Aeth^{DFG} Arm Compl Sixt Ra. = 𝔐, cf TGP II (ad 19$_{10}$) | *τῷ Ἰούδᾳ χιλίαρχοι*] *iuda et tribuni* La^{109} (*iudae tribuni* coni Weber); *in iuda doctores* La^{Leg}: cf sq | *τῷ Ἰούδᾳ*] *in iuda* La^{Leg} Aeth$^{P'AEmg}$ Arm^{II}(sim) = Vulg (hab *τῷ Ἰούδᾳ* La^{109}(cf praec) Aeth^{DFG} = 𝔐); > Aeth^{EtxtH} | *Ἐδνάς*] *εδναας* B A; *etnaas* La^{109}; *αιδνας* Compl; *αιδηας L* Arm^{II} (*edēas*); *ναας b*^{2}; *εδναιος* Ios VIII 397 | *υἱοὶ δυνατοὶ δυνάμεως*] *potentes virtute* La^{109} = 𝔐(גבורי חיל) et 13; *υιοι δυναμεως ανδρες δυνατοι L* Compl; *υιοι δυναμεως* 381-*b*^{2} 60; *viri potentes* (= *ανδρες δυνατοι*) Arm^{II}; *δυνατοί* bis scr 68; pr *οι* 610; > 44 | *τριακόσιαι* (*τ′* 107-314-762 98 127; *-σιαις* 121 44) post *χιλιάδες* tr 107 | *χιλιάδες* – (15) *διακόσιαι* om *b*$^{2-489}$

15 v 15 post 16 tr 52 | *μετ' αὐτόν*] *μετ αυτου* 68′-74-120-134-554 Aeth Ald; *μετ αυτων* V 71-121 381*-728 60* 119 125-610 Aeth Arm^{I}; *εχομενοι αυτων L* Arm^{II}(vid) Compl: cf 16 18 | *Ἰωανάν*] *ιωναν* V 19′ 68′-71′-121-130*-236-321-346-762* 52 55-127*(corr pr m) 60 119 158 527 Aeth^{B} Arm^{I} Ald; *ionas* La^{109}; *'ijo'an* Aeth^{DEG}; *ιναν* 610; *ιωαννης* Ios VIII 397 | *ὁ ἡγούμενος*] *ο αρχων L* Arm^{II} Compl (hab *dux* La^{109}); om *ὁ* 381 44 | *διακόσιαι ὀγδοήκοντα χιλιάδες*] *οκτακοσιαι* (*-σιαις* 44) *ογδοηκοντα* (*ωπ′* 314-762) *χιλιαδες a*$^{-71\,121}$ Ald; *χιλιαδες ωπ′* 107; *ογδοηκοντα χιλιαδες* 71; *οκτακοσιαι χιλιαδες* 55 | *διακόσιαι*] *-σιαις* 121; + *et* Aeth Arm$^{Iap\,II}$ = 𝔐 | *χιλιάδες*] + *δυνατοι δυναμεως b*$^{2-489}$; + *ανδρες δυνατοι* 98: cf 14; + *viri* Aeth; ∩ (16) *χιλιάδες* 554

16 *μετ' αὐτόν*] *μετ αυτου* 68′-74-120-134-314 98-731 60*(corr pr m) Arm^{I} Ald; *μετ αυτων* 728 119 610 Aeth$^{P'}$; *post eos* Arm^{II}; *αυ*| 243; *εχομενοι αυτων L* Compl: cf 15; > 71 44 | *Μασαίας*] *masia* Arm^{II}; *ma'asjas* Aeth; *μασαιας* A; *σαμαιας*

ὁ προθυμούμενος τῷ κυρίῳ καὶ μετ᾽ αὐτοῦ διακόσιαι χιλιάδες δυνα-
τοὶ δυνάμεως· ^{17}καὶ ἐκ τοῦ Βενιαμὶν δυνατὸς δυνάμεως Ἐλιαδὰ καὶ 17
μετ᾽ αὐτοῦ τοξόται καὶ πελτασταὶ διακόσιαι χιλιάδες, ^{18}καὶ μετ᾽ 18
αὐτὸν Ἰωζαβὰδ καὶ μετ᾽ αὐτοῦ ἑκατὸν ὀγδοήκοντα χιλιάδες δυνατοὶ
πολέμου. ^{19}οὗτοι οἱ λειτουργοῦντες τῷ βασιλεῖ ἐκτὸς ὧν ἔδωκεν ὁ 19
βασιλεὺς ἐν ταῖς πόλεσιν ταῖς ὀχυραῖς ἐν πάσῃ τῇ Ἰουδαίᾳ.

B′′ A V *L′* *a* *b* 60 119 158 527 La$^{109\,(Leg)}$ Aeth Arm

(-μεας 98) 121-762 98; σαναιας 236-314; βαναιας 52; αμασιας 19′ 68′-71′-74-120-134 La^{109} Ald Compl Sixt Ra. = 𝔐; ναμασιας 93: post ν; μασανιας 158 | ὁ 1° om B | Ζαχρί] -ρει 55; ζεχρι (-ρει 93) *L* *b*^{2} Aeth(*zekra* P′); ζαρει B Sixt (-ρι); ναχρι 52; ζαχαριου (*zaccarie* La) 68′-74-106′-120-134 La^{109} Arm^{I} Ald; ζαχαρι 71 127 | ὁ 2° – κυρίῳ om 71-107 | ὁ προθυμούμενος] οι προθυμουμενοι 68′-74-106-120-134 Ald; ο εκουσιαζομενος (*spontaneus* La) 93 La^{Leg}; ο εξουσιαζομενος 19′; *destinatus* La^{109}; om ὁ 381* | καί 2° om Arm^{I} | μετ᾽ αὐτοῦ om 71 | διακόσιαι χιλιάδες] οκτακοσιαι χιλιαδες 68′-74-106-120-134 55 Ald; χιλιαδες ω′ (οκτακοσιαις 44) 107 | διακοσιαις 121-236*; σ′ 314-762 98 127 158 | δυνατοὶ δυνάμεως] δ. ισχυι *L* Compl; *potentes virtute* La^{109}: cf 13; > 107 381 158^{txt}

17 βενιαμειν B′′ A V 119 158 | δυνατὸς δυνάμεως B′ A V 71 *b*^{I} 60$^{c\,pr\,m}$ 119 158 527 Arm^{I} Sixt Lag.] *vir fortis* Aeth; δυνατοι δυναμει (*potentes virtute* La: cf 13) *L* La^{109} Compl; δυνατοι δυναμεως rel Lag. = 𝔐$^{1\,Ms}$ Pesch Targ | Ἐλιαδά – αὐτοῦ] αδαν και μετ αυτων ελιαδα και 44 | Ἐλιαδά] και ελειδα (ελιδα 127) B′; ελειαδα 55; *ʾeljab* Aeth | αὐτοῦ – 21$_{5}$ fin deest in Aeth^{P}: cf praef p 21 | τοξόται καὶ πελτασταί] τοξοται και οπλιται *L* Arm^{II} sim(*sagittarii armati*); *tenentes arcum et scuta* La^{109}: cf 𝔐 et Vulg; om καὶ πελτασταί 44 | διακόσιαι (σ′ 134^{c}-314-762 98 127 158; ͵σ̄ 321-346)] -σιαις 121; οκτω (η′ 74-107(non 44)-120-134*) 68′-74-106′-120-134*-554 Ald; οκτακοσιαι 55: cf 17, post χιλιαδες tr 107 | χιλιάδες] + δυνατοι δυναμεως *a*$^{-71\,107}$ Ald

18 μετ᾽ αὐτόν] μετ αυτου 127 728 Aeth$^{(-P)}$; μετ αυτων 119 125-610 Arm^{I}; *post eos* Arm^{IIte}: cf 16; εχομενοι αυτων *L* Compl: cf 15; > 44 | Ἰωζαβάδ] ιοζαβαδ 60; οζαβαδ 158; ιωζαβαα 55; ιωζαδ 236; *ioazadab* Arm^{Iap}; *iosafat* Arm^{II}: cf Vulg^{ap} | καὶ μετ᾽ αὐτοῦ] και μετ αυτον 121-762 158; και μετ αυτων 93 119; > 71 | ἑκατὸν ὀγδοήκοντα/χιλιάδες] διακοσιοι ογδ. χ. V; ογδοηκοντα χιλιαδες A 106 381; χιλιαδες π′ (ογδοηκοντα 44) 107; tr 71 | ὀγδοήκοντα] pr *et* Arm^{II} = 𝔐 | δυνατοὶ πολέμου] δ. πολεμος 55; *armati virtute* La^{109}; > V

19 οἱ λειτουργοῦντες] pr οι δυνατοι 44; pr οι λειτουργοι (λιτ.*) V; pr *sunt* La^{109}; pr *erant* Arm^{I}: cf Vulg; pr *omnes* Aeth$^{(-P)}$ Arm^{II}: cf Vulg; οἱ om A *b* 60 119 158 527 | ἐκτός – fin om 71 | δεδωκεν A: cf 13$_{5}$ | ὀχυραῖς] ισχυραις 74 | πάσῃ] πασιν 127; πασι 158 | τῇ Ἰουδαίᾳ] ιουδα 44 La^{109}; om τῇ 107

1 **18** [1]*Καὶ ἐγενήθη τῷ Ἰωσαφὰτ ἔτι πλοῦτος καὶ δόξα πολλή, καὶ*
2 *ἐπεγαμβρεύσατο ἐν οἴκῳ Ἀχαάβ.* [2]*καὶ κατέβη διὰ τέλους ἐτῶν πρὸς*
Ἀχαὰβ εἰς Σαμάρειαν, καὶ ἔθυσεν αὐτῷ Ἀχαὰβ πρόβατα καὶ μόσχους
πολλοὺς καὶ τῷ λαῷ τῷ μετ' αὐτοῦ καὶ ἠπάτα αὐτὸν τοῦ συναναβῆναι
3 *μετ' αὐτοῦ εἰς Ῥαμὼθ τῆς Γαλααδίτιδος.* [3]*καὶ εἶπεν Ἀχαὰβ βασιλεὺς*
Ἰσραὴλ πρὸς Ἰωσαφὰτ βασιλέα Ἰούδα Πορεύσῃ μετ' ἐμοῦ εἰς Ῥαμὼθ
τῆς Γαλααδίτιδος; καὶ εἶπεν αὐτῷ Ὡς ἐγώ, οὕτως καὶ σύ· ὡς ὁ λαός

B′′ A V *L′ a b* 60 119 158 527 La^{109} Aeth Arm

18 1 *Καὶ ἐγενήθη*] *εγενηθη δε* 125; *και εγενετο L* Compl: cf praef p 105 | *τῷ Ἰωσαφὰτ/ἔτι*] tr 19; om *ἔτι* $a^{-71\,121\,236\,314\,762}$ Ald = 𝔐 | *πλοῦτος*] *πλουσιος* 527; et *δόξα* tr 107 | *πολυ* 107(non 610) | *ἐπεγαμβρεύσατο*] *απεγ.* 44; *-σεν* 158; + *ιωσαφατ L* Arm^{II} | *οἴκῳ*] pr *τω L* Compl | *Ἀχαάβ*] *acab* La^{109}: sic ubique

2 init – *Ἀχαάβ* 1° om $a^{-71\,121\,236\,314\,762}$: homoiot | *διὰ τέλους ἐτῶν*] *διατελουσαι των* 728; *in tempore annorum* La^{109}; *post II annos* $Aeth^{(-P)}$: cf Reg III $22_{1\,2}$ | *διὰ τέλους*] *εις τελος L* Compl | *ἐτῶν – Σαμάρειαν*] *αχααβ προς σ.* 46 | *πρὸς Ἀχαάβ*] *προς χααβ* V*; *προ αχαβ* 158; > 236 | *Σαμάρειαν*] *-ριαν* A 93 74 46-728 158; *συναντησιν μαριαν* 127 | *αὐτῷ*] *εαυτω* 46 | *Ἀχαάβ* 2°] *αχαβ* 158*; > 71 | *πολλούς – αὐτοῦ* 1°] > 44; pr *προς αχααβ* 236* | *πολλούς*] *εις πληθος* Compl = 𝔐; > *L* $a^{-121\,236\,314\,762}$ | *ἠπάτα αὐτόν* b^2 = 𝔐: cf 21 $32_{11\,15}$] *αχααβ* (+ *rex* Arm) *επεισε* (*-σεν* 108) *τον ιωσαφατ* (*eum* Arm) *L* Arm^{II} Compl; *suasit eum* La^{109}: cf 𝔐 Vulg; *amavit eum et petivit* $Aeth^{(-P)}$; *ηγαπα αυτον* (> 44) rel Arm^{I} | *μετ' αὐτοῦ* 2°] *μετ αυτων* 44; *μετ αυτον* 107 | *εἰς Ῥαμώθ* om $Aeth^{(-P)}$: cf $_{3}$ | *Ῥαμώθ*] *ραμμωθ* A $a^{-71'\,130\,346}$(122^{c} 321^{c}) 64-381 55; *ραμαθ L* Lag.: cf Reg III 22_{3} $𝔊^{ap}$ et $_{3\,5\,11\,14\,19\,28}$; *ramad* Arm^{II}; *ramaa* La^{109}; *αραμωθ* 610 | *τῆς* om *L* Compl | *Γαλααδίτιδος*] *-δειτιδος* B; *γαλααδιτος* V; *γαλαδιτιδος* Ald; *γαλααδ L* b^{I} 158 $Aeth^{(-P)}$ Arm^{II} Compl: cf $_{3\,5\,11\,14\,19\,28}$

3 om init – *Γαλααδίτιδος* 60: homoiot | *βασ. Ἰσραήλ* om Arm^{II} | *πρός – Ἰούδα*] *τω ιωσαφατ βασιλει ιουδα* 158; om *βασ. Ἰούδα* 71 381: cf Reg III 22_{4} | *Πορεύσῃ*] *-σει* 106-134 Lag.: cf praef p 106; *πορευη* 127 44; pr *ει L a* Ald Compl Sixt: cf 𝔐 et Reg 𝔐 $𝔊^{ap}$ | *εἰς Ῥαμώθ* om $Aeth^{(-P)}$: cf $_{2}$ | *Ῥαμώθ*] *ραμμωθ* A $a^{-71'\,120\,134\,762}$(321^{c} 346^{c}) 64-243-381 55 Ald; *ραμμοθ* 728; *ραμαθ* 19′ Lag.: cf Reg $𝔊^{ap}$ et $_{2}$; *ramad* Arm^{II}; *rama* La^{109}: cf $_{5\,14\,19}$; *αραμωθ* 610 | *τῆς Γαλααδίτιδος* om 71 44 | *Γαλααδίτιδος*] *-δειτιδος* B; *-διτηδος* 158; *γαλαδ.* 236*; *γαλααδιτος* V; *γαλααδ L* 381 $Aeth^{(-P)}$ Arm^{II} Compl | *αὐτῷ*] + *ιωσαφατ L* Arm^{II} Compl | *ἐγώ* et *σύ* tr *L* Arm^{II} Compl = $Vulg^{1Ms}$, cf Reg $𝔊^{L}$ | *σύ*] *σοι* 158: cf praef p 91; + *και L* b^2 127 La^{109} $Aeth^{(-P)}$ Arm^{I} Compl = 𝔐 et Reg $𝔊^{O\,L}$ | *ὁ* 1° om 127 |

σου, καὶ ὁ λαός μου μετὰ σοῦ εἰς πόλεμον. [4]*καὶ εἶπεν Ἰωσαφὰτ πρὸς* 4
βασιλέα Ἰσραήλ Ζήτησον δὴ σήμερον τὸν κύριον. [5]*καὶ συνήγαγεν ὁ* 5
βασιλεὺς Ἰσραὴλ τοὺς προφήτας, τετρακοσίους ἄνδρας, καὶ εἶπεν αὐ-
τοῖς Εἰ πορευθῶ εἰς Ῥαμὼθ Γαλαὰδ εἰς πόλεμον ἢ ἐπίσχω; καὶ εἶπαν
Ἀνάβαινε, καὶ δώσει ὁ θεὸς εἰς τὰς χεῖρας τοῦ βασιλέως. [6]*καὶ εἶπεν* 6
Ἰωσαφάτ Οὐκ ἔστιν ὧδε προφήτης τοῦ κυρίου ἔτι καὶ ἐπιζητήσομεν

B″ A V *L′ a b* 60 119 158 527 La^{109} Aeth Arm

σου et *μου* tr B' 527 52 La^{109} Aeth$^{(-P)}$ = Reg 𝔐 𝔊^{L} | *καί* ult om Arm^{I} = 𝔐 | *μου*] *σου* 125 | *μετὰ σοῦ*] pr *και L* Compl = 𝔐; > Aeth$^{(-P)}$ = Reg

4 *πρὸς βασιλέα*] *τω βασιλει L* Compl | *βασ. Ἰσραήλ*] *αχααβ* 381: cf Reg III 22$_{5}$ 𝔊^{L} | *Ζήτησον δὴ σήμερον*] *queramus nunc* La^{109}; *quaeramus hodie* Arm^{I}; *antea quaeramus nos* Arm^{II}: cf Reg 𝔊(*επερωτησατε* (-*σωμεν L*) *δη σημερον* (> *L*) pro דרש־נא כיום); *δή* om 98 | *τὸν κύριον*] *τον λογον* $\overline{\kappa\upsilon}$ *L* Arm^{II} Compl = 𝔐; > 119

5 *Ἰσραήλ* om 93 Lag. | *τοὺς προφήτας*] pr *omnes* Arm^{II} = Reg III 22$_{6}$ 𝔊(sub obelo Syh); + *israel* Arm^{I} | *τετρακοσίους ἄνδρας*] *viros cccc* La^{109} Arm^{I}; *viros circiter cccc* Arm^{II}: cf Pesch(pr איך) et Reg 𝔐(pr כ) 𝔊(pr *ως*) | *τετρακοσίους*] *τρεις* 762 | *αὐτοῖς*] *αυτους* 121 158 | *Εἰ πορευθῶ*] *εισπορευθω* 108*; om *Εἰ* 127(|) | *εἰς* 1°] *ει* 158 | *Ῥαμώθ*] *ραμμωθ* A *a*$^{-71' 120 314 762}$ *b*$^{-46 98 489}$ Ald; *ρααμμων* 314-762; *ραμαθ L* Lag. = Reg 𝔊^{L}, cf $_{2}$; *ramad* Arm^{II}; *rama* La^{109}: cf $_{3}$; > 71 | *Γαλαάδ*] *γαλαδ* 158; *galaat* La^{109}: cf $_{11\ 14\ 19\ 28}$; *της γαλααδιτιδος a*$^{-71}$ Ald: cf $_{2\ 3}$ | *εἰς πόλεμον* om 236 44(‖) | *ἤ*] *ει* V^{c} 71′ 60: cf $_{14}$ | *ἐπίσχω*] *επεχω* 71 127 = Reg 𝔊$^{B V}$ | *εἶπαν*] *ειπον L* 107(*ειπ* 44) 46-381 379 Compl: cf praef p 105; lit *α* ex corr 119; *ειπεν* A 98 | *Ἀνάβαινε*] bis scr Arm^{II}; + *et i* Aeth$^{(-P)}$ | *καί* ult – fin] > 107: homoiot; om *καί* 158 | *ὁ θεός*] *dominus* Aeth$^{(-P)}$ Arm^{II} = 𝔐^{1Ms} Pesch Targ Vulg^{1Ms} et Reg 𝔐(אדני (29 Mss יהוה)) 𝔊 | *εἰς τὰς χεῖρας*] *in manu* La^{109} = 𝔐 Targ Vulg; om *τάς a*$^{-71 (107)}$ = Reg 𝔊 | *τοῦ βασιλέως*] *σου βασιλευ b*^{2}; *σου* Arm^{II}; + *inimicos regis* La^{109}: cf Pesch(ומריא נשלם בעלדבביך באידיך pro *καί* ult – fin)

6 *καὶ εἶπεν*] *ειπε δε* 44 | *Ἰωσαφάτ*] + *ad regem israhel* La^{109} = Reg III 22$_{7}$ 𝔐 𝔊(sub obelo Syh) | *ὧδε*] *ετι* 46*; > 52; post *προφήτης* tr 127 | *προφήτης τοῦ κυρίου/ἔτι*] *προφ. ετι του κυριου b*^{1} 158; tr Arm^{I} | *ἔτι καὶ ἐπιζητήσομεν*] *ετι και ετι ζητησομεν* 321-346; *ετι και επιζητησον με* 93; *et adhuc quaere* Aeth$^{(-P)}$ | *καί* 2° – fin om 44: homoiot | *επιζητησωμεν* (-*τισωμεν* 158) 19

---

4 *Ζήτησον*] *ζητήσομαι* 93

7 *παρ᾽ αὐτοῦ; ^{7}καὶ εἶπεν βασιλεὺς Ἰσραὴλ πρὸς Ἰωσαφάτ Ἔτι ἀνὴρ*
εἷς τοῦ ζητῆσαι τὸν κύριον δι᾽ αὐτοῦ, καὶ ἐγὼ ἐμίσησα αὐτόν, ὅτι οὐκ
ἔστιν προφητεύων περὶ ἐμοῦ εἰς ἀγαθά, ὅτι πᾶσαι αἱ ἡμέραι αὐτοῦ εἰς
κακά, οὗτος Μιχαίας υἱὸς Ἰεμλά. καὶ εἶπεν Ἰωσαφάτ Μὴ λαλείτω ὁ
8 *βασιλεὺς οὕτως. ^{8}καὶ ἐκάλεσεν ὁ βασιλεὺς Ἰσραὴλ εὐνοῦχον ἕνα καὶ*
9 *εἶπεν Τάχος Μιχαίαν υἱὸν Ἰεμλά. ^{9}καὶ βασιλεὺς Ἰσραὴλ καὶ Ἰωσαφὰτ*

B′′ A V *L′ a b* 60 119 158 527 La^{109} Aeth Arm

68′-120-134-236* *b*$^{-64\ 381\ 489}$ 60 158 125 Ald; *ζητησομεν* 381 119 | *παρ᾽ αὐτοῦ*] *δι αυτου b*^{1} 158 = Reg 𝕲; + *certius* La^{109}

7 *βασιλεύς* 1°] pr *ο L* 106′ *b*$^{-728}$ 60 158 Compl = Reg III 22$_{8}$ 𝕲 | *πρὸς Ἰωσαφάτ* om 107 | *Ἔτι*] *εστιν L a* Ald Compl = Vulg, cf Reg 𝕲; *est ibi* Arm^{II} = Reg 𝕲^{L}; *adhuc est* La^{109} Arm^{I}(*est nobis adhuc*) = Pesch Targ, cf Reg 𝕲 | *εἷς*] *τις* 68 Ald; om 93 Arm^{I} = Reg 𝕲^{L} | *τοῦ*] *το* 19′ = Reg 𝕲$^{-L}$ | *τὸν κύριον* post *αὐτοῦ* 1° tr *b*^{1} 158 Aeth$^{(-P)}$ Arm^{II} | *δι᾽*] *μετ* 127 | *καί* 2°] *sed* Arm^{II} = Vulg | *μεμισηκα* (*μεμησικα* 93) *L* La^{109}(vid: *odio*, cf praef p 50) Arm^{II}(vid) = Reg 𝕲 | *οὐκ ἔστιν προφητεύων*] *ου προφητευει* 44; pr *ουτι* V | *περὶ ἐμοῦ*] *in me* La^{109} | *εἰς ἀγαθά*] *εις αγαθον* 127*(corr pr m) 158; *bonum* La^{109} Arm^{Ite}; om *εἰς* 74-107 | *ὅτι* 2°] *ο* 158; *sed* La^{109} Arm^{II} = Vulg, cf Reg; pr *et* Arm^{I} | *πᾶσαι – αὐτοῦ* 2° om Arm^{II} = Reg | *εἰς κακά*] *non prophetat super me bonum* Aeth$^{(-P)}$ = *οὐκ – ἀγαθά* praec; *fuerunt mici ad adnuntianda mala* La^{109}; add (pr Arm) *εισιν L* Arm^{I} | *οὗτος – Ἰεμλά* om 381 44 | *οὗτος*] *αυτος L* Compl; *hic est* La^{109}: cf Vulg; > Arm^{II} = Reg | *Μιχαίας*] *μειχ.* B; *-χεας* 527; pr *ο* 236 | *υἱὸς Ἰεμλά* om 71 | *Ἰεμλά*] *ιεμβλα* 68′(122^{c})-121-554-762 489 119 527 Ald Sixt = Vulg^{te}, cf Reg 𝕲; *ομβλαιου* (*ιεμβλεου* ^{ap}) Ios VIII 403; *εμβλααμ* 60; *ιεμιλα* 107; *ιεμαας* (*-μαα* 55) B′′: cf $_{8}$; *ιεμα* V *b*$^{1(-381)}$; *ιεμαν* 158; *ιεμμαε* 236; *μαναλι* 19′; *ναμαλει* 93: cf Reg 𝕲^{L} et $_{8}$; *amlea* Arm^{II}; *gemmat* La^{109}(sed in $_{8}$ hab *iemla*); *emath* AnProph 1739,30 et 1740,23 | *καὶ εἶπεν Ἰωσαφάτ*] *και ιωσ. ειπεν* 74; pr *και βασιλευς* $\overline{ιηλ}$ et add *βασιλευς ιουδα καθημενοι εκαστος επι θρονου αυτου και ενδεδυμενοι* 74*(corr pr m): ex $_{9}$ | *Ἰωσαφάτ* 2°] *ιωσαφ* 314 | *λαλει* 44 | *οὕτως*] *ουτος* 610

8 *Ἰσραήλ* om B′ *a*$^{-71}$ La^{109} Ald Sixt = Vulg^{1Ms} | *εἶπεν*] + *αυτω b*^{2} 119 527 Aeth$^{(-P)}$ = Pesch Vulg | *Τάχος*] *το ταχος* 381-*b*^{2} 44′: cf Reg III 22$_{9}$ 𝕲^{ap}; *ταχεως* (*ταχαιως* 93) *καλεσον* (> 93) *L* La^{109}(*quam velociter voca*) Compl; pr *καλεσον* 381 = Vulg; pr *φωνησον* 52(*αιωνος* 46$^{sup\ lin}$); + *αγαγαι* (+ *ad me* Arm^{II}) 158 Aeth$^{(-P)}$ Arm: cf Pesch Targ | *Μιχαίαν*] *μειχ.* B; *-χεαν* 527; > 19′ | *Ἰεμλά*] *ιεμβλα* 68′-121-554-762 489 119 527 Ald Sixt = Vulg^{te}, cf Reg 𝕲 et $_{8}$; *εμβλααμ* 60; *ιεμιλα* 107; *ιεμαα* B′′: cf $_{7}$; *ιεμα* V 52; *ιεμαν b*^{1}(non 52) 158; *ιεμμα* 236; *ναμαλι* (*-λει* 93) *L*: cf $_{8}$; *amlea* Arm^{II}

βασιλεὺς Ἰούδα καθήμενοι ἕκαστος ἐπὶ θρόνου αὐτοῦ καὶ ἐνδεδυμένοι
στολὰς καθήμενοι ἐν τῷ εὐρυχώρῳ θύρας πύλης Σαμαρείας, καὶ
πάντες οἱ προφῆται ἐπροφήτευον ἐναντίον αὐτῶν. ^{10}καὶ ἐποίησεν 10
ἑαυτῷ Σεδεκίας υἱὸς Χαναὰν κέρατα σιδηρᾶ καὶ εἶπεν Τάδε λέγει
κύριος Ἐν τούτοις κερατιεῖς τὴν Συρίαν, ἕως ἂν συντελεσθῇ. ^{11}καὶ 11
πάντες οἱ προφῆται ἐπροφήτευον οὕτως λέγοντες Ἀνάβαινε εἰς

B'' A V *L' a b* 60 119 158 527 La^{109} Aeth Arm

9 *βασιλεύς* 1° – *Ἰούδα*] pr *ο* V *L* 119 Compl = Reg III 22$_{10}$ 𝔊; *οι βασιλεις* 107: cf Reg 𝔊^{107}; om *Ἰωσαφάτ* La^{109} Arm^{II}; om *βασιλεὺς Ἰούδα* 71: cf Reg 𝔊^{ap} | *καθήμενοι* 1°] *-μενος* V 127; *sedebant* La^{109} Arm = Vulg et Reg 𝔊 | *ἕκαστος* om 107 127 La^{109} Aeth$^{(-P)}$ = 𝔐^{1Ms} | *ἐπὶ θρόνου αὐτοῦ*] *in sedes suas* La^{109} | *θρόνου*] pr *του* *b'* 60 = Reg 𝔊 | *αὐτοῦ*] *εαυτου* V; *αυτων* 107(non 610): cf Reg 𝔊^{ap}; *regni eorum* Aeth$^{(-P)}$ | *καί* 3° – *Σαμαρείας*] *εν σαμαρεια* 44; *καί* 3° – *καθήμενοι* 2° om 381 | *καί* 3° om La^{109} Arm^{I} Compl(|) = 𝔐 (hab Pesch) | *ἐνδεδυμένοι*] *-μενοις* A; *ενδεδεμενοι* 127 | *στολάς* om 236 = 𝔐^{1Ms} | *καθήμενοι* 2°] *εκαθηντο* *L* La^{109} Aeth$^{(-P)}$ Arm^{I} Compl = Vulg; pr *et* Arm^{I} = 𝔐; > 107-236 = Reg | *ἐν τῷ εὐρυχώρῳ*] *in area* La^{109} = Vulg; om *ἐν* 60; om *τῷ* 158 | *ἐν*] *επι* V | *ευρυχορω* 93 610 | *θύρας πύλης*] *της θυρας της πυλης* *L*; *της* (> Ald) *θυρας* Ald Compl; *porte* La^{109}; *ante portam* Arm^{II}: cf Vulg et Reg 𝔊; om *θύρας* *a*$^{-71}$ Arm^{I} = 𝔐^{1Ms} Pesch | *σαμαριας* A V^{c} 93 64^{c}-728 127 158 | *πάντες* om 71 44 | *ἐπροφήτευον* B'' A V *b*$^{2-489}$ 60 119: cf Reg 𝔊^{ap}] *προφητευον* (*-ευων* 158) 158 610; *προεφητευον* (*-φυτ.* 44: cf praef p 91) rel: cf 11 | *ἐναντίον*] *ενωπιον* 44 = Reg 𝔊; > 236 | *αὐτῶν*] *αυτου* 610 Arm^{II}

10 *ἐποίησεν ἑαυτῷ* post *Χαναάν* tr 44: cf Vulg | *εποιει* (*εποιη* 107) 106' | *ἑαυτῷ*] *αυτω* V 119 527: cf Reg III 22$_{11}$ 𝔊^{ap}; post *Σεδεκίας* tr 60; > 71 Aeth$^{(-P)}$ | *σεδεκειας* 127; *σεδδεκιας* 489; *δεκιας* 98 | *υἱὸς Χαναάν* om 71 | *χαναανα* A Compl; *χαναα* 55 119 158; *χαναν* 554 Arm^{I}; *ναaχαν* 19; *ναχααν* 108; *χανανα* coni Ra.: cf 23 | *κερατιεῖς*] *-τιης* 108: cf praef p 108; *-τιοις* 554 | *ἕως*] *ως* 158 | *ἄν*] *ου* 107 = Reg 𝔊^{71}; > A V *b* 55 60 119 527(|) = Reg 𝔊^{L} | *συντελεσθῇ*] *-στη* 610; *συντελεσεις* 93^{txt*}(corr pr m); *συντελεσεις* (*consumas* La) *αυτους* (*eam* La; > Arm^{I}) 93^{mg} La^{109} Aeth$^{(-P)}$ Arm ↓: cf 𝔐, = Vulg

11 v 11-13 om 44, v 11 om 107 381 = Reg III 22$_{12}$ 𝔊^{107} | *ἐπροφήτευον οὕτως λέγοντες*] *ελεγον* 71 | *ἐπροφήτευον* B' A V *b*^{2} 60 119 527: cf Reg 𝔊^{ap}] *επροεφητευον* 728 127; *προεφητευον* (*-ευων* 158; + *εναντιον αυτων και εποιησεν εαυτω* 19: ex 9 fin 10 init) rel: cf 9 | *ουτω* *a*$^{(-71\ 107)}$ 119 Ald Sixt: cf praef p 97 | *ανα-*

---

10 *συντελεσθῇ*] *συντελέσεις αὐτούς* 93: cf App I

Ῥαμὼϑ Γαλαὰδ καὶ εὐοδωϑήσῃ, καὶ δώσει κύριος εἰς χεῖρας τοῦ
12 *βασιλέως. ^{12}καὶ ὁ ἄγγελος ὁ πορευϑεὶς τοῦ καλέσαι τὸν Μιχαίαν*
ἐλάλησεν αὐτῷ λέγων Ἰδοὺ ἐλάλησαν οἱ προφῆται ἐν στόματι ἑνὶ
ἀγαϑὰ περὶ τοῦ βασιλέως, καὶ ἔστωσαν δὴ οἱ λόγοι σου ὡς ἑνὸς αὐτῶν,
13 *καὶ λαλήσεις ἀγαϑά. ^{13}καὶ εἶπεν Μιχαίας Ζῇ κύριος ὅτι ὃ ἐὰν εἴπῃ ὁ*
14 *ϑεὸς πρός με, αὐτὸ λαλήσω. ^{14}καὶ ἦλϑεν πρὸς τὸν βασιλέα, καὶ εἶπεν*
αὐτῷ ὁ βασιλεύς Μιχαία, εἰ πορευϑῶ εἰς Ῥαμὼϑ Γαλαὰδ εἰς πόλεμον
ἢ ἐπίσχω; καὶ εἶπεν Ἀνάβαινε καὶ εὐοδωϑήσῃ, καὶ δοϑήσονται εἰς

B′′ A V *L′ a b* 60 119 158 527 La^{109} Aeth Arm

βηϑι L Compl | *Ῥαμώϑ*] *ραμμωϑ* A *a*$^{(-71\ 107)}$ 64-243-728 55(*μ* 2° corr ex *ω*) Ald; *ραμαϑ L* Lag. = Reg 𝔊^{L}, cf $_{2}$; *ramod* Arm^{II} | *γαλαδ* 158; *galaat* La^{109}: cf $_{5}$ | *εὐοδωϑήσῃ*] *-σει* (*-δοϑησει* 158) 314 158; *ευοδωσει* (*ευωδ.* 68′) 68′-74-106-120-130-134-321-346-554: cf Reg 𝔊 et praef p 105; *iter bene age* La^{109}: cf 𝔐 | *κύριος*] *deus* La^{109} = Vulg^{1Ms}; + *eos* Aeth$^{(-P)}$ Arm^{II} = Vulg^{-1Ms} | *χεῖρας*] pr *τας a*$^{-71\,(107)}$ 127 158 Ald | fin] + *qui adversantur ei* La^{109}

12 *τοῦ καλέσαι*] *του καταλυσαι* 610; om *τοῦ* 119 527 = Reg III 22$_{13}$ 𝔊 | *Μιχαίαν*] *μειχ.* B*; *-χεαν* 527 | *αὐτῷ*] *εαυτω* 19 | *ἐν στόματι ἑνί*] om *ἐν* La^{109} = 𝔐 Vulg et Reg 𝔐 𝔊^{L}; om *ἐν στόματι* 731 | *ἑνὶ ἀγαϑά*] *εν αγαϑοις* 127 | *περὶ τοῦ βασιλέως*] *regi* La^{109} | *ἔστωσαν*] *γενεσϑωσαν L* Compl | *αὐτῶν*] *ex eis* La^{109} = 𝔐 | *καὶ λαλήσεις ἀγαϑά* om 107: homoiot

13 *Μιχαίας*] *μειχ.* B*; *-χεας* 527 | *Ζῇ κύριος*] post *ὅτι* tr 46; + *deus* La^{109}; + *meus* Arm^{II} | *ὅ* om *a*$^{-121}$ *b*^{I}(46*, non 52) 60 127 158 Ald: cf Reg III 22$_{14}$ 𝔊^{ap} | *ἐάν*] *αν* V 19 *b*$^{-489}$ 55 119 158 527 Compl: cf praef p 96 | *εἴπῃ*] pr *λαλης* 158* | *ὁ ϑεὸς/πρός με*] *deus meus* La^{109} = 𝔐 Vulg^{te}; *μοι ο ϑεος* 60; tr 381 Arm^{Iap} | *ὁ ϑεός*] $\overline{κς}$ 107 = Reg 𝔐 𝔊; *dominus meus* (> ^{ap}) Arm^{II}; > 489 | *αὐτό*] *τουτο* (*τουτω* 321-346) *a b*^{2} 119 527 Ald: cf Reg 𝔊; *αυτω* V* 19′ 158 Compl | *λαλήσω*] pr *και* 119

14 *ἦλϑεν*] + *μιχαιας* 44: cf Reg III 22$_{15}$ 𝔊^{L} | *ὁ βασιλεύς* om 71-107 = 𝔐^{1Ms} et Reg 𝔊^{107} | *Μιχαία*] *μειχ.* B*; *-χεα* 527 | *εἰ πορευϑῶ*] *εισπορευϑω* A; *an eamus nos* Arm^{II}: cf 𝔐; om *εἰ* 46 La^{109}: cf $_{5}$ | *Ῥαμώϑ*] *ραμμωϑ* A 68′-106-121-130-134-321-346-554 *b*$^{I-46}$-243 Ald: cf $_{2}$; *ρεμωϑ* 127; *ραμαωϑ* 74; *ραμμων* 236-314-762; *ραμαϑ L* Lag.: cf Reg 𝔊^{L} et $_{2}$; *ramad* Arm^{II}; *rama* La^{109}: cf $_{3}$ | *Γαλαάδ*] *galaat* La^{109}: cf $_{5}$ | *ἤ*] *ει* V^{c} 19 71′ | *ἐπίσχω*] *cessemus* Arm^{II} = Reg 𝔐 | *καὶ εἶπεν* 2° om 610 | *εὐοδ. καὶ δοϑήσονται*] *ευοδοϑησονται* 158*; om *καὶ δοϑήσονται* Arm^{II}: cf Reg 𝔊$^{-O}$ | *εὐοδωϑήσῃ*] *ευοδοϑησει* 19; *ευοδωσει* (*-ση* V^{c} 46*-243-731) V* *b*$^{-98\ 489\ 52}$ 55′ 119 527 = Reg 𝔊, cf praef p 105; *ευοδωσεις* B A 71 158^{c} Sixt Ra. | *δοϑήσονται*] *-σεται* 60; *παραδοϑησεται* (*tradetur* La: cf Vulg) *L* La^{109} Compl | *εἰς χεῖρας*] *εν χειρι L* Arm^{II} Compl = 𝔐 et Reg(= 𝔊^{L}) | *ὑμῶν*] *ημων* 158*; *tui* Arm^{II} = Pesch

χεῖρας ὑμῶν. ^{15}*καὶ εἶπεν αὐτῷ ὁ βασιλεύς Ποσάκις ἐγὼ ὁρκίζω* 15
σε ἵνα μὴ λαλήσῃς πρός με πλὴν ἀλήθειαν ἐν ὀνόματι κυρίου; ^{16}*καὶ* 16
εἶπεν Εἶδον διεσπαρμένους τὸν Ἰσραὴλ ἐν τοῖς ὄρεσιν ὡς πρόβατα
οἷς οὐκ ἔστιν ποιμήν, καὶ εἶπεν κύριος Οὐκ ἔχουσιν ἡγούμενον,
ἀναστρεφέτωσαν ἕκαστος εἰς τὸν οἶκον αὐτοῦ ἐν εἰρήνῃ. ^{17}*καὶ εἶπεν* 17
ὁ βασιλεὺς Ἰσραὴλ πρὸς Ἰωσαφάτ Οὐκ εἶπά σοι Οὐ προφητεύει περὶ
ἐμοῦ ἀγαθά, ἀλλ᾽ ἢ κακά; ^{18}*καὶ εἶπεν Οὐχ οὕτως, ἀκούσατε λόγον* 18
κυρίου· εἶδον τὸν κύριον καθήμενον ἐπὶ θρόνου αὐτου, καὶ πᾶσα

B″ A V *L′ a b* 60 119 158 527 La$^{109\,(Leg)}$ Aeth Arm

15 *ἐγὼ ὁρκίζω*] *ορκιζω* B″ 489 Sixt Ra.; *εγω ορκισω* 71 381; *ορκισω* A V *b*$^{-381}$ 60 119 527 Arm^{Iap}; *εγω ωρκισα* (*ορκ.* 19′: cf praef p 102) *L* Arm^{II}; *ορκισα* 158 Aeth$^{(-P)}$ Arm^{I} | *λαλησεις* A 19 71′-321*: cf Reg III 22$_{16}$ 𝔊^{ap} et praef p 109 | *με*] *εμε* A V 60 | *πλήν*] + *αλλ η L* Compl | *ἀλήθειαν*] *λαλησει αν* 93; pr *την* B Sixt

16 *εἶπεν* 1°] + *μιχαιας L a*$^{-71}$ La^{109} Arm^{II} Ald Compl: cf Reg III 22$_{17}$ 𝔊 | *διεσπαρμένους τὸν Ἰσραήλ*] *διεσπαρμενον τον ιηλ* 121-236-314-554-762 *b*^{2} 158 527 610 Arm^{I}; *διεσπαρμενους παντα τον ιηλ* 46-728^{mg}: cf 𝔐; *τον ιηλ διεσπαρμενους* B″ Sixt Ra. = 𝔐^{1Ms}; *τον ιηλ διεσπαρμενον* 93 71; *τον ιηλ παντα διεσπαρμενον* (*dispersos* Arm = 𝔐) 19′ La^{109} Arm^{II} Compl = 𝔐 et Reg 𝔐 𝔊 | *διεσπαρμενοις* A* | *ὡς – ἔχουσιν* om 106^{txt}: homoiot | *οὐκ ἔστιν ποιμήν*] pr *και* 55; *ουκ εστιν αυτοις π.* 93 71 46-728 Arm^{II}: cf 𝔐; + *αυτοις a*$^{-71}$(106^{mg}) Ald | *κύριος*] *κε* 19′ | *Οὐκ ἔχουσιν ἡγούμενον*] *ουκ εχουσιν ουτοι ηγουμενον* (*dominum* La: cf 𝔐) 46-728 La^{109}; *non est dux eis* (*eis dux* Arm) La^{Leg} Arm; + *ουτοι L a* Ald Compl Sixt = 𝔐 | *ἀναστρεφέτωσαν*] *-στραφετωσαν* 610; *-στρεφετω* A^{s} 381 La^{109} Arm^{I} = Pesch Vulg et Reg 𝔊 | *εἰς τὸν οἶκον*] *εις τον τοπον* (*εν τω τοπω* 610) *a*$^{-71}$ Aeth$^{(-P)}$(vid) | *αὐτοῦ*] *εαυτον* V 728-*b*$^{2-98}$ 60 527; *eorum* Aeth$^{(-P)}$ Arm^{II}

17 *ὁ* om 728*: cf Reg III 22$_{18}$ 𝔊 | *Ἰσραήλ* om 127 | *Οὐκ*] pr *και* 119 | *εἶπά*] *ειπον L a* 46-381-489 Ald Compl Sixt = Reg 𝔊^{L}, cf praef p 105 | *Οὐ*] pr *οτι* B *L a* La^{109} Aeth$^{(-P)}$ Arm^{I} Ald Compl Sixt Ra. = Pesch Targ Vulg et Reg 𝔊^{AL} | *προφητεύει*] *-ευῃ* 107(non 44′); *-ευσει* 71; *-ευεις* 527; + *iste* Arm^{I} = Vulg et Reg 𝔊; + *homo ille* Arm^{II} | *περὶ ἐμοῦ*] *in me* La^{109} | *ἀλλ᾽ ἤ*] *αλλα* 381: cf Reg 𝔊^{ap}

18 *εἶπεν*] + *μιχαιας L a*$^{-71}$ 46-728 158 Arm^{II} Ald Compl = Pesch et Reg III 22$_{19}$ 𝔊(sub obelo Syh) | *Οὐχ οὕτως*] *ουχ ουτος* 314^{c}; *propterea* La^{109} = 𝔐(לכן; 𝔊 pro לא כן); > 93 | *τόν* om A Or *in Matth* 474 (hab *in Ioh* 447) | *θρόνου*] + *αγιου* 106′; + *δοξης* Arm^{II} Or *in Matth* 474 = Targ | *αὐτοῦ* 1°] *εαυτον* V *b*$^{-98\,728}$ 119 527; > 55′ | *πασα δυναμεις* 93 728; *πασαι αι δυναμεις* (*omnes potestates*

δύναμις τοῦ οὐρανοῦ παρειστήκει ἐκ δεξιῶν αὐτοῦ καὶ ἐξ ἀριστερῶν
19 *αὐτοῦ.* [19]*καὶ εἶπεν κύριος Τίς ἀπατήσει τὸν Ἀχαὰβ βασιλέα Ἰσραὴλ*
καὶ ἀναβήσεται καὶ πεσεῖται ἐν Ῥαμὼθ Γαλαάδ; καὶ εἶπεν οὗτος
20 *οὕτως, καὶ οὗτος εἶπεν οὕτως.* [20]*καὶ ἐξῆλθεν τὸ πνεῦμα καὶ ἔστη*
ἐνώπιον κυρίου καὶ εἶπεν Ἐγὼ ἀπατήσω αὐτόν. καὶ εἶπεν κύριος Ἐν
21 *τίνι;* [21]*καὶ εἶπεν Ἐξελεύσομαι καὶ ἔσομαι πνεῦμα ψευδὲς ἐν στόματι*
πάντων τῶν προφητῶν αὐτοῦ. καὶ εἶπεν Ἀπατήσεις καὶ δυνήσῃ, ἔξελθε
22 *καὶ ποίησον οὕτως.* [22]*καὶ νῦν ἰδοὺ ἔδωκεν κύριος πνεῦμα ψευδὲς ἐν*
στόματι πάντων τῶν προφητῶν σου τούτων, καὶ κύριος ἐλάλησεν

B'' A V *L' a b* 60 119 158 527 La$^{109\,(Leg)}$ Aeth Arm

La) 236* La^{Leg}; *omnis exercitus* La^{109}: cf 𝔐 et Reg 𝔐 𝔊 | *δύναμις*] pr *η a* (236^{c}) 381 158 Ald | *τοῦ οὐρανοῦ*] *των* $\overline{\textit{ουνων}}$ 381; post *παρειστήκει* tr 527 | *παρειστήκει*] *ειστηκει* (*ιστ.* 93 127 Or *in Ioh*) B' *L a*$^{-71}$ La^{109}(vid) Arm^{II} vid (ad fin tr) Or *in Ioh* 447 *in Matth* 474 Compl Ra. = Reg 𝔊 | *ἐκ δεξιῶν*] *ad dexteram* La^{109} = 𝔐 | *αὐτοῦ* 2° om *a*$^{-554}$ La^{109} Arm^{II} Ald | *ἐξ ἀριστερῶν*] *εξ ευωνυμων* 71 = Reg 𝔊$^{-L}$; *ad sinistram* La^{109}

19 *Ἀχαάβ*] *χααβ* V* | *καὶ ἀναβήσεται*] *του αναβησεσθαι* Compl; om *καί* 60(|) | *καὶ πεσεῖται*] *και περιπεσειται* 46; *και πεισεται* 127; *και πεσεισθαι* Compl; > 158 | *ἐν*] *εις L* 98 119 158 527 Compl | *Ῥαμώθ*] *ραμμωθ* A *a*$^{-71\,107\,236}$ 64-243-381 55^{c} Or *in Ioh* 366; *ραμαθ L* 158 Lag.: cf 2; *ραμμαθ* Ald: cf Reg 𝔊^{ap}; *rama* La^{109}: cf 3 | *Γαλαάδ*] *γαλαδ* 158; *galaat* La^{109}: cf 3 | *καί* 4°] ⌒ (20) *καί* 1° 107 La^{109} | *καὶ εἶπεν οὗτος οὕτως*] *και ουτος* (*ουτως* 46*(non 52)-728) *ειπεν ουτως b*^{1} 119 158 527 Ald Sixt; *και ειπεν· ουτος ειπεν ουτως* A: cf 𝔐; *και ειπεν· ουτως ειπεν ουτος* 127 | *οὕτως* 1° et 2°] *ουτω* 68': cf praef p 97 | *καὶ οὗτος εἶπεν οὕτως*] *και ουτως ειπεν ουτως* 243; *και ουτος ουτως ειπεν* 127; *και ουτος ουτως* 158 Arm^{I}: cf Reg 𝔊; *και ειπεν ου δυνη* 46-728; + *και ειπεν* (+ *ουτως* 19' Lag.) *ου δυνησῃ* (*-σει* 19: cf praef p 106; > Arm) *L'* Arm^{II} Lag.: cf Reg 𝔊$^{L\,Or}$ et 21; *και ετερος αλλο* 71: cf Vulg (*et alter alio* (sc *modo*)); > Or *in Ioh*

20 *καὶ ἐξῆλθεν*] *και ηλθεν* 158; om *καί* V | *τὸ πνεῦμα*] om *τό a*$^{-71}$ Or *in Ioh* 366 = Reg III 22$_{21}$ 𝔊 | *καὶ ἔστη*] om 68 Ald; om *καί* Arm^{I} | *Ἐγώ* bis scr 314-762 | *ἀπατήσω*] *αποστησω* 60 | *αὐτόν*] *αυτος* B^{c}

21 *καὶ εἶπεν* 1° om 46 610 Arm^{II}(v 21 lib) | *καὶ ἔσομαι* om 127 | *πνεῦμα ψευδές*] *πνευμα αψευδες* Ald Compl; ⌒ (22) *πνεῦμα ψευδές* 44 | *στόματι*] pr *τω b*^{2}: cf Reg III 22$_{22}$ 𝔊^{ap} | *πάντων* om 71 Arm^{II} = 𝔐^{1Ms} | *εἶπεν* 2°] + *ei dominus* Aeth$^{(-P)}$ = Pesch(om *dominus* ^{ap}) | *Ἀπατήσεις καὶ δυνήσῃ* om 107 | *απατησης* 93 158 Fern. | *καί* 4°] + *γε* A *b*^{2} = 𝔐(וגם) et Reg 𝔐 𝔊; + *quidem* La^{109}; > B' Aeth$^{(-P)}$ | *δυνησει* A 19 55 Lag.: cf praef p 106 | *ποιησεις* 60 | *ουτω* 68'-762^{c} Ald Sixt: cf praef p 97

22 *δεδωκε* (*-εν* 243) *b*^{2}: cf Reg III 22$_{23}$ 𝔊^{ap} | *κύριος* 1°] + *deus* La^{109} | *πνεῦμα*] pr *το* V | *πάντων τῶν προφητῶν σου*] om *πάντων* B Arm Sixt = 𝔐^{te}

ἐπὶ σὲ κακά. [23]καὶ ἤγγισεν Σεδεκίας υἱὸς Χαναὰν καὶ ἐπάταξεν 23
τὸν Μιχαίαν ἐπὶ τὴν σιαγόνα καὶ εἶπεν αὐτῷ Ποίᾳ τῇ ὁδῷ παρῆλθεν
πνεῦμα κυρίου παρ᾽ ἐμοῦ τοῦ λαλῆσαι πρὸς σέ; [24]καὶ εἶπεν Μιχαίας 24
Ἰδοὺ ὄψῃ ἐν τῇ ἡμέρᾳ ἐκείνῃ, ἐν ᾗ εἰσελεύσῃ ταμιεῖον ἐκ ταμιείου τοῦ
κατακρυβῆναι. [25]καὶ εἶπεν βασιλεὺς Ἰσραὴλ Λάβετε τὸν Μιχαίαν καὶ 25
ἀποστρέψατε πρὸς Ἐμμὴρ τὸν ἄρχοντα τῆς πόλεως καὶ πρὸς Ἰωὰς
ἄρχοντα υἱὸν τοῦ βασιλέως [26]καὶ ἐρεῖτε Οὕτως εἶπεν ὁ βασιλεύς 26

B′′ A V *L′ a b* 60 119 158 527 La$^{109 (Leg)}$ Aeth Arm

Targ (hab כל 𝔐^{9Mss} Pesch Vulg = Reg 𝔐 𝔊); om *τῶν* V | *σου*] *eius* Aeth$^{(-P)}$; > 106-236 489 La^{109} Arm^{II}: cf Reg 𝔊^{ap} | *τούτων*] *-νι* 74; om 60 Aeth$^{(-P)}$ = Vulg | *κύριος* 2° om 19′ | *ἐπὶ σέ*] *περι σε* 74-107 = Reg 𝔊^{44}; *περι σου* 381-*b*^{2} Arm(vid)

23 *ἤγγισεν*] *ηλθεν* 127: cf Reg III 22$_{24}$ 𝔊(*προσηλθεν*); *εποιησεν* A | *υἱὸς Χαναάν* om 44 = Reg 𝔊^{44} | *χαναα* 55; *χαναανα* Compl; *χανανα* A 71 *b*$^{2-98}$ 119 Ra.: cf $_{10}$; *χαανα* V 98; *χαναν* 554 Arm^{I}; *ναχααν* 19′ | *ἐπάταξεν*] *επεταξεν* 55 | *μειχαιαν* B; *μιχεαν* 527; *μηχαιαν* 158; *μιχαια* 71; *μιχαναν* 19 | *εν τη σιαγονι* 44 | *καὶ εἶπεν αὐτῷ*] > 127; om *αὐτῷ* La^{109} = 𝔐 et Reg 𝔐 𝔊 | *Ποίᾳ τῇ ὁδῷ*] *per quam viam* La^{109} = Vulg | *τῇ*] *ταυτη* 158; pr *ταυτη L* Arm^{II}(vid) Compl = 𝔐; om A *a* 60 Ald | *τῇ ὁδῷ*] *tempore* Arm^{II}: cf Targ | *παρῆλθε(ν)*] *απηλθε* 19; *πνευμα παρ εμου πνευμα προς σε* B’ | *κυρίου*] pr *παρα* 321 | *παρ᾽ ἐμοῦ*] *περι εμου* 98; *απ εμου L* Compl; *επ εμε* 107; > Aeth$^{(-P)}$ | *τοῦ λαλῆσαι*] *το* (*τω** vid) *λαλησαι* 119; *et locutum est* Arm; om *τοῦ* 130-321-346

24 *μειχαιας* B; *μιχεας* 527 | *ὄψῃ* B′′ A V* 93 68′-106′-120-134-554^{c} 728 Ald Sixt] *οψει* rel: cf praef p 106; pr *συ L* 728 Arm^{II} (et pr *tu cognoscis*) Compl | *ἐν* 1° om V = Reg III 22$_{25}$ 𝔊$^{B\ 243}$ | *τῇ ἡμέρᾳ/ἐκείνῃ*] tr *b*^{1} 158 | *ἐν ᾗ* om B | *εἰσελεύσῃ*] *-σει* 158: cf praef p 106; *-σεται* B 71; *-σεσθε L* Arm^{II} | *ταμιεῖον ἐκ ταμιείου* (*-μειειου* 55*) A *L b*^{2} 55 119 527 Compl] *ταμιειον εκ ταμειου* 134 158; *ταμειον εκ ταμειου* rel Ios VIII 410 codd: cf Reg 𝔊^{ap} et praef p 95; *de cubiculo in cubiculum* La^{109} Aeth$^{(-P)}$: cf 𝔐 | om *τοῦ* 71 60

25 *βασιλεύς*] pr *ο L a*$^{-71}$ 98 Ald Compl: cf Reg III 22$_{26}$ 𝔊 | *λαβε* 381 = Reg 𝔐 | *τόν* 1°] pr *δη* 158; > 321-346 | *μειχαιαν* B; *μιχεαν* 527; *μιχαια* 19 = Reg 𝔊^{82} | *ἀποστρέψατε*] *απεστρ.* 107(non 44′); + *αυτον* 158 La^{109} Aeth$^{(-P)}$ Arm^{I} = 𝔐 et Reg 𝔐 𝔊 | *Ἐμμήρ*] *εμηρ* B′ 46*(-52*)-64* 527 Aeth$^{(-P)}$ Sixt Ra.; *εμμορ* 107; *imer* Arm^{II}; *σεμμηρ* A *L* 121-130-134-236-314-321-346-762; *σεμηρ* 71-74 Arm^{I}(*semeri* ^{ap}); *σεμεηλ* 127; *αμμων* 46^{c}(-52^{c}) Compl: cf 𝔐(אָמוֹן) Pesch Targ Vulg(*ammon*, *amon* 1 Ms) et Reg 𝔐 𝔊; *semey et amon* La^{109}; *αχαμωνα* Ios VIII 410 | *τὸν ἄρχοντα*] *regem* Aeth$^{(-P)}$ = Reg 𝔊^{B}; om *τόν* B’ *a*$^{-71}$ Sixt Ra. | *ιωασα* B; *yoram* La^{109} (hab *ioas* La^{Leg}) | *ἄρχοντα* 2° – fin] > 44; *ἄρχοντα* om 125 La$^{109\ Leg}$ Compl = 𝔐 et Reg 𝔐 𝔊; om *τοῦ* 125 | *υιων* 74 610

Ἀπόθεσθε τοῦτον εἰς οἶκον φυλακῆς, καὶ ἐσθιέτω ἄρτον θλίψεως καὶ
27 *ὕδωρ θλίψεως ἕως τοῦ ἐπιστρέψαι με ἐν εἰρήνῃ.* [27]*καὶ εἶπεν Μιχαίας*
Ἐὰν ἐπιστρέφων ἐπιστρέψῃς ἐν εἰρήνῃ, οὐκ ἐλάλησεν κύριος ἐν ἐμοί·
ἀκούσατε λαοὶ πάντες.
28 [28]*Καὶ ἀνέβη βασιλεὺς Ἰσραὴλ καὶ Ἰωσαφὰτ βασιλεὺς Ἰούδα εἰς*
29 *Ῥαμὼθ Γαλαάδ.* [29]*καὶ εἶπεν βασιλεὺς Ἰσραὴλ πρὸς Ἰωσαφάτ Κατα-*
κάλυψόν με καὶ εἰσελεύσομαι εἰς τὸν πόλεμον, καὶ σὺ ἔνδυσαι τὸν
ἱματισμόν μου· καὶ συνεκαλύψατο βασιλεὺς Ἰσραὴλ καὶ εἰσῆλθεν εἰς

B′′ A V *L′ a b* 60 119 158 527 La^{109} Aeth Arm

26 init – *βασιλεύς*] *dicite sic* Arm^{II}: cf Reg III 22$_{27}$ 𝔊; > 71 | *ἐρεῖτε*] *ερεις* (*ιερεις* 762*: post *ι*) B’ *a*$^{(-71)}$ Ra. = Reg | *Ἀπόθεσθε*] *-σθαι* B*-127 A V* 71 46 60 158 610: cf Reg 𝔊 et praef p 87; *θεσθε L* Compl: cf Reg 𝔊; *αποθες* 489 44 Arm^{II}(vel *θες*); pr *του* 71 | *εἰς οἶκον φυλακῆς*] *in carcere* La^{109}: cf Vulg et Reg 𝔊 | *φυλακῆς*] pr *της* 381 = 𝔐 | *ἐσθιέτω*] *εσθετω* 127 (pr ras 1-2 litt) | *θλίψεως* 1°] pr *και* 55; ⌒ 2° 71-236 *b*^{2} 55 60 610 = 𝔐^{1Ms}, cf Reg 𝔊^{ap} | *ὕδωρ θλίψεως*] pr *πινετω L* 728 158 La^{109}(add) Arm^{I}(add) = Pesch et Reg 𝔊^{L}; om *θλίψεως* 44 | *ἕως* om 321*-346 | *αποστρεψαι* 71

27 init – *εἰρήνῃ* om 60 | *μειχαιας* B*; *μιχεας* 527 | *Ἐάν*] *ει* 71 | *ἐπιστρέφων*] *επιτρεφων* 158; > 71 44′ | *επιστρεψεις* 19 71 158 44-610; *υποστρεψεις* 107: cf praef p 109 | *ἐν ἐμοί*] om *ἐν* 68 Ald = 𝔐^{1Ms}(לי pro בי) | *ἀκούσατε λαοὶ πάντες*] > 44 = Reg III 22$_{28}$ 𝔊$^{-O}$, cf Mich 1$_{2}$; pr *και ειπεν L a* 46-728 La^{109} Ald Compl Sixt = 𝔐 Pesch Targ Vulg et Reg 𝔐 𝔊^{O}; pr *ecce* Arm^{II}; pr *et* Aeth$^{(-P)}$

28 *ἀνέβη* – *Ἰούδα*] *ανεβησαν οι βασιλεις* 44 | *ἀνέβη*] *ascenderunt venerunt* Arm^{II}: cf Vulg | *βασιλεὺς Ἰσραήλ*] pr *ο* 107 = Reg III 22$_{29}$ 𝔊^{L}; pr *αχααβ L′* 46-728 158 Arm^{II} Compl: cf Pesch; om *Ἰσραήλ* 68 Ald | *Ἰωσαφὰτ βασ. Ἰούδα*] *ο βασ. ιουδα ιωσαφατ* 125; om *βασ. Ἰούδα* 71; om *Ἰούδα* 236(|) | *Ῥαμώθ*] *ραμμωθ* A *a*$^{-71\ 107}$ *b*$^{-46\ 98\ 489}$ 55 Ald; *ραμαθ L* 158 Lag.: cf Reg 𝔊^{ap} et $_{2}$; *rama* La^{109}; *ramod* Arm^{IIte}; *ραμωβ* 44 | *galaat* La^{109}: cf $_{5}$

29 *βασιλεὺς Ἰσραήλ* 1°] *ο βασιλευς* 127; pr *ο* 44′ = Reg III 22$_{30}$ 𝔊^{L} | *Ἰωσαφάτ*] *ιωσαφ* 489* | *Κατακάλυψόν με καὶ εἰσελεύσομαι*] *immutare et intra* La^{109}: cf 𝔐(התחפש ובוא) et Reg 𝔐 | *Κατακάλυψόν με*] *κατακαλυψομαι* (*-ψωμαι* 108) *L b*^{2} Compl Ra. = Targ(אנא אשתני) Vulg(*mutabo habitum*): cf Reg 𝔊(*συγκαλυψομαι* B *L* 158 Syh Aeth$^{(-P)}$ Arm, *συγκαλυψον με* rel) et TGP II; *praeparabor disponar ordinabor* Arm^{II} | *καὶ εἰσελεύσομαι* om 127 | *σύ*] *σοι* 158: cf praef p 91 | *τὸν ἱματισμόν*] *vestimenta* La^{109}: cf 𝔐 Vulg(*vestibus*) | *μου*] *σου* Arm^{II} Compl = 𝔐 Pesch Targ Vulg et Reg 𝔐 Vulg | *καί* 4° ⌒ 5° 107 | *συνεκαλύψατο*] *ηλλοιωθη L* Arm^{II}(vid) Compl; *immutatus est* La^{109} | *βασιλεύς*

τὸν πόλεμον. 30*καὶ βασιλεὺς Συρίας ἐνετείλατο τοῖς ἄρχουσιν τῶν ἁρ-* 30
μάτων τοῖς μετ᾽ αὐτοῦ λέγων Μὴ πολεμεῖτε τὸν μικρὸν καὶ τὸν μέγαν,
ἀλλ᾽ ἢ τὸν βασιλέα Ἰσραὴλ μόνον. 31*καὶ ἐγένετο ὡς εἶδον οἱ ἄρχοντες* 31
τῶν ἁρμάτων τὸν Ἰωσαφάτ, καὶ αὐτοὶ εἶπαν Βασιλεὺς Ἰσραήλ ἐστιν,
καὶ ἐκύκλωσαν αὐτὸν τοῦ πολεμεῖν· καὶ ἐβόησεν Ἰωσαφάτ, καὶ κύριος
ἔσωσεν αὐτόν, καὶ ἀπέστρεψεν αὐτοὺς ὁ θεὸς ἀπ᾽ αὐτοῦ. 32*καὶ ἐγένετο* 32
ὡς εἶδον οἱ ἄρχοντες τῶν ἁρμάτων ὅτι οὐκ ἦν βασιλεὺς Ἰσραήλ, καὶ
ἀπέστρεψαν ἀπ᾽ αὐτοῦ. 33*καὶ ἀνὴρ ἐνέτεινεν τόξον εὐστόχως καὶ* 33

B′′ A V *L′ a b* 60 119 158 527 Syh$^{17\,195}$$_{(31)}$ La^{109} Aeth Arm

2°] pr *ο* A 93 64-381 55′ 158 Fern. = Reg 𝔊$^{-B}$ | *εἰς* 2°] *προς* 98 | *τόν* ult om V 71

30 *βασιλεύς*] pr *ο* 158 44′: cf Reg III 22$_{31}$ 𝔊 | *τοῖς μετ᾽ αὐτοῦ*] *τοις* (*των* 119 158 527) *μεθ εαυτον* (*αυτον* 121-130-236-762) 121-130-236-321-346-762 *b*^{1} 60 119 158 527: cf praef p 96; *αυτου L* La^{109}(*suorum*) Compl = Reg 𝔊; pr *και* 55; om 71 44 Arm^{II} | *λέγων* om 44(|) = 𝔐^{1Ms} | *πολεμεῖτε*] *-ται* V* 19-93; *-μητε* 74-106′ (non 44)-554 *b*$^{-64\,728}$(46*-52) 119; *-μησητε* 60: cf Reg 𝔊^{ap} | *τόν* 1° – *μέγαν*] *neminem* La^{109}; om *τόν* 1° et 2° 44 = Reg 𝔊 | *καί* 2°] *η a*$^{-71}$ Ald: cf Reg 𝔊$^{L\,O}$ | *μεγα* 158: cf Reg 𝔊^{ap}: cf praef p 101 | *βασιλέα Ἰσραήλ*] om *βασιλέα* 68′-120 Ald; om *Ἰσραήλ* 19 107 | *μονωτατον L* Compl = Reg 𝔊

31 om *ἐγένετο* 71-107 Aeth$^{(-P)}$: cf Reg III 22$_{32}$ 𝔊^{ap} | *ὡς – αὐτοί*] *ut viderunt yosafat principes curruum* La^{109}; *ut viderunt eum principes curruum regis syriae* Aeth$^{(-P)}$; *καὶ αὐτοί* om 71 44: cf Reg 𝔊^{ap} | *τὸν Ἰωσαφάτ*] *τω ιωσ.* 119; *τον ιωασαφατ* 120 | *ειπον* V *L* 71-107 *b*$^{-64\,489\,728}$(sic 379, 98 absc) 60 Compl: cf Reg 𝔊^{ap} et praef p 105 | *Βασιλεύς*] pr *ο* 44′ = Reg 𝔊^{44} | *ἐστιν*] *iste est* La^{109} Arm^{I}(ante *Βασιλεύς* tr) = Vulg | *τοῦ πολεμεῖν*] *του πολεμησαι αυτον* 236 Syh$^{17\,195}$ vid(מקרבו⟨ל⟩): cf Pesch(למתכתשו עמה) et Reg 𝔊(*πολεμησαι* omnes (exc 121 247: cf sq)); *in prelio* La^{109}: cf Vulg(*dimicantes*) et Reg 𝔊^{ap}(*πολεμουντες* 121 247); om *τοῦ* 158 = Reg 𝔊$^{-L}$; > 44 | *ἐβόησεν Ἰωσαφάτ*] *εβοησεν* 127*; *ιωσαφατ εβοησεν* 127^{c}(corr pr m) | *καὶ κύριος*] *προς* $\overline{\kappa\nu}$ *και a*$^{-71}$ = Vulg; pr *προς κυριον* Ald (hab *καὶ κύριος* Syh = 𝔐) | *ἔσωσεν*] *εισηκουσεν* (*exaudibit* La) 68′ La^{109} Ald | *ἀπέστρεψεν* – fin] *amobit eum ab ipsis* La^{109} | *αὐτούς*] post *θεός* tr 93 527; > 610* | *ὁ θεός*] *dominus* Aeth$^{(-P)}$ | *αὐτοῦ*] *αυτων* 127

32 *καί* 1° – $_{(33)}$ *καί* 1°] *και εν τω αποστρεφειν αυτους* 71 | *καί* 1° ⌒ $_{(33)}$ *καί* 1° 107 | *εἶδον*] + *eum* La^{109}: cf Reg III 22$_{33}$ 𝔊^{ap} | *οἱ* om 127 | *τῶν ἁρμάτων* om Arm^{II} | *ἦν*] *est* La^{109} = Reg 𝔊; *est is* Arm: cf 𝔐^{1Ms} et Reg 𝔐 𝔊 + *is* Aeth$^{(-P)}$ | *βασιλεύς*] pr *ο* 19′ Compl | *καί* 2°] > A La^{109} Arm^{I}; pr *reliquerunt eum* Arm^{II}: cf Vulg | *ἀπέστρεψαν/ἀπ᾽ αὐτοῦ*] tr *b*^{2}

33 *ἀνήρ*] *vir unus* La^{109}: cf Vulg et Reg III 22$_{34}$ 𝔊; post *ἐνέτεινεν* tr *L* Compl: cf Reg 𝔊 | *ετεινεν* (*-νε* B^{c}) B′: cf Reg 𝔊^{ap} | *τόξον εὐστόχως*] pr *το a*$^{-71}$ 98 127

ἐπάταξεν τὸν βασιλέα Ἰσραὴλ ἀνὰ μέσον τοῦ πνεύμονος καὶ ἀνὰ μέσον
τοῦ θώρακος. καὶ εἶπεν τῷ ἡνιόχῳ Ἐπίστρεφε τὴν χεῖρά σου καὶ ἐξ-
34 *ἄγαγέ με ἐκ τοῦ πολέμου, ὅτι ἐπόνεσα.* [34]*καὶ ἐτροπώθη ὁ πόλεμος ἐν*
τῇ ἡμέρᾳ ἐκείνῃ, καὶ ὁ βασιλεὺς Ἰσραὴλ ἦν ἑστηκὼς ἐπὶ τοῦ ἅρματος
ἕως ἑσπέρας ἐξ ἐναντίας Συρίας καὶ ἀπέθανεν δύνοντος τοῦ ἡλίου.
1 **19** [1]*Καὶ ἐπέστρεψεν Ἰωσαφὰτ βασιλεὺς Ἰούδα εἰς τὸν οἶκον αὐτοῦ ἐν*
2 *εἰρήνῃ εἰς Ἰερουσαλήμ.* [2]*καὶ ἐξῆλθεν εἰς ἀπάντησιν αὐτοῦ Ἰηοὺ ὁ τοῦ*
Ἀνανὶ ὁ προφήτης καὶ εἶπεν αὐτῷ Βασιλεῦ Ἰωσαφάτ, εἰ ἁμαρτωλῷ σὺ

B′′ A V *L′ a b* 60 119 158 527 Syh$^{17\ 195\ 2023}$(incipiunt ab 19$_{1}$) La$^{109\ (Leg)}$ Aeth Arm

Ald = Reg 𝔊$^{-A\ V}$; *ευστοχως* (*ευστιχως* Compl) *τοξον L* Compl | *ἐπάταξεν*] *απεκτεινεν* 119 | *ἀνὰ μέσον τοῦ πνεύμονος*] *ανα μ. του* $\overline{\pi\nu\varsigma}$ 121-314* = Reg 𝔊^{158}; *inter ilia* La^{Leg} (hab *inter pulmonem* La^{109}) | *ἀνὰ μέσον τοῦ θώρακος*] *pectus* La^{109} (hab *toracem* La^{Leg}); om *ἀνὰ μέσον* 71-107 La$^{109\ Leg}$ Arm = Reg 𝔊^{44} | *καὶ εἶπεν*] + *ο βασιλευς L* Compl = Reg 𝔊^{L}; > 125 | *ἡνιόχῳ*] + *αυτου a*$^{-71}$ La^{109} (*suo*) Aeth$^{(-P)}$ = Pesch Vulg et Reg 𝔐 Vulg | *επιστρεψαι* 127: cf Reg 𝔊 | *καί* ult om 68 Ald Sixt | *εξαγε* 731 | *ὅτι ἐπόνεσα*] *οτι τετραυματισμαι* (*vulneratus sum* La = Vulg) *L*(93^{txt} 108^{txt}) La^{109} Arm(vid) Compl = Reg 𝔊^{L}; > 44

34 *ἐτροπώθη*] *crevit* (*crebit* 109) La$^{109\ Leg}$: cf 𝔐 | *ἦν* om 127(|) 44 | *ἅρματος*] *βηματος* 98 | *ἕως ἑσπέρας* post *ἐξ ἐναντίας Συρίας* (*συριας εξ εναντιας* pro *ἐξ ἐν. Συρίας* 106) tr *L a* La^{109} Arm^{II} Ald Compl Sixt = 𝔐, cf Reg 𝔐 𝔊 | *ἑσπέρας*] *περας* 158 | *καί* ult om 158 | *δύνοντος*] *δυνατος* B 122* 158; *ad occasum* La^{109} | *τοῦ* 2° om 107(non 44) 381

19 1 in codicibus 247-488(= 247′) insertum est Par II 19$_{1-3}$ in Reg post Reg III 22$_{37}$ *βασιλεύς* (= "Reg III 22$_{37}$ 𝔊$^{247'}$"): cf praef p 16 et 46 | *Καὶ ἐπέστρεψεν Ἰωσαφάτ*] *ιωσ. δε απεστρεψεν* 44: cf Vulg | *απεστρεψεν* (*-ψαι* 108) B*-127 *L a*$^{-321}$ Reg III 22$_{37}$ 𝔊$^{247'}$ Compl Ald Ra. | *βασιλεὺς Ἰούδα*] *υιος* (*και πας υιος* 125) *ιουδα* 107; > 44 Syh^{2023} = Pesch; om *Ἰούδα* Syh$^{17\ 195}$ Arm^{IIap} | *εἰς τὸν οἶκον αὐτοῦ/ἐν εἰρήνῃ*] tr 121; > 125; om *εἰς τ. οἶκον αὐτοῦ* Reg 𝔊$^{247'}$; om *ἐν εἰρήνῃ* B’ *a*$^{-71\ 121}$ Ald Sixt | *εαυτον* A *b*^{2} | *εἰς* 2°] *εν* 119 527; > 314 | *Ἰερουσαλήμ* ($\overline{\iota\lambda\eta\mu}$)] $\overline{\iota\eta}\lambda$ Reg 𝔊^{488*}; $\overline{\iota\eta}^{\mu}\lambda$ Reg 𝔊^{488c}

2 *Ἰηού – προφήτης*] […]הו . יהו נביא Syh$^{17\ 195}$: cf praef p 47; יהו נביא Syh^{2023}; *ιησους ο προφητης* Ios IX 1 | *Ἰηοὺ ὁ τοῦ*] *υιου του* Dam$^{Iv\ A^{V}\ A^{A}}$; *υιος του* 127; *ο|του* 158: cf Pesch(om *Ἰηού*); om *ὁ* Tht^{1Ms} *Par II* 273 | *Ἰηού*] *ηιου* 527 Tht^{1Ms}; *ιου* B Aeth$^{(-P)}$ Arm^{II} Constit VI 18,36(*ιωηλ* ^{ap}) Ra.: cf 22$_{7}$ Reg III 16$_{1}$; *iehu* La^{109}: cf Vulg^{ap}; *ιησου* 236*: cf 20$_{34}$; *ιησους* Tht^{1Ms} Ios | *ανανει* B: cf 20$_{34}$; *ανη* Dam^{Iv} | *ὁ προφήτης*] *qui erat videns* La^{109}: cf 𝔐(החזה) Vulg(*videns*); *prophetae* Arm^{Iap} | *καὶ εἶπεν αὐτῷ*] *λεγων* Tht^{1Ms} | *αὐτῷ Βασιλεῦ*] *προς τον βασιλεα* (*ad regem* La) La^{109} (hab *o rex* Parm *ep* 91) Compl = 𝔐; *is regi* Arm^{I}; *regi* Aeth$^{(-P)}$ | *Βασιλεῦ Ἰωσαφάτ*] > 158 Syh^{2023} (hab Syh$^{17\ 195}$) = Vulg; om *Βασιλεῦ* (*τω ιωσ.* ^{c}) 71

βοηθεῖς ἢ μισουμένῳ ὑπὸ κυρίου φιλιάζεις; διὰ τοῦτο ἐγένετο ἐπὶ σὲ
ὀργὴ παρὰ κυρίου· [3]*ἀλλ᾽ ἢ λόγοι ἀγαθοὶ εὑρέθησαν ἐν σοί, ὅτι ἐξῆρας* 3
τὰ ἄλση ἀπὸ τῆς γῆς Ἰούδα καὶ κατεύθυνας τὴν καρδίαν σου ἐκζητῆσαι

B″ A V *L′ a b* 60 119 158 527 Syh$^{17\ 195}$ Syh^{2023}(desinit ab $_3$) La$^{100\ (Leg)}$ Aeth Arm

= 𝔐^{2Mss}; om *Ἰωσαφάτ* 44 = 𝔐^{1Ms} | *Βασιλεῦ*] *-λευς* B*″(55*) 68′-121 381 119 527 Reg III 22$_{37}$ 𝔊$^{247'}$ Ald Sixt; *βασι^{λ}* 610 | *εἰ*] *η* 93 60 Dam^{Iv} | *ἁμαρτωλῷ σύ*] *αμαρτωλων* (*-τολ.* 488^{c}) *συ* Reg 𝔊$^{247'}$(488*); *αμαρτωλοις* (לחטיא Syh) *συ* Syh^{2023} Dam^{Iv}; *peccatorem illum* La$^{109\ Leg}$ Lucif *con* 170 Aug *Par* 92 AnMth 623,33 Fac *def* 659(hab *peccatorem* (*-ri* Or^{Lat}) *tu*) Or^{Lat}(Ruf) *in Cant* 190 AnProph 1739,38 Parm *ep* 92 Gild *exc* 51 | *βοηθεῖς*] *-θης* 71 527; *-θος* Reg 𝔊$^{247'}$; *adiuvisti* (*-ub.* La^{109}) La$^{109\ Leg}$ Aug AnMth Fac (hab *adiuvas* Lucif^{ap}(*-vis* ^{te}) AnProph Parm Gild) | *ἤ*] *ει* 119 158 Tht; *et* La$^{109\ Leg}$ Lucif Aug AnMth Fac Or^{Lat}(Ruf) (hab *aut* AnProph Parm Gild^{te}) = 𝔐; pr *et* Arm$^{1ap\ II}$ | *μισουμένῳ ὑπὸ κυρίου*] *μισουμενων υπο κυριου* Reg 𝔊$^{247'}$: cf praec; *eorum* (*illis* AnMth; *eis* Aug) *qui oderunt* (*ei contra* pro *eis qui od.* Aug^{ap}) *dominum* (*deum* AnMth) La$^{109\ Leg}$ Lucif Aug AnMth Fac: cf 𝔐 et Vulg; *eum quem odit dominus* (*dominus odit* Parm Gild^{te}) AnProph Parm Gild Or^{Lat}(Ruf): cf 𝔊 | *κυρίου*] pr *του* 381 | *φιλιάζεις*] *-ζης* Reg 𝔊$^{247'}$; *φυλαξεις* 71 46*(non 52); *φυλαζεις* Tht^{1Ms}: cf praef p 77; *amicus es* La$^{109\ Leg}$ Lucif Aug AnMth Fac Or^{Lat}(Ruf) (hab *diligis* AnProph Parm Gild); pr *συ* (*σοι* 158: cf praef p 91; add Compl) 19′ 121-236-314-762 158 Reg 𝔊$^{247'}$ Syh$^{17\ 195\ 2023}$ Aeth$^{(-P)}$ Arm^{II} Tht Dam$^{Iv\ A^{V}\ A^{A}}$ AnProph Parm Gild Compl Fern. | *διά* – fin] *et idcirco iram quidem domini merebaris* La^{109} = Vulg | *διὰ τοῦτο*] *δια τι* Reg 𝔊$^{247'}$; *in hoc* La^{Leg} Lucif Aug AnMth Fac: cf 𝔐; pr *και* (*et* La) La^{109} Dam$^{Iv\ A^{V}\ A^{A}}$ Aug AnMth = 𝔐 Targ Vulg; pr *και ειπεν αυτω* (*αυτου* 488) *ιηου a*$^{-71\ 107}$ Reg 𝔊$^{247'}$ Ald; + *ουκ a*$^{-71}$ Ald | *ἐγένετο* om La^{Leg} (La^{109} = Vulg) Tht^{1Ms} Lucif Aug Fac = 𝔐 | *ὀργὴ παρὰ κυρίου*] *οργη κυριου* 19′ 381 55 158 La^{109} Aeth$^{(-P)}$ Arm^{II} Tht^{1Ms} Dam^{Iv} Parm Compl = Pesch Vulg; *ira dei* Gild; pr *η* 107

3 *ἀλλ᾽ ἤ*] *αλλ οι* 236* 55 158* Tht^{2Mss} *Par II* 273; *nisi* AnMth 623,35: pro *αλλ ει*?; pr *οτι a*$^{-71}$ Reg III 22$_{37}$ 𝔊$^{247'}$ Ald Sixt; *sed quia* Arm^{I} | *λόγοι ἀγαθοί*] *bona opera* La^{109} = Vulg (hab *sermones boni* (+ *dei boni* Aug) La^{Leg} Lucif *con* 170 Aug *Par* 92 AnMth) | *εὑρέθησαν*] *ηυρεθησαν* B Sixt Ra. (hab *ευρ.* et BasC *humil* 536 Tht Proc *Comm in Par II* 1213): cf praef p 102; *ερρεθησαν* 71 | *ἐν σοί*] *tecum* La^{Leg} Lucif Aug AnMth: cf 𝔐 (hab *in te* La^{109}) | *εξηρες L* Compl Fern.; *εξηρανας* Tht^{1Ms} | *ἀπό*] *εκ b′* 158 Reg 𝔊$^{247'}$ | *τῆς γῆς Ἰούδα*] om *τῆς a*$^{-71\ 125}$ *b′* 127 158 Reg 𝔊$^{247'}$ Ald; om *Ἰούδα* Lucif Aug (non La^{109} AnMth = Vulg) = 𝔐 Targ Pesch(lib) | *κατεύθυνας*] *κατηυθυνας* (*κατ|κατηυθυνας* 55*) B″ Tht Sixt Ra.: cf praef p 102 | *σου* om 610 | *ἐκζητῆσαι*] *του ζητησαι* 93 Lag.;

4 τὸν κύριον. ^{4}καὶ κατῴκησεν Ἰωσαφὰτ ἐν Ἰερουσαλὴμ καὶ πάλιν ἐξ-
ῆλθεν εἰς τὸν λαὸν ἀπὸ Βηρσάβεε ἕως ὄρους Ἐφράιμ καὶ ἐπέστρεψεν
5 αὐτοὺς ἐπὶ κύριον θεὸν τῶν πατέρων αὐτῶν. ^{5}καὶ κατέστησεν κριτὰς
6 ἐν πάσαις ταῖς πόλεσιν Ἰούδα ταῖς ὀχυραῖς ἐν πόλει καὶ πόλει ^{6}καὶ εἶ-
πεν τοῖς κριταῖς Ἴδετε τί ὑμεῖς ποιεῖτε, ὅτι οὐκ ἀνθρώπῳ ὑμεῖς κρίνετε,
7 ἀλλ' ἢ τῷ κυρίῳ, καὶ μεθ' ὑμῶν λόγοι τῆς κρίσεως· ^{7}καὶ νῦν γενέσθω
φόβος κυρίου ἐφ' ὑμᾶς, καὶ φυλάσσετε καὶ ποιήσετε, ὅτι οὐκ ἔστιν

B'' A V *L' a b* 60 119 158 527 Syh$^{17\ 195}$(desinit ab 4)La$^{109\,(Leg)}$ Aeth Arm

pr του Fern. | *τὸν κύριον*] om *τόν* 71 119; *deum* Aug = 𝔐 Vulg^{ap}; *dominum deum tuum* Arm^{II}: cf Vulg^{ap}(*dominum deum patrum tuorum*); + *liberavit te dominus* Arm^{I}

4 *ἐν Ἰερουσαλήμ* om B' | *ἐν*] εις 68'-120 Ald | *καί* 2° – 11 fin om 381 | *πάλιν*] *conversus est et* La^{109} Lucif *Ath* 37: cf 𝔐 | *ἐξῆλθεν*] + ιωσαφατ *L* Arm^{II} Tht *Par II* 274 | *εἰς τὸν λαόν*] *in populo* La^{109} Lucif: cf 𝔐; εις πολεμον 44; *populus* Arm^{I}; ante *ἕως* tr 93 52 Lag. | *ἀπό*] εις 93; κατα 158 | *Βηρσάβεε*] -βεηρ. B': cf Par I 21$_{2}$ Esdr II 21$_{27\ 30}$; -βερ. Tht^{ap}; -βεαι 93-108 Tht^{1Ms} Compl: cf 24$_{1}$ 30$_{5}$ I 4$_{28}$ 21$_{2}$ Esdr II 21$_{27\ 30}$ | *ἕως*] απο 71 | *ὄρους*] οριου 127 | *καί* ult – fin] > Arm^{II}: homoiot; *θεόν* – fin om 71 | αποστρεψεν 19 527* 44; επεστρεψεν 158 | *θεόν* B'' A V *b*$^{I(-381)}$ 60 119 527 Sixt] pr τον rel Tht: cf 20$_{33}$ | *τῶν πατέρων αὐτῶν*] των π. εαυτων V; των π. αυτου *b*^{2}; αυτων 93 Tht; αυτου 19'

5 *καί* 1° om 121 | *κριτάς*] pr τους V *b*$^{I(-381)}$ 60 119 158 527 Ald; + *in terra* La^{109} (non Lucif *Ath* 37 PsAug *Spec* 358) = 𝔐 | *ἐν πάσαις*] om *ἐν* B = 𝔐^{4Mss} (לכל); om *πάσαις* 71 | *ταῖς* 2° – fin om 71 | *ταῖς* 2°] pr εν 236; pr *et in* Aeth$^{(-P)}$ Arm^{I} | *ἐν πόλει καὶ πόλει*] *et per singulas civitates* La^{109} Lucif PsAug: cf Pesch; > Arm^{II}; om *καὶ πόλει* 55 Aeth$^{(-P)}$

6 *τοῖς κριταῖς*] αυτοις 107; > 71 | ειδετε 127 | *τί ὑμεῖς*] tr 98; om *τί* 321-346 | *ποιεῖτε*] ποιητε 158 Ald; *facietis* La^{109} Lucif *Ath* 37 PsAug *Spec* 358; > A*(|) | *ὑμεῖς* 2° om La^{109} Aeth$^{(-P)}$ Tht *Par II* 274 Lucif PsAug = 𝔐 (hab Pesch Targ) | *κρίνετε*] *iudicabitis* La^{109} Lucif PsAug | *ἀλλ' ἤ*] αλλα η Tht^{1Ms}; αλλα Tht^{2Mss} | *τῷ κυρίῳ*] τω θω̅ *b*$^{I(-381)}$ 158 Dam$^{R(I)H^{C}T}$; + *deo* Arm^{II}: cf Pesch(+ אלהן) | *καί* 2° – fin] *et vobiscum est* (+ *ipse* La^{109}) *in verbo iudicii* (> Lucif) La$^{109\ Leg}$ Lucif PsAug: cf 𝔐; > 71 44: homoiot | *ὑμῶν*] ημων *b*$^{2-98}$ Ald | *τῆς κρίσεως*] κρισεων Tht^{2Mss}; om *τῆς L* Tht Dam$^{R(I)H^{C}T}$ Compl = 𝔐$^{-1Ms}$

7 om *νῦν* 71 | *φόβος κυρίου*] pr ο V *L* Tht *Par II* 274 Dam$^{RH^{C}T}$; ο φοβος του θυ̅ *a*$^{-71}$ Ald | *ὑμᾶς*] ημας 64-728 | *καί* 2° – *ἀδικία*] > 71; *ὅτι* – *ἀδικία* om 107 | *καὶ φυλάσσετε καὶ ποιήσετε*] *ut servetis* (*obs.* PsAug^{ap}; -*viatis* La^{109}) *et faciatis* La^{109} Lucif *Ath* 37 PsAug *Spec* 358; om *καί* 1° B' Arm^{I} = 𝔐 Targ; + *iustitiam* La^{109} (non Lucif PsAug): cf 𝔐^{1Ms}(add משפט post *φυλάσσετε*) | φυλαξατε *a*$^{(-71)}$ Ald | ποιησατε *a*$^{(-71)}$ Ald Sixt; ποιειτε *L* Tht Dam |

μετὰ κυρίου θεοῦ ἡμῶν ἀδικία οὐδὲ θαυμάσαι πρόσωπον οὐδὲ λαβεῖν
δῶρα. ⁸*καὶ γὰρ ἐν Ἰερουσαλὴμ κατέστησεν Ἰωσαφὰτ τῶν ἱερέων καὶ* 8
τῶν Λευιτῶν καὶ τῶν πατριαρχῶν Ἰσραὴλ εἰς κρίσιν κυρίου καὶ κρίνειν
τοὺς κατοικοῦντας ἐν Ἰερουσαλήμ. ⁹*καὶ ἐνετείλατο πρὸς αὐτοὺς λέ-* 9
γων Οὕτως ποιήσετε ἐν φόβῳ κυρίου, ἐν ἀληθείᾳ καὶ ἐν πλήρει καρ-
δίᾳ· ¹⁰*πᾶς ἀνὴρ κρίσιν τὴν ἐλθοῦσαν ἐφ' ὑμᾶς τῶν ἀδελφῶν ὑμῶν* 10

B'' A V *L' a b* 60 119 158 527 La^{109} Aeth Arm

θεοῦ ἡμῶν] *θεου υμων* A 236* La^{109} (non Lucif PsAug) Tht^{te}; pr *του* Dam$^{R(II)H^c}$; > Aeth$^{(-P)}$ | *οὐδέ* – fin] *και προσωπα μη θαυμασετε* (-*σητε* 44-610) *μηδε δωρα λαβητε* 107 | *οὐδὲ θαυμάσαι πρόσωπον*] *neque personae* (-*narum* La^{109} = Vulg) *acceptio* La^{109} Lucif PsAug = Vulg, cf 𝔐; > Tht^{ap}: homoiot | *οὐδέ* 1°] *ουτε* 119 527; *ου* 158 | *θαυμασετε* 158 | *οὐδὲ λαβεῖν δῶρα*] *neque munerum acceptio* (> La^{109}) La^{109} Lucif PsAug: cf 𝔐 Vulg | *λαβετε δωρον* 158

8 *καὶ γάρ*] *και γε L a*$^{-71\ 44}$ Dam$^{R(I)H^cT}$ Ald Compl Sixt; *et quidem* La^{109} Lucif *Ath* 37; *quia* Aeth$^{(-P)}$; *sed et* Arm^{I}; *iterum* Arm^{II}; om *γάρ* 71 44 | *κατέστησεν*] *κατεσκηνωσεν* V; pr *και* 610 | *Ἰωσαφάτ*] *ισαφατ* 19; > 44 | *τῶν* 1°] pr *εκ L* La^{109} Dam$^{RH^cT}$ Lucif = 𝔐$^{-1Ms}$ | *ἱερέων* et *Λευιτῶν* tr *L a* La^{109} Arm^{II} Tht *Par II* 272,12 Dam$^{RH^cT}$ Lucif Ald Compl = 𝔐 | *καί* 2° et 3° om 71 | *λεβιτων* 610; *λεβητων* 60: cf praef p 95 | *τῶν* 3°] pr *εκ* Dam$^{R(I)H^cT}$ = 𝔐 | *εἰς*] *ει* 158; *κατα* Dam$^{R(I)}$ | *κρίσιν*] pr *την* 93 Dam$^{RH^cT}$ | *κυρίου* ($\overline{κυ}$)] $\overline{κω}$ *a* Ald; *νυν* 44; pr *του* Dam$^{R(I)H^cT}$ | *καὶ κρίνειν*] *και εις δικαιωσιν* (*δικαιοσυνην* Dam$^{R(II)}$) *του κρινειν L* Dam$^{RH^cT}$; om *καί* La^{109}(*ut iudicarent*: cf Vulg (hab *et iudicare* Lucif)) Arm^{I} | *ἐν Ἰερουσαλήμ* ($\overline{ιλημ}$) 2°] *εν* $\overline{ιηλ}$ 158; om *ἐν L* 127 Arm^{I} Dam$^{RH^cT}$ Compl: cf 𝔐

9 *ἐνετείλατο* – (10) *καί* 1°] *ειπεν αυτοις κρινατε* 71 | *ἐνετείλατο* – *λέγων*] *ειπεν αυτοις* 44 | *πρὸς αὐτούς*] *αυτοις L* Dam$^{RH^cT}$ Compl | *ουτω a*$^{(-71)}$ Ald Sixt: cf praef p 97 | *ποιησατε L a*$^{(-71)}$ 55 Dam$^{RH^cT}$ Compl | *κυρίου* om 44(|) | *ἐν ἀληθείᾳ*] *in fide* PsAug *Spec* 359 (hab *in veritate* La^{109}): cf 𝔐(באמונה) et Vulg(*fideliter*); ad fin tr Arm^{II}; > Lucif *Ath* 37; pr *et* Aeth$^{(-P)}$ = Pesch^{ap} | *καί* 2° – fin] *πληρει και εν καρδια* Ald; *καί* om Arm^{II} Lucif | *ἐν πλήρει καρδίᾳ* B' *b*^{2} Sixt] *πληρει* (-*ρη* 60 158: cf 15 17) *καρδια* V *b*$^{1(-381)}$ 60 119 127 158 527 Arm^{I}; *πληρεις καρδιας* A; *εν καρδια πληρει* (-*ρη* 236 Dam$^{H^cT}$) *L a*$^{(-71)}$ Dam$^{RH^cT}$ Lucif Ald Compl = 𝔐; *καρδια πληρει* 125 La^{109} Arm^{II} PsAug

10 init] pr *και* 127 La^{109} Lucif *Ath* 37 PsAug *Spec* 359 = 𝔐 Targ (non Pesch^{te} Vulg) | *πᾶς ἀνὴρ κρίσιν*] *omne iudicium* La^{109} Lucif PsAug = 𝔐 Pesch Targ Vulg; *πασαν κρισιν* coni Rudolph 256, cf BHS(*HP-KP* dittogr): cf TGP II | *κρίσιν* – *ὑμῶν* 1°] *qui venit ad iudicium fratribus suis* Aeth$^{(-P)}$ | *τὴν ἐλθοῦσαν*] *τ. διελθουσαν* 98; *τ. ερχομενην L* Dam$^{RH^cT}$ Compl; *quod acceptum fuerit* La^{109} Lucif PsAug | *ἐφ' ὑμᾶς* 1°] *προς υμας* A 127; *εφ ημας* 158* | *τῶν* 1° –

τῶν κατοικούντων ἐν ταῖς πόλεσιν αὐτῶν ἀνὰ μέσον αἵματος αἷμα καὶ
ἀνὰ μέσον προστάγματος καὶ ἐντολῆς καὶ δικαιώματα καὶ κρίματα
καὶ διαστελεῖσθε αὐτοῖς, καὶ οὐχ ἁμαρτήσονται τῷ κυρίῳ, καὶ οὐκ
ἔσται ἐφ' ὑμᾶς ὀργὴ καὶ ἐπὶ τοὺς ἀδελφοὺς ὑμῶν· οὕτως ποιήσετε καὶ
11 οὐχ ἁμαρτήσεσθε. [11]καὶ ἰδοὺ Ἀμαρίας ὁ ἱερεὺς ἡγούμενος ἐφ' ὑμᾶς
εἰς πᾶν λόγον κυρίου καὶ Ζαβδίας υἱὸς Ἰσμαὴλ ὁ ἡγούμενος εἰς οἶκον

B′′ A V *L′ a b* 60 119 158 527 La^{109} Aeth Arm

κατοικούντων] > Dam$^{R(I)}$; *τῶν κατοικ.* om Dam$^{H^cT}$; *τῶν* 2° om A 106 | *τ. ἀδελφῶν ὑμῶν*] *τ. αδ. ημων* B 158 52 610; *a fratribus vestris* La^{109} Lucif PsAug = 𝔐 (non Vulg) | *ἐν ταῖς πόλεσιν αὐτῶν* om B': homoiot | *ταῖς*] *τοις* 44′-610: cf praef p 99s | *ἀνὰ μέσον* 1° ⌒ 2° 68′-120 | *αἵματος αἷμα*] *αιματος αμα* A; *αιματος και αιματος* 106 Arm Lucif Compl; tr B^{mg}-55 *a*$^{-106\,(71\,68'\,120)}$ Sixt; om *αἷμα* B^{txt}-127 *b*^{2} La^{109} PsAug | *καὶ ἀνὰ μέσον*] om *καί* Lucif; om *ἀνὰ μέσον* 44′ | *προστάγματος*] *legis* La^{109} Lucif PsAug: cf 𝔐(תורה) Vulg et 31₂₁; pr *του* 68 Ald Sixt | *καὶ ἐντολῆς*] *in mandatis* La^{109} Lucif PsAug^{te}: cf 𝔐(למצוה) | *καὶ δικαιώματα*] om *καί* 107 158 Arm^{II}; *και εις τα δ.* *L* Dam$^{RH^cT}$ Compl; *ac iustificationibus* Lucif; *ad iustificationes* La^{109} PsAug: cf 𝔐(לחקים) et 34₃₁; *και δικαιωματος* 71 | *καὶ κρίματα*] *και κριμα* 108; *και κριματος* 71; *iudicii* Aeth^{A}; *et ad iudicia* La^{109} Lucif PsAug: cf 𝔐(ולמשפטים) | *καί* 5°] > Arm: cf TGP II; ⌒ 7° 44 | *διαστελεῖσθε*] *-σθαι* A 158; *-στελλεσθε* (*-σθαι* 122* 610; *-στελλεισθε* 314*) *a*$^{-71\,121\,236\,762}$ Ald; *-στελλετε* (*-ται* Tht^{1Ms}) Tht^{ap}; *-στελειτε* (*-ται* 19) 19′ Tht^{te} *Par II* 274 Dam$^{H^cT}$ Compl; *-στελει* 93 236 Dam$^{R(I)}$; *-στειλατε* Dam$^{R(II)}$; *διατελεισθε* 119 | *αὐτοῖς*] *αυτους* V *a*$^{-71}$ | *τῷ κυρίῳ*] *τω θω̅* A Arm^{I}; > Dam$^{R(I)}$; om *τῷ* Dam$^{R(II)}$ | *ἐφ' ὑμᾶς ὀργή*] *οργη εφ υμας* (*eos* La^{109}, *vos* coni Weber) *L a* La^{109} Arm^{II} Tht Lucif Ald Compl Sixt = 𝔐; *οργη κυριου εφ υμας* (*ημας* H^{c}) Dam$^{RH^cT}$ | *ἐπί* om Lucif (hab La^{109}) | *ὑμῶν* 2°] *ημων* Dam$^{R(I)}$ | *οὕτως* – fin om 71 | *ουτω* *a*$^{(-71)}$ Tht^{1Ms} Ald Sixt: cf praef p 97 | *ποιήσετε*] *-ται* A; *-σατε* *L* La^{109} Tht^{ap} Dam$^{RH^cT}$ Lucif Compl; *-σητε* 44; *-σεσθε* Tht^{ap} | *καί* ult om 52 | *ἁμαρτήσεσθε*] *-σθαι* A 55; *-σασθε* Tht^{1Ms}; *-σατε* Tht^{1Ms}; *-σετε* *a*$^{-106\,134\,125\,(71)}$ 158 Dam$^{R(I)H^c}$; *-σητε* 106-134 125; + *τω κυριω και ουκ εσται εφ υμας οργη* *b*^{2}: ex praec

11 *καί* 1° om La^{109} Lucif *Ath* 37 | *Ἀμαρίας*] *-ριος* 93; *αμαρτιας* V; *amasias* La^{109} (hab *amarias* Lucif) Ios IX 6(*αμασιαν*) | *ὁ ἱερεύς* – 21₆ *γυνή* om 527 | *ὁ* 1° om 106′ | *ἡγούμενος* 1°] *erit* (> Lucif) *princeps* La^{109} Lucif; pr *ο* 127 | *ἐφ' ὑμᾶς* om *a*$^{-71}$ | *πᾶν* 1° B′′ A V* 71′-74-134 46-64-243-731 60 119] *παντα* rel Tht *Par II* 274: cf sq et praef p 101 | *λόγον* 1°] *λογιον* 52 | *καὶ Ζαβδίας*] *καζαβδιας* 55 | *ζαβδειας* B; *ζαυδιας* 106′(non 125): cf praef p 95; *βαβδιας* 68; *ζαβαδιας* (*-διαν* Ios) *L* Tht Ios Compl: cf 𝔐 Vulg; *zabidias* La^{109}; *iabadias* Lucif; *zabati(aj)* Arm^{II} | *υἱὸς Ἰσμαήλ*] pr *ο* 93-108 60 Tht^{ap} Compl; > B′′ |

Ἰούδα πρὸς πᾶν λόγον βασιλέως καὶ οἱ γραμματεῖς καὶ οἱ Λευῖται πρὸ προσώπου ὑμῶν· ἰσχύσατε καὶ ποιήσατε, καὶ ἔσται κύριος μετὰ τοῦ ἀγαθοῦ.

20 1*Καὶ μετὰ ταῦτα ἦλθον οἱ υἱοὶ Μωὰβ καὶ οἱ υἱοὶ Ἀμμὼν καὶ μετ'* 1
αὐτῶν ἐκ τῶν Μιναίων πρὸς Ἰωσαφὰτ εἰς πόλεμον. 2*καὶ ἦλθον καὶ ὑπ-* 2
έδειξαν τῷ Ἰωσαφὰτ λέγοντες Ἥκει ἐπὶ σὲ πλῆθος πολὺ ἐκ τοῦ πέραν
τῆς θαλάσσης ἀπὸ Συρίας, καὶ ἰδού εἰσιν ἐν Ἀσασὰν Θαμάρ, αὕτη ἐστὶν

B'' A V *L' a b* 60 119 158 La$^{109 (Leg)}$ Aeth Arm

ησμαηλ Ald; *smael* La^{109}; *zmabel* Lucif | *ὁ ἡγούμενος*] *ο* (om 610) *ιερευς* 107; om *ὁ* A *L* 74 158 Tht Compl; *qui princeps est* La^{109} Lucif: cf Vulg | *εἰς οἶκον*] *in domo* La^{109} Arm^{I} = Vulg; *τω οικω L* Arm^{II} Tht Lucif vid(*d̄ni* et *domus* codd) Compl = 𝔐 | *πρός*] *εις* (*in* La) *L* La^{109} Tht Lucif Compl | *πᾶν* 2° B'' A V* 71 64-243-731 60 119] *παντα* rel Tht: cf praec | *βασιλέως*] pr *του L* 728 158 Tht Compl = 𝔐 | *καὶ οἱ Λευῖται*] > *a*$^{-71\ 121\ 236\ 314\ 762}$; om *καί L* Compl = 𝔐 Pesch^{8a1} Targ Vulg^{-1Ms} | *πρὸ προσώπου*] *ενωπιον L* Tht Compl; *in conspectu* La^{109} Lucif; om *πρό* Ald | *ὑμῶν* – fin] *αυτων* 44 | *ὑμῶν* om 158* | *ἰσχύσατε καὶ ποιήσατε*] *ανδριζεσθε* (-*σθαι* Dam^{T}) *και ποιειτε* (*ποιητε* 19'; *ποιησατε* Dam^{R}) *L* Tht 275 Dam^{RHCT} Compl; *confirmamini* (*confortamini* Lucif) *et facite* La^{109} Lucif; > 71; om *καί* A | *ποιησετε* 134* | *εστω* 106* | *κύριος*] + *vobiscum* La^{109} Lucif (non La^{Leg}): cf Pesch Targ

20 1 *Καὶ μετὰ ταῦτα*] *μετα δε ταυτα* 125; *et factum est post hec* La^{109} = 𝔐 Pesch Targ | *οἱ υἱοί* 1°] *de filiis* La^{109}; om *οἱ b*^{I}(64^{c})-98 60; ⌒ 2° 19' | *Μωάβ* et *Ἀμμών* tr A V *b* 60 119 158 Aeth$^{(-P)}$ Arm^{I} = 𝔐^{1Ms}, cf 10 23 | *οἱ υἱοί* 2°] *filiis* La^{109}; *υιος* Ald; om *οἱ* 68'-71'(non 44)-120-130-134 *b*^{I}(64^{c}) Compl Sixt | *Ἀμμών*] *αμων* 71 Arm | *τ. Μιναίων*] *τ. μειν.* B' 119; *τ. μην.* 127 158; *τ. μηνιαιων* V; *τ. αμμανιτων* (*αμαν.* 71 125) *a*$^{-554}$ La^{109} Aeth$^{(-P)}$(sim) Ald Compl: cf 𝔐 (העמונים (העמנים 7 Mss; עמ sup ras 1 Ms)) et 26 7 8 Par I 4 41; *τ. υιων αμμανιειμ* (*amaniim* Arm) *των υιων σηειρ L* Arm^{II} | *πρός*] *επι L* Compl | *Ἰωσαφάτ* ⌒ (2) *Ἰωσαφάτ* 119

2 *ἦλθον* – *λέγοντες*] *ειπον τω ιωσαφατ* 71 | *ὑπέδειξαν*] *απηγγειλαν L* La^{109} vid(*nuntiaverunt*) Arm^{II} Compl | *τῷ Ἰωσαφάτ*] *τω βασιλει a*$^{-71}$ Ald; *αυτω* 381 | *Ἥκει ἐπὶ σέ*] *εικη επεσεν* 119 | *ἐκ τοῦ πέραν*] *εκ περαν* B *a* Sixt Ra.; *εκ περας* 127; *εκ του περατος* 158 | *ἀπὸ Συρίας*] *de* (> La^{Leg}) *edom* La$^{109\ Leg}$: cf 𝔐(מארם; מאדם 1 Ms) | *ἐν* – *ἐστίν* om 125: homoiot | *Ἀσασὰν Θαμάρ*] *ανασθαμαρ* 60 | *Ἀσασάν*] *asason* Aeth$^{(-P)}$: cf 𝔐 Vulg; *sason* La^{109}; *ασαν* 158 44; *ανασαν* A *b*^{I}; *ασαμ* B'; *αλσασαν* 19' | *Θαμάρ*] *θαμαρα* B | *αὕτη ἐστίν* om

---

19 11 *γραμματεῖς*] *παιδευταί* 93: cf Par I 26 29

3 *Ἐνγαδδί.* ^{3}*καὶ ἐφοβήθη καὶ ἔδωκεν Ἰωσαφὰτ τὸ πρόσωπον αὐτοῦ*
4 *ἐκζητῆσαι τὸν κύριον καὶ ἐκήρυξεν νηστείαν ἐν παντὶ Ἰούδᾳ.* ^{4}*καὶ*
συνήχθη Ἰούδας ἐκζητῆσαι τὸν κύριον, καὶ ἀπὸ πασῶν τῶν πόλεων
5 *Ἰούδα ἦλθον ζητῆσαι τὸν κύριον.* ^{5}*καὶ ἀνέστη Ἰωσαφὰτ ἐν ἐκκλησίᾳ*
Ἰούδα ἐν Ἰερουσαλὴμ ἐν οἴκῳ κυρίου κατὰ πρόσωπον τῆς αὐλῆς τῆς
6 *καινῆς* ^{6}*καὶ εἶπεν Κύριε ὁ θεὸς τῶν πατέρων ἡμῶν, οὐχὶ σὺ εἶ ὁ θεὸς*
ἐν οὐρανῷ καὶ σὺ κυριεύεις πασῶν τῶν βασιλειῶν τῶν ἐθνῶν καὶ ἐν τῇ
7 *χειρί σου ἰσχὺς δυναστείας καὶ οὐκ ἔστιν πρὸς σὲ ἀντιστῆναι;* ^{7}*οὐχὶ*

B'' A V *L' a b* 60 119 158 La^{109} Aeth Arm

71-107 | *Ἐνγαδδί*] *ενγαδδει* A 55; *ενγαδει* B Sixt(*εγγ.*) Compl(-*δι*); *ηγαδδη* 158; *ενγααδι* 19'; *γαδδι* (*γαδδει* 93) V 93 46-381 La^{109}; *in gaddi* Arm^{I}; *engabir* Arm^{II}; *εγγαδδι* Lag. Fern.

3 *καὶ ἔδωκεν Ἰωσαφάτ*] *ιωσαφατ* (+ *valde* Arm: cf Targ) *και εδωκεν L a*$^{-71}$ Arm^{II} Tht *Par II* 275(vid) Ald Compl | *Ἰωσαφάτ*] post *αὐτοῦ* tr 158 Aeth$^{(-P)}$; > 71 | *τό* om Ald Sixt | *αὐτοῦ ἐκζητῆσαι τὸν κύριον*] *αυτου εκζητειν κυριον* 71; *ad dominum ad quaerendum ab eo* Arm^{II} | *καί* ult ⌒ (4) *καί* 2° V | *εκηρυξαν* B*-55' A *b*^{2} 60 119; *iussit annuntiare* Arm^{II} | *ἐν παντὶ Ἰούδᾳ*] *εν παση τη ιουδεια* 71; > B^{txt}; om *ἐν* 158

4 init – *καί* 2°] *και συνηχθη* 71 Arm^{II}(sim); *et omnes qui erant* La^{109}: cf sq | *Ἰούδας*] *ιουδα* 68'-74-106'(non 44'-610)-120-130-134-321-346 Sixt; *ιου*^{δ} 554 125; pr *πας a*$^{(-71)}$ Ald: cf Pesch; pr ras 2-3 litt 127 | *καί* 2° – (5) fin om 44' | *καί* 2° – *κύριον* 2° om 19 *a*$^{(-71)}$: cf praec | *καί* 2° om 158 Ald | *ἀπὸ π. τ. πόλεων Ἰούδα*] *εκ π. τ. πολεων ιουδα* (> Arm) et post *ἦλθον* tr 93-108 Arm^{II} Compl | *ἦλθον* om 71: cf praec | *ζητῆσαι*] *εκζητησαι* 71 46^{s}(non 52)

5 *ἀνέστη* – *Ἰερουσαλήμ*] *εστη* 71 | *ἐκκλησίᾳ*] pr *τη L* Compl | *Ἰούδα*] *ʾesraʾel* Aeth$^{(-P)}$; > Arm^{II} | *ἐν Ἰερουσαλήμ* ($\overline{\text{ιλημ}}$)] $\overline{\text{ιηλ}}$ 158 | *ἐν οἴκῳ*] *οικου a*$^{-71(44')}$ Ald | *αὐλῆς τ. καινῆς*] *σκηνης τ. αυλης* 71 | *αὐλῆς*] *πυλης* 55 | *καινῆς* B' A V 93-108 *b*^{1} 60 La^{109} Aeth$^{(-P)}$ Arm Compl Sixt] *κενης* 158: cf praef p 87; *σκηνης* rel

6 *εἶπεν*] + *ιωσαφατ προς* $\overline{\text{κν}}$ 44; + *και προσηυξατο ιωσαφατ λεγων* 125: cf Pesch(וצלי והכנא אמר) et 4 | *Κύριε*] $\overline{\text{κς}}$ 127 | *ἡμῶν*] *μου* 68'-74-120 Ald Sixt | *οὐχί* om La^{109} = Pesch Vulg | *εἶ ὁ θεός*] *ει* (> 93) *αυτος θεος L* Compl: cf 𝔐; *ο θεος a*$^{-121}$ Ald = 𝔐^{6Mss}; *ει θεος* B' V *b*^{2} Sixt Ra.; > Aeth$^{(-P)}$ | *ἐν* 1°] pr *ο b*^{1} 119 158 | *οὐρανῷ*] pr *τω a*$^{-71}$ 158 Ald; + *ανω* B *a* Ald Sixt; + *ανω και επι* (+ *της* 93) *γης κατω L* Arm^{II} | *σὺ κυριεύεις*] *εξουσιαζεις L* Arm^{II} vid (sed hab *σύ*) Compl; om *σύ* 71 La^{109} = Vulg | *βασιλειῶν*] -*λεων* 55 | *δυναστείας*] -*στεια* 19' 74^{c} 127 158 La^{109} Aeth$^{(-P)}$ Arm^{II} Compl; $\overline{\text{σρια}}$ 93; pr *και L* 158 La^{109} Aeth$^{(-P)}$ Arm^{II} Compl = 𝔐 | *καί* ult – fin om 107 = 𝔐^{1Ms} |

σὺ εἶ ὁ κύριος ὁ ἐξολεθρεύσας τοὺς κατοικοῦντας τὴν γῆν ταύτην
ἀπὸ προσώπου τοῦ λαοῦ σου Ἰσραὴλ καὶ ἔδωκας αὐτὴν σπέρματι
Ἀβραὰμ τῷ ἠγαπημένῳ σου εἰς τὸν αἰῶνα; [8]*καὶ κατῴκησαν ἐν αὐτῇ* 8
καὶ ᾠκοδόμησαν ἐν αὐτῇ ἁγίασμα τῷ ὀνόματί σου λέγοντες [9]*Ἐὰν* 9
ἐπέλθῃ ἐφ' ἡμᾶς κακά, ῥομφαία, κρίσις, θάνατος, λιμός, στησόμεθα
ἐναντίον τοῦ οἴκου τούτου καὶ ἐναντίον σοῦ, ὅτι τὸ ὄνομά σου ἐπὶ τῷ

B'' A V *L'* *a*-119 *b* 60 158 La^{109} Aeth Arm

ἔστι(ν)] *εστη* 98*(non 379): cf praef p 87; *ετι* 121 | *πρὸς σὲ ἀντιστῆναι*] *παρα σοι του αντιστηναι σοι* *L* Compl | *ἀντιστῆναι* – $_{(7)}$ *εἶ* om 127(|)

7 *εἶ* om B(127 cf $_{6}$) 107 La^{109} Tht^{1Ms} *Par II* 275 Sixt | *ὁ κύριος*] om *ὁ* 74-121-236-314-762 381 Tht; *ο θεος* A = 𝔐^{1Ms}; *ο θεος ημων* *L* Compl = 𝔐 Vulg; *κυριος ο θεος ημων* Tht; *κ̅ε̅* 44 Tht^{1Ms}; *domine deus noster* La^{109} = Vulg^{2Mss} | *ὁ ἐξολεθρεύσας* A] *ὁ* om Tht^{1Ms}; *εξωλεθρευσας* (-*λοθρ.* B^{c} 554) B' 554 La^{109} (*interfecisti* = Vulg) = 𝔐; *qui interfecit* Arm; *ο εξολοθρευσας* rel Tht Sixt: cf praef p 95 | *τοὺς κατοικοῦντας*] pr *παντας* 127 La^{109} Aeth$^{(-P)}$ Arm^{II} = Vulg; > V 381 Tht^{1Ms} | *ταύτην* om Tht^{ap} | *τοῦ λαοῦ σου*] > B'; om *τοῦ* A(|) Tht^{-2Mss} | *ἔδωκας*] *εθηκας* 46(non 52) | *αὐτήν*] *αυτη* 158 | *σπέρματι*] -*τα* 379; *σπερμα* 610; pr *εν* 60; pr *τω* V *L* Arm^{II} Tht Proc *Comm in Par II* 1213 Compl; + *σου* 19* | a *σπερ*]*ματι* usque ad 25_{24} *υιους* 119 manus posterior textum recensionis *a* praebet; cf praef p 15 et 45s | *Ἀβραάμ*] *αβραμ* 19*(corr pr m); pr *τω* 610 | *τῷ ἠγαπημένῳ*] *τω φιλω* 19' 554$^{sup\ lin}$ Arm^{II}(vid) Tht^{ap} Compl; *του φιλου* (*amici* La = Vulg) 93 La^{109} Tht Proc: cf 𝔐((אהב(ך, אוהבך 7 Mss) et Is 41_{8} Iac 2_{23}: cf praef p 23s | *σου* 2°] *σοι* 236; pr *υπο* 158

8 init – *αὐτῇ* 1°] > 107; *καί* om Arm^{I} | *ἐν αὐτῇ* 1° ⌒ 2° B^{txt}-127 60 | *καί* 2° – *ἁγίασμα*] *devoventes* Arm^{II} | *ἐν αὐτῇ ἁγίασμα*] *αγιασμω* 127; pr *σοι* *L* Compl = 𝔐$^{-1Ms}$ Targ (non Pesch Vulg); *ἐν αὐτῇ* om *b*^{2} = 𝔐^{1Ms}; *αὐτῇ* om 158*

9 *ελθη* *b*^{2} | *υμας* 74: cf praef p 91 | *κακά* om 158(|) | *ῥομφαία* – *λιμός*] *fames* (pro *λιμός*) *vel gladius* (pro *ῥομφαία*) *vel locusta* (pro *ακρις*) *vel pestilentia* (pro *λοιμος*(?)) Arm^{II}: cf sq; > 107; *ῥομφαία* om Aeth$^{(-P)}$ | *κρίσις*] *iudicii* La^{109} = Vulg, cf 𝔐; *iudicia* Arm^{I}; *ακρις* 93-121 127 Arm^{II} Fern. ↓: cf 6_{28}; *ακρια* 19'; pr *και* 68'-74-106-120-130-134-321-346-554 Ald | *θάνατος*] *θανατου* 68'-74-106-120-130-134-321-346-554 158; *vel pestilentia* Arm^{II}: cf 𝔐(דבר) et praec; *pestilentie* La^{109} = Vulg; + *και* 68'-74-106-120-130-134-321-346-554 La^{109} Aeth$^{(-P)}$ Ald = 𝔐 | *στησωμεθα* 46(non 52); *στησομεν* 127 | *τοῦ* – *τούτῳ*] *σου* 71 | *τοῦ οἴκου*/*τούτου* tr 119* | *τούτου*] *του* B* | *καὶ ἐναντίον*] > 125; om *καί* 68'-74-106'-120-130-134-321-346-554 La^{109} Arm^{II} Ald = 𝔐^{1Ms} Pesch^{ap} Vulg | *ὅτι τὸ ὄνομά σου*] *in qua invocatum est nomen tuum* La^{109} = Vulg; +

---

9 *κρίσις* (*ακρις* 93-121 127 Arm^{II}; *ακρια* 19')] *κρισεις* 93

οἴκῳ τούτῳ, καὶ βοησόμεθα πρὸς σὲ ἀπὸ τῆς θλίψεως, καὶ ἀκούσῃ
10 *καὶ σώσεις.* [10]*καὶ νῦν ἰδοὺ υἱοὶ Ἀμμὼν καὶ Μωὰβ καὶ ὄρος Σηείρ,*
εἰς οὓς οὐκ ἔδωκας τῷ Ἰσραὴλ διελθεῖν δι' αὐτῶν ἐξελθόντων αὐτῶν
ἐκ γῆς Αἰγύπτου, ὅτι ἐξέκλιναν ἀπ' αὐτῶν καὶ οὐκ ἐξωλέθρευσαν
11 *αὐτούς,* [11]*καὶ νῦν ἰδοὺ αὐτοὶ ἐπιχειροῦσιν ἐφ' ἡμᾶς ἐξελθεῖν ἐκβαλεῖν*
12 *ἡμᾶς ἀπὸ τῆς κληρονομίας ἡμῶν, ἧς ἔδωκας ἡμῖν.* [12]*κύριε ὁ θεὸς*

B′′ A V *L′ a*-119 *b* 60 158 La^{109} Aeth Arm

επικεκληται 93 *a*$^{(-71)}$-119 Arm^{II} Ald Compl = 𝔐^{5Mss} Pesch; + *επικεκλημεθα* (*κεκλ.* 19) 19′: cf Vulg^{ap} et sq | *ἐπὶ τῷ οἴκῳ τούτῳ*] *επι τω τοπω τουτω* *L*(93^{txt}) Compl; *super eo* Arm^{II}; > La^{109} = Vulg | *ἐπί*] *εν* *a*$^{(-71)}$-119 98 Ald; > 158 | *βοησόμεθα*] *εβοησ.* 314; *-σωμεθα* (*βωησ.* 158) 107-134 46(non 52) 158; *βοησομεν* 108 Compl; *βοησωμεν* 19-93; *βοηθησομεθα* (*-σωμ.* 243-731) 68(122 inc) 243-731 379 | *πρός – θλίψεως*] *ad te in tribulationibus nostris* La^{109} = Vulg, cf 𝔐 (מצרתינו 𝔐^{Kenn} (מצרתנו 16 Mss)); > 71; *ἀπὸ τ. θλίψεως* om 44; *ἀπὸ τῆς* om 236; + *ημων* *L* Aeth$^{(-P)}$ Arm^{II} Compl = 𝔐 | *θλίψεως*] *κρισεως* 68′-74-106′-120-130-134-321-346-554 | *καί* paenult om Arm | *ἀκούσῃ*] *-σης* 158; *εισακουση* 60; + *nos* Arm^{II}: cf Vulg^{ap} | *καὶ σώσεις*] > Arm^{IIte}; + *nos* Aeth$^{(-P)}$ Arm$^{I\,IIap}$ | *σωσης* 243-731 158

10 *υἱοί*] pr *οι* 93-108 68′-120-121-130-134-314-321-346-762-119 44′ 98 55 Ald Compl Sixt | *αμον* 125 Arm | *καὶ Μωάβ*] > B*; om *καί* 44 | *ὄρος*] *filii* Aeth$^{(-P)}$; > 44 | *Σηείρ* B′′ A V 93-108 71-236-554 *b*^{I} Compl Sixt] *σιειρ* 19 106 60; *σιηρ* 74-107-119 98 158; *σιρ* 489; *σηιρ* rel Ra.: cf 22 23 25 11 14 | *εἰς* – (11) *αὐτοί* om 71 | *εἰς – αὐτῶν* 1°] *qui non dederunt israhel locum transitus ut intraret per eos* La^{109} | *οὓς* om 314(|) | *τῷ*] *τον* 610 | *διελθεῖν*] *εισελθειν* 68′-74-106′-120-130-134-321-346-554 Arm^{II} Ald | *δι' αὐτῶν – αὐτῶν* 2°] *δι αυτοις* 236: cf praef p 110 | *ἐξελθόντων αὐτῶν*] *εν τω εκπορευεσθαι* (*-σθε* 19) *αυτους* *L* Arm^{I}(vid) Compl: cf 𝔐; *cum exirent* La^{109} Arm^{II}: cf Vulg; > *b*^{2}; om *αὐτῶν* 107-121-314-762-119 | *ἐξωλέθρευσαν* B* A 120-134-314-321-346-762] *εξολοθρ.* V* 19 44′-610 55 60 158: cf praef p 103; *εξωλοθρευσαν* rel: cf praef p 95

11 *καί* om Arm^{II} | *νῦν* om *L* *a*$^{-121\,(71)}$-119 127 La^{109} Compl = 𝔐 | *ἐπιχειροῦσιν ἐφ' ἡμᾶς*] *ημας επιχειρουσιν* 158; *et cameli eorum super nos ut adprehendant nos* La^{109}: cf 𝔐(*cameli* et *adprehendant* (pro *ἐπιχειροῦσιν*) ex גמלים) | *επιχερουσιν* (*επειχ.* A) A V*: pro *επιχαιρουσιν*? | *ἐφ' ἡμᾶς*] *εφ υμας* A; *προς ημας* 98; > 107 | *ἐξελθεῖν*] *του ελθειν* *L* Compl; pr *του* 158; > *a* La^{109}: cf Vulg | *ἐκβαλεῖν*] *εκβαλλειν* 728; *et expellant* La^{109}: cf praec; pr *και* *L* Arm^{I} Compl; pr *του* 158 | *ἡμᾶς* 2° om 71 | *ἀπό*] *εκ* A | *ἡμῶν*] *υμων* 108*: cf praef p 91; *σου* 60 La^{109}; > 44 = Pesch Vulg | *δεδωκας* (*-κα**) 108 Compl

ἡμῶν, οὐ κρινεῖς ἐν αὐτοῖς; ὅτι οὐκ ἔστιν ἡμῖν ἰσχὺς τοῦ ἀντιστῆναι
πρὸς τὸ πλῆθος τὸ πολὺ τοῦτο τὸ ἐλθὸν ἐφ᾽ ἡμᾶς, καὶ οὐκ οἴδαμεν τί
ποιήσωμεν αὐτοῖς, ἀλλ᾽ ἢ ἐπὶ σοὶ οἱ ὀφθαλμοὶ ἡμῶν. 13καὶ πᾶς Ἰουδὰ 13
ἑστηκὼς ἔναντι κυρίου καὶ τὰ παιδία αὐτῶν καὶ αἱ γυναῖκες. 14καὶ 14
τῷ Ὀζιὴλ τῷ τοῦ Ζαχαρίου τῶν υἱῶν Βαναίου τῶν υἱῶν Ἐλεὴλ τοῦ

B″ A V *L*′ *a*-119 *b* 60 158 La^{109} Aeth Arm

12 *κύριε*] $\overline{\kappa\varsigma}$ V; > 127 | *οὐ – αὐτοῖς* 1°] *iudica eos pro nobis* La^{109} | *κρινης* 108: cf praef p 109 | *ἐν αὐτοῖς*] *εαυτοις* 610; om *ἐν* 158 | *ὅτι – πολύ* om 236 | *ἡμῖν*] *in nobis* La^{109} = 𝔐; post *ἰσχύς* tr A V *b* 60 158 = 𝔐^{1Ms} | *τοῦ ἀντιστῆναι*] *του αναστηναι* 731; > La^{109} = 𝔐 (hab Pesch Targ(למקום) Vulg (sim)); om *τοῦ* 71 98 | *πρὸς τὸ πλῆθος*] *in conspectu turbe* La^{109}: cf 𝔐 | *τό* 1° – *τοῦτο*] *το πολυ τουτο πληθος* 93 Fern.; *τὸ πολὺ τοῦτο* om 158; *τὸ πολύ* om *a*$^{-71\,(236)}$ = 𝔐^{1Ms} Vulg | *τὸ ἐλθὸν ἐφ᾽ ἡμᾶς*] > 107 Arm^{I}; *τό* om 106 | *ἐφ᾽*] *προς* 119* | *καί*] + *nos* La^{109} = 𝔐 | *ποιησομεν* V^{c} 108 74-130-236-321-346-554-762-119 *b*$^{-243\ 728\ 731}$ 127 Tht *Par II* 276 Ald Compl; *ποιησαι* 71 | *αὐτοῖς* 2°] *αυτω* 71; *αυτους* 236; *ημεις* Arm^{II} Tht^{ap}; pr *ημεις* 93 Fern.; + *ημεις* 19′ Tht^{te} Lag.; > La^{109} Compl = 𝔐 Vulg | *ἀλλ᾽ ἤ*] *οτι* *L* La^{109}(*quoniam*) Arm^{II} Tht Compl = 𝔐 | fin] + $\overline{\kappa\varepsilon}$ 93 Lag.

13 v 13 om 44 | *καί* 1°] + *ην* 381; > 158 | *Ἰουδά* B 19′ 68′-74-106′-120-130-134^{c}-321-346 98(non 379) La^{109} Ald Compl Sixt] *ιου*^{δ} 554; *ιουδας* rel Ra.: cf 15$_{2}$ | *εστηκεν* 610: cf Vulg(*stabat*); *ειστηκει* (*ιστεικει* 93) *L* Compl; *stabant* La^{109} Aeth$^{(-P)}$ Arm^{II}: cf 𝔐 | *εναντιον* A *b*^{I} 119 158 | *καί* 2° – fin om 71: homoiot | *καί* 2°] *και γε* 93: cf 𝔐(גם) Pesch(ואף); *et quidem* La^{109}; > Arm^{II} | *τὰ παιδία*] *πας* (> 93) *ο οχλος* *L*; *turbe* La^{109}; *turba multa* Arm^{II} | *τά*] *ενα*˜ 119(sic) | *αὐτῶν* om Arm^{II}: cf Vulg | *αἱ γυναῖκες*] om *αἱ* 489; pr *viri et* Arm^{II}; + *αυτων* *a*$^{(-71)}$-119 Aeth$^{(-P)}$ Arm^{I} Ald Sixt; + *αυτων* (> Arm = Vulg) *και υιοι* (pr *οι* 108 Compl) *αυτων* *L* La^{109} Arm^{II} Compl = 𝔐

14 *τῷ* 1° – fin] *εγενετο* $\overline{\pi\nu\alpha}$ $\overline{\kappa\upsilon}$ *προς οζιηλ τον του ζαχαριου* 107 | *τῷ* 1°] *το* 46^{s}(non 52); pr *εγενετο εν* 71; > *L* Aeth$^{(-P)}$ Arm$^{Iap\,II}$ Compl = 𝔐 | *Ὀζιήλ*] *οζειηλ* B; *οεζηηλ* 158; *ʾuzhel* Aeth$^{(-P)}$; *aziel* La^{109}: cf Pesch^{-7a1}(חזאיל); *ιεζιηλ* 19-93 Arm^{II} Tht^{te} *Par II* 276 Compl: cf 𝔐; *ιεζεηλ* 108 Tht^{ap}; *ιεζοηλ* Tht^{1Ms}; *ιεζεκιηλ* Tht^{1Ms}: cf Vulg^{1Ms}(*ezechiel*); *ezel* AnProph 1739,41; *ozias* Eus *Chron II*^{Lat} 76a15; *ιαζιηλος* Ios IX 10 | *τῷ τοῦ*] *ο του* *L* Arm^{II}(vid); *filius* La^{109} Arm^{Iap} = 𝔐 | *zaccarie* La^{109} | *τῶν* 1° – *αὐτόν* om 71 | *τῶν υἱῶν Βαναίου* om B’: homoiot | *τῶν υἱῶν* 1°] *τω υιω* 158; *υιου* (*υιος* 19* corr pr m) *L* La^{109} Aeth$^{(-P)}$ Arm^{II} Compl = 𝔐; pr *et* Arm^{Ite} | *Βαναίου*] *βανεου* 74 98; *αβαναιου* 158 | *τῶν υἱῶν* 2°] *τον υιον* 158; *των υιω* V*; *υιου* *L* La^{109} Aeth$^{(-P)}$ Arm^{II} Compl = 𝔐; pr *et* Arm^{I} | *Ἐλεήλ*] *ελιηλ* 489 Arm^{I}; *ελεϊηλ* Sixt; *ελεαηλ* B *b*^{I} 60; *ιειηλ* *L* Arm^{IIte} Compl = 𝔐; *zeiel* La^{109}; > 158(|) | *τοῦ* 2°] *υιου* *L* Compl |

Ματθανίου τοῦ Λευίτου ἀπὸ τῶν υἱῶν Ἀσάφ, ἐγένετο ἐπ' αὐτὸν
15 *πνεῦμα κυρίου ἐν τῇ ἐκκλησίᾳ,* 15 *καὶ εἶπεν Ἀκούσατε, πᾶς Ἰουδὰ*
καὶ οἱ κατοικοῦντες Ἰερουσαλὴμ καὶ ὁ βασιλεὺς Ἰωσαφάτ, τάδε λέγει
κύριος ὑμῖν αὐτοῖς Μὴ φοβεῖσθε μηδὲ πτοηθῆτε ἀπὸ προσώπου τοῦ
ὄχλου τοῦ πολλοῦ τούτου, ὅτι οὐχ ὑμῖν ἐστιν ἡ παράταξις, ἀλλ' ἢ τῷ
16 *θεῷ.* 16 *αὔριον κατάβητε ἐπ' αὐτούς· ἰδοὺ ἀναβαίνουσιν κατὰ τὴν*
ἀνάβασιν Ἀσσίς, καὶ εὑρήσετε αὐτοὺς ἐπ' ἄκρου ποταμοῦ τῆς ἐρή-

B'' A V *L' a*-119 *b* 60 158 La$^{109 (Leg)}$ Aeth Arm

Ματθανίου] *μαθθανιου* 108 55' Compl Lag.; *ματθθανιου* 19; *mattanie* La^{109}; *μαθανιου* 158* Arm; *μανθανιου* B Ra.: cf Par I 9$_{15}$ 25$_{4}$ II 17$_{8}$ 29$_{13}$; *mentanjas* Aeth$^{(-P)}$; *ματθανιτου* 130-321-346-762-119; *μαθθανιτου* 68'-74-106-120-134-554 Ald | *τοῦ Λευίτου*] *του λευι* 381: cf 𝔐; *ο λευιτης* La^{109} Arm^{II} Compl = Vulg^{te} | *Ἀσάφ*] *ασαφατ* 55; *ιωσαφατ* 19' | *ἐγένετο*] pr *et* Arm$^{Iap\,II}$ | *αὐτόν*] *αυτο* 321 | *πνεῦμα*] *π̅ν̅λ* V | *κυρίου* post *ἐκκλησίᾳ* tr 127 | *επι την εκκλησιαν* 52

15 *Ἀκούσατε*] *adtendite* La^{109} = Vulg, cf 𝔐 | *ιουδας* A*(vid) 71*(corr pr m) 55 158 379 Tht^{2Mss} *Par II* 276: cf 15$_{2}$; *ιου*$^{\delta}$ 98 554 | *Ἰερουσαλήμ*] pr *εν* 93-108 *a*$^{-236\,125}$-119 127 (non Tht Proc *Comm in Par II* 1213): cf Vulg^{ap} | *ὁ βασιλεύς*] pr *tu* La^{109} = Vulg; > 107 | *τάδε – αὐτοῖς*] > 71; om *ὑμῖν αὐτοῖς* 125; om *ὑμῖν* 610(|) = 𝔐^{1Ms}; om *αὐτοῖς* *L* La^{109} Arm Tht Paul N *Ep* 328 Compl = 𝔐^{7Mss} Pesch Targ Vulg | *ὑμῖν* 1°] *ημιν* 98*(non 379): cf praef p 91 | *φοβεῖσθε*] *-σθαι* A: cf praef p 86; *φοβησθε* (*-σθαι* V* 158) V 381^{c} 60* 158; *φοβηθητε* (*-θειτε* 610) *L* *a*-119 Tht Ald Compl: cf 17; + *υμεις* *L* Arm^{IIte} Compl: cf Pesch et Targ(hab ante *Μή*) | *μηδὲ πτοηθῆτε* om 71 Arm^{II} | *μηδέ*] *μη* 64* Tht^{te} | *πτοηθειτε* 610 | *ἀπὸ προσώπου*] *απο* (*a* La) 71-119 158 125 La^{109} (hab *a facie* Paul N) | *τοῦ* 1° – *τούτου*] *multitudinis huius* Paul N: cf 𝔐^{1Ms}(om ההמון) Vulg; *τοῦ πολλοῦ* om Arm^{II} | *ὑμῖν* 2°] *ημιν* 127: cf praef p 91 | *ἡ παράταξις*] *bellum* La^{109}; *haec pugna* Paul N: cf Vulg; om *ἡ* *b*^{2} | *ἀλλ' ἤ*] *αλλα* 158 | *τῷ θεῷ*] *domino* Aeth$^{(-P)}$ Paul N = Pesch Targ; + *domino* Arm^{II}; + *vestro* La^{109}

16 *κατάβητε*] *ascendite* La^{109}: cf Vulg^{ap} | *ἰδού*] + *ipsi* La$^{109\ Leg}$: cf 𝔐 | *ἀναβαίνουσιν – καί* om 44 | *κατά – Ἀσσίς*] *εν ασσεις* 107; *in ascensum eminenti* La^{109}; *in ascensione ardua* La^{Leg}: cf sq | *Ἀσσίς*] *ασσεις* *a*$^{-71\,74\,554}$-119 489 Ald Sixt; *ασις* 554 46 Compl; *ασσης* 74 381; *ασας* 127 Ra.; *ασαε* B A; *'as'i* Aeth$^{(-P)}$; *ασιας* 60 158; *εξοχης ασασεις* 71; *της εξοχης ασισα* (*ασεις* 93 Fern.) *L* Lag. Fern.: cf Ios IX 11((*ἀναβάσεως λεγομένης δ'*) *εξοχης*); *clivi athšiš* Arm^{II} | *εὑρήσετε*] *-ται* A V* 19-93 236* 610: cf praef p 86; *ευρησητε* 74 60 | *αὐτούς* 2°] + *υμεις* *L* Arm^{IIap} Compl | *ἐπ' ἄκρου*] *απ ακρου* 19' 127; *επανω* 60; *εν αρχη* *a*$^{-71}$-119 Ald | *ποταμοῦ*] *του χειμαρρου* *L* Arm^{II}(vid) Compl; *convallis* La^{109}; pr *του* V 68-71 *b* 60 127 158 125 Ald = 𝔐; > A | *τῆς ἐρήμου*] pr *κατα προσωπον*

μου Ἰεριήλ. [17]*οὐχ ὑμῖν ἐστιν πολεμῆσαι· ταῦτα σύνετε καὶ ἴδετε τὴν* 17
σωτηρίαν κυρίου μεθ' ὑμῶν, Ἰουδὰ καὶ Ἰερουσαλήμ· μὴ φοβεῖσθε
μηδὲ πτοηθῆτε αὔριον ἐξελθεῖν εἰς ἀπάντησιν αὐτοῖς, καὶ κύριος μεθ'
ὑμῶν. [18]*καὶ κύψας Ἰωσαφὰτ ἐπὶ πρόσωπον αὐτοῦ καὶ πᾶς Ἰουδὰ καὶ* 18
οἱ κατοικοῦντες Ἰερουσαλὴμ ἔπεσον ἐναντίον κυρίου προσκυνῆσαι κυ-
ρίῳ. [19]*καὶ ἀνέστησαν οἱ Λευῖται ἀπὸ τῶν υἱῶν Καὰθ καὶ ἀπὸ τῶν* 19
υἱῶν Κόρε αἰνεῖν κυρίῳ θεῷ Ἰσραὴλ ἐν φωνῇ μεγάλῃ εἰς ὕψος.

B'' A V *L' a*-119 *b* 60 158 La^{109} Aeth Arm

(*secundum faciem* La) *L* La^{109} Arm^{II} Compl = 𝔐; om *ἐρήμου* 60 | *Ἰεριήλ*] *εριηλ* V 68'-120-121 46 60 Ald; *'ijarehel* Aeth$^{(-P)}$; *ieruel* La^{109} = 𝔐

17 *ὑμῖν*] *ημιν* 19: cf praef p 91 | *ἐστι(ν)*] *ετι* 610; > 93 71 Tht *Par II* 276 Fern. = 𝔐 | *ταῦτα – αὐτοῖς* om 107 | *ταῦτα*] *εν ταυτη L* Tht Compl = 𝔐; *ibi* La^{109} Arm^{I}; *sed* (+ *vos* Arm) Aeth$^{(-P)}$ Arm^{II} | *σύνετε*] -*ται* 120; *συνιετε* Tht^{ap}; pr *στητε και L* Tht Compl; *state* (+ *tantum* Arm) La^{109} Arm^{II} = 𝔐, cf Ios IX 11(*σταντες*); et *ἴδετε* (-*ται* 120 158) tr 158 | *κυρίου μεθ' ὑμῶν*] pr *του a*$^{(-107)}$-119 Ald; *υμων δια* $\overline{κυ}$ *b*^{2}; *quae vobis fit a domino* La^{109} | *μεθ' ὑμῶν* 1°] pr *την L* Tht Compl; *quae* (+ *est* Arm^{I}) *vobiscum* Aeth$^{(-P)}$ Arm; *μεθ ημων* Ald; ⌒ 2° 158 | *Ἰουδά*] *ιδου* B; pr *και* 381; pr *et cum* Arm^{II} | *καί* 2° om Arm^{II} | *φοβεῖσθε μηδὲ πτοηθῆτε*] *πτοηθ.* et *φοβ.* tr B; *φοβ. μηδέ* om 71 | *φοβεῖσθε*] -*σθαι* A 55: cf praef p 86; *φοβησθε* V^{c} 46*(non 52)-381 Tht^{2Mss}; *φοβηθητε* B' *a*$^{(-71\ 107)}$ Ald Sixt: cf 15 | *πτοηθῆτε*] *δειλιατε* (*διλ.* 93) *L* Tht Compl | *αὔριον*] *αυτον* B*; *αυτους* 127; post *ἐξελθεῖν* tr *L* Arm^{II} Tht Compl | *ἐξελθεῖν*] *exite* La^{109} Aeth$^{(-P)}$ = 𝔐 | *αὐτοῖς*] *αυτων L* 119 Tht^{te} Compl; *αυτω* Tht^{ap}; > A | *καί* ult] *quia* Arm^{I}; > Tht^{2Mss} | *κύριος*] pr *ο* Tht^{2Mss}; + *est* Arm^{I}: cf Vulg | *μεθ' ὑμῶν* 2°] *μεθ ημων* Ald: cf praec; + *est* Arm^{II}

18 *εκυψεν* 93 La^{109}(*inclinabit se*) Arm^{II} = 𝔐; *cecidit* (sicut pro *επεσον* sq) Aeth$^{(-P)}$ | *ἐπὶ πρόσωπον αὐτοῦ*] *επι πρ. επι την γην* 93-108 La^{109} Compl = 𝔐; *επι την γην προσεκυνησεν τω* $\overline{κω}$ (om *τω* $\overline{κω}$ Arm) 19 Arm^{II}: cf Pesch | *εαυτου* A V *b*^{2} 60 | *ιουδας* V^{c} 121 60 158: cf 15₂; *ιου*^{δ} 554 | *καὶ οἱ κατοικ. Ἰερουσαλήμ*] > 71; *καί* om 44 | *Ἰερουσαλήμ*] pr *εν* A V *b* 55' La^{109} | *ἔπεσον*] -*σαν* B': cf praef p 105; *inclinantes adorabant dominum deum* Arm^{II}; + *επι* (pr *και αυτοι* 19) *προσωπον* (+ *eorum* Aeth$^{(-P)}$) *L* La^{109} Aeth$^{(-P)}$ Compl: cf Ios IX 11(*πεσοντες επι προσωπον*) | *ἐναντίον κυρίου*] *εναντι* $\overline{κυ}$ ($\overline{κω}$ 19) B'' *L* 71 Compl Sixt Ra. | *προσκυνῆσαι*] pr *του L* Compl | *κυρίῳ*] *αυτω* 71 = Vulg; pr *τω L b'* 158 44' Ald Compl

19 v 19 om 381: homoiot | *ἀνέστησαν* post *Κόρε* tr 125 | *ἀπό* 1° ⌒ 2° 68 | *Καάθ*] *καθ* 158 | *ἀπὸ τ. υἱῶν* 2° om 107 | *ἀπό* 2°] *εκ L* Compl | *Κόρε*] *καaθ* 127*; *των κορηνων L* Compl | *αἰνεῖν*] pr *του L* Compl | *κυρίῳ θεῷ Ἰσραήλ*] *τω* $\overline{κω}$ $\overline{θω}$ $\overline{ιηλ}$ *a*$^{-71\ 107}$-119 Ald; $\overline{κω}$ *τω* $\overline{θω}$ $\overline{ιηλ}$ A 19' 71 60 Compl; $\overline{κυ}$

20 ^{20}*Καὶ ὤρθρισαν πρωὶ καὶ ἐξῆλθον εἰς τὴν ἔρημον Θεκῶε, καὶ ἐν*
τῷ ἐξελθεῖν ἔστη Ἰωσαφὰτ καὶ ἐβόησεν καὶ εἶπεν Ἀκούσατέ μου,
Ἰουδὰ καὶ οἱ κατοικοῦντες ἐν Ἰερουσαλήμ· ἐμπιστεύσατε ἐν κυρίῳ
θεῷ ὑμῶν, καὶ ἐμπιστευθήσεσθε· ἐμπιστεύσατε ἐν προφήτῃ αὐτοῦ,
21 *καὶ εὐοδωθήσεσθε.* ^{21}*καὶ ἐβουλεύσατο μετὰ τοῦ λαοῦ καὶ ἔστησεν*
ψαλτῳδοὺς καὶ αἰνοῦντας ἐξομολογεῖσθαι καὶ αἰνεῖν τὰ ἅγια ἐν τῷ

B'' A V *L'* *a*-119 *b* 60 158 La^{109} Aeth Arm

θ$\overline{ν}$ $\overline{ιηλ}$ 98; $\overline{κω}$ θ$\overline{ω}$ 158 Aeth$^{(-P)}$ Arm; τω $\overline{κω}$ 107(44 610) = 𝔐^{1Ms}; τον θ$\overline{ν}$ 125 | ἐν] pr και *b*^{2} | εἰς ὕψος om 125 = Pesch

20 ορθρισαν 243 158: cf praef p 103 | πρωί] pr το (τω 108 120-121 44) A *L* *a*-119 Ald Compl | ἐξῆλθον] ηλθον *b*^{2} 52 | Θεκῶε] θεκουε (*tecue* La) 158 610 La^{109} Aeth$^{(-P)}$ Arm vid(*thekual* Arm^{IIte}): cf Vulg; θεκω 127; θεκως 71: cf Ios IX((τὴν ἔρημον τὴν ὑποκάτω) θεκωας (πολεως)) | καὶ ἐν] εν δε *L* Compl | ἐξελθεῖν] + αυτους *L* *a*$^{-71}$-119 Arm(*cum exirent ii* Arm^{II}) Ald Compl Sixt = 𝔐 | ἔστη – εἶπεν] ειπεν ιωσαφατ 107 Dam$^{RCH^b}$(+ προς τον λαον (+ αυτου Dam^{R})) | ἔστη] + *in medio eorum* Arm^{II} = Vulg(post Ἰωσαφάτ hab); > 71 | καὶ ἐβόησεν καὶ εἶπεν] καί 1° om 71; καὶ εἶπεν om B' La^{109} = Vulg | Ἰουδά] pr υιοι Tht^{ap} *Par II* 277 Dam$^{RCH^b}$ | ἐν Ἰερουσαλήμ (-λειμ 108*)] ἐν om V 71 60* 127 158 Arm Tht^{te} Dam$^{RCH^b}$ = 𝔐 | ἐμπιστεύσατε 1°] εμπιστευετε *b*^{1} 158; -σασθε 119; πιστευσατε Tht^{ap} | ἐν κυρίῳ] εν τω $\overline{κω}$ Dam$^{CH^b}$; om ἐν A 19' 158 44 La^{109} Tht^{ap} Compl: cf Vulg^{ap} | θεῷ] pr τω *L* Tht Dam^{R} | ὑμῶν] ημων *L* 71-106-119 98-381 158 125-610 La^{109} Arm Tht^{-1Ms} Ald Sixt = 𝔐^{1Ms}, cf praef p 91 | καί paenult ∩ ult 107 | ἐμπιστευθήσεσθε] -σεσθαι A 158; πιστευθησεσθε (-σεσθαι V*) V 71 *b*^{2} 55' 60 Dam$^{RCH^b}$; > 106 | ἐμπιστεύσατε 2°] εμπιστευετε *b*^{1} 158; -σασθε 119; πιστευσατε Dam$^{CH^b}$; > 71 = 𝔐^{1Ms} | προφήτῃ] -ταις (pr τοις Tht) *L* La^{109} Arm^{I} Tht Dam$^{RCH^b}$ = 𝔐$^{-1Ms}$; προ προσωπω 119 | αὐτοῦ om 381 Arm^{II} | καὶ εὐοδωθήσεσθε om 71 | ευοδωθησεσθαι (-δοθ. 158) A 158 44*; ευοδοθεσεσθε 321 243; εδοθησεσθε 346

21 καί 1° – ἔστησεν] και συμβουλευσαμενος (συμουλ. 68; συνβουλ. 93: cf praef p 92) μετα του λαου εστησεν *L* *a*-119 La^{109}(*consiliatus ad populum statuit*) Ald Compl; *postquam consiliatus est cum populo statuit* Arm^{II}; καί 1° ∩ 2° 44 | λαοῦ] + αυτου 127 Dam$^{RCH^b}$ | ψαλτῳδούς – ἐξελθεῖν] *viros qui tuba canebant confessione* Arm^{II} | ψαλτῳδούς] ψαλμωδους 71 489; sup ras 119; + *domino* La^{109} = 𝔐: cf sq | καί 3° om 71 | αἰνοῦντας] -τες 134 60; + τον $\overline{κν}$ *L* Compl: cf praec | ἐξομολογεῖσθαι – τὰ ἅγια] *glorie sancti* La^{109}: cf 𝔐(להדרת־קדש); και εξομολογεισθε τα αγια 71(pro והודות קדש); του εξομολογεισθαι (-σθε 19-93) $\overline{κω}$ τω αγιω (θ$\overline{ω}$ 19) *L* Compl | ἐξομολογεῖσθαι] -σθε 71'(-44) 19-93; -σθω 121 | καί paenult – Ἐξομολογεῖσθε om A(|): homoiar | ἐν – fin om 107 |

ἐξελθεῖν ἔμπροσθεν τῆς δυνάμεως, καὶ ἔλεγον
Ἐξομολογεῖσθε τῷ κυρίῳ,
ὅτι εἰς τὸν αἰῶνα τὸ ἔλεος αὐτοῦ.
22*καὶ ἐν τῷ ἄρξασθαι τῆς αἰνέσεως αὐτοῦ τῆς ἐξομολογήσεως ἔδωκεν* 22
κύριος πολεμεῖν τοὺς υἱοὺς Ἀμμὼν ἐπὶ Μωὰβ καὶ ὄρος Σηεὶρ τοὺς
ἐξελθόντας ἐπὶ Ἰούδαν, καὶ ἐτροπώθησαν. 23*καὶ ἀνέστησαν οἱ υἱοὶ* 23
Ἀμμὼν καὶ Μωὰβ ἐπὶ τοὺς κατοικοῦντας ὄρος Σηεὶρ ἐξολεθρεῦσαι καὶ
ἐκτρῖψαι· καὶ ὡς συνετέλεσαν τοὺς κατοικοῦντας Σηείρ, ἀνέστησαν εἰς

B′′ A V *L′ a*-119 *b* 60 158 La^{109} Aeth Arm

ἐξελθεῖν] *εκπορευεσθαι* (*-σθε* 19) *L* Compl | *ἔμπροσθεν τῆς δυνάμεως*] *ante armatos* La^{109}: cf 𝔐(לפני החלוץ) | *καί* ult – fin om 71: homoiot | *ελεγεν* B*-127 | *Ἐξομολογεῖσθε*] *-σθαι* V* 108 120 731 127 158; *λογειτε* Dam^{Hb} | *κυρίῳ*] + *οτι αγαθον* (*αγαθος* 121-314-762-119 La^{109} Dam) *a*$^{(-71\ 107)}$-119 La^{109} Dam^{RCHb} = Pesch(וטב הו): cf 5₁₃

22 *ἐν τῷ ἄρξασθαι*] *in tempore quo cepit* La^{109}: cf 𝔐 | *ἄρξασθαι*] *εναρξασθαι* A V *b*$^{-46}$ 60 158; + *αυτους a*$^{-71\ 125}$-119 Arm^{II} Ald Sixt | *τῆς* 1° – *ἐξομολογήσεως*] *in exultatione et laude* La^{109}: cf 𝔐(ברנה ותהלה) et TGE II p 233 n 1; *αινειν αυτους* 125; *της αινεσεως* 71 60 44 Arm^{II} | *ανεσεως* 243-731 | *αὐτοῦ*] *αυτους b*^{1}; *και a*$^{-71}$-119 Ald Sixt: cf 𝔐; + *και L* 158 Dam^{RCHb} Compl; *domini et* Arm^{I} | *τῆς ἐξομολογήσεως*] + *eius* Arm^{I}; om *τῆς* 119 | *ἔδωκεν*] pr *ης* 127 Arm^{II} | *πολεμεῖν*] *ενεδρον του πολεμειν L* Arm^{II} sim(*et insidiae erant in bellum*) Compl: cf Esdr II 8₃₁; *insidias* La^{109} = 𝔐, cf Vulg; *fortitudinem ut bellarent* Aeth$^{(-P)}$ | *αμων* 71 125 Arm | *ἐπί* 1°] *και L* La^{109} Compl = Vulg; > Arm^{II} = 𝔐 | *μοαβ* 19′ | *καὶ ὄρος*] *και προς a*$^{-71\ 554}$-119; *επ ορος* (*ορους* 19) *L* Arm$^{Ite\ II}$; om *καί* Arm^{II}; *et in monte* La^{109} | *Σηείρ* B′′ A V *L* 71-236-554 64-243-381-731 52 Dam^{CHb} Compl Sixt] *σιειρ* 106 46(non 52) 60 125 Dam^{R}; *σιηρ* 74 44-610 98-489-728; *σηρ* 158; *σηιρ* rel Ra.: cf ₁₀; *Σηείρ* ⌒ ₍₂₃₎ *Σηείρ* 1° A* 44(‖) | *ἐπί* 2°] *εξ* 610 | *ιουδα* B′′ 71-107-236 46-731-379(*ιου*^{δ} 98 125) 60 Dam^{Hb}; *iudea* La^{109}

23 *ἀνέστησαν* 1°] *απεστησαν* B’; *επεστησαν* Dam^{C} | *οἱ* om 93 71-236 46(non 52)-*b*^{2} 55 60 119 Dam^{C} | *Ἀμμών*] *amon* Arm | *Μωάβ*] *μωαμ* 243-731: cf praef p 77; pr *filii* La^{109} | *ὄρος*] *ορους* 19; > *a*$^{-71\ 121\ 554}$-119 Arm^{II} Dam^{R} | *Σηείρ* 1° B′′ A V *L* 71-106-236-554 64-243-381-731 52 Compl Sixt] *σιειρ* 46(non 52) 60 125; *σιηρ* 74-134 98-489-728 158 610; *σηιρ* rel Ra. | *ἐξολεθρεῦσαι* B*-127 A V 130-134-314-321-346-762] *εξολοθρ.* (*εξολοθρεψαι* 158) rel: cf praef p 95; + *eos* Arm^{IIte}; et *ἐκτρῖψαι* tr *L* | *καί* ult] pr *αυτους L a*$^{-71}$-119 *b*^{2} La^{109} Arm^{IIap} Ald Compl Sixt | *συνετέλεσαν*] *-λεσε* 71; *συνετε*]*λεσαν* – (21₁₄) *μεγάλην* om 321(‖) | *κατοικοῦντας* 2°] pr *λογους* 127* | *Σηείρ* 2° B′′ A V *L* 71-106-

24 *ἀλλήλους τοῦ ἐξολεθρευθῆναι.* [24]*καὶ Ἰούδας ἦλθεν ἐπὶ τὴν σκοπιὰν*
τῆς ἐρήμου καὶ ἐπέβλεψεν καὶ εἶδεν τὸ πλῆθος, καὶ ἰδοὺ πάντες νεκροὶ
25 *πεπτωκότες ἐπὶ τῆς γῆς, οὐκ ἦν σῳζόμενος.* [25]*καὶ ἦλθεν Ἰωσαφὰτ*
καὶ ὁ λαὸς αὐτοῦ σκυλεῦσαι τὰ σκῦλα αὐτῶν καὶ εὗρον κτήνη πολλὰ καὶ
ἀποσκευὴν καὶ σκῦλα καὶ σκεύη ἐπιθυμητὰ καὶ ἐσκύλευσαν ἑαυτοῖς,
καὶ ἐγένοντο ἡμέραι τρεῖς σκυλευόντων αὐτῶν τὰ σκῦλα, ὅτι πολλὰ
26 *ἦν.* [26]*καὶ τῇ ἡμέρᾳ τῇ τετάρτῃ ἐπισυνήχθησαν εἰς τὸν αὐλῶνα τῆς*

B′′ A V *L′ a*-119 *b* 60 158 La^{109} Aeth Arm

236-554 64-243-381-731 52 Compl Sixt] *σιειρ* 46(non 52) 60 125; *σιηρ* 74 98-489-728 158 44-610; *σηιρ* rel Ra.; pr *ορος* 489; + *εξολοθρευσαι και εκτριψαι* 127: ex praec | *ἀνέστησαν* 2°] pr *και* 158 Dam$^{CH^b}$; post *ἀλλήλους* tr 554 | *εἰς ἀλλήλους*] *επ αλλ.* *L* Compl; + *του εξολεθρευσαι και εκτριψαι ανεστησαν εις αλληλους* 127: ex praec | *τοῦ ἐξολεθρευθῆναι* A 130-134-314-346-762] *in disperditione* La^{109} = 𝔐(למשחית(hab להשמיד 1 Ms et 1 Ms^{mg}, להשמיר 1 Ms); *και ελαβετο ανηρ του πλησιον αυτου εις διαφθοραν* (*ad delendum eum* pro *εις διαφθοραν* Arm = 𝔊) *L* Arm^{II} Compl: cf 𝔐(dubl pro *ανεστησαν* (*ελαβετο* pro עזרו: cf 28$_{23}$ I 22$_{17}$) – *εξολεθρευθηναι*); *του εξολοθρευθηναι* rel: cf praef p 95

24 *ιουδα* 19′ | *εισηλθεν* 46 | *ἐπί* 1° – *ἐρήμου*] *in terram* (*turrim* coni Weber) *suam prospicere in desertum* La^{109}: cf Vulg | *σκοπιάν*] *σκοτιαν* V | *τῆς ἐρήμου*] *εις την ερημον* *L* La^{109} Compl: cf 𝔐 Targ(למדבר (hab דמדבר Pesch)) | *ἐπέβλεψεν καὶ εἶδεν*] *viderunt* La^{109} Aeth$^{(-P)}$: cf 𝔐 | *ἐπέβλεψε(ν)*] *ενεβλεψε* 68′-106′-120-121-134-314-762-119 Ald; *ανεβλεψε* 74-130-346; *εβλεψε* 236; *επεβλεψαν* Apoll *Cat Ps* (*ad Ps 90*$_{7-8}$) I 63 = 𝔐 | *ειδον* Apoll | *οὐκ*] pr *και* 119 La^{109} Aeth$^{(-P)}$ Arm Apoll = 𝔐 | *ανασωζομενος* *L* Compl: cf Ios IX 13(*ανασωθηναι*)

25 *εξηλθεν* 68′ Ald | *καὶ ὁ λαὸς αὐτοῦ*] > 68*(|) = Targ^{te}; om *αὐτοῦ* Arm^{I} | *σκυλεῦσαι*] pr *τους* (pro *του* ante *σ*) 46^{s}(non 52) | *αὐτῶν* 1°] *αυτου* 46 158*(corr pr m); > Dam$^{RCH^b}$ | *εὗρον*] *ηυρον* Dam$^{CH^b}$: cf praef p 102; *ευρων* 93 158 610 | *κτήνη*] *in illis* La^{109} = 𝔐(בהם; 𝔊 pro בהמה); pr *ibi* Arm^{II} | *πολλὰ καὶ ἀποσκευήν*] *multitudinem possessionis* La^{109}; om *καί* Arm^{II}; + *πολλην* 60 | *καὶ σκῦλα*] *και ξυλα* 19 106; *et vasa* Arm^{II}; *et vestium* La^{109}: cf Vulg(ex בגדים pro פגרים?); > 71 *b*^{2} | *καί* 6° ∩ 7° 55 | *σκεύη*] *divitias* Arm^{II} | *ἐπιθυμητά*] pr *πολλα* 158; + *valde* Arm^{II} | *εσκυλευσεν* B | *ἑαυτοῖς*] *αυτοις* 74; *αυτους* Dam$^{RCH^b}$; *εν αυτοις* B *a*$^{-71\ 74\ (321)}$-119 Ald Sixt; + *ea ut non possent portare* La^{109}: cf 𝔐(לאין משׂא) Vulg(*ita ut omnia portare non possent*) | *ἐγένοντο* – *αὐτῶν* 2°] *erant tribus diebus predantes* La^{109}: cf 𝔐 | *σκυλευόντων αὐτῶν*] *προνομευοντων* *L* Compl; om *αὐτῶν* *b*^{I}(64^{c}) 158 Dam^{R} | *ὅτι*] *διοτι* *L* Compl | *ἦν*] + *valde* Arm^{II}

26 *καί*] + *εγενετο* B Sixt | *επισυναχθησαν* 107(-610): cf praef p 102; *συνηχθησαν* 71 | *εἰς τὸν αὐλῶνα*] *επι των αυλων* 158; *εις την κοιλαδα* *L* Compl: cf sq;

εὐλογίας, ἐκεῖ γὰρ εὐλόγησαν τὸν κύριον· διὰ τοῦτο ἐκάλεσαν τὸ ὄνομα
τοῦ τόπου ἐκείνου Κοιλὰς εὐλογίας ἕως τῆς ἡμέρας ταύτης. 27*καὶ* 27
ἐπέστρεψεν πᾶς ἀνὴρ Ἰούδα εἰς Ἰερουσαλὴμ καὶ Ἰωσαφὰτ ἡγούμενος
αὐτῶν ἐν εὐφροσύνῃ μεγάλῃ, ὅτι εὔφρανεν αὐτοὺς κύριος ἀπὸ τῶν
ἐχθρῶν αὐτῶν, 28*καὶ εἰσῆλθον εἰς Ἰερουσαλὴμ ἐν νάβλαις καὶ ἐν* 28
κινύραις καὶ ἐν σάλπιγξιν εἰς οἶκον κυρίου. 29*καὶ ἐγένετο ἔκστασις* 29
κυρίου ἐπὶ πάσας τὰς βασιλείας τῆς γῆς ἐν τῷ ἀκοῦσαι αὐτοὺς ὅτι
ἐπολέμησεν κύριος πρὸς τοὺς ὑπεναντίους Ἰσραήλ. 30*καὶ εἰρήνευσεν ἡ* 30
βασιλεία Ἰωσαφάτ, καὶ κατέπαυσεν αὐτῷ ὁ θεὸς αὐτοῦ κυκλόθεν.

B″ A V *L′ a*-119 *b* 60 158 La^{109} Aeth Arm

in convalle La^{109}: sic et pro *Κοιλάς* sq (eadem versio et in Aeth$^{(-P)}$ Arm) | *ἐκεῖ γὰρ εὐλόγησαν* om 55: homoiar | *εὐλόγησαν*] *ηυλ.* B A V 71 44* 60 Sixt Ra.: cf praef p 102; *ευδοκησαν* 108 | *διὰ τοῦτο*] *και* 44: cf Pesch | *εκαλεσε* 60 | *Κοιλάς*] *καλας* 107 | *ἕως – ταύτης* om 71 44

27 *ἐπέστρεψεν*] *απεστρ.* 55′; *conversi sunt* La^{109} Aeth$^{(-P)}$ Arm^{II} = 𝔐 | *πᾶς ἀνήρ*] *omnes viri* La^{109}; om *πᾶς* *b*$^{2-489}$ | *ιουδας* 71* | *Ἰερουσαλήμ* (*ῑλη̄μ̄*)] *ιη̄λη̄μ̄* 158; ⌒ (28) *ῑλη̄μ̄* 68 | *ἡγούμενος* – (28) fin] > 125; *ἐν* – (28) fin om 44; *ὅτι* – (28) fin om 107-610; *ὅτι* – (28) *ῑλη̄μ̄* om 71 | *ἡγούμενος αὐτῶν*] pr *ο L* 60; *ηγ. αυτον* 64*; *ηγ. επ αυτων a*$^{(-68\ 321\ 125)}$-119; *in principio eorum* La^{109}: cf 𝔐; *rex cum eis* Aeth$^{(-P)}$ | *αὐτῶν* 1° ⌒ 2° 379 | *ἐν*] > 158; pr *υπεστρεψεν εις ιερουσαλημ* (*ῑλη̄μ̄* 93; om *εις ῑλη̄μ̄* 71) *L* 71 Arm^{II} Compl; pr *και επεστρεψαν εις ῑλη̄μ̄* (*ιερουσαλημ* 130) *a*$^{-71\ 107\ (68\ 321)}$-119; pr *ut redirent in iherusalem* La^{109} = 𝔐(לשוב אל־ ירושלם: cf praec *εἰς Ἰλη̄μ̄* 𝔊^{omnes} pro 𝔐 וירושלם(hab Pesch לאורשלם = 𝔊)) | *μεγάλῃ*] *-λης* A*; > La^{109} = 𝔐, sed hab Pesch^{te}(רבתא) Vulg(*magna*) | *εὔφρανεν*] *ευφραινεν* (*-φρεν.**) B Sixt; *ηυφρ.* A 106 55′ 158: cf praef p 102 | *αὐτούς* om 127 | *κύριος*] pr *ο* 121

28 *εισηλθεν* B^{c}-127 158 | *εἰς* 1°] *εν* B | *ναβλαι* V* 346; *ναυλαις* 19 68′-74-119 46-728 158: cf praef p 95; *αβλαις* 108*: post *ν*; *αυλαις* 106; *ναυβλαις* Ald | *καὶ ἐν κινύραις* om 127: homoiot | *ἐν* 2° om A V(|) 19′ *a*$^{-71\ (107\ 321)}$-119 *b*^{1} 55 La^{109} Ald Compl Sixt | *κιννυραις* 19 68′-71-74-106-121-236-554 46^{c}(-52)-*b*$^{2-489}$ 60: cf praef p 93; *κυννυραις* Ald | *ἐν* 3° om 119 158 La^{109} | *εν οικω* 158

29 *κυρίου* om 158(|) 44 | *τῆς γῆς*] *terrarum* La^{109} = 𝔐 Vulg | *ἐπολέμησεν*] *πεπολεμησεν*(sic) A: cf praef p 108; post *κύριος* tr *a*$^{(-321)}$-119 Aeth$^{(-P)}$ Arm Ald Sixt = Pesch | *μετα των υπεναντιων L* Arm(vid) Compl

30 v 30 om 71 | *ἡ βασιλεία*] *ο βασιλευς* 379 | *Ἰωσαφάτ* ⌒ (31) *Ἰωσαφάτ* 489 | *καί* 2°] ⌒ (31) *καί* ult 44(‖); ⌒ (31) *Καί* 125; > V | *κατέπαυσεν αὐτῷ*] *κατεπασεν αυτον* (sic) 158; om *αὐτῷ* 107(-610) | *ὁ θεὸς αὐτοῦ*] *dominus deus* Arm^{II}; pr *dominus* Aeth$^{(-P)}$ = 𝔐^{1Ms}; om *αὐτοῦ* 158 La^{109} = Vulg^{te}(*dominus* ^{ap}) | *κυκλόθεν*] *-λωθεν* 19-121 46 60 158: cf praef p 88; pr *απο των* 158; + *eius* Arm^{II}

31 ^{31}*Καὶ ἐβασίλευσεν Ἰωσαφὰτ ἐπὶ τὸν Ἰούδαν ἐτῶν τριάκοντα πέντε ἐν*
τῷ βασιλεῦσαι αὐτὸν καὶ εἴκοσι πέντε ἔτη ἐβασίλευσεν ἐν Ἰερουσαλήμ,
32 *καὶ ὄνομα τῇ μητρὶ αὐτοῦ Ἀζουβὰ θυγάτηρ Σαλί.* ^{32}*καὶ ἐπορεύθη ἐν*
ταῖς ὁδοῖς τοῦ πατρὸς αὐτοῦ Ἀσά· οὐκ ἐξέκλινεν τοῦ ποιῆσαι τὸ εὐθὲς
33 *ἐνώπιον κυρίου.* ^{33}*ἀλλὰ τὰ ὑψηλὰ ἔτι ὑπῆρχεν, καὶ ἔτι ὁ λαὸς οὐ κατ-*

B′′ A V *L′ a*-119 *b* 60 158 La^{109} Aeth Arm

31 ad v $_{31}$ – 22$_{1}$ cf Reg III 22$_{41-51}$ 𝔐 = 𝔊$^{-L}$ et 16$_{28a-h}$ = 𝔊$^{-O}$ | *Ἰωσαφάτ* om 125 | *τόν* om 68′ = Reg III 22$_{41}$ | *ιουδα* B′ V* 379 Compl = Reg III 22$_{41}$ 𝔊$^{B′\,158\,372}$; *ιου*^{δ} 98 125 | *ἐτῶν τριάκοντα πέντε*] *ων* (*et erat* Arm) *τριακοντα* (-*κωντα* 120; + *και* 236 = 𝔐) *πεντε* (*λε′* 74-107-130-314-346-554-762) *a*$^{-71\,(321\,44)}$-119 Arm^{I} Ald Sixt; *υιος τριακοντα και πεντε ετων L* La^{109}(*filius XXXV annorum*) Compl = 𝔐 et Reg III 22$_{42}$ 𝔐 𝔊 16$_{28a}$ 𝔊^{L}; *filius triginta et duorum annorum* Aeth$^{(-P)}$; *ut erat XXX* (+ *et VII* ^{ap}(է pro ե)) *annorum* Arm^{II}; *ετων τριακοντα* A V *b* 55 60 158 Arm^{I} | *βασιλεῦσαι*] *βασιλευειν* 19′ *b*$^{2-489}$(sic 379, 98 absc) = Reg 𝔊^{omnes} | *αὐτόν*] *αυτων* 108 | *καὶ εἴκοσι πέντε*] *κε′* 127 | *εἴκοσι πέντε* (*κε′* 107 98 127 158) B′′ A V 71-107(deest 44) *b*^{2} 158 La^{109}(*XXV*)] *XXVII* Arm^{Iap}; *εικοσι και πεντε* (*κ′ και πεντε* 74; *κ′ και ε′* 130-134-314-346-762 52) rel = 𝔐 et Reg 𝔐 𝔊(*κε′* 4 Mss) | *ἔτη ἐβασίλευσεν*] *εβασιλευσεν ιωσαφατ* 554 | *καί* ult – fin om 125: homoiot | *Ἀζουβά*] *αζοβα* 19; *αβουζα* 119; *ζουβα* 158: cf Reg 𝔊^{ap} | *θυγάτηρ Σαλί* om 71 | *σαλει* B′ A 381 La^{109}(*saley*); *σαλη* 74; *σαηλ* 158; *σελει* 19′ Compl; *σελεει* 93 Arm^{II}(sim): cf 𝔐 et Reg III 22$_{42}$ 𝔐 𝔊^{ap} 16$_{28a}$

32 *ἐν ταῖς ὁδοῖς*] *εν τοις οδοις* 158: cf praef p 99; *in via* La^{109} = 𝔐 Vulg et Reg III 16$_{28b}$; *in omnibus viis* Arm^{II} = Pesch, cf Reg III 22$_{43}$(בכל דרך(*εν παση οδω* 𝔊^{omnes})); om *ἐν* A V *a*-119 *b*^{2} 55′ 60 119 | *τοῦ πατρὸς αὐτοῦ*/*Ἀσά*] tr *L* 71 Arm^{II} = 𝔐^{12Mss} Pesch Targ et Reg 22$_{43}$ 𝔐 𝔊 16$_{28}$ | *εαυτου* V | *ασσα* 74 | *οὐκ* – fin] > 71; pr *και* B *L* La^{109} Arm^{II} Compl Sixt Ra. = 𝔐$^{-5Mss}$ et Reg III 16$_{28b}$ 𝔊$^{-93\,127}$ | *ἐξέκλινεν*] + *απ αυτων L* Arm^{II} Compl = Pesch; + *ab ea* (= *απ αυτης*) La^{109} = 𝔐 Targ Vulg, cf Reg III 22$_{43}$ 16$_{28b}$ | *ἐνώπιον*] *in oculis* La^{109} = 𝔐 et Reg III 22$_{43}$ 𝔐 𝔊^{te}(*εν οφθαλμοις*)

33 v $_{33}$ om 381 | *ἀλλά*] *πλην L* La^{109}vid(*tantum quod*) Arm^{II} vid(*et tamen*) = 𝔐(אך) et Reg III 22$_{44}$ 𝔐 𝔊 16$_{28b}$(*πλην* omnes); + *και* 68 Ald Sixt | *ἔτι ὑπῆρχεν*] *ουκετι υπηρχεν* 68′-71′-74-120-130-134-346-554 Ald; *ουκ εξηρθη L* Compl: cf Pesch$^{ap(vid)}$(לא אתעקרו); *non abstulit* La^{109} Arm^{II} = Vulg Pesch(לא אעבר) et Reg III 22$_{44}$ 𝔊 16$_{28}$ 𝔊^{L}(*ουκ εξηρεν* (-*ραν* rel)): ex לא הסיר pro לא סרו 𝔐 Par et Reg | *υπηρχων* 158: pro -*χον* | *καὶ ἔτι*] *sed adhuc* La^{109}; *quia adhuc* Arm^{II}: cf 𝔐^{ap}(עוד = om *καί* 4 Mss) Vulg^{ap} et Reg III 22$_{44}$(עוד omnes) 𝔊^{ap}(*οτι* pro *ετι* 7 Mss); om *ἔτι* Arm^{I} | *ὁ λαός* om *b*$^{I(-381)}$ 158 | *κατεύθυνε(ν)*] *κατηυθυνεν* V* 55′ Compl

εὔθυνεν τὴν καρδίαν πρὸς κύριον θεὸν τῶν πατέρων αὐτῶν. ^{34}καὶ οἱ 34
λοιποὶ λόγοι Ἰωσαφὰτ οἱ πρῶτοι καὶ οἱ ἔσχατοι ἰδοὺ γεγραμμένοι ἐν
λόγοις Ἰηοὺ τοῦ Ἀνανί, ὃς κατέγραψεν βιβλίον βασιλέως Ἰσραήλ.
^{35}Καὶ μετὰ ταῦτα ἐκοινώνησεν Ἰωσαφὰτ βασιλεὺς Ἰούδα πρὸς 35
Ὀχοζίαν βασιλέα Ἰσραήλ, καὶ οὗτος ἠνόμησεν ^{36}ἐν τῷ ποιῆσαι καὶ 36
πορευθῆναι πρὸς αὐτὸν τοῦ ποιῆσαι πλοῖα τοῦ πορευθῆναι εἰς Θαρσεὶς

B″ A V *L′ a*-119 *b* 60 158 La^{109} Aeth Arm

Sixt; *κατηυθυναν* (*-νε* Tht^{2Mss}) Tht *Par II* 278 = 𝔐, cf praef p 102; *κατ ευθυ* B^{s} | *καρδίαν*] + *αυτων L a*$^{-71\ 74\ (321)}$-119 La^{109} Aeth$^{(-P)}$ Tht Ald Compl Sixt = 𝔐; + *αυτου* 158 Arm^{I}; + *υψων* 74 | *θεόν* B″ A V 107(non 44′) *b*$^{-489\ (381)}$ 60 Tht^{1Ms}] pr *τον* rel: cf 19_{4} | *τῶν πατέρων* om 71 44 | *αὐτῶν*] *εαυτων* A V* 60; *αυτου* B 46 158: cf praef p 96

34 v $_{34}$ om 125 | *λοιποί* om 236 | *Ἰωσαφάτ*] pr *του a*$^{-71\ 44\ (321\ 125)}$ Ald | *οἱ* 2° – *ἔσχατοι*] > 71 44 | *οἱ* 3° om 134* 381 Tht^{1Ms} *Par II* 278 | *ἰδού*] pr *ουκ L* Tht Compl = Reg III 22_{46} 𝔐 𝔊 16_{28c} | *γεγραμμένοι*] *γεγρ. εισιν* (*sunt scripta* La^{109}; *scribti sunt* Prisc) La^{109} Arm Tht Prisc *Tract III* 50 | *Ἰηού*] *ιη* 71; *ηου* 158; *ιου* coni Ra.: cf 19_{2}; *ιησου* B’ 19′ 314-762: ex *ι͞ο͞υ*?; *ʾījasu* Aeth$^{(-P)}$; *zeu* Prisc; *johan(aj)* Arm^{II} | *τοῦ*] *και* V | *Ἀνανί*] *ανανει* B 19′ Compl; *αρανι* 158 | *ὃς κατέγραψε(ν)*] *ο εκατεγραψε* 71; *ους κατεγραψεν* (*-ψαν* Tht^{1Ms}) *L* Tht Compl; *quae contulit* La^{109} (hab *qui perscipsit* Prisc): cf 𝔐 | *βιβλίον*] *βιβλιων* 158; *βιβλιου* B*-127; *βιβλον* 74; *επι βιβλιου* (+ *λογων* (*-γου* Tht^{1Ms}) 19 Tht: cf Reg III 22_{46} 𝔐 𝔊 16_{28c}) *L* La^{109} Arm^{II} Tht Prisc Compl = 𝔐 | *βασιλεων* 93 *a*$^{-74\ 130\ 346\ (321\ 125)}$-119 158 La^{109} Aeth$^{(-P)}$ Arm Tht Ald Compl Sixt Ra. = 𝔐, cf Reg III 22_{46} 16_{28c} et TGP II

35 *Ἰωσαφὰτ βασιλεὺς Ἰούδα*] *βασ. ιωσαφατ b*^{I} 158; om *βασ. Ἰούδα* B’ 44′ | *πρὸς Ὀχοζίαν βασιλέα*] *μετα οχοζιου βασιλεως* (> 19) *L* La^{109} Lucif *con* 171(*cum ochozia* (*ocozia* La^{109}) *rege*) Compl: cf 𝔐 | *οχοζειαν* B; *οζιαν* A 236* | *καί* ult om La^{109} Lucif = 𝔐$^{-1Ms}$ Pesch | *οὗτος*] *ουτως* 346; *αυτος L* Tht *Par II* 278 Compl | *ἠνόμησεν*] *ενομησεν* 106; *inique coepit* (*cepit* La^{109}) La^{109} Lucif: cf sq

36 init – *ποιῆσαι* 2°] *et consociatus est ei ut faceret* Aeth$^{(-P)}$: cf sq | *ἐν τῷ ποιῆσαι*] *του ποιησαι L* La^{109} Tht *Par II* 278 Lucif *con* 171 Compl = 𝔐(pro לַעֲשׂוֹת $_{(35)}$) | *καὶ πορευθῆναι πρὸς αὐτόν*] *και εκοινωνησε μετ αυτου* La^{109} Lucif (*et communicavit* (*-abit* La^{109}) *cum illo* (*eum secum* pro *cum illo* Lucif)) Compl = 𝔐(ויחברהו עמו); + *και εκοινωνησε* (*-σεν* 728; *-σαι* 93) *μετ αυτου* (*μετα* pro *μετ αυτου* Tht^{ap}: cf sq) *L* 728 Arm^{II} Tht^{te} | *πορευθῆναι* 1° ⌒ 2° A *a*$^{-71\ 121\ 236\ 314\ 762\ (321)}$ Tht^{ap} | *πρός*] *εις* 119 | *τοῦ ποιῆσαι*] *et faceret* Lucif (hab *ut f.* La^{109}); om *τοῦ* Tht^{te} | *πλοῖα* 1°] *naves* La^{109} Lucif: cf sq | *τοῦ πορευθῆναι*] *και πορ. L* 60 119 Tht^{-1Ms}; *και απελθειν* 71 | *Θαρσείς* omnes codd Ald Compl Sixt]

37 *καὶ ἐποίησεν πλοῖα ἐν Γασιὼν Γάβερ.* 37*καὶ ἐπροφήτευσεν Ἐλιέζερ ὁ*
τοῦ Ὡδιὰ ἀπὸ Μαρίσης ἐπὶ Ἰωσαφὰτ λέγων Ὡς ἐφιλίασας τῷ Ὀχοζίᾳ,
ἔθραυσεν κύριος τὸ ἔργον σου, καὶ συνετρίβη τὰ πλοῖά σου. καὶ οὐκ
ἠδυνάσθη τοῦ πορευθῆναι εἰς Θαρσείς.

B′′ A V *L*′ *a*-119 *b* 60 158 La^{109} Aeth Arm

θαρσις Ra. | *ἐποίησεν*] *-σαν* *b*^{2} Aeth$^{(-P)}$ = 𝔐 | *πλοῖα* 2°] *νηας* (*νιας* 93) *L* Tht(*ναυς* Tht^{ap}): cf Ios IX 17 et Reg III 22$_{49}$ 16$_{28s}$; *naves* (*nabes* La^{109}) La^{109te} Lucif; *classes* La^{109mg} = Vulg | *ἐν Γασιών*] *εργασιων* A 68′-346-119 158* Ald | *ἐν* 2°] *εις* 19′ Compl | *Γασιὼν Γάβερ*] *gesongaber* Arm^{II}; *asion* (*asyon* La^{109}) *gaber* La^{109} Lucif: cf 𝔐 et 8$_{17}$ | *Γασιών*] *γασσιων* 74-554*; *γεσιων* (*γαισ.* 19′ Compl) *L* 554^{c} Tht^{te} Proc *Comm in Par II* 1213 Compl: cf 8$_{17}$ et Reg III 16$_{28s}$ 𝔊^{L} | *γαβειρ* V; *γαμερ* 610: cf praef p 77

37 *ἐπροφήτευσεν* B′ A V *b*^{2} 60] *επροεφητευσεν* 728 127; *προεφητευσεν* (*-φυτ.* 610) rel | *Ἐλιέζερ*] *εληεζερ* 158; *ελεαζαρ* 71 Tht^{1Ms} *Par II* 278; *ελιεζαρ* Tht^{2Mss}; *ελεζερ* Tht^{1Ms}; *ʾelʿezer* Aeth$^{(-P)}$; *eliazar* Arm^{I}; *ελιαδα* (*ελειαδα* B) B’ 108^{mg} | *Ὡδιά*] *ωδεια* B′: cf Esdr II 10$_{13}$; *οδια* 46 158; *ʾadja* Aeth$^{(-P)}$; *odaj* Arm^{Iap}; *odraj* Arm^{Ite}; *oziae* Lucif *con* 171; *δωδια* (*δοδια* 71) *a*$^{(-321)}$-119 Ald Sixt Ra.: cf 𝔐(ד(ו)דוהו, ד(ו)דיהו cum var) Pesch(דדה) Targ(דודיהו) Vulg(*dodoau* (cum var)); *διδοα* 44*; *διδια* 44^{c}; *δωδιου* 19′ Tht(*δοδιου* Tht^{ap}); *δουδιου* 93; *dode* La^{109} Arm^{II}(sim); *σωδια* 60 | *ἀπὸ Μαρίσης* om 44 | *ἀπό*] *εκ* *L* Compl; *ex* La^{109} Lucif | *Μαρίσης*] *μαρεισης* B; *μαρισις* 554; *μαρισα* (*μαρησα* 93) *L* La^{109}; *mares*(*aj*) Arm^{Ite} Arm^{II}; *maresse*(*aj*) Arm^{Iap}; *μαιρισα* Compl; *μαρισσης* (*-ισσεις* 125) 71′-120*-130-236-314-346; *μαρρισσης* 134-762; *βαρισσης* 119: cf praef p 77; *μαρσης* V 68′-120^{c}; *marea* Lucif | *ἐπί*] *εως* V | *Ὡς ἐφιλίασας*] *ως εκοινωνησας* Compl: cf 𝔐(כהתחברך: cf 35); *pro* (*in* Lucif) *eo quod communicasti* La^{109} Lucif Fac *def* 659: cf sq | *Ὡς*] *εως* 71 | *τῷ Ὀχοζίᾳ*] *τω οχοζεια* B; *τω οχοσια* Proc *Comm in Par II* 1213; *επι χοζιαν* 125; *cum ochozia* Fac = 𝔐(hab *oc(h)zi(a)e* La^{109} Lucif); om *τῷ* 314; + *και εκοινωνησας* (+ *σοι* 93) *μετ αυτου* *L* Arm^{II} Tht 279: cf praec | *ἔθραυσε(ν) κύριος*] *διεκοπη* Constit VI 18,40 | *ἔθραυσε(ν)*] *διεκοψε* *L* Tht Compl; *confregit* La^{109} Lucif | *τὸ ἔργον σου*] *τα εργα σου* *L* La^{109} Arm^{II} Constit Tht Fac (hab *operam tuam* Lucif, *opus tuum* Ambr *in Ps 47,14* 355) Compl = 𝔐$^{-1Ms}$ Pesch Targ Vulg; *το εθνος σου* 68′-74-106′-120-130-134-346 Ald; + *και το εθνος σου* 554 | *συνετρίβη τὰ πλοῖά*] *συνετριβησαν αι νηες* (*νηαις* 19; *νιες* 93; *νηαι* Tht^{1Ms}) *L* Constit Tht Compl; *contritae sunt naves* La^{109} Ambr Lucif = Vulg | *σου* 2° om Arm^{II} Compl = 𝔐 Pesch Targ Vulg | *ἠδυνάσθη* A *b*$^{-98}$] *εδ.* B′ V Sixt Ra.: cf praef p 102; *εδυνασθησαν* 127; *ηδυνηθη* (*ηδηνυθη* 158) 68′-71-554-119 158 Ald; *ηδυνη^{θ}* 98; *ηδυνηθησαν* *L* 60 379 Tht Compl; *potuerunt* La^{109} Arm^{II} Lucif: cf 𝔐 (plur); *potuisti* Arm^{Iap}; *εδυνηθη* rel: cf praef p 105 | *τοῦ* 2° om *a*$^{(-321)}$-119 Tht^{1Ms} Ald Sixt | *Θαρσείς*] *ταρσεις* 158; *θαρσις* Ra.

21 1Καὶ ἐκοιμήθη Ἰωσαφὰτ μετὰ τῶν πατέρων αὐτοῦ καὶ ἐτάφη 1
παρὰ τοῖς πατράσιν αὐτοῦ ἐν πόλει Δαυίδ, καὶ ἐβασίλευσεν Ἰωρὰμ υἱὸς
αὐτοῦ ἀντ᾽ αὐτοῦ. 2καὶ αὐτῷ ἀδελφοὶ υἱοὶ Ἰωσαφὰτ ἕξ, Ἀζαρίας καὶ 2
Ἰεϊὴλ καὶ Ζαχαρίας καὶ Ἀζαρίας καὶ Μιχαὴλ καὶ Σαφατίας· πάντες
οὗτοι υἱοὶ Ἰωσαφὰτ βασιλέως Ἰούδα. 3καὶ ἔδωκεν αὐτοῖς ὁ πατὴρ 3
αὐτῶν δόματα πολλά, ἀργύριον καὶ χρυσίον καὶ ὅπλα μετὰ πόλεων
τετειχισμένων ἐν Ἰούδᾳ· καὶ τὴν βασιλείαν ἔδωκεν τῷ Ἰωράμ, ὅτι οὗ-
τος ὁ πρωτότοκος. 4καὶ ἀνέστη Ἰωρὰμ ἐπὶ τὴν βασιλείαν αὐτοῦ καὶ 4

B″ A V *L*′ *a*-119 *b* 60 158 La^{109} Aeth Arm

21 1 *μετά – αὐτοῦ* 2°] *μετα τ. πατερων αυτου/και εταφη* (tr 71) B’ 71 44′ 381 Sixt = Reg III 22_{51} 𝔊$^{\mathrm{B\ Aeth}}$; *μετα τ. πατερων αυτου* 19′ 68-119 Aeth$^{(-P)}$ Arm^{II} = Reg III 16_{28h} 𝔊$^{\mathrm{B\ V\ cum\ aliis}}$ | *αὐτοῦ* 1°] *εαυτου* A V* | *παρὰ τοῖς πατράσιν*] *μετα των* $\overline{\textit{πρων}}$ 93 La^{109} Compl = 𝔐 Targ(עם, hab Pesch(לות)) | *αὐτοῦ* 2°] *εαυτου* A 60 | *δαυειδ* B; *δαβιδ* 108* Ald: cf 1_1 | *εβασιλευεν* 44 | *Ἰωράμ*] *ιωραν* Sixt; *ιωσαφατ* Ald | *υἱός*] pr *ο* 55

2 init – *υἱοί* 1°] *qui habuit fratres filios* (*filiis* cod) La^{109} = Vulg | *αὐτῷ*] *τω ιωραμ* *L* Arm^{II} | *υἱοὶ Ἰωσαφάτ* 1°] *υιω ι.* 346; pr *οι* 134; tr 236; post *ἕξ* tr *L* Arm^{II}; > 107; om *υἱοί* 60 | *ἕξ*] $\bar{ς}$ 107(non 44)-130; *επτα* (*ζ′* 52) 46; > 55(|) La^{109} Compl = 𝔐 Pesch Targ Vulg; + *et haec nomina eorum* Aeth$^{(-P)}$ = Pesch | *Ἀζαρίας* 1°] *αεζαριας* 108*; *ezrias* Arm^{I}; > B’; ⌒ 2° Arm^{II} | *καί* 2° om 107 = Pesch | *Ἰεϊήλ*] *ιιηλ* Ra.: cf 21_{13}; *ιεειηλ* V 60; *ιεηλ* 107 158; *ιηλ* ($\overline{\textit{ιη}}$*λ* 55) B″; *aiel* La^{109}; *eel* Arm^{I} | *καί* 3°] ⌒ 6° 19; ⌒ 5° 52; > 71′ $b^{2-489\,(379)}$ = 𝔐$^{\mathrm{1Ms}}$ Pesch | *καὶ Ἀζαρίας*] *και αζιας* 121; *και ζαριας* 60; *et azariu* (cf 𝔐) et post *Σαφατίας* tr Arm^{I}; > B″ V Compl; om *καί* 71′ = 𝔐$^{\mathrm{1Ms}}$ Pesch; + *ου* 93: pro ו(עזריהו)? | *καί* 5° om 71′ b^{-489}(non 379) = Pesch | *Μιχαήλ*] *μισαηλ* (*μεισ.* B*) B″ A V 119 *b* 60 158 La^{109}(*misahel*) Aeth$^{(-P)}$ Arm^{I}: cf Par I 27_{18} | *Σαφατίας*] *-τειας* B*; *ζαφ.* Ald; *αφ.* 71 | om *πάντες* – fin om 71 44′ | *υἱοί* 2°] pr *οι* 610 | *Ἰωσαφὰτ βασ. Ἰούδα*] *βασ. ιωσ. ιουδα* 74; om *βασ. Ἰούδα* 107(-610)

3 *ὁ πατὴρ αὐτῶν*] *ο π. αυτου* 93 Lag.; pr *ιωσαφατ* *L* Arm^{II} Compl; + *ιωσαφατ* 125 | *δόματα*] *δωματα* 120-122 46*(non 52) 55* 60: cf praef p 90; *κτηματα* 158 | *ἀργύριον καὶ χρυσίον*] *χρ. και αργ.* Aeth$^{(-P)}$ Arm^{II}; *καί* om 44′ | *καί* 3° om 44 | *πόλεων*] pr *των* 68′-71′-74-120-130-134-346-554 Ald | *τετειχισμένων*] pr *των* 68′-74-120-130-134-346-554 Ald; > b^{2} | *ἐν Ἰούδᾳ*] *επι ι.* 236; om *ἐν* 68′-74-106′-120-130-134-346-554 Arm^{I} Ald; > Arm^{II} | *τὴν βασιλείαν/ἔδωκε(ν)* tr 68′-120 Ald | *δεδωκε* 60 | *τῷ Ἰωράμ*] + *filio suo* Aeth$^{(-P)}$ = Targ; om *τῷ* V | *οὗτος*] *αυτος* *L* 46-728 Compl | *ὁ* 2° om B 107

ἐκραταιώθη καὶ ἀπέκτεινεν πάντας τοὺς ἀδελφοὺς αὐτοῦ ἐν ῥομφαίᾳ
5 *καὶ ἀπὸ τῶν ἀρχόντων Ἰσραήλ.* [5]*ὢν αὐτὸς τριάκοντα καὶ δύο ἐτῶν*
κατέστη Ἰωρὰμ ἐπὶ τὴν βασιλείαν αὐτοῦ καὶ ὀκτὼ ἔτη ἐβασίλευσεν ἐν
6 *Ἰερουσαλήμ.* [6]*καὶ ἐπορεύθη ἐν ὁδῷ βασιλέων Ἰσραήλ, ὡς ἐποίησεν*
οἶκος Ἀχαάβ, ὅτι θυγάτηρ Ἀχαὰβ ἦν αὐτοῦ γυνή, καὶ ἐποίησεν τὸ
7 *πονηρὸν ἐναντίον κυρίου.* [7]*καὶ οὐκ ἐβούλετο κύριος ἐξολεθρεῦσαι τὸν*
οἶκον Δαυὶδ διὰ τὴν διαθήκην, ἣν διέθετο τῷ Δαυίδ, καὶ ὡς εἶπεν αὐτῷ

B′′ A V *L′ a*-119 *b* 60 158 527 La^{109} Aeth Arm

4 *ἐπί – ἐκραταιώθη* om 44 | *αὐτοῦ* 1°] pr *του πατρος L* La^{109} Arm^{II} Dam^{R} Compl = 𝔐; ⌒ (5) *αὐτοῦ* 381 | *κραταιωθη* Ald: cf praef p 102 | *απεκτενεν* V | *αὐτοῦ* 2°] *εαυτου* V* | *καί* ult] *και γε* 19′-121 Compl = 𝔐(וגם); + *γε και* 93 | *Ἰσραήλ*] *ιουδα L* Arm^{II} = Vulg^{2Mss}; > *b*^{2} 52 158

5 *ὤν – ι̅λ̅η̅μ̅*] *και εβασιλευσεν εν ι̅λ̅η̅μ̅ ετη ιη′* 125 | *ὢν αὐτός*] *οντος αυτου* B′ Sixt Ra.; *erat ipse* Arm^{I}; *υιος ην* 93 Lag. Fern.; *υιος ων* 19′ Compl: cf 𝔐 et Reg IV 8 17; *filius autem* La^{109}; *et erat filius* Aeth$^{(-P)}$; *et vir erat ioram* Arm^{II} | *τριάκοντα καὶ δύο*] *λ′ και β′* 130-314-346-762 46; *λβ′* (*τριακοντα δυο* 44) 107 158 La^{109} Arm^{II}; *λε′* 127; post *ἐτῶν* tr 107 | *κατέστη* – fin] > 44; – *αὐτοῦ* om 71 | *κατέστη – αὐτοῦ*] *ιωραμ εν τω βασιλευειν αυτον L* La^{109}(*ioram cum regnare cepisset* = Vulg) Compl = 𝔐, cf Reg IV 8 17; *και* (*cum* Arm) *κατεστη επι την βασ. αυτου* 107(-610) Arm^{I}: cf Pesch(כד קם במלכותא); *et regnavit ipse* Arm^{II} | *κατέστη*] *και εστη* V; *κατεστησεν* 127 | *αὐτοῦ*] *εαυτου* A V* | *καί* ult om 107(-610) | *ὀκτώ*] *η′* 762 127 52; *ιη′* 107$^{(-44\,(125\text{ cf praec}))}$; + *και δεκα* 68′-74-106*-120-130-134-346-554 Ald: cf 20; *VIIII* La^{109}; *decem* Arm^{II} = Reg 𝔊$^{L-19′}$: cf 20; *πεντηκοντα* 121 | *ἔτη* om 107$^{-((44′)\,610)}$ | *ἐβασίλευσεν ἐν*] *εβασιλευ|εν* 314 | *Ἰερουσαλήμ* (*ι̅λ̅η̅μ̅*)] -*λειμ* 108

6 ab v 6 init incipit Aeth^{P}, cf 17 7 app | *επορευετο* 19′ Compl | *ἐν ὁδῷ*] *εν τη οδω L* 127 Tht *Par II* 279 Compl; *in viis* Arm^{I} = 𝔐^{4Mss} Pesch Vulg; om *ἐν* 60 | *βασιλεως* B*-127 68 Tht^{te} Ald = Reg IV 8 18 𝔊$^{A\ V\ cum\ aliis}$; om Tht^{ap} | *ὡς – Ἀχαάβ* 1° om 71 | *ἐποίησεν* 1°] *ambulavit* Arm^{II}: ex praec; + *αυτω* 93 | *οἶκος*] *οικον* 60; pr *ο* 44; > 119 | *Ἀχαάβ* 1° et 2°] *acab* La^{109}: cf Vulg | *αὐτοῦ*] *αυτω L* 71 60 158 La^{109} Tht Compl: cf Reg 𝔊 | *γυνή*] pr *η* A | ab *καί* 2° incipit 527: cf 19 11 app | *ἐναντίον*] *εναντι* 71 *b*^{2}; *ενωπιον L* 381 Tht Compl = Reg 𝔊^{omnes}; *in conspectu* La^{109} = Vulg, cf 𝔐

7 *οὐκ* om 119 | *ηβουλετο* V *b*$^{I-728}$-243-731 60 158 527 Tht^{2Mss} *Par II* 279: cf praef p 102 | *κύριος*] + *deus* Arm^{II} | *ἐξολεθρεῦσαι* B*-127 A 130-134-314-346-762] *εξολοθρ.* rel Tht Compl Sixt: cf praef p 95 | *οἶκον* om 346*(corr pr m) | *Δαυίδ* (*δ̅α̅δ̅*) 1°] *δαυειδ* B; *δαβιδ* 108 Tht Ald: cf 1 1; ⌒ 2° 68′-120 | *τῷ Δαυίδ* (*δ̅α̅δ̅*)] *τω δαυειδ* B; *τω δαβιδ* Tht Ald: cf 1 1; *αυτω* 381 = Vulg; om *τῷ* 728 158 Tht^{ap} | *καί* 2° – (11) fin] > 381: homoiot; – fin om 71 | *καί* 2° om

δοῦναι αὐτῷ λύχνον καὶ τοῖς υἱοῖς αὐτοῦ πάσας τὰς ἡμέρας. [8]ἐν ταῖς 8
ἡμέραις ἐκείναις ἀπέστη Ἐδὼμ ἀπὸ τοῦ Ἰούδα καὶ ἐβασίλευσαν ἐφ'
ἑαυτοὺς βασιλέα. [9]καὶ ᾤχετο Ἰωρὰμ μετὰ τῶν ἀρχόντων καὶ πᾶσα ἡ 9
ἵππος μετ' αὐτοῦ· καὶ ἐγένετο καὶ ἠγέρθη νυκτὸς καὶ ἐπάταξεν Ἐδὼμ
τὸν κυκλοῦντα αὐτὸν καὶ τοὺς ἄρχοντας τῶν ἁρμάτων, καὶ ἔφυγεν ὁ
λαὸς εἰς τὰ σκηνώματα αὐτῶν. [10]καὶ ἀπέστη Ἐδὼμ ἀπὸ χειρὸς Ἰούδα 10
ἕως τῆς ἡμέρας ταύτης· τότε ἀπέστη Λοβνὰ ἐν τῷ καιρῷ ἐκείνῳ ἀπὸ

B'' A V *L' a*-119 *b* 60 158 527 La^{109} Aeth Arm

127 Arm^{II} Tht = 𝔐^{1Ms} et Reg IV 8$_{19}$ 𝔐 𝔊 | *ὡς*] *ον τροπον* (*quemadmodum* La) *L* La^{109} Arm^{II}(vid) Tht Compl: cf 2$_{3}$ | *αὐτῷ* 1° om La^{109} Tht = 𝔐 (hab Reg 𝔐 𝔊$^{-OL}$) | *δοῦναι αὐτῷ*] *δ. αυτων* 108*; *δ. αυτον* 108^{c} Compl = Reg 𝔊^{247}; > 610; om *αὐτῷ* 55 Arm^{II} = 𝔐^{1Ms}

8 *ἡμέραις* om 158 | *ἐκείναις*] *ταυταις* 127; *eius* La^{109} = 𝔐 Pesch Targ (hab *illis* Vulg^{te}) et Reg IV 8$_{20}$ 𝔐 𝔊(*αυτου* (*του ιωραμ L*)) | *ἀπέστη*] *-στησεν* 19' Fern.; *ηθετησεν* 93 Lag. = 𝔐(פשׁע), cf $_{10}$ et Reg 𝔐 𝔊^{omnes} | *αιδωμ* 93 = Reg 𝔊^{L} | *ἀπὸ τοῦ*] *απο υποκατωθεν χειρος L* La^{109}vid (*de potestate manus*) Arm^{II}vid (*ab obedientia*) Compl = 𝔐, cf Reg; om *τοῦ a*$^{(-321)}$-119 Ald | *εβασιλευσεν* A *L* 71 158 La^{109}(*regem constituit*: cf Vulg) Arm^{II} Compl: cf Reg 𝔊^{ap} | *ἑαυτούς*] *αυτους* B: cf praef p 96; *εαυτοις* V 19' *b*$^{(-381)}$ 55 60 527; *εαυτον* 158: cf Reg 𝔊^{ap}

9 *ἀρχόντων*] *αρματων b*^{2}: cf sq; + *αυτου L* La^{109} Aeth Arm^{II} Compl = 𝔐 | *καὶ πᾶσα ἡ ἵππος*] pr *και παντα τα αρματα αυτου L* Arm^{II}(lib et auct) Compl: cf 𝔐, = Reg IV 8$_{21}$ 𝔐 𝔊; *et omnis currus eius* La; + *αυτου* 74; + *ἡ* Compl; om *καὶ πᾶσα* 314 | *καὶ ἐγένετο* om 71 44 | *καὶ ἠγέρθη*] *cum surrexit* La^{109} Arm^{II} (auct): cf Pesch Targ; *και ανεστη ιωραμ L* Compl | *νυκτός* om 19' Compl = Reg 𝔊$^{-OL}$ | *Ἐδώμ*] *αιδωμ* 93 = Reg 𝔊$^{93\ 127}$; pr *τον L* 71-130-346 Compl | *αὐτόν*] *αυτων* 108; *αὑτόν* Compl: cf Vulg(*se* (hab *eum* La^{109})) | *τούς*] pr *παντας L* Compl | *καί* ult – fin om La^{109} = 𝔐 Pesch Targ Vulg (hab Reg 𝔐 𝔊) | *αὐτῶν*] *εαυτων* V *b*$^{l(-381)}$(728^{c}) 158

10 *ἀπέστη* 1°] *ηθετησεν L* = 𝔐 et Reg IV 8$_{22}$ 𝔐 𝔊^{omnes}: cf $_{8}$; *obdurescebat* Arm^{II} | *Ἐδώμ – Ἰούδα*] *απο* (+ *χειρος* 55) *ιουδα εδωμ* B'' Sixt Ra. | *Ἐδώμ*] *αιδωμ* 93 = Reg 𝔊$^{93\ 127}$; > 44 | *ἀπὸ χειρός* 1°] *υποκατωθεν χειρος L* La^{109}(*de sub manibus*): cf 𝔐(מתחת יד) = Reg, cf $_{8}$ | *ταύτης* om 19 | *τότε – αὐτοῦ* 1°] *και λοβνα απεστη απ αυτου* 44 | *τότε*] *οτι* 68' Ald | *Λοβνά*] *yoram* La^{109} (*lobna* coni Weber); *λομνα* B 71 158 Sixt Ra. = Vulg^{ap}, cf Reg 𝔊^{ap}; *λεμνα* (*λουνα* Tht^{ap}) Tht *Par II* 279,17: cf praef p 77; *lobena* Aeth$^{P'}$; *lebona* Aeth^{D}; *lebena* Aeth^{AE-H}; *lobona* Arm^{I}; *lobon* Arm^{II}; *λαβιναν* Ios IX 98 | *καιρῷ* om V* | *ἀπὸ χειρός* 2°] *απο χερος* V*; *δια χειρος* 127; *απο χειρων a*$^{-71\ (321\ 44)}$-119 Arm^{II} Ald;

11 *χειρὸς αὐτοῦ, ὅτι ἐγκατέλιπεν κύριον θεὸν τῶν πατέρων αὐτοῦ.* [11]*καὶ*
γὰρ αὐτὸς ἐποίησεν ὑψηλὰ ἐν πόλεσιν Ἰούδα καὶ ἐξεπόρνευσεν τοὺς
12 *κατοικοῦντας ἐν Ἰερουσαλὴμ καὶ ἀπεπλάνησεν τὸν Ἰούδαν.* [12]*καὶ*
ἦλθεν αὐτῷ ἐν γραφῇ παρὰ Ἠλίου τοῦ προφήτου λέγων Τάδε λέγει
κύριος ὁ θεὸς Δαυὶδ τοῦ πατρός σου Ἀνθ᾽ ὧν οὐκ ἐπορεύθης ἐν ὁδῷ
13 *Ἰωσαφὰτ τοῦ πατρός σου καὶ ἐν ὁδοῖς Ἀσὰ βασιλέως Ἰούδα* [13]*καὶ*
ἐπορεύθης ἐν ὁδοῖς βασιλέων Ἰσραὴλ καὶ ἐξεπόρνευσας τὸν Ἰούδαν
καὶ τοὺς κατοικοῦντας Ἰερουσαλήμ, ὡς ἐξεπόρνευσεν οἶκος Ἀχαάβ,

B$^{\prime\prime}$ A V *L′ a*-119 *b* 60 158 527 La$^{109\,(Leg)}$ Aeth Arm

υποκατωθεν χειρος 19-93 La^{109}(*de sub manu*) Aeth^{DF}; *υπο αποκατωθεν χειρος* 108; *απο υποκατωθεν χειρος* Compl | *αὐτοῦ* 1°] *ιωραμ* (pr *του* 93) *L* Arm^{II} Compl | *ἐγκατέλιπε(ν)*] *ενκ.* B* 93: cf praef p 92; -*λειπε(ν)* A V 728 55 60 158 Compl; (-*ληπ.* 108); *dereliquerunt* La^{109} Arm^{I} | *κύριον*] pr *τον* A *b*$^{(-381)}$ 55 60 527 | *θεόν*] pr *τον* *L* 68′-71-107(non 610)-120 158 Ald Compl Sixt | *τ. πατέρων* om 158^{txt} | *αὐτοῦ* 2°] *εαυτου* A 60 527^{c}

11 *καὶ γὰρ αὐτός*] *αυτος γαρ* 44 | *αὐτός*] *αυτω* 127; pr *και L* 134 Compl | *ἐποίησεν* om 19 | *ἐν πόλεσιν*] *εν πασαις ταις π.* *a*$^{-71\,(321)}$-119 Ald Sixt; *in montibus* La$^{109\,Leg}$ = 𝔐^{te} Pesch Targ (hab *in urbibus* Vulg = 𝔐^{ap}(בערי: sic Sebir et ca 50 Mss sec Kenn)) | *εξεπορνευσαν* B’ | *ἐν* 2° om A V *L* 71 *b*$^{(-381)}$ 60 527 Aeth Arm Compl | *Ἰούδαν*] *ιουδα* B 44 379; *ιου*^{δ} 554 98 125

12 *αὐτῷ*] *αυτων* 108*; *ad eum* La^{109} = 𝔐 | *ἐν γραφῇ*] *εγγραφη* 19′-121 74 La^{109}(*scriptum*) Arm^{I} Tht^{te} *Par II* 279 Compl Ra. (hab *ἐν γραφῇ* et Proc *Comm in Par II* 1216) = 𝔐(מכתב) Vulg(*litterae*) Targ (hab Pesch מן פתגמא): cf TGP II; *verbum epistolae* Aeth Arm^{II}; *επιστολη* Ios IX 99; om *ἐν* 106 | *παρὰ Ἠλίου*] *παρ ηλιου* 158: cf praef p 97; *παρα ηλειου* B* | *λέγων Τάδε λέγει*] *sic dicit inquit* Gild *exc* 51; *quod dixit* Aeth; *λεγοντος ταδε λεγει* 19′ Tht^{-1Ms}; *λεγοντος* 93 | *ὁ – σου* 1° om 44 | *ὁ* om B’ Sixt | *Δαυίδ – σου* 1°] *πατρος σου δαυιδ* (*δαυειδ* B) B’; > 55(|) | *Δαυίδ*] *δαβιδ* Ald: cf 1₁; > Tht 280 | *σου* 1° ∩ 2° A(|) | *Ἀνθ᾽ ὧν*] *quoniam* La^{109} = Vulg; *eo quod* Gild | *ἐν ὁδῷ*] *in viis* Arm^{I} = 𝔐, cf sq et ₆ | *ἐν* 2° ∩ 3° Arm^{II} | *καί* ult – ₍₁₃₎ fin om 44(|) | *καί* ult – fin om 71: homoiot | *ὁδοῖς*] *οδω* 158 La^{109} (hab *viis* Gild) | *Ἀσά*] *ασσα* 74; > 125 Tht^{ap}

13 *καί* 1°] *sed quia* La^{109} Gild^{-1Ms} *exc* 51; *sed* Arm = Vulg | *ἐπορεύθης*] -*θη* 19; *εξεπορευθης* 158 La^{109}(*habisti* (hab *ambulasti* Gild)) | *ἐν ὁδοῖς*] *in via* La^{109} (hab *in viis* Gild) Aeth$^{P′}$ = 𝔐$^{-4Mss}$ Vulg | *βασιλέων*] *βασιλεως* B’ *L b*^{2} 60 158 125*(corr pr m) 52 Arm^{I} Tht^{ap} *Par II* 280 Compl: cf TGP II | *ἐξεπόρνευσας*] *επορν.* 106′ | *ιουδα* 158 379 Tht^{ap}; *ιου*^{δ} 71 98 125 | *Ἰερουσαλήμ*] pr *εν* B′ 71 158 La^{109} Tht Sixt Ra.: cf TGP II | *ὡς*] *ον τροπον L* La^{109}(*quemadmodum*) Arm^{II}(vid) Tht: cf 2₃ | *οἶκος*] pr *ο* A V *b*$^{-731}$ 55 60 158

καὶ τοὺς ἀδελφούς σου υἱοὺς τοῦ πατρός σου τοὺς ἀγαθοὺς ὑπὲρ σὲ
ἀπέκτεινας, ^{14}*ἰδοὺ κύριος πατάξει σε πληγὴν μεγάλην ἐν τῷ λαῷ* 14
σου καὶ ἐν τοῖς υἱοῖς σου καὶ ἐν γυναιξίν σου καὶ ἐν πάσῃ τῇ ἀποσκευῇ
σου, ^{15}*καὶ σὺ ἐν μαλακίᾳ πονηρᾷ, ἐν νόσῳ κοιλίας, ἕως οὗ ἐξέλθῃ ἡ* 15
κοιλία σου μετὰ τῆς μαλακίας ἐξ ἡμερῶν εἰς ἡμέρας. ^{16}*καὶ ἐπήγειρεν* 16
κύριος ἐπὶ Ἰωρὰμ τοὺς ἀλλοφύλους καὶ τοὺς Ἄραβας καὶ τοὺς ὁμόρους
τῶν Αἰθιόπων, ^{17}*καὶ ἀνέβησαν ἐπὶ Ἰούδαν καὶ κατεδυνάστευον καὶ* 17

B″ A V *L′ a*-119 *b* 60 158 527 La$^{109\,(Leg)}$ Aeth Arm

Tht^{2Mss} | *Ἀχαάβ*] *acab* La^{109}; *achab* Gild | *καί* ult] *et quidem* La^{109}: cf 𝔐(וגם); > Arm^{II} | *σου* 1° om 236 | *τοῦ* om B″ 71 | *σου* 2° – *σέ* om 71 | *ὑπέρ*] pr *τους* 127

14 *ἰδού*] pr *δια τουτο L* Tht *Par II* 280 Compl; *ideo* (pro *δια τουτο*) Arm^{II}; pr *et* Aeth(omnes) Arm^{I} = 𝔐^{1Ms} Pesch^{ap} Targ | *κύριος* om 127 | *πατάξει* – *σου* 1°] *comminutione* (*comminatione* cod) *magna comminuit populum istum* La^{109} (non Gild): cf 𝔐(נגף מגפה et om *σε*) | *πατασσει* (*-τασει* 71) 127 71 Tht | om *σε* La^{109} Tht = 𝔐 Targ (hab Pesch Vulg) | ab *ἐν* 1° incipit 321: cf 20$_{23}$ | *καί* 1° om 107 | *ἐν* 2° om 60 | *γυναιξίν*] pr *ταις L a*-119 Tht Compl | *σου* 3° ⌒ 4° 44 | *πάσῃ* om 93

15 *σύ*] *σοι* 74-107(non 44 610*)-120-130-134-321-346-554; *εση* 158; + *εση L′* Tht *Par II* 280 Compl; + *ipse* Arm^{II} | *μαλακίᾳ πονηρᾷ*] *αρρωστιαις πονηραις L* Arm^{II}(vid) Tht Compl; *doloribus multis* La^{109} = 𝔐((2 Mss רעים) חליים רבים) Pesch Targ; *πασῃ μ. τῃ πονηρα* 127 | *ἐν* 2°] pr *και a*$^{-71}$-119 158 La^{109} Aeth^{A} (solus) Arm^{I}: cf Pesch(sim) | *νόσῳ*] *πονω* (*πονο* 158) *b*^{I} 127 158; *μεσω* 106; *αρρωστιαις* (*-στειαις* 108; *-στια* 93 Arm^{II}(vid) Tht^{-1Ms}) *L* Arm^{II}(vid) Tht Compl; *langoribus* La^{109}; *languore* Gild *exc* 51 | *κοιλίας*] + *σου L* La^{109} Arm^{II} Tht Gild Compl = 𝔐 | *οὗ*] *του* 55; post *σου* tr 60; > 321* | *εξελθοι* 19 125 Tht^{1Ms} | *ἡ κοιλία*] *τα εντερα L* La$^{109\,Leg}$(*intestina* (hab *venter* Gild)) Aeth Arm^{II} Compl, cf Ios IX 101 et 19 | *μετὰ τ. μαλακίας*] *απο τ. αρρωστιας L* Tht Compl = 𝔐 Pesch Targ; *ab infirmitate* La^{Leg} (hab *cum ipsa i.* Gild); *pre langore* La^{109}: cf 16$_{12}$; *ab aegritudine* Aeth(omnes); + *σου* V 93 74 381 Aeth$^{-P′}$ = Pesch^{te} Targ; > Arm^{II} = Vulg | *ἡμερῶν*] *-ρας* 158 | *εἰς* om 44

16 *εξηγειρε* 93 Lag. | *ἐπὶ Ἰωράμ*] *επι οραμ* 158*; *επι ιοραμ* 158^{c}; *επι ι*[.]*ωαμ* 46*(non 52); *επ αυτον* 44 | *τοὺς ἀλλοφύλους*] *spiritum aligenarum* (*philistiim* Aug: cf Vulg) La^{109} Aeth$^{A′}$(*gentem al.* P′) Aug *grat* 907 = 𝔐 Pesch Targ Vulg; pr *επι* 527 | *τοὺς Ἄραβας*] *τ. αρραβας* 19′ 46 125′; *spiritum arabum* La^{109}: cf praec | *αιθιωπων* 19 74 60* 158

17 *Ἰούδαν*] *ιουδα* 379; *ιου*^{δ} 98 | *καὶ κατεδυνάστευον*] *και κατεδυναστευσαν* (*inruperunt* La^{109}; *dissipaverunt* Aug) *αυτον* (*αυτων* 93; *eos* Aeth^{P}) *L* La^{109} Aeth

ἀπέστρεψαν πᾶσαν τὴν ἀποσκευήν, ἣν εὗρον ἐν οἴκῳ τοῦ βασιλέως, καὶ
τοὺς υἱοὺς αὐτοῦ καὶ τὰς θυγατέρας αὐτοῦ, καὶ οὐ κατελείφθη αὐτῷ
18 *υἱὸς ἀλλ' ἢ Ὀχοζίας ὁ μικρότατος τῶν υἱῶν αὐτοῦ.* [18]*καὶ μετὰ ταῦτα*
πάντα ἐπάταξεν αὐτὸν κύριος εἰς τὴν κοιλίαν μαλακίᾳ, ἐν ᾗ οὐκ ἔστιν
19 *ἰατρεία·* [19]*καὶ ἐγένετο ἐξ ἡμερῶν εἰς ἡμέρας, καὶ ὡς ἦλθεν ὁ καιρὸς*
τῶν ἡμερῶν ἡμέρας δύο, ἐξῆλθεν ἡ κοιλία αὐτοῦ μετὰ τῆς νόσου, καὶ

B″ A V *L′ a*-119 *b* 60 158 527 La$^{109\,(Leg)}$ Aeth Arm

(omnes) Arm^{I} Aug *grat* 907 Compl = 𝔐; > Arm^{II} = Vulg^{1Ms} | *ἀπέστρεψαν*] *αιχμαλωτευσαν* (*ηχμ.* Compl Lag. Fern.: cf praef p 102s; *depredati sunt* La^{109}; *ceperunt* Aug) *L* La^{109} Arm^{II} Aug Compl = 𝔐; + *et sustulerunt* Aeth$^{-P'}$ | *πᾶσαν τὴν ἀποσκευήν*] *την πασαν* (*π. την* pro *τ. πασαν* Compl) *υπαρξιν* (*possessionem* La^{109}; *substantiam* Aug = Vulg) *L* La^{109} Aug Compl: cf 32_{29} | *ἣν εὗρον*] *quae inventa est* La^{109} Aug = 𝔐 Pesch Targ Vulg (ab *ἥν* ad *Ὀχοζίας* La^{109} textum eundem ac Vulg praebet) | *οἴκῳ τοῦ*] pr *τω* (*το* 158) *L* 127 158 Compl; om *τοῦ* 71 | *καί* 4°] *insuper et* La^{109} = Vulg, cf 𝔐(וגם) | *αὐτοῦ* 1° om 44′ | *τὰς θυγατέρας*] *uxores* La^{109} = 𝔐 Pesch Targ Vulg | *αὐτοῦ* 2° om La^{109} = Vulg | *καί* ult – *υἱός* om 71 | *οὐ κατελείφθη*] *ουκ εκατελειφθη* 125: cf praef p 102; *ου κατελιφθη* 127; *ου κατεληφει* 158 | *αὐτῷ*] *αυτου a*$^{-121\,(71)}$-119 | *Ὀχοζίας*] -*ζειας* B*-55; *οζιας* 236*-762*; *ιοζιας* 314; *ιωαχαζ* V* *a*$^{-121\,236\,314\,762\,(554^{mg})}$ *b*^{2} 60 La^{109} Ald = 𝔐(אחזיהו 1 Ms) Targ Vulg (אחזיה Pesch); *ιοαχαζ* V^{c} Compl; *ιωαχας b*$^{I-381}$; *οαχαζ* 130* 158 | *ὁ μικρότατος*] *ο μικροτερος* 74; *ο νεωτερος L* La^{109}(*qui erat adulescentior*) Arm(vid) Compl: cf 22_{1}; > Aeth^{P} (Clear Muséon 264) = 𝔐^{1Ms} | *τῶν υἱῶν αὐτοῦ* om 44

18 *μετὰ ταῦτα πάντα*] *μετα* (om 46*-52) *παντα ταυτα* V *b*$^{I-381}$ 60 = 𝔐; > 107; om *πάντα* A 71-321 | *εἰς τὴν κοιλίαν*] *εν τη κοιλια αυτου L* La$^{109\,Leg}$(*in ventre suo* (*ipsius* La^{Leg})) = 𝔐 | *μαλακίᾳ*] -*κιαν* B′ *b*^{2} 60 44; -*κιας* V; *εν* (> La) *αρρωστια* (-*στεια* 108^{c}: cf $_{19}$) *L* La^{Leg} vid (*infirmitate* (*langore* La^{109} = Vulg)): cf 16_{12}; pr *εν* 71; pr *και* 125; > 127 | *ἐν* om B Sixt | *ἰατρεία*] -*ρια* A V* 55 158: cf praef p 85; *ιασις L* Compl

19 *καί* 1° – *δύο*] *et factum est cum pervenerat biduum dum aegrotabat* Aeth^{AEGH}; > 44; – *ἡμέρας* 1° om 71; *καί* 1° om Arm^{IIte}; *εἰς ἡμέρας* om 68; *καί* 2° om Arm^{I}; *ὡς* – *δύο* om 107 | *καί* 2° – *ἡμερῶν*] *tempore procedentis finis eius* La^{109}: cf 𝔐 et sq | *ὡς ἦλθεν*] *ος ηλθεν* 55; *εισηλθεν* 60; om *ὡς* 46 158* | *ὁ καιρός*] *ο κληρος* 19′: cf Ps $30(31)_{16}$; om *ὁ* B″ 71 Sixt Ra.; + *eius* Arm^{II} | *τῶν ἡμερῶν*] > La^{109} Arm^{II} = 𝔐; + *αυτου L* Aeth$^{P'DF}$ Arm^{I} Compl | *ἡμέρας δύο*] pr *εις L* La^{109}(*in diebus duobus*) Arm^{I} Compl: cf 𝔐 | *ἐξῆλθεν ἡ κοιλία*] *εξ. τα εντερα L* La^{109}(*exierunt intestina*) Aeth Arm^{II} Compl: cf $_{15}$; pr *και* 68′-120 44 Ald | *αὐτοῦ* 1° om Arm^{II} | *μετὰ τῆς νόσου*] *μετα της κοιλιας αυτου εν* (*ενν* 19; + *τη* 93) *αρρωστια* (-*στεια* 108^{c}: cf praef p 85) *αυτου L* Compl; *cum ventre*

ἀπέθανεν ἐν μαλακίᾳ πονηρᾷ. καὶ οὐκ ἐποίησεν ὁ λαὸς αὐτοῦ ἐκφορὰν
καθὼς ἐκφορὰν πατέρων αὐτοῦ. [20]*ἦν τριάκοντα καὶ δύο ἐτῶν, ὅτε* 20
ἐβασίλευσεν, καὶ ὀκτὼ ἔτη ἐβασίλευσεν ἐν Ἰερουσαλήμ· καὶ ἐπορεύθη
ἐν οὐκ ἐπαίνῳ καὶ ἐτάφη ἐν πόλει Δαυὶδ καὶ οὐκ ἐν τάφοις τῶν
βασιλέων.

22 [1]*Καὶ ἐβασίλευσαν οἱ κατοικοῦντες ἐν Ἰερουσαλὴμ τὸν Ὀχοζίαν* 1
υἱὸν αὐτοῦ τὸν μικρὸν ἀντ' αὐτοῦ, ὅτι πάντας τοὺς πρεσβυτέρους

B'' A V *L' a*-119 *b* 60 158 527 La$^{109\,(Leg)}$ Aeth Arm

Arm^{II}(pro *μετα της κοιλιας* (hab *μετα της νοσου* La^{109} Aeth)); + *αυτου b*^{2} Aeth = 𝔐 | *ἐν μαλακίᾳ πονηρᾷ*] *εν αρρωστιαις* (-*στειαις* 108^{c}) *πονηραις L* Compl: cf 16_{12}; > 44; om *ἐν b*$^{I-381}$ 60 127 158 | *ἐποίησεν*] -*σαν* 489 Arm^{II} = 𝔐; + *αυτω L* La^{109} Arm Tht *Par II* 281 = 𝔐 | *αὐτοῦ* 2°] *εκ του* 44; > La^{109} Aeth^{-A} Tht = Pesch | *ἐκφορὰν καθὼς ἐκφοράν*] *εκφοραν και καυσιν* (*κλαυσιν* 93 Tht^{-2Mss}: cf 16_{14}) *κατα την καυσιν* (*κλαυσιν* 93 Tht^{-2Mss} ↓) *L* Arm^{II}(sim) Tht^{-2Mss} Compl: cf 𝔐 et 16_{14}; *elationem secundum funus* La^{109}; om *καθὼς ἐκφοράν* 55 | *ἐκφοράν* 2°] -*ρα* 46(52 vid) 127; *θρηνος* 554$^{sup\,lin}$; > 381 | *πατέρων*] pr *των L* 381 Tht Compl

20 *ἦν*] *η* A*; *υιος* 93; pr *υιος* 19' Compl; pr *filius* et *ἦν* (*erat*) ante *ὅτε* (*cum*) tr La^{109}: cf 𝔐; *et erat filius* Aeth; pr *και a*$^{-71}$(⌒ *καί* paenult 44)-119 Ald; + *δε* 127 | *τριάκοντα καὶ δύο*] *λ' και β'* 130-134-314-321-346-762 52: cf $_{5}$; *λβ'* 107 98 127 158 Arm^{II}; *τριακοντα δυο* et post *ἐτῶν* tr 71; post *ἐτῶν* tr Arm^{I}; *XXII*(corr ex *XXIII* vid) La^{109} | *ὅτε ἐβασίλευσεν*] *ιωραμ εν τω βασιλευειν αυτον L* Arm^{II} (sim) Compl: cf $_{5}$ *L* = 𝔐; > Aeth$^{P'}$ | *ὅτε*] *οτι* 127 | *ἐβασίλευσεν* 1° ⌒ 2° A 71 60(|) | *ὀκτώ*] *η'* 68'-107-120-134-314-321-346-762 127; *X* Arm^{II}; *decem et octo* La^{109}: cf $_{5}$; *πεντηκοντα* 74-121: cf $_{5}$ | *ἔτη*] *ετι* 120: cf 12_{13} | *καί* 3° ⌒ 4° 107 | *ἐπορεύθη*] *απεθανεν L*(93^{txt}) Arm Compl | *ἐν οὐκ ἐπαίνῳ*] *ουκ εν επ.* B' La^{Leg}(*non in laude* (*non recte* 109)) | *ἐτάφη*] *εθαψαν αυτον* La^{109}(*sepelierunt eum*) Tht *Par II* 281= 𝔐$^{-2Mss}$ (hab אתקבר Pesch) | om *ἐν πόλει Δαυὶδ καί* Tht | *Δαυίδ* (*δ̄ᾱδ*)] *δαυειδ* B: cf 1_{1} | *ταφω b*^{2} = Pesch; *ταφη* 158 | om *τῶν a*$^{-71}$-119 158 Tht

22 1 *ἐν Ἰερουσαλήμ* (*ῑλ̄η̄μ̄*)] *ῑλ̄η̄μ̄ b*^{I} 127 158 527 610 = 𝔐; *iudae* Arm^{II} | *τὸν Ὀχοζίαν*] *τον οχοζειαν* B*; *τον οζειαν* 55 = Vulg^{1Ms}; *τον ιωαχαζ* 158 = 𝔐^{1Ms}(יהואחז), cf 21_{17}; om *τόν* 44 | *υἱόν*] pr *τον* B'' A 44 | *τόν* 2° – *ἐπελθόν*] *επελθον* 44(|) | *τὸν μικρόν*] *τ. μικροτερον* 236; *τ. μικροτατον* 158: cf 21_{17}; *τ. νεωτερον* (*adulescentiorem* La) *L* La^{109} Arm(vid) Tht *Par II* 281 Compl: cf 21_{17}; post *ἀντ' αὐτοῦ* tr 68'-120 Ald | *ἀντ' αὐτοῦ* om 19' La^{109} = 𝔐^{1Ms} | *ὅτι* – *Ἀλιμαζονεῖς*] *quia omnes priores interfecit manus latronum arabum qui inruerant in castra* La^{109}: cf Vulg, 𝔐 et sq; *quia omnes filios eius maiores natu interfecerant gedor*

---

21 19 *ἐκφοράν* 1°] *γοῦν κλαῦσιν* 554

ἀπέκτεινεν τὸ ληστήριον τὸ ἐπελθὸν ἐπ᾽ αὐτούς, οἱ Ἄραβες καὶ οἱ
Ἀλιμαζονεῖς· καὶ ἐβασίλευσεν Ὀχοζίας υἱὸς Ἰωρὰμ βασιλέως Ἰού-
2 *δα.* [2]*ὢν εἴκοσι ἐτῶν Ὀχοζίας ἐβασίλευσεν καὶ ἐνιαυτὸν ἕνα ἐβασί-*
λευσεν ἐν Ἰερουσαλήμ, καὶ ὄνομα τῇ μητρὶ αὐτοῦ Γοθολία θυγάτηρ
3 *Ἀμβρί.* [3]*καὶ οὗτος ἐπορεύθη ἐν ὁδῷ οἴκου Ἀχαάβ, ὅτι μήτηρ αὐτοῦ*
4 *ἦν σύμβουλος τοῦ ἁμαρτάνειν·* [4]*καὶ ἐποίησεν τὸ πονηρὸν ἐναντίον*

B′′ A V *L′ a*-119 *b* 60 158 527 La^{109} Aeth Arm

(pro *omnes – gedur* hab Aeth$^{P′}$ *omnes fratres eius maiores natu interfecti erant*) *in regione deserta. cum venerunt ad eos* (*eum* Aeth$^{P′}$) *gentes arabum et amazones* Aeth: cf sq; *ὅτι – Ἄραβες* Arm^{II} lib | *τὸ ληστήριον*] *ληστηριον* (-*ρων* 121) et post *αὐτούς* tr *a*-119 Sixt; *manus latronum* La^{109}; *gedor* Aeth$^{A′}$: cf 𝔐(גדוד pro גדור) ↓ | *ἐπελθόν*] *ελθον* 98 Tht^{te} | *ἐπ᾽ αὐτούς*] *επ αυτοις* 158; *ad eum* Aeth$^{P′}$ | *οἱ Ἄραβες*] *οι αρραβες* 71 46; *απο των αραβων* (*αρραβων* 19′) *L*(93^{mg}) Compl; *απο των βαρβαρων* 93^{txt} Tht; pr *και* 158 | *καί* 2° om B’ | *οἱ Ἀλιμαζονεῖς*] *οι αλειμ.* B; *οι αλαμ.* 60; *οι* (> 68′-74) *αμαζονες* (-*ζωνες* 158; -*ναις* 610; -*νεις* V^{c} 71-121-236-314-762-119 381; -*νιμ* 554) V^{c} *a*-119 381 158 Aeth; *εν τη παρεμβολη* Compl = 𝔐(למחנה); *των* (*απο* pr Tht) *αμαζονιειμ* (-*ζων.* 93 Tht^{ap}; -*νειμ* Tht^{ap}; -*νιμ* Tht^{ap}) *εν τη παρεμβολη L* Arm^{II}(sim) Tht | *καί* 3° – fin om 71 | *Ὀχοζίας*] -*ζειας* B*-55; ⌒ (2) *Ὀχοζίας* 125 | *υἱὸς Ἰωράμ* om Aeth$^{A′}$ | *βασιλευς* (*βασι*^{λ} 107-554) A *a*$^{-121\ 236\ 314\ 762\ (71)}$ | *Ἰούδα.* (2) *ὤν*] *ιουδαιων* 127

2 init – *ἐβασίλευσεν* 1°] *και ην οχοζιας ετων εικοσι δυο βασιλευσας* 71 | *ὤν*] *ως* 68; *και* 60; *erat* Arm^{I}; *υιος ων L* La^{109}(*filius* = 𝔐, + *erat* post *ocozias*: cf Reg IV 8$_{26}$(+ *ην* post *ἐτῶν* 𝔊$^{O\ L}$)) Compl: cf Vulg; *vir* Arm^{II} | *εἴκοσι*] *κ′* 127 52 Aeth$^{P′}$; *εικοσι* (*κ′* 107-120-130-134-314-321-346-762 Aeth$^{A′}$ Arm^{II}) *και* (> 107 Arm^{II}) *δυο* (*β′* 107-120-130-321 Aeth$^{A′}$ Arm^{II}) *L a*$^{-554}$ Aeth$^{A′}$ Arm Ald = Pesch; *τεσσαρακοντα και δυο* Compl = 𝔐(exc 1 Ms^{mg} = Pesch) Targ Vulg et Reg 𝔐 𝔊(omnes); *XVI* La^{109}; post *ἐτῶν* tr *a*$^{-71}$-119 Ald Sixt | *Ὀχοζίας* (-*ζειας* B*-55) *ἐβασίλευσεν*] pr *και* 236 Aeth^{P} (Clear Muséon 264); pr *quando* Arm^{I}; *ἐβασ. Ὀζίας* A 60 158 Aeth Arm; om 554 55 527 44; om *Ὀχοζίας* 106′ | *ἐβασίλευσεν* 1°] *εν τω βασιλευειν αυτον L* Compl = 𝔐 et Reg 𝔐 𝔊^{omnes}; pr *οτε a*$^{-71\ (554)}$-119 | *καί* 1° om 158 | *ἐνιαυτὸν ἕνα*] tr A Aeth; om *ἕνα* 60 | om *καί* 2° – fin 125: homoiot | *τῇ μητρί*] *matris* La^{109} = 𝔐 et Reg | *Γοθολία*] *godolia* Arm | *θυγάτηρ Ἀμβρί*] pr *η* 158; > 71 | *Ἀμβρί* (-*ρει* B) B’ La^{109} Arm^{I} Compl Sixt

---

1 *τὸ ληστήριον*] *γεδδούρ* 93: pro גדור (𝔐 גדוד: sic et 𝔊 pro גדוד in Par I 12$_{22}$ Reg I 30$_{8\ 15\ 23}$)

κυρίου ὡς οἶκος Ἀχαάβ, ὅτι αὐτοὶ ἦσαν αὐτῷ μετὰ τὸ ἀποθανεῖν τὸν
πατέρα αὐτοῦ σύμβουλοι τοῦ ἐξολεθρεῦσαι αὐτόν, ⁵καὶ ἐν ταῖς βου- 5
λαῖς αὐτῶν ἐπορεύθη. καὶ ἐπορεύθη μετὰ Ἰωρὰμ υἱοῦ Ἀχαὰβ εἰς πό-
λεμον ἐπὶ Ἀζαὴλ βασιλέα Συρίας εἰς Ῥαμὼθ Γαλαάδ· καὶ ἐπάταξαν
οἱ τοξόται τὸν Ἰωράμ. ⁶καὶ ἐπέστρεψεν Ἰωρὰμ τοῦ ἰατρευθῆναι εἰς 6

B″ A V *L′ a*-119 *b* 60 158 527 La$^{109\,(Leg)}$ Aeth Arm

= 𝔐 et Reg 𝔐 𝔊$^{B^*\,A\,56}$] *ζαμβρι* (-*ρει* 55; -*ρη* 98-489) A V *b* 55 60 158 527: cf Reg 𝔊 et Reg III 16_{16}; *ζαμρι* 762 Aeth^{P} Arm^{I}; *αχααβ L* Arm^{II} = Reg IV 8_{26} 𝔊^{L}; *achaab filii zamri* Aeth^{AEmg}; *μαρι* rel

3 *καί*] pr *και γε L*: cf 𝔐(גם); *και γε* Compl | *οὗτος*] *αυτος L* Compl | *επορευετο* 60 | *οδοις L* Arm^{I}(vid) Compl = 𝔐 | *ὅτι* – fin om 125 | *μήτηρ* B′ A V 71 *b* 60(|) 527 Sixt] pr *η* rel | *σύμβουλος*] + *αυτου L* La^{Leg} (non La^{109}) Arm (Arm^{I} *ei*) Compl = 𝔐

4 *ἐποίησεν*] + *οχοζιας L* Arm^{II} Compl | *εναντι* 71; *ενωπιον* 19 = Reg IV 8_{27} 𝔊$^{-55}$; *εν οφθαλμοις* 93-108 Compl: cf 𝔐 et Reg 𝔊^{55}; *εν οικω* 158* | *κυρίου*] *του θυ̅* 46 | *ὡς* – (5) *ἐπορεύθη* 1°] om 125; *ὅτι* – (5) *ἐπορεύθη* 1° om 44(|) | *οἶκος* B′ 19 68′-71-120*-321-554 98 60 44* Ald Compl Sixt] pr *ο* rel | *αὐτῷ* – *αὐτοῦ* post *σύμβουλοι* (*eius consiliarii* La; *consiliarii eius* (*ei* Arm^{I}) Arm) tr La^{109} Arm | *μετά* – *αὐτοῦ* post *σύμβουλοι* tr *L a*-119 Ald Compl Sixt = 𝔐 | *αὐτοῦ*] *αυτοι* 381 | *τοῦ* – (5) *ἐπορεύθη* 1°] *ut perderent et eum in consiliis eorum* Arm^{II}: ad v 4 trah, cf Reg(om 5 init – *ἐπορεύθη* 1°) | *τοῦ ἐξολεθρεῦσαι* B*-127 A 130-134-314-321-346-762] *in perditione* La^{109}: cf 𝔐(למשחית (להשחית 2 Mss)); *του εξολοθρευσαι* rel Ald Compl Sixt: cf praef p 95; *τοῦ* om 554-119

5 *καί* 1°] *οτι* 68′-74-106′-120-130-134-321-346-554 Ald; *et quidem* La^{109}: cf 𝔐(גם); > Arm^{I} (ad Arm^{II} cf v 4) | *ἐν*] *ων* 60 | *ἐν τ. βουλαῖς αὐτῶν*] *εν τ. συμβουλαις αυτου* 98; *in consilio eorum* La^{109} = 𝔐 Vulg^{2Mss} | *ἐπορεύθη* 1°] *επονηρευθη* 55; *επορευθωσαν* 127: cf praef p 108 | *καί* 2° – (6) *Συρίας* om 381 | *καὶ ἐπορεύθη*] > 610; + *οχοζιας* (+ *μετα των πρω̅ν αυτου και* 93) *L* Arm^{II} Compl = Reg 𝔊^{L} | *υἱοῦ Ἀχαάβ*] *βασιλεως ιη̅λ L* Arm^{II}; + *βασιλεως ιη̅λ a*-119 La^{109} Ald Compl Sixt = 𝔐$^{-1Ms}$; post *πόλεμον* tr 44 | *Ἀχαάβ*] *acab* La^{109}; *αχααμ* A: cf praef p 77 | *Ἀζαήλ*] *azajel* Arm | *βασιλεως* 19 314* 60 44 379; *βασι^λ′* 71-119 125-610 158 | *Συρίας*] *ασσυριας* 60 | *εἰς Ῥαμὼθ Γαλαάδ* om 44 | *εἰς* 2°] *ει* 158 | *Ῥαμώθ*] *ραμμωθ* 107-554-762 64; *ραμαθ* 93 158 Arm^{I} Lag. = Reg 𝔊^{L}, cf 18_{2}; *ραμμαθ* 728; *ρεμωθ* 489; *ρεμμωθ* A; *ρεμαθ* 527; *ρεμμαθ* V *b*$^{2-489}$ 60; *ραμα* B′ La^{109} Ra.: cf 6; *ραμμα* 55 | *Γαλαάδ*] *γααδ* 46(non 52) | *ἐπάταξαν οἱ τοξόται*] *επαταξεν* (-*ξε* 44′-610) *τοξοτης* 107 | *τόν*] *του* 314; pr *και* 127; > 610 | *Ἰωράμ* 2°] *ιοραμ* 120

6 *ἐπέστρεψεν*] *απεστρεψεν b*^{2} | *Ἰωράμ* 1°] > 107 La^{109} Aeth(omnes) = 𝔐, sed hab Reg IV 8_{29} 𝔐 𝔊; *ille vulneratus*, sed om *ἀπό* – *Συρίας* Arm^{II} | *εἰς* 1°]

Ἰεζραὲλ ἀπὸ τῶν πληγῶν, ὧν ἐπάταξαν αὐτὸν οἱ Σύροι ἐν Ῥαμὰ ἐν
τῷ πολεμεῖν αὐτὸν πρὸς Ἀζαὴλ βασιλέα Συρίας· καὶ Ὀχοζίας υἱὸς
Ἰωρὰμ βασιλεὺς Ἰούδα κατέβη θεάσασθαι τὸν Ἰωρὰμ υἱὸν Ἀχαὰβ εἰς
7 *Ἰεζραέλ, ὅτι ἠρρώστει.* [7]*καὶ παρὰ τοῦ θεοῦ ἐγένετο καταστροφὴ*
Ὀχοζία ἐλθεῖν πρὸς Ἰωράμ· καὶ ἐν τῷ ἐλθεῖν αὐτὸν ἐξῆλθεν μετ'
αὐτοῦ Ἰωρὰμ πρὸς Ἰηοὺ υἱὸν Ναμεσσὶ χριστὸν κυρίου εἰς τὸν οἶκον
8 *Ἀχαάβ.* [8]*καὶ ἐγένετο ὡς ἐξεδίκησεν Ἰηοὺ τὸν οἶκον Ἀχαάβ, καὶ εὗρεν*
τοὺς ἄρχοντας Ἰούδα καὶ τοὺς ἀδελφοὺς Ὀχοζία λειτουργοῦντας τῷ

B′′ A V *L′ a*-119 *b* 60 158 527 La$^{109\,(Leg)}$ Aeth Arm

εν b^{2} = Reg; > La^{109} | *Ἰεζραέλ* 1°] *ezraʾel* Aeth$^{P'}$; *εζαελ* 728; *ιεζαραελ* 610; *jezrajel* Arm; *ιζραελ* A; *ιεζραηλ* 93; *ιεζ͞ρ͞λ* Compl; *ιεσραηλ* 19′; *ιεσραελ* 68-71-74-119 731 Ald; *ισραηλ* B′(*ι̅η̅λ* 55) La^{109}(*israhel*): cf Reg; *ι̅λ̅η̅μ̅* 127 | *ἀπό – Σύροι*] *quia percutientes percusserunt eum* La^{109} = Pesch, cf 𝔐(מן (6 Mss כי) המכים אשר הכהו) Targ Vulg(lib) et Reg(hab מן = *ἀπό* omnes et ארמים = *οἱ Σύροι* 𝔊^{OL} (sub ※ Syh)) | *τῶν* om 55 | *αὐτόν* 1°] *αυτοις* V* | *συριοι* 321 527 44 | *ἐν* 1° – *Ὀχοζίας*] *ἐν* 1° – *Συρίας* om 71; *ἐν* 2° – *Ὀχοζίας* om 44(|); *ἐν* 2° – *Συρίας* om 107 | *Ῥαμά*] *ραμωθ* (*ραμμωθ* 121-122-236-314-554-119^{c}) *L a*$^{(-71)}$-119* La^{109} Aeth(omnes) Ald Compl Sixt Ra.: cf Reg 𝔊; *ραμαθ* 158 Arm^{I}; *χαρμα* 55 | *πρός*] *cum* La^{109}: cf 𝔐 et Reg 𝔐 𝔊(*μετα*) | *Ἀζαήλ*] *azajel* Arm^{I} | *καί* 2° om La^{109} = 𝔐^{1Ms} | *οχοζειας* B*-55 | *υἱὸς Ἰωράμ*] > 125; om *υἱός* 731 | *βασιλεύς*] -*λεως* V 106 *b*^{2}(sic 379, *βασι*$^{λ'}$ 98) 60 527 La^{109} Arm; *βασι*$^{λ'}$ 107 98 158 | *Ἰούδα* om *b*$^{2-98}$ | *θεασθαι* B | *Ἰωράμ* 2°] *ιοραμ* 120; *ιωραν* 74 | *υἱόν* – fin om 107 | *Ἀχαάβ*] *αχααζ* 68′-74-106-120-134 Ald; *acab* La^{109} | *εἰς Ἰεζραέλ* 2° om 93 Arm^{II} | *εἰς* 2°] *εν* 19′ La^{109} Compl | *Ἰεζραέλ* 2°] *ʾezraʾel* Aeth$^{P'}$; *ιεζαελ* 119; *ιεζραε* 98; *ιζραελ* A; *ιεζραηλ* 108 Compl; *ιεσραηλ* 19; *ιεσραελ* 71-74 731; *ισραηλ* B′(*ι̅η̅λ* 55) La^{109}(*israhel*): cf Reg; *ι̅λ̅η̅μ̅* 127 | *ὅτι ἠρρώστει*] *ηρρωστει* (*ηρωστει* 68-74-120: cf praef p 93) *γαρ a*$^{-71\,(107)}$-119 Ald; + *αυτος b*^{2} = 𝔐 et Reg 𝔐 𝔊

7 *τοῦ θεοῦ*] *domini* Aeth Arm^{I} = Pesch Targ Vulg^{1Ms}; om *τοῦ* 321 158 | *καταστροφή*] *μεταστροφη a*$^{-71\,121\,236\,314\,762}$: cf 10$_{15}$; *καταμεταστροφη* 71; *eversio* La^{109}; *persuasio* La^{Leg} | *Ὀχοζία*] -*ζεια* B*-55; -*ζιου L* 489 Compl: cf praef p 98; pr *τω a*$^{-71}$ Ald | *ἐλθεῖν* 1°] pr *του L* Compl | *ἐν τῷ ἐλθεῖν αὐτόν*] *cum venisset* La^{109} = Vulg Pesch Targ | *ἐλθεῖν* 2°] *εξελθειν* B' A *b*^{I} 158 Ald | *αὐτόν*] *οχοζιαν L* 46-728 158 Arm^{II}; > B′′ A V 71 *b*$^{-46\,728}$ 60 527 | *ἐξῆλθεν*] pr *και* 44 | *μετ' αὐτοῦ*/*Ἰωράμ* 2°] *μετα του ιωραμ* 381* Aeth(omnes) = 𝔐 Pesch^{te}; *ioram* La^{109} = Pesch^{ap}; *ille* Arm^{I}; tr *L* Arm^{II} Compl | *Ἰηού*] *ηιου* 527; *ιου* 19′

---

7 *καταστροφή*] *ἔλευσις* 93

Ὀχοζίᾳ καὶ ἀπέκτεινεν αὐτούς. 9*καὶ εἶπεν τοῦ ζητῆσαι τὸν Ὀχοζίαν,* 9
καὶ κατέλαβον αὐτὸν ἰατρευόμενον ἐν Σαμαρείᾳ καὶ ἤγαγον αὐτὸν πρὸς

B'' A V *L' a*-119 *b* 60 158 527 La^{109} Aeth Arm

Arm^{IIte} Compl Ra.: cf 19$_{2}$ et Reg IV 9$_{20}$, *ʾijaʾu* Aeth; > B' | *Ναμεσσί*] *ναμεσσει* B 93 Sixt: cf Reg 𝕲^{L}; *ναμεσει* 19; *ναμεσι* 108 71 *b*$^{2-489}$ 60 527 Compl; *ναμεση* 46-381; *nimes(aj)* Arm^{IIte}(*nemese(aj)*^{ap}): cf 𝕸; *naamsi* La^{109}; *namas* Aeth^{A}; *naʾes* Aeth^{P}; *μαμεσι* 379; *αμεσσι* 130-134-236-321-346-554-762 489 127; *αμεσση* 68'-120 Arm^{I} Ald; *αμεσι* 74-106'-314-119; *αμεση* 158: cf Reg 𝕲 et Ios IX 105(*τον αμαση* (*amessi* Lat) *παιδα ιηουν* pro *πρὸς Ἰηοὺ υἱὸν Ν.*) | *χριστόν* (*χρειστον* B* 71; *χρηστον* 93; *χ̅ν̅* V 314 *b*$^{2-98}$ 55' 158) *κυρίου εἰς*] pr *τον* 119; *χριστον κυριου* (*χρ. κ̅υ̅* om La: dubl) *ον εχρισεν* (*-σε* 121; *εχρησεν* 93) *αυτον* (> 121) *κ̅ς̅ του εξολοθρευσαι* *L'* La^{109} Arm^{II} Compl = 𝕸 | *εἰς* – fin] > A V *b*^{I} 55 60 158 527 Aeth(omnes) Arm^{I}; *εἰς* om B' Ra. | *acab* La^{109} Arm^{IIte}

8 om *ἐγένετο* 71 | *ὡς ἐξεδίκησεν*] *εν τω εκδικησαι τον L* Arm^{II} Compl: cf 𝕸(בְּהִשָּׁפֵט Kenn. (כהשפט 20 Mss)) | *ὡς*] *ω* 158 | *εξηδικησεν* 60: cf praef p 102 | *Ἰηού*] *ηιου* 527; *ιου* B' 19-93 Arm^{IIte} Compl Ra.; *ιηοο* 125*; *ʾijaʾu* Aeth | *τὸν οἶκον*] *in domo* La^{109} Arm^{II}: cf 𝕸(עם (את 1 Ms)) | *Ἀχαάβ*] *acab* La^{109} Arm^{IIte} | *καί* 2° om 107 La^{109} = Pesch; post *εὗρεν* tr Arm^{I} | *ευρον* B | *ἄρχοντας*] + *κ̅υ̅* 119*; post *Ἰούδα* tr B' | *τοὺς ἀδελφούς*] *filios fratrum* La^{109} = 𝕸(בני אחי (om אחי 6 Mss)): cf $_{1}$ et Reg IV 10$_{13}$ | *Ὀχοζία*] *-ζεια* B*-55; *-ζιου L'*(93^{c}(corr pr m)) 64-381-489 52 44* Ald Compl Sixt: cf praef p 98 | *λειτουργοῦντας τῷ Ὀχοζίᾳ*] > A *a*$^{-121\ 236\ 314\ 762}$: homoiot; om *τῷ* 19 | *Ὀχοζίᾳ*] *-ζεια* B*-55 | *ἀπέκτεινεν*] *-ναν* 19; *επεκτεινεν* 64*(corr pr m) | fin] + *και οχοζιας υιος ιωραμ* (om *υιος ι.* 125) *βασιλευς ιουδα* (om *υιος – ιουδα* 44) *κατεβη θεασασθαι τον ιωραμ υιον αχααβ* (*αχααζ* 68'-74-106-120-130-134-321-346) *εις ιεζραελ* (*εζραελ* 68; *ιεσρ.* 74-122*(corr pr m)-119 731) (init – *ιεζραελ* om Ald; *απεκτανθη παρα ιηου* (*ιου* 610*) pro *κατεβη – ιεζραελ* 107) *και απεκτεινεν ιηου* (*και* 107(om 44-610*(corr pr m))) *τον* (> 74 610*(corr pr m) 74(‖)) *ιωραμ και* (*υ̅ν̅* 134) *εφυγεν οχοζιας* (om *και εφ. οχ.* 107) *a*$^{-71}$-119 *b*^{2} Ald

9 init – *αὐτόν* 3° om 107: homoiot | *εἶπεν τοῦ ζητῆσαι*] *ειπαν του ζ.* 158: cf 𝕸(וַיְבַקֵּשׁ 1 Ms); *quaesibit* La^{109} = 𝕸 Pesch Targ Vulg; + *ιηου* (*ιου L* 314 Compl Lag.) *L a*$^{-71(107)}$-119 Ald Compl | *τὸν Ὀχοζίαν*] *τ. οχοζειαν* B*-55; *τόν* om 71 | *καί* 2° ⌒ 3° 158 | *κατέλαβον αὐτόν*] *κατελαβεν αυτον b*^{2} La^{109} Aeth sim(*persecutus est eum et invenit eum*) = Pesch, cf 𝕸(וַיִּלְכְּדֻהוּ (וילכדוהו 6 Mss)); + *jeu* La^{109} | *ἰατρευόμενον*] *occultantem se* La^{109} = 𝕸 | *σαμαρια* A 93 728 158 | *ἤγαγον αὐτόν*] *ηγ. αυτων* 158*(corr pr m); *ηγαγεν αυτον* 127: cf Pesch et Vulg(*adductumque ad se* (ואיתיה לותה Pesch) pro *καί* 3° – *Ἰηού*); om *αὐτόν* 71 |

Ἰηού, καὶ ἀπέκτεινεν αὐτόν. καὶ ἔθαψαν αὐτόν, ὅτι εἶπαν Υἱὸς Ἰωσαφάτ
ἐστιν, ὃς ἐζήτησεν τὸν κύριον ἐν ὅλῃ καρδίᾳ αὐτοῦ. καὶ οὐκ ἦν ἐν οἴκῳ
Ὀχοζία κατισχῦσαι δύναμιν περὶ τῆς βασιλείας.
10 [10]*Καὶ Γοθολία ἡ μήτηρ Ὀχοζία εἶδεν ὅτι τέθνηκεν αὐτῆς ὁ υἱός,*
καὶ ἠγέρθη καὶ ἀπώλεσεν πᾶν τὸ σπέρμα τῆς βασιλείας ἐν οἴκῳ Ἰού-
11 *δα.* [11]*καὶ ἔλαβεν Ἰωσαβὲθ ἡ θυγάτηρ τοῦ βασιλέως τὸν Ἰωὰς υἱὸν*
Ὀχοζία καὶ ἔκλεψεν αὐτὸν ἐκ μέσου τῶν υἱῶν τοῦ βασιλέως τῶν θανα-

B′′ A V *L′ a*-119 *b* 60 158 527 La^{109} Aeth Arm

Ἰηού] *ηιου* 527; *ιου* B′ 19′ 120*-314 Arm^{IIte} Compl | *και απεκτειναν a*$^{-71\,(107)}$ 127^{c} Ald = 𝔐(וַיְמִתֻהוּ (וימתוהו 4 Mss)), sed hab *occidit* Vulg Pesch Targ, cf Reg IV 9$_{27}$ | *καὶ ἔθαψαν*] *et sepelivit* Aeth = Pesch, cf 𝔐(וַיִּקְבְּרֻהוּ (ויקברוהו 6 Mss)) | *εἶπαν*] *ειπον* 46-381-*b*$^{2-489}$ 125*: cf praef p 105; *ειπεν L* 107(125^{c}) 158 Aeth(+ *ei*, cf Clear Muséon 264) Tht *Par II* 281 Compl | *Ἰωσαφάτ*] *σαφατ* 46(non 52); *iosafe* La^{109}; post *ἐστιν* tr *L* La^{109} Arm Tht Compl | *ὅς – αὐτοῦ* om 71 | *ὅς*] *οστις L* Tht Compl | *ἐζήτησε(ν)*] *εξεζητησε* 489; *εκζητησει* A | *κύριον*] *θ̅ν̅ b′* 158 | *ἐν* 2°] *και* 60 | *καρδίᾳ*] pr *τη* B′′ | *αὐτοῦ*] *εαυτου* V 60 | *οἴκῳ*] pr *τω L* Compl | *Ὀχοζία*] -*ζεια* B*-55; -*ζιου L* 489 158 Compl: cf praef p 98 | *κατισχῦσαι*] -*σε* 55; *και ισχυσαι* 71; *και κατισχυσε* 610; *qui obtineret* La^{109}; *qui possit confirmare* Arm^{II} | *περὶ τῆς βασιλείας*] *in bello* La^{109}: cf 𝔐 (למלחמה 1 Ms pro לממלכה rel)

10 *Καί* 1°] *quia* Arm^{II}: cf Vulg | *Γοθολία*] *godolia* Arm^{I} = Reg IV 11$_{1}$ 𝔊$^{158\,Arm}$; > Arm^{II} | *Ὀχοζία*] -*ζεια* B*-55; -*ζιου L* 68′-554 381-489 158 Ald Compl Sixt: cf praef p 98 | *εἶδεν ὅτι*] *ηλθε και* 60 | *αὐτῆς/ὁ υἱός*] tr *L a*-119 Ald Compl Sixt = 𝔐 et Reg 𝔐 𝔊; om *ὁ* 610* | *αυτη* 60 | *καὶ ἠγέρθη*] *και ανεστη L* 127 La^{109}(*surrexit*) Aeth(vid) Arm^{II}(vid) = Reg 𝔊^{L}; > *a*-119 Ald = Reg 𝔊$^{-L}$(Syh sub ※) | *απολεσεν* (-*σε* 121; *απολεσαι* 120) 120-121 728 158: cf praef p 86s | *πᾶν τὸ σπέρμα*] om *πᾶν* (et *τὸ σπέρμα* post *βασιλείας* tr 121-762-119) *a*$^{-71}$-119 Ald = 𝔐^{1Ms} | *βασιλείας*] + *αυτου* A | *ἐν οἴκῳ*] *εν τω οικω L* Compl; *οικου* 60 La^{109} Aeth$^{A′}$ Arm^{II}: cf 𝔐(לבית); > 158

11 init] pr *και* (> 71) *ηγερθη a*(non 125)-119 Ald: cf 𝔐(ותקם 1 Ms pro ותקח); pr *tunc venit* Arm^{II} | *Ἰωσαβέθ* 1°] *ιωσαβεε* (-*βεαι* 93-108; litt *βεε* sup ras 127) B′ *L′*: cf Reg IV 11$_{2}$; *jusapee* Arm^{II}; *ιωσαβεεθ* (-*βεαιθ* Compl) Compl Sixt: cf Ios IX 141(*ωσαβεθη* (-*βεεθ(η)* ^{ap})); *ιωσαφατ* 55*; *ιωσαβετ* 55^{c}(pr m) | *ἡ θυγ. τοῦ βασιλέως*] > B′; om *ἡ a*$^{-71}$-119 158 Ald Sixt = Reg 𝔊$^{-L}$; om *τοῦ* 119(|); + *uxor ioade sacerdotis* La^{109}: ex sq | *τὸν Ἰωάς*] *του ιωας* 68 Ald; *τον ιωιας* V; *τον ιωσιας* 127; > 158*; *τον ιας* 158^{c}(pr m) | *υἱόν*] pr *τον* 158 | *Ὀχοζία*] *οχοζεια* B*-55; *ο[.]χοζια* 127*; *οχοζιου* (*χοζιου* 106′(106*)) *L a*$^{-71}$-119 381-489 158 Ald Compl Sixt: cf praef p 98 | *καί* 2° ∩ 3° 125 | *τῶν υἱῶν*] *υιων* (*υιω* 762*) B′ *a*-119 Sixt Ra. | *τοῦ* 2°] *αυτου* 236* | *τῶν θανατουμένων*] *των*

τουμένων καὶ ἔδωκεν αὐτὸν καὶ τὴν τροφὸν αὐτοῦ εἰς ταμιεῖον τῶν
κλινῶν· καὶ ἔκρυψεν αὐτὸν Ἰωσαβὲθ θυγάτηρ τοῦ βασιλέως Ἰωρὰμ
ἀδελφὴ Ὀχοζίου γυνὴ Ἰωδᾶε τοῦ ἱερέως καὶ ἔκρυψεν αὐτὸν ἀπὸ
προσώπου Γοθολίας, καὶ οὐκ ἀπέκτεινεν αὐτόν. [12]*καὶ ἦν μετ' αὐτῆς* 12
ἐν οἴκῳ τοῦ θεοῦ κατακεκρυμμένος ἓξ ἔτη, καὶ Γοθολία ἐβασίλευσεν
ἐπὶ τῆς γῆς.

B'' A V *L'* *a*-119 *b* 60 158 527 La^{109} Aeth Arm

τε θ. 119^{c}; *qui interficiebantur* La^{109}: cf Vulg | *αὐτόν* 2°] *αυτω* 74 | *τροφόν*] *τροφην* 68-74-119 46-381-*b*^{2} 127 158 527 Ald Compl: cf Reg 𝕲^{ap} | *εἰς ταμιεῖον*] *εν τω ταμιειω* *L* Compl = Reg 𝕲^{omnes} | *εἰς*] *εις το* A V *b* 55 60 158 527 | *ταμιεῖον*] *ταμειηον* 158; *ταμειον* (*-ειων* 44) B' V *a*$^{-71\ 134}$(762*; non 125) *b*^{I} 60 Ald Sixt: cf praef p 95 | *τῶν* 3° om B | *καί* 5° ⌒ 6° 321-346 | *καί* 5° – (12) *αὐτῆς*] *και ην μετα της θυγατρος του βασιλεως και της τροφης αυτου* 44 | *αὐτόν* 3°] + *απο προσωπου γοθολια* 106: cf sq et Reg; ⌒ *αὐτόν* ult 125: cf Reg | *Ἰωσαβέθ* 2°] *ιωσαβεε* (*-βεαι* 93-108) B' *L'*; *jusabee* Arm^{II}; *ιωσαβεεθ* (*-βεαιθ* Compl) 46$^{corr\ pr\ m}$(-52)-728 Compl Sixt; *ιωσαφετ* Ald; *ιωσαμεθ* 119; add *ἡ* et ante *ἀδελφή* sq tr *L* Arm^{II} Compl | *θυγάτηρ τοῦ βασιλέως* 2°] pr *η* *L* *a*(non 610)-119 Sixt; om *τοῦ* 71 | *Ἰωράμ*] *ιωας* B*-127 Aeth(omnes); + *τον ιωας* *L* Arm^{II} | *ἀδελφὴ Ὀχοζίου* (*-ζειου* B*)] *αδ. οχοζεια* 55; om La^{109} = 𝔐, sed add *hec enim erat soror ocozie* pro *καὶ ἔκρυψεν αὐτόν* sq = 𝔐 | *γυνή* – *ἱερέως*] *και ιωραμ αδελφοι* B*-127 | *γυνή*] pr *η* *L* Compl; > 71 | *Ἰωδᾶε*] *ιωδα* 158; *ιωιαδαε* 243-731: cf 𝔐; *ιωιαδα* A V 71 55 60; *ιωιαδε* Compl; *ʾijoʾada* Aeth^{P} (*ʾijaʿada* Aeth^{A}); *joidaje(aj)* Arm^{I}; *ioade* La^{109} = Vulg^{1Ms}; *ioadae* PsAug *quaest* 94: cf 24$_{3}$ | *καί* paenult – fin] *των θανατουμενων* (*του θανατουμενου* 610) *και εδωκεν αυτον* (*αυτω* 610) *και την τροφον αυτου εις ταμειον των κλινων* (*λεινων* 610) 107-610; *καί* paenult – *προσώπου* om 106; *αὐτόν* 1° om 321-346 | *Γοθολίας*] *γοθολια* 71-74-106^{c}-120*-130-134-321-346; *godoli(aj)* Arm; pr *της* 68'-120^{c} Ald Sixt; pr *του* 120*; pr *του βασιλεως ιωας* B*-127 71; post *αὐτόν* ult tr 106 | *απεκτειναν* 93 127

12 *ἦν*] + *ιωας* *L* Arm^{II} Compl | *μετ'* – *θεοῦ*] *μετα ιωδαε* (*judeje(aw)* Arm^{IIte} (*joedaje* ^{ap}); hab *μετ' αὐτῆς* Compl) *εν τω οικω του θεου* et ante *ἓξ* tr *L* Arm^{II} Compl | *μετ' αὐτῆς*] *μετ αυτου* B'' 71 Sixt; *cum eis* La^{109} = 𝔐 Targ (hab עמה Pesch) | *ἐν οἴκῳ τοῦ θεοῦ*] *in domo* (*domum* La) *domini* La^{109} Aeth = Pesch Targ Vulg^{ap}, cf 𝔐(pr יהוה 1 Ms) et Reg IV 11$_{3}$ 𝔐, cf 𝕲^{ap}; post *κατακεκρυμμένος* tr Aeth Arm^{I}; > 134; om *τοῦ θεοῦ* 107; om *τοῦ* 64-381 52 | *κατακεκρυμμένος ἓξ ἔτη* om 55 | *κεκρυμμενος* (*-νως* 108) *L* Compl: cf Reg 𝕲 | *ἓξ ἔτη*] tr Arm: cf Reg 𝕲^{ap}; pr *και* 60 | *Γοθολία ἐβασίλευσεν*] tr 60 Arm^{II}; *quibus regnabit gotolia* La^{109} = Vulg | *γοθολιας* 93 71; *γοθονιας* 127; *godolia* Arm$^{I\ IIap}$ | *ἐπί* om 55

1 **23** ¹*Καὶ ἐν τῷ ἔτει τῷ ἑβδόμῳ ἐκραταίωσεν Ἰωδᾶε καὶ ἔλαβεν
τοὺς ἑκατοντάρχους, τὸν Ἀζαρίαν υἱὸν Ἰωρὰμ καὶ τὸν Ἰσμαὴλ υἱὸν
Ἰωανὰν καὶ τὸν Ἀζαρίαν υἱὸν Ὠβὴδ καὶ τὸν Ἀμασίαν υἱὸν Ἀδαιὰ καὶ*
2 *τὸν Ἐλισαφὰν υἱὸν Ζαχαρίου, μεθ' ἑαυτοῦ εἰς οἶκον κυρίου.* ²*καὶ
ἐκύκλωσαν τὸν Ἰούδαν καὶ συνήγαγον τοὺς Λευίτας ἐκ πασῶν τῶν πό-
λεων Ἰούδα καὶ ἄρχοντας πατριῶν τοῦ Ἰσραήλ, καὶ ἦλθον εἰς Ἰερου-*
3 *σαλήμ.* ³*καὶ διέθεντο πᾶσα ἡ ἐκκλησία Ἰούδα διαθήκην ἐν οἴκῳ τοῦ*

B′′ A V *L′ a*-119 *b* 60 158 527 La^{109} Aeth Arm

23 1 *Καὶ ἐν τῷ ἔτει*] *εν δε τω ετει L* Compl: cf Vulg; *και εγενετο εν τω ετει* 71; om *ἐν* 158 La^{109} = Vulg | *τῷ ἔτει τῷ ἑβδόμῳ*] *τω εβδομω ετει* 44 | *ἑβδόμῳ*] *ογδοω* B' Sixt | *ἐκραταίωσεν*] *εκραταιωθη* 60; *ενισχυσεν L* Compl | *Ἰωδᾶε*] *ιωιαδε* Compl: cf 𝔐 et Reg IV 11₄; *ʾiǰoʾada* Aeth(omnes); *joidajea* Arm^{I}; *judaje* Arm^{IIte} (*joidaje* ^{ap}); *ioade* La^{109} = Vulg^{1Ms} | *εκατονταρχας* A V 119 *b*$^{-46\,(98)}$ 55 60: cf praef p 100; *εκατονταρ*^{χ} 98(*-νταρχους* 379) | *τὸν Ἀζαρίαν* 1°] *τον ζαχαριαν* 127; pr *και a*$^{-71\,236\,314}$-119 *b*^{2} Ald = 𝔐^{1Ms}; ⌒ 2° 106′-236 | *υἱὸν Ἰωρὰμ καί*] pr *και τον* 68′-74-120-130-134-321-346-554 Ald; > 71 | *καὶ τόν* 1°] om *καί* Aeth^{-DFG}; om *τόν* 74-120-130-134-314-321-346-554 | *Ἰσμαήλ*] *ησμαηλ* 158; *smael* La^{109} = Vulg^{2Mss}; post *Ἰωανάν* tr 60 | *υἱὸν Ἰωανάν*] > 71; om *υἱόν* 68′ | *ιωανναν* 158 = Vulg^{te}; *ιωναν* V 19′ 68′ 46-731 127 527 Arm Ald; *ιωνα a*$^{-68′\,(71\,106′\,236)}$-119; *ionam* La^{109}; *ιαναν* 489; *ʾiǰoʾan* Aeth^{DF} | *τόν* 3° om 71 | *Ὠβήδ*] *ωβηθ* 108 = Vulg^{1Ms}; *ιωβηθ* 19 Arm^{II}; *aobet* La^{109}; *ιωβηδ* A V 93 *b*^{2} 60 527; *jobad(aj)* Arm^{I}; *ʿebed* Aeth^{-A} | *Ἀμασίαν*] *αμασσιαν* V; *αμεσια* 158; *μαασιαν L* La^{109} (*maasiam*) Compl = 𝔐; *maasi* Arm^{II}; *μαασαιαν* Sixt Ra.; *μασσαιαν* B; *μασαιαν* 55′; *μασιαν* A 71 *b*; *masias* Arm^{I} | *υἱὸν Ἀδαιὰ καί* om 71 | *Ἀδαιά*] *αδδαια* 60; *αδαιου L* Compl: cf 𝔐; *αδεια* B^{c}; *αδια* 127 Sixt; *αζεια* B*; *ozia* La^{109}: cf Targ^{te} (עוזיה); *αμαια* V; *αβηα* 158 | *Ἐλισαφάν*] *ελεισ.* B′; *ελισαφα* 93 127 = Vulg^{1Ms}; *ελισαφ* 71 60 44; *ελισαφατ* A V *b*^{1} 527 Arm^{I} Compl = 𝔐; *ʾelsafat* Aeth(omnes); *εληαφατ* 158; *ελιφαν* 119; *elifaz* La^{109} | *υἱὸν Ζαχαρίου* om 44 | *Ζαχαρίου*] *-ρια* B' 74^{c} 98 Ra.: cf praef p 98; *ζεχρει* 93 Arm^{II}(sim): cf 𝔐; *iecri* La^{109}: cf Vulg^{ap}; + *και ελαβεν αυτους L* Arm^{II} Compl | *μεθ' ἑαυτοῦ*] *μετ αυτου* B′′ A V *L* 71 60 527 | *κυρίου*] > B' 71 Ra.; + *εν διαθηκη L* Compl: cf 𝔐(בברית pro *εις οικον* $\overline{κυ}$) et Reg; + *et iniit foedus* Arm^{II}: cf Vulg

2 *Ἰούδαν*] *ιου*^{δ} 98; *ιουδα* 379 | *συνηγαγεν* B*(*-γε* ^{c})-127 La^{109}(*congregabit*) = Pesch^{te} | *τοὺς Λευίτας*] *τ. λεβιτας* 68: cf praef p 95; post *Ἰούδα* tr 527 | *ἐκ πασῶν*] *εμπροσθεν* 71 | *ἄρχοντας*] *-τες* B′′; pr *τους L* Arm^{II} Compl | *πατριῶν τοῦ Ἰσραήλ*] pr *των* A *L* Arm 125 Compl; om *τοῦ* 19-93 | *καί* ult ⌒ (3) *καί* 1° 44 | *ηλθεν* V 108 121-130-236-314-321-346-762-119 Compl; *εξελθοωτες* 158

θεοῦ μετὰ τοῦ βασιλέως, καὶ ἔδειξεν αὐτοῖς τὸν υἱὸν τοῦ βασιλέως καὶ
εἶπεν αὐτοῖς Ἰδοὺ ὁ υἱὸς τοῦ βασιλέως βασιλευσάτω, καθὼς ἐλάλησεν
κύριος ἐπὶ τὸν οἶκον Δαυίδ. ⁴νῦν ὁ λόγος οὗτος, ὃν ποιήσετε· τὸ τρίτον 4
ἐξ ὑμῶν εἰσπορευέσθωσαν τὸ σάββατον, τῶν ἱερέων καὶ τῶν Λευιτῶν,
καὶ εἰς τὰς πύλας τῶν εἰσόδων, ⁵καὶ τὸ τρίτον ἐν οἴκῳ τοῦ βασιλέως, 5
καὶ τὸ τρίτον ἐν τῇ πύλῃ τῇ μέσῃ, καὶ πᾶς ὁ λαὸς ἐν αὐλαῖς οἴκου
κυρίου. ⁶καὶ μὴ εἰσελθέτω εἰς οἶκον κυρίου ἐὰν μὴ οἱ ἱερεῖς καὶ οἱ 6

B″ A V *L′ a*-119 *b* 60 158 527 La^{109} Aeth Arm

3 *καί* 1° om 158 Arm^{II} | *διέθεντο*] *-θετο L* 381-*b*$^{2-489}$ 55 60 La^{109}(*disposuit*) Compl Fern.: cf 𝔐; *εθεντο* (*εθετο* 321) *a*$^{-71}$-119 | *πᾶσα ἡ ἐκκλησία Ἰούδα* om 71 | *πᾶσα ἡ*] *πασῃ* 158 Arm^{I}(sim); *ἡ* om B’ A 489 Ra. | *Ἰούδα*] > *L* La^{109} Arm^{II} Fern. = 𝔐; post *διαθήκην* tr 44 | *τοῦ θεοῦ*] *κ̅υ̅* 19 La^{109} Aeth Arm = Pesch Targ Vulg(sed hab *dei* editiones), cf Reg IV 11_4 | *μετά*] pr *et* Arm^{I} | *καί* 2° – *βασιλέως* 2° om A*(vid) La^{109} Arm^{II} Compl = 𝔐 Pesch Targ Vulg, cf Reg | *ἔδειξεν αὐτοῖς*] *δειξεν αυτοις* 158: cf praef p 102; *εδειξαν αυτοις* 134; *εδωκεν αυτοις b*^{2}; *εχρισαν* (*εχρησαν* 93) *L*: cf $_{11}$ | *αὐτοῖς* 2°] + *ιωδαε* (*judaje* Arm^{IIte} (*joedejaj* ^{ap})) *L* Arm^{II} = Vulg(*ioiadae* (*-da* ^{ap})) | *ὁ υἱός*] om *ὁ* 127 | *βασιλευσάτω*] *-λευετω* 60; pr *iuda* Arm^{I}; + *super vos* La^{109} | *Δαυίδ* (*δ̅α̅δ*)] *δαυειδ* B; *δαβιδ* Ald: cf 1_1

4 *νῦν*] pr *και L a*-119 Aeth(omnes) Arm Ald Compl; *nunc ergo* La^{109} | *ὁ λόγος οὗτος*] *ουτος ο λογος L* La^{109} Aeth Arm^{II} Compl = 𝔐 et Reg IV 11_5 𝔐 𝔊; *ολος* (*ολως* 46) *ουτως* 46-728; om *οὗτος* 106′-119 | *ποιήσετε*] *εποιησετε* 120*-122* 158 Ald: cf praef p 108; *εποιησατε* 68′(122 corr pr m)-119; *ποιησεται* A 19′ 46; *legete vos* Arm^{II} | *ἐξ* om 93 | *ὑμῶν*] *ημων* 158 | *εἰσπορευέσθωσαν*] *qui intratis* La^{109}: cf 𝔐(בָּאֵי) Vulg(*qui veniunt*) et Reg 𝔐 𝔊^{L}(*οι εισπορευομενοι*); *intret* Aeth(omnes) Arm = Reg 𝔊$^{-L}$; pr *και* 46 | *τὸ σάββατον*] *το σαββατω* 93; *in sabbatis* La^{109}; pr *εις a*$^{-71}$-119 Aeth Arm^{I} Ald | *τῶν* 1°] pr *των αγιων a*$^{-71}$-119 *b*^{2} Ald: cf $_{6}$ | *καί* 1° om Arm^{I} | *καὶ εἰς τὰς πύλας*] *και των πυλωρων εν ταις πυλαις L* Arm^{II} Compl: cf 𝔐 et Par I 9_{22} II 34_9; om *καί* Aeth: cf 𝔐; om *εἰς* 610; om *πύλας* 527 | *εἰς* – fin] *in ingressus portarum* Arm^{I} | *τῶν εἰσόδων*] *introeuntium* La^{109} | *εἰσόδων* – $_{(5)}$ *οἴκῳ*] *οικων* 158

5 *καὶ τὸ τρίτον* (*γ′* 127) 1° ⌒ 2° A*(|) 127^{txt}(corr pr m) | *τό* 1° om B | *τοῦ* om 71 | *ἐν τῇ πύλῃ*] *εν τη πολει* 125-610; *in domum* La^{109}: sicut pro *ἐν οἴκῳ* praec | *μέσῃ*] *μεγαλη b*^{2} | *αὐλαῖς οἴκου*] *αυλαις οικω* 610; *οικω* 381

6 init – *ἱερεῖς*] *μηδενα δ εισελθειν οπλιτην εασητε η μονον ιερεα* Ios IX 146 | *μή* 1°] *μηδεις L* La^{109} Arm Ios Compl: cf Pesch Vulg | *εισελθετωσαν a*$^{-71}$-119 Aeth^{A} Ald | *εἰς οἶκον*] *εν οικω* 158 La^{109} | *ἐὰν μή*] *ει μη* (*μι* 93) *L a*$^{-71}$-119 Compl; > 158 | *οἱ ἱερεῖς*] *ο ιερευς* A 127 Ios (cf praec); *οἱ* om 527 | *καὶ οἱ*

Λευῖται καὶ οἱ λειτουργοῦντες τῶν Λευιτῶν· αὐτοὶ εἰσελεύσονται, ὅτι
7 *ἅγιοί εἰσιν, καὶ πᾶς ὁ λαὸς φυλασσέτω φυλακὰς κυρίου.* [7]*καὶ κυκλώ-*
σουσιν οἱ Λευῖται τὸν βασιλέα κύκλῳ, ἀνδρὸς σκεῦος ἐν χειρὶ αὐτοῦ,
καὶ ὁ εἰσπορευόμενος εἰς τὸν οἶκον ἀποθανεῖται· καὶ ἔσονται μετὰ
8 *τοῦ βασιλέως εἰσπορευομένου καὶ ἐκπορευομένου.* [8]*καὶ ἐποίησαν οἱ*
Λευῖται καὶ πᾶς Ἰουδὰ κατὰ πάντα, ὅσα ἐνετείλατο Ἰωδᾶε ὁ ἱερεύς,
καὶ ἔλαβον ἕκαστος τοὺς ἄνδρας αὐτοῦ ἀπ' ἀρχῆς τοῦ σαββάτου ἕως
9 *ἐξόδου τοῦ σαββάτου, ὅτι οὐ κατέλυσεν Ἰωδᾶε τὰς ἐφημερίας.* [9]*καὶ*

B′′ A V *L′ a*-119 *b* 60 158 527 La^{109} Aeth Arm

Λευῖται om La^{109} = 𝔐 Targ Vulg (hab Pesch, sed om *καί* 3° – *Λευιτῶν*) | *καί* 3° om 71 Arm^{II} = 𝔐^{1Ms} | *οἱ λειτουργοῦντες*] *οι λειτουργουν* 74; *qui ministrant* La^{109}: cf Vulg; + *αυτων* 158 | *τῶν Λευιτῶν*] *τοις λευιταις* *L* Compl: cf 𝔐; pr *υιοι* (*οι υιοι* 610) *a*-119 Ald; + *αυτων* 55 | *αὐτοὶ εἰσελεύσονται* om 44 | *ουτοι* V | *εισελευσωνται* 120: cf praef p 108 | *εἰσιν*] *εσονται* 527 | *φυλασσέτω*] -*εσθω* A; -*ετωσαν* *L* Aeth Arm^{II} Compl = 𝔐; *φυλασσει εως* 610 | *φυλακάς*] *την* (> 71) *φυλακην* *L* 71 Arm^{II} = 𝔐 (hab *custodias* La^{109} = Vulg) et Reg IV 11$_{7}$ 𝔐 𝔊; pr *τας* Compl; *φυλας* 46*(non 52); *domum* Aeth^{A}; + *οικου* 60 = Pesch Vulg^{1Ms} | *κυρίου*] $\overline{κω}$ B′

7 *κυκλώσουσιν*] *κυκλουσιν* 236; *κυκλωσιν* V* | *οἱ Λευῖται*] post *βασιλέα* tr B Aeth^{G}; > 93 | *τὸν βασιλέα*] *τω βασιλει* 610 | *κύκλῳ, ἀνδρὸς σκεῦος*] *κυκλω ανηρ και το σκευος αυτου* *L* Arm^{I}(sim) Compl = 𝔐 et Reg IV 11$_{8}$ 𝔐 𝔊; *και κυκλω ανδρες και σκευος αυτων* *a*$^{-71}$-119 Ald; *in circuitu et armatura viri* La^{109}; *και σκευος αυτων των μετ αυτων ανδρων* 44; + *σκευος* B Sixt | *χειρὶ αὐτοῦ*] pr *τη* *L* Compl: cf Reg 𝔊^{ap}; *χ. αυτων* *a*$^{-71}$-119 Ald | *ὁ εἰσπορευόμενος*] *qui intraberit* La^{109}: cf Vulg; om *ὁ* 46 | *εἰσπορευομένου καὶ ἐκπορευομένου*] *εισπορ. αυτου* (post *εκπορ.* tr Arm) *και εκπορ.* *L* La^{109} Arm^{I}(sim) Compl: cf 𝔐 et Reg 𝔐 𝔊^{L}; *εκπορ. αυτου* (> 610*(corr pr m)) *και εισπορ.* (pr *ως* 236; + *αυτου* 68′ Ald) *a*$^{(-71)}$-119 Ald Sixt; > 71; om *καὶ ἐκπορ.* 731*(corr pr m) 55-127*(corr pr m)

8 *καί* 1° ⌒ 2° V(|) | *Ἰουδά*] *ιουδας* 381^{c} 119 158 379; *ιου^{δ}* 98 554 125: cf 15$_{2}$ | *ἐνετείλατο*] + *αυτοις* *a*$^{-71(non\ 44)}$-119 La^{109} Aeth^{-B} Ald Sixt = Reg IV 11$_{9}$ 𝔊^{L} | *Ἰωδᾶε* 1°] *ιωιαδα* 55 = 𝔐; *ιωιαδε* Compl; *ιωαδα* V* Aeth(omnes (*ʾijoʾada*)); *ιωαδαε* V^{c} 158 = Reg 𝔊^{A}; *joidajea* Arm^{I}; *judaje* Arm^{IIte} (*joidaje* ^{ap}); *ioade* La^{109}; > 762-119 | *ὁ ἱερεύς* om 44 = Reg 𝔐 𝔊$^{-L}$ | *ελαβεν* *L a*-119 381 158 La^{109} Aeth Arm^{I} Compl = Reg 𝔊$^{-L}$ | *τοὺς ἄνδρας αὐτοῦ*] pr *το σκευος αυτου και* 121; > 158 | *τον ανδρα* 44 Arm: cf 𝔐 | *εαυτου* A *b′* | *ἀπ' ἀρχῆς*] *εισπορευομενου* *L* Arm^{II} vid(lib) Compl: cf 𝔐(בָּאֵי) et Reg 𝔐 𝔊 | *τοῦ* 1°] > 71; ⌒ 2° 55 Arm^{I} | *ἕως ἐξόδου*] *ως εξ ολου* 127 | *ἐξόδου*] pr *της* 98 | *τοῦ* 2° om 71-119 44 98 | *οὐ κατέλυσεν*] *ουκ εκατελυσεν* 119*: cf praef p 102; *non dimisit* La^{109}: cf Vulg; om *οὐ* 158 | *Ἰωδᾶε* 2°] *ιωιαδαε* V 55; *ιωιαδε* Compl;

ἔδωκεν Ἰωδᾶε ὁ ἱερεὺς τοῖς ἑκατοντάρχοις τεταγμένοις τὰς μαχαίρας
καὶ τοὺς θυρεοὺς καὶ τὰ ὅπλα, ἃ ἦν τοῦ βασιλέως Δαυίδ, ἐν οἴκῳ τοῦ
θεοῦ. [10]*καὶ ἔστησεν πάντα τὸν λαόν, ἕκαστον ἐν τοῖς ὅπλοις αὐτοῦ,* 10
ἀπὸ τῆς ὠμίας τοῦ οἴκου τῆς δεξιᾶς ἕως τῆς ὠμίας τῆς ἀριστερᾶς τοῦ
θυσιαστηρίου καὶ τοῦ οἴκου ἐπὶ τὸν βασιλέα κύκλῳ. [11]*καὶ ἐξήγαγεν* 11
τὸν υἱὸν τοῦ βασιλέως καὶ ἔδωκεν ἐπ᾽ αὐτὸν τὸ βασίλειον καὶ τὰ μαρ-

B′′ A V *L′ a*-119 *b* 60 158 527 La$^{109\,(Leg)}$ Aeth Arm

ioada La^{109}; *'ijo'ada* Aeth^{-AB} (*'ijoda* Aeth^{AB}); *joidaje* Arm^{I}; *judaje* Arm^{II}; + *ο ιερευς* *L a*$^{-321\,346}$-119 Aeth Compl Sixt = 𝕸 et Reg; ⌒ (9) *Ἰωδᾶε* 71 | *τὰς ἐφημερίας*] *της εφ.* 106′; *divisiones* La$^{109\,Leg.}$ cf 𝕸

9 *Ἰωδᾶε – τεταγμένοις* La^{109}(*ioada sacerdos centurionibus constitutis*)] om *καί* B′′ A V *b*^{1} 60 158 527 Aeth(omnes) Arm^{I} Sixt Ra., hab *ιωδαε* (*ιδαε* 68; *ιωιδαε* Compl; > Arm^{IIap}) *ο ιερευς* (om *ο ιερευς* 71 44) *τους εκατονταρχους* (+ *τους* 19) *τεταγμενους και* rel: cf TGP II | *τὰς μαχαίρας καὶ τοὺς θυρεούς*] *τα δορατα και τας ασπιδας* 93 La$^{109\,Leg}$(*gladios* (*hastas* Leg) *et scuta*) Fern.; + *και τα δορατα* (*δωρατα* 108) *και τας ασπιδας* 19′ Compl Lag. (dubl): cf Reg IV 11₁₀ et Ios IX 14₈(*δορατα τε και φαρετρας*) | *τάς*] *τους* 106 610: cf praef p 100 | *θυραιους* V^{c} 728 60 127 158: cf praef p 86 | *ἃ ἦν*] *ἅ* om V*; *ἦν* om 321-346 | *τοῦ βασιλέως* post *Δαυίδ* tr 106 Aeth^{PDG} | *Δαυίδ* (*δᾱδ*)] *δαυειδ* B; *δαβιδ* Ald: cf I₁ | *τοῦ θεοῦ*] *κ̅υ̅* 158 La^{109} Arm$^{Iap\,IIte}$ = Pesch Targ Vulg et Reg 𝕸 𝕲; + *εδωκεν αυτοις L* Arm^{II} Compl

10 *ἔστησεν*] *statuerunt* Aeth$^{E^{*}H}$; *steterunt* Aeth^{DF} = Reg IV 11₁₁, cf Pesch (קם) | *πάντα τὸν λαόν*] *τον παντα λ. a*-119; *τον λ. παντα* Ald Sixt | *ἕκαστον ἐν τοῖς ὅπλοις αὐτοῦ*] *unumquemque tenentem gladium in manu sua* La^{109}: cf 𝕸; pr *et* Aeth$^{DE^{c}F}$ = 𝕸$^{-2Mss}$ | *αὐτοῦ*] *εαυτου* A V *b*^{2} 60; *αυτων* 158 | *τῆς ὠμίας* 1°] ⌒ 2° V 106′; *τῆς* om 52 | *τοῦ οἴκου* 1°] post *δεξιᾶς* tr 158 La^{109} | *δεξιᾶς*] *αριστερας* 134*(corr pr m) | *τῆς ὠμίας τῆς ἀριστερᾶς*] *της ωμιας του οικου* Aeth^{AEH}; *της ωμιας του* (> 106) *οικου της αριστερας L a*$^{(-71)}$-119 Aeth$^{(-AEH)}$ Arm^{II} Ald Compl = 𝕸 et Reg; *του οικου της αριστερας* 71; + *domus* La^{109}; *τῆς ὠμίας* om 381 | *τοῦ* paenult – (26₁₀) *ὀρεινῇ καί*] deest in Aeth^{P}: cf praef p 21 | *τοῦ* paenult – fin] *domūs domini et domūs regis* Aeth$^{(-P)}$ | *τοῦ θυσιαστηρίου*] pr *επι L* Compl; om *τοῦ* 130(|)-321-346 | *ἐπί*] pr *του* 60; > 158* | *τὸν βασιλέα*] *την βασιλειαν* 610

11 *ἐξήγαγεν*] *eduxerunt* La^{109} = 𝕸$^{-1Ms}$ Pesch Targ Vulg; + *ιωδαε L* Arm^{II} | *ἔδωκεν*] *dederunt* La^{109} = 𝕸 Pesch Targ Vulg | *ἐπ᾽ αὐτόν*] *επ αυτω* 554; om *ἐπ᾽* 158* | *τὸ βασίλειον*] *τον β.* 134*; *τα βασιλεια* 98 44 | *τὰ μαρτύρια*] *το*

τύρια, καὶ ἐβασίλευσαν καὶ ἔχρισαν αὐτὸν Ἰωδᾶε καὶ οἱ υἱοὶ αὐτοῦ καὶ
12 *εἶπαν Ζήτω ὁ βασιλεύς.* ^{12}*καὶ ἤκουσεν Γοθολία τὴν φωνὴν τοῦ λαοῦ*
τῶν τρεχόντων καὶ ἐξομολογουμένων καὶ αἰνούντων τὸν βασιλέα καὶ
13 *εἰσῆλθεν πρὸς τὸν βασιλέα εἰς οἶκον κυρίου.* ^{13}*καὶ εἶδεν καὶ ἰδοὺ ὁ*
βασιλεὺς ἐπὶ τῆς στάσεως αὐτοῦ, καὶ ἐπὶ τῆς εἰσόδου οἱ ἄρχοντες καὶ
αἱ σάλπιγγες, καὶ οἱ ἄρχοντες περὶ τὸν βασιλέα, καὶ πᾶς ὁ λαὸς τῆς
γῆς εὐφράνθη, καὶ ἐσάλπισαν ταῖς σάλπιγξιν καὶ οἱ ᾄδοντες ἐν τοῖς

B′′ A V *L′ a*-119 *b* 60 158 527 La$^{109\,(Leg)}$ Aeth Arm

(> 125) *μαρτυριον L* 158 125 La^{109} Arm Tht *Reg IV* 221 Compl = 𝔐 et Reg IV 11$_{12}$ 𝔐 𝔊; + *αυτου* 314 | *καί* 4°] ∩ 7° 125; ∩ 5° 71 | *ἐβασίλευσαν*] *-σεν* (*-σε b*$^{2-243}$) 68′-120-134-321*-119 *b*^{2} 44 = Reg 𝔊$^{-1Ms}$; + *αυτον* La^{109} Aeth$^{(-P)}$ Arm^{II} Compl = 𝔐 Pesch Targ Vulg et Reg 𝔐 𝔊 | *καὶ ἔχρισαν*] *και εχρισεν L* 71 *b*$^{2-489}$ 127 Arm^{II} Ios IX 149(*χρισας* (hab *εχρισαν* Tht)) Compl = Vulg omnes (𝔐 וַיִּמְשָׁחֻהוּ (וימשחוהו 1 Ms)) et Reg 𝔊(omnes); > *a*$^{-71}$-119 | *αὐτόν* 2°] *τον* 381* | *Ἰωδᾶε*] *ιωιαδε* Compl; *ioada* La^{109}; *ʾijoʾada* Aeth^{A}(deest P); *joidaje* Arm^{I}; *judaje* Arm^{II}; + *ο ιερευς L a*-119 La^{109} Ald Compl Sixt (non Tht) = 𝔐^{1Ms} Vulg (omnes) | *οἱ* om 93 Tht^{1Ms} | *εἶπαν*] *ειπον L* 107 46-381-*b*$^{2-489}$ Tht^{-1Ms}(*ειπεν* 1 Ms): cf praef p 105; + *αυτω* 125

12 *γοδολια* 71 Arm^{I} | *τήν – βασιλέα* 1° om 60 | *της φωνης* 158 | om *τῶν* B Sixt | *καὶ ἐξομολογουμένων* om 107 La^{109} Arm^{II} = 𝔐 Pesch Vulg (Targ מרננין ומשבחין pro *τῶν – αἰνούντων*) | *καί* paenult – *βασιλέα* 1° om 71: homoiot | *αἰνούντων*] *αινειν* 127 | *τὸν βασιλέα* 1°] *μετα του βασιλεως L* Arm^{II} Compl: cf 𝔐(את־המלך) | *πρός* – fin om 44 | *πρὸς τὸν βασιλέα*] *ad populum* La^{109} = 𝔐 Targ Vulg (לות מלכא Pesch) et Reg 𝔐 𝔊; post *κυρίου* tr Aeth$^{(-P)}$ | *εἰς οἶκον*] *εν οικω* 610; *εις τον οικον L a*$^{-71}$ Ald Compl | *κυρίου*] pr *του* V; + *και εισηλθε προς τον βασι*^{λ} 125: ex praec

13 *εἶδεν – αὐτοῦ*] *ιδουσα δε οθλια* (*γοθολια* ^{ap}) *τον παιδα επι της σκηνης* (*στηλης* ^{ap}) *εστωτα* Ios IX 151: cf sq | *καί* 2° om 314 | *ὁ βασιλεύς*] om *ὁ* 728; + *εστως* (post *αὐτοῦ* tr 121-762-119) *a*-119 La^{109} Ald = 𝔐 et Reg IV 11$_{14}$ 𝔐; + *ειστηκει* (*ιστ.* 93) *L* Aeth$^{(-P)}$(post *αὐτοῦ* hab) Arm Compl = Reg 𝔊(omnes) | *ἐπὶ τῆς στάσεως*] *επι της στολης* 158; *επι του στυλου* 93 La^{Leg} (*super columnam* (hab *in statu* La^{109})) Arm^{II} Lag. | *αὐτοῦ*] *εαυτου* V* 60 | *καί* 3°] ∩ 6° 44; > La^{109} = 𝔐 | *οἱ ἄρχοντες* 1°] *principes cantorum* La^{109}: ex שָׂרים et שׁרים(sic 𝔐^{pauci} et Reg 𝔊(*ᾠδοί*)); ∩ 2° V; *οἱ* om 55 158 | *καὶ αἱ σάλπιγγες*] *και οι σ.* 71: cf praef p 100; *αἱ* om 158 | *καί* 5° ∩ 6° 71 | *καὶ οἱ ἄρχοντες*] > 107 381 Ra. = 𝔐 et Reg 𝔐 𝔊$^{-L}$(hab *και οι στρατηγοι L*); *καὶ οἱ* om B′′ A *b*^{I} 60 527; *οἱ* om 158 | *περὶ τὸν βασιλέα*] *περι των βασι*^{λ} 610; *προς τον β.* 127 = Reg 𝔊$^{-L}$; *των αρματων* 98 | *πᾶς ὁ λαός*] *omnes populi* Arm^{II} | *τῆς γῆς* om B′′ A V *b* 60 158 527 La^{Leg} (hab *terre* La^{109}) Aeth$^{(-P)}$ Arm Ra. = Reg 𝔊^{L}, cf 17 | *εὐφράνθη – σάλπιγξιν*] *iucundus tubis canerunt* La^{109}; *iocundus et tubicinans*[La^{Leg} |

ὀργάνοις, ᾠδοὶ καὶ ὑμνοῦντες αἶνον· καὶ διέρρηξεν Γοθολία τὴν στολὴν
αὐτῆς καὶ ἐβόησεν καὶ εἶπεν Ἐπιτιθέμενοι ἐπιτίθεσθε. ¹⁴*καὶ ἐξῆλθεν* 14
Ἰωδᾶε ὁ ἱερεύς, καὶ ἐνετείλατο τοῖς ἑκατοντάρχοις καὶ τοῖς ἀρχηγοῖς
τῆς δυνάμεως καὶ εἶπεν αὐτοῖς Ἐκβάλετε αὐτὴν ἐκτὸς τοῦ οἴκου καὶ

B′′ A V *L′ a*-119 *b* 60 158 527 La$^{109\,(Leg)}$ Aeth Arm

εὐφράνθη] *ηυφρανθη* B′′ A V 46(non 52) 158 Sixt Ra.: cf praef p 102; *ευφρανθησαν a*$^{-71\,74}$-119 Aeth$^{(-P)}$ Ald; *ευφραινομενοι L* Arm (Arm^{I} sing) Compl: cf Vulg et Reg **𝔊**; *εχαρησαν* 74; et *ἐσάλπισαν* tr 125 | *καί* 7°] ⌒ 8° 71; > Arm^{I} | *ἐσάλπισαν*] *-ιγξων* 610: cf praef p 108; *-ισεν* 64-381; *σαλπιζοντες L* Compl: cf **𝔐** et Reg **𝔐 𝔊** | *ταῖς σάλπιγξιν*] *εν σαλπιγξιν* A = Reg **𝔊**$^{-1Ms}$; pr *εν* V *L b* 60 158 527 Ald Compl = **𝔐** et Reg; > 125 | *ἐν*] *συν* 321-346; > La^{109} | *ᾠδοί* – *αἶνον* om 125: cf Reg | *ᾠδοί*] *ωδαι* 68′(122^{c} vid) Ald; *ωδοις* 158; *ωδων b*^{2}: cf **𝔐**; pr *της ωδης οι L* Compl: cf **𝔐**(dubl); > 381 La^{109} | *ὑμνοῦντες*] pr *οι* 74 381 | *αἶνον*] *υμνον* (*υμνουν* 74) *a*$^{-71}$ | *Γοθολία*] *γολια* 68*; *godolia* Arm^{I} | *αὐτῆς*] *εαυτης* A V *b*$^{2-98}$ 60 = Reg **𝔊**$^{-3Mss}$ | *καὶ ἐβόησεν* om 71 La^{109} = **𝔐** | *καὶ εἶπεν* om B’ Sixt = Reg **𝔐 𝔊** | *Ἐπιτιθέμενοι ἐπιτίθεσθε*] *συνδεσμος συνδεσμος L* La$^{109\,Leg}$(*coniuratio coniuratio*) Arm^{II} Compl ↓ = **𝔐** et Reg **𝔐 𝔊** | *ἐπιτιθέμενοι*] *επιτιθεμεν* 127*; *επιθεμενοι* A | *ἐπιτίθεσθε*] *επιτιθεσθαι* A 120 158

14 init – *ἀρχηγοῖς*] *et produxit ioada sacerdos centuriones et principes virtutis* La^{109}: cf **𝔐**; init – *ἱερεύς* 1° om 71: homoiot; *ὁ ἱερεύς* om 44; *καὶ ἐνετείλατο* om 60 | *ἐξῆλθεν*] *ηλθεν* 55 | *Ἰωδᾶε*] *ιωιαδε* Compl; *ioada* La^{109}; *ijoʾada* Aeth$^{(-P)}$; *joidaje* Arm^{I}; > Arm^{II} | *ἐνετείλατο*] *ειπε* (*-πεν* 120-121-134-762^{c}) *a*$^{(-71)}$-119 Aeth$^{(-P)}$; + *ιωδαε* (*joidaje* Arm^{I}) *ο ιερευς* B′′ A V 71 46-64 527 Arm^{I} Ald Sixt Ra. | *εκατονταρχαις* V 64-728 55 158 527: cf praef p 100 | *τοῖς ἀρχηγοῖς*] *τ. επισκοποις L* Compl = **𝔐** et Reg IV 11$_{15}$ **𝔐 𝔊**$^{(-L)}$; om *τοῖς* 71 | *των δυναμεων* 71-119 Arm^{II} | *καὶ εἶπεν αὐτοῖς*] *λεγων* 71; *και ειπεν* 107(-610); > *a*$^{(-71)}$(-44′)-119 | *Ἐκβάλετε*] *-βαλλετε* 46(non 52); *εξαγαγετε* (*εξαγετε* Compl) *L* Aeth$^{(-P)}$ Compl: cf **𝔐** et Reg(**𝔊** omnes) | *ἐκτός*] *εκ a*$^{-71}$-119 127 | *τοῦ*

---

13 *Ἐπιτιθέμενοι ἐπιτίθεσθε* (*συνδεσμος συνδεσμος L* La$^{109\,Leg}$ Arm^{II} Compl) *σ′ ἐπιτιθέμενοι ἐπιτίθεσθε* 108 (in margine dextra); *σ′ ἐπιβουλὴ ἐπιβουλή* 108 (in margine sinistra); *συνδεσμος συνδεσμος* 108^{txt}] *ϑ* 108$^{sup\,lin}$: pro *ϑ′*, cf Is 8$_{12}$ et praef p 40

ἐξέλθετε ὀπίσω αὐτῆς, καὶ ἀποθανέτω μαχαίρᾳ· ὅτι εἶπεν ὁ ἱερεύς Μὴ
15 *ἀποθανέτω ἐν οἴκῳ κυρίου.* [15]*καὶ ἔδωκαν αὐτῇ ἄνεσιν, καὶ διῆλθεν*
διὰ τῆς πύλης τῶν ἱππέων τοῦ οἴκου τοῦ βασιλέως, καὶ ἐθανάτωσαν
αὐτὴν ἐκεῖ.
16 [16]*Καὶ διέθετο Ἰωδᾶε διαθήκην ἀνὰ μέσον αὐτοῦ καὶ τοῦ λαοῦ καὶ τοῦ*
17 *βασιλέως εἶναι λαὸν τῷ κυρίῳ.* [17]*καὶ εἰσῆλθεν πᾶς ὁ λαὸς τῆς γῆς εἰς*
οἶκον Βάαλ καὶ κατέσπασαν αὐτὸν καὶ τὰ θυσιαστήρια καὶ τὰ εἴδωλα
αὐτοῦ ἐλέπτυναν καὶ τὸν Ματθὰν τὸν ἱερέα τῆς Βάαλ ἐθανάτωσαν

B'' A V *L' a*-119 *b* 60 158 527 La^{109} Aeth Arm

οἴκου] *templi* Arm^{II}: cf Vulg; + *domini* Aeth$^{(-P)}$ | *ἐξέλθετε – ἀποθανέτω*] *qui succedit post eam moriatur* Aeth$^{(-P)}$ = 𝔐 et Reg 𝔐 𝔊 | *ἐξέλθετε*] *-θατε* A 728 55' 60: cf praef p 105; *εισελθετε* (*-θατε* B 93 Sixt Ra.) B *L* 71 La^{109}(*intrate*) Compl Sixt Ra.: cf 𝔐(הַבָּא) et Reg 𝔐 𝔊 | *ἀποθανέτω* 1°] *-νειτω* 98 60: cf praef p 108 | *μαχαίρᾳ*] *εν* (> 93 La) *ρομφαια L* La^{109}(*gladio*) Arm(vid) Compl: cf 𝔐 et Reg 𝔐 𝔊 | *ὅτι* – (15) *ἄνεσιν* om 107 | *ἱερεύς* 2°] *βασιλευς* *b*^{2} | *ἀποθανέτω* 2°] *θανατωθητω* (*-θησεται* 19) *L* Compl

15 *ἔδωκαν αὐτῇ ἄνεσιν*] *επεθηκαν αυτη χειρας* Compl = 𝔐 et Reg IV 11$_{16}$ 𝔐 𝔊; + *και επεθηκαν αυτη χειρας L'* Arm^{II} | *εδωκεν b*^{2} 127 527 Arm^{IIte} | *αὐτῇ*] *αυτην* 19' 321-346; *αυτοι* 106 | *διῆλθεν*] *intrabit* La^{109} = 𝔐 et Reg 𝔐, cf 𝔊; *duxerunt, traxerunt* Arm^{II}: cf Reg 𝔊^{L}(*εισηγαγον*) | *διά* om 379*(corr pr m) | *τῶν ἱππέων*] *τ. ιππων* 158 (= 𝔐 et Reg) et post *οἴκου* tr 158 | *τοῦ* 1° – *βασιλέως* om 71 = Pesch | *αὐτήν* om 44 | *ἐκεῖ* om 71

16 *Ἰωδᾶε*] *ιωιαδαε* V; *ιωιαδε* Compl; *ioade* La^{109}; *ʾijoda* Aeth^{A}; *joidaje* Arm^{I}; > 158 44(|) Arm^{II} | *διαθήκην*] pr *την* 19 | *καὶ τοῦ λαοῦ*] > 119(|): homoiot; om *καί* 381; post *βασιλέως* tr 46 = Reg IV 11$_{17}$ | *τοῦ λαοῦ*] pr *ανα μεσον παντος L* Compl = 𝔐; pr *inter populum* Aeth$^{(-P)}$ Arm^{II} = Reg 𝔐 𝔊 | *καὶ τοῦ βασιλέως*] *και ανα μεσον του β. L* Arm^{II} Compl = 𝔐 et Reg 𝔐 𝔊; om *καί* 121 | *εἶναι*] pr *του L* Compl: cf 𝔐 et Reg 𝔐 𝔊(omnes) | *λαὸν τῷ κυρίῳ*] pr *εις L* Compl: cf 𝔐 et Reg 𝔐 𝔊(omnes); pr *τον* 158; om *τῷ* 158 527; + *deo* Arm^{II}

17 *εἰσῆλθεν*] *ως ηλθεν* 158 | *τῆς γῆς* om 381 158* La^{109} = 𝔐 et Reg IV 11$_{18}$ 𝔊^{ap}, cf Par II 23$_{13}$ | *οἶκον*] pr *τον L a*$^{-71}$-119 Ald Compl = Reg 𝔊^{L} | *Βάαλ* 1°] pr *του L a*$^{-71}$-119 Ald Compl = 𝔐 et Reg 𝔐 𝔊(omnes) | *κατέσπασαν*] *-σεν* 19 *b*$^{l-381}$ 127: cf 𝔐(וַיִּתְּצֻהוּ, ויתצוהו 3 Mss) Vulg^{ap} et Reg(*-σεν* 𝔊$^{B\,56}$) | *αὐτὸν καὶ τὰ θυσιαστήρια*] *altare eius* Aeth$^{(-P)}$; + *αυτου L a*$^{-71\,44}$-119 Arm Ald Compl Sixt = 𝔐 et Reg 𝔐 𝔊 | *τὰ εἴδωλα*] *τας εικονας L* Arm^{II}(vid) Compl: cf 𝔐 Pesch Targ Vulg(*simulacra*) et Reg; *simulacrum* La^{109} | *ἐλέπτυναν*] *-νεν* (*ελεπυνε* 19) 19 158; pr *και* B' | *τὸν Ματθάν*] *τον ματθαιαν* 125; *τον μαθθαν* 71 55; *μαθαν* Ios^{te} IX 154 Aeth$^{(-P)}$ Arm^{I} = Vulg^{te}; *makthan* Arm^{II}: cf Reg 𝔊^{B} (*μαγθαν*); *natan* La^{109} Ios^{ap}(*ναθαν* 2 Mss) = Reg 𝔊^{V}; *τόν* om 71 44 | *τὸν ἱερέα*]

ἐναντίον τῶν θυσιαστηρίων αὐτοῦ. [18]*καὶ ἐνεχείρησεν Ἰωδᾶε ὁ ἱερεὺς* 18
τὰ ἔργα οἴκου κυρίου διὰ χειρὸς ἱερέων καὶ Λευιτῶν καὶ ἀνέστησεν τὰς
ἐφημερίας τῶν ἱερέων καὶ τῶν Λευιτῶν, ἃς διέστειλεν Δαυὶδ ἐπὶ τὸν
οἶκον κυρίου καὶ ἀνήνεγκεν ὁλοκαυτώματα κυρίῳ, καθὼς γέγραπται
ἐν νόμῳ Μωυσῆ, ἐν εὐφροσύνῃ καὶ ἐν ᾠδαῖς διὰ χειρὸς Δαυίδ. [19]*καὶ* 19
ἔστησαν οἱ πυλωροὶ ἐπὶ τὰς πύλας οἴκου κυρίου, καὶ οὐκ εἰσελεύσεται

B′′ A V *L′ a*-119 *b* 60 158 527 La$^{109\,(Leg)}$ Aeth Arm

ιερεαν 127 610: cf praef p 99; *ιερεα* B 71-107 Sixt Ra. | *τῆς Βάαλ*] *του βααλ L a*$^{-71}$-119 381 158 Ald Compl: cf Reg 𝔊; *βααλ* Sixt(|) | *ἐθανάτωσαν*] + *αυτον* 44 | *τῶν θυσιαστηρίων*] *του θυσιαστηριου* 119^{c} 610 Aeth$^{(-P)}$ Arm^{I} | *αὐτοῦ* 2°] *αυτων* 46 127; > La^{109} Aeth$^{(-P)}$ = 𝔐 et Reg 𝔐 𝔊

18 *καί* 1° ⌒ 3° 44 | *ἐνεχείρησεν*] -*ρισεν* (-*σε* 19) B^{c}-55 19 68′-71-74-121-134*-314-554-119 *b*$^{-728}$(sic 379, 98 absc) 60 158 125 Ald Compl Sixt: cf praef p 107; *εθηκεν* 93 La^{Leg}(*posuit* (*tradidit* La^{109})): cf 𝔐(וישׂם) et Reg IV 11₁₈ 𝔐 𝔊(omnes) | *Ἰωδᾶε*] *ιωιαδε* Compl; *ioiada* La^{Leg}; *ioade* La^{109}; *ʾijoʾada* Aeth$^{(-P)}$; *joidaje* Arm^{I}; *judaje* Arm^{II}; *δωδαε* 19′ | *ὁ – ἔργα*] *την επισκοπην L* La$^{109\,Leg}$(*observationem*) Arm^{II} Compl = 𝔐(פקדת) et Reg 𝔐 𝔊(*επισκοπους*); om *ὁ ἱερεύς* Aeth$^{(-P)}$; om *ὁ* V 381 | *τὰ ἔργα*] *omnes opus* Aeth$^{(-P)}$; om *ἔργα* 127^{txt} | *οἴκου κυρίου*] pr *του* 527: cf Reg 𝔊; > 125; om *οἴκου a*$^{-68′\,121}$-119 *b*^{2} 55; om *κυρίου* Arm^{I} | *διὰ χειρὸς* 1°] *δια χειρων* 158; *per manus* La^{109}: cf sq; *εν χειρι L* Compl = 𝔐 | *ἱερέων* 1°] pr *των L a*$^{-71}$-119 158 Arm^{II} Ald Compl | *καί* 2° – fin] A sup ras | *Λευιτῶν* 1°] pr *των* A *L a*$^{-71}$-119 98 Arm^{II} Ald Compl | *καί* 3° – *κυρίου* 2° Aeth$^{(-P)}$ lib | *καί* 3° – *Λευιτῶν* 2°] > 71 = 𝔐 Pesch Targ Vulg: homoiot; bis scr 107(non 44′-610) | *ἀνέστησεν* (sic B*-127 A 243-728 44; -*σε* rel) *τάς*] *αναστησεται* V* | *ἀνέστησεν*] -*σαν* 55; + *ιωδαε* 44 | *τῶν* 1° – *Λευιτῶν* 2°] *αυτων* 125; *ἱερέων* et *Λευιτῶν* tr 19 | *ἅς*] *ος* 554: pro *ως*; *καθως L* Arm^{II} Compl; *quod* La^{109}; > A | *διέστειλεν*] *διεθετο* 554 | *Δαυίδ* (*δ̄ᾱδ*) 1° et 2°] *δαυειδ* B; *δαβιδ* Ald: cf 1₁ | *καὶ ἀνήνεγκεν*] *και ανηνεγκαν* A; *και αυτος ανηνεγκεν* (*ανη|κε* 93^{mg}) 93^{mg} *a*$^{(-71)}$-119 Ald (*καί – κυρίῳ* hab 93$^{txt\,et\,mg}$); *και ανενεγκαι* B 71 Sixt Ra.; *του αναφερειν L*(93^{txt}) La^{109} (*ad offerenda*) Arm^{II} Compl = 𝔐 | *ὁλοκαυτώματα κυρίῳ*] *ολ. τω κυριω* A V 93^{txt} 554 98 127*(vid) Fern.; tr *L*(93^{mg}) Compl Lag. | *εγεγραπτο* 106′ | *νόμῳ*] *βιβλω* 119 | *Μωυσῆ*] -*σει* 243 119*; -*σεως* B^{c} 381; *μωση* (-*σει* 19) *L*; *μωσεως* 68′ Ald: cf 8₁₃ | *ευφροσυναις* 127 | *καί* ult – fin sup ras 121 | *διὰ χειρός* 2°] *per manus* La^{109}: cf 𝔐

19 *ἔστησαν οἱ πυλωροί*] *εστωσαν οι π.* 106′; *statuit ostiarios* Aeth$^{(-P)}$ PsAug *Spec* 508 (hab *steterunt hostiarii* La^{109}) = 𝔐 Targ Vulg(*constituit quoque ianitores*), sed hab Pesch(נקומין נטרי תרעא על תרעא) | *οἴκου* om 71-106 La^{109} (hab PsAug) | *καὶ οὐκ*] *ne* Aeth$^{(-P)}$ = Pesch^{ap} Targ Vulg(*ut non*) | *εἰσελεύσεται*]

20 *ἀκάθαρτος εἰς πᾶν πρᾶγμα.* [20]*καὶ ἔλαβεν τοὺς πατριάρχας καὶ τοὺς*
δυνατοὺς καὶ τοὺς ἄρχοντας τοῦ λαοῦ καὶ πάντα τὸν λαὸν τῆς γῆς καὶ
ἀνεβίβασαν τὸν βασιλέα εἰς οἶκον κυρίου, καὶ εἰσῆλθεν διὰ τῆς πύλης
τῆς ἐσωτέρας εἰς τὸν οἶκον τοῦ βασιλέως, καὶ ἐκάθισαν τὸν βασιλέα
21 *ἐπὶ τὸν θρόνον τῆς βασιλείας.* [21]*καὶ εὐφράνθη πᾶς ὁ λαὸς τῆς γῆς, καὶ*
ἡ πόλις ἡσύχασεν· καὶ τὴν Γοθολίαν ἐθανάτωσαν μαχαίρᾳ.
1 **24** [1]*Ὢν ἑπτὰ ἐτῶν Ἰωὰς ἐν τῷ βασιλεῦσαι αὐτὸν καὶ τεσσαράκοντα*
ἔτη ἐβασίλευσεν ἐν Ἰερουσαλήμ, καὶ ὄνομα τῇ μητρὶ αὐτοῦ Ἀβιὰ ἐκ

B″ A V *L′ a*-119 *b* 60 158 527 La$^{109\,(Leg)}$ Aeth Arm

-*σετε* 120; -*σομαι* 107; *intrabat* Arm(Arm^{II} sim) | *εἰς πᾶν πρᾶγμα*] *εις παν προσταγμα* 321-346; *εις παντα λογον L*(93^{txt}) La^{Leg}(*in omni verbo* (hab *in omni re* La^{109} PsAug = Vulg)) Compl: cf 𝔐

20 *ἔλαβεν*] *acceperunt* Aeth^{A} Arm^{II} = Pesch, cf Reg IV 11$_{19}$ 𝔊^{ap} | *τοὺς πατριάρχας καί* om 44 | *πατριάρχας*] *πατραρχους* 19-108*: cf Is 37$_{38}$ 𝔊; *πατριαρχους* 108^{c}: cf praef p 100; *εκατονταρχους* 93 La^{109}(*centuriones* = Vulg) Arm^{II} Ios IX 156(-*αρχων*): cf 𝔐 et Reg 𝔐 𝔊(omnes) | *δυνατούς*] *δυναστας* 68′-120 Ald; et *ἄρχοντας* tr 125 | *καὶ τοὺς ἄρχοντας* om 44 | *πάντα τόν*] *τον* (> 71-554(|) 125) *παντα a*$^{-321}$-119 Ald | *ἀνεβίβασαν*] *ανεβιβασε* (-*σεν* 120 610; *ανεβηβασεν* 158) *a*$^{-71}$-119 158 Ald: cf 𝔐(ויורדו) et Reg 𝔊^{ap}(*κατηγαγεν*); *deposuit* La^{109} = 𝔐; *επεβιβασαν* B’ Sixt | *εἰς οἶκον*] *de domo* La^{109} Aeth$^{(-P)}$ = 𝔐 et Reg 𝔐 𝔊; *εις τον οικον* 19′ | *κυρίου*] + *dei* Arm^{II} | *καί* paenult ⌒ ult Aeth$^{(-P)}$ | *διά – ἐσωτέρας*] *δια της εσωτερας* (*εσοτ.* 554) *πυλης L* 554 Compl; *per portam superiorem* La^{109} = 𝔐 | *ἐκάθισαν*] *εκαθισε* (-*θησε* 68′-120 Ald; -*σεν* 107) *a*-119 Ald | *τὸν βασιλέα* 2°] *αυτον* 107 Aeth$^{(-P)}$ | *του θρονου* (*θρωνου* 158) 68′(122*)-71 158 Ald Sixt = Reg 𝔊(omnes)

21 *εὐφράνθη*] *ηυφρανθη* B″ A 93 71-321 46-728 60 158 Sixt Fern. Ra.: cf praef p 102 | *πᾶς* om 158 | *καὶ ἡ πόλις ἡσύχασεν*] *και ησ. η πολις* 44; om 125: homoiot | *καί* ult – fin om 71 44 | *την γοθολια* B’; *godolia* Arm^{I} | *εθανατωσεν* 127 = 𝔐^{1Ms} | *μαχαίρᾳ*] pr *εν* 106 = 𝔐 et Reg IV 11$_{20}$ 𝔐 𝔊; > B′ Sixt

24 1 init – *Ἰωάς*] *ιωας δε επτα ετων ην* 125; *et ioas erat vir septem annorum* Arm^{II} | *Ὢν ἑπτὰ ἐτῶν*] *ων ετων επτα a*$^{-71}$-119 381 127: cf Reg IV 12$_{1}$ 𝔊; pr *υιος L′* Compl: cf 𝔐 et Reg 𝔐 𝔊(omnes); *erat septem annorum* Arm^{I}; *cum esset septem annorum* La^{109}: cf sq | *Ἰωάς*] *ιωσιας* 127; *ιωνας* 314*; > 93 | *ἐν τῷ βασιλεῦσαι αὐτόν*] *οτε εβασιλευσε* 381; *regnare cepit* La^{109} Arm^{II}(sim): cf Vulg | *βασιλεῦσαι*] *βασιλευειν* (-*λευην* 158) *L a*$^{-71}$ 158 Ald Compl Sixt | *τεσσεραχοντα* B* A V: cf praef p 95; *σαρακοντα* 71-106-121 44 60: cf 9$_{30}$; *μ′ a*$^{-71\ 106\ 121\ 134\ 236}$ | *Ἀβιά*] *σαβια* (*σαβι* 19; *σαβαι* 44) *L a*$^{-71}$-119 Arm^{II} Ios IX 157

Βηρσάβεε. ²καὶ ἐποίησεν Ἰωὰς τὸ εὐθὲς ἐνώπιον κυρίου πάσας 2
τὰς ἡμέρας Ἰωδᾶε τοῦ ἱερέως. ³καὶ ἔλαβεν ἑαυτῷ Ἰωδᾶε γυναῖκας 3
δύο, καὶ ἐγέννησεν υἱοὺς καὶ θυγατέρας. ⁴καὶ ἐγένετο μετὰ ταῦτα 4
καὶ ἐγένετο ἐπὶ καρδίαν Ἰωὰς ἐπισκευάσαι τὸν οἶκον κυρίου. ⁵καὶ 5
*συνήγαγεν τοὺς ἱερεῖς καὶ τοὺς Λευίτας καὶ εἶπεν αὐτοῖς Ἐξέλθετε
εἰς τὰς πόλεις Ἰούδα καὶ συναγάγετε ἀπὸ παντὸς Ἰσραὴλ ἀργύριον
κατισχῦσαι τὸν οἶκον κυρίου ἐνιαυτὸν κατ᾽ ἐνιαυτὸν καὶ σπεύσατε
λαλῆσαι· καὶ οὐκ ἔσπευσαν οἱ Λευῖται. ⁶καὶ ἐκάλεσεν ὁ βασιλεὺς* 6

B″ A V *L′ a*-119 *b* 60 158 527 La$^{109\,(Leg)}$ Aeth Arm

Ald Compl Sixt Ra. = 𝔐 Vulg^{1Ms} et Reg 𝔐 𝔊^{ap} | *βιρσαβεε* 120; *βερσαβεε* 74; *βηρσαβεαι* 93-108 Compl = Reg 𝔊^{L}, cf Par II 19₄

2 *Ἰωάς*] *ιωσιας* 127, *ιωνας* 314*: cf ₆ | *εὐθές*] *ευθεως* 314 | *Ἰωδᾶε*] *ιωιαδε* Compl; *ιωιαδαε* V 55^{c}(pr m; *ιωιαδεε* *) 60; *ioade* La^{109}; *ʾiјoda* Aeth^{A}; *joidaje(aj)* Arm^{I}; *judaje* Arm^{IIte} (*ioidae* ^{ap}); *ioiadae* Eus *Chron II*^{Lat} 78a,21; *joidae* Eus *Chron II*^{Arm} 178,45 | *ἱερέως*] pr *του* Tht *Par II* 282

3 *ἑαυτῷ Ἰωδᾶε* om 107 | *ἑαυτῷ*] *αυτω* 93-108 71 381*-731* 527 La^{109}(*illi*) Compl(*αὑτῷ*) Ra.(*αὑτῷ*): cf praef p 96; > *a*$^{-71}$-119 Arm^{II}; post *δύο* tr Ald Sixt | *Ἰωδᾶε*] *ιωιαδε* Compl; *ιωιαδαε* V 60 55 Eus *Chron II*^{Lat} 78a,21; *ioada* La^{109}; *joadae* Hippol *Chron*^{H_1} (*Lib Gen I*) 96,10; *ιωας* B^{c} *a*$^{-71\,(107)}$(314^{c})-119 *b*^{2} Arm, cf Ios IX 158 = Vulg^{4Mss}; *ιωνας* 314* | *γυναῖκας δύο* tr A V *L b* 55 60 158 527 | *ἐγέννησεν* – fin] *εγενηθησαν αυτω υιοι και θυγατερες* 68′ Arm^{II} Ald | *ἐγέννησεν*] *-σαν* A Sixt; *εγεννησαν* (*-σεν* 236) *αυτω a*$^{(-68')}$

4 *ἐγένετο* 1° – 2°] om *ἐγένετο* 1° et *καί* 2° Arm^{I}; om *καὶ ἐγένετο* 19 *a* 60 Ald; om *καί* 55 119 La^{109} Aeth$^{(-P)}$ Arm^{II}(sim) = 𝔐 | *καρδια* 158 | *ἐπισκευάσαι*] pr *του L* Compl; + *αυτω* 71

5 *συνηγαγον* 71 Arm^{II} | *τούς* 2° om 107 | *εξελθατε* B″ A 106′(non 44) 728 60 158 Sixt Ra.: cf praef p 104s | *εἰς* – *συναγάγετε* om 19(‖): homoiot | *συναγάγετε*] *συνηγαγετε* 554 | *κατισχῦσαι*] *του κραταιωσαι L* Compl | *κυρίου*] *dei vestri* La^{Leg} (hab *domini* La^{109}) Compl(*του θεου υμων*) = 𝔐 Pesch Vulg, cf Targ(+ אלהכון); + *του θυ̅ ι̅η̅λ̅ L* | *ἐνιαυτὸν κατ᾽ ἐνιαυτόν*] pr *απο ικανου L* Arm^{II} Compl = 𝔐(pr מדי), cf 12₁₁; > 381 | *σπεύσατε*] *υμεις ταχυνατε L* La^{109}(*vos festinate*: cf Vulg et sq) Arm^{II} Compl: cf 𝔐 | *λαλῆσαι*] *facere verbum istud* La^{109}: cf Vulg; pr *του L* 236 Compl | *οὐκ* om 554 | *ἔσπευσαν a*$^{-107}$-119 Ald Sixt: cf praec] *εταχυναν L* La^{109} Arm^{II} Compl: cf praec; *ηθελησαν* 107; *επιστευσαν* rel; + *του λαλησαι* 93 | *οἱ Λευῖται* om 107

---

24 5 *ι̅η̅λ̅*] *ὑμῶν* 93

Ἰωὰς τὸν Ἰωδᾶε τὸν ἄρχοντα καὶ εἶπεν αὐτῷ Διὰ τί οὐκ ἐπεσκέψω περὶ
τῶν Λευιτῶν τοῦ εἰσενέγκαι ἀπὸ Ἰούδα καὶ Ἰερουσαλὴμ τὸ κεκριμένον
ὑπὸ Μωυσῆ ἀνθρώπου τοῦ θεοῦ, ὅτε ἐξεκλησίασεν τὸν Ἰσραὴλ εἰς τὴν
7 *σκηνὴν τοῦ μαρτυρίου;* ^{7}*ὅτι Γοθολία ἦν ἡ ἄνομος, καὶ οἱ υἱοὶ αὐτῆς*
κατέσπασαν τὸν οἶκον τοῦ θεοῦ, καὶ γὰρ τὰ ἅγια οἴκου κυρίου ἐποίησαν
8 *ταῖς Βααλίμ.* ^{8}*καὶ εἶπεν ὁ βασιλεύς Γενηθήτω γλωσσόκομον καὶ*

B′′ A V *L′ a*-119 *b* 60 158 527 Syh$^{17\ 195}$(incipit ab 6 *τό*) La$^{109\ (Leg)}$ Aeth Arm

6 *ὁ βασιλεύς* post *Ἰωάς* tr A V *b* 158 527 Aeth$^{(-P)}$ Arm^{I} | *Ἰωάς*] *ιωνας* 314*: cf 2; > *L* 68′ 74-106′-120-134-554 La^{109} Ald Compl = 𝔐 | *τὸν Ἰωδᾶε*] *τον ιωιαδε* Compl; *τον ιωιαδαε* 55 60; *τον ιωιαδα* V^{c}; *τον ιωαδα* V*; *ioade* La^{109}; *ʾijoʾijaje* Aeth^{A}; *joidaje* Arm^{I}; *judaje* Arm^{II}; *τόν* om 68′-74-106′-120-134-554 489 158 Ald | *ἄρχοντα*] *ιερεα* 489 = Pesch^{7a1}(כהנא (קשישא rel)) | *ἐπεσκέψω*] *απ.* 127; *εξεζητησας L* La^{109}(*quesisti* (*-stis* cod)) Arm^{II}(sim) | *περί*] *παρα* 379 | *εἰσενέγκαι*] *-γκειν L* 158 Compl: cf praef p 105; + *τω* $\overline{\kappa\omega}$ *L*; + *in domum domini* Arm^{II} | *Ἰούδα*] pr *του b*^{I}(non 52); + *και των λευιτων του εισενεγκειν τω κω απο ιουδα* 19 | *Ἰερουσαλήμ*] pr *απο a*$^{-71\ 106\ 44′}$-119 64 158 La^{109} Aeth$^{(-P)}$ = 𝔐 | *τό*] *οτι* 610 | *κεκριμένον*] *-νω* 158; *-κριμμενον* 68′-106-120 46(non 52)-731 Ald: cf praef p 93; *κεκρυμμενον* (*-κρυμενον* 71-107(-610)) 19 71-107 60 527; + *λημμα L* Arm^{II}(sim) Compl: cf 𝔐(משאת) Pesch(מוהבתא (hab *κεκριμένον* (דאתתדין) Syh$^{17\ 195}$)) | *Μωυσῆ*] *-σει* 243; *-σεως* (*-σεος* 68′) 68′ 381 Ald; *μωση* (*-σει* 19) *L* 71-119 46: cf praef p 98 | *ἀνθρώπου τοῦ θεοῦ*] $\overline{\alpha\nu\omega}$ *του θεου* 71 *b*^{2} 158; *famulo domini* La^{Leg} (hab *homine dei* La^{109}) Aeth$^{(-P)}$ = 𝔐 ((7 Mss האלהים) עבד־יהוה) Pesch (hab ברנשא דאלהא Syh) Targ Vulg(*servo domini*): cf 9; > 44; om *τοῦ* B | *ὅτε ἐξεκλησίασεν*] *ut inferret eam omnis multitudo israel* La^{109} = Vulg; *quando convocavit ira* (sic) La^{Leg} | *ὅτε*] *οτι* B′′ 93 68′-71′-120-134-554 46-*b*^{2} 158 Arm^{I} Ald Sixt; *τοτε* 55 | *ἐξεκλησίασε(ν)* (*-σε* B^{c} V^{c} 46^{c}) B’ V 68′ 46(non 52) Ald] *εξεκκλησιασε(ν)* (*εξεκκλισ.* 321 346) rel: cf 5₂ | *τήν* – fin] *τήν* om 106′(non 125); + *εν τη ερημω L* Arm^{II} Compl

7 *γοδολια* V^{c} (*-λιαν* *) Arm$^{I\ IIap}$ Tht^{1Ms} *Par II* 282 | *ἦν* om 44 Arm^{II} Tht = 𝔐 | *ἡ*] *ο* 71; > V *L b*^{I} 55 60 158 527 610 Compl | *ἄνομος*] *αμωμος b*$^{2-489}$ | *οἱ υἱοὶ αὐτῆς κατέσπασαν*] *ο υιος αυτης κατεσπασεν* 158; om *οἱ* 93 44 Tht^{2Mss} | *τοῦ θεοῦ*] $\overline{\kappa\upsilon}$ 74 Syh$^{17\ 195}$ Aeth$^{(-P)}$ = 𝔐^{1Ms} Pesch Targ Vulg^{5Mss}; *του βασιλεως* 93 | *καὶ γάρ*] *και γε L′* Tht(om *γε* Tht^{1Ms}) Compl = 𝔐(וגם) Pesch (ואף) Targ(ואוף); om *γάρ* A Arm^{II} = Vulg; om *καί* Syh(אף); *nam et* La^{109} | *τὰ ἅγια οἴκου*] pr *παντα L′* Arm^{II} Compl = 𝔐; *παντα αγια* Tht; *αγια* 127 | *κυρίου*] $\overline{\vartheta\upsilon}$ 121-130-236-314-321-762 Arm^{I} | *ταῖς*] *τοις* A 93 127 Tht^{-1Ms} Compl; *τω* 19′ Tht^{1Ms} | *βααλειμ* B′′ A V *L* 71-121 *b*$^{-46\ 728}$ 60 Tht^{te} Compl

τεθήτω ἐν τῇ πύλῃ οἴκου κυρίου ἔξω· ⁹καὶ κηρυξάτωσαν ἐν Ἰούδᾳ 9
καὶ ἐν Ἰερουσαλὴμ εἰσενέγκαι κυρίῳ, καθὼς εἶπεν Μωυσῆς παῖς τοῦ
θεοῦ ἐπὶ τὸν Ἰσραὴλ ἐν τῇ ἐρήμῳ. ¹⁰καὶ ἔδωκαν πάντες ἄρχοντες καὶ 10
πᾶς ὁ λαὸς καὶ εἰσέφερον καὶ ἐνέβαλλον εἰς τὸ γλωσσόκομον, ἕως οὗ
ἐπληρώθη. ¹¹καὶ ἐγένετο ὡς εἰσέφερον τὸ γλωσσόκομον πρὸς τοὺς 11
προστάτας τοῦ βασιλέως διὰ χειρὸς τῶν Λευιτῶν καὶ ὡς εἶδον ὅτι
ἐπλεόνασεν τὸ ἀργύριον, καὶ ἦλθεν ὁ γραμματεὺς τοῦ βασιλέως καὶ ὁ
προστάτης τοῦ ἱερέως τοῦ μεγάλου καὶ ἐξεκένωσαν τὸ γλωσσόκομον

B′′ A V *L′ a*-119 *b* 60 158 527 Syh$^{17\ 195}$ La$^{109\ (Leg)}$ Aeth Arm

8 *καὶ εἶπεν ὁ βασιλεύς*] *et nunc* Arm^{II}; om *ὁ* 74 | *γλωσσόκομον* (גלוסקמא Syh) ↓] + חד Syh$^{17\ 195}$ = 𝔐(ארון אחד) Targ Pesch(קאבותא אחד: cf Reg IV 12$_{9(10)}$) | *τεθήτω*] *τεθη* 158; *τεθησεται* 106 | *τῇ πύλῃ*] *τη πολει* 381; om *τῇ* B A 19 60 Sixt Ra.: cf 27$_{3}$ | *οἴκου*] pr *του* 19′ Compl; > 71 610 Syh = Vulg$^{-C\ et\ edd}$ | *ἔξω* om La^{109}

9 *ιουδαια* 158 | *ἐν* 2° om 71 44 60(|) | *εισενεγκειν* A V *L b* 55 60 158 527 Compl: cf praef p 105; *εισενεγκεις* Ald | *κυρίῳ*] pr *τω* A V 19′ *b* 60 158 527 Compl; + *deo* Arm^{II} | *μωσης L* 71 44: cf 1$_{3}$ | *παῖς*] *δουλος L* Compl (hab *puer* La^{109}): cf 6$_{14}$ | *τοῦ θεοῦ*] *domini* Syh$^{17\ 195}$ La^{109} Aeth$^{(-P)}$ Arm^{II} = Pesch Targ, cf 𝔐(pr יהוה 1 Ms) et $_{6}$ | *ἐπὶ τὸν Ἰσραήλ*] post *ἐρήμῳ* tr 158; > Arm^{II}; om *τόν* 19

10 *ἔδωκαν*] *ευφρανθησαν L* Arm^{II}(pr *cum audierunt*) Compl (hab *dederunt* Syh$^{17\ 195}$ La^{109}) = 𝔐 Pesch Targ Vulg | *ἄρχοντες*] pr *οι L a*$^{-71}$-119 60 52 Ald Compl = 𝔐 | *πᾶς* om 44 | *καί* 3° om 19 | *καί* 4°] pr *ο λαος* 134; > 134* Arm^{II} | *ἐνέβαλλον*] -*βαλον* 19′ *a*$^{-107}$ *b*$^{-46\ 728}$ 55 60 Compl Sixt Fern.; -*βαλεν* 107 (non 44; -*βαλον* 125^{c}(pr m)) | *τὸ γλωσσόκομον*] *τον γλωσσωκομον* 93: cf praef p 100; ⌒ $_{(11)}$ *τὸ γλωσσόκομον* 107 98 | *οὗ*] *του* 93; *αν a*$^{-71\ (107)}$-119 Ald

11 *ὡς εἰσέφερον*] *ως εφερον* A; *εν* (> 19′) *τω καιρω του ενεγκειν* (*εισεν.* 93) *L* Compl: cf 𝔐; *in tempore inlata est* La^{109}: cf 𝔐(בעת יביא) | *τὸ γλωσσόκομον* 1°] *τον γλ.* 93: cf sq et $_{10}$ | *πρὸς τ. προστάτας*] *ante oculos* La^{109}: cf 𝔐(אל־פקדת) et Vulg (*coram*) | *πρός*] *εις* 106 | *διά* – *βασιλέως* 2°] > 107: homoiot; bis scr 55 | *ὡς* 2°] *ηνικα L* Compl | *εἶδον*] *ειδεν* 121-130-236-314-321-346-762-119 127*^{vid}(*ιδεν*) 158(*ιδεν*): cf Reg IV 12$_{10(11)}$ 𝔊^{ap} | *ὁ* 2° om 127 | *τοῦ ἱερέως*] *του βασιλεως* 60; *ιερεως* (*αρχιερεως* 119*) et post *μεγάλου* tr *L a*-119^{c} Arm Ald Compl | *τοῦ μεγάλου* om La^{109} | *εξεκενωσεν* (-*σε* 527) B*-127 134 527 La^{109}(*exanibit* (hab *uacuefecerunt* La^{Leg})) | *τὸ γλωσσόκομον* 2°] *τον*

---

8 *γλωσσόκομον*] *κιβωτός* 93

καὶ κατέστησαν εἰς τὸν τόπον αὐτοῦ· οὕτως ἐποίουν ἡμέραν ἐξ ἡμέρας
12 *καὶ συνήγαγον ἀργύριον πολύ.* [12]*καὶ ἔδωκεν αὐτὸ ὁ βασιλεὺς καὶ*
Ἰωδᾶε ὁ ἱερεὺς τοῖς ποιοῦσιν τὰ ἔργα εἰς τὴν ἐργασίαν οἴκου κυρίου,
καὶ ἐμισθοῦντο λατόμους καὶ τέκτονας ἐπισκευάσαι τὸν οἶκον κυρίου
13 *καὶ χαλκεῖς σιδήρου καὶ χαλκοῦ ἐπισκευάσαι τὸν οἶκον κυρίου.* [13]*καὶ*
ἐποίουν οἱ ποιοῦντες τὰ ἔργα, καὶ ἀνέβη μῆκος τῶν ἔργων ἐν χερσὶν
αὐτῶν, καὶ ἀνέστησαν τὸν οἶκον κυρίου ἐπὶ τὴν στάσιν αὐτοῦ καὶ
14 *ἐνίσχυσαν.* [14]*καὶ ὡς συνετέλεσαν, ἤνεγκαν πρὸς τὸν βασιλέα καὶ*

B′′ A V *L′ a*-119 *b* 60 158 527 Syh$^{17\ 195}$(desinit ab 11 *καί* ult) La^{109} Aeth Arm

γλ. A 93: cf praec | *καὶ κατέστησαν*] *και κατεστησεν* 119 127; *et revocabit* La^{109}; pr *και ηραν L* Arm^{II}(om *καί*) Compl = 𝔐; + *αυτον* (-*το* 93) *L* Syh Compl = 𝔐 | *εἰς τὸν τόπον αὐτοῦ*] *επι του τοπου αυτου L* Compl; om Arm^{II} | *οὕτως* – *ἡμέρας* om 381 | *ἡμέραν*] *ημερας* 71 46*(non 52) 379 127 | *ἀργύριον* 2°] -*ριου* 71; pr *το* 119 | *πολύ*] *πολυν* 19′ 127 158: cf praef p 101; > 68′-74-106′-120-130-134-321-346

12 *αὐτό*] *αυτω* V* 68′-71′-120-130-314-321-346 46*(non 52)-243-731 127 527 Ald: cf Reg IV 12$_{11(12)}$ 𝔊^{L}; *το αργυριον L* Arm^{II} Compl: cf Reg 𝔐 𝔊$^{-L}$ | *Ἰωδᾶε*] *ιωιαδε* Compl; *ιωιαδαε* 55 60; *ioada* La^{109}; *joidaje* Arm^{I}; *ʾijadaʾe* Aeth^{A}; *judaje* Arm^{II}; *ιωδδαε* 74; *ιωβαδαε* V; post *ἱερεύς* tr *b*$^{2-98}$ | *ὁ ἱερεύς* om 44(|) | *τά* – *ἐργασίαν*] *opus* Aeth$^{(-P)}$; om *τὰ ἔργα* 44; om *τήν a*$^{-71}$-119 Ald Sixt | *οἴκου*] *οικω* 610; > 44 | *καί* 3° ⌒ 5° 236 | *εμισθουν* V*(corr pr m); *μισθουντο* 158: cf praef p 102 | *ἐπισκευάσαι τ. οἶκον κυρίου* 1° om *b*^{2} Arm^{II} | *καί* 5°] ⌒ (14) *καί* 1° 381; ⌒ (13) *καί* 2° 44; ⌒ (13) *καί* 1° A V 106′ *b*$^{I(-381)}$ 55 60 158 527 Aeth$^{(-P)}$ Arm^{I} | *καὶ χαλκεῖς*] *και χαλκεας b*^{2}; *et fabros* La^{109}: pro *και τεκτονας* sicut praec (חרשים 𝔐); *και προς τοις τεκτοσιν* Compl: cf 𝔐(וגם לחרשי); *και προς τοις τεκτοσιν χαλκεις* (-*κοις* 19′) *L*; *et ad eos fabros et architectos* Arm^{II} | *σιδήρου* et *χαλκοῦ* tr *L* La^{109} Arm^{II} Compl | *ἐπισκευάσαι* 2° – (13) *ἔργα*] *et qui faciebant operabantur opera ad instruendam domum domini* La^{109}: *ἐπισκευάσαι* 2° – fin et (13) init – *ἔργα* tr | *ἐπισκευάσαι* 2°] *του κραταιωσαι L* Compl = 𝔐(לחזק), cf Reg IV 12$_{12(13)}$ 𝔊^{L} | *τόν* 2° om 71

13 init – *κυρίου* bis scr 107(-610) | *οἱ ποιοῦντες* om 125 Arm^{I} | *ἀνέβη μῆκος*] *ανεστη μ.* 68′ Ald: cf 23; *ανεβη υψος* 93 Arm^{II} vid(*exaltatus est*) | *ἐν* – *κυρίου* om 107^{II}(-610^{II}) | *χερσίν*] pr *ταις a*$^{-71}$-119 Ald | *καί* 3° – fin om 44: homoiot | *κυρίου*] pr *του* 46 | *ἐπί* – fin om 107(-610) | *ἐνίσχυσαν*] *ησφαλισαντο* (*confirmaberunt* La) *αυτον* (> 19) *L* La^{109} Arm^{II}(vid (*facta est fiducia magna*)) Compl = 𝔐; + *eam* Arm^{I}

14 *ὡς*] *ηνικα L* Compl | *συνετέλεσαν*] *ετελεσαν* 610; -*σεν* 55; + *τον οικον L* Compl; + *opus domus domini* Arm^{II}; + *illa* La^{109}: cf Vulg (+ *omnia opera*) |

πρὸς Ἰωδᾶε τὸ κατάλοιπον τοῦ ἀργυρίου, καὶ ἐποίησαν σκεύη εἰς οἶκον
κυρίου, σκεύη λειτουργικὰ ὁλοκαυτωμάτων καὶ θυίσκας χρυσᾶς καὶ
ἀργυρᾶς. καὶ ἀνήνεγκαν ὁλοκαυτώσεις ἐν οἴκῳ κυρίου διὰ παντὸς
πάσας τὰς ἡμέρας Ἰωδᾶε.
[15]Καὶ ἐγήρασεν Ἰωδᾶε πλήρης ἡμερῶν καὶ ἐτελεύτησεν ὢν ἑκατὸν 15
καὶ τριάκοντα ἐτῶν ἐν τῷ τελευτᾶν αὐτόν· [16]καὶ ἔθαψαν αὐτὸν ἐν 16
πόλει Δαυὶδ μετὰ τῶν βασιλέων, ὅτι ἐποίησεν ἀγαθωσύνην μετὰ
Ἰσραὴλ καὶ μετὰ τοῦ θεοῦ καὶ τοῦ οἴκου αὐτοῦ. [17]καὶ ἐγένετο μετὰ 17

B′′ A V *L′ a*-119 *b* 60 158 527 La^{109} Aeth Arm

ἤνεγκαν] pr *και* 125 La^{109} | *πρός* 2° om 125 | *Ἰωδᾶε* 1°] *ιωιαδε* Compl; *ιωιαδαε* 60; *ioade* La^{109}; *joidaje* Arm^{I}; *ʾijaʾujada* Aeth^{A}; *judaje* Arm^{II}; pr *τον* 74 | *τον καταλοιπον* 731; *το καταλιπον* 236 44 | *τοῦ ἀργυρίου* om 125 | *ἐποίησαν*] + *αυτο L* Arm^{II} Compl = 𝔐$^{-1Ms}$ | *σκεύη* 1° ∩ 2° 71 | *εἰς* – *λειτουργικά*] *λειτουργικα οικου κ̅υ̅* 381 | *εἰς οἶκον*] *εις τον οικον* 19′ Compl; *in domo* La^{109} = 𝔐^{2Mss}(בבית: sicut sq) | *σκεύη* 2°] pr *και a*$^{(-71)}$-119 Aeth$^{(-P)}$ Ald | *ὁλοκαυτωμάτων καὶ θυίσκας*] *et libatoria* La^{109}; pr *και των L* Compl: cf 𝔐 | *ὁλοκαυτωμάτων*] *ολοκαυτωμα αυτων* 127 | *θυίσκας*] *θυησκους* 158: cf praef p 100; *θυσιας* 74 | *χρυσᾶς καὶ ἀργυρᾶς*] *και σκευη χρυσα και αργυρα L* Compl = 𝔐 | *ἀνήνεγκαν*] *-κεν* A *a*$^{-71\ 121\ 44}$ Ald; *απηνεγκαν* 127; *ηνεγκαν* 19′ Compl | *ὁλοκαυτώσεις*] *ολοκαυτωσιν* A; pr *εις* 489 | *ἐν οἴκῳ κυρίου*] *εις οικον κ. a*-119 527 Ald; post *παντός* tr 158 | *οἴκῳ*] pr *τω L* Compl | *διὰ παντός* om 74(|) | *πάσας* – fin om *b*^{2} | *Ἰωδᾶε* 2°] *ιωιαδε* Compl; *ιωιαδαε* V; *ιωιδαε* 60; *ioade* La^{109}; *joidaje(aj)* Arm^{I}; *judaje* Arm^{II}; *ʾijoʾada* Aeth$^{(-P)}$; > 55

15 *Ἰωδᾶε*] *ιωιαδε* Compl; *ιωιαδαε* V 55; *ιωιδαε* 60; *ioadas* La^{109}; *joidaje* Arm^{I}; *judaje* Arm^{II}; *ʾijoʾada* Aeth$^{(-P)}$ | *πλήρης ἡμερῶν καὶ ἐτελεύτησεν*] pr *και ην L* Arm^{II} Compl; > 44; om *πλήρης ἡμερῶν* 107 | *ὤν*] pr *υιος L* Aeth$^{(-P)}$ Compl: cf 𝔐; > Arm^{I} | *ἑκατὸν καὶ τριάκοντα*] *εκατον τριακοντα* (*ρλ′* 107(non 44) 46-98 158) V 71-107 *b* 55 60 158 527; post *ἐτῶν* tr A V *b* 55 60 158 527 125 La^{109} (*annorum CXXX*) Arm (Arm^{II} sim); pr ras(3-4) 120 | *ἐτῶν* om 71 | *ἐν* – fin om 107

16 *θαψαν* 158: cf praef p 102 | *Δαυίδ* (*δ̅α̅δ*)] *δαυειδ* B; *δαβιδ* Tht *Par II* 282 Ald: cf 1$_{1}$ | *βασιλέων*] *ημερων* V | *ὅτι* – (17) *ἐγένετο* om 125 | *εποιησαν* A | *ἀγαθωσύνην*] *bona* La^{109} Aeth$^{(-P)}$ Arm^{II} | *μετά* 2°] *εν* 44 Tht = 𝔐$^{-2Mss}$ | *καί* 2° – fin] *coram domino* Aeth$^{(-P)}$ | *καί* 2° om 121(‖)-762 | *μετά* 2° ∩ (17) *μετά* 44 | *μετὰ τοῦ θεοῦ*] *cum domino* La^{109}; om *τοῦ* 527 | *τοῦ θεοῦ καί* om Ald(‖): cf Vulg^{ap} | *τοῦ οἴκου*] pr *μετα* 119 *b′*-98 127 158 La^{109} Arm Tht^{1Ms}

τὴν τελευτὴν Ἰωδᾶε εἰσῆλθον οἱ ἄρχοντες Ἰούδα καὶ προσεκύνησαν
18 *τὸν βασιλέα· τότε ἐπήκουσεν αὐτοῖς ὁ βασιλεύς.* ^{18}*καὶ ἐγκατέλιπον*
τὸν κύριον θεὸν τῶν πατέρων αὐτῶν καὶ ἐδούλευον ταῖς Ἀστάρταις καὶ
τοῖς εἰδώλοις· καὶ ἐγένετο ὀργὴ ἐπὶ Ἰούδαν καὶ ἐπὶ Ἰερουσαλὴμ ἐν τῇ
19 *ἡμέρᾳ ταύτῃ.* ^{19}*καὶ ἀπέστειλεν πρὸς αὐτοὺς προφήτας ἐπιστρέψαι*
πρὸς κύριον, καὶ οὐκ ἤκουσαν· καὶ διεμαρτύραντο αὐτοῖς, καὶ οὐκ
20 *ἤκουσαν.* ^{20}*καὶ πνεῦμα θεοῦ ἐνέδυσεν τὸν Ἀζαρίαν τὸν τοῦ Ἰωδᾶε*

B′′ A V 971 *L′ a*-119 *b* 60 158 527 La^{109} Aeth Arm

17 *ἐγένετο*] > 71 = 𝔐; + *και* 125 | *Ἰωδᾶε*] *ιωιαδε* Compl; *ιωιαδαε* V 55 60; *ioade* La^{109}; *joidaje(aj)* Arm^{I}; *judaje(aj)* Arm^{II}; *ʾijoʾada* Aeth$^{(-P)}$ | *εἰσῆλθον*] -*θοσαν* (cf praef p 106) et post *Ἰούδα* tr 106 | *Ἰούδα*] pr *του* 98 | *τὸν βασιλέα*] *τω βασιλει και διεφθειρον* (*corripuerunt* (*corruperunt* coni Weber) La) *τον ιωας τον βασιλεα L* La^{109}: cf 23 et Ios IX 167; *regi et convertebant mentem ioas regis* Arm; + *και διεφυραν τον βασιλεα* 121 | *ηκουσεν L* Compl | *αὐτοῖς*] *αυτω* 93; *αυτων* 19′ 489 Compl; *αυτων* et post *βασιλεύς* tr *a*$^{-71}$-119 Ald; post *βασιλεύς* tr 71 Arm^{II} = 𝔐; > La^{109}

18 *ἐγκατέλιπον*] -*λειπον* A V 93(*ενγκ.*) 314 728 60 158(-*λειπων*) | *τὸν κύριον*] > 71; tr A V 127 158 | *κύριον θεόν*] *οικον* $\overline{κυ}$ ($\overline{κν}$ 610; + *του L* 122 Compl) $\overline{θυ}$ *L a*$^{-71}$-119 Arm^{II} Compl = 𝔐 (hab למריא אלהא Pesch^{7a1}) | *εαυτων* V *b*^{2} 60 | *ἐδούλευον*] -*λευσαν* 119 *b*^{2} 127 158; *ελατρευσαν L* Compl | *ταῖς Ἀστάρταις*] *τοις ασταρταις* (*ασταρ*^{τ} 98; -*τοις* 610 379) *b*$^{2-489}$ 610; *ταιαστραρταις* 44; *τη ασταρτη L* 158 La^{109} vid(*astarti*) Compl; et *τοῖς εἰδώλοις* tr A V *b* 55 60 158 527 Arm^{I} | *ὀργή*] + $\overline{κυ}$ 127* Arm | *ιουδα* B 236 44 379; *ιου*^{δ} 125 98: cf 23 et 11 3 | *ἐπί* 2° om B*-127 60 Aeth$^{(-P)}$ Arm^{I} = 𝔐 | *ἐν τῇ ἡμέρᾳ ταύτῃ*] *εν τη πλημμελεια αυτων* (*in peccato isto* La) La^{109} Compl = 𝔐 Pesch(sim) Targ Vulg (*propter hoc peccatum*); + *εν τη πλημμελεια* (-*μελια* 93) *αυτων L′*, cf Ios IX 167 | *ταύτῃ*] *εκεινη b*^{1} 158

19 *ἀπέστειλεν*] + $\overline{κς}$ *L* Arm^{II}(+ *deus*) Tht *Par II* 283 Compl | *πρὸς αὐτούς* om 127 Arm^{II} | *προφήτας*] -*της* 68; -*την* 610 | *ἐπιστρέψαι*] + *αυτους L* Arm^{II} Tht = 𝔐; *ut converterentur* La^{109} Aeth$^{(-P)}$ | *κύριον*] + *deum* Arm^{II} | *καὶ οὐκ ἤκουσαν* 1°] *και ουκ εισηκουσαν* (-*σεν* 314) 121-314-762-119; > *L a*$^{-107\ 121\ 236\ 314\ 762}$ Aeth$^{(-P)}$ Arm^{II} Tht Compl = 𝔐 (hab Pesch); ⌒ 2° 107 127 | *διεμαρτυρατο* A 93 71^{c}(vid)-120* *b*^{1} La^{109}(*contestatus est*) Arm^{I} Tht^{te} (*εμαρτυραντο* et *εμαρτυρετο* ^{ap}) Sixt = Pesch^{te} | *αὐτοῖς*] *αυτους* 121 Tht^{-1Ms} | *καὶ οὐκ ἤκουσαν* 2°] *και ουχ υπηκουσαν* B; > 527

20 *θεοῦ*] $\overline{κυ}$ *a*$^{-71}$-119 127 La^{109} Aeth$^{(-P)}$ Arm Tht *Par II* 283 Dam$^{VWMiMPHaTLcVVM M}$ Ald = Pesch Targ(נבואה מן קדם ייי) Vulg^{ap} | *ενεδυσαν b*$^{2-489}$ | *Ἀζαρίαν*] *ζαχαριαν L*(108$^{txt*\ et\ mg}$) 71 *b*^{2} 60(*ζαχα* sup ras ^{c}) 127 La^{109}(*zaccariam*) Arm^{II} Tht^{-2Mss} Or^{LatB} *in Matth* 610 Ios IX 168 Compl = 𝔐 | *τοῦ Ἰωδᾶε*] *του ιωιαδε* Compl;

τὸν ἱερέα, καὶ ἀνέστη ἐπάνω τοῦ λαοῦ καὶ εἶπεν Τάδε λέγει κύριος
Τί παραπορεύεσθε τὰς ἐντολὰς κυρίου; καὶ οὐκ εὐοδωθήσεσθε, ὅτι
ἐγκατελίπετε τὸν κύριον, καὶ ἐγκαταλείψει ὑμᾶς. ^{21}*καὶ ἐπέθεντο* 21
αὐτῷ καὶ ἐλιθοβόλησαν αὐτὸν δι᾽ ἐντολῆς Ἰωὰς τοῦ βασιλέως ἐν αὐλῇ
οἴκου κυρίου. ^{22}*καὶ οὐκ ἐμνήσθη Ἰωὰς τοῦ ἐλέους, οὗ ἐποίησεν μετ᾽* 22
αὐτοῦ Ἰωδᾶε ὁ πατὴρ αὐτοῦ, καὶ ἐθανάτωσεν τὸν υἱὸν αὐτοῦ. καὶ ὡς
ἀπέθνῃσκεν, εἶπεν Ἴδοι κύριος καὶ κρινάτω. ^{23}*καὶ ἐγένετο μετὰ* 23
τὴν συντέλειαν τοῦ ἐνιαυτοῦ ἀνέβη ἐπ᾽ αὐτὸν δύναμις Συρίας καὶ

B′′ A V 971 *L′ a*-119 *b* 60 158 527 La^{109} Aeth Arm

του ιωιαδαε V 55 60 Or^{Lat}; *ioade* La^{109}; *ιωαδαε* Tht^{1Ms}; *joidaje(aj)* Arm^{I}; *ιουδαε* Tht^{1Ms} Dam^{MM}; *judaje* Arm^{II}; *ʾijoʾada* Aeth$^{(-P)}$; *τοῦ* om 527 | *τὸν ἱερέα*] *τον ιερεαν* 158: cf praef p 99; *του ιερεως L* La^{109} Aeth$^{(-P)}$ Arm Tht Compl = 𝔐 Vulg^{3Mss}; > 71 | *καί* 2° ⌒ 3° 44 | *εἶπεν*] + *αυτοις L a*-119 Aeth$^{(-P)}$ Arm^{II} Tht Ald Compl = 𝔐 | *Τί*] pr *ινα L* Tht Compl; + *υμεις L a*-119 Arm^{II} Tht Ald Compl = 𝔐 (non Pesch Vulg) | *ου κατευοδωθησεσθε* V (-*σθαι* *) | *ευωδοθησεσθε* 120; *ευοδωθησεσθαι* A 127: cf praef p 86 | *ἐγκατε*]*λιπετε* – 25$_{17}$ *δευρο* om 64(‖) | *ἐγκατελίπετε*] *εκατ.* 346; -*λειπετε* A V 55 60 Or^{M} *in Matth* 610 Tht^{1Ms} Dam$^{VW V M^{P} T}$(-*καταλ.*); *εγκατελιπατε* (-*λειπατε* 93(*ενκ.*) 243-728-731 127 (*ενκ.*) Tht^{2Mss}; -*λειπαται* 158; -*ληπατε* 19′(108^{c} (-*καταλ.* *); -*καταλειπατε* Compl)) *L* 71′ *b*$^{-(64)\ 489}$(46*(non 52), 381^{c}) 127 158 Tht^{2Mss} Compl: cf praef p 41s et 105; + *vos* Arm | *τὸν κύριον*] om *τόν* 158; + *deum* Arm^{II}; + *deum vestrum* Aeth$^{(-P)}$ | *ἐγκαταλείψει*] -*ληψει* 243 158: cf praef p 88 et 12$_{5}$

21 *καί* 1° ⌒ 2° 71-107 | *επεθετο* 55 | *αὐτῷ*] *αυτον* 19 46-728 60 158 | *ἐλιθοβόλησαν*] + *λιθοις L* Arm^{II} Compl: cf 𝔐 | *τοῦ βασιλέως* om 119 Dam^{MM}

22 *οὐκ* om 127 | *Ἰωάς*] + *ο βασιλευς L* La^{109} Arm^{II} Tht *Par II* 283 Compl = 𝔐 Pesch^{te} Targ Vulg | *τοῦ ἐλέους*] *του ελεου* 93: cf praef p 101; + $\overline{\kappa\upsilon}$ 19; > 107 | *οὗ ἐποίησεν … καὶ ἐθανάτωσεν*] *ου εποιησαν … και εθανατωσαν* 127; *quod fecit dominus ei … et interfecerunt* Arm^{II} | *οὗ*] *ως* 610 | *μετ᾽ αὐτοῦ*] > 121; post *αὐτοῦ* 2° tr *L a*-119 Tht = 𝔐 | *Ἰωδᾶε*] *ιωιαδε* Compl; *ιωιαδαε* V 55 60; *ioiada* Or^{Lat} *in Matth* 610; *joiadaje* Arm^{Iap}; *ioada* La^{109}; *joidaje* Arm^{Ite}; *judaje* Arm^{II}; *ʾijoʾada* Aeth$^{(-P)}$; post *αὐτοῦ* 2° tr La^{109}; > Tht^{-1Ms} | *ὁ πατὴρ αὐτοῦ*] *ο π. αζαριου* 381; > 44 | *εθανατωσαν* 127 Arm^{II} | *τὸν υἱὸν αὐτοῦ*] *αυτον* 119; *τον υιον αυτον* (> Tht^{1Ms}) *μετ αυτον* (*αυτου* 19 Tht^{2Mss}) *L* Tht; *αυτον μετ αυτον* Arm^{II} | *καὶ ὡς*] *ως δε L* Tht Compl; *qui* La^{109} = Vulg | *επεθνησκεν* 52 | *Ἴδοι*] *ειδοι* 127 Dam^{VW}; *ιδει* 158; *ιδου* 98 Tht^{ap} | *κρινετω* A 60; *κριναι L* Tht Proc *Comm in Par II* 1216 Compl

23 *ἐγένετο* om 44 Arm^{I} | *μετὰ τήν*] *εις L* Arm(vid) Compl: cf 𝔐(ל) | *ἀνέβη*] *ανεστη* 68′ Ald: cf 13 | *ἐπ᾽ αὐτόν*] *επι τον ιωας L* Arm^{II}(post *Συρίας* tr) Compl; *super eos* Arm^{Iap} | *δυναμεις* A: cf praef p 84s | *ἦλθεν*] *ηλθον L* 381

ἦλθεν ἐπὶ Ἰούδαν καὶ ἐπὶ Ἰερουσαλὴμ καὶ κατέφθειραν πάντας τοὺς
ἄρχοντας τοῦ λαοῦ ἐν τῷ λαῷ καὶ πάντα τὰ σκῦλα αὐτῶν ἀπέστειλαν
24 *τῷ βασιλεῖ Δαμασκοῦ.* [24]*ὅτι ἐν ὀλίγοις ἀνδράσιν παρεγένετο δύναμις*
Συρίας, καὶ ὁ θεὸς παρέδωκεν εἰς τὰς χεῖρας αὐτῶν δύναμιν πολλὴν
σφόδρα, ὅτι ἐγκατέλιπον κύριον θεὸν τῶν πατέρων αὐτῶν· καὶ μετὰ
25 *Ἰωὰς ἐποίησεν κρίματα.* [25]*καὶ μετὰ τὸ ἀπελθεῖν αὐτοὺς ἀπ' αὐτοῦ ἐν*
τῷ ἐγκαταλιπεῖν αὐτὸν ἐν μαλακίαις μεγάλαις καὶ ἐπέθεντο αὐτῷ οἱ
παῖδες αὐτοῦ ἐν αἵμασιν υἱοῦ Ἰωδᾶε τοῦ ἱερέως καὶ ἐθανάτωσαν αὐτὸν

B΄΄ A V 971 *L΄ a*-119 *b* 60 158 527 La^{109} Aeth Arm

Arm^{II} (sed *ascenderunt exercitus* pro *ἀνέβη δύναμις*) Compl = 𝔐 Pesch^{ap} | *ιουδα* B΄ 971 346* 381 158 44 379; *ιου^{δ}* 71 125 98: cf $_{18}$ | *ἐπί* 2° om 71-107 La^{109} Aeth$^{(-P)}$ Arm^{I} = 𝔐 Targ Vulg^{-1Ms} | *κατέφθειραν*] *-ρεν* (*-ρε* 71) A 971 71 158 Aeth$^{(-P)}$ Dam^{VWMiMPHaTLcVV}: cf sq; *διεφθειραν* (*-ρον* 93 Fern.) *L* Compl: cf $_{17}$ | *τοῦ* 2° – *λαῷ*] *eorum* Arm^{II}; *τοῦ λαοῦ* om 158 | *ἐν τῷ λαῷ* B΄΄ A V 971 107*(non 44΄-610)-121 *b*$^{I-(64)\,52}$ 60 158 527 Aeth$^{(-P)}$(sim) Arm^{Iap} Sixt] *et populi* Arm^{Ite}; *εκ του λαου* 93-108 Compl = 𝔐 Targ; > 19 71 La^{109} = Pesch Vulg; *εν τω ναω* rel: cf praef p 76 | *πάντα* om 71 | *σκῦλα*] *σκευη* *b*^{2} | *απεστειλεν* (*-λε* 106΄) A 106΄ 158 Aeth$^{(-P)}$ (deest 971: cf praec)

24 *επαρεγενετο* 55: cf praef p 102; *παρεγινετο* A 127; *ηλθον* *L* Arm^{II} Compl = 𝔐 | *δυναμεις* 19΄ Arm^{II} Compl | *ὁ θεός*] *ο* $\overline{κς}$ 19΄ La^{109} Arm^{II} = 𝔐 | *εἰς* om 527(corr pr m) | *χεῖρας αὐτῶν*] *χ. αυτου* 19; *αυτων χειρας* (> 46*) 46^{c}-52 | *πολλήν*] *πολυν* 125: cf praef p 101; *πολλην πολλην* (*πολλα* Ald) 68΄ Ald; *μεγαλην* 44 | *εγκατελειπον* (*ενγκ.* 93: cf praef p 92; *-λειπων* 158) A V 93 314 728 55 60 158 | *κύριον* om 71-119 | *θεόν* B΄΄ V 971(vid) 106΄ 46-728 60(|) 527] pr *τον* rel | *τῶν πατέρων* om 71 | *αὐτῶν* 2°] *εαυτων* A V 60 | *καί* 2° om 731 | *Ἰωάς*] *ιας* 610*; *ιωσιας* 127 | *εποιησαν* 158 527 La^{109} Tht^{1Ms} *Par II* 284 = 𝔐

25 *μετὰ τὸ ἀπελθεῖν*] *μετα το αποθανειν* V; *εν τω παραπορευεσθαι* (*-σθε* 108; *πορευεσθε* 93) *L* Arm^{II}(vid): cf 𝔐; om *τό* 120* | *ἀπ'*] *επ* V; *μετ* 158 | *ἐν* 1° – *καί* 2° om 107 | *ἐν τῷ ἐγκαταλιπεῖν*] *κατελιπον* (*-λειπον* 93) *L* La^{109} Arm Compl: cf 𝔐(כי עזבו (om כי 2 Mss)) | *εγκαταλειπειν* (*ενκ.* 127: cf praef p 92) 55΄; *καταλιπειν* V^{c} *b*$^{-728\,(64)}$ 527; *καταλειπειν* V* 71 728 60 158 | *αὐτόν* 1°] *αυτους* 52 | *ἐν μαλακίαις*] *εν αρρωστιαις μεγαλαις* 93; *εν αρρωστια μεγαλη* 19΄ Arm^{I}(sing) Compl: cf 6$_{29}$; om *ἐν* 71 | *αὐτῷ*] *τω* (> Tht^{ap}) *ιωας* (*ιοας* Tht^{1Ms}; *ιας* Tht^{1Ms}) *L* Arm^{II} Tht *Par II* 284 Compl; > 98* corr pr m(non 379) | *αἵμασιν*] *αιματι* 19-108*; pr *τοις* 489 | *υἱοῦ*] *των* (> 158 Tht Proc) *υιων* *L* 158 La^{109} Arm^{II} Tht Proc *Comm in Par II* 1216 Compl = 𝔐$^{-2Mss}$ Pesch Targ Vulg^{1Ms} | *Ἰωδᾶε*] *ιωιαδε* Compl; *ιωιαδαε* 489 55 60; *ioade* La^{109}; *joidaje*(*aj*) Arm^{I}; *judaje* Arm^{II}; *ιουδαε* Ald; *ʾija'ada* Aeth^{A} | *εθανατωσεν* 381*(corr pr m) | *αὐτόν*

ἐπὶ τῆς κλίνης αὐτοῦ, καὶ ἀπέθανεν· καὶ ἔθαψαν αὐτὸν ἐν πόλει Δαυὶδ
καὶ οὐκ ἔθαψαν αὐτὸν ἐν τῷ τάφῳ τῶν βασιλέων. [26]*καὶ οἱ ἐπιθέμενοι* 26
ἐπ' αὐτὸν Ζαβὲδ ὁ τοῦ Σαμὰθ ὁ Ἀμμανίτης καὶ Ἰωζαβὲδ ὁ τοῦ Σαμαρὶθ
ὁ Μωαβίτης [27]*καὶ οἱ υἱοὶ αὐτοῦ πάντες, καὶ προσῆλθον αὐτῷ οἱ* 27
πέντε. καὶ τὰ λοιπὰ ἰδοὺ γεγραμμένα ἐπὶ τὴν γραφὴν τῶν βασιλέων·
καὶ ἐβασίλευσεν Ἀμασίας υἱὸς αὐτοῦ ἀντ' αὐτοῦ.

B'' A V 971 *L' a*-119 *b* 60 158 527 La^{109} Aeth Arm

2° – *αὐτοῦ* 3° om Arm^{II} | *τῆς κλίνης*] *την κληνην* 158 | *καὶ ἀπέθανεν* om 381 | *ἔθαψαν αὐτόν* 1° ⌒ 2° 130-321-346 55' | *δαυειδ* B; *δαβιδ* Tht Ald: cf 1$_1$ | *αὐτόν* ult] *αυτων* 381*; > 46 | *ἐν τῷ τάφῳ*] *μετα* 610; om *τῷ* 19' 71 381(lit *τα* sup ras 4) Compl | *τῶν*] *τω* 321

26 *οἱ*] *hi qui* La^{109}: cf 𝔐; > 60 | *επιτιθεμενοι b*^{2} 60 | *αὐτόν*] *αυτω* 158; *αυτων* 527* 52 | *Ζαβέδ*] *ζαβαδ* 19' Compl Fern. = 𝔐 Targ Vulg^{ap}; *ζαβαθ* 93 Lag. = Vulg^{te}; *zabdea* Arm^{I}; *zabaad* Arm^{II}, *ζαβεθ* A V 60; *ζαβελ* B': cf praef p 75; *σαβεδ* 158; *iabet* La^{109}; *σαμελ* 127: cf praef p 77 | *ὁ τοῦ* 1°] *υιος L* Compl | *Σαμάθ*] *σαμααθ* 93-108 *a*-119 Compl Sixt: cf 𝔐; *αμααθ* 19: post *σ*; *sameth(aj)* Arm^{I}; *samaadu* Arm^{II}; *σαμαα* V; *σαμα* B *b*^{2} 158; *ζαμα* 127 | *ὁ Ἀμμανίτης* – fin] *e somanitis* Arm^{II}(vid) | *ὁ Ἀμμανίτης*] *ο αμανιτης* 98 158 527; *της αμμανιτιδος L* Compl = 𝔐; *amonita* Arm^{I}; > 107 | *καί* 2° – fin om 19: homoiot | *Ἰωζαβέδ*] *iozabad* Aeth$^{(-\mathrm{P})}$ = 𝔐; *iozabat* (*iosabat* ^{c}(corr pr m)) La^{109}; *ιωζαβεθ* 93 107(non 610) Lag.; *ιοζαβεθ* 74; *ιωαζαβεθ* 60; *ιωζαβελ b*$^{1(-64)}$; *ζωζαβεδ* B'; *ιωσαβεδ b*^{2}; *iosabeth* Arm^{I} | *ὁ τοῦ* 2°] *υιος L*$^{(-19)}$ Compl | *Σαμαρίθ*] *σαμαρηθ* 489 Ald Sixt; *σαμαρεθ a*$^{-236*}$-119; *samiroth* La^{109}: *σαμαραμωθ* 93; *αμειραμωθ* 108: post *σ*; *σομαιωθ* B; *σωμεωθ* 127; *σαραρεθ* 236*; *ζαμαρηθ* 381; *σωμαρωθ* Ra. | *ὁ Μωαβίτης* (-*βειτης* B: cf praef p 84)] *ο μωαβητης* V*; *ο αμωαβιτης* 762*; *της μωαβιτιδος* (-*βειτ.* 93) *L*$^{(-19)}$ Compl = 𝔐; > 107

27 *οἱ* 1° om *L* 71 46 127* Compl | *πάντες* – *πέντε*] *πεντε* (*παντες* Arm^{I}) *και* (> Arm^{II}) *προσηλθον αυτω οι πεντε· και πλειστα λημματα* (*λειμματα* 93; *copias* Arm) *κατ αυτου* (+ *ponebant* Arm), *και η θεμελιωσις οικου του θεου* (*και* ult – fin om Arm^{I}) 93-108 Arm; *πεντε* (> Compl) *και πλειστα λημματα κατ αυτου και η θεμελιωσις οικου του θεου* 19 La^{109} sim(*V. Et tributum acceperunt ab statione domus domini*) Compl: *πλειστα λημματα κατ αυτου* pro *προσῆλθον αὐτῷ οἱ πέντε* in 19 La^{109}(sim) Compl, add in 93-108 Arm dubl pro 𝔐 ורב הַמַּשָּׂא עָלָיו: archetypus translatoris graeci: ורב חֲמִשָּׁה (עלו ?) עליו | *οἱ πέντε*] *οι* (> 120*; + *δεκα* 121) *πεντε* (*ε'* 134-314-762) *και εθανατωσαν αυτον a*$^{-71}$-119 *b*^{2} Ald: cf 25 | *καί* 3° ⌒ 4° 125 | *τὰ λοιπά*] *reliqua verba ioas* Arm^{I}; + *των λογων αυτου a*$^{-71(125)}$-119 Aeth$^{(-\mathrm{P})}$(sim); + *sermones verborum* Arm^{II}; + *que gesserunt* La^{109} | *ἰδού*] *ιουδα* A; *τω ϊọụ[δα]* 971 (?) | *γεγραμμένα*] -*νοι* 93; pr *εστι* (-*ιν* 19) *L* Compl; + *sunt* La^{109} Arm= Vulg, cf Pesch | *τὴν γραφήν*] *των γραφων* 527; + *βιβλιου L* Compl = 𝔐; + *sermonum* Arm^{II}; om *τήν* A 44 | *βασιλέων*] *βασιλειων b*$^{(-64)}$; + *$\overline{ιηλ}$*

1 **25** [1]*Ὧν πέντε καὶ εἴκοσι ἐτῶν ἐβασίλευσεν Ἀμασίας καὶ εἴκοσι
ἐννέα ἔτη ἐβασίλευσεν ἐν Ἰερουσαλήμ, καὶ ὄνομα τῇ μητρὶ αὐτοῦ
2 Ἰωαδὲν ἀπὸ Ἰερουσαλήμ.* [2]*καὶ ἐποίησεν τὸ εὐθὲς ἐνώπιον κυρίου,
3 ἀλλ' οὐκ ἐν καρδίᾳ πλήρει.* [3]*καὶ ἐγένετο ὡς κατέστη ἡ βασιλεία ἐν
χειρὶ αὐτοῦ, καὶ ἐθανάτωσεν τοὺς παῖδας αὐτοῦ τοὺς φονεύσαντας τὸν
4 βασιλέα πατέρα αὐτοῦ·* [4]*καὶ τοὺς υἱοὺς αὐτῶν οὐκ ἀπέκτεινεν κατὰ*

B′′ A V *L′ a*-119 *b* 60 158 527 La$^{109\,(Leg)}$ Aeth Arm

527 | *Ἀμασίας*] *αμασσιας* 93 Ios^{Lat} IX 186; *αμεσιας* 19-121 Arm^{II} Theoph An *Autol* 256,11 Hippol *Chron*^{H_2} 129 (*Cois gr* (hab *αμασιας Chron*$^{H_{1\,2}}$ 96,23)); *αμεσσιας* 108 An gen 180,395 Eus *Chron I*$^{Arm\ 57,5\ et\ Eclog\ hist\ 158}$([*α*]*μεσσιας* (hab *amasia Chron I*$^{Arm\ Reg\ ser\ 145,24}$)) *Chron II*^{Lat} 81a,5 (hab *amasia Chron II*^{Arm} 179): cf Reg IV 12$_{21(22)}$ | *υἱός*] pr *ο* 381 158

25 1 *Ὧν*] pr *και εβασιλευσεν* B'; *υιος ων* (*ην* 19) *L* Aeth$^{(-P)}$ Compl = 𝔐, cf Reg IV 14$_2$ 𝔐 𝔊$^{-L}$; *vir* Arm; *ως* V*; > 381 La^{109}: cf sq | *πέντε καὶ εἴκοσι*] *ε′ και κ′* 127 158 52; *εικοσι και πεντε* (*κ′ και ε′* 130-134-314-321-346-762; *εικοσι πεντε* 71 44′; *κε′* 107-610) *L a*-119 La^{109} Aeth$^{(-P)}$ Arm Ald Compl Sixt = 𝔐 et Reg 𝔐 𝔊; post *ἐτῶν* tr 71 Arm | *ἐβασίλευσεν* 1° ⌒ 2° 55 | *ἐβασίλευσεν Ἀμασίας*] *εβασ. αμασειας* B*; *εβασ. αμεσιας* 121; *αμεσιας* (*amasias* La Arm^{I}; *αμασσιας* 93; *αμεσσιας* 108: cf Reg 𝔊) *εν τω βασιλευειν αυτον L* La^{109} sim(*erat amasias cum regnare cepisset*) Aeth^{A} Arm(sim): cf Reg 𝔐 𝔊; pr *ην οτε* et om *Ἀμασίας* 381; > 71 527 | *αμεσιας* TheophAn *Autol* 256,11 Hippol *Chron*^{H_2} (*Cois gr 120*) 129,3; *amessias* An Gen 180,397 Eus *Chron II*^{Lat} 81a,6(cf 326 (hab *αμασιας Praep* 610,13)) | *εἴκοσι ἐννέα*] *κθ′* 107(non 44) 46-98 127 158; *εικοσι και εννεα* (*κ′ και θ′* 130-131-314-321-346-762) A *L a*$^{-71\ 107}$-119 60 La^{109} Aeth$^{(-P)}$ Arm^{Ite} Compl = 𝔐 et Reg 𝔐 𝔊; *XXV* Arm^{II} | *καί* ult – fin] post $_{(2)}$ *κυρίου* tr 158; > 314-119 60: homoiot = Reg 𝔊^{158} | *τῇ μητρί*] *matris* La^{109} = 𝔐 et Reg 𝔐 𝔊 | *Ἰωαδέν*] *ιωαδιν* 527 Arm^{I}; *ιωαδειν* Lag.; *ιωαδαεν* Ald Sixt; *ιωδαειν* Compl; *ιωδαεν* 610; *ιωδεν* 125; *ιωδιν* 121; *'ija'ejedan* Aeth$^{(-P)}$; *ιωαδε* 44; *ιωαδη* Ios^{te} IX 186(*ioadin* Ios^{Lat}); *ιωαδεμ* 46-728 158; *ιωαδειμ* 93 Arm^{IIap} = Reg 𝔊$^{B\,L}$; *ιωδαειμ* 19′ Fern.; *ιωδαεμ* 381; *ioabim* Arm^{IIte}; *ιωναα* B; *ιωνα* 127 | *ἀπὸ Ἰερουσαλήμ*] *εξ ιερ. L* Compl = Reg 𝔊^{omnes}; *εν ιερ.* 554; > 381

2 *ἀλλ'* – fin] *verumtamen non in corde perfecto* La^{109} = Vulg (hab *sed non in pleno corde* La^{Leg}) | *ἀλλ' οὐκ*] *αλλα ουκ* 108 Compl: cf praef p 97; + *ην* 158 | *πλήρει*] *πληρη* 71 60 158: cf 15$_{17}$; *τελεια* 19 381: cf 𝔐(שׁלם)

3 *καί* 1° ⌒ 2° 107 | *κατέστη* – *αὐτοῦ* 1°] *εβασιλευσε* 381 | *ἡ βασιλεία*] om *ἡ b*^{2}; + *αυτου* 19′ Compl | *ἐν χειρί* om 236 | *καί* 2° om La^{109} Arm Dam^{K} = Reg IV 14$_5$ 𝔊^{L} | *τοὺς παῖδας αὐτοῦ*] *filios eius* La^{109}: cf praef p 67; *τ. π. εαυτου* A V 60; + *μετ αυτου* 19 | *φονευσαντα* A | *τὸν βασιλέα πατέρα*] *βασ. τον πατερα* 107; *τον βασ. τον πατερα L* Compl | *αὐτοῦ* ult] *εαυτου* 60

τὴν διαθήκην τοῦ νόμου κυρίου, καθὼς γέγραπται, ὡς ἐνετείλατο κύριος λέγων Οὐκ ἀποθανοῦνται πατέρες ὑπὲρ τέκνων, καὶ υἱοὶ οὐκ ἀποθανοῦνται ὑπὲρ πατέρων, ἀλλ' ἢ ἕκαστος τῇ ἑαυτοῦ ἁμαρτίᾳ ἀποθανοῦνται.
[5]Καὶ συνήγαγεν Ἀμασίας τὸν οἶκον Ἰούδα καὶ ἀνέστησεν αὐτοὺς 5
κατ' οἴκους πατριῶν αὐτῶν εἰς χιλιάρχους καὶ ἑκατοντάρχους ἐν παντὶ Ἰούδᾳ καὶ Ἰερουσαλήμ· καὶ ἠρίθμησεν αὐτοὺς ἀπὸ εἰκοσαετοῦς καὶ ἐπάνω καὶ εὗρεν αὐτοὺς τριακοσίας χιλιάδας δυνατοὺς ἐξελθεῖν εἰς
πόλεμον κρατοῦντας δόρυ καὶ θυρεόν. [6]καὶ ἐμισθώσατο ἀπὸ Ἰσραὴλ 6

B'' A V *L' a*-119 *b* 60 158 527 Syh$^{17\ 195}$(incipit ab $_5$) La$^{109\,(Leg)}$ Aeth Arm

4 *αὐτῶν*] *αυιυυ* 19' 60: cf Reg IV 14$_6$ 𝔊^{L} | *οὐκ* 1° om 44 | *κατά – κυρίου* om 107 | *κατά*] *δια* 119 | *τοῦ νόμου*] > 60; om *τοῦ* A *a*$^{-(107)\,71\,554}$-119 489 | *γέγραπται*] + *εν νομω μωση* (-*σει* 19; *μωυση* Compl: cf 1$_3$) *L* Arm^{II} Compl; + *in libro legis moysi* La^{109}: cf 𝔐 et Reg 𝔐 𝔊 | *ὡς – λέγων* om 44(|) | *καί* 2° – *πατέρων* om 60 158 | *καὶ υἱοὶ οὐκ ἀποθανοῦνται*] *ουδε υιοι* 107 La^{109} ↓: cf Reg 𝔊^{L} et 𝔊^{44} | *υἱοί*] pr *οι* 93: cf Reg 𝔊^{ap} | *πατέρων*] pr *των* 381 | *τῇ ἑαυτοῦ ἁμαρτίᾳ*] *εν* (> *b*$^{I(-64)}$ 158) *τη αμαρτια αυτου L b*$^{I(-64)}$ 158 Compl = 𝔐 et Reg 𝔐 𝔊; *τη* (pr *εν* 121) *αμαρτια εαυτων* (*αυτων* 554 44) *a*$^{-71}$-119 Ald | *ἀποθανοῦνται* 3°] -*θανειται* A *L b*^{2} 60 127 158 44 Dam^{K} Compl = Reg 𝔐 𝔊 et Deut 24$_{16}$ 𝔊

5 *Ἀμασίας*] -*σειας* B*; *αμεσιας* 19-121 Arm^{II} Compl; *αμεσσιας* 93-108; + *rex* Aeth$^{(-P)}$ | *ἀνέστησεν*] -*σαν* 107(non 125); *εστησεν L* Compl | *κατ' οἴκους*] *και οικους* 71; *κατ οικον* 527 | *εἰς* 1° – *αὐτούς* 2° om Syh$^{17\ 195}$ | *εἰς* 1°] *ει* 74 | *ἑκατοντάρχους*] pr *εις* B^{c} 106-134-554 = 𝔐 | *ἐν* om B* 71 | *Ἰερουσαλήμ*] *βενιαμιν L'* La^{109} Arm^{II} Compl, cf Ios IX 188 = 𝔐 Pesch Targ Vulg; pr *εν a*$^{-71\,74\,121\,44'}$-119 381 52 Ald | *ἠρίθμησεν*] *επεσκεψατο L* Compl: cf 𝔐 | *τριακοσίας*] *τ'* 107(non 44)-314-554-762; *γ'* 127; *τετρακοσιας* 46 | *δυνατούς* ⌒ $_{(6)}$ *δυνατούς* Syh(vid) | *δυνατοὺς/ἐξελθεῖν εἰς πόλεμον*] *δυνατων εξερχομενων εις πολεμον L* Arm^{II}(vid) Compl: cf 𝔐(בחור יוצא צבא); *potentes qui exibant in bellum* Arm^{I}; *potentes in bello* La^{109}; *iuvenum prodeuntium in bellum* La^{Leg}(*bello* L): cf 𝔐 Vulg; tr *a*$^{-71\,44}$ Ald Sixt | *κρατοῦντας* – $_{(6)}$ *ἰσχύι* bis scr 106(106^{II} sup ras) | *κρατοῦντας* – fin om 107 | *κρατουντων* 93-108 Compl: cf praec; *κρατουντο* 19 | *θυρεόν*] *θυραιον* V^{c} 71 728 60: cf praef p 86; *θυραιους* 127; *θυρεω* 158

---

25 4 *Οὐκ – πατέρων*] *τέκνα ὑπὲρ ἁμαρτίας πρων οὐκ ἀποθνῄσκουσιν* (*νη* ex *ανο* corr) *οὔτε πατέρες ὑπὲρ τέκνων* 108

7 ἑκατὸν χιλιάδας δυνατοὺς ἰσχύι ἑκατὸν ταλάντων ἀργυρίου. ^{7}καὶ
ἄνθρωπος τοῦ θεοῦ ἦλθεν πρὸς αὐτὸν λέγων Βασιλεῦ, οὐ πορεύσεται
μετὰ σοῦ δύναμις Ἰσραήλ, ὅτι οὐκ ἔστιν κύριος μετὰ Ἰσραήλ, πάντων
8 τῶν υἱῶν Ἐφράιμ· ^{8}ὅτι ἐὰν ὑπολάβῃς κατισχῦσαι ἐν τούτοις, καὶ τρο-
πώσεταί σε κύριος ἐναντίον τῶν ἐχθρῶν, ὅτι ἔστιν παρὰ κυρίου καὶ
9 ἰσχῦσαι καὶ τροπώσασθαι. ^{9}καὶ εἶπεν Ἀμασίας τῷ ἀνθρώπῳ τοῦ

B′′ A V *L′ a*-119 *b* 60 158 527 Syh$^{17\ 195}$ La^{109} Aeth Arm

6 *εμισθωσαντο* 71 127^{c} Arm^{Iap} | *ἑκατὸν χιλιάδας*] *ρ′ χιλιαδας* (tr 44) 107-130-314-321-346-762 127 158 52 | *χιλιαδες* 60 | *δυνατούς*] *δυνατων L* Compl: cf Vulg; > 527 | *ἰσχύι*] pr *εν* 381 527; > 44

7 *ἄνθρωπος τοῦ θεοῦ*] *propheta domini* Aeth$^{(-P)}$ = Pesch Targ; *homo domini* La^{109} | *Βασιλεῦ* om Syh = 𝔐^{4Mss} | *οὐ πορεύσεται*] *μη πορευεσθω L* Tht *Par II* 284 Proc *Comm in Par II* 1216 Aug *grat* 908(*non veniat* (hab *non ibit* La^{109} Lucif *con* 171)) Compl; *ου παρελευσεται* (*παραλ.* 98(non 379)) A V *b*$^{(-64)}$ 55 60 527 Ald; *ου παρελευσωνται* (-*σωται**) 158^{c} Arm^{II}: cf sq | *μετά – Ἰσραήλ*] *cum exercitu israhel* La^{109}(*tecum* ^{mg} (hab *tecum exercitus israel* Lucif = 𝔐 Vulg)) | *μετὰ σοῦ*] *μετ αυτου* 55 | *δυναμεις* 158 Arm^{II}: cf praec | *οὐκ ἔστιν*] *ου* V Lucif | *κύριος*] *deus* La^{109} Lucif (hab *dominus* Aug); + *deus* Arm^{II} | *πάντων τῶν υἱῶν Ἐφράιμ*] *omnes filii ephrem* Lucif; *omnibus filiis ephrem* Aug; *et non cum omnibus filiis ephrem* Arm^{I}: cf Pesch; *et dimitte omnes filios efrem quos convocasti* La^{109}; pr *et* Aeth$^{(-P)}$ = Vulg^{-1Ms}; > 107; om *τῶν a*$^{-(107)\ 71\ 106\ 554}$-119 Ald

8 *ὅτι* 1°] *και* 44; > Arm^{Ite} | *ἐάν – καί* 1° om 125 | *λαβης* 71 | *κατισχῦσαι ἐν τούτοις*] Syh inc; *κατ. εν αυτοις b*^{2}; *κατ. τουτους* 44; pr *του L* Compl | *καί* 1°] *εν τω πολεμω L* Arm^{II}(sim) Tht *Par II* 284 Compl: cf 𝔐; *κ̅ς̅* 44; > La^{109} Arm Lucif *con* 171 Aug *grat* 908 = 𝔐 | *τροπώσεταί σε*] *τροπωθησεται* 93; om *σε* A 119 Tht^{ap} Compl | *κύριος*] *deus* Aug = 𝔐 Pesch Targ Vulg^{te}; om 44: cf praec | *ἐναντίον* – fin] *εν τουτοις ει υπολαβης κατισχυσαι μετ αυτων* 125: ex praec | *εναντι* A V 60 | *ἐχθρῶν*] + *σου L* La^{109} Arm Tht = Vulg^{ap} | *ὅτι* 2° – fin om 107 | *ἔστιν παρὰ κυρίου*] *εστιν ισχυς τω κ̅ω̅ L* Arm^{II} Compl(non Syh(vid)); *est virtus a domino* La^{109} Lucif; *virtus est deo* Aug: cf 𝔐(יש־כוח באלהים) | *καὶ ἰσχῦσαι*] *κατισχυσαι* A V 71 *b*$^{(-64)}$ 55 60 158 527; *του βοηθησαι L* Arm^{II} Tht 284s Aug(*adiuvare* (hab *confortare* La^{109}(deest Lucif))) = 𝔐 Pesch Targ Vulg; om *καί* 68-314 = 𝔐; + *εν τουτοις* A: ex praec; post *τροπώσασθαι* tr 127 | *τροπώσασθαι*] -*σεσθαι* A; pr *του* 93 Tht^{-1Ms}

9 om v 9 381 | *εἶπεν* 1° – *θεοῦ* 1°] *ειπεν αυτω* (> 125) *αμασιας* 107 | *Ἀμασίας*] *αμασσιας* 93; *αμεσιας* 121 Arm^{II} Dam^{CVMP} Compl; *αμεσσιας* 19′ | *τῷ ἀνθρώπῳ τοῦ θεοῦ*] *prophetae domini* Aeth$^{(-P)}$ = Pesch((ap דאלהא) נביה דמריא)

θεοῦ Καὶ τί ποιήσω τὰ ἑκατὸν τάλαντα, ἃ ἔδωκα τῇ δυνάμει Ἰσραήλ;
καὶ εἶπεν ὁ ἄνθρωπος τοῦ θεοῦ Ἔστιν τῷ κυρίῳ δοῦναί σοι πλεῖστα
τούτων. [10]καὶ διεχώρισεν Ἀμασίας τῇ δυνάμει τῇ ἐλθούσῃ πρὸς 10
αὐτὸν ἀπὸ Ἐφράιμ ἀπελθεῖν εἰς τὸν τόπον αὐτῶν, καὶ ἐθυμώθησαν
σφόδρα ἐπὶ Ἰούδαν καὶ ὑπέστρεψαν εἰς τὸν τόπον αὐτῶν ἐν ὀργῇ
θυμοῦ. [11]καὶ Ἀμασίας κατίσχυσεν καὶ παρέλαβεν τὸν λαὸν αὐτοῦ 11
καὶ ἐπορεύθη εἰς τὴν κοιλάδα τῶν ἁλῶν καὶ ἐπάταξεν ἐκεῖ τοὺς υἱοὺς
Σηεὶρ δέκα χιλιάδας· [12]καὶ δέκα χιλιάδας ἐζώγρησαν οἱ υἱοὶ Ἰούδα 12

B′′ A V *L′ a*-119 *b* 60 158 527 Syh$^{17\,195}$ La^{109} Aeth Arm

Targ | *Καί* om 60 = Pesch | *τὰ ἑκατὸν τάλαντα*] *τοις εκατον ταλαντοις L* La^{109} vid(*pro centum talenta*) Tht *Par II* 285 Compl: cf 𝔐; + *του χρυσιου a*$^{-71\,44}$-119: cf 𝔐(+ כסף 2 Mss) Targ(+ [ף]דכס) Vulg(+ *argenti* 2 Mss) | *ἅ*] *οις L* Tht Compl; *τα* 127 | *δεδωκα a*$^{-71\,44\,314}$ 55′ | *Ἰσραήλ*] pr *του a*$^{-71\,44}$-119 Tht^{1Ms} | *εἶπεν* 2°] + *αυτω* 321-346 *b*^{2} Syh$^{12\,195}$ Aeth$^{(-P)}$ Arm = Pesch Vulg^{-1Ms} | *ὁ ἄνθρωπος τοῦ θεοῦ* 2°] *ο ανθρωπος του* $\overline{κυ}$ 55; *propheta domini* Aeth$^{(-P)}$ (hab ברנשא דאלהא Syh): cf Pesch et Targ(*propheta dei*) | *κυρίῳ*] $\overline{θω}$ 158 44 | *πλεῖστα* B′′ A V^{c}(*πλιστα* *) *b*^{2} 60 527 Sixt] *πλειονα a*$^{-106\,321}$-119 Dam^{CVMP} Ald; *πλειω L* 728 Tht^{te} Compl: cf praef p 101; *πλειον* (*πλειων* 158) 106′-321 46 158 Tht^{ap}

10 *διεχώρισεν*] -*ρεισεν* 158; -*ρησεν* 19-93 107(non 44)-120-130-134-236*-321-346-554 381* 60 Dam^{VEVMP}: cf praef p 107 | *Ἀμασίας*] -*σειας* B*; *αμεσιας* 93-121 Arm^{II} Dam^{CVMP} Compl; *αμεσσιας* 19′; + *rex* La^{109} Aeth$^{(-P)}$ | *τῇ δυνάμει τῇ ἐλθούσῃ*] *την δυναμιν την ελθουσαν L* Compl; *ecercitum qui venerat* La^{109} Arm sim(Arm^{II} plur) | *ἀπό* om 93 | *ἀπελθεῖν*] *ελθειν* 107 | *τὸν τόπον αὐτῶν* 1°] *τον τ. εαυτων* (-*τον* V*) A V *b*^{2} 60; *τόν* om 243-731; ⌒ 2° 314 60 | *ἐθυμώθησαν*] *εθυμωσαν* 346; + *τη οργη αυτων L* Compl: cf 𝔐 | *ιουδα* 610 379; *ιου*^{δ} 107 98 | *ὑπέστρεψαν*] -*ψεν* A 125*; *επεστρεψαν* B *L* Compl Sixt Ra.; *απεστρεψαν a*$^{-71\,107\,314\,346}$-119 127 Ald; *απετρεψαν* 346 | *εἰς τ. τόπον αὐτῶν*] *εις τ. τοπον εαυτων* A V *b*$^{-(64)\,381}$ Ald: cf praec; *εις τ. τοπον αυτου* 321-346; > 107

11 *Ἀμασίας*] -*σειας* B*; *αμεσιας* 121 Arm^{II} Compl; *αμεσσιας* 19′; + *rex* Aeth$^{(-P)}$ | *παρέλαβε(ν)*] *παρεβαλε* 314; דבר Syh = Pesch, cf 𝔐 | *αὐτοῦ*] *εαυτου* (pr *τον* 381) A V *b*$^{I(-64)}$ 60 | *ἐκεῖ* om Arm^{Ite} = 𝔐 | *υἱούς* om 106 | *Σηείρ* B′′ A *L* 71-106-314* 243-381-728-731 52 Ald Compl Sixt] *σιειρ* 46 60; *σιηρ* 489 158 125-610; *σειηρ* 98; *σηηρ* 527; *σηρ* 44; *σηιρ* rel Ra.: cf 20 10 | *δέκα χιλιάδας*] *ι′ χιλιαδας* 107(non 44)-314-321-346-762; tr 44′ | *χιλιαδες* 60: cf 12 et praef p 101

12 *καὶ δέκα χιλιάδας*] > 314; om *χιλιάδας* 107 | *χιλιαδες* 60: cf 11 | *οἱ υἱοί*] > 71; om *οἱ* 93 489-728 | *Ἰούδα*] $\overline{ιηλ}$ *a*$^{-71\,121\,236\,314\,762}$(106^{txt}) |

καὶ ἔφερον αὐτοὺς ἐπὶ τὸ ἄκρον τοῦ κρημνοῦ καὶ κατεκρήμνιζον
13 *αὐτοὺς ἀπὸ τοῦ ἄκρου τοῦ κρημνοῦ, καὶ πάντες διερρήγνυντο.* [13]*καὶ*
οἱ υἱοὶ τῆς δυνάμεως, οὓς ἀπέστρεψεν Ἀμασίας τοῦ μὴ πορευθῆναι
μετ᾽ αὐτοῦ εἰς πόλεμον, ἐπέθεντο ἐπὶ τὰς πόλεις Ἰούδα ἀπὸ Σαμαρείας
ἕως Βαιθωρὼν καὶ ἐπάταξαν ἐν αὐτοῖς τρεῖς χιλιάδας καὶ ἐσκύλευσαν
σκῦλα πολλά.
14 [14]*Καὶ ἐγένετο μετὰ τὸ ἐλθεῖν Ἀμασίαν πατάξαντα τὴν Ἰδουμαίαν*
καὶ ἤνεγκεν πρὸς αὐτοὺς τοὺς θεοὺς υἱῶν Σηεὶρ καὶ ἔστησεν αὐτοὺς

B′′ A V *L′ a*-119 *b* 60 158 527 Syh$^{17\ 195}$(desinit ab 12 *καί* 2°) La^{109} Aeth Arm

τὸ ἄκρον] *τον ακρον* 127*; *του ακρου* 60; om *τό* 46*(non 52) 158 | *καί* paenult] ⌒ ult 44; > 74 | *κατεκρήμνιζον*] -*κρημιζον* 134 127: cf praef p 80; -*κρεμνιζον* 158; -*κρεμιζον* 71; *κατεκρημνισεν* A Ios IX 191; *απεκρημνιζον* 381 | *αὐτούς* 2°] *εαυτους* 381* | *ἀπό* – *κρημνοῦ* 2° om 71 | *ἀπὸ τοῦ ἄκρου*] *απο* (*απ* 46 55) *ακρου* (*ακρον* 158) V $b^{-381\,(64)}$ 55 60 158 | *πάντες* om 158

13 *οἱ* om B 19-93 71-314 125 381 | *οὓς* – *πόλεμον* om 158 | *ανεστρεψεν* 55 | *Ἀμασίας*] -*σειας* B*; *αμασσιας* 93; *αμεσιας* 121 Arm^{II} Compl; *αμεσσιας* 19′ | *πορευθῆναι*] *ευρεθηναι* B | *αὐτοῦ*] *αυτων* 107(non 125) | *ἐπέθεντο*] *απεθεντο* 527; pr *και* B’ a^{-71} Aeth$^{(-P)}$ Ald Sixt Ra. = 𝔐 | *σαμαριας* A V^{c} 93 321-346 728 127 158 | *ἕως*] pr *και* *L* Compl = 𝔐 | *Βαιθωρών*] *βεθωρων* 55 527; *βαιθορων* 71 46(non 52) 60 158; *βαιθωρον* 381^{c}; *και θωρων* 314 | *επαταξεν* B′ 93 314 46-381 60 527 44-610*(vid) | *ἐν αὐτοῖς*] *εαυτοις* 71; *αυτους* 127; om *ἐν* 93 106′ 46 | *τρεῖς χιλιάδας*] *τρις χιλιαδας* A 93; ͵*γ* 107; *τρισχιλιους* 44 | *χιλιαδες* 60: cf praef p 101 | *ἐσκύλευσαν*] -*σεν* (-*σε* ^{c}) B

14 *ἐγένετο* om 125 | *τὸ ἐλθεῖν*] *το απελθειν* 55; om *τό* 68′ Ald | *Ἀμασίαν*] -*σειαν* B*; *αμεσιαν* 121 44 Compl; *αμεσσιαν* *L* | *πατάξαντα τὴν Ἰδουμαίαν*] *a percussione Ydumeorum* La^{109}: cf 𝔐 Vulg; pr *και* 125 | *παταξαντος* B’ Sixt; *παταξαι* 71 Lucif *parc* 203(*percutere*): cf 𝔐 Targ | *ιδουμαια* B^{c} | *καὶ ἤνεγκεν*] *και ανηνεγκεν* 158; om *καί* 44 Arm^{I} = Pesch^{te} | *πρὸς αὐτούς*] *προς αυτον* (*εαυτον* *L* Compl) *L* a^{-71}-119 46^{c}(-52) 527^{c} Arm^{II} Ald Sixt; *secum* Aeth$^{(-P)}$; *inde* Lucif; > La^{109} = 𝔐 Targ | *υἱῶν*] *de monte* La^{109}; *montis* Lucif; om 93 381 127* 158^{txt} | *Σηείρ* B′′ A V 19-93 $b^{-(64)\,46\,489}$(381 bis scr) 52 60 Ald Compl Sixt] *σιειρ* 46; *σιηρ* 489 158 125; *σηηρ* 108 527; *σειρ* 71; *σηιρ* rel Ra.: cf 20 10 | *εστησαν* 314 | *αὐτοὺς ἑαυτῷ* A V *L* $b^{I(-64)}$ 55 60 158 527 Compl] *αυτους αυτω* B’ 71 Sixt; *αυτω αυτους* $a^{-71\,554}$-119 Ald; *εαυτω αυτους* 554; *εαυτω* b^{2}:

ἑαυτῷ εἰς θεοὺς καὶ ἐναντίον αὐτῶν προσεκύνει καὶ αὐτοῖς αὐτὸς
ἔθυεν. [15]*καὶ ἐγένετο ὀργὴ κυρίου ἐπὶ Ἀμασίαν, καὶ ἀπέστειλεν αὐτῷ* 15
προφήτας καὶ εἶπαν αὐτῷ Τί ἐζήτησας τοὺς θεοὺς τοῦ λαοῦ, οἳ οὐκ
ἐξείλαντο τὸν λαὸν αὐτῶν ἐκ χειρός σου; [16]*καὶ ἐγένετο ἐν τῷ λαλῆσαι* 16
αὐτῷ καὶ εἶπεν αὐτῷ Μὴ σύμβουλον τοῦ βασιλέως δέδωκά σε; πρόσεχε
μὴ μαστιγωθῇς. καὶ ἐσιώπησεν ὁ προφήτης. καὶ εἶπεν ὅτι Γινώσκω

B'' A V *L' a*-119 *b* 60 158 527 La^{109} Aeth Arm

cf praef p 96 | *καί* paenult] + *εστησεν* B: ex praec | *ἐναντίον αὐτῶν*] *εν. αυτοις* 71; + *αυτος L* | *προσκυνειν* B-127(spat 1 lit inter *σ* et *κ*) | *καί* ult – fin om 127: homoiot | *αὐτοῖς αὐτός* A V *b*$^{(-64)}$ 60 158 527] *αυτος αυτοις* (*αυτω* B*) B' 121 La^{109} Arm^{I} Lucif Sixt; post *ἔθυεν* tr Arm^{I}; > Arm^{II} | *αὐτοῖς*] *εαυτοις* 236*; post *ἔθυεν* tr 93 71 Aeth$^{(-P)}$ Fern. | *αὐτός*] post *ἔθυεν* tr 19' Lag.; > *a*$^{-121}$-119 Ald Compl = 𝔐 | *ἔθυεν*] pr *και* 121

15 init – *Ἀμασίαν*] *quam ob causam* (*rem* Vulg) *iratus est* (> Vulg) *dominus contra amasiam* La^{109} = 𝔐; > 44: homoiot | *ὀργή*] pr *super eum* Lucif *parc* 203 | *κυρίου*] *θ̅υ̅* 158 | *ἐπὶ Ἀμασίαν* om 68'-74-106'-120-134-554 | *Ἀμασίαν*] *-σειαν* B*; *αμεσιαν* A 121 Arm^{II} Compl; *αμεσσιαν L*; + *rex* Aeth$^{(-P)}$ | *αὐτῷ* 1°] *προς αυτον* 71-74-121-130-236-314-321-346-554*-762-119^{c}(pr m) 527 La^{109} Arm(vid) Lucif; *προς αυτους* 68'-106'(non 44')-120-134 = 𝔐; *κ̅ς̅* 44; > 125 | *προφήτας*] *προφητην* (*προφη*^{τ} 125) *a*$^{-71}$-119 46^{c}-52 527 Ios IX 194(vid) La^{109} Arm^{II} Lucif AnMth 625,5 Ald Compl Sixt = 𝔐; + *baneam* La^{109} Lucif; + *balaam* AnMth | *εἶπαν* B 71] *ειπον* A V *b*$^{-(64) 46}$ 55 158: cf praef p 105; *ειπεν* rel = 𝔐 | *αὐτῷ* 2°] + *baneas* La^{109} Lucif; + *προφητας* 127*; > Aeth$^{(-P)}$ Arm^{II} | *Τί* – (16) *αὐτῷ* 2° bis scr 527(‖): homoiot | *Τί*] *οτι* 68 Ald | *τοῦ λαοῦ*] *gentium* La^{109}(hab *populi* Lucif) = Pesch; > *a*$^{-71}$-119 AnMth 625,6 | *οἵ* om A* | *εξειλοντο* (*εξηλοντο* 74) *a*$^{-71}$-119 52(46 inc)-381-489 Ald Sixt: cf praef p 105; *εξηλαν* 158 | *τὸν λαόν*] *των λαων* 93 | *αὐτῶν*] *εαυτων* A V 381-728 60 Ald Sixt; *αυτου* 106*; *αυτον* 107-610^{c}(pr m) | *χειρός*] *των* (bis scr(|)) *χειρων* 158 Arm = Pesch; pr *της* 381 | *σου*] *μου* 68'-74-106'-120-134-236-314-554; spat 3 lit 130

16 *καί* 1° – *αὐτῷ* 1°] > 44(|): homoiot; om *ἐγένετο* 71 125 | *αὐτῷ* 1°] *αυτον* 71 98 Arm^{I} vid(*eius*); *αυτον προς αυτον L a*$^{-71 (44)}$-119 Arm^{II} Compl: cf 𝔐; + *προς αυτον* Ald Sixt | *καί* 2° om 71 125 La^{109} Lucif *parc* 203: cf Pesch | *εδωκα* 71 | *σε* 1°] *σοι* 130* | *πρόσεχε*] + *σεαυτω L* La^{109} Arm^{II} Tht^{-1Ms} *Par II* 285 Lucif 203 et 204 = 𝔐; + *ἀυτῷ* Compl: cf praef p 96 | *μή*] *ινα μη L a*-119 Tht Ald Compl Sixt | *μαστιγωθῇς*] *παταξωσι* (*-ξω* Tht^{ap}) *σε L* Arm^{II} Tht 285s Compl = 𝔐 | *καί* 3° – *εἶπεν* 2°] *και ειπεν ο προφητης* 44; > Tht 286(sed inter *σε* et *εγνων* hab *ὁ δὲ προφήτης ἔφη σὺν παρρησίᾳ*) Lucif 204,50-52: cf Vulg | *ἐσιώπησεν*] pr *non* Aeth$^{(-P)}$ | *ὅτι* 1° om *L a*-119 La^{109} Arm(vid) = 𝔐 | *Γινώσκω*] *γιγνωσκω* 243: cf praef p 94; *εγνων* (+ *σε* 19') *L* Tht Compl

ὅτι ἐβούλετο ἐπὶ σοὶ τοῦ καταφθεῖραί σε, ὅτι ἐποίησας τοῦτο καὶ οὐκ
ἐπήκουσας τῆς συμβουλίας μου.
17 [17]*Καὶ ἐβουλεύσατο Ἀμασίας καὶ ἀπέστειλεν πρὸς Ἰωὰς υἱὸν Ἰωαχὰζ*
18 *υἱοῦ Ἰηοὺ βασιλέα Ἰσραὴλ λέγων Δεῦρο ὀφθῶμεν προσώποις.* [18]*καὶ*
ἀπέστειλεν Ἰωὰς βασιλεὺς Ἰσραὴλ πρὸς Ἀμασίαν βασιλέα Ἰούδα λέ-
γων Ὁ ἀχοὺχ ὁ ἐν τῷ Λιβάνῳ ἀπέστειλεν πρὸς τὴν κέδρον τὴν ἐν τῷ
Λιβάνῳ λέγων Δὸς τὴν θυγατέρα σου τῷ υἱῷ μου εἰς γυναῖκα. καὶ ἰδοὺ

B′′ A V *L′ a*-119 *b* 60 158 527 La$^{109\,(Leg)}$ Aeth Arm

= 𝔐; + *εγω* 127 Lucif(non La^{109}); > 134 | *ὅτι* 2°] *ο* 158 | *ἐβούλετο – σε* 2°] *dominus disperdet te* La^{109} Lucif | *ἐβούλετο ἐπὶ σοί*] *εβουλευσατο* $\overline{κς}$ *L* Aeth$^{(-P)}$ Arm Tht: cf 𝔐(יעץ אלהים (יהוה 4 Mss)) | *εβουλευετο* 98(non 379) | *τοῦ καταφθεῖραί*] *του διαφθειραι* (-*ρε* 93) *L* Tht Compl; om *τοῦ* 127 | *ὅτι* 3°] *qui* Lucif (hab *quia* La^{109}): cf Vulg | *ἐποίησας τοῦτο καί* om Arm^{II} Tht^{1Ms} | *τοῦτο καὶ οὐκ ἐπήκουσας* om 127 | *οὐκ ἐπήκουσας*] *ουχ* (*ουκ* 71) *υπηκουσας* 71 381; *ουκ εισηκουσας* 121-762-119; *ουκ ηκουσας L* Tht Compl; *ουκ εποιησας* 55 158; om *οὐκ* 107 489* | *συμβουλειας* 68′-106-321 60 527: cf praef p 86 | *μου*] *αυτου* 379; > 55

17 *Ἀμασίας*] -*σειας* B*; *αμασσιας* 93; *αμεσιας* 121 Arm^{II} Compl; *αμεσσιας* 19′ = Reg IV 14$_8$ 𝔊^{te}; *ο βασιλευς ιουδα* (+ *βασιλευς**) 236; + *ο* (> *L* 71-107 Compl) *βασιλευς ιουδα L a*-119 La^{109} Arm^{II} Ald Compl Sixt = 𝔐 | *καί* 2° – fin om B’: homoiot | *υἱόν – Ἰηού* om 44 | *ιοαχαζ* V^{c}; *ιουάχαζ* 108*; *ιωαχας* 55 Arm^{IIte}: cf Reg 𝔊 | *υἱοῦ Ἰηού* om Arm^{II} | *υἱοῦ*] *υιον* 19′ 321 Compl; > 106′(610^{c} (pr m)) | *Ἰηού*] *ηιου* 527; *ιου L* Compl Lag. Ra.; > 158 610* | *βασιλέα*] -*λεως* V *b*$^{-(64)\,243\,489}$ 60 158 527 = Reg 𝔊$^{-52}$; *βασι*^{λ} 107(non 44) 243 | *Ἰσραήλ* om V 60 | *Δεῦρο* – fin] *veni occurramus nobis* La^{109} | *ὀφθῶμεν*] pr *και L′* 68′ Arm Ald Compl Sixt = 𝔐^{1Ms} Pesch Targ Vulg^{2Mss} et Reg 𝔊^{L} | *προσώποις*] pr *προ* 19′ Arm^{II}(vid); pr *εν* V = Reg 𝔊^{L}

18 init – *λέγων* 1°] *απεκριθη* (*απεκρινατο* 125) *αυτω λεγων* (> 125) 44′ | *πρός* 1° om A(|) | *Ἀμασίαν*] -*σειαν* B*; -*σια* 127 158; *αμασσιαν* 93; *αμεσιαν* 121 Arm^{II} Compl; *αμεσσιαν* (-*ια* 19) 19′ | *βασιλέα* om 93 | *ιουδαν* 107$^{-(44′)\,610}$ | *λέγων* 1° ⌒ 2° 527 | *Ὁ ἀχούχ b*^{1} 158* 610: cf *ἀχούχ* 2°] *ο αχχουχ* V *b*$^{2-489}$ 60 158^{c}: cf 𝔐(החוח); *ο ακχουχ a*$^{-71}$-119 489 Compl Sixt; *ο αχαμ* 19; *ο ακχαμ* 108; *ο ακχαν* 93 = Reg IV 14$_9$ 𝔊^{L}; *ο ακαν* 71 = Reg 𝔊$^{-L}$; *οχοζει* B; *ο οχοζ* A 55 Arm^{I}; *ο χοζ* 127; *spina* La$^{109\,Leg}$ (*cardus* La^{109mg} = Vulg) Arm^{II}(*džnik*); *carduus* Aeth$^{(-P)}$ (*ʾaqani*) | *ὁ* om B(‖) 44 | *ἐν τῷ Λιβάνῳ* 1°] ⌒ 2° 93(|) 314 | *ἀπέστειλεν* 2° om 60 | *τὴν ἐν τῷ Λιβάνῳ*] *libani* La^{109} Aeth$^{(-P)}$ Arm = Vulg | *δως* 158 | *θυγατέρα σου*] *θυγατεραν* 93: cf praef p 99 | *καὶ ἰδού*] om *καί* 44; om

ἐλεύσεται τὰ θηρία τοῦ ἀγροῦ τὰ ἐν τῷ Λιβάνῳ· καὶ ἦλθον τὰ θηρία
καὶ κατεπάτησαν τὸν ἀχούχ. [19]εἶπας Ἰδοὺ ἐπάταξας τὴν Ἰδουμαίαν, 19
καὶ ἐπαίρει σε ἡ καρδία ἡ βαρεῖα· νῦν κάθησο ἐν οἴκῳ σου, καὶ ἵνα
τί συμβάλλεις ἐν κακίᾳ καὶ πεσῇ σὺ καὶ Ἰούδας μετὰ σοῦ; [20]καὶ οὐκ 20
ἤκουσεν Ἀμασίας, ὅτι παρὰ κυρίου ἐγένετο τοῦ παραδοῦναι αὐτὸν εἰς
χεῖρας Ἰωάς, ὅτι ἐξεζήτησεν τοὺς θεοὺς τῶν Ἰδουμαίων. [21]καὶ ἀνέβη 21

B′′ A V *L′ a*-119 *b* 60 158 527 La^{109} Aeth Arm

ἰδού La^{109} Arm^{II} = 𝔐 Pesch Targ (hab Vulg) et Reg 𝔐 𝔊 | *ἐλεύσεται*] *εισελευσεται L* Arm^{II}(*venient intrabunt*); *εξελευσεται* 44; *transierunt* La^{109} Aeth$^{(-P)}$ Arm^{I}: cf 𝔐 et Reg 𝔐 𝔊 | *τοῦ ἀγροῦ* om 119 | *τὰ ἐν τῷ*] *τα εν αυτω* Ald; *τά* om 68′-120-321-346 | *καί* paenult – *θηρία* 2°] > La^{109} Aeth$^{(-P)}$ = 𝔐 Pesch Targ Vulg et Reg 𝔐 𝔊; om *τὰ θηρία* Arm^{I}; pr *λεγων* 527 | *ἦλθον*] *ηλθαν* B′ A Ra.: cf praef p 105; *ηλθε(ν)* V (*-θεν* *) *L* 107(non 44) *b*$^{-64\,381}$ 55 158 527: cf Reg 𝔊^{AL}(*διηλθεν*) | *κατεπατησε L* 610 Compl: cf Reg 𝔊^{L}(*συνεπατησε*) | *τὸν ἀχούχ* B A 71 46-98-728 527: cf *ἀχούχ* 1°] *τον* (*την* 158) *αχχουχ* V 64-243-381-731 55 158 60; *τον ακχουχ a*$^{-71}$ 489 Compl Sixt; *τον ακχουν* 119; *τον ακχαμ* 19; *τον ακχαν* 93-108 = Reg 𝔊^{L}; *τον αχοζ* 127; *spinam* La^{109}; *carduum* Aeth$^{(-P)}$ Arm^{II}(sicut pro *ἀχούχ* 1°); *omnem carduum* (*ekqean* (*ekqan* ^{ap})) Arm^{I}

19 *εἶπας*] *εν πασιν* 127; *και ειπεν* 158; pr *nunc* et add *in corde tuo* Arm^{II}; > 44 Arm^{I} = Pesch et Reg IV 14_{10} 𝔐 𝔊 | *ἐπάταξας*] *-ξαι* 119; *επαταξα* V^{c} *L′* 236-314-762 489 158 La^{109} Aeth$^{(-P)}$ Ald Compl Sixt = Targ Vulg | *τον ιδουμαιον* 158 | *ἐπαίρει*] *επαιρη* 158; *extulit* La^{109}: cf Reg 𝔊(*ἐπῆρεν*) | *καρδία*] + *σου L a*-119 158 La^{109} Aeth$^{(-P)}$ Arm = 𝔐 et Reg 𝔐 𝔊 | *ἡ βαρεῖα*] om *ἡ* 71; *valde* Aeth$^{(-P)}$; *gravitate* Arm^{I}; *et gloriatus es* Arm^{II}: cf 𝔐(להכביד) et Reg 𝔐(הכבד); *grave ut glorieris* La^{109}: dubl | *νῦν*] pr *και L* Aeth$^{(-P)}$ Compl: cf Reg 𝔐; *nunc ergo* La^{109} | *κάθησο* B′ A V* *b*$^{I-46}$] *καθησω* V^{c} 60 127 158; *καθισω* 46; *καθησον* 93; *καθοισον* 314; *καθησαι* 527; *καθαρισον* 68; *καθαθησον* Ald; *καθισον* rel Compl Sixt | *οἴκῳ σου*] pr *τω* V 60 127 527 379 = Reg 𝔊(omnes); om *σου* 68′-120 | *συμβάλλεις*] *συνβ.* 93: cf praef p 92; *συμβαλλης* 74-554*; *συμβαλλοις* 119; *συμβαλλει* 55; *συμβαλεις* (*συνβ.* 158) 19 71′(non 44)-122* 60 158; *συνβαλης* 127; *συμβαλοις* 44; *βαλλεις* 527; *συμβασιλευεις* 314 | *ἐν* 2°] *εκ* 127^{c}: ante *κ*, cf praef p 110 | *κακίᾳ*] *κομια* 610 | *καὶ πεσῇ*] *ut cadas* La^{109} = Vulg | *πεσει* 120 527: cf praef p 106; *πεσης* 46^{c}-52 | *Ἰούδας*] pr *ο* 610 | *μετὰ σοῦ*] *μετ αυτου* 119

20 om v $_{20}$ 381 | *Ἀμασίας*] *-σειας* B*; *αμεσιας* 121 44 Arm^{IIap} Compl; *αμεσσιας L* Aug *grat* 903 (hab *αμασιας* Aug *Iul* 790) = Reg IV 14_{11} 𝔊^{te}; + *rex* Aeth$^{(-P)}$ | *κυρίου*] *θ̅υ̅* 321-346 Aug *grat* (hab Aug *Iul*) = 𝔐 | *Ἰωάς L a*$^{-71}$-119 *b*^{2} La^{109} Arm Ald Compl] *hostium* Aeth$^{(-P)}$ = Vulg; + *regis* Arm^{II}; > B′′ A V 71 *b*$^{I(-381)}$ 60 158 527 Aug = 𝔐(ביד pro *εἰς χεῖρας Ἰωάς* (בידיה Targ; om *ὅτι* 1° – fin

Ἰωὰς βασιλεὺς Ἰσραήλ, καὶ ὤφθησαν ἀλλήλοις αὐτὸς καὶ Ἀμασίας
22 *βασιλεὺς Ἰούδα ἐν Βαιθσάμυς, ἥ ἐστιν τοῦ Ἰούδα.* [22]*καὶ ἐτροπώθη*
Ἰούδας κατὰ πρόσωπον Ἰσραήλ, καὶ ἔφυγεν ἕκαστος εἰς τὸ σκήνωμα
23 *αὐτοῦ.* [23]*καὶ τὸν Ἀμασίαν βασιλέα Ἰούδα τὸν τοῦ Ἰωὰς κατέλαβεν*
Ἰωὰς βασιλεὺς Ἰσραὴλ ἐν Βαιθσάμυς καὶ εἰσήγαγεν αὐτὸν εἰς Ἰερου-
σαλὴμ καὶ κατέσπασεν ἀπὸ τοῦ τείχους Ἰερουσαλὴμ ἀπὸ πύλης Ἐφράιμ
24 *ἕως πύλης γωνίας τετρακοσίους πήχεις·* [24]*καὶ πᾶν τὸ χρυσίον καὶ τὸ*

B′′ A V *L′ a*-119 *b* 60 158 527 La$^{109\,(Leg)}$ Aeth Arm

Pesch = Reg IV 14$_{11}$ 𝕸 𝕲)) | *ἐξεζήτησεν*] *quaesierunt* Aug (hab *exquisibit* La^{109}) = 𝕸 Targ (*propter deos edom* pro *ὅτι* 2° – fin Vulg) | *τούς* om *b*$^{I(-381)}$ 158

21 *Ἰωάς* post *Ἰσραήλ* tr 71 | *βασιλεύς* 1°] pr *ο* 19′ *b*^{2}: cf Reg IV 14$_{11}$ 𝕲^{ap} | *οφθησαν* 71 158: cf praef p 102s | *ἀλλήλοις*] *προσωποις a*$^{-71}$-119: cf 𝕸(פנים), Reg 𝕸 𝕲 et $_{17}$ | *αὐτός* – fin om 44 | *Ἀμασίας*] *-σειας* B*; *αμεσιας* 19-121 Arm^{II} Compl; *αμεσσιας* 93-108: cf Reg 𝕲 | *βασιλεὺς Ἰούδα*] pr *ο* 127: cf Reg 𝕲^{ap}; > 98 | *ἐν* – fin om V: homoiot | *Βαιθσάμυς*] *βεθσαμυς* 71-121 98-489 55′ 158 527*; *βαιθσαμοις* 46; *βεθσαμοις* 527^{c}; *-σαμις* Ald; *βεθσαμης* Compl; *betsames* La^{109}: cf Vulg | *ἐστι(ν)*] *ετι* 314 | *τοῦ* om 71

22 init – *Ἰσραήλ* om 71 | *ἐτροπώθη*] *confractus est* La^{Leg}: cf 𝕸(וינגף(ו) (hab *fugiit* La^{109})); *ceciderunt* Aeth$^{(-P)}$: cf Targ | *εφυγον* A V *b*^{I} 55 60 158 527 Aeth$^{(-P)}$ = 𝕸 Targ (hab *fugit* Vulg) et Reg IV 14$_{12}$ 𝕲^{L} | *αὐτοῦ*] *εαυτου* Ald; > B′′ A* V 71 *b*$^{-46\ 728}$ 527 Ra.

23 *τὸν Ἀμασίαν*] *τον αμασειαν* B*; *τον αμασια* 554 127; *τον αμεσιαν* 121 Arm^{II} Compl; *τον αμεσσιαν L*: cf Reg IV 14$_{13}$ 𝕲^{te}; om *τόν* 52* | *βασιλέα* – *Ἰωάς* 1° om 125 | *τὸν τοῦ Ἰωάς*] pr *και* 158; > 107 La^{109}; *τοῦ* om 158*(corr pr m); *υιον* (*τον του* 121) *ιωας υιον οχοζιου L′* Arm^{II} Compl = Reg 𝕸 𝕲*; + *υιον* (*υς* 119) *ιωαχαζ a*$^{-(107)\,121}$-119 = 𝕸 | *κατέλαβεν Ἰωάς*] > A: homoiot; om *Ἰωάς* 121-236-314-762-119 Arm^{II}; pr *και* 60 | *συνελαβεν L* Compl = Reg 𝕲$^{-A}$ | *βασιλεύς* – *Βαιθσάμυς*] > 44; *βασιλεὺς Ἰσραήλ* om 125 | *βασιλεύς*] *-λεως* 60 | *ἐν Βαιθσάμυς*] *εις βαιθσαμυς* 71; *εβαιθσαμυς* 74 | *Βαιθσάμυς*] *βεθσαμυς* 121 98-489 55′ 158; *βαιθσαμοις* 46^{c}(non 52) 60; *βεθσαμοις* 527; *βεθσαμις* Ald; *βεθσαμης* Compl; *betsames* La^{109}: cf Vulg | *εισηγαγον* 71 | *αὐτόν*] *αυτους* B′ | *Ἰερουσαλήμ* (*ιλημ*) 1°] *ιηλημ* 158 | *κατέσπασεν*] *κατεπαυσεν* 527; *κατεστησεν* A; *καθειλεν L* Compl = Reg 𝕲^{te}: cf 26$_{6}$ | *ἀπὸ τοῦ τείχους Ἰερουσαλήμ*] *murum in* (> Aeth) *iherusalem* La^{109} Aeth$^{(-P)}$: cf Vulg | *ἀπὸ τοῦ τείχους*] *αυτον απο του τοιχους* 125: cf praef p 100; *αυτους του τειχους* 158; > 527 | *πύλης* 1°] *φυλης* V | *τετρακοσίους*] *υ′* 107(-610)-121-314-762 127; *-σιας* 71-74-236 44′ 379*(*-σιαι*^{c}(pr m)): cf praef p 100; *τριακοσιους* (*-σιας* 46) A V 119 *b*^{I} 55 60 158 527 Arm^{I} | *πηχυς* 74 158

ἀργύριον καὶ πάντα τὰ σκεύη τὰ εὑρεθέντα ἐν οἴκῳ κυρίου καὶ παρὰ
τῷ Ἀβδεδὸμ καὶ τοὺς θησαυροὺς οἴκου τοῦ βασιλέως καὶ τοὺς υἱοὺς
τῶν συμμίξεων καὶ ἐπέστρεψεν εἰς Σαμάρειαν.
[25]*Καὶ ἔζησεν Ἀμασίας ὁ τοῦ Ἰωὰς βασιλεὺς Ἰούδα μετὰ τὸ ἀποθανεῖν* 25
Ἰωὰς τὸν τοῦ Ἰωαχὰζ βασιλέα Ἰσραὴλ ἔτη δέκα πέντε. [26]*καὶ οἱ λοιποὶ* 26
λόγοι Ἀμασίου οἱ πρῶτοι καὶ οἱ ἔσχατοι οὐκ ἰδοὺ γεγραμμένοι ἐπὶ
βιβλίου βασιλέων Ἰούδα καὶ Ἰσραήλ; [27]*καὶ ἐν τῷ καιρῷ, ᾧ ἀπέστη* 27

B′ʾ A V *L′ a*-119 *b* 60 158 527 La^{109} Aeth Arm

24 *πάντα τὰ σκεύη*] om *πάντα* 125; om *τὰ σκεύη* 610*(corr pr m(*σκεβη*: cf praef p 95)) | *οἴκῳ*] pr *τω* 236 | *κυρίου*] *dei* Arm^{IIap} = 𝔐$^{-1Ms}$(hab יהוה Pesch Targ Vulg^{te} et Reg IV 14$_{14}$ 𝔐 𝔊) | *καί* 4° – *καί* ult] *τα παντα* 125 | *καὶ παρὰ τῷ Ἀβδεδόμ* om 381 La^{109} – Reg 𝔐 𝔊 | *καί* 4° om 44 | *παρὰ τῷ*] *παρα τον* 19; *παρα των* 108; *τα παρα τον* Compl | *Ἀβδεδόμ*] *αβδεδωμ* V^c 68′-71-74-120-762 46-489 60 527 44; *αυδεδομ* 106; *αδβεδωμ* 119; *αβεδωμ* 158; *αβδεδδομ* *L*: cf Par I 15$_{24}$; *ὠβὴδ ἐδδὼμ* Compl: cf 𝔐; *αδεδομ* 55^c(*αδεδωμ**); *ιαβδεδομ* B*; *ιαβδοδομ* B^c | *καί* 5°] *κατα* 44 | *οἴκου*] *οικους* 93 | *τοῦ βασιλέως*] *κ̅υ̅ βασιλεως* 44; om *τοῦ* 127 | a *τῶν* in 119 incipit manus prima: cf 20$_7$ | *συμμίξεων*] *συμμειξεων* B*; *obsidum* La^{109} = Vulg; + *ελαβεν* (*-βε* 93-121) *L′* Arm Compl: cf Reg | *καί* ult om La^{109} = Vulg | *ἐπέστρεψεν*] *απεστρεψεν* 158 = Reg 𝔊; *επιστρεψαν* 44: cf praef p 102; *reduxit* La^{109} = Vulg; *reduxerunt eos cum illo* Aeth$^{(-P)}$ | *εν σαμαρια* 158 | *σαμαριαν* A V* 93 728

25 *ἔζησεν*] *εζητησεν* V* 71*-121* 98 | *Ἀμασίας*] *-σειας* B*; *αμασσιας* 93; *αμεσιας* 121 44 Arm^{II} Compl; *αμεσσιας* 19′ = Reg IV 14$_{17}$ 𝔊^{te} | *ὁ* – *Ἰούδα*] > 71; *ὁ τοῦ Ἰωάς* om 44 | *βασιλεύς*] *-λεως* 127 La^{109} | *μετά* – *Ἰσραήλ* om 44 | *μετά* pr *και* 127 | *Ἰωάς* 2° om 19 | *τὸν τοῦ Ἰωαχάζ*] > 71 Arm^{II}; om *τόν* 321 125; om *τοῦ* V | *Ἰωαχάζ*] *ιοαχαζ* V^c; *ιωαχας* 55 = Reg 𝔊^{te}; *αχαζ* 19 74-106 381 158*; *ʾiju* Aeth$^{(-P)}$; *ιωας* Bʾ | *Ἰσραήλ* om 127 | *ἔτη δέκα πέντε*] *ετη ιε′* 236-314-762 46(non 52)-98 60 119 127 158; *ετη κε′* 52; *πεντε και δεκα ετη* *L* Arm^{II} Compl: cf 𝔐 et Reg 𝔐 𝔊; *εννεα και δεκα ετη* (*ιθ′* (*δεκα εννεα* 44) *ετη* 107 44 610; *ετη ιθ′* 125) *a*$^{-121\ 236\ 314\ 762}$

26 om v $_{26}$ 381 125 | *οἱ* 1°] *η* 610 | *λογου* 134 | *Ἀμασίου* – *ἔσχατοι*] *αυτου* 44 | *Ἀμασίου*] *-σιοι* 134; *-σειου* B*; *αμασσιου* 93; *αμεσσιου* 19′ Prisc *Tract III* 51(*amessiae* (hab *amasie* La^{109})) = Reg IV 14$_{18}$ 𝔊^{te} sec Ra.; *αμεσιου* 121 Arm^{II} Compl | *οἱ* 3° om 71 119 | *οὐκ ἰδού*] *ουχ ιδου* B*-127: cf praef p 97; *ουχι* *a*$^{-(125)\ 71}$ La^{109} vid(*nonne* (hab *nonne ecce* Prisc)); + *αυτοι* 93 = 𝔐(הלא הנם), cf Reg 𝔐 𝔊 | *γεγραμμενα* 71 | *βιβλίου*] *βυβλιου* B^c(*βλιου**): cf 17$_9$; + *λογων* 19-93 La^{109}; + *dierum* Prisc: cf Reg(דברי הימים) | om *βασιλέων* Bʾ 19 | *Ἰούδα* et *Ἰσραήλ* tr Aeth$^{(-P)}$ Arm^{I}

Ἀμασίας ἀπὸ κυρίου, καὶ ἐπέθεντο αὐτῷ ἐπίθεσιν, καὶ ἔφυγεν ἀπὸ
Ἰερουσαλὴμ εἰς Λαχείς· καὶ ἀπέστειλαν κατόπισθεν αὐτοῦ εἰς Λαχεὶς
28 *καὶ ἐθανάτωσαν αὐτὸν ἐκεῖ.* [28]*καὶ ἀνέλαβον αὐτὸν ἐπὶ τῶν ἵππων καὶ*
ἔθαψαν αὐτὸν μετὰ τῶν πατέρων αὐτοῦ ἐν πόλει Δαυίδ.
1 **26** [1]*Καὶ ἔλαβεν πᾶς ὁ λαὸς τῆς γῆς τὸν Ὀζίαν, καὶ αὐτὸς δέκα καὶ ἓξ*
2 *ἐτῶν, καὶ ἐβασίλευσαν αὐτὸν ἀντὶ τοῦ πατρὸς αὐτοῦ Ἀμασίου.* [2]*αὐτὸς*

B'' A V *L' a b* 60 119 158 527 La^{109} Aeth Arm

27 *καιρῷ*] + *εκεινω* 19 381 | *ᾧ*] *ου* 321-346; > 19 60(|) | *Ἀμασίας*] -*σειας* B*; *αμεσιας* 121 44 Arm^{II} Compl; *αμεσσιας L*; > 71 | *κυρίου*] pr *του L* Compl | *καί* 2° om *L* 71 La^{109} Arm^{I} Lucif *parc* 204 | *ἐπέθεντο ἐπ' αὐτῷ ἐπίθεσιν*] *συνεστραφη επ αυτον συνδεσμος L*(108^{txt}) Arm vid(*copiae* vel *exercitus* pro *ἐπίθεσις*, *congragati sunt* pro *ἐπέθεντο* Arm^{II}): cf Reg 𝕲 | *επεθετο* A *a*$^{-71\ 121\ 236\ 314\ 762}$(122^{c}); *εθετο* 122*(corr pr m); *απεθεντο* 119 | *αὐτῷ* om 554 | *ἐπίθεσιν*] *αποθεσιν* 610* | *καὶ ἔφυγεν ἀπὸ Ἰερουσαλήμ*] *εν ιερουσαλημ και εφυγεν L*(108^{txt}) Arm = 𝕸 Pesch Targ Vulg et Reg 𝕸 𝕲(omnes) | *καὶ ἔφυγεν*] *και εφυγον* 158; om *καί* 44' | *εἰς* 1° om 74 | *Λαχείς* 1°] *λαχης* 74; *λαχις* Ra.: cf sq et 11$_{9}$; ⌒ 2° La^{109} Lucif: cf Reg 𝕲^{ap} | *απεστειλε(ν)* B V^{c} 107*(non 610)-121* *b*^{2}(sic 379; -*εστει*^{λ} 98): cf Reg 𝕲^{ap}; *επεστειλεν* V*; *εστειλαν* 125 | *εἰς Λαχείς* 2°] > 71 44' 381; + *και αυτω επιθεσιν* 527: ex praec; *εις λαχις* 74 Ra.: cf praec | *εθανατωσεν* B *b*$^{2-489}$: cf Reg 𝕲^{ap} | *ἐκεῖ* – (28) *ἵππων*] *in equis* La^{109} Lucif; *in stabulo equorum* Arm^{II}

28 *ανελαβαν* 71: cf praef p 105 | *αὐτόν* 1° om 321 731 | *ἐπί*] *απο* 127 | *αὐτόν* 2° om 381 | *μετὰ τῶν πατέρων αὐτοῦ* om 125 | *ἐν πόλει Δαυίδ* om 44 | *Δαυίδ* (*δᾱδ*)] *δαυειδ* B; *δαβιδ* Ald: cf 1$_{1}$

26 1 *Καί* om Ald | *ελαβον a*$^{-71'\ 121}$ = 𝕸 et Reg IV 14$_{21}$ 𝕸 (hab *ἔλαβεν* 𝕲) | *τῆς γῆς*] *iuda* La^{109} = 𝕸 Pesch^{te} Targ Vulg et Reg 𝕸 𝕲; > 158 Cyr *in XII Proph* 251c | *τὸν Ὀζίαν*] *τον οχοζειαν* B; *ʾazarjas* Aeth^{A} ↓ = Reg 𝕸 𝕲; om *τόν* 158 Cyr^{ap}; + *υιον αυτου L'* La^{109} Arm^{II} (+ *loco eius*) = Reg 𝕲^{L} | *αὐτός*] + *υιος L a* Aeth$^{(-P)}$ Compl Sixt = 𝕸; + (pr Arm^{I}; post *ἐτῶν* hab La) *erat* La^{109} Arm = Reg 𝕲^{L} | *δέκα* – *ἐτῶν*] *εκ των δεκα εξ* 44 | *δέκα καὶ ἕξ* B' A V *b*^{I} 119 158 527 Cyr: cf $_{3}$] *δεκα εξ* (*ις'* 107) 71-107 *b*^{2} La^{109}(*XVI*); *εξ και δεκα* (*εκκαιδεκα* 93 Compl Sixt = Reg 𝕲(omnes); *ς' και ι'* 158; *ςι'* 127) rel: cf 𝕸 et $_{3}$; post *ἐτῶν* tr Arm | *καί* ult om 321 | *ἐβασίλευσαν αὐτόν*] *εβασιλευσεν αυτον* V 381*(corr pr m) 119 527; *regnabit* (= *regnavit*) La^{109}: cf Reg 𝕲^{ap} | *βασιλευσαν* 134(|) Ald: cf praef p 102 | *τοῦ πατρὸς αὐτοῦ*] post *Ἀμασίου* tr 158; *τοῦ* om 106'(non 44) | *αμασειου* B*; *αμεσιου* 121 44' La^{109} Arm^{II} Cyr Compl; *αμεσσιου L* = Reg 𝕲^{te}

---

26 1 *Ὀζίαν*] *Ἀζαρίαν θ' Ὀχονίαν* 108

ᾠκοδόμησεν τὴν Αἰλάθ, αὐτὸς ἐπέστρεψεν αὐτὴν τῷ Ἰούδᾳ μετὰ τὸ
κοιμηθῆναι τὸν βασιλέα μετὰ τῶν πατέρων αὐτοῦ. ³υἱὸς δέκα ἓξ 3
ἐτῶν ἐβασίλευσεν Ὀζίας καὶ πεντήκοντα καὶ δύο ἔτη ἐβασίλευσεν ἐν
Ἰερουσαλήμ, καὶ ὄνομα τῇ μητρὶ αὐτοῦ Ἰεχελιὰ ἀπὸ Ἰερουσαλήμ. ⁴καὶ 4
ἐποίησεν τὸ εὐθὲς ἐνώπιον κυρίου κατὰ πάντα, ὅσα ἐποίησεν Ἀμασίας
ὁ πατὴρ αὐτοῦ. ⁵καὶ ἦν ἐκζητῶν τὸν κύριον ἐν ταῖς ἡμέραις Ζαχαρίου 5

B′′ A V *L′ a b* 60 119 158 527 La$^{109\,(\mathrm{Leg})}$ Aeth Arm

2 *αὐτός* 1°] pr *και* 71 La^{109} = Pesch^{ap} | *ελαθ* 71-74 46 55 158 Arm^{I} Cyr *in XII Proph* 251c; *αιλαμ* 44; *ελαμ* 127: cf Reg IV 14₂₂ 𝕲 | *αὐτός* 2°] *και* 71 125 La^{109}; pr *και* 19 Arm^{I} | *ἐπέστρεψεν – Ἰούδᾳ*] *revocavit iuda* La^{109} | *μετά* 1° – ₍₃₎ *Ἰερουσαλήμ*] > 71; – ₍₃₎ *Ὀζίας* om 107 | *κοιμηθῆναι*] *αποθανειν* 93 | *μετὰ τῶν πατέρων αὐτοῦ* om Arm^{II} | *εαυτου* V 60

3 init – *πεντήκοντα* om 381 | *υἱός*] *et ille erat* Arm^{II}; pr *erat* Aeth$^{(-\mathrm{P})}$: cf sq | *δέκα ἕξ* (*ις′* 98 52) B′ A *b* 119 158 527 La^{109}(*XVI*): cf ₁] *δεκα και εξ* V Aeth$^{(-\mathrm{P})}$ Cyr *in XII Proph* 251c; *εξ και δεκα* (*εκκαιδεκα* 93 127 Compl Sixt = Reg IV 15₂ 𝕲) rel: cf 𝕸 et ₁; post *ἐτῶν* tr Arm^{II} | *ἐβασίλευσεν Ὀζίας*] *οζειας* B; *ο* (> 93) *οζιας εν τω βασιλευειν αυτον L* Compl = 𝕸 et Reg 𝕸 𝕲; *erat* (Aeth et Arm cf praec) *ozias* (post *cepisset* tr Aeth) *cum regnare cepisset* La^{109} Aeth$^{(-\mathrm{P})}$ Arm^{II} | *πεντηκοντα και δυο ετη* (*ετη νβ′* 125) post *ιλ̅η̅μ̅* tr 381 125 | *πεντήκοντα καὶ δύο* (*ν′ και β′* 130-134-321-346 127 52; *ν′ και δυο* 314-762)] *νβ′* (*πεντηκοντα δυο* 121 44) 107-121 *b*$^{2\text{-}489}$ 158 La^{109}(*LII* (*VI* La^{Leg} (*III* H))): cf Reg 𝕲^{ap} | *ἔτη*] *ετων* 158 | *καί* ult – fin om 125 | *καὶ ὄνομα τῇ μητρί*] *nomen matris* La^{109} = Vulg, cf 𝕸 et Reg 𝕲^{ap} | *Ἰεχελιά*] *ιεχλια* 98; *jechiela* Arm^{IIap}: cf 𝕸(יכיליה (יכליה 26 Mss)); *εχελια* 71; *ιεχελ* 158; *χαλια* 127 Ra.: cf Reg 𝕲; *χααια* B; *αχιας* (*αχιαλας* 2 Mss; *achelamas* Lat) Ios IX 216 | *ἀπὸ Ἰερουσαλήμ*] *εν ι̅λ̅η̅μ̅* V; *απο ι̅η̅λ̅* 64-381; > 71

4 *ἐποίησεν* 1°] *εποιει* (-*οιη* 107 610^{c}) 107 = Reg IV 15₃ 𝕲^{107}; + *ο οζιας* 19′ Arm^{II} Chr *In Vidi Dom Hom III* 110; + *οχοζιας* 93 | *ἐνώπιον κυρίου*] *εν οφθαλμοις* 554: cf Reg 𝕲$^{-L}$ | *κατά* – fin om 125 | *Ἀμασίας*] -*σειας* B*; *αμεσιας* 121 44 Arm^{II} Cyr *in XII Proph* 251c Compl; *αμεσσιας L* = Reg 𝕲^{te}; post *αὐτοῦ* tr 93 Cyr^{ap}

5 *καὶ ἦν ἐκζητῶν*] *et factum est cum quaereret* La^{Leg} (hab *et erat requirens* La^{109}): cf 𝕸 | *ἐκζητῶν*] *επιζητων a*$^{-71\,(134)}$; > 134 | *τὸν κύριον* 1°] *deum* La^{Leg} (hab *dominum* La^{109}) = 𝕸 Vulg^{te}; + *εν φοβω κ̅υ̅ L* Arm^{II} Tht *Par II* 286: cf sq | *ταῖς* 1°] pr *πασαις* B = 𝕸$^{1\mathrm{Ms}}$ | *Ζαχαρίου*] *αζαριου b*^{I} 158 Cyr^{ap} *in XII*

τοῦ συνίοντος ἐν φόβῳ κυρίου· καὶ ἐν ταῖς ἡμέραις αὐτοῦ ἐζήτησεν
6 *τὸν κύριον, καὶ εὐόδωσεν αὐτῷ κύριος.* [6]*καὶ ἐξῆλθεν καὶ ἐπολέμη-*
σεν πρὸς τοὺς ἀλλοφύλους καὶ κατέσπασεν τὰ τείχη Γὲθ καὶ τὰ τείχη
Ἰαβνὴ καὶ τὰ τείχη Ἀζώτου καὶ ᾠκοδόμησεν πόλεις Ἀζώτου καὶ ἐν
7 *τοῖς ἀλλοφύλοις.* [7]*καὶ κατίσχυσεν αὐτὸν κύριος ἐπὶ τοὺς ἀλλοφύλους*

B″ A V *L′ a b* 60 119 158 527 La$^{109\,(Leg)}$ Aeth Arm

Proph 251c; *αζαχαριου* Ald; *regis* La^{Leg} (hab *zaccarie* La^{109}) | *τοῦ συνίοντος ἐν φόβῳ*] *του συνοντος εν ορασει* 554$^{sup\ lin}$; *prophetae qui sedet in timore* Aeth$^{(-P)}$ | *συνίοντος*] *συνιεντος* 19′ 71 *b*^{I}-489 158 Eus *in Is* 55 Cyr Tht^{ap} Coll VT 1264 Ald Lag.: cf praef p 105; + *τον* $\overline{\kappa\nu}$ 19 | *ἐν φόβῳ κυρίου*] *εν ορασει* $\overline{\vartheta\upsilon}$ *L* Arm^{II} Proc *Comm in Par II* 1216 (hab Tht) ↓; *in eo quod videret deum* La^{Leg}; *et videntis deum* La^{109} = Vulg: cf 𝔐(בִּרְאֹת (76 Mss sec Kenn.; ביראת 53 Mss; בראות rel)); + *εν ορασει* $\overline{\vartheta\upsilon}$ 527 | *καί* paenult] ⌒ (6) *καί* 1° 107; ⌒ *καί* ult 381 Coll VT; > V *b*$^{(-381)}$ 55′ 60 158 Arm^{I} Cyr | *ἐν ταῖς ἡμέραις αὐτοῦ*] om *ταῖς* 127; + *αις L* Arm^{II} Tht^{-1Ms} Compl: cf 𝔐(בימי דרשו pro *ἐν – ἐζήτησεν*); *in diebus cum* (*quod* H) La^{Leg}: cf sq | *ἐζήτησεν* – fin] *direxit eum dominus* La^{Leg} | *ἐζήτησε(ν)*] *-σαν* 52; *εξεζητησε* 19′ *a*$^{-(107)\,71}$ Tht^{te} Compl | *καί* ult – fin om *a*$^{-(107)\,71\,121}$: homoiot | *καὶ εὐόδωσεν*] *κατευθυνεν* (*κατηυθ.* Tht^{-2Mss}: cf praef p 102) *L* Tht Compl; *καί* om Arm^{II} = 𝔐 | *ευωδωσεν* B^{c}-55* V^{c} 121 46-489-731 119 Cyr Coll VT Sixt: cf praef p 103 | *αὐτῷ*] *αυτον L* 98-489 527^{c} Tht Compl | *κύριος*] pr *ο* 158 Coll VT; + *ο θεος L* Arm^{II} Tht Compl: cf 𝔐

6 *ἐξῆλθεν*] + *οζιας L* Arm^{II} Compl | *πρός* om *b* 158 | *ἀλλοφύλους* 1° ⌒ (7) *ἀλλοφύλους* 106 | *κατέσπασε(ν)*] *καθειλε L* Compl: cf 25₂₃ | *τὰ τείχη Γὲθ καί* om 554(|) Cyr^{ap} *in XII Proph* 251c | *τὰ τείχη* 2°] *τα χειλη* 121; > 71-107 | *Ἰαβνή*] pr *η* V*; *ιαβνι* 74 60; *ιαβνης b*^{I}; *ιαβνεις* 527; *ιαβνα* Compl; *ιαμνι* 71-107 (*αμνι* 44: post *ι*); *ιαμνης* 119; *ιαμνιας* Cyr^{te}, cf Ios IX 217 et Vulg^{ap}; *ιαμβης* 158^{c}; *ιαββης* 158*; *ιαβεις* A Aeth$^{(-P)}$(sim) Arm^{I}; *ιαβη* 55; *αβεννηρ* B’; *ιαβνηρ* Ald Sixt; *damin* La^{109} | *τὰ τείχη* 3°] om 71-107 | *Ἀζώτου* 1°] *αζοτου* 74; *αζωτ* 610 Cyr^{ap} | *καί* paenult] ⌒ (7) *καί* 1° *a*$^{-71\,(106)}$; ⌒ *καί* ult 119 527 Cyr^{ap} | *οικοδομησε* 71: cf praef p 103 | *Ἀζώτου* 2°] *αζοτου* 158; *εν αζωτω L* La^{109} Arm^{II} Compl = 𝔐 | *καί* ult – fin] > 381: homoiot; om *καί* Arm^{I}; om *ἐν* 127

7 *καί* 1° om 71 Cyr *in XII Proph* 251c | *κύριος* > 119 527 | *ἐπὶ τοὺς*

---

5 *ἐν φόβῳ κυρίου* (*εν ορασει θεου L* Arm^{II} Proc)] *σ′ ὁράσει* 108 vid (*σ′* super *ορασει* colore rubro picta)

καὶ ἐπὶ τοὺς Ἄραβας τοὺς κατοικοῦντας ἐπὶ τῆς πέτρας καὶ ἐπὶ τοὺς
Μιναίους. [8]καὶ ἔδωκαν οἱ Μιναῖοι δῶρα τῷ Ὀζίᾳ, καὶ ἦν τὸ ὄνομα 8
αὐτοῦ ἕως εἰσόδου Αἰγύπτου, ὅτι κατίσχυσεν ἕως ἄνω. [9]καὶ ᾠκο- 9
δόμησεν Ὀζίας πύργους ἐν Ἰερουσαλὴμ καὶ ἐπὶ τὴν πύλην τῆς γω-
νίας καὶ ἐπὶ τὴν πύλην τῆς φάραγγος καὶ ἐπὶ τῶν γωνιῶν καὶ κατ-
ίσχυσεν. [10]καὶ ᾠκοδόμησεν πύργους ἐν τῇ ἐρήμῳ καὶ ἐλατόμησεν 10
λάκκους πολλούς, ὅτι κτήνη πολλὰ ὑπῆρχεν αὐτῷ ἐν Σεφηλὰ καὶ
ἐν τῇ πεδινῇ καὶ ἀμπελουργοὶ ἐν τῇ ὀρεινῇ καὶ ἐν τῷ Καρμήλῳ, ὅτι

B″ A V *L′ a b* 60 119 158 527 La$^{109\,(Leg)}$ Aeth Arm

ἀλλοφύλους om 71 | *ἐπί* 2° om 107 | *αρραβας* 19′ 107(non 44) 46 Cyr^{ap} | *ἐπὶ τῆς πέτρας*] *επι τας π.* Ald; *επι την πετραν* 93; *ad petram cabaa* La^{109} | *τοὺς Μιναίους*] *τ. μειναιους* B 119; *τ. μηναιους* V^{c} 19^{c}-93 71′ *b*$^{2-489}$ 127 158 527; *τ. μινναιους* 489 Cyr^{ap}; *ʾamonawjan* Aeth$^{(-P)}$; *ammanitis* La^{109}: cf 𝔐(המעונים (העמונים 4 Mss)) Vulg(*ammanitas* (*ammonitas* ^{ap})) et 20_1

8 *οἱ Μιναῖοι*] *οι μειναιοι* B 119; *οι μηναιοι* V^{c} 19′ 71 *b*$^{2-489}$ 127 527; *οι μηνεοι* 158; *οι μινναιοι* 489 Cyr^{ap} *in XII Proph* 251c; *ʾamonawjan* Aeth$^{(-P)}$; *ammanite* La^{109}: cf 𝔐(העמונים (המע(ו)נים 8 Mss)) Targ(עמונאי) Vulg(sicut in v $_7$) et 20_1; post *Ὀζίᾳ* tr 107 | *οζεια* B′ | *ἦν*] *pervenit* Aeth$^{(-P)}$ = 𝔐 Targ; *divulgatum est* La^{109} = Vulg | *ἕως*] *ως* V | *εἰσόδου*] *terrae* Aeth$^{(-P)}$ = Pesch; > 107 | *ὅτι* – fin om 71-107 | *ἕως ἄνω*] *valde* La^{109} Aeth$^{(-P)}$

9 *Ὀζίας*] *οζειας* B′; post *πύργους* tr *a*$^{(-71\,107)}$; > 71-107 | *πυργον* A | *καί* 2° > La^{109} Aeth$^{(-P)}$ Arm^{I} = 𝔐 Pesch Targ Vulg | *ἐπί* 1° – *καί* 3° om Aeth$^{(-P)}$ Arm^{I} | *ἐπὶ τὴν πύλην* 2° om 71 125 | *πύλην* 2°] *γωνιαν* B^{mg} *a*$^{(-71\,125)}$(321^{c} 44^{c}) Coll VT 1261 Ald; + *γωνιας* B^{txt*} | *τῆς φάραγγος*] pr *αγγαι και επι των γωνιων* *L*: cf 𝔐(*αγγαι* pro הגיא: dubl); pr *γωνιας και επι των γωνιων* Arm^{II} | *καί* paenult – fin] > 107: homoiot; ⌒ *καί* ult 19 Arm^{II}: cf praec; om *καὶ κατίσχυσεν* 381 Coll VT; om *καί* ult 127; *et per latera stabilibit illas* La^{109} | *κατίσχυσεν*] + *αυτας* (*αυτους* 93) *L* Arm^{II} Compl = 𝔐

10 *καὶ ᾠκοδόμησε(ν)*] *και εποιησε* 107; > *b*$^{2-489}$ | *ελατομησαν* 71 | *υπηρχον* A | *ἐν* 2° – *πεδινῇ* om 107: cf Vulg(om *ἐν Σεφηλά*) | *ἐν* 2°] *εις* (*ει* 762: ante *σ*: cf sq) *a*$^{-(107)\,71}$ Ald | *Σεφηλά*] *εφηλα* 68′-121 Ald: post *σ*; *σεφιλα* 71-74 *b*^{2} 158 Coll VT 1261; *σεφυλα* 106; *σεφηλαν* 130 | *καί* 3° om 762* | *τῇ πεδινῇ*] *μησωρ* 93 Arm^{II}(*misor*): cf 𝔐(מישור); + *γεωργοι* *L* La$^{109\,Leg}$ (post *ἀμπελουργοί* (*vinitores*) tr La^{109}) = 𝔐 | *ἐν τῇ ὀρεινῇ*] *εν τοις ορεσι* (*-σιν* Compl) *L* La^{Leg}(*in montibus* (*in montana* La^{109})) Compl = 𝔐; + *et latitudine* Aeth (hic

---

10 *ἐν Σεφηλά*] *ἐν τῇ πεδινῇ* 93

11 *φιλογέωργος ἦν.* [11]*καὶ ἐγένετο τῷ Ὀζίᾳ δυνάμεις ποιοῦσαι πόλε-
μον καὶ ἐκπορευόμεναι εἰς παράταξιν εἰς ἀριθμόν, καὶ ὁ ἀριθμὸς αὐ-
τῶν διὰ χειρὸς Ἰεϊὴλ τοῦ γραμματέως καὶ Μαασίου τοῦ κριτοῦ διὰ*
12 *χειρὸς Ἁνανίου τοῦ διαδόχου τοῦ βασιλέως.* [12]*πᾶς ὁ ἀριθμὸς τῶν*
13 *πατριαρχῶν τῶν δυνατῶν εἰς πόλεμον δισχίλιοι ἑξακόσιοι,* [13]*καὶ μετ'*

B'' A V *L' a b* 60 119 158 527 La$^{109\,(Leg)}$ Aeth Arm

incipit Aeth^{P} (*ga|dam*): cf 23_{10}) | om *ἐν* ult 44' | *φιλογέωργος*] *γεωργος* B' La^{109}(*agricola*) Coll VT Sixt; pr *ανηρ L'* 68' La^{Leg}(*vir diligens terram*) Arm^{II}

11 *εγενοντο* V 93 71 b^{I}-489 55 60 119 158 527 Aeth Arm Compl | *τῷ – ἀριθμόν*] *exercitus oziae bellicosi* Arm^{II}; *oziae exercitus qui agebant bellum et procedebant in certamen cohortes* Arm^{I}: cf sq | *τῷ Ὀζίᾳ*] *τω οζεια* 55; *οζεια* B; *οζια* 127; *(la)ʾazarjas* Aeth^{G} (*ʾakasjas* Aeth^{P}; *ʾazjas* Aeth^{ABEH} (hab *ʾozias* Aeth^{DF})) | *δυναμις ποιουσα* 93 a^{-71} La^{109} Ald Sixt = 𝔐(חיל עשׂה (10 Mss עשׂי)) | *δυναμις* V* | *καί* 2° – 3°] *procedens potenter cum eo* La^{109}; *καί* 2° ⌒ 3° 125: cf Vulg (textum valde decurtatum praebet) | *εκπορευομενοι* 314; *εκπορευομενη* (-*πορεβομ.* 610: cf praef p 94) $a^{-71\,236\,314}$ La^{109} Ald Sixt; *εισπορευομενη* 236: cf sq | *παράταξιν*] + *εις πολεμον και εισπορευομενη* (-*μεναι* b^{2}) *εις* (*ει* 762) *παραταξιν* (-*ξην* 314) $a^{-71\,107\,236}$(bis scr 314) b^{2} Ald Sixt; + *εις πολεμον* 107 | *εἰς* 2° – *αὐτῶν*] *και* (> La = 𝔐) *ο αριθμος της επισκεψεως* (*inspectionis* La) *αυτων L* La^{109} Arm^{II} Compl: cf 𝔐(במספר פקדתם); *εἰς ἀριθμόν* om 107; *καί – αὐτῶν* om 71; *καὶ ὁ ἀριθμός* om 381 | *ὁ ἀριθμός αὐτῶν*] *ο* (> 52) *αρ. αυτω* 46; pr *ην* $a^{(-71)}$ Aeth Ald Sixt | *Ἰεϊήλ*] *ιηλ* Ra.; *ιεειηλ* V 60; *ιεηηλ* 527; *ιεηλ* 107 46*(vid (non 52))-b^{2-489} 55 119 158 Arm^{I}; *ʾijahel* Aeth; *jajel(aj)* Arm^{IIap}; *jajed(aj)* Arm^{IIte}; *ῑηλ* 71; *ισιηλ* 127; *zeriel* La^{109} | *τοῦ* 1° – fin] *maasieque doctoris et sub manu ananie qui erat de ducibus regis* La^{109} = Vulg, cf sq | *Μαασίου*] *μαασαιου* Ra.; *μαασσιου L*; *μασαιου* (-*σεου* 52 527) 46-b^{2} (98 absc sed hab 379) 55' 158 527 Arm^{I}; *masiʾa* Aeth; *μασσαιου* A V 64-728 60 119; *αμασιου* 71-314 44 Arm^{IIte}; *αμασαιου* B; *amesi(aj)* Arm^{IIap} | *τοῦ κριτοῦ* om 71 | *διὰ χειρός* 2°] *και* 71-107; pr *και* 93-108 La^{109} Aeth(omnes) Arm = Vulg | *τοῦ διαδόχου*] *procuratoris* Aeth (omnes); *qui erat de ducibus* La^{109} = 𝔐(משׁרי) Vulg Targ(*διαδόχου* pro משׁנה: cf 28_{7} 31_{12}) ↓; *τοῦ* om 107-121-236-314-762 | *τοῦ βασιλέως*] *regni* Aeth^{-E}; *του γραμματεως* b^{2}; *τοῦ* om 71

12 *πᾶς*] *και* V; pr *και* 381 Aeth Arm^{II}; pr *ως* 127 | *ὁ* om $a^{-71\,321\,346\,554\,44}$ 158 Compl | *πατριαρχῶν*] *αρχοντων των πατριων L*(108^{txt}) Compl; et *δυνατῶν* tr 158 | *τῶν* 2° – (13) *αὐτῶν* om 71 | *εἰς πόλεμον* om 527 | *δισχίλιοι ἑξακόσιοι*] *͵βχ* 107(non 44) | *ἑξακόσιοι*] *χ'* 127; pr *και* 93 314 Aeth^{P} Arm^{II} = 𝔐; *et septingenti* Aeth

---

11 *διαδόχου*] *αρχων*^{τ} 93

αὐτῶν δύναμις πολεμικὴ τριακόσιαι χιλιάδες καὶ ἑπτακισχίλιοι πεν-
τακόσιοι· οὗτοι οἱ ποιοῦντες πόλεμον ἐν δυνάμει ἰσχύος βοηθῆσαι τῷ
βασιλεῖ ἐπὶ τοὺς ὑπεναντίους. [14]*καὶ ἡτοίμασεν αὐτοῖς Ὀζίας, πάσῃ* 14
τῇ δυνάμει, θυρεοὺς καὶ δόρατα καὶ περικεφαλαίας καὶ θώρακας καὶ
τόξα καὶ σφενδόνας εἰς λίθους. [15]*καὶ ἐποίησεν ἐν Ἰερουσαλὴμ μη-* 15
χανὰς μεμηχανευμένας λογιστοῦ τοῦ εἶναι ἐπὶ τῶν πύργων καὶ ἐπὶ τῶν
γωνιῶν βάλλειν βέλεσιν καὶ λίθοις μεγάλοις· καὶ ἠκούσθη ἡ κατα-
σκευὴ αὐτῶν ἕως πόρρω, ὅτι ἐθαυμαστώθη τοῦ βοηθηθῆναι, ἕως οὗ
κατίσχυσεν.

B'' A V *L' a b* 60 119 158 527 La$^{109\,(Leg)}$ Aeth Arm

13 *καί* 1° om V | *δυναμεις πολεμικαι* 19' Arm^{II} Compl | *δυναμεις* V* | *τριακόσιαι* – *πεντακόσιοι*] *VII milium quingentorum* La^{109}; *CCC. VII. D^{torum}* La^{Leg}(*trecentorum V* (hic desinit)); *μυριαδας επτα και τριακοντα* Ios IX 220(*CCCLXXmilia* ^{Lat}); *χιλιάδες* om Arm^{Iap}; *ἑπτακισχίλιοι* om 55 60 119; *καί* 1° om 71; *καί* 2° om B'' *L* 71' 60 119 Compl Ra. | *τριακόσιαι*] -*σιαις* 19-121 71; *τρεις* 127; *τ'* 107(non 44)-314-762 | *ἑπτακισχίλιοι*] *επτα χιλιαδες* A V *b* (*επταχι*[... 98) 158 527; *͵ζ* 107(non 44) 127 | *πεντακόσιοι*] -*σιαι* 93; *φ'* 107(non 44)-314-762 60 127 158 | *οἱ ποιοῦντες*] *οι πολεμουντες* 55; om *οἱ a* Ald | *ἐν* om *b*^{2} | *βοηθῆσαι*] pr *και b*^{2} Aeth
14 *ητοιμαζεν* B'' A V 19' *b*^{1} 60 119 158 527 Compl Lag. Ra. | *αυτους* B' 19-93 71'-121-236-314-762 158 | *Ὀζίας*] *οζειας* B; *ʾazarjas* Aeth^{G}; *ʾazj(i)as* Aeth^{ABEH}; *ʾĭjas* Aeth^{P} (hab *Ὀζίας* Aeth^{DF}): cf 1 11; + *rex* Aeth Arm^{II} | *καί* 2° om 125 | *καί* 3° om 71 125 | *καί* 4°] – *καί* 5° om 71; ∩ *καί* 5° 107 Arm^{II} | *καί* 5° ∩ *καί* ult 158 | *τοξον* 127 | *καί* ult ∩ (15) *καί* 1° 107 | *σφενδόνας* (-*νης* 68'-106-120-130-134-321-346-554) post *λίθους* tr *L a*$^{(-107)}$ Ald Compl Sixt | *εἰς*] *εκ* 71(vid); *και b*^{2} Arm^{II}
15 *ἐποίησεν*] + *οζιας L* Arm^{II} Compl | *ἐν Ἰερουσαλήμ*] post *μηχανάς* tr 19; *ἐν* om 64-381-44 Aeth^{P} (Clear Muséon) | *μηχανὰς μεμηχανευμένας λογιστοῦ*] pr *εις* 610; *μηχανας λογιστου* 71; *machinas excogitas* La^{Leg} (La^{109} ab init ad *μεγάλοις* textum Vulg praebet) | *λογιστοῦ τοῦ*] *λογοις τουτου* 55 | *λογιστοῦ*] *λογισμοις L*(108^{txt}) Compl; *sapientiae* Arm | *τοῦ* 1° – *βάλλειν* om Aeth^{P} | *τον πυργων* 119; *τον πυργον* 610 | *ἐπί* 2° om 107 | *βάλλειν*] *βαλειν* 19' 71' 46-*b*^{2} 127 Compl; pr *του L* Compl Lag. | pr *και* 60 | *λιθους μεγαλους* 158 | *ἠκούσθη*] pr *ουκ* 381 | *ἡ κατασκευὴ αὐτῶν*] *praeparatio eius* (*illa* Arm^{II}) Arm; *fama harum machinarum* Aeth: cf **𝔐**(שמו) | *πόρρω*] *πορω* 728 119*; *πορων* 158 | *ὅτι* – (16) *αὐτοῦ* 2° om 44(|) | *ὅτι* – fin] *quoniam magnificatus est ut obtineret* La^{109}; > Arm^{II} | *εθαυμαστοθην* 158 | *τοῦ βοηθηθῆναι*] *του βοηθηναι* A V* 121*-321 158 527 379 Sixt; *του φοβηθηναι* 55; post *ἕως* tr 527

16 ^{16}*Καὶ ὡς κατίσχυσεν, ὑψώθη ἡ καρδία αὐτοῦ τοῦ καταφθεῖραι,*
καὶ ἠδίκησεν ἐν κυρίῳ θεῷ αὐτοῦ καὶ εἰσῆλθεν εἰς τὸν ναὸν κυρίου
17 *θυμιᾶσαι ἐπὶ τὸ θυσιαστήριον τῶν θυμιαμάτων.* ^{17}*καὶ εἰσῆλθεν*
ὀπίσω αὐτοῦ Ἀζαρίας ὁ ἱερεὺς καὶ μετ᾽ αὐτοῦ ἱερεῖς τοῦ κυρίου
18 *ὀγδοήκοντα υἱοὶ δυνατοὶ* ^{18}*καὶ ἔστησαν ἐπὶ Ὀζίαν τὸν βασιλέα καὶ*
εἶπαν αὐτῷ Οὐ σοί, Ὀζία, θυμιᾶσαι κυρίῳ, ἀλλ᾽ ἢ τοῖς ἱερεῦσιν τοῖς
υἱοῖς Ἀαρὼν τοῖς ἡγιασμένοις θυμιᾶσαι· ἔξελθε ἐκ τοῦ ἁγιάσματος,

B′′ A V *L′ a b* 60 119 158 527 Syh$^{12\ 168}$(incipit ab 16) La^{109} Aeth Arm

16 init – *αὐτοῦ* 2° om 107: homoiot | *ὡς κατίσχυσεν*] *ως εκατισχυσεν* 98: cf praef p 102; + *οζιας L* Syh$^{12\ 168}$(incipit pericope) Tht *Par II* 287 Compl; > 71 Arm^{II} | *ὑψώθη*] pr *εθαυμασθω και* 19: ex 15 | *τοῦ καταφθεῖραι*] *του* (pr *εως* Chr) *διαφθειραι L* 52 Chr *In Vidi Dom Hom III* 130 *Hom V* 180 Tht Compl; *του διαφθαρειναι* 158 La^{109} (*ut disperiret*), Ios IX 222(*διεφθαρη την διανοιαν*): cf Vulg(*in interitum suum*) | *θεῷ αὐτοῦ*] *θεω εαυτου* A V 60; pr *τω* 19′ Tht^{1Ms} Compl; > Arm^{II}; om *θεῷ* Cyr^{ap} *in XII Proph* 251c | *κυρίου*] pr *του* V 107(non 44) Tht^{1Ms}; + *θυ̅* 527 | *θυμιᾶσαι*] pr *του L* Tht^{te}; + *suffimentum* Aeth = 𝔐^{1Ms}(קטרת); > 125 | *ἐπί* – fin] > 44; *τῶν θυμιαμάτων* om La^{109} Lucif *parc* 204 | *επι του θυσιαστηριου* 762*

17 *Ἀζαρίας*] *ζαχαριας a*$^{-71}$(762c) Arm^{II} Tht^{te} *Par II* 287 Ald; *ozias* Lucif *parc* 204 (hab *azarias* La^{109}) = Pesch^{te}, cf 20 | *ὁ ἱερεύς*] om *ὁ b*^{I} 527 | *καί* 2° – *ἱερεῖς* om 55 | *ἱερεῖς* – fin] *ογδοηκοντα υιοι δυναμεως ιερεις* 93 Fern. | *ἱερεῖς τοῦ κυρίου ὀγδοήκοντα*] *ογδοηκοντα ιερεις κυ̅* 19′ Lag.; *ογδοηκοντα ιερεις* Arm^{II} Tht | *τοῦ* om *a*$^{-71}$ Ald Compl | *ὀγδοήκοντα*] *triginta* Lucif (hab *LXXX* La^{109}) | *υἱοί*] pr *οι* 108 158 Compl | *δυνατοί*] *δυναμεως L* Tht Lucif 205(*virtutis*) Compl: cf 𝔐

18 *επεστησαν L* Tht *Par II* 287 Compl; *surrexerunt* La Lucif *parc* 205 | *ἐπί* – *βασιλέα*] *ad eum* Arm^{II} | *ἐπί*] *προς* 158; > *b*^{I} 119 527 | *Ὀζίαν*] *οζειαν* B′; *odiam* Lucif (hab *oziam* La^{109}); pr *τον* 125 Tht | *τὸν βασιλέα*] *τον βασιλεαν* 108: cf praef p 99; > 125; om *τόν* 121-762(‖) | *εἶπαν* B′′ 71 Cyr^{ap} *in XII Proph* 251c Tht^{1Ms} Sixt] *ειπεν* 762; *ειπον* rel: cf praef p 105 | *σοί*] *συ* 68′-71-120 60 127 158 610(*σι* 44) Tht^{1Ms} Dam^{VWV}; pr *εξεστιν* (*licet* La) La^{109}(add) Chr *In Vidi Dom Hom IV* 164,166 *Hom V* 186,190 Lucif | *Ὀζία*] *οζεια* B′; *odia* Lucif (hab *ozia* La^{109}); + *rex* Aeth | *θυμιᾶσαι* 1°] *θυσιασαι* 127; *θυσαι* B; pr *του* 19-93 Did *Comm in Sach* 1002 Tht; pr *το* 108 Compl | *κυρίῳ*] pr *τω* A V *L b* 55′ 60 119 158 527 Did Cyr Tht Dam$^{VWRM^M}$ Ra.; + *deo* Arm^{II}; > 321-346 | *ἀλλ᾽ ἤ*] *αλλα a*$^{-71}$ Ald | *τοῖς ἱερεῦσιν*] *των ιερεων* Did; post *Ἀαρών* tr 60; > 52 | *τοῖς υἱοῖς Ἀαρών*] > Dam$^{VWRM^M}$; om *τοῖς υἱοῖς a*$^{-71}$; om *τοῖς* B′ 71 Sixt Ra. | *θυμιᾶσαι* 2°] *θυσαι* B Sixt; pr *του* 19-93 Tht; pr *το* 108 Compl | *ἐκ*] *απο L* 158 Cyr Tht

ὅτι ἀπέστης ἀπὸ κυρίου, καὶ οὐκ ἔσται σοι τοῦτο εἰς δόξαν παρὰ κυρίου
θεοῦ. 19*καὶ ἐθυμώθη Ὀζίας, καὶ ἐν τῇ χειρὶ αὐτοῦ τὸ θυμιατήριον* 19
τοῦ θυμιᾶσαι ἐν τῷ ναῷ· ἐν τῷ θυμωθῆναι αὐτὸν πρὸς τοὺς ἱερεῖς καὶ
ἡ λέπρα ἀνέτειλεν ἐν τῷ μετώπῳ αὐτοῦ ἐναντίον τῶν ἱερέων ἐν οἴκῳ
κυρίου ἐπάνω τοῦ θυσιαστηρίου τῶν θυμιαμάτων. 20*καὶ ἐπέστρεψεν* 20
ἐπ᾽ αὐτὸν ὁ ἱερεὺς ὁ πρῶτος καὶ οἱ ἱερεῖς, καὶ ἰδοὺ αὐτὸς λεπρὸς ἐν τῷ
μετώπῳ· καὶ κατέσπευσαν αὐτὸν ἐκεῖθεν, καὶ γὰρ αὐτὸς ἔσπευσεν
ἐξελθεῖν, ὅτι ἤλεγξεν αὐτὸν κύριος. 21*καὶ ἦν Ὀζίας ὁ βασιλεὺς λεπρὸς* 21

B′′ A V *L′ a b* 60 119 158 527 Syh$^{12\ 168}$ La^{109} Aeth Arm

Dam$^{RM^M}$ | *απεστη* 19′ | *κυρίου* 1°] pr *του L b*$^{2-489}$ Cyr^{ap} Tht^{-1Ms} Compl | *ἔσται σοι τοῦτο*] *εστιν συ τουτω* 158; *τοῦτο* om 127 Tht = 𝔐 | *εστι* 98 44 | *θεοῦ*] pr *του L* 98 Tht Dam$^{CV^VM^i}$ Compl

19 *Ὀζίας*] *οζειας* B′; *odias* Lucif *parc* 205; + *rex* Aeth | pro *καί* 2° – *ἱερεῖς* et *ἐν* ult – fin textum Vulgatae praebet et *καί* ult – *ἱερέων* om La^{109} | *τὸ θυμιατήριον*] om *τό a*$^{-71}$; + *του θυμιαματος L* Arm^{II} Compl (*incensum* (*θυμίαμα*) post *θυμιᾶσαι* add Arm^{I}) | *τοῦ* 1° – *ναῷ* om Arm^{II}: cf 𝔐 | *ἐν τῷ ναῷ*] *in ara sua* Lucif | *ἐν* 3° – *ἱερεῖς* om Lucif | *ἐν* 3°] pr *και L a*$^{-71}$ 158 Arm Cyr^{ap} *in XII Proph* 251c Dam$^{CV^VR}$ Ald Compl Sixt Ra. = 𝔐 | *πρός*] *εις a*$^{-71}$ Ald | *ἱερεῖς*] pr *υιους ααρων* 125; + *του* (> 44′) *κ̅υ̅ a*$^{-71}$ Ald; + ופקד דנפקון אנון מן בית מקדשׁא Syh$^{12\ 168}$: cf Pesch | *καὶ ἡ λέπρα*] *καὶ ἡ* om *a*$^{-71}$; *ἡ* om Ald; + *αυτου* 93 | *ἀνέτειλεν*] *ανεστειλεν* 60 | *αὐτοῦ* 2° om 46-728 | *ἐναντίον τῶν ἱερέων* post *κυρίου* tr *L* Arm^{II} Tht *Par II* 288 Compl | *ἐν* ult – (20) *ἱερεῖς* om 44 | *ἐν οἴκῳ*] *εν* (pr *και* Tht^{2Mss}) *τω οικω L* 119 Tht Compl; *οικου* 158* | *ἐπάνω* – fin] pr *και* B′ 71; > 107

20 *επεστρεψαν* 125 Aeth^{A} | *ἐπ᾽ αὐτόν*] *προς αυτον a*$^{-71′}$ Ald Sixt; *αυτον* 106′ (deest 44: cf 19); > 64^{txt} | *ὁ* 1° – *καί* 2° om 125 | *ὁ ἱερεύς*] *αζαριας* 93; pr *αζαριας* 19′ 71 Syh$^{12\ 168}$ = 𝔐; pr *ζαχαριας* 68′-121-236-314-762 Ald: cf 17; pr *οζιας* 74-106′-120*(vid; *οζιαν* ^{c})-130-134-321-346-554 | *αὐτός* 1°] *ουτος* 158; > 44 | *μετώπῳ*] + *αυτου L* Aeth(omnes) Arm^{I}(Arm^{II} lib) Compl = 𝔐 | *κατέσπευσαν*] *-σεν* 60 527; *κατεσπασαν b*^{I}-731 158; *-σπασεν* 19′ Compl; *κατεδιωξαν a*$^{-71}$ Ald; *iecerunt* Syh Aeth: cf Vulg | *αὐτόν* 2°] *εαυτον* 60 | *ἔσπευσεν*] *εσπευδεν* 68-122^{c}(pr m) Ald | *ἤλεγξεν*] *ελεγξεν* 125: cf praef p 102s; *ηλεγχεν* 127 | *κύριος* pr *ο L* 321 60

21 pro init – *κυρίου* textum Vulgatae praebet et *καί* ult – fin om La^{109} | *ἦν*] post *βασιλεύς* tr *a*$^{-71\ 107}$ Ald Sixt; post *Ὀζίας* tr 107 | *Ὀζίας*] *οζειας* B′; post *βασιλεύς* tr 60 | *ὁ βασιλεύς*] > 107 Aeth$^{A′}$; om *ὁ* B′ | *λεπρός* 1° post *αὐτοῦ*

ἕως ἡμέρας τῆς τελευτῆς αὐτοῦ, καὶ ἐν οἴκῳ ἀφφουσὼθ ἐκάθητο
λεπρός, ὅτι ἀπεσχίσθη ἀπὸ οἴκου κυρίου· καὶ Ἰωαθὰμ ὁ υἱὸς αὐτοῦ ἐπὶ
22 *τῆς βασιλείας αὐτοῦ κρίνων τὸν λαὸν τῆς γῆς.* 22*καὶ οἱ λοιποὶ λόγοι*
Ὀζίου οἱ πρῶτοι καὶ οἱ ἔσχατοι γεγραμμένοι ὑπὸ Ἠσαίου υἱοῦ Ἀμὼς
23 *τοῦ προφήτου.* 23*καὶ ἐκοιμήθη Ὀζίας μετὰ τῶν πατέρων αὐτοῦ, καὶ*
ἔθαψαν αὐτὸν μετὰ τῶν πατέρων αὐτοῦ ἐν τῷ πεδίῳ τῆς ταφῆς τῶν

B″ A V *L′ a b* 60 119 158 527 Syh$^{12\ 168}$(desinit ab $_{21}$ *καί* 2°) La$^{109\ (Leg)}$ Aeth Arm

1° tr 381 | *ἡμέρας τῆς τελευτῆς*] pr *της* A 98 60 127 527; om *τῆς* 71-107-120 52 | *ἐν οἴκῳ ἀφφουσὼθ ἐκάθητο*] *εκαθισεν* (sic 93; *-θησεν* 19′ Compl) *εν οικω αφφουσωθ* (*αχχεσιθ* Compl; *libertatis* La^{Leg}: cf sq) *L* La^{Leg} Aeth$^{A′}$ Arm^{II} Compl = 𝔐 et Reg IV 15$_5$ 𝔐 𝔊 | *ἀφφουσώθ*] *απφουσωθ* A V *a*$^{-71′\ 74\ 120\ 134\ 554}$ *b*^{I} 60 119 527 Ald Sixt: cf Reg 𝔊; *αφουσωθ* 71 125 Arm^{I}; *αφφουσιωθ* 55; *αφφουσιων* B’; *απφουσιων* 158^{txt}; *της ελευθεριας* 158^{mg} La^{Leg}: cf 𝔐^{K}(החפשות (החפשית 𝔐$^{Q\ et\ 23Mss}$ et Reg 𝔐^{te})); *αχχεσιθ* Compl | *ἀπεσχίσθη*] *εξωσθη L* Arm^{II} Compl ↓ | *ἀπὸ οἴκου*] *απο του οικου* 52; *e facie* Arm^{II}; *απο υιων* 610; om *οἴκου* 158 Aeth$^{A′}$ | *Ἰωαθάμ*] *ιωθαμ* 19 71′(71*(corr pr m); non 125)-120 = 𝔐; *ιωαθαν* 158: cf Reg 𝔊^{ap}; *ωαθαμ* 60(|) | *ὁ υἱὸς αὐτοῦ*] > 127; om *ὁ a*(non 125) 98 55 Ald: cf Reg 𝔊 | *ἐπὶ τῆς βασιλείας αὐτοῦ* om 130-321-346: homoiot; *αὐτοῦ* om Arm^{IIte} | *τὸν λαὸν τῆς γῆς*] *omnes populos* Aeth

22 om v $_{22}$ 125 | om *λόγοι* 236 | *Ὀζίου*] *οζειου* B′; post *ἔσχατοι* tr B″; + *του βασιλεως* A^{c} | *οἱ πρῶτοι καὶ οἱ ἔσχατοι*] > 44; *οἱ* 2° om 71-107 381; *πρῶτοι* et *ἔσχατοι* tr Aeth$^{P′}$ | *γεγραμμένοι*] pr *ουκ* (> A^{c}) *ιδου εισιν* (> Arm) A^{c} *L* Arm^{II} Compl = Pesch, cf Reg IV 15$_6$ 𝔐 𝔊; + *sunt* La^{109} Arm^{I} | *ὑπό*] *απο* Compl; *in libro* (*sermone* Arm) Aeth(omnes) Arm^{II}: cf Vulg^{ap} et Reg 𝔐 𝔊 | *Ἠσαίου*] *jesaje*(*aj*) Arm^{I}; *ιεσιου* 46-731* ^{txt} 60 158 527 Aeth(vid); *ιεσσιου* (*ιεσσειου* B) B″ A *b*$^{I-46}$-243^{txt}-731$^{c\ txt}$ 119 Sixt Ra.: cf 32$_{20\ 32}$(*ησαιας* (*ησαιου*) omnes) | *υἱοῦ Ἀμώς*] *υιου αμμως* 236 44-610 731$^{(mg)}$; > B″ A V *b*$^{-98\ 489}$(243^{txt} 731^{txt}) 60 158 119 527 Aeth Sixt Ra.; om *υἱοῦ* 71

23 *Ὀζίας*] *οζειας* B′; > 107 | *μετὰ τῶν πατέρων αὐτοῦ* 1°] *μετα τ. π. εαυτου* A V 60; *cum patre suo* Aeth^{P}; > Arm^{II} = Reg IV 15$_7$ 𝔊^{107}; ⌒ 2° 19′ 127 = 𝔐^{4Mss} | *ἔθαψαν*] pr *ουκ a*$^{-71\ 44}$ *b*^{2} La^{109} Ald: cf Pesch(לא בקבורתא דמלכא) Vulg^{ap} | *μετὰ τῶν πατέρων αὐτοῦ* 2°] *μετ αυτων* 381; > 71 44 Aeth(omnes) Compl(‖) = Vulg | *ἐν τῷ πεδίῳ*] *εν αγρω L* Aeth$^{A′}$ Arm^{II} Compl: cf 𝔐 Vulg; *in sepulcro* La^{109}; om *τῷ* 44 | *τῆς ταφῆς*] *sepulcrorum* Arm^{II}; *μετα της ταφης* A; *in sepulcro* Arm^{I}; *και*

---

26 21 *ἀφφουσώθ*] *κρυφίως· ἐγκεκλεισμένος* 554; *σ′ τῶν ἐγκσλειεμένων* (sic) 108; *κρυφαίως οἱ λοιποὶ ἐκδεδώκασιν* Tht *Reg IV* 226 | *ἀπεσχίσθη*] *σ′ ἐξώσθη* 108

βασιλέων, ὅτι εἶπαν ὅτι Λεπρός ἐστιν· καὶ ἐβασίλευσεν Ἰωαθὰμ υἱὸς
αὐτοῦ ἀντ' αὐτοῦ.
27 [1]*Υἱὸς εἴκοσι καὶ πέντε ἐτῶν Ἰωαθὰμ ἐν τῷ βασιλεῦσαι αὐτὸν καὶ* 1
δέκα ἓξ ἔτη ἐβασίλευσεν ἐν Ἰερουσαλήμ, καὶ ὄνομα τῆς μητρὸς αὐτοῦ
Ἰερουσὰ θυγάτηρ Σαδώκ. [2]*καὶ ἐποίησεν τὸ εὐθὲς ἐνώπιον κυρίου* 2
κατὰ πάντα, ὅσα ἐποίησεν Ὀζίας ὁ πατὴρ αὐτοῦ, ἀλλ' οὐκ εἰσῆλθεν
εἰς τὸν ναὸν κυρίου, καὶ ἔτι ὁ λαὸς κατεφθείρετο. [3]*αὐτὸς ᾠκοδό-* 3

B′′ A V *L′ a b* 60 119 158 527 La$^{109\,(Leg)}$ Aeth Arm

εταφη εν ταφη 127; *quod non erat sepulcrum* Aeth^{A}: cf praec | *εἶπαν ὅτι* om 107 | *ειπον L*(108*) 46^{c}(-52)-381-*b*$^{2-489}$: cf praef p 105 | *ὅτι* 2°] *ο* 158; > *L a*$^{-107}$ *b*^{2} Ald Compl = 𝔐 | *Ἰωαθάμ*] *ιωθαμ* 19 Aeth$^{A\,Bmg}$ = 𝔐 Pesch Targ Vulg^{1Ms} et Reg 𝔐; *ιωαθαν* 55 158 Eus *Chron I*$^{Exc\ Eus}$ 158,10; *ιωναθαν* A Clem Al *Strom I* 75,4: cf Reg 𝔊; *ionatham* AnGen 180,399 (*ionatha* (*ioatham* G) 401) (sed hab *ιωαθαμ* Hippol *Chron* Eus *Chron*$^{-Exc\ Eus}$) | *υἱός* – fin] pr *ο* A *L* 158 44^{c}-125; om *ἀντ' αὐτοῦ* 107

27 1 *Υἱός*] *και ην* 381; + *ων L* Compl; > B′′ A La^{109} = Vulg, cf 28_{1} | *εἴκοσι καὶ πέντε*] *κ′ και ε′* 130-321-762 158 52; *κ′ και πεντε* 728; *εικοσι και ε′* 134; *κε′* 107 (non 44′) 127 Arm^{1ap}; om *καί* B 71 44 La^{109} Ra. = Vulg; post *ἐτῶν* tr 381 | *Ἰωαθάμ – αὐτόν*] pr *ην* 68 60 Ald: cf Reg IV 15_{33} 𝔐 𝔊; > 71 381 Arm^{II} | *Ἰωαθάμ*] *ιωθαμ* 107 = 𝔐; *ιωαθαν* 158: cf 26_{23} et Reg 15_{32}; > Arm^{1ap} | *βασιλευειν L* 107 *b*$^{(-381)}$ 55 158 Compl | *δέκα ἕξ*] *ις′* 107(non 44) 158 52 La^{109}; *εξ και δεκα* (*εκκαιδεκα L* Compl Sixt = Reg 𝔊^{te}) *L a*$^{-71\,107}$ 60 Ald; *ςι′* 127 = 𝔐 et Reg 𝔐 | *τη μητρι L* Compl | *ιερουσσα* B′′; *ιερουσαθ* 321*: ante *θ*; *jeruaj* Arm^{I}; *gerusaj* Arm^{II} | *σαδδουκ L* Compl; *σαδωρ* B′; *σαδωι* 127

2 *ἐποίησεν*] + *ιωαθαμ L* Arm^{II} | *κατά*] pr *και* 610 | *ὅσα*] *α* B Sixt | *οζειας* B′ | *ἀλλ'*] *πλην L* Compl: cf Reg IV 15_{34} 𝔊 | *οὐκ εἰσῆλθεν* post *κυρίου* 2° tr *L* Arm^{II} Compl | *ναόν*] *οικον* 158 La^{109} (hab *templum* La^{Leg} = 𝔐 Vulg) | *κυρίου* 2° ⌒ $_{(3)}$ *κυρίου* Aeth^{P} | *ἔτι*] *οτι* 125; > 44 | *λαός*] *ναος* 127 | *κατεφθείρετο*] *διεφθειρεν* 93; *adorabat* Aeth$^{(-P)}$: ex משתחוים pro משחיתים 𝔐

μησεν τὴν πύλην οἴκου κυρίου τὴν ὑψηλὴν καὶ ἐν τείχει τοῦ Ὀφλὰ
4 *ᾠκοδόμησεν πολλά· ⁴καὶ πόλεις ᾠκοδόμησεν ἐν ὄρει Ἰούδα καὶ ἐν*
5 *τοῖς δρυμοῖς καὶ οἰκήσεις καὶ πύργους. ⁵αὐτὸς ἐμαχέσατο πρὸς βασι-*
λέα υἱῶν Ἀμμὼν καὶ κατίσχυσεν ἐπ' αὐτόν· καὶ ἐδίδουν αὐτῷ οἱ υἱοὶ
Ἀμμὼν κατ' ἐνιαυτὸν ἑκατὸν τάλαντα ἀργυρίου καὶ δέκα χιλιάδας

B'' A V *L' a b* 60 119 158 527 La$^{109\,(Leg)}$ Aeth Arm

3 init] pr *et* Aeth^{-A} Arm^{II} = 𝔐^{2Mss} Pesch^{te} | *ᾠκοδόμησε(ν)* 1°] *οικοδομησε* 71: cf praef p 103 | *τήν* 2° – *Ὀφλά* ↓] *in muro* (*murum* L) excelso La^{Leg}; pr *και* A | *καί* – fin om 381: homoiot | *καί* – *Ὀφλά*] *et muros* (pr *in* Aeth^{A}) *eius campis eius* (> Aeth^{A}): *la'aflagihu* pro *Ὀφλά* (26$_{23}$ pro *πεδίον* vel *ἀγρός*) | *τείχει*] pr *τω L a*$^{-71}$ 98-243^{mg}-731^{mg} Ald Compl; + *αυτης a*$^{-71}$ 243^{mg}-731^{mg} Ald; + *αυτου* B' | *τοῦ Ὀφλά* ↓] *του ωφηλ* Compl = 𝔐; *του οφρaa L*; *oflaal* Arm^{II}; *οπελ* Sixt; *οπλα* B' La^{109}(*arma*): cf 33$_{14}$; *απεθετο* (*εθετο* 107) *οπλα a*$^{-71}$ 243^{mg}-731^{mg} Ald | *ᾠκοδόμησεν* 2°] pr *και a*$^{-71}$ Ald | *ᾠκοδόμησεν πολλά*] *ωκοδ. εις πληθος L* Compl: cf 𝔐; *multa* (sc *arma*) *edificabit* La^{109} | *πολλά·* (4) *καὶ πόλεις ᾠκοδόμησεν*] > *a*$^{(-68'\,121\,236\,314)}$ 55; *πολεις* 68'-121 Ald; *εν γη* 236-314; *multas civitates* (+ *et* E^{c} G) *aedificavit* (> DF) Aeth

4 *καὶ πόλεις ᾠκοδόμησεν* om Sixt | *πολει* 731* | *ἐν* 1° – fin] *in hierusalem et turres altas* Arm^{II}: cf sq | *ἐν ὄρει*] *εν τοις ορεσιν L* Compl; *εν πολει a*$^{-68'\,71\,121}$ *b*^{1} 158; om *ἐν* 60 | *Ἰούδα*] *δ̄ᾱδ* 120*(corr pr m) | *καί* 2° om La^{109} | *δρυμοῖς*] + *αυτης* (*αυτοις* 44*) *a*$^{-68'\,71\,121}$ | *καί* paenult om *L a*$^{-71}$ | *οἰκήσεις*] pr *ωκοδωμησεν βαρεις* Compl = 𝔐(בנה בירניות) ↓; pr *edificabit iherusalem* La^{109}; + *και ωκοδομησεν εν* (> 108) *ιερουσαλημ* (*ῑλη̅μ̅* 93) *βαρεις L*

5 *αὐτός*] *και* 44'; pr *και L a* Aeth(omnes) Arm^{II} = 𝔐 | *ἐμαχέσατο πρὸς βασιλέα*] *ιωαθαμ* (> Compl = 𝔐) *επολεμησε μετα του βασιλεως L* Arm^{II} Compl: cf 𝔐 | *εμαχετο b*^{2}; *εμαχευσατο* 60 | *πρὸς βασιλέα*] *προς τον β.* 125; *cum rege* Aeth^{A}(solus) | *Ἀμμών* 1°] *αμων* 125 | *καί* 1° ⌒ 2° 60 | *κατίσχυσεν ἐπ' αὐτόν*] *κατισχυσε προς αυτον* 554; *κατισχυσεν επ αυτων* 71'(non 125-610)-74-120-130-134-321-346 Arm: cf 𝔐 Pesch Targ Vulg^{te} | *ἐδίδουν* – *Ἀμμών* 2°] *εδιδουν αυτω* B*-127 107; *εδιδον αυτω* B^{c} 554 La^{109}; om *αὐτῷ* Arm^{II}; om *οἱ* 19 71-74-314 64-728 | *εδιδον* 158*(corr pr m) | *αὐτῷ*] *αυτον* 119 | *κατ' ἐνιαυτόν* 1°] *κατ ενιαυτων* 55*; *ab anno in annum* La^{109}; > 158 | *ἑκατόν* – *ἐνιαυτόν* 2° bis scr 527 homoiar | *ἀργυρίου*] + *secundum quod imposuerat ei tributum* La^{109} | *δέκα χιλιάδας* 1°] *mille* La^{109} | *δέκα* 1°] *ι'* 107(non 44)-314-321-346-762 127; *ιβ'* 158 | *χιλιάδας* 1°] -*δες* 60 127: cf praef p 101 |

---

3 *Ὀφλά*] *σ' ἀποκρύφου* 108
4 *οἰκήσεις*] *βαρεῖς* 108

*κόρων πυροῦ καὶ κριθῶν δέκα χιλιάδας· ταῦτα ἔφερεν αὐτῷ βασιλεὺς
υἱῶν Ἀμμὼν κατ᾽ ἐνιαυτὸν ἐν τῷ πρώτῳ ἔτει καὶ τῷ δευτέρῳ καὶ τῷ
τρίτῳ. ⁶κατίσχυσεν Ἰωαθάμ, ὅτι ἡτοίμασεν τὰς ὁδοὺς αὐτοῦ ἐναντίον* 6
κυρίου θεοῦ αὐτοῦ. ⁷καὶ οἱ λοιποὶ λόγοι Ἰωαθὰμ καὶ ὁ πόλεμος καὶ 7
αἱ πράξεις αὐτοῦ ἰδοὺ γεγραμμένοι ἐπὶ βιβλίῳ βασιλέων Ἰούδα καὶ

B′′ A V *L′ a b* 60 119 158 527 La^{109} Aeth Arm

κορον 158 74 | *πυρρου* 55 | *καὶ κριθῶν δέκα χιλιάδας*] *και δεκα κριθων χιλιαδας* 106; *και κριθων δεκα χιλιαδας κορων L* Aeth^{A} Arm^{I}; *και δεκα χιλιαδας κορων κριθων* La^{109} Arm^{II}; > Aeth^{P}; om *καί* 127 | *δέκα* 2°] *ι′* 107(non 44-610; 125 post *χιλιάδας* 2°)-321-346 98(non 379) 127; *τριακοσιους δεκα* (*τι′* 314-762) 121-236-314-762 | *χιλιάδας* 2°] *-δες* 60 127: cf praec; *χιλια*^{δ} 71 | *ταῦτα* – (6) fin om 381 | *ταυτας* 71 | *εφερον* 106-314 44 127 La^{109} Aeth(omnes): cf **𝔐** | *βασιλεύς* fin om 44 | *βασιλεὺς υἱῶν Ἀμμών*] pr *ο L* Compl; *βασιλευς* (pr *ο b*$^{I(-381)}$) *αμμων* (*αμων* 527^{II}) B′′ A* V 71 *b*$^{I(-381)}$ 60 119 527 Arm^{I} Ra.; *filii ʾamon et rex filiorum ʾamon* Aeth(sic ed; om *ʾamon* 1° B; om *filiorum ʾamon* A; add *rex eorum* P); *filii ammon* La^{109} = **𝔐** Pesch Targ Vulg; *υιος* (pr *ο* 125) *αμμων* 107$^{(-44\ 610)}$; *ο βασιλευς υιων* 158 | *κατ᾽* 2° – *ἔτει*] *κατ ενιαυτον L* Arm^{II} Compl: cf **𝔐**(ובשׁנה); *in anno I* La^{109} | *ἐν τῷ πρώτῳ ἔτει*] *εν τω ετει τω προτω* 55; pr *et* Arm^{I}: cf **𝔐** | *ἔτει* post *τρίτῳ* tr 107$^{(-44\ 610)}$ | *καί* ult – fin] *secundo et tertio* La^{109} | *τῷ δευτέρῳ*] pr *εν τω ετει L a*$^{-71\ 107(44)}$ Arm^{II} Ald Compl = **𝔐**; pr *εν* 158 Sixt; om *τῷ* A 107$^{(-44\ 610)}$ | *τῷ* ult om 107$^{(-44\ 610)}$

6 init] pr *και* B′ *L* 44′-610 La^{109} Aeth^{DF} Arm^{II} Compl Sixt Ra. = **𝔐** (non Pesch) | *Ἰωαθάμ*] *ιωθαμ* 107(-610) = **𝔐**; *ιωναθαν* 108 158* Compl; *ιωαθαν* 158^{c}; + *και ο πολεμος και ε πραξεις αυτου* 158: ex 7; ⌒ (7) *Ἰωαθάμ* 106 | *ὅτι*] *δι ου* 158; *και* 93 | *αὐτοῦ* 1°] *αυτον* Ald; ⌒ 2° 236 | *εναντι* B Tht^{te} *Par II* 289 Ra. | *θεοῦ*] pr *του L b*^{2} 158 Tht

7 *οἱ* – *Ἰωαθάμ*] *οι λογοι ιωαθαμ οι λοιποι* A | *οἱ λοιποί*] *η λοιπη* 125; *λοιποί* om 158 | *Ἰωαθάμ* – *πράξεις* om 44 | *Ἰωαθάμ*] *ιωαθαν* 381* 55 158^{c}; *ιωναθαν* 158*: cf Reg IV 15$_{36}$ **𝔊**^{ap}; *αυτου* 107 | *καὶ ὁ πόλεμος*] *et bella* Arm^{II}: cf **𝔐**; + *αυτου* 158 Aeth Arm^{I} = **𝔐** Pesch Targ Vulg^{te} | *καί* 3° om 107(-610) | *αἱ πράξεις*] *η πραξις* (*-ξεις* Ald) 19 *a*$^{-71\ (44)}$ Aeth Arm^{IIte}; *certamina* Arm^{I} | *ἰδού*] pr *ουκ L* Compl: cf Reg **𝔐** **𝔊**^{L}; > 71 127*(corr pr m) La^{109} = Vulg | *γεγραμμεναι* 74-120-134-554 Sixt; *γεγραμμενα a*$^{-71\ 74\ 120\ 134\ 554}$; *γεγραπται L* Compl = Reg **𝔊**^{L}; *scripta sunt* La^{109} Arm = Vulg | *βιβλίῳ*] *βιβλιον L* 125 Compl = Reg **𝔊**$^{O\ L}$; *βιβλιον* 46; *βιβλιων* (*βλιων* 60; *βιλιων* Ald) A V 68′-121 *b*$^{-46}$ 55 60 119 158 527 Ald; + *λογων* 93 Arm^{II} = Reg **𝔐** **𝔊** | *βασιλειων* 46 | *Ἰούδα καὶ Ἰσραήλ*] *ισραηλ και ιουδα L* 71-554 Arm^{II} Compl = **𝔐** Pesch Targ Vulg^{te}; *Ἰούδα καί* om *a*$^{-71\ 68′\ 120\ 554}$

8 *Ἰσραήλ.* ⁸*υἱὸς εἴκοσι καὶ πέντε ἐτῶν ἦν βασιλεύσας καὶ ἓξ καὶ δέκα*
9 *ἔτη ἐβασίλευσεν ἐν Ἰερουσαλήμ.* ⁹*καὶ ἐκοιμήθη Ἰωαθὰμ μετὰ τῶν*
πατέρων αὐτοῦ καὶ ἐτάφη ἐν πόλει Δαυίδ, καὶ ἐβασίλευσεν Ἀχὰζ υἱὸς
αὐτοῦ ἀντ᾽ αὐτοῦ.

1 **28** ¹*Υἱὸς εἴκοσι ἐτῶν ἦν Ἀχὰζ ἐν τῷ βασιλεῦσαι αὐτὸν καὶ δέκα*
ἓξ ἔτη ἐβασίλευσεν ἐν Ἰερουσαλήμ· καὶ οὐκ ἐποίησεν τὸ εὐθὲς ἐν-
2 *ώπιον κυρίου ὡς Δαυὶδ ὁ πατὴρ αὐτοῦ.* ²*καὶ ἐπορεύθη κατὰ τὰς*
ὁδοὺς βασιλέων Ἰσραήλ· καὶ γὰρ γλυπτὰ ἐποίησεν καὶ τοῖς εἰδώλοις

B´´ A V *L´ a b* 60 119 158 527 La^{109} Aeth Arm

8 om v $_{8}$ B´´ V 71 44´ b^{1} 60 119 158 527 Sixt Ra. (hab La^{109} Aeth(omnes) Arm = 𝔐 Targ Vulg) = Pesch et Reg | *υἱός*] *et erat joatham vir* Arm^{II}; *και υιος* 107(non 44´); *et erat* Aeth(omnes); *και* A 134^{c}; > b^{2} La^{109} Arm^{I} | *εἴκοσι καὶ πέντε*] *κ´ και ε´* 130-314-321-346-762 Aeth; *εικοσι και ε´* 120-122; *κε´* 107(non 44´) La^{109}(*XXV*) = Vulg | *βασιλεύσας*] *ιωαθαμ εν τω βασιλευειν αυτον L* Compl: cf 𝔐(במלכו); *ioatam cum regnare cepisset* La^{109}: cf Vulg | *καὶ ἓξ καὶ δέκα*] *και εκκαιδεκα* 93 Ios^{-1Ms} IX 243; *και ις´* 107(non 44´) 98; *et sidecim* La^{109}; om *καί* 2° Arm^{I}; om *καὶ ἕξ* 19´

9 *Ἰωαθάμ*] *ιωαθαν* 119 158: cf Reg IV 15_{38} 𝔊; > 71-107 La^{109} | *μετὰ τῶν πατέρων αὐτοῦ* post *ἐτάφη* tr 107 | *αὐτοῦ* 1°] *εαυτου* A V* 60 | *δαυειδ* B; *δαβιδ* Ald: cf 1_{1} | *Ἀχάζ*] *αχας* B´´: cf $28_{1\,16\,19\,21\,24\,27}$ 29_{19} Par I 3_{13}; ⌒ (28_{1}) *Ἀχάζ* 121 | *υἱός*] pr *ο* 158 | *ἀντ᾽ αὐτοῦ* om 44

28 1 *Υἱός – αὐτόν* om 71: homoiar | *Υἱός* om B᾽ 44´ La^{109} = Vulg, cf 27_{1} | *εἴκοσι*] *κ´* 762 127 158 52; *εικοσι και πεντε* (*κ´ και ε´* 130-134-314-321-346(om *και* 107(*κε´* 107 610) La^{109}(*XXV*)) *a*$^{-(71)\,121\,236\,762}$ La^{109} Ald Sixt; post *ἐτῶν* tr 318 | *ἦν* om B´´ A V *b*$^{-381}$ 60 119 158 527 Ra. = 𝔐 et Reg IV 16_{2} 𝔐 | *Ἀχάζ*] *αχας* B´ Hippol *Chron*$^{H_1\,H_2}$ 98,15(*achas*) Ps Cypr *pasch* 248,17(*achas*) = Reg 𝔊, cf Par II 27_{9}; *αχαας* 127; *αχαβ* A; pr *rex* Aeth^{P}; > 381 | *βασιλεῦσαι* (*-σε* 55) B´´ A V 60 119 527] *-λευειν* rel | *αὐτόν* om 107(non 125) 119 527 | *δέκα ἕξ*] *ις´* 107 (non 44) 98 158 52 La^{109}(*XVI*); *εξ δεκα* (*ςι´*) 127 Arm = 𝔐 et Reg 𝔐; *εξ και δεκα* (*εκκαιδεκα L* Compl Sixt = Reg 𝔊) *L a*$^{-107}$ 60 Ald: cf 𝔐; *δέκα* om 55 | *ἔτη* om A(|) | *Ἰερουσαλήμ* (*ῑλη̄μ̄*)] *ῑη̄λ̄* 158* | *κυρίου*] *κ̄ω̄* 610; + *dei sui* La^{109} = 𝔐^{14Mss} et Reg 𝔐, cf 𝔊 | *Δαυίδ*] *δαυειδ* B; *δαβιδ* Ald: cf 1_{1}; pr *ο* 106-321-346; > 731^{c}

2 *καὶ ἐπορεύθη*] *αλλ επορευθη a*$^{-71}$ 381 La^{109}(*sed*) Arm^{II} = Vulg(*sed*); + *αχαζ L* Arm^{II} = Reg IV 16_{3} 𝔊^{L}; > 127 | *κατὰ τὰς ὁδούς*] *κατα τους οδους* 106-236 125: cf praef p 99; *εν τη οδω* 381 = Reg 𝔐 𝔊; *in viis* Aeth(omnes) = 𝔐 | *βασιλέων*] *βασιλεως* B᾽ 19 = Reg 𝔊^{B}(*-λεων L*); pr *των* A V *b* 55 60 119 158 527 | *Ἰσραήλ* om 60(|) | *καὶ γάρ*] *και* 71-107; *quia* Aeth Arm; *nam et* La^{109}: cf 𝔐(וגם) | *γλυπτά* – $_{(3)}$ *ἔθυεν*] *fecit et creavit imagines et* (> Aeth^{B}) *istis ima-*

αὐτῶν [3]*ἔθυεν ἐν γῇ Βενεννὸμ καὶ διήγαγεν τὰ τέκνα αὐτοῦ διὰ* 3
πυρὸς κατὰ τὰ βδελύγματα τῶν ἐθνῶν, ὧν ἐξωλέθρευσεν κύριος ἀπὸ
προσώπου υἱῶν Ἰσραήλ, [4]*καὶ ἐθυμία ἐπὶ τῶν ὑψηλῶν καὶ ἐπὶ τῶν* 4
δωμάτων καὶ ὑποκάτω παντὸς ξύλου ἀλσώδους. [5]*καὶ παρέδωκεν αὐ-* 5
τὸν κύριος ὁ θεὸς αὐτοῦ διὰ χειρὸς βασιλέως Συρίας, καὶ ἐπάταξεν ἐν
αὐτῷ καὶ ᾐχμαλώτευσεν ἐξ αὐτῶν αἰχμαλωσίαν πολλὴν καὶ ἤγαγεν

B′′ A V *L′ a b* 60 119 158 527 La$^{109\,(Leg)}$ Aeth Arm

ginibus sacrificavit Aeth(omnes) | *καί* ult – (3) *ἔθυεν*] *εν τοις ειδωλοις αυτων* (+ *και* 71) *εθυεν* B’ 71; *simulacris suis et incendit* La^{109}: cf 𝔐 Pesch; *τοις βααλειμ και εθυεν L* Arm^{II} Compl = 𝔐 Vulg; *τοις ειδωλοις αυτων και εθυεν* coni Ra.

3 *ἔθυεν*] *εθυε* B*; *εθυσεν* (-*σε* 125; *εθησεν* 44) *a*$^{-71}$ 489* 55 Ald; *ipse supplicavit* La^{Leg}: cf 𝔐(ויהוא); > Sixt | *ἐν γῇ* om 46 | *ἐν* om B′′ | *γῇ*] *φαραγγι L* Aeth$^{A'}$(*vallibus*) Arm^{II} Compl: cf 𝔐 | *γῇ Βενεννόμ*] *γαιβενθομ* B; *γαιβενθον* 127; *γαιβενενομ* coni Ra.: cf sq et 33$_6$ | *Βενεννόμ* 93 Compl] *βενενομ* 55; *βεεννομ* A V 60; *βεννομ b*$^{2-489}$; *βεννωμ* 489; *βενομ* 71 Arm^{Ite}; *beenōm* Arm^{Iap}; *beenoman* Arm^{IIte}; *beneoman* Arm^{IIap}; *ενωμ* 158 125; *εννωμ* 74-122* 46 381(vid); *εννομ a*$^{-71\,74\,122*\,125}$ *b*$^{I-46}$ 119; *εν εννομ* 19′; *ʾanom* Aeth$^{P'}$; *filii henom* Aeth$^{A'}$: cf 33$_6$ | *διήγαγε(ν)*] *διηγε(ν)* B′′ A V 19′ 71 *b*^{2} 60 119 527 Ra. = Reg IV 16$_3$ 𝔊^{te}; *ηγαγε* 68 Ald | *διὰ πυρός*] *εν πυρι L* Compl = 𝔐 et Reg 𝔐 𝔊^{te} | *πυρός* – (4) *ἐπί* 1° om 610 | *κατά*] *και* B* 71 46-98-731 527 = Reg 𝔊$^{B*\,247\,119}$ | *τά* 2° om 55* | *τῶν ἐθνῶν*] *παντων των εθνων των απεριτμητων τουτων και* A; > *a*$^{-71\,121\,236\,314\,762(610)}$ | *ὧν*] *α a*$^{-71}$ Ald | *ἐξωλέθρευσε(ν)* B* A V 120-121-130-134-314-321-346-762] *εξηρεν L* Compl = Reg 𝔊^{omnes}; *εποιησεν* 127; *εξωλοθρευσε(ν)* (*εξολ.* 71-106 728 55 60 158 44: cf praef p 103) rel Ald Sixt: cf praef p 95 | *κύριος*] *deus* La^{109} | *υἱῶν*] pr *των* A

4 *ἐθυμία*] *immolabat et incendebat* La^{109} = 𝔐 et Reg IV 16$_4$ 𝔐 𝔊(*εθυσιαζεν και εθυμια*) | *ἐπί* 1° – *δωμάτων*] *et super tectis et sub omnibus saltibus* Arm^{II} | *ἐπὶ τῶν δωμάτων*] *επι* (*εκ* 106; > 71 125) *των δοματων* V 71′-121-321-346 46(non 52) 60 158 La$^{Leg\,L\,V}$(*super donata* (*super domata* La$^{Leg-L\,V}$, *super tecta* La^{109})): cf praef p 90 | *αλσωδου* A: cf praef p 100

5 *αὐτὸν κύριος ὁ θεὸς αὐτοῦ*] *κυριος ο θεος αυτον b*^{I} 158; *ὁ θεὸς αὐτοῦ* om 71-107; *ὁ* om 236 | *αὐτόν* 1°] *αυτους* 19′ | *διὰ χειρός*] *εν χειρι L* Aeth(omnes) Compl; *in manus* La^{109} = Vulg^{ap} | *βασιλέως* 1°] *βασιλεων* B 71 = Pesch^{ap} | *ἐπάταξεν* 1°] *percusserunt* La^{109} = 𝔐 (hab *percussit* Pesch Vulg) | *ἐν αὐτῷ* 1°] *αυτω* 74; *αυτον* 158 Aeth^{-B}: cf sq; *eos* Aeth^{B}; + *in regione eversione magna* Arm^{II}: cf Pesch | *καί* 3° – *αὐτῷ* 2° bis scr 68 Ald: homoiar | *ᾐχμαλώτευσεν*] *αιχμ. L*: cf praef p 102s; *ηχμαλωτευσαν* B 71 98 La^{109} = 𝔐 Targ (hab sing Pesch Vulg) | *ἐξ αὐτῶν*] *ex eo* Aeth = 𝔐 Pesch Targ; *εν αυτω* 60; *αυτον* 127; *ex his qui eius erant legis* La^{109}: cf Vulg(*de eius imperio*); post *πολλήν* tr *L* Compl; >

εἰς Δαμασκόν· καὶ εἰς τὰς χεῖρας βασιλέως Ἰσραὴλ παρέδωκεν αὐτόν,
6 καὶ ἐπάταξεν ἐν αὐτῷ πληγὴν μεγάλην. [6]καὶ ἀπέκτεινεν Φακεὲ ὁ τοῦ
Ῥομελίου βασιλεὺς Ἰσραὴλ ἐν Ἰούδᾳ ἐν μιᾷ ἡμέρᾳ ἑκατὸν εἴκοσι χιλι-
άδας ἀνδρῶν δυνατῶν ἰσχύι ἐν τῷ αὐτοὺς καταλιπεῖν τὸν κύριον θεὸν
7 τῶν πατέρων αὐτῶν. [7]καὶ ἀπέκτεινεν Ζεχρὶ ὁ δυνατὸς τοῦ Ἐφράιμ
τὸν Μαασίαν τὸν υἱὸν τοῦ βασιλέως καὶ τὸν Ἐζρικὰμ ἡγούμενον τοῦ

B'' A V *L' a b* 60 119 158 527 La^{109} Aeth Arm

Arm^{II} | *καὶ ἤγαγεν εἰς Δαμασκόν* om B': homoiot | *ἤγαγεν*] *induxerunt* La^{109} = 𝔐 Targ, cf Pesch(*ierunt*) (hab *adduxit* Vulg); + *αυτον* 527 Aeth | *καί* paenult – fin om 44: homoiot | *καί* paenult] *και γαρ* B'; *nam et* La^{109}: cf 𝔐(וגם) | *τάς* om *a* Ald^{I} Sixt | *βασιλέως* 2°] *βασιλεων* B' 71-106; > La^{109} | *παρέδωκεν αὐτόν*] *π. αυτων* 119*; *π. αυτω* 106'(non 44); > 125; + *κς* *L* Arm^{II} Compl | *ἐπάταξεν* 2°] *επληξεν* 71 | *ἐν αὐτῷ* 2°] *εαυτω* B; *αυτω* 93-121 55 158; *eum* Aeth: cf praec

6 *ἀπέκτεινε(ν)*] *επαταξε* 60; *απεστειλεν* (-*λε* ^{c}) B | *Φακεέ*] *φακεαι* 93-108 Compl Fern. = Reg IV 16$_5$ 𝔊$^{93\ 108}$; *φακε* V; *εφακεε* 610; pr *εν* 728 | *ὁ τοῦ*] *υιος* *L* Cyr^{ap} *in XII Proph* 458a Compl | *Ῥομελίου*] *ρωμελιου* 19' 381 Compl: cf 𝔊^{ap}; *ρομεληου* 158; *ρομελια* B'' V^{c} 71 Sixt Ra.; *ραμελιου* 74-321-346 527; *ραμελια* 119: cf praef p 98 | *βασιλεὺς Ἰσραήλ* om Aeth^{P}(Clear Muséon) = 𝔐 | *βασιλεως* *b*^{2} Cyr^{ap} | *ἐν Ἰούδᾳ*] *εν ιλημ* 381*(corr pr m) et post *ἡμέρᾳ* tr | *ἑκατόν* – *ἰσχύι*] *ανδρων δυνατων χιλιαδας εκατον* 44 | *ἑκατὸν εἴκοσι*] *ρκ'* 98 52 127 158 La^{109}(*CXX*) Arm^{II}; *εκατον και εικοσι* *L'* Arm^{I} Compl = 𝔐; *ρ'* (*εκατον* 106-130-236-554) *a*$^{-71\ 121}$ Cyr^{ap}(458a, non d) Ald (hab *δωδεκα μυριαδας* pro *εκατον εικοσι χιλιαδας* Ios IX 246) | *χιλιαδες* 60 610: cf praef p 101 | *ἀνδρῶν δυνατῶν ἰσχύι*] *omnes filios virtutis* La^{109} = 𝔐; *δυν. ἰσχύι* om 610; *ἰσχύι* om 107-125 | *δυνατον* 243; *δυνατους* 127 | *ἰσχύι*] *ισχυει* 71-314; pr *εν* 158 | *αὐτούς*] *εαυτους* 60; post *καταλιπεῖν* tr *L a* Arm^{I} Ald Compl Sixt: cf 𝔐 | *καταλειπειν* V* 71-321 728 55 60^{c} 158 | *τὸν κύριον*] tr *L a*$^{-71}$ 381 158 Ald Compl Sixt; *τόν* om 71 Cyr | *τῶν πατέρων* om 158^{txt} Cyr | *αὐτῶν*] *εαυτων* A^{c} V; *αυτου* 106* 44

7 *Ζεχρί*] *ζεχρει* 93; *ενζεχρι* 71: post *εν*; *ζεκχρι* 158; *εζεχρι* A V *b*^{I} 119 527 125; *εζεκρι* 55 60 Ra.; *εζεκρει* B; *εζεκει* 127; *ʾazakari* Aeth^{-P}(*ʾekori* P); *ζαχαριας* 19' Lag.; *ζαχαριν* (-*ριαν* (-*ριας**) 1 Ms; *zaccharian* Ios^{Lat}) Ios IX 247 | *Ἐφράιμ*] pr *in* La^{109}: cf Vulg(pr *ex*) | *τόν* 1°] pr *et* Aeth^{P} = 𝔐^{1Ms}; > *a*$^{-71}$ Ald | *Μαασίαν* 93 Sixt] *μαασαιαν* B Ra.; *μαασαια* 127; *μαασσιαν* Compl; *μαασσαν* 19'; *μασιαν* A V *b*^{2} 60 119 527 La^{109}(*masiam* = Vulg^{te}); *μασαιαν* *b*$^{I-46}$ 158; *μασεα* 46; *masiʾewa* Aeth$^{P'}$; *maseja* Aeth$^{A'}$; *αμασιαν* *a*$^{-121}$ Arm^{I} Ios Ald; *αμεσιαν* 121; *αμασαιαν* 55; *manase* Arm^{II} | *καί* 2° om 527 | *Ἐζρικάμ* V 71 Arm^{I}] *εζρεικαμ* 93; *εζρικαν* A *b*$^{-731}$ 55 60 119 158 527 Sixt; *εσρικαμ* 19' *a*$^{-68\ 71}$ Compl; *ευρικαμ* 68 Ald; *εσρικαν*

οἴκου αὐτοῦ καὶ τὸν Ἐλκανὰ τὸν διάδοχον τοῦ βασιλέως. ^{8}*καὶ ᾐχμα-* 8
λώτευσαν οἱ υἱοὶ Ἰσραὴλ ἀπὸ τῶν ἀδελφῶν αὐτῶν τριακοσίας χιλιάδας,
γυναῖκας, υἱοὺς καὶ θυγατέρας, καὶ σκῦλα πολλὰ ἐσκύλευσαν ἐξ αὐτῶν
καὶ ἤνεγκαν τὰ σκῦλα εἰς Σαμάρειαν.
^{9}*Καὶ ἐκεῖ ἦν ὁ προφήτης τοῦ κυρίου, Ὠδὴδ ὄνομα αὐτῷ, καὶ ἐξῆλθεν* 9
εἰς ἀπάντησιν τῆς δυνάμεως τῶν ἐρχομένων εἰς Σαμάρειαν καὶ εἶπεν
αὐτοῖς Ἰδοὺ ὀργὴ κυρίου θεοῦ τῶν πατέρων ἡμῶν ἐπὶ τὸν Ἰούδαν, καὶ

B′′ A V *L′ a b* 60 119 158 527 La^{109} Aeth Arm

731; *ezdriam* La^{109}; *ezria* Arm^{II}; *ezeri* Aeth^{P}; *ezra* Aeth^{A}; *εσδρικαμ* coni Ra.; *εγδρικαν* 127; *εγδρεικαν* B; *ezdriam* La^{109}; *ερκαμ* (*ερικαμ* 3 Mss et Lat) Ios | *τοῦ οἴκου αὐτοῦ*] *τοῦ οἴκου* om *L* Arm^{II} = Vulg^{1Ms*}; *τοῦ* om 381; *αὐτοῦ* om La^{109} = 𝔐 Pesch Targ(sim), sed hab Vulg | *τὸν Ἐλκανά*] *τον ειλκανα* B; *τον ελκαναν* 19′ *b*$^{2-98}$ Compl; *elcanam* La^{109}; *ελικαν* (*ελκαν* 1 Ms; *helicam* Lat) Ios; *τόν* om 71-107(non 44) 381 | *τόν* ult – fin] *secundum a rege* La^{109mg} = Vulg | *τὸν διάδοχον*] *τον δευτερον L* Arm^{II} Compl: cf 𝔐; *filium* Aeth^{P}; *ducem* Aeth^{A}(sicut pro *ἡγούμενον* praec); om *τόν* 71-107 | *τοῦ βασιλέως* 2°] *αυτου* 381

8 *ᾐχμαλώτευσαν*] *ηχμαλωτισαν* (*-τησαν* 243 119: cf praef p 107) B-127$^{c(pr\,m)}$ V 243 119 527 Sixt Ra.: cf $_{17}$, sed 6$_{36\,38}$ 28$_{5\,11}$ *-ευ-* omnes; *ηυχαλωτευσαν*(sic) 55; *αιχμαλωτευσαν L*: cf praef p 102s | *οἱ υἱοί*] *illos* La^{109}: mend pro *filii*; *οἱ* om 44 | *τριακοσίας*] *τ′* 762 379(98 del); *ρ′* 127; *διακοσιας L* 71 La^{109}(*CC*) Arm^{II} Compl (hab *δωδεκα αυτων μυριαδας* pro *τριακ. χιλιάδας* Tht *Par II* 289,8) = 𝔐; *οκτακοσιας* (*ω′* 107(non 44)) *a*$^{-71\,121\,762}$ Ald | *γυναῖκας*] *γυναικων L* La^{109} (*mulierum*) Arm^{Iap} Compl | *υἱοὺς καὶ θυγατέρας*] *puerorum et puellarum* La^{109}; pr *και L a*$^{-71}$ 98 Aeth^{-B} Arm Ald Compl Sixt; om *καί* B’ | *ἐσκύλευσαν* om 107 | *ἐξ αὐτῶν* om Aeth$^{A′}$ = Vulg | *καὶ ἤνεγκαν*] *και ηνεγκεν* V*; *και εσκυλευσαν* 60; *καί* om 125-610 | *τὰ σκῦλα*] > 107 = 𝔐^{1Ms}; + *αυτων b*^{I} 158 Aeth | *σαμαριαν* A V* 93 728 158

9 *ἐκεῖ ἦν … τοῦ κυρίου*] *ην … εκει* 44 | *ὁ προφήτης*] om *ὁ L a*$^{-236}$ Arm = 𝔐 | *τοῦ κυρίου*] *του θεου* 19; *τοῦ* om 93 *a* 158 | *Ὠδὴδ ὄνομα αὐτῷ*] *nomen eius aded* Aeth; *nomine odet* La^{109}: cf Vulg(*nomine oded*(*odet* 1 Ms)); *ὄνομα αὐτῷ* om 381; *αὐτῷ* om B^{txt} Arm^{II} | *οδηδ* 236; *οδδιθ* 158; *udith* Arm^{II}; *ωβηδ* 74 | *καί* 2°] ∩ 3° 107; > Arm^{I} | *τῆς δυνάμεως τῶν ἐρχομένων*] *exercitui venienti* La^{109} = Vulg^{ap}, cf 𝔐 | *εἰς Σαμάρειαν* om 381 | *σαμαριαν* A 93 728 158 Ald: cf praef p 85 | *κυρίου θεοῦ*] *κυριου του θεου L* 60 158; *του θεου* Tht *Par II* 289 *Comm in Is* I 276 Compl | *τῶν πατέρων ἡμῶν*] *τ. π. υμων* B’ A *L*(93^{c}) 71 *b* La^{109} Arm^{I} Tht^{ap} *Par II Comm in Is* Compl Sixt Ra. = 𝔐 Targ Vulg, cf Pesch(דאבהתהון ^{te}, דאבהתכון ^{ap}, דאבהתן ^{ap} et Pesch^{W}); > 125 Aeth(omnes) |

παρέδωκεν αὐτοὺς εἰς τὰς χεῖρας ὑμῶν, καὶ ἀπεκτείνατε ἐν αὐτοῖς
10 *ἐν ὀργῇ, καὶ ἕως τῶν οὐρανῶν ἔφθακεν.* [10]*καὶ νῦν υἱοὺς Ἰούδα καὶ*
Ἰερουσαλὴμ ὑμεῖς λέγετε κατακτήσασθαι εἰς δούλους καὶ δούλας· οὐκ
11 *ἰδού εἰμι μεθ’ ὑμῶν ἁμαρτῆσαι κυρίῳ θεῷ ὑμῶν.* [11]*νῦν ἀκούσατέ μου*
καὶ ἀποστρέψατε τὴν αἰχμαλωσίαν, ἣν ᾐχμαλωτεύσατε τῶν ἀδελφῶν
12 *ὑμῶν, ὅτι ὀργὴ θυμοῦ κυρίου ἐφ’ ὑμῖν.* [12]*καὶ ἀνέστησαν ἄρχοντες ἀπὸ*

B′’ A V *L′ a b* 60 119 158 527 La^{109} Aeth Arm

τὸν Ἰούδαν] *τον ιουδα* B′ V* 379; *τον ιου*^{δ} 125 98; *ιουδαν a*$^{-71\ 125}$ Tht *Par II* (hab *Comm in Is*) Ald | *παρεδωκαν* 236; *tradet* La^{109}: cf sq | *αὐτούς*] *αυτον* 60 Tht^{ap}; *αυτοις* 127*; + *κ̅ς̅* 93: cf Vulg(+ *deus* 1 Ms) | *τὰς χεῖρας*] om *τάς* 68-107 | *ὑμῶν*] *ημων* 610* Ald; *eorum* Aeth^{P} | *αποκτεινατε* 71: cf praef p 102; *interficietis* La^{109}: cf praec | *ἐν αὐτοῖς*] *εαυτοις* V; *αυτοις* 610; *αυτους* 93 74 125 Arm Tht^{ap} *Par II* (hab *Comm in Is*) = Vulg(*illos*) | *ἐν* 2° – fin om 125 | *καί* ult – fin] *et iit tumultus ille usque ad caelum* Arm^{II}: cf Vulg; *ireque* (mend pro *iraque*?) *usque ad celum perveniet* La^{109}: cf praec | *καὶ ἕως*] *ισως* 127; *καί* om B′ Aeth$^{-H^{c}}$ Ra. = 𝔐 | *τῶν οὐρανῶν*] *εις τον ουρανον* 106 | *εφθασε(ν)* *L* 68 60 158 Tht *Par II Comm in Is*

10 *υἱούς*] *τους υιους* (> 610) *a*$^{-71}$ Ald Compl; *υιοι* 127; *υιος* 119; *υιον* 71 | *καί* 2°] *εξ* B^{mg} 71 | *Ἰερουσαλήμ*] pr *filios* La^{109} | *ὑμεῖς* om B’ | *λέγετε*] *-ται* V* 93 127; *ελεγετε* 55 | *κατακτήσασθαι*] *-σθε* 19 71-107(44^{c}) 243-731; *κατακτησεσθαι* B A 119 527 Ra.; *κατακτησας* 127 | *δούλους*] *δουλας* B* | *καὶ δούλας* om *a*$^{-71\ 121\ 236\ 314\ 762}$ Ald | *δούλας*] pr *εις* 119 158 527 La^{109} Arm = 𝔐 | *οὐκ ἰδού*] *ουχ ιδου* B*-127 A V*: cf praef p 97; *ιδου ουκ* Tht^{te} *Par II* 289; *ουκ ιδου ουκ L* Arm^{II}(sim) Tht^{ap} *Par II* Tht *Comm in Is* I 276; pr *και* 119 | *εἰμι*] *veniam* Arm^{II}(pro *εἶμι*); *vos* La^{109} = 𝔐; *υμιν* B*-127; > 106 | *μεθ’ ὑμῶν ἁμαρτῆσαι κυρίῳ θεῷ ὑμῶν* (*ἁμαρτῆσαι* pro *μαρτυρησαι* coni Rudolph p 288: cf TGP II)] *peccastis domino deo vestro* La^{109}; *peccatum vobis domino deo vestro testis* Aeth$^{A′}$; *μεθ υμων μαρτυρεται κ̅ς̅ ο θ̅ς̅ υμων L* Arm^{II} Tht *Par II Comm in Is*; *μεθ υμων* (*μεθ υμων* om 158^{txt} 379^{txt}(corr pr m)) *μαρτυρησαι* (*testis* Aeth$^{P′}$) *κυριω* (pr *τω* 314) *θεω* (pr *τω* A V *b*$^{-46\ 728}$ 55 60 119 158 527 Compl) *υμων* (*ημων* B 68-106 44′-610*; *ι̅η̅λ̅* 236) rel; + *πλημμελεια* (*-λια* 93; *-λειαι* Compl; pr *quia* Arm^{II}) *μεθ υμων κυριω τω θεω υμων* (*ημων* Tht^{2Mss} *Par II*; *κυριω τω θεω υμων* om Tht^{ap} *Par II*) *L* Arm^{II} Tht^{ap} *Par II Comm in Is* Compl: dubl pro *μεθ’* – *ὑμῶν* 2°: cf 13

11 *νῦν*] pr *και* B *L* Aeth(omnes) Arm^{I} Tht *Par II* 289 *Comm in Is* I 276 Compl Sixt Ra. = 𝔐; + *ουν a*$^{-236}$(554^{c}) La^{109}(*nunc ergo*) Ald | *μου καί*] om *μου* 98; om *καί* 158 | *απεστρεψατε* 321 | *τήν* om 60 | *αιχμαλωτευσατε* A V* 108 122* 55 158 44: cf praef p 102s | *τῶν ἀδελφῶν*] *τω αδελφω* 106′; pr *απο L* Aeth(omnes) Tht *Par II Comm in Is* Compl = 𝔐 | *ὑμῶν*] *ημων* 158 610 | *ὅτι* – fin om 107 | *θυμοῦ κυρίου*] *κ̅υ̅ θυμου αυτου* 158; *θυμοῦ* om B’

τῶν υἱῶν Ἐφράιμ, Ἀζαρίας ὁ τοῦ Ἰωανὰν καὶ Βαραχίας ὁ τοῦ Μοσολ-
λαμὼθ καὶ Ἰεζεκίας ὁ τοῦ Σελλὴμ καὶ Ἀμασίας ὁ τοῦ Ἀδλαί, ἐπὶ τοὺς
ἐρχομένους ἀπὸ τοῦ πολέμου [13]*καὶ εἶπαν αὐτοῖς Οὐ μὴ εἰσαγάγητε* 13
τὴν αἰχμαλωσίαν ὧδε πρὸς ἡμᾶς, ὅτι εἰς τὸ ἁμαρτάνειν τῷ κυρίῳ ἐφ'
ἡμᾶς ὑμεῖς λέγετε προσθεῖναι ἐπὶ ταῖς ἁμαρτίαις ἡμῶν καὶ ἐπὶ τὴν

B'' A V *L' a b* 60 119 158 527 La^{109} Aeth Arm

19-93 71 379 La^{109} Aeth Tht^{2Mss} *Par II Comm in Is*; *κυρίου*] $\overline{κυ}$ $\overline{θυ}$ 93 | *ἐφ' ὑμῖν*] *εφ υμας* 554 *b*^{2} 158 Tht^{te} *Par II* Tht *Comm in Is*; *εφ ημας* Tht^{ap} *Par II*

12 *ἄρχοντες*] *viri a senioribus* La^{109}: cf 𝔐; pr *οι* V *a*$^{-71}$ 158 527 Dam^{CR} Ald | *ἀπὸ τῶν υἱῶν*] *filiorum* La^{109} = 𝔐; *τῶν* om 44 | *ευφραιμ* 158 | *Ἀζαρίας*] *αζαριου* 158; *ζαριας* 46(non 52)-728; *ζαχαριας* 52; *αζαχαριας* 314; *ουδεια* B Ra. (*-δια*); *ουδειας* Sixt; *ωδια* 127 | *ὁ* 1° – *καί* 2° om 107 | *ὁ* 1°] *και* 158; > 127 | *Ἰωανάν*] *ιωανα* 158; *ιωανου* B' Sixt Ra.; *ιωναν* 19-108 121-314-321-762 46-*b*$^{2-489}$ Arm$^{Ite\ IIap}$(*ων.*^{te}) Compl; *ιωνα* 68' Ald; *ιαναν* 74 489 119; *ανανι* 527; *ʾanan* Aeth | *Βαραχίας*] *μαραχιας* 314: cf praef p 77; *βαρχαχιας* 55; *ζαχαριας* B' La^{109}(*zacarias*); *bachiam(aj)* Arm^{II} (hab *βαραχιας* Ios IX 250) | *ὁ* 2° – *καί* 3° om 107 | *ὁ τοῦ* 2°] *et* Arm^{II} | *Μοσολλαμώθ*] *μοσ|σολλαμωθ* 64; *μοσολαμωθ* B' V^{c} 46 158 527 Ra.; *μωσολαμωθ* Sixt; *μοσολλαμαθ* 60; *μασααλημωθ* 93; *μασσαλημωθ* 121; *μασσαλιμωθ* Lag.; *μασσαλμωθ* 19' Compl Fern.; *μασαλημωθ* 71; *masalamoth* Aeth^{A}; *mosochlamoth* Arm^{Iap}(*-lomoth* ^{te}); *asalimoth* Arm^{IIte} (*salioth* ^{ap}); *βασσαλημωθ* *a*$^{-(107)\ 71\ 121}$ Ald; *basalamoth* Aeth^{-A}; + *ḥᵉzᵉqjas* (= *εζεκιας*) *filius ʾenan et barakjas filius basalamoth* Aeth^{A} | *καί* paenult om Aeth^{-BDF} | *Ἰεζεκίας*] *εζεκιας* B'' A *L'* 106'-134-554 60 119 158 La^{109} Aeth Arm Compl Sixt Ra.: cf TGP II | *ὁ τοῦ Σελλήμ* om 107 | *Σελλήμ*] *σελλειμ* 19' 489 Compl; *σελημ* 71-74-106 127 158 527* Arm^{II}; *σελειμ* 527^{c}; *σελιμ* 46; *sellum* La^{109} = Vulg, cf 𝔐(שלום 12 Mss); *salem* Aeth; *elem* Arm^{Ite}(*elam* ^{ap}) | *καί* ult om 125 Aeth | *Ἀμασίας*] *-σειας* B; *αμεσιας* 121 125; *maasias* Arm^{I} | *ὁ τοῦ Ἀδλαί* om 107 | *Ἀδλαί* coni Ha.] *ʾadli* Aeth Lag. Fern.; *adali* La^{109} = Vulg^{te}, cf 𝔐; *αλδι* 19'; *αλλααι* 93; *αδαι* 55; *αδι* 527; *αδδι* (*αδδη* 46(non 52)) A V *b* 60 119 158 Compl; *ελδαι* *a*$^{(-107)}$ Ald Sixt; *χοαδ* B'; *χοδλι* coni Ra. | *ἐπὶ τοὺς ἐρχομένους*] *οτι τους εισερχομενους* V

13 *ειπον* 19' 107 *b*$^{-64\ 728}$ 60 Dam^{CR} Compl: cf praef p 105; *ειπεν* 93 119 | *εισαγαγετε* 71-134 728 158; *ειγαγητε*(sic) 68 | *πρός*] *εις* 122* | *ὅτι* 1° – *ἡμᾶς* 2° bis scr 108*: homoiar | *ὅτι*] *ετι* 93 | *ἁμαρτάνειν*] *-νει* 158; *πλημμελησαι* *L* Compl | *τῷ κυρίῳ*] *τῷ* om 68' Ald | *ἐφ' ἡμᾶς ὑμεῖς*] *εφ υμας υμεις* 314 127; *εφ ημας ημεις* 158; *super vos* La^{109} | *προθειναι* A | *ἐπὶ ταῖς ἁμαρτίαις*] *επι τας αμαρτιας* 19' 130-236-314-321-346-762 Compl | *ἡμῶν* 1°] *υμων* V *b*^{2} 127 158 La^{109} Aeth; ⌒ 2° 314 | *καὶ ἐπὶ τὴν ἄγνοιαν*] > 107; om *ἐπί* *b*^{2}; + *ημων*

ἄγνοιαν, ὅτι πολλὴ ἡ ἁμαρτία ἡμῶν καὶ ὀργὴ θυμοῦ κυρίου ἐπὶ τὸν
14 *Ἰσραήλ.* 14*καὶ ἀφῆκαν οἱ πολεμισταὶ τὴν αἰχμαλωσίαν καὶ τὰ σκῦλα*
15 *ἐναντίον τῶν ἀρχόντων καὶ πάσης τῆς ἐκκλησίας.* 15*καὶ ἀνέστησαν*
ἄνδρες, οἳ ἐπεκλήθησαν ἐν ὀνόματι, καὶ ἀντελάβοντο τῆς αἰχμαλωσίας
καὶ πάντας τοὺς γυμνοὺς περιέβαλον ἀπὸ τῶν σκύλων καὶ ἐνέδυσαν
αὐτοὺς καὶ ὑπέδησαν αὐτοὺς καὶ ἔδωκαν φαγεῖν καὶ ἀλείψασθαι καὶ
ἀντελάβοντο ἐν ὑποζυγίοις παντὸς ἀσθενοῦντος καὶ κατέστησαν
αὐτοὺς εἰς Ἰεριχὼ πόλιν φοινίκων πρὸς τοὺς ἀδελφοὺς αὐτῶν, καὶ
ἐπέστρεψαν εἰς Σαμάρειαν.

B′′ A V *L′ a b* 60 119 158 527 La$^{109\,(Leg)}$ Aeth Arm

L a$^{-71(107\ 314)}$ Ald Compl Sixt = 𝔐 | *πολλή – καί* ult] > Aeth(omnes); om *ἡ* V^{c}(*πολλην**) | *ἡμῶν* 2°] *υμων* La^{109} Arm^{I} Dam^{R}; *αυτων* 19′(108^{txt}) | *καί* ult – fin] *et ideo ira domini israhel erit super vos* La^{109} | *θυμοῦ*] post *κυρίου* tr 60; > B *a*$^{-71\ 121}$ La^{109} Aeth^{BG} Ald: cf 11 | *κυρίου*] + *θ̅υ̅* B 158; > *b*^{2}

14 *ἐναντίον*] *ενωπιον b*^{2} | *πάσης τῆς ἐκκλησίας*] *ecclesiae et omnis* (*-nes* cod) *convocationis* (*-nes* cod) La^{109}; om *τῆς* 44

15 *ἄνδρες*] pr *οι a*$^{-71}$ Ald; pr *omnes* Arm^{I} | *επικληθεντες b*^{1} 158 | *ὀνόματι*] *ονομασι* 93 Aeth(+ *eorum*) = 𝔐; *ονομασια* 19′; + *κ̅υ̅ a*$^{-71}$ *b*^{2} Ald | *αντελαβετο* 314 610 | *αἰχμαλωσίας*] + *eorum* Aeth$^{A′}$ | *καί* 3° om Arm^{I} | *γυμνούς*] + *eorum* La^{109} = 𝔐 | *περιέβαλον*] *-βαλλον* A V* 46-728 55 158(*-βαλλω*) Dam^{C}; *-βαλεν* Ald; > 125 | *καὶ ἐνέδυσαν αὐτούς*] *ενεδυσαν* 125; > Arm^{I} | *καὶ ὑπέδησαν αὐτούς* om 46-489-728 60 158 Dam^{CR}: homoiot | *ὑπέδησαν*] *-δισαν* 762; *υπεδυσαν* V^{c}(vid) *L* 71-106-134-236 98 55 527 Tht *Par II* 290 Fern.; *υποδυσαν* (*-δησαν* 44) 107: cf praef p 102 | *αὐτούς* 2° om *L* 381 44′ Compl | *ἔδωκαν*] + *αυτοις L* 46-728 La^{109} Aeth Compl = 𝔐 | *φαγεῖν*] pr *του* Compl; pr *και* B’; + *και πιειν L′* La^{109} Arm^{II}(+ *eis*) Compl = 𝔐 | *ἀλείψασθαι*] *αλειψεσθαι* 98; *λειψασθαι* 19; *unxerunt eos* La^{109} Aeth(omnes): cf 𝔐 | *ἀντελάβοντο* 2°] + *αυτων L′* La^{Leg}(non La^{109}) Aeth Arm^{II} = 𝔐 | *ἐν* 2°] pr *και* B’ Sixt | *παντὸς ἀσθενοῦντος*] *π. ασθενους* 93-108 Compl; *παντας* (> Arm^{II}) *τους* (> Dam) *ασθενουντας* (*ασθενους* 19; *infirmos* La; + *eorum* Arm^{II}) 19 44 La^{109} Arm Dam^{CR} | *καί* paenult – *ἐπέστρεψαν* om 158 | *κατέστησαν*] *-σεν* V Tht^{ap} *Par II*; *deduxerunt* La^{109}: cf 𝔐 Vulg(*adduxerunt*) | *Ἰεριχώ*] *ιερειχω* B V* 321-346 119; *ιερυχω* 68-106 Ald; > Arm^{II} | *πόλιν φοινίκων*] *την πολιν των* (> Tht^{1Ms} *Par II*) *φοινικων L* Tht *Oct* 291 *Par II* Compl | *φοινίκων*] *fenicum* La^{109} Arm^{II}(sim); *palmarum* Aeth Arm^{I} = Vulg | *τοὺς ἀδελφοὺς αὐτῶν*] *τ. αδ. εαυτων* 71 *b*^{2} Tht^{ap} *Oct*; *τούς* om 19′ Compl | *υπεστρεψαν* A V 19 71-554 *b* 60 119 527; *απεστρεψαν* Dam^{CR} | *σαμμαρειαν* 19; *σαμαριαν* A V* 93 728 127 158: cf praef p 85

[16]Ἐν τῷ καιρῷ ἐκείνῳ ἀπέστειλεν ὁ βασιλεὺς Ἀχὰζ πρὸς βασιλέα 16
Ἀσσοὺρ βοηθῆσαι αὐτῷ [17]καὶ ἐν τούτῳ, ὅτι Ἰδουμαῖοι ἐπέθεντο καὶ 17
ἐπάταξαν ἐν Ἰούδᾳ καὶ ᾐχμαλώτευσαν αἰχμαλωσίαν [18]καὶ οἱ ἀλλό- 18
φυλοι ἐπέθεντο ἐπὶ τὰς πόλεις τῆς πεδινῆς καὶ ἀπὸ λιβὸς τοῦ Ἰούδα
καὶ ἔλαβον τὴν Βαιθσάμυς καὶ τὴν Αἰαλὼν καὶ τὴν Γαδηρὼθ καὶ τὴν
Σωχὼ καὶ τὰς κώμας αὐτῆς καὶ τὴν Θαμνὰ καὶ τὰς κώμας αὐτῆς

B′′ A V *L′ a b* 60 119 158 527 La^{109} Aeth Arm

16 init] pr *και* 19′ 554 Aeth(omnes) Compl | *ὁ βασιλεύς*] post *Ἀχάζ* tr La^{109} Aeth(omnes); > B′′ A V *b* 60 119 158 527 Arm Ra. | *αχας* B′′: cf 27$_9$; *αχαζα* 158 | *βασιλέα*] pr *τον L* 314 *b*^{I} 158 Compl | *ασουρ* 68-71-346* *b*$^{2-489}$ 55* 158 527 44′ Ald; *δασσουρ* V; *asor* Aeth(*sorja* Aeth^{P}: sicut pro *Συρία*, cf 22$_6$); *των ασσυριων L* Arm Compl | *βοηθῆσαι*] pr *του L* Compl

17 *καὶ ἐν τούτῳ*] > Aeth; om *καί* 527 | *ὅτι*] *ετι και L*: cf 𝔐(ועוד); *τω ετει και* (> Arm) 71 Arm Compl; > 44 La^{109} | *Ἰδουμαῖοι*] *ιουδουμαιοι* 106; *ιουδαιοι* 127; *ιδουμαρι* 527; pr *οι* 19′ *a*$^{-71\ 554}$(bis scr 610) 98 Ald Compl Sixt; pr *οι* et post *ἐπέθεντο* tr 60 | *επαταξεν* 106′(non 44′)-314 127 | *ἐν* 2° – fin] *εν αιχμαλωσια* 127 | *ᾐχμαλώτευσαν αἰχμαλωσίαν*] *ηχμαλωσιαν* 68(|)-122; *ηχμαλωτισαν ηχμαλωσιαν* Ald | *ᾐχμαλώτευσαν*] *αιχμ. L*: cf praef p 102s; *ηχμαλωτισαν* (-*τησαν* 55) B′ *b*$^{I-46}$ Ald Sixt Ra.: cf 8

18 *ἐπί*] *αιχμαλωτευσαι a*$^{-71}$ Ald | *λιβός*] *ληγος* 158 | *Βαιθσάμυς*] *βεθσαμυς* 74-121 98-489 127; *βαιθσαμοις* 60; *βαιθσαμης* Compl; *bethsamis* La^{109}; *βαθσαμις* Ald; *μεθσαμυς* 158; + *και τα* (om *και τα* B 71) *εν οικω κυριου και τα εν οικω* (*τα εν οικω* om 44′: cf 21) *του βασιλεως και των αρχοντων και εδωκαν* (-*κεν* (-*κε* B^{c} 71) B 71 44) *τω βασιλει* B *a*(321*) *b*^{2} Sixt: cf 21 | *καί* 4° om B *a*$^{-71}$(321*) 489 Ald Sixt | *Αἰαλών* coni Ha.: cf 11$_{10}$] *ʾĭjalon* Aeth^{A}; *ʾejalojon* Aeth^{-A}; *ajelon* Arm^{I}; *αιλαν* 158; *αιλα* 44; *αιλω* B’; *αιλ*^{ω} 125; *edon* Arm^{IIte}; *αιδωμ* 93; *εδωμ* 19′ Arm^{IIap}; *αιλων* (*ęlon* La^{109}; *αηλων* 46(non 52) 489) rel Ra.: cf Vulg (*ahilon* ^{te}) | *καὶ τὴν Γαδηρώθ*] > Aeth: homoiot; *καί* om 44′ | *Γαδηρώθ*] *γαδειρωθ* 60; *γαδηρων a*$^{-71′}$ Ald; *γαδηρω* 106′; *γαληρω* B’ Sixt; *aderoth* Arm^{Iap}; *casloth* La^{109} | *καί* 6° om 107 | *Σωχώ*] *σοχω* 106 98 55 60 527; *σιχω* 107; *sako* Aeth^{A}(vid: *k* = *κ* vel *χ*); *sokcho* Arm^{I}; *σωχωθ* 381-728; *σωχοτ* 64; *σοχωθ* 121* 46 158 Arm^{IIte}; *σοκχωθ* (*σωκ.* 236) *L′*(121^{c}(vid)) 236-314-762 Arm^{IIap}(vid: *kk* pro *κχ*); *soccoth* La^{109}: cf Vulg^{ap} | *καὶ τὰς κώμας αὐτῆς* 1°] > 107; ⌒ 3° 236-314-554-762; ⌒ 2° B’ 527 Aeth^{AEGH} | *καί* 8° om 107 | *τήν* 5° om A V *b*$^{-381}$ 60 158 125 | *Θαμνά*] *θαμναν* 19′ 107 Arm^{IIap} Compl; *θαμναα* 158; *θαμναρ b*^{2}; *thamathana* Aeth$^{(-AEGH)}$; et *Γαμεζαί* (*γαμζαι*) tr 68′-120 55 Ald | *καὶ τὰς*

19 *καὶ τὴν Γαμεζαὶ καὶ τὰς κώμας αὐτῆς καὶ κατῴκησαν ἐκεῖ.* ^{19}*ὅτι
ἐταπείνωσεν κύριος τὸν Ἰούδαν διὰ Ἀχὰζ βασιλέα Ἰούδα, ὅτι ἀπέστη*
20 *ἀποστάσει ἀπὸ κυρίου.* ^{20}*καὶ ἦλθεν ἐπ᾽ αὐτὸν Θαγλαθφαλνάσαρ*
21 *βασιλεὺς Ἀσσοὺρ καὶ ἐπάταξεν αὐτόν.* ^{21}*καὶ ἔλαβεν Ἀχὰζ τὰ ἐν οἴκῳ*

B″ A V *L′ a b* 60 119 158 527 La$^{109 (Leg)}$ Aeth Arm

κώμας αὐτῆς 2° om 71-107 | *καί* 10° 107(non 610) | *τήν* 6° om 74 125 | *Γαμεζαί*] *γαμαιζαι* A; *gamazie* (*-zee* A) Aeth; *γαμζαι* *L′* 68′-74-106-120-130-134-321-346 Arm^{II} Ald; *γαζμαι* 71; *γαμεζι* 125; *γαμζευι* 107; *γαμζω* Compl Sixt Ra. = Vulg; *χαμεζαι* 46*(non 52); *γαμεζαηλ* 158; *γαλεζω* B; *γαλαιζω* 127; *gamezer* (*-zar* ^{ap}) Arm^{I}; *ganizo* La^{109} | *κώμας* 3°] *πολεις* 44 | *αὐτῆς* 3°] *αυτων* 71 | *ἐκεῖ*] *αυτης* 314

19 *τὸν Ἰούδαν*] *τον ιουδα* 74 731 55 158 44 379 Tht^{ap} *Par II* 290; *τον ιου^{δ}* 71 125 98 | *διά*] *δι* B′ 106′-314 98 125 Ra.: cf praef p 97 | *Ἀχάζ*] *αχας* 55′: cf 27$_{9}$; pr *τον* *L* Tht Compl | *βασιλεως* 610 379; *βασι^{λ}* 98 | *Ἰούδα* omnes^{-Aeth}] > Aeth^{-A}; *eorum* Aeth^{A}: cf 𝔐(ישׂראל exc 11 Mss יהודה(1 Ms^{mg}, 2 Mss^{c})), Targ יהודה exc 1 Ms ישׂראל, Vulg *iuda* exc 1 Ms *israel* (“latini ant. et grecus qui multum adherent hebreo habent “iuda”” Guill.(Ms Vat lat 3466(XIII)) | *ὅτι* 2°] *ανθ ων απεκαλυψεν εν τω ιουδα* (+ *ασεβειαν* Tht^{1Ms} 291) *L* 554(post *κυρίου* tr) Arm^{II} sim (*propterea quod revelati sunt iuda*) Tht 290s; *quoniam discooperuit iuda* La^{Leg} (reliquae partes versus desunt) | *ἀπέστη ἀποστάσει*] *και* (> 127) *απεστη αποστασια* 19′ 127 Tht^{te} Compl; *et discessebant discessione* Arm^{II}; om *ἀποστάσει* 44′ | *κυρίου*] pr *του* 106 60

20 *διηλθε* 130-321-346 | *ἐπ᾽ αὐτόν*] *προς αυτον* *a*$^{-71}$ Ald; *επι τον αχαζ* *L* Arm^{II} Compl | *Θαγλαθφαλνάσαρ* (*θαγλαθ· φαλνασαρ* 71 527) A V 71 46-728 119 158 527 Arm^{I}(תִּלְגַת פִּלְנְאֶסֶר 𝔐(תגלת 8 Mss, לג sup ras 2 Mss: cf Reg IV 15$_{29}$ 16$_{10}$; פלנצר 1 Ms))] *θαγλαθφαλναασαρ* 64-381: cf 𝔐; *θαγλαθφανασαρ* 243-731 60; *θαγλαθ φαλλασαρ* (*θαγλαθφαλλασαρ* 236-762) 120-122^{c}-130-236*-314-321-346-762 Ios^{te} IX 252(*θαγλαθφαλλασαρην*); *θαγλαγθφαλλασαρ* 236*; *θαγλααθ· φαλλασαρ* 134; *θαγλαθ· φαλασσαρ* 74; *θαγλαθφαλασαρ* (*θαγλαθ φαλασαρ* 107(-610; *θαγλαθ* 44(|); > 125) 106′ 489 Arm^{Iap}; *θαγλαθ· φαλαασαρ* 68; *θεγλαθ φαλσαρ* (*θεγλαθφαλσαρ* 108) 93-108 Arm^{IIte} Compl Fern.: cf Vulg^{ap} et Reg IV 15$_{29}$ 16$_{10}$; *θεγλαθφαλασαρ* 554 Lag.; *θεγλαθφαλλασσαρ* 121; *θεγλαφαλασαρ* 19; *teclafellasur* La^{109}; *θεγλαφαλασσαρην* Ios^{ap}; *θαγλαθφαλμασαρ* 55; *θαγλαθφελλασαρ* Ra.; *θαλγαφελλασαρ* Sixt; *θαλγαφελλαδαρ* B; *θαλγαθ· φαλλασαρ* 122*; *thagfarnasen* Aeth^{-A}; *thaglafarnasa* Aeth^{A*}(A^{c} *-nasan*, cf Clear Muséon) | *βασιλεύς*] pr *ο* 125 | *ασουρ* V* 71-74-554 125 *b*$^{2-489}$(379(98 absc): cf $_{21}$) 158 527; *ʾasor* Aeth; *ασσυριων* *L* La^{109} Arm Compl | *ἐπάταξεν*] *-ξαν* 610; *εθλιψεν* 127 Sixt = 𝔐(יצר(ו)): cf $_{22}$ 6$_{28}$ 33$_{12}$; *εθαψαν* B^{txt} | fin] + *και απωκισε* (*-κησε* 68′) *τους εν δαμασκω εις μηδιαν*

κυρίου καὶ τὰ ἐν οἴκῳ τοῦ βασιλέως καὶ τῶν ἀρχόντων καὶ ἔδωκεν
τῷ βασιλεῖ Ἀσσούρ, καὶ οὐκ εἰς βοήθειαν αὐτῷ ἦν, 22*ἀλλ᾽ ἢ τῷ* 22
θλιβῆναι αὐτόν. καὶ προσέθηκεν τοῦ ἀποστῆναι ἀπὸ κυρίου καὶ εἶπεν ὁ
βασιλεύς 23*Ἐκζητήσω τοὺς θεοὺς Δαμασκοῦ τοὺς τύπτοντάς με· καὶ* 23
εἶπεν Ὅτι θεοὶ βασιλέως Συρίας αὐτοὶ κατισχύσουσιν, αὐτοῖς τοίνυν
θύσω καὶ ἀντιλήμψονταί μου. καὶ αὐτοὶ ἐγένοντο αὐτῷ εἰς σκῶλον

B′′ A V *L′ a b* 60 119 158 527 La$^{109\,(Leg)}$ Aeth Arm

εκ δε της συριας μετωκισεν οικειν την δαμασκον 68′-121 Ald: cf Ios IX 253; + *et non invaluit* La^{109} = 𝔐 Targ, cf Vulg(*et nullo resistente vastavit*)

21 *καί* 1°] *quia* La^{109} = 𝔐(כי); *etiamsi* Arm^{II}; ⌒ 4° 125 | *ἔλαβεν*] *partitus est* La^{109} = 𝔐(חלק) et add *accepit acaz* post *καί* 2° = 𝔊 | *Ἀχάζ*] *αχας* B′′: cf 27_9; + *rex* Aeth | *τὰ ἐν οἴκῳ* 1°] *domum* La^{109} = 𝔐 | *οἴκῳ* 1° et 2°] pr *τω L* Compl | *καί* 2° – *οἴκῳ* 2°] > 44; *τὰ ἐν οἴκῳ* om 107-610; *et apud domum* (> P) Aeth | *ἔδωκε(ν)*] *εδωκε αυ*^{τ} 158 Arm^{II} vid(*dabat ille id*) | *Ἀσσούρ*] *ασουρ* 71-74-554 125 98-731 158 527; *asor* Aeth; *των* (> 93) *ασσυριων L* La^{109} Arm Compl; + *και επαταξε* 60 | *εἰς βοήθειαν αὐτῷ*] *εις βοηθειαν αυτων* (*αυτον* 158 Tht^{1Ms}) B′′ 60 158 610 Arm^{I} Tht^{ap} *Par II* 291; post *ἦν* (*venit* La) tr La^{109} Aeth Arm^{I} | *ἦν*] > B′′ A V *b*^{I} 60 119 158 527 Tht Ra. = 𝔐

22 init – *καί* 1°] *et cum afflictaretur* La^{109}: cf 𝔐 | *ἢ τῷ*] *η του L* 554 Tht^{-2Mss} *Par II* 291; *η το* 107(non 610)-314 60 158; *εις το* Tht^{2Mss} | *αὐτόν*] *eos* Arm^{I} | *τοῦ ἀποστῆναι*] pr *αχαζ L* Arm^{II} Tht *Par II* 291 *Reg IV* 227 Compl; *τοῦ* om 554 *b*^{2}(379; 98 absc) Tht^{ap} *Par II* | *κυρίου*] + *akas rex* Aeth | *βασιλεύς*] + *αχαζ L a* Tht *Par*^{II} Tht^{-1Ms} *Reg IV* Compl Sixt: cf 𝔐

23 init – *με*] *et sacrificavit diis damasci quos putabat quia se percuterent* La^{Leg}: cf 𝔐(La^{109} = 𝔊) | *ζητησω L a* Tht *Par II* 291 *Reg IV* 227 Compl; *exquiramus* La^{109} | *Δαμασκοῦ*] *αμασιου* V | *τύπτοντάς*] *θλιβοντας* 52 | *εἶπεν Ὅτι*] *ειπαν* B; *ειπεν* 127 | *θεοί*] pr *οι L* Arm^{II} Tht *Par II* Tht^{2Mss} *Reg IV* | *βασιλέως*] *regum* La^{Leg} (hab *regis* La^{109}) = 𝔐; > Tht *Par II* (hab Tht *Reg IV*) = 𝔐^{1Ms} | *αὐτοί* 1° om *L* 71-107 Arm^{II} Tht *Par II Reg IV* | *κατισχύσουσιν*] *κατισχυουσιν* V *L* 71-134*-554 *b*$^{-98}$ 60 119 158 527 La^{109}(*confortant*) Arm Tht^{ap} *Par II* Tht *Reg IV*: cf 𝔐; *adiuvent* La^{Leg} = 𝔐(מעזרים(sic(*adiuvabunt*) La$^{109\ Leg}$ et pro *ἀντιλήμψονται* sq(ויעזרוני 𝔐)); pr *ου* 71 | *αὐτοῖς τοίνυν θύσω* (*θησω* V 527*) A V 71 *b* 55 60 119 158 527 Arm^{I} Tht^{ap} *Reg IV* 227] *τοινυν θυσω αυτοις* 554; *αυτους αυτοις τοινυν θυσω* B' 68′-121-236-314-762 Ald Sixt Ra.: cf 𝔐; *αυτους* (*αυτοις* Tht^{1Ms} *Reg IV*; *ei* Arm^{II}) *τοινυν* (post *θυσω* tr Tht^{te} *Par II*) *θυσω* (*θησω* 19*-108 106* 44) *αυτοις* (*αυτους* 19 Tht^{1Ms} *Par II*) *L* 74-106′-120-130-134-321-346 Aeth(omnes) Arm^{II} Tht *Par II* 291 Tht^{te} *Reg IV* 227: cf 𝔐 et TGP II | *τοίνυν* om La$^{109\,Leg}$ = 𝔐 | *ἀντιλήμψονταί* B*-127 108]

24 *καὶ παντὶ Ἰσραήλ.* [24]*καὶ ἀπέστησεν Ἀχὰζ τὰ σκεύη οἴκου κυρίου καὶ*
κατέκοψεν αὐτὰ καὶ ἔκλεισεν τὰς θύρας οἴκου κυρίου καὶ ἐποίησεν
25 *ἑαυτῷ θυσιαστήρια ἐν πάσῃ γωνίᾳ Ἰερουσαλήμ·* [25]*καὶ ἐν πάσῃ*
πόλει καὶ πόλει ἐν Ἰούδᾳ ἐποίησεν ὑψηλὰ θυμιᾶν θεοῖς ἀλλοτρίοις,
26 *καὶ παρώργισαν κύριον τὸν θεὸν τῶν πατέρων αὐτῶν.* [26]*καὶ οἱ*
λοιποὶ λόγοι αὐτοῦ καὶ αἱ πράξεις αὐτοῦ αἱ πρῶται καὶ αἱ ἔσχαται

B″ A V *L′ a b* 60 119 158 527 La$^{109 (Leg)}$ Aeth Arm

αντιληψεται 610; *αντιληψονται* (*αντηληψονται* 120*; *-ληψοται* 158) rel Ald Compl Sixt: cf praef p 92 | *μου*] *μοι* 236 158 Tht^{1Ms} *Reg IV* | *αὐτοί* 2°] post *αὐτῷ* tr *L* Tht^{1Ms} *Reg IV* Compl; post *ἐγένοντο* tr Tht *Par II* Tht^{-1Ms} *Reg IV*; > 119 | *εγενετο* 108 381*; *εγενοτο* 158 | *αὐτῷ*] *αυτοις* 158 | *εἰς σκῶλον*] *εις κωλον* 68(hab *εις*|*σκωλον* 122)-130*-236 127 527 610 379 Ald: post *σ*; *in scandalum* (pro *σκανδαλον*?) *et in offensionem* La^{109}; *in ruinam* La^{Leg}: cf 𝔐 | *καί* ult om 158 | *παντί*] *παντα* A; + *τω λαω* 381

24 *Ἀχάζ*] *αχας* 55′: cf 27₉; + *rex* Aeth | *τὰ σκεύη* 1°] pr *omnia* Aeth = 𝔐^{7Mss} Pesch Targ Vulg | *οἴκου* 1°] *οικω* 610; pr *του* 762 | *καί* 2° – *κυρίου* 2° 68 bis scr: homoiar | *κατέκοψεν*] *-ψαν* 236-321; *κατεκαυσεν* 60 | *ἔκλεισε(ν)*] *εκλυσε* 236*; *απεκλεισεν* *L* Tht *Par II* 291 *Reg IV* 227 Ios IX 257(*ἀποκλεῖσαι*) Compl; *κατεκαυσε* Tht^{1Ms} *Par II*; *εκοψε* (*-ψεν* 243) 74-106-120-130-134-321-346-554 *b*^{2}; + *αχαζ* *L* Compl; > 107 | *ἑαυτῷ*] *αυτω* A V 19′ 71 *b* 55 60 119 527 Tht^{2Mss} *Par II* Tht^{1Ms} *Reg IV*: cf praef p 96 | *θυσιαστηριον* V 121* 119 527 Arm^{I} Tht *Reg IV* (hab *-ρια* Tht *Par II*) | *Ἰερουσαλήμ* (*ῑλη̄μ̄*)] *ῑη̄λ* 134* Tht^{1Ms} *Par II*; > B^{txt} = 𝔐^{1Ms}; *εν ῑλη̄μ̄* B^{mg}; pr *εν* *L a*(134^{c}(pr m)) Aeth$^{P′}$ Tht^{1Ms} *Par II* Ra. = 𝔐 Pesch Targ(non Vulg)

25 *καί* 1° om 71 | *ἐν* 1° – *Ἰούδᾳ*] *omni civitate iuda* La^{109}; *in omnibus civitatibus iudae* Arm: cf Vulg; *καὶ πόλει* om 71-107 381 119; *ἐν* 2° om 93 236 44′ | *πόλει* 1°] pr *τη* 93 | *καὶ πόλει* om 71-107 381 119 | *πόλει* 2°] *πολεις* 55; pr *εν* 19′ 74 46 158 Aeth$^{A′}$ Compl | *ἐν* 2° om *L* 236 46 158 Compl | *ἐποίησεν* – *ἀλλοτρίοις* om 107 | *εποιησαν* A(*αν* sup ras) V *L* 236 *b*^{2} 52* 55 60 527 Arm^{I} Compl | *θυμιᾶν*] *θυμια* B^{c}; *εθυμια* 158; pr *του* *L* Compl | *θεοῖς ἀλλοτρίοις*] *θεους αλλοτριους* 106; *θεοις ετεροις* 98 127; + *εν τοις υψηλοις* (*ψηλοις* 68) *a*$^{-71(107)}$ Ald | *παρώργισαν*] *παρωργισε* *L* Compl = 𝔐; *ad irascendum* Arm^{II}; *παροργισαν* (*-γησαν* 158) 134 158: cf praef p 107 | *κύριον τὸν θεόν*] *τον κυριον θεον* *a*$^{-71\ 107}$ Ald; *κυριον θεον* A 71 *b*^{1}-489 127 158 610 | *τῶν* – (26) fin om 125 | *αὐτῶν*] *εαυτων* A V* *b*^{2} 60; *αυτου* 19′ Compl = 𝔐

26 *αὐτοῦ* 1°] *αυτοι* V*; *αχαζ* *L* Arm^{II} = Pesch et Reg IV 16₁₉ 𝔐 et 𝔊 | *καί* 2° – *ἔσχαται*] > 44; – *αὐτοῦ* om Arm^{I} | *αἱ* 1°] *α* V* | *πράξεις*] pr *πρωται* 107$^{(-44′)}$ | *αὐτοῦ* 2° – *ἔσχαται* om 381 | *αἱ* 2°] pr *και* 19 | *αἱ ἔσχαται* B″

ἰδοὺ γεγραμμέναι ἐπὶ βιβλίῳ βασιλέων Ἰούδα καὶ Ἰσραήλ. [27]καὶ 27
ἐκοιμήθη Ἀχὰζ μετὰ τῶν πατέρων αὐτοῦ καὶ ἐτάφη ἐν πόλει Δαυίδ,
ὅτι οὐκ εἰσήνεγκαν αὐτὸν εἰς τοὺς τάφους τῶν βασιλέων Ἰσραήλ· καὶ
ἐβασίλευσεν Ἑζεκίας υἱὸς αὐτοῦ ἀντ᾽ αὐτοῦ.

29 [1]Καὶ Ἑζεκίας ἐβασίλευσεν ὢν εἴκοσι καὶ πέντε ἐτῶν καὶ εἴκοσι 1
καὶ ἐννέα ἔτη ἐβασίλευσεν ἐν Ἰερουσαλήμ, καὶ ὄνομα τῇ μητρὶ αὐτοῦ
Ἀββαοὺθ θυγάτηρ Ζαχαρία. [2]καὶ ἐποίησεν τὸ εὐθὲς ἐνώπιον κυρίου 2
κατὰ πάντα, ὅσα ἐποίησεν Δαυὶδ ὁ πατὴρ αὐτοῦ. [3]καὶ ἐγένετο 3

B″ A V 880 *L′ a b* 60 119 158 527 La^{109} Aeth Arm

93 74-554 98 52 60] *οι* (*αι* 489(sic); > 107) *εσχατοι* 107$^{(-44')}$ *b*$^{2-98}$; *αἵ* > rel | *ἰδού*] pr *ουκ L* 44 Compl = Reg 𝔐 𝔊^{L}; + *εισι L* La^{109} Arm Compl; + *γαρ* 610 | *γεγραμμενοι* 19-93 *b*$^{2-98}$ 60 44 Compl; *γεγραμμενα* 610 | *βιβλίῳ*] *βιβλιον L* 610 Compl = Reg 𝔊$^{O\,L}$; *βιβλιων a*$^{-71\,321\,346}$ 489-728 55 158 Arm(+ *verborum* Arm^{I}: cf Reg); *βιβλιον* 321-346 46 | *βασιλεως* 52 | *Ἰούδα καὶ Ἰσραήλ*] *ισραηλ και ιουδα* 381 = 𝔐^{1Ms} Pesch^{ap}; *καί* om 68′

27 *Ἀχάζ*] *αχας* 55′: cf 27_{9} | *αὐτοῦ* 1°] *εαυτου* A V 60: cf praef p 96 | *Δαυίδ*] *δαυειδ* B; *δαβιδ* Ald: cf 1_{1}; *ιουδα* 71* 44 | *ὅτι – Ἰσραήλ* om 125 Aeth$^{P'}$: cf Reg IV 16_{20} | *ὅτι*] *και L* Arm^{II} Compl: cf Reg 𝔊^{158} | *ηνεγκαν* 19′ Compl | *τοὺς τάφους*] *τον* (> 321) *ταφον a*$^{-68'\,71\,121}$ La^{109} = Pesch^{ap} Vulg^{1Ms}; > *τούς* 127 | *τῶν βασιλέων*] *του* (> 44) *βασιλεως* 44-610 | *Ἰσραήλ*] *ιουδα* Aeth$^{A'}$ = 𝔐$^{1Ms(\text{ישראל}\ 1Ms\ sup\ ras)}$ Pesch^{te} et Reg 𝔊^{158}; > *b*^{I} 119 158 527 Arm^{I} | *εζεκειας* A; *εζεχιας* Ald | *υἱὸς αὐτοῦ*] pr *ο* 381; > Arm^{I}

29 1 *Καὶ Ἑζεκίας ἐβασίλευσεν*] > *a* 381 Aeth(omnes) Arm^{II}: *ὤν – ἐτῶν* ad 28_{27} trah; *et erat ezekias in regnando suo* Arm^{I} | *Καί – ἐτῶν*] *υιος ων εικοσι και πεντε ετων εζεκιας εν τω βασιλευειν αυτον L* Compl = Pesch^{te}(כד קם במלכותא pro *εν τω βασιλευειν αυτον*), cf Reg IV 18_{2} | *εζεχιας* Ald | *ὤν*] > B’: cf 𝔐; *erat filius* Aeth: cf 𝔐 | *εἴκοσι καὶ πέντε*] *κ′ και ε′* 130-134-321-346-762 127 158 52; *κ′ και πεντε* 314; *εικοσι πεντε* 71 44 Cyr *ep* 82; *κε′* 107 *b*$^{2-489}$ | *εἴκοσι καὶ ἐννέα*] *κ′ και θ′* 130-321; *εικοσι εννεα* (*κθ′* 107(non 44) 46-98 127 158 La(*XXVIIII*)) A 71-107 *b* 119 127 158 La^{109} Ald Sixt = Reg 𝔊$^{A\,107}$ | *ἔτη* om 46-728 119 | *καί* ult om 68 La^{109} Ald | *τῇ μητρί*] *matris* La^{109} = 𝔐 et Reg 𝔐 𝔊^{L} | *Ἀββαούθ b*^{I} 55 158] *αββαθυθ* A: cf praef p 75; *αβαουθ* 60 119 527 Aeth(omnes) Arm^{Ite}; *bauth* Arm^{Iap}; *αμβαουθ b*$^{2-98}$; *αμβουουθ* 98; *αββουθ* V: cf Reg 𝔊^{L} (*αβουθ*); *αββα* B’ Ra.; *αβια L a* Arm^{II} Ald Compl Sixt = 𝔐 Targ Vulg; *αβιας* Ios IX 260 | *θυγατρι* 158 | *ζαχαριου L′* 68′-106′ 64-381-489 Ald Compl Sixt = Reg 𝔊^{L}: cf praef p 98; *icariae* La^{109}; *ζαχαριαν* A

2 *ἐποίησεν* 880] + *εζεκιας L* Arm^{II} (post *εὐθές* tr = Reg IV 𝔊$^{L-19}$) Tht *Par II* 291 Compl = Reg IV 18_{3} 𝔊^{L} | *κατά – ἐποίησεν*] *sicut* Aeth(omnes) | *κατά*] *και* 19′ | *δαυειδ* B; *δαβιδ* Tht Ald: cf 1_{1}

ὡς ἔστη ἐπὶ τῆς βασιλείας αὐτοῦ, ἐν τῷ πρώτῳ μηνὶ ἀνέῳξεν τὰς
4 *θύρας οἴκου κυρίου καὶ ἐπεσκεύασεν αὐτάς. ⁴καὶ εἰσήγαγεν τοὺς*
ἱερεῖς καὶ τοὺς Λευίτας καὶ κατέστησεν αὐτοὺς εἰς τὸ κλίτος τὸ πρὸς
5 *ἀνατολὰς ⁵καὶ εἶπεν αὐτοῖς Ἀκούσατε, οἱ Λευῖται, νῦν ἁγνίσθητε*
καὶ ἁγνίσατε τὸν οἶκον κυρίου θεοῦ τῶν πατέρων ὑμῶν καὶ ἐκβάλετε
6 *τὴν ἀκαθαρσίαν ἐκ τῶν ἁγίων· ⁶ὅτι ἀπέστησαν οἱ πατέρες ἡμῶν*
καὶ ἐποίησαν τὸ πονηρὸν ἐναντίον κυρίου καὶ ἐγκατέλιπον αὐτὸν
καὶ ἀπέστρεψαν τὸ πρόσωπον ἀπὸ τῆς σκηνῆς κυρίου καὶ ἔδωκαν
7 *αὐχένα ⁷καὶ ἀπέκλεισαν τὰς θύρας τοῦ ναοῦ καὶ ἔσβεσαν τοὺς λύχνους*
καὶ θυμίαμα οὐκ ἐθυμίασαν καὶ ὁλοκαυτώματα οὐ προσήνεγκαν τῷ

B′′ A V 880 *L′ a b* 60 119 158 527 La$^{109\,(Leg)}$ Aeth Arm

3 init – *μηνί*] *et factum est in primo mense regni eius* La^{109}: cf **𝔐** 4𝔔118 (בשנה הראשונה למלכו בחדש הראשון (𝔔 והוא) הוא) Pesch Vulg(*ipse anno et mense primo regni sui*) Targ; *ἐγένετο – μηνί* om 107 | *ὡς* 880] *ηνικα L* Compl | *ἔστη* 880] *ετη* 106; *ανεστη* 314; + *εζεκιας L* Arm^{II} Compl | *τῷ πρώτῳ μηνί*] *τω μηνι τω πρωτω L a*$^{(-107)}$ Arm^{II} Ald Compl Sixt = **𝔐** | *οἴκου κυρίου*] *του οικου* 107 | *απεσκευασεν* 46 55 | *αὐτάς* om 127

4 *καί* 1° ⌒ 3° 55(|) | *τοὺς Λευίτας*] + *εζεκιας L*; om *τούς* 125 | *εἰς*] *επι* 106 44; *προς* 125 | *τὸ κλίτος*] *domum* Aeth: cf Pesch(דרתא דמקדשׁא pro רחוב המזרח)

5 *αὐτοῖς*] *αυτους* 158 | *Ἀκούσατε*] + *μου L′* Aeth(omnes) Compl = **𝔐** | *νῦν*] *και* 158 = Vulg; pr *et* Aeth^{A} | *ἁγνίσθητε καί* om Aeth | *ἁγνίσθητε*] *αγιασθητε* V *L b*^{2} Compl | *ἁγνίσατε*] *αγιασατε* V *L* 381 60 Compl | *κυρίου* om Cyr *ep* 82 | *θεοῦ τῶν πατέρων*] pr *του* 93 *b*$^{2-489}$ 158 Cyr Compl; *τῶν* om A | *ὑμῶν*] *ημων L* 106′-554* 98 158 52 Arm^{II} Cyr = Pesch^{te}, cf 6 | *εκβαλατε* 243 127: cf praef p 105; *εκβαλλετε* 46(non 52) Cyr | *τὴν ἀκαθαρσίαν*] *omnem inmunditiam* La^{109} = Vulg | *ἐκ τῶν ἁγίων*] *e sanctuario* Arm^{II}: cf **𝔐** Vulg; *e domo sanctuarii* Aeth$^{A′}$ | *ἐκ*] *απο* 158

6 *ἡμῶν*] *υμων* V 236 46-489: cf 5 | *εναντι* 71 *b*^{2} Cyr *ep* 82; *ενωπιον L* Compl | *κυρίου*] + *θυ̅* (pr *του L* Compl; + *των πρων̅* 106) *ημων L a*$^{-71\,125(44)}$ La^{109} Arm^{II} Ald Compl Sixt = **𝔐**; ⌒ *κυρίου* 2° 44 | *ἐγκατέλιπον*] *-λιπαν* B 106 Sixt Ra. (hab *-λιπον* Cyr): cf praef p 105; *εγκατελειπον* (*ενκ.* A^{c} 93: cf praef p 92) A* V 93 314 728 55 60; *-ληπων* 158 | *αὐτόν*] *αυτων* 71*; > La^{109} | *καί* paenult – (7) fin om 125: homoiot | *πρόσωπον*] + *αυτων L a* 158 La^{109} Aeth (omnes) Arm^{II} Ald Compl Sixt = **𝔐** | *ἀπὸ τῆς σκηνῆς*] *a domo* Aeth | *καὶ ἔδωκαν αὐχένα*] + *απεναντι L*; > Arm^{II} | *εδωκεν* 93 106′-134

7 *ἀπέκλεισαν*] *-κλεισεν* (*-σε* 93) 93 127*; *-κλυσαν* 314: cf praef p 91 | *τὰς θύρας τοῦ ναοῦ*] *portas domus domini* Aeth$^{P′}$; *domum domini* Aeth$^{A′}$ | *τοῦ ναοῦ*] *vestibuli* La^{Leg} (hab *templi* La^{109}): cf **𝔐** (האולם) Vulg(*quae erant in porticu*)

ἁγίῳ θεῷ Ἰσραήλ. 8*καὶ ὠργίσθη θυμῷ κύριος ἐπὶ τὸν Ἰούδαν καὶ* 8
ἐπὶ τὴν Ἰερουσαλὴμ καὶ ἔδωκεν αὐτοὺς εἰς ἔκστασιν καὶ εἰς ἀφανισμὸν
καὶ εἰς συρισμόν, ὡς ὑμεῖς ὁρᾶτε τοῖς ὀφθαλμοῖς ὑμῶν. 9*καὶ* 9
ἰδοὺ πεπλήγασιν οἱ πατέρες ὑμῶν μαχαίρᾳ, καὶ οἱ υἱοὶ ὑμῶν καὶ
αἱ θυγατέρες ὑμῶν καὶ αἱ γυναῖκες ὑμῶν ἐν αἰχμαλωσίᾳ ἐν γῇ οὐκ

B″ A V *L′ a b* 60 119 158 527 La^{109} Aeth Arm

et 3₄ 8₁₂ | *θυμίαμα*] *θυμια* 46*(non 52)-728 | *καί* ult – fin om 44: homoiot | *ολοκαυτωμα* 93 *b′* 55 Aeth = 𝔐; *olocausta* La^{109} | *τῷ ἁγίῳ/θεῷ Ἰσραήλ*] *εν τω αγιω* (+ *τω* 93-108 Compl: cf 𝔐) *θεω ισραηλ* B″ 93-108 71 La^{109} (*in sancta deo israel*) Compl Sixt Ra. = 𝔐; *deo sancto israel* Arm^{II}; *τω κω* 107 (-610); tr Aeth

8 *ὠργίσθη θυμῷ κύριος*] *ωργισθη οργη κυριος* B′ 71 Sixt Ra.; *εγενετο οργη* (*furor iracundiae* Arm) *κυ* *L*(93^{txt}, *ωργισθη* ^{mg}) Arm^{II} Compl = 𝔐; *facta est ira a domino* La^{109}; *ωργισθη* (*οργ.* 236-762* 44: cf praef p 102s) *κυριος* a^{-71} 127 Aeth (omnes); + *ο θς* 60 | *τὸν Ἰούδαν*] *τον ιουδα* V* 44 379; *τον ιου*^{δ} 125 98; *τόν* om *L* 236 Compl | *ἐπὶ τὴν Ἰερουσαλήμ* (*ιλημ*)] *την* (> *L* 125) *ιερουσαλημ* B *L* 125 La^{109} Aeth(omnes) Compl Sixt = 𝔐 Targ Vulg^{-1Ms} (hab ועל Pesch); *επι ιλημ* $a^{-71\ 554}$; *επι τον ιηλ* b^{2}; *επι ιηλ* 554 | *αὐτούς*] *αυτοις* 74; + *κς* 71 | *εἰς* 1°] ⌒ 2° 107; > 68-134* | *καὶ εἰς ἀφανισμόν*] > B’: homoiot; *εἰς* om 93 46 | *καί* ult – fin om 44: homoiot | *καὶ εἰς συρισμόν* om 314 125 | *εἰς συρισμόν*] *εισυσσισμον* 127(sic); *εις συριγμον* (*συρριγμον* 93) A V *L* 71 *b′* 60 119 527 Compl | *ωρατε* 119 | *τοῖς ὀφθαλμοῖς ὑμῶν*] *τοις οφθαλμοις ημων* 610*; *τους οφθαλμους υμων* 236; *τοις αδελφοις υμων* 527; > 381

9 *επεπληγασιν* 64: cf praef p 102; *επεσον* *L* Arm^{II} Compl = 𝔐 | *ὑμῶν* 1°] *ημων* V 19-93 68′-71′-74^{c}-120-130-236-321-346-554 $b^{\prime -46}$ 55′ 60 La^{109} Aeth^{-E*} Arm^{I} Ald Compl = 𝔐$^{-1Ms}$ Pesch Targ Vulg; *αυτων* 44 | *μαχαίρᾳ*] *ρομφαια* *L* Compl; pr *εν* *L* a^{-71} Aeth(omnes) Arm^{II} = 𝔐 | *οἱ υἱοὶ ὑμῶν*] *οι υιοι ημων* 68′-71-74-106-120-130-134-321-346-554 60 La^{109} Ald Compl = 𝔐 Pesch Targ Vulg; om *οἱ* 19 55 158; om *ὑμῶν* 107 | *καὶ αἱ θυγατέρες ὑμῶν*] *και αι θυγατερες* (*-ραις* 554) *ημων* 68′-71-74-106-120-134-554 60 La^{109} Ald Compl = 𝔐 Pesch Targ Vulg; > 130-321-346 Aeth$^{P′}$; om *καί* 44; om *αἱ* 728; om *ὑμῶν* 107; + *και θυγατερες υμων* 46(non 52) | *καὶ αἱ γυναῖκες ὑμῶν*] *και αι γυναικες ημων* $a^{-(121)\ 236\ 314\ 762}$ 60 La^{109} Ald Compl = 𝔐 Pesch Targ; > Arm^{II}; om *ὑμῶν* 93-121 = Vulg | *ἐν αἰχμαλωσίᾳ*] *ἐν* om 19′ 127; pr *erant* Arm^{I}; *in captivitatem ducte sunt* La^{109} Aeth(sim) Arm^{II}: cf Vulg(*captivae ductae sunt*) | *ἐν γῇ οὐκ αὐτῶν*] *εν γη ουχ αυτων* A 121-236-314-762 Lag.; *εν γη ουχ εαυτων* 19′ Compl: cf praef p 96; add *est* Aeth^{A} (post *οὐκ*) Arm^{II}; *in terra aliena* La^{109}; *in terra quam non cognoscunt* Aeth^{-A}: deest

10 *αὐτῶν, ὅ καὶ νῦν ἐστιν.* [10]*ἐπὶ τούτοις νῦν ἐστιν ἐπὶ καρδίας διαθέσθαι*
διαθήκην κυρίου θεοῦ Ἰσραήλ, καὶ ἀποστρέψει τὴν ὀργὴν τοῦ θυμοῦ
11 *αὐτοῦ ἀφ᾽ ἡμῶν.* [11]*καὶ νῦν μὴ διαλίπητε, ὅτι ἐν ὑμῖν ᾕρέτικεν κύριος*
στῆναι ἐναντίον αὐτοῦ λειτουργεῖν καὶ εἶναι αὐτῷ λειτουργοῦντας καὶ
θυμιῶντας.
12 [12]*Καὶ ἀνέστησαν οἱ Λευῖται, Μάεθ ὁ τοῦ Ἀμασὶ καὶ Ἰωὴλ ὁ τοῦ*
Ζαχαρίου ἐκ τῶν υἱῶν Καάθ, καὶ ἐκ τῶν υἱῶν Μεραρὶ Κὶς ὁ τοῦ Ἀβδὶ

B′′ A V *L′ a b* 60 119 158 527 La^{109} Aeth Arm

in 𝔐 Pesch(deest usque ad 19 fin) Targ Vulg | *ὅ* – (10) *καρδίας*] *recordamini itaque* La^{109}: cf sq | *ὅ* – (10) *ἐστιν*] *ενεκεν τουτου εγενετο L* Arm^{II}(vid) Compl | *ὅ καὶ νῦν ἐστιν* B′′ A *b*^{2} 60 Sixt] *ου και νυν εστιν* V 71 *b*$^{I-381}$ 119 158 527; *ubi sunt nunc* Arm^{I}; *και νυν εισιν a*$^{-71}$ Ald; *νυν ουν εστιν* 381; *sunt nunc et* (> Aeth^{Ec}) *usque ad hanc diem* Aeth

10 *ἐπί* – *ἐστιν*] > 381: homoiot | *ἐπὶ τούτοις*] > 489(‖); *et* Aeth; pr *et* Arm^{I} = 𝔐^{4Mss} | *νῦν* – *διαθέσθαι*] *νυν ουν διαθεσθε* 44 | *νῦν ἐστιν*] *νυν ουν θεσθε* (*θεσθαι* 610) *a*$^{-71(44′)}$ Ald; *θεσθε ουν* 125; *sit* Arm^{I} | *καρδίας*] *καρδια* 728 55; *καρδιαν* 52; *καρ*^{δ} 46 158; + *μου L* Arm^{II} Compl = 𝔐; + *ημων* 610 Arm^{I}; + *υμων a*$^{-71}$ Aeth(omnes) Ald | *διαθέσθαι*] *θεσθαι* 55; pr *του L a*$^{-71}$ Ald Compl; *διαθεσθε* 321 44; *et disponite* La^{109} | *διαθήκην*] + *μου διαθηκην* B′ 71 *b*^{2} Sixt; + *διαθηκην* A*(vid) 55 60 119 527 | *κυρίου θεοῦ*] *τω $\overline{κω}$ $\overline{θω}$ L* Aeth Arm^{II}(vid): cf 𝔐; *μετα* (+ *του* 68 Ald) *κυριου θεου a*$^{-71}$ La^{109} Ald | *καί*] pr *λεγων* 19 | *ἀποστρέψει*] *αποστρεψω* 19′; *απεστρεψεν* (-*ψε* ^{c}) B | *τήν* – *αὐτοῦ* ad fin tr *L* Arm^{II} Compl = 𝔐 | *τοῦ θυμοῦ* om 44′ | *τοῦ* om B′ *a*$^{-71}$ Ra. | *θυμοῦ*] *θῦμον* A 68 | *ἡμῶν*] *υμων* 19′ 68′-106′(non 44-610) 127 La^{109} Ald

11 v 11-14 om 44(|) | *καί* 1°] *edificate etiam* La^{109}: pro בנו ו, cf 𝔐(בָּנַי) Targ(בְּנִי) Vulg(*fili*(*i*) *m*(*e*)*i*); > Arm^{I} | *νῦν* om 125; + *et* La^{109} | *διαλίπητε*] -*λειπητε* A V 68′-71-106-120-134-554 125-610 728 55 60; -*λιποιτε* 381; -*ληπητε* 120* 158; + *ποιειν L′* Arm | *ὑμῖν*] *ημιν* 107 60 158 | *ᾕρέτικε*(*ν*)] -*τηκε*(*ν*) 19 55 60 158; *ηρετισε* (-*τησε* 107^{c} (*ηρετη* *) 125) 107$^{(-44)}$; *ηρετισατο* 74 | *κύριος* om B 71 | *στῆναι*] pr *του L′* Compl | *ἐναντίον αὐτοῦ*] *εναντιων αυτων* 127 | *λειτουργεῖν* – *αὐτῷ* om 554 *b*^{2}: homoiar | *λειτουργεῖν*] *ministros* La^{109}; + *αυτω L* Compl = 𝔐 | *εἶναι* – fin] *θυμιαν* 107 | *αὐτῷ*] *αυτου* Compl; pr *εν* 158; > 127 | *λειτουργοῦντας*] -*ντες* 127; *λειτουργους L* Compl | *θυμιωντες* 127

12 *Μάεθ* – (14) fin] *παντες και οι ιερεις* 125 | *Μάεθ*] *μααθ* B′ *L* La^{109} Arm^{II} Compl Sixt Ra. = 𝔐; *majeth* Arm^{I}; *meʾath* Aeth^{-A}; *meʾeth* Aeth^{A}; *μαθ* 46*(corr pr m, non 52); *μααλ a*$^{(-44′)}$ Ald | *Ἀμασί*] *αμαση* 60 158; *αμασσει* 93; *αμασση* 610; *αμασσι* Fern.; *αμεσσι* 19′ Compl Lag.; *μασα* V*; *αμασα* V$^{corr\ pr\ m}$; *μασι* B′; *μασει* 127 | *Ζαχαρίου*] *αζαριου L* Arm^{II} Compl Sixt Ra. = 𝔐; *amarie* La^{109} | *ἐκ* 1° – *Μεραρί*] > 107$^{(-44′)}$ | *ἐκ* 1° ∩ 2° V Arm^{II} | *Καάθ*] *καθ* 158; pr *ναθαν*

καὶ Ἀζαρίας ὁ τοῦ Ἰαλλελήλ, καὶ ἀπὸ τῶν υἱῶν Γεδσωνὶ Ἰωαὰ ὁ τοῦ
Ζεμμὰθ καὶ Ἰωαδὰν ὁ τοῦ Ἰωαχά, 13*καὶ τῶν υἱῶν Ἐλισαφὰν Σαμ-* 13
βρὶ καὶ Ἰεϊήλ, καὶ τῶν υἱῶν Ἀσὰφ Ζαχαρίας καὶ Ματθανίας, 14*καὶ* 14

B′′ A V *L′ a b* 60 119 158 527 La^{109} Aeth Arm

74*(corr pr m) | *μεραρει* B′ 93 158 | *Κίς*] *κεις* B′ A V* 93 *b*$^{I-46}$ 60 119 158 Ald; pr *και a*$^{-(44′) 71}$ *b*^{2} 127 Arm^{II} Ald | *τοῦ Ἀβδί*] *το αυδη* 158 | *αβδει* B′ 93; *αυδι* 106; *abdie* La^{109} | *Ἀζαρίας*] *ζαχαριας* B′′ 71 119 527 | *ὁ* 4° – *Γεδσωνί* om 107$^{(-44′)}$ | *Ἰαλλελήλ* 64-*b*^{2} 60] *ιαλελεηλ* 71; *ιλαεληλ a*$^{-(107) 71 236}$ Ald Sixt; *ιαλλεηλ* 381; *ιαλεηλ* 236; *ιαλαελη* 527; *ιαλλαελη* 119; *αλλεηλ* 728; *αλεηλ* 46; *ιαλαιηλ* 19′ Arm^{II} Compl; *αλαιηλ* 93; *iahelel* Aeth^{-A}; *iahalel* Aeth^{A}; *ιαλληλ* A; *ιαλλη* 55; *ελλη* B’; *lael* La^{109}; *αλλεδηλ* V; *ιαλελειδ* 158 | *υἱῶν* 3° om *a*$^{-(107) 71}$ 127 La^{109} Ald = 𝔐 Targ (hab *de filiis autem* Vulg) | *Γεδσωνί*] *γεδσωνει* B; *γεδσων* A V 93 *b*$^{(-379)}$ 55 119 527; *γεθσων* 60 158 Arm^{I}; *γεδυσωνι* 314; *γεδεων* 19′ 379; *gersonea* Arm^{II}: cf 𝔐; *garson* Aeth^{A}; *garsen* Aeth^{P}: cf Clear Muséon; *ierson* La^{109} = Vulg^{1Ms} | *Ἰωαά* V 64-728 55 60 527: cf 𝔐(יואח: pro יואה?, cf *Ἰωαχά* sq pro יואח et Par I 26₄)] *ιωα* A 46 Arm^{I} Ra.; *ιωδα* 71; *ιωδαα* 106′$^{(-44′)}$-121-236-314-762; *ιωδααθ* 19′: ex *ιωδαα ο* (*Ο*: *Θ*), cf sq; *jo᾽ath* Aeth$^{P′}$; *ja᾽ath* Aeth$^{A′}$; *ιωδαε* 93; *juda* Arm^{II}; *ιωδααδ* 68′-120 Ald Sixt; *ιωαδαα* 130-134-321-346-554; *ιωαδδαα* 74; *ιωαλ b*^{2} 119; *ιωαχ* Compl = 𝔐; *κυαβ* 158; pr *και* 107$^{(-44′)}$; > B’ | *ὁ τοῦ* 5°] *οι απο του* 127; *απο του* B 71; om *ὁ* 19′: cf praec; om *τοῦ* 610(|) | *Ζεμμάθ*] *ζεμαθ* 158 Arm^{I}; *zameth* Aeth^{-A}; *zamath* Aeth^{A}; *ζεμμα L a* Ald Compl; *ζωμμα* 121-762; *azemaje(anç)* Arm^{II}; *ζεμαρ* 527 | *Ἰωαδάν* V 93 46-728 55 158 527 Arm] *ιωδαν* B A 64-381 Ra.; *ωδαν* 127: post *ι*; *ιωαδδαν* 60; *ioada* La^{109} Aeth$^{A′}$; *᾽ija᾽adan* Aeth$^{P′}$; *ιωδααν* 19′; *ωδααν* Compl; *ιαδαν b*^{2}; *ιωαδαμ a* Ald | *ὁ τοῦ* ult] *ουτοι υιοι* B *a*$^{-71}$ Ald; *ουτοι* 127 | *Ἰωαχά*] *ιωαχ* Aeth$^{P′}$ Arm^{II}(vid) Compl = 𝔐 Targ (hab *ioaha* Vulg^{te}); *ιωχα* 107$^{(-44′)}$; *ιωχα ουτοι υιοι ιωαχα* 71; *ιωαχαα* 108; *αχααν* 19; *᾽ijo᾽as* Aeth$^{A′}$; *ioat* La^{109}: cf Vulg^{ap} (*iohaat* 1 Ms)

13 *τῶν* 1°] pr *εκ* 60; pr *απο L* Compl = 𝔐 | *Ἐλισαφάν*] *ελεισαφαν* B′; *ελεισαφα* 93; *ελισσαφαθ* 158 | *Σαμβρί* A V 19′ 71 *b*^{I} Compl] *σαμβρει* 55; *σαμρι* 93 Aeth Fern.; *σαμρει b*$^{2-489}$; *σαμρη* 489; *ζαμβρι* 60 119 127 158 527 Sixt: cf Vulg^{ap}; *ζαμβρει* B; *iambri* La^{109}; *σαμαρι a*$^{-71}$ Arm Ald; pr *και* B’ | *Ἰεϊήλ*] *ιιηλ* coni Ra.; *ειιηλ* B; *ειηλ* 55 Arm^{I}; *ιεηλ* 71 127; *᾽ijo᾽ihel* Aeth; *ιεειηλ* 243-731 60; *ιεσιηλ b*^{I} 119 527; *ιεσειλ* 158; ⌒ (14) *Ἰεϊήλ* 98 | *τῶν* 2°] pr *εκ* 60 127; pr *απο L* Compl = 𝔐 | *Ἀσάφ*] *ασαφατ* 93; *ασα* B′′; *ασαρ* 527 | *Ζαχαρίας*] *ζαριας* 55; *αζαριας* B’ | *Ματθανίας*] *μαθθανιας* B*-55 68′-74-106′$^{(-44′)}$-120-134-554 119 Ald Ra.; *μαθανιας* 71 *b*$^{2(-98)}$ 527 610; *matanias* La^{109}: cf Vulg^{ap}; *μανθανιας* 158: cf 20₁₄; *methanjas* Aeth^{A}; *manthjas* Aeth^{-A}; *machthaniaj* Arm^{II}; *μαθαμιας* 19′

τῶν υἱῶν Αἱμὰν Ἰεϊὴλ καὶ Σεμεΐ, καὶ τῶν υἱῶν Ἰδιθοὺμ Σαμεΐας,
15 *καὶ Ὀζιήλ,* [15]*καὶ συνήγαγον τοὺς ἀδελφοὺς αὐτῶν καὶ ἡγνίσθησαν*
κατὰ τὴν ἐντολὴν τοῦ βασιλέως διὰ προστάγματος κυρίου καθαρίσαι
16 *τὸν οἶκον κυρίου.* [16]*καὶ εἰσῆλθον οἱ ἱερεῖς ἔσω εἰς τὸν οἶκον κυρίου*
ἁγνίσαι καὶ ἐξέβαλον πᾶσαν τὴν ἀκαθαρσίαν τὴν εὑρεθεῖσαν ἐν τῷ
οἴκῳ κυρίου καὶ εἰς τὴν αὐλὴν οἴκου κυρίου, καὶ ἐδέξαντο οἱ Λευῖται
17 *ἐκβαλεῖν εἰς τὸν χειμάρρουν Κεδρὼν ἔξω.* [17]*καὶ ἤρξαντο τῇ ἡμέρᾳ τῇ*

B″ A V *L′ a b* 60 119 158 527 La^{109} Aeth Arm

14 v 14 om 381 | *καί* 1° ⌒ 3° 55(|) | *τῶν* 1°] pr *εκ* 60 127; pr *απο L* Compl = 𝔐 | *Αἱμάν*] *ναιμαν* 71: post *ν*; *neeman(aj)* Arm^{IIap}; *αιμαθ* 19′; pr *ων* B': cf app ad *Ἰεϊήλ* | *Ἰεϊήλ*] *ιιηλ* coni Ra.: cf 13; *ειηλ* 314 Arm^{I}; *ιεηλ* 71 46 158 610; *ʾijohel* Aeth^{A}; *ιεειηλ* 60 119; *ιεηηλ* 527; *ισιηλ* 127 (pro *Αἱμὰν Ἰεϊήλ* 127 *ωναι μανισιηλ*, B *ὠναιμὰν ἰειήλ*) | *Σεμεΐ*] *σεμεει* B' 130-236-314-321-346-554-762 489 60 119; *σεμεηλ* 93; *σαμεηλ* 158 | *τῶν υἱῶν* 2°] *των υιω* 55^{c}; pr *εκ* 60; pr *απο L* Compl = 𝔐 | *Ἰδιθούμ*] *ιδειθουμ* V; *idithom* Arm^{II}; *ιδιθωουμ* 314; *διθουμ* 55*; *εδειθωμ* B; *εδιμωθ* 127; *ιδιθουν* A 19′ 527 Arm^{I} Fern. = Vulg^{te}, cf 𝔐 Targ(ידותון) et 5$_{12}$; *ιδιθων* 71 Ra.: cf 35$_{15}$ I 16$_{38}$; *yditun* La^{109}; *ʾijuthun* Aeth^{-A}; *ʾijuthen* Aeth^{A} | *Σαμεΐας*] *σαμαιας* B″ V 19-93 60 Aeth Arm^{II} Sixt Ra.; *σαμεας* 108 La^{109} Compl; *σαμαθιας a*$^{-71}$ Ald | *Ὀζιήλ*] *οζειηλ* B′; *οχιηλ a*$^{-71}$

15 *συνήγαγον*] *συνηγαγε(ν)* B*-127 19′ Compl; + *οι λευιται* 44 | *αὐτῶν*] *αυτου* 19′ 127 Compl | *ἡγνίσθησαν*] *ηγνισεισαν* 158 (mend pro *ηγνισαν* vel *ει* pro *θη*); + *et sanctificaverunt* Arm^{II}; *διηγνισθησαν* 127; *ηγιασθησαν* 93 Fern.: cf 16; *purificaverunt se* Aeth^{-A}: ex *καθαρισαι* sq, sed cf 18 19 | *κατά – προστάγματος*] *secundum mandatum regis et praeceptum* La^{109}: cf Vulg(*iuxta mandatum regis et imperium*) | *τοῦ βασιλέως*] pr *εζεκιου L* Arm^{II} Compl | *καθαρίσαι τὸν οἶκον κυρίου*] + *dei* Arm^{II}: cf Vulg; > B' 19: homoiot | *καθαρίσαι*] pr *του L* Compl (*καθαιρησαι* 108; *-ρησαι* Compl); *ut sanctificarent* La^{109}: sicut pro *ἡγνίσθησαν* praec

16 init – *ἁγνίσαι* om 44: homoiot | *ἔσω – κυρίου* 1°] > 107; *εως των οικων κυριου* 71 | *ἔσω*] *εως* B' V 74 Cyr *ep* 82 | *εἰς* 1° om V | *κυρίου* 1°] + *dei* Arm^{II} | *ἁγνίσαι*] *αγιασαι* 93 Fern., cf Tht *Par II* 292,2(*αγιασας*); *ut permundarent eam* La^{109} = 𝔐(לטהר): cf 15; + *αυτον L* Arm; > Cyr | *ἐξέβαλον*] *-βαλαν* A V 243-728-731 55 60 119 527 Tht^{ap} (hab *-βαλον* Cyr): cf praef p 105; *-βαλλον* 46(non 52); + *οι ιερεις* 44 | *πᾶσαν* om V | *ἐν τῷ οἴκῳ κυρίου*] *intrinsecus* Arm^{II}; *εν αυτω* 381; om *τῷ* 19′ *b*$^{I-381}$-98 158 Tht Compl Fern.; + *αγνισαι* 60 | *καί* 3° – *κυρίου* 3°] > 52 Tht^{ap}: homoiot; *καί* om *L* Arm^{II} Tht Compl = 𝔐; *οἴκου κυρίου* om 71; *οἴκου* om 125 Arm^{I} | *εδεξατο* 119* | *ἐκβαλεῖν*] *του* (> Tht^{-1Ms}) *εξενεγκειν L* Tht Compl (praemittit Arm^{II}(vid): cf

πρώτῃ νουμηνίᾳ τοῦ μηνὸς τοῦ πρώτου ἁγνίσαι, καὶ τῇ ἡμέρᾳ τῇ ὀγδόῃ
τοῦ μηνὸς εἰσῆλθον εἰς τὸν ναὸν κυρίου καὶ ἥγνισαν τὸν οἶκον κυρίου
ἐν ἡμέραις ὀκτώ, καὶ τῇ ἡμέρᾳ τῇ ἑκκαιδεκάτῃ τοῦ μηνὸς τοῦ πρώτου
συνετέλεσαν. [18]*καὶ εἰσῆλθον ἔσω πρὸς Ἑζεκίαν τὸν βασιλέα καὶ εἶ-* 18
παν Ἡγνίσαμεν πάντα τὰ ἐν οἴκῳ κυρίου, τὸ θυσιαστήριον τῆς ὁλο-
καυτώσεως καὶ τὰ σκεύη αὐτοῦ καὶ τὴν τράπεζαν τῆς προθέσεως καὶ

B'' A V *L' a b* 60 119 158 527 La^{109} Aeth Arm

praef p 104s) | *Κεδρών*] *cedrorum* La^{109} Aeth omnes (hab *cedron* Vulg, sic et La^{109} Aeth in 15$_{16}$ 30$_{14}$)

17 init – *κυρίου* 1° om 107: homoiot | *ηρξατο* 121(|) 55 Sixt* | *τῇ* 1° – *νουμηνίᾳ*] *εν μια L* Arm^{II} sim (om *νουμηνίᾳ*) Compl = 𝔐; *τῇ ἡμέρᾳ* om 119*(corr pr m); *τῇ* 1° om 74 | *ἡμέρᾳ τῇ πρώτῃ*] *πρωτη ημερα* 554 La^{109} Aeth = Vulg | *πρώτῃ*] *α'* 762; *τριτη* B* | *νεομηνια* 74: cf praef p 95 | *τοῦ μηνὸς τοῦ πρώτου*] *του πρωτου μηνος a*$^{-(107) 71}$ 527 Aeth$^{A'}$ Arm^{I} Ald Sixt | *ἁγνίσαι*] *του αγιασαι L* Compl | *μηνός* 2°] + *του πρωτου L* Compl | *εἰσῆλθον*] *εισελθον* 55: cf praef p 102s; *εισηλθαν* B Sixt Ra.: cf praef p 105; *ηλθον* 127; *εισηλθεν* A *L* 60 | *εἰς τὸν ναὸν κυρίου*] in *ʾelam* (*ʿalam* Aeth^{AE}) Aeth$^{A'}$: cf 𝔐(לאולם יהוה) Targ(לאולמא (ap להיכלא) דייי) Vulg(*porticum templi domini*): cf 8$_{12}$ | *εἰς τὸν ναόν*] *εις τον οικον b*^{2} 158^{txt} Aeth$^{P'}$ | *κυρίου* 1°] pr *του* A V 554 *b*$^{-489}$ 55 60 119 | *καὶ ἥγνισαν*] *και ηγνισαντο* 60; *και ηγιασαν* 19' Compl; *του αγιασαι και ηγιασαι* 93 | *τὸν οἶκον*] *τον ναον* 46; om *τόν* 127 | *κυρίου* 2°] pr *του* 46 | *καί* ult – (19) fin] > 44: homoiot; – (18) *βασιλέα* om 107: homoiot | *καὶ τῇ* 2°] *εν* 158 | *τῇ ἡμέρᾳ τῇ ἑκκαιδεκάτῃ*] *τη εξκαιδεκατη ημερα* 381 | *εξκαιδεκατη* V *a*$^{-(107) 71\ 121\ 236\ 314\ 762}$ 381-*b*$^{2-98}$ 60 158 Cyr *ep* 82 Ald; *ις'* 98; *τρισκαιδεκατη* (*τρεισκ.* 121 127) B' 121-236; *τριτη και δεκατη* 314; *γ' και δεκατη* 762; *δεκατη* 46^{c}-52 | *τοῦ μηνὸς τοῦ πρώτου/συνετέλεσαν*] tr B''; *μηνός* et *πρώτου* tr Aeth

18 *εισηλθαν* B 728 Sixt Ra. (hab *-θον* Cyr *ep* 82): cf praef p 105; *εισηλθεν* 71 | *ἔσω* om 98 | *βασιλεαν* 236: cf praef p 99 | *εἶπαν*] *ειπον L* 107$^{(-44)}$ *b*$^{-64\ 728}$ Cyr Compl: cf praef p 105; + *αυτω L* La^{109} Aeth(omnes) Arm^{II} Compl = Vulg; + *τω βασιλει εζεκια* 107$^{(-44)}$ | *Ἡγνίσαμεν*] *ηγιασαμεν L* Compl; *purificavimus* Aeth: cf $_{15}$ | *πάντα τά*] om *πάντα* 55; om *τά* V 158 | *οἴκῳ*] pr *τω L* Cyr Compl | *τό*] pr *και L* Aeth^{-BH}: cf 𝔐 (sic Kenn.^{te} (om 26 Mss) et ℭ), = Targ Vulg | *τὰ σκεύη* 1° ⌒ 2° 60 | *καί* paenult – fin] > 68'-120: homoiot; *καί* paenult om Arm^{Ite}; *τήν* om Ald | *προθέσεως*] + *αυτου* 19' Compl | *καί*

19 *τὰ σκεύη αὐτῆς·* [19]*καὶ πάντα τὰ σκεύη, ἃ ἐμίανεν Ἀχὰζ ὁ βασιλεὺς*
ἐν τῇ βασιλείᾳ αὐτοῦ ἐν τῇ ἀποστασίᾳ αὐτοῦ, ἡτοιμάκαμεν καὶ ἡγνί-
καμεν, ἰδού ἐστιν ἐναντίον τοῦ θυσιαστηρίου κυρίου.
20 [20]*Καὶ ὤρθρισεν Ἑζεκίας ὁ βασιλεὺς καὶ συνήγαγεν τοὺς ἄρχοντας*
21 *τῆς πόλεως καὶ ἀνέβη εἰς οἶκον κυρίου* [21]*καὶ ἀνήνεγκεν μόσχους ἑπτά,*
κριοὺς ἑπτά, ἀμνοὺς ἑπτά, χιμάρους αἰγῶν ἑπτὰ περὶ ἁμαρτίας περὶ
τῆς βασιλείας καὶ περὶ τῶν ἁγίων καὶ περὶ Ἰσραὴλ καὶ εἶπεν τοῖς υἱοῖς

B′′ A V *L′ a b* 60 119 158 527 La^{109} Aeth Arm

ult – (19) *ἡγνίκαμεν* om 125 | *καί* ult – (19) *αὐτοῦ* 2° om 107 (-610) | *καί* ult ⌒ (19) *καί* 1° 71 | *τά* ult] pr *παντα L* La^{109} Arm^{II} Compl = 𝔐

19 *καὶ πάντα τὰ σκεύη* om La^{109} | *απαντα* 74 | *ἅ* om 321 381 | *κατεμιανεν* 158 | *Ἀχὰζ ὁ βασιλεύς*] *ο βασιλευς αχαζ* V *L b* 60 119 158 527 Arm^{I} Ald Compl Sixt = 𝔐 Vulg (om *ὁ βασιλεύς* Targ); > Arm^{II}(lib) | *αχας* B′′: cf 27$_{9}$ | *ἐν τῇ βασιλείᾳ αὐτοῦ*] > 106 = 𝔐^{1Ms}; post *αὐτοῦ* 2° tr 554 | *αὐτοῦ* 1°] *εαυτου* V 60; > La^{109} | *ἐν τῇ ἀποστασίᾳ αὐτοῦ*] *εν τω αποστηναι αυτον L* Arm^{II} Compl; pr *και* 554 La^{109} Arm^{I}; > 71: homoiot = 𝔐^{1Ms} | *αὐτοῦ* 2°] *εαυτου* A V *b*$^{-46}$ 60 Ald | *ἡτοιμάκαμεν*] *ετοιμακαμεν* 60: cf praef p 102; *ητοιμακεν* (-*κε* 379) 98; *ητοιμασαμεν L* 71 Compl; et *ἡγνίκαμεν* (*purificavimus* sicut 15) tr Aeth; pr *και a*$^{(-71\ 107)}$; pr *ecce* Aeth; + *ea* La^{109} | *καί* ult om Arm^{II} | *ἡγνίκαμεν*] *ηγνισαμεν* 68′-71-74-120 158 Ald Sixt; *ηγιασαμεν αυτα L* Compl: cf 𝔐^{1Ms} (הקדשנום) | *ἰδού*] pr *και L a*$^{-71}$ La^{109} Aeth(omnes) Arm Ald Compl = 𝔐 | *ἐστιν* om 127 | *κυρίου*] pr *του οικου* 19 Aeth: cf praef p 56; > 127

20 *ὤρθρισεν – πόλεως*] *συνηγαγεν εζ. ο βασ. τ. αρχ. τ. πολ. και ωρθρισε* (-*σεν* 74) *a*$^{-71\ 121\ 236\ 314\ 762}$; *ωρθρισε και συνηγαγεν εζ. ο βασ. τ. αρχ. τ. πολ. και ωρθρισε* 121-236-314-762 Ald sim(om *και ωρθρισε*) | *ορθρισε(ν)* 236*-346 158: cf praef p 103 | *Ἑζεκίας* post *βασιλεύς* tr 98 | *καί* paenult om Arm^{I} | *τοὺς ἄρχοντας*] pr *παντας* 127 Aeth(omnes) = 𝔐^{3Mss} Targ Vulg; + *παντας* 158 | *καί* ult – fin om Aeth^{AEGH}: homoiot; *εἰς* om Aeth^{DF}: cf 𝔐 | *οἶκον*] pr *τον* 19

21 *ἀνήνεγκε(ν)*] *ανηγαγε(ν) L a* Ald Compl: cf sq; *obtulerunt* La^{109} = 𝔐; + *sacrificia* Aeth Arm^{II} | *μόσχους*] pr *επτα L* Compl, sed om *ἑπτά* ult, cf sq | *ἑπτά* 1°] pr *και L* Compl; ⌒ 3° Cyr *ep* 82 | *κριοὺς ἑπτά* om 489(|) 60(‖) | *κριούς*] pr *και* 321 *b*$^{2(-489)}$ La^{109} Aeth^{-B} Arm = 𝔐 | *ἑπτά* 2°] pr *και L* Compl | *ἀμνοὺς ἑπτά*] *et holocausta septem* Arm^{Ite}; > 71-106 98 Aeth$^{P′}$; pr *et* La^{109} Aeth Arm$^{Iap\ II}$ = 𝔐 | *ἑπτά* 3°] pr *και L* Compl | *χιμάρους αἰγῶν*] *capros* La^{109txt}; *yrcos* La^{109mg} = Vulg(*hircos*); pr *et* La^{109} = 𝔐; *αἰγῶν* om *a*$^{-71}$ 158 Aeth^{P} Arm^{II}: cf 23 | *ἑπτά* 4° om *L* Aeth^{P} (Clear Muséon) Ald Compl | *περὶ ἁμαρτίας* om Aeth^{AEGH}: homoiot | *περί* 2°] pr *και* (⌒ *καί* ult 107) *a*$^{-71}$ Aeth^{A}; *et* Aeth^{P} Arm | *τῆς βασιλείας*] *regis* Arm^{II} | *περί* 3° om 68′ | *καὶ περί* 2°] > La^{109} Arm$^{Ite\ II}$; om *περί* Arm^{Iap} | *Ἰσραήλ*] *ιειηλ* 74; *ιουδα* Compl = 𝔐 Pesch

Ἀαρὼν τοῖς ἱερεῦσιν ἀναβαίνειν ἐπὶ τὸ θυσιαστήριον κυρίου. 22*καὶ* 22
ἔθυσαν τοὺς μόσχους, καὶ ἐδέξαντο οἱ ἱερεῖς τὸ αἷμα καὶ προσέχεαν ἐπὶ
τὸ θυσιαστήριον· καὶ ἔθυσαν τοὺς κριούς, καὶ προσέχεαν τὸ αἷμα ἐπὶ
τὸ θυσιαστήριον· καὶ ἔθυσαν τοὺς ἀμνούς, καὶ περιέχεαν τὸ αἷμα τῷ
θυσιαστηρίῳ· 23*καὶ προσήγαγον τοὺς χιμάρους τοὺς περὶ ἁμαρτίας* 23
ἐναντίον τοῦ βασιλέως καὶ τῆς ἐκκλησίας, καὶ ἐπέθηκαν τὰς χεῖρας
αὐτῶν ἐπ᾽ αὐτούς, 24*καὶ ἔθυσαν αὐτοὺς οἱ ἱερεῖς καὶ ἐξιλάσαντο τὸ* 24

B′′ A V *L′ a b* 60 119 158 527 La^{109} Aeth Arm

Targ Vulg; + *et pro iuda* La^{109}; pr *του* 158 | *εἶπεν*] + *εζεκιας L* Arm^{II} | *ἀναβαίνειν*] *ut ascenderent* La^{109}: cf 22; *του ανενεγκειν L* Aeth$^{P'DFG}$ (pr *et* Aeth^{B}) Arm^{II} (*ut offerant*) Compl = 𝔐 Targ(לְאַסָּקָא (hab דנסקון Pesch)) Vulg: cf praec; + *φερειν* 71 | *ἐπὶ τὸ θυσιαστήριον*] *επι του θυσιαστηριου* 60; *ad domum* Aeth^{-A}; *ad domum altaris* Aeth^{A}: cf 1$_5$ et praef p 56 | *κυρίου*] pr *του* 107; > 125

22 *καὶ ἔθυσαν* 1°] *et immolarent* La^{109}; *θυειν* (*θειην* 314) *a*$^{-71}$ Ald; *et sanctificate* Arm^{I}; pr *et ascenderunt* Aeth$^{A'}$: cf 21; ⌒ *καὶ ἔθυσαν* 3° 125 | *καὶ ἐδέξαντο/οἱ ἱερεῖς*] pr *οι ιερεις* 93-108; tr Arm^{II}; om *καὶ ἐδέξαντο* 19(|); om *οἱ ἱερεῖς* Aeth | *εδεξατο* 610* | *προσέχεαν* 1°] *προσεχεον* B′ A *L* 71 *b*^{2} 158 Compl Ra.: cf praef p 105; ⌒ 2° 71(*-χεον*) | *ἐπὶ τὸ θυσιαστήριον* 1°] *super domum domini* Aeth^{-A} (*super domum altaris* Aeth^{A}: cf 1$_5$); + $\overline{κυ}$ 527; ⌒ 2° 107-346 = 𝔐^{7Mss} | *καί* 4° – fin om Aeth^{G}: cf sq | *καί* 4° – *θυσιαστήριον* 2°] *το αιμα* Lag. (mend); post *θυσιαστηρίῳ* tr 98 | *προσέχεαν* 2° – *ἔθυσαν* ult om 381 | *προσέχεαν* 2°] *προσεχεον* B*-127 *L b*^{2} 52 158 Compl Ra.: cf praef p 105 | *τὸ αἷμα* 2°] post *θυσιαστήριον* 2° tr *L* Compl; ⌒ 3° 106 52; > 554 | *καί* paenult – fin om B' La^{109} Aeth^{AEH}: homoiot | *τούς* ult] pr *και* V 64-728 55 119 527 | *περιέχεαν* 71-107 60 119] *προσεχεον L* Compl; *acceperunt* Aeth (sicut pro *ἐδέξαντο* praec); *περιεχεον* rel Ra.: cf praef p 105 | *τῷ θυσιαστηρίῳ*] *το θυσιαστηριω* 120 731; *επι το θυσιαστηριον L* 60 158 Compl

23 *τοὺς χιμάρους*] *τας χιμαρρους* B*: cf praef p 93s et 100; *τούς* om 71; *χιμάρους* om 158(|) | *τούς* 2°] *της* 71; > 106 | *ἁμαρτίας*] pr *της* a$^{-68'\,71\,74}$ | *βασιλέως*] *θυσιαστηριου* 98 | *εθηκαν* 71 | *αὐτῶν*] *εαυτων* A V 60 119 527 | *αὐτούς*] *αυτων* 60; + *οτι περι παντος* $\overline{ιηλ}$ *ειπεν ο βασιλευς* 46*(non 52)

24 init – *ἱερεῖς*] > Arm^{II}; *αὐτούς* om 134 | *οἱ ἱερεῖς – αὐτῶν*] *et exceperunt* (pro *ἐδέξαντο*: cf 22) *sanguinem eorum et asperserunt* (pro *προσέχεαν* vid: cf 22) Aeth | *ἐξιλάσαντο* 1°] *περιερραντισαν* (sic Compl; *-ερραντησαν* 93; *-εραντησαν* 19′: cf praef p 93 et 107) *L* La^{109}(*fuderunt*) Arm^{II} Compl = Pesch(נרזפון) Vulg

---

22 *ἔθυσαν* 1°] *ἔσφαξαν* 93

αἷμα αὐτῶν πρὸς τὸ θυσιαστήριον καὶ ἐξιλάσαντο περὶ παντὸς Ἰσραήλ,
ὅτι Περὶ παντὸς Ἰσραήλ, εἶπεν ὁ βασιλεύς, ἡ ὁλοκαύτωσις καὶ τὰ περὶ
25 *ἁμαρτίας.* [25]*καὶ ἔστησεν τοὺς Λευίτας ἐν οἴκῳ κυρίου ἐν κυμβάλοις*
καὶ ἐν νάβλαις καὶ ἐν κινύραις κατὰ τὴν ἐντολὴν Δαυὶδ τοῦ βασιλέως
καὶ Γὰδ τοῦ ὁρῶντος τῷ βασιλεῖ καὶ Ναθὰν τοῦ προφήτου, ὅτι δι'
26 *ἐντολῆς κυρίου τὸ πρόσταγμα ἐν χειρὶ τῶν προφητῶν·* [26]*καὶ ἔστησαν*
27 *οἱ Λευῖται ἐν ὀργάνοις Δαυὶδ καὶ οἱ ἱερεῖς ταῖς σάλπιγξιν.* [27]*καὶ εἶ-*
πεν Ἑζεκίας ἀνενέγκαι τὴν ὁλοκαύτωσιν ἐπὶ τὸ θυσιαστήριον· καὶ ἐν
τῷ ἄρξασθαι ἀναφέρειν τὴν ὁλοκαύτωσιν ἤρξαντο ᾄδειν κυρίῳ, καὶ

B′′ A V *L′ a b* 60 119 158 527 La^{109} Aeth Arm

(*asperserunt*) (hab 𝔐 (יחטא(ו)) Targ); ⌒ 2° *b′* 60 158 | *πρός* – fin om 107 | *ἐξιλάσαντο* 2° – fin A sup ras | *ἐξιλάσαντο* 2°] *-σατο* Tht^{-1Ms} *Par II* 292; *ad propitiandum dominum* La^{109}: cf 𝔐(לכפר) Targ Vulg (*pro piaculo*) | *ὅτι – Ἰσραήλ* om 71 Aeth^{AEH} | *Περὶ παντὸς Ἰσραήλ* post *βασιλεύς* tr *a*$^{(-71\ 107)}$ Ald Sixt | *εἶπεν*] *praeceperat* Arm^{II} = Pesch^{te} Vulg | *ἡ ὁλοκαύτωσις*] *προσενεχθηναι τα ολοκαυτωματα L* Arm^{I} sim (add *facere* post *ἁμαρτίας*) Arm^{II} Tht Compl = Pesch, cf Targ Vulg; *ἡ* om 74-106 | *καὶ τά*] *και τας* 158; > La^{109} Aeth^{P}; om *καί* Aeth^{A}; om *τά* 134

25 *εστησαν* 93 71 Arm^{I} | *κυρίου* 1°] + *αινουντας* Tht *Par II* 292 | *καὶ ἐν*] *καί* om 107(non 125); *ἐν* om 125 | *ἐν νάβλαις*] *εν ναυλαις* 19′ 46 Tht^{te}: cf praef p 95; *εν αυλαις* 728 158; et *ἐν κινύραις* tr Tht = Pesch | *ἐν κινύραις*] *εν κυνηραις* 93; *εν κιννυραις* V^{c} 19 68′-71′-121-236-554 *b*$^{2-489}$ 52 60 119 Tht^{te} Ald: cf praef p 93; *ἐν* om 125 Tht^{1Ms} | *Δαυίδ*] *δαυειδ* B; *δαβιδ* Tht Ald: cf 1$_{1}$; post *βασιλέως* tr 60 | *καί* paenult] ⌒ *καί* ult 610 Tht^{ap} (+ *και προς τω βασιλει* Tht^{1Ms}) | *τοῦ ὁρῶντος*] *του προφητου* B′; *fidelis* Aeth(omnes) | *τῷ βασιλεῖ* om B′ La^{109}: cf Vulg^{ap} | *προφήτου*] *ορωντος* 127 (litt *ορων* sup ras 6 litt) | *δι' ἐντολῆς*] *δι εντολην* 19 Tht^{-2Mss}; *δια τας εντολας* 106; *δια εντολης a*$^{-(106)\ 71}$ Ald Sixt: cf praef p 97 | *κυρίου τὸ πρόσταγμα*] *hoc preceptum domini est* La^{109}: cf Vulg; + *ην* (post *κυρίου* hab Arm^{I}) Aeth Arm Tht^{ap} | *προφητῶν*] + *αυτου L* La^{109} Arm^{II} Tht Compl = 𝔐 Targ Vulg

26 *ἔστησαν οἱ Λευῖται*] *statuit levitas* La^{109}: cf 25 | *ἔστησαν* om Arm^{II} | *οἱ* 1° – *Δαυίδ* et *οἱ* 2° – fin tr 381 | *δαυειδ* B; *δαβιδ* Ald: cf 1$_{1}$ | *οἱ* 2° om 158 | *ταῖς*] *εν L* 381 La^{109} Arm^{II} Compl = 𝔐

27 *Ἑζεκίας*] *εζεκειας* A; *ιεζεκιας* 71 = 𝔐^{4Mss}; + *rex* Aeth | *ἀνενέγκαι*] *-γκε* A; *του ανενεγκειν L* Compl: cf praef p 105 | *τὴν ὁλοκαύτωσιν* 1°] pr *και b*^{2}; > 93 | *επι του θυσιαστηριου* 314 | *ἤρξαντο*] *ηρχοντο* 55; *ηρξατο* 554 98 60* 527 La^{109}(*cepit*) = 𝔐 Pesch Targ (hab *coeperunt* Vulg) | *ᾄδειν κυρίῳ*] *cantare*

αἱ σάλπιγγες πρὸς τὰ ὄργανα Δαυὶδ βασιλέως Ἰσραήλ. 28καὶ πᾶσα ἡ 28
ἐκκλησία προσεκύνει, καὶ οἱ ψαλτῳδοὶ ᾄδοντες, καὶ σάλπιγγες σαλπί-
ζουσαι, ἕως οὗ συνετελέσθη ἡ ὁλοκαύτωσις. 29καὶ ὡς συνετέλεσαν 29
ἀναφέροντες, καὶ ἔκαμψεν ὁ βασιλεὺς καὶ πάντες οἱ εὑρεθέντες καὶ
προσεκύνησαν. 30καὶ εἶπεν Ἑζεκίας ὁ βασιλεὺς καὶ οἱ ἄρχοντες τοῖς 30
Λευίταις ὑμνεῖν τὸν κύριον ἐν λόγοις Δαυὶδ καὶ Ἀσὰφ τοῦ προφήτου·
καὶ ὕμνουν ἐν εὐφροσύνῃ καὶ ἔπεσον καὶ προσεκύνησαν. 31καὶ ἀπ- 31

B′′ A V *L′ a b* 60 119 158 527 Syh$^{12\,168}$(incipit ab 30) La$^{109\,(Leg)}$ Aeth Arm

canticum domini La^{109}: cf 𝔐(שִׁיר יהוה); *αναφερειν κυριω* 93*(corr pr m): cf praec | *κυρίῳ*] pr *τω* A 19′ *a*$^{-71}$ 55 60 Ald Compl; > Arm^{II} | *καί* ult – *ὄργανα*] *in* (> Aeth^{P} Arm^{I}) *tubis* (*tuba* La; *voce tubarum* Arm^{II}) *et* (*cum* Aeth) *organis* (*in organo* La; *in voce organorum* Arm^{II}) La^{109} Aeth Arm: cf Vulg | *αἱ σάλπιγγες*] *σαλπισται* 71; *σαλπιζειν* *b*^{2}; om *αἱ* B′′ V 71 *b*^{2}(sic 379, del 98) 60 119 527 | *Δαυίδ*] *δαυειδ* B; *δαβιδ* Ald: cf 1 1; > Arm^{II} | *Ἰσραήλ* om B

28 *ἡ ἐκκλησία*] *ἡ* om B′′ A V 71 *b*$^{I-46}$ 60 119 527; + *israhel* La^{109}(non La^{Leg}) | *προσεκύνει*] *προσεφωνει* *a*$^{-71}$ *b*^{2} Ald | *καί* 2° – *σαλπίζουσαι* om 44 | *καὶ οἱ* om A | *οἱ ψαλτῳδοὶ ᾄδοντες*] *cantio cantabatur* La^{Leg}: cf 𝔐(השיר משורר (hab *qui cantabant psallentes* La^{109})) | *ᾄδοντες*] *ψαλλοντες* 74 | *σάλπιγγες*] pr *αι* A *L* 74 98 158 Arm Compl Ra. = 𝔐 | *σάλπιγγες σαλπίζουσαι*] *σαλπιγγες σαλπιζοντες* 119; *σαλπιζοντες σαλπιγξιν* 71 Arm^{I}(sim): cf 5 12; *tuba canentes* La^{109} | *σαλπίζουσαι*] *σαλπιζουσιν* 106′ 158 | *οὗ*] *οτου* *a* Ald; *ουν* 19; > *b*^{I} | *συντελεσθη* 71; *ενετελεσθη* 120*; *συνενετελεσθη* 120^{c}; *συνετελεσεν* A*

29 *καί* 1°] ∩ 2° 107; > Arm^{II} | *ἀναφέροντες*] pr *οι* 106-121-554 119 | *καί* 2° om B’ *L* La^{109} Aeth Arm Compl Sixt Ra. = 𝔐 | *ἔκαμψεν*] *εκυψεν* *L*(108*) | *καὶ πάντες* om V(|) | *οἱ εὑρεθέντες*] *sacerdotes* Arm^{I}; + *συν αυτω* *L* Aeth$^{P′AE(mg)G}$(desunt DE^{txt}FH) Arm^{II} Compl = 𝔐 | *καὶ προσεκύνησαν*] *και προσκυνησαν* A: cf praef p 102; + *τω* $\overline{κω}$ *a*$^{-71}$ Ald: cf 30; > Arm^{II}; om *καί* 158 125 Aeth^{-A}

30 om v 30 158: homoiot | *Ἑζεκίας*] *ιεζεκιας* 74 = 𝔐; post *βασιλεύς* tr A V *b*$^{(-381)}$ 60 119 127 527 Syh$^{12\,168}$ Arm^{I}; > 381 | *ὁ βασιλεύς* om 107 | *καὶ οἱ ἄρχοντες*] *principibus* La^{109}; > 381 | *οἱ*] pr *παντες* A *b*^{2} | *ὑμνεῖν*] pr *του* *L* Tht *Par II* 293 Compl | *δαυειδ* B; *δαβιδ* Tht Ald: cf 1 1 | *καί* 3° ∩ (31) *καί* 3° 44 | *Ἀσάφ*] *asa* La^{109}: ante *p* | *καί* 4° ∩ (31) *καί* 2° 107 | *ὕμνουν*] *υμνουμεν* 93 | *καί* 5° ∩ (31) *καί* 1° 381 | *ἔπεσον*] *-σαν* A V 71-74 64-728-*b*$^{2-98}$ 55 60 119 527: cf praef p 105 | *προσεκύνησαν*] + *τω* $\overline{κω}$ *a*$^{-(107)\,71}$ Ald: cf 29

εκρίθη Ἑζεκίας καὶ εἶπεν Νῦν ἐπληρώσατε τὰς χεῖρας ὑμῶν κυρίῳ,
προσαγάγετε καὶ φέρετε θυσίας καὶ αἰνέσεως εἰς οἶκον κυρίου· καὶ
ἀνήνεγκεν ἡ ἐκκλησία θυσίας καὶ αἰνέσεως εἰς οἶκον κυρίου καὶ πᾶς
32 *πρόθυμος τῇ καρδίᾳ ὁλοκαυτώσεις.* ^{32}*καὶ ἐγένετο ὁ ἀριθμὸς τῆς*
ὁλοκαυτώσεως, ἧς ἀνήνεγκεν ἡ ἐκκλησία, μόσχοι ἑβδομήκοντα, κριοὶ
33 *ἑκατόν, ἀμνοὶ διακόσιοι· εἰς ὁλοκαύτωσιν κυρίῳ πάντα ταῦτα.* ^{33}*καὶ*
34 *οἱ ἡγιασμένοι μόσχοι ἑξακόσιοι, πρόβατα τρισχίλια.* ^{34}*ἀλλ᾽ ἢ οἱ ἱερεῖς*

B′′ A V 983 *L′ a b* 60 119 158 527 Syh$^{12\ 168}$ La^{109} Aeth Arm

31 *ἀπεκρίθη Ἑζεκίας*] *ειπεν εζεκιας* 98*(corr pr m (*απεκρι$^{\vartheta}$ζεκιας*); + *rex* Aeth^{A} | *ὑμῶν*] *ημων* 610* | *κυρίῳ*] pr *τω* 106′; > *L* Arm^{II} Compl | *προσαγάγετε*] *προσαγετε* 93; pr *και* 68′-120 158 Ald | *φέρετε*] *-ται* 55; *αναφερετε* (*-ται* 121) *a*$^{-71}$ Ald | *θυσίας* 1° – *κυρίου* 1° om Arm^{I} | *θυσίας καὶ αἰνέσεως* 1°] *θυσιας και αινεσεις* 98 = 𝔐(זבחים ותודות), cf sq; *θυσιας* (+ *της* 158) *αινεσεως* 19′ *a* 46-489 60 158 La^{109} Arm^{II} Ald Sixt Lag.: cf Lev $7_{2(12)}$(זֶבַח הַתּוֹדָה) Ps 49(50)$_{14}$(זְבַח לֵאלֹהִים תּוֹדָה) $_{23}$(זֹבֵחַ תּוֹדָה) Hebr 13_{15}; om *καὶ αἰνέσεως* 381; ⌒ 2° A 106′-236 Aeth^{A} Arm^{II} (hab *θυσίας καὶ αἰνέσεως* 1° et 2° (דבחא ודתשבוחתא) Syh (Pesch דבחא ותודיתא: cf 𝔐)) | *εἰς οἶκον κυρίου* 1°] *εις οικον* $\overline{κω}$ 74; *domino* Aeth$^{(-A)}$ = 𝔐^{1Ms} | *ἀνήνεγκεν*] *-γκαν* 134 Aeth$^{(-A)}$ = 𝔐 | *θυσίας καὶ αἰνέσεως* 2°] *θυσιαν και αινεσεως* 119; *θυσιας και αινεσεις* (*ενεσεις* 121) *a*$^{-71\ (106'\ 236)}$ 46(sic 52, litt *ισ* sup ras 46)-98-381-489 60 Sixt Lag. = 𝔐; *θυσιας* (*sacrificium* La) *αινεσεως* 71 158 La^{109} Arm: cf praec; om *καὶ αἰνέσεως* 19′ | *εἰς οἶκον κυρίου* 2° om La^{109} = 𝔐 Pesch Targ Vulg | *οἶκον* 2°] pr *τον* 158 | *πρόθυμος*] *-μως* 314-321; pr *ο* V | *ὁλοκαυτώσεις*] *ολοκαυτωσιν* (*ολωκαυτωσην* 314) *a*$^{-71}$; pr *adtulerunt* Arm^{II}; pr *και* V

32 *ἧς – ἐκκλησία*] pr *εως* 93; > 107 | *ἀνήνεγκεν*] *adtulerunt* Aeth = 𝔐, cf 10_{1} | *κριοὶ ἑκατόν*] *κριους εκατον* V*; pr *και* 130-321-346 La^{109} Aeth = Pesch^{te}; > 44 | *διακόσιοι* (*σ′* 983 121-314-762 98 127 158)] *ω′* (*οκτακοσιοι* (*-σια* Ald) 74-106 Ald) *a*$^{-71\ 121\ 236\ 314}$ Ald | *εἰς* – $_{(33)}$ *ἑξακόσιοι* om 44: homoiot | *εἰς ὁλοκαύτωσιν κυρίῳ*] post fin tr 381; *εἰς* om 55 | *ολοκαρπωσιν* 489 | *κυρίῳ* ($\overline{κω}$)] $\overline{κυ}$ (*κυριου* Ald Compl) 19′ *a*$^{-71\ (44)}$ (hab $\overline{κω}$ 983) Ald Compl = Pesch; *και* V | *πάντα ταῦτα* tr 93 74 *b*^{1} 55 158 Aeth$^{A'}$

33 *οἱ* om 74 158 | *ἑξακόσιοι* (*χ′* 983 *a*$^{-71\ 74\ 106\ 236\ 554\ (44)}$ 98 127 158)] *εξακισχιλιοι* 74(sic): cf praef p 77 | *τρισχίλια* (*͵γ* 98)] *τ′* (*τριακοσια* 74-106-236) *a*$^{-71\ 121\ 554}$ Aeth$^{A'}$; + *πεντακοσια* B*

34 *ἀλλ᾽ ἤ*] *πλην L* Compl; *ἤ* om 68′-74 44; et Aeth | *οἱ ἱερεῖς ὀλίγοι ἦσαν*] *οι ιερεις ησαν ολιγοι* (*οι λογοι* 314) *a*$^{-71}$ Arm^{I}; *ιερεις ολιγοι εισαν* 158; *ησαν ιερεις*

ὀλίγοι ἦσαν καὶ οὐκ ἠδύναντο δεῖραι τὴν ὁλοκαύτωσιν, καὶ ἀντελάβοντο
αὐτῶν οἱ ἀδελφοὶ αὐτῶν οἱ Λευῖται, ἕως οὗ συνετελέσθη τὸ ἔργον, καὶ
ἕως οὗ ἡγνίσθησαν οἱ ἱερεῖς, ὅτι οἱ Λευῖται ἡγνίσθησαν προθύμως
παρὰ τοὺς ἱερεῖς. 35*καὶ ἡ ὁλοκαύτωσις πολλὴ ἐν τοῖς στέασιν τῆς* 35
τελειώσεως τοῦ σωτηρίου καὶ τῶν σπονδῶν τῆς ὁλοκαυτώσεως· καὶ
κατωρθώθη τὸ ἔργον ἐν οἴκῳ κυρίου. 36*καὶ εὐφράνθη Ἑζεκίας καὶ* 36
πᾶς ὁ λαὸς διὰ τὸ ἡτοιμακέναι τὸν θεὸν τῷ λαῷ, ὅτι ἐξάπινα ἐγένετο
ὁ λόγος.

B′′ A V 983 *L′ a b* 60 119 158 527 Syh$^{12\ 168}$ La$^{109\,(Leg)}$ Aeth Arm

ολιγοι 71; *οι ιερεις οι ησαν* 127 | *ἠδύναντο*] *εδ.* B *a*$^{-68′\ 71}$ 158 Ald Ra.: cf praef p 102 | *δεῖραι*] *εκδειραι* B Sixt ↓; *αποδειραι* Tht *Par II* 293; *διειραι* 983; *distribuere* La^{109}: pro *διαιρειν*? | *τὴν ὁλοκαύτωσιν*] *olocausta* La^{109}: cf **𝔐**; *τα ολοκαυτωματα* Tht^{1Ms} | *ἀντελαμβανοντο* 19′ 134; *αντελαβοντο* 762 | *οἱ* 2° – *Λευῖται* 1°] > Aeth$^{P′}$; *οἱ ἀδελφοὶ αὐτῶν* om 19′ Compl; *οἱ Λευῖται* om Aeth$^{A′}$ Tht^{1Ms} | *συνετελέσθη* – *οὗ* 2° bis scr 60 | *ἔργον*] + $\overline{κυ}$ 106 | *καὶ ἕως οὗ*] *καί* om 158; *οὗ* om 762* | *ἡγνίσθησαν* 1° – (35) *καί* paenult om 44 | *ἡγνίσθησαν* 1°] *ηγιασθησαν L* Tht Compl | *ὅτι* om *b*$^{2-489}$ | *ἡγνίσθησαν* 2° post *ἱερεῖς* tr 60 | *ἡγνίσθησαν προθύμως* A V *b*^{1} 119 158 527 Syh Aeth(omnes)] *ηγιασθησαν προθυμως b*^{2}; *προθυμως ηγιασθησαν L* Tht Compl; *προθυμως ηγνισαν* B’ Sixt: cf 30$_{15\ 18}$; tr *a* 55 La^{109} Arm Ald Ra. = **𝔐**, cf TGP II | *παρά*] *prout* La^{109txt}; *quam* La^{109mg} = Vulg

35 om v $_{35}$ 381: homoiot | *καί* 1° om 55 | *ἡ ὁλοκαύτωσις πολλή*] *olocausta* (+ *erant* Arm^{I}) *multa* (+ *erant valde* Arm^{II}: cf Vulg) La^{109} Aeth Arm = Pesch Targ Vulg; + הות Syh | *ἡ*] *ην* 127; > 158 | *τῆς τελειώσεως τοῦ σωτηρίου*] *sacrificii salutaris* La^{109}; *pacificorum* La^{Leg} = Vulg, cf **𝔐**(השלמים) | *τῶν* – *ὁλοκαυτώσεως* om Aeth^{-A} | *τῶν σπονδῶν*] *in profusionibus* La^{Leg} Arm^{I}(vid) = **𝔐**(בנסכים (hab *των σπονδων* La^{109} (*inmolationum* (sic coni Weber; *inmolationem* cod.))); *ταις σπονδαις* 121; *αι σπονδαι L* Arm^{II} Compl = Vulg(*libamina*); *η σπονδη* 44; *της σπονδης a*$^{-71\ 121(44)}$ Aeth^{A}(+ *eorum* et post *ὁλοκαυτώσεως* tr) Ald | *καί* ult ⌒ (36) *καί* 2° 52(|) | *κατωρθώθη*] *κατορτωθη* B*; *κατορθωθη* V* 71′(non 44)-314 60 158: cf praef p 102s; *ητοιμασθη L* Arm^{II}(vid) Compl | *οἴκῳ κυρίου*] *τω οικω κυριω* 108; pr *τω* 19 Compl

36 *ηυφρανθη* B A V 74 46 158 527 Sixt Ra.: cf praef p 102 | *πᾶς ὁ λαός*] *omnes populi* La^{109} | *διά* – *λαῷ*] *propter praeparandum ministerium dei* (vel *deo*) *populo* Arm^{I}; *propter praeparationem ministerii domini* (vel *domino*) Arm^{II}: cf Vulg(*eo quod ministerium domini esset expletum*); *eo quod preparasset domino*

---

34 *δεῖραι*] *σ′ ἐκδεῖραι* 108

1 **30** [1]*Καὶ ἀπέστειλεν Ἑζεκίας ἐπὶ πάντα Ἰσραὴλ καὶ Ἰούδαν καὶ*
ἐπιστολὰς ἔγραψεν ἐπὶ τὸν Ἐφράιμ καὶ Μανασσὴ ἐλθεῖν εἰς οἶκον κυ-
2 *ρίου εἰς Ἰερουσαλὴμ ποιῆσαι τὸ φάσεκ τῷ κυρίῳ θεῷ Ἰσραήλ·* [2]*καὶ*
ἐβουλεύσατο ὁ βασιλεὺς καὶ οἱ ἄρχοντες καὶ πᾶσα ἡ ἐκκλησία ἡ
3 *ἐν Ἰερουσαλὴμ ποιῆσαι τὸ φάσεκ τῷ μηνὶ τῷ δευτέρῳ·* [3]*οὐ γὰρ*
ἠδυνάσθησαν ποιῆσαι αὐτὸ ἐν τῷ καιρῷ ἐκείνῳ, ὅτι οἱ ἱερεῖς οὐχ
4 *ἡγνίσθησαν ἱκανοί, καὶ ὁ λαὸς οὐ συνήχθη εἰς Ἰερουσαλήμ.* [4]*καὶ*
ἤρεσεν ὁ λόγος ἐναντίον τοῦ βασιλέως καὶ ἐναντίον τῆς ἐκκλη-

B′′ A V 983 *L′ a b* 60 119 158 527 Syh$^{12\ 168}$ La^{109} Aeth Arm

deo in populum La^{109}; *eo quod praeparavit dominus populo* (sic Aeth^{G}; + *suo* Aeth$^{A′(-G)}$; om *populo* Aeth$^{P′}$) Aeth; *τό* om 44(|) | *τῷ λαῷ*] *τον λαον* 19 158 | *ὅτι*] pr *et* Aeth | *ὁ λόγος*] om *ὁ* 71

30 1 *Καὶ ἀπέστειλεν*] *απεστειλε δε* 44 | *Ἑζεκίας*] + *rex* Arm^{II} | *ἐπὶ πάντα*] *τω* 68′-120*; *το* 120^{c} | *ιουδα* 93 *a*$^{-121\ 554}$ 379 Ald Sixt; *ιου*^{δ} 98 125 | *καὶ ἐπιστολάς*] *et quidem epistolas* La^{109}: cf **𝔐**(וגם אגרות); tr 19′ Compl; om *καί* Aeth^{P} Arm^{II} = Pesch^{ap} | *Μανασσή*] *μαννασση* 55; *μανασση* 74 527 Arm^{I}; *μανασσην* V^{c} 68′; *μανασιν* 158; pr *ad* Arm$^{Iap\ II}$: cf Pesch | *εἰς οἶκον*] *επι τον οικον* 46 | *εἰς Ἰερουσαλήμ* (*ῑλη̅μ̅*)] *εν ῑλη̅μ̅* 98; > *a*$^{-71\ 121}$ | *ποιῆσαι*] pr *του L′* Compl; *και ποιησαι* 158; *et facerent* La^{109} Arm^{I} | *τὸ φάσεκ*] *το σαφεκ* 122*; *τω φασεκ* 314; *το* (*τω* 19-93 71 60: cf praef p 90) *φασεχ* V* *L* 71 *b*$^{-98\ 489}$ 60 119 527 Compl: cf TGP II; *pasca* La^{109}; > 158* | *τῷ κυρίῳ θεῷ*] *κυριω τω θεω a*$^{-71}$ (130 ^{mg}) *b*^{2}; *κυριω θεω* 71-130^{txt}; *τω κυριω* 381; *deo* Arm^{Ite}

2 *ἄρχοντες*] + *eius* La^{109} = **𝔐** Pesch Targ (non Vulg) | *ἡ* 1° – *Ἰερουσαλήμ* (*ῑλη̅μ̅*)] *ἡ* 1° om 98; *ἡ* 2° om 19-93 68-236 98 158 44 La^{109} Ald Sixt = **𝔐**; *ἡ ἐν ῑλη̅μ̅* om 71 Arm^{II}(sed hab *ἐν ῑλη̅μ̅* post *φάσεκ*) | *ποιῆσαι τό*] *ποιησαι τω* 19-93 71-107-236* 60; *ποιησατο* 55 | *τὸ φάσεκ*] *τω φ.* 107-236*; *το* (*τω* 19-93 71 60) *φασεχ L* 71 *b*^{I} 60 119 527 Compl: cf 1; *pasca* La^{109}

3 *ἠδυνάσθησαν* B 55^{c}(pr m) *a*$^{-71\ 121}$ 46 119 158 Ald Sixt] *εδ.* A V *b*$^{-46\ 98\ 381}$ 55*(corr pr m)-127 527: cf praef p 102; *ηδυνηθησαν* 74-121 98-381 60 44; *εδυνηθησαν L* Compl: cf praef p 105 | *ποιῆσαι αὐτό*] *ποιησαι αυτω* 120-314-321 243-731 119 44; *αυτο* (*αυτω* 19 71 55) *ποιησαι* B′′ *L* 71 Compl Ra.; *αὐτό* om La^{109} = **𝔐**^{1Ms} Vulg | *ἐν τῷ καιρῷ ἐκείνῳ*] pr *εν τω μηνι τω πρωτω L* Arm^{II}, et add Syh(בירחא קדמיא); *ἐν* om 158 | *οἱ ἱερεῖς*] om *οἱ* 74-236 610 52 | *ἡγνίσθησαν*] *ηγιασθησαν L* Compl | *οὐ συνήχθη*] *ους εινηχθη* 381^{c}; *ου συνηχθησαν* 983 321 Syh Aeth$^{BA′}$ = **𝔐**; *οὐ* om Aeth^{P}

4 *τοῦ βασιλέως*] *domini* Aeth$^{P′}$: cf **𝔐**(pr יהוה 1 Ms) | *ἐναντίον* 2°] *εναντι b*^{2} 60; > 71-107 381; + *πασης L′* La^{109} Arm^{II} Compl = **𝔐**

σίας. 5καὶ ἔστησαν λόγον διελθεῖν κήρυγμα ἐν παντὶ Ἰσραὴλ ἀπὸ 5
Βηρσάβεε ἕως Δὰν ἐλθόντας ποιῆσαι τὸ φάσεκ κυρίῳ θεῷ Ἰσραὴλ
ἐν Ἰερουσαλήμ, ὅτι πλῆθος οὐκ ἐποίησεν κατὰ τὴν γραφήν. 6καὶ 6
ἐπορεύθησαν οἱ τρέχοντες σὺν ταῖς ἐπιστολαῖς παρὰ τοῦ βασιλέως
καὶ τῶν ἀρχόντων εἰς πάντα Ἰσραὴλ καὶ Ἰούδαν κατὰ τὸ πρόσταγμα
τοῦ βασιλέως λέγοντες Υἱοὶ Ἰσραήλ, ἐπιστρέψατε πρὸς κύριον θεὸν
Ἀβραὰμ καὶ Ἰσαὰκ καὶ Ἰακώβ, καὶ ἐπιστρέψει τοὺς ἀνασεσῳσμένους
τοὺς καταλειφθέντας ἀπὸ χειρὸς βασιλέως Ἀσσούρ· 7καὶ μὴ γίνεσθε 7

B′′ A V 983 *L′ a b* 60 119 158 527 Syh$^{12\ 168}$(desinit ab 6) La^{109} Aeth Arm

5 *ἔστησαν*] *στησαν* 44: cf praef p 102 | *λόγον* om 46 | *διελθεῖν*] pr *του L* Compl | *ἐν παντί*] *απο* 158*; *ἐν* om 19 | *Βηρσάβεε*] *βηρσαβεαι* 93-108 Compl Fern.; *βηρσαβαιε* 60; et *Δάν* tr *L* Arm^{II} Compl: cf Iud 20$_1$ | *ἕως*] pr *και b*^{2} Syh = 𝔐 Pesch Targ | *ἐλθόντας*] *ελθοντες* B' 52 379; *ελθοντως* 130; *του ελθειν* (*ut venirent* Syh(דנאתון) Aeth$^{A'}$ (*et venirent* Aeth$^{P'}$) Arm^{II}) *L* Syh Aeth Arm Compl = 𝔐(לבוא) Pesch(למאתא) Targ; *et venerunt* La^{109} | *ποιῆσαι*] pr *και L* Aeth Arm^{I} = Pesch | *τὸ φάσεκ*] *τω φ.* 236*-321 158 44; *το* (*τω* 19′ 60) *φασεχ* V* *L* 71 *b*^{1} 60 119 527 Compl: cf 1; *pasca* La^{109}; > 68 | *κυρίῳ θεῷ Ἰσραήλ*] pr *τω L* Compl; om *Ἰσραήλ* 106′-121-762 158 527: cf Vulg^{ap} | *ἐν Ἰερουσαλήμ* (*ῑλ͞η͞μ*)] *εις ῑλ͞η͞μ a*$^{-71}$ Ald Sixt; > Aeth^{P} | *πλῆθος οὐκ ἐποίησεν*] pr *το L* Compl; > Aeth^{P}: cf 𝔐(om לא 6 Mss); om *πλῆθος* 127

6 *παρά* om 19 Aeth$^{A'}$ | *τοῦ βασιλέως* 1° ⌒ 2° 125 | *πάντα*] *παν* 127: cf praef p 101 | *ιουδα* B' V* *a*$^{-68'\ 121\ 554}$ 243-731; *ιου*^{δ} 98 | *κατά*] pr *et* La^{109} = 𝔐 Pesch^{ap} Targ (Vulg^{1Ms*}) | *τό*] *τα* A; > V 55′ | *Υἱοί*] *οι υιοι* B 107 119 Sixt; *ad filios* Arm^{I} = Pesch^{ap} Vulg^{2Mss}(*filiis*); > Arm^{IIte} | *κύριον θεόν*] *κυριον τον θεον* 44; *τον θεον* V; *θεον* B′ A *b*^{1} 60 119 158 527 Aeth(omnes); > 127 | *Ἀβραάμ – Ἰακώβ*] *ημων* 71 44 | *αβραμ* 158; *αβρααβ* 731: cf praef p 77 | *καί* 4° om 93 74 127 125 La^{109} Aeth$^{-P'A}$ Arm = 𝔐 Targ (hab Pesch Vulg^{-1Ms}) | *Ἰακώβ*] *ισραηλ* B′′ La^{109} Sixt Ra. = 𝔐 Pesch Targ Vulg | *καί* ult – (8) *αἰῶνα* om 381: homoiot | *ἐπιστρέψει*] *επιστρεψατε* B′′ 121-236-762 Sixt; *revertetur ad* La^{109} Arm^{I} = 𝔐(אֶל (וְ)יָשֹׁב ((1 Ms וישיב)) Targ^{ap} Vulg(*revertetur ad*) | *ἀπό*] *επι* 158* | *ασουρ* 71-74-107-554 98 158 527 Aeth(*asor* Aeth^{A}); *ασσυριων L* Arm Compl

30 5 *πλῆθος*] *σ′ πολλοί* 108: cf Vulg(*multi* (hab *multitudo* La^{109}))

καθὼς οἱ πατέρες ὑμῶν καὶ οἱ ἀδελφοὶ ὑμῶν, οἳ ἀπέστησαν ἀπὸ κυρίου
θεοῦ πατέρων αὐτῶν, καὶ παρέδωκεν αὐτοὺς εἰς ἐρήμωσιν, καθὼς
8 *ὑμεῖς ὁρᾶτε.* [8]*καὶ νῦν μὴ σκληρύνητε τοὺς τραχήλους ὑμῶν ὡς οἱ*
πατέρες ὑμῶν· δότε δόξαν κυρίῳ θεῷ καὶ εἰσέλθετε εἰς τὸ ἁγίασμα
αὐτοῦ, ὃ ἡγίασεν εἰς τὸν αἰῶνα, καὶ δουλεύσατε τῷ κυρίῳ θεῷ ὑμῶν,
9 *καὶ ἀποστρέψει ἀφ' ὑμῶν θυμὸν ὀργῆς.* [9]*ὅτι ἐν τῷ ἐπιστρέφειν ὑμᾶς*
πρὸς κύριον οἱ ἀδελφοὶ ὑμῶν καὶ τὰ τέκνα ὑμῶν ἔσονται ἐν οἰκτιρμοῖς
ἐναντίον πάντων τῶν αἰχμαλωτευσάντων αὐτούς, καὶ ἀποστρέψει εἰς

B'' A V *L' a b* 60 119 158 527 La$^{109 (Leg)}$ Aeth Arm

7 *γινεσθαι* (*γειν.* V*) A V* 19' 728: cf praef p 86 | *οἱ πατέρες ὑμῶν*] pr *και* 64 Ald; *οι πατερες ημων* 93 71 158; et *οἱ ἀδελφοὶ ὑμῶν* tr Arm^{I}; *ὑμῶν* om 107 | *καί* 2° – *αὐτῶν*] bis scr *b*$^{2-489}$(non 379): homoiot; + *και οι αδελφοι υμων οι απεστησαν απο* 489*: ex praec | *καὶ οἱ ἀδελφοὶ ὑμῶν*] *και οι αδ. ημων* 728 610; > 71 55; *καί* om 314; *ὑμῶν* om 19(|) | *οἵ* – (8) *ὑμῶν* 1° bis scr 46(non 52): homoiot | *οἳ ἀπέστησαν*] *οι ανεστησαν* 527; *οἵ* om 127 | *κυρίου* om 158 | *θεοῦ πατέρων αὐτῶν* om 71 | *πατέρων*] *$\overline{\text{προς}}$* 489; pr *των L* Compl | *αὐτῶν*] *εαυτων* A V *b*$^{2II-489}$(731*) 60 | *παρεδωκαν* 68'-120 Aeth | *ὑμεῖς* om 127

8 init – *ὑμῶν* 2° om 107 | *νῦν* om *a*$^{-71}$ Aeth$^{P'}$ Arm^{II} Ald | *σκληρυνετε* 93 554 55 158 | *τοὺς τραχήλους ὑμῶν*] *τ. τρ. ημων* 106*; *dorsum vestrum* La^{Leg} (hab *cervices vestras* La^{109}) Aeth$^{A'}$(sing) = 𝔐$^{-1Ms}$; *τας καρδιας υμων* B V 158^{txt} Sixt: cf Pesch^{7a1}(לבבכון (hab קדלכון rel)) | *ὡς οἱ πατέρες ὑμῶν*] *οι απεστησαν απο $\overline{κυ}$ $\overline{θυ}$ $\overline{πρων}$ αυτων* 52: ex 7; > B'' A V *b*$^{I(-381)}$ 60 119 158 527 Aeth(omnes) Arm^{I} Ra.: homoiot | *δωτε* 158 | *κυρίῳ θεῷ* 1°] *κυριω τω θεω* B A V *L* 68 158 527 379 Ald Compl Sixt Ra.; *κυρίῳ* om Arm^{Ite}; *θεῷ* om 71 Aeth^{-A} = 𝔐; + *υμων* 93 527 La^{109}; + *ημων* 158; + *$\overline{ιηλ}$ a*$^{-71}$ Ald | *θεῷ* 1° ⌒ 2° 19 60 | *εἰσέλθετε*] *-θατε* B A Ra.: cf praef p 105; *-θητε* 610; *εισελθε* 527 | *αὐτοῦ*] *αυτων* 108; *illic* Arm^{II}; > Aeth^{-A} = Pesch | *ηγιασαν* 106' | *δουλευσετε* 127 | *τῷ κυρίῳ θεῷ ὑμῶν*] *κυριω τω θεω υμων* (*ημων* 158) 108 381 119 158 527 Compl; *κυριω θεω υμων* (*ημων* 610) V *a*$^{-71}$ Ald; *τω θεω* 71; om *κυρίῳ* Aeth^{-A} | *αποστρεφει* 68 *b*$^{I-381}$ 119 158 527 Ald | *ἀφ' ὑμῶν*] *αφ ημων* 314; ad fin tr La^{109} | *θυμὸν ὀργῆς*] *τον θυμον της οργης L* Compl; *οργην θυμου* 381; *iram* La^{109}; + *αυτου L'* 381 La^{109}(*suam*) Aeth(omnes)Arm Compl = 𝔐

9 *ὅτι* 1° – *αὐτούς* om 71 | *ἐπιστρέφειν*] *αποστρεφειν* 321 | *οἱ* – *καί* 2° om 44 | *οἱ* – *ὑμῶν* 2°] > 107; *καὶ τὰ τέκνα ὑμῶν* om *b*^{2} La^{109}: homoiot; *τά* om 119 | *ἐν οἰκτιρμοῖς*] *εις οικτιρμους a*$^{-71}$ Aeth$^{A'}$(vid) | *ἐναντίον*] *-τιων* 314 158; *εναντι* A V *b*$^{I-46}$ 55 60 119 527 Sixt Ra.; *αντι* B'; > 107 | *πάντων τῶν*] *πάντων* om La^{109} = 𝔐$^{-1Ms}$ Pesch Targ Vulg; *τῶν* om B' A 60 | *αἰχμαλωτευσάντων*] *αιχμαλωτισαντων* (*αχμ.* V*; *-τησαντων* 60) B A V^{c} 68'-74-106-120 60

τὴν γῆν ταύτην· ὅτι ἐλεήμων καὶ οἰκτίρμων κύριος ὁ θεὸς ἡμῶν καὶ
οὐκ ἀποστρέψει τὸ πρόσωπον αὐτοῦ ἀφ' ἡμῶν, ἐὰν ἐπιστρέψωμεν
πρὸς αὐτόν. [10]*καὶ οἱ τρέχοντες ἦσαν διαπορευόμενοι πόλιν ἐκ πόλεως* 10
ἐν τῷ ὄρει Ἐφράιμ καὶ Μανασσὴ καὶ ἕως Ζαβουλών, καὶ ἐγένοντο
ὡς καταγελῶντες αὐτῶν καὶ καταμωκώμενοι· [11]*ἀλλὰ ἄνθρωποι* 11
Ἀσὴρ καὶ ἀπὸ Μανασσὴ καὶ ἀπὸ Ζαβουλὼν ἐνετράπησαν καὶ ἦλθον
εἰς Ἰερουσαλὴμ (12)*καὶ εἰς Ἰούδαν.* [12]*καὶ ἐγένετο χεὶρ κυρίου δοῦναι* 12 (12)
αὐτοῖς καρδίαν μίαν ἐλθεῖν τοῦ ποιῆσαι κατὰ τὸ πρόσταγμα τοῦ

B'' A V *L' a b* 60 119 158 527 La^{109} Aeth Arm

119 527 Sixt Ra. | *καὶ ἀποστρέψει*] *και επιστρεψει* A; *et convertentur* La^{109}: cf 𝔐(ולשׁוב) Pesch Vulg(*et revertentur*); + *αυτους L* Aeth(omnes) Arm Compl; + *ημας* (*υμας* (pr *εις* 314) 68'-107(non 610)-314 Ald) *a*$^{-71}$ Ald | *εἰς τὴν γῆν ταύτην*] *εις την γην αυτων* 158 La^{109} (*in terram suam*); *εις την γην ημων* (*υμων* 68'-107(610^{c})-314 Ald) *a*$^{-71}$ Ald | *ἐλεήμων καὶ οἰκτίρμων*] *misericordia plenus est* La^{109}; *ελεημον και οικτιρμον* (-*κτηρ*. 158) 93 158; *ελεημων και οικτιρμον* 19'; *ελεημον και οικτιρμων* 121; *ἐλεήμων καί* om Aeth^{-A} | *κύριος* – fin] *ο κυριος* 44 | *κύριος ὁ θεὸς ἡμῶν*] *κ. ο θεος υμων* 74*-314 46-98 = 𝔐 Pesch Targ Vulg^{-1Ms}: cf sq | *αὐτοῦ*] *εαυτου* V | *ἀφ' ἡμῶν*] *εφ ημων* 107; *αφ υμων* B' 46(non 52)-*b*^{2} = 𝔐 Pesch Targ Vulg: cf praec | *ἐπιστρέψωμεν*] *επιστρεφωμεν* 93 55; *επιστρεψητε b*^{2} = 𝔐 Pesch Targ Vulg: cf praec | *εις αυτον* 527

10 *οἱ* – *διαπορευόμενοι*] *currebant cursores* Arm^{II}; *cursores vadebant* Arm^{I}: cf sq | *οἱ τρέχοντες/ἦσαν*] tr B'' *L a* La^{109} Ald Compl Sixt Ra. = 𝔐 | *πόλιν ἐκ πόλεως*] *e civitate ad civitatem* Aeth = 𝔐; *civitates* La^{109} | *τῷ ὄρει* om La^{109} (𝔐 בארץ) | *καί* 2° om 125 | *Μανασσή*] *μανασῃ* 74 158 527 Arm; ⌒ (11) *Μανασσή* 610 | *καὶ ἕως* – *αὐτῶν* om Aeth$^{A'}$: cf sq | *καὶ ἕως*] *καί* om 122*(corr pr m) Aeth$^{P'}$ Arm | *Ζαβουλών*] *γαβουλων b*^{I}(46*, non 52) | *καί* paenult – *αὐτῶν*] *et cum proclamarent* (pro *καταγγελλοντες*: cf sq) *praecepta eius* Aeth$^{P'}$ | *εγενετο* 71-236 381 127 158 Arm | *καταγελῶντες*] *κατεγγελωντες* 46^{c}-52; *καταγγελλοντες* (-*αγγελοντες* 107(non 44') 158) 106' 46* 158 Aeth$^{P'}$: cf praec | *αὐτῶν*] *αυτον* 74*; *αυτου* V^{c} | *καὶ καταμωκώμενοι*] *και κατακωκωμενοι* 127: pro *κατακωκυομενοι*? (cf Hsch Phot); *et deridentes eos* La^{109}; + *και μυκτηριζοντες αυτους L* Arm^{II} Compl; > 107; *καί* om 46(|)-52

11 *ἀλλά*] *αλλ* 98; *αλλ η a*$^{-71\ 554}$ Ald: cf praef p 97; *πλην* 93 | *Ἀσήρ*] *ασειρ* 158; *ασσηρ* 121-762 127; pr *απο L* La^{109} Arm$^{Ite\ II}$ Compl = 𝔐 | *ἀπό* 1° om *L* 236 La^{109} Aeth(omnes) Compl = 𝔐$^{-1Ms}$ | *μανασῃ* 74 158 527 Arm | *ἀπό* 2° om 125 La^{109} | *ετραπησαν* B | *καί* ult] *et quidem* Aug *Pel* 454 (hab *et* La^{109}): cf 𝔐(גם); ⌒ (12) *καί* 1° 44 | *εἰς Ἰερουσαλήμ* (*ῑλ̄η̄μ̄*)] *εις ῑλ̄η̄μ̄ και εν ῑλ̄η̄μ̄* 68 | *εἰς* 1° ... 2°] *in* ... *in* La^{109} Arm: *εις* ... *εις* vel *εν* ... *εν* | *εἰς* 1°] *εν* 125 | *εἰς* 2°] *εν*

13 *βασιλέως καὶ τῶν ἀρχόντων ἐν λόγῳ κυρίου,* [13]*καὶ συνήχθησαν*
εἰς Ἰερουσαλὴμ λαὸς πολὺς τοῦ ποιῆσαι τὴν ἑορτὴν τῶν ἀζύμων ἐν
14 *τῷ μηνὶ τῷ δευτέρῳ, ἐκκλησία πολλὴ σφόδρα.* [14]*καὶ ἀνέστησαν*
καὶ καθεῖλαν τὰ θυσιαστήρια τὰ ἐν Ἰερουσαλήμ· καὶ πάντα, ἐν οἷς
ἐθυμίων τοῖς ψευδέσιν, κατέσπασαν καὶ ἔρριψαν εἰς τὸν χειμάρρουν
15 *Κεδρών.* [15]*καὶ ἔθυσαν τὸ φάσεκ τῇ τεσσαρεσκαιδεκάτῃ τοῦ μηνὸς*
τοῦ δευτέρου· καὶ οἱ ἱερεῖς καὶ οἱ Λευῖται ἐνετράπησαν καὶ ἡγνίσθη-
16 *σαν καὶ εἰσήνεγκαν ὁλοκαυτώματα εἰς οἶκον κυρίου.* [16]*καὶ ἔστησαν*

B′′ A V *L′ a b* 60 119 158 527 Syh$^{12\ 168}$(incipit ab 13) La^{109} Aeth Arm

B’ *L a*$^{-71\ 236\ 610^{c}\ (pr\ m)}$ Compl; > A 71-236 125 610*(corr pr m) Aeth(omnes) | *Ἰούδαν* 489 55 158 527] *ιουδ* 98(non 379); pr *τον* 158; *ιουδα* rel: cf TGP II

12 *καί* 1° om *L* Arm^{II} Compl Ra. = 𝔐 Targ Vulg (Pesch lib, sed עם שבטא דבית יהודא pro (11) *καὶ εἰς Ἰούδαν*: trahit יהודא ad v 11 sicut 𝔊) | *εγενοντο* 107*(non 44′ 610, corr pr m) | *χειρι* 321-346 | *κυρίου*] *θεου* V 93 *a*$^{-106'}$ *b*^{1} 55′ 60 119 527 Aug^{-1Ms} *Pel* 454 (hab *domini* La^{109}) Ald = 𝔐$^{-2Mss}$ (pr יהוה 2 Mss, add 1 Ms), sed hab *domini* Pesch Targ Vulg | *μίαν ἐλθεῖν*] *μη ανελθειν* 74; *μιαν του ελθειν* 527; om *μίαν* 93 107 127^{c}(ras 2 lit) Aeth Arm^{I}; *ἐλθεῖν* om Aug = 𝔐 Pesch Targ Vulg | *τοῦ ποιῆσαι*] *και ποιησαι L* 527 La^{109}(*et facerent*) Aeth Arm^{I} Compl = Pesch^{7a1} Vulg(*et* (*ut* 1 Ms) *facerent*); om *τοῦ* et post *πρόσταγμα* tr 46 | *τὸ πρόσταγμα*] *τα προσταγματα* B 71 Sixt; *τό* om 314 | *καί* 2° – fin om 107: homoiot | *ἐν*] pr *των* 46

13 *εἰς*] *εν* 19′ Syh(ב) Compl: cf 𝔐^{2Mss} et Pesch(ל) | *λαὸς πολύς* tr A V *b* 60 119 158 527 Aeth(omnes) | *ἐν – δευτέρῳ* om 71 | *ἐκκλησία πολλή*] *εκκλησια* (*-σιαν* 98; pr *εν* 489) *μεγαλη* (*-λην* 98) *b*^{2} | *πολλή*] *πολυ* 71; *πολη* 158

14 *καί* 1°] ∩ 2° 381; > Aeth$^{A'}$ | *καί* 2° om 158 Arm^{I} | *καθεῖλαν*] *-λον L a*$^{-71}$ 46-381-489-731: cf praef p 105 | *τὰ ἐν Ἰερουσαλήμ*] > 762 = 𝔐^{1Ms}; *τά* om 19′ *a*$^{-71\ 121}$ Compl (hab Syh (הנון ד)) = 𝔐 Pesch | *πάντα – κατέσπασαν*] *detruserunt deos* Aeth^{-A}; *τοῖς ψευδέσιν* om 127 La^{109} = 𝔐(כל־המקטרות) | *πάντα*] + *τα* 121-130-236-314-321-346-762 *b*^{2} | *εθυμιωσιν* B*(sic); *ἐθυμίωσαν* Ra.: cf Ra.-Ha. app. | *κατεσπασεν* 119* | *καί* ult – (15) *φάσεκ* om 71 | *ἔρριψαν*] *ερρηξαν* 610 | *τόν*] *το* 93: cf praef p 100

15 init – *ἡγνίσθησαν*] *ενετραπησαν και ηγνισθησαν οι ιερεις και οι λευιται* 381 | *τὸ φάσεκ*] *το σαφεκ* 106*-107(non 44′); *τω φασεκ* 122*-236 158; *το* (*τω* 19 60) *φασεχ* V* *L b*$^{1(-381)}$ 60 119 527: cf 1; *pasca* La^{109} | *τῇ τεσσαρεσκαιδεκάτῃ*] *τη ιδ′* 68′-106′-120-134-314-762 98; *τη τεσσαρισκαιδεκατη* 236 60: cf praef p 95; + *die* La^{109} Arm(pr) = Vulg | *τοῦ μηνός*] *τοῦ* om 71 | *οἱ Λευῖται*] *οἱ* om 107(non 125) | *ἐνετράπησαν καί* om 71-107(381 cf praec) | *ἡγνίσθησαν*] *ηγνισαν* B* Sixt: cf 29$_{34}$; *ηγιασθησαν L* Compl | *εἰς οἶκον*] *εις τον οικον L* Compl; *εν οικω* B Sixt

ἐπὶ τὴν στάσιν αὐτῶν κατὰ τὸ κρίμα αὐτῶν κατὰ τὴν ἐντολὴν Μωυ-
σῆ ἀνθρώπου τοῦ θεοῦ, καὶ οἱ ἱερεῖς ἐδέχοντο τὰ αἵματα ἐκ χειρὸς
τῶν Λευιτῶν. ^{17}*ὅτι πλῆθος τῆς ἐκκλησίας οὐχ ἡγνίσθη, καὶ οἱ* 17
Λευῖται ἦσαν τοῦ θύειν τὸ φάσεκ παντὶ τῷ μὴ δυναμένῳ ἁγνισθῆναι
τῷ κυρίῳ. ^{18}*ὅτι τὸ πλεῖστον τοῦ λαοῦ ἀπὸ Ἐφράιμ καὶ Μανασσὴ* 18
καὶ Ἰσσαχὰρ καὶ Ζαβουλὼν οὐχ ἡγνίσθησαν, ἀλλὰ ἔφαγον τὸ φάσεκ
παρὰ τὴν γραφήν. καὶ προσηύξατο Ἑζεκίας περὶ αὐτῶν λέγων Κύ-
ριος ὁ ἀγαθὸς ἐξιλασάσθω ^{19}*ὑπὲρ* $^{(19)}$*πάσης καρδίας κατευθυνού-* 19 (19)

B′′ A V *L′ a b* 60 119 158 527 Syh$^{12\ 168}$ La^{109} Aeth Arm

16 *αὐτῶν* 1°] *εαυτων* A V *b* 60 158; ⌒ 2° 93 381 Aeth^{-A} (Clear Muséon) Arm$^{Iap\ IIte}$ | *αὐτῶν* 2°] *εαυτων* A V *a*$^{-236\ 44\ 610*}$ *b*$^{-489}$ 60 158 Ald | *κατά* 2°] pr *και* V 46 La^{109} Aeth(omnes) = Vulg^{-1Ms*} | *Μωυσῇ*] *-σει* 119; *-σεως* 381; *μωση* (*-σει* 19) *L* 71; *μωσεως* 68′ Ald: cf praef p 98 | *ἀνθρώπου* – (17) *ἡγνίσθη* om 44 | *ἀνθρώπου τοῦ θεοῦ*] *$\overline{ανω}$ του θεου* 71 98 60 158; *servi domini* Aeth (omnes): cf Pesch et Targ(*prophetae domini*); pr ras 1 lit 93; > 381 125 | *ἐδέχοντο* – fin] *acceptum sanguinem de manu* (*manus* cod) *levitarum fundebant* La^{109}: cf Vulg (*suscipiebant effundendum sanguinem*) et 𝔐(זרקים pro *ἐδέχοντο*) Targ(דרקין), sed hab Pesch(מקבלין (sic et Syh)) | *τῶν*] *αυτων* 55*
17 init – *ἡγνίσθη* om 107 | *πλῆθος*] *πλειστον* 68′-120^{c} (*πλη* *) Ald | *οὐχ*] pr *και* 93 Arm^{II}: cf 𝔐(pr אשר) | *ἡγνίσθη*] *ηγνισθησαν* (*ηγιασθησαν* 93 Fern.) *L* Arm Compl Lag.: cf 𝔐 | *ἦσαν* om 731(|) | *τοῦ θύειν*] *πλειους* (+ *του* *b*^{2}) *θυειν* *a*$^{-71}$ *b*^{2} Ald | *τὸ φάσεκ*] *τω φ.* 158 44; *το* (*τω* 93 60) *φασεχ* V* *L* 71 *b′* 60 119 527 Compl: cf $_{1}$; *pasca* La^{109} | *παντί*] pr *εν* 125 | *μή* om V 19′ 55 119 158* 527 Aeth^{P} | *ἁγνισθῆναι*] *αγιασθηναι* V | *τῷ κυρίῳ* om 60 Aeth^{G}
18 *ὅτι τὸ πλεῖστον*] *ο το πλειστον* 158; *οτι πλειστον* B V 44 Sixt | *τοῦ λαοῦ* om 127*(corr pr m) | *Ἐφράιμ*] *ευφραιμ* 158 | *μαναση* 158 527 Arm | *καὶ Ἰσσαχάρ*] *και ισαχαρ* 74-106′ 46-98 158 527 Arm Tht^{te} *Par II* 293; *et ysacar* La^{109}: cf Vulg; > 55; om *καί* Aeth^{P}(solus) = 𝔐(hab Pesch Targ Vulg) | *καὶ Ζαβουλών*] om *καί* B(|) Sixt | *ἡγνίσθησαν*] *ηγνισαν* B Sixt: cf 29$_{34}$; *ηγιασθησαν* *L* Tht 294 Compl | *ἀλλά*] *αλλ* 68′-71-107 158 Tht Ald Sixt: cf praef p 97; *et* Aeth(omnes); + *και* *L* Compl | *εφαγεν* (*-γε* ^{c}) V* | *τὸ φάσεκ*] *τω φ.* 158; *το* (*τω* 93 71) *φασεχ* V* *L* 71 *b*$^{-98\ 489}$ 60 119 527 Tht^{1Ms} Compl: cf $_{1}$; *pasca* La^{109}; + *τουτο* *L* Arm^{II} Tht^{-1Ms}; + *ου* Compl = 𝔐(בלא) | *καί* ult] pr *τουτο* B Sixt; pr *ο* 121-236-314-762 127 | *προσευξατο* 106′(non 44)-120-121-134-236-314-762: cf praef p 102 | *αὐτῶν*] *εαυτων* 134; *τουτων* 19′ Compl | *Κύριος* ($\overline{κς}$)] *κυριε* ($\overline{κε}$) *L* 71 *b*^{2} 55′ 158 Compl | *ὁ ἀγαθός*] *ὁ* om B Sixt; *ο θεος* 158; *ο θεος αγαθος* 68′-120 Ald; pr *ο θεος* V *L* 527 Arm^{II} Compl: cf Pesch et Vulg^{1Ms}(*deus* pro *κύριος*) | *ἐξιλασάσθω*] *-σεσθω* 127; *εξιλασθω* (*εξειλ.* B*; *εξηλ.* 60) B^{c} A 71-236 60 Sixt; *propitiabitur* La^{109} = Vulg; *εξιλασαι* *L* Arm (Arm^{II} auct) Compl

σης ἐκζητῆσαι κύριον τὸν θεὸν τῶν πατέρων αὐτοῦ καὶ οὐ κατὰ τὴν
20 *ἁγνείαν τῶν ἁγίων.* [20]*καὶ ἐπήκουσεν κύριος τῷ Ἑζεκίᾳ καὶ ἰάσατο*
21 *τὸν λαόν.* [21]*καὶ ἐποίησαν οἱ υἱοὶ Ἰσραὴλ οἱ εὑρεθέντες ἐν Ἰερου-*
σαλὴμ τὴν ἑορτὴν τῶν ἀζύμων ἑπτὰ ἡμέρας ἐν εὐφροσύνῃ μεγάλῃ
καὶ καθυμνοῦντες τῷ κυρίῳ ἡμέραν καθ' ἡμέραν καὶ οἱ ἱερεῖς καὶ οἱ
22 *Λευῖται ἐν ὀργάνοις τῷ κυρίῳ.* [22]*καὶ ἐλάλησεν Ἑζεκίας ἐπὶ πᾶσαν*
καρδίαν τῶν Λευιτῶν καὶ τῶν συνιόντων σύνεσιν ἀγαθὴν τῷ κυρίῳ·
καὶ συνετέλεσαν τὴν ἑορτὴν τῶν ἀζύμων ἑπτὰ ἡμέρας θύοντες

B΄΄ A V *L΄ a b* 60 119 158 527 Syh$^{12\ 168}$(desinit ab 21) La$^{109\ (Leg)}$ Aeth Arm

19 *ὑπὲρ πάσης καρδίας κατευθυνούσης*] *omni cuius cor paratum est* La^{109}: cf 𝔐(כל לבבו הכין) | *ἐκζητῆσαι*] *εκζητουσης* B΄΄; *του ζητησαι* (*ζητισαι* 158) *b*^{1} 158; pr *του* Ald | *κύριον τὸν θεόν*] pr *τον* $\overline{θν}$ 93 Fern. = 𝔐; *τον κυριον τον θεον* 19΄ Compl Lag.; *τον κυριον θεον* *a*$^{-68΄\ 71\ 74\ 106}$; *κυριον θεον* 74-106 *b*$^{-64\ 728}$ | *τόν* – *αὐτοῦ* om 71 | *αὐτοῦ*] *εαυτου* A V 554 *b*$^{2-731}$(sic 379; *αὐτοῦ* – *τήν* 98 absc) 60; *αυτων* B΄ *L* 52 Syh Compl Sixt Ra.; *εαυτων* 731 | *οὐ* – fin] *non secundum ignorantiam* (pro *αγνοιαν* loco *αγνειαν*: cf sq) *sed secundum purificationem sanctorum* La^{109} | *οὐ*] *ουχ ως L* Arm^{II} Compl; *non sunt* Arm^{I} | *ἁγνείαν* (*αγνιαν* A V 93 74 64 55΄ 610: cf praef p 85)] *αγνοιαν* 60

20 *κύριος*] *ο θεος* 44 | *τῷ Ἑζεκίᾳ*] *τω ιεζεκια* 74 = 𝔐$^{-1Ms}$; *του εζεκιου L* Compl

21 *οἱ υἱοί*] om *οἱ* 19 | *Ἰερουσαλήμ* ($\overline{ιλημ}$)] *ιεροσαλημ* 55 | *καί* 2° – fin om 107: homoiot | *καὶ καθυμνοῦντες*] *καθυμνουντες* 236 La^{109}(*decantantes*); *υμνουντες* 71 381; *και καθυμνουν L* Arm^{II} Compl; *και κατευθυμουντες* 158; *prosperando* Arm^{I}: sicut pro *εὐοδοῦν* (18$_{11}$ 31$_{21}$) | *τῷ κυρίῳ*] *τον* $\overline{κν}$ 98-381; $\overline{κν}$ 71 | *καθ' ἡμέραν* om 119 527(‖) | *καί* paenult – (22) *κυρίῳ* om 381: homoiot | *οἱ* paenult – *Λευῖται*] *οι λευιται και οι ιερεις L* La$^{109\ Leg}$ Arm^{II} Compl = 𝔐 Pesch(sim) Targ Vulg; *οἱ* 2° om 71 | *τῷ κυρίῳ* 2°] *domini* La$^{109\ Leg}$; pr *ισχυος L* La$^{109\ Leg}$(*virtutis*) Arm^{II} vid(*magniloquentiae*) = 𝔐(עז); pr *glorificaverunt* Aeth(sicut pro *καθυμνοῦντες* praec); + *deo* Arm^{II}; > 379

22 *καί* 1° om V | *Ἑζεκίας*] *-αν* 98(non 379); $\overline{κς}$ *a*$^{-71\ 121\ 236\ 762}$ Ald | *πᾶσαν καρδίαν*] om *πᾶσαν L* La^{109} Aeth^{P} Arm Compl = 𝔐 | *τῶν* 1° – *κυρίῳ* 1° om Aeth^{P} | *τῶν Λευιτῶν*] *αυτων λευιτων* 120*-122: cf Pesch; pr *παντων L* La^{109} Arm Compl = 𝔐 | *καί* 2° om La^{109} = 𝔐 Pesch Targ Vulg | *συνιόντων* (*-ιωντων* 127) B΄΄ A 107(non 125) *b*^{2} 119 527 Sixt] *συνιεντων* (*συνϊεντων* 125) rel: cf praef p 105 | *συνετέλεσαν*] + *τω* $\overline{κω}$ 527 | *τὴν ἑορτὴν τῶν ἀζύμων*] om *τῶν ἀζύμων* La^{109}(*diem sollemnem*: sicut 21 pro *τὴν ἑορτήν*) Aeth$^{A΄}$ = 𝔐) | *ἑπτὰ ἡμέρας*] *επτα ημεραις* 108 La^{109} = Vulg; ⌒ (23) *ἑπτὰ ἡμέρας* 107; > 158^{txt} | *θύοντες*] *θυμιωντες* 60 | *θυσίαν*] *θυσιας* B' A V *L b*^{1} 60 Arm Compl Ra. = 𝔐,

θυσίαν σωτηρίου καὶ ἐξομολογούμενοι τῷ κυρίῳ θεῷ τῶν πατέρων
αὐτῶν. [23]*καὶ ἐβουλεύσατο ἡ ἐκκλησία ἅμα ποιῆσαι ἑπτὰ ἡμέρας* 23
ἄλλας· καὶ ἐποίησαν ἑπτὰ ἡμέρας ἐν εὐφροσύνῃ. [24]*ὅτι Ἑζεκίας ἀπ-* 24
ήρξατο τῷ Ἰούδᾳ τῇ ἐκκλησίᾳ μόσχους χιλίους καὶ ἑπτακισχίλια πρό-
βατα, καὶ οἱ ἄρχοντες ἀπήρξαντο τῷ λαῷ μόσχους χιλίους καὶ πρόβατα
δέκα χιλιάδας, καὶ τὰ ἅγια τῶν ἱερέων εἰς πλῆθος. [25]*καὶ εὐφράνθη* 25
πᾶσα ἡ ἐκκλησία, οἱ ἱερεῖς καὶ οἱ Λευῖται καὶ πᾶσα ἡ ἐκκλησία Ἰούδα

B′′ A V *L′ a b* 60 119 158 527 La^{109} Aeth Arm

cf 31$_2$ 33$_{16}$ et TGP II | *ἐξομολογούμενοι*] *εξομολογησεως* 236 Arm^{II}(vid) | *τῷ* ult – fin om 381 | *τῷ κυρίῳ θεῷ*] *κυριω τω θεω L* 106 158 Compl; *κυριω θεω* A; *τω θεω* 127; *κυριω* 71 | *αὐτῶν*] *εαυτων* A V *b*$^{-46(381)}$ 60 Ald

23 *ἡ ἐκκλησία ἅμα*] pr *πασα L* La^{109} Aeth$^{A'}$ Arm^{II} Compl = 𝔐$^{-1Ms}$; om *ἅμα L* 71 La^{109} Aeth$^{P'}$ Arm^{II} Compl = 𝔐 | *ἑπτὰ ἡμέρας ἄλλας*] *επτα αλλας ημερας* 127; pr *αλλας* 71; om *ἄλλας* 93 | *ἡμέρας* 1° ⌒ 2° 19 379 La^{109} = 𝔐^{3Mss} | *καί* 2° – fin om 381 | *ἐποίησαν ἑπτὰ ἡμέρας*] *ετερας επτα* 44 | *εποιησεν* 93 121-762 610; *εποιησα* B^{S} | *ἑπτὰ ἡμέρας* 2°] pr *αλλας a*$^{-71(44)}$ Ald; + *αλλας L b*^{2} Arm^{II} Compl | *ἐν εὐφροσύνῃ*] *εν ευφροσυνην* A*; *ευφροσυνην* (-*νιν* 158) V *b*$^{(-381)}$ 60 119 158 527 Arm; + *magna* Aeth$^{-A'}$ Arm^{II}: cf Vulg

24 *ὅτι*] *οτε* V | *Ἑζεκίας*] *ιεζεκιας* 46(-52*): cf Vulg^{ap}; + (pr 93 Fern.) *ο βασιλευς ιουδα L* Arm^{II} Compl Lag. = 𝔐 | *τῷ Ἰούδᾳ*] *populo iude* La^{109}; > *L* Arm^{II} Compl = 𝔐 | *τῇ ἐκκλησίᾳ*] pr *παση L* Compl; pr *ολη a*$^{-71}$ *b*^{2} Ald = Vulg^{1Ms}; pr *in* La^{109}; pr *et* Aeth | *μόσχους χιλίους* 1°] *μοσχους ͵α* 107(non 44); *χιλιους μοσχους* 19′ *a*$^{(-107)}$ Ald Compl Sixt Lag. = 𝔐; *septem milia vitulos* Arm^{II}; *duo milia vitulos* La^{109}; ⌒ 2° 19(‖) | *καί* 1° om 44 | *ἑπτακισχίλια πρόβατα*] *προβατα ͵ζ* (*επτακισχιλια* 44) 107 Aeth Arm^{I}; *προβα⟨τα⟩ δεκα χιλιαδας* 158 | *οἱ ἄρχοντες*] *οἱ* om 127(|) | *τῷ λαῷ*] *τον λαον* 158; *του λαου* 46*(non 52); *heclesie* La^{109}: cf 𝔐(לקהל (hab *populo* Vulg)) | *μόσχους χιλίους* 2°] *μοσχους ͵α* 107(non 44); tr *L a*$^{-71\,107}$ Arm^{II} Compl | *πρόβατα* 2°] *προβατων* 93-108 *a* Ald Compl; post *χιλιάδας* tr Arm^{II} | *δέκα χιλιάδας*] *ι′ χιλιαδας* 68′-120-134-314-321-346-762 98; *χιλιαδας ι′* (*δεκα* 44) 107; *επτακισχιλια* 158 Aeth$^{A'}$ | *τὰ ἅγια*] *ηγιασθησαν L* La^{109} Aeth^{-A}(vel *sanctificaverunt*) Arm Compl = 𝔐 Pesch Targ Vulg(sim); *τά* om 158 | *τῶν ἱερέων*] *sacerdotes* La^{109} Aeth^{-A}; *των αγιων* 46 | *εἰς πλῆθος* om Aeth^{-A}

25 *εὐφράνθη*] *ηυφρηνθη* B′′ A V 93 158 527 Sixt Ra.: cf praef p 102; *ευφρανθησαν* 610 Arm^{II}(cf sq) = 𝔐 Targ | *πᾶσα ἡ ἐκκλησία* 1°] + *ιουδα* (pr *του* 71) *L* 71 Compl = 𝔐 Pesch Targ(pr דבית) Vulg^{-1Ms}; ⌒ 2° *a*$^{-71}$ 60 La^{109}; > Arm^{II}; om *πᾶσα* 46 610; om *ἡ* 381 | *οἱ ἱερεῖς*] pr *και L* Aeth$^{A'}$ Compl = 𝔐 | *καὶ πᾶσα ἡ ἐκκλησία Ἰούδα*] > Aeth^{-A}: homoiot; om *ἡ* 381; om *Ἰούδα L* 119 527 Arm^{II}

καὶ οἱ εὑρεθέντες ἐξ Ἰσραὴλ καὶ οἱ προσήλυτοι οἱ ἐλθόντες ἀπὸ γῆς
26 *Ἰσραὴλ καὶ οἱ κατοικοῦντες ἐν Ἰούδᾳ.* 26*καὶ ἐγένετο εὐφροσύνη*
μεγάλη ἐν Ἰερουσαλήμ· ἀπὸ ἡμερῶν Σαλωμὼν υἱοῦ Δαυὶδ βασιλέως
27 *Ἰσραὴλ οὐκ ἐγένετο τοιαύτη ἑορτὴ ἐν Ἰερουσαλήμ.* 27*καὶ ἀνέστησαν οἱ*
ἱερεῖς καὶ οἱ Λευῖται καὶ εὐλόγησαν τὸν λαόν· καὶ ἐπηκούσθη ἡ φωνὴ
αὐτῶν, καὶ ἦλθεν ἡ προσευχὴ αὐτῶν εἰς τὸ κατοικητήριον τὸ ἅγιον
αὐτοῦ εἰς τὸν οὐρανόν.

B″ A V *L′ a b* 60 119 158 527 La^{109} Aeth Arm

Compl = 𝔐 Pesch Targ Vulg(lib) | *καί* 4° – (27) *Λευῖται* om 44: homoiot | *καί* 4° – (26) *Ἰερουσαλήμ* 1° om 107 | *καί* 4° om *L* 60 Aeth^{A} Arm^{II} = 𝔐 | *οἱ εὑρεθέντες ἐξ Ἰσραήλ*] *οι ελθοντες* (*εξελθοντες* 19; *et qui veniebant* La: cf Vulg) *εξ ισραηλ L* La^{109} Arm^{II} Compl = 𝔐; *οι ευρεθεντες εξ* $\overline{ιλημ}$ (*ιερουσαλημ* 236 127) *a*$^{-71\,(107)}$ *b*^{2} 127 60 Ald Sixt; *qui erant in jerusalem* Aeth^{A} | *καί* paenult – fin om 381: homoiot | *οἱ προσήλυτοι*] om *οἱ* 71 127 | *ἐλθόντες*] *εισελθοντες* B | *ἀπὸ γῆς*] *εκ γης* 93-108 Compl; *εξ* 19 | *καί* ult om Aeth$^{A′}$ | *ἐν Ἰούδᾳ*] *απο ιουδα* B; *ἐν* om 19′ Aeth$^{P′}$ Arm Compl

26 *εὐφροσύνη*] pr *εν* 71 | *ἐν Ἰερουσαλήμ* ($\overline{ιλημ}$ A V 93 71 *b*$^{(-46)}$ 55 60 119 527) 1°] $\overline{ιηλ}$ *a*$^{-71\,(107)}$(130^{c}); $\overline{ιηλημ}$ 158; > 46 | *ἀπό* – *Ἰσραήλ* om 236 | *ἀπό*] pr *και* 93 Aeth^{ADEFH}; pr *οτι* La^{109}(*quia*) Compl = 𝔐$^{-1Ms}$(כי) Pesch Targ Vulg (*qualis*) | *ἡμερῶν*] pr *των* A | *Σαλωμών* B″ A V* 93* 120-121-130-134-314-321-346-762 64-728 Sixt] *σολομων* 19 71′$^{(-44)}$ Arm Ald Fern.; *σολομωντος* 381 Eus *in Is* 231 Tht *Par II* 294 Compl; *σολομωνος* Ios IX 272; *σαλομων* rel Lag.; pr *του* A; + *regis* Aeth$^{A′}$ Arm^{II} | *υἱοῦ* – *Ἰσραήλ*] > 125; *βασιλέως Ἰσραήλ* om Aeth$^{A′}$; om *Ἰσραήλ* La^{109} | *δαυειδ* B; *δαβιδ* Ald: cf 1$_{1}$ | *οὐκ ἐγένετο*] *ουκ εγινετο* 527; pr *et* Aeth^{-A} | *τοιαύτη*] *τη αυτη* 314 | *ἑορτή* om 64^{txt} | *Ἰερουσαλήμ* 2°] + *in ʾesrael* Aeth$^{A′}$

27 *καί* 2° om B′ V* *L b*^{I} 119 527 Compl Sixt Ra. = 𝔐$^{-6Mss}$ Targ (hab Pesch Vulg) | *εὐλόγησαν*] *ηυλογησαν* B A V 46 Ra.: cf praef p 102; *ηυλογηθησαν* 527* (*ηυλογησαν* ^{c}); *ευλογισαν* 158 | *τὸν λαόν*] *τον θεον a*$^{-71}$; *dominum* La^{109}; pr *τον* $\overline{θυ}$ *και* 158 | *καὶ ἐπηκούσθη ἡ φωνὴ αὐτῶν*] *et exaudibit vocem eorum* La^{109}: cf 𝔐(וַיִּשָּׁמַע בקולם: leg וַיִּשְׁמַע, cf Pesch(ושמע מריא בקלהון)) (Targ et Vulg (*exaudita est vox eorum*) = 𝔊); *ἡ* om 731* | *ηκουσθη* 93 | *καί* ult – fin] *de habitatione sancta sua de celo* La^{109} | *ἦλθεν*] *εξηλθεν* 52; > Aeth^{P} | *ἡ προσευχή*] *η φωνη* 125; *ἡ* om 728* 127 | *εἰς* 1° – *αὐτοῦ*] *coram sanctitate habitaculi dei* Arm^{II}: cf sq | *τὸ ἅγιον/αὐτοῦ*] *τον αγιον αυτου* 321-346*; *των αγιων αυτου* 346$^{c\,(pr\,m)}$ 158; *το αγιον του* $\overline{θυ}$ (*domini* Arm) *L* Arm^{I} Compl; tr 119 (bis scr * et add *αυτου* ^{c}) 527

31 [1]*Καὶ ὡς συνετελέσθη πάντα ταῦτα, ἐξῆλθεν πᾶς Ἰσραὴλ οἱ εὑ- 1
ρεθέντες ἐν πόλεσιν Ἰούδα καὶ συνέτριψαν τὰς στήλας καὶ ἐξέκοψαν τὰ
ἄλση καὶ κατέσπασαν τὰ ὑψηλὰ καὶ τοὺς βωμοὺς ἀπὸ πάσης τῆς Ἰου-
δαίας καὶ Βενιαμὶν καὶ ἐξ Ἐφράιμ καὶ ἀπὸ Μανασσὴ ἕως εἰς τέλος, καὶ
ἐπέστρεψεν πᾶς Ἰσραὴλ ἕκαστος εἰς τὴν κληρονομίαν αὐτοῦ καὶ εἰς τὰς
πόλεις αὐτῶν. [2]καὶ ἔταξεν Ἑζεκίας τὰς ἐφημερίας τῶν ἱερέων καὶ τῶν 2
Λευιτῶν καὶ τὰς ἐφημερίας ἑκάστου κατὰ τὴν ἑαυτοῦ λειτουργίαν τοῖς
ἱερεῦσιν καὶ τοῖς Λευίταις εἰς τὴν ὁλοκαύτωσιν καὶ εἰς τὴν θυσίαν τοῦ*

B'' A V *L' a b* 60 119 158 527 La^{109} Aeth Arm

31 1 *Καὶ ὡς*] *ως δε* 125; *και εως* V | *συνετελέσθη*] *συντελεσθη* 321-346: cf praef p 102; *συνετελεσεν* 127 | *πάντα ταῦτα*] tr 19' 106' 381 119 158 527 Aeth^{A} (*ταῦτα* ante *συνετελέσθη* tr Aeth^{P}) Arm$^{I te II}$ Compl Lag.; *ταῦτα* om Arm^{Iap} | *ἐξῆλθεν*] *et* Arm^{I} | *πᾶς Ἰσραήλ* 1°] *πᾶς* om Aeth$^{A'}$; + *εκαστος εις την κληρονομιαν αυτου* 158: ex sq | *οἱ εὑρεθέντες*] *και οι* 381 | *ἐν πόλεσιν*] *ἐν* om 71: cf 𝔐(לערי) Pesch^{te} Vulg^{1Ms}; *πόλεσιν* om Aeth$^{P'}$ | *καὶ συνέτριψαν τὰς στήλας* om *a*$^{-71\ 121}$: homoiot | *τὰς στήλας* (*omnes deos* Aeth^{P}) *καὶ ἐξέκοψαν* om Aeth$^{A'}$ | *ἐξέκοψαν*] *κατεκοψαν* 98; *εκοψαν* B | *κατέσπασαν*] *κατεπατησαν* 158; > La^{109} | *τὰ ὑψηλὰ καὶ τοὺς βωμούς*] pr *omnia* Aeth$^{A'}$; > Aeth^{P}(solus) | *καὶ τοὺς βωμούς*] *και τους βουνους* 98 Eus *in Is* 231; *και καθειλον τα θυσιαστηρια* *L* Arm^{II} Compl = Pesch, cf Vulg | *ἀπό* 1°] pr *et* La^{109} | *τῆς Ἰουδαίας*] *της ιοδαιας* 19; *γης* (pr *της* 55; pr *omnis* Arm) *ιουδαιας* B'' Arm^{II}; *τῆς* om A 71 | *Βενιαμίν*] *-μειν* B' A V 119 158: *-μην* 314 | *καὶ ἐξ Ἐφράιμ*] *καὶ ἐξ* om 125; *ἐξ* om B 71 Aeth | *καὶ ἀπό*] *ἀπό* om 93 98 125 La^{109} Aeth(omnes) Arm^{II} Fern. = 𝔐 Targ Vulg | *μαναση* 74 158 527 Arm | *ἕως εἰς τέλος*] *εως εις τελους* 98*(non 379); *εως τελος* (*τελους* 125) 107 60*; *εις τελος* 158; *εως εις* (> 93) *συντελειαν* *L* Compl | *ἐπέστρεψε(ν)*] *-ψαν* B'(127 inc) V *b*$^{-46}$ 119 527 La^{109} Aeth^{-DF} Sixt Ra. = 𝔐 Pesch^{te} Targ Vulg(sed hab *omnes filii israel* pro *πᾶς Ἰσραήλ* 1°); *επεστρεψα* 314*; *απεστρεψε* 93 | *πᾶς Ἰσραήλ* 2°] *omnes filii israhel* La^{109} = 𝔐 Vulg; *πᾶς* om Aeth^{A} | *ἕκαστος* om *L* 107 *b*^{2} Compl = Pesch^{7a1} | *αὐτοῦ*] *εαυτου* A V *b*^{I}; > Arm^{II} | *καί* ult – fin] > 71-107-762^{txt} 55 Aeth^{P}(solus): homoiot | *καὶ εἰς*] *καί* om 379 = Targ; *εἰς* om 489 | *την πολιν* 381 | *αὐτῶν*] *εαυτων* A V *b*$^{I-381}$ Ald; *αυτου* *L a*$^{(-71\ 107)}$ Aeth$^{A'(E^{c})}$ Compl

2 *ἔταξεν*] *επεταξεν* 108*(vid); *επαταξεν* 19 | *ιεζεκιας* 74: cf 𝔐 | *τὰς ἐφημερίας* 1° ∩ 2° 46 | *καί* 3° – *Λευίταις* om 107: homoiar | *καὶ τὰς ἐφημερίας*] *per distributiones* La^{109} Aeth(vid) = 𝔐 Pesch Targ Vulg(*per divisiones*) | *ἑκάστου*] *virum* La^{109}: cf 𝔐(איש) | *τὴν ἑαυτοῦ λειτουργίαν*] *της εαυτου λιτουργιας* V*(corr pr m); *την αυτου λειτουργιαν* *b*^{I} 119 158: cf praef p 96; *την λειτουργιαν εαυτου* (*αυτου* 93 Compl Fern.) *L a* La^{109} Arm Ald Compl = 𝔐 | *τοῖς ἱερεῦσιν καὶ τοῖς Λευίταις*] > Arm^{II}; *sacerdotes et levitas et*

σωτηρίου καὶ αἰνεῖν καὶ ἐξομολογεῖσθαι καὶ λειτουργεῖν ἐν ταῖς πύλαις
3 *αὐλῆς οἴκου κυρίου.* ^{3}*καὶ ἡ μερὶς τοῦ βασιλέως ἐκ τῶν ὑπαρχόντων*
αὐτοῦ εἰς τὰς ὁλοκαυτώσεις τὴν πρωινὴν καὶ δειλινὴν καὶ ὁλοκαυτώσεις
εἰς τὰ σάββατα καὶ εἰς τὰς νουμηνίας καὶ εἰς τὰς ἑορτὰς τὰς γεγραμ-
4 *μένας ἐν τῷ νόμῳ κυρίου.* ^{4}*καὶ εἶπεν τῷ λαῷ τοῖς κατοικοῦσιν ἐν*
Ἰερουσαλὴμ δοῦναι τὴν μερίδα τῶν ἱερέων καὶ τῶν Λευιτῶν, ὅπως
5 *κατισχύσωσιν ἐν τῇ λειτουργίᾳ οἴκου κυρίου.* ^{5}*καὶ ὡς προσέταξεν τὸν*
λόγον, ἐπλεόνασαν οἱ υἱοὶ Ἰσραὴλ ἀπαρχὴν σίτου καὶ οἴνου καὶ ἐλαίου

B′′ A V *L′ a b* 60 119 158 527 La^{109} Aeth Arm

constituit ezecias vices levitis secundum ministrationem sacerdotum et levitas La^{109} | *καὶ αἰνεῖν*] *και του αινειν L* Compl; *καί* om 125 La^{109} Arm^{II}: cf 𝔐; > Aeth^{P} | *καὶ ἐξομολογεῖσθαι*] *και του εξ. L* Compl; > 107 homoiot; post *λειτουργεῖν* tr Arm^{II}: cf 𝔐 | *καὶ λειτουργεῖν*] *και του λειτ.* 93; > Aeth^{P} | *ἐν – οἴκου*] *in domo* La^{109} | *ἐν ταῖς πύλαις*] *εν ταις πολεσιν* 610; > A; om *ἐν* 236 Aeth^{A}; + *και L* Compl | *αὐλῆς οἴκου* om 71 = Pesch | *αὐλῆς b^{I}*-98 119 158 Ald = 𝔐^{1Ms}(מחנת (מחנות 𝔐^{rel} Targ))] *της αυλης* 121; *αυλαις* V *b*^{2} 55′ 60 527; *εν ταις αυλαις* B A *L* Compl Sixt Ra.: cf TGP II; > *a*$^{-(71)\,121}$ Aeth$^{A'}$ | *κυρίου*] + *dei* Arm^{II}

3 *ἡ μερίς*] *ἡ* om B’ A V *b*^{2} 60 Sixt Ra. | *αὐτοῦ*] *αυτων* 158 | *εἰς τὰς ὁλοκαυτώσεις*] *εις την* (> 314) *ολοκαυτωσιν* (*-σην* 314) *a*$^{-71}$ 127 Aeth(omnes) Ald; *τάς* om 55 | *ὁλοκαυτώσεις* (*-σις* A V*) 1° ⌒ 2° A^{txt} V | *τήν*] + *τε L* Compl | *δειλινήν*] *εσπερινην L* La^{109} vid(*vespertina*) Compl; pr *την* B A$^{(mg)}$ 19′ *a*$^{-71}$ 489 Compl Sixt Lag. Ra. | *καί* 3° om A$^{(mg)}$ | *ὁλοκαυτώσεις* 2°] *-σις* A$^{(mg)}$ 127; pr *εις τας* 93-108 Aeth^{-A} Arm Compl = 𝔐^{1Ms}; pr *τας* 19 *a*$^{-71(107)}$ Ald; > 107 La^{109} = Vulg | *εἰς τὰ σάββατα b^{I}* 158: cf TGP II] *τας* (*τα* 106) *εις τα σαββατα a*$^{-71\,107\,236}$ Ald; *των σαββατων L* Arm Compl; *εις σαββατα* (*σαβατα* 98* (non 379)) B A 71-236 *b*^{2} 60 119 527 Ra.; *σαββατα* V 55′ | *καὶ εἰς τάς* 1°] > 107; *εἰς* om *a*$^{-71}$ | *νεομηνιας* 74: cf praef p 95 | *εἰς τάς* 3°] > 107; *τάς* om 127 | *τὰς γεγραμμένας*] *τας γινομενας* (*γενομενας* 610) *a*$^{-71}$; *τάς* om Ald | *ἐν τῷ νόμῳ*] *εν τω οικω a*$^{-71}$; *τῷ* om 489

4 *εἶπε(ν)*] *ειπαν* B’ *a*$^{-107\,121}$ Ald Sixt; *ειπον* 107(non 44): cf praef p 105; + *εζεκιας L* Arm^{II} Compl | *τοῖς*] *οις* 158; pr *και* 64-381 Ald | *τῶν* 2° om 44 | *κατισχύσωσιν*] *κατισχυσουσιν* (*κατεισχ.* B*) B′′ 93 46(non 52) 158: cf praef p 109 | *ἐν τῇ λειτουργίᾳ οἴκου*] *in ministerio servitutis* Arm^{II}: cf 𝔐(בתורת) Pesch Targ Vulg | *οἴκου*] *οικω* 122*; pr *του* 60

5 *ὡς – λόγον* om 44 Aeth^{P} | *τὸν λόγον*] *τον λαον* 46-728 158; *τόν* om 554; + *εζεκιας L* Arm^{II} Compl | *ἐπλεόνασαν οἱ υἱοὶ Ἰσραήλ*] *επλεονασεν ισραηλ* B’ Sixt; om *οἱ* 314 | *καὶ οἴνου*] > 158; om *καί* 19-93 74-107 La^{109} Arm^{II} = 𝔐 | *καὶ ἐλαίου*] om *καί* 74-107 Arm^{II} | *καί* 4° et 5° om Arm^{II} | a *καί* 5° usque

καὶ μέλιτος καὶ πᾶν γένημα ἀγροῦ, καὶ ἐπιδέκατα πάντα ἤνεγκαν εἰς
πλῆθος $^{(6)}$*οἱ υἱοὶ Ἰσραὴλ καὶ Ἰούδα.* ^{6}*καὶ οἱ κατοικοῦντες ἐν ταῖς πό-* 6 (6)
λεσιν Ἰούδα καὶ αὐτοὶ ἤνεγκαν ἐπιδέκατα μόσχων καὶ προβάτων καὶ
ἐπιδέκατα αἰγῶν καὶ ἡγίασαν τῷ κυρίῳ θεῷ αὐτῶν καὶ εἰσήνεγκαν
καὶ ἔθηκαν σωροὺς σωρούς· ^{7}*ἐν τῷ μηνὶ τῷ τρίτῳ ἤρξαντο οἱ σωροὶ* 7
θεμελιοῦσθαι καὶ ἐν τῷ ἑβδόμῳ μηνὶ συνετελέσθησαν. ^{8}*καὶ ἦλθεν* 8
Ἑζεκίας καὶ οἱ ἄρχοντες καὶ εἶδον τοὺς σωροὺς καὶ εὐλόγησαν τὸν

B′ A V *L′ a*-127 *b* 60 119 158 527 La^{109} Aeth Arm

ad 36₅ *ιλ͞η͞μ* 127 manus posterior textum recensionis *a* praebet (36₅ *καί* 3° – fin deest (‖)): cf praef p 15 et 45s | *γεννημα* 381^{c} 52 | *καὶ ἐπιδέκατα πάντα*] *και επι δεκα και παντα* 527; *και επι κατα παντα* V; *και επιδεκατα τα παντα* 55*; > *L a*$^{-71}$-127 Aeth^{P}(solus) Arm^{II} Compl; *πάντα* om 489 | *ἤνεγκαν/εἰς πλῆθος*] tr B′ *L* 71 La^{109} Compl Sixt Ra. = 𝔐; *ἤνεγκαν* om 134* 381; *εἰς πλῆθος* om Aeth^{P} (solus) | *ἤνεγκαν*] *ηγαγον* 158 | *οἱ υἱοὶ Ἰσραὴλ καὶ Ἰούδα* (copulam *et* (Vulg *sed et*) praemittunt et ad v ₆ trahunt 𝔐 Pesch Targ Vulg)] > 381 Arm^{II}; *οἱ* om 71 *b*$^{2-98}$ 119*; *καί* om 236 | *Ἰούδα*] pr *filii* La^{109} Arm^{Ite}

6 init – *ἤνεγκαν* om Aeth^{P} | init – *Ἰούδα* om 19 46-728: homoiot | *καὶ οἱ κατοικοῦντες*] om *καί* (*qui habitabant*) La^{109} Aeth^{A} Arm^{I} = 𝔐 Pesch Targ Vulg | *ἐν ταῖς πόλεσιν Ἰούδα*] *ʾiarusalem et jehuda* Aeth^{A}; om *ταῖς* 321 381; om *Ἰούδα* La^{109} | *καὶ αὐτοί*] post *ἤνεγκαν* tr 107(*καί* om 610); > Aeth^{A} | *ἐπιδέκατα* 1°] *επι δεκα* 321*-346 55′ 527 | *μόσχων καί*] *μοσχον και* 314; *και μοσχους και* 60; om *καί* 125 | *καί* 4° – *αὐτῶν* om Arm^{I}: homoiot | *καὶ ἐπιδέκατα*] *και επι δεκα* 55′ 527; > 125; om *ἐπιδέκατα* 71-107 La^{109} Aeth Arm^{II} (vid) | *αἰγῶν*] *αγιων* 93 Arm^{II} sim(*in sacrificium*) = 𝔐 | *καὶ ἡγίασαν*] *και ηγιασε* 71; *que sacrificaverunt* La^{109}: cf Vulg(*quae voverant*) Targ(דִמְקַדְּשִׁין); *sanctitatis* Arm^{II}: cf 𝔐(קָדָשִׁים הַמְקֻדָּשִׁים pro *αἰγῶν καὶ ἡγίασαν*) | *τῷ* – fin] *domino deo suo; adque universa portantes fecerunt acerbos plurimos* La^{109} = Vulg; *τῷ* om 71; *θεῷ* – *εἰσήνεγκαν* om 107 | *αὐτῶν*] *αυτον* 314; *εαυτων* A V *b*$^{-46\ 98}$ 60; *ι͞η͞λ* 158 | *εἰσήνεγκαν*] *ηνεγκαν* 46-728 | *ἔθηκαν*] *εθυσαν* 527 | *σωροὺς σωρούς*] *σορους σορους* 71-74 119 158; *σωρούς* 2° om B V 44 Aeth(omnes)

7 *ἐν* 1°] *εν δε L* Compl; *και* 44: cf 𝔐(pr ו 1 Ms) Pesch(pr ו Pesch^{te}) | *τῷ μηνὶ τῷ τρίτῳ* om 44 | *τρίτῳ* (*γ′* 762)] *πρωτω* V*(corr pr m) | *ηρξατο* 108 | *σωροί*] *σοροι* 71-74 119 158; pr *θεμελιοι* B; > La^{109} | *θεμελιοῦσθαι*] *iacere fundamenta* La^{109} = Vulg; *οσμελιουσθαι* V*: cf praef p 75s | *καί* – fin om 107: homoiot | *τῷ ἑβδόμῳ μηνί*] *τω μηνι τω εβδομω L a*$^{(-107)}$-127 La^{109} Arm^{II} Ald Compl Sixt = 𝔐 | *συνετελέσθησαν.* ₍₈₎ *καὶ ἦλθεν*] *intrabit* La^{109}: cf praef p 50

8 *ἦλθεν*] *ηλθον* 46 Aeth^{G} Lag. Fern. = 𝔐$^{-4Mss\ 1Ms\ sup\ ras}$ Targ Vulg | *οἱ ἄρχοντες*] *princeps* La^{109}; *populus omnis* Arm^{II}: cf 𝔐(pr כל 1 Ms) | *εἶδον τοὺς σωρούς* om 74(|): homoiot | *εἶδον*] *ειδοντες* A | *σορους* 71 119 158 | *εὐ-*

9 *κύριον καὶ τὸν λαὸν αὐτοῦ Ἰσραήλ.* 9*καὶ ἐπυνθάνετο Ἑζεκίας τῶν*
10 *ἱερέων καὶ τῶν Λευιτῶν ὑπὲρ τῶν σωρῶν,* 10*καὶ εἶπεν πρὸς αὐτὸν*
Ἀζαρίας ὁ ἱερεὺς ὁ ἄρχων εἰς οἶκον Σαδὼκ Ἐξ οὗ ἦρκται ἡ ἀπαρχὴ
φέρεσθαι εἰς οἶκον κυρίου, ἐφάγομεν καὶ ἐπίομεν καὶ κατελίπομεν·
ὅτι κύριος εὐλόγησεν τὸν λαὸν αὐτοῦ, καὶ κατελίπομεν ἔτι τὸ πλῆθος
11 *τοῦτο.* 11*καὶ εἶπεν Ἑζεκίας ἑτοιμάσαι παστοφόρια εἰς οἶκον κυρίου,*

B′ A V *L′ a*-127 *b* 60 119 158 527 La^{109} Aeth Arm

λόγησαν] -*γισαν* 158; *ηυλογησαν* B A V 106-130^{c} 46-728 60 527 Sixt Ra.: cf praef p 102 | *τόν* 1° – *Ἰσραήλ*] *deum israel* Arm^{II}; *τον λαον αυτου* $\overline{ιηλ}$ 55(|); *αὐτοῦ* om Aeth^{-A} = Vulg^{-1Ms}

9 v 9-10 om 381 | *τῶν* 1° – *Λευιτῶν*] > 44; *καὶ τῶν Λευιτῶν* om 71 | *ὑπέρ*] *περι* 44 | *σορων* 71-74-314 44 119 158

10 *πρὸς αὐτόν*] *αυτω* 107 98; > B La^{109} = 𝔐^{1Ms} Vulg^{1Ms} | *Ἀζαρίας*] *ζαχαριας* 107 | *ὁ* 2° – *Σαδώκ* om 107 | *εἰς οἶκον Σαδώκ*] *του οικου σαδδουκ* *L* Compl; *domus* (*ex domo* Arm^{I}) *sadoc* La^{109} Aeth(omnes) Arm; > 106; *εἰς οἶκον* om 554; + *και ειπεν* B Sixt Ra. = 𝔐 | *Ἐξ οὗ*] *εκ σου* 106′ | *ἦρκται ἡ ἀπαρχὴ φέρεσθαι*] *coeperunt primitias adferre* Arm^{I} | *ἦρκται ἡ ἀπαρχή*] *ηρκτεν απαρχη* 71; *ηρξαντο* (*ηρξατο* 19) *αι απαρχαι* *L* La^{109}(*primitiae* = Vulg) Arm^{II} Compl | *ἡ ἀπαρχή* post *φέρεσθαι* tr B′ Aeth(omnes) | *εἰς οἶκον* 2°] *εις τον οικον* *L* Compl; om *εἰς* Aeth$^{A'}$: cf 𝔐 | *ἐφάγομεν καὶ ἔπιομεν*] *manducaverunt et biberunt et satiati sunt* Aeth$^{A'}$: cf 𝔐(אָכוֹל וְשָׂבוֹעַ וְהוֹתֵר: inf abs) et praef p 52s; om *καί* La^{109} | *καὶ κατελίπομεν* 1°] *και εκατελιπομεν* 19′ 98(non 379): cf praef p 102; *και εγκατελειπομεν* Compl; *και κατελειπομεν* (-*πωμεν* 158) A V 728 55 60 158; *et reliquerunt* Aeth$^{A'}$: cf praec; + *et residuum* Arm^{I}; *εως εις* (*ει* 321*) *πληθος* *a*$^{(-71)}$ Ald; + *εως εις πληθος* *L* 71 La^{109} Arm^{II} sim(*et residua quae relicta sunt tam valde cumulata sunt*) Compl = 𝔐; ⌒ *καὶ κατελίπομεν* 2° 52; > 119 | *κύριος*] + *dominus* Arm^{Ite}; + *deus* Arm^{IIap} | *εὐλόγησε(ν)*] *ηυλογησε(ν)* (-*γισεν* 158) B′ 71-130^{c}-321-346 158 527 Sixt Ra.: cf praef p 102 | *αὐτοῦ*] *εαυτου* A V *b*$^{2-489}$ | *καί* ult – fin om Aeth^{-B}: homoiot | *κατελίπομεν* 2°] *κατελειπομεν* (-*πωμεν* 158) A V 93 728 60 158; *κατελιπον* *a*$^{-71\,121}$-127 | *ἔτι*] *ετει* 314; *επι* B V Sixt Lag. | *τοῦτο*] *τουτων* 158

11 init – *κυρίου* om 236: homoiot | *ἑτοιμάσαι*] *ετοιμασατε* 46 Arm^{I}; pr *οτι* V; pr *ετι* A 121 *b*$^{-46\,489}$ 55 60 119 158 527 Aeth(sim) Arm^{I} | *παστοφόρια*] -*φοριον* 321^{c}; -*φορον* 321*; -*φορεια* 46(non 52): cf praef p 86; -*φοριαν* 98 158 | *οἶκον*] pr *τον* *L* Compl

---

11 *ἑτοιμάσαι παστοφόρια*] σ′ *σχολάσαι* (*χολασαι* cod) *ἐξέδρας* 108: cf Field ad Par II 31$_{11}$

καὶ ἡτοίμασαν. [12]*καὶ εἰσήνεγκαν ἐκεῖ τὰς ἀπαρχὰς καὶ τὰ ἐπιδέκατα* 12
ἐν πίστει, καὶ ἐπ᾽ αὐτῶν ἐπιστάτης Χωνενίας ὁ Λευίτης, καὶ Σεμεϊ ὁ
ἀδελφὸς αὐτοῦ διαδεχόμενος, [13]*καὶ Ἰεϊὴλ καὶ Ὀζαζίας καὶ Νάεθ καὶ* 13
Ἀσαὴλ καὶ Ἰεριμὼθ καὶ Ἰωζαβὰθ καὶ Ἐλιὴλ καὶ Σαμαχιὰ καὶ Μαάθ,
Βαναίας καὶ οἱ υἱοὶ αὐτοῦ καθεσταμένοι διὰ Χωνενίου καὶ Σεμεϊ τοῦ

B′ A V *L′ a*-127 *b* 60 119 158 527 La^{109} Aeth Arm

12 *καὶ εἰσήνεγκαν*] *και ηνεγκαν* B Sixt; *καί* om La^{109} Arm^{II} | *ἐκεῖ* om 762 La^{109} = 𝔐 | *τὰς ἀπαρχὰς καὶ τὰ ἐπιδέκατα*] *initiationem et decimationem sanctificata* La^{109}: cf 𝔐(התרומה והמעשר והקדשים) Pesch Targ Vulg et 6; *decimas sanctas* Aeth$^{A'}$; *καὶ τὰ ἐπιδέκατα* om Arm^{II} | *ἐπ᾽ αὐτῶν*] *απ αυτων* 314 | *ἐπιστάτης*] *-τη* V*; *-τει* V^{c} | *Χωνενίας*] *χονενιας* 158; *χωμενιας* B; *χωχενιας* A Arm^{I}: cf 13 35$_{9}$ I 26$_{29}$; *chononi(aj)* Arm^{II}; pr *και* 60; + *και* 106 | *Λευίτης*] *λεβιτης* 610; cf praef p 95 | *Σεμεΐ*] *σεμεει* B′ V *L* 489 119 Compl; *σεμειας* (*-μιας* 107) *a*-127 Ald; *same᾽en* Aeth^{P}; *sama᾽in* Aeth^{B}; *samaʿini* Aeth$^{A'}$ | *ὁ* ult – (13) *καί* 1°] > 44(|) | *διαδεχόμενος*] *διαδυχυς* 158; *procurator* (sicut pro *διάδοχος* 26$_{11}$) *eius* Aeth$^{P'}$; > Aeth$^{A'}$

13 init – *Μαάθ*] *και ετεροι μετ αυτων* 125 | *καί* 1° om 107(-610) | *Ἰεϊήλ*] *ιηλ* Ra.: cf 21$_{2}$; *ειηλ* B; *ιειλ* 314; *ιεηλ* 71; *ιλειηλ* 158; *ijohel* Aeth; *ιεζιηλ* 19′ Compl; *ιεζεηλ* 107(-610); *ezecias* La^{109}; *ιεζεκιηλ* 44 | *καί* 2° om 107(-44 610) | *Ὀζαζίας*] *οζοζιας* 44; *οζαζας* A; *azazas* Aeth: cf 𝔐(עֲזַזְיָהוּ) Targ Vulg^{ap} (*azazias* 4 Mss); *οζιας* V *L* 60 119 527 Arm$^{Ite\ II}$: cf 𝔐^{1Ms}(עזיה) Pesch(עוזיא); *οζειας* B′; *οζαιας* 52; *azias* Arm^{Iap}; *azarias* La^{109} = Vulg^{te} | *καί* 3° om 107(-44 610) | *Νάεθ*] *ναaθ* *L* La^{109} Arm^{II} Compl = 𝔐 Pesch Targ Vulg^{te}; *ναιθ* Ald; *νασεθ* 71; *ναελ* 381; *nathan* Arm^{I}; *μαεθ* B: cf Vulg^{1Ms}(*maath*); *οναεθ* 158; *᾽anaʿeth* Aeth^{A}(solus, sed *᾽ana᾽eth* Aeth^{EGH}, *᾽ana᾽ith* Aeth^{DF}); *na᾽atho* (*-thon* B) Aeth$^{P'}$ | *καί* 4° – 5° om 44 | *καί* 4° om 71-107(-610) | *Ἀσαήλ*] *ασσαηλ* *L* Compl; *ασαλ* 158*; *asajel* Arm^{I}; *ασασαηλ* 74 | *καί* 5° om 71-107(-610) | *Ἰεριμώθ*] *ιερειμωθ* B′ 243-731; *ιερημωθ* V 19 98; *ιερεμωθ* 158; *᾽ijaremuth* (*-moth* A) Aeth | *καί* 6°] ⌒ 7° 381; > V 71-107(-610) | *Ἰωζαβάθ*] *ιεζαβαθ* 489; *ιωαζαβαθ* 60; *εζαβαθ* B; *jozafat* Arm^{IIte}; *ιωζαβαδ* 93 *a*-127 Aeth(omnes) Arm^{I} Ald Sixt = 𝔐 Pesch Targ (hab *iozabath* Vulg^{te}(*iozabad* ^{ap} 5 Mss)); *ιωαζαβαδ* 19′ Compl | *καί* 7° om 71-107(-610) | *Ἐλιήλ*] *ιεειηλ* B A; *᾽elhel* Aeth; *elsiel* La^{109} | *καί* 8° om 71-107$^{(-125)}$ | *Σαμαχιά*] *σαμαχεια* B; pr *ο* *a*$^{-71\ 121\ 236\ 314\ 762}$-127 Ald Sixt; + *και σεχενιας* (*σιχενιας* 93) *και θαισων* (*theson* Arm) *L* Arm^{II} | *καί* 9° om 71-107$^{(-125)}$ | *Μαάθ*] *μαθ* 158; *ααθ* *L*; *θαναι* B; *lask* Arm^{II} | *Βαναίας* – *αὐτοῦ* 1°] *et filius eius et manaas* La^{109} | *Βαναίας*] *βανεας* 19′ Arm Compl; *banjas* Aeth; *βανλιας* 55; *βανανιας* 489; *θαναιας* 68; pr *και* A *L* 554 60 158 125 Aeth (omnes) Arm Compl Ra. = 𝔐, cf TGP II | *καὶ οἱ υἱοὶ αὐτοῦ*] *και οι αδελφοι αυτου* V; > Compl = 𝔐 Pesch(om *οἱ* – *Χωνενίου*) Targ Vulg; *οἱ* om 19 71-107(non 44-610)-314(|) | *καθισταμενοι* 158 44 | *διά*] *per manus* La^{109} Arm: cf

ἀδελφοῦ αὐτοῦ, καθὼς προσέταξεν ὁ βασιλεὺς Ἑζεκίας καὶ Ἀζαρίας
14 *ὁ ἡγούμενος οἴκου κυρίου.* ^{14}*καὶ Κωρὴ ὁ τοῦ Ἰεμνὰ ὁ Λευίτης ὁ πυ-*
λωρὸς κατὰ ἀνατολὰς ἐπὶ τῶν δομάτων δοῦναι τὰς ἀπαρχὰς κυρίου
15 *καὶ τὰ ἅγια τῶν ἁγίων* ^{15}*διὰ χειρὸς Ὀδὸμ καὶ Βενιαμὶν καὶ Ἰησοῦ καὶ*
Σεμεΐ καὶ Μαρίας καὶ Σεχονίας διὰ χειρὸς τῶν ἱερέων ἐν πίστει, δοῦναι
τοῖς ἀδελφοῖς αὐτῶν κατὰ τὰς ἐφημερίας κατὰ τὸν μέγαν καὶ τὸν

B′ A V *L′ a*-127 *b* 60 119 158 527 La$^{109\,(Leg)}$ Aeth Arm

𝔐(מיד) | *Χωνενίου*] *χονενιου* 158; *χωχενιου* A Arm^{I}(*chochine*(*aj*)): cf 12; *ʾachenjas* Aeth^{P} | *Σεμεΐ*] *σεμεει* B″ V *L* 130-236-321-346-762 489 Compl; *σαιμεει* 314; *σεμειου* 121; *μει* 44 | *καθώς* – (14) *ἀνατολάς* om 44 | *καθὼς προσέταξεν*] *καθως προεταξεν* 55*; *per inspectionem* La^{Leg} = 𝔐(במפקד (hab *sicut precepit* La^{109})) | *ὁ βασιλεὺς/Ἑζεκίας*] *ὁ* om 489; *Ἑζεκίας* om 381; tr *L a*(non 125)-127 158 La^{109} Aeth$^{(-G)}$ Arm^{II} Ald Compl = 𝔐; > Aeth^{G} | *ὁ ἡγούμενος*] *ηγουμενοι* 46-728; *ὁ* om 71 | *κυρίου* om 64-381

14 init – *κυρίου*] > 106: homoiot; – *πυλωρός* om 107 | *Κωρή*] *κωρει* 93; *κορη a*$^{-68'}$-127 46 60 527 Sixt; *κορι* 68′ 489 Ald; *κορε* 158 | *Ἰεμνά*] *ο ιεμνα* (*ε* ex corr) 19; *ιεμνι* 134^{c}(*ιεμενι* *vid); *εμνα* 314 *b*^{2}; *αιμαν* B; *ιενα* 55; *ʾejemlaʾe* (*ʾijem.* A) Aeth: cf Vulg^{1Ms}(*iemla*) | *Λευίτης*] *λεβιτης* 127: cf praef p 95 | *κατὰ ἀνατολάς*] *κατ ανατολας* A V *b*$^{2-489}$ 60 119 527: cf praef p 97; post *δοῦναι* tr 107(hab et add post *δοῦναι* 44) | *ἐπὶ τῶν δομάτων*] *super volumtaria*(sic) *dei* La^{109} = 𝔐 (על נבדבות האלהים); *super dona domini* Aeth$^{A'}$; *επι των δωματων* A V^{c} 93 68′-71-74-107-120-236*-554^{c} *b*(46*-52) 55 119 158 527 Aeth$^{P'}$ Arm^{I}(*super tectis*); *super domesticis* Arm^{II}: cf praef p 61 | *τὰς ἀπαρχάς*] *τας αρχας* 107 | *κυρίου*] $\overline{κω}$ B′ 71 158 Ra.; *τω* $\overline{κω}$ 19; pr *του* 93-108 Compl

15 *διὰ χειρός* 1°] pr *et* Aeth^{AEFH}: cf 𝔐(ועל־ידו) | *Ὀδὸμ καί* om 71 | *Ὀδόμ*] *οδωμ* 46-381 60 158 527; *σοδομ* V*(-*δωμ* ^{c}): post *σ*; *ʾedom* Aeth^{-A}; *ʾem* Aeth^{A}; *edam* La^{109}; *ωδων* 489; *ιαδαν* 93-108 Arm^{II}; *αδαν* Compl: cf 𝔐(עֵדֶן); *ιωαδαν* 19; *αδοντων a*$^{(-71)}$-127 Ald | *καί* 1° – (16) fin om 44 | *Βενιαμίν*] -*μειν* B A V 119 158; -*μην* 314; *benjam* Aeth$^{P'G}$; *benjas* Aeth^{ADEFH} | *καί* 2° om 71 | *Ἰησοῦ*] *ιησους* B *L′* 119 527 Compl Sixt Ra. Fern.; *ʾijasu* Aeth$^{P'}$; *ʾijaso* Aeth^{ADEFH}; *ʾijase* Aeth^{G} | *καί* 3° om 71 | *Σεμεΐ*] *σεμεει* B″ *L* 130-236-314-321-346-762 489 Compl; *μει* 554*(corr pr m) | *καί* 4° om 71 | *Μαρίας*] *maris*(*aj*) Arm^{Ite}; *marias*(*aj*) Arm^{Iap}; *αμαριας* (-*ρειας* 19′ 71-314 Arm Compl; -*ρια* 125) *L a*$^{(-44)}$-127 *b*^{2} La^{109} Arm^{II}(hab *marjas* Aeth omnes) Compl Sixt Ra. = 𝔐 Pesch Targ Vulg | *Σεχονίας*] *σεχωνιας* 68′-74-121-236-314-762 46-381 60 119 527 Ald; *σεχονια* 125; *σεχενιας L b*^{2} La^{109} Aeth^{-A} Arm^{Iap}(-*chin.* ^{te})^{II} Compl = Vulg (שְׁכַנְיָהוּ 𝔐); *χονιας* 158 | *διὰ χειρός* 2°] *εν ταις πολεσιν L* Aeth$^{A'}$ Arm^{II} Compl = 𝔐 Pesch Targ Vulg | *τῶν ἱερέων*] *των αγιων* 71 | *τους αδελφους* 107*

μικρὸν [16]ἐκτὸς τῆς ἐπιγονῆς τῶν ἀρσενικῶν ἀπὸ τριετοῦς καὶ ἐπάνω 16
παντὶ τῷ εἰσπορευομένῳ εἰς οἶκον κυρίου εἰς λόγον ἡμερῶν εἰς ἡμέραν
εἰς λειτουργίαν ἐφημερίαις διατάξεως αὐτῶν. [17]οὗτος ὁ καταλοχισ- 17
μὸς τῶν ἱερέων κατ' οἴκους πατριῶν, καὶ οἱ Λευῖται ἐν ταῖς ἐφημερίαις
αὐτῶν ἀπὸ εἰκοσαετοῦς καὶ ἐπάνω ἐν διατάξει [18]ἐν καταλοχίαις ἐν 18
πάσῃ ἐπιγονῇ υἱῶν αὐτῶν καὶ θυγατέρων αὐτῶν εἰς πᾶν τὸ πλῆθος,

B′ A V *L′ a*-127 *b* 60 119 158 527 La^{109} Aeth Arm

(non 125-610(44)) | κατὰ τὰς ἐφημερίας] κατα τας εφημερας 314; και τας εφημεριας 93 | κατὰ τὸν μέγαν καὶ τὸν μικρόν B′ 60 Sixt Arm] κατα τον μεγαν και κατα τον μικρον A V *L* 119 527 La^{109} Aeth(omnes) Compl = 𝔐; κατα τον μικρον και (> 107) κατα τον μεγαν *a*$^{-71}$-127 Ald; κατα τον μικρον και τον μεγαν 71 | κατὰ τὸν μέγαν] και τον μεγαν 158

16 ἐκτὸς τῆς ἐπιγονῆς] *praeter divisionem* La^{109}: cf 𝔐(מלבד התיחשׂם); *praeter eos qui numerati sunt* Aeth^{A} ↓ | ἐκτός] εκ 158; εκαστος B′ 71 | τῆς ἐπιγονῆς] της απογονης (απογωνης 610) 107*(-610); + αυτων 158: cf 𝔐 | ἀρσενικῶν] αρρενικων 74: cf praef p 96 | καὶ ἐπάνω] om και 527; + *et* Arm^{Ite} | εἰς 2° – (18) πλῆθος om 381 | εἰς λόγον] εις τριακοντα (λ′ 46) 46-728 | εἰς ἡμέραν] εις ημερας B 158 La^{109} Arm^{I}(vid); εν ημερα αυτου *L* Arm^{II}(sim) = 𝔐; > 107; om εἰς 46 | εἰς ult – fin] εις εφημεριαν λειτουργιας 107; διαταξεως αυτων Aeth^{P}; εἰς om B | ἐφημερίαις] εφημεριας (gen sing) V *L* *a*$^{-68′\ 74\ 120\ 134\ 554\ (107)}$ *b*^{I} 119 158 527 Aeth$^{(-P)}$ Arm; pr *in* (*in vicibus*) La^{109} = 𝔐

17 οὗτος] ουτως 158 La^{109}(*ita est*); *et hic* (+ *erat* Arm^{I}) Aeth$^{A′}$ Arm: cf 𝔐(ואת (זאת 𝔊)) | ὁ καταλοχισμός] ο καταλογισμος 93 71 55 60 Ald; *dispositio* La^{109}: sicut in v 16 pro διατάξεως = Vulg | πατριῶν] + *eorum* Aeth$^{P′}$ Arm^{II} = 𝔐 | αὐτῶν] εαυτων V 60; *ministerii* (sicut pro λειτουργία in v 16) Arm^{I} | εικοσαετων 158 | ἐν διατάξει] *in custodiis suis et divisionibus suis* La^{109} = 𝔐 (במשמרותיהם במחלקותיהם); + *eorum* Aeth; > Arm^{II}

18 ἐν καταλοχίαις] εν καταλοχειαις 71: cf praef p 86; εν τοις καταλοχισμοις *L* Compl: cf 17; εγκαταλοχισαι (ενκ.*: cf praef p 92) B Sixt: cf 𝔐(להתיחשׂ); *divisum est* La^{109}; ἐν om 106′ | ἐν πάσῃ ἐπιγονῇ] + αυτων *L* La^{109}(*omni populo eorum*) Arm^{II}(sim) = 𝔐 | υἱῶν αὐτῶν καὶ θυγατέρων αὐτῶν] *uxoribus et filiis eorum* La^{109}: cf 𝔐(נשׁיהם ובניהם ובנותיהם) Pesch Targ Vulg(sim); αὐτῶν 1° om 71-107; αὐτῶν 2° om *L* *b*$^{I(-381)}$-98 158 Arm^{I} Compl | θυγατέρων] pr των 106 | τὸ

---

16 τῆς ἐπιγονῆς] σ′ τῶν διανεμηθέντων (-μιθ. cod) 108
17 οὗτος ὁ καταλοχισμός] σ′ τὰ δὲ ἀπονεμηθέντα 108

19 *ὅτι ἐν πίστει ἥγνισαν τὸ ἅγιον* ^{19}*τοῖς υἱοῖς Ἀαρὼν τοῖς ἱερατεύουσιν,*
καὶ οἱ ἀπὸ τῶν πόλεων αὐτῶν ἐν πάσῃ πόλει καὶ πόλει ἄνδρες, οἳ ὠνο-
μάσθησαν ἐν ὀνόματι, δοῦναι μερίδα παντὶ ἀρσενικῷ ἐν τοῖς ἱερεῦσιν
20 *καὶ παντὶ καταριθμουμένῳ ἐν τοῖς Λευίταις.* ^{20}*καὶ ἐποίησεν οὕτως*
Ἑζεκίας ἐν παντὶ Ἰούδᾳ καὶ ἐποίησεν τὸ καλὸν καὶ τὸ εὐθὲς ἐναντίον
21 *κυρίου τοῦ θεοῦ αὐτοῦ.* ^{21}*καὶ ἐν παντὶ ἔργῳ, ἐν ᾧ ἤρξατο ἐν ἐργασίᾳ*

B′ A V *L′ a*-127 *b* 60 119 158 527 La^{109} Aeth Arm

πλῆθος] *τό* om *a*$^{-71}$-127 527 Ald Sixt; + *eorum* Aeth Arm^{II} | *ἥγνισαν*] *αγνισαν* 610: cf praef p 102s; *ηγνισαν*^{τ} 98; *ηγνισαντες* 379; *ηγιασαν* A *L* Compl | *τὸ ἅγιον*] *τον αγιον* A 321-346-127; + *eorum* Arm^{II}; > Aeth^{P} = 𝔐^{1Ms}

19 *τοῖς υἱοῖς*] *τοις αγιοις υιοις* 381*; pr *και L* La^{109} Aeth$^{A′}$ Arm^{II} Compl = 𝔐 | *ἱερατεύουσι(ν)*] *ιερευσι* 44; + *εν* (pr *qui erant* Arm) *τοις αγροις* (*in agris suburbanis* La^{109}: cf Vulg) *L* La^{109} Arm^{II} = 𝔐(בשׂדי מגרשׁ) | *καί* 1° – fin] > 381; – *μερίδα* om Aeth^{P} | *καί* 1° om Aeth^{A} = 𝔐 | *οἱ ἀπὸ τῶν πόλεων*] *εν ταις πολεσιν L* Compl; *civitatum* La^{109} = 𝔐; *οἱ* om *a*$^{-71}$-127 158 Ald | *αὐτῶν* om La^{109} Arm^{Iap} | *καὶ πόλει* om 68′-71-107-236 Arm^{I} Ald = 𝔐^{1Ms} | *ἄνδρες, οἳ ὠνομάσθησαν*] *viris signatis* La^{109} | *ανδρος* V | *ονομασθησαν* 71 158: cf praef p 102s | *ἐν ὀνόματι*] *εν ονομασι L* La^{109}(*in omnibus* cod; *in nominibus* coni Weber) = 𝔐; > Aeth$^{A′}$ | *μερίδα*] *μεριδας* 60 La^{109}(*partes*(= Vulg)) = 𝔐 | *ἀρσενικῷ*] *αρρενικω* 74: cf praef p 96 | *ἐν* paenult om 321-346-127 119 | *Λευίταις*] *λευι* 52

20 init – (21) *προστάγμασιν*] > 125; *ἐποίησεν* 2° – (21) *προστάγμασιν* om 44 | *ἐποίησεν οὕτως Ἑζεκίας*] *εποισεν εζεκιας ουτως L* Aeth^{-G} Arm^{II} Compl; *sic fecit ezecias* La^{109} Aeth^{G} | *Ἑζεκίας* post *Ἰούδᾳ* tr 71 | *ἐν παντί*] *εναντι* 93; *ἐν* om 158 | *καὶ ἐποίησεν* 2°] + *εζεκιας L* Arm^{II} Compl; > 71; om *ἐποίησεν* 107 (-610) | *τὸ καλὸν καὶ τὸ εὐθές*] *pulchrum et ivit in via recta* Aeth: cf Pesch (דשפיר והלך בקושתא); + *και το αληθες L* La^{109}(*quod bonum et quod rectum et quod verum est*) Arm^{II} Compl = 𝔐$^{-1Ms}$ Targ Vulg(om *et verum* 1 Ms); *το καλον και αληθες* Eus *in Is* 231; om *τό* 2° 107(-610) | *ἐναντίον*] *εναντι* V *b*$^{-46}$ 60 119 527; *ενωπιον* 55 Eus | *κυρίου τοῦ θεοῦ*] *του κυριου θεου* B 68′-74-120-134-236-314-762 Sixt Ra.; *κυριου θεου* A 121-130-321-346-554; pr *του* Ald | *τοῦ* – (21) *προστάγμασιν* om 71-107(-610) | *αὐτοῦ*] *εαυτου b*^{2}; > Arm^{II} Eus

21 *καί* 1° om Aeth^{-A} | *ἐν* 1° om 19 | *ἐν* 2° – *ἐργασίᾳ* om Aeth^{-A}: homoiar | *ἐν* 2° om B 379*(corr pr m) Eus *in Is* 231 Sixt | *ἐν ἐργασίᾳ*] *εν τη εργασια L* Compl; *εργασια* B; *operari* Arm = Pesch(למעבד); *in omni cultura* La^{109}: cf Vulg(*in universa cultura ministerii* pro *ἐν* 1° – *ἐργασίᾳ*) |

ἐν οἴκῳ κυρίου, καὶ ἐν τῷ νόμῳ καὶ ἐν τοῖς προστάγμασιν ἐξεζήτησεν τὸν θεὸν αὐτοῦ ἐξ ὅλης τῆς ψυχῆς αὐτοῦ, ἐποίησεν καὶ εὐοδώθη.

32 [1]*Καὶ μετὰ τοὺς λόγους τούτους καὶ τὴν ἀλήθειαν ταύτην ἦλ-* 1
θεν Σενναχηρὶμ βασιλεὺς Ἀσσυρίων καὶ ἦλθεν ἐπὶ Ἰούδαν καὶ παρενέβαλεν ἐπὶ τὰς πόλεις τὰς τειχήρεις καὶ εἶπεν προκαταλαβέσθαι

B′ A V *L′ a*-127 *b* 60 119 158 412 527 La^{109} Aeth Arm

ἐν οἴκῳ κυρίου] *domus dei* (gen) La^{109}: cf Targ Vulg(*domus domini*) | *καί* 2° om Arm^{I} | *ἐν τῷ νόμῳ*] *in legibus* Arm; + *domini* Aeth^{-P} Arm^{I}; + *eius* Aeth^{P} (solus) | *ἐν τοῖς προστάγμασιν*] *εν τοις πραγμασιν* 158*; *in precepto* La^{109} = 𝔐; *τοῖς* om 379; + *eius* Aeth | *ἐξεζήτησεν τὸν θεὸν αὐτοῦ* om 554 | *ἐξεζήτησεν*] *εζητησε* (*-σεν* 125) *a*$^{-71\ 121\ 236\ 314\ 762}$-127 Ald(*εξητ.* (sic)); pr *και* 71-107 Aeth; *ut quereret* (*et ad quacrendum* Arm) La^{109} Arm^{II} = 𝔐(לדרש); + *εζεκιας* 125 | *τὸν θεὸν αὐτοῦ*] *τον θεον εαυτου* A V *b*^{1} Ald; pr *dominum* Aeth Arm^{II}; om *αὐτοῦ* 71-107 | *ἐξ ὅλης τῆς ψυχῆς*] *in toto corde* La^{109} Aeth(omnes) = 𝔐(בכל לבו); pr *και a*$^{-71\ 107}$-127 Ald; *τῆς* om B 93 71-107 381 Eus Sixt Ra. | *αὐτοῦ* 2°] *εαυτου* V *b*^{2} | *ἐποίησεν*] pr *και* B′ *L* La^{109} Compl Sixt Ra. = Pesch Vulg; pr *et totum quod* Aeth; > 71-107 | *καί* ult om Aeth | *εὐοδώθη*] *ευοδοθη* 55 158 44; *ευωδωθη* (*ευωδοθη* 321-346-127) B^{c} V^{c} 19′ *a*$^{-71\ 106}$-127 46-489-731 119 527 Eus: cf praef p 103; + *ei* Arm^{II}

32 1 *Καὶ μετά*] *μετα δε* 125 | *μετά – ἦλθεν* 1°] *μετα τουτου* 44 | *τούτους* om *b*^{1} 158 | *καὶ τὴν ἀλήθειαν ταύτην*] *και τη αληθεια ταυτη* 379; > 71 | *ταύτην*] *αυτου* 121 158 | *ἦλθεν* 1° om *a*$^{-71}$-127 | *Σενναχηρίμ a*$^{-71′\ 74\ 121\ 314\ 554}$-127^{c} 243 Ald Sixt] *-χηρειμ* B A 93-121 64-381 119 Tht^{1Ms} *Par II* 294 Proc *Comm in Par II* 1217B3; *-χειρειμ* 19′ V^{c} Lag.; *-χειρημ* V* Tht^{1Ms}; *-χειριμ* 314; *-χιρειμ* 60; *-χιρημ* 107^{c}(-610); *-χηρειν* 728 55; *σεναχηριμ* 127* (*-χηρειμ* 46-*b*$^{2-243}$ Eus *in Is* 231 Tht^{te}; *-χειριμ* 74 158; *-χειρειμ* 71 527; *-χιριμ* 44′ Tht^{1Ms}; *-χιρειμ* 106 Tht^{2Mss}; *-χιρημ* 107*): cf Reg IV 18$_{13}$^{ap}; *σενεχηρειμ* 554 Arm; *senacherem* Aeth; *σενναχηριβ* La^{109} (*sennacerib* = Vulg^{3Mss} (*sennacherib* ^{te})) Compl Fern. (*-ρειβ*): cf 𝔐 Pesch Targ Vulg(*s(a)enach* 2 Mss); *σεναχειριμος* Ios X 1te (*σενναχηρειμ, σεναχηρειβος, σενναχηριβος* et sim Ios^{ap}) | *βασιλεύς*] *βασιλευ* 314; pr *ο* 106 | *Ἀσσυρίων*] *ασυριων* 74-554(|) 44 Aeth (*ʾasorawjan* (cum var (*sarwijan* Aeth$^{P′}$: cf 28$_{16}$, sic et in $_{4\ 7\ 9\ 10\ 11\ 21\ 22}$ 33$_{11}$ sec Clear Diss p 78s))) Arm (*ασυριος* Arm^{IIap} vid) | *καὶ ἦλθεν ἐπὶ Ἰούδαν*] *και ηλθεν επι ιουδα* 55 44 (*ιου*^{δ} 125) 379 (*ιου*^{δ} 98); *εν τη ιουδαια* Eus; om *καὶ ἦλθεν* 71 La^{109} Arm^{I}; om *καί a*$^{(-71)}$-127 Arm^{II} | *παρενεβαλον* 71-127 46 Aeth^{P}; *ενεβαλεν* 93 | *ἐπί* 2°] *εις* 93 | ab *τει*]*χηρεις* incipit 412 | *καὶ εἶπεν*] *και ει b*$^{2-489}$; > 107 | *προκαταλαβέσθαι* – (2) *αὐτοῦ* om 158: *του* ⌒ *του*?, cf sq | *προκαταλαβέσθαι*] *-σθε* V^{c}; *προσκαταλαβεσθαι*

2 *αὐτάς. ²καὶ εἶδεν Ἑζεκίας ὅτι ἥκει Σενναχηρὶμ κατὰ πρόσωπον αὐ-*
3 *τοῦ τοῦ πολεμῆσαι ἐν Ἰερουσαλήμ, ³καὶ ἐβουλεύσατο μετὰ τῶν*
πρεσβυτέρων αὐτοῦ καὶ δυνατῶν ἐμφράξαι τὰ ὕδατα τῶν πηγῶν,
4 *ἃ ἦν ἔξω τῆς πόλεως, καὶ συνεπίσχυσαν αὐτῷ. ⁴καὶ συνήγαγεν*
λαὸν πολὺν καὶ ἐνέφραξεν τὰ ὕδατα τῶν πηγῶν καὶ τὸν ποταμὸν
τὸν διορίζοντα διὰ τῆς πόλεως λέγων Μὴ ἔλθῃ ὁ βασιλεὺς Ἀσσοὺρ

B′ A V *L′ a*-127 *b* 60 119 158 412 527 Syh$^{12\ 168}$(incipit ab 2) La^{109} Aeth Arm

412*; *ut dissecaret* Aeth$^{A′(D*\ vid)}$ = 𝔐(לבקעם (𝔊 pro תפשׂ Reg Is 36₁)); pr *του* 19′ Compl | *αὐτάς*] + *sibi* La^{109} = 𝔐

2 *εἶδεν*] *ειπεν* 44 | *Ἑζεκίας*] *ιεζεκιας* 46(non 52)-728 = 𝔐$^{-1Ms}$ Targ Vulg^{ap}; *εζεχιας* Coll VT 1264 | *ὅτι* – (3) *ἐβουλεύσατο*] > 44; – fin om 71 | *ἥκει*] *ερχεται* 321^{c} (*ικει* *) | *Σενναχηρίμ a*$^{-(71\ 44)\ 74\ 106′\ 121\ 314\ 321^{c}\ 554\ 125}$-127 243 Ald Sixt] -*χηρειμ* B′ A V* 93-108-121 *b*$^{1-46}$ 119 412; -*χειριμ* 314; -*χειρειμ* 19 Lag.; -*χιρειμ* 60; -*χιρημ* 107(-610); *σεναχηριμ* 321^{c} (-*χηρειμ* 554 46-*b*$^{2-243}$ Coll VT; -*χειριμ* 74; -*χειρειμ* V^{c} 527; -*χιριμ* 125; -*χιρειμ* 106); *senacherem* Aeth^{A}; *senecherim* Arm; *senechirem* Aeth^{-A}; *σενναχηριβ* La^{109}(*sennacerib* = Vulg) Compl Fern.(-*ρειβ*): cf 𝔐 Pesch Targ Vulg(*senac(h)erib*); סנחריב Syh$^{12\ 168}$ = 𝔐 | *κατὰ πρόσωπον αὐτοῦ* A *a*$^{(-71\ 44)}$-127 *b* Arm^{I} (Arm^{II} inc) Ald] *και το προσωπον αυτου* B′ V *L* 60 119 412 527 Syh La^{109} sim (*et faciem* (*facies* coni Weber) *eius erat*) Aeth$^{(-PG)}$ Compl Sixt Ra. = 𝔐: cf TGP II; > Aeth^{PG} Coll VT | *ἐν a*$^{(-71\ 44)\ 74}$-127 *b*^{2} Ald] *εις* 74; *επι* rel Ra. = 𝔐, cf TGP II | *Ἰερουσαλήμ* ($\overline{ιλημ}$)] $\overline{ιηλ}$ 52

3 *καί* 1° om La^{109} Arm | *αὐτοῦ*] *εαυτου* A V *b* 60 | *καὶ δυνατῶν*] *και δυνατον* 64*; *και των δυνατων* B *L a*$^{-71}$-127 98 Ald Compl Sixt Ra.; *et cum* (+ *omnibus* Arm^{II}) *potentibus* La^{109} Aeth$^{(-P′)}$ Arm; > Aeth$^{P′}$ | *τῶν πηγῶν* ⌒ (4) *τῶν πηγῶν* 314 | *συνεπίσχυσαν*] *συνεπισχυσεν* (-*επεισχ.* *) B; *συνεπισχιθησαν* 158 | *αὐτῷ*] *αυτων* 106′; *αυτον* Coll VT 1264

4 *καὶ συνήγαγεν λαὸν πολύν*] *et congregaberunt populum multum* La^{109} Aeth^{G}: cf 𝔐(ויקבצו עם־רב (hab *congregavit plurimam multitudinem* Vulg)) | *πολύν*] *πολυ* 71 | *ενεφραξαν* 55 La^{109} Arm = 𝔐 Pesch Targ Vulg | *τὰ ὕδατα τῶν πηγῶν*] *omnes aquas fontium* La^{109}: cf 𝔐(את־כל־המעינות) et 3; om *τῶν πηγῶν* 71 | *τὸν ποταμὸν τόν*] *των ποταμων τον* (*των* 728) 728 158: cf Pesch^{te}; *τον χειμαρρουν τον L* Compl | *διορίζοντα*] *διεριζοντα* 158*; *qui fluebat* La^{109} Aeth = Vulg, cf 𝔐(השוטף) | *διὰ τῆς πόλεως*] *in medio terrae* Aeth$^{A′}$ = 𝔐(בתוך־הארץ); *per medium ciuitatis* La^{109} | *λέγων* – (5) *Ἑζεκίας* om 44 | *λέγων*] *λογον* 125; *dicentes* La^{109} = Vulg, cf praec; *et dicunt* Arm^{I} | *Μή*] + *ποτε* (post *ἔλθῃ* tr 121) *L′* Arm(vid) Compl | *ἔλθῃ ὁ βασιλεύς*] *veniant reges* La^{109} = 𝔐 Targ Vulg (hab נאתא מלכא Pesch); *ὁ* om B 19′ *a*$^{-107}$-127 Ald Compl Sixt Ra. | *ασουρ* 71-74-107(-125)-346*-554-127 158 527 379*; *ασσυριων* (*ασυρ.* Arm vid) La^{109} Aeth (cf 1)

καὶ εὕρῃ ὕδωρ πολὺ καὶ κατισχύσῃ. ^{5}*καὶ κατίσχυσεν Ἑζεκίας καὶ* 5
ᾠκοδόμησεν πᾶν τὸ τεῖχος τὸ κατεσπασμένον καὶ πύργους καὶ ἔξω
προτείχισμα ἄλλο καὶ κατίσχυσεν τὸ ἀνάλημμα πόλεως Δαυὶδ καὶ
κατεσκεύασεν ὅπλα πολλά. ^{6}*καὶ ἔθετο ἄρχοντας τοῦ πολέμου ἐπὶ* 6
τὸν λαόν, καὶ συνήχθησαν πρὸς αὐτὸν εἰς τὴν πλατεῖαν τῆς πύλης τῆς
φάραγγος, καὶ ἐλάλησεν ἐπὶ τὴν καρδίαν αὐτῶν λέγων ^{7}*Ἰσχύσατε* 7
καὶ ἀνδρίζεσθε, μὴ πτοηθῆτε ἀπὸ προσώπου βασιλέως Ἀσσοὺρ καὶ

B' A V *L' a*-127 *b* 60 119 158 412 527 Syh$^{12\ 168}$(desinit ab $_5$) La$^{109\,(\mathrm{Leg})}$ Aeth Arm

Arm^{II} (*ασυριος* Arm^{I} vid) Compl | *καὶ κατισχύσῃ*] *και κατισχυσει* 71-236-127 46-64-379(in 98 *υσῃ* absc)-243-731 60 158 527: cf praef p 109s; > La^{109} = 𝔐 Pesch Targ Vulg: cf $_5$ init

5 *καί* 1° – *ᾠκοδόμησε(ν)*] *και ωκοδομησεν εζεκιας* 71; *και ωκοδομησε* 107; *Ἑζεκίας* om La^{109} Arm^{II} = 𝔐 Pesch Targ Vulg | *τὸ κατεσπασμένον*] *το κατεσκαμμενον* (*κατασκ.* 55) B' *L a*(554^{txt}) 127 Compl Sixt Ra. (hab *το κατεσπασμενον* Dam$^{\mathrm{CV^WV^M;TM^M}}$); *το κατεσκεπασμενον* 527 | *πύργους*] *πυργος* 762; *τειχους* 68'; pr *erigebat* Arm^{II}: cf 𝔐(pro ויעל על (Vulg *et extruxit*)) | *καὶ ἔξω*] tr 71; *καί* om Aeth^{P} | *αλλω* 610 | *καί* paenult om 119(|) | *κατίσχυσεν* 2° B' A V 554$^{\mathrm{sup\,lin}}$ *b* 60 119 158 412 527 La$^{109\,\mathrm{Leg}}$ vid (*communivit* (*commonibit* 109): cf sq) Aeth Arm^{I} Ald Sixt = 𝔐] *ωκοδομησε L a*$^{(-107)}$-127(554^{txt}) Arm^{II} vid (*circumdedit*) Compl ↓; > 107 | *τὸ ἀνάλημμα πόλεως*] *mello* (*vallo* 109) *civitatem* La$^{109\,\mathrm{Leg}}$: cf 𝔐(מלוא) | *τὸ ἀνάλημμα*] *το αναλειμμα* 120*-122*-762; *το αναλημα* 71; *το αναλυμα* 60 158; *το αναλλημα* 314; *το αναλγημα* 44; *moenia* Arm; *ascensus* Aeth (sicut pro *αναβασις* Par I 26$_{16}$) | *πόλεως*] pr *της a*$^{-71}$-127 Ald Sixt | *δαυειδ* B; *δαβιδ* Ald: cf 1$_1$

6 *αρχοντα* 19' | *τοῦ πολέμου*] *τοῦ* om *L* Compl = 𝔐 | *ἐπὶ τὸν λαόν*] *εν παντι τω λαω* 98; om Aeth$^{\mathrm{P'}}$ | *πρὸς αὐτόν*] *επ αυτον* 71-106 44 | *εἰς – φάραγγος*] *in medio omnis civitatis* Arm^{II}: cf Pesch(om *τῆς πύλης τῆς φάραγγος*) et sq | *εἰς*] *επι* B *L a*-127 Ald Compl Sixt; *προς b*^{2} | *τῆς πύλης τῆς φάραγγος*] *της πυλης της πολεως L* La^{109} Aeth$^{\mathrm{A'}}$ = 𝔐 Targ Vulg; *της πολεως της φαραγγος* 60 Aeth$^{\mathrm{P''}}$; *της πυλης της φαλαγγος* 68; *την πυλιν* (sic) *της φαρυγγος* 158; *τῆς πύλης* om Arm^{I} | *ἐπὶ τὴν καρδίαν*] pr *εζεκιας L* Arm^{II}; om *τήν* B *a*-127 Sixt Ra. | *αὐτῶν*] *εαυτων* 60

7 *Ἰσχύσατε καὶ ἀνδρίζεσθε*] *ανδριζεσθε και ισχυσατε L* Arm^{II}(sim); *invalescite, viriliter agite, confortamini* La^{109}: cf Vulg(*viriliter agite et confortamini*); *καὶ ἀνδρίζεσθε* om 71-107 | *μή*] pr *και a*$^{-71\ 107}$-127 La^{109} Aeth(omnes) Ald Sixt =

---

5 *κατίσχυσεν τὸ ἀνάλημμα πόλεως Δαυίδ*] *σ' ᾠκοδόμησεν προσπλήρωμα δ̄ᾱδ* 412; *σ' προσπλήρωμα* 108: cf Field ad Par II 32$_5$ Reg II 5$_9$

ἀπὸ προσώπου παντὸς ἔθνους τοῦ μετ᾽ αὐτοῦ, ὅτι μεθ᾽ ἡμῶν πλείονες
8 *ἢ μετ᾽ αὐτοῦ· ⁸μετ᾽ αὐτοῦ βραχίονες σάρκινοι, μεθ᾽ ἡμῶν δὲ κύριος*
ὁ θεὸς ἡμῶν τοῦ σῴζειν καὶ τοῦ πολεμεῖν τὸν πόλεμον ἡμῶν. καὶ
κατεθάρσησεν ὁ λαὸς ἐπὶ τοῖς λόγοις Ἐζεκίου βασιλέως Ἰούδα.
9 *⁹Καὶ μετὰ ταῦτα ἀπέστειλεν Σενναχηρὶμ βασιλεὺς Ἀσσυρίων τοὺς*
παῖδας αὐτοῦ ἐπὶ Ἰερουσαλήμ, καὶ αὐτὸς ἐπὶ Λαχεὶς καὶ πᾶσα ἡ

B′ A V *L′ a*-127 *b* 60 119 158 412 527 La^{109} Aeth Arm

Pesch^{ap} | *ανδρισεσθαι* A 119 158: cf praef p 86 | *πτοηθῆτε*] *φοβηθητε* 71: cf Eus *in Is* 231(*φοβεῖσθαι*); pr *φοβηθητε μηδε L a*$^{-71\ 107}$-127 La^{109} Arm^{II} Tht *Par II* 295 (*φοβ.* et *πτοηθ.* tr Tht^{1Ms}) = 𝔐 | *ἀπό* 1° ∩ 2° 381 | *βασιλέως*] pr *του* Tht^{ap} Dam^{CVWVMiHaMM} | *Ἀσσούρ – αὐτοῦ* 1°] *σεναχιριμ* 44 | *Ἀσσούρ*] *ασουρ* 71-74-554 527 Dam^{CVWVRMMHaT}; *ασσυριων L* La^{109} Aeth$^{-P′}$ Arm Tht; *ασυριων* 158 Arm Tht^{1Ms}: cf ι | *ἀπό* 2° – *ἔθνους*] *ab omnibus* (> Aeth$^{-A′}$) *populis* Aeth: cf Pesch | *ἀπὸ προσώπου παντός*] > 71 125 Dam^{VWVMiHaTMM}; *προσώπου* om *a*-127 | *προσώπου* 2°] post *ἔθνους* tr Ald; post *παντός* tr 527 | *ἔθνους*] ante *παντός* tr 60; pr *του* B′ *L* 71 Tht^{1Ms} Dam^{CVWVMiHaTMM} Compl Sixt Ra. | *τοῦ*] *των* 158 | *μεθ᾽ – ἤ* om 158^{txt} (*μεθ υμων πληοναις η* ^{mg}) | *ἡμῶν*] *υμων* 130* 55* 158$^{(mg)}$ | *πλείονες*] *πλειους L* Tht Dam^{CVWVMiHaTMM}: cf praef p 101 | *ἤ*] *υπερ τους* (*των* Tht^{ap}) *L* Tht Compl | *αὐτοῦ* ult] *αυτον* 527 Tht^{1Ms}; *αυτων* Aeth^{A} Eus 232 Dam

8 *μετ᾽ αὐτοῦ*] pr *και* 71 La^{109}; pr *οι* 527; > A *b′* 60 44-610 | *σάρκινοι*] *σαρκικοι L* Compl; *σαρκινες* 71 | *μεθ᾽ ἡμῶν δέ*] *μεθ υμων δε* 19 44; *δέ* om Tht^{ap} *Par II* 295 | *ὁ θεὸς ἡμῶν*] *ἡμῶν* om 71 158 Tht^{1Ms} | *τοῦ* 1° – *ἡμῶν* ult] *adiutor ut prelietur in prelio nostro* La^{109}: cf Vulg(*qui auxiliator est noster*) et Pesch (*qui auxiliatur nobis*) pro *τοῦ σῴζειν*); > Aeth^{P}: homoiot; om *τοῦ σῴζειν καί* 68′-71-120; om *καὶ τοῦ πολεμεῖν* 44 | *τοῦ σῴζειν*] *του σωσαι ημας* (*υμας* Tht^{1Ms}) Tht; + *nos* Aeth$^{(-P)}$ Arm^{I} = 𝔐 | *τοῦ πολεμεῖν*] + *nobis* Aeth$^{(-P)}$ | *ἡμῶν* ult] *υμων* 412; + *ποιειν* 44 | *κατεθάρσησεν*] *καταθαρσησεν* 121; -*εθαρρησεν* 71 Dam^{VWVMiT} (-*εθαρησεν* Dam^{MMHa}): cf praef p 96 | *ὁ λαός*] *εζεκιας* 93 | *Ἐζεκίου βασιλέως Ἰούδα*] *εζεκιου* 71; *εζεκια* Dam^{CVWVMiHaTMM}: cf praef p 98; *αυτου* 107; *Ἐζεκίου* om 74 | *βασιλέως*] pr *του L* 55 Compl

9 *μετὰ ταῦτα* om 44 | *Σενναχηρίμ a*$^{-71\ 74\ 106\ 120\ 121\ 554\ 44′\ 610}$-127 Ald Sixt] -*χηρειμ* B′ A V* 93-108-121 *b*$^{I-46}$ 119 412; -*χειριμ* 120; -*χειρειμ* V^{c} 19; -*χιρειμ* 60; *σεναχηρειμ* 554 46-*b*$^{2-243}$ Eus *in Is* 232 (-*χειριμ* 74 243 158; -*χειρειμ* 527; -*χιριμ* 44′; -*χιρειμ* 71-106; -*χιρημ* 610); *senacherem* Aeth^{-A}; *sinecherim* Arm^{II}; *sinecherim* Arm^{I}; *sanacherem* Aeth^{A}; *σενναχηριβ* La^{109} (*sennacerib* = Vulg^{2Mss} (*sennacherib* ^{te})) Compl Fern.(-*ρειβ*): cf 𝔐(סַנְחֵרִיב) | *βασιλεὺς Ἀσσυρίων*] *βασιλευς ασσηριων* 314; *βασιλευς ασυριων* 554 158 527* Arm^{I}: cf ι; > 71 44; om *Ἀσσυρίων* Arm^{II} = Vulg^{1Ms} | *αὐτοῦ* 1°] *εαυτου* A V* *b*$^{-46}$ Sixt | *ἐπί* 1°] *εις* 44 | *καὶ αὐτός*] *και αυτος ην L* La^{109}(*ipse enim erat*) Arm: cf Pesch(+ שׂרא) Targ(+ מעיק) |

στρατιὰ μετ' αὐτοῦ, καὶ ἀπέστειλεν πρὸς Ἑζεκίαν βασιλέα Ἰούδα καὶ
πρὸς πάντα Ἰούδαν τὸν ἐν Ἰερουσαλὴμ λέγων [10]Οὕτως λέγει Σεν- 10
ναχηρὶμ βασιλεὺς Ἀσσυρίων Ἐπὶ τίνι ὑμεῖς πεποίθατε καθῆσθαι ἐν τῇ
περιοχῇ ἐν Ἰερουσαλήμ; [11]οὐχὶ Ἑζεκίας ἀπατᾷ ὑμᾶς τοῦ παραδοῦναι 11
ὑμᾶς εἰς θάνατον καὶ εἰς λιμὸν καὶ εἰς δίψαν λέγων Κύριος ὁ θεὸς

B' A V *L' a*-127 *b* 60 119 158 412 527 La^{109} Aeth Arm

Λαχείς] *λαχις* Sixt Ra.: cf 11_{9} | *πᾶσα ἡ στρατιά*] *η πασα στρατια* b^{2}; *παση στρατια* 55; *ἡ* om 46-728; + *αυτου L* La^{109} Arm^{II} Compl = 𝔐 Pesch Targ | *στρατεια* B V 71 728 158: cf 33_{35} et praef p 85 | *μετ' αὐτοῦ*] > 98(|); *μετ'* om a^{-71}-127 $b^{2(-98)}$ | *καὶ ἀπέστειλε(ν)*] *και ειπεν* 44; *ουτως λεγων* 71; > La^{109} = 𝔐 Pesch Targ Vulg | *ἀπέστειλε*] -*λα* 236* | *πρὸς Ἑζεκίαν*] *προς εζεκια* 19-93; *τω εζεκια* 44 | *βασιλέα – Ἰερουσαλήμ* om 107 | *βασιλέα Ἰούδα* om 71 Aeth^{P} | *καί* ult – *Ἰερουσαλήμ*] > 93; – *τόν* om Arm^{I} | *πρὸς πάντα*] *προς πασα* (mend pro *πασαν*?) 71; > 55 | *Ἰούδαν*] *ιουδα* B' 19 $a^{-(71\ 107)\ 106\ 121\ 554\ 762}$-127 158 379 (*ιου*$^{\delta}$ 98) Ald Compl Sixt; *iudeam* La^{109} | *τόν* – fin om 71 | *ἐν*] *επι* 55; > 412^{txt} Aeth$^{P'AG}$ | *λέγων* om 44

10 *Οὕτως*] *ουτος* V*; *ουτω* a^{-71}-127: cf praef p 97 | *Σενναχηρίμ* $a^{-71\ 74\ 106'\ 121\ 554}$-127 243 Ald Sixt] -*χηρειμ* A V* 93-121 64-381 55 119 412; -*χειρειμ* 19' 728; -*χιρειμ* 60; -*χιρημ* 107(non 44'-610); *σεναχηρειμ* 554 46-b^{2-243} (-*χειριμ* 74 158 125; -*χειρειμ* V^{c} 71 527; -*χιριμ* 44; -*χιρειμ* 106; -*χιρημ* 610); *senacherem* Aeth; *senecherim* Arm; *σενναχηριβ* La^{109}(*sennacerib* = Vulg^{4Mss} (*sennacherib* ^{te})) Compl Fern.(-*ρειβ*): cf 𝔐(סַנְחֵרִיב); > B(|) | *βασιλεύς*] pr *ο* B' A V 60 412 527 Ra. | *Ἀσσυρίων*] *ασυριων* 120-554 158 44 Arm: cf $_{1}$ (+ *τους παιδας αυτου επι ιλημ και απεστιλ* 158*: ex $_{9}$) | *τίνι*] *τινα* 381; *τι* B Sixt | *ὑμεῖς* om La^{109} = Vulg | *πεποίθατε καθῆσθαι*] *confidentes sedete* Arm (Arm^{II} sim): cf 𝔐 et sq | *καθῆσθαι* A V *b* 55 119(*καθεισθαι*) 412 527(*καθησθε* *)] *και καθησθε* (*καθισθε* 108 Compl) *L* 74 La^{109}(*et sedete*) Arm^{II}(sim) Compl Ra.; *καθησεσθε* B 71 60(*καθισεσθαι*); *και καθησεσθε* (*καθισεσθε* 121-236-762 44) a^{-71}-127 Ald Sixt: cf 𝔐 | *ἐν τῇ περιοχῇ* om 93 44 | *ἐν Ἰερουσαλήμ*] *ἐν* om b^{2} 158 La^{109} Arm^{I} = Vulg^{1Ms*}

11 init] pr *et* Aeth^{-A} (Clear Muséon); pr *και προς τον λαον ειπεν* (*ειπον* 44) 107 | *τοῦ – ὑμᾶς* 2° om 44: homoiot | *τοῦ παραδοῦναι ὑμᾶς*] *του π. ημας* 106*; *του αποδωσειν υμας* Compl; > 19(|)-108: homoiot = 𝔐^{1Ms}; om *ὑμᾶς* b^{1} | *εἰς* 1° – *δίψαν*] *morti in fame et siti* La^{109}: cf 𝔐 (למות ברעב ובצמא) et Vulg; *καί* 1° om 71 Arm^{I}; *εἰς* 2° om A 127(|); *εἰς* 3° om 107$^{(-44)}$ | *δίψαν*] *θλιψιν* A | *Κύριος*] *κε̅* 489* | *ὁ θεὸς ὑμῶν*] *ο θεος ημων* B $a^{-(71)\ 74}$ 46-731 412* Ald Compl Sixt Ra. = 𝔐 Pesch Targ (hab *dominus deus vester* Vulg(omnes)); > 71; om *ὑμῶν*

12 *ὑμῶν σώσει ὑμᾶς ἐκ χειρὸς βασιλέως Ἀσσούρ; ¹²οὐχ οὗτός ἐστιν*
Ἑζεκίας, ὃς περιεῖλεν τὰ θυσιαστήρια αὐτοῦ καὶ τὰ ὑψηλὰ αὐτοῦ καὶ
εἶπεν τῷ Ἰούδᾳ καὶ τοῖς κατοικοῦσιν Ἰερουσαλὴμ λέγων Κατέναντι τοῦ
13 *θυσιαστηρίου τούτου προσκυνήσετε καὶ ἐπ᾽ αὐτῷ θυμιάσετε. ¹³οὐ*
γνώσεσθε τί ἐγὼ ἐποίησα καὶ οἱ πατέρες μου πᾶσιν τοῖς λαοῖς τῶν
χωρῶν; μὴ δυνάμενοι ἠδύναντο θεοὶ τῶν ἐθνῶν πάσης τῆς γῆς σῶσαι
14 *τὸν λαὸν αὐτῶν ἐκ χειρός μου; ¹⁴τίς ἐν πᾶσιν τοῖς θεοῖς τῶν ἐθνῶν*

B′ A V *L′ a*-127 *b* 60 119 158 412 527 La^{109} Aeth Arm

93(|) Arm$^{Iap\ II}$ | *σώσει ὑμᾶς*] *σωσει ημας a*$^{-68'\ 74\ 314}$ 46 158 412^{c} Ald Compl Sixt Ra. = 𝔐 Pesch Targ (hab *liberet vos* Vulg(omnes)), cf Reg IV 18$_{32}$ Is 36$_{14}$; om *ὑμᾶς* 60 | *ἐκ* – fin om 71 125 | *ἐκ*] *απο* 44 | *βασιλέως Ἀσσούρ*] *βασ. ασουρ* 74-554 158; *βασ. ασσυριων* (*ασυρ.* Arm) *L* La^{109} Aeth$^{-P'}$ (cf $_{1}$) Arm Compl; *βασ. σεναχιριμ* 44; pr *senacherem* Aeth

12 *οὐχ οὗτός*] *ουχ ουτως* 93 107(-610); *οὐχ* om B(|) | *περιεῖλε(ν)*] *περιελεν* V*: cf praef p 102s; *περιελει* 527 | *τὰ θυσιαστήρια* et *τὰ ὑψηλά* tr *L* Arm^{II} Compl = 𝔐 et Reg IV 18$_{22}$ 𝔐 𝔊 Is 36$_{7}$ 𝔐 𝔊$^{O\ L}$(om 𝔊*) | *αὐτοῦ* 1° om 107(non 44) Aeth^{-A} Arm^{II} | *αὐτοῦ* 2° om Arm^{II} | *εἶπεν*] pr *παντα a* 71 | *τῷ Ἰούδᾳ καί*] pr *populo* Aeth(sed cf praef p 52ss); > 127* | *τοῖς κατοικοῦσιν* om La^{109} Aeth^{P}(solus) = 𝔐 Vulg, sed cf Pesch(pr לעמוריה) Targ(pr לאנש) | *Ἰερουσαλήμ*] pr *εν* B′ 19′ 731 610 | *λέγων* om Arm^{I} = 𝔐^{1Ms} | *Κατέναντι*] *ενωπιον L* Compl = Reg; pr *και* 55 | *τοῦ θυσιαστηρίου τούτου*] *domus domini* Aeth; + *unius* Arm^{I}: cf 𝔐(מזבח אחד) Pesch Targ Vulg (hab המזבח הזה Reg Is) | *προσκυνήσετε*] *-σεται* A 121 55; *-σατε L* 127* Compl: cf Reg 𝔊^{ap} Is 𝔊^{ap} | *καὶ ἐπ᾽ αὐτῷ*] *και επ αυτο a*$^{-(44)\ 71\ 106\ 314}$-127 Ald; *και επ αυτου* A; *και επ αυτον* 314; *και επ αυτα* 106; *καὶ ἐπ᾽* om 44; *καί* om 134* Aeth$^{A'}$ | *θυμιάσετε*] *-σεται* A; *-σατε L a*$^{-71\ 122*\ 314\ (321\ 346)}$ 98 158; *θυσιασατε* 321-346-127; + *αυτο* 44

13 *οὐ γνώσεσθε*] *ουχι γνωσεσθε* 489; *ουκ οιδατε* Compl; *και γνωσεσθε* 158; *και γνωτε L*; pr *et* Aeth^{-A} (Clear Muséon); pr *nunc* Arm^{II} | *τί*] *ο τι* B′ 71 46-64* 60 119 158 412 527 Sixt(*ὅ, τι*) Ra.(*ὅ τι*); *α L* La^{109}(*que*) | *ἐγὼ ἐποίησα*] *εποιησα* (+ *υμιν* 19) *εγω* B *L a*-127 La^{109}(*fecerim ego*) Arm Compl Sixt Ra. = 𝔐 Targ (hab Vulg *ego fecerim*) | *πατέρες μου*] *μου* om 158 | *πᾶσιν* (sic A; *πασι* rel): cf praef p 96 | *πᾶσιν – χωρῶν*] *omnibus populis et regionibus* Arm^{I}; *omni populo populorum terrae* Arm^{II} | *ἠδύναντο* B′ 46 158 527 Sixt] *εδυνηθησαν L* Compl; *εδυναντο* rel: cf praef p 105 | *θεοί – γῆς*] *θεοι πασης της γης εθνων b*; pr *οι L a*-127 381 Compl | *σῶσαι*] pr *του* 93 | *τὸν λαὸν αὐτῶν*] *των λαων αυτων* 55; *τον λαον εαυτων* V *b*(728^{c}-52^{c}) 60 158 Ald; *terram* La^{109}: cf 𝔐(ארצם) Targ Pesch(plur) Vulg(*regionem suam*) | *ἐκ χειρός*] *εκ των χειρων* 74 Arm = Pesch Targ^{ap}

τούτων, οὓς ἐξωλέθρευσαν οἱ πατέρες μου; μὴ ἠδύναντο σῶσαι τὸν
λαὸν αὐτῶν ἐκ χειρός μου, ὅτι δυνήσεται ὁ θεὸς ὑμῶν σῶσαι ὑμᾶς ἐκ
χειρός μου; [15]νῦν μὴ ἀπατάτω ὑμᾶς Ἑζεκίας καὶ μὴ πεποιθέναι ὑμᾶς 15
ποιείτω κατὰ ταῦτα, καὶ μὴ πιστεύετε αὐτῷ· ὅτι οὐ μὴ δύνηται ὁ
θεὸς παντὸς ἔθνους καὶ βασιλείας τοῦ σῶσαι τὸν λαὸν αὐτοῦ ἐκ χειρός
μου καὶ ἐκ χειρὸς πατέρων μου, ὅτι ὁ θεὸς ὑμῶν οὐ μὴ σώσῃ ὑμᾶς ἐκ

B′ A V *L′ a*-127 *b* 60 119 158 412(desinit ab 15 *μή* 4°) 527 La^{109} Aeth Arm

14 om v 14 107-127: homoiot | om *τίς – μου* 2° 106: homoiot | *τίς*] + *εστιν L* La^{109} Compl = Pesch Vulg | *ἐν – ἐθνῶν*] *omnium nationum* La^{109} | *ἐν πᾶσιν* (sic A 158; *πασι* rel): cf praef p 96 | *ἐξωλέθρευσαν* B* A 120-130-134-321-346-762] *εξολοθρευσαν* 19′ 71-236-314 55 158 Ald; *εξωλοθρευσαν* rel: cf praef p 95 et 103 | *μου* 1°] + *και εγω L*; ⌒ 2° 71 | *μὴ ἠδύναντο*] *μη εδυναντο a*$^{-(71)\,106'}$ 60 Ald Sixt: cf praef p 102; *ος* (*ως* 19) *εδυνηθη* (*-θην* 19) *L* La^{109}(*quis poterit*) Compl = 𝔐(אשר יכול) Targ Vulg^{te}(*qui potuerit* (דאשכחו Pesch)) | *τὸν λαὸν αὐτῶν*] *τον λαον εαυτων* A V *b*^{3} 60: cf praef p 96; *τ. λαον αυτου L* Compl = 𝔐; *populum suum* La^{109} = Vulg | *ὅτι* – fin om 68′-121 La^{109}: homoiot | *δυνήσεται*] *-σετε* 71 119; *δυναται b*^{2}; pr *ου* 74 | *ὑμῶν*] *ημων* 106* Ald | *ὑμᾶς*] *ημας* 158*; > 71

15 *νῦν*] pr *και L* 610 La^{109} Aeth(omnes) Compl = 𝔐; + *ουν a*$^{-71\,314}$-127 Ald Sixt; + *ου* 314 | *μή* 1° om 527* | *καί* 1° – *ταῦτα*] *και μη ποιειτω* (*ποιητω* 19 Compl) *υμας πεποιθεναι μηδε επισειετω υμας επι* (*εν* 93) *τουτω L* Compl: dubl (cf 𝔐 (*επισειετω* pro לסית: cf Par I 21₁)); *et non faciat vos confidere secundum hec* La^{109}; > 107 Arm^{II}; *καί* om V 60 119 412 527 | *ποιειτε* 71 46 | *ταῦτα*] *παντα* 379(98 absc) | *καὶ μὴ πιστεύετε αὐτῷ*] > Aeth^{P}; *καί* om Arm^{I}; *μή* om 106′ | *πιστεύετε*] *πιστευεται* A 19 158; *πιστευητε b*$^{-64\,98\,728}$ 119; *πιστευσητε* 127 98 | *αὐτῷ*] *εν τουτω* 93: cf 𝔐^{1Ms}(בו) | *μή* 4° – (33₁₀ fin) om 412(‖) | *οὐ μὴ δύνηται ὁ θεός*] *non potuerunt* (*possunt* Arm^{II}) *dei* Aeth Arm | *δύνηται*] *δυναται* 379; *εδυνηθη* Compl | *ὁ θεός* 1°] *ullus deus* La^{109} = 𝔐; om *ὁ* 19′ Compl | *παντὸς ἔθνους*] *omnium populorum* Aeth^{AEH} Arm: cf Vulg; *et omnis populus* Aeth$^{P'DFG}$ | *καὶ βασιλείας*] *και βασιλεως* 379; *et regnorum* Arm^{I} = Vulg; > Arm^{II} | *τοῦ σῶσαι*] om *τοῦ* 158 | *τὸν λαόν*] *populos* Arm^{I} | *αὐτοῦ*] *εαυτου* A V *b* 60 119 Ald; *αυτων a*$^{-121\,314\,762}$-127 Aeth$^{AH^{c}}$ Arm^{I}; > Arm^{II} | *καί* ult – fin om 46: homoiot | *καὶ ἐκ χειρὸς πατέρων μου*] *et patrum nostrum* Arm^{II}; > 71; om *μου* 55(|) | *χειρός* 1° ⌒ 2° *b*$^{2\,-489}$ | *πατέρων*] pr *των L* 236 44 | *ὅτι* 2° – (16) fin] > 125; – fin om 107: homoiot | *ὅτι* 2°] *et* Arm^{I}; *και πως οτι L* Compl: cf 𝔐(אף כי); *quanto magis* La^{109}; *nunc vero ... quomodo* Arm^{II} | *ὁ θεὸς ὑμῶν*] *ου θεος υμων* 71; *alius deus* Arm^{II}; post *ὑμᾶς* ult tr Aeth^{-A}; *ὁ* om A 527 | *οὐ μή* 2° om 93 Arm^{II}(vid) | *σώσῃ*] *σωσει* B′ A V* 71-236-314 489-728 60 Sixt Ra.: cf TGP II; *ρυσεται L* La^{109} (*poterit eruere* = Vulg) Compl: cf Is 36₁₄ | *ὑμᾶς* ult] *ημας* 158*; > 554 | *ἐκ χειρός μου* 2° om Aeth^{P}

16 *χειρός μου. [16]καὶ ἔτι ἐλάλησαν οἱ παῖδες αὐτοῦ ἐπὶ κύριον θεὸν καὶ*
17 *ἐπὶ Ἑζεκίαν παῖδα αὐτοῦ. [17]καὶ βιβλίον ἔγραψεν ὀνειδίζειν τὸν κύριον*
θεὸν Ἰσραὴλ καὶ εἶπεν περὶ αὐτοῦ λέγων Ὡς θεοὶ τῶν ἐθνῶν τῆς γῆς
οὐκ ἐξείλαντο τοὺς λαοὺς αὐτῶν ἐκ χειρός μου, οὕτως οὐ μὴ ἐξέληται ὁ
18 *θεὸς Ἑζεκίου λαὸν αὐτοῦ ἐκ χειρός μου. [18]καὶ ἐβόησεν φωνῇ μεγάλῃ*
Ἰουδαϊστὶ ἐπὶ τὸν λαὸν Ἰερουσαλὴμ τὸν ἐπὶ τοῦ τείχους τοῦ βοηθῆσαι
19 *αὐτοῖς καὶ κατασπεῦσαι, ὅπως προκαταλάβωνται τὴν πόλιν. [19]καὶ*

B′ A V *L′ a*-127 *b* 60 119 158 527 La^{109} Aeth Arm

16 v 16 om La^{109} = Vulg | *ἐλάλησαν*] + *προς αυτον* 19 | *οἱ παῖδες*] *servi* La^{109}: cf 6$_{14}$; om *οἱ* B(|) | *ἐπί* 1° – 2°] *προς* 107(-44 610) | *κύριον*] pr *τον* *a*$^{-(107)\ 71\ 236\ 321}$-127^{c} Ald Sixt; > Arm^{II} | *θεόν*] pr *τον* *L* 127* Compl | *ἐπὶ Ἑζεκίαν*] *επι ιεζεκιαν* 19 = 𝔐$^{-3Mss}$ Targ; *επι ε|εζεκιαν* 93* | *παῖδα αὐτοῦ*] pr *και* 55; *et ad populum iuda* Arm^{II}; > 71-107(-44 610)

17 *ἔγραψεν*] + *σενναχηρειμ* (-*χειρειμ* 19; *senecherim* Arm; *σενναχηριβ* Compl Fern.(-*ρειβ*)) *L* Arm^{II}(init – *λέγων* lib) Compl | *ὀνειδίζειν*] *ονειδιζων* (-*ζον* 46) 46 60; pr *του* *L′* Compl | *τὸν κύριον θεόν*] *κυριον τον θεον* *L* 107 Compl; *τόν* om 71 158; *θεόν* om 762* | *περί* – (18) *ἐβόησεν* om 107 | *περὶ αὐτοῦ λέγων*] *contra eum dicens* La^{109}: cf 𝔐; > 71; om *λέγων* Arm^{I} = Pesch Vulg | *Ὡς*] *καθως* *L* Compl; *ων* 158* | *θεοί*] pr *οι* *L* *a*$^{-(107)\ 71\ 321}$-127 158 Compl Sixt | *τῶν ἐθνῶν*] *gentis* Aeth$^{-P′G}$: cf 𝔐(גּוֹיֵ 𝔐, גויי Kenn^{-4Mss}) | *τῆς γῆς*] *terrarum* La^{109} = 𝔐 Targ; > 74 Arm$^{Iap\ II}$ | *οὐκ ἐξείλαντο*] *ουκ εξειλοντο* 19′ *a*$^{-71}$-127 46^{c}(-52)-98-381-489 Ald Compl: cf praef p 105; *qui non eripuerunt* La^{109} = 𝔐(pr אשר (non Pesch Vulg)) | *τοὺς λαούς*] *populum* Arm = 𝔐 Targ Vulg^{ap}; *τούς* om B(|) Sixt | *αὐτῶν*] *εαυτων* A V *b* 60 | *οὕτως* – fin om 71-106 60 Aeth^{P} (Clear Muséon): homoiot | *οὕτως*] *ουτος* 314 119* 158 | *οὐ* om 127* | *ἐξέληται*] -*τε* 127 Sixt; *εξελειται* 93 120* *b*$^{-64\ 381\ 489}$ 158: cf Reg IV 18$_{30}$; *eripiet* La^{109}; + *υμας* 93 | *λαὸν αὐτοῦ* 2°] *λαον εαυτου* A V *b* 158; *λαον εαυτω* 119 527; pr *τον* *L* *a*$^{-(107)\ 71\ 106}$-127 Compl Ald

18 *ἐβόησε(ν)*] *εβοησαν* *L* La^{109} Aeth$^{D*(vid)E*(vid)FH}$ Arm^{II} = 𝔐$^{-2Mss}$ Pesch Targ^{-1Ms} Vulg^{1Ms} | *φωνῇ μεγάλῃ*] *φωνην μεγαλην* 158; pr *εν* *L* Compl = 𝔐 | *Ἰουδαϊστί*] *ιουδαιστη* V* *L* 71-314 44* 728 158: cf praef p 108; *iudayca lingua* (cf Vulg) et post *Ἰερουσαλήμ* tr La^{109}; > Arm^{II} | *ἐπὶ τὸν λαὸν Ἰερουσαλήμ* (*ῑλη̅μ̅*)] *επι ῑλη̅μ̅ και τον λαον* A *b*^{1} 158; *επι ισραηλ και τον λαον* Ald; *επι λαον ι̅η̅λ* 489; *τόν* om B′ V 71 *b*^{2} 60 119 527 Ra. | *τόν* 2° – *κατασπεῦσαι*] *ad terrendos eos et ad turbandos eos qui erant in muris* La^{109}; *terrere exercitus qui super muro erant ut exterrerent eos* Arm^{II}: cf sq; *τόν* om 71-106; *τοῦ* 1° om 527 | *βοηθῆσαι αὐτοῖς*] *φοβησαι αυτους* (*αυτον* 19) *L* La^{109}(sim) Aeth$^{A′}$ Arm^{II}(sim: cf praec) Compl Ra.: cf TGP II; *φοβηθησαι* 762^{c} | *κατασπεῦσαι* coni Walters (cum Wutz)] *κατασπα-*

ἐλάλησεν ἐπὶ τὸν θεὸν Ἰερουσαλὴμ ὡς καὶ ἐπὶ θεοὺς λαῶν τῆς γῆς,
ἔργα χειρῶν ἀνθρώπων.
20 *Καὶ προσηύξατο Ἐζεκίας ὁ βασιλεὺς καὶ Ἠσαίας υἱὸς Ἀμὼς ὁ προ-* 20
φήτης περὶ τούτων καὶ ἐβόησαν εἰς τὸν οὐρανόν. 21 *καὶ ἀπέστειλεν* 21
κύριος ἄγγελον, καὶ ἐξέτριψεν πᾶν δυνατὸν πολεμιστὴν καὶ ἄρχοντα
καὶ στρατηγὸν ἐν τῇ παρεμβολῇ βασιλέως Ἀσσούρ, καὶ ἀπέστρεψεν
μετὰ αἰσχύνης προσώπου εἰς τὴν γῆν αὐτοῦ. καὶ ἦλθεν εἰς οἶκον τοῦ

B′ A V *L′ a*-127 *b* 60 119 158 527 La^{109} Aeth Arm

σαι omnes: cf 26$_{20}$ 35$_{21}$ et TGP II; pr *του L* Compl; + *αυτους L* La^{109}(cf praec) Aeth(omnes) Arm^{II}(cf praec) Compl = 𝔐; + *murum* Arm^{I} | *ὅπως*] pr *et* Aeth | *προκαταλάβωνται*] -*λαβηται* 554; -*λαβων* 119*; *καταλαβονται* 158 | *τὴν πόλιν*] *ierusalem* (pr *civitatem* G) Aeth

19 *ἐλάλησεν*] *ελαλησαν L* La^{109} Arm^{II} Compl Fern. = 𝔐 Pesch Targ (hab *locutusque est* Vulg) | *τὸν θεόν*] om *τόν* B *a*$^{-71}$-127 Ra. | *Ἰερουσαλήμ* (*ῑλη̄μ̄*)] *ῑη̄λ* 60 158 = 𝔐$^{1Ms^{c}}$ Vulg^{ap}; > Arm^{II} | *ὡς καί*] pr *και* B; om *καί* 44 | *θεοὺς λαῶν*] *θεοις λαων* 71; *θεον λαων* 236; *θεου λαων* 44; *θῡ σαλωμων* B; *τους θεους των λαων L* Compl | *τῆς γῆς*] pr *επι* 610 | *ἔργα χειρῶν ἀνθρώπων* om Arm^{II} | *εργων* B | *ἀνθρώπων*] pr *των a*$^{-71}$-127 Ald

20 *προσηύξατο*] *προσευξατο* V* 74-106′-120-121-130*-134-314-762: cf praef p 102s; *oraverunt* Arm^{I} = Vulg^{-1Ms} | *εζεχιας* Coll VT 1263 | *ὁ βασιλεύς*] *ὁ* om 46 | *υἱὸς Ἀμώς*] *υιος αμμως* 19′ 236 46(*αμμων* 52)-731 55 610 Coll VT 1267; *υἱός* om 74-106′ | *ὁ προφήτης*] + ras ca 6 litt 527; > 71 Coll VT | *ὁ* 2° – *τούτων* om Coll VT | *περὶ τούτων*] *περι αυτων* 527; *de hoc opprobrio* Aeth: cf Vulg(*adversus hanc blasphemiam*): cf sq | *καὶ ἐβόησαν*] *και εβοησεν* B; > Aeth^{P} | *εἰς τὸν οὐρανόν*] *ad deum in coelo propter verba ista* Arm^{II}

21 *κύριος*] + *deus* Arm^{II} | *ἄγγελον*] + *suum* La^{109} Aeth: cf Vulg^{ap} et Reg IV 19$_{35}$ Is 37$_{36}$ (+ *κυριου*); + *coeli* Arm^{II} | *καί* 2° om B* | *ἐξέτριψεν*] *εξερριψεν* 610 | *πᾶν* B *a*$^{-71\,121}$-127] *τον* 610; > Aeth^{P}(omnes); *παντα* rel Coll VT Dam$^{VM^{PM}H^{a}T}$(omnes): cf praef p 101 | *πολεμιστήν*] pr *και* B′ 71-121-236-314-762 119 Aeth(omnes) Arm^{I} Coll VT Sixt: cf Vulg | *καὶ ἄρχοντα*] *καί* om Arm | *καὶ στρατηγόν*] > Aeth^{P}; om *καί* Arm^{II} | *βασιλέως*] pr *του L* Dam$^{VM^{PM}H^{a}T}$ Compl; > Arm^{II} = Vulg^{1Ms} et Reg *Is* | *Ἀσσούρ*] *ασουρ* 71-74-554 44-125 158 527* Dam$^{V^{W}V^{M^{PM}}H^{a}T}$; *ασσυριων L b*^{2} La^{109} Aeth$^{-P′}$ (cf $_{1}$) Arm (*ασυρ.*) Compl = Vulg et Reg Is | *ἀπέστρεψε(ν)*] *επεστρεψε* 93; + *et rediit* Aeth | *μετὰ αἰσχύνης προσώπου*] *μετα αισχυνης το προσωπον* 55; *το προσωπον* (+ *αυτου* 158 Arm^{I}) *μετα* (*μετ* 158) *αισχυνης* (*εχυνης* 158) A V *b* 60 119 158 527 Arm$^{I\,IIvid}$ Ald | *μετά*] *μετ* 93 71 Coll VT: cf praef p 97 | *αὐτοῦ* 1°] *εαυτου* A V *b* 60; ⌒ 2° *a*$^{-71}$(554^{txt})-127 | *ἦλθεν*] *εισηλθεν* A *L* 554^{mg} La^{109}(*introibit*) Arm^{II}(vid) Compl | *οἶκον τοῦ θεοῦ*] *τον* (> 554^{mg*}) *οικον του θεου* 554^{mg} 379*; om *τοῦ* B *L*

θεοῦ αὐτοῦ, καὶ τῶν ἐξελθόντων ἐκ κοιλίας αὐτοῦ κατέβαλον αὐτὸν
22 *ἐν ῥομφαίᾳ.* [22]*καὶ ἔσωσεν κύριος Ἑζεκίαν καὶ τοὺς κατοικοῦντας*
Ἰερουσαλὴμ ἐκ χειρὸς Σενναχηρὶμ βασιλέως Ἀσσοὺρ καὶ ἐκ χειρὸς
23 *πάντων καὶ κατέπαυσεν αὐτοὺς κυκλόθεν.* [23]*καὶ πολλοὶ ἔφερον δῶρα*
τῷ κυρίῳ εἰς Ἰερουσαλὴμ καὶ δόματα τῷ Ἑζεκίᾳ βασιλεῖ Ἰούδα, καὶ
ὑπερήρθη κατ᾽ ὀφθαλμοὺς πάντων τῶν ἐθνῶν μετὰ ταῦτα.

B′ A V *L′ a*-127 *b* 60 119 158 527 La^{109} Aeth Arm

71 Compl | *αὐτοῦ* 2°] *εαυτου* A V *b*$^{2-98}$ 60; *αυτων* 71; > Ald | *τῶν – αὐτοῦ* ult om 71 | *τῶν ἐξελθόντων*] *οι* (> Ald) *εξελθοντες* 98-381 Ald; *hi qui exierunt* La^{109}; pr *εκ a*$^{-71}$-127 *b*$^{2-98}$: cf 𝔐 | *κοιλίας*] pr *της* 106 | *κατέβαλον*] -*λεν* 71; -*βαλλον* 46 158; *κατελαβον* A (hab *κατεβαλον* A^{s}) *L*; pr *και* 119

22 *κύριος*] *deus* La^{109}; + *deus* Arm^{II} | *Ἑζεκίαν*] pr *τον L a*-127 Ald Compl Sixt | *τοὺς κατοικοῦντας*] pr *omnes* Aeth^{A} Arm^{II} = Pesch | *Ἰερουσαλήμ* (*ι̅λ̅η̅μ̅*)] pr *εν* B′ V 19′ 314 *b*^{2} 60 158 La^{109} Compl Sixt Ra.: cf TGP II (ad 21$_{13}$); pr *επι* 93 | *ἐκ* 1° – *Ἀσσούρ* om 71 | *Σενναχηρίμ a*$^{-(71)\,74\,106'\,121\,554}$ Ald Sixt] -*χηρειμ* B′ (*ενναχηρειμ* 55: post *σ*) A V* 93-108-121 64-381-728^{c} 119; -*χειρειμ* 19 V^{c}; -*χιρειμ* 60; -*χιρημ* 107(-610^{c}); *σεναχηριμ* 120-127 (-*χηρειμ* 554 *b*$^{-64\,381}$(98*(-379) 728*); -*χειριμ* 74 243 158^{mg}; -*χειρειμ* 527; -*χειρημ* 98^{c}; -*χιριμ* 44′; -*χιρειμ* 106; -*χιρημ* 610*); *senacherem* Aeth; *senacherim*(-*aj*) Arm; *σενναχηριβ* La^{109}(*sennacerib* = Vulg^{2Mss} (*sennacherib* ^{te})) Compl Fern.(-*ρειβ*): cf 𝔐(סַנְחֵרִיב); > 158^{txt} | *βασιλέως* – fin om 107 | *Ἀσσούρ*] *ασουρ* 74-554; *ασσυριων* A *L b* 55 60 119 527 La^{109} Aeth$^{-P'}$ (cf $_{1}$) Compl; *ασυριων* 158 Arm; *ασσουριων* V | *καὶ ἐκ χειρὸς πάντων*] > Aeth^{P}; + *populorum terrae* Aeth^{A}; + *exercitum eius* Arm^{II}: cf 𝔐^{ap} (+ א(ו)יביו 5 Mss; + אויביהם 1 Ms) Pesch^{ap}(+ בעׄלי תחומהון Pesch^{W}) Targ(+ עמע); + ras 3-4 litt 120; om *καί* 121-762 | *καὶ κατέπαυσεν αὐτούς*] *και κατ. αυτοις* 236; *et requiem ei dedit* La^{109} Arm^{Ite}; + *κ̅ς̅* 158; + *dominus deus* Arm^{II}(sim); *καί* om 93 46(non 52) | *κυκλωθεν* (-*θε* 60) A^{s} 19 158 52: cf praef p 88

23 *πολλοί*] *πολλα* 119 | *τῷ κυρίῳ*] post *Ἰερουσαλήμ* tr *b*^{2}; + *deo* Arm^{II} | *εἰς Ἰερουσαλήμ* (*ι̅λ̅η̅μ̅*)] *εν ι̅λ̅η̅μ̅* 158 Tht *Comm in Is* II 376; > Aeth^{-A} = 𝔐^{1Ms} | *δόματα*] *δωματα* 19 314 46*(non 52)-98-243-731* 55 60 158 44: cf praef p 90; pr *τα* Coll VT 1269 | *Ἑζεκίᾳ*] *εζεχια* Coll VT; post *βασιλεῖ* tr 71 *b*^{2} | *Ἰούδα*] *ιουδαιων* Coll VT; > 71 44 *b*^{2} Arm^{II} | *ὑπερήρθη*] *επερηρθη* (sic) 60; *υπηρθη* A; *υπερηρχθη* 158*; *υπερηριη* 610; + *εζεκιας L* 554 Arm^{II} Tht *Comm in Is* | *τῶν ἐθνῶν*] *populi* Aeth$^{P'}$; + *terrae* Aeth$^{A'}$ | *μετὰ ταῦτα*] pr *και* A 64-381 55 379* Aeth$^{P'DF}$ Arm^{I} Ald = Pesch^{te}: ad v $_{24}$ tr; > Aeth^{AEGH}; bis scr 554(‖)

^{24}Ἐν ταῖς ἡμέραις ἐκείναις ἠρρώστησεν Ἑζεκίας ἕως θανάτου· καὶ 24
προσηύξατο πρὸς κύριον, καὶ ἐπήκουσεν αὐτοῦ καὶ σημεῖον ἔδωκεν
αὐτῷ. ^{25}καὶ οὐ κατὰ τὸ ἀνταπόδομα, ὃ ἔδωκεν αὐτῷ, ἀνταπέδωκεν 25
Ἑζεκίας, ἀλλὰ ὑψώθη ἡ καρδία αὐτοῦ· καὶ ἐγένετο ἐπ᾽ αὐτὸν ὀργὴ
καὶ ἐπὶ Ἰούδαν καὶ ἐπὶ Ἰερουσαλήμ. ^{26}καὶ ἐταπεινώθη Ἑζεκίας ἀπὸ 26
τοῦ ὕψους τῆς καρδίας αὐτοῦ καὶ οἱ κατοικοῦντες Ἰερουσαλήμ, καὶ

B′ A V *L′ a*-127 *b* 60 119 158 527 La^{109} Aeth Arm

24 *Ἐν ταῖς ἡμέραις ἐκείναις*] pr *και* 107 Aeth^{ECG} Arm^{II}; > 60; *ἐκείναις* om A^{txt} (*ειναις ηρ* ^{mg}) | *ἠρρώστησεν* ↓] *εμαλακισθη* *L* Compl | *Ἑζεκίας*] *ζεκιας* 19(|); + *ο βασιλευς a*$^{-71\ 107}$-127 Arm^{II} Ald | *προσευξατο* 108: cf praef p 103 | *κύριον*] + *deum* Arm^{II} | *καί* 3° ∩ 4° Arm^{II} | *ἐπήκουσεν*] *εισηκουσεν a*$^{-71}$ | *αὐτοῦ*] *αυτω* B* 107 158 Sixt | *ἔδωκεν*] *εδειξεν b′* 158 | *αὐτῷ*] *αυτο* 71; + *κ̅ς̅* 19′ Compl Lag.
25 init – *αὐτῷ* om 314: homoiot | *κατά – ἔδωκεν*] *sicut fecit* Aeth | *ἀνταπόδομα*] + *dei* Arm^{II} | *ὃ ἔδωκεν αὐτῷ*] > Arm^{II}; om *ὅ* 60(|) | *ἔδωκεν*] *ανταπεδωκεν* 554* Tht^{1Ms} *Par II* 295 Coll VT 1273; > 19′ Compl | *αὐτῷ*] + *κ̅ς̅* 93 Tht (*ο κ̅ς̅* 1 Ms) Fern.; + *ο θεος* Arm^{I} Coll VT; post *ἀνταπέδωκεν* tr 19′ Compl; > *b′* 158 | *ἀνταπέδωκεν*] *αντεπεδωκεν* 44 Tht^{1Ms}; *απεδωκεν* B; + *αυτω* 93 Arm^{II} Tht; + *domino* Aeth^{-A} | *Ἑζεκίας*] *εζεχιας* Coll VT; + *rex jehuda* Aeth: cf praef p 53; + *τω κ̅ω̅* 60 La^{109} | *ἀλλά*] *αλλ* A 19′ 71-107 Tht Coll VT Compl: cf praef p 97; *και* 68′ Ald | *αὐτοῦ* om Coll VT | *ἐγένετο ἐπ᾽ αὐτόν*] *εγενετο η καρδια* 120; *εγενετον επ αυτον* 314; *εγενετον* 158 | *ἐπ᾽ αὐτόν*] *επ αυτων* 119*; post *ὀργή* tr 19′ Compl; om Tht^{-2Ms} (hab *υπ αυτον* Tht^{1Ms}, sed post *Ἰερουσαλήμ* add *και επ αυτον* Tht^{ap} | *καὶ ἐπὶ Ἰούδαν*] > *b′* 158; *καί* om 93 Tht^{-1Ms} = 𝔐^{6Mss} | *ιουδα* B *a*$^{-68′\ 71\ 107\ 121\ 554\ 762c}$-127 44-610 379 Tht^{ap} Fac *def* 659 (hab *iudam* La^{109} = Vulg^{-2Mss}); *ιου*^{δ} 107(-125) 98 | *καὶ ἐπὶ Ἰερουσαλήμ*] > 321-346-127: homoiot; om *ἐπί* B′ A *L* 71 Aeth Arm Compl Sixt Ra. = 𝔐 Targ
26 init – fin libri deest in 93 | *καί* 1°] *non* La^{109}; + *ουκ* 610 | *ἐταπεινώθη – Ἰερουσαλήμ*] *εταπεινωθησαν* 107 | *εταπεινωσεν* 74 | *Ἑζεκίας*] *εζεχιας* Coll VT 1273; > 71 | *ἀπό – αὐτοῦ*] *cum fuisset exaltatum cor eius* La^{109}: cf Vulg (hab *ab altitudine* (*elatione* Hier; *exaltatione* TheodM^{Lat}) *cordis sui* TheodM^{Lat} *in Ps* 135 Hil *Ps* 481 Hier *Pel* 559 | *αὐτοῦ*] *εαυτου* A V; + *αυτος* 19′ *a*$^{-71\ 107}$ La^{109} Arm^{II} Tht *Par II* 295 Compl = 𝔐 Pesch Targ Vulg | *οἱ – ἐπῆλθεν*]

---

24 *ἠρρώστησεν* (*εμαλακισθη L* Compl)] *σ′ ἠρρώστησεν* 108

27 *οὐκ ἐπῆλθεν ἐπ' αὐτοὺς ὀργὴ κυρίου ἐν ταῖς ἡμέραις Ἑζεκίου.* 27*καὶ*
ἐγένετο τῷ Ἑζεκίᾳ πλοῦτος καὶ δόξα πολλὴ σφόδρα, καὶ θησαυροὺς
ἐποίησεν ἑαυτῷ ἀργυρίου καὶ χρυσίου καὶ λίθου τιμίου καὶ εἰς τὰ
28 *ἀρώματα καὶ ὁπλοθήκας καὶ εἰς σκεύη ἐπιθυμητὰ* 28*καὶ πόλεις εἰς*
τὰ γενήματα σίτου καὶ ἐλαίου καὶ οἴνου καὶ φάτνας παντὸς κτήνους
29 *καὶ μάνδρας εἰς τὰ ποίμνια* 29*καὶ πόλεις, ἃς ᾠκοδόμησεν ἑαυτῷ,*
καὶ ἀποσκευὴν προβάτων καὶ βοῶν εἰς πλῆθος, ὅτι ἔδωκεν αὐτῷ

B′ A V 19′ *a*-127 *b* 60 119 158 527 La^{109} Aeth Arm

εγενηθη 71 | *Ἰερουσαλήμ*] pr *εν b*^{2}; + *cum eo* Aeth | *ἐπῆλθεν*] *-θον* 314; *απηλθεν* 728; *ηλθεν* Tht | *ὀργὴ κυρίου*] *οργη θ̄ῡ* B; pr *η* 44; om *κυρίου* Aeth | *ἐν*] *επι* 44 | *Ἑζεκίου*] *εζεχιου* Coll VT; *εζεκια* 71: cf praef p 98; *eius* Aeth$^{A'}$ (cf Clear Muséon)

27 *τῷ Ἑζεκίᾳ*] *εζεκιας* 55; *τῷ* om 19′ 106′-314 *b*^{2} 158 | *πολλή*] *πολυ* 158 | *ἑαυτῷ*] *αὐτῷ* B 19′ 71 125* 381 Sixt; *αὐτῶ* Compl: cf praef p 96 | *ἀργυρίου* – (30) *Ἑζεκίας* 1° om 125 | *ἀργυρίου* et *χρυσίου* tr Aeth(omnes) Arm^{I} | *καί* 5° om V 68′(68^{c})-121(|) | *λίθου τιμίου*] *του λιθου του τιμιου* B′ A *b*^{1} 158 Ald Sixt Ra. | *εἰς τὰ ἀρώματα*] *αρωματα a*$^{-71}$-127 Arm^{I} Ald; *multa aromata* Aeth; *aromatum* La^{109} | *καί* paenult om 107 | *ὁπλοθήκας*] *οπλοθηκες* 46: pro *-καις*; *οπλοθηκαι* 52; *scutorum* La^{109}: cf 𝔐(למגנים); *arma* Arm^{I}; + *εποιησεν* 19′ Arm^{II}(*fecit domos armorum*) Compl | *καί* ult – fin] *σκευη* 107 | *εἰς* 2°] *η* 55; > *a*$^{-71}$-127 46-98 Aeth(omnes) Arm^{I} | *εἰς σκεύη ἐπιθυμητά,* (28) *καὶ πόλεις*] *omnium vasorum que erant desiderabilia* (28) *et orrea* La^{109} = 𝔐(לכל כלי חמדה (28) ומסכנות); *πασι τοις σκευεσι της επιθυμιας αποθηκας* (28) *και πολεις* 19′: cf 𝔐 (dubl (*αποθηκας* pro מסכנות = Vulg))

28 *καί* 1° om 107 Arm^{Iap} | *πόλεις*] *πολις* 106′ | *εἰς τὰ γενήματα*] *εις τα γεννηματα* 243-731 52; *εἰς* om Ald | *σίτου καί*] pr *του* 19′ *a*$^{-71}$-127 381 Ald Compl Sixt; *καί* om 19′ 107(-44) Compl = 𝔐^{7Mss} | *ἐλαίου καὶ οἴνου*] *οινου* (pr *του* Lag.) *και* (+ *του* 19′ Compl Lag.) *ελαιου* 19′ *a*-127 *b*^{2} 158 La^{109} Arm Ald Compl Sixt = 𝔐 Pesch Targ Vulg | *καί* paenult – (29) *πλῆθος*] *et equitia equitia et habitationes habitationes iumentorum multorum nimis* Arm^{II}; > 107 | *καί* paenult om 55 | *φάτνας* B* 19′ *a*$^{-68'\,121}$-127 La^{109} Compl = 𝔐 Pesch Targ Vulg] pr *κωμας και* B^{c} 68′-121 Aeth(omnes) Arm^{I} Ald Compl Sixt; pr *κωμας* A V *b* 55 60 119 158 527: cf TGP II | *κτήνους*] *γενους* 489

29 *πόλεις*] *πολις* A | *ἅς* om 19′ La^{109} Compl = 𝔐 | *ᾠκοδόμησεν*] *εποιησεν* 19′ Compl = 𝔐 (hab *exaedificavit* (*aedificavit* ^{ap}) Vulg); *instruxit* La^{109} | *ἑαυτῷ*] *αυτω* B *a*$^{-134\,(107)}$-127 Ald Sixt Ra. (*αὑτῷ* B 68-762 Sixt Ra.; *αὐτῷ* rel (hab *ἑαυτῶ* Compl)): cf praef p 96; pr *εν* V | *ἀποσκευήν* 1°] *κτησεις* 19′ Compl: cf 𝔐 (מקנה); *armenta* La^{109}: cf Vulg | *καί* 3° om *b*$^{2-489}$ | *ὅτι* – fin

κύριος ἀποσκευὴν πολλὴν σφόδρα. ^{30}*αὐτὸς Ἑζεκίας ἐνέφραξεν* 30
τὴν ἔξοδον τοῦ ὕδατος Γιὼν τὸ ἄνω καὶ κατεύθυνεν αὐτὰ κάτω πρὸς
λίβα τῆς πόλεως Δαυίδ· καὶ εὐοδώθη Ἑζεκίας ἐν πᾶσιν τοῖς ἔργοις
αὐτοῦ. ^{31}*καὶ οὕτως τοῖς πρεσβευταῖς τῶν ἀρχόντων ἀπὸ Βαβυλῶνος* 31
τοῖς ἀποσταλεῖσιν πρὸς αὐτὸν πυθέσθαι παρ' αὐτοῦ τὸ τέρας, ὃ ἐγένετο
ἐπὶ τῆς γῆς, καὶ ἐγκατέλιπεν αὐτὸν κύριος τοῦ πειράσαι αὐτὸν εἰδέναι
τὰ ἐν τῇ καρδίᾳ αὐτοῦ. ^{32}*καὶ τὰ λοιπὰ τῶν λόγων Ἑζεκίου καὶ τὸ* 32

B′ A V 19′ *a*-127 *b* 60 119 158 527 La^{109} Aeth Arm

om 71 | *κύριος*] *deus* La^{109} = 𝔐 (hab *κύριος* Pesch Targ Vulg) | *ἀποσκευήν* 2°] *κατασκευην* 158; *substantiam* La^{109} = Vulg, cf 21$_{17}$; > 19′(19|)

30 *αὐτός* – (31) fin om 381 | *αὐτὸς Ἑζεκίας*] pr *και* 71 Aeth^{P}(solus) Arm^{II}; om *Ἑζεκίας* 71 Arm^{II} | *ἐνέφραξε(ν)*] *εφραξε* 46 125; pr *και* 125 | *τὴν ἔξοδον*] *την οδον* 554$^{\text{sup lin}}$; > 158* La^{109} (*exitum* coni Weber) | *ὕδατος* – *κάτω*] *aquae quae erat supra et quae erat infra* Arm^{II} | *Γιών*] *γειων* V^{c} 19′ 527 Compl Sixt; *gichan* Aeth$^{A′}$; *σιων* (*σειων* B*) B^{c}-55 68′-121-236-314-762 489-731^{c} 379 La^{109}(*syon*) Arm^{I} Ald; *των* (> 71) *πηγων* (*πιγων* 134) 74-71′-120-134; pr *του* 64-728 158; > 52(|) Aeth$^{P′}$ (Clear Muséon) | *τό*] *του* V^{c}; *τα* 489; *των* 44-610; *την* 19′ 728 158 Compl | *κατεύθυνεν*] *κατεθυνεν* 243; *κατιθυνεν* 731; *κατηυθυνεν* B′ A Sixt Ra.: cf praef p 102; *declinabit* La^{109}: cf Vulg(*avertit*) | *αὐτά*] *αυτο* 119^{c} 527; *αυτω* 119*; pr *εν* 125: post *εν* | *κάτω*] *και τω* (*το* 98) V *b*$^{2-489}$; pr *et* Aeth^{-A} | *λίβα*] *λιβαν* 71: cf praef p 99; *δυσμας* 19′ La^{109}vid (*occidentem* = Vulg) | *δαυειδ* B; *δαβιδ* Ald: cf 1$_{1}$ | *εὐοδώθη Ἑζεκίας*] *successit ei* Arm^{II}; om *Ἑζεκίας* 71 125: cf Vulg | *εὐοδώθη*] *ευοδοθη* 158; *ευωδωθη* (*ευωδοθη* 321-127) B^{c}-55* 19′ *a*$^{-68′ 71′}$-127 46-489-731 119 527 Tht *Par II* 296: cf praef p 103; *ευοδω* V* | *αὐτοῦ*] *εαυτου* A *b*^{2}: cf praef p 96

31 *καὶ οὕτως*] *και ουτω a*$^{-68′ 71 106 121 (610)}$-127 489 Tht^{1Ms} *Par II* 296: cf praef p 97; *και ουτοι* 106; *nam* La^{109}: cf Vulg(*attamen*); om *καί* 158 | *τοῖς πρεσβευταῖς*] *τοις πρεσβυταις* B* V 19′ *a*-127 46 Ald; *τοις πρεσβυτεροις* 55; *τοις* (sic) *πρεσβειαις* Compl: cf Vulg(*legatione*); pr *εν* 19′ 68′-121 728 158 La^{109} Arm^{II} Tht Compl = 𝔐$^{-1Ms}$ Targ Vulg | *τῶν ἀρχόντων*] *principis* La^{109}: cf 𝔐$^{\text{6Mss et 3Mss}^{\text{mg}}}$(+ מלך) Targ(+ מלכא) et Reg IV 20$_{12}$ Is 39$_{1}$ | *ἀπὸ Βαβυλῶνος*] pr *των* 19′ 46-728 158 Aeth$^{A′}$ Tht Compl; *ἀπό* om La^{109} = 𝔐 Targ; post *ἀποσταλεῖσιν* tr *a*$^{-71}$-127 Ald | *πυθέσθαι*] *πειθεσθαι* 60 158 | *παρ' αὐτοῦ* om La^{109} = 𝔐 Targ Vulg^{-2Mss} | *τό* – *γῆς*] pr *et* Arm^{I}; > Arm^{II} | *καὶ ἐγκατέλιπεν*] *και εγκατελειπεν* A V 74 728 55 60 158; *καί* om B(|) La^{109} Sixt = 𝔐 Vulg^{-1Ms} | *αὐτόν* ult] *αυτου* 60 | *εἰδέναι τά*] *quare desisset* La^{109}; > 71; om *τά* 44 | *ἐν* – fin] *in omnia que erant in corde eius* La^{109}: cf 𝔐(כל־בלבבו) Targ Vulg(*omnia qae erant in corde eius*); *αὐτοῦ* om 60

ἔλεος αὐτοῦ, ἰδοὺ γέγραπται ἐν τῇ προφητείᾳ Ἠσαίου υἱοῦ Ἀμὼς
33 *τοῦ προφήτου καὶ ἐπὶ βιβλίου βασιλέων Ἰούδα καὶ Ἰσραήλ.* [33]*καὶ*
ἐκοιμήθη Ἑζεκίας μετὰ τῶν πατέρων αὐτοῦ, καὶ ἔθαψαν αὐτὸν ἐν
ἀναβάσει τάφων υἱῶν Δαυίδ, καὶ δόξαν καὶ τιμὴν ἔδωκαν αὐτῷ ἐν
τῷ θανάτῳ αὐτοῦ πᾶς Ἰουδὰ καὶ οἱ κατοικοῦντες ἐν Ἰερουσαλήμ· καὶ
ἐβασίλευσεν Μανασσῆς υἱὸς αὐτοῦ ἀντ' αὐτοῦ.
1 **33** [1]*Ὢν δέκα καὶ δύο ἐτῶν Μανασσῆς ἐν τῷ βασιλεῦσαι αὐτὸν καὶ*
2 *πεντήκοντα καὶ πέντε ἔτη ἐβασίλευσεν ἐν Ἰερουσαλήμ.* [2]*καὶ ἐποίησεν*

B' A V 19' *a*-127 *b* 60 119 158 527 Syh$^{12\ 168}$(incipit ab 33$_{1}$) La^{109} Aeth Arm

32 om v $_{32}$ 125 | *λοιπά*] *καταλοιπα* B' V *L* 71 *b*^{I} 60 119 527 Compl Ra.: cf TGP II et Reg IV 20$_{20}$(*λοιπα* omnes) | *καὶ τὸ ἔλεος αὐτοῦ*] *και τα ελεη αυτου* 19' Compl = 𝔐(וחסדיו); *et miserationis eius* La^{109}: cf Vulg^{-1Ms}(*et misericordiarum eius*); > 71 44; *καί* om 68'-121 | *ἰδού*] pr *ουκ* *L* Compl = Reg 𝔐 𝔊 | *ἐν τῇ προφητείᾳ Ἠσαίου*] *in libro prophetiae* (> Aeth^{A}) *ʾisajjas* Aeth; om *τῇ* 158; om *Ἠσαίου* *b*^{2} | *υἱοῦ* – fin om 71 44 | *υἱοῦ Ἀμώς*] *υιου* (*υιος* 610) *αμμως* 108 46(non 52)-731 158* 610 Compl; post *τοῦ προφήτου* tr Aeth$^{A'}$; > Aeth^{P} solus (hab Aeth^{B} solus) | om *τοῦ προφήτου* 107(-610) La^{109} | *βιβλίου*] *βιβλου* 106 | *βασιλέων*] pr *των* 158 = Reg 𝔊^{L} | *Ἰούδα* et *Ἰσραήλ* tr Aeth(omnes)

33 *Ἑζεκίας – αὐτοῦ* 1°] > 44; *Ἑζεκίας* om 71-107 | *αὐτοῦ* 1°] *εαυτου* A V 60 | *αὐτόν*] *αυτων* 55 | *ἀναβάσει*] pr *τη* 19' Compl | *τάφων*] pr *των* 19' Compl; *ταφου* 158 | *υἱῶν*] *υιου* 68'-121-762 Ald | *δαυειδ* B; *δαβιδ* Coll VT 1277 Ald: cf 1$_{1}$ | *καί* 3° ∩ *καί* ult 107 | *δόξαν – αὐτῷ*] *celebraverunt eum* Arm^{II}: cf 𝔐(om *καὶ τιμήν*) Vulg(*celebravit eius exequias*) | *ἔδωκαν*] *εδωκεν* 158 Syh$^{12\ 168}$(יהב): cf 𝔐(עשׂו (עשׂה 2 Mss)) Pesch^{7a1}(עבד) | *αὐτῷ*] *αυτον* 236 | *αὐτοῦ* 2°] *αυτος* 314 | *πᾶς Ἰουδά*] *πας ιουδας* 71 158 379 (*ιου*^{δ} 98): cf 15$_{2}$ | *ἐν Ἰερουσαλήμ* (*ῑλη͞μ*)] *ἐν* om *a*$^{-(107)\ 71}$-127 46 158 Aeth(omnes) Arm Coll VT Ald: cf TGP II (ad 21$_{13}$) | *μανασση* B A* 60 = Reg IV 20$_{21}$ 𝔊$^{B\ 55}$; *μανασης* 71-74 158 527; *manase* Arm Hippol *Chron*^{H2}(*Arm*) 101,9 Eus *ChronI*^{Arm} 57,12$^{Reg.ser}$ 145,4 *ChronII*^{Arm} (hab Eus *ChronII*^{Lat} 91a,11 (cf 336) | *υἱὸς αὐτοῦ ἀντ' αὐτοῦ*] *εν τω βασιλευσαι αυτον* 106; *υἱὸς αὐτοῦ* om 107

33 in v $_{1-22}$ Constit II 22,4 – 22,18 textum ex Par II et Reg IV 21$_{1-22}$ commixtum praebet: cf praef p 70s

1 *Ὢν – ἔτη*] *vir annorum X, et L*‖*annus* Arm^{II}(textum incertum praebet) | *Ὢν – ἐτῶν*] *ετων δεκα δυο ην* 44 | *Ὢν*] *και ην* 158; *erat* Arm^{I}; *υιος ων* (*cum esset filius* La^{109} Syh) 19' Syh La^{109} Aeth Compl: cf 𝔐(בן) et Reg IV 21$_{1}$ 𝔐 𝔊 | *δέκα καὶ δύο*] *δεκα και β'* 130; *δεκα δυο* (*ιβ'* 98 125) B' V *b*^{I}-98 60(|) 158 125 Syh La^{109} Sixt Ra. = 𝔐 Pesch Targ; *δωδεκα* 19' 71 119 527 Compl = Reg 𝔊$^{-19'\ 412}$; post *ἐτῶν* tr 71 125 381 La^{109} Arm^{I} | *Μανασσῆς – αὐτόν* om 381 | *Μανασσῆς*] *μανασση* 55 60 = Reg 𝔊$^{B\ 55c}$; *μανασης* 74 158 527; *manase* Arm^{I}; *menase* Aeth; > A

τὸ πονηρὸν ἐναντίον κυρίου ἀπὸ πάντων τῶν βδελυγμάτων τῶν ἐθνῶν,
οὓς ἐξωλέθρευσεν κύριος ἀπὸ προσώπου τῶν υἱῶν Ἰσραήλ. 3*καὶ* 3
ἐπέστρεψεν καὶ ᾠκοδόμησεν τὰ ὑψηλά, ἃ κατέσπασεν Ἑζεκίας ὁ
πατὴρ αὐτοῦ, καὶ ἔστησεν στήλας ταῖς Βααλὶμ καὶ ἐποίησεν ἄλση
καὶ προσεκύνησεν πάσῃ τῇ στρατιᾷ τοῦ οὐρανοῦ καὶ ἐδούλευσεν αὐ-
τοῖς. 4*καὶ ᾠκοδόμησεν θυσιαστήρια ἐν οἴκῳ κυρίου, οὗ εἶπεν κύριος* 4

B′ A V 19′ *a*-127 *b* 60 119 158 527 Syh$^{12\ 168}$ La^{109} Aeth Arm

71 Aeth$^{A'}$ = 𝔐^{2Mss} | *ἐν τῷ βασιλεῦσαι αὐτόν*] אמלך Syh (sicut pro *ἐβασίλευσεν* sq); > 52 La^{109} | *βασιλευειν* 19′ 60 44 Compl = Reg 𝔊^{omnes} | *πεντήκοντα καὶ πέντε*] *ν′ και ε′* 130-314-321-346-762 52; *πεντηκοντα πεντε* (*νε′* 107(-125) 98 La^{109} (*LV*) Arm^{Iap}) B′ 71-107(-44′) *b*$^{2-489}$ 119 527 La^{109} Arm^{Iap} Ra.; *ν′ και* (> 610) *β′* 158 610; *πεντηκοντα* A V Eus *Chron*$^{Arm: Reg\ ser}$ 145,4 (hab *LV Chron I*^{Arm} 57,12 et 14,22 *Chron II*^{Lat} 91A 11 *Praep I* 611,3) Constit^{ap} 22,18 Didasc$^{Syr\ Lat}$ 68s,15(Lag. 28,1) = 𝔐^{1Ms} | *ἔτη* om 52

2 *ἐναντίον*] *ενωπιον* A V 19′ *b*$^{?}$ 55 60 119 527 (Constit II 22,19) Compl = Reg IV 21$_{2}$ 𝔊^{L} | *ἀπὸ πάντων τῶν βδελυγμάτων*] *κατα παντα τα βδελυγματα* 19′ La^{109}(*iuxta omnia abominamenta*) Arm^{II} = Reg 𝔊^{L}, cf 𝔐 Par et Reg 𝔐(כתועבות) Reg 𝔊$^{-L}$; (om *πάντων* Constit 22,20 Didasc$^{Syr\ Lat}$ 68,18s(Lag. 28,2)) = 𝔐 | *τῶν ἐθνῶν*] om *τῶν* 243(|) | *οὓς*] *ων* 19′ *a*-127 (Constit) Ald Compl = Reg 𝔊 | *ἐξωλέθρευσε(ν)* B* A V* 120-130-134-314-321-346-762-127^{c}] *εξηρε* 19′ Arm^{II} (vid) Compl = Reg 𝔊$^{(omnes)}$; *ἐξωλοθρευσε(ν)* (*εξολ.* 71-106-121 44′-610 55 60 158: cf praef p 95 et 102) rel (Constit 212,21): cf praef p 70s | *ἀπὸ προσώπου*] *εναντιον* 107 | *τῶν υἱῶν*] *τῶν* om V 68′-71 *b*$^{2-489}$

3 *καὶ ἐπέστρεψε(ν)*] *και απεστρεψε* 610 Ald: cf Reg IV 21$_{3}$ 𝔊^{ap}; + *μανασσης* (*manase* Arm) 19′ Arm^{II} (Constit II 22,22) Compl = Reg 𝔊^{L}; > 71 | *κατέσπασεν*] *εκατεσπασεν* 120: cf praef p 102 | *στήλας*] *θυσιαστηρια* Compl ↓ = 𝔐(מזבחות(*στήλας* pro מצבות)), cf sq | *ταῖς Βααλίμ*] *ταις βααλειμ* A V 68′-71-121-554 *b*$^{-46}$ 55 60 119 527 Ald Compl; *ταις βααλημ* 314 46(non 52); *τας βααλιμ* 44; *τοις βααλειμ* B 19′; *τη βααλημ* 158: cf Reg 𝔊; (*τη βααλ* Constit 22,24 = Reg 𝔊) | *καὶ ἐποίησεν*] *et statuit* La^{109}(sicut pro *ἔστησεν* praec(hab *fecit* Or^{Lat}(Ruf) *in Num* 147 = Vulg)); > Arm^{II} | *καὶ προσεκύνησεν*] וסגדו Syh$^{12\ 168}$ = 𝔐^{3Mss}(וישתחוו) | *πάσῃ*] post *οὐρανοῦ* tr *b*$^{2-98}$; > 71 119 527(|); ⌒ (5) *πάσῃ* 158 = Pesch | *στρατιᾷ*] *στρατεια* B 728 158: cf 32$_{9}$ | *ἐδούλευσεν*] *εδουλευσαν* 134 119

4 v $_{4}$ om 107 La^{109}(hab Or^{Lat}(Ruf) *in Num* 147): homoiot | *ᾠκοδόμησεν*] + *μανασσης* (*manase* Arm) 19′ Arm^{II} Compl = Reg IV 21$_{4}$ 𝔊^{L} | *θυσιαστήρια*] *θυσιαστηριον* 19′ 68′-71-74 46-*b*$^{2-489}$ 60 Arm^{I} (Constit II 22,27 Didasc^{Lat} 69,19)

---

33 3 *στήλας*] *σ′ θυσιαστήρια* 108

Ἐν Ἰερουσαλὴμ ἔσται τὸ ὄνομά μου εἰς τὸν αἰῶνα. ⁵καὶ ᾠκοδόμησεν
5 *θυσιαστήρια πάσῃ τῇ στρατιᾷ τοῦ οὐρανοῦ ἐν ταῖς δυσὶν αὐλαῖς οἴκου*
6 *κυρίου. ⁶καὶ αὐτὸς διῆγεν τὰ τέκνα αὐτοῦ ἐν πυρὶ ἐν γῇ Βεvεννὸμ*
καὶ ἐκληδονίζετο καὶ οἰωνίζετο καὶ ἐφαρμακεύετο καὶ ἐποίησεν ἐγ-
γαστριμύθους καὶ ἐπαοιδούς· ἐπλήθυνεν τοῦ ποιῆσαι τὸ πονηρὸν ἐν-
7 *αντίον κυρίου τοῦ παροργίσαι αὐτόν. ⁷καὶ ἔθηκεν τὸ γλυπτὸν καὶ*

B´ A V 19´ *a*-127 *b* 60 119 158 527 Syh$^{12\ 168}$ La^{109} Aeth Arm

Ald Compl = Reg 𝔊; *θυσιαστηρια* (*θυσιαστηριον* (*θυσιαστ*^{ρ} 125) 44´-610) ⌒ $_{(5)}$ *θυσιαστήρια* 107 | *ἐν οἴκῳ*] *εν τω οικω* 19´ Compl; *ἐν* om 74 | *οῦ* – fin om Arm^{II} | *οῦ*] *εν ω* 19´ Arm^{I}(vid) (Constit Didasc^{Lat} 69,20) Compl = Reg^{L} | *Ἐν Ἰερουσαλὴμ ἔσται*] *Ἐν* om 134; *ἔσται* om *b*^{2}

5 *θυσιαστήρια*] *θυσιαστηριον* 379 Syh Arm^{I} = Reg IV 21$_{5}$ 𝔊^{L}; + *εν οικω* $\overline{κυ}$ 74: ex $_{4}$ | *πάσῃ τῇ*] *τη παση* B´ | *στρατεια* B 728: cf 32$_{9}$ | *τοῦ οὐρανοῦ*] *τοῦ* om 107(non 44´-610) | *ἐν* – fin] *και εδουλευσεν αυτοις* 381: ex $_{3}$; om 71 125 | *δυσίν*] *δυναμεσιν* 106´; > 60 Arm^{II}

6 init – *πυρί*] *et ipse cremavit liberos suos idolo* Aeth(omnes); *ἐν πυρί* om 71 = 𝔐^{1Ms} | *διῆγε(ν)*] *διηγαγε(ν)* B *a*-127 (Constit II 22,6^{ap}) Ald Sixt Ra.: cf Reg IV 21$_{6}$ 𝔊 | *αὐτοῦ*] *εαυτου* V 60 | *ἐν γῇ Βεvεννόμ*] *ἐν γεβανεεννόμ* B; *ἐν γὲ βεvεννόμ* Sixt; *ἐν γὲ βεvενωμ* Compl: cf sq; *in gebennon* La^{109}; *in gebenon* Arm^{II}; *in gehennon* Or^{Lat}(Ruf) *in Num* 147; *εν γεβανε* (*γεβαν* 2 Mss; *γεβοιν* 2 Mss; *ονοματι* rel) Constit 22,34 | *ἐν γῇ*] *εν τη* 489; *in gae* Didasc^{Lat} 71,4; בנחלא Didasc^{Syr} 28,10: pro *εν φαραγγι*: cf 28$_{3}$ *L* (?); *in vallibus* Aeth$^{A´}$: cf 28$_{3}$ (hab בארעא Syh) | *Βεvεννόμ* V* Sixt: cf Vulg^{ap} et 28$_{3}$] *βεvεννωμ* V^{c}; *βεvενομ* 108 *a*$^{-71}$-127; *βεvενωμ* Compl; *βεενωμ* 46 527; *βεεννομ* A 64-489-728 119; *βεεννωμ* 381; *βεννενομ* *b*$^{2-489}$; *βεvεννον* 55 = Vulg^{te}; *βανεεννομ* B; *βεvενμον* 71; *βεσνενομ* 19; באנם(ד) Syh; *δεενωμ* 158; *vanaemon* Didasc^{Lat} 71,4; *bennom(aj)* Arm^{I}; *banom* Aeth$^{P´}$; *filii henom* Aeth$^{A´}$: cf 28$_{3}$ | *καὶ ἐκληδονίζετο*] *και εκλυδωνιζετο* (*εκλυδον.* 107(-610) 60) 71´ 60 158: cf praef p 91; > V: homoiot | *καὶ οἰωνίζετο* om 60 44 | *οἰωνίζετο καὶ ἐφαρμακεύετο*] *εφαρμακευετο και οιωνιζετο* B Or^{Lat}(Ruf) *in Num* 147 vid: *maleficia faciebat et auguriabatur* = Vulg(*sectabatur auguria, maleficiis artibus inserviebat*): cf Deut 18$_{10}$ 𝔐 𝔊 | *φαρμακευετο* V*: cf praef p 102 | *ἐγγαστριμύθους*] *ενγαστριμυθους* B* A V* 19´ 120-121-134 381 119: cf praef p 92; *γαστριμυθους* 55: post *εν* | *ἐπαοιδούς· ἐπλήθυνεν*] *επληθυνεν επαοιδους και επληθυνε μανασσης* 19´ Arm^{II} Compl; ולחושא אסגי Syh: *ἐπαοιδούς* cum *ἐπλήθυνεν* coniungit sicut 19´ | *ἐπαοιδούς*] *αοιδους* 46*(non 52) | *ἐπλήθυνε(ν) τοῦ ποιῆσαι*] *εποιησεν τον ποιησαι* A; *επληθυνε* 121; *εποιησε* *a*$^{-68´\ 71\ 121\ 236\ 314}$-127; pr *και* (⌒ $_{(7)}$ *καί* 1° 125) *a*$^{-71}$-127 158 (Constit) Ald | *ἐναντίον*] *εναντι* 64*; *ενωπιον* 19´ 554 Compl = Reg 𝔊^{L} | *τοῦ παροργίσαι αὐτόν*] > 71; om *τοῦ* 106´ = Reg 𝔊$^{-L}$ | *παροργισαντος* 527

τὸ χωνευτόν, εἰκόνα ἣν ἐποίησεν, ἐν οἴκῳ κυρίου, οὗ εἶπεν ὁ θεὸς
πρὸς Δαυὶδ καὶ πρὸς Σαλωμὼν υἱὸν αὐτοῦ Ἐν τῷ οἴκῳ τούτῳ καὶ
Ἰερουσαλήμ, ἣν ἐξελεξάμην ἐκ πασῶν φυλῶν Ἰσραήλ, θήσω τὸ ὄνομά
μου εἰς τὸν αἰῶνα· [8]καὶ οὐ προσθήσω σαλεῦσαι τὸν πόδα Ἰσραὴλ 8
ἀπὸ τῆς γῆς, ἧς ἔδωκα τοῖς πατράσιν αὐτῶν, πλὴν ἐὰν φυλάσσωνται
τοῦ ποιῆσαι πάντα, ἃ ἐνετειλάμην αὐτοῖς, κατὰ πάντα τὸν νόμον καὶ
τὰ προστάγματα καὶ τὰ κρίματα ἐν χειρὶ Μωυσῆ. [9]καὶ ἐπλάνησεν 9

B′ A V 19′ *a*-127 *b* 60 119 158 527 Syh$^{12\ 168}$ La^{109} Aeth Arm

7 *ἔθηκε(ν)* om Arm^{I} | *καὶ τὸ χωνευτόν*] *καί* om B Arm^{II} = 𝔐; + *και* 610 Arm^{I} | *ἣν ἐποίησεν* om Aeth = Reg IV 21_{7} 𝔊 | *οἴκῳ* 1°] pr *τω* 19′ Compl = Reg 𝔊 | *κυρίου*] *θ̅ῡ* (pr *του* 158) B′ 158 Sixt Ra. = 𝔐 Vulg^{ap} (hab Pesch Targ Vulg^{ap}) | *οὗ* – fin] *και ειπε του ειναι το ονομα αυτου εκει* 71 | *οὗ*] *εν ω* 19′ (Constit 22,39) Compl = Reg 𝔊^{L} | *ὁ θεός*] *κ̅ς̅* 19′ *a*$^{(-71)}$-127 Aeth Arm$^{Iap\ II}$ (Constit II 22,28 Didasc$^{Syr\ Lat}$ 70_{8},10(Lag. 28,13)) Ald Compl = Pesch Targ Vulg^{te} et Reg 𝔐 𝔊 | *δαυειδ* B; *δαβιδ* Ald: cf 1_{1} | *πρός* 2°] *προ* 346*; > B 107 Aeth^{DF} | *Σαλωμών* B A V* *a*$^{-(71)\ 68′\ 74\ 106′\ 554}$-127 64-728 Sixt] *σολομων* 19′ 107 Arm Fern.; *σολομωνα* 381; *σολομωντα* Compl = Reg 𝔊^{L}; שלימון Syh = Pesch; *σαλομων* rel | *υἱὸν αὐτοῦ*] pr *τον* B 19′ Compl = Reg 𝔊; > 107; + *dixit* Arm^{II}: cf Vulg(*dicens*) et Reg 𝔊$^{247\ 121}$ | *τούτῳ*] *αυτου* 44; *του θ̅ῡ* 60 | *καὶ Ἰερουσαλήμ, ἣν ἐξελεξάμην*] *quam elegi in iherusalem* La^{109}: cf Reg 𝔊^{L} | *καὶ Ἰερουσαλήμ* (*ι̅λ̅η̅μ̅*)] *και εν ι̅λ̅η̅μ̅* 108 *a*$^{-314\ 44}$-127 381-*b*$^{2-489}$ 158(Didasc^{Syr} 70,11(Lag. 28,14)) = 𝔐 Targ Vulg^{-1Ms} et Reg 𝔐 𝔊$^{-B\ A\ 247\ 130\ 489}$; *εν ι̅λ̅η̅μ̅* 19 314 Syh Aeth$^{A′}$ (Constit 22,40 Didasc^{Lat} 71,10) = Pesch Vulg^{1Ms} et Reg 𝔊$^{B\ 247\ 130}$ | *ἣν ἐξελεξάμην*] *ἥν* om 19′ 489 Aeth(omnes) Arm^{II} = Reg 𝔊$^{B\ 372}$; + לי Syh = Pesch | *πασῶν φυλῶν Ἰσραήλ*] *φυλων πασων ισραηλ* 236; om *Ἰσραήλ* 321-346-127 | *θήσω*] *θηναι* 19′ Arm^{II} (Constit(*θεσθαι*)): cf Reg 𝔊(*καὶ θήσω*] *θειναι L*); *σωθητω* A | *μου*] *σου* 44; + *εκει* (*super eum* Aeth Arm) 19′ Aeth Arm^{II} (Constit) = Reg 𝔊$^{-B\ Aeth\ Arm}$

8 v $_{8}$ om 71 | *σαλεῦσαι*] pr *του* 19′ *a*$^{(-71)}$-127 Ald Compl = Reg IV 21_{8} 𝔊$^{-L}$ | *τὸν πόδα*] *τον παιδα* 321-346-127; > Aeth$^{A′}$ | *εδωκας* 68′-121 | *τοῖς πατράσιν αὐτῶν*] *patribus vestris* Aeth$^{P′G}$ = 𝔐$^{-4Mss}$ Targ (hab *π. αὐτῶν* Pesch Vulg = Reg 𝔐 𝔊^{omnes}); *αυτω* 19 | *ἐάν* om 610 | *φυλάσσωνται*] *φυλασσονται* 19 489-728: cf praef p 109; *φυλαξωνται* (-*ξονται* 44′; *φλαξωνται* 158) *a*$^{(-71)}$-127 158 (Constit II 22,43) = Reg 𝔊^{L} | *ἅ*] *οσα* 158 (Constit 22,43 Didasc^{Lat} 71,13 (*quaecumque*)) | *ἐνετειλάμην*] *ανετειλαμην* 107*(non 44′-610) | *πάντα* 2° – *κρίματα*] *παντα τα κριματα* 74 | *καί* paenult – *κρίματα* om 125: cf Reg | *καί* paenult om B′ A V *b*^{2} 60 La^{109} Arm^{II} = 𝔐^{1Ms} | *καὶ τὰ κρίματα*] > 554; + *και δικαιωματα* A | *ἐν χειρί* om 44 | *Μωυσῆ*] *μωυσει* 243 119; *μωυσεως* 381 Ald; *μωυσεος* 68′: cf praef p 98

Μανασσῆς τὸν Ἰούδαν καὶ τοὺς κατοικοῦντας Ἰερουσαλὴμ τοῦ ποιῆσαι
τὸ πονηρὸν ὑπὲρ πάντα τὰ ἔθνη, ἃ ἐξῆρεν κύριος ἀπὸ προσώπου υἱῶν
10 *Ἰσραήλ.* ^{10}*καὶ ἐλάλησεν κύριος ἐπὶ Μανασσῆ καὶ ἐπὶ τὸν λαὸν αὐτοῦ,*
11 *καὶ οὐκ ἐπήκουσαν.* ^{11}*καὶ ἤγαγεν κύριος ἐπ᾽ αὐτοὺς τοὺς ἄρχοντας*
τῆς δυνάμεως βασιλέως Ἀσσούρ, καὶ κατέλαβον τὸν Μανασσῆ ἐν
12 *δεσμοῖς καὶ ἔδησαν αὐτὸν ἐν πέδαις καὶ ἤγαγον εἰς Βαβυλῶνα.* ^{12}*καὶ*

B′ A V 19′ *a*-127 *b* 60 119 158 412 527 Syh$^{12\ 168}$ La^{109} Aeth Arm

9 *ἐπλάνησε(ν)*] *εποιησε* 74 | *Μανασσῆς*] *μανασση* V* 55 60; *μανασης* 74 158 527; *manase* Arm | *Ἰούδαν*] *ιουδα* 379; *ιου*^{δ} 98 | *Ἰερουσαλήμ* (*ῑλη̄μ̄*)] pr *εν* B′ A 19′ *b*$^{-381\ 489(52)}$ 60 119 527 44 Aeth^{DF} Sixt: cf TGP II ad 21$_{13}$ | *τὰ ἔθνη*] *τά* om 71 | *ἅ* – fin] > 107 381 | *κύριος* om A(|) | *υἱῶν Ἰσραήλ*] pr *των* A 19′ Arm Tht *Par II* 297 (Constit II 22,47) Compl = Reg IV 21$_{9}$ 𝔊$^{L\ 247\ 489}$

10 in codicibus 247-488(= 247′) insertum est Par II 33$_{10-20}$ in Reg post Reg IV 21$_{18}$ (= "Reg IV 21$_{18}$ 𝔊$^{247′}$"): cf praef p 16 et 46 | *Μανασσῆ*] *μανασσην* V 68′-71-107 Reg IV 21$_{18}$ 𝔊$^{247′}$ Dam$^{CM^{M}H^{b}}$ Constit^{te} 22,48; *μανασῃ* 158 Arm; pr *τον* 108 Compl | *ἐπί* 2° om 107 | *ἐπήκουσαν*] -*σεν* B* 60(-*σε*) = Pesch^{ap}; *ηκουσαν* A 19′ *b*$^{I-381}$ 158 Compl: cf Reg 21$_{9}$ (Constit II 22,45)

11 ab *καί* 1° incipit 412 | *κύριος ἐπ᾽ αὐτούς*] *κυριος επ αυτον* A Arm^{I} Dam^{VW} Constit 22,70; *επ αυτους κυριος* 158 Didasc^{Syr} 72,6(Lag. 29,4) = Pesch | *τοὺς ἄρχοντας*] *τον αρχοντα* 381; *τούς* om 119*(corr pr m) | *τῆς δυνάμεως*] *της δυναστειας* A; *των δυναμεων* (*virtutum* La) La^{109}(hab *virtutis* An Mth 626,45) Arm^{II} Constit^{ap}; > Didasc^{Syr} 72,6(Lag. 29,4); *τῆς* om 158 | *βασιλέως*] *regum* Arm^{II}; pr *του* 19′ *a*$^{-554}$-127 Reg IV 21$_{18}$ 𝔊$^{247′}$ Dam^{VW} Constit Ald Compl Sixt | *Ἀσσούρ*] *ασουρ* 71-74-554 489 158 Dam^{VW} Constit 22,71; *ασσυριων* 19′ Compl | *καὶ κατέλαβον*] *και κατελαβοντο* A 19′ 71-321-346-127 *b*^{I}(sic 52,46 inc(non 46^{s})) 158 Constit 22,71^{te} Compl; > *καί* Arm^{I} | *τὸν Μανασσῆ*] *τον μανασσην* V^{c} 108 68′-71-121-554 60 Reg 𝔊$^{247′}$ La^{109} An Mth 626,46 Dam$^{H^{b}V^{W}E^{V}M^{i}T}$ Constit Ald Compl; *τον μανασῃ* 527; *μανασην* 158 Arm^{II}; *eum* Arm^{I}; *τόν* om A 321-346-127 *b*^{I}(sic 52, 46 inc(non 46^{s})) 158 | *ἐν* 1° – *πέδαις*] *et vinxerunt eum in vinculis ferreis* Aeth; om *ἐν δεσμοῖς* Dam$^{VE^{V}M^{i}}$ Didasc^{Syr} 72,7(Lag. 29,4); om *αὐτόν* Arm^{Ite} Dam$^{VM^{M}H^{a}T}$; + *χαλκαις* Constit 22,72 | *ἤγαγον*] -*γεν* 55; *ηγον* 19′ Compl; + *αυτον* 19′ 46^{s}(non 52) Syh Aeth(omnes)

ὡς ἐθλίβη, ἐζήτησεν τὸ πρόσωπον κυρίου τοῦ θεοῦ αὐτοῦ καὶ ἐταπει-
νώθη σφόδρα ἀπὸ προσώπου θεοῦ πατέρων αὐτοῦ· [13]*καὶ προσηύξατο* 13
πρὸς αὐτόν, καὶ ἐπήκουσεν αὐτοῦ· καὶ ἐπήκουσεν τῆς βοῆς αὐτοῦ καὶ
ἐπέστρεψεν αὐτὸν εἰς Ἰερουσαλὴμ ἐπὶ τὴν βασιλείαν αὐτοῦ· καὶ ἔγνω
Μανασσῆς ὅτι κύριος αὐτός ἐστιν ὁ θεός.

B' A V 19' *a*-127 *b* 60 119 158 412 527 Syh$^{12\ 168}$ La^{109} Aeth Arm

An Mth 626,48 Constit Compl = 𝔐 Pesch Targ Vulg^{ap} | *βαβυλωνος* 19; *βαβυλων* Dam^{VT}

12 *ὡς*] *εως* 55 | *ἐθλίβη*] + *μανασσης* 19' Arm^{II}(*manase*) Tht *Par II* 297 Compl | *ἐζήτησε(ν) τὸ πρόσωπον*] *και* (> Tht Compl) *εδεηθη του προσωπου* 19' Tht Compl, cf Ios X 41(*εδειτο*) | *εξεζητησε* 71 Dam$^{CH^b}$ | *κυρίου τοῦ θεοῦ*] *τον κυριον θεον* B 119 412 527 Sixt; *τοῦ* om 68'-71-121-236-314-762 Dam$^{H^bVW}$ | *αὐτοῦ* 1°] *εαυτου* V *b*^{2} 60; ⌒ 2° 489 125 | *ἀπό* – fin om 71 | *θεοῦ πατέρων*] *θεου των πατερων* B Tht^{ap} Ra.; *του θεου των* (*τον* 158) *πατερων* 19' 119 158 Tht^{te}; *του θεου πατερων* A V *b*^{1} 55 60 412 527; *κυριου του θεου* (om *του θεου* ^{ap}) *των πατερων* Constit II 22,79 (hab אלהא דאבהוהי Didasc^{Syr}(Lag. 29,9)); pr *domini* Aeth = 𝔐^{8Mss} Vulg^{1Ms} | *αὐτοῦ* 2°] *εαυτου* A V *b*^{1} 60

13 *πρὸς αὐτόν*] *προς κν'* 107 La^{109} Dam^{MMT} = Pesch(קדם מריא); *προς θ̅ν̅* 412^{mg}; *προς κυριον* (> ^{ap}) *τον θεον* (+ *αυτου* ^{ap}) Constit II 22,80 Didasc^{Syr}(קדם מריא אלהא (Lag. 29,9s)) | *καὶ ἐπήκουσεν αὐτοῦ*] *και εισηκουσεν αυτου* *a*$^{-(71)\ 74}$-127 Reg IV 21$_{18}$ 𝔊$^{247'}$ Ald; > 19 71 381 158(|) Arm^{I} Tht *Par II* 297 Lag.: cf Vulg | *καὶ ἐπήκουσεν τῆς βοῆς αὐτοῦ*] > 107; *ἐπήκουσεν* om La^{109} | *τῆς βοῆς*] *της φωνης* 55 Tht^{2Mss} | *καί* paenult ⌒ *καί* ult A(|) | *επεστρεψαν* 314 | *εἰς Ἰερουσαλήμ* (*ῑλ̅η̅μ̅*)] *εις την ῑλ̅η̅μ̅* 527; *επι ῑλ̅η̅μ̅* Dam$^{CH^b}$ | *ἐπὶ τὴν βασιλείαν*] *εις την βασιλειαν* 554 Cyr H *Catech* II 56,23 Tht^{1Ms}; *επι την βασιλεια* (sic) 19: cf praef p 80 | *καί* ult – fin om Arm^{II}: homoiot | *Μανασσῆς*] *μανασση* A 489 55 Dam^{VW}; *μανασης* 74 158 527; *manase* Arm^{I} | *αὐτός ἐστιν ὁ θεός*] *αυτος εστι(ν) θεος* B 108 Tht^{-1Ms} Sixt Fern.; *ο θεος αυτος εστιν* 19 Lag.; *ο θεος αυτων* 44

14 [14]*Καὶ μετὰ ταῦτα ᾠκοδόμησεν τεῖχος ἔξω τῆς πόλεως Δαυὶδ ἀπὸ λιβὸς κατὰ νότον ἐν τῷ χειμάρρῳ καὶ ἐκπορευομένων τὴν πύλην τὴν κυκλόθεν καὶ εἰς τὸ Ὀφλὰ καὶ ὕψωσεν σφόδρα. καὶ κατέστησεν ἄρχοντας τῆς δυνάμεως ἐν πάσαις ταῖς πόλεσιν ταῖς τειχήρεσιν ἐν*

B′ A V 19′ *a*-127 *b* 60 119 158 412 527 Syh$^{12\ 168}$ La^{109} Aeth Arm

14 *μετὰ ταῦτα/ᾠκοδόμησεν*] tr B Syh; + *μανασσης* 19′ 71 728 Arm^{II} (*manase*) | *Δαυίδ*] *δαυειδ* B; *δαβιδ* Ald: cf 1$_{1}$; > b^{I} 158 | *ἀπὸ λιβὸς κατὰ νότον*] *απο λιβος κατα* (*του* Compl) *γιων* (sic Ra.; *γειων* Compl; *γιον* B*) B* Compl Ra. (hab La^{109}(*ab africo ad austrum*) Syh(מערב תימנא לוקבל תימנא)) ↓; + *του γειων* (*γηων* 121 Reg 𝔊$^{247'}$; *γιον* 158; *gijon* Aeth) 19′-121 158 Reg IV 21$_{18}$ 𝔊$^{247'}$ Aeth$^{A'}$ = 𝔐(מערבה לגיחון) Pesch Targ Vulg(*ad occidentem gion*), cf TGP II | *νότον*] *νωτον* 314 489 158 52: cf praef p 89; pr *του γεδεων* 71 | *ἐν τῷ χειμάρρῳ*] *εν τω χειμαρρουν* 71; *fluminis* Aeth; + *του γιων* 728; + *κισων* (*κισσων* 247) 𝔊$^{247'}$ | *καί* 2° – *Ὀφλά* om 125: homoiot | *καί* 2° ↓] pr *και* (> 71-554) *κατα την εισοδον* (*εισωδον* 121; *την ενδων* pro *και* – *εισοδον* Reg 𝔊$^{247'}$) *δια της πυλης της ιχθυικης* (*ιχθυκης* Reg 𝔊$^{247'}$) *και περιεκυκλωσε* (-*σεν* A) *το αδυτον* (*και* 2° – *αδυτον* om 107 Sixt) B^{mg} A 19′ *a*-127 b^{2-489} Reg 𝔊$^{247'}$ Ald Sixt: dubl pro *καί* 2° – *Ὀφλά*(ולבוא בשער הדגים וסבב לעפל 𝔐) | *καί* 2° om 19′ $a^{(-107)}$-127 b^{2-489} Reg 𝔊$^{247'}$ Ald Compl Sixt | *ἐκπορευομένων*] *εκπορευομενω* 381 Syh vid(דאזל); *πορευομενων* A V 489 55 60; + *και πορευομενων* b^{2-489} | *τὴν πύλην*] *την πολιν* 158; *την πυλην την ιχθικην* (*ιχθυικην* Lag. Fern.: cf praec) 19′ La^{109}(*portam piscatoriam*) Compl: cf 𝔐 et praec; *portae joj* Arm^{II}(ex *την πυλην την ιππικην*?: cf 23$_{15}$); *τήν* om 68 125 | *κυκλόθεν*] *κυκλωθεν* 46 60 158 Reg 𝔊$^{247'}$: cf praef p 88; *κυκλω* 19′ Compl | *καί* 3° om Arm | *εἰς τὸ Ὀφλά*] *usque ad angulum templi* La^{109} | *εἰς τό* 19′ b^{I} 119 158^{c} 412 527 Compl] *το* 158*; *εις αυτον* B; *εις αυτο* A V 71 b^{2-98}(243^{txt} 731^{txt}) 55 60; *εις αυτην* a^{-71}-127 b^{2-489}(243^{mg} 731^{mg}) Reg 𝔊$^{247'}$ Syh vid(sc *πύλην*); *εις* Sixt; pr *εθετο* a^{-71}-127 243^{mg}-731^{mg} Reg 𝔊$^{247'}$ | *Ὀφλά*] *οφλαα* 19′ (*οφλα* Lag. Fern.); *ofalalavn* Arm^{II}; *ὀφέλ* Compl = 𝔐; *ὄπελ* Sixt; *οπλα* B $a^{(-125)}$-127 98^{c}(379^{mg})-243^{mg}-731^{mg} Reg 𝔊$^{247'}$ Syh(זינא) Ald, cf 27$_{3}$ | *καὶ ὕψωσεν*] + *αυτην* a^{-71}-127 Reg 𝔊$^{247'}$ La^{109}(*eum*: sc *angulum templi*(cf

---

14 *κατὰ νότον*] *σ′ του αγιου* 412: ex transcriptione לגיחון: *ΛΓΙΟΝ* (*λγιον*) ? | *καί* (pr *και κατα την εισοδον την δια της πυλης της ιχθυικης και περιεκυκλωσε το αδυτον* B^{mg} A *a*-127 b^{2-489}) *ἐκπορευομένων τὴν πύλην τὴν κυκλόθεν* (*την ιχθικην την κυκλω* 19′ Compl pro *την κυκλοθεν*) *καὶ εἰς τὸ Ὀφλά* (*οφλαα* 19′; *οφελ* Compl] *σ′ καὶ κατὰ τὴν εἴσοδον τὴν διὰ τῆς πύλης τῆς ἰχθυικῆς* 412 (index ad *χειμάρρῳ* et *καὶ ἐκπορευομένων*) *θ′ καὶ περιεκύκλωσε τὸ ἄδυτον* 412 (index ad *εἰς τὸ ὀφλά*) *α′ κύκλῳ εἰς τὸν ὀφλά* 412 *γρ′ καὶ εἰς αὐτὸ ὀφλά* 554

Ἰούδᾳ. ^{15}*καὶ περιεῖλεν τοὺς θεοὺς τοὺς ἀλλοτρίους καὶ τὸ γλυπτὸν* 15
ἐξ οἴκου κυρίου καὶ πάντα τὰ θυσιαστήρια, ἃ ᾠκοδόμησεν ἐν
ὄρει οἴκου κυρίου καὶ ἐν Ἰερουσαλὴμ καὶ ἔξω τῆς πόλεως. ^{16}*καὶ* 16
κατώρθωσεν τὸ θυσιαστήριον κυρίου καὶ ἐθυσίασεν ἐπ' αὐτὸ θυσίαν
σωτηρίου καὶ αἰνέσεως καὶ εἶπεν τῷ Ἰούδᾳ τοῦ δουλεύειν κυρίῳ θεῷ

B′ A V 19′ *a*-127 *b* 60 119 158 412 527 Syh$^{12\ 168}$ La^{109} Aeth Arm

praec)) = 𝔐 | *κατέστησεν*] *-σαν* 134* | *ἄρχοντας*] *αρχοντα* 158 | *τῆς δυνάμεως*] *δυναμεων* 19′ La^{109} Arm; *τῆς* om Compl | *ἐν πάσαις*] *επι πασαις* *a*-127 Reg 𝔊$^{247′}$ Ald | *ταῖς τειχήρεσιν*] *ταις τειχηρεις* (*τηχειραις* V*; *τειχιραις* 71) V^{c} 71: cf praef p 100; *ταις τειχειρεις* 489; pr *και* 60; > 107 | *ἐν Ἰούδᾳ*] *ἐν* om V 19 762* *b*^{1} 60 119 158 412 527 125 Aeth$^{A′}$ vid(*la* pro *ba*)

15 *τὸ γλυπτόν*] *τα γλυπτα* Syh Arm(vid) Constit^{ap} 22,127 = Pesch Vulg^{ap} | *καί* 3° ∩ *καί* ult 554 | *πάντα* om 107 | *ἐν ὄρει οἴκου*] *εν οικω* 119 Aeth$^{P′}$ Arm^{II}(vid) Constit^{ap} 22,128; *εν ορει* 60(|); *in limite domus* Aeth$^{A′}$: ex *ὅρῳ* pro *ὄρει*; *εν ειρηνη οικου* 610 | *καὶ ἐν Ἰερουσαλήμ* (*ῑλη͞μ*) om *a*$^{-71}$-127 Reg IV 21$_{18}$ 𝔊$^{247′}$ | *καὶ ἐν*] *et ex* Aeth$^{P′}$; *καί* om Aeth$^{A′}$; *ἐν* om A V 489 60 119 412^{txt} 527 = Vulg^{ap} | *καί* ult] + *εξεβαλεν* (*εξεναλεν* 108: cf praef p 95) 19′ Arm^{II} Tht *Par II* 297 Constit 22,129; > 71 158 Aeth^{A} Tht^{1Ms} | *εξωθεν* B Sixt

16 *κατώρθωσε(ν)*] *κατορθωσε(ν)* 19 71 610 489-728 55 Reg IV 21$_{18}$ 𝔊$^{247′}$ Tht^{2Mss} *Par II* 297: cf praef p 102s | *κυρίου*] pr *του* 19 158 Tht^{1Ms}; > B Constit^{ap} 22,130 | *καὶ ἐθυσίασεν*] *και εθυσεν* 119 412^{txt} 527 Tht Constit^{ap}; *και εθυμιασεν* 71; pr *και εθυσε* 527 | *ἐπ' αὐτό*] *επ αυτω* 19′ 74-106 46-98-243-731 55* 60 119 158 𝔊$^{247′}$ Tht^{ap} Constit^{te} Compl | *θυσίαν*] *θυσιας* 19′ *a*$^{-68′\ 71\ 74\ 121}$-127 Reg 𝔊$^{247′}$ La^{109} Arm Compl, cf Ios X 43 = 𝔐; *θυσιαστηριον* 98 | *καί* paenult om 381 | *εἶπεν*] + *μανασσης* 19′ 71 46-728 Arm^{II}(*manase*) Tht 298 Constit 22,131 | *τῷ Ἰούδᾳ*] *τον ιουδα* 554; *τω οικω του ιουδα* 71; + *et omni* (> ^{ap}) *domo jerusalem* (*ῑλῑ* ^{ap}) Arm^{II} | *τοῦ δουλεύειν*] *το δουλευειν* 74; *δουλευειν* Tht; *του εκδουλευειν* 158 | *κυρίῳ θεῷ*] *τον θεω* (sic) 60; *κυριω τω θεω* 19′ *b*$^{2-489}$ Reg 𝔊$^{247′}$ Tht Constit^{te} 22,132; *τω κυριω θεω* 158 Constit^{ap}; *οικου κ͞υ θ͞υ* 46

17 *Ἰσραήλ·* ^{17}*πλὴν ὁ λαὸς ἔτι ἐπὶ τῶν ὑψηλῶν, πλὴν κύριος ὁ θεὸς*
18 *αὐτῶν.* ^{18}*καὶ τὰ λοιπὰ τῶν λόγων Μανασσῆ καὶ ἡ προσευχὴ αὐτοῦ ἡ*
πρὸς τὸν θεὸν καὶ οἱ λόγοι τῶν ὁρώντων τῶν λαλούντων πρὸς αὐτὸν
(19) 19 *ἐπ' ὀνόματι κυρίου θεοῦ Ἰσραήλ,* ^{19}*ἰδοὺ ἐπὶ λόγων* $^{(19)}$*προσευχῆς*
αὐτοῦ, καὶ ὡς ἐπήκουσεν αὐτοῦ καὶ πᾶσαι αἱ ἁμαρτίαι αὐτοῦ καὶ αἱ
ἀποστάσεις αὐτοῦ, καὶ οἱ τόποι, ἐφ' οἷς ᾠκοδόμησεν τὰ ὑψηλὰ καὶ

B′ A V 19′ *a*-127 *b* 60 119 158 412 527 Syh$^{12\ 168}$(desinit ab 17) La^{109} Aeth Arm

17 om v 17 107 | *πλὴν ὁ λαὸς ἔτι*] *πληv ετι ο λαος* 19′ *a*$^{(-107)}$-127 Reg IV 21₁₈ 𝔊$^{247'}$ La^{109} Aeth^{B} Tht^{-1Ms} *Par II* 298 Proc *Comm in Par II* 1217 Ald Compl Sixt = 𝔐; *ἔτι* om V*(corr pr m) Aeth^{P}(solus) Tht^{1Ms} | *πλήν* 1°] *και* add 527, pr Aeth | *ἐπὶ τῶν ὑψηλῶν*] + *εθυμιαζεν* 19′ La^{109}(*sacrificabat*) Aeth(omnes) Compl: cf 𝔐(pr זבחים) Targ Vulg; + *εθυμια* 106; + *εθυσιαζε(ν)* 68′-71-121-554 728 158 Reg 𝔊$^{247'}$ Tht Proc Ald Sixt; + *εθυε* 321^{c}; + *adorabant* Arm^{II} | *πλήν* 2° – fin om 71-321^{c} Aeth$^{-A'}$ Arm^{II} | *πλήν* 2°] *αλλα* 527↓; *πλην εις κενον* 19′ 68′-121-554 Reg 𝔊$^{247'}$(*πλην εις καινον*) Tht Ald: cf 𝔐(רק) | *κύριος ὁ θεός*] *κυριω* (+ *τω* 19′ 554 Tht Compl) *θεω* 19′ *a*$^{(-71\ 107)}$-127(321*) 527 Tht Compl Sixt ↓ = 𝔐 Pesch (lib) Targ Vulg; *τω θεω* Reg 𝔊$^{247'}$; *ὁ* om 55

18 *Μανασσῆ*] *μαναση* 74 158 527 Arm | *ἡ* 2°] *quam oravit* (*orabit* La^{109}: cf praef p 50) La^{109} Aeth^{-A} Prisc *Tract III* 51 = Targ(דצלי'); > B* 71 | *πρὸς τὸν θεὸν*] *ad dominum* La^{109} Aeth Prisc: cf 𝔐(1 Ms אל יהוה אלהיו (rel אל אלהיו)) Targ (קדם ייי אלהים) Vulg(*ad deum* (*dominum* 4 Mss; pr *dominum* 4 Mss)); *τόν* om 125 | *καί* ult ∩ (19) *καί* 1° 125 | *οἱ λόγοι*] *οἱ* om B′ V *b*(64^{c}) 60 119 158 412 527 Sixt Ra.: cf TGP II | *τῶν λαλούντων*] *και λαλουντων* 60; *τῶν* om B′ A V *b*^{I} 119 158 412 527 Ra. | *πρὸς αὐτόν*] *προς αυτων* V* 55* | *ἐπ'* – fin om 71 | *ἐπ' ὀνόματι*] *επ ονοματος* 120*; *εν ονοματι* 19′ 98 158 Compl | *κυρίου* om B 74 Am^{IIte} Pisc Sixt | *θεοῦ*] pr *του* 19′ Compl

19 *ἰδοὺ ἐπὶ λόγων προσευχῆς αὐτοῦ*] *ιδου επι λογων βασιλεων ισραηλ και η προσευχη αυτου* (*ecce sunt in sermonibus regum israhel* La) La^{109} (hab *ecce scribta sunt in sermonibus orationis eius* Prisc *Tract III* 51) Compl = 𝔐(18b) Pesch Targ Vulg sim(*continentur in sermonibus regum israhel, oratio quoque*), cf Reg IV 21₁₇b et TGP II | *ἐπὶ λόγων*] *επι λογον* 243-731; *in verbo* (*in libro* E) Aeth$^{-P'}$ | *προσευχῆς αὐτοῦ*] *προσευχης αυτων* 71; *προσευχῆς* om Aeth$^{A'}$: cf sq | *καὶ ὡς ἐπήκουσεν αὐτοῦ*] *et quomodo exaudivit dominus orationem eius* Aeth; *eo quod exauditus est* La^{109}; *ὡς* om B′ Sixt; + *ο θεος* 125 | *καὶ πᾶσαι αἱ ἁμαρτίαι αὐτοῦ*] *propter omnia peccata eius* Arm^{II}; > 125; *αὐτοῦ* om 107(-610) La^{109} | *καί* 3° – *ἐπιστρέψαι* om 44′ | *καὶ αἱ ἀποστάσεις αὐτοῦ*] > 554:

---

17 *πλὴν κύριος ὁ θεὸς αὐτῶν*] σ′ *ἀλλὰ τῷ κ̅ω̅ θ̅ω̅ αὐτῶν* 412 *ἄλλως πλὴν κ̅ω̅ θ̅ω̅ αὐτῶν* 554

ἔστησεν ἐκεῖ ἄλση καὶ γλυπτὰ πρὸ τοῦ ἐπιστρέψαι, ἰδοὺ γέγραπται
ἐπὶ τῶν λόγων τῶν ὁρώντων. ^{20}καὶ ἐκοιμήθη Μανασσῆς μετὰ τῶν 20
πατέρων αὐτοῦ, καὶ ἔθαψαν αὐτὸν ἐν παραδείσῳ οἴκου αὐτοῦ· καὶ
ἐβασίλευσεν ἀντ' αὐτοῦ Ἀμὼς υἱὸς αὐτοῦ.
^{21}Ὢν εἴκοσι καὶ δύο ἐτῶν Ἀμὼς ἐν τῷ βασιλεύειν αὐτὸν καὶ δύο 21
ἔτη ἐβασίλευσεν ἐν Ἰερουσαλήμ. ^{22}καὶ ἐποίησεν τὸ πονηρὸν ἐνώ- 22

B′ A V 19′ *a*-127 *b* 60 119 158 412 527 La^{109} Aeth Arm

homoiot; om *αί* B′ 71-107 *b*$^{2\ 180}$ 119* Sixt | *αποστασιαι* A 19′ Compl | *καί* antepaenult – fin om 71 | *οἱ τόποι*] *οι ταφοι* 19′ Lag. Fern.; *propter locos* Arm^{II} | *ἐφ' οἷς*] *εφ ους* 64-381 55*; *εφ ης* Reg IV 21$_{18}$ 𝔊$^{247'}$ | *ᾠκοδόμησεν*] + *εν αυτοις* (*εαυτοις* pr *εν αυτοις* 74) 19′ *a*$^{(-71)}$-127 Reg 𝔊$^{247'}$ Compl Sixt = 𝔐 | *καί* paenult – *ἐπιστρέψαι* om 158 | *ἔστησεν ἐκεῖ*] *εστησαν εκει* 314 98; *quomodo* pr Arm^{II}: cf praec; *ἐκεῖ* om 107 La^{109} Arm$^{\mathrm{Ite\ II ap}}$ = 𝔐 | *ἰδού*] pr *ουκ* 19′ Compl: cf Reg 𝔐 𝔊 | *γέγραπται*] *επιγεγραπται* 44; *scripta sunt* La^{109} = Vulg, cf 𝔐 | *ἐπὶ τῶν λόγων*] *επι λογων* A 108 122* 60 379 Compl; *επι λογου* 19 381 Aeth$^{-\mathrm{P'E}}$; *εν βιβλω* 125 Aeth^{E}: cf Reg 𝔐 𝔊; *in libris* La^{109} | *τῶν ὁρώντων*] *τῶν* om 236

20 *Μανασσῆς*] *μανασση* 55 60 = Reg IV 21$_{18}$ 𝔊$^{\mathrm{B'}}$(sed hab *μανασσης* 𝔊$^{247'}$); *μανασης* 74 158 527; *manase* Arm; > 107 Aeth^{P} | *αὐτοῦ* 1°] *εαυτου* A V 60; + *εν πολει δαδ* 98 | *ἐν παραδείσῳ οἴκου*] *in civitate* Aeth$^{\mathrm{A'(D^*)}}$ | *οἴκου*] *οικω* 728; *οικων* 554* | *καί* ult om Ald | *ἀντ' αὐτοῦ*] *μετ αυτον* *a*$^{-68'\ 71\ 74}$-127; post *αὐτοῦ* ult tr 19′ *a*-127 381-489 Reg IV 21$_{18}$ 𝔊$^{247'}$ La^{109} Aeth(omnes) Arm^{II} Ald Compl = 𝔐 Pesch Targ(hab Vulg) et Reg 𝔐 𝔊^{omnes} | *Ἀμώς* B A V *a*$^{-68'\ 71\ 121}$ (107^{c}(pr m)-44′)-127 *b*$^{I-46}$ 119 158 527 Aeth Arm^{I} Or *orat* 314,27 Theoph An *Autol* 256,15 Clem Al *Strom* I 75,22 Hippol *Chron*^{H_1} 100,15 et 129,9(*Cois gr*) An gen 180,407 Ps Cypr *pasch* 258,18 Eus *Chron I*$^{Arm\ 57,13\ Reg\ ser\ 145,15}$ *Chron II*^{Arm} 185 = Reg 𝔊$^{-O\ L}$] *αμμως* 46 610; *ημως* 107*(corr pr m); *αμων* 19-121 68′-71 489 55 60 La^{109} Arm^{II} Hippol *Chron*^{H_2} 101,15 125,18(*Lib gen*$^{I\ \mathrm{et}\ II}$) Eus *Praep* 611,3 Eus *Chron II*^{Lat} 95a(cf 339) *Chron I*$^{Exc\ Eus}$ 158,14([*α*]*μως*) Ald Sixt Ra. = 𝔐 et Reg 𝔐^{L} Ra.; *αμμων* 108 *b*$^{2-489}$ Reg 𝔊$^{247'}$ Compl, cf Ios X 46^{te}(*αμμωνα*, *αμωσον* ^{ap}) = Reg 𝔊^{O}, cf TGP II; post *αὐτοῦ* ult tr 527 | *υἱός*] pr *ο* 19′ 158

21 *Ὤν*] *erat* Arm^{I}; pr *υιος* 19′ La^{109}(*erat* post *ἐτῶν*) Aeth Compl = 𝔐, cf Reg IV 21$_{19}$ | *εἴκοσι καὶ δύο*] *κ′ και δυο* (*δυω* 314) 120-134-236-314-762; *κ′ και β′* 130-321-346 158 52; *εικοσι δυο* 71 44; *κβ′* 107^{c}(-125 610; *ρκβ′* 107*) *b*$^{2-489}$ La^{109} Arm^{II}; post *ἐτῶν* tr A *a*$^{-71}$-127 Arm^{I} Ald Sixt | *Ἀμώς* – *αὐτόν*] > 107 381; *Ἀμώς* om 71-74 158 Arm^{II} = 𝔐$^{\mathrm{1Ms}}$ | *Ἀμώς* B A V *a*$^{-(71\ 74\ 107)\ 68'\ 121}$-127 64-728 119 527 Aeth Arm^{I} = Reg $^{O\ L}$] *αμμως* 46; *αμων* 19′-121 68′ 489 55 60 La^{109} Ald Sixt Ra. = 𝔐 et Reg^{L}; *αμμων* *b*$^{2-489}$ Compl = Reg 𝔊^{O} | *ἐν τῷ βασιλεύειν αὐτόν*] *εν τω βασιλευσαι* 489; > Arm^{II} | *αὐτόν*] *αυτων* 321* | *δύο* 2°] *duodecim* Arm^{Ite} Hippol *Chron*^{H_2} 101,14(*Arm*) Eus *Chron I*$^{Arm:\ Reg\ ser\ 145,5\ \mathrm{et}\ Exc\ Eus\ 158,14}$

πιον κυρίου, ὡς ἐποίησεν Μανασσῆς ὁ πατὴρ αὐτοῦ, καὶ πᾶσιν
τοῖς εἰδώλοις, οἷς ἐποίησεν Μανασσῆς ὁ πατὴρ αὐτοῦ, ἔθυεν Ἀμὼς
23 *καὶ ἐδούλευεν αὐτοῖς.* [23]*καὶ οὐκ ἐταπεινώθη ἐναντίον κυρίου, ὡς*
ἐταπεινώθη Μανασσῆς ὁ πατὴρ αὐτοῦ, ὅτι υἱὸς αὐτοῦ Ἀμὼς ἐπλήθυνεν
24 *πλημμέλειαν.* [24]*καὶ ἐπέθεντο αὐτῷ οἱ παῖδες αὐτοῦ καὶ ἐπάταξαν*
25 *αὐτὸν ἐν οἴκῳ αὐτοῦ.* [25]*καὶ ἐπάταξεν ὁ λαὸς τῆς γῆς τοὺς ἐπιθεμένους*
ἐπὶ τὸν βασιλέα Ἀμώς, καὶ ἐβασίλευσεν ὁ λαὸς τῆς γῆς τὸν Ἰωσίαν υἱὸν
αὐτοῦ ἀντ᾽ αὐτοῦ.

B′ A V 19′ *a*-127 *b* 60 119 158 412 527 La^{109} Aeth Arm

Chron II^{Lat} 95a,3(*Amon, secundum ·LXX· senum interpretationem ·XII· ann. regnavit, secundum Hebraeos ·ann. II*(cf 339)) = 𝔐^{1Ms}

22 *ἐποίησεν* 1°] + *αμων* 108 = Reg IV 21$_{20}$ 𝔊^{L}; + *αμμων* Compl | *ὡς*] *καθως* 19′ Compl = Reg 𝔊^{omnes} | *ἐποίησεν* 2°] + *πρωτον κατα παντα* 381; > 107 | *Μανασσῆς* 1°] *μανασης* 74 158 527; *manase* Arm; pr *ο* 55; post *αὐτοῦ* 1° tr 107 = Reg 𝔊^{44} | *καί* 2° – fin om 381 | *Μανασσῆς* 2°] *μανασης* 74 158 527; post *αὐτοῦ* 2° tr A V *b*$^{I(-381)}$-489 55 60 119 158 412 Arm^{I}; > Aeth^{-A} Arm^{II} | *ὁ πατὴρ αὐτοῦ* 2° om 107 = Vulg, cf Reg IV 21$_{21}$ | *ἔθυεν Ἀμώς*] *εθυεν εν αυτοις* 158; *εθυεν αυτοις* V 46-64; + *αυτοις* 728; > Arm^{II}: cf Vulg(om *amon*) | *εθυσεν* 134 *b*$^{2-489}$ 527; *εθυσαν* 119 | *Ἀμώς*] *αμμως b*$^{2-489}$; *αμων* 19′-121 68′-71 La^{109} Aeth$^{A'}$ | *ἐδούλευεν*] *εδουλευσεν* B 106′(non 44 610)-134-314 *b*^{2} 119 Ald Sixt Ra.

23 *ἐταπεινώθη*] + *αμων* 19′ + *anima eius* Arm^{II}; + *μανασσης ο* $\overline{πηρ}$ *αυτου* 127* | *ἐναντίον*] *ενωπιον* 19′ 158 Compl | *κυρίου*] *του θεου a*$^{-71\ 236}$ Ald = Vulg^{2Mss}; + *του θεου* 236 = Pesch$^{9a1\ fam}$(מריא אלהא (מריא אלהה Pesch^{rel})) | *ὡς* om 731* | *Μανασσῆς*] *μαναση* B La^{109}; *μανασης* 158 527; *manase* Arm; post *αὐτοῦ* 1° tr 125 | *ὁ – Ἀμώς*] *αλλ* 381 | *ὅτι* – fin] *και πασι τοις ειδωλοις οις εποιησε μανασσης εθυε και αυτος* 125: cf Reg IV 21$_{21}$; > 71 | *ὅτι υἱὸς αὐτοῦ*] *hic enim* La^{109} = 𝔐(כי הוא) | *ὅτι*] *sed* Arm; > 489 | *υἱὸς αὐτοῦ*] pr *ο* 19′ 64-728-489 52 158 Compl; ante *ἐπλήθυνε(ν)* tr 19; *αὐτοῦ* om B | *Ἀμώς*] *αμμως b*$^{2-489}$ 610; *αμων* 19′-121 68′ 489 La^{109} Aeth^{-P} Ald Compl Sixt Ra. = 𝔐; *αμμων* Compl; > 46 Arm^{II} = Vulg(*Ἀμώς* – (24) *αὐτόν* 412 absc)

24 *αὐτῷ*] *αυτον* 52; > 19′ 119 527 610* Compl | *καὶ ἐπάταξαν*] *και επαταξεν* 314; ⌒ (25) *και επαταξαν* (*-ξεν* ^{c}) 106 | *αὐτόν*] *αυτω* 107(non 44′-610) 60 | *οἴκῳ*] pr *τω* 19′ 74 Compl = Reg IV 21$_{23}$ 𝔊^{omnes}

25 *τῆς γῆς* 1° ⌒ 2° 527 | *τοὺς ἐπιθεμένους*] *τους επιτιθεμενους* A 554 158 52; *omnes qui adgressi fuerant* La^{109}: cf 𝔐 | *Ἀμώς*] *αμος* 158; *αμμως* 46-*b*$^{2-489}$; *αμων* 19′-121 71 489 La^{109} Aeth$^{-P'ADc}$ Sixt Ra. = 𝔐 et Reg IV 21$_{24}$ 𝔊^{L}; *αμμων* Compl = Reg 𝔊$^{A\ 247}$; > Arm | *τὸν Ἰωσίαν*] *τον ιωσειαν* B*; *τόν* om *a*$^{-71}$-127 Ald | *υἱόν*] pr *τον* 68′-121-236-314-762 Ald | *ἀντ᾽ αὐτοῦ*] *αντ αυτων* 381

34 ^{1}Ὧν ὀκτὼ ἐτῶν Ἰωσίας ἐν τῷ βασιλεῦσαι αὐτὸν καὶ τριάκοντα 1
ἓν ἔτος ἐβασίλευσεν ἐν Ἰερουσαλήμ. ^{2}καὶ ἐποίησεν τὸ εὐθὲς ἐναντίον 2
κυρίου καὶ ἐπορεύθη ἐν ὁδοῖς Δαυὶδ τοῦ πατρὸς αὐτοῦ καὶ οὐκ
ἐξέκλινεν δεξιὰ καὶ ἀριστερά. ^{3}καὶ ἐν τῷ ὀγδόῳ ἔτει τῆς βασιλείας 3
αὐτοῦ — καὶ αὐτὸς ἔτι παιδάριον — ἤρξατο τοῦ ζητῆσαι κύριον τὸν
θεὸν Δαυὶδ τοῦ πατρὸς αὐτοῦ. καὶ ἐν τῷ δωδεκάτῳ ἔτει τῆς βασιλείας
αὐτοῦ ἤρξατο τοῦ καθαρίσαι τὸν Ἰούδαν καὶ τὴν Ἰερουσαλὴμ ἀπὸ τῶν

B′ A V 19′ *a*-127 *b* 60 119 158 412(desinit ab $_{2}$) 527 La^{109} Aeth Arm

34 1 Ὧν – αὐτόν] *οκτω ετων οντα* 381 | Ὧν ὀκτὼ ἐτῶν] *ων ετων οκτω* (*η′* 107(-610)-314-321-346-762) *a*-127(non 44′) *b*$^{2-489}$; *ην οκτω ετων* 158 Arm^{I}: cf Vulg; *υιος ων οκτω ετων* 19′ Aeth(sim) Compl; *υιος οκτω ετων* 489 = 𝔐 Targ et Reg IV 22$_{1}$ 𝔐 𝔊*; *filius octo annorum erat* La^{109}: cf Pesch | Ὧν] *ω* 527 | ὀκτώ] *εικοσι* V | Ἰωσίας] *ιωσειας* B*; post *αὐτόν* tr Aeth(omnes); > 19 71 | βασιλεῦσαι] *βασιλευειν* A 19′ *a*$^{-71}$-127 46 60 379 Compl | τριάκοντα ἕν] *τριακον εν* 44; *λα′* 107 98 158 La^{109}(*XXI*); *τριακοντα* (*λ′* 130-314-321-346-762) *και εν* 19′ *a*$^{-71\,107}$-127 60 Arm^{Ite} Ald Compl Sixt = 𝔐 et Reg IV 22$_{1}$ 𝔐 𝔊; *τριακοντα* 489; *XXXII* Arm^{IIte} Eus *Chron II*^{Lat} 95a,24 (hab *XXXI* Eus *Chron I*$^{Arm\ 57,14\ Reg\ ser\ 145,6\ et\ Exc\ Eus\ 158,15}$ *Chron II*^{Arm} 185 Eus *Praep I* 611,4 Theoph An *Autol* 256,16 Clem Al *Strom* I 75,23 Hippol *Chron*$^{H_1\ 100,19\ H_2\ 101,19}$ *in Dan* 92,21 An gen 180,410 Ps Cypr *pasch* 258,19) | ἔτος] *ετη* 489

2 init – fin libri deest in 412(‖) | ἐποίησεν] + *ιωσιας* 19′ Arm^{II} Compl = Reg IV 22$_{2}$ 𝔊^{L} | ἐναντίον] *ενωπιον* *L* *a*$^{-71}$-127 *b*^{I} 55 158 Ald Compl = Reg 𝔊^{L} | Δαυίδ (δ̄ᾱδ)] *δαυειδ* B; *δαβιδ* Ald: cf 1$_{1}$; post *αὐτοῦ* tr 158 Arm^{II}; ⌒ $_{(3)}$ *δ̄ᾱδ* 68 | αὐτοῦ] *εαυτου* A V 489 | δεξιά] *δεξιαν* 108 Compl = Reg 𝔊^{L}; *non* pr Aeth | καί ult] *η* A 19′ *a*$^{(-68)\,71}$-127 381 60 158 Compl = Reg 𝔊^{te}; *ουδε* 119 527 La^{109}(*neque*) Aeth Arm = Reg 𝔊^{4Mss}(*και* B 56); *και η* Ald | ἀριστερά] *αριστεραν* 108 Compl = Reg 𝔊^{L}

3 ἐν τῷ ὀγδόῳ] *εν τω δεκατω* Ald; *ὀγδόῳ* post *ἔτει* 1° tr La^{109} Arm^{II} (hab Vulg) | αὐτός] + *ιωσιας* 19′ Arm^{II} Compl | ἔτι] *ετει* 134-314 119: cf praef p 85 | τοῦ ζητῆσαι] *ζητειν* 107; *τοῦ* om *a*$^{(-68)}$-127 158 | κύριον τὸν θεόν] *τον κυριον θεον* 120 489; *τόν* om 108 Compl; *κύριον* om La^{109} = 𝔐 Pesch^{-7a1} Vulg (hab Targ); + *των π̄ρ̄ω̄ν̄ αυτου ητοι* 158 | Δαυίδ (δ̄ᾱδ)/τοῦ πατρὸς αὐτοῦ] tr 119 527 = Vulg^{te}; > 71-107; *Δαυίδ* om V 19′ = Vulg^{2Mss} | *δαυειδ* B; *δαβιδ* Ald: cf 1$_{1}$ | ἐν τῷ δωδεκάτῳ] *εν τω δεκατω* A 68′ 60 119 527; *δωδεκάτῳ* post *ἔτει* 2° tr Arm^{II}: cf praec | τῆς 2° – καθαρίσαι] *της βασιλειας εκαθαιρισε* 71: cf praef p 95; *cepit mundare* La^{109}: cf Vulg(*postquam coeperat* (pr *regnare* 4 Mss, add 1 Ms) *mundavit*); *τοῦ* om 107-127 | αὐτοῦ 3°] *εαυτου* V; + *και αυτος ετι παιδαριον* 98: ex praec | τὸν Ἰούδαν] *τον ιουδα* B 46*(non 52) 44(107 125 *ιου*^{δ}) 379(98 absc);

4 *ὑψηλῶν καὶ τῶν ἄλσεων καὶ ἀπὸ τῶν χωνευτῶν* ^{4}*καὶ κατέσκαψεν*
κατὰ πρόσωπον αὐτοῦ τὰ θυσιαστήρια τῶν Βααλὶμ καὶ τὰ ὑψηλὰ
τὰ ἐπ' αὐτῶν καὶ ἔκοψεν τὰ ἄλση καὶ τὰ γλυπτὰ καὶ τὰ χωνευτὰ
συνέτριψεν καὶ ἐλέπτυνεν καὶ ἔρριψεν ἐπὶ πρόσωπον τῶν μνημάτων
5 *τῶν θυσιαζόντων αὐτοῖς* ^{5}*καὶ ὀστᾶ ἱερέων κατέκαυσεν ἐπὶ τὰ*
6 *θυσιαστήρια καὶ ἐκαθάρισεν τὸν Ἰούδαν καὶ τὴν Ἰερουσαλήμ.* ^{6}*καὶ*
ἐν πόλεσιν Ἐφράιμ καὶ Μανασσὴ καὶ Συμεὼν καὶ Νεφθαλὶμ καὶ τοῖς

B' A V 19' *a*-127 *b* 60 119 158 527 La^{109} Aeth Arm

τον (> ^{c}) *ιουδα* 158; *τόν* om 19' Compl | *τῶν ἄλσεων*] *των αλσων* 71: cf praef p 100; pr *απο* *a*$^{-71\ 107}$-127 119 158 527 La^{109} Aeth^{-G} Ald; + *και απο* (> 71) *των περιβωμιων* *a*-127 *b*$^{2-489}$(*και απο των περι*[*βωμιων και*] 98 (hab 379)) Ald Sixt = 𝔐 (pro פסלים); + *και των βωμων και των γλυπτων* 19' Arm^{II}(vid) Compl; + *et ab sculptilibus* La^{109} | *ἀπὸ τῶν χωνευτῶν*] > 107; *ἀπό* om 19' 71 Compl

4 *κατέσκαψεν L a* Compl, cf Ios X 52] *κατεσκαψαν* V *b*$^{-46\ 381}$ 55 60 119 158 527 Ald = 𝔐 Targ Vulg; *κατεκαμψε* 610; *κατεσπασε* (*-σεν* *) B Sixt Ra.: cf TGP II; *κατεσπασαν* 46; *κατεστρεψαν* A 381; *demolita sunt* La^{109} | *κατὰ πρόσωπον αὐτοῦ*] *τα κατα προσωπον αυτου* B 71 Compl Sixt; *τα κατα προσωπον αυτων* 19'; post *θυσιαστήρια* tr 71 | *τὰ θυσιαστήρια* tr 19' Compl | *Βααλίμ*] *βααλειμ* B' A V 19' 68'-71-121-554 *b*$^{-46}$ 60 119 158 527 Ald Compl; *βααλημ* 314 46(non 52); *βαλιμ* 44 | *τά* 3° – *ἔκοψεν*] > 381; *τά* om A(|); *καί* om La^{123} = 𝔐 Targ Vulg; *ἔκοψεν* om 71 | *ἐπ'*] *απ* 68' Ald | *εκοψαν* *b*$^{2-489}$ Aeth^{P}; *εξεκοψε* 19'-121 68' Ald Compl, cf Ios | *τὰ ἄλση*] pr *και* 381 La^{109} = 𝔐 Targ Vulg(+ *etiam*) | *τὰ γλυπτὰ καὶ τὰ χωνευτά*] *idola sculptilia* Aeth; *καί* om 44 | *ἐλέπτυνεν*] + *και εχωνευσε* (*-σεν* 74) *a*$^{-71\ 44}$-127 Ald; + *idola* (+ *fusa* (= *χωνευτα* Aeth^{A})) Aeth | *ἐπὶ πρόσωπον*] *επι το προσωπον* *b*$^{2-489}$; *κατα προσωπον* *a*$^{-71\ (44)}$-127 Ald | *τῶν θυσιαζόντων*] *των θυσιαστηριων* *b*^{1} 158 Ald

5 *ὀστᾶ*] pr *τα* 158 | *ἱερέων*] pr *των* 158; + *αυτων* 19 Aeth(omnes); + *αυτω* 108 | *κατέκαυσεν*] *-σαν* V* | *θυσιαστήρια*] + *αυτων* 19' *a*$^{-71}$-127 La^{109} Aeth (omnes) Arm^{II} Ald Compl = 𝔐^{Q} Targ | *ἐκαθάρισε(ν)*] *εκαθερισεν* (*-σε* 489; *εκαθερησεν* 158; *εκαθαιρισε* (*-ρησε* 46*) 71 46*) A 71 46(non 52): cf praef p 95; + *ιωσιας* 19' Arm^{II} Compl | *Ἰούδαν*] *ιουδα* B 158 379; *ιου*^{δ} 98 71 125 | *καὶ τὴν Ἰερουσαλήμ* (*ῑλη̄μ̄*)] *καί* om 71; *τήν* om *b*$^{2-489}$

6 *ἐν πόλεσιν*] *civitates* Arm^{I}: cf sq | *Ἐφράιμ*] *εφρεν* 158; et *Μανασσή* tr *a*-127 La^{109} = 𝔐 Pesch Targ (hab Vulg) | *καί* 2° om 71 | *μαναση* 158 527 Arm | *καί* 3° om Ald | *Νεφθαλίμ* *a*$^{-68'\ 71\ 107\ 554}$ La^{109}(*neptalim*) Arm Ald = Vulg] *νεφθαλειμ* A V 19'(*νεφαλειμ* 19* corr pr m)-121 68'-71-107-554 *b*$^{-728\ 243\ 731}$ Ald Compl Lag. Fern.; *νεφθαλημ* 314 Aeth; *νευθαλιμ* 158; *νεφθαλι* 243-731 119 527 Sixt Ra. = 𝔐 Pesch Targ; *νεφθαλει* B' 60 | *καί* ult om La^{109} = 𝔐 Pesch Targ Vulg | *τοῖς τόποις αὐτῶν κύκλῳ*] *εν* pr 19' Compl: cf 𝔐; *τόποις* om 236;

τόποις αὐτῶν κύκλῳ ^{7}καὶ κατέσπασεν τὰ ἄλση καὶ τὰ θυσιαστήρια 7
καὶ τὰ εἴδωλα κατέκοψεν λεπτὰ καὶ πάντα τὰ ὑψηλὰ κατέκοψεν ἀπὸ
πάσης τῆς γῆς Ἰσραὴλ καὶ ἀπέστρεψεν εἰς Ἰερουσαλήμ.
^{8}Καὶ ἐν τῷ ὀκτωκαιδεκάτῳ ἔτει τῆς βασιλείας αὐτοῦ, ὅτε συν- 8
ετέλεσεν τοῦ καθαρίσαι τὴν γῆν, καὶ τὸν οἶκον, ἀπέστειλεν τὸν Σαφὰν
υἱὸν Σελιὰ καὶ τὸν Μαασίαν ἄρχοντα τῆς πόλεως καὶ τὸν Ἰωὰς υἱὸν

B′ A V 19′ *a*-127 *b* 60 119 158 527 La^{109} Aeth Arm

locos eorum in circuitu Arm^{I}; *omnia quae in circuitu eorum erant* Arm^{II}; *deserta eorum in circuitum* La^{109}: cf 𝔐(בהר בתיהם] בחרב(ו)תיהם (*in desertis eorum*) 40 Mss) Targ(בבית צדיותהון) (Pesch (בשׁוקיהון (*in plateis eorum*)) = 𝔊)

7 κατέσπασε(ν)] κατεσκαψε 60; κατεκαυσεν 158; > 107 | τά 1° – θυσιαστήρια] ἄλση et θυσιαστήρια tr *a*$^{(-107)}$-127 La^{109} Ald Sixt = 𝔐 Targ Vulg; + αυτων *a*$^{-(107)\,71}$-127 Ald; καὶ τὰ θυσιαστήρια om 107 | τὰ εἴδωλα] > Aeth^{P}(solus); τά om Ald Sixt | κατέκοψε(ν) λεπτά] κατεκαυσε (-επαυσε *) πυρι 381; *fregit ea* (> BD^{a}G) *et quassavit ea* Aeth^{-P}; *fregit* Aeth^{P}; > 71 | κατέκοψε(ν) 1°] κατεκοψα 314; κατεκοπτε 527; κατεσκαψε 68′; pr και V; pr και et add αυτα *b*$^{2-489}$ | λεπτά] λεπτα λεπτα 19(|)-108 Lag. Fern.: cf 𝔐(להדק) | καί paenult – κατέκοψεν 2°] > 71; πάντα om Aeth^{P} | κατέκοψεν 2°] και εκοψεν (-ψαν 314) *a*$^{-(107)\,71}$-127 Ald; εκοψεν B 71 Sixt Ra.; εξεκοψεν 19′ (hab κατεκοψεν Compl) | πάσης τῆς γῆς Ἰσραήλ] της γης ιλημ V; πάσης om A *b* 55 60 119 158 527 Aeth(omnes) Arm^{I}; τῆς om 71 44 | ἀπέστρεψεν B′ A V 19′ 71 60 119 527 Compl Sixt] εστρεψεν 125; απεστρεψαν 314 Aeth^{EGH}; pr αυτος 19′ Arm^{II}; επεστρεψεν rel

8 Καί 1°] *et factum est* La^{109} = Reg IV 22$_{3}$ 𝔐 𝔊 | τῷ ὀκτωκαιδεκάτῳ] τω ιη′ 107(non 44) 98; τω ογδοω (ογδωο 158) και δεκατω V *b*$^{-(98)\,489}$ 60 158; τω εκτω (εξ 71; ς′ 762) και δεκατω 71-130-236-314-321-346-762-127; τω ογδοω 489; καί om La^{109} = 𝔐; post ἔτει tr *a*$^{-71\,107}$ Ald Sixt | ἔτει] pr τω *a*$^{-107\,(71)}$; > 71 | αὐτοῦ 1° – οἶκον 1° om 60 | ὅτε – καθαρίσαι] του καθαρισαι B Sixt Ra. = 𝔐(לְטַהֵר), *cum emundasset* La^{109} | ὅτε συνετέλεσε(ν) A V *b* 55 119 158 Aeth (omnes) Arm^{I}] οτι συνετελεσε 527; οτε εκελευσε Ald; εκελευσε (-σαι 314-127) 19′ *a*$^{-71}$-127 Arm^{II}(+ *rex*) Compl | τοῦ καθαρίσαι] τοῦ om *a*$^{-71}$-127 381 | τὴν γῆν καὶ τὸν οἶκον] τον οικον (*templum* Arm) και την γην 19′ Arm^{II} Compl; τὴν γῆν om 610*; + αυτου 125; + της βασιλειας A Aeth Arm^{I} | ἀπέστειλε(ν) τόν] pr και 19′ *a*$^{-71}$-127 Arm^{II} Compl = Pesch; > B; om τόν V; + ιωσιας (*josia* Arm; pr ο 108) 19′ Arm^{II} | Σαφάν] σαφα 71 527; αφαν V*; σαφατ 158; ασα 554$^{\text{sup lin}}$ (hab σαφαν Ios X 55) | Σελιά] σελεια 55; εσελια *a*$^{-554}$-127 Ald Sixt Ra.: cf 𝔐 et Reg 𝔐 𝔊; εσσελιου 108 Compl; εσσελλιου 19; ασελια 158; *asalie* La^{109}; *esaje(aj)* Arm^{II}; σεδια V; επελια 554* | Μαασίαν] μαασια 158; *maasi* Arm^{II}; μαασα B Sixt; μασιαν 71 55 379* Aeth(omnes) Arm^{I}; αμασιαν (αμασια 314; αμεσιαν 68′-121 Ald; αμασσιαν 134) *a*$^{-71}$-127 Ald; Ios | ἄρχοντα] αρχοντας A Arm^{Iap}(vid) |

Ἰωαχὰζ τὸν ὑπομνηματογράφον αὐτοῦ κραταιῶσαι τὸν οἶκον κυρίου
9 *τοῦ θεοῦ αὐτοῦ.* 9*καὶ ἦλθον πρὸς Χελκίαν τὸν ἱερέα τὸν μέγαν καὶ*
ἔδωκαν τὸ ἀργύριον τὸ εἰσενεχθὲν εἰς οἶκον κυρίου, ὃ συνήγαγον οἱ
Λευῖται φυλάσσοντες τὴν πύλην ἐκ χειρὸς Μανασσὴ καὶ Ἐφράιμ καὶ
τῶν ἀρχόντων καὶ ἀπὸ παντὸς καταλοίπου ἐν Ἰσραὴλ καὶ υἱῶν Ἰούδα
10 *καὶ Βενιαμὶν καὶ οἰκούντων ἐν Ἰερουσαλήμ,* 10*καὶ ἔδωκαν αὐτὸ ἐπὶ*

B′ A V 19′ *a*-127 *b* 60 119 158 527 La^{109} Aeth Arm

τῆς πόλεως] *της* (> 44) *δυναμεως* A *a*$^{-71}$-127 | *Ἰωάς*] *ιουαχ* B Aeth^{A} sim (*ʾijoʾach*) Sixt Ra. = 𝔐 Targ, cf Vulg^{ap}; *ιωα* Compl = Vulg^{ap} (*ioha* ^{te}), cf Ios^{Lat} *ioan* (*ιωατην* ^{te}); *ιωδαε* 71; *ioab* La^{109} = Vulg^{1Ms}; *josias* Arm^{I} | *Ἰωαχάζ*] *ιοαχαζ* V^{c}; *ιωαχ* B; *ιωαχαχ* 60; *αχαζ* 107 = 𝔐^{1Ms} | *τὸν ὑπομνηματογράφον αὐτοῦ*] *τον υπομν. εαυτου* A V *b*^{I} 55 60 158; > *a*$^{-68′\ 71\ 121}$-127; *αὐτοῦ* om 68′-121 119 527 La^{109} Ald = 𝔐 Vulg(sim) | *κραταιῶσαι*] pr *του* 19′ 119 527 Compl | *κυρίου τοῦ θεοῦ*] pr *του* 119 527; om *τοῦ* 106 *b*^{2} 125 | *αὐτοῦ* ult] *εαυτου* A V *a*$^{-71\ (125)}$ 60 Ald; *αυτων* 158 Aeth^{A}; > 125

9 *ἦλθον*] *ηλθεν* 71(-*θε*) 489(-*θε*) 55 158 = 𝔐^{1Ms} | *χελκειαν* B*; *χελκια* 19 | *τὸν ἱερέα*] *τον ιερεαν* A 119 610: cf praef p 99; *τόν* om 125 | *ἔδωκαν*] *εδωκε*(*ν*) A V 127*(corr pr m) *b*$^{-46}$ 55 119 158 527 Aeth$^{P′E^{c}G}$ Arm^{I}; + *ei* Aeth^{-P} Arm^{IIap} = Pesch^{ap}; + *iis* Aeth^{P} | *τὸ ἀργύριον*] *pecuniam* La^{109} = Vulg: cf 14 | *εἰσενεχθέν*] *ενεχθεν* 74; *εισενενεχθεν* 121: cf praef p 81 | *κυρίου*] *θ̅υ̅* B Sixt Ra. = 𝔐 (hab *κ̅υ̅* Pesch Targ Vulg = Reg IV 22$_{4}$ 𝔊 𝔐) | *φυλάσσοντες* B A 71 *b*$^{-64\ (52)}$ 60 119 158 Sixt] pr *οι* rel = Reg 𝔊(omnes) | *τὴν πύλην*] *την πολιν* 381; *την φυλακην* *a*$^{-71}$-127 Ald | *ἐκ χειρός*] *εν χειρι* 158 Aeth^{-A} | *Μανασσή*] *μανασηη* 158 527 Arm | *καὶ τῶν ἀρχόντων*] > La^{109} = 𝔐 Targ Vulg Pesch sim(דעמא כלה pro *καί* – *καταλοίπου*: cf Reg); *καί* om 158 | *καί* 5° 6° et 7° om Arm^{II} | *καταλοίπου*] *populi* Arm^{II}: cf Reg; pr *του* 19′ Compl | *ἐν Ἰσραήλ* B′ 71 *b* 119 158 527 Ald Sixt] *εν ι̅λ̅η̅μ̅* A; *ισραηλ* V 19′ *a*$^{-71}$-127 60 La^{109} Arm^{I} = 𝔐 | *καὶ υἱῶν Ἰούδα*] *και απο υιων ιουδα* 55 Aeth Arm^{I}; *και εν υιων ιουδα* 46*-52: cf praef p 110; *και* (> Arm) *εκ παντος ιουδα* 19′ Arm^{II} Compl = 𝔐 Pesch Targ sim(ומן כל אנש יהודה) Vulg (*ab omni quoque iuda*); *et de iuda* La^{109}; + *και ι̅σ̅λ̅* A | *βενιαμειν* B′ A V 119 158 | *καὶ οἰκούντων*] *et* (> La) *qui habitant* (*habitabant* Arm) La^{109} Arm^{II}: cf 𝔐(וַיָּשֻׁבִי (וישבו 𝔐^{Q} (20 Mss))); *και οι κατοικουντες* 44; *και των κατοικουντων* 19′ Compl; *και οικου των* 55 | *ἐν Ἰερουσαλήμ*] *ἐν* om 19′ 74 60 Aeth(omnes) Arm^{I} Compl: cf 𝔐

10 *ἔδωκαν* 1°] *εδωκεν* V* 71-554 *b*^{I} | *αὐτό* 1°] *αυτω* 19 106′(610^{c})-120-236-314-554 46(non 52) 55* 60 119: cf Reg IV 22$_{5}$ 𝔊^{ap}; *αυτον* 158; > Aeth$^{A′}$ = 𝔐 | *ἐπὶ χεῖρα*] *επι χειρας* 98 60 158 La^{109} = 𝔐^{1Ms} Vulg et Reg 𝔊^{ap}; *χεῖρα* om

χεῖρα ποιούντων τὰ ἔργα οἱ καθεσταμένοι ἐν οἴκῳ κυρίου καὶ ἔδωκαν
αὐτὸ ποιοῦσιν τὰ ἔργα, οἳ ἐποίουν ἐν οἴκῳ κυρίου, ἐπισκευάσαι κατ-
ισχῦσαι τὸν οἶκον· ^{11}καὶ ἔδωκαν τοῖς τέκτοσιν καὶ τοῖς οἰκοδόμοις, 11
καὶ ἀγοράσαι λίθους τετραπέδους καὶ ξύλα εἰς δοκοὺς στεγάσαι τοὺς οἴ-
κους, οὓς ἐξωλέθρευσαν βασιλεῖς Ἰούδα· ^{12}καὶ οἱ ἄνδρες ἐν πίστει ἐπὶ 12
τῶν ἔργων, καὶ ἐπ' αὐτῶν ἐπίσκοποι Ἰὲθ καὶ Ἀβδίας οἱ Λευῖται ἐξ υἱῶν
Μεραρὶ καὶ Ζαχαρίας καὶ Μοσολλὰμ ἐκ τῶν υἱῶν Καὰθ ἐπισκοπεῖν καὶ
πᾶς Λευίτης συνίων ἐν ὀργάνοις ᾠδῶν ^{13}καὶ ἐπὶ τῶν νωτοφόρων καὶ 13

B′ A V 19′ *a*-127 *b* 60 119 158 527 La^{109} Aeth Arm

381 | *ποιούντων*] pr *των* 19′ 381 Compl = Reg 𝔊^{L} | *οἱ* – (11) *οἰκοδόμοις* om 381 | *οἱ* – fin] *domus domini* Arm^{II} | *οἱ καθεσταμένοι*] *των καθεσταμενων* 19′ Compl = Reg 𝔊^{omnes} | *καθισταμενοι* A V^{c} 55 60 119 158 527: cf Reg 𝔊^{ap}; *κατεσταμενοι* (-*αμμενοι* 610) B 610 Ald: cf Thack. § 8$_{7}$ | *καί* 2° – *κυρίου* 2°] om *a*-127 379 La^{109} Arm^{I}: homoiot – 𝔐^{1Ms}(om *καί* 2° – *ἐπισκευάσαι*) Vulg | *ἔδωκαν* 2°] *εδωκεν* 46 = Reg 𝔊$^{-L}$ | *αὐτό* 2°] *αυτω* 19 46(non 52)-64-728 55 60 158: cf Reg 𝔊^{ap} | *ποιοῦσιν*] pr *τοις* 19′ Compl = Reg 𝔊^{omnes} | *οἳ ἐποίουν* om 19′ Aeth sim(omnes): cf Reg | *ἐπισκευάσαι*] *κατασκευασαι* 60; pr *του* 19′ Compl | *κατισχῦσαι*] -*σε* 314; pr *και* 19′ *a*(314 bis scr (|))-127 489 La^{109} Aeth (omnes) Arm^{I} = 𝔐 | *τὸν οἶκον*] pr *και* 236; > Aeth^{-A}

11 *ἔδωκαν*] *εδωκα* V: cf praef p 80; *εδωκε* 71; post *τέκτοσιν* tr 19′ Compl; > Aeth^{-A}: cf Reg IV 22$_{6}$ | *τέκτοσιν*] *τεκνοις* 119 | *καὶ ἀγοράσαι*] *και του αγορασαι* 381; *καί* om B^{c} 19′ *a*-127 489 La^{109}(*ut emerent* = Vulg) Aeth^{-AEH} Arm (Arm^{II} lib) Ald Compl Sixt Ra. = 𝔐$^{-1Ms}$ Targ Vulg, cf TGP II | *τετραπέδους*] *τετραποδους* A V 19 *a*$^{-(71) 68′ 121}$-127 *b*^{2} 527; > 71 | *στεγάσαι*] *et ad tecta* La^{109}: cf 𝔐 (pro ולקרות (Pesch Targ Vulg sim)) | *ἐξωλέθρευσαν* B* A V 120-130-134-321-346-762-127; *εξωλοθρευσαν* (*εξολοθρ*. 19 71-314 728 60 158 44-610) rel: cf praef p 95 et 103

12 v $_{12-13}$ om 381 | *οἱ ἄνδρες*] pr *παντες* 19 Lag. | *ἐν πίστει*] *πιστει* A *b*$^{(-381)}$(46*) 55 119 158 527; *πιστοι* V^{c} (*πιστι* *) 46^{c}(-52) 60; *εποιουν εν πιστει* (*ex fide* La) 19′ La^{109}: cf 𝔐(pr עשים) et Reg IV 22$_{7}$(*ποιοῦσιν*; *εποιουν L*) | *ἐπὶ τῶν ἔργων*] *opera* La^{109}; pr *οι* 108 Compl | *ἐπ' αὐτῶν ἐπίσκοποι*] *prepositi super ipsos* La^{109}; + *καθεσταμενοι* 19′ Compl | *αὐτῶν*] *αυτοις* 98; *αυτους* 554; *αυτω* 527^{c} vid | *Ἰέθ*] *ιαεθ* 19′ Compl: cf 𝔐; *jajeth* Arm^{II}; *ja*ʿ*ith* Aeth (Clear Muséon); *geth* La^{109}; *ιε̄* B^{txt}, *ι̅ε̅* B^{mg} | *Ἀβδίας*] *αβδειας* 55; *αβδια* B^{c} *b*^{2} Arm^{II}; *αβδεια* B*; *αυδιας* 106′ Compl: cf praef p 95 | *Μεραρί*] *μεραρει* B′ 158; *μεραρη* 52; *αραρι* 74 | *καὶ Μοσολλάμ* om Aeth^{-A} | *μοσολαμ* 71-106 125 46 527; *μοσσολαμ* *b*$^{2-98}$; *μεσολαμ* 19′ Arm^{Ite} (*mosoloam* ^{ap}) Compl; *mesalam* Arm^{II}; *masalam* Aeth^{A}; *μουσηλαμ* 158; *μοσοαδαμ* 55 | *Καάθ*] *καθ* 158* | *ἐπισκοπεῖν*] *επισπουδαζειν* 19′ Arm^{II} Compl | *πᾶς Λευίτης συνίων*] *levite omnes intelligentes* La^{109}

ἐπὶ πάντων τῶν ποιούντων τὰ ἔργα ἐργασίᾳ καὶ ἐργασίᾳ, καὶ ἀπὸ τῶν
14 *Λευιτῶν γραμματεῖς καὶ κριταὶ καὶ πυλωροί.* ^{14}*καὶ ἐν τῷ ἐκφέρειν*
αὐτοὺς τὸ ἀργύριον τὸ εἰσοδιασθὲν εἰς οἶκον κυρίου εὗρεν Χελκίας
15 *ὁ ἱερεὺς βιβλίον νόμου κυρίου διὰ χειρὸς Μωυσῆ.* ^{15}*καὶ ἀπεκρίθη*
Χελκίας καὶ εἶπεν πρὸς Σαφὰν τὸν γραμματέα Βιβλίον νόμου εὗρον
16 *ἐν οἴκῳ κυρίου· καὶ ἔδωκεν Χελκίας τὸ βιβλίον τῷ Σαφάν.* ^{16}*καὶ*
εἰσήνεγκεν Σαφὰν τὸ βιβλίον πρὸς τὸν βασιλέα καὶ ἀπέδωκεν ἔτι τῷ

B′ A V 19′ *a*-127 *b* 60 119 158 527 La^{109} Aeth Arm

= 𝔐; *πας λευιτης πας συνιων* B Ra.; *πας λευιτης και πας συνιων* 19′ *a*$^{-71}$-127 Ald Compl Sixt; *συνίων* om Arm^{II} | *ἐν ὀργάνοις*] *ἐν* om V

13 *καί* 1° – *ἐργασίᾳ* 2°] *et super viros eos qui ad varios* (*varius* cod) *usus honera portabant* La^{109} = Vulg(*super eos vero* pro *et super viros eos*) | *καί* 1° om V Arm^{II} | *καί* 2°] *και* (> Arm = 𝔐) *επισταται* 19′ Arm^{II} Compl = 𝔐 (ומנצחים) | *πάντων* om 19′ 71 Arm Compl | *ποιούντων*] *τοιουτων* 68 158* (*ποιουτων* ^{c}) | *τά* – *ἐργασίᾳ* 2°] *τά* om 127; *opus et praeparationem operis* Arm^{I}; *τα εργα εις εργασιαν* 19′ Arm^{II}(vid) Compl; *opus eorum* Aeth; *τα εργα* 71; *καὶ ἐργασίᾳ* om 107(|)-554: homoiot | *καὶ ἀπὸ τῶν Λευιτῶν*] *και* Aeth^{-A}; *καί* om 55 | *Λευιτῶν* – *κριταί*] pr *κριτων και* et om *καὶ κριταί* 125; *καὶ κριταί* om 379^{txt}(corr pr m); *καί* om 44 | *καί* ult om 44

14 *τὸ ἀργύριον*] *pecuniam* La^{109} = Vulg: cf 9; *τό* om A(|) | *τὸ εἰσοδιασθέν*] *τό* om 68 Ald | *εἰς οἶκον*] *εις τον οικον* 19′ Compl; *εν οικω* 381; *εν οικου* 731: cf praef p 110 | *χελκειας* B* | *ὁ ἱερεύς*] *ο ελεγε* 108; > 19 | *βιβλίον*] pr *το* 19′ 71 Compl | *νόμου*] *νομω* 158; *νομον* 236-762 60; pr *του* 19′ Compl | *κυρίου* 2° om 125 | *διὰ χειρός*] pr *το* 19′ Arm(*quod* (Arm^{II} add *datum erat* post *Μωυσῆ*)) Compl | *μωυσει* 119; *μωυσεως* 68 381; *μωση* (*μωσει* 19) 19′: cf 𝔐(משה) Vulg^{te}(*mosi* (sic 2 Mss, *moysi* rel)); *μωσεως* 122 Ald: cf praef p 98

15 init – *εἶπε(ν)*] *και ειπεν χελκιας* 71-107 = Reg IV 22 8 𝔐 𝔊; *και ειπε* 381 | *Χελκίας* 1°] *χελκειας* B*; + *sacerdos* Aeth^{-A} = Pesch^{te} et Reg 𝔐 𝔊$^{-1Ms}$ | *πρὸς Σαφὰν τὸν γραμματέα*] *σαφαν τω γραμματικω* 107 | *Σαφάν* 1°] *ἅφαν* 158 | *γραμματεαν* (*-ταιαν* A) A 19: cf praef p 99 | *Βιβλίον* – fin] > 107; *Χελκίας* 2° – fin om Arm^{II} | *νόμου*] *νομον* Ald; + *κ̅υ̅* V *b*^{2} | *οἴκῳ*] pr *τω* 19′ Compl | *Χελκίας* 2° – fin] *αυτο* 71: cf Vulg | *Χελκίας* 2°] *χελκειας* B*; + *sacerdos* Aeth^{-A} = Pesch | *Σαφάν* 2°] *σωφαν* 158; *ασαφ* A

16 *εἰσήνεγκε(ν)* – *βασιλέα*] *intulerunt librum illum, dabant in manum regis* Arm^{II} | *εἰσήνεγκε(ν) Σαφάν*] *εισηνεγκαν σαφαν* 108*; *αυτος εισηνεγκε* 381 = Vulg; *Σαφάν* om 107 | *σοφαν* 158 | *τὸ βιβλίον* om 381 | *βασιλέα*] *-λεαν* 55: cf praef p 99 | *καί* 2° – (17) fin om 381: homoiot | *ἀπέδωκεν* – *λέγων*] *ειπεν αυτω* 44 | *εδωκεν* V | *ἔτι*] *επι* A 119 527 = 𝔐^{3Mss}(אל); > Arm |

βασιλεῖ λόγον λέγων Πᾶν τὸ δοθὲν ἀργύριον ἐν χειρὶ τῶν παίδων σου
τῶν ποιούντων τὸ ἔργον, 17*καὶ ἐχώνευσαν τὸ ἀργύριον τὸ εὑρεθὲν* 17
ἐν οἴκῳ κυρίου καὶ ἔδωκαν ἐπὶ χεῖρα τῶν ἐπισκόπων καὶ ἐπὶ χεῖρα
τῶν ποιούντων ἐργασίαν. 18*καὶ ἀπήγγειλεν Σαφὰν ὁ γραμματεὺς* 18
τῷ βασιλεῖ λέγων Βιβλίον ἔδωκέν μοι Χελκίας ὁ ἱερεύς· καὶ ἀνέγνω
αὐτὸ Σαφὰν ἐναντίον τοῦ βασιλέως. 19*καὶ ἐγένετο ὡς ἤκουσεν ὁ* 19
βασιλεὺς τοὺς λόγους τοῦ νόμου, καὶ διέρρηξεν τὰ ἱμάτια αὐτοῦ. 20*καὶ* 20

B′ A V 19′ *a*-127 *b* 60 119 158 527 La^{109} Aeth Arm

λόγον λέγων] *λογων λεγων* 120*-314; *λεγων* (*λεγον* 158) 68′-121 728 158 Ald; *λογον* B′ A V 46-64 60 119 527 Arm$^{\text{I II ap}}$ Sixt Ra. | *Πᾶν τὸ δοθὲν ἀργύριον*] *omne quod datum est* La^{109} = 𝔐; *παν το* (> Compl) *αργυριον απεδοθη* (-*δωθη* 314-554 44) *a*$^{-71}$-127 Ald Compl; + *απεδοθη* *b*^{2} | *τῶν παίδων*] *των δουλων* 19 La^{109}(*servorum*): cf 6$_{14}$ | *τῶν ποιούντων τὸ ἔργον*] *των ποιουντων τα εργα* *a*$^{-71}$-127 98 Ald; *τό* om 728 52; *των ποιουντων*| B Sixt; *faciunt* La^{109} = 𝔐(הם עשׂים)

17 v $_{17}$ om Aeth^{G} | *καί* 1° om 71 Arm^{II} | *τό* 1° – *κυρίου*] *αυτο* 71 | *ἔδωκαν*] *εδωκεν* B = Reg IV 22$_{9b}$ 𝔊^{ap}; *απεδωκαν* *a*$^{-68\,(71)}$-127; *επεδωκαν* 68 Ald; + *illud* (*illut* cod) La^{109} Aeth$^{(-\text{P})}$ Arm = 𝔐 et Reg 𝔐 𝔊 | *ἐπί* 1° – *ἐπισκόπων* (↓) et *ἐπί* 2° – fin tr 19′ Compl: cf Reg 𝔐 𝔊 et sq | *ἐπὶ χεῖρα* 1°] *επι χειρας* 158 Arm(vid) = 𝔐$^{\text{2Mss}}$ et Reg 𝔊$^{19'\,93}$; *επι χειρι* *b*$^{I(-381)}$; *εν χειρι* 119 527; ⌒ *ἐπὶ χεῖρα* 2° Aeth^{P} | *καί* ult – fin om 44 Arm^{II} | *καὶ ἐπὶ χεῖρα*] *και επι χειρας* 158 Arm^{I}(vid); > B = Reg 𝔐 𝔊; *ἐπὶ χεῖρα* om 71 La^{109} | *τῶν ποιούντων*] *eorum qui faciunt* La^{109}; *τῶν* om *a*$^{-71}$-127 379 | *ἐργασίαν*] *τα εργα* 19′ La^{109}(*opera*) Compl = Reg 𝔊; pr *την* *a*$^{-71\,(44)}$ *b*^{2} 158 Ald

18 *ἀπήγγειλεν*] *ειπεν* 107 = Reg IV 22$_{10}$ 𝔊$^{-L}$ | *Σαφάν* – *βασιλεῖ*] *αυτω* 381; *Σαφάν* om 107 | *λέγων*] pr *λογον* *a*$^{-71\,107\,762}$ Ald Sixt; pr *λεγον* 762; > 107 = Reg 𝔊^{107} | *Βιβλίον*] + *νομου* A Aeth Arm^{I} = Reg 𝔊^{ap} | *ἔδωκε(ν)*] *δεδωκε* *a*$^{-71}$-127 Ald Sixt = Reg 𝔊^{19}; pr *ο* B* | *χελκειας* B* | *αὐτό*] *αυτω* V* 106′-120^{c} 55* 119*: cf Reg 𝔊^{ap}; *αυ*$^{\tau}$ 158 | *Σαφάν* 2°] *σωφαν* 158; *σα*| *σαφαν* 314* | *ἐναντίον τοῦ βασιλέως* om 107 | *ενωπιον* 19′ La^{109} vid (*in conspectu*) Compl = Reg 𝔊^{omnes}

19 init – $_{(20)}$ *Σαφάν* om 125 | *ἐγένετο* om 71-107 = Reg IV 22$_{11}$ 𝔊^{107} | *τοὺς λόγους τοῦ νόμου* om Aeth$^{\text{P}'}$ | *τοὺς λόγους*] > B 130-321-346-127; + *libri* Aeth^{DF} = Reg 𝔐 𝔊^{omnes} | *καί* 2° om A 19′ *a*-127 La^{109} Aeth Arm Compl = Pesch et Reg 𝔊$^{L\,247\,121}$

---

17 *ἐπὶ χεῖρα τῶν ἐπισκόπων*] *σ′ διὰ τῶν ἐπιτεταγμένων* 108

ἐνετείλατο ὁ βασιλεὺς τῷ Χελκίᾳ καὶ τῷ Ἀχικὰμ υἱῷ Σαφὰν καὶ τῷ
Ἀβδὼν υἱῷ Μιχαιὰ καὶ τῷ Σαφὰν τῷ γραμματεῖ καὶ τῷ Ἀσαιὰ παιδὶ
21 *τοῦ βασιλέως λέγων* [21]*Πορεύθητε ζητήσατε τὸν κύριον περὶ ἐμοῦ καὶ*
περὶ παντὸς τοῦ καταλειφθέντος ἐν Ἰσραὴλ καὶ Ἰούδᾳ περὶ τῶν λόγων
τοῦ βιβλίου τοῦ εὑρεθέντος· ὅτι μέγας ὁ θυμὸς κυρίου ἐκκέκαυται
ἐν ἡμῖν, διότι οὐκ εἰσήκουσαν οἱ πατέρες ἡμῶν τῶν λόγων κυρίου
22 *τοῦ ποιῆσαι κατὰ πάντα τὰ γεγραμμένα ἐν τῷ βιβλίῳ τούτῳ.* [22]*καὶ*
ἐπορεύθη Χελκίας καὶ οἷς εἶπεν ὁ βασιλεὺς πρὸς Ὅλδαν τὴν προφῆτιν

B′ A V 19′ *a*-127 *b* 60 119 158 527 La^{109} Aeth Arm

20 *ὁ βασιλεύς* om 71-107 = Reg IV 22$_{12}$ 𝔊^{71} | *τῷ Χελκίᾳ*] *τω χελκεια* B*; *τω χαλκια* 108; *τῷ* om 44 | *τῷ Ἀχικάμ*] *τω αχειкαμ* B′; *τω αχικαν* 74: cf Vulg^{ap} et Reg 𝔊^{ap}; *aycam* La^{109} | *υἱῷ* 1° – *Ἀβδών* om 55: homoiot | *υἱῷ Σαφάν* om 71 44 | *Σαφάν* 1°] *σαφατ* 74 = Reg 𝔊^{344}; ⌒ *Σαφάν* 2° 314 60 = Reg 𝔊$^{19′}$ | *τῷ Ἀβδών*] *τω αβδαν* (*αυδαν* 106′ (107-610): cf praef p 95) *a*$^{-71(314)}$ Ald; *abdi*(*aj*) Arm^{I}; *japhlon*(*aj*) Arm^{IIte} (*jablona* ^{ap}); *τω αβδοδομ* B; *αβδομ* Sixt | *υἱῷ* 2° – *γραμματεῖ* om 44 | *υἱῷ Μιχαιά* om 71 | *μειχαια* B*; *μιχεα* 527; *μιχαιου* 19′ 381 Compl = Reg 𝔊$^{-L}$ | *καὶ τῷ Σαφὰν τῷ γραμματεῖ* om 107: homoiot | *τῷ Σαφάν*] *σαφα* 71; *τῷ* om 68′ 158* Ald | *Ἀσαιά*] *ασαι* 71-74; *ησαια* 60; *ισαια* B; *ιασαια* V 119 527; *jesea* Arm^{II}; *ιωσαια* 46(non 52)-64-728 158; *ιωσια*19 381 52; *ιωσσια* 108; *yesse* La^{109} | *παιδὶ τοῦ βασιλέως* om 44 | *λέγων*] *λεγων* (*λεγει* ^{c}) *αυτοις ο βασιλευς διερρηγνυμενος τα ιματια αυτου* 125: ex 19

21 *ζητήσατε*] *επιζητησατε* *a*$^{-71}$-127 Ald; pr *και* 19′ *a*$^{-71}$-127 *b*^{2} Aeth^{-B} Ald Compl: cf Reg IV 22$_{13}$ 𝔊$^{-B\,554}$ | *τὸν κύριον*] *τόν* om B′ 19′ Compl | *παντὸς τοῦ καταλειφθέντος*] *του* 44; *παντός* om La^{109} Arm^{II} = 𝔐$^{-1Ms}$ | *περιλειφθεντος* A | *ἐν Ἰσραήλ*] *εν ιλημ* 74; *ἐν* om 19′ Arm^{II} Compl | *Ἰούδᾳ*] pr *εν* A = 𝔐 | *περί* 3° – *εὑρεθέντος*] pr *και* 19 = Reg 𝔊^{B}; > 44 = Reg 𝔊^{107} | *τῶν λόγων* 1°] *τον λογον* 60 = Reg 𝔊^{55}; > 610 = 𝔐^{1Ms} | *τοῦ εὑρεθέντος* om 71 | *ὁ θυμός*] om *ὁ* 60 | *κυρίου* 1°] pr *του* 68′-121 Ald; + *ος* 19′ La^{109} Arm^{II} Compl = 𝔐 | *ἐκκέκαυται*] *εκεκαυται* 19: cf praef p 102; *stillabit* La^{109} = Vulg (pro *εσταξεν* ? (sic in 12$_{7}$ *στάξῃ*, *stillabit* La^{109} pro תִּתַּךְ (*ἐκκέκαυται* pro נִצְּתָה sicut in Reg 𝔊))), cf $_{25}$ | *ἡμῖν*] *υμιν* 314 | *εἰσήκουσαν*] *ηκουσαν* B 98 = Reg 𝔊^{omnes}; *custodierunt* La^{109} = 𝔐(שׁמרו) Targ Vulg(*custodierint* (*-dierunt* 1 Ms)), hab שמעו Pesch et Reg 𝔐 𝔊 (*ηκουσαν* omnes) | *τῶν* 2° – *πάντα* om Aeth^{P}(solus (Clear Muséon)) | *τῶν λόγων* 2°] *τον λογον* 19′ 60 158 Aeth$^{(-P)}$ Compl = 𝔐$^{-6Mss}$; (*των*) *λογον* 46^{s}(non 52) | *κυρίου* 2° om 44 | *κατά* om *a*$^{-71}$-127 Aeth$^{(-P)}$ | *ἐν* ult om 71 Aeth^{A}(solus) | *τούτῳ*] *τουτου* 314

22 *ἐπορεύθη*] *επορευθησαν* 107 Arm^{II} = Reg IV 22$_{14}$ 𝔊^{107} | *Χελκίας* – *βασιλεύς* om 107: cf 𝔐(המלך (1 Ms שׁלח +; 1 Ms* צוה +) חלקיהו ואשׁר) | *Χελκίας*] *χελκειας* B* A; *summus sacerdos* Arm^{II}: cf Reg | *καὶ οἷς*] *και οι* 158*; *και ως*

γυναῖκα Σελλὴμ υἱοῦ Θακουὰθ υἱοῦ Ἑσερὴ φυλάσσουσαν τὰς ἐντολάς
— καὶ αὕτη κατῴκει ἐν Ἰερουσαλὴμ ἐν μασανά — καὶ ἐλάλησαν αὐτῇ
κατὰ ταῦτα. [23]*καὶ εἶπεν αὐτοῖς Οὕτως εἶπεν κύριος ὁ θεὸς Ἰσραήλ* 23
Εἴπατε τῷ ἀνδρὶ τῷ ἀποστείλαντι ὑμᾶς πρός με [24]*Οὕτως λέγει κύριος* 24

B′ A V 19′ *a*-127 *b* 60 119 158 527 La$^{109\,(Leg)}$ Aeth Arm

60; *καί* om A | *πρός*] *εις* 125 | *Ὅλδαν*] *ολλαν* V; *οαδαν* 55; *ollam* La^{109}; *oold(aj)* Arm^{IIte}, cf Ios X 59^{te}(*Ὀολδά*) | *τὴν προφῆτιν*] *την προφητην* A* V* 108 120-121-314-762* 98(non 379)-728 55 60* 44′-610 (*προφη*^{τ} 107); *τον προφητιν* 68 Ald; *τον προφητην* 119 | *Σελλήμ*] *σελλειμ* 489: cf Reg 𝔊^{ap}; *σεληημ* 120*(corr pr m); *σεληημ* 71 125 Arm^{I}(*selem(aj)*) = Reg 𝔊$^{71\,106\,52}$; *σαλημ* 610; *σελομ* 106 Arm^{IIap}(*selom(aj)*); *sellum* La^{109} (cf Ios: *σαλλουμου* ^{te}, *σαλλαμου*, *σελυυμου* ^{ap}, *salomi* $^{ap\,Lat}$) = Vulg, cf 𝔐(שַׁלֻּם (שלום 30 Mss) Pesch Targ et Reg 𝔊^{A}; *ελλημ* 19′; *σερι* 158; *εσερη* V *b*^{I} 60 119 527: cf sq | *Θακουάθ* A V *b*^{I}-489 60 119 527 Aeth^{-AG} (sim) Arm^{I}: cf 𝔐^{Q} (תָּקְהַת (sic 9 Mss et Targ) תוקהת 𝔐^{K}(cum var))] *θεκουαθ* 71 Aeth^{AG} = Vulg; *καθουαθ* *b*$^{2-489}$; *φακουαθ* 55 158; *καθουαλ* B; *θεκουε* *a*$^{-71}$-127 La^{109} (*tecue*) Arm^{II} = Pesch(תקוא) et Reg 𝔐(תקוה) 𝔊$^{-B\,A\,243}$(*θεκουε*; *θεκκουε* A 243; *θεκκουαυ* B); *θεκωε* 19′ Compl Sixt; *thuqure* Aeth^{-AG} | *υἱοῦ Ἑσερή* om 71 381 Aeth^{P} | *Ἑσερή*] *εσερι* 489 158 125; *εσσερη* A 74-314; *ασερ* 19′ Aeth$^{A′}$ Arm^{II} Compl; *asara* La^{109} = Vulg^{1Ms}, cf 𝔐(חַסְרָה); *αρας* Sixt: cf Reg 𝔊; *εσερκη* 55; *χελλης* B Ra.: cf TGP II | *φυλάσσουσαν τὰς ἐντολάς*] *του ιματιοφυλακος* Compl; *custodis vestium* La^{109} (= Vulg) Aeth$^{A′}$ = 𝔐 Pesch Targ(+ מלכא) Vulg et Reg; pr *ιματιοφυλακος* (*του ιματιοφυλακος* (*ιματοφ.* 19; + *την* 19′) 19′-121 68′ Arm^{II} Ald): dubl; *φυλασσουσαν τας αυλας* *b*^{2}(243^{txt} 731^{txt}); *φυλασσουσαν* (*φυλασσοντος* ?) *τας στολας* coni Ra.: cf TGP II; > 44 | *φυλασσουσα* V* 158^{c}(*φυλασουσα*; *φυλασσα* *) | *κατῴκει*] *κατοικει* B; *κατωκησεν* 71 | *μασανά*] *μοσανα* Proc *Comm in Par II* 1217 ↓; *μασαναι* V *b*^{I} 55 60 119 Sixt; *μασανε* 527; *μασεναι* *b*$^{2-98}$: cf Reg 𝔊^{te}; *μασενει* 98 Arm^{II}(*masen(aj)*); *μασσεναι* 554^{mg}; *μασσεννα* 19′ Compl = Reg 𝔊^{82}(*μασεννα* *L*^{rel} 247 cum aliis); *μαασαναι* B; *μεσαναι* A; *μανασα* 71; *βασανα* 106; *wasanaʾi* Aeth$^{A′}$(*sanaʾi* D*F); *βασαναηλ* 158; (*in*) *secunda parte civitatis* La^{109} La^{Leg}(deest H) ↓: cf 𝔐(ב)משנה)) Pesch(ב)יולפנא)) Targ(ב)בית אולפנא)) Vulg((*in*) *secunda*); pr *in loco cuius nomen* Aeth | *ἐλάλησαν*] *ελαλησεν* V 74 | *κατὰ ταῦτα* om Aeth^{A} = Reg 𝔐 𝔊^{te}

23 *εἶπεν* 2° om 158* | *ὁ θεὸς Ἰσραήλ* om Aeth^{P}

---

22 *ἐν μασανά* (*μοσανα* Proc)] *σ′* (*Σύμμαχος* Proc) *ἐν τῇ δευτερώσει* 554 Proc

Ἰδοὺ ἐγὼ ἐπάγω κακὰ ἐπὶ τὸν τόπον τοῦτον, τοὺς πάντας λόγους τοὺς
γεγραμμένους ἐν τῷ βιβλίῳ τῷ ἀνεγνωσμένῳ ἐναντίον τοῦ βασιλέως
25 *Ἰούδα,* [25]*ἀνθ' ὧν ἐγκατέλιπόν με καὶ ἐθυμίασαν θεοῖς ἀλλοτρίοις,*
ἵνα παροργίσωσίν με ἐν πᾶσιν τοῖς ἔργοις τῶν χειρῶν αὐτῶν· καὶ ἐξ-
26 *εκαύθη ὁ θυμός μου ἐν τῷ τόπῳ τούτῳ καὶ οὐ σβεσθήσεται.* [26]*καὶ*
ἐπὶ βασιλέα Ἰούδα τὸν ἀποστείλαντα ὑμᾶς τοῦ ζητῆσαι τὸν κύριον,
οὕτως ἐρεῖτε αὐτῷ Οὕτως λέγει κύριος ὁ θεὸς Ἰσραήλ Τοὺς λόγους,
27 *οὓς ἤκουσας* [27]*καὶ ἐνετράπη ἡ καρδία σου καὶ ἐταπεινώθης ἀπὸ*

B′ A V 19′ *a*-127 *b* 60 119 158 527 La^{109} Aeth Arm

24 *Οὕτως*] *ουτω a*$^{-71\,44}$-127 Sixt: cf praef p 97 | *κύριος*] + *ο θεος* 19′ La^{109} Arm^{II} Compl | *ἐγώ* om 71 *b*$^{I'-46}$: cf Reg IV 22$_{16}$ 𝕲^{ap} | *ἐπάγω*] *απαγω* 314* 44 | *κακά*] post *τοῦτον* tr 68′-121-236-314-762 Ald Sixt; > 74-106′-120-130-134-321-346-554-127 | *τοῦτον*] *τουτων* 120*; + *και επι* (> Aeth$^{DE^*FH}$) *τους κατοικουντας* (*eos qui habitant* pro *τοὺς κατοικοῦντας* La Aeth) *εν αυτω* (*in eum* pro *εν αυτω* La, om Aeth) Compl La^{109} Aeth$^{A'}$ = 𝕸(ועל־יושביו) Pesch Targ Vulg(*et super habitatores eius*) et Reg 𝕸 𝕲(*και επι τους ενοικουντας* (*κατοικουντας* 𝕲^{L}) *αυτον* (*εν αυτω* 𝕲^{L})) | *τοὺς πάντας λόγους*] *omnes maledictiones* La^{109} = 𝕸 (כל־האלות) Pesch Targ Vulg (hab *παντας τους λογους* (כל־דברי) Reg 𝕸 𝕲) | *τοῦτον*] *τουτων* 120* | *γεγραμμένους*] *εγγεγραμμενους* 108: cf 31 | *ἐν τῷ βιβλίῳ τῷ ἀνεγνωσμένῳ*] *εν τω βιβλιω των ανεγνωσμενων* 74; *in libro qui lectus est* La^{109}; *in libro illo quem legebatis* Arm^{II}: cf 𝕸 Vulg | *τοῦ βασιλέως Ἰούδα*] *αυτου* 71; *τοῦ* om 44(|)-125

25 *ἐγκατέλιπον*] *εγκατελειπον* (*ενκατελειπων* V*: cf praef p 92; -*λειπων* 158) A V^{c} 314 46^{s}(non 52)-728 55 60 158: cf Reg IV 22$_{17}$ 𝕲^{ap} | *ἐθυμίασαν*] *θυμιασαν* 314*: cf praef p 102; *εθυσαν* A V *b* 60 119 158 527 Aeth(omnes) Arm^{I} = Vulg | *ἀλλοτρίοις*] *ετεροις* A 236 = Reg 𝕲^{omnes} | *ἵνα – αὐτῶν* om 71 = Reg 𝕲^{107} | *πᾶσιν* om Arm^{I} = 𝕸^{2Mss} Pesch | *τῶν χειρῶν αὐτῶν*] *των χειρων εαυτων* A; om *τῶν χειρῶν* 158^{txt} | *ἐξεκαύθη*] *stillabit* La^{109} = Vulg 𝕸(תִּתַּךְ, *ἐξεκαύθη* pro נִצְּתָה = Reg): cf 21

26 *καί*] *sed* Arm^{II}: cf Vulg et Reg IV 22$_{18}$ 𝕲^{L}(*προς δε*) | *ἐπὶ βασιλέα*] *τω βασιλει* 44 = Pesch Targ et Reg 𝕲^{107} | *ἐπί*] *προς* 19′ Compl = Reg 𝕲$^{(-107)}$ | *βασιλέα*] pr *τον* 19′ 71 Compl = Reg 𝕲$^{L\,247}$ | *Ἰούδα* om Arm^{II} | *τόν* 1° – *οὕτως* om 44 | *τοῦ – οὕτως* om 71 Aeth^{P} | *τοῦ* om *a*$^{(-71)}$-127: cf Reg 𝕲 | *αὐτῷ*] *προς αυτον* 19′ Arm^{II}(vid) = 𝕸 et Reg 𝕸 𝕲^{omnes}; om 44 La^{109} = Vulg | *Οὕτως*] *ουτω a*$^{-71}$-127 Ald Sixt: cf praef p 97 | *ὁ θεὸς Ἰσραήλ* om 71 381 Aeth^{P} | *ἤκουσας*] *ηκουσα* V = 𝕸^{1Ms}; *ηκουσε* 610

27 init – *σου* 1° om La^{109}: homoiot | *καί* 2° – *μου* paenult om 44: homoiot | *ἐταπεινώθης* 1°] *εταπεινωθη* 19′ 134 Arm^{I} Compl; *εταπεινωθησαν*

*προσώπου μου ἐν τῷ ἀκοῦσαί σε τοὺς λόγους μου ἐπὶ τὸν τόπον
τοῦτον καὶ ἐπὶ τοὺς κατοικοῦντας αὐτὸν καὶ ἐταπεινώθης ἐναντίον
μου καὶ διέρρηξας τὰ ἱμάτιά σου καὶ ἔκλαυσας κατεναντίον μου, καὶ
ἐγὼ ἤκουσά φησιν κύριος· [28]ἰδοὺ προστίθημί σε πρὸς τοὺς πατέρας* 28
*σου, καὶ προστεθήσῃ πρὸς τὰ μνήματά σου ἐν εἰρήνῃ, καὶ οὐκ ὄψονται
οἱ ὀφθαλμοί σου ἐν πᾶσιν τοῖς κακοῖς, οἷς ἐγὼ ἐπάγω ἐπὶ τὸν τόπον
τοῦτον καὶ ἐπὶ τοὺς κατοικοῦντας αὐτόν. καὶ ἀπέδωκαν τῷ βασιλεῖ
λόγον.*
[29]*Καὶ ἀπέστειλεν ὁ βασιλεὺς καὶ συνήγαγεν τοὺς πρεσβυτέρους* 29
Ἰούδα καὶ Ἰερουσαλήμ. [30]καὶ ἀνέβη ὁ βασιλεὺς Ἰούδα εἰς οἶκον 30
κυρίου καὶ πᾶς Ἰουδὰ καὶ οἱ κατοικοῦντες Ἰερουσαλὴμ καὶ οἱ ἱερεῖς

B′ A V 19′ *a*-127 *b* 60 119 158 527 La^{109} Aeth Arm

46-728 | *ἐν – μου* paenult om 71: homoiot | *σε* om 74 158 Arm^{I} | *ἐπί* 1° – *μου* paenult om 381: homoiot | *καί* 3° – *μου* paenult] > 107: homoiot; ⌒ *καί* 4° 527 | *μου* paenult] *εμου* A V *b*$^{I(-381)}$ 119 527 | *κατεναντίον μου* om 71 | *κατεναντι* V *b* 55 158; *εναντιον* 19′ 44′ Compl | *μου* ult] *εμου* A V *b*$^{-46}$ 55 60 119 158 527 = Reg 𝔊$^{B\,56}$ | *καί* ult – fin] *ηκουσα* 44 | *καὶ ἐγώ* om 71 La^{109} | *ἤκουσά*] + *te* Aeth = Vulg; + *vocem verbi tui* Arm^{II} | *φησιν κύριος*] *φωνης σου* 71

28 *ἰδού*] pr *και* 44 Aeth; + *εγω* 71: cf Reg IV 22$_{20}$ 𝔊$^{-B\,158}$ (+ *εγω* *L*; *εγω* rel) | *σε*] *σοι* (*σι* 610) 71-107-236 158 = Reg 𝔊^{107} | *τοὺς πατέρας*] *τούς* om 321 | *καί* 1° – *σου* 2° om 71 Aeth^{-A} | *πρός* 2°] *εις* *b*^{2} La^{109}(*in*) = Vulg et Reg 𝔊^{omnes} | *τὰ μνήματά*] *τα μνημεια* 321-346-127; *το μνημα* 381 Arm^{I}; *ταφους* 19′ Aeth$^{BA'}$(vid) Compl: cf Reg 𝔊(*τον ταφον*) | *σου* 2°] *eorum* La^{109} | *ὄψονται οἱ ὀφθαλμοί σου*] *οφθησεται εν τοις οφθαλμοις σου* *b*^{2} = Reg 𝔊$^{-L}$ | *ἐν πᾶσιν τοῖς κακοῖς, οἷς*] *παντ τα κακα α* 19′ Aeth(omnes) Arm Compl: cf Vulg(*omne malum*) | *ἐπάγω*] *υπαγω* 106 | *καί* paenult – *αὐτόν*] > 125 = Reg 𝔊$^{-B\,O}$; *τούς* om 55 | *αὐτόν*] *αυτων* 107-610^{c} | *ἀπέδωκαν*] *απεδωκεν* 55: cf Pesch^{ap} | *τῷ βασιλεῖ* om Arm^{II}: cf Vulg^{ap}(*ei* 2 Mss) | *λόγον*] *λεγγον* (sic) 55; *verba* La^{109}; *verba ista* Arm^{I}; *verba quae dixit eis* (> P) Aeth: cf Vulg(*cuncta quae dixerat*); pr *τον* 158

29 *ὁ βασιλεύς*] pr *ιωσιας* 19′ Arm^{II} = Reg IV 23$_{1}$ 𝔊^{L} | *τοὺς πρεσβυτέρους*] *omnes seniores* La^{109} Aeth(omnes) = 𝔐 Pesch Targ Vulg et Reg 𝔐 𝔊 | *καὶ Ἰερουσαλήμ*] *in iherusalem* La^{109}: cf Reg 𝔊^{243}(*εις ιλημ*)

30 *Ἰούδα* 1° om B 19′ *a*$^{-71}$-127 La^{109} Arm^{II} Ald Compl Sixt Ra. = 𝔐 | *οἶκον*] pr *τον* 158 | *καὶ πᾶς Ἰουδά*] *και πας ιουδας* 489 60 158 610 Arm^{I}: cf 15$_{2}$; *et omnes viri iuda* La^{109} = Vulg, cf 𝔐 et Reg IV 23$_{2}$ 𝔐 𝔊; > 125 = Reg 𝔊^{107} | *οἱ κατοικοῦντες*] > 71; *οἱ* om B | *Ἰερουσαλήμ*] pr *εν* 55 158 610^{c}: cf Reg 𝔊^{ap} |

καὶ οἱ Λευῖται καὶ πᾶς ὁ λαὸς ἀπὸ μεγάλου ἕως μικροῦ· καὶ ἀνέγνω
ἐν ὠσὶν αὐτῶν πάντας τοὺς λόγους βιβλίου τῆς διαθήκης τοῦ
31 *εὑρεθέντος ἐν οἴκῳ κυρίου.* 31*καὶ ἔστη ὁ βασιλεὺς ἐπὶ τὸν στῦλον καὶ*
διέθετο διαθήκην ἐναντίον κυρίου τοῦ πορευθῆναι ἐνώπιον κυρίου
τοῦ φυλάσσειν τὰς ἐντολὰς αὐτοῦ καὶ τὰ μαρτύρια αὐτοῦ καὶ τὰ
προστάγματα αὐτοῦ ἐν ὅλῃ καρδίᾳ καὶ ἐν ὅλῃ ψυχῇ, τοὺς λόγους τῆς

B′ A V 19′ *a*-127 *b* 60 119 158 527 La^{109} Aeth Arm

οἱ ἱερεῖς] *οἱ* om 107 158* | *οἱ Λευῖται*] *οἱ* om 107 | *ὁ λαός*] *ιουδα* 74 | *ἀπὸ μεγάλου ἕως μικροῦ* om 44 | *μεγάλου* et *μικροῦ* tr 19′ *a*-127 119 527 Aeth$^{A'}$ Ald Compl Sixt = Pesch Vulg (hab Targ) et Reg 𝔐 𝔊^{omnes} | *μεγαλο* 158: cf praef p 110 | *ἕως*] pr *και* 19′ 381 Compl = 𝔐 et Reg 𝔐 𝔊$^{-O}$ | *ἐν ὠσίν*] *ενωπιον* 314 = Pesch Targ et Reg 𝔊^{B} | *πάντας τοὺς λόγους*] *τους παντας λογους* B′ V 19′ 71 *b*^{I} 60 119 527 Ra.; *τούς* om A 489 Sixt; *παντων τους λογους τουτους* 158 | *βιβλίου* – *εὑρεθέντος*] *testamenti inventi* (*scripti* ^{ap}) Arm^{I}; *testamenti huius qui inventus est* La^{109} | *βιβλίου*] pr *του* 19′ *a*-127 158 Ald Compl = Reg 𝔊^{omnes} | *τῆς διαθήκης*] + *κυριου* 107 Aeth = Reg 𝔊^{19}; *τῆς* om A 71 | *τοῦ* ult – fin] > 107 Aeth^{P}(solus); *κυρίου* om 68 | *τοῦ εὑρεθέντος*] *τους* (*του* 134) *ευρεθεντας* (*ευρσθεντας* 19: cf praef p 75) B 19′ *a*$^{-71 (107)}$-127 Sixt

31 *ἔστη*] *ανεστη* (-*στι* 158) A V *b*^{I} 55 60 119 158 527 Arm^{I}(vid) Ald: cf Reg IV 23$_{3}$ 𝔊^{ap} | *βασιλεύς*] + *ιωσιας* 19′ Arm^{II} Compl | *ἐπὶ τὸν στῦλον*] *επι των στηλων* Ald; *in tribunali suo* La^{109} = Vulg, cf 𝔐(על־עמדו) | *διέθετο*] *εθετο* 610 = Reg 𝔊^{55} | *διαθήκην*] + *εν οικω* $\overline{κυ}$ *a*$^{-71}$-127 Ald: cf 𝔐^{1Ms}(+ הנמצא בית יהוה) et Reg 𝔊^{L}(+ *την ευρεθεισαν εν οικω κυ*), ex $_{30}$ | *ἐναντίον κυρίου* om 107 = Reg 𝔊$^{19'}$ | *τοῦ* 1° – *κυρίου* 2° om 19(|) 68 60: homoiot | *ἐνώπιον κυρίου*] *ενωπιον αυτου* 107 381 Aeth(omnes); *post dominum* Arm^{I} = 𝔐 Pesch Targ et Reg 𝔐 𝔊(*οπισω κυριου*); *post deum* La^{109}: ex *post eum* ? (sic Vulg et Reg 𝔊^{107}); > 71 | *τοῦ φυλάσσειν*] *και φυλασσειν* 71 125 La^{109}(*et custodiat*) Aeth(omnes) = 𝔐 Pesch Targ Vulg(*et custodiret*) et Reg 𝔐$^{-2Mss}$ 𝔊$^{-B}$ | *τὰς ἐντολὰς αὐτοῦ*] *τάς* om A V *b*^{I} 55 60 119 527; *αὐτοῦ* om 71 | *καί* paenult – fin om 125: homoiot | *καὶ τὰ μαρτύρια αὐτοῦ*] *και τα κριματα αυτου* *a*$^{(-71\ 107)}$-127 Ald; *τά* om B′ A *b*^{I} 119 Sixt Ra.; *αὐτοῦ* om B Sixt; > 71-107 | *τὰ προστάγματα αὐτοῦ*] *iustificationes eius* La^{109} = Vulg(חקיו 𝔐): cf Reg *τα δικαιωματα αυτου* 𝔊$^{-L}$, *τα προσταγματα αυτου* 𝔊^{L}, חקתיו 𝔐 (La^{109} hab *iustificationes* pro *δικαιωματα*(חקים 𝔐) in Par II 19$_{10}$); *τά* om B 71 60(|) Sixt Ra. | *ἐν* 1° – *ψυχῇ* om 71 | *ἐν ὅλῃ καρδίᾳ καί* bis scr 243; *in toto corde suo et* La^{109} Aeth(omnes) = 𝔐 Targ Vulg et Reg 𝔊^{19} | *ἐν ὅλῃ ψυχῇ*] om *ἐν ὅλῃ* 44 = Reg 𝔊^{107}; om *ἐν* 158; + *αυτου* 381 La^{109} Aeth(omnes) = 𝔐 Targ Vulg et Reg 𝔊$^{19'}$ | *τοὺς λόγους*] pr *ωστε ποιειν* 19′ *a*$^{(-71)}$-127 La^{109}(*facere*) Arm^{II} Ald Compl Sixt = 𝔐 Pesch Targ; pr *και ποιειν* 71

διαθήκης τοὺς γεγραμμένους ἐπὶ τῷ βιβλίῳ τούτῳ. 32 *καὶ ἔστησεν* 32
πάντας τοὺς εὑρεθέντας ἐν Ἰερουσαλὴμ καὶ Βενιαμίν, καὶ ἐποίησαν οἱ
κατοικοῦντες ἐν Ἰερουσαλὴμ διαθήκην ἐν οἴκῳ κυρίου θεοῦ πατέρων
αὐτῶν. 33 *καὶ περιεῖλεν Ἰωσίας πάντα τὰ βδελύγματα ἐκ πάσης* 33
τῆς γῆς, ἣ ἦν υἱῶν Ἰσραήλ, καὶ ἐποίησεν πάντας τοὺς εὑρεθέντας ἐν
Ἰερουσαλὴμ καὶ ἐν Ἰσραὴλ τοῦ δουλεύειν κυρίῳ θεῷ αὐτῶν πάσας τὰς
ἡμέρας αὐτοῦ· οὐκ ἐξέκλινεν ἀπὸ ὄπισθεν κυρίου θεοῦ πατέρων αὐτοῦ.

B′ A V 19′ *a*-127 *b* 60 119 158 527 La^{109} Aeth Arm

= 𝔐^{1Ms} Vulg(*faceretque*) | *τῆς διαθήκης*] *του βιβλιου* 71; > 158 | *γεγραμμένους*] *ενγεγραμμενους* A: cf 24 et praef p 92 | *ἐπὶ τῷ βιβλίῳ*] *εν τω βιβλω* 19′ 71 44 *b*^{2} Compl = Reg 𝔊^{L}; *τῷ* om 74 | *τούτῳ* om 71

32 *ἔστησε(ν)*] *εστησαν* 46 | *πάντας τοὺς εὑρεθέντας*] *omnem qui inventus est* La^{109}: cf 𝔐; *παντας τους πορευθεντας* 71′-74-120 130 134-321-346-554-127 | *ἐν Ἰερουσαλήμ* 1°] + *και εν* (> 19) *ιουδα* 19′-121 68′ Arm^{II} Ald Compl | *Βενιαμίν*] *βενιαμειν* B′ A V 119; *βενιαμην* 314 158; *βενια*^{μ} 71; pr *in* Arm = Pesch^{te}; pr *in terra* Aeth | *καί* ult – *Ἰερουσαλήμ* 2°] > La^{109} Aeth^{P}(solus): cf Reg IV 23$_{3}$ (pro Par II 34$_{32}$ hab Reg 𝔐 ויעמד כל־העם בברית, 𝔊 *καὶ ἔστη πᾶς ὁ λαὸς ἐν τῇ διαθήκῃ*); *ἐποίησαν* om 19 Aeth$^{A′}$ | *ἐν Ἰερουσαλήμ* 2°] *εις ιλ̅η̅μ̅* A *b* 55 119 158 527 Sixt; *ἐν* om B 60(|) Ra. = 𝔐, cf 21$_{13}$ | *διαθήκην*] *κατα την διαθηκην* 19′ La^{109}(*secundum testamentum*) Arm^{II}(sim) = 𝔐 Targ^{-1Ms} Vulg(*iuxta pactum*); *et in testamento* Aeth^{P}: cf 𝔐^{8Mss}(בברית) Pesch Targ^{1Ms} | *ἐν οἴκῳ*] *domūs* Aeth^{P}; > 19′ La^{109} Arm^{II} = 𝔐 Pesch Targ Vulg | *κυρίου θεοῦ*] *κυριου του θεου* 19; *κυριου* 71 46-728; *θεου* 106′(non 125)-130-134-321-346-127 *b*^{2} 60(|) Arm^{Ite}: cf 𝔐 (אלהים אלהי (1 Ms יהוה אלהים אלהי, 1 Ms יהוה אלהי (hab *κυρίου θεοῦ* Pesch Targ Vulg)) | *πατέρων*] *πατρος* B 71-74; pr *των* 19′ Compl | *αὐτῶν*] *εαυτων* A V *b* 60; + *πασας τας ημερας* 158

33 *περιεῖλεν Ἰωσίας*] *everterunt destruerunt* Arm^{II} | *Ἰωσίας*] *ιωσειας* B*; + *rex* Aeth = Vulg^{1Ms} | *πάντα τά*] *τα παντα* B′ 71 *b*$^{2-98}$ 60 119 Sixt Ra.; *πάντα* om *b*^{1} = 𝔐^{1Ms} Pesch Vulg^{1Ms} | *τῆς γῆς*] *τῆς* om A V 60(|) 527 | *ἣ ἦν υἱῶν Ἰσραήλ*] *eorum* Arm^{II}; > 44′; om *ἣ ἦν* La^{109} = Vulg | *υἱῶν Ἰσραήλ*] *των υιων* (> 314) *ισραηλ* 19′ *a*$^{-71}$-127 Ald Compl | *καί* 2° – *αὐτοῦ* 1° om 71 | *καί* 2° – *δουλεύειν*] *και εποιησε παντας δουλευειν* 125; *et fecerunt servire* Arm^{II} | *τοὺς εὑρεθέντας*] > 46-728 = Pesch^{7a1}; om *εὑρεθέντας* *a*$^{-68′ 121}$-127 | *ἐν Ἰερουσαλὴμ καὶ ἐν Ἰσραήλ*] *in israhel* La^{109} = 𝔐$^{-2Mss}$(בירושלם 1 Ms, שראל sup ras 1 Ms) Pesch Targ^{ap}((ברושל(ם ^{te} (sec 1 Ms)) Vulg^{te}(*in hierusalem* 2 Mss; *in iherusalem ex srahel* 1 Ms); *εν ιλ̅η̅μ̅* 74; *ἐν* 2° om 19′ *b*^{2} 44 Compl | *θεῷ*] pr ras 3 lit 120; pr *τω* 19′ *a*$^{-71\ 120}$-127 489 158 Ald Compl; + *των π̅ρ̅ω̅ν̅* 19′ Arm^{II} Compl | *αὐτῶν*] *εαυτων* A V *b*$^{-98}$ 55 60 158 Ald; *εαυτου* 98; *suo* La^{109} | *πάσας τὰς ἡμέρας αὐτοῦ* om 107 | *αὐτοῦ* 1°] *εαυτου* A V *b* 60; *eius* La; *eorum* Arm^{II} | *οὐκ*] pr *και* 107

1 **35** ^{1}*Καὶ ἐποίησεν Ἰωσίας τὸ φάσεκ τῷ κυρίῳ θεῷ αὐτοῦ, καὶ ἔθυ-*
2 *σαν τὸ φάσεκ τῇ τεσσαρεσκαιδεκάτῃ τοῦ μηνὸς τοῦ πρώτου.* ^{2}*καὶ*
ἔστησεν τοὺς ἱερεῖς ἐπὶ τὰς φυλακὰς αὐτῶν καὶ κατίσχυσεν αὐτοὺς
3 *εἰς τὰ ἔργα οἴκου κυρίου.* ^{3}*καὶ εἶπεν τοῖς Λευίταις τοῖς δυνατοῖς*
ἐν παντὶ Ἰσραὴλ τοῦ ἁγιασθῆναι αὐτοὺς τῷ κυρίῳ, καὶ ἔθηκαν τὴν
κιβωτὸν τὴν ἁγίαν εἰς τὸν οἶκον, ὃν ᾠκοδόμησεν Σαλωμὼν υἱὸς Δαυὶδ

B′ A V 19′ *a*-127 *b* 60 119 158 527 La^{109} Aeth Arm

La^{109} Aeth = 𝔐^{1Ms} Pesch | *ἐξέκλινεν*] *εξεκλιναν* 314 Arm^{II} = 𝔐 | *ἀπό* om *b*^{2} | *θεοῦ πατέρων*] *του θεου των πατερων* 19′ Compl; *θεου των πατερων* 158 610 | *αὐτοῦ* 2°] *εαυτου* A V *b*^{1} 60; *εαυτων* 98 La^{109}(*eorum*) Arm = 𝔐

35 1 v 1-2 om 381: homoiot | *Ἰωσίας*] *ιωσειας* B*; *ιωας* 55*; + *rex* Aeth = Vulg^{1Ms} | *τὸ φάσεκ* 1°] *τω σαφεκ* 107(non 44′-610); *τω φασεκ* 236-314-554 158; *το* (*τω* 19′) *φασεχ* B V* 19′ 71 *b*$^{-(381) 98 489}$ 60 119 527 Compl Ra.: cf 30$_{1}$; *pasca* La^{109} = Reg IV 23$_{21}$ Esdr I 1$_{1}$ Ios X 70 (*πασχα*); + *εν ιερουσαλημ* Compl = 𝔐(pr) Pesch Targ Vulg et Esdr I; ⌒ *τὸ φάσεκ* 2° 489 | *τῷ κυρίῳ θεῷ αὐτοῦ*] > Aeth^{G}; *θεῷ αὐτοῦ* om Aeth$^{P′}$ = 𝔐 Pesch Targ Vulg | *τῷ κυρίῳ*] *κυριω τω* 19′ Compl; *τῷ* om 68′-71-107-121-236-314-762 55 | *αὐτοῦ*] *εαυτου* A 728 60: cf Esdr I^{ap} | *ἔθυσαν*] *εθυσε* (-*σεν* 243 125) *a*$^{-71}$-127 *b*$^{2-489}$ Ald Compl Sixt: cf Esdr I 𝔊^{ap} | *τὸ φάσεκ* 2°] *τω σαφεκ* 107(-610); *τω φασεκ* 236-554 158 44; *το* (*τω* 19 64*) *φασεχ* B V* 19′ *b*$^{-(381 489) 98}$ 60 119 527 Compl Ra.: cf praec; *pasca* La^{109}; *αυτο* 71 125 | *τεσσαρεσκαιδεκάτῃ*] *τεσσαρισκαιδεκατη* B^{c} 60: cf praef p 95; *δ′ καιδεκατη* 106^{c}; *ιδ′* 314-762 98 158; *τρισκαιδεκατη* (*ιγ′* 107(-125 610)) 74-106*-107-120-134; + *ημερα* (pr Arm^{II}) *a*$^{-71\ 107}$-127 La^{109} Arm Ald Sixt = Vulg et Esdr I | *πρώτου*] *α′* 321-346-762

2 *φυλακάς*] *φυλας* 314 | *αὐτῶν*] *εαυτων* A V 60 | *κατισχυεν* 127 | *αὐτούς* om 71 | *οἴκου* om 107 158* 379

3 *τοῖς Λευίταις*] + *et* La^{109} Arm^{I} | *τοῖς δυνατοῖς*] *omnibus prudentibus* La^{109}: cf 𝔐(הַמְּבוֹנִים: sec Qere המבינים 26 Mss) Targ(מלפין) Vulg(*ad quorum eruditionem omnis israhel sanctificabatur* pro *τοῖς* 2° – *ἁγιασθῆναι*) Pesch inc(קימין); *nobilibus ut praeceptum darent* Arm^{II}; post *Ἰσραήλ* 1° tr 158 | *ἐν παντὶ Ἰσραήλ*] *in iherusalem* La^{109}; *εν παντι εργω οικου* $\overline{κυ}$ 19 | *αὐτούς*] *αυτοις* 19; > 60 | *τῷ κυρίῳ* 1°] *τω οικω* $\overline{κυ}$ 19; *τῷ* om 125 | *καί* 2° – *οἶκον*] *date arcam sanctam in domo* La^{109} = 𝔐; pr *και του δουναι την κιβωτον την αγιαν εν* (+ *τω* Tht Proc) *οικω κυριου* 19′-121 68′ Arm^{II}(sim) Tht *Par II* 298 Proc *Comm in Par II* 1220(om *και* et solam hanc partem versus tradit) Compl: dubl | *ἔθηκαν*] *εθηκεν* (-*κε* 19) 19′ 134* Compl | *ᾠκοδόμησε*(*ν*)] *ωκοδομη* 381 | *Σαλωμών* B A V* *a*$^{-68′\ 71′\ 74\ 321\ 554}$ 64-728 Sixt] *σαλωμον* 321; *σολομων* 19 71′ 381 Arm Tht Ald Compl Fern.: cf Esdr I$_{3}$^{ap}; *σαλομων* rel Lag. | *υἱός*] *ο* pr 381

τοῦ βασιλέως Ἰσραήλ. καὶ εἶπεν ὁ βασιλεύς Οὐκ ἔστιν ὑμῖν ἆραι ἐπ᾽
ὤμων οὐθέν· νῦν οὖν λειτουργήσατε τῷ κυρίῳ θεῷ ὑμῶν καὶ τῷ
λαῷ αὐτοῦ Ἰσραὴλ ^{4}καὶ ἑτοιμάσθητε κατ᾽ οἴκους πατριῶν ὑμῶν 4
καὶ κατὰ τὰς ἐφημερίας ὑμῶν κατὰ τὴν γραφὴν Δαυὶδ βασιλέως Ἰσ-
ραὴλ καὶ διὰ χειρὸς Σαλωμὼν υἱοῦ αὐτοῦ ^{5}καὶ στῆτε ἐν τῷ οἴκῳ 5
κατὰ τὰς διαιρέσεις οἴκων πατριῶν ὑμῶν τοῖς ἀδελφοῖς ὑμῶν υἱοῖς
τοῦ λαοῦ, καὶ μερὶς οἴκου πατριᾶς τοῖς Λευίταις, ^{6}καὶ θύσατε τὸ 6

B′ A V 19′ *a*-127 *b* 60 119 158 527 La$^{109 (Leg)}$ Aeth Arm

158 | *Δαυίδ*] *δαυειδ* B; *δαβιδ* Tht Ald: cf 1₁ | *τοῦ βασιλέως*] *rex* La^{109} Arm$^{Iap II}$ = Vulg (𝔐) et Esdr I^{-71}; *τοῦ* om 98-381 158 | *καὶ εἶπεν ὁ βασιλεύς*] > La^{109} = 𝔐 Pesch Targ, cf Esdr I; + *ιηλ* (overlined) *a*$^{-68′ 71 121 236 762}$-127 | *ὑμῖν*] *ημιν* 60 | *ἆραι*] *επαραι* A; post *ἐπ᾽ ὤμων* (*ωμον* 321; *ομων* 158) tr *a* ^{71}-127 *b*^{1} 158 La$^{109 Leg}$ Ald Sixt = Pesch^{ap}, cf Esdr I 1₄^{ap} | *ἐπ᾽ ὤμων* om 60 | *οὐθέν*] *ουδεν* *a*$^{-71}$-127 Ald Sixt: cf praef p 97 | *τῷ κυρίῳ θεῷ*] *κυριω τω θεω* 19′ 107 Compl: cf Esdr I; *τῷ* om A 71 | *θεῷ ὑμῶν*] *θεω ημων* 106 60 158: cf Esdr I^{ap}; > 71 | *καὶ τῷ λαῷ αὐτοῦ Ἰσραήλ*] > 381; om *τῷ* A V *b*$^{(-381)}$ 60 119 158 527

4 *ἑτοιμάσθητε*] *ητοιμασθητε* 314 | *οἴκους*] *οικιας* 158 | *πατριῶν*] *πρων* (overlined) 158* Aeth | *ὑμῶν* 1°] *ημων* 158* | *καί* 2° om 71-107-121*-236-321 55 La^{109} Aeth = 𝔐 Pesch et Esdr I 1₄$^{L\ La^{C}\ Sy}$ | *κατά* 1° – *Δαυίδ*] *secundum praeceptum davith* Aeth^{-A} | *κατὰ τὰς ἐφημερίας ὑμῶν*] post *βασιλέως* tr 71; > 107-236 Aeth^{-A} = Pesch | *ὑμῶν* 2° – *Ἰσραήλ* om Arm^{II} | *κατά* 2°] pr *και* V 19′ 74 *b*^{2} 55 527 Compl | *Δαυίδ*] *δαυειδ* B; *δαβιδ* Ald; *ιηλ* (overlined) 321*(vid); post *βασιλέως* tr 19 321 Lag.; > 74-106′-120-130-134-346-554-127 | *βασιλέως Ἰσραήλ*] > 381; *Ἰσραήλ* om 19 71-321 | *καί* ult – fin om 107: homoiot | *καὶ διὰ χειρός*] *και* (> Arm^{II}) *κατα την απογραφην* 19′ Arm^{II}(sim) Compl: cf 𝔐(ובמכתב) Pesch(ואיכנא דכתב) Targ(והי ככתבא); *διὰ χειρός* om Aeth; + *βασιλεως* B′ A *b*^{2} Arm^{I} = Esdr I 1₄$^{L\ La^{C}\ Sy}$ | *Σαλωμών* B A V* *a*$^{-68′ 71′ 74 554}$-127 64-728 Sixt] *σολομων* 19 71-106 Ald Fern.; *σολωμοντος* 381*; *σολομωντος* 381^{c} Compl; *σαλομων* rel | *υἱοῦ*] *υιος* 120*

5 *ἐν τῷ οἴκῳ*] *in sancto* La^{109} = 𝔐(בקדש) Pesch Targ(בבית מקדשא) Vulg(*in sanctuario*); *in templo* Arm^{I}; + *domini* Aeth Arm^{II}, cf Esdr I 1₅ | *κατὰ τὰς διαιρέσεις οἴκων*] *secundum domum* La^{109}; *τάς* om 71-74 | *οἴκων*] *οικου* 158; *εις οικον* *b*^{2}; > 71 44 Arm^{Iap} | *πατριῶν*] *patrum* Arm^{II} | *τοῖς ἀδελφοῖς ὑμῶν*] *coram fratribus vestris* Arm^{I}; pr *et* Arm^{II}; > Aeth^{-A} | *υἱοῖς*] pr *τοις* A; pr *et* Arm^{I} | *τοῦ λαοῦ*] *populi vestri* Aeth Arm^{I} | *καί* ult – fin] *et proximis domus filii levitarum* La^{109}; om Aeth^{-A} | *μερίς*] pr *οι* 314 | *πατριᾶς*] *patrum* Aeth^{A} | *ταις λευιταις* 120*(vid)

φάσεκ, καὶ τὰ ἅγια ἑτοιμάσατε τοῖς ἀδελφοῖς ὑμῶν τοῦ ποιῆσαι κατὰ
7 *τὸν λόγον κυρίου διὰ χειρὸς Μωυσῆ.* [7]*καὶ ἀπήρξατο Ἰωσίας τοῖς*
υἱοῖς τοῦ λαοῦ πρόβατα καὶ ἀμνοὺς καὶ ἐρίφους ἀπὸ τῶν τέκνων τῶν
αἰγῶν, πάντα εἰς τὸ φάσεκ καὶ πάντας τοὺς εὑρεθέντας, εἰς ἀριθμὸν
τριάκοντα χιλιάδας καὶ μόσχων τρεῖς χιλιάδας· ταῦτα ἀπὸ τῆς ὑπ-
8 *άρξεως τοῦ βασιλέως.* [8]*καὶ οἱ ἄρχοντες αὐτοῦ ἀπήρξαντο τῷ λαῷ*
καὶ τοῖς ἱερεῦσιν καὶ τοῖς Λευίταις καὶ ἔδωκεν Χελκίας καὶ Ζαχα-

B' A V 19' *a*-127 *b* 60 119 158 527 La^{109} Aeth Arm

6 *καί* 1° om La^{109} | *τὸ φάσεκ*] *τω φασεκ* 236 158 610; *το φασεχ* B V* 19' *b*$^{-98\ 489}$ 60 119 527 Compl Ra.: cf 30$_{1}$; *pasca* La^{109} = Esdr I 1$_{6}$(*πασχα*) | *καί* 2° om Aeth^{A} | *τὰ ἅγια*] *sanctificamini* La^{109} = 𝔐(התקדשו) Pesch Targ Vulg(sim); post *ἑτοιμάσατε* tr 55 Aeth(omnes) Arm^{I}; > B 19' Arm^{II} Sixt | *ἑτοιμάσατε*] *ητοιμασατε* 314; pr *και* *a*$^{-68'\ 71\ 121\ 762}$ = 𝔐 | *τοῖς ἀδελφοῖς ὑμῶν*] *τοις αδελφοις ημων* 71; *τους αδελφους υμων* 107; + *υιοις* (pr *et* Arm) *του λαου* 19' 106 Arm^{II}; + *τοις λευιταις* 158 | *τοῦ ποιῆσαι*] *τοῦ* om et post *κυρίου* tr 106 | *διὰ χειρός*] *in manu* La^{109} = 𝔐 Vulg; pr *του* 19' Aeth Arm(vid); pr *και* 60 | *Μωυσῆ*] *μωυσει* 119; *μωυσεος* 68'; *μωυσεως* 381 Ald; *μωση* 108; *μωσει* 19

7 *Ἰωσίας*] *ιωσειας* B*; *ιωας* 158*; + *rex* Aeth | *πρόβατα καὶ ἀμνούς*] *καί* om Aeth$^{A'}$ = 𝔐 Targ(hab Pesch^{te}) | *καὶ ἐρίφους ἀπὸ τῶν τέκνων τῶν αἰγῶν*] *και απο υιων αιγων* 108 La^{109}(*et a filiis caprarum*) Compl Fern. = 𝔐(ובני־עזים); om *ἀπὸ* – *αἰγῶν* 19 71 Lag. | *ἀπό*] pr *και* V | *αἰγῶν*] *αγιων* B 74 | *πάντα*] *παντα το* 243-731; *παντα τα* B V *b*^{I}-98 60 527; *omnia quae conducit* Aeth; *omnia que necessaria erant* La^{109} | *εἰς τὸ φάσεκ*] *εις το φασεχ* B V* 19' *b*$^{-98\ 489}$ 60 119 527 Compl Ra.: cf 30$_{1}$; *in pasca* La^{109} | *καὶ πάντας τοὺς εὑρεθέντας*] *και* (> 19' Arm^{II} Compl = 𝔐(ל (hab ו Pesch))) *παντι τω ευρισκομεω* (sic) 19' La^{109}(*omni qui inventus est*: sic et Arm) Arm Compl = 𝔐; *πάντας* om Aeth | *καὶ πάντας*] *εις παντας* coni Ra. | *εἰς ἀριθμόν*] *εις τον αριθμον* 68 Ald; *numero* La^{109}: cf 𝔐(למספר) | *χιλιάδας* 1°] *χιλιαδες* 106 60: cf praef p 101; ⌒ 2° *a*$^{-68'\ 71\ 121\ 236\ 314\ 762}$ | *μόσχων*] *μοσχον* 119*; *μοσχους* 236-314-762 | *τρεῖς χιλιάδας*] *τρις χιλιαδας* A V* 55: cf praef p 84; *τρισχιλιους* 158 | *ἀπὸ τῆς ὑπάρξεως*] *υπο της υπαρξεως* 71; *απο της επαρξεως* 610

8 *αὐτοῦ*] *αυτων* 68'-121-236-314-762 | *ἀπήρξαντο*] *απηρξατο* 44* | *τῷ λαῷ*] *τον λαον* 158 | *τοῖς ἱερεῦσιν* 1° ⌒ 2° 379 | *τοῖς Λευίταις*] *λευιτας* 55;

---

7 init – *χιλιάδας* 2°] *καὶ ἀπήρξατο Ἰωσίας πρόβατα καὶ ἀμνοὺς καὶ ἐρίφους χιλιάδας λ' καὶ μόσχων γ' χιλιάδας* 554

ρίας καὶ Ἰεϊὴλ οἱ ἄρχοντες οἴκου τοῦ θεοῦ τοῖς ἱερεῦσιν καὶ ἔδωκαν
εἰς τὸ φάσεκ πρόβατα καὶ ἀμνοὺς καὶ ἐρίφους δισχίλια ἑξακόσια καὶ
μόσχους τριακοσίους. ^{9}*καὶ Χωνενίας καὶ Βαναίας καὶ Σαμαίας* 9
καὶ Ναθαναὴλ ἀδελφὸς αὐτοῦ καὶ Ἁσαβιὰ καὶ Ἰεϊὴλ καὶ Ἰωζαβὰδ
ἄρχοντες τῶν Λευιτῶν ἀπήρξαντο τοῖς Λευίταις εἰς τὸ φάσεκ πρόβα-

B′ A V 19′ *a*-127 *b* 60 119 158 527 La^{109} Aeth Arm

τοῖς om B A V 71 b^{I}(non 52) 60 119 158 527 Ra. | *καὶ ἔδωκε(ν)*] *εδωκε δε και* a^{-71}-127 Ald; *εδωκε δε* Sixt; *εδωκε* (*-κεν* B*) B 71 La^{109}: cf Esdr I 1$_{8}^{L\ La^{C}\ Sy}$; *et dederunt* Arm^{I}: cf 𝔐(הרימו) Pesch(פרשו sicut pro *απηρξαντο* praec); *και L* La^{109} Arm^{IIte}(om Arm^{IIap} = 𝔐): cf Vulg | *καὶ Ζαχαρίας*] *αζαριας* 125 | *Ἰεϊήλ*] *ιιηλ* Ra.: cf 21$_{2}$; *ιεειηλ* V 728 60 119; *ιεηηλ* 527; *ιεηλ* 71-107 158; *ιαηλ* 127; *ιεσιηλ* b^{2}; *ιεσειηλ* 55: cf Esdr I^{ap}; *yeriel* La^{109} | *οἱ ἄρχοντες*] *princeps* La^{109}: cf $_{9}$; pr *et* Arm^{I}; > 158 | *οἴκου τοῦ θεοῦ*] post *ἱερεῦσιν* tr a^{-71}-127 Ald; *οἴκου* om Aeth$^{A′}$ | *τοῦ θεοῦ*] *domini* Aeth = Pesch Targ Vulg (sed hab Esdr I$^{L\ La^{C}\ Sy}$); pr $\overline{κυ}$ 74; om *τοῦ* B′ V 71 Sixt | *τοῖς ἱερεῦσιν καὶ ἔδωκαν*] *εδωκαν* (pr *et* Arm) *τοις ιερευσιν* 19′ Arm^{II} Compl; *καί* om La^{109} Aeth(omnes) = 𝔐 Targ Vulg (hab Pesch) | *ἔδωκαν*] *αυτοι* a^{-71}-127; pr *αυτοι* Ald | *τὸ φάσεκ*] *τω φασεκ* 158; *το φασεχ* B V* 19′ $b^{-98\ 489}$ 60 119 527 Compl Ra. = Esdr I^{L}, cf 30$_{1}$; *pasca* La^{109} = Esdr I^{te}(*πασχα*) | *καί* paenult om 610 | *δισχίλια ἑξακόσια*] *βχ′* 107(non 44) | *δισχίλια*] *δισχιλιους* (*δυσχιλιους* 127) $a^{-71\ 107}$-127 55 60 44 Ald; *δυο χιλιαδας* 19′ Compl = Esdr I^{L} | *ἑξακόσια*] *χ′* 314-762; *εξακοσιους* 19′ $a^{-71\ 107\ 314\ 762}$-127 55 44 Ald; *διακοσιους* 60 La^{109}(*CC*); pr *καί* 19′ 527 Aeth Arm^{I} Compl = 𝔐 et Esdr I$^{L\ Sy}$ | *καί* ult om 314

9 *Χωνενίας*] *χονενιας* 71 125 158; *χωχενιας* A: cf 31$_{12}$ | *καὶ Βαναίας*] *και βανεας* 74-554 46 158 527 Arm^{I}; *et banjas* Aeth^{A}; *et benjas* Aeth^{P}; > 19′ La^{109} Arm^{II} = 𝔐 Pesch Targ Vulg; om *καί* 125 | *καί* 3° – *Ἰωζαβάδ*] *και οι συν αυτω και ετεροι* 125 | *καί* 3° et *καί* 4° om 107 | *Σαμαίας*] *σαμεας* 19′ Compl: cf Esdr I 1$_{9}^{ap}$; *samee* Arm^{II}; *σειας* $a^{-71\ (125)}$; *semeas* La^{109} = Vulg; *σακιας* 71(vid) | *Ναθαναήλ*] *ναθαηλ* 489 | *ἀδελφὸς αὐτοῦ καί* om 107 | *ἀδελφός*] *fratres* Arm^{II} = 𝔐 Targ Vulg; pr *ο* A 158 = Esdr I^{omnes} | *Ἁσαβιά*] *ασαβεια* 55; *ασαβιας* b^{2-98} Arm^{I} Compl Sixt = Vulg^{te}; *ασαβαιας* 98; *ασεβια* (*-βεια* 314; *-βιια* 106; *-βιας* 107) $a^{-68′\ 121\ 321}$-127; *sabija* Aeth$^{A′}$; *sabias* La^{109}; *σεβια* 321 | *καί* 6° om 107 | *Ἰεϊήλ*] *ιιηλ* Ra.: cf 21$_{2}$; *ιεειηλ* V 60 119; *ιεηηλ* 527; *ιεηλ* 19 71-107 158; *ʾiǰuʾihel* Aeth$^{P′}$; *ʾiǰuʾehel* Aeth$^{A′-G}$; *ʾiǰoḥel* Aeth^{G}: cf Esdr I^{te}(*οχιηλος* (hab *ιειηλ* Esdr I^{L})); *ιωηλ* B La^{109}(*yohel*); *ιεσειηλ* 55 | *Ἰωζαβάδ*] *ιωαζαβαδ* 108; *ιωζαβαθ* 119; *yozabat* La^{109}; *josaphat* Arm^{II} | *ἄρχοντες*] *princeps* La^{109}: cf $_{8}$ | *ἀπήρξαντο*] *απηρξατο* 762; *απηξατο* 130* | *τὸ φάσεκ*] *το φασεχ* B V* 19′ $b^{-98\ 489}$ 60 119 527 Compl Ra. = Esdr I^{L}, cf 30$_{1}$; *pasca* La^{109} = Esdr I^{te}(*πασχα*) | *πρόβατα πεντα-*

10 *τα πεντακισχίλια καὶ μόσχους πεντακοσίους.* [10]*καὶ κατωρθώθη ἡ*
λειτουργία, καὶ ἔστησαν οἱ ἱερεῖς ἐπὶ τὴν στάσιν αὐτῶν καὶ οἱ Λευῖται
11 *ἐπὶ τὰς διαιρέσεις αὐτῶν κατὰ τὴν ἐντολὴν τοῦ βασιλέως.* [11]*καὶ ἔθυ-*
σαν τὸ φάσεκ, καὶ προσέχεαν οἱ ἱερεῖς τὸ αἷμα ἐκ χειρὸς αὐτῶν, καὶ
12 *οἱ Λευῖται ἐξέδειραν.* [12]*καὶ ἡτοίμασαν τὴν ὁλοκαύτωσιν παραδοῦναι*
αὐτοῖς κατὰ τὴν διαίρεσιν κατ’ οἴκους πατριῶν τοῖς υἱοῖς τοῦ λαοῦ
τοῦ προσάγειν τῷ κυρίῳ, ὡς γέγραπται ἐν βιβλίῳ νόμου Μωυσῆ,
13 *καὶ οὕτως εἰς τὸ πρωί.* [13]*καὶ ὤπτησαν τὸ φάσεκ ἐν πυρὶ κατὰ τὴν*

B′ A V 19′ *a*-127 *b* 60 119 158 527 La^{109} Aeth Arm

κισχίλια] tr La^{109} = Vulg; om *πρόβατα* B: cf 𝔐; om *πεντακισχίλια* Aeth^{P} | *καί* ult om 71-107 Aeth^{A}

10 versus 10–12 tradunt 19 et 108 (= *L*) ante Esdr I 1$_{10}$ et hab La^{C}(similiter) loco Esdr I 1$_{10}$

10 *κατωρθώθη*] *κατορθωθη* B* A V* 19 71′(non 44′) 158 = Esdr I 1$_{10}^{19}$ | *καί* 2° – (12) fin om 381: homoiot | *ἐπὶ τὴν στάσιν αὐτῶν* om $b^{I(-381)}$ 158 | *αὐτῶν* 1°] *εαυτων* A V b^{2} 60 119 527; ⌒ *αὐτῶν* 2° 762^{txt} | *οἱ Λευῖται*] *οἱ* om 610(|) | *διαιρέσεις*] *διευρεσεις* 158: cf praef p 95 | *αὐτῶν* 2°] *εαυτων* A V* b^{2-98}

11 *τὸ φάσεκ*] *τω φασεκ* 236 158 44; *το* (*τω* 19) *φασεχ* B V* 19′ $b^{-(381)\,98\,489}$ 60 119 527 Compl Ra. = Esdr I 1$_{11}^{L}$, cf 30$_{1}$; *pasca* La^{109} = Esdr I^{te}(*πασχα*) | *προσ-έχεαν*] *προσεχεον* 19′ 98 Compl = Esdr I^{L}, cf praef p 105 | *οἱ ἱερεῖς* om Arm^{II} = 𝔐^{1Ms} | *ἐξέδειραν*] *εδειραν* B = Esdr I^{L}; > 71

12 *καί* 1° om 71 Arm^{II} | *κατ’ οἴκους πατριῶν*] pr *και* b^{2}; + *αυτων* 19′ Arm^{II} Compl = Pesch Targ | *τοῦ λαοῦ*] *populi sui* La^{109}; *ιηλ του λαου* 527; *ιηλ* Arm^{II} | *τοῦ προσάγειν*] *του* (*και* 158; > 106′) *προσαγαγειν* V 71′-74 $b^{I(-381)}$ 55 119 158 527 = Esdr I 1$_{10}^{L}$; *του προσενεγκαι* 19′ Compl; + *τα ολοκαυτωματα* 68′-121 Ald | *ἐν βιβλίῳ νόμου*] *in lege* (*chega ʾorita* Aeth$^{P'}$; *ʾorita* Aeth$^{A'}$) Aeth = 𝔐^{2Mss} Pesch | *ἐν βιβλίῳ*] *εν βιβλω* $a^{-314\,554}$-127 64 55* 158 Sixt | *νόμου*] *νομω* A 158; > B 19′ a^{-71}-127 La^{109} Arm^{II} Compl Sixt Ra. = 𝔐$^{(-2Mss)}$ Targ Vulg | *Μωυσῆ*] *μωυσει* 119; *μωυσεως* 60; *μωση* 108 71; *μωσει* 19; *μωσεως* 68′ Ald | *οὕτως εἰς τὸ πρωί*] *ουτω* (*ουτως* 554) *το* (*τω* 74-554 44) *πρωι* 74-106′-120-130-134-321-346-554-127: cf praef p 97

13 *ὤπτησαν*] *οπτησαν* 44′-610: cf praef p 102s; pr *vespere* La^{109}: cf 12 fin *in matutino*: sic 𝔊^{omnes}(*το πρωι*) et Esdr I$_{10}$(*το πρωινον* (*το πρωι L*)) cum 𝔐^{10Mss} sec de Rossi(לַבֹּקֶר); cum 𝔐^{rel} לַבָּקָר hab Pesch Targ Vulg(*de bubus*) | *τὸ φάσεκ*] *τω φασεκ* 158; *το* (*τω* 19) *φασεχ* B V* 19′ b^{I}-731 60 119 527 Compl Ra.: cf 30$_{1}$; *pasca*

κρίσιν καὶ τὰ ἅγια ἥψησαν ἐν τοῖς χαλκείοις καὶ ἐν τοῖς λέβησιν· καὶ
εὐοδώθη, καὶ ἔδραμον πρὸς πάντας τοὺς υἱοὺς τοῦ λαοῦ. [14]καὶ μετὰ 14
τὸ ἑτοιμάσαι αὐτοῖς καὶ τοῖς ἱερεῦσιν — ὅτι οἱ ἱερεῖς ἐν τῷ ἀναφέρειν
τὰ στέατα καὶ τὰ ὁλοκαυτώματα ἕως νυκτός, καὶ οἱ Λευῖται ἡτοίμασαν
αὐτοῖς καὶ τοῖς ἀδελφοῖς αὐτῶν υἱοῖς Ἀαρών — [15]καὶ οἱ ψαλτῳδοὶ υἱοὶ 15
Ἀσὰφ ἐπὶ τῆς στάσεως αὐτῶν κατὰ τὰς ἐντολὰς Δαυὶδ καὶ Ἀσὰφ καὶ
Αἱμὰν καὶ Ἰδιθοὺμ οἱ προφῆται τοῦ βασιλέως καὶ οἱ ἄρχοντες καὶ οἱ
πυλωροὶ πύλης καὶ πύλης, οὐκ ἦν αὐτοῖς κινεῖσθαι ἀπὸ τῆς λειτουργίας

B′ A V 19′ *a*-127 *b* 60 119 158 527 La^{109} Aeth Arm

La^{109} = Esdr I 1_{11}(*πασχα*); pr *εις* 60; > Aeth^{P} | ἥψησαν] *εψησαν* 46^{c}(-52)-381: cf Esdr I^{ap} et praef p 102s; + *εν πυρι* *b*^{2} = Pesch | ἐν τοῖς χαλκείοις] *εν τοις* (> 46 = Esdr I^{L}) *χαλκιοις* A 19 71-321-346-127 44 46(non 52)-381^{c}-489 55 60 119 158: cf Esdr I et praef p 86 | ἐν τοῖς λέβησιν] om *ἐν τοῖς* 125 = Esdr I | εὐοδώθη] *ευωδωθη* B^{c} V^{c} 108 *a*$^{-71'(non\ 44)}$-127 46-489-731 119 527; *εβοδοθη* 158 44: cf praef p 103 | ἔδραμον] *εδραμε* (-*μεν* 314* 381*(vid) 158) *a*$^{-71'\ 74\ 120\ 134\ 554}$-127 381-489 158; + *δρομω* 19′ Arm^{II}(sim) Compl | πρός – fin] *προς παντα τον λαον* 74-106′-120-134-554: cf Esdr I; *προς παντα υιον* $\overline{ιηλ}$ 158; *τούς* om 71

14 *μετὰ τὸ ἑτοιμάσαι*] *μετα τουτο ητοιμασαν* *L* Arm^{II} Compl = 𝔐 Pesch Targ Vulg(sim), cf Esdr I 1_{12}; *τό* om 321-346-127 | αὐτοῖς 1°] *εαυτοις* 19′ Arm^{II} Compl = Esdr I, cf praef p 96; *αυτον* 74-106′-120-134-554; *αυτους* 381; pr *αυτους* 55; > Aeth^{-DFG} | καὶ τοῖς ἱερεῦσιν] *sacerdotes* Arm^{II} | — ὅτι οἱ ἱερεῖς: cf TGP II] *οτι οι ιερεις υιοι ααρων* 19′ Arm^{II} Compl = 𝔐 Pesch Targ; *quia filii aaron sacerdotes* Aeth$^{A'}$; *quia sacerdotes aaron occupati erant* La^{109}: cf Vulg(*nam … sacerdotes fuerant occupati*); *οἱ* om 158 | ἐν – ὁλοκαυτώματα] *εν τω αναφερειν* (*in offerendis* La) *τα ολοκαυτωματα και τα στεατα* *a*-127 La^{109} Ald Sixt = 𝔐 Pesch Targ; *εν τη* (> Compl) *αναφορα των ολοκαυτωματων και των στεατων* 19′ Compl = Vulg(*in oblatione holocaustorum et adipum*); om *τὰ στέατα καί* Arm^{II}; om *καὶ τὰ ὁλοκαυτώματα* 158^{txt} = Esdr I $1_{13}$$^{-L}$ | νυκτός] *νυκτων* *b*$^{1-46}$ 158(*νικτων*) | αὐτοῖς 2°] *εαυτοις* 19′ Compl = Esdr I^{omnes}: cf praef p 96 | υἱοῖς] pr *τοις* 554; pr *οι* 158 | Ἀαρών] *αλρων* B^{S}

15 *ψαλτῳδοί* om 44 | Ἀσάφ] *ασαιρ* Ald | αὐτῶν 1°] *εαυτων* V *b* 60 = Esdr I 1_{14}^{AV} | κατά – fin om 44(|): homoiar | Δαυίδ] *δαυειδ* B; *δαβιδ* Tht *Par II* 298: cf 1_{1} | καί 2° om 19′ Arm^{II} Tht^{1Ms} Compl = 𝔐^{1Ms} | καί 4° om 134* | Ἰδιθούμ] *ιδειθουμ* V; *ιδηθουμ* 381; *ιδιοθουμ* 314; *ιδειθωμ* B Sixt(*ιδιθωμ*); *ιδιθων* coni Ra.: cf 29_{14}; *ιδιθουν* A 55(*ιδειθουν*) 119 527 La^{109}(*yditun*) Arm^{I}; *iduthun* Aeth: cf 𝔐(יְדֻתוּן(ו)) Pesch(ידיתון) Targ(ידותון) Vulg^{te}(*idithun*) | οἱ προφῆται] *των προφητων* 19′ Tht *Par II* 299 Compl = Esdr I^{L} | καί paenult – πύλης 2°] *ut custodirent portas* La^{109} | πύλης 1°] pr *της* A | οὐκ – fin om 381 | οὐκ] *nec* La^{109}: cf Vulg(*ita ut ne* (*nec* 6 Mss)

16 *ἁγίων, ὅτι οἱ ἀδελφοὶ αὐτῶν οἱ Λευῖται ἡτοίμασαν αὐτοῖς.* [16]*καὶ*
κατωρθώθη καὶ ἡτοιμάσθη πᾶσα ἡ λειτουργία κυρίου ἐν τῇ ἡμέρᾳ
ἐκείνῃ τοῦ ποιῆσαι τὸ φάσεκ καὶ ἐνεγκεῖν τὰ ὁλοκαυτώματα ἐπὶ τὸ
17 *θυσιαστήριον κυρίου κατὰ τὴν ἐντολὴν τοῦ βασιλέως Ἰωσία.* [17]*καὶ*
ἐποίησαν οἱ υἱοὶ Ἰσραὴλ οἱ εὑρεθέντες τὸ φάσεκ ἐν τῷ καιρῷ ἐκείνῳ
18 *καὶ τὴν ἑορτὴν τῶν ἀζύμων ἑπτὰ ἡμέρας.* [18]*καὶ οὐκ ἐγένετο φάσεκ*
ὅμοιον αὐτῷ ἐν Ἰσραὴλ ἀπὸ ἡμερῶν Σαμουὴλ τοῦ προφήτου, καὶ
πάντες βασιλεῖς Ἰσραὴλ οὐκ ἐποίησαν ὡς τὸ φάσεκ, ὃ ἐποίησεν Ἰωσίας

B′ A V 19′ *a*-127 *b* 60 119 158 527 La^{109} Aeth Arm

puncto quidem); pr *et* Arm^{I}; pr *quia* Arm^{II} | *ἦν*] *εστιν* 19′ Compl = Esdr I 1_{15} (hab *ην* Esdr I^{L}); *erant* La^{109} | *κινεῖσθαι*] *αινεισθαι* 610 | *ἁγίων*] *αυτων* 19′ 107$^{(-44)}$ La^{109}(*suo*) Arm^{II} Compl = **𝔐** Pesch Targ (> Vulg), cf Esdr I; pr *των a*$^{(-107)}$-127 *b*^{2} 158 Ald Sixt | *οἱ ἀδελφοί*] *οἱ* om A | *οἱ Λευῖται* om La^{109} = **𝔐**^{1Ms} Pesch

16 *καὶ κατωρθώθη* om *a*$^{-71}$-127 381 | *κατωρθώθη*] *κατορθωθη* B* 19′ 71; *κατευθυνθη* 158 | *καὶ ἡτοιμάσθη* om 19′ La^{109} Arm^{II} Compl: cf **𝔐** et TGP II | *ἡ λειτουργία κυρίου*] *η λειτ. εκεινη* 44; *η λειτ. οικου κυριου b*^{2} Aeth (omnes); om *κυρίου* 19-121 68′-74-236-314-762 Ald Lag. | *ἐν τῇ ἡμέρᾳ ἐκείνῃ*] pr *εν τη ημερα κ̅υ̅* 107$^{(-44′)}$; *ἐν* om Compl | *τοῦ ποιῆσαι τό*] *του ποιησαι του* 106; *του a*$^{-71\ 121\ 122′}$-127 | *τὸ φάσεκ*] *το φασεχ* B V* 19′ *b*^{I} 60 119 527 Compl Ra. = Esdr I $1_{16}$$^{L\ La^{V}}$, cf 30_{1}; *pasca* La^{109} = Esdr I^{te}(*πασχα*) | *καὶ ἐνεγκεῖν*] *και ανενεγκειν b*$^{I-46}$; *και ανενεγκαι* 71: cf praef p 105; *και ανηνεγκαν a*$^{-71}$-127 Ald = Pesch; *και ανηνεγκε* 46; *in offerendo* La^{109} | *τὰ ὁλοκαυτώματα*] *τά* om *a*$^{-71}$-127 Ald | *κυρίου* 2° om 125 | *κατά* – fin om Aeth^{P} = Esdr I^{44} | *κατὰ τὴν ἐντολήν*] *κατ εντολην* 98 | *τοῦ βασιλέως* post *Ἰωσία* tr Aeth$^{A′}$ Arm^{I} | *Ἰωσία*] *ιωσεια* B*; *ιωσιου* 19′-121 68′ *b*^{I}-489 158 Compl Sixt = Esdr I^{omnes}, cf praef p 98; *ιουδα* 60; > 55

17 *οἱ υἱοὶ*] *οἱ* om V 314 | *οἱ εὑρεθέντες*] + *illic* Arm = Vulg(+ *ibi*); > 44 Aeth^{P} | *τὸ φάσεκ*] *τω φασεκ* 236; *το* (*τω* 19) *φασεχ* B V* 19′ *b*^{I} 60 119 527 Compl Ra. = Esdr I 1_{17}^{L}, cf 30_{1}; *pasca* La^{109} = Esdr I^{-L}(*πασχα*) | *ἐν* om B* | *καί* 2°] *κατα* 554; > La^{109} Aeth^{P} (Clear Museón) = **𝔐**^{1Ms} | *ἑπτὰ ἡμέρας*] *ζ′ ημερας* 314-321-346-762-127 125; tr 44

18 *φάσεκ* 1°] pr *το* 74 19′ Compl = Reg IV 23_{22} Esdr I 1_{18}^{te}; *φασεχ* B V* 19′ *b*^{I} 60 119 527 Compl Ra.; *pasca* La^{109} = Reg Esdr I (*πασχα*); > Aeth^{P} | *αὐτῷ*] *αυτου* 19′ 158 Compl | *Ἰσραήλ* 1°] *ι̅λ̅η̅μ̅* 74; pr *omni* Aeth = **𝔐**^{1Ms} | *ἡμερῶν* om 236-314-762 | *Σαμουήλ*] *σαουλ* 527 | *τοῦ προφήτου* om Aeth^{-A} (Clear Museón) | *πάντες βασιλεῖς*] *παντος βασιλεως* B 19′ 71 Arm^{II}; *omnium regum* La^{109} Arm^{II}: cf **𝔐** | *βασιλεῖς* – *κατοικοῦντες*] *οι κατοικουντες* 44 | *βασιλεῖς*] pr *οι* 158(*οι*|*οι*) 379 = Esdr I 1_{19} | *οὐκ* 2° – *Ἰωσίας* om 71 | *οὐκ*

καὶ οἱ ἱερεῖς καὶ οἱ Λευῖται καὶ πᾶς Ἰουδὰ καὶ Ἰσραὴλ ὁ εὑρεθεὶς καὶ
οἱ κατοικοῦντες ἐν Ἰερουσαλὴμ τῷ κυρίῳ. [19]*τῷ ὀκτωκαιδεκάτῳ ἔτει* 19
τῆς βασιλείας Ἰωσία ἐποιήθη τὸ φάσεκ τοῦτο [(20)]*μετὰ ταῦτα πάντα,* (20)
ἃ ἥδρασεν Ἰωσίας ἐν τῷ οἴκῳ. [19a]*καὶ τοὺς ἐγγαστριμύθους καὶ τοὺς* 19a
γνώστας καὶ τὰ θεραφὶν καὶ τὰ εἴδωλα καὶ τὰ καρεσίμ, ἃ ἦν ἐν τῇ γῇ

B' A V 19' *a*-127 *b* 60 119 158 527 La^{109} Aeth Arm

ἐποίησαν ὡς τὸ φάσεκ] *et non erat simile pasekh* Arm^{II}: cf 𝔐(pr *et* 1 Ms) | *ὡς*] *εις* 98: cf 𝔐^{1Ms*}(ב pro כ); > *a*$^{(-71\ 44)}$ Ald Compl Sixt = 𝔐^{1Ms} Vulg | *τὸ φάσεκ*] *το φασεχ* B V* 19' *b*^{I} 60 119 527 Compl Ra.; *pasca* La^{109} = Esdr I(*πασχα*) | *ὅ*] *ως* 381 Aeth Arm: cf Vulg; *και* 106 | *ἐποίησεν*] *εποιησαν* 120* | *Ἰωσίας*] *ιωσειας* B*; + *rex* Aeth Arm^{II} | *καὶ οἱ Λευῖται*] om *καί* V; om *οἱ* A(|) | *καὶ πᾶς Ἰουδά*] *και πας ιου*$^{\delta}$ 554; *και πας ιουδας* 489 158 Arm^{I}: cf 15$_{2}$; *in omni populo jehuda* Aeth$^{P'AG}$; *καὶ πᾶς* om 60 | *Ἰσραήλ*] *'ijarusalem* Aeth$^{A'}$ | *ὁ εὑρεθείς*] pr *et* La^{109}; *οι ευρεθεντες* 19' *a* 127 La^{109} (*qui inventi sunt* – Pesch Targ) Ald Compl = 𝔐^{1Ms}(הנמצאים) et Esdr I; > Aeth^{-A} Arm^{II} | *καί* ult om 158 La^{109} | *οἱ κατοικοῦντες*] *οι κατοικουν* 120 La^{109}(*qui habitabant*); *οἱ* om 71 | *ἐν Ἰερουσαλήμ* (*ιλημ*)] *ἐν* om *a*-127 La^{109} Aeth(omnes) Arm^{I} = 𝔐 Targ, cf 21$_{13}$ | *τῷ κυρίῳ*] *τω καιρω* 107; *fecerunt domino* Arm^{I}; *in domo domini* Arm^{II}; > 158 44 La^{109} = 𝔐 Pesch Targ Vulg

19 init – *ἐποιήθη*] *και πας ιουδα εποιησαν* 44; pr *et* Aeth = Pesch | *τῷ ὀκτωκαιδεκάτῳ*] pr *εν a*$^{-71}$-127 Aeth Ald Compl = 𝔐 et Reg IV 23$_{23}$ 𝔐 𝔊$^{-BO}$ Esdr I 1$_{20}^{L\ La^{C}}$; *in anno XVIII* La^{109}; post *ἔτει* tr Arm^{II} | *Ἰωσία*] *ιωσεια* B*; *ιωσιου* (*ωσιου* 68) 19'-121 68'-71 381-489 158 Ald Compl Sixt = Reg 𝔊$^{-B*\ 121}$ Esdr I^{omnes}; pr *αυτου* 74* | *ἐποιήθη* – fin om B' A V 60 Aeth$^{P'}$ Arm^{I} Ra.: cf Reg 𝔐 𝔊 Esdr I et TGP II | *ἐποιήθη*] *εποιησεν* (-*σε* 46) 46-728 | *τὸ φάσεκ*] *του φασεκ* 158; *το φασεχ* 19' *b*^{I} 119 527 Compl; *pasca* La^{109} = Reg Esdr I(*πασχα*) | *τοῦτο*] > 106 = Reg 𝔊$^{-O\ L}$; + *coram domino deo israhel* La^{109} | *μετά* – fin (*et post hec omnia postquam ordinabit yosias domum domini* La^{109}; *et postquam haec omnia* (+ *quae* E) *apparavit iosias domum* Aeth$^{A'}$) ad $_{20}$ init tr La^{109} Aeth$^{A'}$ | *μετά*] pr *και* 19' 71 Arm^{II} Compl | *ἅ* om 19' 71 *b*^{I} 119 158 527 Arm^{II} | *ἥδρασεν*] *ἕδρασεν* 527 44 Sixt; *ητοιμασεν* 19' Arm^{II} Compl | *ἐν τῷ οἴκῳ*] *τον οικον* 19' *b*^{I} 119 158 527 Arm^{II}(*templum* = Vulg) Compl = 𝔐

19a–d = Reg IV 23$_{24-27}$: om Compl = 𝔐

19a (= Reg IV 23$_{24}$) *καὶ τὰ θεραφίν* om 107 La^{109} Aeth^{-A} | *θεραφίν*] -*φειν* V 554 64-728 55 119 Proc *Comm in Par II* 1220; *θαραφειν* (-*φιν* Ra.) B Ra.; *θεραφιμ* (-*φειμ* A 19' *b*$^{2-98}$ 158) A 19' 314 *b*$^{-64\ 728}$ 60 158 527 Tht^{te} *Par II* 299 = 𝔐 et Reg 𝔐 𝔊^{ap}; *θεραφι* 236 | *καὶ τὰ καρεσίμ ἃ ἦν* om 107 | *τὰ καρεσίμ* 527 52] *τα καρεσειμ* 19'; *τα καρεσημ* 46^{c}; *τα καραισειμ* A *b*$^{I-46}$ 55 60 119 Aeth(*qarjasim* Aeth^{A}); *τα καραισημ* 158; *τα καρασειμ* (-*σιμ* Ra.) B Ra.; *τα καρησιμ* *a*$^{-(107)\ 68'\ 121}$-

Ἰούδα καὶ Ἰερουσαλήμ, ἐνεπύρισεν ὁ βασιλεὺς Ἰωσίας, ἵνα στήσῃ τοὺς
λόγους τοῦ νόμου τοὺς γεγραμμένους ἐπὶ τοῦ βιβλίου, οὗ εὗρεν Χελκίας
19b *ὁ ἱερεὺς ἐν τῷ οἴκῳ κυρίου.* 19b*ὅμοιος αὐτῷ οὐκ ἐγενήθη ἔμπροσθεν*
αὐτοῦ, ὃς ἐπέστρεψεν πρὸς κύριον ἐν ὅλῃ καρδίᾳ αὐτοῦ καὶ ἐν ὅλῃ
ψυχῇ αὐτοῦ καὶ ἐν ὅλῃ ἰσχύι αὐτοῦ κατὰ πάντα τὸν νόμον Μωυσῆ, καὶ
19c *μετ᾽ αὐτὸν οὐκ ἀνέστη ὅμοιος αὐτῷ·* 19c*πλὴν οὐκ ἀπεστράφη κύριος*
ἀπὸ ὀργῆς θυμοῦ αὐτοῦ τοῦ μεγάλου, οὗ ὠργίσθη θυμῷ κύριος ἐν τῷ

B′ A V 19′ *a*-127 *b* 60 119 158 527 La^{109} Aeth Arm

127 (554^{txt}) Ald Sixt; *τα κερεσιμ* 554$^{sup\ lin}$; *το* (*τα* ^{ap}) *κερεσειμ* (*-σιμ* ^{ap}; *κερεσσιμ* ^{1Ms}; *κερειμ* ^{ap}) Tht^{te}; *τα κερεσημ* 46*; *τα καιραισειμ* (*κεραισειμ* ^{c}) V*; *χερεσιμ* Proc; *τα καραισιν* *b*^{2}; *carasin* La^{109} Arm^{II}; *τα αρεσιμα* 71; *τα καδησειμ* 68′-121: cf Reg IV 23_{7} (pro קדשים); *τα καραιδειμ* Ald | *τῇ γῇ Ἰούδα*] *τῇ* om B *a*$^{-71}$-127 Ald Sixt Ra.: cf Reg IV 23_{24} 𝔊^{ap}; *Ἰούδα* om 125 | *Ἰερουσαλήμ* (*ῑλη̄μ̄*)] *ι̅η̅λ* 64*; pr *εν* B′ 71 728-*b*^{2} La^{109} Sixt Ra. = Reg IV 23_{24} 𝔐 𝔊$^{-55\ 82\ Syh}$ | *ἐνεπύρισεν*] pr *και* A V 19 314 55 60 Aeth(omnes); pr *removit et* Arm^{I}: cf Reg IV 23_{24} 𝔊(*εξηρεν*) | *Ἰωσίας*] *ιωσειας* B* | *στήσῃ*] *στησει* 19′ 158: cf praef p 109; *στηθι* 314; + *eis* La^{109} | *τοὺς λόγους τοῦ νόμου*] *omnia verba* Arm^{II}; *τοῦ νόμου* om 158 610 = Reg IV 23_{24} 𝔊^{71} | *τούς* ult – *Χελκίας* om Aeth^{P}(solus) | *τοὺς γεγραμμένους*] *του γεγραμμενου* *a*$^{-68'\ 74\ 121\ 236\ 314\ 762}$-127 Arm^{II} vid(*quod scriptum est*) = Reg IV 23_{24} 𝔊$^{A\ 55\ Arm}$ | *ἐπί* – *εὗρεν*] *εν γη ιουδα και ῑλη̄μ̄* 44: ex praec | *ἐπί* – fin] *βιβλιου* 71 | *τοῦ βιβλίου*] *τοῦ* om A V 321 *b* 60 119 158 527 = Reg 𝔊$^{L-19'}$; + *του νομου* 728 La^{109} | *Χελκίας*] *χελκειας* B*

19b (= Reg IV 23_{25}) *ὅμοιος αὐτῷ* 1°] *ομοιως αυτω* A*: cf Reg 𝔊^{ap}; *ομοι αυτω* 381; *ομοιος αυτου* 74-130-321-346-127 46 158 44: cf Reg 𝔊^{ap}; pr *et* (= 𝔐) et post *ἐγενήθη* tr Aeth(omnes) | *ἐγενήθη*] *εγεννηθη* 71-106^{c}-314 610 381 = Reg 𝔊$^{A\ 134\ 158}$; *εγενετο* 19′ 44 = Reg 𝔊$^{L\ Tht}$: cf praef p 105 | *ἔμπροσθεν αὐτοῦ*] *antea* La^{109}; *εμπροσθεν ομοιος αυτου* (*αυτω* 125) 107-125; > 44 | *ὅς*] *ο* 158; pr *rex* La^{109} = Reg 𝔐 𝔊 | *πρὸς κύριον*] *ad deum* La^{109}; + *deum* Arm^{I} | *ἐν ὅλῃ* 1° ⌒ 2° V 60 119 527 | *καρδίᾳ αὐτοῦ*] *καρδια εαυτου* A Ald; pr *τη* 74; *αὐτοῦ* om 71 381 = Reg 𝔊^{71} | *αὐτοῦ* 2° ⌒ 3° 55: cf Reg 𝔊^{ap} | *ψυχῇ*] pr *τη* 74 | *αὐτοῦ* 3°] *εαυτου* A V 60 Ald | *καί* paenult – *Μωυσῆ*] > 71 Aeth^{P}: homoiot; – *αὐτοῦ* ult om V 107 La^{109}: homoiot = Reg 𝔊^{127} | *ἰσχύι αὐτοῦ*] *ισχυι εαυτου* A 60 Ald; pr *τη* B 19 74 Sixt = Reg 𝔊^{L} | *πάντα* om 74 | *Μωυσῆ*] *μωυσει* 119; *μωσεως* 68′ Ald; *μωση* 108; *μωσει* 19: cf Reg 𝔊 | *καί* ult – fin om 107 381 | *μετ᾽ αὐτόν*] *μετα τουτον* 19′ *a*$^{(-107)}$-127 Ald | *ὅμοιος αὐτῷ* 2°] *ομοιως αυτω* 314; *ομοιος αυτου* 19 158 = Reg 𝔊$^{19'\ 245}$; om *αὐτῷ* B Aeth$^{P'}$

19c (= Reg IV 23_{26}) *κύριος* 1°] *deus* La^{109} | *τοῦ* – *κύριος* 2°] > Aeth^{P}; *τοῦ μεγάλου* om 19(|) Lag.; *τοῦ* om 119 | *ὠργίσθη*] *οργισθη* 121 55 119*: cf praef p 102s; *οργησθη* 158 | *θυμῷ κύριος*] *θυμου κυριος* 321-346-127; *is ira, furore suo* Arm^{II}: cf 𝔐 𝔊; > La^{109}; om *θυμῷ* 158; om *κύριος* 119 527 |

Ἰούδᾳ ἐπὶ πάντα τὰ παροργίσματα, ἃ παρώργισεν Μανασσῆς. ^{19d}καὶ 19d
εἶπεν κύριος Καί γε τὸν Ἰούδαν ἀποστήσω ἀπὸ προσώπου μου, καθὼς
ἀπέστησα τὸν Ἰσραήλ, καὶ ἀπωσάμην τὴν πόλιν, ἣν ἐξελεξάμην, τὴν
Ἰερουσαλήμ, καὶ τὸν οἶκον, ὃν εἶπα Ἔσται τὸ ὄνομά μου ἐκεῖ.
^{20}Καὶ ἀνέβη Φαραὼ Νεχαὼ βασιλεὺς Αἰγύπτου ἐπὶ τὸν βασιλέα 20
Ἀσσυρίων ἐπὶ τὸν ποταμὸν Εὐφράτην, καὶ ἐπορεύθη ὁ βασιλεὺς Ἰωσίας
εἰς συνάντησιν αὐτῷ. ^{21}καὶ ἀπέστειλεν πρὸς αὐτὸν ἀγγέλους λέγων Τί 21
ἐμοὶ καὶ σοί, βασιλεῦ Ἰούδα; οὐκ ἐπὶ σὲ ἥκω σήμερον πόλεμον ποιῆσαι,

B′ A V 19′ *a*-127 *b* 60 119 158 527 Syh$^{12\ 168}$(incipit ab $_{20}$) La^{109} Aeth Arm

ἐπί] pr *και* 52 | *τὰ παροργίσματα*] *τα προσταγματα* B; + *αυτου a*$^{-71}$-127 Ald Sixt | *παρώργισε(ν)*] *παροργισεν* (-*γησεν* 55; -*γισε* Ald) 55 158 Ald: cf praef p 102s; + *eum* La^{109} Arm^{I} = Reg 𝔐 𝔊 | *Μανασσῆς*] *μανασση* 71; *μανασης* 74 158 527; *manase* Arm; pr *rex* Aeth

19d (= Reg IV 23$_{27}$) *καὶ εἶπεν κύριος*] *promiserat enim dicens* La^{109} | *Καί γε*] *και* B 71 = Reg 𝔊^{44}: cf 𝔐(גם); *και γε και* 19′ = Reg 𝔊$^{L\ 107}$; *ecce* La^{109} | *τὸν Ἰούδαν*] *τον ιουδα* 55 44 = Reg 𝔊$^{B*\ 247}$; *τον ιου*^{δ} 125 | *ἀπὸ προσώπου μου*] *μου* om B 762* | *τὸν Ἰσραήλ*] *το ισραηλ* 55; *τον οικον ισραηλ a*$^{-71\ 321\ 346}$ Ald | *ἀπωσάμην*] *απωσομαι* 19′ La^{109}(*expellam*) Arm = Reg 𝔐 𝔊 | *τὴν Ἰερουσαλήμ* (*ῑλη̄μ̄*)] *την ῑη̄λ* 158*; > 554; *τήν* om 71 | *ὃν εἶπα*] *in quam* (sic coni Weber (*in qua non* cod)) *dixi* La^{109} = Reg 𝔊^{L}; *ον ειπεν* 19′ Fern.; *ὅν* om 314 | *Ἔσται τὸ ὄνομά μου*] *nomen meum esse* La^{109}; > Aeth^{DF} | *Ἔσται*] *εστω* 55; > 489 | *ἐκεῖ*] > La^{109}; *in aeternum* Aeth$^{P′}$; + *in aeternum* Aeth$^{A′(-DF)}$

20 *Καί*] *et post hec omnia postquam ordinabit yosias domum domini* La^{109} Aeth$^{A′}$(*et postquam haec omnia* (+ *quae* Aeth^{E}) *apparavit iosias domum*) = 𝔐 $_{20aa}$ 𝔊 $_{19}$ *μετά* – fin | *Φαραώ* om 74 Aeth^{AEGH} = 𝔐 | *Νεχαώ*] *νεχαμ* 379 | *ἐπί* 1° – *Εὐφράτην*] *ut veniret bellare adversus regem assyriorum in carcamis secus flumen eufraten* La^{109}; *επι τον βασιλεα ασσυριων επι τω* (> 108) *ποταμω ευφρατη* (*εφρατη* 19) *του πολεμησαι αυτον εν χαρχαμεις* (כרכמוש Syh) 19′ Syh$^{12\ 168}$ Arm^{II}(sim): cf 𝔐; *ut bellum gerat* (*gerant* DF) *in kerkemas super flumen afratis* (*efr.* DEFG) Aeth$^{A′}$ = 𝔐 Pesch Targ Vulg, cf Esdr I 1$_{23}$; om *ἐπὶ τὸν βασιλέα Ἀσσυρίων* Dam^{RHcT} = 𝔐, homoiot | *ασσυριον* 46-728; *ασυριων* 554 158 | *ἐπὶ τὸν ποταμόν*] pr *και* A 158; om *τόν a*$^{-71\ 106\ 44′}$-127 Ald Compl = Reg IV 23$_{29}$ 𝔊$^{-247\ 106\ 158}$ | *εφρατην* 107 Arm; *ευφατειν* 158* (*ευφρατειν* ^{c}) | *ἐπορεύθη*] *exiit* La^{109} = 𝔐(יצא(ו)) et Esdr I(*εξηλθεν*) | *ὁ βασιλεύς*] post *Ἰωσίας* tr 19′ Aeth$^{BA′}$; > Aeth^{P}(solus) = 𝔐 et Reg Esdr I; *ὁ* om B′ 236 Sixt | *ιωσειας* B*; *ιωας* 74 | *εἰς*] *επι* 489 | *συνάντησιν*] *απαντησιν* Dam^{RHcT} = Esdr I, cf Reg

21 *πρὸς αὐτόν*] *rex* Aeth^{-A}: cf Esdr I 1$_{24}$; pr *φαραω νεχαω* Dam^{RHcT}; + *φαραω* 19′ Arm^{II} Compl | *σοί*] *συ* V* 106′ *b*$^{I′-46}$ 55 119; + *est* La^{109} = Vulg et Esdr I | *βασιλεῦ*] *βασιλευς* V* 74 46(non 52) Dam^{HcT} | *οὐκ*] pr *και* B | *ἥκω* (=

καὶ ὁ θεὸς εἶπεν κατασπεῦσαί με· πρόσεχε ἀπὸ τοῦ θεοῦ τοῦ μετ’
22 *ἐμοῦ, μὴ καταφθείρῃ σε.* [22]*καὶ οὐκ ἀπέστρεψεν Ἰωσίας τὸ πρόσωπον*
αὐτοῦ ἀπ’ αὐτοῦ, ἀλλ’ ἢ πολεμεῖν αὐτὸν ἐκραταιώθη καὶ οὐκ ἤκουσεν
τῶν λόγων Νεχαὼ διὰ στόματος θεοῦ καὶ ἦλθεν τοῦ πολεμῆσαι ἐν τῷ
23 *πεδίῳ Μαγεδών.* [23]*καὶ ἐτόξευσαν οἱ τοξόται ἐπὶ βασιλέα Ἰωσίαν·*

B′ A V 19′ *a*-127 *b* 60 119 158 527 Syh$^{12\ 168}$ La$^{109\,(Leg)}$ Aeth Arm

איתית Syh)] > Aeth^{AD*FGH}: cf 𝔐(אַתָּה (sed Pesch^{W} אָתֵא אֲנָא: *veni ego*)) | *σήμερον* om Aeth^{-A} = Vulg^{1Ms} et Esdr I 1_{25} | *πόλεμον ποιῆσαι*] *πολεμον πολεμησαι* B Sixt; *bellare* La^{109}; *ποιησω* 158; *του* (> 108 Tht Compl) *ποιησαι πολεμον* 19′ Arm^{II} Tht *Reg IV* 242 Compl (hab קרבא למעבד Syh); + *αλλ* (+ *η* 19′ Tht^{te} Compl) *επι τον τοπον του πολεμου μου* (+ *advenio* Arm^{II}; > 68 Tht Ald) 19′-121 68′ La$^{109\,Leg}$ Arm^{II} Tht Compl = 𝔐 Targ(sim et auct; בית pro *τον τοπον* = 𝔐) Vulg(lib) | *καί* ult – *με*] *dominus dixit ut veniam (ad locum) ubi dixit mihi* Aeth(omnes): cf praec | *κατασπεῦσαί*] *του καταπαυσε* 19; pr *του* 108-121 68′ Tht Ald Compl Sixt | *πρόσεχε*] + *συ* 19′ Arm^{II} Tht Compl Sixt: cf 𝔐 | *ἀπό* – *ἐμοῦ* om Aeth^{P} | *ἀπὸ τοῦ θεοῦ*] *a domino* Aeth$^{(-P)}$; *ab eo* La^{109} (hab *a deo* La^{Leg}) | *τοῦ μετ’ ἐμοῦ*] *qui mecum est* La$^{109\,Leg}$: cf 𝔐; *του μεγαλου* 158 | *μὴ καταφθείρῃ σε*] pr *et* La$^{109\,Leg}$ = 𝔐 Targ; *μη καταφθειρει σε* 60 158: cf praef p 110; *μη καταφθειραι σε* *b*^{I} Ald; *μη καταφθειρω σε* 68′-121; *μη καταφθαρηση* (-*θαρισῃ* 321; *interies* (*interibis* Leg) La$^{109\,Leg}$; + *tu* Arm) 74-106′-120-130-134-321-346-554-127 La$^{109\,Leg}$ Arm^{II}

22 *οὐκ ἀπέστρεψεν*] *ουκ επεστρεψεν* 71 Dam$^{RH^{c}T}$: cf Esdr I 1_{26}^{L}; *ου κατεστρεψεν* V* | *ιωσειας* B* | *τὸ πρόσωπον αὐτοῦ*] *το προσωπον εαυτου* V 55; *τό* om 55; *αὐτοῦ* om 68′-121 Ald | *ἀπ’ αὐτοῦ* om *a*$^{-68'\ 71\ 121}$-127 Aeth^{P}(solus) Tht *Reg IV* 242: homoiot | *ἀλλ’ ἤ*] *και* Tht^{1Ms}; *quoniam* La^{109} = 𝔐(כי (hab *sed* Vulg)); > Arm^{II}; *ἤ* om 19′ Tht^{-1Ms} Compl | *πολεμεῖν αὐτὸν*/*ἐκραταιώθη*] *bellare ad eum paraberat* La^{109}: cf Vulg (*praeparavit contra eum bellum*); pr *του* et tr 19′ Tht Compl | *αὐτόν*] *εαυτον* 55 | *ἤκουσε(ν)*] *ηκουεν* A; + *ιωσιας* 19′ Aeth (omnes; + *rex* DF) Arm^{II} Tht Compl | *τῶν λόγων*] *τον λογον* 55 60 158 Dam$^{H^{c}T}$; *του λογου* 381 | *Νεχαώ* – *θεοῦ*] *nec reverti voluit* La^{109} | *Νεχαώ*] *νεχαμ* 379; pr *φαραω* 19′ Arm^{II} Tht(pr *του* ^{ap}); pr *regis aegypti* Aeth; pr *β*^{a} 46^{s}(non 52) | *διὰ στόματος θεοῦ* om Aeth Tht^{1Ms} | *διά*] *εκ* 19′ Tht$^{(-1Ms)}$ Compl: cf 𝔐 | *θεοῦ*] *κυριου* Arm^{I} Tht^{-1Ms}: cf Pesch | *τοῦ πολεμῆσαι*] *του πολεμειν* 527; *τοῦ* om 489 125 Tht^{ap} | *Μαγεδών*] *μαγεδδων* 19′ Compl = Reg IV $23_{29\ 30}$ 𝔊; מגדו Syh = 𝔐 Pesch Targ, cf Reg 𝔊$^{B\ 82\ 52}$ (*μαγεδω*); *μαγεδδω* *a*$^{-74}$-127 Tht Ald Sixt = Reg 𝔊^{te} Esdr I $1_{27}$$^{L\,a(5Mss)\ La^{V:C}\ Sy}$; *μεγαδδω* 74; *makedon* Arm^{II}: cf Esdr I $1_{27}$$^{La^{C}}$; *makeddo* Arm^{I}

23 *τοξόται*] + *φαραω* 19′ Tht *Reg IV* 242(pr *του* Tht^{ap}) Dam$^{RH^{c}T}$ | *ἐπὶ βασιλέα*] *επι τον βασιλεα* 108 Tht Compl; *τον βασιλεα* 19 La^{109}; *βασιλέα* om Aeth^{-A} Arm^{II} | *βασιλεαν* A: cf praef p 99 | *Ἰωσίαν*] *ιωσειαν* B*; *ιωσια*

καὶ εἶπεν ὁ βασιλεὺς τοῖς παισὶν αὐτοῦ Ἐξαγάγετέ με, ὅτι ἐπόνεσα
σφόδρα. ^{24}καὶ ἐξήγαγον αὐτὸν οἱ παῖδες αὐτοῦ ἀπὸ τοῦ ἅρματος καὶ 24
ἀνεβίβασαν αὐτὸν ἐπὶ τὸ ἅρμα τὸ δευτερεῦον, ὃ ἦν αὐτῷ, καὶ ἤγαγον
αὐτὸν εἰς Ἰερουσαλήμ· καὶ ἀπέθανεν καὶ ἐτάφη μετὰ τῶν πατέρων
αὐτοῦ. καὶ πᾶς Ἰουδα καὶ Ἰερουσαλὴμ ἐπένθησαν ἐπὶ Ἰωσίαν, ^{25}καὶ 25
ἐθρήνησεν Ἰερεμίας ἐπὶ Ἰωσίαν, καὶ εἶπαν πάντες οἱ ἄρχοντες καὶ αἱ
ἄρχουσαι θρῆνον ἐπὶ Ἰωσίαν ἕως τῆς σήμερον· καὶ ἔδωκαν αὐτὸν εἰς

B' A V 19' *a*-127 *b* 60 119 158 527 Syh$^{12\ 168}$ La^{109} Aeth Arm

71^{c}(vid) | *ὁ βασιλεύς*] pr *ʾijosjas* Aeth^{A}; > Aeth^{-A} | *τοῖς παισὶν αὐτοῦ*] *τοις παισιν εαυτον* A 46^{s}(non 52); *filiis suis* La^{109} (hab *pueris suis* Vulg: cf praef p 67 n 1) | *Ἐξαγάγετέ με*] *εξαγετε με* Compl; + מן קרבא Syh Arm^{II}(+ *e loco pugnae*) = Vulg(+ *de proelio*) et Esdr I 1$_{28}$(+ *απο της μαχης*) | *ὅτι* – $_{(24)}$ *αὐτοῦ* 1° om Aeth^{P}

24 init – *ἅρματος* om Arm^{II}: homoiot, cf Vulg | *οἱ παῖδες αὐτοῦ*] *filii eius* La^{109}: cf $_{23}$; *αὐτοῦ* om 321-346-127 | *ἀνεβίβασαν αὐτόν*] *ανεβιβασεν αυτον* B; *αὐτόν* om 381 | *τὸ δευτερεῦον*] *το δευτερον* V 19' *a*-127 46 158 Dam^{RHcT} Ald Compl | *ὃ ἦν αὐτῷ*] *ο ην αυτου* 19' Compl; *eius* La^{109} = Esdr I 1$_{29}$; > Aeth^{-A} Arm^{II} | *ἤγαγον αὐτόν*] *εισηγαγον αυτον* *b*^{2}; *απηγαγον* 381; *αὐτόν* om Arm^{II} | *εἰς Ἰερουσαλήμ* (*ιλημ*)] *εν ιλημ* V 119 527 | *ἀπέθανεν*] pr *ibi* Aeth^{AEGH}; + *ibi* Aeth^{P} = Targ^{te}; + *ιωσιας* 19' Arm^{II} Compl | *ἐτάφη*] *sepeliverunt eum* Aeth$^{A'}$ Arm^{II} = Pesch et Reg IV 23$_{30}$ 𝔐 𝔊 | *μετὰ τῶν πατέρων αὐτοῦ*] *μετα τ. π. εαυτου* A V^{c} *b*$^{2(-379)}$ 60; *in sepulcro patruum suorum* La^{109}: cf 𝔐 (בקברות אבתיו (2 Mss בקבר, 3 Mss בקברת)) Pesch Targ Vulg(*in mausoleo patrum suorum*) et Reg Esdr I | *καί* paenult – fin om 44: homoiot | *πᾶς Ἰουδά*] *πας ιουδας* V^{c} 71 381 158 Arm^{I}: cf 15$_{2}$; *πας ιου*^{δ} 125 98(non 379) | *Ἰερουσαλήμ* (*ιλημ*) 2°] *ιηλ* 74 | *ἐπένθησαν ἐπὶ Ἰωσίαν*] *επενθησαν τον ιωσιαν* 158 La^{109}(*luxerunt yosiam*: cf Vulg) = Esdr I 1$_{30}$; + *regem* Aeth | *επενθησεν* 71 *b*^{1} 60 158 | *ιωσειαν* B*

25 *Ἰερεμίας*] + *propheta* Aeth = Esdr I 1$_{30}$$^{-La^C\ Aeth}$; אב pr Syh: leg אף ?; post *Ἰωσίαν* 1° tr *b*^{1} 158 | *ἐπὶ Ἰωσίαν* 1°] *επι ιωσειαν* B*; *επ αυτον* 71; + *regem* Aeth^{-P}; + *εως της σημερον* 127*: ex sq | *εἶπαν* – *θρῆνον*] *ειπον παντες οι ωδοι και αι αρχουσαι θρηνον* (*θρηνων* 108) 19': cf 𝔐; *omnes cantores* (hab *principes* Arm^{I}) *viri et feminae dicebant* (*querebantur* Arm^{II}) *lamentationes* (+ *eas* Arm^{II}) Arm: cf 𝔐; *dixerunt omnes cantores et cantatrices in lamentationibus suis* La^{109} Tht *Par II* 299^{comm} Proc *Comm in Par II* 1220(*θρηνον* (...) *τοις ωδοις δεδωκε και ταις αδουσαις*) = 𝔐 Vulg (השרים והשרות 𝔐; השרים והשרות 𝔊: sic Targ et Esdr I 1$_{30}$) | *εἶπαν πάντες*] *ειπαντες* 55(|) | *ειπον* 19' 107 *b*$^{-64\ 728}$ Compl: cf praef p 105 | *πάντες οἱ* tr 381 | *αἱ ἄρχουσαι*] *οι αρχουσαι* (sic) 107; *αἱ* om 71 *b*$^{2-489}$ | *θρῆνον*] + *εποιησαν* 107(-125 610) | *ἐπὶ Ἰωσίαν* 2°] *επι ιωσειαν* B*; + *regem* Aeth^{-P}; > 44 Arm^{II} | *ἕως τῆς σήμερον*] *εως της ημερας ταυτης* 98

26 *πρόσταγμα ἐπὶ Ἰσραήλ, ἰδοὺ γέγραπται ἐπὶ τῶν θρήνων.* ^{26}*καὶ ἦσαν*
27 *οἱ λόγοι Ἰωσία καὶ ἡ ἐλπὶς αὐτοῦ γεγραμμένα ἐν νόμῳ κυρίου·* ^{27}*καὶ*
οἱ λόγοι αὐτοῦ οἱ πρῶτοι καὶ οἱ ἔσχατοι ἰδοὺ γεγραμμένοι ἐπὶ βιβλίῳ
βασιλέων Ἰσραὴλ καὶ Ἰούδα.
1 **36** ^{1}*Καὶ ἔλαβεν ὁ λαὸς τῆς γῆς τὸν Ἰωαχὰζ υἱὸν Ἰωσίου καὶ ἔχρισαν*
αὐτὸν καὶ κατέστησαν αὐτὸν εἰς βασιλέα ἀντὶ τοῦ πατρὸς αὐτοῦ ἐν

B′ A V 19′ *a*-127 *b* 60 119 158 527 Syh$^{12\ 168}$(desinit ab $_{26}$) La^{109} Aeth Arm

Aeth = 𝔐^{1Ms} et Esdr I; *τῆς* om 74 | *ἔδωκαν*] *εδωκα* 731*: cf praef p 80 | *αὐτόν*] *ea* La^{109}: cf 𝔐; *αυτω* 60 44 | *ἐπὶ Ἰσραήλ*] *επι τον ισραηλ* 71; *omni israel* Aeth^{-B} = Esdr I; *ἐπί* om *b*^{1} 158 Aeth^{B} | *ἰδού* – fin om 44(|) Aeth$^{P'}$ | *ἰδού*] pr *και* B 19′ La^{109} Arm (non Syh) Compl Sixt Ra. = 𝔐 Pesch | *γέγραπται*] *haec* (> Arm) *scripta sunt* La^{109} Arm^{I} = 𝔐 Pesch Targ(auct); pr *id omne* Arm^{II} | *ἐπὶ τῶν θρήνων*] *επι τον θρηνων* 55 381*; *επι τον θρηνον* 60; *in libro* (*sermone* Arm) *lamentationum* Aeth$^{A'}$ Arm^{I} = Pesch; + *prophetarum* Arm^{II}

26 ab v $_{26}$ ad fin libri deest Syh$^{12\ 168}$ et Arm^{II} | *οἱ λόγοι*] *οι λοιποι λογοι* 68′-121 Ald Sixt: cf 𝔐(יתר דברי) et Reg IV 23$_{28}$ 𝔐 𝔊(*τα λοιπα των λογων*); *οἱ* om B′: cf 12$_{15}$ | *Ἰωσία*] *ιωσεια* B*; *ιωσιου* 19′ 68′-121 381-489 Ald Sixt: cf praef p 98 | *ἡ ἐλπὶς αὐτοῦ*] *iustitie eius* La^{109}: cf 𝔐(חסדיו) Pesch Targ Vulg(*misericordiarum eius*); + *και τα ελεη αυτου* 19′ Compl (cf חסידתא דמלכא דיהודה Syh in subscriptione) | *αὐτοῦ*] *αυτων* 120* | *γεγραμμένα* – $_{(27)}$ *ἰδού* om 489: homoiar | *γεγραμμενοι* (*γεγραμενοι* 158) 68′ *b*$^{2-489}$ 158; *γεγραμμενη* 71; *γεγραμμενω* 44; *καθως γεγραπται* 19′ Compl: cf 𝔐(ככתוב) et Reg 𝔊^{L} | *ἐν νόμῳ*] *εν οικω* 106*(vid) 158

27 *οἱ λόγοι αὐτοῦ*] *οι λοιποι λογοι αυτου* A 71 Arm^{I}; *quae relicta sunt verba eius*(*'ijosjas* A′) Aeth: cf $_{26}$ | *οἱ* 2° – *γεγραμμένοι* om 44′ | *οἱ* 3° om 107 (-610) 381 | *ἰδού*] pr *ουκ* 108 Compl: cf Reg IV 23$_{28}$ 𝔐 𝔊; pr *και* 19; + *εισι* 19′ La^{109} Arm^{I}; > 107(-610) | *γεγραμμενη* 314 | *ἐπὶ βιβλίῳ*] *in libro* La^{109} = Pesch^{te} Vulg, cf Esdr I 1$_{31}$; *επι βιβλιου* 19′ Compl = Reg 𝔊$^{L\ 247\ 243\ 489}$; *επι βιβλιων* V 68′-121 44 489 60 158; + *λογων* 19 71 527 Lag.: cf Reg 𝔐 𝔊 | *βασιλέων*] *βασιλεως* 46^{s}(non 52) | *Ἰσραήλ*] et *Ἰούδα* tr 98-381 = 𝔐^{1Ms} Pesch^{ap} Vulg^{ap}; > 74: cf Reg 𝔐 𝔊

36 1 *ἔλαβεν*] *ελαβον* 125(vid) Aeth = 𝔐 Pesch^{te} Targ et Reg IV 24$_{30}$ 𝔊^{107} | *ὁ λαὸς τῆς γῆς*] *populi terrae* Aeth$^{P'}$; post *τόν* (>) *Ἰωαχάζ* tr 125 | *υἱὸν Ἰωσίου*] *υιον ιωσειου* B*; pr *τον* 125 | *καὶ ἔχρισαν αὐτόν*] > La^{109} = 𝔐 Pesch Targ Vulg, sed hab Reg 𝔐 𝔊; om *αὐτόν* 127 | *εχρισεν* 314 119 | *καί* ult – fin] *επι βασιλεα εις ιλ̅η̅μ̅* 44; *καὶ κατέστησαν αὐτόν* om A 71 55: homoiot | *εἰς βασιλέα* post *αὐτοῦ* tr *a*-127 Ald Sixt | *τοῦ πατρὸς αὐτοῦ*] *του πατρος εαυτου* V*; pr *ιωσιου* 19′ = Reg 𝔊^{L} | *ἐν Ἰερουσαλήμ* (*ῑλ̅η̅μ̅*)] *επι ιλ̅η̅μ̅* *a*$^{-71}$-127 Compl Ald Sixt; > B = Reg

Ἰερουσαλήμ. ²υἱὸς εἴκοσι καὶ τριῶν ἐτῶν Ἰωαχὰζ ἐν τῷ βασιλεύειν 2
αὐτὸν καὶ τρίμηνον ἐβασίλευσεν ἐν Ἰερουσαλήμ, ²ᵃκαὶ ὄνομα τῆς 2a
μητρὸς αὐτοῦ Ἀμιτὰλ θυγάτηρ Ἰερεμίου ἐκ Λοβνά. ²ᵇκαὶ ἐποίησεν 2b
τὸ πονηρὸν ἐνώπιον κυρίου κατὰ πάντα, ἃ ἐποίησαν οἱ πατέρες αὐ-
τοῦ. ²ᶜκαὶ ἔδησεν αὐτὸν Φαραὼ Νεχαὼ ἐν Δεβλαθὰ ἐν γῇ Αἱμὰθ τοῦ 2c
μὴ βασιλεύειν αὐτὸν ἐν Ἰερουσαλήμ, ³καὶ μετήγαγεν αὐτὸν ὁ βασι- 3
λεὺς εἰς Αἴγυπτον, καὶ ἐπέβαλεν φόρον ἐπὶ τὴν γῆν ἑκατὸν τάλαντα

B′ A V 19′ *a*-127 *b* 60 119 158 527 La^{109} Aeth Arm

2 *υἱός*] > B; + *ων* 19′ Aeth; om *υἱός* et add *erat* post *ἐτῶν* La^{109} = Vulg | *εἴκοσι καὶ τριῶν*] *κ′ και τριων* 130-321-346 158 52; *εικοσι και γ′* 134; *κγ′* (*εικοσι τριων* 44) 107 *b*$^{2-489}$ = Esdr I 1$_{32}$$^{-a}$; *εἴκοσι* (*-σιν* 108) et *τριῶν* tr 19′ 71 Compl = 𝔐; post *ἐτῶν* tr 44 = Esdr I | *ἐτῶν*] + *ην* 381 La^{109} Arm^{I} Ald = Reg IV 23$_{31}$ 𝔊$^{-107\ 55}$ | *Ἰωαχάζ*] *ιω|χαζ* 314; *ιαχαζ* 98*(non 379); *ωχας* Theoph An *Autol* 256,16; > 71 44 381 = Reg 𝔊^{107} | *ἐν τῷ βασιλεύειν*] *οτε εβασιλευσε* 381 La^{109}(*cum regnare cepisset* = Vulg) | *τρίμηνον*] *tres annos* Arm^{Iap}(*ams* pro *amiss*) | *ἐβασίλευσεν*] + *αυτον* 127 | *επι ιλ̄η̄μ̄* 68 Ald

2a–c = Reg IV 23$_{31b}$(*καί* ult – fin) – $_{33a}$(init – *ιλ̄η̄μ̄*): om Compl Reg IV 23$_{31b}$ – $_{33a\alpha}$(init – *Αἱμάθ*) = 𝔐, cf sq

2a (= Reg IV 23$_{31b}$) om 125: homoiot | *Ἀμιτάλ*] *αμειταλ* 55; *αμηταλ* 158 Aeth^{A} = Reg 𝔊^{158}; *αμιλταλ* 71; *αβειταλ* B = Reg 𝔊^{247}(*αβιταλ*): cf praef p 77 | *θυγάτηρ* – fin om Aeth^{P} | *ηερεμιου* 314 | *Λοβνά*] *λωβνα* 381; *λοβενα* B Ra. = Reg 𝔊^{A}; *λοβεννα* 19′ = Reg 𝔊$^{19′}$; *lobona* La^{109}; *lebuna* Aeth; *λομνα* 71 = Reg Vulg^{2Mss}; *λοβρα* 489

2b (= Reg IV 23$_{32}$) *καὶ ἐποίησεν*] *καί* om 46^{s}(non 52); + *ιωαχαζ* 19′ = Reg 𝔊^{L} | *κατά* – fin om Aeth^{P}: homoiot | *κατά* – *ἐποίησαν*] *καθως* 44 | *ἅ*] *οσα* 19′ 71 Arm^{I}(vid) | *αὐτοῦ*] *εαυτου* V 60; *αυτον* 119*

2c (= Reg IV 23$_{33}$(init – *ιλ̄η̄μ̄*)) *ἔδησεν*] *ελησεν* B^{s}: cf praef p 75; pr *captivum fecit* (*fecerunt* BAGH) *eum et* Aeth | *αὐτόν*] *τον ιωαχαζ* 19′-121 68′; + *ιωαχαζ* Ald | *ἐν Δεβλαθά* om 489 | *δεβλεθα* 125; *δαβλαθα* B; *dablathan* (*-lethan* A) Aeth; *δεβλασθα* 731; *θαιβλαθα* 71; *reblata* La^{109}: cf Reg 𝔐 𝔊^{ap} Vulg | *ἐν γῇ Αἱμάθ* om 44 La^{109} | *Αἱμάθ*] *εμαθ* V *b*$^{2-489}$ 119 Arm^{I} Ra.: cf Reg 𝔊^{ap}; *ιεμαθ* B; *αιθαμ* 68′ Ald; *αιμαν* 158 | *τοῦ μὴ βασιλεύειν αὐτὸν ἐν Ἰερουσαλήμ* (*ιλ̄η̄μ̄*)] pr *και μετεστησεν αυτον* (+ *ο βασιλευς αιγυπτου* Compl) 19′ La^{109} Compl: dubl ad $_{(3)}$ init – *Αἴγυπτον*; *μή* om 314 Aeth^{A}: cf 𝔐(במלך K; ממלך Q 𝔐^{Mss} Targ Vulg) et Esdr I 1$_{33}$; *αὐτόν* om B* | *βασιλεύειν*] *σαλευειν* 731

3 *καὶ μετήγαγεν αὐτὸν ὁ βασιλεὺς εἰς Αἴγυπτον*] > La^{109} Compl: cf $_{2c}$ et 𝔐 (ויסירהו מלך־מצרים בירושלם) | *μετήγαγεν*] *εισηγαγεν* 19′ | *αὐτόν* om 68′ Ald | *ὁ βασιλεύς*] > 19′ Aeth^{P}(solus); + *φαραω* 158; + *αιγυπτου* 71 | *ἐπέβαλεν*] *επεβαλον* V; + *ο βασιλευς αιγυπτου* 19′ Aeth(omnes) Compl | *ἑκατόν*

4 *ἀργυρίου καὶ τάλαντον χρυσίου.* 4*καὶ κατέστησεν Φαραὼ Νεχαὼ τὸν*
Ἐλιακὶμ υἱὸν Ἰωσίου βασιλέα Ἰούδα ἀντὶ Ἰωσίου τοῦ πατρὸς αὐτοῦ
καὶ μετέστρεψεν τὸ ὄνομα αὐτοῦ Ἰωακίμ· καὶ τὸν Ἰωαχὰζ ἀδελφὸν
αὐτοῦ ἔλαβεν Φαραὼ Νεχαὼ καὶ εἰσήγαγεν αὐτὸν εἰς Αἴγυπτον, καὶ
4a *ἀπέθανεν ἐκεῖ.* 4a*καὶ τὸ ἀργύριον καὶ τὸ χρυσίον ἔδωκαν τῷ Φαραώ·*
τότε ἤρξατο ἡ γῆ φορολογεῖσθαι τοῦ δοῦναι τὸ ἀργύριον ἐπὶ στόμα

B′ A V 19′ *a*-127 *b* 60 119 158 527 La^{109} Aeth Arm

(*ϱ′* 107(-125 610)-120-134-314-321-346-762 158 52) *τάλαντα ἀργυρίου*] *αργυριον ταλαντα εκατον* 44 | *τάλαντον*] *unum talentum* Aeth^{-AG} = Esdr I 1$_{34}^{te}$; *duodecim talenta* La^{109}; *XXX talenta* Aeth^{AG}: cf Reg IV 23$_{33}$ 𝔊*(*εκατον ταλαντα*), Reg 𝔊^{L} Esdr I$^{L\ La^{te}}$(*δεκα ταλαντα*)

4 *καὶ κατέστησεν*] *et regem constituit* La^{109} = 𝔐(וימלך) Targ Vulg(hab ואקים Pesch) et Reg IV 23$_{34}$ 𝔐 𝔊 | *Φαραὼ Νεχαώ* 1°] *βασιλευς αιγυπτου* La^{109}(*rex egypti*) Compl = 𝔐 Targ et Esdr I 1$_{35}$; + *βασιλευς αιγυπτου* 19′ | *Φαραώ* 1°] *φαρω* 346 158; > 74 | *Νεχαώ* 1°] *νεαχω* Ald; > 71 44(|) | *τὸν Ἐλιακίμ* 74-130-134 64-728 158] *τον ελειακειμ* 55; *ʾijoʾaqabeha* Aeth$^{P'}$; *τον ελιακειμ* rel | *υἱὸν Ἰωσίου*] *υιον ιωσειου* B*; *fratrem (la)ʾijoakaz* Aeth$^{A'}$(pr DF): cf 𝔐; *fratrem eius* La^{109} = 𝔐 Pesch Targ Vulg et Esdr I 1$_{35}^{te}$ | *βασιλέα*] *βασιλεως* B Arm^{I} = Reg 𝔊^{te}; pr *και* 762; > La^{109} Aeth^{AEGH} = 𝔐, cf Reg 𝔊^{L} | *Ἰούδα*] *επι ιουδα* (*ιουδαν* *b*^{2}; *ιου*^{δ} 107(-125)-554) *a*$^{-71}$-127 *b*^{2} La^{109}(*super iudam* = Vulg) Aeth^{AEGH} = 𝔐 Pesch Targ Vulg; + *και ιερουσαλημ* 19′ Compl = 𝔐 Pesch(sim) Targ Vulg et Esdr I | *ἀντὶ Ἰωσίου τοῦ πατρὸς αὐτοῦ*] *αντι* (pr *και* 19) *ιωαχαζ τον αδελφον αυτου* 19′; > Compl = 𝔐 Pesch Targ Vulg | *Ἰωσίου* 2°] *ιωσειου* B*; *ιουδα* 236*; pr *του* 98; > Aeth(omnes) | *τὸ ὄνομα αὐτοῦ Ἰωακίμ*] *rex aegypti nomen (la)ʾijoʾaqim joʿaqib* Aeth$^{P'}$; *nomen (la)ʾeljaqem* (+ *et nomen eius* DFG) *joʾaqim* Aeth$^{A'}$ | *Ἰωακίμ* 74 107(non 68′-610)-120-130-134-236-314-321-346-762 64-728] *ιωα*^{κμ} 71; *ιωακειμ* rel | *τόν* 2° – fin] *ιωαχαζ απεθανεν εις αιγυπτου* 44 | *τὸν Ἰωαχὰζ ἀδελφὸν αὐτοῦ*] *τον ιωαχαζ αδελφον ιωακιμ* (sic 120-130-134-236-321-346 Ald; *ελιακιμ* 74; *ιωακειμ* rel) et post *Νεχαώ* 2° tr *a*$^{-71\ 107}$-127; *ἀδελφὸν αὐτοῦ* om et *τὸν Ἰωαχάζ* post *Νεχαώ* 2° tr 107 | *τὸν Ἰωαχάζ*] *yoacam* La^{109} | *Ἰωαχάζ* post *αὐτοῦ* 3° tr 71 | *Φαραώ* 2° om La^{109} = 𝔐 | *Νεχαώ* 2° om 71 125 *b*^{2}(98 absc) | *αὐτόν* om 71 Arm^{I}

4a (= Reg IV 23$_{35}$) *τὸ ἀργύριον* 1°] et *τὸ χρυσίον* 1° tr 554 | *ἔδωκαν*] *εδωκε* (-*κεν* B*) B 71 La^{109}(*dedit*) Sixt = Reg 𝔐 𝔊 | *τῷ Φαραώ*] + *νεχαω* 60 = Reg 𝔊^{A}; + *terra israhel* La^{109}; *τῷ* om 71 | *τότε* – *Φαραώ* 2° om A = Reg 𝔊^{19}: homoiot | *ἤρξατο* om 46^{s}(non 52) | *ἡ γῆ* om 554 | *δοῦναι* 1°] *διδοναι* 60 | *τὸ ἀργύριον* 2°] + *και το χρυσιον* 19′ 107; ⌒ *τὸ ἀργύριον* 3° 106 | *ἐπὶ*

Φαραώ, καὶ ἕκαστος κατὰ δύναμιν ἀπῄτει τὸ ἀργύριον καὶ τὸ χρυσίον
παρὰ τοῦ λαοῦ τῆς γῆς δοῦναι αὐτὸ Φαραὼ Νεχαώ.
5 *Ὢν εἴκοσι καὶ πέντε ἐτῶν Ἰωακὶμ ἐν τῷ βασιλεύειν αὐτὸν καὶ* 5
ἕνδεκα ἔτη ἐβασίλευσεν ἐν Ἰερουσαλήμ, καὶ ὄνομα τῆς μητρὸς αὐτοῦ
Ζεκχωρὰ θυγάτηρ Νηρίου ἐκ Ῥαμά. καὶ ἐποίησεν τὸ πονηρὸν ἐναν-
τίον κυρίου κατὰ πάντα, ὅσα ἐποίησαν οἱ πατέρες αὐτοῦ. 5a *ἐν ταῖς* 5a
ἡμέραις αὐτοῦ ἦλθεν Ναβουχοδονοσὸρ βασιλεὺς Βαβυλῶνος εἰς τὴν

B' A V 19' *a*-127 *b* 60 119 158 527 La^{109} Aeth Arm

στόμα] *επι στοματος* 19' 554 381-*b*^{2} = Reg 𝕲 | *καί* paenult ⌒ (5) *καί* 2° 44 | *κατὰ δύναμιν*] *secundum virtutem suam* (*secundum mensuram possessionis suae* Aeth) La^{109} Aeth: cf Reg 𝔐 𝕲 | *ἀπῄτει*] *απητειτο* 120 Cyr^{ap} *in XII proph* 283A | *τὸ ἀργύριον* 3° et *τὸ χρυσίον* 2° tr Aeth | *παρά* – *αὐτό* om Aeth^{P} | *παρὰ τοῦ λαοῦ τῆς γῆς*] *ab omnibus populis terrae* Aeth$^{(-P)}$; *παρα της γης βασιλεως* Cyr^{te}(om *βασιλεως* Cyr^{ap}) | *δοῦναι* 2°] pr *του* *b*^{2}: cf Reg 𝕲 | *αὐτό*] *αυτω* V 19 68'-106'$^{(-44)}$ 64-243-728 55 119 158 Ald; *τω* B 71 46^{s}(non 52) Ra.: cf Reg 𝕲

5 *Ὢν* – *ἐτῶν*] *XXV annorum erat* La^{109} = Vulg; *Ὢν* om Cyr *in XII proph* 283A; + *ην* Cyr^{te}: cf Reg IV 23$_{36}$ 𝕲^{L} Esdr I 1$_{37}$; *υιος* pr 19' Compl: cf 𝔐 et Reg 𝔐 𝕲(*υιος* pro *ων*) | *εἴκοσι καὶ πέντε*] *κ' και ε'* 130-134-314-346-762 158 52; *κε'* 107 *b*$^{2-489}$ Arm^{1ap}; *εικοσι πεντε* et post *ἐτῶν* tr 71 | *Ἰωακίμ* 74-120-130-134-236-321-346 64-728] *ιωακοιμ* Ald; *ελιακειμ* 46^{c}-52; > 107 Aeth(sed hab pro *αὐτόν* sq); *ιωακειμ* rel | *ἐν τῷ βασιλεύειν αὐτόν*] *cum regnare cepisset* La^{109} = Vulg Par et Reg, cf Esdr I | *βασιλεύειν*] *βασιλευσαι* V 60 119 527 | *ἕνδεκα*] *XL* La^{109}(mend pro *XI*) | *ιλ͞η͞μ*] + *ιωακειμ* 44 | *καί* paenult – fin lib om 127(‖) | *καί* paenult – *Ῥαμά* om Compl = 𝔐 Pesch Targ Vulg et Esdr I(hab Reg 𝔐 𝕲): cf sq | *τῆς μητρός*] *τη* *μ͞ρ͞ι* *a*$^{-71}$ Ald = Reg 𝕲$^{-19'}$ | *Ζεκχωρά*] *ζεκχορα* 60; *ζεχωρα* (*ζεχορα* 71) B *a*$^{(-44)}$ Ald Sixt Ra.; *ζωχρα* 44; *zakara* (*zakera* Aeth^{A}) Aeth; *iecora* La^{109}; *αμιταλ* 19' = Reg 𝕲$^{19'\,127}$(*αμιταα* 93): cf 2a | *θυγάτηρ* – *Ῥαμά* om 125 | *Νηρίου*] *νηρειου* B*-55; *ννηρια* 610; *νηρ υιου* 71; *neri* La^{109}; *ιερεμιου* 19' = Reg 𝕲$^{19'}$(*ιηρεμιου* 127; *ιηερεμιου* 93) | *ἐκ*] *εν* *a*$^{-71}$ Ald | *Ῥαμά*] *ramaa* La^{109}; *λοβεννα* 19' = Reg 𝕲^{L} | *ἐποίησεν*] + *ιωακειμ* 19' = Reg IV 23$_{37}$ 𝕲^{L} | *ἐναντίον*] *εναντι* 46^{s}(non 52) 60; *ενωπιον* 19' Cyr^{ap} Compl = Reg 𝕲$^{A\,L}$, cf Esdr I | *κυρίου*] + *dei sui* La^{109} = 𝔐 Pesch Targ Vulg | *κατά* – fin om Compl = 𝔐 Pesch Targ Vulg(hab Reg 𝔐 𝕲): cf sq | *κατά*] *και* 731 | *ὅσα ἐποίησαν*] *οσα εποιησεν* 381*; *α εποιησαν* 74; > Aeth^{P}

5a–d = Reg IV 24$_{1-4}$: om Compl = 𝔐

5a (= Reg IV 24$_{1}$) *ἐν ταῖς ἡμέραις αὐτοῦ*] *εν ταις ημεραις του ιωακειμ* (*-κιμ* Ald) 19'-121 68' Ald: cf Reg 𝔐 𝕲(add *Ἰωακίμ* post *αὐτῷ* sq); *και* 44; pr *et* Aeth | *Ναβουχοδονοσόρ*] *-σωρ* 381 55* 158 | *βασιλεύς*] pr *ο* V 19' *a*$^{-71\,236}$

5b *γῆν, καὶ ἦν αὐτῷ δουλεύων τρία ἔτη καὶ ἀπέστη ἀπ' αὐτοῦ.* [5b]*καὶ
ἀπέστειλεν κύριος ἐπ' αὐτοὺς τοὺς Χαλδαίους καὶ λῃστήρια Σύρων
καὶ λῃστήρια Μωαβιτῶν καὶ υἱῶν Ἀμμὼν καὶ τῆς Σαμαρείας, καὶ
ἀπέστησαν μετὰ τὸν λόγον τοῦτον κατὰ τὸν λόγον κυρίου ἐν χειρὶ τῶν*
5c *παίδων αὐτοῦ τῶν προφητῶν.* [5c]*πλὴν θυμὸς κυρίου ἦν ἐπὶ Ἰούδαν τοῦ
ἀποστῆσαι αὐτὸν ἀπὸ προσώπου αὐτοῦ διὰ τὰς ἁμαρτίας Μανασσὴ*
5d *ἐν πᾶσιν, οἷς ἐποίησεν,* [5d]*καὶ ἐν αἵματι ἀθῴῳ, ᾧ ἐξέχεεν Ἰωακὶμ
καὶ ἔπλησεν τὴν Ἰερουσαλὴμ αἵματος ἀθῴου, καὶ οὐκ ἠθέλησεν*
6 *κύριος ἐξολεθρεῦσαι αὐτούς.* [6]*καὶ ἀνέβη ἐπ' αὐτὸν Ναβουχοδονοσὸρ*

B′ A V 19′ *a b* 60 119 158 527 La^{109} Aeth Arm

60 158 Ald Sixt | *τὴν γῆν*] *ιερουσαλημ* 19′; + *jehuda* Aeth; + *αυτου* 60 | *τρία ἔτη*] *tres menses* Arm^{Ite}: cf $_{2}$; tr 44 Cyr *in XII proph* 283A | *ἀπέστη* om 120

5b (= Reg IV 24$_{2}$) *κύριος*] > Arm^{Iap} = Reg IV 25$_{2}$ 𝔊^{te} | *ἐπ' αὐτούς*] *επ αυτου* (*αυτον* 60) B* A 60 Aeth(omnes) = Reg 𝔐(בו) 𝔊^{te}(*αὐτῷ*); + ras 3-4 litt 121; > Arm^{I} | *τοὺς Χαλδαίους*] *τούς* om 19(‖)-108 | *καὶ λῃστήρια Σύρων* om A 55: homoiot | *λῃστήρια Μωαβιτῶν*] *λ. μωαμιτων* 527; *λῃστήρια* om 71-107 | *Ἀμμών*] *αμων* 71-74 527 Arm^{I} | *καὶ τῆς Σαμαρείας*] *και της σαμαριας* A V* 728 119 158 Ald: cf praef p 85; *και της σαρσιας* 55; pr *προς δε* 527; om *τῆς* 44′ | *λόγον* 1° ⌒ 2° 55 | *κατὰ τὸν λόγον* om 106′: homoiot | *κυρίου* – $_{(5c)}$ *πλήν* sup ras ca 16 litt 121 | *κυρίου*] pr *του* 236; + *quod locutus est* La^{109} = Reg 𝔐 𝔊 | *ἐν* – fin] > Aeth^{P}; *εν χειρι προφητων* 71 | *ἐν χειρί*] *εν χερσι(ν)* 19′ *b* 55 158

5c (= Reg IV 24$_{3}$) *πλὴν θυμὸς κυρίου ἦν*] *erat enim ira domini* La^{109} | *θυμός*] pr *ο* 55: cf Reg 𝔊 | *επι ιουδα* (*ιου*$^{\delta}$ 125 98) 55 44 379 | *τοῦ* – *αὐτοῦ* om Aeth^{P} | *τοῦ ἀποστῆσαι* A V *b*^{1} 55 60 119 158 527 La^{109} vid(*ut expelleret*) Arm^{I} Ald: cf 𝔐(להסיר) = Reg 𝔐 𝔊^{te}] *του αποστηναι* B 19′ 71 Sixt = Reg 𝔊$^{\mathrm{ap}(O\ L\ \mathrm{partim})}$; *του απολεσαι* *a*$^{-71}$ *b*^{2} | *αὐτόν* om V = Reg 𝔐(hab 𝔊^{omnes}) | *αὐτοῦ*] *εαυτου* A V 60; *κ̅υ̅* 158: cf Reg 𝔊^{554} | *ἁμαρτίας* om B*(|) | *Μανασσή*] *μανασση* 74 158 527 Arm^{I}; *eorum* Aeth$^{-\mathrm{A}}$ | *ἐν πᾶσιν, οἷς ἐποίησεν*] *et propter omnia quae fecerunt* (*fecit* Aeth^{A}) Aeth; pr *και* et om *ἐν* 158; > La^{109}

5d (= Reg IV 24$_{4}$) init – *Ἰωακίμ*] *et yoacim, quoniam sanguinem innocentem effuderant* La^{109} | *ἐν αἵματι ἀθῴῳ*] *propter multum sanguinem innocentem* Aeth | *ᾧ ἐξέχεεν*] *qui effusus est per manum* Aeth$^{-\mathrm{A}}$ | *ᾧ*] *ο* 74 98 158; > 762 = Reg 𝔊^{te}(hab *ω* 𝔊^{L}, *ο* 𝔊$^{O-\mathrm{A\ alii}}$) | *Ἰωακίμ* *a*$^{-68'\ 71\ 106\ 121\ 554\ 762\ 125'}$ 64-728] *ιωα*$^{\kappa}$ 71; *ελιακειμ* 46^{c}-52 Aeth$^{\mathrm{A'}}$; *manase* Arm^{Ite} = Reg 𝔊^{243}(om *Ἰωακίμ* 𝔊$^{-L}$); *ιωακειμ* rel | *καί* 2° om B′ Aeth$^{\mathrm{A\ D\ E*\ F\ H}}$ | *ἔπλησε(ν)*] *ενεπλησε* (*-σεν* B* 55) B′ 19′ = Reg 𝔊$^{L\ 243}$ | *αἵματος ἀθῴου*] *αιμα αθωου* 55; *sanguine innocentum* La^{109}: cf Reg Vulg | *ἐξολεθρεῦσαι αὐτούς*] *misereri in eos* La^{109} = Reg 𝔐(לסלח)

βασιλεὺς Βαβυλῶνος καὶ ἔδησεν αὐτὸν ἐν χαλκαῖς πέδαις καὶ ἀνήγαγεν
αὐτὸν εἰς Βαβυλῶνα. ⁷καὶ μέρος τῶν σκευῶν οἴκου κυρίου ἀπήνεγκεν 7
εἰς Βαβυλῶνα καὶ ἔθηκεν αὐτὰ ἐν τῷ ναῷ αὐτοῦ ἐν Βαβυλῶνι. ⁸καὶ 8
τὰ λοιπὰ τῶν λόγων Ἰωακὶμ καὶ πάντα, ἃ ἐποίησεν, οὐκ ἰδοὺ ταῦτα
γεγραμμένα ἐν βιβλίῳ λόγων τῶν ἡμερῶν τοῖς βασιλεῦσιν Ἰούδα; καὶ

B′ A V 19′ *a b* 60 119 158 527 La^{109} Aeth Arm

𝕲(*ιλασθηναι* (pr *του L*)); *αὐτούς* om 125 = Reg | *ἐξολεθρεῦσαι* B* A(*εξωλ.* 346) 120-130-134-321-346-762] *εξοθρευσαι* 158; *εξολοθρευσαι* rel: cf praef p 95

6 *ἀνέβη/ἐπ' αὐτόν*] tr La^{109} = 𝕸, cf Esdr I 1$_{38}$ | *κατεβη* 46^{s}(non 52) | *Ναβουχοδονοσόρ*] *-σωρ* 314 381: cf Esdr I^{ap}; *ναβουχοδονορ* 134*; > 107 | *βασιλεύς*] pr *ο* 19′ 74 489 158 527: cf 5$_{a}$ et Esdr I; post *Βαβυλῶνος* tr 60 | *ἔδησεν*] *εδησαν* 121*(vid)-314 64* 119 527 | *ἐν χαλκαῖς πέδαις*] *ἐν* om *a* Ald; *χαλκαῖς* om Aeth^{-A}: cf 𝕸 et 33$_{11}$ | *καὶ ἀνήγαγεν αὐτόν*] *και ηγαγεν a*$^{-71}$ Ald; *ut induceret eum* La^{109} Aeth$^{A'}$(*ad ducendum eum*) = 𝕸(להליכו) Pesch Targ (hab Vulg(*duxit*)) | *απηγαγεν* B 19′ Compl Ra.

7 init – *Βαβυλῶνα* om 314: homoiot | *μέρος τῶν σκευῶν*] *de vasis* La^{109} Aeth^{A} = 𝕸(מכלי), cf Esdr I 1$_{39}$; *omnia vasa* Aeth^{-A}: cf 𝕸^{1Ms}(מכל pro מכלי) | *οἴκου*] *οικον* Ald | *ἀπήνεγκεν εἰς Βαβυλῶνα* om 107 | *ἀπήνεγκεν*] *ανηνεγκεν* 60; *intulit* La^{109}: cf 𝕸(הביא); *απηγαγεν* 71-321; *ανηγαγεν* 55; pr *και* 381 Aeth; + *nabuquodonosor* La^{109} Aeth^{A}(*nabu kadanaṣor*) = 𝕸 Pesch Targ et Esdr I | *εἰς – αὐτά* om Aeth^{-A} | *εθηκαν* 314 | *αὐτά*] *αυτον* 98 | *ἐν* 1° – fin] *in domum idoli* Aeth$^{P'DF}$: cf 𝕸^{1Ms}(om *αὐτοῦ*); *in* (+ *domum* E^{mg} H^{mg}) *idolum suum* Aeth^{AEGH}; *τῷ* om 381; *ἐν Βαβυλῶνι* om 71; *ἐν* 2° om 106 | *αὐτοῦ*] *εαυτου* A V *b*^{2} 60: cf EsdrI^{ap}

8 init – *Ἰούδα* om 125 | *τὰ λοιπά* om 158 | *Ἰωακίμ* 1° *a*$^{-68' 71 106 121 314 554 762 (44 610)}$ 64-728] *ιωα*^{κμ} 71; *ιακιμ* 134* = Reg IV 24$_{5}$ 𝕲^{134*}; *ελιακειμ* 52 = Reg 𝕲^{52*}; *ιωακειμ* rel | *καὶ πάντα, ἃ ἐποίησεν* om 44 | *πάντα*] *abominamenta eius* La^{109} = 𝕸(ותעבתיו) Pesch Targ Vulg(*abominationum eius* (hab Reg 𝕸(כל) 𝕲(*παντα*))), cf Esdr I 1$_{40}$ | *ἅ*] *οσα* 107(-610) 52 Arm^{I}(vid) = Reg 𝕲^{omnes} | *ἐποίησεν*] + *et que inventa sunt sub eo* La^{109} = 𝕸 Targ Vulg(non Pesch) | *οὐκ – γεγραμμένα*] *scripta sunt* La^{109} | *οὐκ ἰδού*] *ουχ ιδου* B* 71 = Reg 𝕲^{B*A}, cf praef p 97; *οὐκ* om *a*$^{-71}$ | *γεγραμμένα*] *γεγραπται* 19′ Compl = Reg 𝕲^{L} | *ἐν βιβλίῳ λόγων* om Aeth^{P} | *ἐν βιβλίῳ*] *εν βιβλω* V*: cf Esdr I; *επι βιβλιω* B Ra. = Reg 𝕲^{te}; *επι βιβλιου* (*βλιου* 243) *b*^{2}: cf Reg 𝕲^{ap} et TGP II | *λόγων τῶν ἡμερῶν* om La^{109} = 𝕸 Pesch Targ Vulg (hab Reg 𝕸 𝕲) | *τῶν ἡμερῶν*] *in diebus* Aeth; > 44; *τῶν* om 19 = Reg 𝕲^{L} | *τοῖς βασιλεῦσιν*] *των βασιλεων* La^{109}(*regum*) Compl = 𝕸 et Reg 𝕲^{L}(hab למלכי 𝕸) Esdr I | *Ἰούδα*] pr *ισραηλ και* Compl = 𝕸 Pesch^{te} Targ Vulg; + *et israhel* La^{109} = Pesch^{ap} Vulg^{edd} | *καί* antepaenult – *αὐτοῦ* 2° om Compl = 𝕸 Pesch Targ Vulg et Reg

ἐκοιμήθη Ἰωακὶμ μετὰ τῶν πατέρων αὐτοῦ καὶ ἐτάφη ἐν Γανοζὰ μετὰ
τῶν πατέρων αὐτοῦ, καὶ ἐβασίλευσεν Ἰεχονίας υἱὸς αὐτοῦ ἀντ᾽ αὐτοῦ.
9 *⁹Υἱὸς ὀκτὼ καὶ δέκα ἐτῶν Ἰεχονίας ἐν τῷ βασιλεύειν αὐτὸν καὶ*
τρίμηνον καὶ δέκα ἡμέρας ἐβασίλευσεν ἐν Ἰερουσαλήμ. καὶ ἐποίησεν τὸ
10 *πονηρὸν ἐνώπιον κυρίου. ¹⁰καὶ ἐπιστρέφοντος τοῦ ἐνιαυτοῦ ἀπέστει-*
λεν ὁ βασιλεὺς Ναβουχοδονοσὸρ καὶ εἰσήνεγκεν αὐτὸν εἰς Βαβυλῶνα
μετὰ τῶν σκευῶν τῶν ἐπιθυμητῶν οἴκου κυρίου καὶ ἐβασίλευσεν τὸν
Σεδεκίαν ἀδελφὸν τοῦ πατρὸς αὐτοῦ ἐπὶ Ἰούδαν καὶ Ἰερουσαλήμ.

B′ A V 19′ *a b* 60 119 158 527 La^{109} Aeth Arm

IV 24₆ 𝔐 𝔊^{te} Esdr I; *μετὰ τῶν πατέρων αὐτοῦ* 1° om 71; *καί* paenult – *αὐτοῦ* 2° om V 19-121 68′-74-120 = Reg 𝔊^{L}: cf sq | *Ἰωακίμ* 2° *a*$^{-68'\ 71\ 106'\ 121\ 314\ 554\ 762}$ 64-728] *ιωα*^{κμ} 71-106; *ελιακειμ* 46^{c}-52; > 107(-44 610); *ιωακειμ* rel | *αὐτοῦ* 1°] *εαυτου* A V* 60 | *ἐν Γανοζά* (ex גן עזא: cf Reg IV 21₁₈ ₂₆) 108 71-130-134-236-321-346-554-762 Arm^{I}] *εν γανωζα* 158; *εν γονοζα* 314; *εν γααζα* 106; *εν γαζαα* 107; *εν γανοζαν* A *b* 60 119; *εν γανοζαη* B Sixt; *εν γανοζανι* Ald; *in agro oza* La^{109}; *in terra ganozan* Aeth(omnes): cf Reg IV 24₆ 𝔊$^{L\ Aeth(sim)}$(*εν* (+ *τω* 93) *κηπω οζα* (cf 158: pr ante v ₈ init *και ανεβει επ αυτον ναβουχουδουνοσορ βασιλευς βαβυλωνος και εσφαξεν αυτον και ερριψεν αυτον εξω των τειχων ῑλη̄μ̄ εν κηπω οζα*) | *μετὰ τῶν πατέρων αὐτοῦ* 2°] *μετ αυτων* 381; > 107 | *αὐτοῦ* 2°] *εαυτου* A 60 | *ἐβασίλευσεν*] + *αντ αυτου* 19′: cf Esdr I 1₄₁ | *Ἰεχονίας*] *ιεχωνιας* 68′-74-121 44-610 46*(non 52) 60 158 527; *ηεχονιας* 314; *yoacim* La^{109}: cf Vulg^{ap} (*ihoacin* 1 Ms; *ioachim* 13 Mss(*ioachin* ^{te} = 𝔐(יהויכין) Pesch(יויכין) Targ)

9 *Υἱός*] + *ων* 60 Aeth; > B La^{109} Sixt = Vulg | *ὀκτὼ καὶ δέκα*] *ιη′* 98 158 125; *οκτω* B′ V 236-314-762(*η′*) La^{109} Compl Sixt = 𝔐 Targ Vulg (hab Pesch) et Esdr I 1₄₁$^{B'\ La\ Sy^{te}\ Aeth}$; *οκτω και δε* 119; post *ἐτῶν* tr *b*^{2} | *ἐτῶν*] + *erat* La^{109} Arm^{I} = Pesch Vulg^{-1Ms} | *Ἰεχονίας* – *αὐτόν* om 107 | *Ἰεχονίας*] *ιεχωνιας* 68′-74-130-321-346 728 60 158 527 Ald; *ηεχωνιας* 314; *yoacim* La^{109} = Reg IV 24₈ 𝔊^{te}; *ιωσιας* 98; om 71-236 381 Aeth(sed hab pro *αὐτόν* sq) | *ἐν τῷ βασιλεύειν*] *οτε εβασιλευσε* 381 La^{109}(*cum regnare cepisset* = Vulg) | *αὐτόν*] *αυτων* 314 | *τρίμηνον*] *τρεις μηνας* (*γ′ μηνας* 107-610; *μηνας γ′* 125) 106′

10 *ἐπιστρέφοντος*] *επιστραφεντος* A V *b* 60 158 527 Ald; *αποστραφεντος* 119 | *τοῦ ἐνιαυτοῦ*] *τοῦ* om 107 | *ὁ βασιλεύς*] post *Ναβουχοδονοσόρ* tr La^{109} Aeth$^{P'}$ = Vulg; *rex babilon* et post *Ναβουχοδονοσόρ* tr Aeth$^{A'}$ = Pesch et Reg IV 24₁₀ 𝔐 𝔊; > 71 = 𝔐^{1Ms} et Esdr I 1₄₃ | *ναβουχοδονοσωρ* 314 381: cf Reg 𝔊^{ap}; *ναβουχοδονοσον* 243; *ναβουδονοσορ* 68 | *εἰσήνεγκεν*] *εισηγαγεν* A V *b* 60 119 158 527 Compl: cf Reg IV 24₁₆ 𝔊(*ηγαγεν*; *απηγαγεν* *L*) Esdr I(*μετηγαγεν*); *accepit et adduxit* La^{109}: cf Vulg(*adduxerunt*) | *ἐπιθυμητῶν*] *επιθυμιων* 19*(-*μιτων* corr pr m) 107 | *τόν* – *πατρός*] *σεδεκιαν* (-*κιας* 55*) *αδελφον του* (*αυτου* 55*) *πατρος* B′ 19′ 71 Compl Sixt Ra.; *σεδεκιαν τον αδελφον του πατρος* *b*^{2}; *τον*

^{11}*Ἐτῶν εἴκοσι ἑνὸς Σεδεκίας ἐν τῷ βασιλεύειν αὐτὸν καὶ ἕνδεκα* 11
ἔτη ἐβασίλευσεν ἐν Ἰερουσαλήμ. ^{12}*καὶ ἐποίησεν τὸ πονηρὸν ἐνώπιον* 12
κυρίου θεοῦ αὐτοῦ, οὐκ ἐνετράπη ἀπὸ προσώπου Ἰερεμίου τοῦ
προφήτου καὶ ἐκ στόματος κυρίου ^{13}*ἐν τῷ τὰ πρὸς τὸν βασιλέα* 13
Ναβουχοδονοσὸρ ἀθετῆσαι ἃ ὥρκισεν αὐτὸν κατὰ τοῦ θεοῦ καὶ
ἐσκλήρυνεν τὸν τράχηλον αὐτοῦ καὶ τὴν καρδίαν αὐτοῦ κατίσχυσεν

B' A V 19' *a b* 60 119 158 527 Syh$^{17\,195}$(incipit ab 11) La^{109} Aeth Arm

σεδεκιαν αδελφον πατρος a$^{-71\,120}$ Ald; *fratrem eius* La^{109} = 𝔐 Targ Vulg^{te}(hab Pesch(דדה) Vulg^{5Mss}(*patruum*): cf Reg IV 24$_{17}$); *sedeqjas fratrem 'ijosias* (*'ijo'aqem* A) *patris eius* (*patris eius* om A) Aeth | *ἐπὶ Ἰούδαν*] *επι ιουδα a*$^{-68'\,107\,121\,554}$ 731 379 55 60; *επι ιου*^{δ} 554 125 98; *επι ιουδαιαν* 158 | *καί* ult om Arm^{I} | *Ἰερουσαλήμ* (*ῑλη̄μ̄*)] *ῑη̄λ* 107; pr *επι* V 134 119 158 527; pr *in* Arm^{I}

11 *Ἐτῶν εἴκοσι ἑνός*] *ετων κα' ενος* 158 98; *ετων εικοσι και ενος* 19 60 Arm^{I}; *υιος εικοσι* (*κ'* 130-134-314-321-346-762) *και ενος* (*κα'* pro *εικοσι και ενος* 107-610) *ετους a* = 𝔐 et Reg IV 24$_{18}$, cf Ier 52$_{1}$ 𝔊^{L}; *υιος ετων ενος και εικοσι* 44; *υιος κθ' ετων* 125; בר שׁנ̈א עשרין וחדא Syh$^{17\,195}$; *XXI annorum* La^{109}; *ετων εικοσι(ν) υιος και ενος ετους* Ald Sixt; + *ων* 60; + *erat* La^{109} Syh Arm^{I} = Pesch^{te} Vulg et Reg 𝔊^{L} Ier 𝔊^{L} | *Σεδεκίας* om 158 | *αὐτόν* om 381 | *ἕνδεκα ἔτη*] *duodecim annis* La^{109} Eus *PraepI* 611,6(cf Clem *StromI* 76,23–25 *εν δε τω δωδεκατω ετει της σεδεκιου βασιλειας ναβουχοδονοσορ ... επι ... ιουδαιους εστρατευσεν*, sic sim Hippol *Chron*$^{H_1\,106,19\,H_2\,107,19}$ *in Dan* 74,9, sed hab *σεδεκιας* (*sedechias*) ...... *βασιλευσας* (*regnavit*) *ετη ενδεκα* (*annos XI*) et *Chron I*^{H_1}(106,18) ^{H_2}(107,17) *in Dan*(74,8))

12 *ἐνώπιον*] *εν οικω* 381 | *κυρίου θεοῦ αὐτοῦ*] *κυριου* 71 44 Aeth(omnes) = Reg IV 24$_{19}$ 𝔐 𝔊 Esdr I 1$_{45}$ Ier 52$_{2}$ 𝔐 𝔊$^{O\,L}$(deest in 𝔊^{te}); *κυριου αυτου* Syh$^{17\,195}$(מריא דילה) | *αὐτοῦ*] *εαυτου* V 55(*εαυτον**) 60 | *οὐκ ἐνετράπη ἀπὸ προσώπου*] pr *και* 19' 68 La^{109}(*non est veritus a facie* pro *et est veritas faciei* cod (coni Weber)) Aeth Ald Compl = 𝔐^{8Mss} Pesch Targ Vulg(*nec*) | *καί* 2°] *quae loquebatur* La^{109}: cf Vulg(*loquentis ad se* (*ad se* om 1 Ms)) Targ(דאתנבי ליה) Pesch(sim)

13 init – *ἀθετῆσαι*] *et a rege nabuquodonosor recessit* La^{109} = 𝔐 Pesch Targ Vulg(*a rege quoque nabuchodonosor recessit*) | *τὰ πρὸς τὸν βασιλέα*] *τά* om 98-731*; *τόν* om V | *ναβουχοδονοσωρ* 314 64*-381 | *αθετησε* 120* | *ὥρκισεν αὐτόν*] *ορκισεν αυτον* 19: cf praef p 102s; *ορκησεν αυτω* 158; *ωρισεν αυτον* 60 | *κατὰ τοῦ θεοῦ*] *κατ αυτου του θεου* 158; *in nomine domini dei eius* Aeth: cf Pesch(בשמה דמריא) | *καί* 1° – *κατίσχυσε(ν)*] *και κατισχυσε την καρδιαν αυτου και εσκληρυνε τον τραχηλον αυτου* 554: cf sq | *καί* 2° – fin] > Aeth^{P}; – *κατίσχυσεν* om 68 | *καὶ τὴν καρδίαν αὐτοῦ*] > 19(|)-108 = Pesch^{ap} | *τὴν καρδίαν αὐτοῦ*] > Compl; post *κατίσχυσε(ν)* tr *a*$^{(-68)}$; *κατα* pr 381; *την καρδιαν*

14 *τοῦ μὴ ἐπιστρέψαι πρὸς κύριον θεὸν Ἰσραήλ.* [14]*καὶ πάντες οἱ ἔνδοξοι*
Ἰούδα καὶ οἱ ἱερεῖς καὶ ὁ λαὸς τῆς γῆς ἐπλήθυναν τοῦ ἀθετῆσαι
ἀθετήματα, βδελύγματα τῶν ἐθνῶν, καὶ ἐμίαναν τὸν οἶκον κυρίου τὸν
15 *ἐν Ἰερουσαλήμ.* [15]*καὶ ἐξαπέστειλεν κύριος ὁ θεὸς τῶν πατέρων αὐτῶν*
ἐν χειρὶ προφητῶν ὀρθρίζων καὶ ἀποστέλλων τοὺς ἀγγέλους αὐτοῦ,
16 *ὅτι ἦν φειδόμενος τοῦ λαοῦ αὐτοῦ καὶ τοῦ ἁγιάσματος αὐτοῦ·* [16]*καὶ*
ἦσαν μυκτηρίζοντες τοὺς ἀγγέλους αὐτοῦ καὶ ἐξουθενοῦντες τοὺς

B′ A V 19′ *a b* 60 119 158 527 Syh$^{17\ 195}$(desinit ab $_{14}$) La$^{109\,(\mathrm{Leg})}$ Aeth Arm

εαυτου A V 60 | *κατίσχυσε(ν)*] *κατισχυσαι* V | *ἐπιστρέψαι*] *αποστρεψαι* 527 | *θεόν*] pr *τον* 19

14 in codice 488 insertum est Par II 36$_{14-23}$ (fin libri) post Reg IV 25$_{30}$ (fin libri): “Reg IV 25$_{30}$ 𝔊^{488}”, cf praef p 16 et 46 | *πάντες* om 379 | *οἱ ἱερεῖς*] *οἱ* om 71 125 Reg IV 25$_{30}$ 𝔊^{488} | *ὁ λαὸς τῆς γῆς*] *populi terrae* Aeth$^{A′}$ Arm^{I}; *populi* Aeth$^{P′}$; om *τῆς γῆς* La^{109} = 𝔐 Pesch Targ Vulg | *ἐπλήθυναν*] *επληθυνε(ν)* B′ A V *b′* 60 119 158 527 La^{109} | *τοῦ ἀθετῆσαι ἀθετήματα*] *inique agere* La^{109}: cf Vulg(*praevaricati sunt inique* pro *ἐπλήθυναν – ἀθετήματα*) | *τοῦ*] *τουτου* 158 | *ἀθετήματα*] *αθετημα* V 74-106′-120-130-134-321-346-554: cf 𝔐 | *βδελύγματα*] *βδελυγματων* B′ A 19′ 71 Sixt Ra.: cf TGP II; pr *κατα τα* (> 68′ Ald) *a*$^{-71}$ Reg 𝔊^{488} La^{109} Aeth^{A}(vid) Arm^{I} Ald Compl: cf 𝔐(pr ככל) Pesch Targ Vulg, cf Esdr I 1$_{47}$ | *τῶν ἐθνῶν*] *τῶν* om B′ 19′ 71 Compl Sixt Ra. | *τὸν οἶκον κυρίου τόν*] *domum domini quam sanctificabit* La^{109} = 𝔐 Pesch Targ (בית מקדשא: בית מקדשא דייי דאקדיש pro *οἶκον* (*κυρίου*) ubique) Vulg: cf Esdr I; *τόν* 2° om Reg 𝔊^{488}

15 *ἐξαπέστειλε(ν)*] *απεστειλε* 60* = Esdr I 1$_{48}$ | *ὁ θεὸς τῶν πατέρων αὐτῶν*] > 71 Aeth^{-B} = 𝔐$^{1\mathrm{Ms}}$; *τῶν πατέρων αὐτῶν* om 125 = Esdr I^{71}; + *προς αυτους* La^{109}(+ *super eos*) Compl = 𝔐 Pesch Targ Vulg(+ *ad illos*) | *ἐν χειρὶ προφητῶν*] *εν χειρι των προφητων* 19′ 119 158 527 Reg IV 25$_{30}$ 𝔊^{488} Arm^{I} Compl; *εν χειρι των προφητων αυτου a*$^{-71}$ Aeth Ald Sixt; *in manu angelorum suorum* (*per angelos suos* La^{109}) La^{Leg}(deest H) ^{109} = 𝔐(ביד מלאכיו) Pesch Targ Vulg(*per manum nuntiorum suorum*), cf Esdr I(*δια του αγγελου*); *προφητῶν* om B | *ὀρθρίζων* – $_{(16)}$ *ἐξουθενοῦντες* om Reg 𝔊^{488} | *καὶ ἀποστέλλων*] pr *και απο* 107(|; non 44′-610); *και αποστελων* 19 71 158 | *τοὺς ἀγγέλους/αὐτοῦ*] *τους αγγελους εαυτου* A V; tr 122*; > La^{109} = 𝔐 Pesch Targ Vulg | *τοῦ λαοῦ αὐτοῦ*] *του λαου εαυτου* A V* *b*^{2} 60; *αὐτοῦ* om 44 | *τοῦ ἁγιάσματος αὐτοῦ*] *portioni dei* La^{109}: pro 𝔐 על מעונו (Vulg *habitaculo suo*); *αὐτοῦ* om A 74-106′-120-130-134-321-346-554

16 *τοὺς ἀγγέλους αὐτοῦ*] *τους προφητας αυτου* 44; post *ἐξουθενοῦντες* tr 125; *τούς* om A(|) | *αὐτοῦ* 1°] *dei* La$^{109\,\mathrm{Leg}}$(deest H) = 𝔐 Vulg(*domini* 1 Ms); *domini* Aeth(omnes) = Pesch Targ; > 60 | *καί* 2° – *αὐτοῦ* 2° om 68 |

λόγους αὐτοῦ καὶ ἐμπαίζοντες ἐν τοῖς προφήταις αὐτοῦ, ἕως ἀνέβη ὁ
θυμὸς κυρίου ἐν τῷ λαῷ αὐτοῦ, ἕως οὐκ ἦν ἴαμα. [17]καὶ ἤγαγεν ἐπ’ 17
αὐτοὺς βασιλέα Χαλδαίων, καὶ ἀπέκτεινεν τοὺς νεανίσκους αὐτῶν ἐν
ῥομφαίᾳ ἐν οἴκῳ ἁγιάσματος αὐτοῦ καὶ οὐκ ἐφείσατο τοῦ Σεδεκίου,
καὶ τὰς παρθένους αὐτῶν οὐκ ἠλέησεν, καὶ τοὺς πρεσβυτέρους αὐτῶν
ἀπήγαγεν· τὰ πάντα παρέδωκεν ἐν χερσὶν αὐτῶν. [18]καὶ πάντα 18
τὰ σκεύη οἴκου θεοῦ τὰ μεγάλα καὶ τὰ μικρὰ καὶ τοὺς θησαυροὺς
καὶ πάντας τοὺς θησαυροὺς βασιλέως καὶ μεγιστάνων, πάντα εἰσ-

B′ A V 19′ *a b* 60 119 158 527 La^{109} Aeth Arm

εξουδενουντες B 19′ 46 Compl Ra.: cf praef p 97; *εξουθενουντας* 125 | *τοὺς λόγους αὐτοῦ*] *τους αγγελους αυτου* 19; *οτι ην φειδομενος του λαου αυτου και του αγιασματος* 125: ex $_{15}$ | *ἐμπαίζοντες ἐν τοῖς προφήταις αὐτοῦ*] *εμπαιζοντες τοις προφηταις αυτου* *a*$^{-71\ 107}$ Reg IV 25$_{30}$ 𝔊^{488}; *εμπαιζοντες τους προφητας αυτου* 107^{c}-44′ 610(*τους προφηταις* 107*) La^{109} vid(*diripiebant prophetas eius*): cf Esdr I 1$_{49}$; *τοῖς* om 55(|); *αὐτοῦ* om 71 Arm^{I} | *ὁ θυμὸς κυρίου*] *ο θυμος αυτου* 19; *ο θυμος* 108; *ὁ* om A V 71 *b*$^{2-98}$ 55 60 119 527 | *ἐν τῷ λαῷ αὐτοῦ*] *επι τον λαον αυτου* 158 La^{109}(*super populum eius*) Arm^{I}: cf Esdr I; > Aeth^{P}; *αὐτοῦ* om 19 | *ἕως* 2° – fin om 71 | *ἕως* 2°] *εως ου* 19 106 Lag.; *και* 381

17 *ἤγαγεν*] *επηγαγεν* (554 absc) *a*$^{-71}$ Reg IV 25$_{30}$ 𝔊^{488} La^{109} vid(*induxit*) Aeth$^{A′}$(vid): cf 𝔐(ו)יעל)) | *βασιλέα Χαλδαίων*] *τον βασιλεα των* (> 71) *χαλδαιων a* Reg 𝔊^{488} | *ἀπέκτεινεν*] *απεκτειναν* 71: cf Esdr I 1$_{50}$ | *νεανίσκους*] *νεανικους* 158; *filios* La^{109} | *ἐν* 1° – *αὐτοῦ*] om Aeth^{P}: cf 𝔐^{2Mss}(om בחרב) | *αὐτοῦ*] *eorum* La^{109} Aeth$^{(-P)}$ = 𝔐 Pesch Targ(Vulg *sui*) | *οὐκ* 1° – *ἀπήγαγεν*] *non reliquid iubenem vel virginem neque seniorem* La^{109}: cf 𝔐 (לא חמל על־בחור ובתולה זקן וישש), Pesch Targ et Vulg sim, cf Esdr I; *οὐκ* 2° – *αὐτῶν* om Aeth^{P} | *ἐφείσατο*] *εφεισαντο* 71 = Esdr I | *τοῦ Σεδεκίου*] *των νεανισκων* Compl = 𝔐; *τοῦ* om 71 125 381 | *ἠλέησε(ν)*] *ηλεησαν* B 19′ 71 60 Ra. | *πρεσβυτέρους*] *πρεσβυτας* V^{c} *b*$^{-64\ 381}$ 55 60 119; *εληλυθοτας* 527 | *ἀπήγαγε(ν)* 68′-121 *b*^{I}-489 119 158 Reg 𝔊^{488} Ald Compl] > Arm^{I}; *απηγαγον* rel Ra.: cf TGP II | *τά*] *και* 158 Lag.; pr *et* Aeth; pr *sed* La^{109} = Vulg, cf Esdr I | *παρέδωκεν*] *παρεδωκαν* 71-120-236; + *dominus* Aeth$^{A′}$ | *ἐν χερσίν*] *εις τας* (> 71) *χειρας a* Reg 𝔊^{488} Ald = Esdr I | *αὐτῶν* ult] *αυτου* Compl = 𝔐 Pesch Targ Vulg; > 106′

18 *πάντα* 1° om 44 | *οἴκου θεοῦ*] *οικου του θεου a*$^{-71}$ 381-*b*^{2} 158 Reg IV 25$_{30}$ 𝔊^{488} Ald Sixt = 𝔐; *οικου* $\overline{κυ}$ 19′ La^{109} Aeth Compl = Pesch Targ Vulg, cf Esdr I 1$_{51}$; *οἴκου* om 98*(non 379) 158: cf Esdr I | *τὰ μικρά*] *τά* om Reg 𝔊^{488} | *καὶ τοὺς θησαυρούς*] + *οικου* $\overline{κυ}$ 19′ *a*$^{-106′\ 120}$ Reg 𝔊^{488} Aeth(omnes (G deest)) = 𝔐 Pesch Targ, cf Vulg(*et thesauros templi et regis* pro *καί* 3° – *βασιλέως*); + *βασιλεως* 119 | *καὶ πάντας τοὺς θησαυρούς*] > 106′-120 55 60 La^{109} Aeth^{-A}; *πάντας*

19 *ἤνεγκεν εἰς Βαβυλῶνα.* 19*καὶ ἐνέπρησεν τὸν οἶκον κυρίου καὶ κατ-*
έσκαψεν τὸ τεῖχος Ἰερουσαλὴμ καὶ τὰς βάρεις αὐτῆς ἐνέπρησεν ἐν
20 *πυρὶ καὶ πᾶν σκεῦος ὡραῖον εἰς ἀφανισμόν.* 20*καὶ ἀπῴκισεν τοὺς*
καταλοίπους εἰς Βαβυλῶνα, καὶ ἦσαν αὐτῷ καὶ τοῖς υἱοῖς αὐτοῦ εἰς
21 *δούλους ἕως βασιλείας Μήδων* 21*τοῦ πληρωθῆναι λόγον κυρίου διὰ*
στόματος Ἰερεμίου ἕως τοῦ προσδέξασθαι τὴν γῆν τὰ σάββατα αὐτῆς
σαββατίσαι· πάσας τὰς ἡμέρας τῆς ἐρημώσεως αὐτῆς ἐσαββάτισεν εἰς
συμπλήρωσιν ἐτῶν ἑβδομήκοντα.

B′ A V 19′ *a b* 60 119 158 527 La^{109} Aeth Arm

om *a*$^{(-106'\ 120)}$ Reg 𝔊^{488} Aeth^{A} = 𝔐 Pesch Targ; *τούς* om *b*^{2} | *βασιλέως*] *του βασιλεως* 19′ 74-106′(-610)-120-130-134-321-346-554; *των* (> 119) *βασιλεων* 68′-121-236-314-762 44′ Reg 𝔊^{488}; *οικου του βασιλεως* 71 Aeth | *καὶ μεγιστάνων*] *και των μεγιστανων* 19′ *a*$^{-71}$ 158 Reg 𝔊^{488} Ald Compl Sixt; *μεγιστανων* 527; + *et thesauros potentium civitatis* (*eorum* Aeth$^{A'}$) Aeth | *πάντα* 2°] *παντων* 19 134; pr *και* B Aeth$^{BA'}$; > Aeth^{P} | *εἰσήνεγκεν*] *εισηνεγκαν* 119 527 125; *εισηγαγεν* 381 60: cf Esdr I(*απηνεγκαν* (*απηγαγον* 381))

19 *ἐνέπρησε(ν)* 1°] *ενεπρησαν* 55 527 La^{109}(*succenderunt*) = 𝔐$^{-1Ms}$ Targ Vulg (*incenderunt*) (Pesch sing), cf Esdr I 1$_{52}$; + *in igne* Aeth^{-A}, cf sq | *κατ-έσκαψε(ν)*] *κατεσκαψαν* 55 La^{109}(*demolierunt*) = 𝔐 Targ Vulg(*destruxerunt*) (Pesch sing), cf Esdr I; *κατεκαψε* 46; *κατεκαυσε* 52; *κατεστρεψε a* Reg IV 25$_{30}$ 𝔊^{488} Ald; *κατεστησε* (*-σεν* 243) *b*$^{2-489}$ | *τὸ τεῖχος*] *muros* Aeth: cf 𝔐(חוֹמַת, חמות 1 Ms) Pesch Vulg^{1Ms} et Esdr I^{-a}(*τα τειχη*) | *καί* paenult – *πυρί* om Aeth^{-A}: homoiot | *τὰς βάρεις αὐτῆς*] *totam domum eius* La^{109}: cf 𝔐(pr כל) Pesch Targ Vulg(*universas turres*) | *ἐνέπρησεν* 2°] *incenderunt* La^{109} = 𝔐 Targ Vulg (*combusserunt*) (Pesch sing); *ενεπυρισεν* 158 = Esdr I(pro *ἐνέπρησεν* 1° et 2°) | *ἐν πυρί*] *ἐν* om *a*$^{-71}$ Reg IV 25$_{30}$ 𝔊^{488} | *πᾶν σκεῦος ὡραῖον*] *omnia vasa concupiscibilia* La^{109}: cf 𝔐(כל־כלי מהמדיה) | *εἰς ἀφανισμόν*] pr *εθετο a*$^{-71}$ *b*^{2} Reg 𝔊^{488} Ald; *delevit* Aeth (+ *omne* Aeth^{A}) Arm^{I} = Pesch^{te}(חבל, חבלו ^{ap})

20 *ἀπῴκισε(ν) τοὺς καταλοίπους*] *quod superfuit gladio translatum est* La^{109}: cf 𝔐 Pesch Targ Vulg et Esdr I 1$_{53}$ | *καί* 2° om 762* | *Μήδων*] *persarum* La^{109} = 𝔐(פרס) Pesch(פרסיא) Targ(פרס) Vulg(*persarum*) et Esdr I 1$_{54}$

21 *λόγον κυρίου*] *λογους κυριου* 158; *κυρίου* om *b*^{I} | *διὰ στόματος Ἰερεμίου*] *δια στομα του ιερεμιου* 52; + *prophetae* Aeth^{A} = Pesch | *διὰ στόματος*] *de ore* La^{109} = 𝔐^{8Mss}(מפי (בפי rel)) Targ Vulg(*ex ore*) | *ἕως τοῦ*] *εως ου b*^{I} 158 | *τὴν γῆν* om 158 | *αὐτῆς* 1°] *αυτη* 125 | *σαββατίσαι*] pr *του a* Reg IV 25$_{30}$ 𝔊^{488} Ald; > La^{109} = 𝔐 Pesch Targ Vulg et Esdr I 1$_{55}$ | *πάσας – ἐσαββάτισεν*] *πασας ημερας* 71; > B; *τῆς* om *a*$^{-71}$ Reg 𝔊^{488} Ald Sixt; *αὐτῆς* om Aeth^{-A} | *ἐσαββάτισεν*] *σαββατισαι* Sixt | *συμπλήρωσιν*] *πληρωσιν* 19 71 610 Lag. Fern. = Esdr I^{b} | *ἐτῶν ἑβδομήκοντα*] *εβδομηκοντα* (*ο′* 74-107(non 44)-120-

[22]Ἔτους πρώτου Κύρου βασιλέως Περσῶν μετὰ τὸ πληρωθῆναι 22
ῥῆμα κυρίου διὰ στόματος Ἰερεμίου ἐξήγειρεν κύριος τὸ πνεῦμα Κύρου
βασιλέως Περσῶν, καὶ παρήγγειλεν κηρύξαι ἐν πάσῃ τῇ βασιλείᾳ
αὐτοῦ ἐν γραπτῷ λέγων [23]Τάδε λέγει Κῦρος βασιλεὺς Περσῶν Πάσας 23
τὰς βασιλείας τῆς γῆς ἔδωκέν μοι κύριος ὁ θεὸς τοῦ οὐρανοῦ, καὶ αὐτὸς
ἐνετείλατό μοι οἰκοδομῆσαι αὐτῷ οἶκον ἐν Ἰερουσαλὴμ ἐν τῇ Ἰουδαίᾳ.

B′ A V 19′ *a b* 60 119 158 527 La^{109} Aeth Arm

134-314-321 346 762 Reg 𝔊^{488}) *ετων α*$^{-71}$ Reg 𝔊^{488} La^{109} Aeth Ald = 𝔐; + *πεντε* 55

22 init – *Ἰερεμίου*] *βασιλευοντος κυρου περσων ετους πρωτου εις συντελειαν ρηματος κ̅υ̅ εν στοματι ιερεμιου* 71 = Esdr I 2$_1$ | *Ἔτους πρώτου*] *et* pr La^{109} = 𝔐 Targ Vulg(*anno autem*), cf Esdr II 1$_1^{te\ et\ ap}$; *ετους α′* 68′-121-762; *ετος* (*ετους* 98) *τριτον b*^{1}(98^{txt}); *ετους πρωτον* Reg 𝔊 IV 25$_{30}$ 𝔊^{488}; *του πρωτου* 55 | *Κύρου* 1°] *και* 527; > B | *βασιλέως*] pr *του α*$^{-71}$ Reg 𝔊^{488} Ald = Esdr II$^{B\,A\,L}$ | *μετὰ τὸ πληρωθῆναι*] *ut impletur* La^{109}: cf Pesch(דתשלם) Vulg(*ad explendum*) et Esdr I et II | *ῥῆμα*] *λογον* 46 = Esdr II | *Ἰερεμίου*] + *prophetae* Aeth = Pesch et Esdr II$^{L\,Arm}$ | *ἐξήγειρε(ν)*] *ηγειρε* 71 = Esdr I 1$_2$; *εξηρε* 60 | *Περσῶν* 2°] + *μετα το πληρωθηναι ρημα κ̅υ̅* 106: ex praec | *παρήγγειλεν κηρύξαι*] *παρηγγειλεν του κηρυξαι αυτους* A; *εκηρυξεν* 71 La^{109}(*predicabit*) = Esdr I | *ἐν πάσῃ*] *ολη* 71: cf Esdr I; *ἐν* om 527* | *ἐν γραπτῷ λέγων*] *εν λογοις γραφει* (sic Fern.; *γραφη* 108; *γραφης* Lag.) *λεγων* 19′ Compl; *εγγραφως ουτως* 71: cf Esdr I^{L}; *etiam edicto dicens* La^{109} = 𝔐(pr וגם) Pesch Targ Vulg(*etiam per scripturam dicens*), et Esdr I(pr *αμα*) Esdr II(pr *και γε*)

23 *Τάδε*] *sic* La^{109} = Esdr II 1$_2$ | *Κῦρος*] *κ̅ς̅*(*κυριος* 44) 158 527 44′ Reg IV 25$_{30}$ 𝔊^{488}; post *Περσῶν* tr 71 = Esdr I 2$_3^{-L\,La^{V}}$ | *βασιλεύς*] pr *ο* 68′-71 Ald = Esdr I^{omnes} Esdr II$^{L\,b'\,58}$ | *Πάσας τὰς βασιλείας τῆς γῆς*] *πασαις ταις βασιλειαις της γης* B 19′ Aeth omnes(pr *et* Aeth^{D}) Compl Sixt; *omne regnum terre* La^{109}; > 71; *τῆς γῆς* om *b*^{2} 158 = Esdr II 𝔊^{B} | *ἔδωκέν* – *οὐρανοῦ*] *εμε ανεδειξε κ̅ς̅ βασιλεα της οικουμενης ο θ̅ς̅ του ι̅η̅λ̅* 71 = Esdr I(*ο θ̅ς̅* ^{a}, *ο κ̅ς̅* ^{te}); *κύριος* om 106′ = Esdr II 𝔊$^{B\,Aeth^{B}}$ | *αὐτὸς ἐνετείλατό*] *αυτος ανετειλατο* Reg 𝔊^{488*}; *αὐτός* om 71 | *αὐτῷ οἶκον*] tr B La^{109} Sixt; *αὐτῷ* om 158*(corr pr m) = Vulg^{1Ms*} | *ἐν Ἰερουσαλήμ* (*ι̅λ̅η̅μ̅*)] *εν ι̅η̅λ̅η̅μ̅* 107(non 44′-610); *εν ιερουσαλειμ* 108; post *Ἰουδαίᾳ* tr 125 | *ἐν τῇ*] *εν γη b*^{2} La^{109} Aeth(omnes); pr *τη* 19′ *a* Reg 𝔊^{488} La^{109}(pr *quae est* = Vulg) = 𝔐(אשר) Pesch Targ Vulg; pr *και* 158 | *Ἰουδαίᾳ*] *ιουδα b*^{2} La^{109} |

τίς ἐξ ὑμῶν ἐκ παντὸς τοῦ λαοῦ αὐτοῦ; ἔσται ὁ θεὸς αὐτοῦ μετ᾽ αὐτοῦ, καὶ ἀναβήτω.

B′ A V 19′ *a b* 60 119 158 527 La^{109} Aeth Arm

τίς ἐξ ὑμῶν] *τη εξ υμων* Reg 𝔊^{488}; *quis est inter vos* La^{109}: cf 𝔐(מי־בכם) Pesch Targ Vulg^{1Ms} et Esdr II 1$_3$ 𝔐 𝔊(*τις εν υμιν*); *ἐξ ὑμῶν* om Aeth = Esdr II 𝔊^{Aeth} | *λαοῦ αὐτοῦ*] *αὐτοῦ* om 158(|) Reg 𝔊^{488}; + *και* 527 Aeth^{-A} = Esdr II 𝔊$^{-La^{123} Aeth}$ | *ἔσται ὁ θεὸς αὐτοῦ*] *κ̅ς̅ ο θεος αυτου* 527 = 𝔐^{te}(𝔊^{te} = 𝔐$^{2Mss^{mg}}$); *εσται κ̅ς̅ ο θεος αυτου* 68′-121 Reg 𝔊^{488} Ald = 𝔐^{4Mss}, cf Esdr I 2$_5^{LaV: S\ Arm}$; *κ̅ς̅ ο θεος αυτου εσται* 19′ Arm^{1} Compl; *εσται ο θεος* 106-130^{txt} 44′ 158 = Esdr II 𝔊$^{a(6Mss)}$; *erit dominus* Aeth | *ἔσται*] *sit* La^{109} = Vulg et Esdr I 2$_5$(*εστω*) | *μετ᾽ αὐτοῦ,/ καὶ ἀναβήτω*] tr 381; + *et aedificet* Aeth; *καί* om Compl

Subscriptio (deest in 108 106-121-314-554 *b*$^{-64\ 489\ (52)}$ 158 527 44) *παραλειπομενων β′* B 321-346; *παραλειπομενων λογος β′* 55; *παραλειπομενων των βασιλειων ιουδα* V; *παραλειπομενων των βασιλειων ιουδα β′* A 64 Aeth^{A}; *παραλειπομενων των βασιλειων ιουδα β′· στιχοι ͵Γ* 119; *παραλειπομενων των βασιλειων β′· στιχων τρισχιλιων εσδρας ο αρχιερευς και γραμματευς* 60; *τελος των* (> Compl) *παραλειπομενων* 19 74-107(-610)-120-134-236-762 489 Compl Sixt; *τελος παραλειπομενων β′* 130; *τελος της των παραλειπομενων β′* 68′; *τελος παραλειπομενων βασιλειων των β′* Ald; *τελος της β′ των παραλειπομενων* 52; *τελος του δευτερου βιβλιου των παραλειπομενων* 71; *τελος δευτερου των αριθμων βιβλιου* 125; *τελος του βιβλιου των παραλειπομενων* (+ *του β′ βιβλιου* ^{c}) 246